河北大学党委宣传部校史研究重点规划项目（编号：2016.11.26）
河北大学校史文化研究成果

百年名校

河北大学校史资料粹编

主编　吴洪成　宗树兴
参编　田　谧　霍珊珊　高亚倩

河北大学出版社
·保定·

出 版 人：马　力
责任编辑：王殊宁
装帧设计：王占梅
责任校对：兰彩红
责任印制：常　凯

BAINIAN MINGXIAO
HEBEI DAXUE XIAOSHI ZILIAO CUIBIAN

图书在版编目（CIP）数据

百年名校：河北大学校史资料粹编 / 吴洪成，宗树兴主编. -- 保定：河北大学出版社，2024. 12.
ISBN 978-7-5666-2575-5

Ⅰ. G649.282.23

中国国家版本馆CIP数据核字第2025H47588号

出版发行：河北大学出版社
地址：河北省保定市七一东路2666号　邮编：071000
电话：0312-5073003　0312-5073029
网址：www.hbdxcbs.com
邮箱：hbdxcbs818@163.com
经　　销：全国新华书店
印　　刷：保定市北方胶印有限公司
幅面尺寸：185 mm × 260 mm
字　　数：1023 千字
印　　张：63.25
版　　次：2024 年 12 月第 1 版
印　　次：2024 年 12 月第 1 次印刷
书　　号：ISBN 978-7-5666-2575-5
定　　价：368.00 元

总　序

校史文化是现代大学传承与发展的重要资源，对于凝练学校办学理念、弘扬学校办学精神并汲取积极思想有着深刻的价值。大学文化的建构更有助于培育师生人文与科学情怀、促进办学质量的提升与社会效益的传播。河北大学自1921年建校以来，已经跨越了103周年，跨越两个世纪的风云，历经两城迁徙，既有风雨历程，也有凯歌辉煌。在近一个世纪的探索与奋进中，蕴含了丰富而深厚的教育文化内涵，滋养了河大历代莘莘学子，激励他们矢志报国，其办学业绩与社会贡献在华北地区，尤其是环渤海流域产生广泛且深远的影响，在津冀高等教育的发展中居有举足轻重的地位。可以认为，一部河北大学校史文化研究书系，正是中国近现代直至当代大学教育嬗变以及改革奋进的缩影。

当今的河北大学正处于“双一流”大学建设的历史新征程，同时又迈向建校105年的重要历史节点，开展校史文化系列书系工程建设更有特殊的意义。这不仅有助于梳理河北大学百余年历史的史实脉络、经验成就、教育影响、人才培养、科技创新、社会服务等方面的资源内容，而且，能借此充分弘扬学校文化，传承名家精神，体现河大学子奋斗人生、报效国家的壮志情怀，以及在许多领域开拓的骄人业绩。可以预见，研究书系目标的逐步实现，将进一步激励新一代的河大师生，为创造实现国内一流、国际有影响的综合性大学宏伟目标而执着进取。

当前国内许多知名大学都重视校史及相关文献资料的整理与研究，对各自学校建设产生不同程度的推动力量，同时校史研究对于地方文化教育资源的挖掘和高等教育的健康发展都有深层的意义。河北大学在80年和90年校庆之际，也组织编写了河北大学校史，已提供了必要的基础和部分有价值的文献，但仍可拓展、深化和提升校史的研究质量及水平。在国家进入改革开放的新时期，社会和师生对河北大学提出了新的挑战和诉求。在此背景下，亟须从学校的办学理念、薪火传承、名家名著等思想文化内涵和精神本体中汲取智慧与力量，以启迪心灵、感染精神，并充分借鉴历史经验，回应和解决探索征程中的诸多难题。诚然，完成这一书系的编纂任务需要人力、物力的支撑，但作为河大人，这也是一种责任与使命。

这套校史文化书系由以下三部著作构成，分别是：《百年名校——河北大学校史资料粹编》《名流名家——百年河北大学人物》《精神的魅力——河北大学百年文化》。

《百年名校——河北大学校史资料粹编》搜求、整理河北大学的历史变迁和发展的文献资源，分别就河北大学在天津与保定的两个时期的脉络，分篇组织设计。天津时期涵盖天津工商大学、天津工商学院、津沽大学、天津师范学院、天津师范大学、河北大学；保定时期则从天津迁往保定起，直到目前的河北大学。在不同的时期分设多个子项目，覆盖了教育目标、教育管理、学校教学、师生活动、科学研究、学术交流、社会服务、办学经费、图书仪器、博物馆、工厂企业及其他附属机构等方面。文献资料的来源在确凿可信、注重原始资料挖掘的基础上，充分体现河大校史的脉络、阶段、特点、成就、困惑等基本线索和内在问题设计，力求广泛具体，但对一些长篇的文献资源仅取其精要核心部分，尤其注重反映学校的规程、课程编制、系科变化、教学与研究成效、社会评价和反响，以精准呈现河大的历史风貌。

《名流名家——百年河北大学人物》是对学校大师及杰出人才思想与业绩的深度挖掘和立体呈现。大学之大不在大楼而在大师，河北大学成为风雨百年中屹立并散发出层层光彩的知名学府，有赖于一批名流名家的奉献及成就，他们的思想、业绩、硕果、感召力不仅是学校的宝贵资源，而且是近现代高等教育的感人篇章，在个性化的作用同时具有普遍的意义。现在河北大学一些教学楼、图书资料、场所都一有些图片记录的反映，但仍须丰富、拓展和加以提升。这些著名的学术、科技或学科领域的流派与个体代表，是学校取得成就和发生社会影响力的人力支撑与精神灵魂，需要加以认真的梳理、分析和阐发。本书按照历史时期分学校的不同阶段，对上述名流名家分类整理和研究，在对文献资源的搜求、理念精神的提升以及社会行业的反响等方面进行分析的基础上加以细致的梳理和探讨。

《精神的魅力——河北大学百年文化》着重呈现河北大学的办学文化理念、精神内涵与图景，既是对前面两部书的深层次凝练与升华，也是对河北大学历史传承与持续进步力量的深入探求，更应该成为学校未来新蓝图、辉煌目标实现的重要动力资源。因此，其价值和意义十分显著，并具有更高的理论和学术专业空间。本书分别以河北大学历史上不同阶段的办学理念、目标设计、课程编制、系科专业、组织管理、教学活动、师生关系、教学环境、学校建筑、科研创新、社会服务等方面的基本史实与内容为资源依托，既呈现阶段性的特点，又系统梳理并建构阶段间的传承、延续、提高，在此基础上分别就精神文化、教育文化、物质文化、教师文化、学生文化、环境文化、社会文化等方面加以阐发和研究。

本校史文化书系作为河北大学党委宣传部重点支持项目，于2016年12月启动，拉开研究序幕；自2018年12月，正式开展具体研究工作；至2023年12月，历时5年才基本完成目标。其编写方案或阶段设计如下所述：搜求河北大学百年校史文献资料，为后续的工作准备充实的资源和基础；访谈整理记录学校管理者、名流名家、师生及其他人员的有关河大历史资源和口述素材；进一步分析、研究校史文献资源，并利用教育学、历史学、心理学等学科专业知识和思想方法研究、编撰河北大学校史资料，着重凸显人物贡献，最终撰成三部反映百余年河大校史文化的文献及著作。2023年开始，将阶段性、终结性成果陆续交出版社，依序出版发行，以期产生广泛的社会影响与积极效应。

河北大学校史文化研究书系，由河北大学党委宣传部立项，给予经费赞助和过程、环节管理，河北大学教育学院吴洪成教授负责。项目研究得到河北大学党委宣传部的指导与鼎力支持，尤其是学校副校长杨立海的亲自关心、引领和帮助，更是十分重要及感人肺腑。

回想这数年间该项目推进的历程，可谓道路坎坷不平，曲折多变。但本着热爱河大、心系校史文化及区域高等教育研究之情怀，即便在疫情肆虐、个人教学任务繁重、科研及研究生培养工作交织的艰辛时刻，始终勉力前行。虽然期间有过间断和停顿，却始终未曾放弃，这大概是在这所大学生活、工作20余年人生经历所赋予的使命与担当。所以，完成这项艰巨任务及学校项目工程的个人所获无多，也无任何功利酬劳，却也是心中坦荡，无私无欲般地澄净透明。这都是因为我相信，自己的辛劳和付出无论是对河北大学的未来发展、河大百余年的历程风雨，乃至河北省区域高等教育史的研究及现实进步都是有价值和意义的。

本研究书系的编纂大量利用了河大校史档案馆、图书馆、校史馆以及博物馆的资源资料、文献素材，在此向为我及协助我工作的研究生付出辛劳及服务的相关人员深表谢意。这当中，对河大历史学院吕志毅、阎玉田等诸位前贤、教授前期所做的校史研究成果也多有吸纳，在此一并致谢。

编纂如此庞大的校史工程，其复杂性与艰巨性不言而喻。尽管原先设想的一部河大校友、学子回忆母校的著作因受后继出版费用不足影响而被迫割舍，但目前的三部论著也同样费心竭力。如今，我已年过花甲，临近退休，单凭个人之力已难以完成。有鉴于此，我邀请了我培养的河大教育学院教育史专业博士生及研究生共同参与，共襄盛举。他们积极响应，尽心尽力与我讨论交流，合作攻坚，费却了许多心血和汗水。关于他们的具体分工及参与任务情况，在各分册的前言中均有说明。在此，向他们深沉而真挚地表示道谢，鞠躬致意，大家辛劳了！

最后，尚须说明的是，河北大学校史研究仍有空间和余地，我们的工作只是其中的部分，未来的探索之路漫长且充满可能。我相信，会有更多的河大师生、校友，以及关心、爱护河大的社会人士会从不同方面为此奉献才智和力量。我们期冀以后有机会能在此基础上实现更多的增益和提升，诚挚地欢迎专家同仁的批评指正与鼎力支持。在此，我再次真诚地向所有以各种不同方式给予我们力量的部门、单位和个人，以及各级领导和工作者深致谢忱。

吴洪成

2023 年 12 月于河北大学悦学楼 307 教科所办公室

前　　言

河北大学历史时期校名变化十分频繁和复杂，许多资料由于历史原因而难以搜求和发现。新中国成立以后，河北、天津行政区划多次调整，河北大学由天津搬至保定，时间正好在“文革”期间，在各种政治运动剧烈影响下，学校许多办学内容及工作活动的记录也零碎而不系统。上述情况使编辑本资料产生极大的困难和挑战。

河北大学历史时期的办学大体可以分为两大部分：天津时期和保定时期，而以天津时期在全国高校格局中具有特色和历史地位。学校迁至保定以后，虽然经过各方的艰苦努力，取得了显著的成效，但由于地理位置限制及国内高校现当代竞争大潮的剧烈发生，相对而言，在全国的优势地位有所下降，而且国家统一的规程和管理一体化、统一性更为突出，河北大学办学的规划及措施也都体现了类似的统一性。因此，本资料在编写的体例风格以及取材的途径方式上，对于前后历史时期有不同的方法及路径。前者注重档案文献及办学具体细节的挖掘与整理；后者则突出办学活动中的主要内容及经验特色所在。

编者在资料的编辑过程中以采录原始文献及其他资源的原生态风貌为主，但对有些标题及文字则根据需要加以适当变动；其中有些内容是从长篇文献中选择，标题由编者自拟，其他的一些素材也特别拟订题目以表述中心思想。所选文献篇章的语言表述方式多有不合当今语言规范之处，除少数明显笔误或印刷错误外，本书均一如其旧，未作改动。

所编校史资料以专题与历史发展进程相结合的方式设计，但是有些资源内容的专题划分很难周延，只能大致归类。河北大学有的办学时期某种专题资源不足，还有待挖掘。至于所选文献中原有的注释一如其旧，以保持历史原貌。

本书力图通过丰富的历史文献资料，尽可能全面客观地反映河北大学各历史时期的发展情况和历史风貌，这些资料中体现的观点，并不代表作者的立场，但作为历史文献资源加以整理、编辑呈现，是有历史价值的，可供河北大学校史、河北和天津高等教育史研究借鉴和参考。对其中的相关材料的选择及评价，希望读者能在批判性地加以分析鉴别与合理利用的基础上阅读。

本资料书时间漫长，内容丰富，其中不当和缺漏之处，尚有待改正和丰富、提高，在此请有关河大校友、领导及师生并广大的社会贤达给予批评指正。

我们衷心感谢河北大学党委常委、副书记杨立海，党委宣传部原部长张秋山、原副部长张永刚的支持和关怀，河北大学党委宣传部部长苏德伟对我们开展的此项工作同样鼎力相助，解决组织出版过程中的种种问题。他们的支持与热心是我们在毫无物质回报的情况下开展如此艰苦工作的精神力量。我想这次校史工程的项目如果有一定成绩的话，他们是功不可没的。

最后需要说明的是，这是对河北大学校史资料的首次整理，其中耗费精力极多，难度和复杂性超出想象，但愿我们的努力能够为学校的提升发展，为河北大学的新世纪“十四五”的崛起发挥应有的作用，尽我们的绵薄之力。

吴洪成

2022 年 9 月 20 日

目 录 Contents

第一编 河北大学史通论

第二编　河北大学校史分论

第三编　各历史时期河北大学办学目标及办学活动

第四编　河北大学教育行政管理、社会服务及办学经费

第五编　河北大学教师、毕业生及社会反响

第六编　北疆博物院（馆）、图书馆、社团组织及校园文化

第一编　河北大学史通论

一、《献县志》记河北大学办学的历史背景[①]

教区演变：清咸丰六年（1856），罗马教廷批准北京教区法籍主教穆立的请求，决定从法国遣使会管理的北京教区划出一部分归法国耶稣会管理，成立一个新的教区——直隶东南教区。咸丰十一年（1861），直隶东南教区主教郎怀仁决定将该教区主教府，由威县赵家庄迁至献县，统辖河间、大名、广平等三府，深、冀、景、开、磁等五州，东光、任丘、献县、肃宁、交河、饶阳、安平、武强、武邑、衡水、南宫、枣强、新河、阜城、宁津、吴桥、故城、清河、威县、永年、邯郸、鸡泽、曲周、元城、肥乡、大名、广平、成安、魏县、南乐、清丰、东明、长垣等33县的教务。

1924年6月，根据天主教上海会议关于以主教府所在地命名教区的决定，直隶东南教区改称献县教区，辖37个县的教务。1929年，从献县教区划出永年、曲周等10个县，成立永年教区；1936年，又划出大名、南乐等6个县，成立大名教区；1939年，再划出景县、阜城等12县，成立景县教区。从1939年到“文革”前，献县教区辖献县、河间、任丘、肃宁、交河、深县、饶阳、武强、安平等9个县的教务。

1966年“文化大革命”开始后，一切宗教活动被迫停止。1980年落实宗教政策，教务恢复正常，按行政区划将原献县教区改为沧州教区，主教府仍设在献县大

---

① 题目为编者根据内容自行拟定。

张庄教堂。沧州教区辖沧州市及沧州地区所有市县的教务。

传入与发展：河间城在元代已建有教堂，其影响波及献县。明万历二十八年（1600）七月，利玛窦由南京沿大运河北上沿途传教，县境始有天主教活动。清顺治八年（1651），献县齐古庄、南皇亲庄建立起教堂。乾隆八年（1743），河间、献县的42个村庄有天主教活动，共有教徒3000余名。民国十四年（1925）献县有天主教14 167人，外籍神甫54人，献县人晋任神甫19人（其中：张家庄4人，大郭庄3人，马家庄1人，齐家庄1人，西韦庄2人，南紫塔1人，周家庄1人，留路1人，西城齐庄1人，单桥1人，陵上寺1人，田家庄1人，东郭庄1人），外地来献县任神甫11人。抗日战争开始后，由于东西方交通中断，外籍教士得不到及时补充，外籍神职人员减少。抗日战争胜利后，张家庄（现名张庄）总堂被人民群众发起的减租减息等运动所冲击，尤其是该教堂外国传教人员披着宗教外衣进行国际间谍活动，破坏中国人民革命事业被人民政府镇压后，总堂内的外籍教士见大势已去，有的回国，有的迁往北京、天津、上海等大城市。

献县解放后，党和政府通过宣传贯彻新中国宗教政策，清除了总堂内的帝国主义势力，教务活动恢复正常。1951年，献县的天主教徒分布于135个村庄，共有教徒7395人（其中男3463人，女3932人），其中会长60名，贞女81名。1964年，教徒散布在全县137个村庄，7100人。

1966年“文化大革命”开始后，张庄天主教堂的宗教设施绝大部分被献县中学的红卫兵砸烂，教堂藏书被烧毁，神甫、修士、修女被遣送回家监督劳动。1980年开始落实党的宗教政策，张庄总堂及全县41个宗教活动场所相继开放，宗教活动恢复正常。

1983年，全县有天主教徒12 000余人，分布在全县23个乡镇138个村，其中乐寿镇、淮镇、城桥乡、万村乡、郭庄乡、三堤口乡等乡镇的教徒较多。已开放的宗教场所41所，基本上满足了信教群众宗教生活的需要。

（资料来源：献县地方志编纂委员会编《献县志》，中国和平出版社，1995年版，第642—643页）

二、《公教学生》记天津工商大学、天津工商学院

溯自民国九年，献县耶稣会鉴于天津华北大埠工商之业日益发展，而教育为百事基础，尤不可缓，遂慨然以兴学为念，乃于十年委于溥泽司铎规划筹备于马场道地勘定校址。是年校舍落成，十一年教员宿舍及北疆博物馆落成，十二年预科大楼

学生宿舍及教室一部先后落成，十五年本科大楼落成，十六年图书馆同学宿舍落成，规模宏远，遂成天津著名之学校。自十二年九月大学开课，任其事者于司铎任首次院长，后为裴百纳院长、赵振声院长、华南圭院长、尚建勋院务长，教务长为邵德基司铎、卜志礼司铎，副教务长为刘迺仁司铎，工科主任为裴化行司铎，商科主任为尚建勋司铎、柯守义司铎。其始学生仅八十余人，十年间增至大中共合六百余人。二十一年九月始由教育部正式立案定名为工商学院。工科分为土木工程、建筑工程二系，商科分为会计财政、国际贸易二系。以前本院缔造发展之大略也。迨民二十九年本届毕业生入校，时尚建勋司铎为院务长，暴安良司铎为工科主任，田执中司铎为商科主任，刘迺仁司铎为训育主任，系主任为高镜莹先生、房如晦司铎。是年工科新生九十人、商科六十人。三十年田执中司铎离校，尚院务长兼商科主任，以赵禄炯先生为会计财政系主任，又聘教授多人。嗣后尚院务长升任耶稣会会长，由叶慕华司铎继任院务长，延三浦万之助先生为副院长，以房如晦司铎为商科主任而兼主国际贸易系历数月。院长易刘迺仁司铎。是时欧战方炽，海外经费未能以时寄到，乃为募捐之举以资维持。三十二年成立校董会，龚仙舟先生任首任董事长。见及天津无女子学院，后于香港道勘定女院校址，成立女子文学系，孙家玉先生为主任。复以建筑系停办，已经一年而谋恢复，任沈理源先生为主任。虽在经费阻滞之时，龚董事长、刘院长从不懈扩充教育之意。三十三年春龚董事长逝世，推徐端甫先生为董事长，至五月十五日后本届学生已将商科毕业论文、工科毕业设计交齐。六月五日举行大考，六月中宣告毕业，此近四年之大概也。因念本院在津已成仅存之硕果，二十年来经各院董事长等苦心所成就学生不下数千人，而本届学生亦得列门墙之内获此学问，得此效果，且感且幸，深愿此后毕业同学虽劳燕分飞各谋事业，然扶持母校、尊敬师长、交欢先后同学，以此立志，庶不负本校之成就也矣。

一九四四年六月二十五日

（资料来源：《公教学生》（第一卷第三期），河北大学档案馆藏，1941-CB13-10）

三、《本世纪初在华天主教教育事业》述天津工商大学

讲到教育，自从中国于1904年废除科举、兴办学校之后，果然因此发展加速了，可是并不是因此才发动的。利玛窦时代最初的努力，姑且不说，1847年耶稣会在上海徐家汇创立。只过了三年，那遐迩闻名、素称教育中心的徐汇公学，早就于1850年开办了。学生们不论教内教外，都得入学肄业。

20世纪中，天主教开办的各级学校，更是日盛月增，上自各科大学和栽植神职

班的大小修院，下至教理小学，多得不可胜计。除了北平、大同、济南、兖州、成都、徐家汇、开封、宣化、汉口、九江、宁波，香港，各区所设立的12处中枢修院外，许多宗座代牧区，或是宗座监牧区，还另外设立着一两个修院。1930年这一年内，共计攻习拉丁文的学生，有4351名，攻习哲学的，有327名，攻习神学的，有425名。此外还有29名修院生，在罗马留学，预备晋升司铎。

为便利学生们求高深学问起见，法国耶稣会士们在上海设立震旦大学。这个大学是在1903年开办的，由耶稣会管理。在北平则有辅仁大学，是于1925年，由美国本笃会士们创办的，1933年，让渡给圣言会司铎们管辖。法国耶稣会又于1922年在天津创办了工商学院。震旦、辅仁两大学和工商学院，都已呈准政府立案。1930年，三大学学生共计1374名，都是男生。分别计算，正科生：教内143名，教外379名。预科生：教内156名，教外696名。

但许多教区内，还设立着高等学校，教授初高中课程。1930年这种学校共计有51所，男生8306名，教内3433名，教外4873名。又女生4026名，教内1995名，教外2031名。

同年份，肄业各属师范学校，预备将来从事于教育工作的男生有279名，女生395名。又其他各属造就要理教员的学校里，有青年男子877名，青年女子754名。

寻常男女儿童，都在初高小受教育。1930年，共有男童高小学校197所，计教内生6056名，教外生4333名。女童高小学校117所，计教内生3936名，教外生4451名。此外，教理学校有8640所，男生86 975名，女生75 510名。

讲起教育工作，不妨顺便在这里提一提中国天主教教会出版的刊物。各种定期刊物如周刊、月刊、半月刊等约有30种，中西文都有。西文刊物有拉丁文，有英文、法文，也有意大利、西班牙、葡萄牙等各国文字。同时公教教会，也办着印刷事业，他们经营的印刷所，有20余处，主要的是北平、天津、上海土山湾、献县、重庆、兖州、香港7处，这几处的印书馆，办得很久，先后出版的书报刊物，不下数十万种。第一，要算土山湾印书馆的出品最多，竟多到53万种。其次，是重庆的圣家印书局，也有40万种。这些书籍的作者，如南京会外神职班的黄伯禄，和耶稣会士晁德莅（Zattoli）、夏鸣雷（Havret）、顾赛芬（Couvrer）、管宜穆（Tobar）、夏之时（Richard）、禄是遒（Dore）、戴遂良（Weiger）等，都是教中著名的华文学家。还有其他非耶稣会士的华文学家如樊国梁（Mgr. Favier）、陶福音（Mgr. Otto）、贝廉（Perny）、欧磐石（Aubazac）、梁司铎（Lamasse）、雷慕贤（Rey）、闵司铎（Jasmin）、闵神父（Mullie）、任司铎（Maorio）、鲍司铎（Biallas）、苗司铎（Mittler）、于纯璧（Hubrecht）等多得难以计数。

为依照上海第一次全国公会会议决议鼓励发展，和统一天主教教育和印刷业务起见，1928年在北平设立了一个中枢机关，由宗座驻华代表直接监督。这个机关的名称是“中华公教教育联合会”，这个教育委员会除了其他许多出版物以外，还发行着一种月刊，用华文、拉丁文和英法文四种文字刊印这种杂志，华文名称是“中华公教教育联合会丛刊”，英文名称是：“The Digest of the Synodal Commission”。

各教区中，教育最发达的，是南京、北平、香港、汉口、兖州和天津。北平区内，共有男子中学校10处，女子中学校13处，计男生1186名，女生796名。南京区内，共有男子中学校8处，女子中学校5处，计男生2625名，女生955名。汉口区有男子高级小学校20处，女子高级小学校19处，计男生947名，女生900名。高等小学校男子最多的，要算南京区（1596），女生最多的，要算香港区（1600）。男童初级小学校最多的，只有兖州和天津两区，兖州253处，天津130处。可是初小男生，南京区最多，有8073名，其次是兖州区，有4515名。肄业初级小学的女学生人数，南京区有6448，香港区有2855。教理小学校，要算献县最多（1069），其次是兖州（712）、永丰（522）和北平（519）。读经男生最多的是献县（6325），其次北平（5449）、南京（4946）和保定（4620）；女生，献县（6650）、北平（5449）、南京（4963）和兖州（4023）。天主教传教区所以成为一种有力量的组织，全是因为它统一于罗马的缘故。

（资料来源：［法］德礼贤《中国天主教传教史》，《万有文库》简编本（第一集一千种），第100—104页、第118页；转引自朱有瓛、高时良主编《中国近代学制史料》第四辑，华东师范大学出版社，1993年版，第151—154页）

四、《河北大学校史稿》记天津工商大学校史

（一）酝酿建校和历史背景

1911年辛亥革命失败后，袁世凯窃取革命果实，倚仗帝国主义势力建立了暂时的统一政府，媚外卖国，苟且偷安。帝国主义侵略者乘袁世凯当政之机，极力在中国扩充他们的侵略势力。1913年，天主教罗马教廷和侵入中国的法国天主教人士计议，拟在中国北方建立一所培养工、商两科人才的学校，校址选在袁世凯政府的嫡系军阀冯国璋的原籍河北省河间县。经过勘测，很快便将河间县城西门附近的旷地定为校址，并依靠当地政府调集各种工匠，集运砖石木材等建筑材料。在经过计议、勘测、庀材鸠工即将破土建校之际，1914年8月，适逢第一次世界大战爆发，法、

英、德、意等帝国主义国家陷入西方战争的漩涡，相对地放松了对中国的侵略，法国天主教人士在河间县开办学校的活动亦即停止。

（二）校址改迁和校舍基建

第一次世界大战结束后，西方帝国主义国家对中国的侵略重新加紧了。1920 年，天主教罗马教廷责令华北教区总堂——河北省献县耶稣会踵成前事，继续兴办学校。献县耶稣会会士集议，认为河间县非华北重镇，天津乃是华北实业之中心，海陆交通之枢纽，在全国商埠中位居第二，且其面临有无限经济价值的渤海，背靠历史悠久的文化古城北京，是开办学校、掠夺资源和窃取情报的理想所在。因此，将校址由河间县改迁至天津。

11 月 13 日，天主教献县教区刘文斯主教向天津教区文贵宾主教请求在津开办一所工商学校，专门培养工、商两科专门人才。12 月 9 日，果蒙文贵宾主教予以允许办理。

1921 年 1 月 14 日，天主教罗马教廷文准营建。献县耶稣会即委令于溥泽神甫到天津筹备建校事宜。7 月 25 日，于溥泽神甫抵津，下榻于耶稣会经济事务和房产管理处所在地崇德堂。经勘测，于 8 月上旬，选定马场道清鸣台附近旷地为校址，占地百余亩。12 月 20 日，由比利时国工程师开始绘制校舍建筑图样。1922 年 3 月 9 日，即将绘制好的校舍建筑图样邮寄天主教法国耶稣总会。从 4 月下旬开始，学校教职员宿舍、预科大楼和北疆博物院北楼的基建工程相继动工。

（三）学校初建时期

1922 年，在学校基建工程紧张进行的过程中，6 月 13 日，天主教献县教区耶稣会会士经过计议，正式确定校名为工商大学，并以该校将要招生，通知华北各教区主教。12 月初，部分教职员宿舍落成，献县教区在天津的各位神甫移居于校内，同时确定于溥泽神甫任工商大学第一任校长。接着，学校四处延聘教授、讲师，购置教学仪器、图书资料等教学用品，积极准备招生。

1923 年上半年，大学预科楼和部分宿舍落成，经过积极筹备，学校初步具备招生条件。7 月 2 日，招考第一届学生工作开始，分为工业、商业两科，学制初步定为本科四年，预科两年。9 月 15 日，新生入学，正式上课。全校共有教授 9 人，本科学生 48 人，预科学生 51 人。鉴于学校初创，地处幽僻，尚不为社会上众多人士所知，因此，当时来学者甚少。

为逐步完善学校建制，1924 年 3 月 19 日，教职员宿舍楼继续动工兴建。4 月 29

日，校当局集议研究建造教学大楼事宜，并议定聘请意大利国工程师绘制教学大楼图样。8月15日，天主教罗马耶稣总会会长审核批准所绘教学大楼图样。从10月2日开始，进行鸠工兴建。本年，全校教授增至15人，本科生增至80余人。

1925年7月3日，于溥泽校长离任赴河北省滦县教堂任职，裴百纳神甫任工商大学第二任校长。暑假期间，招收本科生一个班，预科两个班。9月开学后，学校设学监，由邵德基神甫担任。全校教师划分为工、商两科，裴化行神甫任工科主任，尚建勋神甫任商科主任。同时，提倡学生课外开展体育、游艺活动。

1926年11月，具有欧洲文艺复兴时代样式的教学大楼落成。该楼堂皇威壮、别具风格，兀然而立，为当时社会众多人士所注目，校誉亦随之上升。同时，校图书馆落成开馆。12月15日，裴百纳校长到国民党教育部路政司"询问各铁路需用工程人才情形，以便确定学校学科内容"。茅以升先生曾代表路政司司长表示意见，以为学校"办理工科以土木科最为适用，并以英文教授为宜"。裴百纳校长表示赞同，并"称善而去"。

为扩大学校影响，1927年5月，学校创办《工商大学季刊》，宣传报道本校教学科研情形和学生生活状况。7月，葛道昌神甫任商科主任。8月以后，校方根据茅以升先生建议，将全校外国语课程由法语改为英语。10月7日，一些与校方有关系的其他外国籍神甫相继到校任事，凌安澜神甫来校任学监。校图书馆藏书增至20 000余册，并订有世界各国著名工商业杂志，教学和科学研究的信息比较灵通。

1927年，国民党反动派叛变革命以后，对共产党人大规模地进行屠杀，无产阶级革命运动暂时处于低潮，帝国主义列强乘机加紧对我国侵略。工商大学的帝国主义校当局，为了进一步掠夺我国的自然资源，扩大矿物、动物、植物等自然标本的储藏量，决定扩大北疆博物院的规模，并于1928年上旬开始建造北疆博物院南楼。同时，为了对我国青少年进行系统的奴化思想教育，校当局决定成立工商大学附属中学，并于五月下旬选定大学部附近的旷地为附中校址。6月，工商大学首届学生毕业。校当局为扩大学校影响，专此举行了隆重的毕业典礼，特地邀请与学校有关的华北各教区主教到会助兴，同时创办了《工商大学校刊》，对学校情况广泛进行宣传。首届学生入学时48人，到毕业时仅11人，其中工科7人，商科4人，撰写毕业论文4篇。学生毕业后，多被聘用到与帝国主义国家有联系的企事业机关任事或到国外留学。

为确保帝国主义在学校的统治力量，1929年暑假以后，裴百纳校长赴欧美延聘教授，并谒见罗马教皇暨教务部长，亲自报告工商大学建设情况，于12月21日返校。本年5月，学校创办《工商大学公教生季刊》，宣传鼓吹宗教理论和教徒生活，麻痹教徒和青年学生。暑假期间，学校从上海徐家汇天文台购进大地测震仪1台。该仪器系苏联科学家贾理精设计创造，在国际上享有一定声誉。当时，在我国北方仅此一台，工商大学因此蜚声校界。本年全校有毕业生8人，其中工科3人，商科5人，撰写毕业论文5篇。

1930年，狄守仁神甫任学监。2月，学校奉国民党教育部令停办预科。8月，改预科为附属高级中学校，这是中学部奠基之始。9月，学校另设初级中学部。11月，卜怀礼神甫由法国委派来校担任教务长职务。本年全校有毕业生12人，其中工科9人，商科3人，撰写毕业论文3篇。

经过几年建设，学校的教学和实验设施不断增加，如教学楼、图书馆、藏书室、理化室、机器房、实验材料室和商品陈列馆等相继建成，教务情形日臻完备，全校教职员增至26人，各地来校求学的学生有增无减。为加强对人才的控制和扩大学校影响，学校创办出版了《工商大学毕业纪念刊》，延请社会名流在纪念刊上为学校题词致贺。同时，学校组织成立了工商大学校友会，并规定了校友会组织大纲。校当局亦派员到国民党教育部和各大企业行政部门游说，加紧同国民党政府和各大企业财团的联系。

（资料来源：王喜辰编《河北大学校史稿》上编，1985年10月打印本；节选自朱有瓛、高时良主编《中国近代学制史料》第四辑，华东师范大学出版社，1993年，第422—426页）

五、《天津教育大事记》记天津工商大学、天津工商学院

（一）天津工商大学

1920年，法国驻津领事夫隆单（Froadain）倡议，经和献县主教、天津主教商定在天津建立“工商学院”。其办学目的主要是培养亲法知识分子，院址设于英租界马场道（外语学院现址）。该院是一所专科大学，设工商两科及神学系，并以法文为主要课程。于1921年破土动工，到1923年部分校舍落成，开始招生，正式上课。于溥泽（Yubow）为首任院长，其后历任院长如裴百纳（A. Beran），主任尚建勋（Gharvet）、裴化行（H. Beran）等及绝大多数教授均为法国神甫，学生则多为天主教徒子弟及资产阶级出身的青年。到1926年校舍基本落成；1927年又建成图书馆及新宿舍。前后历时十年，才略具规模。

1930年因向国民党政府教育部立案，始聘华南圭为形式上的院长，实权仍操在

法人之手。

1931年，天津工商大学（津沽大学前身）附中教学楼落成，全校学生达600余人。

（资料来源：李惠兰提供《津沽大学校史简志》，天津市教育局《教育志》编修办公室编《天津教育大事记（1840—1948）》，天津市地方史志编修委员会总编辑室1987年出版，津出字1987第000287号，内部发行，天津市津北岔房子印刷厂印刷，第103、135页）

（二）天津工商学院

1933年9月，经教育部批准立案，工商大学改名工商学院。工学院分土木工程及建筑二系；商学院分会计财政及国际贸易二系。1935—1939年相继建成物理实验室、材料实验室、电机实验室、商品实验室、金工厂、木工厂等实验基地。

1939年，天津工商学院曾设法律系，转年停办，学生多转入商科。

1943年，天津工商学院增设女子文学院，设有文学系、史地系和家政系，学校规模扩大为三院七系。此时期，由高镜莹任土木工程系主任，沈理源任建筑工程系主任。

1945年，抗日战争胜利后，天津工商学院增设机械系和工商管理系。到此时该校具备了三院九系的规模。

（资料来源：李惠兰提供《津沽大学校史简志》，天津市教育局《教育志》编修办公室编《天津教育大事记（1840—1948）》，天津市地方史志编修委员会总编辑室1987年出版，津出字1987第000287号，内部发行，天津市津北岔房子印刷厂印刷，第140、153、155、160页）

1946年12月30日，抗议美军暴行的运动持续扩大，全市十一所大、中学校（南开大学、北洋大学、河北工学院、天津工商学院、女师学院、耀华中学、南开中学、木斋中学、广东中学、市一中、女一中）的代表在南开大学举行联席会议，会上经过讨论，组成天津市学生抗议美军暴行联合会（简称“抗暴联”），使抗暴运动有了统一的领导。

（资料来源：左建、秦戈《解放战争时期的天津学生运动》，天津市教育局《教育志》编修办公室编《天津教育大事记（1840—1948）》，天津市地方史志编修委员会总编辑室1987年出版，津出字1987第000287号，内部发行，天津市津北岔房子印刷厂印刷，第163页）

1948年春，工商学院交响乐团，在小提琴家丁继高的指挥下曾举行交响乐演奏会。节目中有不少难度较大的作品，最后是贝多芬第一交响乐第四乐章。由中国人演奏这种交响乐，在天津这是创举。

（资料来源：曹世瑛《天津乐坛忆当年》，天津市教育局《教育志》编修办公室编《天津教育大事记（1840—1948）》，天津市地方史志编修委员会总编辑室 1987 年出版，津出字 1987 第 000287 号，内部发行，天津市津北贫房子印刷厂印刷，第 167 页）

六、《闻墨》记天津工商大学及其历史演变①

（一）天津工商大学、天津工商学院

1921—1948 年，是天津工商大学时期。

据《天津工商学院简史》所载，1921 年 7 月，耶稣会直隶东南教区任命于溥泽为天津开办大学的代理院长，负责筹备建校事宜，选定天津英租界马场道清鸣台一百余亩旷地创办天津工商大学。

1923 年招收新生正式开课，《益世报》刊登的《天津工商大学已开幕》一文记录了当时的开学盛况："天津工商大学，为公教耶稣会所创办，其规模宏大，实为华北公教中首屈一指之学校""见其新建筑物之壮丽，即知该校计划之远大。将来之发达，可预卜也。"天津工商大学办学特色鲜明，具有浓厚的宗教色彩，1933 年 3 月 5 日《益世报》就有《本市工商学院欢迎法公使盛况》一文可以佐证，学校还采用法国教育体制，坚持"实事求是"的办学精神："该校宗旨，专为造就商界中及工程上实用人才，故其科目不务高远，惟求切于实用。"

1933 年 8 月，南京国民政府教育部正式批准更名为"河北省私立天津工商学院"。抗日战争时期，面临动荡不安的发展时局，学校积极争取社会支持，聘请社会名流加入校董事会，发挥其募捐办学作用。据《大公报》载，1947 年教育部官员来校视察时，谈到"士绅喜办教育是天津的特色""工商设备在天津各校中最完善，改大学也够用"。1933 年至 1937 年招收夜读班，《益世报》刊登"天津私立工商学院（马场道）夜班招生"，开成人教育之先河。此外，工商文体活动丰富，长期举办年度运动大会，"对体育一项向极注意，故成绩颇佳"。该校音乐会"演奏成绩甚佳"，队员"皆本学院学生，对音乐之兴趣甚为浓厚，演技或有不成熟之处，但旨在提倡市民对音乐之爱好"。

---

① 题目为编者根据内容自行拟定。

为了跻身大学之列，学校抓住机遇，扩大办学规模，1946 年 10 月“添设机械系及工商管理系”，并“完成三院九系组织”。更名津沽大学时，已“有三院十系，教职员已增聘至一零六人，全校学生大学部七六七人，约半数为女性”。

这一时期，天津工商学院有“煌煌北国望学府，巍巍工商独称尊”的美誉，“堪称与康奈尔大学相媲美”。

（资料来源：《闻墨》编委会主编《闻墨》，天津科学技术出版社，2014 年版，第 3—4 页）

（二）津沽大学

1.《闻墨》记津沽大学

1948—1952 年，为津沽大学时期。

1948 年 10 月，国民政府教育部正式批准立案，将天津工商学院改名为私立津沽大学。《益世报》于 1948 年 11 月 12 日出版“工商学院成立二十五周年升格津沽大学纪念专刊”，详述工商学院办学历史。

1949 年 1 月，天津解放，私立津沽大学进入一个破旧立新的历史阶段。1951 年 1 月，新任副校长李宝震、教务长王金鼎到职。

据《天津日报》记载，1951 年 9 月 25 日“津沽大学改为国立”“隆重举行接收典礼”，任命著名物理学家张国藩担任国立津沽大学首任校长。

1952 年，中央人民政府对全国大专院校、系和专业进行调整，将津沽大学工学院三系与原北洋大学合并，组建天津大学；财经学院三系调整到南开大学，“津沽大学校名撤销”。

津沽大学继承了天津工商大学（学院）的优良传统，比如引进高水平师资，重视外语教学等，许多做法至今仍有借鉴意义。

（资料来源：《闻墨》编委会主编《闻墨》，天津科学技术出版社，2014 年版，第 31 页）

2. 私立津沽大学

（1）《津工商学院秋季改大，更名津沽大学》

津工商学院为筹商改大事，于昨（十三日）上午十一时召开董事会。到董事会于斌总主教及董事徐端甫，院长刘迺仁等十余人。会中首由刘院长就工商校务状况分别提出报告，继由于总主教等对工商改大事颇多指示，至一时许始行散会。据悉：工商改大问题，业经教部原则同意。该校董事会已决定于本年秋季始业时正式实行，并改称津沽大学。除保持原有之商工学院外，并增设文学院。至工商学院一名，即将永载该校之辉煌历史中，而成为一过去之名称。

（资料来源：《益世报》1947 年 8 月 14 日第四版，《闻墨》编委会主编《闻墨》，天津科学技术出版社，2014 年版，第 27 页）

（2）《工商学院即将改大》

津私立工商学院改大，经教育部督学吴兆棠、专员黄子壑二氏两度视察后，益形具体化。一俟报部批准，即可实现。改大后并将更名津沽大学，以符部章。按该院系天主教耶稣会创办，其计划始于民九，筹备四载，于民十二始招新生，是为初期工商大学，当时仅教授 9 位，学生 48 人。民十六第一班生毕业，民二十三遵教育部章立案，易名工商学院，更聘华南圭工程师为院长，锐意准备改大。抗战期间备历艰辛，虽横遭日寇摧残，而课业未曾稍辍，更于三十二年增设女子文学系，招收女生，胜利之后，改大旧事重提，继续各项准备工作。现有三院十系，教职员已增聘至 106 人，全校学生大学部 767 人，约半数为女性，附中 1300 人。

（资料来源：《益世报》1947 年 12 月 26 日第四版，《闻墨》编委会主编《闻墨》，天津科学技术出版社，2014 年版，第 28 页）

（3）《工商学院改大准备就绪，定名"津沽大学"》

本校改大校方已准备就绪，定名"津沽大学"，除是日放假外，并有多项庆祝节日，日期约在 11 月初旬。十二日教部司长英千里氏抵津，授予本校奖状一纸，奖励我校于沦陷时之不屈不挠精神，本校引以为荣。

（资料来源：《大公报》1948 年 10 月 26 日第二张第五版，《闻墨》编委会主编《闻墨》，天津科学技术出版社，2014 年版，第 30 页）

3. 国立津沽大学

（1）《中央人民政府教育部批准津沽大学改为国立，由市府代管，决扩充设备调整院系，全校师生职工衷心感激政府措施》（节选）

［津市新闻处讯］中央人民政府教育部顷接受津沽大学董事会请求，决定由政府接办该校，改为国立。津沽大学，原名工商大学，创办于 1923 年，1933 年改名工商学院，1948 年改为津沽大学。

中央人民政府教育部现已批准该校董事会的请求，将该校改为国立委托天津市人民政府代管。中央人民政府教育部并决定扩充该校设备，调整院系，扩大招生，使之成为培养新民主主义建设人才的高等学校。全校师生及职工对政府措施异常感激，并表示决心将学校办好。

（资料来源：《天津日报》1951 年 8 月 5 日第二版，《闻墨》编委会主编《闻墨》，天津科学技术出版社，2014 年版，第 51 页）

（2）《津沽大学改为国立，昨日隆重举行接收典礼，马叙伦部长指示加强爱国主义思想教育，黄市长等号召彻底肃清帝国主义的影响》

［本报讯］中央人民政府教育部批准接收津沽大学并将该校改为国立后，昨日下午，该校隆重举行接收典礼。中央人民政府教育部马叙伦部长、教育部高等教育司张宗麟副司长从北京赶来天津参加。黄敬市长、市府文教委员会黄松龄主任委员及该校前董事长李烛尘，董事周叔弢、资耀华等也出席典礼。会上，马叙伦部长宣布，中央人民政府教育部已提请任命张国藩为津沽大学校长，李宝震为副校长。

黄松龄主任委员致开会辞后，即由该校前董事长李烛尘将移交书呈给马叙伦部长。这时，在场的一千六百余师生员工都热烈鼓掌，极为兴奋。马叙伦部长和黄敬市长相继讲话，他们都为津沽大学的新生向该校师生员工致贺。马部长提出办好津沽大学应该注意的三点：1. 津沽大学的每一个人都要明确认清政府办高等学校的方针，新中国的大学是用马克思列宁主义和毛泽东思想培养高级建设人才的教育机关，必须使大家认清这一方针，才能共同努力，朝同一方向前进。2. 继续肃清帝国主义的奴化思想，加强爱国主义思想教育。3. 全校师生员工团结一致，尤其是宗教徒与非宗教徒要在爱国主义的旗帜下团结起来。

黄市长在讲话时说，过去为了创造一个良好的学习环境，全校师生员工曾不断地与帝国主义进行斗争。今天这目的达到了，要充分运用具备的条件，好好为人民的事业而学习。黄市长并提出，今后还要注意：1. 彻底肃清帝国主义在校内的残余影响。2. 提高教学与学习情绪，努力学习各种知识。3. 锻炼好身体。

前董事长李烛尘在讲话时指出，津沽大学在改为国立前，董事会曾得到政府的许多帮助。他希望今后的津沽大学在政府领导下，团结进步。张国藩校长在会上讲述了学校的简单历史情况后，又报告了目前学校扩充校舍、增添设备的情况。他对该校的发展前途充满信心。津沽大学教育工会代表钱君晔、津沽大学学生会代表张家瑞讲话时，也都保证要在今后努力学习和工作，搞好教学。来宾南开大学校委会主席杨石先和天津大学校委会主席刘锡瑛在会上讲话，向津沽大学祝贺。

典礼五时结束。马叙伦部长、张宗麟副司长及黄松龄主任委员又参观了津沽大学的实验室及实验工厂。

（资料来源：《天津日报》1951 年 9 月 26 日第一版，《闻墨》编委会主编《闻墨》，天津科学技术出版社，2014 年版，第 52—53 页）

（3）《国立南开、天津、津沽三大学院系调整工作基本完成，南开大学成为综合

性的大学、天津大学成为多科性的高等工业学校，津沽大学校名撤销》

［本报讯］为了适应国家建设的迫切需要，实现中央人民政府政务院“关于改革学制的决定”，国立南开大学、天津大学、津沽大学在中央人民政府教育部统一领导下，今年春季开始进行了院系调整工作，现已基本完成。该三校经调整后合并为南开、天津两个新型的大学：南开大学成为综合性的大学，天津大学成为多科性的高等工业学校，津沽大学校名撤销。这是在津市高等学校教师思想改造学习运动取得胜利的基础上，有计划有步骤地改革高等教育工作的重大措施。这一措施将彻底改变过去教育和实际脱节及院系重复的现象，使天津市高等教育更密切符合国家建设的需要。

通过思想改造学习运动的教育，各该校师生提高了政治觉悟，对于这次院系调整工作，一般都有正确的认识，热烈拥护和支持这一措施。南开大学、天津大学分别成立了建校筹备委员会，积极协助政府进行院系调整工作。如修建新校舍，根据中央教育部的决定，新的南开大学仍设于原址，并新建一部分校舍；天津大学设于六里台至八里台之间，校舍面积 8 万平方米，全部工程均为新建。津沽大学建筑系和天津大学土木系四年级学生及南开、天津、津沽三校 60 位教师均积极地实地参加了建校工程工作。目前各项主要工程即将全部完成，包括四座可以容纳 800 到 1000 人上课的课室大楼和实验室、素描教室和画廊、水利馆、建筑工程陈列馆、测量仪器室、制革厂、金工厂、木工厂、铸工厂、锻工厂等；此外，还有男女学生宿舍、教授宿舍、医务室、俱乐部、合作社、托儿所和可容纳 2000 人的大食堂等。在建筑时，各该校师生发挥了高度的积极性，尽量做到精简节约，“用最少的钱，办最多的事”。他们在建筑过程中所节约的全部款数加起来，足可建筑一座容 1000 多人上课的大楼、一座职工俱乐部和一部分教职员工的宿舍。

新的大学的专业和系科设置与教学计划的制定，是院系调整中的一项首要的工作。各校教师经过慎重的研究和反复讨论之后，体会到了苏联教学计划的优越性，掀起了学习苏联先进经验的热潮。各该校先后邀请苏联专家作有关教学经验的报告。各校教师并自动组织起来，学习俄文，准备大量翻译苏联高等学校各种专业的教学计划、教学大纲。目前，根据国家建设的需要，经呈请中央人民政府教育部批准后，南开大学、天津大学所设置的各系科均已确定：南开大学分设中国语文、外国语文、历史、化学、物理、数学、生物、政治经济学、财政、金融、贸易、企业管理、会计、统计等 14 个系，其主要任务为培养科学研究人才和中等学校、高等学校师资。天津大学分设机械、电力、电讯、土木建筑、水利、化工、纺织等 7 个系，其中包括测量、房屋建筑、耐火材料、金工、焊接、陆地水文、水利使用、水利技术建筑、工业用电、长途电话等10个专修科，其主要任务为培养各种专门的高级技术人才。此外，关于新的大学的师资调配问题，各该校教师一般都自觉地根据国家的需要，服从中央人民政府教育部的统一调配，现各该校的人事大致已调配就绪。各该校教师表示要愉快地走上新的工作岗位。

（资料来源：《天津日报》1952年9月27日第三版，《闻墨》编委会主编《闻墨》，天津科学技术出版社，2014年版，第54—55页）

（三）天津师范学院、天津师范大学

1952年9月，津沽大学师范学院与天津教师学院合并为天津师范学院，院址设在前津沽大学校舍内。梁寒冰任院长，温宗祺任副院长。建立初期，“该院分四年制本科、速成专修科及业余专修科三部，设有政治、中国语文、史地、数理、生化、俄文、体育等七系”。

1958年，天津改为河北省省辖市，省会由保定迁至天津，同年6月，天津师范学院扩建为天津师范大学，成为河北省五所重点大学之一。

1960年，河北省人民委员会决定将天津师范大学发展为一所新型的综合大学，更名为河北大学。“该校在原天津师范大学的基础上，增设了科系或专业，目前，共有哲学、政治经济学、中国语言文学、外国语言文学、数学、物理、化学、生物、历史、地质地理、教育、体育等十二个系，二十五个专业。”

1970年，河北大学理科迁至保定市。其中文科先搬迁到冀县，又改迁隆尧县唐庄劳改农场，最后迁到保定。一部分文科教师特别是外语教师先后转入天津外国语学院。

（资料来源：《闻墨》编委会主编《闻墨》，天津科学技术出版社，2014年版，第57页）

（四）河北大学

《适应我省建设飞跃发展的需要，天津师大改为河北大学》

[本报讯] 为适应我省社会主义建设事业飞跃发展的需要，中共河北省委决定天津师范大学发展为一所新型的综合大学，自七月一日起，正式改名为河北大学。

河北大学将成为发展我省文化教育事业和科学研究工作的一个重要基地，担负培养既具有高度的社会主义觉悟，又有较高理论水平和专业知识水平的又红又专的社会主义建设人才。为此，该校在原天津师范大学的基础上，增设了科系或专业，目前，共有哲学、政治经济学、中国语言文学、外国语言文学、数学、物理、化学、

生物、历史、地质地理、教育、体育等十二个系，二十五个专业，并且设有中国语言文学、物理、数学、化学四个研究班。河北大学的前身天津师范大学，在党的领导下，坚持政治挂帅，认真贯彻了党的教育方针，在教学、科学研究、生产劳动和政治思想等方面，都取得了显著成绩。中共河北省委决定将天津师范大学改名河北大学的消息传到学校后，全校师生纷纷表示一定要更高地举起毛泽东思想红旗，加倍努力，多快好省地把河北大学建设成为一所新型的社会主义的综合大学。

（资料来源：《天津日报》1960 年 6 月 30 日第二版，《闻墨》编委会主编《闻墨》，天津科学技术出版社，2014 年版，第 68 页）

七、天津工商大学至私立津沽大学校史概略①

天津工商大学系天主教耶稣会在我国北方创建的一所高等学校，以培养工、商两科专业人才为主，是一所典型的天主教会学校。从其存在近 30 年的办学实践来看，它对我国高等教育事业影响颇为深远。

（一）建校缘起与发展概况

天津工商大学从酝酿直到付诸实施，由于涉及人事较多，可谓艰难曲折、崎岖丛生。

1. 建校缘起

1860 年中法签订《北京条约》后，法国即有要求以天主教教会名义在中国开办高等学府的打算②。在代表英、美等国利益的基督新教会广建大学、兴办文教事业的刺激下，法国政府的这种愿望愈来愈强烈。因天津当时特殊的地理位置——海陆交通便利，商业发达，位居当时中国第二大商埠③，堪称华北实业中心；更重要者，是它距离京师——北京城较近，易于接近中国社会最上层人士，实为在中国北方建校的首选之地。

为此，法国驻华代表曾照会驻津天主教遣使会，商议此事，遣使会对此的答复是除建造神学院外，对其他教育教学事宜并不感兴趣。这显然与法国政府在华办学

① 题目为编者根据内容自行拟定，相关标题根据层次逻辑进行调整。

② 李宝震．天津工商学院的变迁；天津文史资料选辑（第 3 辑）[M]．天津：天津人民出版社，1997：261.

③ 天津工商学院出版委员会．私立天津工商学院一览 [M]．天津：工商学院，1935：6.

宗旨“使中国人学习欧洲的科学，以便能与欧洲人往来”① 不相符合，于是双方不欢而散。

法国驻华代表遂将眼光转向一直以来有着深厚“文化传教与学术传教”传统的驻华天主教耶稣会。虽然耶稣会对此并无异议，然在其辖区内——以献县教区为中心，一因交通不便；二则商业发展落后，实在不是兴办大学的理想之所。而对于法国政府选中的天津一地，由于其属遣使会管辖，耶稣会又无插手之力。

为达由耶稣会在天津创办大学的目的，法国政府遂邀请罗马教廷出面调停耶稣会与遣使会两修会之间的矛盾。但是，罗马教廷对于在中国创建教会大学的重要性并没有真正认识，加之其对法国的保教权早就心存不满，更不愿意因为此事而使两个修会之间产生隔膜，故对法国政府的这一提议，并没有予以积极协助，而是采取了推脱耽延的态度。

之后，法国政府一再重提由耶稣会在津建校事宜，但无论是由于自身战事缠身②、遣使会反对，还是罗马教廷的不予配合，此事都一再耽搁。

直至 1918 年，第一次世界大战结束，罗马传信部致函驻华耶稣会要求了解中国教务情况，以望对其进行更好的指导。在回复教廷的信件当中，耶稣会具述其在中国的所见所闻，力陈办理高等教育的重要性。鉴于此，教廷在派员视察中国教务后，才一改往常旧态，转而支持在津办学之事。在其出面调停下，耶稣会与遣使会达成共识。至此，历经半个多世纪，由耶稣会在天津创建高等学府一事终于尘埃落定，得到授权的耶稣会遂积极投身建校事宜。

2. 发展概况

天津工商大学从创建至退出中国历史舞台，其间几易其名。初时预定校名为“天津农工商大学”，后因招生实际的不理想而不得不改为“天津工商大学”，1933 年在中国国民政府申请注册立案时，因未达大学成立之标准，易名为“天津工商学院”。后在学校教职员工不懈努力下，1948 年终于实现其重建大学的愿望，易名为私立“津沽大学”。新中国成立后，曾一度被收归国有，1952 年在全国高等院校调整中，津沽大学解散。

天津工商大学时期（1923 年 9 月—1933 年 8 月）：1922 年，学校初设，原定名

---

① 李宝震．天津工商学院的变迁；天津文史资料选辑（第 3 辑）［M］．天津：天津人民出版社，1997：261．

② 1870 年法国政府曾纠缠于普法战争；1885 年爆发中法战争。1914 年更是陷身于一战的洪流当中。

为“天津农工商大学”，从 1923 年的实际招生情况来看，因报考农科专业的学生仅有一名，故学校当局不得不将农科取消，设工、商两科，称工科系和商科系，并将学校名称改为“天津工商大学”①。自此，天津工商大学与上海震旦大学并驾齐驱，结束了天主教会在中国北方无高校的历史。

天津工商大学成立之初，只是招收大学预科生，并未直接招收大学生，直至第一批预科生升入大学为止，从 1925 年始招收大学生，实行教内外学生兼收制。作为法国政府和罗马教廷在华办学的象征，学校用法语进行教学。直到 1927 年，应时代所需，学校领导在茅以升先生的建议下，逐步由法文讲授改为英文讲授②。处在起步阶段的天津工商大学虽有发展，但规模不大，故 1933 年在向政府注册立案时，因未达政府规定的成立大学至少须有三院九系之标准，学校不得不易名为“天津工商学院”③。

天津工商学院时期（1933 年 8 月—1948 年 10 月）：由大学降为学院，使广大师生倍受打击，遂开始其再建大学的艰苦历程，同时这一时期也是校史上发展最快的阶段。

1937 年，学校当局决定将工科系改称为工学院；商科系改称为商学院。工学院在原有土木工程系以外，增设建筑工程系；商学院下设会计财政系和国际贸易系二系。1939 年至 1940 年学校曾一度开设法律系，后因办学经费所限，被迫停办。1943 年，学校添设女子文学院④。1945 年 4 月，校董会一致通过决议，决定暑假后，商学院、工学院之建筑工程系开始招收女生；女子文学院，在原文学系基础上，增设家政系和史地系。此时学校规模发展为三院七系。1946 年，女子文学院，实行男女兼收制，遂取消女子二字，称“文学院”，并增添西语系；工学院增添机械系；商学院增添工商管理系。至此学校共计达三院十系⑤，超过了国民政府规定的成立大学之标准，校方遂向国民政府教育部提出成立大学的申请。1948 年 10 月，经国民政府教育部批准，学校成立大学事宜正式通过，学校名称由“天津工商学院”改为私立

---

① 河北省地方志编纂委员会编. 河北省志·宗教志［M］. 北京：中国书籍出版社，1995：292.

② 茅以升. 1930 班毕业纪念册茅以升题序；天津工商大学 1930 班毕业纪念册［M］. 河北大学藏，1930.

③ 李宝震. 天津工商学院的变迁；天津文史资料选辑（第 3 辑）［M］. 天津：天津人民出版社，1997：261.

④ 吴玉如. 工商学院史略［N］. 天津益世报，1948-11-12（4）.

⑤ 李宝震. 纪念津沽大学［N］. 天津益世报，1948-11-12（4）.

"津沽大学"①。

这一时期，天津工商学院之所以发展如此迅速，主要原因在于，抗战时期，北方高校大部内迁，而天津工商学院因有法国天主教会势力的庇护，得以存留。于是，滞留北方的一些知名教授、专家学者便转来天津工商学院任教，如燕京大学侯仁之、南开大学袁贤能，工程技术界人士高镜莹、孙家崎等②；另外，处在沦陷区内的家长也不愿自己的子女在日伪学校里就读，纷纷送其子女来天津工商学院求学，该校学生人数增长很快，殆至 1945 年 7 月，统计学生人数由抗战前的 141 人增加到 626 人③。这样无论在师资上还是在生源上，都为天津工商学院的发展提供了大好机缘。

津沽大学时期（1948 年 10 月—1952 年 8 月）：在政府立案后的津沽大学，按国民政府教育部之要求，改为实行美国教育制度，增设选修课，学分采用百分制。传教士教师在教职员中的比重减少，学校宗教色彩有所减弱④。1949 年 10 月，中华人民共和国成立，津沽大学在新政府下继续存在发展。1951 年 8 月，新中国教育部做出收回教育主权的重要决定，9 月，津沽大学由中华人民共和国中央人民政府正式接办，由私立改为国立，校名仍称"津沽大学"⑤。1952 年春，全国高等学校院系调整。8 月，津沽大学工学院并入天津大学，商学院由南开大学接收，其他院系与天津市教师学院合组为天津师范学院，至此津沽大学解散。

存在近 30 年的天津工商大学退出了中国教育舞台，然它的一些办学经验和教训，却为后人提供了有益借鉴和参考。其以工、商等专门科系为主的办学方式，为后来一些培养专门技术人才的学校提供了很好的范本，尤其在女子教育方面，更为新时代女性开启了接受高等教育的便捷之门，在中国教育史上影响深远。

（二）教学管理

天津工商大学以其严格的教学管理而闻名，无论学生还是教师，对于他们的日常行为规范，学校均有相当严格之规定。

---

① 吴玉如. 工商学院史略［N］. 天津益世报，1948-11-12（4）.

② 李宝震. 天津工商学院的变迁；天津文史资料选辑（第 3 辑）［M］. 天津：天津人民出版社，1997：263.

③ 佚名. 天津工商学院简史 1923—1950 年（手抄稿）［M］. 赵振生，译. 河北省宗教志编辑室藏，第 227 页.

④ 李宝震. 天津工商学院的变迁；天津文史资料选辑（第 3 辑）［M］. 天津：天津人民出版社，1997：265.

⑤ 李宝震. 天津工商学院的变迁；天津文史资料选辑（第 3 辑）［M］. 天津：天津人民出版社，1997：265.

1. 学生招录与管理

学校当局每年暑假于天津、北平、济南三地同时举行招生考试。考试科目工商两科有所区别，工科主要有国文、公民、英文（包括笔试和口试）、数学（包含口试）、高等代数、几何、解析几何、三角、物理、化学、史地、绘画等12项；商科主要有国文、公民、英文（包括笔试和口试）、代数、几何、物理、化学、中外史地等8项①。并且规定，考生必须是公立高级中学或已在政府立案的私立高级中学之毕业生，抑或具有相当程度文凭者。考试合格后，一经录取，该生即成为本校学生，必须遵从学校的一切规章制度。

学校对学生的学习、生活等各方面事宜均实行严格管理，譬如针对学生入学、转学、纳费、试验与考绩、休学及退学、补考、毕业以及操行评定、缺课及晚到、请假等事宜，甚至对学生日常行为，如在教室、宿舍、图书馆、接待室、电话室、集会等的行为均有明文规定，对于不守纪律的学生一律严惩不贷。以宿舍规则为例，其中有规定："早起须整理被褥并覆以白布床单；书籍衣服床铺须清洁整齐，不得污乱；宿舍内不得用膳；住室内不得盥洗；各宿舍一律于九点三刻熄灯，熄灯后各宿舍不得再见任何灯光，更宜肃静安眠。"②

这极普通的日常小事，都规定得如此细密，学校对学生管理之严格可见一斑。对于学生的活动，事无巨细，均实行严格管理，这样可使学校教学秩序得以正常运转，对于保障教学质量也能起到一定积极作用。

2. 教师聘用与管理

学校开办之初，教职员主要来自法国等欧洲国家，其身份大多为传教士或神甫。后随着社会环境变迁和学校发展以及教学需要，华人教职员逐渐参与学校事务，陆续登上讲台或从事相关教学管理工作，师资队伍呈现多元化趋势。总的说来，师资力量大致可分为以下三种形式：（1）传教士教师。这部分教师大多为专职教师，一般都能讲授一门以上基础课或专业课。（2）专家教师。他们大多为兼职教师，主要是一些在企事业单位中从事实务的外籍工程师、会计师、律师等，主要从事学校的专业课教学。（3）华人教师。他们当中专、兼职教师都有，主要教授学校的中文课以及部分专业课知识③。此三部分教师在学校发展的不同阶段，其人员消长是有所

---

① 如若报考插班生，工科加试一门绘图，商科加试一门商算。

② 天津工商学院出版委员会. 私立天津工商学院一览［M］. 天津：工商学院，1935：28-29.

③ 李宝震. 天津工商学院的变迁；天津文史资料选辑（第3辑）［M］. 天津：天津人民出版社，1997：263.

变化的。

1924—1951 年学校教师一览表①　　(单位：人)

学年	神甫教师	华人教师	外籍教师
1924—1925	7	6	2
1925—1926	8	6	4
1926—1927	10	9	10
1930—1931	7	12	17
1931—1932	6	19	11
1932—1933	6	19	15
1933—1934	7	25	13
1934—1935	9	30	10
1935—1936	10	39	12
1936—1937	9	33	12
1937—1938	12	52	6
1938—1939	9	58	6
1939—1940	18	64	7
1940—1941	14	74	7
1941—1942	13	33	3
1942—1943	13	27	4
1943—1944	12	58	5
1944—1945	12	63	—
1945—1946	12	19	—
1946—1947	9	104	4
1947—1948	12	122	2
1948—1949	11	119	2
1949—1950	13	135	—
1950—1951		155	—

由上表可见，1933 年学校在国家立案后，华人教师人数逐年增加，与神甫教师和外籍教师的比例越拉越大，显然有后来者居上之势，渐趋成为教师队伍中的主力

① 吕志毅主编. 河北大学史［M］. 保定：河北大学出版社，2001：52-53.

军，这与当时的社会条件是分不开的，与中国政府的态度是有深刻关系的，同时也是学校当局为谋学校长期发展而做出的重要调整。

学校对于教员管理亦有严格规定，如："教员对于聘约及院章规定之职务有积极履行之义务；教员对于学校各种计划有赞助施行之义务；教员因事请假须事前声明，并得教务长之许可；……专任教员不得在校内外兼任任何职务；教员上课时间不得迟到或早退。"①

对教师实行严格管理与监督，使教师——为人师表者，能够以身作则，率先垂范，为学生树立良好榜样；对教师实行聘约制，并对其兼职事项做严格限定，以策励和监督教师，使他们能够专心教学事务，从而提高学校教学质量，对学校长期稳定发展有一定促进作用。这些规范教师行为的准则，即使放之于今天的教学管理中，也仍不过时，有其一定的适用性和实用性。

3. 考试制度

学校有自己独特的考试制度，不论何种专业，除期中、期末及毕业大考外，平时有星期考，每周六都有一门考试，或为口试或为笔试，每天都有作业。学生成绩评定实行二十分制②，12 分视为及格分。一个学生每学期的分数按其每周考试成绩与学期末考试成绩的平均分来计算。每一学年各科成绩平均分数，至少须达 12 分方予升级；介于 9 至 12 分之间者，可复考一次，复考不及格者，勒令其留级复读；如若复读一年后再考，仍不及格，则只能退学；低于 9 分者，无复考资格，直接令其退学。本科学业 4 年期满，只有那些毕业考试各科平均成绩都及格的学生才颁给其肄业证书；达 14 分以上者，才有资格领得学士文凭③。在中国政府立案后，学校改为实行美国教育制度，学分制由原来的二十分制改为百分制。但对学生考试之要求并未放松，依然"异常认真，毫不通融"④。

（三）课程设置

在课程设置方面，大致可分为两类，一是基础课，相当于今天的公共必修课，

---

① 天津工商学院出版委员会. 私立天津工商学院一览［M］. 天津：工商学院，1935：7.

② 李宝震. 天津工商学院的变迁；天津文史资料选辑（第 3 辑）［M］. 天津：天津人民出版社，1997：263.

③ 天津工商学院出版委员会. 私立天津工商学院一览［M］. 天津：工商学院，1935：23.

④ 天津工商大学之历史［J］. 圣教杂志，1927（11）.

全校学生均须修习；二是专业课，供各专业学生独立修习。另外，值得注意的是，该校曾一度开设社会夜校班。

1. 基础课

学校在未向中国政府注册立案前，主要开设哲学和法文两门课。其中，哲学课以亚里士多德的哲学为主，培养学生掌握分析问题、解决问题的正确观点和方法以及在实际工作中解决问题的能力。校当局要求，学生们不论其所学专业为何，每学年均须修习哲学课。

关于法文课，因学校创办者的缘故，对其相当重视。学生不分专业，法文课时数定为：一年级每周 4 学时；二年级和三年级每周 3 学时。三年共计有 360 学时，约占课程总数的 1/5①。不仅如此，学校初期对于其他课程，也使用法语进行讲授和教学。学校对法文课的过于注重及法语授课，不可避免地存有某些弊端，其中之一即直接导致学校生源的紧缺。因为当时大部分初、高中学校所开设的外语课程一般为英语。1926 年，裴百纳校长采取了中国著名桥梁专家茅以升先生的建议，学校由法文授课逐步向英文授课转变。

1933 年，在中国政府立案后，由于国民政府教育部倡导各学校实行美国式教育制度，故该校原有之法国教育制度不得不做出改变。如：在课程方面增设选修课②，以三民主义为主要讲授内容的“党义”课成为学生必修的一门公共政治理论课；加强了国文课的教授，规定教师课堂授课一律改用国语，以矫正其洋化过剩的弊病；另外，还增设了第二外国语、军事训练等课程的教授③。

新中国成立后，对于公共必修课实行更为严格的规定与限制。新政府规定各高校应一律开设辩证唯物论和历史唯物论、新民主主义论以及政治经济学这三门公共政治理论必修课④。另外为适应新中国发展之需，对于国民经济计划原理、教育心理学、教育学、体育等公共课程也须相应开设。

2. 专业课

因专业不同，所学课程亦有不同，以初期工科课程和商科课程为例，工科主要包括以下十大科目：（1）数学，包含大代数、微积分、三角、解析几何、图形几何等；（2）物理，包含电学、热学、机械等；（3）化学；（4）平面测量；（5）静力学与

---

① 吕志毅主编. 河北大学史［M］. 保定：河北大学出版社，2001：30.

② 李宝震. 天津工商学院的变迁；天津文史资料选辑（第 3 辑）［M］. 天津：天津人民出版社，1997：264.

③ 吕志毅主编. 河北大学史［M］. 保定：河北大学出版社，2001：37.

④ 吕志毅主编. 河北大学史［M］. 保定：河北大学出版社，2001：49.

材料学，包含建筑材料、材料试验、铁筋水泥、水力学、工程估计学等；（6）房屋建筑，包含图解力学、工程设计等；（7）市政学、铁路学；（8）会计学原理；（9）商业英文；（10）工业实习，利用寒暑假介绍学生到工厂进行实地操作练习。商科课程主要包括以下十二大科目：（1）会计学、商算；（2）中外簿记学；（3）化学；（4）商业与运输；（5）普通商业地理；（6）商业产物；（7）财政学，包含银行、汇兑、银饯等；（8）保险，包含各种保险；（9）商法与民法或民商法；（10）商谈与商业公牍；（11）经济学原理；（12）商业实习，利用寒暑假介绍学生到银行或商店进行实地操作练习。① 可以看出学校以培养不同专门人才为目标，学科专业色彩鲜明。学工科的学生，要求其要会设计施工；学商科的学生，要求其要能通晓企业管理、国内外贸易。另值得注意的是，学校很注重学生实地实习能力的培养②，将实习课作为一门课程单独安排，这在中国教育史上有着深远影响，打破了以往背书本的传统学习方式。在中国政府教育部立案注册后，其课程设置更加具有专业特点，同时其课程的繁重亦很有名。以天津工商学院工科课程为例：

天津工商学院工科课程一览表③

科目	每星期科目							
	第一年		第二年		第三年		第四年	
党义	1	1						
国文及牍文	1	1						
经纬形学	3	3	3	3				
微积分学	4	4	3	3				
物理学	3	3						
工业化学	2	2	2	2	2	2		
图解形学	2	2	1	1	1	1		
图画	7	7	6	6	6	6	2	2
测量学	3	3	3	3	3	3	3	3
营造学	2	2	2	2	2	2		
力学			2	2	3	3	2	2

① 吕志毅主编. 河北大学史［M］. 保定：河北大学出版社，2001：30.

② 天津工商大学之历史［J］. 圣教杂志，1927（11）.

③ 天津工商学院出版委员会. 私立天津工商学院一览［M］. 天津：工商学院，1935：33.

续表

科目	每星期科目							
	第一年		第二年		第三年		第四年	
材料耐力			1	1	2	2	2	
建筑材料			2	2				
地质学	1	1						
铁路							4	4
公路					2	2		
水力学			2	2			2	2
热力机					2	2		
河海工程							3	3
应用机械					2	2	1	1
工艺					2	2		
电气工程			2	2	2	2	1	1
铁筋工							3	3
市政工程							2	2
圬工桥梁					2	2		
土石工程								
线算							1	1
工程估计							2	2
钢桥							2	2
哲学	1	1	1	1	1	1	1	1
军事训练	3	3						
练习	3	3	5	5	3	3	4	4
共计	36	36	35	35	35	35	35	33

由上表可知，工科学生在校四年期间共需学习课程达 32 门之多，其中除少部分公共课以外，其余课程，包括实习课在内，都是专业性很强的科目。学生每周课时数均在 30 节以上，这与一般院校的每周十几门课形成鲜明对比。这是天津工商学院的办学特色，也是其对学生负责、培养人才的不二法宝①。

另外，学校实验设备较为齐全，工科有机械、材料等实验室；商科有商品陈列

① 梁世熙. 爱护我们的工商［J］. 工商生活，1942（6）.

室、商品检验室等。这样学生不致因为在学校待得太久之故而与社会相脱节，毕业后对实际工作适应性较强①。

3. 夜校班

该校课程设置的另一大特色，便是夜校班的开设②。1931 年“九一八事变”后，国民党中央执行委员会向全国发出要求加强社会教育的指示，国民政府教育部遵此指示，号召全国各级各类学校“成立社会教育中心”③，倡导各级各类学校“举办夜校进行社会教育”④。在此情况下，天津工商学院校当局根据社会需要，响应国家号召，于 1933 年开始夜校班的招设。夜校班生源主要是天津市一些企事业单位以及行政部门的职员，上课时间一般为晚上和星期天。所开课程有外国语、统计学及中国现代法等，其中以外国语专业最受欢迎，人数也最多。就当时形势来讲，在高等院校中开设夜校班，不管在中国还是在法国，都属前所未有的创举，此举首先极大地扩大了学校影响，提高了天津工商学院在华北乃至全国的知名度，使该校获得社会普遍认可与支持；其次，某种程度上，提高了社会在职人员的专业知识水准，满足了社会对知识型人才的需求，使该校受到其学生所在单位的认可和赞助；再次，也使学校现有教学资源得到充分而合理的利用，使科学文化知识的教育面得以扩大和普及。

该校课程设置的适时性和实用性，充分体现了其办学宗旨，即“循我国经济发展之需要，予青年以相当巩固之知识，……造就实用人才”⑤。另从该校课程设置的变更上也可看出，完全脱离社会的纯粹教育是不存在的，每一时代的教育多多少少都会带有它所赖以生存社会的印迹，教会学校亦不例外。

（四）教学方法

该校始终遵循实事求是、注重科学的校训和宗旨，以期使学生获得较全面、较系统的知识体系，并培养学生的实际操作能力。在教学方法上主要表现在以下几方面：

---

① 李宝震．天津工商学院的变迁；天津文史资料选辑（第 3 辑）[M]．天津：天津人民出版社，1997：264.

② 抗日战争爆发后，由于日本对天津的占领，生源无法保障，夜校班被迫停办。

③ 中国第二历史档案馆编．中华民国史档案资料汇编（第 5 辑第 1 编）[G]．南京：江苏古籍出版社，1994：136.

④ 中国第二历史档案馆编．中华民国史档案资料汇编（第 5 辑第 1 编）[G]．南京：江苏古籍出版社，1994：711.

⑤ 天津工商大学之历史 [J]．圣教杂志，1927（11）.

讲求实际，实事求是，力避浮夸、虚荣。学校本着所开课程力求使学生学一科会一科、学一科精一科的基本目标，力避学生对所学专业博而不精、适应工作难的情形①。注重加强学生触类旁通、举一反三的能力培养。

注重理论与实际相结合。为了紧密联系社会，不致出现学生毕业即失业的现象，在教学方法上，学校尽量避免死记硬背式或填鸭式的教学方式，非常重视理论与实际相结合，并因此而置办了配套齐全的实验设备②。学校对于书本知识和实践经验知识采取一视同仁的态度，不仅注重对学生进行课堂知识教授，而且对除此之外的实验、实习等课程也倍加关注③，以提高学生分析和解决实际问题的能力，培养学生的实际动手操作能力，防止学生出现眼高手低的现象，尽量缩小课堂与现实的差距。

培养人才不求急进，脚踏实地，从基础做起。在大学四年中，前三年注重对学生基础知识的掌握及运用能力的培养，以求能达运用自如、熟能生巧、有创造力之程度；第四年，培养学生精益求精之能力，注重学生专门技能的培养④。

教材使用方面，不局限于书籍格式，教师更多的是使用自己对所授科目的自编讲义。学校内，不管专职教师还是兼职教师，一律自己编写讲义、讲课、批改作业⑤。这样可防止书本知识陈旧、与现实社会相脱节的弊病，能够及时将社会最新之变化融入课堂，授给学生，从而使教学内容更富时代性和前瞻性。

教学用语方面，最初使用法语进行讲授，后随学校发展及教学需要，逐步改用英语教授。在国民政府立案后，遵国家教育部部章规定，除若干专有名词外，其他一律改用国文教授⑥，以矫正其教学方式过于洋化之弊病，适应中国社会发展之所需。

重视同外界进行学术交流。学校经常聘请国内外专家学者来校做学术报告；同时，也不断派出教职员工到其他著名学府进行深造、讲学等。

① 天津工商学院出版委员会. 私立天津工商学院一览［M］. 天津：工商学院，1935：119.

② 天津工商学院出版委员会. 私立天津工商学院一览［M］. 天津：工商学院，1935：87.

③ 天津工商学院出版委员会. 私立天津工商学院一览［M］. 天津：工商学院，1935：119.

④ 天津工商学院出版委员会. 私立天津工商学院一览［M］. 天津：工商学院，1935：119-120.

⑤ 天津工商学院出版委员会. 私立天津工商学院一览［M］. 天津：工商学院，1935：119.

⑥ 天津工商学院出版委员会. 私立天津工商学院一览［M］. 天津：工商学院，1935：119.

学校教师一律采取聘用制。于每年暑假前发放聘书，教师如接不到聘书即视为解聘，此教师任用法，对于防止教师惰性、保证学校教学质量具有一定积极作用①。

（五）培养大批新式人才

以 1928 年至 1946 年天津工商大学毕业生就业状况为例：

天津工商大学 1928—1946 年毕业生就业部门情况统计表② （单位：人）

年度	项目												
	工矿	交通运输	土木建筑	水利电力	金融	商业贸易	市政	文化教育	行政管理	留学	其他	不详	合计
1928		4				2	1	1	1			9	18
1929			2		1							16	19
1930		2	2			1		3			3	6	17
1931	2	2	1		2			4	3		1	4	19
1932		1	1	1	1			3	2	1	1	25	36
1933	3	1				1			3			11	19
1934			3				1					14	18
1935					1	1			1			13	16
1936	2		1		3		1		3			20	30
1937	3		1		1	1	1	2	4		2	33	48
1938	4				2	2		4	4	2	1	47	66
1939	2	1	4			1	1	1		2		63	75
1940	1	1	1	1	3	5	4		7	1	3	58	85
1941	6	4	5	1	2	10	5	4	10	1	3	64	115
1942	14	11	14	6	3	7	3	3	11	1	2	90	165
1943	8	3	2		3	3	10	2	6		2	112	151
1944	13	16	6	5	3	14	1	3	4		3	85	153

① 李宝震．天津工商学院的变迁；天津文史资料选辑（第 3 辑）[M]．天津：天津人民出版社，1997：264．

② 天津工商学院校友会编．天津工商学院校友录 [Z]．1947：15-17．转引自李晓晨．试析津沽大学的教育理念及其影响 [R]．纪念利玛窦逝世四百周年学术会议：东西方对话的初启与开展．台北：辅仁大学，2010（4）：13．

续表

年度	项目												
	工矿	交通运输	土木建筑	水利电力	金融	商业贸易	市政	文化教育	行政管理	留学	其他	不详	合计
1945	2	8	1	3	12	3		4	6	2	4	121	166
1946	9	6	6		5	8	4	10	11		9	102	170
合计	69	60	50	17	42	59	32	44	76	10	34	893	1386

由上表可知，天津工商大学毕业生中，工科毕业生大多就职于工矿、交通运输、土木建筑、水利电力等部门；商科学生大部分就职于金融界或商业贸易等部门，也有就职于文教机关、行政部门或留学海外者，这与学校的专、必修课设置，培养学生既广又专的知识结构是分不开的。当然，学校毕业生大多还是从事与其专业相关工作的。如表所示，就职于上述六部门的毕业生（297 人）约占有明确职业记载的毕业生（493 人）总数的 60%。这些毕业生在各自岗位上兢兢业业、踏实肯干，严格践行学校“实事求是”的育人精神，无疑对中国社会发展起到一定积极作用。

（资料来源：温陶芬《近代直隶（河北）天主教会教育研究》，河北师范大学中国近现代史专业 2011 年硕士学位论文，第 44—54、65—66 页）

八、1921 年—1952 年天津工商大学历史脉络演进

（一）创榛辟莽：天津工商大学（1921 年—1933 年）

法国天主教在天津创办一所高等学校的想法早在 1860 年就提出来了，几经曲折，60 年以后才得以实现。1921 年 7 月，河北献县的耶稣会决定在天津建立一所大学，即天津工商大学。这是法国天主教会继上海震旦大学以后在中国建立的第二所大学，是外国人创办的大学，是西学东渐的产物。1921 年 7 月 21 日，法籍神甫于溥泽（1862 年 2 月 3 日—1930 年 4 月 28 日）博士被任命为在天津开办大学的代理院长，并成为天津工商大学的第一任校长（1921 年 7 月—1925 年 7 月）。他将马场道 100 多亩地选为天津工商大学的校址，为天津工商大学的成立做出了突出贡献。办学初期，经费来源主要是罗马教廷津贴和法国耶稣会拨给教区的传教经费。

招生人数在起伏中有所扩大（见下表）。1923 年 9 月 15 日正式开学，开始招收预科，首招 51 人。1925 年开始招收大学本科，首招 15 人。1925—1934 年，共招生

618 人。耶稣会是天主教的一个派别，在华办学的重点是初中等教育，所以，天津工商大学建立之初仍有高中部和初中部。但天津工商大学逐渐扩大了它在天津高等教育方面的影响。

私立天津工商大学大学生人数一览表

时间	人数	时间	人数
1925	15	1930	62
1926	31	1931	58
1927	43	1932	63
1928	78	1933	88
1929	68	1934	112
总计	618		

注：据天津工商学院出版委员会《私立天津工商学院一览》（1935 年 5 月）附录中学生人数表整理汇总。

1922 年 4 月 23 日，法国的桑志华着手创建专门科研机构北疆博物院。曾任法国地质学会会长的德日进博士扩充发展了北疆博物院。北疆博物院在中国古生物学界、古地质学界、考古界和博物馆界占据重要地位。1928 年，南开大学沈士骏在一篇游记中将它描述为“足以骄视首屈一指的北京地质调查所”。北疆博物院曾经保存了 4 件“北京猿人”头盖骨模型，是考古界的无价之宝。①

（二）历史丰碑：天津工商学院（1933 年—1948 年）

1933 年 8 月，天津工商大学在国民政府教育部第 7923 号训令中立案，当时定名为“河北省私立天津工商学院”。这个时期是该校最为辉煌的鼎盛阶段。1942 年 9 月 10 日天津工商学院刊物《工商生活特刊》中提到“煌煌北国望学府，巍巍工商独称尊”“堪称与美国的康奈尔大学相媲美”，表达了当时人们对它的评价和赞誉。

天津工商学院曾以“实事求是”为校训。今天的天津外国语大学以“中外求索，德业竞进”为校训，一个“求”字，连接了大学追求真理、探索规律、传播知识、塑造人才的精神和理念。

虽然天津工商学院是一所私立的教会大学，但也曾为中国革命做出一定贡献。

① 1921 年天津工商大学动工兴建，1922 年仍处建设过程。1923 年，天津工商大学正式招生。

1936年，我党杰出的无产阶级革命家、政治家姚依林同志曾经考入该校会财系进行革命活动，时任天津市委宣传部长、天津市委书记。天津工商学院的刊物《工商学生》发出“我们是民族间的知识分子，要构成学生救亡的中心”“要唤起三万万几千大众”“要发动民族革命战争”。在抗战时期，工商学院还建立了进步的“读书会”，传阅《西行漫记》《中国的西北角》等红色书籍，不定期地编辑出版了《文青》期刊，宣传抗日，激励救国。这些进步思想不仅仅来源于社会思潮，也是教师灌输的结果。1946年8月，原中共中央青年工作委员会秘书长王金鼎到工商学院任教，传播革命思想，组织并参加了1947年5月20日的“反内战，反饥饿”示威游行。1947年9月，中共地下党员郭华考入工商学院企业管理系，随后建立了第一个党支部。天津市工务局技术员、地下党员麦漩馄（1946年毕业于该院土木工程系）为解放军秘密绘制城防图，被授予“解放天津有功之臣”称号，为解放天津保护城市建筑做出了贡献。

院系设置一直是制约天津工商学院升格为大学的瓶颈问题。到了三四十年代，天津工商学院得到了实质性的发展。1939年学院增设了法科，招收18名学生，由于经费问题等原因于1940年6月停办。在女子教育方面，天津工商学院也顺应时代潮流，1943年成立了女子学院（简称“女院”）。女子学院增加了天津工商学院的院系数量，使其达到了三院的最低要求。学院的系别增加到8个（女院增加了家政学系和史地学系）。1945年9月，女子学院改为文学院，增加中国文学系。1946年8月，文学院增设了外国语文系，天津工商学院达到了三院十系的规模，为升格为大学做了必要的准备。

昔日的天津工商学院师资队伍一流，办学水平一流，不仅在天津市而且在全国都具有非常高的声誉。根据1935年《私立天津工商学院一览》中教职工一览表，当时共有教职工37人，其中法国、英国、俄国、比利时、奥地利和德国等国毕业或者肄业的教职工有25人，且其中将近一半是博士毕业。外籍教师占全体教师总数的67.6%。之后逐步汇集了一大批国内外一流的名师，主要有：1930年到校的巴黎大学政治经济学博士尹凤藻教授；1938年到校的美国密歇根大学硕士、工商学院土木工程系主任高镜莹教授（官厅水库的主要设计者）；1945年到校的美国康奈尔大学工学博士林镜瀛教授；1945年天津工商学院首任史地系主任侯仁之先生（新中国现代历史地理学的开创者和奠基人，中科院资深院士）；工商学院女子学院创立者、毕业于美国俄亥俄大学研究院的孙家玉教授；清朝贡生、清华大学国文教授李奎耀先生；清华大学本科毕业、哥伦比亚大学硕士毕业的张杰民教授；著名书法家吴玉如教授等。据不完全统计，解放前曾经任教的部分教师中，就有18位法国巴黎大学和里昂大学、美国康奈尔大学、英国伦敦大学、比利时鲁汶大学等国外著名高校的博士毕业生。他们代表了当时世界一流大学的水平，也代表了中国学术界一流大学的水平，更代表了天津高校一流大学的水平，是他们缔造了天津工商学院的辉煌。

当时大学很少，天津工商学院的毕业生成就显著。1935 年，天津工商学院第二届校友会曾荣耀地宣布：“至现时，我校之毕业生尚无失业者。”1937 年华南圭院长曾说：“历年来服务工商各界之毕业同学，数量上虽属不多，但皆能发挥母校埋头苦干之精神，刻苦耐劳，忠诚服务，咸有相当之地位。”天津工商学院培养了一大批优秀人才，为人类文明的进步铸就了学术精英。著名美籍华裔物理学家袁家骝 1932 年曾就读于天津工商学院工科；美国著名建筑大师张俊德、黄益分别于 1937 年和 1938 年毕业于天津工商学院。天津财经大学博士生导师李宝震教授曾于 1931 年考入天津工商大学；工商附中和津沽附中的毕业生也是人才辈出，其中 1939 年毕业生沈湘成为著名音乐家，周汝昌为著名红学家。

天津工商学院的文体组织也比较健全，设有网球队、篮球队和排球队等体育组织。1941 年 9 月 1 日，天津工商学院已有本校的 40 人管弦乐队（见下图），居中坐者为著名音乐导师张肖虎；足见当时素质教育的办学条件非常好。

天津工商学院管弦乐队慈善音乐会

抗日战争爆发后，北京大学、清华大学、北洋大学、南开大学等内迁，一些留下的师生转入天津工商学院，客观上强化了学院的师资力量。

（三）闪即流星：津沽大学（1948 年—1952 年）

津沽大学在历史上存在了仅仅四年，时间短暂。这个时期该校院系设置调整频繁，人事变动较大，但在教学质量上一直保持较高水平。尽管与工商学院相比逊色，但仍然保持了全国一流院校的地位。

1. 校名两度变迁

1948 年 10 月 26 日是天津工商学院必须铭记的一天，经过刘迺仁校长的积极争取，国民政府教育部正式批准天津工商学院为私立津沽大学，立案公文正式到达。当时整个校园一片欢腾，广大师生举行了 4 天的庆祝活动。

解放后，法国神甫卜相贤副校长，不熟悉中国的国情，抵制政治课的开设。一时间教学秩序严重混乱，最后黄敬市长出面才使问题得以解决。这个事件给学校带来了不良影响，也成为政府收回教会学校的直接原因。事隔 50 年，在天津工商大学成立 90 周年的座谈会上，津沽大学的老毕业生谈及此事时依然义愤填膺，谴责卜相贤的行为。

1951 年 9 月 19 日，中央人民政府批准，津沽大学改为公立大学。津沽大学隆重举行了“庆祝津沽大学改为国立接受典礼”活动，时任教育部部长马叙伦、天津市市长黄敬等到会祝贺。同年 11 月 9 日，时任国防委员会副主席叶剑英元帅视察天津，特地来到津沽大学看望师生。物理学家张国藩担任校长，后来到天津财经大学任博士生导师的李宝震教授为副校长，王金鼎为教务长。

1952 年春天全国进行院系调整。同年 8 月，津沽大学的工学院并入天津大学，财经学院并入南开大学。在津沽大学师范学院的基础上与其他学校合并成立了天津师范学院。

2. 院系调整较大

如下表所示，根据 1950 年 10 月 11 日填写的数据，津沽大学的院系设置仍为三院十系，分别是工学院、商学院和文学院。工学院设有土木工程系、建筑工程系和机械工程系；商学院设有会计财政系、国际贸易系和工商管理系；文学院设有中国文学系、外国语文系、家政学系和史地学系。从以上设置可以看出，津沽大学是以文科为主的综合性高校。当时最有影响的是土木工程系、会计财政系、家政学系以及史地学系。

1950 年度津沽大学院系设置及毕业生人数表

学院	系别	学生总数	女生人数
工学院	土木工程系	29	0
	建筑工程系	7	2
	机械工程系	29	0
商学院	会计财政系	26	9
	国际贸易系	17	3
	工商管理系	20	3
文学院	中国文学系	6	6
	外国语文系	12	12
	史地学系	7	7
	家政学系	4	4
合计		157	46

注：根据河北大学档案整理。

津沽大学进行了较为频繁的内部院系调整。1950 年 10 月经教育部批准，工商管理系改为企业管理系。1951 年 1 月 6 日，达到了三院十二系，文学院改为师范学院，设数学系、物理系、生化系、史地系、外国语文系和中国语文系，原来的家政学系撤销，这为后来更名为天津师范学院做了组织和专业上的准备。1951 年 6 月，经教育部批准，商学院改为财经学院，原来的会计财政系更名为会计系，国际贸易系改为贸易系。这种系的更名更加适合建国初期的经济形势。

3. 教学质量上乘

津沽大学继承了天津工商学院注重教学质量的传统，它的许多做法至今仍然具有借鉴意义。其一，引进高水平师资。聘请了南开大学财经学院院长袁贤能，外文系主任司徒月兰和孟志芹等教授。1949 年 7 月聘请了北平大学艺术学院教授、北平女子师范学院文科教授寿墉为文学院专任教授。这就保证了较高的教学质量和较好的社会声誉。其二，对于不合格的师资坚决予以辞退。在 1949 年第一学期的“私立津沽大学教员解聘表”中，记载了一位钟老师的解聘情况，“因多数学生不满意”而解聘。一聘一辞，是提升师资队伍整体水平的必要措施，从一个侧面反映了当时师资队伍较高的整体水平。其三，严禁教师校外兼职，集中精力搞好教学。在校规中有一条规定，教师“非经院长认可不得在校外兼职”。这种要求对于提高本校的科研水平和教学质量具有制度保证的意义。其四，学生淘汰率较高。1948—1951 年共有注册学生 3327 人，毕业学生 440 人，毕业生占注册学生总数的 13.3%。虽然学生未毕业的原因很多，但也反映出学校对学生质量要求很高。

4. 就业形势极好

当时毕业生大多是贸易部、组织部、卫生部、劳动部、重工业部、军委等国家机关的公务员或军职人员，有的分配了不去报到，个别的去了又走了，甚至有关部门给学校写信责查那些不服从分配的毕业生。根据河北大学档案馆档案，以 1950 届家政系毕业生为例，共有 14 名同学毕业，其中分配到卫生部的有 11 人（占毕业生总数的 78.6%），组织部 1 人，未分配 2 人。1950 届国际贸易系毕业 18 名同学，全部分配，用人单位有天津市贸易局、检验部门、海关和财经委员会、职校和商校等。在档案中，我们还发现了当时中央人民政府组织部发给津沽大学的一封公函，大意是说有两名同学分配到组织部工作，大约 2 个月后，以生活不习惯为由自行回到天津，要求津沽大学对这两个学生给予处分，足见津沽大学毕业生就业形势极好。

5. 办学声誉稳定

1950 年 3 月 13 日，津沽大学开学，天津市市长黄敬亲临学校并讲话。1951 年 1 月 6 日，学校成立了校政改革委员会。辅仁大学校长即后来北京师范大学校长陈垣先生致电祝贺，充分反映了国家和政府对津沽大学的重视。

客观地说，虽然升格为津沽大学，但是其声望和地位远不及天津工商学院。师资上的最主要问题是青黄不接，从 1950 年前后的学校人事处教职工花名册上分析，当时公共必修科共有 8 人，其中副教授 1 人，讲师 1 人，助教 6 人；生化系教授 5 人，讲师 3 人；史地系教授 8 人，副教授 1 人，其余是讲师、助教。以年轻教师居多，而且相当一部分是本校留校学生。

津沽大学的办学规模与师资虽无法与北大清华相媲美，但在天津还能够与北洋大学和南开大学形成三足鼎立之势。1952 年以前，津沽大学居于国内一流大学水平，1957 年张国藩转任天津大学校长。从张国藩校长的任命来看，在 50 年代初，津沽大学至少与天津大学旗鼓相当。从《1950 年度中央教育部所属各院校学生人民助学金额表》来看，津沽大学属于教育部直属高校，发放人民助学金的排名居第 12 位，排在北大清华前面、燕京大学之后，足见当时津沽大学在全国高校中的地位。

1952 年院系调整以后，无论是师资设备、招生人数还是专业水平，新成立的天津师范学院都难以与天津大学和南开大学同日而语。李宝震、张翥等著名教授调入南开大学；李惠村教授 1944 年毕业于天津工商学院，1948 年在津沽大学任教，之后随院系调整并入南开大学；华南圭（1876—1961）1933 年出任天津工商学院院长，并创立建筑工程系，院系调整中随工学院调入天津大学担任教授。

（资料来源：黄立志《1921—1952：天津工商大学历史脉络演进》，《天津电大学报》2012年3月，第16卷第1期，第73—77页）

九、国立津沽大学至天津师范大学时期历史沿革（1951年—1960年）

（一）划时代的新生——国立津沽大学（1951年—1952年）

1951年9月，中央人民政府教育部发布高一字1170号令，批准津沽大学由中央人民政府教育部接收改为国立，著名物理学家张国藩出任校长，王金鼎任党支部书记。津沽大学由私立改为国立，标志着津沽大学步入一个新的历史阶段，具有划时代的意义。

1951年7月，时任私立津沽大学董事长的李烛尘代表校董事会致函教育部，拟将私立津沽大学献给国家，改为国立。同年9月，中央人民政府教育部根据私立津沽大学校董事会的请求，发布高一字1170号令："津沽大学改为国立，校名仍称津沽大学，由天津市人民政府具体领导，由部另刻校印颁发启用，全部经费亦统一划拨交天津市人民政府颁发。""私立达仁学院停办，全部学生转入津沽大学商学院。""天津土木工程学校合并于津沽大学工学院。""以津沽大学原有之文学院为基础，筹建师范学院。"由私立改为国立，标志着津沽大学的新生，在中央教育部和天津市人民政府的领导下，学校的组织领导、科系设置等重大问题，可以纳入国家计划之内并开始有效运行。

1951年9月25日，津沽大学隆重举行庆祝津沽大学改为国立接受典礼暨开学迎新大会。中央人民政府教育部、天津市人民政府、各兄弟院校和社会团体负责人及知名人士到会祝贺。参加大会签名的有马叙伦、曾昭抡、黄敬、李烛尘、杨石先、张国藩、孙冰如等一百余人。11月19日，国防委员会副主席叶剑英视察天津，特地来到津沽大学看望师生，勉励师生"按照党的新民主主义方针政策把学校办好"。

根据教育部指令，津沽大学改为国立后，商学院更名为财经学院，文学院改建为师范学院。并校后津沽大学扩充为工学院、财经学院、师范学院共三院十三系，工学院设土木工程系、建筑工程系、机械工程系；财经学院设会计财政系、国际贸易系、企业管理系；师范学院设中文系、外文系、史地系、数学系、物理系、化学系、家政系。另设土木工程、建筑工程、市政工程三个专科。设政治经济学、辩证唯物主义与历史唯物主义，教育心理学、教育学、体育、国民经济计划原理、新民主主义经济理论与实践等公共课程教研室。学校在历史、水利、财经、外文、哲学、美学方面具备较高水平，教师增至 192 人，在校学生达到 1253 人。

国立津沽大学体制为校长负责制，在学校党总支书记王金鼎的倡议下共同建立并领导了学校党、政、工、盟、团、学联席会议，以此种形式集思广益，统一认识、统一行动，最后由校长做决定，部署学校的中心工作。

（二）天津师范学院时期（1952 年—1958 年）

1952 年，国立津沽大学撤销，工学院、财经学院分别并入天津大学和南开大学，师范学院与天津市教师学院合并组建天津师范学院，梁寒冰出任院长。中央教育部和天津市政府在经费和人力上予以大力支持，学校得到了迅速发展，学校成为华北乃至全国较有声望的师范院校之一。

1952 年春，为贯彻中央以培养工业建设人才和师资为重点发展专门学院、整顿和加强综合性大学的方针和中央教育部对天津市三所大学院系调整问题的决定，天津市成立天津、南开、津沽三大学院系调整委员会。同年 8 月，国立津沽大学撤销，津沽大学工学院并入天津大学，财经学院并入南开大学，并以其师范学院为基础，在原校址与天津市教师学院合并组建天津师范学院。天津市委文教部长梁寒冰兼任院长，任子墉、温宗祺、鲁义先后出任党总支书记，温宗祺、戈华先后出任党委书记。

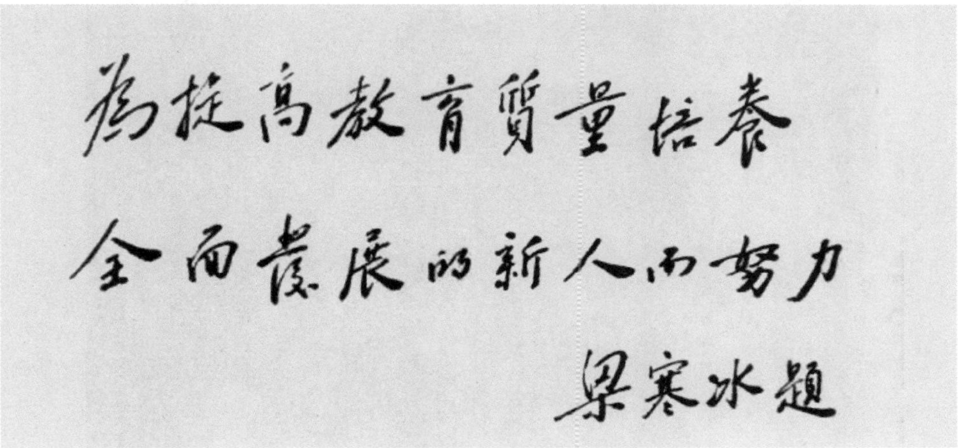

天津师范学院院长梁寒冰为毕业生题词

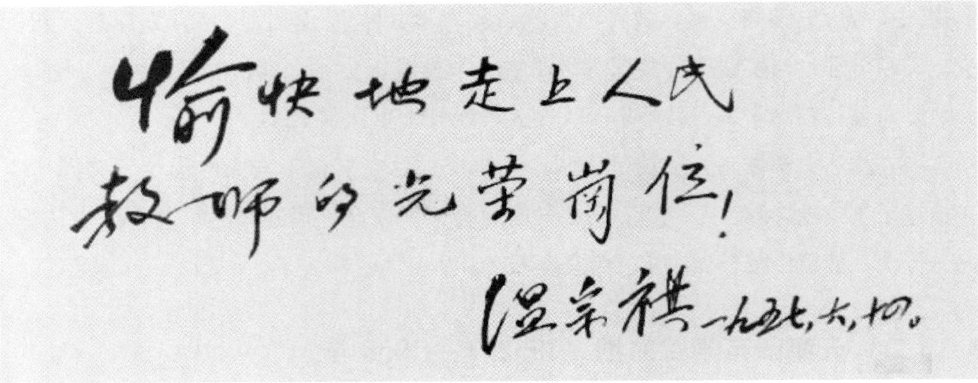

天津师范学院党委书记温宗祺为毕业生题词

这次院系调整增强了天津大学和南开大学的实力，而由津沽大学改建的天津师范学院只剩下十分简陋的普通物理、化学两个实验室和一些残缺的仪器设备。面对搬迁一空的校园，一些教师萌生了去意，教师队伍受到重创。为了重振学校，中央教育部和天津市政府在经费和人力上予以大力支持，学校得到了迅速发展。到 1958 年，教师由 108 名发展到 338 名，在校生由 976 名发展到 4662 名。实验室由 2 个发展到 21 个。著名学者顾随、雷石榆、裴学海、马沣、胡毅、张弓、焦敏之、蓝英年等先后来校任教。

马沣教授给研究生授课

教师集体备课

物理系静电加速器研制小组在工作

(三）天津师范大学时期（1958 年—1960 年）

1958 年，天津改为河北省省辖市，省人大决定省会由保定迁往天津。同年 6 月，为适应第二个五年计划期间生产大发展的需要，贯彻中共河北省委“15 年内基本普及高等教育的要求”，省教育厅通知，天津师范学院扩建为天津师范大学，学制 4 年。1959 年，中共河北省委通知，天津师范大学改由天津市领导，同年 7 月，确定天津师范大学为全省 5 所重点大学之一。

天津师范大学第一届研究生结业合影

天津师范大学师生参与根治海河行动

（资料来源：河北大学新闻网，河北大学官微）

十、《校史馆大纲交流意见稿》记河北大学校史

河北大学始建于 1921 年，初名“天津工商大学”，为法国政府请其天主教耶稣会创办。是时法国已完成工业革命，科技居世界前列，遂用其思想成果拟定办校方针：“学习欧洲各种科学，培养工商业、军事、航运专家。”接纳西方科学，培养行业专家，定位鲜明，立身为早。近百年来，学校始终高举爱国、科学旗帜，将中国固有之优良治学传统与西方倡导之科学精神相融汇，兼采中西，求真务实，与民族振兴和社会发展同呼吸、共命运，汇聚巨擘名师，作育通达英才，创新科技成果，在国家和区域高等教育战略发展布局中发挥着重要作用。

河北大学史册厚重，亮点甚多，居其要者有二：一曰学术巨擘出任校长。首任校长于溥泽为著名法籍学者、文学博士，以传授法国文化和技术为使命，继任校长华南圭为中国著名工程学家、教育家，张国藩校长为美国依阿华大学工程博士，中国著名力学家、物理学家、教育家，梁寒冰校长为中国著名历史学家、翻译家，张承先校长为中国著名教育家，等等。校长之治学风范及办学理念，深刻影响着河大学人，确保教学与科研硕果丰登。

二曰一流学者云集黉门。数十年间，为学校名望所感召，蜚声学界之大师相继来校任教，多达 58 位。诸如诗学泰斗詹锳先生，与北大语言学家王力齐名之裴学海先生，集诗人学者教授于一身、育人功赫名播中西之顾随先生，著名史学家漆侠先生，我国外国教育史学科之奠基者滕大春先生等。学校之学术素养整体强化，学术品位稳健提升，学子蒙惠，薪火相传；传统既成，延脉弥久。

缘此种种，河北大学虽经“文革”之难与搬迁之变，仍能长足进取，2005 年实现省部共建，2012 年入选“中西部高校综合实力提升工程”之中，2016 年迈入国家“一省一校”重点大学建设之行列。立足京津冀，聚焦“双一流”，动力方盛，风帆正满。

（资料来源：河北大学《校史馆大纲交流意见稿》）

十一、河北大学各历史时期办学活动轨迹[①]

随着办学规模的不断扩大，天津师范学院于 1958 年更名为天津师范大学，1960

---

① 题目为编者根据内容自行拟定。

年更名为河北大学。因天津市1967年划为中央人民政府直辖市，1970年，河北大学迁至当时河北省省会保定市至今。河北大学在天津的原校址，除仅剩一留守处外，现为天津外国语学院所用。

20世纪20年代末，国民政府为了“顺应民意”继承传统文化，颁布法令，要求所有私立和外国传教士在中国开办的学校必须在国民政府教育部立案注册，并受其指导。1931年，裴百纳因病回法国治疗，天津工商大学根据国民政府教育部法令“校长一职须由中国人担任”之规定，任华人神甫赵振声博士为校长。1933年，学校立案注册申请获得批准，更名为私立天津工商学院。

九一八事变后，日本不断“蚕食”华北，继而抗日战争全面爆发；欧洲战争爆发，1940年法国战败，学校办学主要经费来源几乎断绝。为渡过经济拮据难关，学校采取了一系列行之有效的措施：

（一）成立校友会，为学校筹措经费

1935年3月1日成立校友会。1939年，天津遭受空前洪水灾害，学校遇到前所未有的办学经费困难，校友会发起募捐活动。

（二）最具创新的举措——开成人教育之先河

天津工商学院自1933年9月新学年开始至1937年7月招收夜读班，以天津市一些企业单位及行政部门职员为对象，利用晚上和星期天时间进行授课。这种形式在当时的国内外高校中实为开成人教育之先河，确实是一个创举。

（三）扩大奖学金的比例和金额，聘请社会名流加入校董事会

由于物价飞涨，学费不得不一加再加，造成许多学生因家境困难不能继续学习。为尽最大努力扩大奖学金的比例和金额，聘请社会名流加入校董事会，校董事会决定：特推举孙多钰①和华北银行界元老任振采为董事；邀请王揖唐②、阎家琦③等二十余人来校参观，获得不少捐款，基本上扭转了学校经费入不敷出的局面。

---

① 孙多钰，美国康奈尔大学毕业，时任开滦煤矿总经理。1944年，个人向学校捐巨资，开滦煤矿亦捐助5万元，且对学校用煤尽力帮助，实行优惠价。

② 伪华北政务委员会委员长兼内务署督办、新民会会长。

③ 伪天津市警察局代理局长。

（四）采取非常措施，力避日军骚扰破坏

为了避免或减少日军的骚扰与破坏，学校充分利用北疆博物院与日本皇室的“密切”关系。1941年，学校“特聘”日本文教省社会教育委员三浦万之助为副院长①，使得驻华北日军对学校不敢轻易骚扰。

（五）华人执掌学校管理权，抓住机遇，创造奇迹

“安南事件”致使日、法关系更为紧张②。为防止驻华日军对学校寻衅捣乱破坏，1943年7月，学校董事会决定刘迺仁出任工商学院院长，法籍神甫房如晦、暴安良分别辞去商学院和工学院主任职务，由中国工程技术界著名专家高镜莹、张华伦先生接任。至此，天津工商学院院长及各院、各系主任均由华人担任，中国人真正具有了管理这所学校的权力。

为了跻身大学之列，学校抓住抗日战争全面爆发、华北大部院校南迁的机遇，大量吸纳因故滞留于京津，又不愿替日本做事的专家、学者来校执教。一些未能随校南迁的学生也纷纷来校借读，在校生迅速增加。这使得该校一时名流云集，声名鹊起，成为津门最有吸引力的高校。当时的天津市乃至华北规模最大者首属天津工商学院。

刘迺仁院长上任伊始，就召开校务会议，决议增设女子文学系。在当时日寇统治之下，学校经济上遇到空前困难，处于风雨飘摇之中。在华人组成的学校行政组织领导下，全校教职员齐心协力，迎难而上，克服重重困难，创造了教学活动从未间断、学校规模越办越大的奇迹。到1946年9月，天津工商学院已达三院十系的规模③，声誉日盛。社会上传颂“煌煌北国望学府，巍巍工商独称尊”“堪称与康奈尔大学相媲美”④。

学校在逆境中克服重重困难，创造了学科建设、办学规模迅速发展的奇迹。1948年10月，经国民政府教育部批准，天津工商学院更名为“私立津沽大学”，凝聚着全校师生心血的夙愿与梦想终于得以实现。消息传来，校园内一片欢腾。到

① 实际上学校组织根本没设此职务，所谓副院长只是摆设。

② 所谓“安南事件”，是指日本侵占法国的殖民地越南的事件。越南古称“安南”。《嘉庆重修一统志》之《时宪书》卷内，将“安南”改为“越南”。“越南”之名一直沿用至今。

③ 三院为文学院、工学院、商学院。十系为中文系、外语系、史地系、家政系、建筑工程系、土木工程系、机械工程系、财政会计系、国际贸易系、工商管理系。

④ 《跃进中的工商学院》，《工商生活》特刊，1942年9月10日河北大学档案，1942-C813-3。

1949 年中华人民共和国成立前夕，津沽大学教职工达 225 人，在校学生 920 人。原工商附中改名为津沽中学，学生达 1300 名。当时的津沽大学，在历史、水利、土木工程建筑、财经、外文、哲学、美学诸方面均具备较高水平，成为中国北方最具影响的高等学府之一。

1952 年，中央人民政府为了适应第一个五年计划国民经济建设的需要，同时也是为了彻底收回教育主权，对全国大专院校、系和专业进行了大规模调整，对教会大学进行了合并改造。在这次调整、合并改造中，津沽大学原有的工学院三系与原北洋大学合并，组建天津大学。财经学院三系调整到南开大学。以仅剩的师范学院为基础，将天津教师学院合并，在津沽大学原址组建为天津师范学院，任命梁寒冰为天津师范学院院长。至此，教会大学在中国销声匿迹，原来意义上的由法国传教士办的津沽大学已不复存在。

1958 年，天津改为河北省直辖市，中共河北省委、省政府由保定市迁到天津市。随着天津师范学院办学规模的不断扩大，同年 6 月，河北省教育厅决定将天津师范学院扩建为天津师范大学。7 月，中共河北省委确定天津师范大学为全省 5 所重点大学之一。1960 年夏，《河北省人民政府委员会教五字第 258 号通知》决定，将天津师范大学改为综合性的河北大学。

1970 年，河北大学迁到河北省省会保定市，仅在天津马场道 74 号设河北大学留守处。河北大学在天津的原校址，现为天津外国语学院所用。

（资料来源：阎玉田《踞析津之阳——天津工商大学》，人民出版社，2010 年版，第 7—12、14—15 页）

十二、《河北大学学报》载河北大学校史变迁①

（原）编者按：为了总结建国后成校三十年来办学的经验教训，按照教育规律办学，并为编写校史准备有关资料，本刊发表此文，对学校的历史和现状作一简要介绍。请本校校友及师生员工予以匡正，并望提供校史资料。

河北大学是一所综合性大学。原建于天津，1970 年迁至河北省保定市。河北大学有 60 年的历史，校名先后为工商大学、工商学院、津沽大学、天津师范学院、天津师范大学，1960 年定名为河北大学。

工商大学原是一所天主教教会学校。1921 年经天主教罗马教廷批准，建校于天

① 选文做了删节处理，题目为编者根据内容自行拟定。

津马场道清鸣台一带。附设北疆博物院一座。1923年秋，招收第一届新生，分工商两科。学制本科四年，预科二年，共录取本科学生48名，预科学生51名。除部分课程由天主教神甫担任外，并在津聘请兼课教师任教。

1933年，工商大学报请国民党政府教育部批准，改名为工商学院。原预科改为附属高中。当时，工科设土木工程、建筑工程两系，商科设会计财政、国际贸易两系。抗日战争爆发后，平津大部分高等院校南迁，一些留于华北的知名学者，如我国的土木工程专家高镜莹、林镜瀛、谭真教授，建筑学专家沈理源、阎子亨教授，物理学专家马沣教授，地理学专家侯仁之教授均应聘来校任教。当时成为华北地区较有影响的学校之一。

1943年，工商学院增设女院，即文学院，设文学系（包括国语、外语两专业）、史地系、家政系，全校共扩大为三院七系，招生259人。增设建筑材料、电机、商品检验等三个实验室和翻砂、金工、木工三个工厂。1945年抗日战争胜利后，工商学院增设机械系和工商管理系。由于已经具备三院九系的大学规模，1948年经国民党政府教育部批准，改名津沽大学。其后文学系又分为语文、外文两系。增为三院十系。教职工109人，其中外籍教职员占四分之一，在校学生630人。原附属中学改名津沽附中，学生1300人。

工商大学自1921年建校至1948年底，天津解放前夕，在26年中三易校名，规模有所发展，但始终处于天主教会控制之下，带有浓厚的宗教色彩。解放战争时期，由于国民党政府坚持反共、发动内战，引起广大师生的愤慨，在中国共产党的领导和影响下，学生运动蓬勃展开，大批同学冲破束缚，不畏艰险，积极投入反饥饿、反内战、争民主、争自由的火热斗争，谱写了校史中光荣的一页。解放前夕，全校各派力量联合成立了护校委员会，迎接天津的解放。

1949年1月，天津解放。经过全校广大师生的不懈努力和强烈要求，进行了一系列的校政改革。1951年7月，人民政府宣布接管，定名国立津沽大学，任命著名物理学家张国藩为校长，王金鼎为中共支部书记兼教务长。之后，国立津沽大学在党和人民政府的直接领导下，进行了调整、改革，逐步成为一所具有一定规模的新型高等学校。

1951年，原天津私立达仁商学院和土木工程学校停办，部分师生并入津沽大学。此时，教职工共168人，在校学生达1265人，设有三院十二系，计：工学院设土木工程、建筑工程、机械工程三系；商学院设会计财政、国际贸易、企业管理三系；师范学院设数理、生化、中国语言文学、外国语言文学、史地、家政六系。

1952年，全国高等学校进行院系调整，北疆博物院划归天津自然博物馆。津沽大学工学院各系与原北洋大学合并，改建成天津大学；津沽大学商学院各系并入南开大学；原天津教师学院并入津沽大学师范学院，在原津沽大学校址改建为天津师范学院。

天津师范学院，共设有数学、物理学、化学、生物学、中国语言文学、外国语言文学、史地 7 个系，原家政系撤销。此外增设速成部及业余进修部，以适应天津市培养中学师资的需要。此时教职工总数为 247 人，其中教师 108 人。本科在校学生 591 人。院长由天津市教育局副局长梁寒冰兼任，温宗祺为党委书记兼第一副院长。1953 年，原史地系分为历史、地理两系，1955 年增设政治教育系，共为 9 个系。至 1956 年，教职工达到 758 人，在校学生达到 2736 人，图书馆藏书也有很大增长，中外文图书从解放时的 5 万多册增至 34 万多册。

1958 年，天津师范学院改名为天津师范大学，学制四年。由中共河北省委书记张承先兼任校长，戈华任副校长。此时，天津河北师范学院的教育、政治教育、外语三系，以及石家庄师范学院的体育系并入，全校共有十二系。教职工共 839 人，其中教师 409 人，在校学生 4399 人。

1960 年，天津师范大学改名河北大学，为河北省唯一的一所文、理科综合性大学，校长仍由张承先兼任。1960 年，体育系调归河北师范大学，又将政治教育系分为哲学、政经两系。1962 年，地理系调归天津师范学院。1964 年，政经系停办，外文分为英文、俄文两个专业。1963 年，戈华离任，李泽民任副校长兼党委书记。1965 年，招收越南留学生 100 人。

河北大学自 1949 年解放至 1965 年这 17 年中，学校有很大发展，校舍建筑、实验设备有所改善，图书资料日渐齐备，教学、科研水平不断提高。这期间，图书馆中外文图书总数达 81 万册，并自行设计建成静电加速器和添置光谱仪等大型实验设备。教职工已增至 1195 人，在校学生 3302 人。17 年中，共毕业学生 8761 人，相当于解放前 26 年毕业生的 8 倍，其中大部分成为天津市及河北省文化教育战线上的骨干力量。

1966 年至 1976 年，由于林彪、江青反革命集团的干扰破坏，河北大学遭到严重摧残，广大师生遭到残酷迫害，四年停止招生。学校几经搬迁，图书、仪器、设备损失达数百万元。1970 年才在保定市定址，开始招生，至 1976 年招生 3574 人。

1976 年粉碎“四人帮”后，河北大学获得了第二次解放。1977 年恢复了统一招生。1978 年周学鳌接任校长。随着全国教育形势的发展，学校的各项工作逐渐走上正轨，教学秩序日趋正常，教学质量日渐提高：科学研究取得了一些成就。1978 年全国科学大会上，聚氯乙烯轧延硬化密闭自动连续生产线和电致发光照明具两项获得全国科研项目奖；1979 年，复合型塑胶跑道防霉研究等五个项目获得河北省科研成果一等奖及其他等级奖励。全国科学大会以来，全校共从事 18 个方面的科学研究，完成了科学研究项目 105 项。

近年来，河北大学继承发扬原有的治学严谨、联系实际、实事求是、艰苦朴素的优良校风，重视基础学科的发展及学科之间的合作，使综合性大学多学科的特点得以发挥。同时加强了对教学和科研的领导管理，并选派了一批优秀教师到美、日、法、比、印等国高等院校、研究机构进修学习，加速教师队伍的培养提高，学校面貌发生了根本性变化。

河北大学现有教职工 1704 人，其中教师 798 人，包括教授 24 人，副教授 54 人，讲师 430 人，教员及助教 290 人。在校学生 3211 人，研究生 23 人。

在河北大学的教师中，有一批是老一代学术上造诣较深的知名学者和科学家，其中曾获得国外著名大学博士和硕士学位的有 12 人；同时也培养出一批基础较扎实、勇于攻关的中青年教师。在老教师中，如教育学博士滕大春教授，致力于比较教育和教育史的研究，曾出版《教育心理学》和《今日美国教育》等书，现正撰写《世界教育史》和《美国教育史》。张述祖教授是我国知名的心理学专家，曾出版《普通心理学》及心理学论文多篇，现正撰写《西方心理学史》。中文系张弓教授的《现代汉语修辞学》、副教授裴学海生前著作《古书虚字集释》，在我国语言学、文字学的研究上具有一定的影响。心理学博士詹锳教授对《文心雕龙》有深入的研究，并著有《李白诗文系年》。历史系教授漆侠，著有《隋末农民战争史》《王安石变法》等书，现正从事宋史研究和编撰《宋代经济史》。在自然科学方面，数学系对概率和泛函分析均具有较强的研究能力，在杨从仁教授的带领下，一些中年教师和研究生从事马氏过程与位势理论和非线性压缩半群理论的研究，做出了可喜的贡献。物理系部分教师在光学应用的研制上做出了成绩。化学系在沈宏康教授带领下正从事高分子化学的深入研究。其他各系也都有了一批造诣较深的科研和教学上的骨干。

（资料来源：《河北大学历史沿革》，《河北大学学报》〔哲学社会科学版〕，1981 年第 3 期）

十三、河北大学校史回眸①

（一）天津工商大学至私立津沽大学时期历史沿革（1921年—1951年）

1. 中国北方第一所天主教大学——天津工商大学（1921年—1933年）

天津工商大学是一所典型的基督宗教教会学校。1921年天津工商大学的创建，填补了中国北方尚无天主教建立大学的空白。天津工商大学位于天津马场道141号院内，主要建筑物有北疆博物院、预科大楼、本科大楼、图书馆、学生宿舍等。天津工商大学校训为“实事求是”，后陆续制定校旗、校徽、校歌。于1923年招收首批学生。

在天津工商大学创立之前，天主教在中国只创立了上海震旦大学一所学校。天津工商大学的创建，填补了中国北方尚无天主教建立大学的空白。1871年，法国耶稣会在天津法租界建立直隶东南教区驻津办事处，称崇德堂。崇德堂在工商大学创建后，主要负责转拨罗马教廷和法国耶稣会等发给学校的办学津贴以及学校房产管理。1885年，崇德堂负责人鄂尔壁奉命筹划创办高等学校事宜，拟定建校方案。方案包括办学目的是使中国人开始学习欧洲各种科学；课程以学习法语为主，利用法语学习其他学科；教授以法国传教士为主；只限招走读生，训育、庶务、中文教授可由中国人担任等四则。这一建校方案，基本奠定了后来工商大学的办学格局。

1920年，天主教直隶东南教区代牧刘钦明与天津教区宗座总理文贵宾达成在天津开办大学协议，并于次年声明于溥泽神甫为天津开办大学之代理院长，负责筹备建校事宜。于溥泽选定天津马场道清鸣台旷地100余亩为大学校址。学校最初名“天津农工商大学”，复定名“天津工商大学”，在教会内部称“天津圣心学院”。

坐落于天津马场道141号院内的天津工商大学，其主要建筑物北疆博物院、预科大楼、本科大楼、图书馆、学生宿舍等在二三十年代基本完成，以此奠定了以后工商学院、津沽大学的建筑格局，解放前，全校原有建筑总面积22 161.24平方米，1950年增加建筑面积5 556.47平方米。

学校于1923年招考第一批学生，首次招生51人。1925年，裴百纳（法）代于溥泽为校长，始有本科生，分工、商两科，裴化行（法）为工科主任，尚建勋（法）为商科主任。1928年举行首届本科11名毕业生毕业典礼，计工科7人，商科4人，

---

① 选文做了删节处理。

其中 3 人获学士学位。1931 年，学校当局决定由华人赵振声担任校长职务。

2. 巍巍工商独称尊——极盛期的天津工商学院（1933 年—1948 年）

1933 年，因所设系科数量未达“大学标准”，经国民政府教育部第 7923 号训令，正式批准立案学校更名为“天津工商学院”，华南圭出任校长。天津工商学院时期是学校 20 世纪前半叶历史上的极盛期，在教育界享有“煌煌北国望学府，巍巍工商独称尊”之誉，特别是 40 年代中期，学校人才荟萃，堪称与美国康纳尔大学相伯仲，居于天津各高等院校之首。

抗日战争时期，平津沦陷，华北地区的名校如清华、北大、南开等纷纷南迁。一时因环境所迫无法随迁而又不甘心任职敌伪高校的教授们纷纷来津。侯仁之、齐思和、翁独健、袁贤能、张华伦等知名教授学者，都被吸纳到天津工商学院，学校一时名流云集、声名鹊起，成为津门最有吸引力的高校。其后，建筑设计大师阎子亨，人民大会堂、民族文化宫及民族饭店的设计者张镈，语言学家朱星等先后在这里任教。他们的加盟，极大地提高了学校的声誉，也为中华民族培养了一大批蜚声中外的专家、学者。曾任中共中央政治局常委、国务院副总理的姚依林，著名物理学家袁家骝，香港特别行政区立法委员、香港房屋委员会主席郑汉钧等均出于该校。著名红学家周汝昌、著名音乐家沈湘出自该校附属中学。

天津工商学院奉利玛窦、南怀仁等前辈传教士为楷模，实事求是，崇尚科学。在学校主楼正厅，悬挂有二人画像，墙壁正中悬挂南怀仁所绘巨幅《坤舆全图》。

1937 年，刘斌出任天津工商学院校长。同年教育部批准分系，将工商两科改为工学院和商学院，各院决定设系。工学院除原有的土木工程系保留外，增设建筑工程系。商学院分为会计财政系和国际贸易系。天津工商学院建筑工程系是中国近代教育史中创建较早的机构，它是华北乃至全国较有影响力的建筑教育机构。其教师多为大师级人物，毕业生在国内外建筑行业成为建筑大师、结构工程大师、建筑教育家等不乏其人。天津大学建筑教育机构即导源于此。天津大学在当代中国建筑教育界的地位，显然也是与天津工商学院建筑系在中国早期建筑教育中的地位和影响是紧密关联的。

3. 私立津沽大学时期（1948 年—1951 年）

1943 年，刘迺仁出任天津工商学院校长，任内设立女子文学系。1945 年，文学系扩为文学院，分文学、史地、家政系。后在商学院增设工商管理系，工学院增设机械工程系，文学院增设西语系。至此，学校发展成三院十系规模，符合教育部规定的大学标准。1948 年，国民政府教育部高字第 58208 号代电，批准将“私立天津工商学院”改名为“私立津沽大学”。刘迺仁继续出任校长。

私立津沽大学时期，中外众多知名学者教授在校执教，师资力量雄厚，在天津市与北洋大学、南开大学形成鼎足之势。1949年后，卜相贤（法）、王峻德先后出任校长。

（二）你所不知的博物馆——北疆博物院

博物馆的兴衰演变是一座城市社会与文化背景的折射，也是反映城市发展进程的标志。在天津市河西区马场道天津外国语大学院内，有一座砖混结构的三层西式建筑，被列为天津市重点保护历史风貌建筑，这就是天津自然博物馆的前身——“北疆博物院”旧址。北疆博物院与河北大学前身天津工商大学有着极深的渊源。由于和工商大学同在一个大院里，北疆博物院和工商大学互通互补，犹如一体。1927年5月出版的《工商大学校刊》第一期载文说，博物院“裨益于该大学学生，良非浅鲜”，“事实上，该院固无异为本校之科学图书馆，本校所授的哲学及高中之生物学各项课程，须要任何标本参考，均可立致，而于有研究兴趣之各教授与师生均着先鞭，耳闻目睹，无形中本校师生研究学术之风气，自然比较浓厚也”。

1. 北疆博物院的创办历史

1914年3月21日，法国天主教耶稣会神甫、动物学博士黎桑（Paul Emile Licent，中文名桑志华，1876—1952）来到天津，挂名法国天主教耶稣会献县传教区，在该教区天津崇德堂工作。1923年，法国著名古生物学家德日进来到中国，与桑志华一起建立了“桑志华-德日进法国古生物考察团”，桑志华的考古探险活动进入辉煌时期。1923—1946年，考察团开展了长达20余年大规模的科学考察，行程近50 000公里，遍及300余个野外考察点，采集动植物、岩矿、古生物和古人类等标本，发现了世界上罕见的哺乳动物化石和旧石器地点，其中包括国家5A级景区、国家地质公园、“中国史前考古的发祥地”水洞沟。

随着桑志华考察探险活动的不断深入，越来越多的珍稀标本被发掘出世，创建博物馆的计划也被提上日程，并很快就被法国天主教耶稣会总会长魏恩兹神甫、中国北方耶稣会会长金道宣神甫采纳，同时获得了法国外交部的资助。1922年，在英租界的马场道建起了北疆博物院第一座建筑——北楼。1925年，在北楼西端，建成与北楼相通的陈列室。1925年5月5日下午，北疆博物院举行正式开馆仪式。桑志华将其命名为Musee Hoangho Paiho，意即黄河、白河博物馆（当时的海河称为白河），中文名为北疆博物院。博物院展出了植物标本2万种，动物标本3.5万种，岩石与矿石标本共7000种，动物骸骨化石1.8万公斤，各地地理、山川、河流、土壤和动植物分布地图133幅，照片3000余张，以及关于人类学、工商业和农业的调查报告，同时还举办不定期的讲座，为普及自然科学知识和开展科学研究提供了很好的条件。1929年在北疆博物院北楼南侧进行了扩建，建成与北楼平行排列的南楼。南北两座建筑以通道相连接，使北疆博物院建筑外形形成了工字形完整格局。

20世纪30年代，北疆博物院已成为具有世界声誉的一流博物馆。瑞典国太子、英国公主均曾来北疆博物院参观，各国驻华公使更是这里的常客，也引起了被誉为超级古生物迷的日本裕仁天皇及皇室成员的特别关注。1930年，日本皇宫大学邀请桑志华赴日演讲；1932年，日本天皇指示陆军本部参谋长致信桑志华，表示愿意出版北疆博物院的所有著作；1934年11月5日，天皇的妹妹Kuni及其丈夫Otani（日本僧人的最高领袖）前来北疆参观；1938年，日本亲王Yama参观北疆博物院；1938年9月，接替桑志华担任北疆博物院院长的罗学宾与德日进、汤道平一起，还专程去日本做了一个月的访问学者。北疆博物院作为近代中国早期外国人在华创办的博物馆之一，在20世纪20—30年代享誉世界，在中国近代博物馆发展史上和生物、地质、古生物等科学发展上起过重要的作用。

2. 北疆博物院的沧桑起伏

北疆博物院在一段短暂辉煌之后，经历了长期的冷落、停滞。现在大部分关于桑志华和北疆博物院的记忆到1937年戛然而止，无论是建筑本身还是那些创建者。他们后来的故事，对于大多数天津人来说，已经没有了切身的记忆。1937年抗战爆发，日军封锁了天津英、法租界，北疆博物院的工作基本停滞，桑志华的工作被迫中断，迫于战乱，1938年桑志华离开中国。1939年天津遭受水灾，北疆博物院的一部分藏品被迁到北京法国使馆附近新建的博物院内。

1940年北疆博物院的南楼清空后租借给天津工商学院（河北大学前身）使用，北楼一层、二层借给天津工商附中（法国教会中学）做学生宿舍，北疆仅留下陈列室和三楼标本库房。后北楼归还给北疆。1952年天津市文化局接管北疆博物院，成立天津市人民科学馆。1953年11月，北疆博物院陈列厅再次对外开馆。当时展品按古生物及矿石、脊椎动物、动物进化、农业病虫害四大类，分放在不同的陈列室。1958年，在北疆博物院的大楼里，正式成立并更名为天津自然博物馆。翌年，陈列展览和办公地址又从北疆博物院迁到位于马场道272号的原英国跑马场，北疆博物院大楼变成为收藏珍贵标本的库房，从此逐渐淡出人们视野。

3. 北疆博物院的修缮复出

1995年，天津市领导视察位于马场道天津自然博物馆时说：“天津有着深厚的文化积淀，历史上不仅是中国北方重要的商埠，而且是一座文化名城，历史给我们留下许许多多宝贵的财富，这是天津人民的骄傲，也是天津走向世界的重要条件。”同年，市领导视察北疆博物院旧址库房后进一步指出：“保护好这些历史文物是我们这一代人重要责任，要把这件事列入政府重要议事议程，要当作件大事来抓。”为“妥善保护好文物”，进一步发挥馆藏标本的作用，1997 年市政府拨款 1 亿元，于 1998 年改扩建天津自然博物馆，使其拥有 3400 平方米的新库房，当时将 18 万件标本迁入，缓解了北疆博物院旧址库房的压力，但因受库容量所限，仍有 20 万件标本存放在旧址库房。2003 年国家文物局拨专款（市文化局补部分缺口）对北疆博物院旧址建筑进行了一次修缮，并对库房安防、消防报警系统等进行了设计、安装，但仍然作为库房使用，满足不了开放要求。

2014 年是中法建交 50 周年，也将迎来天津自然博物馆建馆 100 周年暨桑志华来华科学考察 100 周年。天津自然博物馆决定以此为契机，将一直用作库房的北疆博物院从封存状态中挖掘出来，与中外学者共同研究恢复其历史原貌，同馆藏文物以及它所承载的厚重历史一起展示给公众，发挥其应有的陈列展示、标本收藏、科学研究和科普教育功能。天津自然博物馆在多方的支持下，多次组织召开专家论证会，对北疆博物院修缮项目做出了完整的规划。北疆博物院的修缮，整体秉承修旧如故的原则，对室外地面、建筑外墙、室内装饰、墙体、地面等处进行了维护与修复。修缮复原的同时，又加入了智能化照明控制、消防系统、安防控制系统、计算机网络、空调等一系列办公、文保、科研所需的现代化设备，对北疆博物院旧址建筑实施了全面修缮及改造提升。这座被誉为 20 世纪 30 年代世界上“第一流的博物院”的中国北方第一座自然博物馆的大门于 2016 年 1 月 22 日正式开启。

北疆博物院是中国为数不多的集动物、植物、地质、古生物、古人类等多学科的综合性博物馆，重点收藏中国西北、华北、东北地区及世界范围内具有代表性、典型性的自然科学标本，馆藏标本达 40 万件，居全国同类博物馆之首，在国际上占有重要地位。

岁月流转，时光飞逝，北疆博物院历经了近百年的积淀，是历史留给我们的不朽宝贵财富。从 1914 年桑志华来华到今天，北疆博物院经历了西学东渐、中国近代考古学建立和发展的历程，经历了由外国人到中国人管理的转变，经历了馆址的变迁，也经历了泥河湾遗址重大科学发现的历程。它记录着中外学者那种钟爱事业的、绵绵不断的真情和努力，它将作为中西科学文化交融的结晶永世长存。无论何时何地，我们都应当铭记于心，感怀于胸。

(三)“人”为工程之尺度——天津工商学院院长华南圭

天津工商学院院长在任时间 1933 年 8 月—1937 年 8 月

华南圭，字通斋，1877 年 4 月出生于江苏无锡。在洋务运动背景下，其求学之路带有鲜明的时代色彩。早年入沧浪亭中西学堂，兼习法文。1896 年中举，1902 年入读京师大学堂师范馆。同年，因酷爱历史，翻译出版了《罗马史要》一书。1904 年，以官费赴法留学，以四年时间修完十年课程，1908 年毕业于法国巴黎公益工程大学土木工程系，获工程师学位。后在法国铁路系统实习两年，期间与波兰裔女士华罗琛结婚。1910 年回国，参加学部举行的留学生考，考取工科进士。1911 年廷试一等，授翰林院编修。1933—1937 年担任天津工商学院院长。(注：1921 年创办的天津工商大学是河北大学的前身，1933 年批准学校更名为天津工商学院，华南圭出任院长，1960 年更名河北大学。)

留学与路政：苟一失节，则予即是贪官

西方文化对早年华南圭的影响不仅在于技术知识。华南圭之孙女，著名民间古城保护者华新民女士回忆道：“他既有很深的中国传统文化的功底，又有西方的开放自由的文化对他的撞击。他所在的学校在当时的欧洲是办学思想最前沿的之一：主张户外活动、实习和办校刊等。比如他在巴黎时创办了《世界语科学文学》杂志，表达了对实现先进技术和文化交流的愿望。”

1912 年，赴法归来不久的华南圭翻译了一本名为《法国公民教育》的小书，书中介绍，法国的市政建设中有一个“向导者”岗位，职为“指示某处道路宜修，某处桥梁宜筑”。华南圭在此后半生中，都在为中国城市做着“向导者”的工作——以“人”的尺度，用心投入建设。

在归国后的工作中，华南圭一直谨慎地限制着手中公权力的边界，严防滥用职权。1911—1913 年，担任京汉铁路工程师和段长等职；1913—1919 年，任交通部总工程师；20 世纪 20 年代，又两度担任京汉铁路总工程师。可谓与铁路渊源甚深。华南圭自言“就廉字言，铁路用款最巨，用人最多”，而自己“十七年未受一钱之贿赂，则自今以后，自信不致失节，苟一失节，则予即是贪官”。

在此期间，另担任北京政府交通部传习所(今北京交通大学前身)教务主任，在教学中编写出了一套中文教材，为中国最早的中文现代土木工程教材之一，其中铁路工程教材是中国首部中文铁路工程教材；兼任其在交通传习所内创办的交通博物馆的馆长，该博物馆为中国最早的现代博物馆之一；帮朱启钤在社稷坛建设中央公园(今中山公园)，即北京首座公园，并参与主持该园建筑的建设以及布局。1913

年起，华南圭帮詹天佑创建及主持中华工程师学会。1919年詹天佑逝世后，华南圭继续主持该学会，并迭任副会长、总干事、会务主任等职务，直到该会于1931年和其他学会合并为中国工程师学会。

为政和治学：予之条陈只一字，即人字是也

1928年6月，国民政府将北京改名为北平特别市。7月，华南圭正式就任北平特别市工务局局长一职。在9月13日发表的《北平特别市工务局组织成立宣言》中，华南圭讲道："予之条陈只一字，即人字是也。得人则无所用其条陈而事无不举，不得人则虽有旋乾转坤之良策，适足召祸国害民之恶果。"并提出了上任后的七项要务：一须将古迹大加修缮；二须使全市不见灰土，且有优美之车道及步道；三须使全市有充分之水量；四须扩充大小干枝暗沟；五须扩充电力；六须浚河筑闸；七须设游艺消遣场。这些事项全部与民生日常休戚相关。在短暂一年的任期中，华南圭主持了对北京郊区水源的一次系统调查工作，并亲自制定了《玉泉源流之状况及整理大纲计划书》，除修闸挖沟、引进永定河水等措施外，还特别针对水系周边水田过多的现状，提出统一管理机构，做好清丈用水地亩面积、整理水田征收办法，以免"源乏用广，顾此失彼"。

1928年，华南圭作为北平特别市工务局局长，陆续开放了颐和园、景山，并率先致信北平市市长何其巩，要求对中南海予以保护。同年12月，中南海董事会正式成立。次年5月，这座昔日的皇家禁苑正式向公众开放。华南圭主持，打通了从景山到故宫中间那条绿树成荫的东西向马路——景山前街，以"还城于民"，不必让市民再绕行皇城。至今，景山前街仍是北京城最美的一条街道。

1930年起，华南圭在朱启钤创办的中国营造学社里担任评议，后又担任干事。1931年，华南圭以教育部视察员身份考察天津工商大学立案事宜，并在该校任课多门，讲授圬工桥梁、铁路公路学、铁路混凝土等课程。1933年8月，天津工商大学奉教育部令改名为天津工商学院，华南圭任法定院长。在治学方面，引入了法国公益工程大学的实习制度（该制度在当时欧洲也是一项创举），强调实习在教学中的重要地位和作用，并亲赴石家庄、长辛店等地联系毕业班的旅行实习，常带学生赴长辛店机车车辆厂实习。华南圭院长在任期间，天津工商学院在办学理念、培养专门人才等方面都有长足进步，学校呈现蓬勃发展的态势；学术空气浓厚，诸多名人受聘来校做学术报告，如李书田、何廉、杨豹灵等，及南开大学经济研究所方显庭、吴大业、丁佶等。校内专家受聘外出做学术报告的人次尤多，如桑志华、裴化行、德日进等应邀赴日、印度支那进行学术演讲，进一步提高了学术水平和学校在国内外的知名度。1937年8月，华南圭辞去院长职务，继续在校任教。

华南圭先生在治学生涯中，先后编著并出版了《房屋工程》《力学撮要》《材料耐力》《土石工程》《建筑材料撮要、置办及运用》《公路及市政工程》等十多部高等教育教材，为我国工程及建筑科研的发展，贡献了毕生力量。

大改旧京城：既不可能，亦所不必

1939年，因抗战期间拒绝为日伪政府做事，华南圭被迫流亡法国，直至1946年抗战结束后回国，任京汉铁路顾问、京汉黄河新大桥设计审查委员会委员长。1948年，内战接近尾声，中共地下党员来找华南圭，望其日后为新政权做出贡献。由于痛恨所目睹国民党的一些腐败现象，华南圭欣然应允。

华南圭参与了中华人民共和国成立初期北京市的规划。1949年5月，负责研究首都未来发展方向和规划初期建设工程的北平市都市计划委员会成立，华南圭任总工程师，后又担任顾问，对未来的市政设计提出了一揽子方案。

8月，在北平市各界代表会议上，他一口气拿出了16个提案，例如建议利用房基线的余地，“广设小公园及小广场，以供人民游憩”；结合自己1929年的计划，提出“整理玉泉源流案”；续修龙须沟；和路矿专家周炜一起提出“开始筹划下水道案”，等等。特别值得一提的是，在这次会上，华南圭还根据他自己以及包括梁思成在内的都委会成员的共识，正式提出了“西郊新市区计划纲要案”，建议在西郊五棵松建新城。他在提案中重申了自己30年代在《公路与市政工程》一书中的观点，认为改造旧城市，是市政最大的难题，西方某些国家的经验是在旧城市的近郊盖新城，而把旧城保留下来，尽量加以改良。因此对旧城大改造持“既不可能，亦所不必”之态度。

当年，华南圭的提案大部分得到了采纳，如整理玉泉水系、建设煤气工厂、在北京市东郊建设工业区、为北京市全部胡同路面铺沥青、继续对永定河的整治并修建官厅水库、开通京密运河并修建密云水库等。1949年8月至1957年8月，华南圭连续担任北京市人大代表，代表人民献言献策，为新中国的民主进程做出贡献。

华南圭先生是新中国难能可贵的工程技术人才，亦是一位狂热的世界语者，早在巴黎留学时便创办了《科学文学中国语世界语杂志》，后任总编辑；建国后参加过北京地区的世界语活动。

历经清朝、民国、新中华，以道路工程为主兼及教育、市政建设、文物研究等领域，华南圭终生走在一条“科技兴国”之路上，渐渐走出一个时代的黎明。在华老心中，想必有着这个时代的知识分子所共有的感受：呕心沥血，而功不唐捐；苟利国家，而无怨无悔。

（四）男儿欲何为？负笈学大禹——国立津沽大学校长张国藩

张国藩（1905—1975），字铁屏，湖北安陆县人。著名物理学家、流体力学家、教育家。1931 年，考取湖北省官费赴美留学，进入康奈尔大学学习水利，兼学物理。1933 年，获得理学硕士学位，随后转入依阿华大学继续学水利，兼攻流体力学、空气动力学、航空力学。1935 年获工学博士学位，同年回国。1951 年起担任国立津沽大学校长。

教育生涯

1935—1950 年，张国藩先后任北洋工学院、沪江大学、岭南大学、陇南西北工学院教授，兼西北工学院分院主任、航空系主任；西北科学院研究员；北洋大学物理系主任兼航空系主任、教务长。讲授理论力学、光学、流体力学、空气动力学、飞行力学、震源动力学等。在教学"少而精"的基础上，提出"要少到好处，精到妙处"的新思想。重视对青年教师的培养。亲手创办天津物理学会、天津市力学协会。

1951 年 9 月，中央人民政府教育部发布高一字 1170 号令，批准津沽大学由中央人民政府教育部接收改为国立，张国藩出任校长。津沽大学由私立改为国立，标志着津沽大学步入一个新的历史阶段，具有划时代的意义。张国藩校长在任期间，建立并领导了学校党、政、工、盟、团、学联席会议，以此种形式集思广益，统一认识，统一行动，最后由校长决定，部署学校的中心工作，如"三反"运动、抗美援朝运动、增产节约运动、知识分子思想改造运动。组织协调全校师生的教学课程安置，以尽快纳入教学轨道；以津沽大学文学院为基础，组建津沽大学师范学院，并成立教学工作研究会和总务工作研究会等。在这承前启后、废旧立新的重要时期，张国藩校长不负使命，勇挑重担，对校政改革起到积极推动的作用。

此外，张国藩还兼任很多社会工作。1950 年至 1951 年，兼任天津市教育局局长；自 1956 年起，任天津市副市长；还曾任第一、二、三、四届全国人大代表，天津市科协主席，市政协副主席，民盟中央常委和民盟天津市委员会主席等职务。

张国藩对所担负的各项社会活动尽职尽责。他思考问题周密，且多有创见。在领导民盟的工作中，他善于把党的统战政策结合民盟成员的实际，提出知识分子理解和接受的论点。例如，他提出："民盟的组织生活要培养'以文会友，以友辅仁'的风气。"他所说的文，是指业务；仁，是指思想。主张通过业务交为朋友，互相帮助，共同进步。

科学研究

张国藩的学术成就，主要是对分子物理学和原子物理学的研究，特别是对湍流理论和应用的研究，长达近30年之久，成绩卓著。从硕士论文《液体分子聚集态的理论本性及其机构》始，即进入对液体聚集态及流体力学的研究。张国藩主张从物理方面研究湍流的本质，而抵制国际上流行的“湍流的困难在于解纳维尔·斯托克斯方程的数学困难”的观点；提出湍流温度的比拟概念，著论文《湍流的热性理》。其他代表论文有《一种湍流运动方程式》《关于湍流阻力问题》，否定纳维尔·斯托克斯方程而提出自己的方程，其观点与当前国际上的观点一致。

1941年西北科学院成立，张国藩任研究员，他结合当时中国地学上一个十分严重的北部沙漠南移问题，用流体力学的观点对风沙进行了研究，写出《中国北部沙漠之南移问题》一文，并呼吁对沙漠扩大现象进行控制。中华人民共和国成立后，党和政府对该问题非常重视，建造了大面积的防风固沙林，并取得了显著的成效。

1964年，张国藩在天津大学任校长，兼湍流理论研究的学术带头人。他十分重视工程技术中的实际应用问题，认为从事应用方面的研究，其研究结果能立即用于生产并促进生产的发展。20年后，国际上在该方面的研究蓬勃发展，证明了张国藩的远见卓识。

要搞应用研究，首先要抓实验工作。张国藩说：“中华人民共和国成立前没有条件搞实验，所以老一辈大都搞理论研究。他们到国外留学也只好学理论，因为回国后就没有条件做实验了。这样，外国人实验做到东，中国人的理论就跟到东；外国人的实验做到西，中国人的理论就跟到西。这样，中国人的科研就不能独立，就具有依附外国的半殖民地色彩。现在，中国在政治上、经济上、军事上都独立自主了。咱们的科学事业也要独立自主。科学事业要独立，首先要建立自己的实验基地。”

张国藩对湍流理论及其应用的研究工作，持续了近30年，即使在行政工作繁重、社会活动频繁的情况下，依然孜孜不倦。学术界对其严肃的科学态度和坚持不懈的献身精神都交口称赞。钱伟长说：“张国藩同志是一位诚实的科学家。认真、勤奋，在湍流理论方面做了大量的工作，受到同代人的敬佩，堪为青年人的楷模。”

晚年，张国藩积数十年教学经验和科研成果，编著了《流体力学》和《振动力学》两部教材，曾被很多高等院校所采用。

爱国之举

张国藩先生是一位爱国知识分子。1931年，他离家赴美留学，临行登船时写下这样一首感怀诗：

三城侵浩海，楼阁满虾鱼。
东北进强虏，边疆无人戍。

男儿欲何为？负笈学大禹。

1935年，在抗日战争的烽烟炮火中，张国藩学成归国。在“一二·九”运动期间，参加了救国会运动。1944年，参加发起组织全国科学工作者协会，进行坚持抗战、反对投降的宣传活动，并担任了西北工学院的科协小组长。1947年，参加北洋大学的“反饥饿、反内战”运动，并和北洋大学师生共同发起了拒绝接受美援救济品的运动。

天津解放前夕，当国民党特务到北洋大学搜捕进步学生时，张国藩接受地下党组织的委托，通过校长张含英出面交涉，迫使包围学生的军警撤退，保护地下党员转入解放区。国民党政府胁迫北洋大学南迁时，张国藩在地下党的领导下，挫败了南迁阴谋。天津解放之初，北洋大学无人负责，张国藩以教授、航空系主任兼教务长的身份，实际主持全校工作，使教学秩序得以恢复。

结语

张国藩毕生从事教育工作，诲人不倦，是中国高等教育事业，特别是工科院校教育事业的先驱者之一；在分子物理、原子物理以及湍流理论方面有独到的见解，也是中国科学工作者协会的发起人之一。其一生热爱祖国，追求真理，治学严谨，生活俭朴，是一位深受人民爱戴的科学家、教育家和政治活动家。

（五）人生的境界——我国外国教育史奠基者滕大春

滕大春（1909—2002），北京市通县堰上村人，我国外国教育史学科的奠基者，在教育史学界享有崇高的声誉。1929年，他考入北京大学教育系，受到北大爱国精神和严谨治学传统的影响，在做人和求学的志趣上深受启发，并于1932年荣获北京大学首届优秀生甲等奖学金，颇得师生赞誉。1947年滕大春赴美留学，在科罗拉多州立大学学习比较教育和外国教育史，先后获教育学硕士和博士学位。新中国成立后，他积极响应党和国家的召唤，于1950年毅然回国，先后任河北师范学院、天津师范大学、河北大学教授，并兼任南开大学教授。1986年，获得全国外国教育史专业第一个博士学位授权点，任河北大学教育系外国教育史专业博士生导师。

治学：著书立说，以史为鉴

滕大春在教育史研究领域辛勤耕耘近70载，声名远播，建树非凡。在外国古代（东方）教育史、美国教育史、卢梭教育理论研究等领域均有卓越成果，著述丰硕；出版了《美国教育史》《今日美国教育》《卢梭教育思想述评》等专著，《科技发达时代的大学教育》《德国教育史》等译著；主编多部著作，主要有《外国古代教育史》

《外国近代教育史》《外国教育通史》（共六卷）。此外，还曾任《中国大百科全书·教育卷》“外国教育”分支主编和《教育大辞典·外国教育史》分卷主编。他共发表专题论文 80 余篇，1998 年出版个人教育文集《外国教育史和外国教育》。滕大春先生的著作及其教育思想在国内外教育史学界产生了巨大影响。其中《卢梭教育思想述评》曾获全国首届教育科学优秀成果一等奖，河北省社会科学研究优秀成果一等奖；《美国教育史》一书为教育部“七五”重点项目，1999 年获全国第二届教育科学优秀成果二等奖，获河北省第五届社科优秀成果一等奖；《外国教育通史》获第二届国家图书奖提名奖、第九届中国图书奖，被学界公认为本学科奠基性的经典学术著作。滕大春对于外国教育史领域内许多问题的研究均具有开创性意义，取得了举世瞩目的成果，他的学术观点及见解受到国内外教育史学界的普遍赞誉和尊重。主要表现为：第一，他根据国外学者的考古发掘和苏美尔文的解读，认为古代东方国家教育不但堪与古代西方国家相媲美，而且是早于西方古国而发达的。他还对佛教教育和伊斯兰教教育深入探索，从而破除以往仅以基督教教育为主体的狭隘性和片面性。这样就纠正了多年以来根深蒂固的“欧洲中心论”所造成的误解，扩大了外国教育史的学科研究领域，从而展示了人类教育发展演变的真实面貌。第二，他以“文化多元论”取代“文化一元论”，不但兼顾东西方国家教育的成长，还重视东西方国家教育的彼此沟通和互相交流，认为人类的文化教育不是绝缘体，如今一般国家的学校皆是混血儿，不应孤立地看待各时代和各国的教育，而应着眼于人类教育的整体性。他认为唯有善于掌握这种整体性，才能真正做到“古为今用”和“洋为中用”。第三，他注重以阶级观点分析教育发展，但同样推崇各历史时期教育建设对于生产斗争和文化积累的重大效益，破除曾把教育史片面歪曲为教育领域阶级斗争史的陈旧观念。第四，他依据大量翔实的教育史资料，对美国教育发展与演变的历史进行了深入研究，认为美国国家的强盛在于教育制度之建设与教育理论之探索，美国教育发展的道路基本符合人类历史发展的客观规律，为众多国家继续发展教育提供了可供参考的范例。

育人：正洁谦和，桃李天下

滕大春为了祖国的教育事业，默默耕耘，无私奉献了自己的一生。他从教 60 余年，诲人不倦，始终坚持在教学第一线，为祖国培养了几代教育界的英才，桃李满天下。在长达半个多世纪的教学生涯中，滕大春曾讲授教育学、外国教育史、外国教育名著选读、美国教育等课程。在教学中他融合古今中外教育，旁征博引，深入浅出，注重学生基础知识的拓宽和科研能力的提高，喜欢同学生们进行学术的、民主的、平等的讨论，被誉为良师益友。他为人谦虚和蔼，诚笃慎行，对于众多师生请教的问题无不竭力答复。在教学上老而弥坚，年逾九旬仍育人不倦。1987 年以后，他把主要精力投入到为国家培养高素质的外国教育史博士生上，共培养博士生 10 余名，其中大部分已成为外国教育史学界的学术骨干。滕大春视博士生为国家巨大财富，要求他们踏踏实实做人，“爱国不忘读书”“读书不忘爱国”。由于工作成绩突出，滕大春 1989 年被评为全国教育系统劳动模范，获人民教师奖章，同年获河北省人民政府劳动模范荣誉证书。1992 年开始享受政府特殊津贴。1995 年，被河北省委、省政府命名为“省管优秀专家”“资深省管优秀专家”。1996 年 9 月，滕先生出席全国老教授协会会议，受到江泽民总书记的亲切接见。

“治学离不开做人，道德文章不能分割。”滕大春不但如是说，更是身体力行，成为学生们的楷模。先生虽然学术声望很高，年纪又长，但待人接物却始终非常谦和宽容，无论对方年高位尊，还是年幼位微，先生一视同仁，都是极和气、极客气、极讲礼貌的，不端丝毫学者、长者、尊者的架子。他年届 90 高龄时，家里来客人都要亲迎亲送，常常坚持要把客人送到楼下。滕大春谦虚平和的性格、虚怀若谷的气度，真切地体现出学术大家的风范。滕大春为人正洁，无视一切金钱、地位和荣辱毁誉，为祖国的教育事业，默默奉献，从不计较物质利益。虽然是资深教授，但他生活得非常简朴，甚至可以说有些清苦。晚年，滕大春定居北京，一家老少三代人住在五十平方米的房子里，学生们去他家里上课，他的家人要起早把地铺收拾起来，腾出地方上课用。对待教育，对待学生，他真可以说是呕心沥血，八九十岁高龄还在大热天为学生一行一行地修改论文。有时，为一个学生改完论文后他自己大病一场也毫无怨言。滕先生就这样数十年如一日，像蜡烛一样燃烧自己照亮别人，勤勤恳恳地走完了自己的一生。

著名学者王国维曾有“境界”说，认为“词以境界为最上，有境界则自成高格，自有名句”。滕大春先生正是这样有境界之人，他的境界，在其为人，在其治学，在其人格，在其修养。这种“境界”的力量可以滋养心灵，穿透时空，平和而久远。他是我国教育史学界的泰斗，是外国教育史学研究的巨擘；他是一位专才，亦是修养的全才；他是一位学者，亦是桃李满天下的教育家。从他的人生历程和奋斗足迹中，我们可以感悟到一代大师在治学态度和人格修养上的崇高境界，赤子之心，自成高格。

（六）新中国的经济学家——记李宝震教授

李宝震，江苏昆山人，1916 年生。祖辈多为读书人，以教书为业。幼承家庭和私塾的传统文化教育，文史功底深厚，求学心切，刻苦奋斗。1926 年考入英国基督教教会学校新学书院，接受严格的英语训练，并学习数理化等新科学，由此形成稳固的外语基础，为日后的学术生涯创造了优越条件。1931年考入天津工商大学预科，两年后考入该校商科本科。1937年留校任教，1951年起任国立津沽大学校长。

少年时期勤学苦读

大学时期的李宝震，对会计学术产生浓厚兴趣，广泛涉猎中外会计文献，从中汲取丰富营养，形成自己的学术见解，引起学界的关注。李宝震在其《回忆录》中写道："我从上大学时，就喜欢读各国的会计书刊。工商学院时常得到国外赠书，图书馆藏比较丰富。"经常研读的会计书籍有舍尔所著《簿记理论》、巴比所著《复式记账》、奥尔德卡斯尔所著《实用簿记》等30余种，并订阅了徐永祚会计师主编的《会计杂志》和潘序伦会计师所办的《立信会计季刊》两种，并"每期都全部阅读"。

大学期间，李宝震经常向任课的外国教师请教问题，并到美国会计师协会会员、审计学教授斐士在津开办的会计师事务所，协助斐士教授从事查账和代管房产等业务；还曾到"天津最大的一家英国会计师事务所——汤生公司实习，随会计师到各工商企业、银行、洋行去查账"，积累了丰富的会计、审计实践经验。同时，还担任了斐士教授的审计学助教，积累了丰富的会计、审计教学经验；此外，从斐士教授手中借阅的许多外国会计刊物，使李宝震"较早地接触到外国的会计理论与实务"，开阔了视野，为日后的学术生涯创造了有利条件。

由于潜心攻读，认真思考，他的毕业论文《中国之所得税》通过答辩，取得满分，深受主持答辩教授的赞许，并译为法文，被巴黎社会科学院评为优秀作品。

醉心学术潜心教育

1937年李宝震本科毕业后，于天津工商学院留校任教，打破了该校会计课均由外国人开设的先例，成为第一个讲授会计课程的中国教师。先后讲授簿记、审计学、统计学、商业实践、成本会计及公司会计等课程。1942年，晋升为教授，组建了公平会计师事务所，接受工商企业委托，从事会计制度设计、审查账目报表和所得税等业务，以增长工作经验，为搞好教学服务。1945年，担任会计财政系主任。为提高教学质量，李宝震教授聘请在业务部门工作而又在理论研究上卓有成绩的专家到校兼课；选用美国原版教材，加强学生实践环节；严格教学管理，鼓励教师和学生从事科学研究，创立会计学会。天津工商学院会计财政系声誉日盛，得到社会好评。

1951年，国立津沽大学成立，李宝震被政府任命为副校长兼财经学院会计系主任。虽担任繁重的行政工作，但他仍坚持在教学第一线，讲授会计、审计课程，不脱离教学岗位。多次参加教育部召开的有关教育改革的会议及制订会计系教学计划和教学大纲的专业会议，从而学习到苏联的教育制度和教学理论，并在津沽大学付诸实施，为津沽大学财经学院的发展做出重要贡献。

1952 年院校调整后，李宝震辞去行政职务，在南开大学会计系任教授，承担会计原理、商业会计、经济活动分析、检查与监督等课程的教学任务。其间，潜心研究苏联会计，撰写论文、翻译俄文会计资料，还与其他同志一起编写了专著《工业企业凭单日记账核算形式》，为财政部在我国工业企业推行凭单日记账核算形式提供了参考。此书曾在 1956 年天津科技优秀成果展览会上展出，受到好评，李宝震教授指导的留学生还将其介绍到国外，广为流传。

卓越学识贡献祖国

李宝震作为中国金融学会的发起人之一，1950 年，参加了中国人民银行在北京召开的中国金融学会成立大会。会议期间，李宝震应南汉宸行长的邀请，出席了专家座谈会，就“如何稳定金融市场”提了几条建议，对地下钱庄滥发本票、投机倒把、哄抬物价行为，提出应予制止。会后，政府果然采取了坚决措施，明令取消了本票。会议期间，李宝震“荣幸地受到毛主席的接见，并感到自己的建议能被政府采纳，很受鼓舞”。

1979 年，我国确立了对外开放的基本国策，为适应对外开放的需要，李宝震建议在高等财经院校设置国际会计专业，并为此付出巨大努力，使之成为现实。为了开办国际会计专业，李宝震起草设计了该专业的培养目标和课程设置并得到国家教委的批准，想方设法克服了师资力量和外文原版教科书等方面的困难，从 1987 年开始，在天津财经学院招生授课，其毕业生在社会上供不应求，反映出该专业的强大生命力。1983 年国家审计署成立后，为了培养高水平的审计人才，李宝震建议在高等财经院校设立审计专业，这一建议再次首先被天津财经学院所采纳，于当年开始招生，此后，其他院校也逐渐设立了审计专业。

20 世纪 80 年代初，李宝震撰写题为《论社会主义的会计原则》的论文，指出会计工作必须以会计原则为指导，同时又应注意，对于外国的会计原则，不应照抄照搬。该论文引起会计界的讨论。他还发掘考证和研究中国的经济历史，发表了《会计史话》系列文章，引起会计界的反响。他对会计史研究进展感到高兴，并为授课的需要，编写了《中国会计简史》，作为对研究会计历史的一点贡献。他认为会计改革除了必须总结自己的经验，还应借鉴外国经验，以便批判地吸收，为我所用，因此写了《国际会计》《国际审计》，供学习研究者参考。

1983 年，李宝震撰写了题为《会计教学改革的设想》的论文，认为“建国以来，会计教学和科研一直沿袭着 50 年代的苏联模式，不适合我国当前国情，为此必须进行改革”。对于“会计的职能”，受苏联教材的影响，早期业界均概括为“反映和监督”；而李宝震依据国情，将其改述为“反映和控制”，使新中国的经济理论更加完善，亦能更好地服务于社会主义现代化建设。

（资料来源：河北大学新闻网，河北大学官微）

十四、各历史时期河北大学的教学与科研活动场景呈现①

河北大学教授、人民大会堂总设计师、著名建筑学家张镈

国学大师顾随

1940年，张镈到河北大学任教。他主持了对北京故宫中轴线古建实测，全部工程历时3年半完成，得图360余张，留下了一笔宝贵的历史资料。

到20世纪60年代，河大大师辈出、名师汇聚，教育系有刘文修、滕大春等八大教授，中文系有顾随、张弓、雷石榆等八大教授，物理系有马洋、吴振球、朱自熙，生物系有林子明、卢开运，化学系有沈宏康、傅承光，历史系有漆侠、王仁忱、傅尚文、李光壁，数学系有杨从仁。

叶嘉莹、周汝昌都是顾随先生的学生。周汝昌曾这样评价顾随：“一位正直的诗人，而同时又是一位深邃的学者，一位极出色的大师级的哲人巨匠。”

① 题目为编者根据内容自行拟定。

中文系古代文学教研室部分教师在一起
(右起韩文佑、顾随、高熙曾、魏际昌)

著名历史学家漆侠

著名的汉魏六朝隋唐诗文研究专家和
中国古代文学理论研究专家詹锳

河北大学校长康乐院士

河北大学终身教授印象初院士

（资料来源：http：//www. sohu. com/a/237345221 _ 643040）

十五、天津外国语大学教师忆工商至河大变迁①

诗意耕耘路 平凡教师魂——访李维颐

记者：您以前在津沽大学读过书，能跟我们分享一下您上学的经历吗？

李维颐：咱学校这块地最初是工商学院，1950 年，我考到工商学院演变来的私立津沽大学。由于学校发展，政府也支持，学校规模一点点扩大，1951 年正式改为公立津沽大学，学费等开销就少多了。1952 年，国家出台新政策，所有高等院校进行院系调整，公立津沽大学，工科系与天大合并，财经系与南大合并，其他留下来的俄语、中文、历史、地理等留在原址，改为天津师范学院。当时党号召大家学俄语，向“苏联老大哥”学习，我是 1952 年刚入团，为表示入团决心，我积极服从上

① 原题目为“天津外国语大学教师忆工商、天外变迁”。编者据内容及本书主题对此略做改动。

级安排，于是就从津沽大学英语系二年级转为师范学院俄语一年级。

记者：您能介绍一下您在当时的师范学院的学习生活吗？

李维颀：我当时是师范学院学生会副主席兼群众文化部部长，组织各种文化活动，搞的活动比较多，社团发展比较好，过年过节就在健苑演节目、看电影、举办舞会。天津市教育工会文艺会演，我独唱《莫斯科郊外的晚上》，还得了二等奖。虽然健苑现在体育活动比较少，但当时跟我们的感情比较深。原来的座椅，就那么大，又当桌子又当椅子，每月饮食费 8 块钱，座位固定，菜固定，能吃饱吃好。关于工资薪酬，青年教师工资就是五六十块钱。

既然是师范学院，就离不开教育实习，1954 年开始老师带着学生们开始教育实习，去过天津二中，还有山东等地。之后，师范学院经过教育部批准，改为天津师范大学，再后来改为河北大学，“文革”后期搬到了保定。

记者：河北大学迁走以后，马场道这个校址是怎么变化的？咱们学校又是怎样慢慢发展起来的？

李维颀：河北大学迁走以后，马场道这个地方几经变迁，曾经有七八个单位在这里待过。出于发展外语教育的考虑，1975 年 4 月，天津外国语学院迁入马场道，刚建立时师资很贫乏，到处“招兵买马”。我由天津师范大学转到了河北大学，留在河北大学当了教师。后来，经温宗祺院长推荐和邀请，我就从河北大学调到天津外国语学院了……

（资料来源：李虹《天外故事》，天津科学技术出版社，2014 年版，第 34—35 页）

岁月荏苒 50 年　皓首霜须情更真——访丁耀华

记者：学校即将迎来 50 周年校庆，您能跟我们聊聊您在学校工作的情况吗？

丁耀华：1952 年我参加工作，1956 年国家提出“向科学进军”，号召在职干部报考大学，我从河北邢台一教育部门报考了河北大学，成为外文系英语专业的一名学生。1960 年大学毕业之后留在河北大学当了老师。我先给一名知名教授当助教，然后通过进修和考核，走上讲台，成为一名青年教师，像马钟元教授、杨殿蓉教授都曾是我的学生，当时我是他们高年级的辅导老师和班主任。1964 年我又从河北大学调到了当时的秦皇岛外语专科学校任教。

记者：当时河北大学在马场道这里办学，现在和之前您上学的时候有什么变化呢？

丁耀华：学校的主要老建筑，像钟楼、和平楼等都被完好地保存下来了，但也有几处小洋楼式的宿舍楼已不复存在。我上学时，钟楼是物理系和化学系的教学楼，而我们外文系是在翻译中心那栋楼里；再往里面去的楼，朱万清教授在时，那个楼是咱们学校的日语系。和平楼是我们当时的行政楼；行政楼中的一部分当时一段时间曾是化学系实验室所在地。我们当时的大食堂现在被改为体育部和健苑，当时的礼堂也是在那里，是召开全校性大会和举办各种学生文娱活动的场所。北疆博物馆则是一个独立的单位，现在主要馆藏都搬走了。

我上学时图书馆B座那里是数学力学系，我爱人就是当时河大数力系的学生。后来天津外国语学院英语系的全体师生就在现在图书馆B座那旧楼里，进行了长达20余年的英语教学探索与改革。20世纪80年代才新建了现在的图书馆。像离退休办对面的外事小洋楼，那是工商学院时期外国神甫住的地方，河北大学时曾改为医务室，外院成立后又扩建为外事专家楼。

风韵庵茶室是河北大学时期单身教授级老师、年轻骨干教师的公寓楼。当时的学生宿舍主要是“工”字形的三栋宿舍楼，花园什么的那时候都没有，还没现在这么漂亮。操场还是现在操场的地方，但比较小，是一个土场。现在逸夫楼的地址当时学校只拥有一部分，是一个校办化工厂，也是1958年大炼钢铁时的场址。另一部分产权属于别的单位，后来是在咱们学校一个副院长的争取下，用当时学校产权内的天和医院旧址等和人事局换来的，然后在那里修建了逸夫楼。……

（资料来源：李虹《天外故事》，天津科学技术出版社，2014年版，第80—81页）

天外往事——访王锡臣

与王锡臣教授的对话，是从天外这座赫赫有名的大楼谈起的……

一、回忆校史，展望当代

谈到天津工商大学的校园，王锡臣记忆犹新，他打开记忆的闸门，向我娓娓道来。

提起工商大学，王锡臣给我们讲了它的三个特色。首先是基础深厚。天津工商大学建校时地基深厚，整个校园都垫了约有一米多厚的黄土，地下构造为黄土、杂土堆积层。“文革”时，他们在逸夫楼与操场东侧之间，从北到南，挖了200多米长防空洞，挖开后清楚看见地基都是一米多厚的黄土。五大道是由当时的富人出资，整体垫了地基，因此这里的地势是比较高的。有一次上班时突然下起了大雨，下了一两个钟头，雨一下河北路就开始蹚水，一般都一尺深，最深到膝盖，自行车没法骑，而马场道上没水，这就说明五大道这一块地势高。

其次是历久弥新的建筑。图书馆以北的建筑都是工商大学时建的，尤以主楼——“石头楼”最为著名，当时王锡臣的办公室就在这楼内。1976年唐山大地震时，天津很多建筑都留下了地震的裂痕，学校图书馆B楼也不例外。但是“石头楼”因为墙很厚，抗震性很高，没有一点裂痕，连墙皮都完好无缺。在天津的“八大建筑”中，唯有劝业场可与“石头楼”媲美。虽然现在天津高楼林立，各式各样，但“石头楼”依然焕发着魅力，现在它已经90多“高龄”了，但王锡臣认为再有三五个90年也坏不了，可能外表会脱落，但主体是坚固的。

王锡臣认为现在的科研水平也应如此，既要有大大小小一座座一般的“楼”，也要有像“石头楼”这样的高大传世的“楼”。现在学校发展很快，十几年前只有1000多人，到现在已有10 000多人。伴随着这个飞跃式发展，校园内高楼也建起来了，从图书馆往南都是新建的。新楼的数量、高度都超过了“石头楼”。我校的教学特别是科研，也要不断提高，超过“石头楼”。

最后是曲径通幽。工商大学给我们留下了很多植被，小花园的皂荚树、办公楼前的古树木等保证了“林立的楼里有树林”。我们要继承工商大学绿化的传统，不断朝“园林校园”努力。外院在建校时，破坏了原来的一些树木，例如原先操场、五宿的树木都被伐掉了。我们要多栽种树木，要有高大的乔木，也要有灌木，还有奇花异草。这样才能营造出校园“花木深”的意境。现在这种意境已经很难找啦！五大道睦南道个别院落还有“花木深”的感觉，那里有很多大树，都是好几丈高，高楼掩映在树梢里面，显得特别美。如果我们的校园也这样清新美好，那将会给师生提供一个更加愉悦的生活和学习环境。

说罢，王锡臣问记者：“作为西方传教士建立的学校，工商大学为何用马克思主义的‘实事求是’作为校训呢？难道教会学校也信奉马克思主义？”记者答不上来。他解释说：“根本不是这样。其实，最早提出这看法的是2000多年前西汉的一个王爷刘德：‘修学好古，实事求是’。清朝中后期，学术界特别重视实事求是，湖南岳麓书院的院训就是‘实事求是’。毛主席发挥为马克思主义基本原理。西方传教士采纳了中国人这读书做学问的观点，故将它作为校训。学校现今的‘中外求索，德业竞进’校训与其有着千丝万缕的联系，教学、科研都应遵循这种精神。现在我校中外兼备，要从根本上提高学校的水平，还是要‘实事求是’。”

二、笔耕不辍，谆谆教诲

王锡臣参加了《李白全集校注汇释集评》的编写，谈起来也是津津乐道。“李白的诗歌有很多后人弄不明白，尤其是那些关于佛教和道教的诗歌。为了弄清楚疑团，我阅读了很多相关书籍，像《四库全书》影印本、《大藏经》《道藏》《宛委别藏》（《四库全书》未收书）等。佛教和道教的著作难读不是因为有多深奥，而是他们的一些术语，只有内行才懂，因此给阅读带来障碍。后人都说李白伟大，其根源是他精通儒道佛，博览群书，走遍天下，又有天才的创造性，故能创作出思想艺术顶峰作品和后人看不懂的佛道作品。”王锡臣说从退休到现在已有十几年，一直在研究古文字文化学。“唐诗宋词已经研究不出新名堂了，得另辟蹊径，因此我把目光投放在中国的‘大文化’上，并提出了文字文化学理论。”说着他从书架上为我取来了书稿。只见厚厚一沓 A4 大小的方格纸上写得密密麻麻，还不时配有甲骨文金文图形。老教授问记者的名字，并立刻写出了对应的古文字，字里行间透着一股灵气，令人敬佩。

结合学校的“十二五”规划，王锡臣说：“当前我校应该朝着建立更多博士点努力，要利用师资队伍搞科研。只有科研搞上去，学校的整体水平才会上升，教学水平就会跟着提高。”他还建议同学们博览群书，拥有广博知识。好多学生只关注自己的专业，知识面狭窄，造成目光狭隘，容易从门缝中看文化，因此同学们应该多阅读书籍，提高自身的文化素养。学校要确立有深度的文化研究项目，确立关系全局的研究项目，中外兼顾，创新方式、方法，真正做到“中外求索，德业竞进”。这样一来，肯定能吸引更多的留学生，弘扬我们的文化思想体系，更好地传播国际大文化，让外语教学迈向更高水平。

将近两个小时的谈话结束了，在返回的路上，耳畔依然回响着教授的话语。作为天外历史的见证人，他对学生寄予很大希望，对学校发展充满信心。砥砺前行硕果丰，扬帆奋进正当时。相信我们的努力一定不会让他失望！

（学生记者：高敏娟、梁玉玲）

（资料来源：李虹《天外故事》，天津科学技术出版社，2014 年版，第 112—115 页）

看图片，说历史，谈感悟

看图片（一）——说说我校马场道校址的前身

我校马场道校区现在的地址，最早是创办于 1921 年的天津工商大学所在地。1933 年，该校改名为天津工商学院。1948 年，天津工商学院改名

为津沽大学。1952 年，在院系调整中，取消津沽大学，在此基础上，成立天津师范学院。1958 年，河北省教育厅将天津师范学院扩建为天津师范大学。1960 年，河北省人民政府委员会教五字第 258 号通知决定，将天津师范大学改为综合性的河北大学，隶属河北省教育厅领导。（正是在这一年，我考入河北大学外国语言文学系并在此就读 5 年）1970 年，河北大学迁址至保定。1974 年 6 月，国务院科教组通知，恢复天津外国语专科学校并改名天津外国语学院。同年 11 月，天津市决定，天津外国语学院正式搬入马场道 117 号现校址。当时，校园里很乱，不少其他单位在院内办公。经过十年的工夫，其他单位陆续搬出，马场道校址才完全归属我校。（编者按：以上内容参考了我校校志和校报的资料并加以整理）

作为一名在本校工作了近半个世纪的退休教师，每当我看到耸立在马场道上的这块校牌，心里总是感慨多多：现今的马场道校址经历了多少次更迭；现在这个地址完全归属于我校，又是经过了多少周折并付出了多少努力啊！

看图片（二）——谈谈健苑以往的多功能

我校的健苑在我上大学时，是礼堂兼饭厅。礼堂的功能，不言而喻，主要用来召开一些全校性的大会或者举行一些全校性的活动。我记得，1963 年，毛泽东和周恩来等老一辈的革命家为雷锋同志题词后不久，学校领导就是在这个礼堂里召开了“向雷锋同志学习”的全校动员大会。当时，我正读大学三年级，不但参加了大会，而且会后还参与多次“学雷锋”的活动。光阴似箭，现在半个世纪过去了，自己也年过古稀，但是我认为，“向雷锋同志学习”并没有因为时间的流逝而过时，我还要继续学雷锋，把雷锋精神落实到日常生活和具体行动中。

至于说到健苑当时是饭厅，大家也许难以想象，但是我却记忆犹新。现在我仍清晰地记得各系同学上午第四节下课后集中通向饭厅的情景；我还记得，当时就餐时，由于没有电视，大家只听广播。广播内容多种多样，既有时事新闻，也有各系送交的稿件，还有音乐和歌曲等。

除了以上提到的两个功能外，健苑还有一个功能也不应忽略，即周末这里经常当成舞厅。举办舞会，不仅活跃了校园生活，而且增强了同学们之间的联系。但遗憾的是，对于跳舞，自己至今也没当上“行家里手”。

看图片（三）——回忆位于长廊中央的小工厂

这座带有长长走廊的二层楼建筑（长廊的一端加盖了第三层），曾被称为“和平楼”。不知您是否注意到，这楼一层的中央部分是一块空地。现在这块空地是我校体育运动场所之一，但是在我上大学时，这块空地上曾有一个小工厂。这个工厂主要为物理系、化学系和数学系等理工类的教学单位服务，例如，制造教具或者进行教学实验。与此同时，小工厂也是我们外文系的学工劳动基地，在我就读大学的五年中，不止一次地到过这个工厂劳动。我记得，工厂虽小，五脏俱全。就设备而言，车钳铣铇磨钻等机床应有尽有；就人员而言，既有专业工人，也有专职的管理干部。我还记得，参加劳动的同学们都有机会在车床上实际操作，劳动强度虽然不大，但是产品的精确度要求得非常严格。通过劳动，我不但学会了一些基本技能，而且懂得了做任何事情都必须精益求精的道理。我还认识到，大学生不能光会念书，也应学习一些劳动实践本领，争当多面手。

看图片（四）——聊聊外院公寓原址上的那些事

“外院公寓”坐落在学校操场后面，是一座 16 层的红顶高楼。但是您可知道它的原址上只是一座三层小楼。

这座三层楼房曾被称为“建设楼”。20 世纪 60 年代我上大学时，这座楼是学生宿舍。更确切地说，我 1960 年入学时，外文系一年级的女生宿舍就在这座楼的三楼上。说起“建设楼”，又是感触多多，因为我在这座楼里经历了自己平生的两个“第一次”。头一个“第一次”指的是我第一次住进集体宿舍，过上集体生活。我记得，当时自己面临着两种考验：自身方面，如何做好个人的日常生活管理；人际方面，如何处理好与室友之间的关系。值得庆幸的是，经过自己的努力和大家的帮助，我

顺利地通过了考验。入住集体宿舍之后，不但生活自理能力大大提高，而且跟室友们的关系非常融洽。时至今日，我和住在本市的四位室友一直保持着密切的联系。第二个“第一次”是指我在这个楼里第一次结识了华侨同学。（当然，后来又结识了更多的华侨同学。）刚开始，我对他们感到很陌生，甚至听不懂他们说的一些话。但是通过以后和他们有更多的接触，我逐渐对他们有所了解。我了解到他们远离亲人，回到祖国学习，为的是将来服务祖国，报效祖国。华侨同学的这种爱国之情，实在令人钦佩，令人难以忘怀。

如上所述，我的五年大学生活是在这个校园里度过的。参加工作九年后，1974年，我又随着学校搬入马场道校区上班。2001年，我家又迁至校园内。这前后算起来，我在校园里学习、工作和生活了将近半个世纪。我对校园里的建筑、设施甚至花草树木，都有一种特殊的感情。回忆过去，再看当今，又是颇有感触：经过全校教职员工几十年的努力，现在的学校今非昔比，校园变得更为规划有序、整洁美丽，好几座新建的高楼拔地而起，原先的古老建筑和树木似乎也发出青春活力。所以，我越是回首往事，则越发热爱这里的一切，同时也更加愿意和大家一起共建美好校园——不，共建美好家园。

（资料来源：李虹《天外故事》，天津科学技术出版社，2014年版，第142—146页）

第二编　河北大学校史分论

一、天津工商大学

（一）天津工商大学的创建

1. 天津工商大学的诞生及其他①

民国二年（1913），法国耶稣会与罗马教廷商定利用庚子赔款在华北兴建一所大学，校址选择在直隶省河间县城西门外，同年开始备料施工。次年，第一次世界大战爆发，法国耶稣会无暇顾及此事，工程被迫搁置。

民国九年（1920），罗马教廷责成直隶东南教区耶稣会继续筹建大学。该会将校址移至天津马场道清鸣台附近，最初学校定名为天津农工商大学（对内称天津圣心书院）。民国十二年（1923）正式招生，共录取本科学生 48 人、预科学生 51 人。农科的学生只有 1 名，为此只得将农科专业取消，只设工、商两科并将校名更改为天津工商大学。首任校长为法籍神父于溥泽。该校经费由罗马教廷教育部供给。民国十五年（1926），该校图书馆落成，一年后，藏书达 2000 余册，并订购了世界各国工商业杂志。该校分别于民国十六年（1927）和民国十八年（1929）创刊发行了《工商大学校刊》与《工商大学公教生季刊》。民国十九年（1930）该校奉国民政府教育部令停办预科，并改预科为附属中学高中部和初中部。同年，该校创办《工商大学毕业纪念刊》并成立工商大学校友会。民国二十二年（1933），该校改名为天津工商学

---

① 题目为编者根据内容进行拟定。

院。到民国三十七年（1948），学校已设有工学院、商学院和女子文学院共三院十个系。同年8月，经国民政府教育部批准改为津沽大学。

1949年1月，天津解放。在天津市人民政府的支持下，学校成立了由全校教职员工选举产生的校务委员会，但很快遭到校内外国神父的阻挠。1950年3月，学校外籍负责人集体向代理校长王俊德辞职，学校被迫停课。王俊德和教务长卜相贤向市人民政府提出八条要求，作为复课的条件，政府予以满足。但复课不久，外籍教职人员再度提出辞职。1951年9月天津市人民政府正式接管该校，1952年10月将该校更名为天津师范学院。

（资料来源：河北省地方志编纂委员会编《河北省志》，第68卷《宗教志》，中国书籍出版社，1995年版，第292页）

2. 工商大学的设立和经过

［设立］要打算晓得工商大学，应该先晓得“耶稣会”。要打算晓得“耶稣会”，应当先晓得“耶稣会”在世界上的建设；尤其是在中国，尤其是在教育。请你先看看“耶稣会”所设立的大学或专门学校：在美国有8个；在印度有6个；在日本有1个；在智利有1个；在西班牙有2个；在比国和法国有许多个；论到在中国只有2个：在上海就是复旦大学院；在天津就是工商大学。

……“耶稣会”的教士来历148年的时间，44个人，辛辛苦苦地去研究，去转译，他们和中国的文化的关系很深。清华学报第一卷第一期里，有张荫麟君作的《明清之际西学传入中国史略》一文，记得很清楚。

他说：“西方学术之传入我国，可分为二期：第一期始于明万历中叶，第二期始于清咸丰。”此期指第一期西学之输入，为耶稣会传教士之附带事业。其所输入以天文学为主，数学次之，物理又次之。我国之天文学，截至现代止，已有3000余年之历史，其间亦为有外国文字之输入中国，则自耶稣会教士始。现在已将“耶稣会”的史略谈完了，想阅者能够晓得了，所以我们可以继续的再谈“工商大学”的本身了。

（甲）目的

循我国经济发展之需要，予青年以相当革故之智识，另外还有一件特别重要的事情——造就实用人才；因为中国需要实用的人才比理论的为急。所以他的设论非常周密，有北疆博物院、图书馆、工业陈列所、商品陈列所，明年还要另筑大规模的科学馆和大实习工厂。每年暑假，常派工商科的学生，到各大工厂公司去实习，比方昨年——1926年，工科的学生：刘培汉、魏玉良，派往林西煤场；郜华、张克昌，派往石家庄正太车务处；萧舜华、田益寿、朱敬先等派往天津法租界工程处。商科的学生：张玉峰，派往利源洋行；刘源，派往永兴洋行；刘美，派往隆兴洋行。

（乙）内容

规则：校里一切行政处理，校长自己负责施行，旁人是无权过问的。并且还有三件最特别注意的，就是：（A）服从；（B）礼貌；（C）用功的精神。

课程和考试：这个学校，对于课程方面，异常认真，丝毫没得通融。比方，在预科的时候，尤其是在预科三，每天教授留翻译、作文、生书、数学、化学的习题还在外。单就法文一课说，每天至少要有两个钟头的预习。记者按："作文"在别的学校，常常是两个星期1次，至多是一个星期1次；可是，在这个学校每天1次；所以在这个学校的学生，从预科三年以上说，外国文字，全很有根底。

记者按：记者初入学的时候，有同级50人以上，可是现在只余得11人了，那些，有的因病退学，有的因留班退学，有的因课程太逼迫或教学方法严厉退学……总之，我们可以知道他的确不会"敷衍"。

说起他的考试来更严厉。有星期考、月考、季考三种和口考、笔考两个方法。在季考的时候，口考，约校外的人来问，假若不能得到12分，下季定要留级的，学分以20分为足额。

［经过］1920年—1922年

原起的计议：耶稣会在欧战时候，就有在中国北部建设一个专科大学的计划，直到1920年10月9日，才决定将这个大学设立在天津，因为他是工商业的枢纽，需要的人才一定很多，并且有许多的大工厂、大公司可以为天然实验场所。

第一任校长：1921年7月21日于溥泽被任为校长，在本月25日到天津。同来的还有几位教授，一起住在法租界圣路易街崇德堂。

校址的选择：对于校址的选择，煞费思索，起初打算在特二区，后来又打算在总站的左近，最末次才选定特一区马场道，就是现在的校址，是耶稣会在十几年前买就的。这个地方有许多好点，例如：1. 地势非常雅静，距离城市很远，四周不是住舍就是园圃，所以空气倒很新鲜。2. 交通非常便利，紧沿着马场道，这条道是一个最清洁、最通达的道，所以不论向什么地方去，全很容易的。3. 地积非常大，现在占用约有一百多亩，南边还有一百多亩，所以，不论散步运动、足球网球，全很合适。

1922年—1924年

第一次建筑：1922年北疆博物馆筑成，这所建筑是仪品公司承办。在这年的秋季里，又起首筑预科的楼房，直到1923年9月才盖成。仪品公司的工程师是Mr.

Binet，很精于建筑，这一次的成绩得了好多的好批评。例如：1923 年 9 月 22 日的《华北明星报》评语说“Extremely good construction both from an artisti andutilitarian point of view ”。

预科楼房的说明：

这所楼房分两部：(一) 学生宿舍。在南部，两层，有游廊，坐西向东，共有四斋，楼上两斋，楼下两斋，每斋有五个宿舍，每宿舍住四个学生，每斋里有厕所、洗漱室，异常清洁，有气炉温暖适宜。(二) 课室、接待室、校长办公室（现在已改为学监办公室）。在北部，楼房的前面，特别壮丽，直向马场道。

第一次开班：1923 年 9 月 15 日起始授课，招考的新生 60 余名，分预科一、二两年级，教授一共 9 个人。

法公使参观：本年 12 月 12 日，法公使 Mr. de Gleuriau 来校参观。从早 9 点直看到 11 点半才兴奋辞去，对于一切设备、建筑、课程等很为嘉奖。

教授宿舍落成：1924 年这所楼房竣工了，亦是两层，20 个宿室，在预科楼房的最西南的地方，有个小花园围绕，非常的雅静。

1924 年—1925 年

学生和教授：这年里学生有 80 余人，只是预科三班，教授 15 人，(其中) 司铎教授 7 人，中国教授 6 人，西人教授 2 人。

本科楼房起首建筑：秋季起首动工，由永和建筑公司包办。

五卅案停课：五卅惨案，校中自 6 月 1 日起，宣示停课——短期间的。

圣诞节之庆祝大会：这种游艺会，系本校破题儿第一遭的组织，这天来的中外教授和来宾很拥挤。内容有法文短剧、滑稽谈、电影、中国乐……演员有刘培汉、朱敬先、刘美等十余人。

1925 年—1926 年

于校长离校：于校长被委在深州，所以离开学校，他离学校的那天，正在暑假里，同学们全不晓得，恰巧刘美和同学刘源、田益寿二君来校，才听见这些事，还做一个告别的小聚会，那天的情况和所谈的话，还印在脑海里，顺便将它记载出来，做一个小小的纪念罢了：

那天早晨，大约在十二点前十几分，我们来到学校，打探消息，正遇着于校长，他见了我们，急忙走到我们的眼前，用很低的声音向我们说：“我亲爱的孩子们！我要离开学校了！我的年纪老了！没有这些精神照顾这样重大的事了！……盼望你们专心用功，将来都有成就……”我们听了这些话，着实的难过。他同我们处了三年，那样的慈祥和恳切，真叫我们感念之至，怎能忍得忽的离别呢？他将我们让到接待室，要和我们再度一次很亲切的谈话，哪晓得我们全部泪涕满面，发不出一句话来，他又很慢的说："孩子们不要哭！我忘不了你们！……"因为时间急迫，他，不得不急忙地起身，他决然不令送他，所以我们辞别他，无精打采走出学校了。

裴校长视事：9 月 3 日，数学教授裴百纳被任为校长。当时我们听见新校长是他，没有一个不破涕为笑的，因为裴司铎也是我们平日最钦仰的、最敬爱的。他是一个富于天资的人，能操很流利的英语，别的科学——尤其是数学，没有不通晓或精深的。他对于学生非常和蔼，他教我们数学的时候，真是"一遍不懂讲两遍，两遍不懂……三遍……"，可谓诲人不倦了。

工商科的主任：11 月裴化行任为工科主任；尚建勋任为商科主任。

教授和学生：学生共有百余人，本科 15 人，其余全是预科的。教授 18 人：司铎 8 人，中国教授 6 人，西人教授 4 人。

学生的生活：前三年的学生生活，非常简单，从这年起渐渐的有兴趣了。如同：(1) 运动，每日必得到操场，从 4 点半到 5 点，有足球、篮球、网球等项。(2) 游艺会，庆祝新年……有法剧、法文祝词、英文祝词、中文祝词、滑稽短剧等项。(3) 参观，每星期或两星期，到各大工厂公司……参观。

1926 年—1927 年

本科大楼房落成：1926 年 11 月这所楼房才落成，费去 2 年多的时间和 20 万美金的建筑费。所以说它是北方很少见的建筑物。有 26 米达高，60 米达宽，31 米达厚。共 3 层——不算窑层。除却墙是用砖建筑的，其余如柱、廊窗……全用水门汀筑成。所以它不怕火。他的建筑法也很奇特，因为这所楼房面积太大，用普通的地基是不坚实的，容易将它压陷，所以用这种方法掘了 111 个很深的井，井四周筑了铁筋和水门汀的围墙，用抽水机将地下层的水抽少些，这些围墙就慢慢地陷下去，墙的中间又填上水门汀，这样的地基就像铁的一般。他是 16 世纪文艺复兴时代的式样——Renaissance Fran Caise，是很有美术价值的。《华北明星报》评语说："The building is completely fire-proof and has been erecteda at a cort of 300,000＄ — Those who have inspected it declare that it is one of the most modern institution of learning in north China."

（资料来源：工商大学校刊第一、二期，河北大学档案馆藏，第一期，1929-CB13-1；第二期，1930-CB13-1）

3.《工商一九三九》记天津工商大学校史①

津埠素以华北之门户、工商业之枢纽称著，1920年，乃有立工商大学于津埠之议。

1921年，于司铎溥泽，与他诸司铎被委至津。以马场道之崇德堂，荒置经年，诸司铎乃以斯址，遂开始建筑焉。

1922年，北疆博物馆及教师宿舍成，更筑预科楼，1922年9月落成，15日开课，教师9人，学生60人，教诵之声，始开于我校。立今日兴盛之基。1924年，正楼奠基，是时生徒已达80余，司铎教授亦增为15人矣。

1925年，于校长被调，以裴百纳博士继之，任裴司铎化行为工科主任，尚司铎建勋主商科焉，是年正科有一班，预科有二级，校中之运动、游艺等亦稍具端倪。同年邵司铎当选，任为教务长。

1926年，正楼工竣，校中诸事亦大致就绪，当时社会莫不仰望，以之为华北专科大学牛耳。1927年，图书馆立，有数十万册，世界名工商业杂志莫不备焉。1928年，凌司铎安澜为学监，校中体育亦突飞猛进，皆凌司铎之力也。

1929年，我校购地震仪，由物理教员司之，以与徐家汇等处通消息。次年狄司铎继学监之任，预科改三年制，预科乃有三班焉。1931年，裴校长因病归国，以赵振声博士继任。前法兰西尼日大学校长卜司铎被委任来校，就教务长。学监亦易为裴司铎仁行。同年初中部成立，雍司铎为主任，更加改善，遂欲备案教部，呈请以待视察。1932年我班入校矣。

1933年，教部派员至，留连数日，深为嘉许。秋，易大学为工商学院，附属中学部，均立案于教部。求学者日众，任暴安良司铎为体育主任，更筑球场校舍，并有增教室及工厂之议矣。赵校长任校务总监，而以华南圭工程师为院长矣。

1934年，全校有运动会举行。

1935年、1936年、1937年、1938年，我校无一日不在改善、建设、扩大、发展中，瞬息之间，受我校中化雨春风六年矣，今突离校他去，不无恋恋，惟遥立企望我校之扶摇日上耳。

（资料来源：《工商一九三九》，河北大学档案馆藏，1939-CB13-2）

4. 记者：天津工商大学已开幕

天津工商大学，为公教耶稣会所创办，其规模宏大，实为华北公教中首屈一指

① 题目为编者根据内容自行拟定。

之学校，校址在特别一区马场道。

自今春建校以来，至日前已将教室宿舍、博物馆及教员住宅等楼房建成，于月之十六日行开学礼，学生到者已 60 余人，先设预科二班、一年级一班、二年级二班。记者于开幕之日前往参观，见其新建筑物之壮丽，即知该校计划之远大，将来之发达，可预卜也。

该校校舍，计正面大楼两座，前者为礼堂、教室、自修室、职教员办事室及会客厅等。楼上之教室，光线极佳。化学图书等教室，设备尤极完美。后进为学生寄宿舍及教员卧室，一切陈设均极精致，每室三人五人不等，光线甚合卫生。除北洋、南开之新校舍外，天津各校校舍殆无足与比者。

（资料来源：《益世报》1923 年 9 月 19 日第三版，《闻墨》编委会主编《闻墨》，天津科学技术出版社，2014 年版，第 5 页）

5. 天主教在中国北方办学的标本：天津工商大学①

分段缘由：该阶段是为天津工商大学时期。该时期学校的办学主导权在教会，但也具有遵循大学办学规律、中外贯通的特点，奠定了学校基本的办学风格。

前言：在罗马教廷的直接推动下，天津工商大学由法国天主教耶稣会创办。创办伊始，学校即以大学命名，以法式教育为蓝本，以工商两科为基石，以中西融合铸特色，奠定北中国教会大学之地位。

（一）柝津之阳乃建黉宇

突出亮点有三个：

一是突出学校办学起点高，初始即以大学为名。在 20 世纪 20 年代，是全国为数不多的大学之一。主要突出两个点：

1. 罗马天主教在华仅创办 3 所大学，即 1903 年在上海创办的震旦大学，1921 年在天津创办的天津工商大学，1925 年在北京创办的辅仁大学。

2. 1921 年，天津工商大学创办时期，全国仅有大学及独立学院 15 所，至 1923 年，也仅有 24 所。（《中国教育大事典》）

二是突出首任校长于溥泽的奠基作用和办学思想：

1. 于溥泽个人情况：法国天主教神甫，天津工商大学首任校长，文学博士。出生于法国布斯百克（Bousbegue）。充满创新精神和进步思想。1901 年底来华，全力学习汉语，对文学语言、古典作品也有研究。在魏县、大名、献县等处开展教育活

---

① 原题目为“大学肇始，贯通中西（1921—1933）”，编者根据内容及本资料的体例要求做了改动。

动，具有丰富的办学经验。

2. 于溥泽担任工商大学首任校长的办学名言：“促使现代中国吸收欧洲科学，取其精华，去其糟粕”；“努力传授法国的文化和技术，把学校办成高等智育和德育中心”；“工学院和商学院，从实用的角度讲，能够更好满足中国青年的需求和渴望”。（张桂琴编译《法国传教士关于天津工商大学论文集》）

3. 于溥泽勘定校址、擘画校园、兴建工程、拟定教学大纲、创办预科等方面的成绩。

三是突出北疆博物院与学校的渊源和建设成就。

1. 北疆博物院位于天津工商大学校园内，其创办机构与工商大学相同，均为崇德。

2. 北疆博物院的教师多在工商大学任教和讲学。

3. 北疆博物院的科学成就能够第一时间惠及工商大学师生，且成为工商大学学生科学实践的重要基地。

4. 北疆博物院的科考成就蜚声海内外，馆藏标本达 40 万件，居全国同类博物馆之首。

5. 突出院长桑志华和科学巨擘德日进的成就。

（二）工商专长，日就月将

此部分主要体现天津工商大学办学要素的全面展开，包括学校管理体制、师资教学、科研设施、首届毕业生等。

突出亮点有三个：

一是高水平师资。此阶段主要是外籍师资，多为世界著名大学博士毕业。

二是学校非常重视学生的科学实践能力培养。尽管当时规模较小，但学校在教学设施的建设上投入巨大，建立各类实验室、陈列室和实习工厂，并购置了大量先进实验设备，尤以贾理精所发明之地震仪为标志，独冠华北。

三是对 1928 年首届毕业生的展现。学校的本科招生始于 1925 年，当时学制是 3 年，所以 1928 年为首届学生毕业。学校对培养的学生非常重视，1930 年开始筹备校友会并制作毕业纪念册，对毕业学生情况进行详细记录。

（三）国府立案，适时求进

此部分主要展现在 20 世纪二三十年代全国范围收回教育权的背景下，学校在国民政府立案的情况。

找到一张国民政府教育部在学校立案后追认天津工商学院未立案时毕业证书的新闻照片，间接可说明学校立案情况和学校的建设水平：“天津工商学院向南京教育部立案已有三年，成绩极佳，人才辈出，近蒙教育部核准，于未立案前之学生毕业证书，自该校创办时起至立案时止，均予以追认。”（《安庆教务月刊》）

（资料来源：河北大学《校史馆大纲交流意见稿》）

6. 天津工商大学的建立

天津工商大学是1920末在法国驻天津领事馆领事夫隆单的倡议下，由法国耶稣会献县教区在天津建立的一所教会大学。1921年初，选定英租界马场道（今天津外国语学院校址），开工兴建。法国耶稣教会天津主教于溥泽任校长。1922年，北疆博物馆和教员宿舍建成。1923年，预科楼建成，当年秋招生开学，设工、商两科，附设神学系。工科分土木工程、建筑工程两系；商科分会计财政和国际贸易两系。当年招本科生48人，预科生51人。1924年开始兴建教学大楼、图书馆，分别于1926年和1927年落成。此后学校有了较快发展，因此得到了中国政府的认可，随后提出申请注册，但因工商大学未达到三个学院的规模，1933年改称天津工商学院。预科改为附属中学。

北疆博物馆是工商大学的一个重要附属单位。博物馆分博物院和实验馆两部分。主要研究黄河、白河两个流域农矿地质及动植物，以及收藏、发掘华北地区古人类、古生物、古文物。该馆不仅以其三层大楼的雄伟建筑著称，而且其馆藏丰富，研究成果也在国内外享有很高声誉。解放后，天津市政府以它的馆藏为基础建立了天津自然博物馆。

这一时期教会还在天津开办了一些小学，主要有：

西开小学：1914年西开天主教堂创办，校址在西宁道；

圣功学校：1914年天主教会创办，校址在法租界26号路；

诚正小学：1916年天主教望海楼教堂创办，校址在望海楼旁；

贞淑女学：1916年天主教望海楼教堂创办，校址在望海楼北侧；

益世小学：1920年天主教西于庄教堂创办，校址在西于庄大街；

崇德小学：1928年天主教神甫石济生创办，校址在静海县天主教堂内。

（资料来源：王惠来、张广君主编《天津教育六百年》，中央文献出版社，2006年版，第101—102页）

7. 河北大学前身——天津工商大学创建背景

河北大学的前身，是1921年由当时管理天主教直隶东南教区（1924年改称献县教区）的法国耶稣会士在天津马场道创办的“工商大学”。1933年夏，因所设系科数量未达“大学”标准，在教育部注册时易名为“工商学院”。此后，学校加强了系科建设，于1948年秋获准重新注册为“私立津沽大学”。

工商学院时期是学校20世纪前半叶历史上的极盛期，在教育界享有“煌煌北国望学府，巍巍工商独称尊”之誉。特别是40年代中期，该校人才荟萃，堪称与美国康奈尔大学相伯仲，居于天津各高等院校之首。① 这所大学奉利玛窦、南怀仁等前辈传教士为楷模，实事求是，崇尚科学。在学校主楼正厅，悬有二人画像，墙壁正中，悬挂着南怀仁绘制的巨幅《坤舆全图》。从这个意义上说，西学之输入中国，耶稣会士起到了一定的积极作用。

1949年1月15日，天津解放。1951年7月3日，津沽大学校董事会第七次会议决定以校董事会名义请求政府接收学校。董事长李烛尘代表校董事会致函中央人民政府教育部：“拟将津沽大学献给国家，并请政府明令改为国立。”9月19日部令批准改为国立津沽大学。1952年秋全国高校院系调整，津沽大学工、商两学院调出，以原津沽大学师范学院为基础，在原校址改建为天津师范学院。1958年夏，河北省教育厅将学校扩建为天津师范大学。1960年夏，河北省人民委员会将天津师范大学改为综合性大学，定名为河北大学。1970年11月，河北大学由天津迁至河北省保定市合作路今址。在保定经过30年的发展，学校已初步形成了自己的比较鲜明的办学特色，突破了原来文理综合大学的模式，发展成为省内唯一的一所重点综合大学。

天津工商大学是一所典型的基督教教会学校。

基督宗教中的天主教（公教）传入中国很早，但它对高等教育的重视却落后于较晚传入的耶稣教（新教）。鸦片战争后，帝国主义列强迫使清朝政府签订了一系列不平等条约，传教自由是其中的重要条款。这时法国政府享有天主教在中国的保教权，是天主教会在华传教人员和经费的主要提供者。面对英、美等国耶稣教传教士奉各自政府之命，在其势力范围（租界）内纷纷创建以培养为其在华利益服务的中国人才为目的的高等学校的现实，法国政府亦步亦趋，积极在华兴办大学和其他文化教育事业。

天主教在教务上有一个普世的元首——教宗（俗称教皇）。教宗由罗马教廷枢机主教团选举产生，并通过教廷直接控制世界各地教会。具体承担传教事务的是大大小小的以男性为主的跨国性隐修会（俗称修会）。耶稣会成立后对抗宗教改革运动，曾被一些新兴资本主义国家取缔。1773年，教皇不得不将它解散。1785年，其在华教区由遣使会接管。1814年耶稣会恢复，大有重振当年在华雄风之势，教廷对它尤

① 《跃进中的工商学院》，《工商生活》特刊，1942年9月10日河北大学档案，1942-C813-3。

为重视。两个修会均创立于巴黎，会士多是法国人。耶稣会又称“耶稣连队”，其会士在入会时必须宣誓绝对忠于教皇，无条件执行教皇一切命令。

19 世纪后半叶，教皇在清朝的直隶省设有 3 个教区：以北京为中心的直隶北部教区（含天津）、以正定为中心的直隶西南教区和以献县为中心的直隶东南教区。前两个教区由遣使会士管理，后者则由耶稣会士管理。从历史上考察，耶稣会有比较深厚的重视科学技术和文化教育的传统，早期来华会士中人才济济，如利玛窦等人，对西学东渐起到了不可忽视的作用。罗马教廷和法国政府把在中国办高等教育的任务交给耶稣会，显然是一项明智的选择。由于献县教区没有兴办大学的理想之地，而天津是兴办大学的最佳之选，但它又受控于遣使会士管理之下。为此，两个修会之间展开了长期的角逐。

耶稣会恢复活动后，相继在世界各地创办了一些大学或专门学校。20 世纪 20 年代以前，在美国有 8 所，印度有 6 所，在日本、智利各 1 所，西班牙有 2 所，比利时和法国有多所。至于中国，在工商大学创立之前，只有上海震旦学院。这种局面与当时的耶稣教（新教）在中国创办的高等学校——大学 7 所、医学院 16 所——形成了强烈反差。

其实，早在 1860 年 10 月 25 日《中法北京条约》签订时，法国政府就有以教会名义在天津开办一所高等学校的意图。① 1861 年 5 月 8 日，白莲教围威县，法籍主教郎怀仁将直隶东南教区主教府由威县迁至献县张家庄天主堂，称为张庄总堂。②此后，耶稣会士相继进入，原遣使会士撤出该教区。1861 年，法国公使罗淑亚授意献县耶稣会士到天津开办一所由耶稣会士管理的法国天主教会高等学校，受到北京遣使会士的抵制。法国要求罗马教廷协助，教廷指示由耶稣会总会酌办。1867 年，法国耶稣会巴黎省长彭来瓦给献县耶稣会会长鄂尔壁致函称：“法国政府和罗马教廷要我们在天津开办学校，我们婉言谢绝了，我们要表示决不侵占别人的地盘。”1870 年，耶稣会总会法国辅佐司铎路比雍给鄂尔壁写信说：“来罗马汇报的杜巴尔主教不久将返回献县。他要把罗淑亚先生请你们在天津开办学校，以及要如何处理的事传达给你们。既然北京遣使会不同意这件事，我认为就无须同他们接洽。还是暂且不提为好。”③ 同年，普法战争爆发，此事被搁置。

1868 年，鄂尔壁在天津法租界内设立直隶东南代牧区耶稣会办事处，名为“圣

---

① 《沧州宗教志》（打印本）。

② 解成著《河北省天主教历史编年》（铅印本）。

③ 《沧州宗教志》（打印本）。

沙勿略院”①，1870 年 6 月，被天津市民捣毁。② 1871 年 4 月 23 日，法国耶稣会在天津法租界购地 21.25 亩，价银 1700 两，称伏歇（Vaucher）地产，重建直隶东南教区驻津办事处于圣路易街 53 号（今营口道 22 号），改称崇德堂。③ 崇德堂除自身占地 21.25 亩外，还包括 1870 年 11 月 10 日在法租界内买下的 11.925 亩房产，称桑特里（Sardri）地产，价银 1 万两。④ 两笔财产的价银来自清政府为天津教案付给法国教会的赔款。崇德堂主要是管理罗马教廷和法国耶稣会拨给教区的传教经费及其他教会机构和教友个人的捐赠，并负责转拨罗马教廷和法国耶稣会等发给该校办学津贴，以及对所辖教区置购的房地产，包括工商大学、北疆博物院及其所属机构、设施实行统一管理。号称直隶东南教区账房，即财务管理中心。⑤

1885 年 4 月，法公使巴特纳让正在崇德堂的鄂尔壁（时已卸去会长职）邀请献县主教步天衢和直隶东南教区耶稣会长葛光被（法籥）来崇德堂筹划创办高等学校事宜。鄂尔壁拟订建校方案四则：“1. 本校目的是使中国人开始学习欧洲各种科学，以培养工商业、军事、航运等专家，使他们能用欧洲文化与欧洲人往来；2. 本校课程以学习法语为主，利用法语学习其他学科，虽然在国际上法国以外多习用英语，但是本校既以扩大法国影响为第一，那么就规定以法语为必修科，其他如英语、德语为选修科；3. 本校教授以法国传教士为主，在法国传教士不敷分配时，也可以聘请其他外国教授，但必须征得法国传教士的同意；4. 本校只限招走读生，训育、庶务、中文教授可由中国人担任。”⑥ 这一建校方案，基本上奠定了后来工商大学的办学格局。1885 年 9 月 15 日步天衢上书传信部，坚持在天津办校的意见，并举出很多理由，企图说服传信部。传信部则交耶稣会总长酌办。总长训令献县耶稣会士不宜

---

① 解成著《河北省天主教历史编年》（铅印本）。

② 《献县天主教志》。

③ 解成著《河北省天主教历史编年》（铅印本）。

④ 《沧州宗教志》（打印本）。

⑤ 1873 年，崇德堂将其大部分房产用于出租，年收租金约白银 1700 两（其中包括新建房舍的租金 600 两）。此后租价随行波动，出租数量亦有增减。它还在津、京、武汉等地从事商业投资，经营工厂、洋行、印字馆、报馆、旅馆、饭店、商场、浴室等。同时大量购买外国公司股票，如在香港美国国际保险公司购股票 6245 股，每股约合美金 5 元。在新西兰森林公司购股票 40 余股。其房租和股票收入每年仅利息就达 10 余万元，甚至数十万元。1927 年至 1928 年，全教区除总堂和耶稣会院外的八个总本堂区各 1 万元的传教经费就是从这笔利息中支付的。40 年代献县教区耶稣会派任崇德堂理家的先后有尚建勋、柯守义、甘墨林等外籍会士。天津解放后，甘墨林烧毁了崇德堂所存部分资料和账册，其中有庚子赔款中分给法国耶稣会的有关数据。后来由中国会士刘定汉、于善训、马光普等先后接管。见《沧州宗教志》（打印本）第 107—108 页。

⑥ 解成著《河北省天主教历史编年》（铅印本）。

在这伤感情的问题上只顾取悦于法国政府而表示希望接受任务。此间，巴特纳将鄂尔壁的方案呈交清朝总理衙门，请求备案，总理衙门未予核准，理由是，清政府坚持保留教育主权，学校应由中国政府开办，外国人可以在校内任教。

1886 年，天主教华北各教区主教在北京举行第二届教务会议。步天衢将“教外人归化”案列入议程，进一步阐明在天津办学的意图，拟说服北京遣使会士。由于北京遣使会士对耶稣会士早存戒心，恰巧在会议期间传信部给北京教区主教来信，问他对在天津开办学校有什么意见，因而引起两会会士之间的激烈争吵。步天衢不得不以“时机不宜”自动撤销原案。①

1913 年，法国政府拟步美国后尘，利用庚子赔款在华办学。法籍耶稣会士逊光远奉法国政府之命来华办学，3 月 6 日，抵达天津着手筹备，遭到直隶海边教区遣使会士的阻挠。献县耶稣会决定将校址改在河间县城西门外旷地，开始备料施工。次年 8 月，法国参加第一次世界大战，逊光远等四名献县耶稣会士应征入伍，工程被搁置。大战期间，法国政府仍请罗马教廷协助在华办校事宜。罗马教廷委托耶稣会总长照办。总长表示要待战争结束再办。

1918 年 7 月 16 日，罗马教廷传信部致函直隶东南教区副主教刘钦明（法籍），要求刘钦明向圣部汇报中国教务。刘钦明于 10 月 8 日复函圣部，其第六条称：“教育问题的确是一个关键问题……高等学校只有上海震旦 1 所，而耶稣教却有大学 7 所，医学院 16 座。传教事业不足之处，我们主要是教育机构太少。”其第八条又说：“中国还是一个非公教国家，奉教的很少。知识分子和资产阶级在中国占优势。为打进这两个阶层，必须成立高等学校。”② 1918 年 11 月 11 日，“一战”结束。1919 年 10 月，罗马教廷派宗座巡阅使光若翰（汉名光比央，法籍，广州教区主教）到献县传达教廷关于在天津开办学校的意见，要求刘钦明向传信部呈报办学方案。③ 12 月 23 日，刘钦明任直隶东南代牧。1920 年 7 月 27 日，传信部劳兰蒂枢机主教致函刘钦明：“光比央主教在其视察中国的汇报中，只提到你教区在乡间的传教事宜，至于在城市开办高等学校的问题则未涉及。我们打算重新划分直隶海滨教区的边境，将某一城市划归你教区，并在那里成立一所高等学校。目前时机已经成熟。天津主教杜保禄已调任江西，委北京教区副主教文贵宾为天津教区宗座总理。你可与他协商，相信事情会进行得很顺利。我们对此非常关心，并将大力支持，望你将协商结果呈

① 《沧州宗教志》（打印本）。
② 解成著《河北省天主教历史编年》（铅印本）。
③ 解成著《河北省天主教历史编年》（铅印本）。

报圣部。”① 30 日，劳兰蒂又写信给文贵宾：“你的邻区没有一个大城市，期望你与该区主教刘钦明协商：根据传信部的建议，遵照宗座巡阅使的意见，你们两教区交换一下教区边境，使直隶东南教区得有一个人口众多的大城市。我们更希望你与刘钦明协商一下，委托耶稣会士在天津成立一所高等学校问题。”② 11 月 13 日，刘钦明复函传信部说，只要能在天津开办学校，就了结了他的夙愿，无须再要天津城。12 月 8 日，刘钦明与文贵宾在天津达成协议。次日，文贵宾以文字向刘钦明保证：“遵照传信部 1920 年 7 月 30 日的指令，许可献县教区耶稣会士在天津为贵家子弟开办一所职业学校，或一所高等学校，或两者并举。凡有关教会法典所赐予各大修会的权利以及宗座颁赐给耶稣会的一切特权和遵照教会法典的解释其能享有的一切权利一律照准。”③ 至此，遣使会与耶稣会之间的一场旷日持久的争端，终于以法国耶稣会获得在天津创办大学的权利而宣告结束。④

1921 年 1 月 14 日，罗马教廷正式批准刘钦明在天津办学，而不必把天津划入他的教区。⑤ 7 月 21 日，直隶东南教区声明于溥泽神甫为天津所开办大学的代理院长，并任耶稣会天津会院代理院长，负责筹备建校事宜。7 月 25 日，于溥泽抵津，下榻直隶东南教区驻津办事处——崇德堂账房。同来的还有几位将在该校担任教授的法籍耶稣会神甫，一齐住在崇德堂。早在 12 年前，教区司账柯茂德神甫已购得天津马场道清鸣台旷地 100 余亩。⑥ 8 月，于溥泽选定此地为大学校址。⑦ 天津工商大学，在教会内部称为“天津圣心学院”，并通知华北各教区主教。1922 年 10 月，开始建造教学楼。同年 4 月，法国耶稣会在工商大学院内开始建造一所专门科学研究机构——北疆博物院，与大学并列。

（资料来源：吕志毅《河北大学前身——天津工商大学创建背景》，《河北大学学报》〔哲学社会科学版〕，2001 年第 3 期）

---

① 解成著《河北省天主教历史编年》（铅印本）。

② 《沧州宗教志》（打印本）。

③ 解成著《河北省天主教历史编年》（铅印本）。

④ 关于献县耶稣会士在天津办大学一事，见葛光被著《鄂尔壁传》，载《天津工商学院简史》，献县总堂 1964 年 9 月译自拉丁文原著。

⑤ 《沧州宗教志》（打印本）。

⑥ 《沧州宗教志》（打印本）。

⑦ 《天津工商学院简史》。

8. 民国时期教会大学学生状况初探——以天津工商大学学生为例①

20世纪初，西方各教会团体纷纷在中国设立高等教育机构——教会大学，其中最著名的有16所：基督教13所，如上海圣约翰大学和沪江大学、北京燕京大学、成都华西大学、济南齐鲁大学、南京金陵大学、广州岭南大学、苏州东吴大学等；天主教3所，它们是上海震旦大学、天津工商大学和北京辅仁大学。迄今，学术界尚未对民国时期教会大学的学生状况做一较为全面的反映。本文以天津工商大学为例，对工商学生的来源与组织、课余生活、爱国民主运动、科技与业务实践及就业状况五个方面进行概要论述，以期对教会学校的学生状况作一初步探讨，并因之纪念母校80华诞。

（1）严密规范、自治自理——工商学生的来源及组织

工商学院时期，每年暑假在天津、北平、济南三处同时举行招生考试一次。考试科目：工科有国文、英文（笔试及口试）、几何、高等代数等12项；商科有国文、英文（笔试及口试）、几何、代数等8项。必须是“高中程度”毕业生，才有资格报名考试。② 入学后，学校对学生进行严密规范的管理。举凡入学、转学、休学、毕业、纳费（包括奖学金及减免学费）、试验考绩以及教室宿舍、图书馆、接待室等等，一切皆有章可循，制度完备、明确且具体。

工商学生的组织众多，校、科（系）、级、班各级皆有。从其活动性质看，大致有“文娱体育类”的工商体育委员会、游艺会、国术团、昆曲社等；“生活类”的膳食合作社、消费合作社等；“学业类”的商学研究会、数学研究会、物理研究会、通俗科学讲演团等；“综合类”的学生自治会、学生俱乐部、校友会、班长会等；“辅助教学类”的消防、体训等组织；“时效类”的援绥会、抵私团、毕业纪念刊编辑委员会等临时性组织。

这些学生自行筹办并开展活动的团体，为加强工商学生的“组织化、团结化和纪律化”③，为发挥学生的兴趣特长，锻炼学生的自治自理能力，培养学生服务同学、服务社会的观念，提高学生及学校的声誉，都起到了积极的推动作用。例如，1936年成立的工商新闻部主要从事三方面工作：第一，将学校的各方情形通报同学和社

① 文章除天津工商大学外还涉及天津工商学院的内容，编者特此说明。

② 工商学院出版委员会．私立天津工商学院一览［M］．天津：工商学院，1935.

③ 工商学生，1936，8（2）.

会。途径是写成新闻送到各报馆，并向校内各刊物输送稿件。第二，对一切有关工商的社会消息进行报道。第三，督促同学关注国家大事。如绥远抗战期间，新闻部每天编写“新闻辑要”，使同学们及时、准确地了解抗战情形，激发同学们的爱国热情。“七七事变”后成立的学生“自办伙食”的膳食合作社亦相当成功，基本达到了“解决同学的吃饭问题，减轻同学的饭费负担”的目的。①

（2）丰富多彩、“成绩昭著”——工商学生的课余生活

文体活动、社会活动、爱国活动，工商学生的课余生活丰富而多彩。五彩缤纷的文体活动，吸引了工商学生的普遍关注和参与。文娱方面，以国剧社、话剧团、口琴会、杂技会、昆曲社、管弦乐队等学生团体为骨干，经常开展文娱活动，弘扬中国戏剧，提倡国乐，培养同学对话剧的兴趣，帮助同学熟谙普通乐理，了解西乐，形式多样，参者踊跃，“成绩颇为人称道赞许”②。尤其话剧团上演曹禺名著《原野》，为华北之首，影响巨大，“在当时可谓是疯狂整个津沽”③。继工商之后，各地剧社陆续上演，促《原野》迅速扬名华北、华南各地。歌咏组针对当时社会上流行的都是些“麻醉青年的，销铄国魂的爱情歌曲”④ 的现象，选择一些激发民族意识、宣扬爱国精神的歌曲进行演唱，起到了良好作用。

体育运动在工商非常普及，校、院、系、班都有体育组织，学生自由组合的运动队更是众多，如1936年有华光等篮球队20余个，前进等足球队七八个，长虹等网球队10余个，星期六等垒球队四五个。体育赛事频繁，尤其各种球类比赛经常举行。校内最大型的运动会是一年一度的春季运动会，除工商男女学生外，另设“公开组”，由工商校友、南开、法汉、民队、汇文、圣路易等组队参加，比赛精彩，1946年春运会“破纪录者不下十余项”⑤；来宾甚众，有时多达5000余人，社会反响热烈。

工商学生还积极参加校外比赛，尤其“华北体育界各项主要比赛，均无役弗与”⑥，且战果累累。如1935年5月河北省天津区运动会，工商获团体总分第二名，径赛总分第一名，个人总分第一名；1936年天津市运动会，工商学生获高栏、中栏、跳远、跳高冠军；篮球队在1940年11月至1941年6月的31次对外比赛中，获13

① 米显庭．我们的膳食合作社［J］．工商向导，1940.
② 编者寄语．跃进中的工商学院［J］．工商生活特刊，1942（43）.
③ 介忱．工商话剧团的复活［J］．工商生活迎新特刊，1944（56）.
④ （作者不详）本院游艺会之组织［J］．工商学生，1936，8（2）.
⑤ 同注②。
⑥ 工商学院出版委员会．私立天津工商学院一览［M］．天津：工商学院，1935.

胜的战绩；排球队在1940年的比赛中亦称雄京津地区……正如1944年《工商生活迎新特刊》所说：工商体育“已进入了普及的时期，校内的运动活泼的展开，各种球类的班际比赛尤为热烈，同学对运动的兴趣也日增一日，排球在沽上是永执牛耳的，篮球队除在津沽球坛奠定了不可毁灭的声誉外，重征故都四大学府‘北大、辅大、师大及中大’皆操左券是最难能可贵的”。

工商学生的社会活动亦较丰富，有校方组织的，有时势大潮推动的，还有响应社会团体号召进行的。如1925年冬，因冯张混战而避乱天津的难民，衣食无着，生活极端困难。工商学生不怕严寒，三天三夜募捐240元，救助天津难民。1937年夏，川灾严重，工商学生发起“救济川灾募款运动”，一周募洋200余元，汇往四川。工商学生热心公益事业，“成绩昭著，极得社会人士赞扬”①。各种社会活动，对工商学生了解社会、参与社会、融入社会起到了“预演”作用，也体现了工商学生砥砺品行、团结向上的意识，以及关心民众疾苦、国家前途的强烈责任感。

(3)“大厦之将倾，待我们扶持”——工商学生的爱国民主运动

在日本军国主义野心恶性膨胀，大力推行侵华灭华政策，而国民政府却要“攘外必先安内”的历史大背景下，工商学生的爱国民主运动蓬勃开展。

1935年5月，工商学院奉政府命令，组织学生赴保定陆军军官学校军训，同学们热情饱满，“每个人都决定了誓死杀敌以挽救危亡的心志”②，但不久，受“何梅协定”影响，军训停止，大家无不义愤填膺。

“要念大厦之将倾，待我们扶持；请瞻未来之世界，正待我们开辟”③。在纪念五四运动18周年时，工商学生号召：“国难的深入，已经超过了五四运动的时候无数倍。从前我们所要丧失的只是铁路海港的租借权，而现在我们丧失了四省的领土，敌人在我们的土地上建立了‘特殊化’的政权。因此，负在我们肩上的任务，是比五四时代的学生青年更加繁重了。”④“七七事变”前，工商学生更是大声疾呼：“中华民族的生死存亡，‘××帝国’主义的进攻，到现在阶段，已经充分，使整个中华民族变为奴隶了。无论什么‘不抵抗论’，‘准备论’，‘安内攘外论’……在我们知识大众的眼前，都现出各个的狐狸尾巴，现在惟有发动民族革命战争！”“因为我们是民族间的知识分子，……其任务，是唤起三万万几千万的大众，教育大众，组织

① 校闻．全体同学慷慨输捐救济川灾［J］．工商学生，1937，1（3）．

② 军训生活日记［Z］．（出版者不详），1935．

③ 一九三五班班史［Z］．天津：工商学院，1935．

④ 岳琛．赛因德谟克·斯拉西——纪念五四运动十八周年［J］．工商学生，1937，1（2）．

大众，和全国大众紧紧地联系起来，构成学生救亡的中心任务。”①

1936 年底，绥远抗战爆发，工商学生组织了援绥会，先在校内向同学、教职员募捐 500 元，全数购买棉袜手套，寄往前线；后又乘工商校庆之机，向来宾劝捐洋数十元，汇往前方；得知将士急需医药用品，又有百余名同学不怕严寒，上街募捐 600 余元，购买了 2000 余份卫生药包和 1200 条毛巾，送往绥远（援绥会前后共募捐 1500 元）。工商学生在抗日慰劳品上附言道：“天津工商学院援绥会敬献给绥远前线的英勇将士们：我们谨以共有的爱国热忱，帮助诸君抗战的雄心，愿诸君裹上伤口，再上前线，杀退我们国家的仇敌。”②

抗战全面爆发后，工商学生在沦陷区亦坚持斗争。1938 年 10 月，工商附中师生自行配制火药，两次设计焚烧日本人的棉花堆。部分工商学生还南下参加抗日斗争，为民族解放事业做出了贡献。

解放战争时期，工商学生多次冲破校方阻挠，参加罢课和游行示威，反对国民党发动内战。1948 年 8 月，工商 8 名共产党员和爱国学生被捕，数十名学生被开除学籍。

总之，工商学生的爱国民主运动，在各个时期都有，但集中于抗日战争和解放战争两个阶段。内容主要有二：一是强烈反对日本侵华，以各种方式投入抗日救亡运动；二是反对国民政府的倒行逆施，如反内战、要和平，反专制、要民主等。在近代中国的爱国民主运动史上写下了光辉的一笔。

（4）“学理及经验并重”——工商学生的科技与业务实践

工商“对学理及经验采取并重主义”，“以养成各生勤奋、审度、推算、构作之习惯”③，因之，学生的科技与业务实践活动非常丰富。

工商学生科技活动的重点是通过自办刊物和组织，切磋学问，增进学业，宣传科普，推进民众科学水平。如《工商生活》辟有“学术专栏”，《工商学生》常刊载学生科技活动的文章；《工商建筑年刊》中学生的种种设计更是主角；《工商大学季刊》多登载学生的实习报告和实习见闻；即使每年的《工商学院××班毕业纪念刊》，学生的“毕业论文题目”亦是重要组成部分。工商学生成立有许多学术性团体，“互相切磋，猜奇析疑”④，促进科学研究兴趣。如商学研究小组，数学、物理等研究会，英文研究会等。学生们利用课余时间学习讨论，或分赴各地参观，以谋与

---

① 朱绍璿．贡献给三方而［J］．工商学生，1937，1（3）．

② 记者．本校援绥工作略记［J］．工商学志，1936，8（2）．

③ 工商学院出版委员会．私立天津工商学院一览［M］．天津：工商学院，1935．

④ （作者不详）商学研究小组记略［J］．工商学院 1948 班毕业纪念刊．

所学之理论相互印证。

在宣传科普、促进民众科学文化水平方面成绩最突出的，当是“工商通俗科学讲演团”。该团成立于1934年4月，成员为工商本科学生。他们借仁昌广播电台，向天津市民做每周1小时的广播演讲。演讲内容为自然科学和社会科学常识，如“防空大意，毒气，非常时期公民应有之消防知识”，这是特殊时期与特殊环境下的重要科学常识；“血液、电、无线电之实施范围及应用，神秘的宇宙”等普通科技知识；“时间、空气、吃饭，夏令卫生，病是怎样来的等日常生活常识；及“仓石铁路与晋煤”“津市民众对于所得税应有之认识”“什么是领事裁判权”“战时财政问题”等①，获得各方好评。

工商学生的业务实践形式主要有各种旅行考察实习、测量等专项课目实习和工矿银行参观实习三类。旅行考察实习，一般是四年级学生在毕业前夕进行，如1937年在正太路、1945年在塘沽永利久大工厂的实习。工科二、三、四年级学生在暑期进行测量等专项实习，多去北平西山、万寿山，青岛崂山或天津本埠等地。工商学生深入工矿企业，对其厂址厂貌、组织管理、营销状况、生产过程，尤其是机器设备的名称、原理、运行、应用等，进行详细考察；还到新华、兴业、重庆等地银行实习。

种种实践，加深了学生的业务知识，尤其在实践经验方面，使他们初步体验到“工作的真旨，困难和兴趣”②。

(5)“造就熟练现代专门技术、前程远大的青年”——工商学生的就业状况

工商的宗旨是：“力使本院为一标准化现代化之最高学府”“造就熟练现代专门技术、前程远大的青年”“造就工商两界之专门人才”，使毕业生“能够在社会上找到较优的职业”。③ 那么，工商学生的就业状况如何呢？1935年校友会上，工商自豪地宣称：“即至现时，我校之毕业生尚无失业者”“届现时我校之毕业校友，分散于各机关，各银行，各商业团体，或膺专职，或当一面，成绩均甚优良。”④ 1937年，院长华南圭在总结工商学院之过去时亦说：“历年来服务工商各界毕业同学，数量上虽属不多，但类皆能发挥母校埋头苦干之精神，刻苦耐劳，忠诚服务，咸有相当之地位，而博得社会之同情心不少焉。”⑤ 概而观之，工商“商科历年的毕业学生，大

---

① （作者不详）通俗科学讲演团工作概况［J］. 工商学生，1937，1（2）.

② 静文．东局子测量实验记［J］. 工商学报，1930（4）.

③ 田执中．商学院概况［J］. 工商学生，1937，1（4）.

④ （作者不详）第二届校友会记略［J］. 工商学志，1936，8（1）.

⑤ 华南圭．工商学院之过去未来［J］. 工商学生，1937（4）.

都在银行界服务”，少部分“服务于公家财政机关”；工科毕业生“入建筑、铁路、水利、土木、市政一切公私机关皆有之”。他们“多能运用所学，研究贯通，得有相当之优良成绩，而海外留学诸同学亦可就个人性之所近，及学有心得之学科继续深造，学成归国者颇不乏人”①。

以1928—1935年毕业分配为例，具体考察一下工商学生的就业状况。1928—1935年共8届87名毕业生，所去部门有：①工矿：正太路总机厂、天津电灯公司、开滦矿务局、河北协昌金矿、山东中兴煤矿等。②交通运输：粤汉铁路、平绥路、四川公路局、哈尔滨航政局、中东铁路局等。③土木建筑：天津鸿记建筑公司、上海基泰公司、中国工程公司、天津中国建筑公司等。④金融：天津华北银行、天津交通银行、北平金城银行、北平中国实业银行、汇丰银行等。⑤市政：北平市工务局、天津市工务局等。⑥商业贸易：天津耀华公司、天津赫金公司、山东中兴公司等。⑦教育：天津工商学院、天津工商学院中学部、法国巴黎工业专门学校等。⑧行政管理：天津市财政局、天津市建设厅、南京市土地局、云南实业厅、山东实业厅等。⑨水利：河北永定河河务局、华北水利委员会。⑩兵工：上海高昌庙兵工厂。⑪新闻：济南光华报馆。⑫留学：美国康乃尔大学、法国巴黎中央大学。②

毫无疑问，西方教会团体在中国创办大学的目的，是为传教服务，是为其统治中国青年服务。但天津工商学生的历史从一个侧面告诉我们，传教士们的主观办学宗旨与客观现实有一定距离：一方面，工商学生不仅从中获取了大量的西方科学文化知识，成为“工商两界之专门人才”，为中国社会的发展进步做出了贡献；另一方面，广大学生亦具有强烈的民族意识和爱国思想，积极融入火热的爱国民主运动之中，推动了祖国的独立和自由。

（资料来源：邓红《民国时期教会大学学生状况初探——以天津工商大学学生为例》，《河北大学学报》〔哲学社会科学版〕，2001年第3期）

（二）天津工商大学、天津工商大学预科招生广告③

1. 天津工商大学招生广告（简章函索即寄）

考期：阳历六月二十六七八三日；

① 陈炎仲．工学院现在及将来［J］．工商学生，1937，1（4）．

② 参见《天津工商学院校友录》，1947年；《工商学院毕业同学录》1935年；1936年毕业纪念册；私立天津工商学院呈请立案用表之一（十一）；《工商大学季刊》1927年1期；献县总堂1964年译自拉丁文原著：《天津工商学院简史》（手抄本）。

③ 题目为编者根据内容自行拟定。

报名：自阳历六月一日起至六月廿日止；

地址：天津特一区马场道本校。

（资料来源：《大公报》1924 年 6 月 5 日第二张第三页，《闻墨》编委会主编《闻墨》，天津科学技术出版社，2014 年版，第 7 页）

2. 天津工商大学预科招生广告

资格：中学毕业或与中学毕业具同等之学力者；

年龄：自十六岁至二十岁；

报名费：一元。录者减收学费一元，不录者缴还；

学费：每学期三十元；

预偿费：每学期三元，用余者缴还；

宿费：每学期十元；

书籍操衣膳费：自备；

考期：分两期，第一期阳历七月二日，第二期阳历七月四日；

考试科目：汉文、算学、法文。但未曾读过法文者亦可投考；

报名：自本年阳历六月十号起至六月三十号止；

地址：天津特别第一区马场道；

开学：九月十五号；

详章：函索即寄。

（资料来源：《大公报》1933 年 6 月 16 日第二张第三页，《闻墨》编委会主编《闻墨》，天津科学技术出版社，2014 年版，第 13 页）

（三）天津工商大学校友会简章

第一章　宗旨

（一）为促进同学永久之友谊，及母校与校友会之联络。

（二）为联络出校与在校同学之感情，及将来能以个人之能力与地位互相援助。

第二章　组织

（一）本会会员分三种，一为基本会员，一为名誉会员，一为普通会员。

（二）凡在工商大学毕业之同学皆得为基本会员。

（三）凡退职或现任之教职员及热心赞助本会者均为名誉会员。

（四）凡工商本科出校生均为普通会员。

第三章　管理及进行

（一）职员

正会长一人，副会长二人，书记以及庶务各二人。

凡基本会员均有被选权，每年大会时改选一次，至少能连任三次。

本会于正会长之外，另设名誉会长一人，对会务居辅导地位，须经校长之指定，由名誉会员中产出之。

（二）会务

1. 调查各地校友状况及设法互相联系。

2. 辅助母校进展。

3. 编辑校友录及会务报告。

4. 召集大会。

（三）每年开大会一次（以春秋季为最佳），日期由会务职员先期通知

（四）职员每月至少需开常会一次

第四章　会费

（一）基本会员与普通会员每年应缴会费五元。

（二）名誉会员每年应缴会费十元。

（三）遇有用费不足，于必要时，得向基本、普通及名誉会员，临时募捐之。

附则

本章由第一次大会议决议施行之。

本章有不适宜处，大会时，经全体会员三分之二以上之通过，得修改之。

本章有不详尽处，得由名誉会长指正之，经大会通过后，始可施行。

（资料来源：《天津工商大学1930班毕业纪念册》，河北大学档案馆藏，1930-CB13-2）

（四）天津工商大学的历史

1. 工商—津沽的办学特色①

1923年9月15日是天津工商大学公开展现身姿的历史节点，即使那时候它只是提供了预科的教学，整个机构也不足百人；以6位耶稣会士、4位中国信徒教师，1位意大利工程师为核心的教学团队开始带领最初的50位青年学生迈出伟大征程的第一步。两年之后，它成功实现了第一个华丽转身，步入高等教育的行列。

1923年至1933年，学校获得国民政府承认的那一年，是Hautes Etudes De

① 标题由编者根据内容自行拟定。

Tientsin 的“孩提”时代——姗姗学步。学生日益增长，教学设备逐步完善；预科改制为高级中学，与新创建的初级中学组成一所完整的中学；大学的最初毕业生开始服务社会，学校也获得政府立案，以工商学院的名义稳健地立于中国北方各高校之林。

立案之时的学校因为只下设两所学院而不能称之为大学，又因学生数量不足，而要等到 1937 年才能划分科系。Hautes Etudes 开始它的青年时代——朝气蓬勃。

抗日战争给工商学院带来了挑战，也为它提供了发展机遇。南开大学和北洋大学陆续迁到大后方，工商成为抗战时期天津唯一一所高校，难能可贵的是它是一所教育独立的高校。1943 年，工商学院在财政困难的巨大压力之下，仍然决定添设一所女子文学院，为不能接受高等教育的天津及附近女生提供一个机会。

抗战胜利之后，早已有充足准备的工商学院开始迈出改制大学的步伐，加强新科系的建设；它成功地于 1948 年 11 月升格为津沽大学。1948 年是 Hautes Etudes 的银庆，成立 25 年的“工商”成为一个成年男子，开始步入壮年。

（1）成功的教育

天津工商学院—津沽大学的历史是相对短暂的，不足 30 年；但从其设备及教学、文化发展来看，它是极其成功的。……它成功地培育了大量的工程师、建筑师、经济师、财政师，他们是 20 世纪中国现代化发展不可或缺的力量。

附属中学的教育亦很成功，1945 年天津各中学评比结果就是明证：工商附中被评为天津最优学校；成绩最佳的学生也属于工商附中，分别是高中组第 1 名和第 3 名，初中组第 1 名和第 2 名。优良成绩的获得离不开严谨的治学理念，教师的优良及学生的努力。刘迺仁校长在此发展基础之上提出了设立附属小学的计划。

（2）高质量教学

天津工商学院—津沽大学成功的最大因素是它对教学质量的高标准和严格要求；它将自己与欧洲的高校看齐，追求理论教学的最前沿目标。耶稣会士、在欧洲培育的工程师和经济师、联合聘用的中国专家级教师构成了教学质量的基础和保障。中国教师中的多位都曾留学欧洲和美国，具有高级文凭，属于当时各大学教师中的优秀者。工商学院—津沽大学的“严格”是出名的，学生的“星期考”和“先考试，后教学”的传统是高质量教学的另外一份保障。其他学校的考试往往是月考，平时不用功的学生可以临时拼命，但在工商，学生们必须放弃“临门一脚”的侥幸，要时刻作好准备，学校因此有着良好的学习氛围。教师与学生并进也是教学成功的关键：每个学期学生都需要给任课教师打分，不合格的人将被辞退。工商的老师，在没有校长的许可之下，是不准在社会上兼职的。

为了能让大学生们对专业领域现状存在的问题有更宽广及深入的认识，学校邀请各大公司、企业的工程师和管理人员，银行业专家职员到校授课和开办讲座。校方定期安排参观与实习，学生实习后还要提交实习报告。“工商”确认“实践”才是让学生成为职业大师的唯一途径。因此，学校特别注意各工作坊、各实验室，以及工、商业陈列室的建设，为学生积累经验提供平台，发展他们的创造能力。学校还特别注意培育学生在生活与工作中的自律，这所耶稣会的学校始终以“实事求是”的精神，致力于培养平衡的人。

以工学院建筑系为例说明。自1937年创系以来，校方就招聘天津各大工程公司的建筑师加入教师团队，比如，永和建筑工程公司的慕乐，他也是工商主楼的设计者；中国工程公司的总理兼总工程师阎子亨、华信工程公司的主任沈理源、耀记营造厂的经理张俊德等。他们的专业知识和宝贵经验充实了建筑系的教学，他们也不断地帮助完善课程的设置，学生们因此能够同时获得最新的理论知识，接收各大公司的经验。建筑系毕业生的能力是不容置疑的：他们不仅懂得建筑设计与绘画，他们还会自行建设房屋，可以说集设计师与工人的技能于一身。理论与实践并重的教学方式，直到今天都能够为中国的教育带来启发。

（3）家庭氛围

工商学院的成功不单单取决于高质量的教学，也得益于良好的大学生活氛围。大学要求教师和学生都成为诚实的人，有仁爱之德的人；“三育完美”是工商的特征。大学有着严格的生活纪律，但所有规条的宗旨不是要将学生们束缚起来，而是要让他们懂得真正的尊重，学习自尊的正确含义。在很多人看来，工商的规矩是十分严厉的，甚至是苛刻的，但治理方法却是温和的。

在校园生活内，无论是耶稣会神父、教师，还是学生，都追求像朋友一样的友爱关系。1944年国际贸易系在班史叙事中列举了16位同学的音容性格，由此可见工商同学之情谊。现列举一二为证：

介清：勤苦好学，渊博精通；嗜地理，而尤精于掌故，善背诵古今中外大事年头，分毫不爽；在溜冰委员会屈居售票员，实是用违所长。

德骏：热心公益，沉默寡言，嗜体育，而尤长于任事，曾任本院储蓄银行主任，体育委员会总干事。

孝曾：沉潜有为，梗介自守，读有用之书，作学者之事；视分数为粪土，将趣味作黄金。是学子，是哲人。

国华：个性倔强，作事刚毅；喜则跳跃三尺；怒则分发冲冠。是直汉子，是好男儿。

宝成：笃信天主，勤修宗教；口头虽少说话，胸中自有主张。嗜提琴、滑动喇叭、乐锯，为管弦乐队员之一。

同年建筑系毕业生在班史中写道："诸同学相待以诚，相持以敬，友谊教笃，其乐融融。"班史中还提到：1943 年中一位同学不幸染伤寒而逝，工商学院圣堂特别举行弥撒以祭之，师生又于校内召开追悼会，请其家人朋友来津，校领导、教师及各班同学敬献花圈。①

如果将所有毕业纪念册中的"班史"排列开来，我们会发现 1944 年各毕业班的叙事并非个例。毕业的学生清楚记得在他们的每一位同学，原班生、插班生、放弃学业的人、发生意外的同学，记得他们的名字、他们的年表、他们的性格与专长。工商—津沽的家庭式氛围可见一斑。

学校的创建者—耶稣会士们，他们明白没有师生之间的友爱关系，培育学生"负责任的自由"的使命是不能够完成的。耶稣会神父指引的不仅仅是学校的校务发展，他们关注学生的生活，致力于每一位学生的才智发展，他们的感情及伦理生活，帮助他们发现自身的独有价值，培养他们在公共生活中做一个能负责任的人。耶稣会士虽然为数不多，却愿意多花时间和精力去帮助学生的困难，与他们建立课堂及行政之外的关系，分享他们的喜悦与焦虑。神父们会轮流地去学生食堂进餐，以便随时了解及解决学生的困难；每座宿舍楼都有舍监，一般为神父，他们在那里是为了维持大家的公共生活，也是为了培养与学生的联系。

一位工商附中的学生回忆说：舍监和班主任一般都是神父，他们是非常友善的人，对学生非常好，整个学校（中学及大学）的氛围都特别好，这与耶稣会的神父们是分不开的。②

（4）配合社会需要

天津工商—津沽很好地配合了中国社会发展的需要，这也是它能够获得成功的重要因素。近代中国需要大量的人才，特别是技术人员和工程师来建设铁路、公路和桥梁。工学院培育出来的工程师在中国北方地区，无论是在国家企业还是私人公司都获得极高的欢迎。商学院亦培育出大量的实用人才、商业管理人才、国际贸易

① 《工商学院毕业纪念册》，1944 年。

② 此学生不是信徒，我去保定查档案之时，通过朋友介绍与之有过一次会谈，时间是 2013 年 4 月 10 日。

人才、财务人才、他们都能独当一面，部分校友成为企业、单位主管。

因为具有适应社会发展的精神，工商大学毫不犹豫地将教学语言从法语改为英文，随后又根据需要逐步改为中文；将大学预科改制为高级中学，采纳国民教育部规定的教学计划；配合中国教育发展的整体需要，向国民政府成功申请立案；1937年开设建筑系，又于1943年开设女子文学院；在抗日战争的艰难时期，保持教育独立，为中国培育实业人员；经济危机中，不断完善教学设备；最终将学院改制为大学，采用中国的教育传统，开设欧洲高校的专业课程。

中国政府是工商学院教育成功的第一位见证。抗战胜利之后，政府要求日本占领区域之内的高校所颁发的文凭，需要经过再次考试之后，才能够获得官方承认。但教育部特别明示，天津工商学院，还有上海震旦大学和北京辅仁大学的毕业生，不需要进行再考核。

工商校友的优秀表现也已明了学校的高质量教学：“大型的官方工商企业和私人公司都预定我们的毕业生。举例：美孚公司为招聘财务人员，在北京和天津的大学中进行竞选，10位职员是我们大学的毕业生。”——工商前院务长尚建勋神父在纪念建校银庆的文章中这样确认。①

（5）学校的文化影响

学校的文化影响一方面来源于它提供的教育，前文中已有提及；下面这些段落所要提及的是学校的间接文化影响，也可以说是附属机构及其活动所产生的影响。

首推黄河、白河博物馆（北疆博物院）和其创建者的科学考察成果。博物院过去是天津工商—津沽大学的附属机构。在国际上享有声誉，为大学赢得了光荣。今天它成为天津自然博物馆，依然在发挥着影响，是重要的文化交流、相遇之地。天津自然博物馆（北疆博物院）经过在原址复原式陈列，于2016年初重新对公众开放。

博物馆创建人桑志华神父的科研活动可分为四大主项：一是对中国北部黄河、白河流域、蒙古腹地进行了地质、动植物标本收集的探索考察；二是将收集的20余万件古生物、动物、植物、古人类、岩矿标本等，加以科学的说明，向公众展示，让科研成果惠及大众；三是与法国科学研究界进行了学术交流；四是出版科学专著，他的考察记录赢得巴黎地理学会金奖。

德日进神父是一位哲学家、神学家和一位名誉中外的古生物学家，他于1923年

① CHARVET Rene，Le jubile de 25 ans a l'universite des Hautes Etudes，Chine Madagascar，1898-1948，p. 26.

来华参与博物馆的科研考察工作，发现了“河套人”古人类化石，他也参与了周口店“北京人”的发掘，是中国古脊椎动物学的奠基人。中日战争（编者按，即抗日战争）爆发之后，桑志华神父返回法国，罗学宝与德日进两位神父于1940年在北京成立地质研究所。

天津工商的文化影响还部分源于它的出版事业。

宗教历史研究领域首先需要提到的是斐化行神父，他被称为大师（Maitre）；他的著作主要是有关利玛窦和同、后期的在华耶稣会传教士，以及远东教务发展等。

工商学院田执中神父和上海震旦大学合作编辑的外文版“中国现代商法”系列丛书是当时商法重要的出版物。其宗旨是为将各种与中国现代立法有关的文书，特别是商务法律文书，分类集合成册，译为外文，为在华外籍商人提供服务。同时亦供学生、教师参考之用。田执中神父负责将法律中文本翻译为法文，上海震旦的神父们则负责英文版的翻译。丛书促进了国际贸易的发展，贡献了普法工作。1928—1938年，工商学院集中出版的法律书多达32册，之后几年也有陆续出版，但为数较少。①

各学院的教师纷纷出版专著，丰富了学生的教科书；这些作品也使相关人士受益。学院也出版各类杂志，既有学术性的，又有校园生活性的、宗教性的、文学性的作品。

（节选自田炜帅著：《煌煌北国望学府：私立天津工商学院—津沽大学1923—1951》，辅仁大学天主教史料研究中心，2018年版，第395—401页。原文基于宗教立场，对天主教会及其人员有溢美之词。本书为保存校史资料，原文照录，读者自当明辨之。下文同此。）

2. 初入工商的一些经验

（1）第一步先见刘神父

应有的入学考试过去了，我算幸运地被录取，接着就预备开学。开学的前一天，蒙迎新会职员指引一切，介绍一位老同学做我的总顾问，我到庶务课缴学费，领上课证和宿舍证，第二天我带着行李正式入学了。但当我闯进了这样一个宏大深远的大学校，真使我有些茫然无头绪，后来他告诉先去见刘神父（刘迺仁）。他是本校的训育主任，他管理学生的一切事务，以后若对于学校有任何疑问的话，尽可去找他。他又带领我到刘神父的办公室，敲门进去见一位年约三十余岁、身穿黑衣神采奕奕的中国人，那大概就是刘神父了，我恭敬地鞠了一躬；回答了几句，他就很和蔼地

① 参照法国耶稣会档案，GMC95/4/2. 档案材料中附有书目。

给我一张宿舍号码，指定我在第二宿舍十三号。我跑到了第二宿舍，那里有一位法国神父舍监，再经过他的指示，于是，我的住宿问题就解决了。

（2）我的宿舍

工商的宿舍一共占有四所大楼，有三个用长的走廊连接着，另外一个却独立着，人们都管它叫“新楼”。每一所大楼包括着几个宿舍，每一号宿舍又包括着几间房间，这情形有点像旅馆，房间内除去四张铁床和一张可容四人读书的长桌外，已一无所有了。这里虽备着书桌却没有凳子，假使你打算住校的话，你顶好预先预备好一把椅子。宿舍的周围并没有像红楼梦中大观园那样良好的风景，但深深的庭园、长长的回廊和富于法国式建筑的楼房，也能使你领略一些异国的情调。夏天，园中长满了浓密的槐林、茂盛如伞的松柏，在适当的地方也都生长着代表季节的花草，当你走到那些荫密的槐林中时，你也会感觉到这世界的可爱、自然界的伟大了。

这里，管理宿舍有舍监，大抵是法国神父，每一个舍监管理二三个宿舍。我们的宿舍是属于一位中年的神父管理的。他很和蔼也很客气，纵然你在宿舍内大声叫喊被他听到了，他也会笑容可掬地告诉你不要闹。因为这样，在他管理下宿舍的同学都很安静，没人好意思再闹了。他人也很英俊，体格也很好，同学们都说他有电影罗博·泰勒的风采。

宿舍的规则是每日早晨六时起床，七时进早餐，八时上课，十一时五十分下课，十二时用饭，下午一时半上课，三时半下课，晚上八时至九时半是自修，这里一切的行动完全听凭电笛的指挥。这电笛的确是一件奇怪的东西，它的声音能传到全校的每个角落，它发音的地方，也会使每个新同学惊疑，起初你一定感觉到这是一个谜，但是当你住长了，你就会发现到每一宿舍的房顶上，有一个小小的电门，那就是这奇怪声音的发出所。

照例在每天早晨六点差五分的时候电笛就响了，接着你可以听见有橐橐的皮鞋声走来，那就是舍监来查了，这时大家都应该披衣起身，倘若你比较懒惰一点，你也要假装披衣，等舍监走后，你还可以睡一个多钟点。青年人都于富于竞争性的，一屋中若有一人早起，他们谁也不肯示弱，所以很少这样的，除非一屋中四人全都是懒鬼，那谁也用不着取笑谁。

早饭、中饭、晚饭都是在饭厅用的，饭厅是在学校大门的旁边，刮风下雨的时候，学生可得受罪，但惯了谁也不在乎，因为从宿舍到饭厅比到教室并不近。管理饭厅的机关，是由学生组织膳食合作社办的，饭费是每月一收，月终将有余退回，不敷再补。他们办得很好，学生们也从里获得不少便利。

早饭是稀饭、馒头、咸菜，菜并不太坏，当然也并不太好。倘若你在家习惯了鸡鸭鱼肉，这里当然是不行的，但你终究应该忍一点，因为青年人是需要吃苦的呀！

自修电笛响过后，你应该寻一本书摆在你的面前，等到舍监来时，你顶好看书，虽然你的心并不在书中。

安息前五分钟时照例电灯再熄灭一二分钟，那是警告你应该铺床安息了。

十时后总电门都关了，所有厕所的电灯全夜是开着的，那是预备你半夜方便时用的。

熄灯后，倘若你认为明天还有一些功课没有做完的话，你也可以开一两个钟头夜车。开夜车要谨慎一点，不要使烛光透出来才好，因为舍监看见是不答应的，比较保险一点的方法，你顶好到厕所去读书。

除去星期六和星期日外，外宿是不允许的，除非你有特别事经过家长或保人证明的，要不然熄灯后你休想越雷池一步。

总之，在工商的生活是纪律化、认真化。我以为在工商住过一年半载的同学在身体上一定有莫大的帮助。

（3）我们的功课

工科的讲室是在本科大楼三楼的一个物理教室，因为这不是工科的私有教室，所以上课常常是从二楼跑到三楼，再由三楼跑回来，有时一天要换五次教室，身体太亏的同学的确有点吃不消，健壮一点的同学也要以为这样太麻烦。但时间长了你也会感到另换一个教室好像另换一个环境，能使你振起疲倦的精神，何况多跑一些路会使你大腿更健壮一点。

逃课是禁止的，每当上课的时候，你可以常常看见一位留着分头的安先生，夹着一本皮面点名簿，在课室中走来走去，他的责任就是捉拿逃课的学生。查出来他会告诉训育课，照例在总平均分给你扣下 2。迟到要领入堂证，领一次入堂证要扣总平均 1。在每一个星期终了的时候，他们会把在一星期中逃跑或迟到的次数与应扣的分数来一个总结，挂在训育布告栏上。

课堂上，终是安静的，除非是实在太感觉干燥或无聊的功课。要是上麻先生的物理班时，比较安静一些，谁也不敢说话。也许是麻先生讲的东西能引人入胜，所以谁也不愿说话，因为一说话就有扣品行分的危险。

在工科第一年，有外国神父教书的只有一位教科学方法论的神父，神父是法国人，岁数也很大，面上的轮廓有点像电影明星里昂巴里穆，他不但讲一口很流利的中国话，而且中国文章也很好，所以他讲书多半是用中国话来讲。

下午，绘画时间占去了不少。绘画室是一个很大的屋子，里面有很多绘画板，绘画时每人能占有一个。上绘画课时，好像比较能自由一些，同学们也能聚集一二个小小的团体互相讨论着这张图应该怎样起始，但倘若你说话声音太高了，我们的邓先生也要嚷了——好了，在这个时期不要说话了。

初到工商的新同学感觉最麻烦的可以说是绘画了，绘画时，不但要担着十二分的心，并且动作要利落，图案要干净，倘若你一不小心把桌旁的墨水洒在纸上或鸭嘴笔的墨水漏到纸上，那你就得重画一张，不然的话你得不了好分，为绘画开夜车那是常事，同学们见面谁也愿意说昨晚开夜车的经过。

除去绘画之外，还有两件令人头痛的事情，那就是数学练习和星期考试。数学练习是每星期两点钟，练习的目的是考考你是否对于讲过的功课能够了解。练习题目套装是从微积分或物理上面拣下来的，练习时你可以随意带些参考书去，但不允许互相讨论，因为上数学练习时四下已布好了密探，查出来会给你应得的分数上打下折扣。

星期考试的重要性在工商的老同学已经都领略过了。考试的课目不定，大抵主要的课目多考几次，不重要的课目少考几次罢了。考试的情形有点像中学时的会考，照例是在每星期六举行的，考试时间是从九时至十一时半。考试的时候全校教职员一律出去，训育主任、副主任及各科主任也在场中来回巡回。考场中的空气也严肃起来。同学们谁也不愿意荒废一分，场中除去刷刷的钢笔声外偶然也能听见一些沙沙的纸响。做小抄是不可能的，倘若你相信你自己小抄本领很好而且皮不太薄的话，那你尽可以略施小技而运用了，不然的话，那请你不要尝试，因为倘若被他们查出来的话，他们会把你的大名高高地挂在训育布告栏上，写着某学生因星期考试作弊记大过一次等等字样任人欣赏了。

（4）我们的娱乐

工商大学向来是抱着工作时工作、游戏时游戏的宗旨。在夏天放学后你可以看到一群一群的学生，有的袒胸露臂在操场上打网球或打排球，胳膊很粗的同学也堆在双杆旁玩“尖顶”，就连文绉绉的书呆子这时也三三两两的转在茂盛的树荫下有一搭没一搭地聊天。但当自修笛响过后或星期考试的前一天，草场上已看不见一些闲情逸致的青年，图书馆挤满了拼命向书里钻的学子。星期考试完了以后那是学生的天下，这时团体起始活动起来，有的看电影听戏，有的在操场练习五千米，但也有一些书呆子们关在屋子里研究“人生哲学”，嗜好国剧的哥们儿，这时又可以到国剧社扯开嗓子大大地过一过戏瘾，总之他们会尽量地享受，直到星期一再重整精神地干起来。

（5）我们的精神

沉默寡言、埋头苦干、自奉俭约，可以说是工商大学生的特色。的确工商学生向来是抱着不说空话只做实事的格言，他们不像别的学校的学生有很多团体的活动而为自己出出风头，他们有着沉静努力的魄力与脚踏实地去干的精神。工商大学生有这种魄力、这种精神，我不能不归功于神父们的熏陶，因为在工商，神父的沉毅魄力、吃苦实干精神实在令人万分钦佩呢！

（资料来源：田炜帅《煌煌北国望学府：私立天津工商学院—津沽大学 1923—1951》，辅仁大学天主教史料研究中心，2018 年版，第 422—427 页）

二、天津工商学院

（一）天津工商学院招生

1. 天津工商学院招生通告①

本院由二院组成：工学院、商学院。此二院修业年限，均为四年，此外附设有中学一所，计分；高中部、初中部，此两部均三年毕业，招收十二岁以上之青年。

工学院课程：（子）大代数、微分、积分、解析几何、图解几何。（丑）力学、实验力学、理论力学、铁筋洋灰。（寅）物理。（卯）化学。（辰）建筑学。（巳）铁路、道路工程学。（午）铁质横梁。（未）实习。

商学院课程：会计学、商业学、化学、财政学、法律学、保险学、法语、英语、经济学、商业实习。

报名日期：自六月一日起至七月十日止；

考试日期：工、商二院及中学开考试日期均定于七月十一、十二两日；

报名地点：天津特别一区马场道工商学院内；

考试地点：天津、北平、济南；

报名时间：除星期日外每日上午九时至下午三时至五时；

报名手续：须向天津本学院行之，由邮寄报名文件，或投考者亲自报名均可，报名时，并须声明愿在何处受入学试验；

注意：本科考试只此一次，附属中学部两次考试于七月间行之；

招考简章：函索即寄。

（资料来源：《大公报》1932 年 6 月 7 日第一张，《闻墨》编委会主编《闻墨》，天津科学技术出版社，2014 年版，第 8 页）

---

① 原题目为“私立天津工商学院招生”，编者根据内容层次要求进行了改动。

2. 天津私立工商学院（马场道）夜班招生

问学：二月二十一日；

学费：一学期□元，包括全课目；

报名：临时报名；

课目：初级法文（星期一、星期二、星期三、星期四）；

初级英文（星期一、星期二、星期三、星期四）；

高级英文（星期一、星期四）；

银行统计学（用英语教授）（星期五）；

中国现行法律（用英语教授）（星期五）。

（资料来源：《益世报》1934 年 2 月 12 日第二张，《闻墨》编委会主编《闻墨》，天津科学技术出版社，2014 年版，第 15 页）

3. 教部立案：天津工商学院招生

系别

工科：土木工程系、建筑工程系，一年级新生每系四十名。

商科：会计财政系、国际贸易系，一年级新生每系三十名。

前列各系本年兼招二年级编级生，建筑系兼招三年生。

报名及考试地点

天津：特一区本院；

北平：辅仁大学校；

上海：震旦大学校；

济南：杆石桥育英中学；

石家庄：石门中学。

报名及考试日期

报名：八月五、六、七日（七日早九时至十二时）。

考试：八月九、十、十一日，免费与留学详载简章。

工商附中招生

年级：初中一、二、三年，高中一、二、三年，报名自七月十日起。

考期：八月十九日。

考试报名地点：天津、济南、石家庄。

（资料来源：《大公报》1937 年 7 月 4 日第一张第二版，《闻墨》编委会主编《闻墨》，天津科学技术出版社，2014 年版，第 19 页）

（二）天津工商学院办学历程

1. 私立天津工商学院沿革、私立天津工商学院组织大纲①

沿革

本学院隶属于罗马教廷耶稣会，西历 1923 年创始于华北商业中心地天津特别市。盖此新科学殿堂草创之当时，不过仅为彼等耶稣会士之前任者为利玛窦、汤若望、南怀仁诸司铎惨淡经营而已，至 1925 年改革内部成为土木工程学及商业财政学专科大学，修业年限定为四年，向中华民国政府立案以作实质的发展，至 1928 年遂有第一期学生毕业。于 1931 年，本大学预科改为六年制，之中学校更于 1933 年本学院得中华民国之公认，未几后给予学位审查授予权。校内有世界著名之北疆博物院，为桑司铎所创立，网罗中国古今珍品甚多，每年参观者甚众。该院周围即本学院之校地面积广，大约有 300 余亩，校内体育场设有足球、篮球、游戏及网球等场，体育设备应有尽有，予学生以充分便利，是以学生非但领会科学与技术之智识，且予彼等体格上健全发展无遗憾。

设备上陆续完成新式建筑，象征本学院发展之动态如物理试验室、化学试验室、商品陈列馆及机械室等，举凡空处将依次扩张电气装置及热机学之特殊试验室之建筑。

1937 年秋起始分为工、商两学院，工学院为土木工程学系及建筑工程学系，商学院则为会计财政学系及国际贸易学系，今本学院完成第一期之建设，正欲向新段阶迈进，即将实现文学院、法学院及理学院具备之综合大学，期以最高学府“工商”之名夸辉于大天津市也，盖达成上项目之日相信在不久将来也。

工商学院组织大纲

第一章　总则

第一条　本学院定名为工商学院

第二条　本学院遵照教育法规，以教授工商各科高深学术、造就专门人才为宗旨

第二章　学术

第三条　本学院暂设工商两学院

第四条　本学院附设中学部，其章程另定之

第五条　本学院工、商两学院学生修业期限均为四年修业，期满考查成绩及格

---

① 题目为编者根据内容自行拟定。

者发给毕业证书

第六条　本学院学生经毕业考试及格，依照大学学位条例得受学士学位

第七条　本学院章程及课程标准另定之

第三章　职制

第八条　本学院设院长院务长各一人，总辖全校校务

第九条　本学院设置教务处，设教务长一人，处理全校校务及学术设备事宜

第十条　本学院设置秘书处，设秘书长一人，秉承院长处理院务

第十一条　秘书处另设秘书一人，并得任用书记事务员若干人，分掌各项文书收发及撰稿、保管卷宗并注册等事宜

第十二条　本学院设左列各课

（1）训育课：掌理训导内务及卫生事务

（2）体育课：掌理校内外体育竞赛，指导学生体育一切事务

（3）会计课：掌理银钱之出纳、登记、保管及预算、决算事务

（4）庶务课：掌理购置、修缮、保管及不属其他各课事宜

第十三条　各课各设主任一人，事务员若干人，秉承院长的意旨办理各该课一切事务

第十四条　本学院设图书馆主任一人，秉承院长的意旨办理图书馆一切事务，其详章另行规定之

第十五条　本学院设校医一人，由院方聘任之

第十六条　本学院设顾问一人，为咨问机关

第四章　会议

第十七条　本学院设左列各会议

（1）院务会议：讨论及计划关于本学院教务行政事项

（2）教务会议：讨论及计划关本学院一切教务事项

（3）事务会议：讨论一切事务问题

第十八条　本学院得组织下列各种委员会

（1）出版委员会

（2）图书委员会

（3）其他各种委员会

第五章　附则

第十九条　本学院办理细则及其他各项规则另定之

第二十条　本大纲如有未尽事宜，得由院务会议议决修正之

（资料来源：天津档案馆、天津外国语大学《天津工商学院（津沽大学）档案图集选编》，天津人民出版社，2016 年版，第 3—4 页）

2.《天津工商学院一览》记本校办学活动①

本学院历史

天津为华北工商业之中心，在中国商埠中位居第二，久有设立高等工商专门学校之必要，本学院有鉴于此，于是立意筹划高等学校，幸于一九二三年秋间计划成熟，乃招收学生四十八人，开办天津工商大学，至一九二八年六月，第一班学生毕业焉。

院址

本学院坐落天津马场道，院址占地二十余英亩（合中国百亩）地面宽阔，饶有隙地，以供各种运动及有艺术生游戏之用。学院之位置与环境之优良，确与正在发育之青年有莫大之利益。

建筑

本学院大楼高三层，长二十丈，内中分：甲藏书室（三万立方尺），乙阅书室（空气流通光线充足），丙课堂讲室，丁统计室（内有陈列各生所作之图表），戊商品陈列所（内中藏有极珍贵之样品，例如毛皮羊皮、棉花、食粮等类），巳大图书室（光线充足），在本大楼之地下层内。另有：子工业品陈列所（内列有各种机器、模型、材料、版画片，等等），丑测量室，寅机器材料实验室，卯发动机室（水蒸机、电机、重油机、汽车、听筒，等等）另有楼房一座，内中分设化学实验室、物理实验室暨课室等。至于宿舍，共分四楼，均由同一之长廊所联络，所有寝室，都具最新式之设备，每室可住四人。

本学院备有地震仪一具，安置于特造建筑物内，随时与 Pei An Ho 及徐家汇各处之地震测验所互换消息。较远一点，北疆博物院在焉，院有楼房三座，为桑司铎所手创，自开始迄今，华北古代建筑艺术品物之归集，于斯为盛，在科学上，不无巨大之价值。

执事人员

本学院职员与教员之一部分为耶稣会会员。……该会在世界上，立有许多高级学校、专门学校及大学校，统计全世界入该会之学校受教育者，不下三十万人。会中各会员，于教授事业，曾受到特别之训练，亦曾得有机会从事专科之研究，各会员不但对于教育事业资格充足，且将个人一生光阴贡献于是，凡系会员皆服务而不

① 题目为编者根据内容自行拟定。

受薪俸，且亦不思得任何金钱之报酬者也。

该会在中国系因利玛窦（1552—1610）、汤若望（1592—1666）、南怀仁（1623—1688）三神父而著名。彼三人者，皆耶稣会会员，因其学问之渊博与尊崇中国文化及先哲道教而享盛名焉。

（资料来源：《天津工商学院一览》，河北大学档案馆藏，1929-CB13-3）

3. 天津工商学院、天津工商学院附中校训、校徽、校旗、校歌

（1）天津工商学院校训、校徽、校旗、校歌

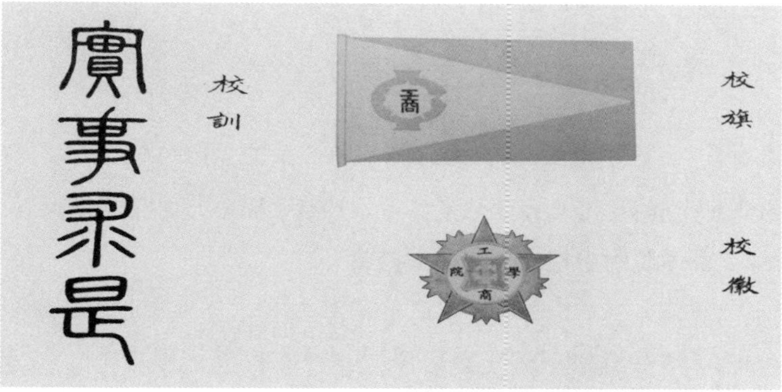

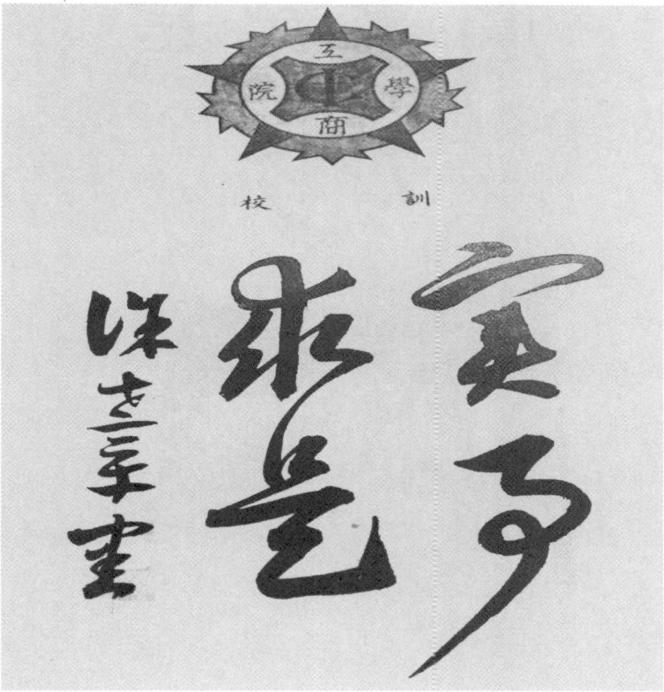

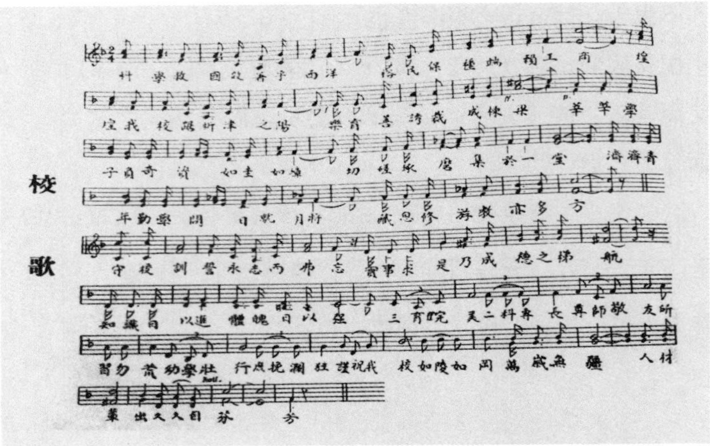

（资料来源：《工商一九三九》，河北大学档案馆藏，1939-CB13-2，《天津工商学院 1947 班毕业纪念刊》，河北大学档案馆藏，1947-CB13-9）

（2）天津工商学院附中校训、校徽、校旗

4. 校史概略

一国工商业之盛衰，恒视其人才臧否为标准，而一国人才之有无，则纯以其教育为转移。天津为华北实业之中心，在全国商埠中，位居第二，其于工商业专门人才之需要，自不待言，是以民国十一年间，本校发起人等有工商大学之创立，建筑学址，延聘教员，于十二年秋正式开学，由于溥泽博士任校长。开学之初，仅有学生48人，逐年发展，渐具规模，而一切建筑，如预科楼、大学楼等，复均先后工竣，颇极轮奂之美，至民国十七年，第一班学生正式毕业，时于校长早于民国十六年离职他往，继任校长为裴百纳博士，任教务长者则为凌安澜司铎，校务愈见进步，体育尤为发达，我校今日运动得崭然露头角者，凌教务长提倡之功也。

十九年奉部令停办预科，改设附属高级中学，教务情形，日趋完备，各地来校求学之人数，有增无减，学校各项设备，如藏书室、图书馆、理化室等早已完成，此外如实验材料室、机器室及商品陈列馆等设备，亦均应有尽有。为完成本校整个教育计划起见，且于民国二十年间更进一步而添设初中，时全校学生已增至600余名。时任本校校长者，则为赵振声博士，在此期中学校最主要之工作则为筹备立案。

二十二年八月，我校教育部第7923号训令正式批准立案，改名工商学院，由华南圭氏任院长，尚建勋司铎任院务长，卜怀礼博士任教务长，俱凡本校规章之厘订，行政组织之更易，悉依部章办理，各院课程，尤求切合实用。十年来服务工商各界之毕业同学，数量上虽属不多，但皆能发展母校埋头苦干之精神，刻苦耐劳，忠诚服务，咸有相当之地位，而博得社会之同情不少焉。

二十五年九月，尚院务长、卜教务长先后离职，即由饶满恒司铎任院务长，暴安良博士任教务长，将院务大加扩充。为使学生学有专长。爰又于二十六年春拟定分系之计划，工学院计分土木工程系与建筑工程系，商学院则分财政会计系与国际贸易系。上项计划及各系课程均经教部批准，即于二十六年度开始实行。并为求学生学业与实习同时兼顾计，又添建热机实验与电机实验室，并购置大规模机械仪器，俾使负笈来院之青年咸有充分之学力与经验，他日出校后，成为社会上之专门技术人才，脚踏实地为国家社会忠诚服务，则本校之设立为不虚矣。

（资料来源：《工商学院1937班毕业纪念册》，河北大学档案馆藏，1937-CB13-7）

5. 天津工商学院办学历程的重要环节记录①

本校校史，约略可以分为三个阶段，并且在每个阶段中，都有其鲜明到某一程

---

① 题目为编者根据内容自行拟定。

度的特性。第一个阶段，是从创办起，以至于教部批准立案止，可称为创办期。这一阶段的时期，比较长些，约自民国九年，直至民国二十二年，费了十三年的工夫。其中最初三年是纯粹的筹备期间，因为民国十二年秋季，新生才正式入校开课。民九，河北省献县的耶稣会士集议，咸以天津为华北实业及交通中心，有在该地设立一专科大学之必要，翌年遂委派于溥泽司铎来天津筹备一切，并选定马场道清鸣台附近旷地为校址。又越年，教职员宿舍及北疆博物院先后落成，北疆的使命是调查白河及黄河流域的地质，无疑地是对华北，甚至全国的史前史的发现及整理上，有很大贡献。民十二，学生宿舍及教室一部分先后落成。九月，新生入校，正式开课。从此工商算是走上了康庄大路，但是没有什么显著的进步。在以后的十年间，工商的进步只是渐渐地、缓慢地向上走着。院长于溥泽司铎于民十四离校，继任者为裴百纳司铎。民二十，裴院长离校，继任者为赵振声博士。人事频易，这也许是进步迟缓的原因。这时的工商，称为大学，并且附属着有预科。民十九，始奉教部令停办预科，改设高中。民二十，呈请教部备案，因而一切设备组织悉遵教部定章改订。

以后就转入工商历史的第二阶段。民二十二，教部派员来校视察，九月部令批准立案，改名工商学院，院长为华南圭先生。以后工商算是走上平稳的道路。在这时期内，课外活动逐渐地发展。全校师生对于学校改进及发展的要求，渐渐昂首，至民二十六急转直下，转入了突飞猛进的第三阶段。

第三阶段，工商的历史是繁荣的、进步的，在很短的三年内，一切需要的组织和设备，几乎都完成了。二十六年秋，工商科分系是一切进步的开始。材料实验室、木工厂、电机实验室、商品检验室、翻砂厂都是在短期内落成的，铁工厂也大加充实，剧然蔚为大观。学生数目的增加，造成空前纪录。在最近非常时期的局面下，工商仍能作着破纪录的进步，是可歌可泣的壮举，前途的希望，可以说是无限的。我们写本校的历史也就终止在这个无限的希望中。

（资料来源：《天津工商学院 1940 年毕业纪念刊》，河北大学档案馆藏，1940-CB13-5）

6.《工商学生》载天津工商学院校史文献

（1）校长华南圭：工商学院之过去与未来

本院校刊委员会近有向导号之编印，属为撰著《工商学院之过去与未来》。余向主实事求是，尤不愿为文自炫，爰就本院过去事实及将来计划略志数语，以充篇幅。

本校设立于民国十二年，原名工商大学。成立之际，仅有学生 40 余人，各项建筑，均未开始，厥后逐年发展，一切始具规模。而来校求学之人数，亦与年俱增，迄民国二十年时，全校学生已增至600余名，各项设备不独应有尽有，且颇完善，从伊时起本院在社会上之地位，大为群众所刮目，历任院教务长努力办学之切，实不可忽视也。

二十一年时学院最主要之工作，厥为办理立案，中经数度章制更易，终于翌年八月经教部以第7923号训令正式批准并改名为工商学院，以符合部非“具备三院不能为大学”之规定。时余已受各方之嘱托，来长斯院。

近三年，学院方面颇能朝气勃勃，俱凡本院院规立刻之厘定，行政组织之难易，悉依部立刻办理，各院课程，尤求切合实用，爰是历年来服务工商各界之毕业同学，数量上虽属不多，但类皆能发挥母校埋头苦干之精神，刻苦耐劳，忠诚服务，咸有相当之地位，而博得社会之同情心不少焉。

因院务发展之结果，学院又作进一步之扩充，为使学生所学更能专长，并适合国家现代需要起见，爰有分系之规划，工学院计分土木工程系与建筑工程系，商学院则分会计财政系与国际贸易系。此项计划及各系课程，初经教部批准，即将于二十六年度开始实行。同时为使学生之学业与经验能兼筹并顾计，又添建热机实验室、电机实验室与商品化验室，并购置大规模机械仪器，俾使负笈来院之青年，咸能有充分之学历与经验，而为将来国家之专门技术人才。至于将来计划亦有多端，为免遗人“议而不决，决而不行”之议，故暂不一一笔之于书，但要而言之，现时本院师生咸在“力使本院为一标准化、现代化之最高学府”之目标下，共同迈进，必底于成而后已。

(2) 副教务长程慰先：一年的回顾

古人说得好：“光阴似箭，日月如梭。”客观的说来，这固然是一条普通的定律，无论何时何地人人皆要受他的支配的。但是就主观一面想，有时光阴就像加了他的速度，日月走了一条较近的轨道一般！就如今年度看工商学院有兴趣的生活真有一年如一日的感想。工商学生校刊委员会向我要一篇稿子加入向导专号，这五千字的材料本不为难，但要把五千字拉杂成篇，不特为时间所不许，而且在这学年将终的末刻，精神未免疲乏，再加上某种的刺激，未免有力不从心之叹！可是为答应校刊委员会的美意，又不得不写几句。我想把五千字打个对折，希望诸位新旧同学原谅。

对于本院的历史及将来的设计，对于学校的课程及生活，在这向导专号内，定有长篇的稿件，至于入学的手续、考试的题材亦必有相当的介绍，我不多说。只有一点我恐怕无人提到，就是工商学生的心理。论到这一点先要把问题讲清楚：“工商学生的心理”我要论的是以工商学生为单位，并论不到其人某人的心理，我要论的工商学生的心理就是他们在团体生活上所表现的心理。所以论到工商学生服务热心是说整个的。工商具有服务精神并论不到每一位同学是否有同样的精神，更论不到他们校外生活是否具有同样的态度。

但为定断某人的心理，先该当对于某人的言行有几分的认识；要认识某人的言行，先要于某人接近有共同的生活。

我在工商虽然不过一年，但是自信有了不少机会与诸位同学接近。实言不讳的说："副教务长室只有两种变动，不是空无一人（较少）即是侪侪全堂（较多）。"你问他们来这里说些什么？我答说："他们发表自已的意思。换言之，表示他们的心理。"下边我说的全是从他们谈话得来的。这篇稿子是为向导专号写的，也是把老生的状况介绍给新生。有几位同学因为离校以前不得对面长谈，就请我在这最近期《工商学生》上发表我的意见，把一年来对于工商的感想、对于同学的希望直言告诉他们。我想这也是一个好机会，为谢谢诸位同学的爱戴及拥护。

①工商学生是习惯守纪律的。有人说工商的纪律是严格的，在天津市的各校中工商素有这个绰号：工商训育课的规则果真比其他学校更加严格化么？那是一个别的问题，现在无暇去计论他。你若拿过工商一览来把所载训育课章程念上一遍，也不见其严厉。余曾念过一个大学的规则，念过之后余不禁惊奇的觉着此校的同学的行动未免太被拘束啦，但人并无加给他一个严厉的绰号，这究竟是为什么？我想工商的严厉不是从章程而来，是从施行章程的性质而来！你问工商的训育课还有特别的性质么？这性质是什么样的？我直言的说，"实事求是"的校训的意义即在此。工商的规则不特在一览上，还在要是在实行上，也就是这个"实事求是"的精神，陶冶了一般纪律化的工商学生。你早晨来上课迟到了一分钟、二十秒钟，甚至有时因一秒钟的耽误，在教员后进了课室，管保你还得走出来到训育课要个迟到证。下午三点半，因为强迫体育的关系，即便你有燃眉的急事，要不了通行证，校警是不放行的，考试的时候你向邻居借了一个三角尺，说了一句话，若不先得出了准许，被监考的看见，你的试卷已经不可免的要扣分的。有人说太认真了，不起眼的小事何苦那样烦唆，那样办下去岂不是太吹毛求疵了么？我说，凡事皆当有"从小处做起"的精神，论本体是说好的，但若失之太过用这种手续去培教学生个人的生活易出小病。

②工商学生具有一番明智的服从性。为现代的青年谁都知道所最难修养的就是"服从性"，办事不成功固然有时是智力不足，但以傲抗而失败的却是更多。这一年的工夫，在本院加添了不少的活动团体，全是很容易的组织起来；其中的原因最重要的就是这番明智的服从性。反过来说，工商学生不轻易地作无理的反抗运动。平常有一种青年，他们常常准备着辩论、批评、反抗……一言以蔽之："成事不足，坏

事有余”。但是他们的服从性是明智的，换句话说，不是一味地服从、奴隶的服从。凡研究过两天心理学的都知道服从是属于欲司的，欲司本性是随着悟司的，悟司如何定断，欲司便如何去主张。具有明智的服从性便是对于别人的意见存着一番原谅的心。只要别人的意见不是根本错误的，若有成功之可能，便去帮助他成功，鼓励他，不叫他灰心丧气！虽然我的意见较好，但是他既然开了始，我便把我的意见退让去成功他人的意见。工商同学是具有这种精神的！这不但我一人所见到的，凡是有评判能力的都不否认这是事实。我上海有一位朋友多年度过学校的生活，对于学生的心理也有过几年的经验，今年为休养来津住工商数月之久。某日我问他对于工商有什么印象和批评？他毫不迟疑地答说：“工商同学甚是活泼，不知道为了什么他们办事好成功，组织不费难。对于这一点同南方学生有些不同……”，他不知为了什么工商学生办事好成功，我却知道因为他们有合作的精神！这合作的精神是由服从而来！是因工商同学中没有捣乱分子，没有以“抗议为业”的份子！过去的一年可以做个铁证。我屡次向同学们说过，不知道我所要求的是否常常合管理，我所提议的是否常常适当；但是一年之久由同学一方面没有遇见进行的都很顺利。

这并不是说他们的思想受了拘束，他们有时也露了自己有别的意见，有时也有了相反的理由发生，但是他们的理由是清楚的，和平的，合乎纪律的，即便他达不到要求的目的，还是唆着舌头说个“碰了厨子”而已，别的乱子是闹不出来的。这原来是工商同学涵养性成，本着先贤的格言“忍得一口气，免得百日忧”，“不受苦中苦，难为人上人”，他们这样思索着，难过的开头全一个一个的度过去。对于这一点，希望诸位旧同学及新同学继续干下去，若是以往有失算的地方，希望后来不要再入覆辙，总是“君子善自为谋”才好。

③我要说工商学生办事成功的第三个原因，也就是惟有工商的生活才有无限趣味的。工商同学把家庭的生活带到了学校里来，还记得一年前我接到了来工商的消息，不说从心里怕起来，可是总觉着有几点不舒服。工商学院也是天津五大学之一，已有负笈求学的大半是些贵族化的青年，同他们去接洽不是容易的。可是入工商不到两月，我便看出来我那时的观念是错的：在工商所见到的是四百多优秀青年，莫不天真烂漫满面春讯，不带丝毫的傲气。有的遇见你鞠躬请安，穿制服的行个军人礼，至小也要笑嘻嘻地点点头过去或是诚心的向你说声“教务长”！“教务长”之字一出他们的口是多么甘甜！他们的一番依恃心、感激的心、拥护你的心完全露出来。

素日如此，一旦他们遇见了什么困难，受了什么冤屈，更是要同你推腹谈心，一些也不会隐瞒，你出的主意常是他们所乐意接受的，因为他们相信你是爱护他们的教务长！近来接到了几位同学的信件，另外是受军训的同学更证明了我以上的话。

实话说，自从受军训同学去法商后，我无时不在想念他们，惦心他们的生活会受限，经四次恳求了长官为能见工商同学，结果也不过见了几个代表而已。长官还以为是特别优待我哩！

以上说的是同学对我本身所表示的观念，至于同学之间我相信他们是以兄弟相视。每班固然有一番特别的联络，有他的特别的标号，各众班之中也是具有一番团结精神。

其四我要说到工商学生的组织的能力。过去的一年真可以说是个组织年或开创年，工商以前的历史，谁都知道是太无生气的，太沉默的，现在一年的功夫，真可以说把周围工商的一层风云抑了去。

我还记得去年开学之始，老同学们组织了一个迎新大会，这件事要办在别的学校里也算不了什么出奇的事，可是在工商，真是破天荒！从来工商历史上“会”字是没有的，我想是以往“是因噎废食”吧！今年一开始，就开了一个会，真引起了同学们兴趣，具有特别组织力的一班同学随就兴奋起来了。

除了校方自创的班长会外，首先出世的是体育委员会，十二分顺意的就组织起来，办公室也有了。会长秘书、各部的干事一场选出。你看五色纸的布告每天贴满了墙壁！多么高兴！运动员们多么欢腾！天津市运动会也参加，篮球队又在本院历史上添了一篇新纪录！

本院的运动健将正在进行，就说在这暑假期间，还有一班同学——去年的高一——每天到场练他们腿，明年他们要打破本校纪录吧！我为他们希望着哩。

其次兴趣的就是游艺委员会——的目的就是，“利用课余时间，遵守学校规则，使同学有正当娱乐，以便研究艺术，陶冶性情”。全会分音乐、戏剧及游艺之部，每部又分组……如音乐部的雅乐组、西乐组、歌咏组、口琴组；戏剧部则分为国剧、新剧。一时工商多年被埋没的音乐家、艺术家又复活起来！确实的说，全体同学的合作性、组织的技能特别是在这游艺委员会表示出来。其他组织如新闻部……通俗科学讲演团……校刊委员会最近膳食委员会——其他援绥会，援川会……都十二分顺利的组织起来，都发现工商学生组织的能力地伟大。

(3) 建筑系主任陈炎仲：工学院现在及将来

天津工商学院即前天津工商大学，自民国二十二年经呈准教育部立案以后改名天津工商学院，共计约有十余年之校史，内设普通工商两科，以造成工商两界之专门人才为目的，现以国内各地需要技术人才日趋繁盛，本院学生人数日众，拟更自下学期起始，将此工商两科各分二系，以适合社会需要为唯一宗旨，今仅就工学院方面情形略分述如下。

①工学院之过去概况

本院工学院原来只有土木工程学系，对于有关工程之基本学科均有较深基础，例如数学、物理、化学及工程绘图等是也，盖基础既固，再进而研究各种工程学，自觉轻而易举。故在第一、第二年级所学多属基本课程，第三年级下学期始添加工程学科，至第四年级则尽属各种工程学科，其目的在造成普通工程人才，使其对于所习各工程学科有相当知识，毕业之后出路至为广博，且各人得本个人环境情形，任择一种工程，加以实习与研究，自能造成高等专门人才，此实为本院办学之原意，非可漠视者也。故本院土木工程科之课程，关于机械、建筑、电气、铁路、水利、土木各项皆有之，而对于土木工程更较偏重，其不明真相者或以本院所学过广，不能精专为责，殊不知本院为适应社会情形之需要，所授课程实觉合宜，考之本院工科以前毕业之同学入建筑、铁路、水利、土木、市政一切公私机关皆有之，且多能运用所学，研究贯通，得有相当之优良成绩，而海外留学之诸同学亦可各就个人性之所近，及学有心得之学科继续深造，学成归国者颇不乏人。本院土木工程科之成绩既如上述，何以现在又有分系改专之进行？盖以国内建设日兴，需要专门人才日盛，故国内各工学院无不就各院环境及设施之特殊情形，分别扩充或添加专门学系，以应付国内各地需要专门人才之孔急，本院亦处同一情形之下，故有此项分系之举。

②分系前之准备

本院经院务会议再三研讨，决然将工科分为土木及建筑两系，已于本年呈准教育部核准备案，并已着手准备之事项如左。

（甲）现有学生选系之准备

现有学生自第二年级起，即按照分系教授，但以人之一生择业不可不慎，故本院对学生入系之手续，不得不予以重视，学生方面亦当本性之所近，及平时对于各该系专门课程之心得，加以缜密之考察，眼光应放远大，不可存观望之心理；至于权衡课程之难易，及一味顾虑将来出路之多寡，似非专心向学者应先决之条件也。

（乙）延聘教授之准备

分系之后每系自当有主任一人以专责成，其他学科之专任教授，与兼任教授亦势必增加，但延聘合宜之教授，向为各学校同感之困难问题，良以此种人才学问经验及口才性情同时并重，求其十分完全者殊非易易。本院有见于此，早经各方面征选，务求能获得学识经验兼备者，庶可引导学生努力用功，以收实效。在本院原有教授，业经本院分别商通意见，其能腾挪时间者，业已聘为专任，其因个人事业责任过重者则仍多继续兼任。盖本院对于延聘专任教授，顾以富于学理经验而时间充裕者担任之，对兼任则愿以富于实习经验而自身有相当职业者担任之，是以学生方面可获得学理及实习双方之利益。故专任、兼任教授，在本院视之同时并重也。

（丙）增加设备之准备

分系之后班次势必增多，本院原有设备，自难足分配裕如，惟以经费过巨，同时举办自非可能，故本院在积极进行中，随环境情形，努力添加以求实用。即以教室及绘图室两项而论，自宜各系各年级均有专室隔离，以便学生研究。但此时兴建校舍实非可能，若将本院现有之大绘图室分隔数间，应用上亦足分配。又以工学院之实习课程，几完全为绘图设计，其重要自不容忽视，故亦可采用教室与绘图室合并办法，即一室中前半部按教室设备，后半部按绘图室设备，学生各有两个固定位置，于听讲及实习时分别应用。如此既较经济又合实用，所有个人日用之书籍、仪器、用品，亦即存放室中，可免上下课搬运物品图板之烦，用时公用模型书籍等物，或可就某班当时需要酌量存于某班室内，其余贵重物品、仪器、书籍等，应仍分别存置专室或图书馆内。现在之绘图室对于光线尚有不求合宜之处，将来分班后自当注意及之，且水管水盆等设备亦为绘图室所必需，故亦应设法装安备用。

实验室，如材料实验室及工作室已于去岁添设，今后自当充实备用，现在又拟建筑电机实验室，其他各原有实验室亦即着手改善并扩充，将来渐渐进步自属可视。惟查无论何种学校，对于实验室难有绝对完全之设备，盖以需款过巨，非可自由添办也。他如特别专门之实验馆，亦可与他校或其他机关临时交涉借用或参观。譬之水工试验室一项，本院土木系虽有此课程，目前亦无增加试验室之必要，诚以天津已有规模较大之水工试验所，设于河北省工业学院，本院何必浪费巨款再行重建。故在原则上本院应视专系之切实需要情形设备相当之实验室可也。

模型及工程材料样品，今后自当努力增加，但有特殊情形或在津市能往参观借用者，目前亦无须勉强办理。至于参考书籍及杂志等类，目前应在可能范围内尽力添购，以充实图书馆之设备。

③土木工程系之计划

土木工程系在国内各工学院多已有之，即以原来本院之土木工程言之，关于土木课程亦较偏重，盖以此项人才需要较多，出路较易，在目前环境之下，土木工程系，实为重要。然实际言之，此系范围亦甚广泛，如工程构造、铁路、桥梁、沟道、测量、水利等专门工程皆包括在内。欲求各门十分精专，固非易易，但无论如何，已较以前之土木工程科，包括土木、电气、机械、建筑、水利等工程之范围，缩小数倍，自较能收专门之效果也。本系课程在第一、第二两年级中拟将各关系工程学之基本课程完成，如数学、物理、化学、力学、材料学、材强学、测量学，等等，在第三、第四两年级中则专攻各种工程学，如构造、钢筋混凝土、石工基础、桥梁、铁路构造、卫生、河工、水利、电工、采矿，等等，其余时间，则以设计绘图工厂实习参观等等充实之。

各课程讲授之期间尽力缩短，而每周时间则可增加，如每周占一小时，需三个学期可完成之课程，可改为每周三小时。在一学期内完成之，实较齐整，且在同一学期中课程种类亦不致过紧，学生易于专心研究。而各课程之选择，会经参考国内外各工程学院之课程表，并加以切确之研讨，要以合乎现在国内实际需要为目标，非徒尚虚誉者可比。至于详细规定，当待日后教务会议决定，课本多半仍用英文本，最近美国大学应用者，更以参考书补充之。又以国情不同，各教授尤须以讲义或笔记之办法将国内实际情形灌输之，庶可收学理实际双方并顾之效。

④建筑工程系之计划

建筑学系在现今国内大学中只有一二处，而在华北各大学中尚付阙如。良以中国数年前建设尚未至发达之时，故对于较大建筑工程，率皆出自外国建筑师之手，普通建筑工程则偶然以土木工程师勉强应付。此两种情形自非正当办法，而近来公私建筑日趋繁盛，对于建筑之设计、美术工程、设备等，日渐讲求，故建筑师之需要不容稍缓。虽然中国之建筑师，年来因需要而增，但以毕业于国外大学者为多，故国内大学之应添设建筑系自属切要。本院之原有之土木工程科对建筑工程之各项课程会有相当注意，但在此次新成立之土木工程专系中自难兼顾，势必成立建筑专系以收实效，而应社会之需要，进而言之，建筑一科在欧美各国早经重视，或设专校，或属大学分科教授，又有将建筑一科分为建筑美术系（如注意之国家美术学院中皆有之）与建筑工程系者，即美国大学中之 Architectural Department 与 Architectural Engineering Department 是也。本院以国内需要关系，决将以上两种合并为一，并特别注重工程方面，将来成功定可预卜也。故本系关于工程之基本课程，与土木工程系绝对相同，譬如第一、第二年级之数学、物理、化学、力学、材料学、材强学、测量学等，绝对不能稍异，而第三、第四年级中之构造学、石土基础学、钢筋混凝土学等，亦应属同等程度，惟将土木系中之电工、水利、铁路等次要课程，以关于建筑之营造学、建筑设计、建筑史、建筑装饰学、建筑声光学、建筑卫生及暖学等等替代之。关于本系课程表之订定、课本之选择、参考书之介绍、讲义笔记之补充，原则上皆与土木系相同。至于绘图设计之实习方面，自更较重视，故水彩画、自由画等科目则在第一、第二年级必须研究者也。

（4）田执中主任：商学院概况

本年九月是工商学院开始招生的第十四周年纪念，当本学院成立的头二年时候，只有预科学生；直到民国十四年时，工商两科本科一年级的学生方才起始上课，以后课程和班次继续增加，到了民国十六年，三年大学课程毕业制，遂告完成。

彼时所用来教学的外国语言乃是法文，英文在课程中虽占重要地位，但是只不过当作外国语教授，并非用作解释其他课程的工具，因此便发生了一个严重的困难：许多从中学毕业来投考本校的学生，仅只学过英文，除非经过一次法语的补习，便不能领会工商两科专门学识的讲授。为了这个缘故，学校当局经过一番缜密考虑之后，便决定了改用英语教学，同时，为和中国一般大学学年符合起见，将本科卒业期限展为四年；预科更改组织，添设低年级各班次，亦逐渐成了正式中学。

在过去十四年里，工商学院可以说有一页惨淡经营的历史，无时不在致力于继续改良进步，以适合变幻无常的环境。

现在，让吾们把商学院的情形，详细的谈上一谈。

本学院设在天津，地理环境的优越，自不待言。像北平经过历代文化、文学、艺术和政治的熏陶，有着图书馆、博物馆和古老的历史陈迹，自然成为研究文学、史学、艺术、法学、政治等科学的合乎理想的区域。为求商科学生研究上的便利，在华北一带，天津实在是一个无可再适宜的地方，因为恰在深海入陆的口岸，所以便成了海上贸易和内陆贸易荟萃之区，虽然因为海滩淤浅，大船不能进口，从大沽口到天津，还需用驳船运输，但是因有海运费用低廉的便利，故此天津便在华北的地位不止成为全省，而是全国的一个重要都会。近年来由于交通改良，内地富源的开发可以循序进行，天津既是商业中心，交易的繁盛，必骤骤然有长足的进步了。

从以上所说的可以看出来，一个商科学府对于天津这样的商业社会，大而至于全国，应该有的贡献是什么：造就熟练现代专门技术前程远大的青年，学成之后在商界服务，维持现在商业之繁荣，并且遇有机会，力求发展。从另一方面讲，天津的商业愈发达愈现代化，愈需要高等的技术人才来管理经营。因此本校的商科，为了适应本埠商界的需要，为求实际做到“学以致用”，为使毕业的学生，能够在社会上找到较优的职业，自始便对于商品贸易学格外注重，尤其对于大宗进出口的商品特别研究，自下学期起，并且特设国际贸易学系，对于本系课程感觉兴趣的学生，可以更求深造。

不过商业的范围，并非限于商品的交易，大的企业除需要工业技术人员以监督制造外，尤其需要商业人才的帮忙，成本会计的设计关乎一个制造业的成功，其重要性绝不在机器的装置以下，任何工业，全都离不开会计师的指导。工商业的发达和银行、保险公司以及其他金融机关，更有密切的关系，这些机关的领袖，当然须受过切实的商业训练，这种训练，不但为从事于私经济活动的人们所必需，也是服务于国家的财政行政人员所必需的。商业训练是为灌输财政管理和会计制度等知识，而会计和财政，乃是一切国民经济活动的元素，有了适当充分的商业训练，就如同得到了一把钥匙，用来开开实业胜利之门，踏上成功之路。

事实上，本校商科历年的毕业学生大都在银行界服务，第一届毕业生离开学校也不过八年的光景，在社会上虽然还没有达到最高的地位，然而有些人的职业，已经负起了很大的责任，这足以证明他们服务的精神是如何的被上峰所重视。无疑的，将来他们到了功成名就的时候，不只是他们所服务机关中的领袖，亦是他们所处的商业社会中的领袖。

另外的一部分毕业生服务于公家财政机关，他们的人数虽然较少，可是将来的希望很大，特别是在最近的将来，国家正在需要着受过大学教育精明强干的青年，国民政府为了推进国民经济建设运动，对于财务行政机关的革新积极进行，中央政府和地方政府对于受过相当训练的官员，需要正是有增无减。在一个前进的革命的社会里，天赋优厚而经过锻炼的青年们，常常遇到最好的机会，而有着光明灿烂的前途，不仅是一班退职的旧官吏需要新人才去代替，许多新成立及改组的财政机关，亦正在等待着新人才来管理。

本学院添设会计财政学系的意义，就是为适应现时中国的情形，此后学生对于公私财政都能有很深切的认识，毕业后分布到全国各处财政界去服务，以在校所得到丰富的现代学识，本着实事求是的校训，必能尽自己的职分，造成优越地位，为母校争莫大的光荣。

分系专门研究所应该注意的一点，就是不可过分的专门，而忽略一般的知识。专学过度的危险，在于研究的范围过于狭隘，因此不断妨害学生本身的发展，同时也是违反大学教育的目的。

大学教育的目的，本是为国家造就智识界、科学界的将来领袖人物，必如此，国家为维持及发展高等教育学府而耗费巨额公帑方算值得，所以这些学府应当负起责任，为国家造人才，为国家蓄精华。

现在让吾们把领袖人物的性质和他应有的研究申说一下。所谓领袖人物，当然在乎天赋的智慧和资质，倘若缺乏这个元素，教育的功能，根本便无从应用了。固然有些人具有特殊天才，虽然不受高等教育，依样能够飞黄腾达，这种人可以说是天生的统帅，不过就普通情形来说，人类的大多数都具有领袖的资质，这种资质，乃是潜伏的，不受相当教育，终身不能启发；受过相当的训练，便能充分发展。自造的人（Self-made men），也就如此，虽然他们是以自己的努力造成高超的地位，他们也会时常深切地感觉到学习的不充实，甚至届风烛之年还力求深造。

一位领袖人物必须是一个平衡而完全的人，不但须有将才，还须有将将才，那就是说，他不但能完成自己的事业，并且还能够使旁人响应他的计划，愿意同他合作，集中多数单独活动，以寻求共同的目标。它的活动既是多方面的，他所遇到的难题，当然是最复杂的，所以他必须有明晰而丰富的知识，他所遇到的阻碍，当是最严重的，所以他必须有刚毅坚定的意志，同时他还须能随机应变，努力和环境奋斗；待人接物须要通达时务，以免失掉旁人对于他的信任和尊崇。

从以上看来，做领袖较比其他职业，所应有的造就更大。任何高等教育，全是以造就高深的学问为目的，然而普通的基本知识，亦是必不可少的，从这方面来看，大体上说，一个人在一项事业中所居的地位越高，他所致力于纯技术方面的工作越少，所致力于总管方面或者说是领袖的工作，却相对的加多。为了这个缘故，本学院商课的课程，自始就特别注意到普通知识与专门学术的平衡。

单就专门学术的造就来说，普通商业知识与特别商业学识，亦不可不加以割分。普通商业知识，无论在任何商业组织中，都能应用；特别商业知识，仅只能应用到少数的商业活动。这两种学识，性质虽是稍有不同，究竟不应该偏废，一个学生所学的特别商业知识，假如正是社会上所需要的，那么在职业的竞争上，他必得到最后的胜利。可是，要知道只有很少数的学生，能够知道他们毕业后要从事于什么事业，倘若对于在学校里只学到专门技术的知识，对于普通实际商业情形茫然不知；虽然遇到第一等的好机会，恐怕亦只有交臂失之了。反过来说，一个具有丰富商业知识的学生，他的学问乃是多方面的，无论何种事业，都可以应付裕如，故此新近更改的商科课程，从本科第二学年才起始分系，两系的课程，并无甚大的分别，直到第三、四年级，才渐渐有了显著的分野。

工商两科，有一个共同的特点，在这里可以附带的提一提，那就是计算毕业及格分数的方法。在西方有些大学，都是以每一学年终了的考试分数，来决定一个学生能否升班或毕业。学院所采取的制度，和许多著名的研究院相同，乃是将四学年每年考试的分数，完全加在一起平均计算，平均总分及格，才能准予毕业，发给文凭，为的是叫学生养成规则工作的习惯，将来在社会上服务，亦要永远保持贯彻的精神，始终如一。

整年同学生在一起的教授们，何尝看不出这些青年们学业的猛进，从经验上可以知道，经过几年继续的攻读与实习，学生在第四年级将近毕业的时候，和在第一年初入大学的时候相比，德智体三方面，全都有了很可观的进益，到了第四年，学生将要离开学校，走入社会，这时的学业成绩，足以代表在社会上担任职业的能力，所以应该格外重视。分数既是学业成绩的唯一代表，所以第四年的分数，较比前三年更为重要，因此我们计算毕业分数的法子，乃是取比重平均数，拿一、二、三、四为系数，表示每年考试的重要性，然后求得平均。这种制度，不但正确公平，并且有鼓励好学的功效，学生初入学时，假使考试分数太低的话，可以不用灰心，只要努力用功，以后还可以把不足的分数补偿及格。事实上，凡在本校读书的学生都是一年比一年勤勉，因为他们知道后几年的成绩较比前几年更为要紧，倘或分数不及格，毕业证书便领不到了。

最后，我希望学生们除了在教授们领导之下，悉心听讲和完成课艺之外，还应当致力于课外的研究。本校对于学生的自修工作，向来都特别注意，商科的毕业工作报告，就是一个很好的例子。此项报告，有些选为本学院的经济论文，每年印成书籍，分送到中国及外国各地，很受商界及学术界的欢迎。

本学院分系的计划，新近已然实现，在现时试办期间，若说将来必定能发展到如何程度，似乎还稍嫌过早，不过吾们如果留意到过去数年来，毕业同学在校外所造的光荣成绩、历年校内学生人数的加多以及教学效率的增进等等情形，此次分系的新猷，足以表现商学院的前途正在方兴未艾。本学院的将来，最要紧的就是还仗全体教授，在校学生和毕业同学们一心一德的同舟共济。

（资料来源：《工商学生》第1卷第4期，河北大学档案馆藏，1937-CB13-3）

7. 其他文献记天津工商学院校史[①]

（1）任嘉颐：校史简述

国家之强弱须视国民教育之程度，而国家之贫富系于工商业之发达，是故造就专门人才允为建国之要。津市为华北重镇、通商巨埠，尤有设立专科大学之必要，献县耶稣会有鉴于此，遂议在津市筹设学校以训练工商两科之人才，民国十年由于溥泽司铎来津筹办，勘定马场道教会原有之空地为校址，兴建校舍，历五六年始全部落成。初分工、商两科，学生仅80余人，后增设附中。十年间大中学生达600余人。迨民国二十一年始由教育部正式立案，定名工商学院，以符部章。工科分建筑、土木两系，商科分国际贸易、会计财政两系，是为本校草创之大略也。民国二十七年卢沟战起，学生人数激增，借读者亦达四五十人之多，于是本校声誉鹊起，为津市硕果仅存之最高学府矣。继之太平洋战事爆发，华北各地大学相继内迁，一时各方有志之士咸来就读。本届毕业生即于是时入校。卅二年成立校董会，首任董事长龚仙舟先生，院长为刘迺仁司铎，其时欧战方炽，海外经费未能及时寄到，幸赖龚董事长、刘院长竭力维持，始克保全，而董事徐端甫先生赞助尤多。同年增设女子文学系，以谋一般失学女生升学之机，其爱护教育之意用心之苦，可谓至矣。次年

① 题目为编者根据内容自行拟定。

龚公遽逝，校董会公举徐端甫先生继任。徐公早年负笈欧美，民初归国历任要职，其平时对于文教事业之启导不遗余力。自就任以来统筹全局，力谋改进，一时延揽海内名教授多人，校誉蒸蒸日上。因拟改建大学，先将原有文学系扩充为家政、史地、文学三系，虽稍具大学规模，而尚未能尽合部章，且以沦陷关系，留以有待。至三十四年山河光复，董事长徐公辞去职务，推于斌主教继任，惟于主教以教务繁忙，未克在津主持，仍请徐公出任，徐公辞不获已，乃勉就副董事长。本年度又正式呈请教育部改建大学，工科并增机械工程系，商科增工商管理系，至是三院九系之条件始备。今部令虽尚未到，而改大学之希望指日可期，皆徐董事长、刘院长之力也。综观以上我校之历史，垂廿余年之惨淡经营，卒成今日之规模，实皆主持者策划有方，始得各界热诚赞助，前途之发展正未可量。现教务方面，工商两科由暴安良、房如晦司铎主持，文科由刘院长兼任、土木系，建筑系主任则为高镜莹、沈理源两先生，机械系为贝兴仁司铎，会计财政系为李宝震先生，国际贸易系为房如晦司铎兼任，史地系为方豪司铎，家政系为孙家玉女士。设备方面，工科有材料、物理、水力、电机、热机诸试验室，金、木两工厂，商科有商品、化学等实验室，更有北疆博物院、仙舟图书馆收藏丰富，以供学生探索之参考。吾辈得攻读于此，宁非大幸，所望同学毕业以后各就所学服务社会，以为建设国家之助，庶几不负本校之造就、师长之训诲，此则嘉颐愿与诸同学共勉之。本届毕业同学将以年刊付梓，促为校史，谨以所知爰述，以志不忘。

（资料来源：《天津工商学院1947班毕业纪念刊》，河北大学档案馆藏，1947-CB13-9）

（2）佚名：校史略述

天津为华北工商业之中心，在全国商埠中位居第二，自应有设立高等工商业专门学校之必要。耶稣会各司铎有意于此，乃于1922年间有工商大学之创立。于翌年秋，正式开学，逐年发展，规模具备，建筑物如大学楼、高中楼、教员宿舍、学生宿舍、饭厅等一切建设，均次第完成，而科学设备，如图书馆、物理实验室、化学实验室、机械室、材料实验室、商品陈列馆、商务实验室等等设施，无不力求完善。并为完成本院整个教育计划起见，且于1931年间更近一步而创办初中。1933年8月，复经国民政府教育部正式批准立案，更名为工商学院，举凡院规之厘定，行政之组织，悉依部章办理，关于工商两学院之课程，尤求切合实用。爰是近年来校务日趋发达，四方来校求学之青年有增无减，迄至现时，全校学生达700余人。本院深感求学青年之愈多，学校责任亦愈大，自当更增奋励，力求充实，庶几不负社会对本院之期望焉。

（资料来源：《天津工商学院院务报告书》，河北大学档案馆藏，1935-CB13-8）

（3）佚名：天津工商学院校史概略、校董会①

①工商学院校史概略

一国工商业之盛衰，恒视其人才载否为标准；而一国人才之有无，则纯以其教育为转移。天津为华北实业之中心，在全国商埠中，位居第二，其于工商业专门人才之需要，自不待言。是以民国十一年间，本校发起人等有工商大学之创立，建筑学址，延聘教员，于十二年秋正式开学，由于溥泽博士任校长。开学之初，仅有学生 48 人，逐年发展，渐具规模，而一切建筑，复均次第兴功，至民国十七年，第一班学生正式毕业。时于校长早于民国十六年离职他往，继任校长为裴百纳博士。

民国十九年奉部令停办预科，改设附属高级中学，教务情形，日趋发达，各地来校求学之人数，有增无减，学校各部建筑，如大学楼、高中楼、图书馆、理化室等早经完成，而学生宿舍、饭厅等处复大加扩充。此外如实验材料室、机器室及商品陈列馆等等设备，亦均应有尽有。为完成本校整个教育计划起见，且于民国二十年间，更进一步而添设初中。时全校学生已增至 600 余名。在此期中，任本校校长者，则为赵振声博士。

二十二年八月，经国民政府教育部第 7923 号训令，正式批准立案，改名工商学院，由华南圭氏任院长，具凡本校规章之厘订，行政组织之更易，悉依部章办理，各院课程，尤求切合实用，职是数年来服务工商各界之毕业同学，数量上虽属不多，但皆能发展母校埋头苦干之精神，刻苦耐劳，忠诚服务，博得社会之同情不少。爰是本校更增奋勉，力求充实，为求学生学理论、兴实习同时兼顾计，并拟在下学期添建科学馆及大规模之机器室，现已设计绘图，等款开工，内部仪器亦拟大量添加，必能使来校求学之青年，咸有充分之经验与学力，他日出校后，皆能成为社会上之专门技术人才，脚踏实地地为社会国家忠诚服务，庶几不负本校创办之初旨。此本校成立十二年以来之概略也。

②工商学院校董会名单

本校校董会，由 7 人组织，呈部立案，其中 5 人为华籍，2 人为法国籍，另聘国内学工、商专家若干人为名学校董，名单如次：

名学校董：叶恭绰先生、张伯苓先生、翁文灏先生、卞白眉先生、杨荫荪先生。

校董：刘斌先生、崔步云先生、鄂恩涛先生、尚建勋先生、刘勤修先生、李恩永先生，张怀璞先生。

---

①　编者对题目做了必要的修改。

③私立天津工商学院校董会章程（教育部立案）

第一条　私立天津工商学院校董会由7人组成，至少有5人属于中国籍，校董会主席应由此5人中选出。

第二条　校董一遇有死亡或因故辞职退职时，由校董会补选之，但不得违背前修之规定。校董中倘有永离中国者或于长期间绝对不能履行职责者即视为已经辞职之人员。

第三条　校董职位为义务职，但校董若因出席会议须乘船搭车时，校董会酌给相关之行旅费。此项开支列入于学院之办公费内。

第四条　校董会之主席及秘书、会计员应由校董中选出，但主席应为中国人，而秘书、会计事务等有一人兼任。校董中选出一人为总监，其权限不得逾于十一条之规。

第五条　校董会事务所设立于天津马场道本学院内。

第六条　校董会每年举行常会4次，如临时发生事件，因主席及另一校董之请求或校董大多数之请求，得召集临时会议。

第七条　每次开会须先期将开会日期及理由充分行通知各个校董。无论当会或临时会议，其出席校董须过定额半数以上。如遇主席因故不能出席时，校董得决定临时主席。议案须得出席校董过半数之同意方能表决，如遇赞成否决之数相等时，以主席票数加入之，会议记录须由主席及秘书签名，如遇秘书本人缺席时，得由任临时秘书事务之校董签之。

第八条　会议场设于校董会事务所内，但依据主席及另一校董之提议或校董过半数之提议，得于其他之相当地点举行会议。

第九条　如遇特别困难不能开会时，各校董得依据通知书用函件表决。关于学院之财务，此项决议需得过半数以上之同意。用函件表决时，秘书须将各校董表决内容记载于会议录上。

第十条　每届学年之终，校董翻查历年度之预算表及本年度之清单。清单一经校董会认可，设无舞弊行为，院长即免除本年度财务上之责任。除平常事务外，凡关学院财务上之事件均应由校董会会计副署。为实行稽核职权起见，各校董能随时向学院调阅凡关于财务收支簿册。

第十一条　院长由校董会选任，如无相关理由不能任意撤换。每学年开始前院长应向校董会提出历年度之预算表、课程表及全体教职员之名单，时校董会得向院长提出意见使加以注意。

第十二条　凡遇校董会辞职或因故退职校董会，因免除其职务上之责任。

第十三条 凡学院科系之改组、增加或添设附属学校，经学院务会议或院长会议决定后报告于校董会。

（资料来源：《私立天津工商学院一览》，河北大学档案馆藏，1935-CB13-7）

④编者：校史简志

溯民国九年，献县天主教耶稣会士以沽上系华北重镇，实业繁盛，人文荟萃，教育事业亟不可缺，咸以为有设立专科大学以陶育专门技术人才之必要。乃于去年特委于溥泽司铎莅津筹备办理一切，遂勘定清鸣台现址辟为校舍焉。又越年（1922），北疆博物馆及教员宿舍落成，由桑志华司铎主持之，至今该院之声誉独蜚溢全国，历久而弗衰。民国十二年（1923）9月，预科楼学生宿舍及教室一部节次完竣，并于院长多方敦聘教授及招生事宜，卒于是年9月15日正式开课，计教授9位，学生48人，筹备时间前后历四年，其慎著可知，今日之能驰声中外，固亦意料中事也。民十三年建本科大楼，教授更增聘9人，学生加至80余人。次年于院长离校，裴百纳博士继长，委裴化行司铎主工院，尚建勋司铎主商院，邵德基司铎任教务长。是年有本科一班，预科二班，课外活动亦逐渐发达。民十五年11月本科大楼全部落成，即今巍然于马厂道上为各界人士钦景瞩目者。民十六，图书馆落成，新宿舍亦竣工。民十七，凌安澜司铎来校。是年毕业生工科7人，商科4人。为我校第一班毕业校友也。民十八购地震仪一具，致力攻研，蜚声学坛。次年2月订预科为三年制，计三班，始今改预科为高中，于9月正式成立。民二十年裴院长因病归国，赵振声博士任本校校长，尚建勋司铎任院务长，教务长则由易卜怀礼司铎。9月初中成立，遂委今春逝世之雍居敬司铎主持全部附中校务，全校学生达600余人，初中楼亦落成。各项组织俱臻备全，悉遵部章呈请备案，规模既定，校务日渐拓展，而奠定今日广宏之基础，兹于方兴之未艾也。

民二十一，易学监名为副教务长，由甘墨林司铎掌理。次年3月教部派员莅校视察，9月训令正式批准立案，唯易工商大学为工商学院以符定章。更聘请华南圭工程师为院长。民二十三年高中第一班毕业生70余人多升入本院。是年新任副教务长刘迺仁司铎即今之院长也。民二十四年工厂竣工。次年夏卜司铎去上海，刘司铎去芜湖，其遗缺由暴安良、程慰先二司铎任之。是时体育委员会成立，并创办校刊《工商学生》，校务益进。又同年10月，尚司铎任崇德堂会计主任，院务长一职由饶满恒司铎继任。民二十六年夏，华院长辞职，教部令刘斌董事长暂行代理。七七变起，工院分土木工程和建筑工程二系，商院分会计财政及国际贸易二系。刘迺仁司铎返津，继任副教务长。是年材料实验室建成，入校人数激增，借读者即达45人之多。民二十七年入校新生突破历年记录，工院达80余人，商院达60余人，同年土木厂竣工，规模益宏。当时工科主任暴安良司铎，商院主任田执中司铎，训育主任刘迺仁司铎，建筑工程主任为故陈炎仲先生。民二十八年7月复于办公楼上接建一层，为国际贸易系专用教室及地理教室，电机实验室亦同时建成。8月洪水祸津，大地泽国，校方蒙大损失，至10月12日始复课，加添法律系，系主任田执中博士，商科主任则由柯守义司铎暂代。是年新生工科85人，商科48人，法律系18人。同年11月饶司铎荣升耶稣会会长，尚司铎二次任院务长。民二十九年法律系停办，学生多转入商科，是年入校新生达146人。三十年校中因经费来源拮据，我校校友会乃为母校发起第一次补充基金募捐运动，蒙各方人士热烈赞助，成绩甚为完善。同年夏刘迺仁司铎任劳请辞训育主任职，就公教同学神师及事务主任，遗缺以纪书年司铎代。教务则工商两科分由暴、尚二司铎主之，土木工程系主任高镜莹先生，建筑工程系主任由暴司铎暂兼，会计财政系主任赵禄炯先生，国际贸易系主任房如晦司铎。该年入校新生工科105人，商科65人。冬季尚建勋司铎升任耶稣会会长，院务长叶慕华博士继任，商科主任则由房如晦司铎升任，12月更加添副院长一席，三浦万之助先生任之。越年夏，经费益不支，乃忍痛将建筑系二年级与土木系二年级合并，建筑系二年级生无条件转入土木系二年级，或以校方名义保证入其他大学建筑系二年级，该系一年级暂不招收新生。同时刘迺仁司铎复任训育主任职，锐意筹谋，校务猛晋。事务主任及公教同学神师由徐保和司铎任之，南楼事务易卜相贤司铎，即今之训育主任。入校新生工科90人，商科75人，嗣以基金动员复更发起二度补充基金募捐运动，惟迄今尚未办理结束事宜，掾云成绩亦颇可观云。

本年4月1日叶院务长升任徐州副主教，掌宣教工作。经尚建勋会长权衡结果，决以刘迺仁先生升任，消息传来，学校欢腾，华北各大报纸争相刊载，盖此为我校有史以来之首任华人院务长，薄海同愉，良有以也。该周并破例免考一次，校内外展开热烈庆祝行事，盛况空前。同时三浦万之助先生正式辞副院长职，改就名誉教授。训育主任职由卜相贤司铎暂代。且于二度募捐动员发起时，刘迺仁院务长为救济津市一所中学毕业女生，即蓄意设立女子大学，各方奔走呼吁仁人善士之慷慨解囊，共襄大学。毕竟天人同心，本年度起增设女子文学系，并恢复建筑工程系，华北教育界为之一大震动，社会人士亦极表拥护之热忱。本年夏招生时报名人数尤为踊跃，突破历来记录共达720人，计录取工科90人，商科85余人，文学系84人。女子文学系上课地点更租得香港道前圣功女中宿舍之全部，建筑巍然，与我校本科大楼实可媲美。

7月初，本院校董事会改组，召开初次董事会，各董事会皆拨冗参加，会中刘斌司铎恳辞董事长及代理院长职，当由各董事互推，以德隆望重之龚心湛前国务总理誉为董事长，同时议决，由刘迺仁司铎升任院长兼院务长职。复于旬后召开校务首脑会议，特设总务主任，以赵元俊司铎任之，训育主任则由卜相贤司铎实署，教务方面：工科主任暴安良司铎，商科主任房如晦司铎。土木工程系主任高镜莹先生，建筑工程系主任沈理源先生，会计财政系主任赵禄炯先生，国际贸易系主任房司铎兼之。女子文学系主任刘斌司铎暂理，其训育教务统由孙家玉女士负责。附中主任衡如多先生，副主任兼训育主任王俊德司铎，迄今大学部学生六百余人，中学部学生千余人，校务蒸蒸日上，各界推为中国有数之完备前进学校，诚非虚语，且来日方长，于教育史上将更有一番轰轰烈烈之记述之。

总观以上我校史略，惨淡经营二十余年，虽驰声全国，佳誉早著，然欲保持过去之光荣，及迈入光明之坦途，则尚赖我等新旧同学之兢力耳，爰记我校艰难之创造史，以示饮水思源之心，俾共勉焉。

（资料来源：《工商生活迎新特刊》，河北大学档案馆藏，1943-CB13-10）

⑤佚名：工商女院校舍正计划扩大

[本报讯] 本市工商学院女院自成立以来，至今已将四载，唯因尚无固定校舍，随时准备迁徙。且目下校舍，亦因人数增加，班次增多，供不应求，学校正在计划扩充。校园东部有楼房数所，系该校之房产，并有小型花园，绕于四周。闻该房之租客，已有迁徙之意。校当局闻讯甚为高兴，拟用之作为女院校舍，诚女院之一大喜讯。

（资料来源：《大公报》1947年2月10日第二张第五版，《闻墨》编委会主编《闻墨》，天津科学技术出版社，2014年版，第23页）

⑥传媒载天津工商学院办学影响①

20世纪40年代中期，学校人才荟萃达到鼎盛，名流云集，声名鹊起，成为津门最有吸引力的高校，堪称与美国康纳尔大学相伯仲，居于天津各高等院校之首。

① 题目为编者根据内容自行拟定。

工商学院女院成立纪念，民国三十二年九月

教师带领学生上实验课

工商学院管弦乐队莫扎尔特作品慈善音乐会，民国三十年九月一日

⑦佚名：工商学院史要①

工商学院系于民国十二年在华北主要商业中心区之天津成立。耶稣会教士创设此新学术团体之宗旨，乃系承续会中诸先进利玛窦、汤若望、南怀仁等之遗志。十四年时成立本科，内分土木工程与商业财政两科，每科修业期限为四年，系符合中国之大学教育制度。

至十七年六月第一班学生毕业，迨及二十年秋，原有预科改为附属两级中学校，肄业期限为六年。

二十二年，学院经国民政府教育部正式批准立案，数月之后将以前所有之毕业生资格全数追认。并将毕业证书验印。

学院地址与久著盛名之北疆博物院相联接，该博物院仍系在创立人桑志华司铎主持之下。学院面积占地130余亩，爰各种球场（如足球场、篮球场、排球场、网球场）与田径赛设备（田径赛场周围四百公尺，但中有长二百公尺之直线跑场），足供学生发展体格健康之用，而能使学生体育与科学及技术平均发展。学院成立为时尚短，但是在发展之中，物理试验与化学试验室、商品陈列室、工业实验室、机械实验室均次第完成，电气机械之试验室，亦即将开始兴筑。

二十六年秋季起，工商两科即将分系教授，工科分土木工程与建筑工程系，商科分会计财政与国际贸易系，此举更能使学生有专长也。

（资料来源：《工商学院》，河北大学档案馆藏，1942-CB13-11）

⑧吴玉如：工商学院史略

中华民国三十七年十一月，天津工商学院奉教部文准，易名津沽大学，易名之日，因有专刊，溯往开来，以识喜也。近世立国，作育人才，胥赖大学。我中华民国肇基，东南西北，大学蔚起，无间国立私立，培树邦本，煦长民秀，涂轨一也。国立诸校，政府主之，可无论矣。私立诸校，国人手创有之，至如上海震旦大学、北平辅仁大学、天津工商学院，则一赖公教而得日跻于盛，国中迩有。耻己学校藉力他人者，夫蔑己媚人，图存苟活，固不齿于人伦。赖人携挈，扶己元气，主宾厘然，莫为攘夺，则携人之惠，亦当录人之功耳。矧事业臻成，谪疵实易。盘错根节，发始也难。初意云何，不必有春秋之刺；于今著绩，当厚存源水之思也。当耶稣会欲建工业学校于中国北部，选地实在河间，时为逊清宣统二年秋，迟至民国二年，乃决市河间西门旁地，庀材鸠工，而欧战起。迨民国九年，教廷又令献县教会踵成前事，经议河间非当北部孔道，再改校址天津。是年十二月九日天津文贵宾主教可

① 题目由编者根据内容材料概括。

其议。民国十年一月十四日罗马教廷文准，是始刻营建。于溥泽司铎任校长，是在民国十年七月二十一日也。择地辟校，擘画经时，市地清鸣台，即为今址。工商学院，于以奠基。十一年十月七日，兴建校楼宿舍。十二年九月竣工。是年七月招试预科新生，应试百有三人，录 42 人。是月四日继招新生，应试 79 人，录 37 人。当时定名工商大学。九月十五日授课，缔造维艰，历时十有四载，乃观厥成。自成立至今，中间经历，略可得而言也。于溥泽司铎任校长三年，以事往深州，十三年七月裴百纳司铎继任校长。裴司铎初任校中数学教授，历时三年，是年九月，乃分正科为工商两科，盖初厘分正科预科。最初校楼之成，当时名预科大楼，今称办公大楼者是也。是楼与第一、第二两宿舍十二年中落成，钟楼与第三宿舍，则兴建于十三年十月，十四年又建小音乐室。当初分正科为工商两科之日，裴化行司铎任工科主任，尚建勋司铎任商科主任，邵德基司铎任大学学监。所有课程，初用法文讲授，中学毕业学生应试录取，须先研习法文，后始升入正科，正科学生以是綦少，工科学生 10 人，商科学生 6 人，预科学生则百有余人。是年十一月，钟楼落成，图书馆亦揭幕，初作规模，因陋就简。十六年三月第三宿舍落成，校中诸政，亦具端倪。是年改正科为四年。预科两年。是年七月，葛道昌司铎代尚司铎任商科主任。九月葛司铎病，尚司铎复任商科主任。凌安澜司铎代邵司铎任大学学监。重体育，一革学生靡弱之习。是年秋决改用英文讲授。虽诸司铎多法籍，当时唯平汉路局与某建筑公司沿用法文，学生卒业，法文之用为迮，于是改之。行政与课程初多困难。亦不顾也。十七年，第一班学生毕业。十八年增设地震测量仪，八月狄守仁司铎继凌司铎为大学学监。是年得教育部令改预科为附属中学。是年秋遂改定预科为附属中学。又建新生学舍，为中学所用。十八年，裴司铎病，归国。赵振声博士继为校长，尚建勋司铎任院务长，学监改教务长，卞怀礼司铎任之，是年请教育部立案并请更名为工商学院。迟至二十二年，方得教育部令，准予立案，更名为工商学院，附属中学高中部亦得同时立案。八月，赵博士离职，华南圭先生继赵为第一任院长。是时校中设备，益臻齐楚，增设铁木各工厂，以为实习之所。遂请教育部准予分系授课。至二十六年教育部准予分系。商科分会计财政学系、国际贸易学系，工科就初有之土木工程学系，增设建筑工程学系，田执中司铎为商科主任，暴安良司铎为工科主任。是年秋，卢沟桥变起，平津遂陷。学校罹兵燹者多，失学者众。本校以系教会，幸免于难，授课未间。是时华南圭先生辞院长，董事会董事刘斌司铎暂代院长，饶满恒司铎任院务长，暴安良司铎任教务长，刘迺仁司铎任副教务长。日寇冯陵，侵扰时至，平津学校胁于威横，一无百由。唯工商巍然独立，容诸失学，授课无间。二十七年六月日军竟欲入校检视，法领事馆拒之。是年十月，日军又欲借端入校，亦未得逞。二十八年，日三浦万之助至校，监视行政，然津渝声息，不因之而梗也。遭时艰难，未因沮废，仍增筑校舍，添法律学系，由田执中司铎为主任，未几中辍。至三十年，罗马教廷济金不至，校友群起募集基金。是年院务长叶慕华司铎任之。初院务长饶满恒司铎于二十八年往任耶稣会会长，尚建勋司铎继其后。及三十年，尚司铎往任耶稣会会长，叶司铎继之。是时工科主任，暴安良司铎。建筑工程学系主任，暴司铎兼。土木工程学系主任，高镜莹先生。商科主任，房如晦司铎。国际贸易系主任，暂由房司铎兼。会计财政学系主任，赵禄炯先生。三十年，太平洋战事起，日寇进据英法租界，愈肆荼毒，工商学院素所猜忌。院方婉与周旋，用安千余学子。三十二年，董事会改组，刘斌司铎辞董事长，龚仙舟先生继之。叶慕华司铎往任徐州副主教。董事会任刘迺仁司铎为院长，兼院务长，召开校务会议。赵元俊司铎为工科主任，卞象贤司铎为训育主任。暴安良司铎为总务主任，房如晦司铎为商科主任，高镜莹先生为土木工程学系主任，沈理源先生为建筑工程学系主任，赵禄炯先生为会计财政学系主任，房司铎兼国际贸易学系主任。董事会倡改大学，期为容才，终绌财力，以作缓图。董事长龚仙舟先生与徐端甫先生诸董事为津沽无数女子中学卒业生丁时丧乱，难远负笈，决筹先设女子文学系，刘迺仁院长力任艰巨，当工商绝续晦明之际，肆意敌伪盛福之间，苦诣孤凄，毅忍图之，规模备于今时，难乎其在昔日也。初租圣功女中学校宿舍为校舍，刘斌司铎为系主任，孙家玉女士为管理主任，第一班学生 90 人，经之营之，日寇益行疾视。三十三年三月三十日，日本宪兵队逮捕工商学院师生 20 余人，荼毒图圄，几濒于危。刘院长营拯多方，幸先后得脱于难，而日人掯制，乃以愈寒。三十四年三月一日军豕突安南，恐复寻衅，法籍暴、房二司铎辞主任事，高镜莹、张华伦二先生继之，用避凶锋。是年董事会决议女子文学系改为女子文学院，分文学、史地、家政三系。文学系分国文西语两组。工商两科，同时招收女生，女子文学院移入校中第四宿舍授课，刘院长任文科主任兼文学系主任，侯仁之先生为史地系主任，孙家玉女士为家政系主任。八月日本请降，举国欢腾。九月刘院长赴渝，暴、房二司铎重任工商两科主任，李宝震先生任会计财政学系主任，史地系侯仁之先生赴英。初，董事长龚仙舟先生三十二年冬逝世，徐端甫先生继任董事长。三十五年春，徐端甫先生请辞，于斌主教继之，徐先生任副董事长。工科又设机械工程学系，贝兴仁司铎为主任，商科增设工商管理学系，房如晦司铎暂兼主任。工商学院已具三院九系，是年十一月二十八日，报请教育部准改大学易工商学院名，称津沽大学，从部示也。本校自创立迄今，历年近四十载，大中两部学生，近时逾三千人，近又购置欧美科学工程仪器多类，成为国中所稀有，有助学术精进，来日之盛，可翘足而待也。

（资料来源：《益世报》1948年11月12日第四版“工商学院成立二十五周年升格津沽大学纪念专刊”，《闻墨》编委会主编《闻墨》，天津科学技术出版社，2014年版，第35—40页）

⑨郭恂：漫谈校史

“流光容易把人抛，红了樱桃，绿了芭蕉!”

谁能拉得住流光的来去匆匆！今日校园里万紫千红，明朝也许会遍地落英飘零！在这花开谢的过程中，给我们学校留下了多少可歌可泣、也惊也喜的事儿！

如果说历史是一条穿连日月的线，那么“工商”可有着一条不算短的线呢，并且在这条线上还联系着许多耐人回味的史绩哩！

“史”与“地”是息息相关的，天津是通商的巨埠，又是华北海陆的枢纽，面临一片汪洋荡漾着经济价值的大海，背负着历史意味最浓味的文化古城。由于这优厚的地理环境，决定了我校历史的繁荣！

“民族精神，系于教育；国之贫弱，端赖工商。”虽然是两句老生常谈，倒也是千古不变的真理，所以民国十年献县耶稣会委命于溥泽神父，来津筹设，专门造就工商人才的学校。

于神父到了天津，选择了马场道清鸣台附近旷地为校址，招兵买马，大兴土木，花费了五六年的日子，全部校舍才告落成，楼头升起了瑰丽鲜明的旗帜，校门两旁悬钉上神圣庄严的校牌，为国与学的精神促使了“工商”的诞生，同时多少人工的劳力更掀开了我校历史的第一页！

说起母校的初创，倒也可怜，虽然有巍巍壮观的大楼，栉比相连的教室，学生却少得像破晓的星辰，工商两科才有80多人！但是经过了荏苒岁月，惨淡经营，后来又增设了附中，到民国二十年已拥有学生600余人了，二十二年教育部派人来校视察，同年9月部令批准立案，改名工商学院，并且工科扩充为建筑、土木两系，商科也分为国际贸易、会计财政两系。这时的工商才算一步一步地走向平坦康庄的大道！

民国二十七年，不但整顿了校务，刷新了人事，更充实了设备，添设材料实验室、木工厂、电机实验室、商品检验室、翻砂厂、铁工厂等。这可以说是我校的青春时代。奈何生不逢辰，偏碰上国土多难，日寇犯我，民族抗战揭幕的时候，不过塞翁失马焉知非福呢，也许是主的嘉佑吧？我们学校的命运竟会没被卷入惊涛骇浪里。相反的因为其他各大学相率南迁，尤其太平洋战起，洋人创立的大学，也不堪日人的蹂躏而暂告瓦解，一般满怀民族意识的热血青年除了远走内地的，大半都不远千里负笈而来，转入工商就读。因而人数激增，校誉鹊起！虽然不免被吹毛者议为“蜀中无大将”，不过我们毕竟是天津硕果仅存的最高学府呢！

这时的院长是刘迺仁司铎，他一方面与重庆政府暗渡陈仓，一方面运用机智，能在强权暴力的压迫下不露马脚地使工商卓然独立，使每个纯洁的青年，没受到一点所谓“毒素”的侵染，更使我们避免了胜利后“伪学生”的罪名。我们能不由衷地感佩刘院长处乱世应强敌手腕的灵活吗？

任凭烽火的遍地连天，战乱八年的日月，不能不说是工商最绮丽的年华。尤其三十二年女子文学院的成立，更给工商的史册上抹上了一笔异样的光彩！

孙家玉女士——现在的国大代表，当时女院的创办人——为了校舍，她不辞劳瘁地多方奔走，几经波折，才算用她的精力奠定了女院的基础。孙女士在工商教授中，是最活跃、风头最健的一位了，中国的政治虽然紊乱得令人心烦，腐败得令人窒息，可是孙女士却满腹热情地喜爱着它！去年孙女士的竞选国大立委，倒把一向安静、沉默的女院闹得有声有色呢！

民国三十四年，国家胜利了，北方各校相继复原了。我校也不甘落后地积极谋求完善、进步与巩固！所以添设机械工程系、工商管理系，女院分为文学、史地、家政三系，共三院九系满合改称大学的原则。去年改大呼声最高，但昙花一现，到现在改大确期杳如黄鹤。据说大事俱备，只欠部兮了。一切行政素以迟缓享名的中国，教育行政又哪能例外呢？我们了解到积习的难改，也就只有无言地等待着部令的到来哩！

谁能预知以后的事呢？漫谈过去已显得不大巵重，揣测未来更失去了“史”的尊严！

国事蜩螗、风沙漫天的当儿，一切都失去了保障，遥望前途，衷心惶惶，更兼离情依依，心绪越发无凭！

寄语同学，寄语母校：你我都在风雨里飘摇，可千万不要让风把我们吹倒！

三十七年仲春，山雨欲来时。

（资料来源：《天津工商学院民国毕业纪念册》，河北大学档案馆藏，1948-CB13-3）

8. 天津工商学院附中与大学本部的从属关系①

岁月不居，六载光阴逝去匆匆。追忆同学形影，师长甄育，何能遗忘。兹特述苔花岑雨，雪泥鸿爪，以备永忆！

溯自1933年我校易工商大学为工商学院，我班亦于附属中学名称下始肇其基，时初中部主任为雍神父，又有贾、孟二修士助理教务，特重学生体育之发展，每于

① 题目为编者根据内容自行拟定，原题目为“班史”。

假日则携同学郊游野餐，故师生间之感情融融无间。1934年春全校有运动会之举行，我班亦从事竞争，深得学业与体育并进之大效，颇蒙奖许。是年夏，初中大楼巍巍起立，我班移入新室，新同学亦骤增，始分班为甲乙二组焉。既升初中之三年，初中之一阶段即将完毕，同学间三年频首，行将劳燕分飞，虽恋恋之情与时俱增，然各人之鹏程在望，不得不尔。谨余者，衹老友数人耳。

1936年秋，高中之一新阶段开始，我班课室迁入大学部。主任程神父，和蔼热心，对于课余组织，提倡不遗余力，我班遂联合他班同学，组织国乐团、口琴队、国剧团，学生生活之兴趣，极臻浓厚。1937秋学级为高中二年，课室复回迁中学部。时他校之被难同学四方来聚，在精神方面骤振沉寂，而在“充实自己”方面弥收巨果。想冬夜春朝之辛勤，不能一时忘怀也。1938年秋我班踏入高中三年上学期，知个人学识之不足，益发勇奋之心机，课余之暇，又有英文会之组织，且举行“英文讲演背诵比赛”以增进同学研究英文之兴趣。

1939年春高中三年下学期开始，倏尔又届毕业时期，此复情景，何堪遐想，惟谨祝吾全班每一同学进境无疆，母校万岁。

（资料来源：《工商1939》，河北大学档案馆藏，1939-CB13-2）

9. 天津工商大学至天津工商学院大事年表①

民国九年（1920），法国耶稣会集议拟设一专科大学于天津。

民国十年（1921），于溥泽司铎被派来津筹备一切，选定马场道地址。

民国十一年（1922），北疆博物馆及教员宿舍落成，建预科楼（办公楼），延聘教授讲师。

民国十二年（1923），9月预科楼落成。宿舍楼落成。9月15日正式开课，新生入校，计有教授9人，学生48人。

民国十三年（1924），大楼开工，由永和公司建筑，共需款30余万元。本年有教授15人，学生80余人。

民国十四年（1925），于院长被调离校，继任为裴百纳博士。设工商科主任，工科主任为裴化行司铎，商科主任为尚建勋司铎。设教务长，为邵德基司铎。本年有本科一班，预科二班。运动游艺等课外活动逐渐开始。

民国十五年（1926），11月大楼落成。

民国十六年（1927），图书馆及藏书室落成，购买大批图书，订购各种杂志。新宿舍落成。

---

① 题目为编者根据内容自行拟定。

民国十七年（1928），凌安澜司铎任学监，努力体育设备。第一班毕业计工科 7 人，商科 4 人。

民国十八年（1929），购地震仪。

民国十九年（1930），2 月改预科为三年制，共有三班。第一次毕业纪念刊出版。学监易为狄守仁司铎，规定校友会组织大纲，奉部令停办预科。9 月成立高中。

民国二十年（1931），裴院长因病回国，继任为赵振声博士，教务长易为卜志礼司铎。本年无纪念刊。9 月成立初中，主任为雍司铎，全校学生达 600 余名。初中楼落成，呈部备案，一切设备组织悉遵部章改订。

民国二十一年（1932），改学监为副教务长任甘司铎。本年无纪念刊。

民国二十二年（1933），3 月教部专员来校视察，9 月奉教部 7923 号训令正式批准立案，改名工商学院，院长易为华南圭工程师，院务长尚建勋司铎。9 月高中宿舍落成，设体育主任，任暴安良司铎。本年无纪念刊。

民国二十三年（1934），高中第一班毕业共 70 余人，多数考入本校。参加河北省第一次会考。中学第一次毕业纪念刊出版，学院部本年无纪念刊。初中大楼落成。副教务长易为刘迺仁司铎。

民国二十四年（1935），铁工厂落成。

民国二十五年（1936），提倡学生课外活动，成立体育委员会。成立校刊委员会，3 月校刊第一期出版，共出四期后停刊。9 月改副教务长为训育主任，刘迺仁司铎任之。

民国二十六年（1937），分工学院为建筑系、土木系，商学院为国际贸易系、会计财政系，副教务长易为程慰先司铎，教务长易为暴安良司铎。

民国二十七年（1938），因时局关系本年暑期测量暂停举行，提前考试。木工厂落成，电机工厂落成。

（资料来源：《天津工商学院贰拾捌年班毕业纪念册》，河北大学档案馆藏，1939-CB13-3）

10. 李宝震：天津工商学院的变迁

19 世纪 60 年代以来，列强竞相瓜分中国，法国政府为了扩大在华势力，与英、美、德等国抗衡，想利用天津这个商埠在经济和交通上的优势，委托天主教耶稣会办一所高等学校。当时耶稣会的传教基地在献县教区，没有办高等学校的能力，未能办成。

1885 年，法国驻津领事召集献县教区主教和耶稣会会长在天津计议办学校的事，并拟了一个计划，说明办学校的目的是为了使中国人学习欧洲的科学，以便能与欧洲人往来，传播欧洲文化；要求用外语讲课，要学会英语和法语；原则上由法国传教士或聘请其他国籍人任教；管理、庶务和中文课由华人担任。由于当时的直隶总督李鸿章受英美影响，不同意法国在天津办高等学校，一时未能实现。但耶稣会没有放弃办学计划，1909 年在马场道清鸣台附近买下一片地基，准备将来建校之用。1913 年，耶稣会派传教士狄志远（Petit）来津办学，罗马教廷也催问此事，终因第一次世界大战，建校之事再次搁浅。

欧战结束后，1920 年 7 月 30 日，罗马教廷传信部指示天津教区主教文贵宾（Vienne）和献县教区主教刘钦明（Lecroart）商议在天津创办高等学校，同年 12 月文、刘二人达成协议。1921 年 7 月 21 日，献县教区任命于溥泽（Jubaru）神甫办学校，校名为工商大学。7 月 25 日，于溥泽来津筹办一切，1922 年，建北疆博物院、教职员宿舍和预科校舍，次年落成，1923 年 9 月 15 日开始上课。当时只有预科学生 51 名。

工商大学成立初期，先是在 1923 年和 1924 两年秋季招了两班大学预科，学生共 131 名。当时本科校舍大楼因直奉战争延至 1925 年底完工。当年 9 月 8 日本科第一班开学时，只有工科学生 10 名，商科学生 6 名。1928 年毕业时，工科为 7 名，商科 5 名。从 1928 年至 1937 年，工科毕业生共 83 人，商科 61 人。这阶段学校虽有发展，但大学部学生不多，经常在校的仅百余人。教学设施也只建了图书馆、藏书楼、理化实验室、材料实验室、机械实验室、商品陈列馆、北疆博物馆、学生宿舍和运动场等。后来充实了教学仪器、图书设备，增聘了教学人员。1930 年向南京政府申请立案，改预科为附属高中，1931 年增设附属初中，招初中生 90 名，连同高中和大学共有学生 264 名。1933 年 8 月南京政府批准立案。当时规定，大学至少须有三院九系，而工商大学只有工商两科，故改名为天津工商学院。华南圭任院长。1937 年，工科改称工学院，设土木工程和建筑工程两系；商科为商学院，设会计财政与国际贸易两系。

1937 年七七事变后，7 月 29 日，日军轰炸天津，南开大学被毁，平津两地大学纷纷南迁，一些院校教师来工商学院任教，部分学生转来借读。从 1937 年以后，工商学院大中学的学生人数连年激增，大学部的发展也超过了中学。原因有以下几点：

（1）抗日战争前，天津工科院校有北洋大学、河北工学院；商科院校有法商学院和南开大学的经济学院，它们历史悠久，声誉卓著，新成立的工商学院不能与它们竞争。然而抗战后，这些院校有的南迁，有的解散，有的校舍被日军侵占。在这样形势下，转入工商学院注册的学生日渐增多。

（2）平津两地高校的一些教授、专家，凡因环境所迫，无法随院校南迁的，很多人转到工商学院任教。如燕京大学的齐思和、翁独健、侯仁之；南开大学的袁贤能、胡继瑗、张华伦。此外还有工程技术界的王华棠、阎子亨、谭真、沈理源、陈炎仲、高镜莹、刘问凯、孙家崎等专家。他们担任教学，使工商学院教学质量和科研水平都有显著提高，工商学院毕业生受到社会好评。加之，学校设备较完善，图书资料较充实，这在当时很具吸引力。

（3）抗战期间，欧洲的捐款和经费来源断绝，教会打算停办学校，裁减教职员，遭到师生的反对。当时由校友会发起募捐，以渡难关。1943 年改组学校董事会，约请社会人士龚仙舟、徐世章等分别担任董事长和董事，董事会还议决增设女子文学院，招收女生入学，这也是大学部学生增加的原因。

（4）耶稣会有办学经验，学校有科学的管理制度，教职员讲求工作效率，对学生要求严格，在社会上声誉日增。

工商学院在教学和管理制度上很有特点，主要表现在：

A. 建校初期，学校采用法国的教育制度，工商两科学制均为四年，课程一律必修，无选修课。除期中、期末和毕业大考外，平时有星期考，每周考一门课，每天有作业。评分采 20 分制。毕业论文和设计答辩较严格，除本校教师外，还请校外专家参加提问和评定成绩。

B. 教师由三部分人组成。耶稣会传教士一般都能讲一门以上基础课和专业课，为专职教师；专业课多由工商企业从事实务的外籍工程师、会计师、律师等兼任；中文和部分专业课由中国教师担任。最初主要用法语讲课，1927 年后逐渐改用英语，英美籍教师有所增加。1933 年立案后，华人专任和兼职教师人数超过外籍教师，并聘请校外专家来讲课。1937 年前，南开大学经济研究所的何廉、方显庭、吴大业、丁佶等教授都曾来校作过学术报告。

C. 课程设置偏重实用的基础知识和应用科学。培养目标较明确，学工的要会设计、施工，学商的要能从事国外贸易，通晓企业管理。工科课程有物理、数学、力学、测量、钢筋混凝土学、土石工程、桥梁铁路设计等；商科有数学、化学、经济地理、国际贸易、商业学、会计学、财政学、银行学、保险学等。实验设备较完备，工科有机械、材料试验室及金工厂、土工厂；商科有商品检验室、商品陈列室，外贸实习室等。学生知识面宽，毕业后对实际工作适应性强。

D. 管理机构人员十分精简。院长 1 人，院务长和教务主任各 1 人。工商两科各设 1 名主任，由专任教师（为法国传教士）担任。他们讲课时数不少于专职教师，并负责教学行政，兼作教研工作。此外，全校仅 1 名秘书、1 名庶务、2 名图书管理员和十几名工人。当时专职和兼职教师都自己编写讲义、讲课、监考、批改作业。传教士由教会供食宿，不给薪金。兼职教师按授课时数付酬。暑假前发聘书，教师接不到聘书即为解聘，这对保证教学质量有一定作用。

抗日战争胜利后，北洋大学、南开大学等校相继复校，工商学院要跻列于大学之林，1945 年又申请改为大学。工学院增设了机械工程系，商学院增设企业管理系，文学院则设家政、史地、外语三系。具备了三院九系体制，1948 年 10 月 4 日获得批准，改称津沽大学。

津沽大学建立后，学校有不少变化，主要在以下几方面：

A. 国民党政府教育部推行美国教育制度，学校原法国制度有所改变，如学生成绩采用百分制，增设选修课。专任教师有所增加，还聘请了一些外校教师来兼课，南开大学财经学院院长袁贤能、外文系主任司徒月兰和孟志荪、高殿森、颜毓蘅等教授。

B. 传教士在教职员中的比重减少。建校初期，教职员中绝大部分为中、外传教士或天主教徒。1938 年全校教职员 40 人，一半为传教士或教徒，1948 年改为大学后，教职员近 100 人，绝大部分为中国人，外国人不足 10 人，传教士、教徒仅 10 余人。

C. 宗教影响削弱。教会学校任用教职员、招生都优先照顾教徒。但传教士教师除少数专家外多无真才实学，学生中的教徒也多依仗神甫的恩宠，学习上无作为，不为同学们敬重，这就使宗教影响力下降，教徒人数在师生中的比重逐渐减少。1925 年全校学生 95 名，其中教徒 33 名，占 1/3；此后教徒人数日益减少，1948 年学生 879 名，其中教徒 86 名，仅占学生总数的 1/10。

D. 进步的政治影响有所增强。早在“一二·九”运动时期，姚依林同志在工商学院曾以借读学生的身份为掩护，在津开展革命活动。抗日战争期间，学生曾于 1938 年成立难民收容所，焚烧日军存棉仓库；1939 年救济水灾；1940 年募捐办学。1944 年，日军当局曾派日本人到校监视进步学生。抗战胜利后，王金鼎同志以学校历史系讲师身份为掩护，从事地下工作，组织学生参加了 1947 年 5 月 20 日的反内战、反饥饿游行活动。

1949 年 1 月 15 日天津解放后，学校董事会改组，由李烛尘任董事长，孙冰如等任董事。原院长刘迺仁已于 1 月 8 日辞职，3 月潜逃离津。在党的领导下，全校师生开展了反帝爱国运动，向反对共产党的法国传教士卜相贤等为代表的教会势力进行了斗争。1950 年抗美援朝战争期间，在师生的要求下，成立了校政改革委员会、工会、学生会和中共党支部。1951 年 8 月 5 日，教育部决定收回教育主权，接办津沽大学，改为国立，任命著名物理学家张国藩为校长。1952 年津沽大学与北洋大学、河北工学院及南开大学工科合并，组成天津大学。津沽大学校址改建为天津师范学院；1960 年又改名河北大学；1970 年河北大学迁址保定，原校址改建为天津外国语学院。

（资料来源：天津市文史资料编辑委员会《天津文史资料选辑》，天津人民出版社，1997 年版，第 75 辑，第 261—265 页。）

11. 津门历史名校——天津工商学院

天津工商大学是民国时期天主教会在中国创办的三所大学之一。天津工商大学酝酿建校始于 1913 年。建成开办于 1921 年。

1913 年，天主教罗马教廷和在华法国神甫商议决定在中国北方创办一所培养工业、商业专门人才的学校，并将校址选定在河北省河间县。为建成这所学校，在经过实地勘测之后，天主教会便以县城西门附近的一片旷野作为校址，还借助地方当局的行政力量，调集各种能工巧匠，运输大量砖石、木材等建筑材料。就在即将破土动工兴建校舍之时，第一次世界大战爆发，法、英、德、意等西方列强卷入战争，河间县的建校工程遂即停止。战争结束后的 1920 年，罗马教廷方责成天主教华北教区总堂——河北省献县耶稣会经办此事。

然而河北省献县耶稣会会士们却认为河间县并非中国华北重镇，天津才是华北实业中心，是海上、陆上交通之枢纽，是开办学校的理想所在。于是便要将校址从河间迁往天津。为此，献县教区主教刘文斯于 11 月 13 日向天津教区主教文贵宾提出请求。12 月 9 日，文贵宾表示接受请求。（一说 1920 年经法国驻津领事福隆丹倡议，并与献县主教、天津主教商定在天津成立该院）1921 年 1 月 14 日，经天主教罗马教廷批准，改定将工商大学建在天津，于溥泽神甫受命于献县耶稣会到天津具体筹划建校事宜。

7 月 25 日，于溥泽神甫来津，住在耶稣会经济事务和房产管理处所在地崇德堂。后选定马场道清鸣台附近旷野为校址，占地约 100 余亩。接着由比利时建筑设计师精心设计的教职员宿舍、预科大楼、北疆博物院北楼等纷纷营建。工商大学在天津兴办起来。

1922 年 6 月，献县耶稣会正式将该校定名为工商大学，又通知华北各教区主教，该校即将招生。是年年底，确认于溥泽神甫为工商大学首任校长，并开始延聘教授、讲师，绝大多数教员为法国神甫即神职人员出身；购置教学，实验设备仪器和图书资料等，至 1923 年，预科大楼及教室和部分教职员学生宿舍落成竣工。7 月初招考第一届学生。学生一般是天主教徒或家资殷实之青年。初分工业、商业两个学科，学制为本科 4 年，预科 2 年。9 月 15 日。新生正式入学时有本科学生 48 人，预科学生 51 人。教授仅有 9 人。学校规模不大。

1924 年，天津工商大学兴建教职员宿舍楼，并请意大利建筑设计师设计开始兴建本科教学大楼。是年，全校教授人数增至 15 人，本科生也达 80 余人。次年，于溥泽校长离任，改由裴百纳博士继任校长。该年招收本科生 1 个班，预科 2 个班。学校添设学监，由邵德基神甫出任。另设工商科主任，以裴化行神甫任工科主任，尚建勋神甫任商科主任。学校学制逐渐趋于完善。

1926 年 11 月，本科教学大楼全部落成，耗资 30 万元。这座具有浓郁的 16 世纪欧洲文艺复兴时期建筑风格的大厦以其端庄威严的造型、庞大的气势，使整体建筑和谐统一，堪称天津工商大学标志性建筑。它高为 26 公尺，宽 61 公尺，厚 31 公尺，除地下室外，共 3 层。整个建筑除砖墙之外，其余皆用水泥建筑而成。内有图书馆、办公室、工商科教室、统计室、商品陈列馆、大图画室、物理实验室、电气试验室、礼堂等。地下室内有工业品陈列所、测绘室、机器材料实验室、发动机室等，与耗资 10 多万元建成的预科大楼共同担承学校教学任务。在预科大楼内，凡汽炉通风及其他卫生设备应有尽有。虽只有二层，但教室、办公室、接待室、化学试验室齐备。同年年底，为确定学校学科内容，裴百纳校长曾亲赴国民党政府教育部路政司，咨询各铁路所需工程人才情况。当得知专家茅以升代表路政司司长提出的学校办理工科以土木科最为适用、以英文教授为宜的意见后，裴校长不仅深表赞同，而且还具体落实到天津工商大学办学实践中去。

1927 年图书馆落成，藏书不断增加，渐至 2 万余册，以中文、英文、法文为主。其中，中文多文学类读物，英文、法文多工商类著述，还订有世界各国著名工业、商业报刊杂志，为教学和科研提供极为便利的条件。同年，该校创刊了《工商大学季刊》，旨在反映学校师生的教学、科研、学习、生活状况。从这一年起校方采纳茅以升先生提出的建议，将外国语课程的语种由法语改成英语。

为了扩大北疆博物院的规模，从 1928 年开始建造北疆博物院南楼。同年决定添设工商大学附属中学，并于 5 月选择大学附近的旷野为附属中学的校址。为了产生更大的社会影响，该校还创刊了《工商大学校刊》，专门宣传介绍该校的各方面情况，力争在社会上造成一定的影响。6 月，首批学生毕业。虽然这批学生入学时为 48 人，到毕业时仅有 11 人，但校方仍举行了相当隆重的毕业典礼，盛情邀请华北各教区主教前来出席典礼仪式。在毕业学生中，工科为 7 人，商科是 4 人，撰写毕业论文 4 篇。学生毕业后或受聘于与外国有关系的企事业机关任职，或赴国外留学。

天津工商大学的学生所习课程内容十分广泛。土木工程科课程包括：

一年：数学（大代数、几何、三角）、物理、化学（普通化学、非金属）、图画（几何画、装饰画）、哲学、英文。

二年：数学（微积分、机械学）、物理、化学（金属、有机化学）、图解几何、营造房屋、营造图绘、测绘术、哲学、英文。

三年：数学（高等数学、解析几何、机械学）、物理、地质学及木材认识学、测绘术、图解几何、营造图画、房屋图案、哲学、英文。

四年：营造术补遗、材料耐力学及工程坚固学、测量、土木工、各种工程之估价、商业簿记之实施于工业。

商科的宗旨是培养能经理工商事务之人才，能鉴定货品、熟悉改造货物，并能管理驻外商店或工厂之人才，熟悉各地商业习惯、海关则例与海上规律之专门进口家，堪任会计师、银行家、股票经纪人、保险公司事务员。总之使学生受普通教育，认识哲学的、社会的大问题，而成为能在社会上占一重要位置之人才。第一至第三年教授簿记、商业、法律等普通学识，尤其注重理论及实际之商品学、商品改造学、利息及汇兑之速算及商业上应用之语言文件等。课程包括：西洋和中国簿记、商业上应用之语言及文件、专门技术及化学、商业法律、财政数学、经济地理、工业物理学、社会经济学及哲学、企业上之科学式管理、法文。第四年分二系，一为财政学系，为培养银行家、交易所及保险公司之经纪人等，专门开设出财政学、银行学、保险学、统计学等课程。二为商业实习系，注重商品之研究及其分解术及比较重要商品的特别研究：（1）化学分解法；（2）实物试验。同时还组织学生参观各工厂、商店。当然，在商科的这两个系中，都设有商业史课程。

本科采用英文教授，入本科学习者要具有高中文凭，所以天津工商大学特辟学制二年的预科，以培养达不到课程所规定之英文及其他科学程度的 16 岁至 20 岁之青年。凡入预科的学生，均要专修国文、英文、代数、几何、物理、化学、地理、历史、线格画等课程，入学和升级都要经过试验或笔试或口试。1929 年全校毕业学生 8 人，其中工科 3 人，商科 5 人，撰写毕业论文 5 篇。

1930 年 2 月，预科改为三年制，共计 3 班，狄守仁神甫任学监。同年，奉国民党政府教育部令停办预科，将预科改为附属高级中学校。9 月正式成立，另有附属初级中学部。于是，中学部渐现雏形，各地来校求学者有增无减。该年全校毕业学生 12 人，其中工科 9 人，商科 3 人，写毕业论文 3 篇。同年，卜怀礼神甫受法国委派来校任教务长。教职员已增至 26 人，校方创办出版《工商大学毕业纪念刊》，延请社会贤达题词祝贺，并介绍学校及毕业学生情况。另外，学校还派人至国民党政府教育部及各大企事业行政部门游说宣传，以扩大学校影响。同时还组织成立了工商大学校友会，制订出校友会组织大纲，以便遵照执行。

1931年裴百纳校长因病回国，校长一职由赵振声博士接任。学校教学及相关设施不断增加。初中楼和高中宿舍建成后，续建铸铁工厂、木工厂、翻砂厂等。更值得提及的是：该校从上海徐家汇天文台购进一台地震仪器——大地测震仪。这台仪器是苏联大科学家贾理精心设计发明的，在国际上享有一定的声誉。而我国北方当时仅此一台，故而天津工商大学声名远播。本年全校学生约600人。

1933年8月，该校得到教育部的正式批准立案，名称改为天津工商学院。聘请华南圭为院长，学校规章重新厘定，行政组织予以更动，全部依照教育部颁布标准，学制四年，分工，商两科。工科下设土木工程、建筑工程两个系，商科下设会计财政、国际贸易两个系。次年，附属高中第一班毕业，多数学生直接升入该校。科学馆、机器室均已建成。

到1935年，天津工商学院已颇具规模。聘请国内教育界、工商界名流为名誉校董，如叶恭绰、张伯苓、翁文灏、卞白眉、杨荫荪。校董为刘斌、崔步云、鄂恩涛、尚建勋、刘勤修、季恩水、张怀璞。5人华籍，2人法籍。设院长、院务长各一人，总管全校事务，教务处负责全校教务及学术、设备诸事项。秘书处兼承院长旨意办理院务，另有训育课、训导斋务及卫生。体育课，安排组织校内外体育竞赛，指导学生体育。会计课，负责银钱出纳、登记保管及预算决算。庶务课，掌管购置、修缮、保管学校设备及不属其他各课的事宜。各处设处长一人，各课设主任一人，事务员若干人，各司其职。并设图书馆主任、校医各一人。学校事务分别由院办务会议、教务会议、事务会议研究决定执行，学校还设有出版、图书两个委员会。

课程设置渐趋稳定、合理，除党义、国文及文牍为工、商科共修外，工科主要课程为经纬形学、微分积分、物理学、工业化学、图解形学、图画、测量学、营造学、力学、材料耐力、建筑材料、地质学、铁路、公路、水力学、热力机、河海工程、应用机械、工艺、电气工程、铁筋工、市政工程、土石工程、线算、工程估计、钢桥、哲学、军事训练、各种练习。商科主要课程是簿记学、纺织学、商业学、保险学、法学、商业算术、应用化学、化学实验、商业地理，第二外国语、打字、会计学、经济学、关税学、商业实践、财政学、哲学、运输学、统计学、中国国际贸易史、银行学、英文公牍、军训、各种练习、论文等。

该校图书馆藏书十分丰富，中西文图书达4万多册，尤以中、英、法文为多。其中中文图书6000多册，英文图书1万多册，其余皆为法文图书。该馆除每年二三千册外，还有一些为他人赠送。有些是数百年前的出版物，早已成为绝本，故而弥为珍贵，极富收藏价值。该馆还收藏了许多古画，如著名传教士南怀仁所绘之世界图、乾隆出征等名画，十分稀有难得。这也构成该校图书馆的收藏特色。

该校体育场所也很多，有足球场 2 处，篮球场 6 处，排球场 1 处，网球场 4 处，田径场 1 处。设备也十分齐全，有高低栏、铅球、铁饼、拔河等项目，可在校内举行各种球类的班级比赛，召开春季运动会。在校外也曾取得较好运动成绩，如夺得由天津青年会举办的 1935 年度全市高中队篮球比赛冠军。在 1935 年 5 月参加河北省天津运动会高级组的比赛时，取得团体总分第二、个人总分第一、径赛团体总分第一的佳绩。该校重视体育，并非为夺取锦标，而是力求体育运动普遍化，德、智、体三育平衡发展。

1936 年，该校在大力提倡学生课外活动的基础上，成立了体育委员会和校刊委员会。3 月第一期校刊出版，4 期之后又停刊。次年夏，华南圭院长辞职。教育部令董事长刘斌暂行代理院长一职。七七事变后，日本占领了天津。许多工商学院的学生很难正常到校上课，休学、转学或流浪在外、做别的事、不知下落者皆有。又由于南开大学南迁，部分学生归入天津工商学院，是年仅借读生就有 45 人。工商学院因为是法国天主教会开办的，地处天津租界内，不仅未受战乱太多破坏，反而有所发展，是当时天津保留的唯一一所高等院校。学校聘用日本人三浦万之助为副院长，增聘龚仙舟、曹汝霖为校董，并获得伪华北政务委员会委员长王揖唐、伪天津警察局局长阎家琦、特务科长徐树强的捐款。另外还调整院系，分工学院，下辖建筑系、土木工程系；商学院，下辖国际贸易系、会计财政系。而材料实验室、木工厂、电机实验室、商品检验室等都是在短期内落成的或大加充实，学校规模有所扩大。学生数目有增无减，1938 年工学院 80 余人，商学院 60 余人。次年还增设法律系，有学生 18 人。这年工学院入学者 85 人，商学院 48 人。1940 年法律系停办，学生转入商学院，新生多达 146 人。1941 年的新生数为 165 人。

学生们除了上课、读书、做实验、写报告、搞设计外，课外活动就是体育和服务。团体协作精神较强。合作社、平民夜校，通俗科学讲演、新闻部、1939 年天津大水灾民救济、迎新团等，没有工商学院学生不参加的，并且成绩都较好。教授阵容也较前强大，一些留在华北的知名学者如土木工程专家高镜莹、林镜瀛、谭真等，建筑学专家沈理源、阎子亨等，历史地理学专家侯仁之，物理学专家马沣等都被招聘到天津工商学院来任教。该校成为华北较有影响的高等院校之一。

1943 年学校董事会改组，由各董事推举龚仙舟为董事长，同时议决由刘迺仁神甫任院长。同年夏天增设女院，即文学院，初不分系，聘女教育家孙家玉主其事，以弥补天津无一可资深造的女子大学之憾。聘请侯仁之、齐思和等人教授人文地理、中国通史等课程。另外还开设国文、中国文字学、新文学、英文、法文、日文、教育学、社会学及体育等课程。考试分临时、星期、季中、学期、毕业5种。采取学分制，每学分代表学生在一学期之内每周3小时之课业，一小时上课，二小时自习。学习成绩分为若干等：85—100分为A等，其中85—90分为上等；75—84分为B等；60—74分为C等；50—59分为D等；50分以下为F等。凡是成绩在60分以下者为不及格，不给予学分，总平均分不满60分者不得升级。该院后迁至天津工商学院内，扩至文学系、西语系、史地系。董事长龚仙舟遽逝后，公举徐端甫继任。文贵宾为副董事长，张坚白、曹润田、汪向叔、尚建勋、刘斌、邓维屏、赵振声、周济世、凌安澜、柯守义为董事。徐端甫拟改建大学，延揽海内千名教授，并将文学系扩充为家政、史地、文学系。

1945年于斌任董事长，但是他并未到天津工商学院任职，请徐端甫继续担任。该年，工学院增设机械工程系，商学院增设工商管理系，至此已具备三院九系的规模。工学院长为暴安良，商学院长为房如晦，文学院长为刘迺仁兼任。土木工程系主任是高镜莹，建筑工程系主任是沈理源，机械工程系主任是贝兴仁，会计财政系主任是李宝震，国际贸易系主任由房如晦兼任，史地系主任是方豪，家政系主任是孙家玉，西语系主任是狄守仁。后方豪曾任文学院院长。当时，学校校务又呈发展之势，工商两科兼收女生。是年秋，该校有700名大学生，1300名中学在校生。学院院长之下除工学、商学、文学三院院长和各系主任外，还有训导主任、总务主任、工厂主任、会计主任、庶务主任、体育主任等。1947年有教员91人、职员20人、学生761人，经费预算岁入32 850万元，图书总数为55 000多册，其中中文图书21 000册，其余皆为外文书籍。

1948年经国民党政府教育部批准，天津工商学院改名为津沽大学，虽有所调整但仍分工学院，设土木系、工程系、电机工程系；商学院，设财政经济系、商业系；文学院，设中国文学系、外国文学系、史地系、家政系。学校设备有从天津工商学院直接继承下来的规模宏大的物理实验室。化学实验室则分为六处，一为普通化学实验室，二、三为化学分析实验室，四为学科材料室，五为天秤室，六为教授特别实验室。机械室则装备有水蒸机、发电机、压力台、电动机、重油机、对心机、抽水机、唧筒汽车及火车模型等设施。另外还有工业材料陈列所、地震仪室、商品陈列馆、商务实验室、图书馆等。原附属中学改名为津沽附中，学生1300人。

到1949年中华人民共和国建立前夕，津沽大学有学生920人，教师60人，职员65人。王峻德任校长，法国神甫卜相贤任副校长。是年冬天，学生组织改进津沽委员会，时任教务长的卜相贤辞职。1951年7月，天津市人民政府宣布接管该校，定名为国立津沽大学，任命著名物理学家张国藩为校长，王金鼎兼任教务长。将停办的原天津私立达仁商学院和土木工程学校的部分师生并入该校，教职工为168人，学生为1250人，共有三院十二系。工学院下设土木工程系、建筑工程系、机械工程系；商学院下设会计财政系、国际贸易系、企业管理系；师范学院下设数理系、生化系、中国语言文学系、外国语言文学系、史地系、家政系。同年，全校师生响应抗美援朝运动，反对帝国主义利用宗教进行文化侵略，控制中国教育。人民政府明确要求取缔校内“圣母军”等组织。由文贵宾、卜相贤、柴古值等人筹划组织的津沽大学“圣母军”教职员支会、男同学支会、女同学支会、工友支会和津沽附中支会等皆被取缔。

1952年全国高等院校进行院系调整时，北疆博物院划归天津自然博物馆。工学院各系与原北洋大学合并，改成天津大学，商学院各系并入南开大学。原天津教师学院并入津沽大学师范学院，在津沽大学原址改建为天津师范学院。1958年天津师范学院改称天津师范大学。1960年更名为河北大学。1970年从天津市迁至河北省保定市。原校址现为天津市外国语学院。

天津工商大学是一所法国天主教会和罗马教皇创办的私立大学。自从1921年建校到1948年天津解放前夕，26年之中三易校名，始终处于天主教会控制之下。校长、院长、校董、系主任等不乏天主教神甫及教区主教，校内行政管理人员有的就是传教士及教会人士。学监常由天主教神甫充任，学校大政方针及行政管理完全听从罗马教皇和教务部长的旨意。

天津工商大学对学生的要求十分严格，入学者一般都要出具保证书，学校还制订出相当具体的管理规则，约束和规范学生的行为。像缺课及晚到考查规则、学生请假规则、日常规则、教室及宿舍规则、图书阅览规则、电话室规则、接待室规则、集会规则、考试规则等，对学校加强有关学生的管理，培养学生自觉遵守学校各项规章、成为品学兼优的学生很有益处。

由于该校对学生要求严格，所以淘汰率较高，毕业学生相对来说是较少的，如首批学生入学时是48人、毕业时只有工科8人，商科4人，共12人参加毕业典礼。第二批毕业学生更少，工科3人，商科5人，共8人。第三批毕业学生为工科8人，商科3人，共11人。以后也是常有一些学生未能完成学业，中途离校。这在历年毕业纪念刊中都有所反映。

学生们在学校的生活也还是有轻松活泼的众多内容。如各班级组成网球队、篮球队、足球队、排球队、乒乓球队、田径队等，开展体育活动。有些学生还参与创办储蓄银行，办会计学会、史地学会等，请名人作学术讲演，组织市外旅行团作史地考察。举办摄影社，进行艺术摄影创作，记录、反映难忘的大学生活。尤其值得一提的是，在1941年，郭道经等人在学校和教师张肖虎等人的指导帮助下，成立了工商管弦乐队。除每周集合练习两次，定期上课学习外，每日上、下午，各队员自愿来校学习乐器。经过几个月的努力，乐队不仅拥有了小提琴、中提琴、大提琴，低音提琴、横笛、竖笛、号角、滑动喇叭、中音大号、低音大号、鼓等乐器的专门演奏员，而且还能演奏一些世界名曲。为了给灾民和该校清贫学生捐款，该乐队还举行了莫扎特作品音乐会，演奏了《A长调模范曲》《塞锐戈利欧歌剧之序曲》及歌剧《唐莫欧丸尼之歌》等，专门聘请有歌王雅号、颇具歌唱天才的该校校友沈湘担任独唱。这次演出获得了成功，同时也集中展示了该校学生的精神风貌和生活意趣。

1949年10月该校土木系学生还创办了义务学校，教贫苦儿童辨字析文，操琴教歌。其他年级和专业的学生也举办平民夜校。有的还出版过《工商生活》《公教学生季刊》等。

由于该校在较长时间里只办工、商两个专业，为养成学生勤奋、审度、推算、构作习惯，发展他们的个性和自己动手能力，学校在安排好课堂教学的同时，重视课外实习。为避免学生博而不精之弊，学校在课程设置上花费不少心力，既依照教育部规章办理，又实事求是，以便学生们学一科，会一科，精一科。教授过程中，比较讲究方法，除若干名词之外，多用国语，以矫正洋化之弊；教材多不采用现成书籍，而是用讲义和笔记。这是由于科学发展迅速，日新月异，采用此法可将世界最新学理和发明编入讲义，且加以笔记说明，使讲义内容新鲜而不陈旧。同时在不违背教育部方案的前提下，博采欧洲特别是法国的教育制度。造就人才不求急进，务使学生牢固地掌握基础科学，如数学、物理、化学等，认真研修工程师、会计师必需的各主要课程，切实掌握专门技能。

该校重视实验室建设。学校经费主要来自献县天主教耶稣会和法国政府，对实验室的投入也较多。如物理实验室就很大，可容纳百人，设备也较先进。进行某项实验时，可有五副同样的近代物理仪器供多数学生同时使用。仪器购自欧美，只有小仪器由该校小工厂制造。该实验室对电学尤其注重，有关电气工程设备尤其完善，可以完成比较高深的各种实验。为数众多的化学实验室均采用最新的仪器设备，药品在4000种以上，实验设施可供80人同时使用操作。测绘室内有多种测绘仪器，如平面仪、经纬仪等。地震仪室放着天津最早的一台地震仪——大地测震仪。为了使学生们更好掌握各种工商业常识，该校还专门设有工业材料陈品所和商品陈列馆。前者陈列着各种建筑模型，土木工程建筑、桥梁、世界各大建筑模型图本，以及各种建筑材料。这些建材不仅分类陈列，而且均标明价格。后者陈列的商品更是门类齐全，品种繁多。仅羊毛一项，就有中国产10种，澳大利亚产32种，新西兰产9种，法国产及阿根廷产22种。棉有中国产、埃及产、美国产、印度产共37种。皮毛包括狐、狸、狗、黄鼠、灰鼠、羊、狼等数十张，油为芝麻油及各种油数十种，矿石及矿油60余种，亚麻纤维8种，中国及西洋颜料数十种，树胶及胶皮20余种，淀粉数十种，木材20余种，植物油20余种，谷类及豆类数十种，毛线百余种，染色布样百余种，豆类种子数十种，茶砖、茶叶38种，吉林及各地烟草10余种，献县豆子50种，果核仁8种、花生3种，蛋白粉15种、太古糖及各色土糖18种、色玻璃12色、玻璃器皿30余种、草缏20余种，肥料17种，地毯18种，印度和美国棉线百余种，法国及国内棉纱百余种，棉与人造丝合织物数十种，印度绸数十种，皮革10余种，铜扣10余种，布样百余种，花边百余种，缝衣用线数十种，大麻、胡麻、荨麻、黄麻等20种，棕7种，猪鬃26种，糊墙纸百余种，丝织画等10余种。另有大工厂、商店目录多种。如此丰富的商品陈列，足资学生参考、教授研究之用。学校对学生取得的较好设计成果常悬挂出来，以资表彰奖励。

该校教授还是学以致用的表率。如穆勒教授就是天津劝业场、渤海大楼、上海百乐门舞场的设计师，沈理源设计了浙江兴业银行大楼、盐业银行大楼、中央银行大楼等著名建筑。该校所培养的学生，不少人成为中国北方工商界名流，著名美籍华人物理学家袁家骝曾在天津工商学院就读。他们为科学教育和工商业发展做出过努力和贡献。

天津工商大学内还有1922年建成1928年对外开放的北疆博物院蜚声于世。北疆博物院又名“黄河白河博物院”，因为该馆藏品多在黄河、白河流域的广阔中国北方地区搜集而来。在这幢三层两式楼房中，有18个展室，收藏了35 000件动物标本、30 000多种植物、7000多种岩与矿石标本、2000多种人类学及古生物学标本。这些极富价值的藏品是院长桑志华神甫自1914年开始调查鲁、冀、豫、晋、陕、内蒙古等地区，极力收集各种标本，以备研究地质、植物、动物、矿物、经济学、人类学之用的成果。桑志华在中国生活了25年，把所有的时间和精力都用在建设北疆博物院和科学事业上。法国人类学家、古生物学及地质学家德日进神甫和法国的塞尔神甫、汤道平神甫，瑞典的植物分类学教授史密斯博士等，都先后在该院工作，并取得成绩。德日进后被选为法国研究院院士，汤道平对古生物学有很深造诣。

该馆中最出名的藏品有在内蒙古萨拉乌苏河、甘肃庆阳、陕西榆林、河北泥河湾等地采集到的哺乳动物化石标本，在水洞沟、高家营子等地采集到的石器等。该院还曾将四五千种标本分送各学术团体，寄送各地大博物馆，将二三千种标本送国内外大学进行鉴定和研究。1938年以后，这座兼具地质学、古生物学、动物学、植物学及人类学之专门博物院基本上停止了工作。而在此前，这座享有盛誉的博物院以古生物学、人类学为永久陈列，以动物、植物标本为随时陈列，向社会开放。间接或直接地有助于工商大学的教学工作，提高学校的知名度。北疆博物院的部分展品现存于天津自然博物馆。

（资料来源：天津文史资料编辑委员会《天津文史资料选辑》，天津人民出版社，1999 年版，第 81 辑，第 157—169 页）

12. 大学改制——天津工商学院的辉煌①

工商学院时期是河北大学发展史上第一个辉煌的办学时期。虽经日寇肆虐、内忧外患，学校赓续前弦，坚持办学，始终高举科学、爱国的大旗，将“实事求是”定为学校的校训，成就了“煌煌北国望学府，巍巍工商独称尊”的美誉。

（1）实事求是，矢志前行

此部分主要体现工商学院成立后，华人逐渐掌握学校办学主导权，并提出将“实事求是”作为本校校训，学校发展体现了鲜明的中西融汇、科学求真的特色。

①首任院长华南圭

华南圭（1875—1961），江苏无锡人。铁路工程专家、教育家。1903 年官派赴法国巴黎公益工程大学攻读土木工程专业。回国后曾任京汉铁路工程师、北京交通博物馆馆长。1914 年协助詹天佑创办和主持中国工程师会（后更名为“中国工程师学会”）。1919 继任中国工程师学会会长长达 20 余年。1931 年，华南圭以教育部视察员身份考察天津工商大学立案事宜，并在该校讲授圬工桥梁，铁路公路学、铁路混凝土等课程。1933—1937 年出任天津工商学院院长。在教学方面，他将法国公益工程大学的教学实习制度引进工商大学，强调实习在教学中的重要地位和作用，亲自赴石家庄、长辛店等地联系毕业班的旅行实习。华南圭任校长期间，在办学理念、培养专门人才等方面都有长足进步，学校呈现蓬勃发展的态势。全面抗战爆发后因拒绝为日本做事流亡法国，1946 年返国，1946—1949 年任京汉铁路顾问、京汉黄河新大桥设计审查委员会委员长，1950—1961 年任北京都市计划委员会总工程师、顾问，1957 年任武汉长江大桥建桥组顾问。华氏毕生坚持“科技兴国”之路，献身国家建设，为国内公认首选铁路专家。著作等身，主要有《房屋工程》《铁路工程》《土石工程》《建筑材料》《铁筋圬工材料》《耐力圬工》《桥路工程》《公路工程》《桥梁力学撮要》等。译作主要有《算学启蒙》《法国公民教育》等。

---

① 原题目为“煌煌北国，工商独尊（1933—1948）”，编者根据内容及本资料的体例要求做了改动。

②“实事求是”校训的确定。

1.1937年，华南圭著文《工商学院之过去与未来》中提出：“吾向主实事求是”“各院课程，尤求切合实用”；

2.华南圭主张学理实验并重主义；亲自赴石家庄、长辛店等地联系毕业班的旅行实习；

3.华南圭题词：“学形并茂，民族中坚”“廉能勤俭健”；

4.同年，文学教授朱星元在《工商学生》发表《实事求是的真义》，对学校将“实事求是”作为校训进行阐释；

5.1937年7月，学校正式将“实事求是”的校训印在毕业纪念册上。“实事求是”的校训精神深入每一位工商人的心中；

6.徐世章在1943年任学院董事长后，亲笔书写“实事求是”。

（2）大师云集，冠佩芬芳

七七事变爆发后，工商学院克服重重困难，坚守天津办学，广揽京津名师，聚集贤达通才，学校大师云集、群星璀璨，成为诸多爱国教授追求科学梦想、延续民族文脉的理想之所。

①华人师资逐渐成为学校的主体，且多为爱国志士，不愿为日本人服务，受学院招聘而至。多数具有国外知名大学深造的经历，在工、商、文学各界享有较高学术声誉；许多人在建国后为国家的建设做出了突出的贡献；

②外籍教师的比例虽然有所降低，但也对学校的发展做出了重要贡献，与华人师资一起构成了学校中西融汇的师资盛况。

（3）三育完美，学务专长

学校以造就前程远大高级专门人才为宗旨，融合德育、智育、体育，秉承学理经验并重，创造学生自由发展空间，为华北乃至全国工商各界培养了大批人才。

①学校对学生的培养极其严格。从招生入学到考核体系、学生实习等各方面，极其重视学生的专业能力培养；

②学校对学生的培养注重“德、智、体”三育的综合培养，鼓励学生成立学术、生活、文体等各类社团，开展丰富的文娱体育活动，形成学校浓厚的学术和业余文化氛围。

（4）设施日新，年有增进

为保证教学和学生培养质量，在极度困难的情况下，大力增进和完善各类教学设施，奠定学校办学雄厚之物质基础。

①图书馆建设的飞速发展。至1948年，图书馆藏书58 000余册，其中西文图书

20 000 余册，形成多学科、多品种、多文种的馆藏特色；

②实验室和实验仪器的极大丰富和完善。工商学院时期新建了材料实验室、电机实验室、热机实验室、商品检验室、水力实验室、金工厂、木工厂等，并极大充实各类仪器设备，充分体现了学校坚持学理经验并重的办学理念。

（5）科分三院，盛况乃现

学校为达国民政府教育部成立大学“三院九系”之规定，聚力学科建设，厚植学科基础，1946 年，成就“三院十系”之规模，大学之名实至名归。

①新增加女子文学系，此为成就学校三院规模之关键。并突出对孙家玉和侯仁之的展现；

②形成此阶段学校“三院十系”规模之演进，对学校短期内取得的重大成就进行直观的展现。

（6）浸润人心，日进无疆

展现学校的文化符号体系，从文化符号中解读学校追求学术精神、关注民族命运的文化品格和情怀。

文化符号体系包括校徽、校旗、校训、校歌、校花、班旗等。

（7）大厦将倾，待我扶持

在日寇侵华、民族危亡的关键时期，工商人的图存救亡行动。发展革命组织、开展军事训练、为前线将士捐款捐物、扶助救济灾民，奠定学校爱国精神的优良传统。

①姚依林在校期间的革命活动和党组织建设情况；

②学校有组织的多方面的抗战情况。

（8）忠诚服务，前程远大

体现学校为社会培养的高质量的学生情况。

①学生就业的层次及服务社会的作品，尤以建筑行业最为突出；

②学校通过建立校友会对毕业学生的关爱；

②当时军政要员和社会名流在毕业纪念册上对学校办学成绩的题词。包括林森、王世杰、茅以升、张伯苓、何应钦、宋哲元、傅作义、凌勉之等十多位。

（9）工商附中，沽上之光

工商附中最早起始于工商大学时期的预科，后经不断演化扩展，1937 年成为包含初中部和高中部的完全中学。附中校训与工商学院校训同为“实事求是”，校旗、校徽、校歌意蕴也极为相近，教学及学生培养、业余活动等均受大学之影响，办学业绩在津门享有盛誉。

展示学校师资和毕业生，此部分材料尚需进一步梳理。

（资料来源：河北大学《校史馆大纲交流意见稿》）

13. 天津工商学院办学体制的变革①

（1）成人教育的创举

学校立案注册后，除扩大本科招生名额外，从1933年9月新学年开始招收夜读生。学校充分利用现有的教学条件，根据社会需要，以天津市一些企业及行政部门职员为对象，利用晚上和星期天进行授课。夜读班所开设的专业课程，以外国语班为主，同时招收统计学班和中国现代法班。1933年9月至1936年9月的三学年，每学年招收夜读生分别为72名、202名和95名。

这种招收夜读班的形式，既满足了在职人员渴望提高专业知识的需求，受到社会的欢迎和支持，又扩大了科学文化知识的教育面，在解决中国经济近代化建设的人才需求方面发挥了一定作用，进而扩大学校的影响，获得社会对学校建设的捐赠助学，是一举多得的好事。这在当时的大学机构中，确实是一个了不起的创举，实属首开成人教育之先河。令人遗憾的是，1937年7月日本发动了全面侵华战争，并迅速占领天津，夜读班未能继续招生。

（2）工、商两院四系及法律系的组建

由于原来天津工商大学没有达到国民政府教育部规定的三院九系办学规模，立案后改为“天津工商学院”，这对学校教职工而言，一时难以接受。为了重新跻身大学行列，全校上下齐心加强了系科建设。学校立案后，由于得到政府的承认与支持以及学校在社会上享有好的声誉，影响也随之不断扩大，报考者及招生人数逐年增加。根据国内各地工商行业急需大量技术专门人才的状况，实有扩大办学规模之必要。经校务会议提议，校董事会决定，自1937年暑假后新学年起，学校将原来工商两科分为工学院和商学院两院。工学院除保留原来土木工程专业外，又增设建筑工程系。商学院则在原来会计财政学基础上，分为商业财政学系及国际贸易学系。对除新生以外的各年级学生亦分系教授，学生可自主选择系和专业。学校当局为分系上课，积极延聘合宜教授，增添相应实验设备。从此，报考生和招收新生逐年迅速增多。1939年学校又加添法科，首届招生18名。但由于师资力量不足、中国当时法制不健全等缘故，1940年报考者寥寥，且考试成绩欠佳，最主要的是，1939—1940年学校在经济上遇到了严重困难。1939年6月，日寇制造了“天津事变”，日军拘捕学校一部分学生。此年天津洪水泛滥，以致行路必须用船。9月，欧洲战争爆发，西

① 题目为编者根据内容自行拟定，并根据具体内容对标题做了必要调整。

方国家助学捐款急剧减少。1940 年 6 月，法国战败，欧美各国捐助几乎全部断绝，办学经费及政治环境均遇到前所未有的困难。学校遂决定停办法律系，法科学生大多转入商科各系。

（3）文学院的设立

面对前所未有的办学经费困难，学校教会当局做出决定：

1. 暂将土木工程专业和建筑科一年班和二年班停办，并缩减助手教师。

2. 饮食上取消咖啡和酒，只用两样菜，只有在特殊情况下才能例外。

学校教会领导做出的第一项决定遭到全校师生的反对，校友会发起募捐活动，竭力争取社会各方面人士的捐助。为渡难关，校役们在花园内除种菜以外还养起家禽，以解决生活之拮据。经过全校教职员工和学生的努力，争取社会各个方面的支持，学校才得以维持。在此艰难时期，法国天主教会不得不将学校管理实权让于华人，1943 年 4 月 1 日，刘迺仁出任院务长。在异常困难面前，学校教职员工及校董事们没有低头，而是想方设法筹措资金，千方百计维持与发展。随着时代发展，妇女也应受高等教育问题引起社会广泛关注。1942 年秋，曾任河北省女子师范学院家政系主任兼教授、毕业于美国俄亥俄州大学研究院的孙家玉女士，偶遇时任训育主任的刘迺仁，谈及现代中国教育状况，二人一致认为天津市极缺女子高等学府而生源充足，工商学院实有设立女子学院之必要。

1943 年 7 月，刘迺仁出任工商学院院长，当刘迺仁在校务会议和校董事会上提出此提议后，与会者一致认为女子教育关系到母教，对于提高整个民族文化素质关系重大，学校遂决议增设女子文学系。招生广告一出，“高中毕业女生有志升学者，皆欣然喜色。每日寄发招生简章不可数计，报名者络绎不绝”①。女院校舍原定收回学校清鸣台五、六号楼房，好不容易办妥住户退租事宜，结果耶稣会代理总长函陈男、女两院须分立。时已招收新生 90 名，开学在即而校舍却无着落，“令人百般焦虑，最终与圣母无原罪女修院订立租约，校舍问题始得迎刃而解”②。在当时异常艰难条件下筹建起文学系实属不易。学校董事会和广大教职工致力于学院发展决心之大，为此所付的艰辛可想而知。

女子文学系主任由刘斌担任，女部主任由孙家玉担任，文学院还聘请诸如侯仁

① 《工商学院女院成立纪念刊》，河北大学档案，1943-CB13-1。

② 《工商学院女院成立纪念刊》，河北大学档案，1943-CB13-1。

之、李奎耀①、张杰民②等一批具有较高学识和丰富教学经验的教师。因此，女子文学院建院伊始，即享有较高声誉，为今后的发展奠定了坚实的基础。

为求学院发展，1945 年 4 月，校董事会根据院务会议拟定通过决议：暑假后在工科建筑系、商科之国际贸易系、会计财政系均招收女生；同时为扩充文学院，于本学年招新生时，除原文学系外，再添设家政系和史地系；1946 年再添教育系（因种种原因，教育系未能招生）。文学院主任由院长刘廼仁兼任，孙家玉任家政系主任，侯仁之任史地系主任。

（资料来源：阎玉田《踞析津之阳——天津工商大学》，人民出版社，2010 年版，第 76—77 页）

14. 天津工商大学与天津工商学院的办学活动③

1913 年，献县教区耶稣会和罗马教廷传信部商定，利用庚子赔款建一所大学。法国耶稣会士迪光远奉法国政府的命令来中国办学，到天津着手建校事宜，但遭到遣使会极力阻挠，于是决定把校址改在河间县城西门外的旷地，但由于第一次世界大战爆发，迪光远等负责建校者回国，建校计划流产。但天主教的高层已经认识到在华创办高等院校的迫切性，1918 年 7 月 16 日，直隶东南教区副主教刘钦明致信罗马教廷传信部称："传教事业不足之处，我们主要是教育机构太少。""知识分子和资产阶级在中国占优势。为打进这两个阶层，必须成立高等学校。"④

1919 年 10 月，罗马教廷派遣宗座巡阅使、法国籍主教光比央到献县传达教廷关于在天津建立教会大学的指令。12 月 9 日，天津教区主教、遣使会负责人文贵宾致函耶稣会副主教刘钦明，称遵照罗马教廷传信部的指令，"许可献县教区耶稣会士在天津为贵家子弟开办一所职业学校，或一所高等学校，或两者并举"⑤。至此，耶稣会和遣使会关于设立教会大学的旷日持久的争执终于结束了。1921 年，献县教区耶稣会派法籍神父于溥泽负责建校事宜。8 月，选定天津马场道清鸣台附近的旷地为校址，委托比利时工程师绘制校舍建筑设计图样，并获罗马教廷核准。1922 年 4 月开工，6 月，确定校名为天津农工商大学，教会内部称天津圣心书院。1923 年校舍建

① 前清贡生，曾任北京清华大学国文教授 15 年。著有《史记抉疑》《史记丛考》等著作。在本院任散文选读、文字学教授。

② 哥伦比亚大学研究院硕士。历任清华大学、北洋大学等校英文系教授，于本院教授英文。

③ 题目为编者根据内容自行拟定。

④ 解成. 河北省天主教历史编年（铅印本），第 291—292 页。

⑤ 沧州市民族宗教委员会编. 沧州宗教志，油印初稿本［M］. 1992：172-173.

成，7 月 2 日招收本科生 48 人，预科生 51 人。农科生只有 1 人，只得将农科取消，把该生划归工科，校名改为天津工商大学。9 月 15 日，正式开学。

在中国近代教育史上，作为在特殊历史条件下出现的中外教育交流的载体，天津工商大学在课程设置、教学方法、校园文化、管理机构乃至管理理念、规章制度诸多方面直接引进以法国为主的欧美教育模式，是将国际化目标与本土化倾向处理得较好的现代化教育的样板之一。“实事求是”既是天津工商大学的校训，也是其办学特色，从理论和实践两个层面为中国教育提供了可资借鉴和利用的资源。天津工商大学的校歌是：“科学救国，效著乎西洋；裕民保种，端赖工商。煌煌我校，踞析津之阳；乐育善诱哉，成栋梁。莘莘学子负奇资，如圭如璋；切磋琢磨，集于一堂。济济青年勤学问，日就月将；藏息修游，教亦多方。守校训，誓永志而弗忘；实事求是，乃成德之梯航。知识日以进，体魄日以强。三育完美，二科专长。尊师敬友，所习勿荒。幼学壮行，庶挽澜狂。谨祝我校，如陵如冈，万岁无疆；人才辈出，久久自芬芳。”

天津工商大学于 1933 年在南京国民政府立案后改称天津工商学院，是一所典型的天主教教会学校。在当时教育界它享有“煌煌北国望学府，巍巍工商独称尊”的美誉，它以壮丽恢宏的校舍建筑、先进完备的科教设备、国际化的教师队伍和全国首屈一指的北疆博物院雄踞北方。① 与对其他著名教会大学的研究相比，对天津工商学院的研究非常薄弱，唯一的论著是《河北大学校史》，该书按照学校自身发展的三个时期，即天津工商大学至私立津沽大学时期（1921—1951）、河北大学天津时期（1951—1970）和河北大学迁保定之后（1970—2000），分别进行了叙述。② 河北大学档案馆保留了大量校史资料，笔者根据这些档案资料，从中外教育交流的角度对天津工商学院进行个案研究。

（1）师资队伍的国际化

在当时中国战乱频繁的动荡环境中，天津工商学院之所以能够保持旺盛的活力和强劲的发展势头，原因之一就在于有一支先进的师资队伍。

天津工商学院师资队伍的国际化特色受益于其创办者法国耶稣会的国际性背景及罗马教廷教育部的指导。罗马教皇庇护十一世认为：“凡一学校之成绩优美，不仅在校规之合法，尤在教师之御人。为教师者，应当品学兼优，要有胜此重任之资

---

① 《跃进中的工商学院》，《工商生活特刊》，1942 年 9 月 10 日，河北大学档案馆。

② 河北大学史编纂委员会. 河北大学委员会史［M］. 保定：河北大学出版社，2001.

格。”“此等教师，不求私利，热烈爱人，笃行不倦，一心以指引栽培青年为己任。”①天津工商学院部分教职员是耶稣会会员，不领工资，为学校义务奉献。“本学院职员与教员之一部分为耶稣会会员。……各会员，不但对于教育事业资格充足，且将个人一生光阴贡献于是。凡系会员，皆服务而不受薪俸，且亦不思得任何金钱之报酬者也。”② 学校不惜重金，先后从法、英、意、德、美、日等十几个国家聘请了将近100名教师，他们大部分是毕业于各国名校的专家学者，其中如尚建勋、卜相贤、裴百纳、叶慕华、申自天、田执中、王通儒等都拥有博士学位，是各国相关领域的知名人士，他们把先进的教育理念、新颖的知识结构、生动的教学方法和良好的职业道德展现在学生面前。

学校聘请了国内教育专家和工商界名人担任各种职务。“海内名流如叶恭绰、张伯苓、翁文灏、卞白眉、杨荫苏等诸君均在名誉校董之列。主持本院教务人员，多系敦聘社会上品学兼优知名之士。”③ 学校还邀请社会知名人士和专家到学院举办公开学术讲演会，如北京大学文学院院长胡适、清华大学国学名教授俞平伯、北洋工学院院长李书田、南开大学校长张伯苓、南开大学经济学院院长何廉、《大公报》主笔张季鸾、天津市工务局局长杨豹灵以及北平辅仁大学理学院院长燕祺等。④ 许多课程由有实践经验的专家执教，“本院对于教授人选，素抱学理与经验并重主义，例如本院现任之铁路学教授，则敦聘历任各铁路总工程师者担任，河海工程学则聘华北水利委员会技术长担任，市政学则聘市政府总工程师担任，会计学则聘会计师担任，法律学则聘法学家担任，财政学则聘理财家担任，本院之所以侧重学理经验并重者，盖以任何学科，理论与经验均须相辅并行也”⑤。这样，学校的管理队伍和教师队伍中既有知名的中国专家学者，又有来自先进工业国家的知名学者，不同的教学理念和教学风格在天津工商学院交汇融合，使学校成为中西教育交融、汇聚之所，课堂气氛非常活跃，授课效果和学生成绩得到了有力的保障。这些教师成为中国教育现代化的生力军，是中国现代化教育的参与者、示范者和推动者。外教们一方面把西方大学的理念、体制、管理、课程、内容等移植到中国来；另一方面，他们与

---

① 教皇庇护第十一世教育通牒［M］. 上海：土山湾印书馆，1931：771-72. 河北大学档案馆：1929-CB13-2.

② 天津工商学院出版委员会. 私立天津工商学院一览［M］. 天津：工商学院，1935：4. 河北大学档案馆.

③ 天津工商学院院务报告书［M］. 1935：2. 河北大学档案馆，1935-CB13-8.

④ 天津工商学院院务报告书［M］. 1935：8. 河北大学档案馆，1935-CB13-8.

⑤ 天津工商学院院务报告书［M］. 1935：3-4. 河北大学档案馆，1935-CB13-8.

中国师生进行了广泛的交流，了解了中国社会的需求，又在教学中融入了对中国社会的理解和认识，使天津工商学院的学生熟谙中西两种文化背景，并接受国际一流的教育。

（2）增设院系和学科课程的现代化

首先，天津工商学院不断增设社会所急需的院系。比如1937年增设了建筑学系和会计财政学系。校方对此曾考虑数月，“建筑学系在现今国内大学中只有一二处，而在华北各大学中尚付阙如，良以中国数年前建设尚未发达之时，故对于较大建筑工程，皆用自外国建筑师之手，普通建筑工程则偶然以土木工程师勉强应付。此两种情形自非正常办法，而近来公私建筑日趋繁盛，对于建筑之设计、美术工程、设备等，日渐讲求，故建筑师之需要，不容稍缓，虽然中国之建筑师，年来因需要而增。但以毕业于国外大学者为多，故国内大学之应添建筑系自属切要”①。增设建筑学系后，学校新建了实验室，包括材料力学实验室、电机实验室、热力机实验室等。至于会计财政学系的设立也是源于社会对会计人才的大量需求。“本学院添设会计财政学系的意义，就是为适应现时中国的情形，此后学生对于公私财政，都能有很深切的认识，毕业后分布到全国各处财政界去服务，以在校所得到丰富的现代学识，本着实事求是的校训，必能尽自己的职分，造成优越地位，为母校争莫大的光荣。”②另外，学校于1943年添设文学院，下设国文系与西语系。1945年秋添设史地学系与家政学系。1946年秋添设机械工程与工商管理两系。

其次，天津工商学院非常注重课程建设。大学课程的现代化既是整个高等教育现代化的主要标志，又是高等教育现代化的深层内涵和本质体现。天津工商学院从诞生之日起，就非常注重课程的现代化与本土化，整个学校课程体系的构建充分考虑到了天津因经济快速发展而对大批人才的需要，“直到1920年10月9日，才决定将这个大学设在天津，因为它是工商业的枢纽，需要的人才一定很多；并且有许多的大工厂、大公司可以为天然实验的场所”③“天津为华北工商业之中心，在全国商埠中位居第二，自应有设立高等工商业专门学校之必要：耶稣会各司铎有鉴于此，乃于1922年间有工商大学之创立。”

---

① 工学院现在及将来——建筑系主任陈炎仲［J］. 工商学生，1（4）：14. 河北大学档案馆：1937-CB13-3.

② 商学院概况——主任田执中［J］. 工商学生，1（4）：15-16. 河北大学档案馆：1937-CB13-3.

③ 刘美. 工商大学的设立和经过［J］. 工商大学公教学生季刊1：7. 河北大学档案馆：1930-CB13-1.

天津工商学院对中国教育现代化的推动，主要体现在学科设置和教学内容现代化上，“工商两学院之课程，尤求切合实用”①。其院系和课程的设置都贯彻了校训“实事求是”的宗旨，贴近社会的实际需要。“无时不在致力于继续改良进步，以适合变幻无常的环境。”② 学校借鉴了国内外同类大学的课程设置，并发动师生群策群力，建校之初设工商两科，工科有数学、物理、化学、平面测量、静力学与材料学、建筑学、市政和铁路学、会计学、外语和实习等科目；商科有会计学、财政学、经济学、保险学、簿记学、化学、商品学、商业地理学、商法学、商业谈判等科目。开始时教学语言为法文，英文仅作为外国语来教授，但许多学生在中学阶段只学过英文，学校便决定用英文授课。同时为和中国一般大学学年符合起来，将本科卒业期限展为四年，预科更改组织，添设低年级各班次，逐渐发展成为正式中学。③ 学校“自 1927 年下学期决定用英文以代法文教授课”，教学语言的变更对学校教职员工和部分学生都是重大考验，“因校长及大部分教授皆为法人。若改为英文，于校务进行上，当然有阻碍，然宁愿牺牲者，亦为大体计耳”。改以英文作为教学语言的原因有：“英文为商业上主要文字，且最普通。”“毕业生将来谋事，英文较易于法文。”而且“新生之来投考者，学法文者甚少，未免有向隅之感，学英文者则甚多矣”。④

学校对于课程的改革是非常慎重的。1937 年，为改良工学院的课程，教务长暴安良“曾下过不少的时间去研究美国各大学及国内各工学院的课程表”，然后拟订草案，“在三个月间分送给本校各教授，征求他们的意见。学生们的建议也欢迎接受过。至于工学院的士本（应为土木）及建筑二系的详细课程目录表，将于星期内印出来，再分送给各教授作最后斟酌，以防两系中间再出问题，每项课程表曾经过相关系科教授们互相研究一直到现在”⑤。土木工程系“各课程之选择，曾经参考国内外各工程学院之课程表，并加以切确之研讨，要以合乎现在国内实际需要为目标，非徒向虚誉者可比，至于详细规定，当待日后教务会议决定。课本则多半仍用英文本，最近美国大学应用者，更以参考书补充之。又以国情不同，各教授尤需以讲义

---

① 天津工商学院院务报告书［M］. 1935：1. 河北大学档案馆，1935-CB13-8.

② 商学院概况——主任田执中［J］. 工商学生，1（4）：15. 河北大学档案馆：1937-CB13-3.

③ 商学院概况——主任田执中［J］. 工商学生，1（4）：15-16. 河北大学档案馆：1937-CB13-3.

④《工商大学校刊》，1928 年 5 月，河北大学档案馆。

⑤ 工商的新发展——教务长暴安良［J］. 工商学生，1937，1（4）：3. 河北大学档案馆：1937-CB13-3.

或笔记之办法将国内实际情形灌输之，庶可收学理实际双方并顾之效”①。1941年，土木工程系的课程已较为完存，共有工程地质学、工程材料学、工程契约学、画法几何学、测量学、大地测量学、力学、材料力学、应用力学、工艺学、房屋建筑学、构造学、硬架构造学、钢筋混凝土学、垢土及基础学、水利学、电机工程学、给水工程学、污水工程学、水利工程学、铁路工程学、道路工程学、经济学、簿记学、方法论、现代论题、国文、第二外国语、微积分学、物理学、分析化学、暖房及通风学、热机学、铁路曲线及土方学、物理实验、化学实验、机械制图、画法几何制图、工程制图、建筑制图、测就实习、工厂实习、材料实验、电气实验、热机实验、构造设计、钢筋混凝土设计、桥梁设计、给水工程设计、水利工程设计、铁路工程设计等51门课程。②

（3）完善的教学设备与教学方法的多样性

1. 教学设备的充实

天津工商学院的教学设备非常完善，而且在国际上都是一流的，这就为教学质量的提高打下了牢固的物质基础。学院有物理实验室、化学分析实验室、电机实验室、商务实验室、地震仪室、机械室、商品陈列馆、工业材料陈列所、铁工厂和北疆博物院等。“本院物理实验室，为华北著名物理实验室之一，室内能容百人，各项仪器、设备，不但应有尽有，且力求其近代化”；化学分析实验室“内部的布置与设备，完全系采用最新的制度与系统。现在本室购置的各种药品，为数在三千种以上，实在是‘搜集靡遗！’至仪器方面，则无论远年近日所发明的，亦可谓‘网罗殆尽！’最近本埠某大化验所之停办，本校又将该所所有仪器药品等一并购入；因之本校实验室之储藏，愈为丰厚完备。”③“工业材料陈列所，内中陈设为各种建筑模型，内分土木建筑模型、桥梁模型、世界各大建筑模型标本和各种建筑材料，搜罗极多，均标明价格，分类陈设，以供学生材料学参考之用。”“商务实验室，则纯为一商业实践之课室，凡一银行或一贸易公司，应备之账簿文件，及某一事件在商业上应经过之步骤，在该实验室，亦均应有尽有，初不以其为实验性质而忽视也。”铁工厂是为了供土木工程系实习，此外，也从事制造及修配本院各部所需用品，有车工部、案

① 土木工程系之计划［J］. 工商学生，1937，1（4）：13-14. 河北大学档案馆：1937-CB13-3.

② 天津工商学院出版委员会. 私立天津工商学院一览［M］. 天津：工商学院，1941. 河北大学档案馆.

③ 郭士钧. 本校之化学分析实验室［J］. 工商大学公教学生季刊，1：17. 河北大学档案馆：1930-CB13-1.

工部、焊工部、锻工部、铸工部等。① 商品陈列馆“向国内外各方征求样品”②，所陈列商品品种繁多。

学校还利用各种机会扩充教学设备。1929 年购置了当时国际最先进的大型地震仪一台，设计精密，能测出极远和微小地震，在当时全国院校中绝无仅有。“本学院购有地震仪一具，安置于特造之建筑物内，随时与徐家汇各处之地震测验所互换消息。”③ 1930 年校长裴百纳先后赴俄、德、比、法、英、意、美等国考察教育，从法国采购了物理和化学两实验室的大量最先进的仪器。④

全国闻名的北疆博物院建于 1922 年，专以研究黄河、白河两大流域之农矿地质及动物、植物为范围，故院名北疆。该院是中国北方地区成立最早的博物馆，也是中国建立时间最早的博物馆之一。20 世纪 20 年代，在天津耶稣会资助下，法国传教士桑志华搜集了大量地质、岩矿、古生物和动植物等方面的标本和化石，储存在天津耶稣会修会账房崇德堂内，后来标本逐渐堆满了崇德堂的各个房间和地下室。因此，桑志华向耶稣会提出创建博物院的请求。1922 年，在法国天主教会和天津法租界行政当局的支持下，根据桑志华的建议，决定在天津工商大学内设博物院，以解决标本收藏的问题。桑志华为其取名为 Musee Hoangho Paiho，即“黄河白河博物馆”，后因藏品日益丰富，改名为北疆博物院。1922 年，北疆博物院办公楼建成，由比利时建筑师比奈设计并监造，位于当时工商大学的院内，建筑为三层钢筋混凝土结构楼房，高 21 米，占地面积 300 平方米，设实验室、办公室、藏品库，均安装了防盗门和双重窗户。1925 年，北疆博物院陈列馆建成，由法商永和营造公司设计，位于办公楼的西端，为三层建筑，并采取防火、防盗、防尘和防震等措施，建筑还设有高窗用来天然采光。按照博物院的建设要求，桑志华将平板花玻璃镶嵌在钢筋水泥窗框内，以免室内受尘土和大雨的侵袭；又将陈列柜直接固定在墙壁上，让光线更通透。内部陈列室采用中心牛腿柱式结构。1929 年，北疆博物院又进行了一次扩建，在与办公楼平行的位置上建设了一座两层楼房，并在两座楼房之间设置了一条空中通道，使三座建于不同时期的建筑连成一体。北疆博物院有“三万种之植物、三万五千种之特种木质物，各种奇异难得之乳哺类及匍行类动物，二千种之关于人类学及生物学中之最有价值者，七千种标本关于岩矿质……一万八千基罗之第三及

---

① 本院铁工厂之设备［J］. 工商向导. 河北大学档案馆：1940-CB13-7.

② 天津工商学院院务报告书［M］. 1935：4. 河北大学档案馆：1935-CB13-8.

③ 天津工商学院出版委员会. 私立天津工商学院一览［M］. 天津：工商学院，1941：3. 河北大学档案馆：1935-CB13-7.

④ 校长旅行欧美［J］. 工商学报，4：83. 河北大学档案馆：1935-CB13-1.

第四地层之动物骸骨：各种关于人类学工商业农业之报告”①。“其设立固不专为本校，但事实上该院固无异为本校之科学图书馆，本校所授地质学及高中之生物学各项课程，需要任何标本参考，均可立致，而于有研究兴趣之各教授遇到学术困难时，尤为便利，此外凡关于该院有价值发现之公开演讲或论文，本院师生均着先鞭，耳闻目睹，无形中本校师生研究学术之风气，自然比较浓厚也。”② 北疆博物院曾经保存了 4 件堪称无价之宝的北京猿人头盖骨。

2. 教学方法灵活多样

天津工商学院之“教育方针，在不违背教部方案之下，兼采欧陆教育制度之精神，尤与法国教育制度，有共鸣之点”。为了使教学内容与时俱进，教师多自编讲义，“本学院所授各门课程，多不用书籍，而用讲义及笔记，盖以现代之科学发明，日新月异，采用后者能将最近之学理与发明，编入讲义，且加以笔记说明，如此不独吻合部章，兼且极富时代性矣”③。教师们在教学中充分利用各种教学设备以培养学生动手、动脑能力，引进西方的科学实验方法，讲实证，重实验，授课方法灵活多样，“化学教授麻沃畲先生的教授法又极其有效”，“在班上，教师绝不用填鸭式的教授法，强调学生在教师的指导下自学，主张学以致用。老师鼓励学生提问、讨论、发表自己的见解。讲生理课时有人体标本，植物课有各类植物标本模型，先说现象再叙原理”。“假使你有不明了的地方”，教师“可以费去一小时的时间重给你解释，直到你完全明了时，再讲新的”。④ 教师们本着“实事求是”的校训，采用实验教学和直观教学等方法，注重启发学生。如建筑系教师“多是在本国服务多年的留外建筑师，能将死的课本讲成活的工程，所以同学们听讲时总是表现着非常愉快的神情”⑤。

3. 重视实习

天津工商学院非常重视教学与实习的紧密结合，“本学院对于教授方式，最注意于发展各生之个性及自动力，故本学院于授课之外，对于学生实习工作，特别注意，

---

① 天津工商学院出版委员会. 私立天津工商学院一览［M］. 天津：工商学院，1941：127-128. 河北大学档案馆：1935-CB13-7.

② 天津工商学院出版委员会. 私立天津工商学院一览［M］. 天津：工商学院，1941：129. 河北大学档案馆：1935-CB13-7.

③ 天津工商学院出版委员会. 私立天津工商学院一览［M］. 天津：工商学院，1941：119. 河北大学档案馆：1935-CB13-7.

④ 国际贸易系特写［J］. 工商向导，河北大学档案馆：1940-CB13-7.

⑤ 关于建筑系：工商向导，河北大学档案馆：1940-CB13-7.

以养成各生勤奋、审度、推算、构作之习惯”①。实习有假期实习、毕业前实习和平常教学实习。“每年暑假，常派工商科的学生，到各大工厂公司去实习。”② “本校向例，四年级学生在毕业前将作旅行实习，本年度（1937）工科同学实习地址业已商妥正太铁路局，在该路实习”，“工科二、三年级暑假去北平、青岛测量。”③ 暑假的时间比较长，所以成了实习的黄金时期。《暑期中格外欢跃的工商学院》一文称：“建筑系二年的同学全班分两拨在学校作建筑楼梯和垒砖墙的实习。建筑系三年的同学，更分散在各处监工，其中有的薪金日近 60 元，有的是纯实习，其工作计有：为基泰工程司服务，为中原公司设计屋顶，为中国工程司在小花园所建住宅监工，为华信工程司监工等。”④ “本学院在教授上最注意于发展学生个性及自动力，授课而外另加实习工作以期各生都有勤奋构作及实用之习惯。商科有商业练习及年终毕业论文，工科有实习工程及工程设计，高中则有每日练习。”⑤ 通过实习与实地考察，学生撰写出论文或实习报告。如毕业论文《香港给水工程》《大沽沙滩航渠之治理》《天津码头设计之研究》《房屋工程估价》等。⑥ 这些论文特别注意理论联系实际。“有些选为本学院的经济论文，每年印成书籍，分送到中国及外国各地，很受商界及学术界的欢迎。”⑦ 学校注意到“近世教学风气多重浮夸，故大学毕业之后，往往‘博而不精’，为世诟病，本校所授课程，系依照部章，而完全实事求是，俾学生学一科会一科，学一科精一科，同时使学生皆有举一反三之力”⑧。这也是学校特别注重实习的原因所在。

（4）先进的教育理念和教育管理制度

1. 注重学生身心全面发展的教育理念

学校十分重视学生品德的培养。学校……弘扬诚实、团结、爱人、勇敢、忍耐、

---

① 天津工商学院出版委员会. 私立天津工商学院一览［M］. 天津：工商学院，1941：119. 河北大学档案馆，1935-CB13-7.

② 刘美. 工商大学的设立和经过［J］. 工商大学公教学生季刊，1. 河北大学档案馆：1930-CB13-1.

③ 《工商学生》第 1 卷第 4 期，河北大学档案馆：1937-CB13-3。

④ 暑期中格外欢跃的工商学院［J］. 工商生活，2. 河北大学档案馆：1941-CB13-16.

⑤ 天津工商学院出版委员会. 私立天津工商学院一览［M］. 天津：工商学院，1941：6-7. 河北大学档案馆：1935-CB13-7.

⑥ 《工商学志》第 10 卷第 1 期，河北大学档案馆：1940-CB13-1。

⑦ 商学院概况——主任田执中［J］. 工商学生，1（4）：18-19. 河北大学档案馆：1937-CB13-3.

⑧ 天津工商学院出版委员会. 私立天津工商学院一览［M］. 天津：工商学院，1941：119. 河北大学档案馆：1935-CB13-7.

谦虚、宽恕、慷慨、自主、奉献等美德，根据平等、理解、信任、互爱和互助等原则，构建了教师之间、学生之间、师生之间和谐的人际关系，营造了一个良好的人际环境，使学生能够在校园中健康快乐地成长。除了对学生进行道德和科学文化知识的教育外，学校非常重视体育，“凡与学生身体发育有益之事，概为设备。各式运动一概奖励。足球、网球、篮球等，皆学生于课余之暇，所从事重要之运动也”①。学校引进西方近代学校体育教育理论，把体育课纳入正式的课程设置中，并兴建了大批体育设施。“校内体育场设有足球、篮球游戏及网球等场，体育设备应有尽有，予学生以充分便利，是以学生非但领会科学与技术之智识，且予彼等体格上健全发展无遗憾。”②

尤其从 1928 年开始，学校的体育活动如火如荼地开展起来，“1928 年，凌司铎安澜为学监，校中体育亦突飞猛进，皆凌司铎之力也”③。学校鼓励学生组建文艺社团和体育运动队，开展球类、田径等各项体育活动。由外国传入的体育竞赛项目，如足球、排球、网球、棒球等在学校流行开来，培养了一批体育人才和体育爱好者。天津工商学院的学生体育运动成绩非常优秀，“本院篮球校队之实力，早已蜚声沽上，自前数次募捐赛后，尤为各界球迷所称许，每次比赛如无本院参加售票率竟可能减低百分之五十左右，其为一般人推崇可知。”④ “本院排球队为津市劲旅，迭次荣膺津市公开赛冠军，屡败京津各地名队，球艺出众，早已名震三津，此次华北运动大会，津市排球代表，本院排球队员中，有八人当选为津市代表云。”⑤ 在与其他院校和机构的体育竞赛中，天津工商学院起了示范作用。学校广泛开展体育运动，促进了学生和民众体育意识的建立和思想观念的转变。学生越来越重视锻炼身体，再不是文弱书生的形象。天津工商学院所建立的体育课程制度、体育培训制度和体育竞赛制度为中国高校体育发展提供了样板和借鉴。

天津工商学院对课外活动尤为重视，学生课余活动丰富多彩。学生社团可分为课余学术活动类，有国术团、通俗科学讲演团、商学研究会、数学研究会等；文体活动类，有新闻部、工商摄影社、体育会、游艺会、昆曲社等；课余社会服务性活动类，有消费合作社、膳食合作社、信托储蓄银行、抵私团、援绥会等等。⑥ 当时就

① 《天津工商学院一览》，河北大学档案馆，第 6 页。
② 《工商学院一览·沿革》(1941)，河北大学档案馆。
③ 《工商学院 27 班毕业纪念册·校史》，河北大学档案馆：1938-CB13-3。
④ 体育捷报［J］. 工商生活，5. 河北大学档案馆：1941-CB13-17.
⑤ 本院排球队代表天津队［J］. 工商生活，5. 河北大学档案馆：1941-CB13-17.
⑥ 《工商学生》第 1 卷第 3 期，河北大学档案馆：1937-CB13-3，第 42 页。

有人高度评价学校注重学生全面发展的教学理念，“工商实在不仅两科，可以说科科俱备；工商实在不仅工场化、商店化，而是一家兼容并纳的大学。大学除了体育系之外，真正能注意体育的，实在不多见，工商运动之普及，选手之层出，球队之雄视京津，为谋各校学生之锻炼体魄而设冰场，并不在有体育系之大学之下。”音乐方面，“而工商之管弦乐队，最少的限度在华北无二，它的效用，是已经传达到了整个的天津社会，而引起了大众对于正当音乐之认识。”另外还有话剧，“工商的话剧团，又早以《原野》一剧而震撼了中国的剧团”①。学校注重学生一业精通、全面发展的教育理念对以后河北大学的发展产生了积极而深远的影响。

2. 高效而简洁的管理机构

1930年，校长裴百纳进行环球教育考察，在借鉴西方大学先进管理模式的基础上建立了独特的管理体制：校董事会既是大学各项事务的最高决策者，又是制定学校教育方针，代表学校与社会各界进行沟通的机构。在董事会之下设院长和院务长各一人，总理全校校务。全校的教务由教务处负责，设教务长一人。各系设系主任一人。院长、院务长、教务长和各系主任除进行行政和教务管理外，其授课时数不得少于专职教师。学校严格控制领导机构的人数，各级领导几乎每人都身兼数职，他们把所有时间和精力都投入到学校工作中，超负荷地工作。学校的管理机构高效而简洁。

3. 严格的考试制度

学校的考试制度近乎残酷。“工商是严格教育的学校，这或许与学校办理者有关系：因为工商的主办者是法国人，法国教育的严格是世界有名的。现在单举个考试作例吧，每星期六有一次考试，差不多从开学第一星期起一直不断地考到休假，使你没一天懒散，同时亦不使你有一次侥幸。”“至于考试时的秩序，虽然是平常星期考，一有作弊，不但零分，还须记大过一次。这个表示，可使您早早预备上足了弦，以免入了学，措手不及，难于应付”。② 学生在学校的紧张程度可想而知。“学校对于功课的追问、紧张的程度犹足惊异，各种考试，各种计分，再加上交图、实验报告，几乎和吃饭的次数一样多，每天摆在眼前的总有许多事，想懒一下，是不很容易，再加上同学间的相互观摩策励，使你对于功课上的每一个小问题、小地方，都感觉有深明熟知的必要和兴趣，并且久而久之，能使自己身心上育有无限兴奋，自己的

---

① 吴秋尘. 我对于工商的认识和希望［J］. 工商生活，5. 河北大学档案馆：1941-CB13-17.

② 如何认识工商［J］. 工商向导. 河北大学档案馆：1940-CB13-7.

能力也无形增大。”①

学校实行平时考察、周考、月考、学期考和年考的多级考试制度。平时考察主要是笔答或口答，教师视需要不定期进行。月考每学期三次或四次，于该科授课时间内举行。每月成绩以该月内平日成绩及月考成绩平均后得出。学期考试于期终进行，由学期内各月平均成绩及期末成绩平均后得出。学期成绩在 60 分以下者予以留级。年考中最为典型的是证书考试，方法与法国院校相似。按规定，学生在某项课程第一次考试不及格时，可补考，补考再不及格则须留级。“凡迟到一次者扣学期成绩总分 1 厘，旷课一次者扣学期成绩总分 2 厘。”② “每星期各学生须经笔试或口试，每半年举行大考一次。”“年终平均分数不及格者留级肄业，但留级以一次为限。”③

为了鼓励学生在大学四年始终刻苦努力，学校首先设置了奖学金并提供出国深造的机会，“本院设有奖学金，工商两科各三名，凡在平津济三地投考本科一年级之新生总数之前三名，得享受下列奖学金之优待：第一名免除第一年两学期之学费。第二名免除第一年第一学期之学费。第三名免除第一年第一学期之学费。”“资送国外留学：凡在本院四年之工商科毕业生，其品学优良，毕业考试列取第一名者，由本院资送赴法，以求深造”。④ 其次在学位考试制度上进行创新，“乃是将四学年每年考试的分数，完全加在一起平均计算，平均总分及格，便能准予毕业，发给文凭，为的是叫学生养成规则做工的习惯，将来在社会上服务，亦要永远保持贯彻的精神，始终如一”。“因此我们计算毕业分数的法子，乃是取比重平均数，拿一、二、三、四为系数，表示每年考试分数的重要性，然后求得平均，这种制度，不但正确公平，并且有鼓励好学的功效，学生初入学时，假使考试分数太低的话，可以不用灰心，只要努力用功，以后还可以把不足的分数补偿及格，事实上凡在本校读书的学生，都是一年比一年勤勉，因为他们知道后几年的成绩较以前更为要紧，倘或分数不及格，毕业证书便领不到了”。⑤ 一位校园记者称其“初入学的时候，有同级五十人以上，可是，现在只余得十一人了。那些，有的因病退学，有的因留班退学，有的因课程太逼迫或教学方法严厉退学………总之，我们可以知道它的确不会“敷衍”。说起它的考试来更严厉，有星期考、月考、季考三种，和口考、笔考两个方法。在季

---

① 关于土木系［J］. 工商向导. 河北大学档案馆：1940-CB13-7.

② 《工商学院学则》，《工商学院一览》（1941），河北大学档案馆。

③ 《天津工商大学章程》，河北大学档案馆：1928-CB11。

④ 《私立天津工商学院招生》，河北大学档案馆：1935-CB13-6。

⑤ 商学院概况——主任田执中［J］. 工商学生，1（4）：18. 河北大学档案馆：1937-CB13-3.

考的时候，口考常约校外的人来问。假若不能得到十二分，下季定要留级的学分以二十分为足额”①。1927 年至 1951 年，学校注册生和毕业生的总数分别为 5055 人和 1272 人，也就是说大约只有 25%的同学能够毕业，严格的法式教学管理可见一斑。天津工商学院注意培养学生严谨笃实的学风，严格考评制度，实行奖优汰劣。

4. 和谐的师生关系

亲密和谐的师生关系是天津工商学院的特色。“工商又是精神教育的学校。”“无疑的只因主办者又都是宗教的神师们。他们信仰天主教，仁爱是他们的胸怀，给人心灵的慰藉是他们的天职。中间有多位主任教员亦是外国籍的宗教家，当你有请益质疑时，他们总是怀有一腔热忱，挂着一副笑脸，给你解释开导，使你满意。”② “全体教职员皆以‘诚信”与“友爱”之精神从事于教育，故全校师生，犹如家人焉。”③ “本学院纯以‘诚信’与‘友谊’之精神，待遇教员与管理学生。”④ 天主教教义强调“天下一家，与人为善”，弘扬诚实、团结、爱人、勇敢、忍耐、谦虚、宽恕、慷慨、自主、奉献等美德，这些也是学校要求学生所必须具备的，加之西方文化崇尚人生来是自由的，在权利上是平等的，这些都深深地影响着天津工商学院的人际关系。

天津工商学院的教职员工注重亲情化管理，一位学生称：“这里，管理宿舍有舍监，大抵多是法国神父，每一个舍监管理二三个宿舍，我们的宿舍是属于一位中年的法国神父管理的，他很和蔼，也很客气，纵然你在宿舍内大声叫喊被他听见了，他也会笑容可掬地告诉你不要闹，因为这样，在他管理下宿舍的同学，都很安静，本来，谁好意思再闹呢!”⑤ 教师们和蔼可亲，既传授科学知识，又教给做人之道；既是师长，又是朋友。天津工商学院正是通过学校中的日常生活和人与人之间的相互交往对学生进行人格的培养。关于同学们与教师及校领导建立深厚友谊的情况，有大量的记载：于校长离校，正好遇见一些同学，他说：“我亲爱的孩子们！我要离开学校了！我的年纪老了！没有这些精神照顾这样重大的事了！……盼望你们专心用功，将来都有成就……” 同学们全都泪涕满面，“他同我们处了两年，那样的慈祥

---

① 刘美. 工商大学的设立和经过［J］. 工商大学公教学生季刊，1：6. 河北大学档案馆：1930-CB13-1.

② 如何认识工商［J］. 工商向导. 河北大学档案馆：1940-CBI3-7.

③ 天津工商学院院务报告书［M］. 1935：2. 河北大学档案馆，1935-CB13-8.

④ 天津工商学院出版委员会. 私立天津工商学院一览［M］. 天津：工商学院，1941：5. 河北大学档案馆：1935-CB13-7.

⑤ 天津工商学院出版委员会. 私立天津工商学院一览［M］. 天津：工商学院，1941：5. 河北大学档案馆：1935-CB13-7.

和恳切，真叫我们感念之至，怎能忍得忽的离别呢?”① 裴百纳校长是学生“平日最钦仰，最敬爱的”②，“那时差不多每星期日都要出去，我们的总领队是我们七十多岁的老校长，不是到东局子看飞机，便是骑车到北仓去看闸，我们还记得啦！一个晴和的天，有的骑着车，或坐着火车到塘沽去玩。又有一天——是一个汗滴如雨的夏天，划着舟到八里台青龙潭，看着美景闲花，对着严师良朋，加增了不少亲爱的热诚!”一次学生在外地集训，副教务长刘迺仁司铎和 Fr. Petit 轮替着差不多隔一星期由天津跑去看学生。③ 天津工商学院的学生们“有着沉静努力的魄力，与脚踏实地去干的精神。工大学生有这种魄力、这种精神，我不能不归功于神父们的熏陶，因为工商神父们的沉毅魄力、多苦干精神实令人万分钦佩呢!”④ 校领导和教师爱岗敬业、关心同学，全校师生精诚团结，共同为“把工商学院做成最享盛名的学府”而努力。⑤ 这也是天津工商学院能在艰难条件下发展壮大的原因之一。

（5）与其他教会大学的差异

天津工商学院与其他教会大学存在重要差异。天津工商学院的宗教色彩很不明显，这不但体现在教学上，也体现在毕业生的就业上。1926 年，有人对齐鲁大学、东吴大学、沪江大学等共 15 所教会大学的毕业生的就业情况进行了跟踪调查和统计，“查可考的 1822 人中，做牧师传道和教会学校教书的共 1363 人”。⑥ 而天津工商学院的毕业生中做神父传道和在教会学校教书的比例非常小。“本院列年来之毕业同学，除少数赴欧美深造外，大部分分处工商教育各界，其中有一部分毕业生，且获得相当之地位。关于列年来工学院之毕业生出路，据本院调查，有百分之二十服务于各铁路，百分之三十服务于市政机关，百分之十五服务于建筑公司，百分之十服务于水利机关，百分之十服务于各省建设厅，百分之十服务于教育界，其余则系公费或自费赴欧美深造之毕业同学。商学院毕业同学，有百分之二十服务于国内金融界，百分之三十服务于各大公司，百分之十服务于各铁路，百分之十五服务于政府

---

① 刘美. 工商大学的设立和经过 [J]. 工商大学公教学生季刊，1：10. 河北大学档案馆：1930-CB13-1.

② 刘美. 工商大学的设立和经过 [J]. 工商大学公教学生季刊，1：11. 河北大学档案馆：1930-CB13-1.

③ 《工商学院高中部毕业纪念册·中学部 1937 班班史》，河北大学档案馆：1937-CB13-4。

④ 邹逸涛. 初入工商的一些经验 [J]. 工商向导. 河北大学档案馆：1940-CB13-7.

⑤ 《工商学志》1936 年 12 月 25 日，河北大学档案馆。

⑥ 徐文台. 收回大学教育权！条约上的保障 [J]. 民锋，1926.

机关，百分之十五服务于教育界，其余有私人单独经营实业者，亦有赴国外深造者。”① 据不完全统计，1922—1951 年，在天津工商学院接受过大学教育的者有 5100 多人，其中为教会服务的不足 5%。② 虽然罗马教廷教育部和法国耶稣会创办天津工商学院主观上带有文化侵略的目的，但客观上引进了西方先进的教育模式，建立了初中、高中到大学完整的教育体系，其先进的教育方法、教学管理制度、办学模式与理念为中国教育提供了参照，为我国教育由传统向现代转变提供了样板和推动力。

（资料来源：张士伟《近代中法教育交流史》，南开大学出版社，2014 年版。说明：该文为张士伟博士历史学博士论文修改后出版著作之一部分，指导教师为吴洪成教授。）

15. 文化共生视野下近代中国教会大学文献研究——以天津工商学院为例③

（1）中国近代教会大学与天津工商学院

教会大学刺激了中国近代教育的发展，为中国教育的现代化转型起到了示范和推动作用，是中国近代教育的重要组成部分。自清末以来，西方基督教和天主教在中国陆续开办了 17 所教会大学，其中基督教 14 所，天主教 3 所④，主要坐落于通商口岸和开埠城市，遍及我国大部分地区。

中国近代教会大学是西方文化传播和文化交流的载体。教会大学表面上是西方教会在中国开展教育，实质上是西方文化依靠强大的经济军事实力在中国进行传播，因而必然导致与本土文化的碰撞与冲突。中国本土文化面对西方异质文化的入侵，经历了“冲击—适应—本土化”的过程。以往研究强调西方文化对中国的冲击和示范作用，而从文化共生视野下来观察就会发现，中国本土文化不仅被动地接受冲击，而且也在积极地改造西方文化，是一个双向交流的过程。

由于历史原因，相关文献散布在国内外多处图书馆、档案馆中。这些文献类型多样，涉及教会大学的各个方面（见下表）。笔者试图通过天津工商学院这一个案，在微观层面上开展研究，以期得出普遍性规律。

---

① 天津工商学院院务报告书［M］. 1935：7. 河北大学档案馆，1935-CB13-8.

② 《天津工商大学（学院）历届毕业纪念册》，河北大学档案馆。

③ 编者对文章内容做了适当的删节与调整。

④ 中华民国教育部. 第二次中国教育年鉴［M］. 上海：商务印书馆，1948.

近代中国教会大学文献内容表

分类	内容
语言	中文、英文、法文、俄文、德文等
收藏地点	档案馆、图书馆、民间组织、政府机关、私人等
类型	1. 学校的各项规章制度
	2. 教职员工及学生的个人档案
	3. 教材、教案以及参考书籍
	4. 教学设施
	5. 学校出版的书籍、报刊杂志、相关印刷品
	6. 报纸及其他媒体的报道
	7. 回忆录和口述资料

天津工商学院（1921—1952）是由法国天主教耶稣会创办的一所教会大学，分为工、商两科。创办原因是京津地区工商业发展迅速，且天津“当华北实业中心，地处扼要，居民甚众，教育事业诚不可缺”①。学校历史可分为天津工商大学（1921—1933）、天津工商学院（1933—1948）和津沽大学（1948—1952）三个时期。1952 年 8 月，全国高等院校调整，津沽大学并入其他学校。

（2）文化共生视野下天津工商学院

天津工商学院早期完全移植西方特别是法国的教育体系。随着政府对大学教育的重视和社会对人才培养的需求，工商学院在人才培养目标、师资力量、教学模式和课程设置上做出了较大调整，逐步形成中西融合式的教育体系，呈现出基于地域差异的多样性，最终实现教育的本土化。

①人才培养目标

西方高等教育采取通才教育，以培养博学人才为目标，注重知识的综合性和广泛性，但容易造成人才博而不精的缺点。天津工商学院没有照搬国外经验，而是结合实际，提出“好高骛远及一味以造就高深之专门家或博士硕士为目的”不妥，而应“以造就熟练现代专门技术、工商两界之专门人才”，使毕业生“能够在社会上找到较优的职业”为目标。② 这形成了工商学院特有的注重实践性、强调职业教育、以工程技术和工程实践为导向的教育风格。这种教育风格也影响到学科设置。例如，

① ［作者不详］. 天津工商大学课程表附简章［出版地、出版者不详］，（民国十五、十六年度）。

② ［作者不详］. 私立天津工商学院一览［M］. ［出版地、出版者不详］，1935：120.

学校先开办土木系，再由土木系分出建筑系，这与西方大学先有建筑系再有土木系大相径庭。其主要原因是土木系学科适应性强，人才具有广泛的专业知识，能够胜任社会的多种需要。① 这种应时之需的调整，体现出中国近代教育的适应性和灵活性，而非一成不变地模仿西方样板。

②师资力量

天津工商学院早期教师队伍构成以外籍教师为主，随着发展，逐步转变为以归国留学生、业界著名工程师、本校毕业生为主，这是教育本土化的重要表现。文献显示，1930—1931 年，学校共有外籍教师 24 人，中国教师 12 人。校长、教务长、各科主任都为外籍教师担任。之后中国教师逐渐增多并占据主导地位。1947—1948 年，学校共有外籍教师 3 人，中国教师 122 人②，教学工作主要由中国教师主导。

学校还根据不同性质的课程聘任教师，理论课和技术课分别由“名宿”和“工师”来担任，其标准是“对于教授人选，素抱学理与经验并重主义”③，注重理论与实践结合，学以致用。例如，铁路学教授由各铁路总工程师担任，河海工程学由华北水利委员会技术长担任，建筑学由知名工程司的执业建筑师担任。这种聘请执业工程师担任兼职教师的做法，反映出学校在教学中亘视实践经验。

除了教师队伍本土化之外，学校教材也逐步采用中国人编写的教材。例如，华南圭的著作被土木系选为教材，在当时工商学院多数教材为外文书的情况下，这绝对是个不小的轰动。据华南圭的孙女华新民女士回忆：“1931 年天津工商学院的教材列表中，有我祖父写的并已经在其他大学里使用的三部教材：《铁筋混凝土》《铁路》《圬工桥梁》。还有刘振华等三位先生各自写的相关物理、化学和机车方面的教材。”④

③教学模式

教学模式是大学教育的核心，是学校办学水平的体现。以天津工商学院工科为例，由于工程技术人才不仅要有设计、研究、创新能力，而且还要有解决实际问题的能力，而这种能力是不能完全在课堂中学习到的。因此，学校设置了专门的实习课，学生在每学期和假期中都有实习任务，促进学生工程实践经验的积累。学校还将当时欧洲非常先进的“实习”理念引入中国，并与中国实际情况结合，在校内外分别设立实验室和实验教学基地，使学生有机会把课堂上的知识与实践相结合，培

① 陈炎仲．建筑学概论［J］．工商学志，1934（特刊）：4.
② 阎玉田．踞析津之阳——天津工商大学［M］．北京：人民出版社，2010：101.
③ ［作者不详］．天津工商学院院务报告书［R］．［出版地、出版者不详］，1935：3.
④ 李白羽．我国近代建筑教育先驱——华南圭研究［D］．天津：天津大学，2010：33.

养工程师解决实际问题的能力。①

建筑系的教学模式也注重本土化。20 世纪 30 年代正是西方学院派教育大行其道的时候，天津工商学院建筑系没有盲目地追求时髦，而是从社会需求出发，强调对建筑设计和建造全过程的训练，这显然与主流的中央大学等教育模式不同，反映出当时教师对时代精神和地域特色的把握。

④课程设置

学校的课程设置是人才培养的核心，体现出学校教育宗旨和办学思想。工商学院土木系课程设置突出土木工程专门教育，取消一些内容过于宽泛的课程，改变了以往学科重点不突出的弊端。同时，尽量将各门课程压缩至一学期或一学年内，力求课程教学的完整性。教材选择上以英文为主，同时将"最近美国大学应用者，更以参考书补充之"，"各教授须以讲义或笔记之办法将国内实际情形灌输之，庶可收学理实际双方并顾之效。"②

学校对新设学科的课程也非常重视。1937 年夏，学校计划将工科分为土木工程系和建筑工程系，对调整后的两系课程设置极为重视，以期更为符合教学规律和适应社会需要，主要采取两方面的措施：一是使课程更为精专，突出学科特点；二是参考国内外相关院校的课程设置，力求完善。制定课表之前，"下过不少的时间去研究，美国各大学及国内工学院的课程表"，这其中更为重视国内工学院的课程表，因为"它们在系根据美国式教育参照中国的需要而改造的"，对不同的课程设置进行比较。然后，拟定草案提交学校各教授，征求他们的意见，最后才确定。学校对课程设置的谨慎认真的态度可见一斑。

（资料来源：刘辉、张晟、王滢《文化共生生视野下近代中国教会大学文献研究——以天津工商学院为例》，载《图书馆工作与研究》，2015 年 7 月 15 日，第 89—101 页）

---

① 沙敏. 家庭百年档案：一个华裔家族三代人的中华情［J］. 北京档案，2007（1）：8-10.

② 暴安良. 工商的新发展［J］. 工商学生，1937（4）：3.

三、津沽大学

（一）新中国成立之前的津沽大学

1. 天津工商学院改大

（1）校董会议决天津工商学院改为津沽大学①

私立天津工商学院校董会议记录（34次）

时间：民国三十六年八月十三日上午十一时三十分。

地点：本院。

出席者：于斌总主教、徐世章、文主教、孙章甫、宋棐卿、赵振声主教、裴百纳、邓维屏（邓华光代）、刘迺仁院长。

主席：于斌董事长。

主席：宣告已足法定人数，应即开会。

刘院长：1. 去年第一学期学生之少甚感恐慌，因很多学生已去国立院校，后见国立院校之设备甚为简陋，仍以私立者为妙。2. 董事长方面徐端甫先生辞职，已聘于总主教为董事长。3. 改大方面现已完成三院九系。4. 聘田枢机主教为名誉董事长。5. 改大表册遗失又重抄寄送。6. 大学改名事已经决定。7. 上学期开支已安然度过。

主席：本人一年来对学校方面毫无贡献，幸赖徐副董事长奔走辛劳，今后改大有赖于徐先生者更多，本人殊觉快慰。关于改大事时与高教司长谈及，欲其人来此视察，后裴神父与朱神父相继到京讨论一切问题，因于请客席上不便有具体决定，后随亲赴教部谈及改大数点。1. 教授水准应即提高。2. 文学院不限女子，大学文学院应男女平等，原则上不能拒绝男生，不能名女子文学院，盖此与法规不合。如因准备不足先招女生则可，将来必须男女生同样招收。3. 名称方面，不应保持原名，如于工商后加一文或法而成工商文大学则可。所提光启大学亦不能用，因今后之大学不能以人名为校名而纪念任何私人。天津大学则应国立，似过于铺张，而北疆则易引起误会。津沽大学是以天津古名为校名，甚为适宜。此后工商学院则成历史名称矣，如有更好之名字，自可提出以供商讨。

徐董事：津沽大学很好。（全体通过）

---

① 题目为编者根据内容自行拟定。

主席：添系方面如何？收支是否有预算？

刘院长：添系已无问题。收支方面预算现在尚不敢作，因去年预算作出之后至开学时已不适用。除学费、罗马津贴及法政府津贴外约亏四千五百万元，现有存货约合法币二亿余。

关于待遇方面，现在随政府规定，下学期将比政府之规定略为提高，因国立大学均有教职员宿舍，我校既无宿舍，故将待遇提高以补其不足。

主席：援华会之津贴如何处理？

刘院长：该项津贴指定分配教职员。

主席：待遇津贴是否以家庭人口为比例？

刘院长：尚无此力量。

主席：中国以家庭为本位，教会方面更注视家庭。校方如无困难则应以家庭人口之多少计算待遇津贴，中国尚无此计算方法，今年如各董事同意则实行此法，家庭以四口为单位表示重视家庭。盖大学不仅为发展教育，而且为保存文化，此种津贴名为教授子女生活补助金，如能施行此法，则子女繁多之教授自然可以安心来校授课矣。

主席：东亚公司方面对于职工子女之求学津贴如何处理？

宋董事：公司方面亦无以家庭计算津贴之办法，但公司设立小学不收任何费用，至于家中有中学生者则以本学期之学费计算其津贴，如有大学生者则以本期之大学学费津贴之，是以人为单位，如今年其家中有一中学生则领50万，有一大学生则领80万。

主席：我校对于教职工子女入学有何优待办法？

徐董事：教职员子女入中学大学得享受免费优待。

主席：1. 将来大学正式成立之后，须将对学校有贡献之人员造册呈部以加奖励。2. 学校改大已无问题，然校长尚未确定，兼士已故，千里教部不放，现在提议保存刘院长为校长，如各董事赞成则可通过。

徐董事：刘院长对于工商之贡献甚大，在敌伪期间对各方面之应付可谓得法，然在该时绝不改大，当时添设文院乃为救济高中毕业之女生而设，文院应招男生绝无问题。

结论：校长为刘院长，文院应充实改善。

主席：请刘院长表改善文院办法。

刘院长：1. 文院招收男生问题，因校舍无着最近难以实现。2. 文院改善详细计划应请文学院院长负责草拟。3. 关于校长一节，在敌伪期间可以应付，在改大之后，自觉能力不足，应请一有名望之校长号召，如董事会命令我当可继续一年，现年已老矣，至明年必须另请他人。

主席：院长在敌伪期间既能应付裕如，现在更无问题，因敌伪时期必须两方对付，较现在为难，故刘院长于改大之后，担任校长应付现时之局面绝无困难。

徐董事：大学不应只有虚名，改大之后必须加以充实，教授阵容更当焕然一新，如徒务虚名，则非改大之原意。现在最受批评者即文学院，自当尽量改善，故文学院院长实为一重要问题。

主席：关于招收男生问题，今年不能招收男生明年必须招生，明年开会时当有整个扩大之计划。津沽即天津，故津沽大学一名相当宏大，必须使成为结实之大学，决不能模糊行事，须多聘请有权威之教授，文学院院长更为重要，此时当然可以不来校办公，其后男女兼收之时当来校办公。改大初期应有号召能力。副董事长有无此院长人才以资介绍？

徐董事：很难。

主席：院务会议是否按期举行？

刘院长：按期举行。

主席：今后之私立学校亦感困难，大家应群策群力，方能解除目前困难向前行。

徐董事：工商学生之良好实有宗教之关系。

刘院长：新闻系是否可在明年开设？

主席：当然可以，添设新闻系等于帮忙《益世报》。

徐董事：改大时印制纪念专册，将工商创办以至改大加以详细叙述，希望于董事长届时莅校主持庆祝大会。

闭会：十二时三十分闭会。

（资料来源：《天津工商学院校董会开会记录。第三十四次》，河北大学档案馆藏，1949-01）

（2）《大公报》记天津工商学院改大

①记者：工商学院完成三院九系组织下学期起改为大学

［本报讯］本市工商学院现正准备自下学期起改为大学，业已具呈教育部申请核准，并自本学期起添设机械系及工商管理系，确已完成三院九系之组织，适符大学制度云。

（资料来源：《大公报》1946 年 10 月 5 日第二张第五版，《闻墨》编委会主编《闻墨》，天津科学技术出版社，2014 年版，第 20 页）

②工商学院改大准备就绪，定名“津沽大学”

本校改大校方已准备就绪，定名“津沽大学”，除是日放假外，并有多项庆祝节日，日期约在11月初旬。12日教部司长英千里氏抵津，授予本校奖状一纸，奖励我校于沦陷时之不屈不挠精神。本校引以为荣。

（资料来源：《大公报》1948年10月26日第二张第五版，《闻墨》编委会主编《闻墨》，天津科学技术出版社，2014年版，第30页）

③私立工商学院改称津沽大学，昨天接到教部正式批文，下月校庆同时扩大庆祝

[本报讯] 津私立工商学院两年来努力之改大运动，已达到目的。该校昨天接到教育部的正式批文，准予改称“津沽大学”。全校师生闻讯，欢声雷动。下午放假半日，以示庆祝。校方兹定于11月12日和该校创立二十五周年纪念，同时扩大庆祝。

工商学院成立于民国十二年，那时叫“工商大学”，由天主教耶稣会创办，于溥泽司铎作第一任校长。当时有教授9人，学生48人。十六年全部校舍修缮完成。十九年9月奉部令改大学预科为高中，二十年增设初中。二十三年9月奉部令改称“工商学院”，现任院长刘迺仁作校务长，二十八年增设法律系，次年停办。

三十二年刘迺仁出任院长，设女子学系。次年扩充为文学院，三院成立，已具有大学规模。当时在沦陷期间，故未请改大学。三十四年胜利后推于斌为董事长，三十五年11月呈请教育部改称“津沽大学”，同年推田耕华为荣誉董事长。三十六年12月教部派黄子壑、郝任夫视察该校是否已合改大规定。最近刘迺仁院长亲去南京见朱部长，已得允许，昨天终于接到教部正式批文。

（资料来源：《大公报》1948年10月28日第二张第五版，《闻墨》编委会主编《闻墨》，天津科学技术出版社，2014年版，第32页）

④工商改称津沽大学，自明日起盛大庆祝，刘院长昨招待记者参观

[本报讯] 本市马场道工商学院已奉教部令改称“津沽大学”，该校已定于本月12日该校成立二十五周年纪念日时同时庆祝。按该校在50年前即由天主教耶稣会筹备建立，至民国二年已在河间购买地皮，正开工典建时，第一次世界大战爆发，遂被搁置。民国十一年，获得天津教区主教之同意后，始在马场道建校，至民国十二年开学，以迄于今。据刘迺仁院长谈，在敌伪时期，迭遭日敌授书，幸经妥为应付，得以平安度过。胜利后，因已具备大学条件，经朱部长同意，改称津沽大学。

刘迺仁院长昨午招待记者，并引其参观该校各部。中学部之电化设施，在本市为一特色。大学部之理工设备，极为完善，南大及冀工学生，均按期至该校实习。北疆博物馆收罗宏富，尤为不可多得。

该校校庆及改大庆祝会将自明日开始，分在该校及中国大剧院举行，至15日则

放假一天。

（资料来源：《大公报》1948 年 11 月 9 日第二张第五版，《闻墨》编委会主编《闻墨》，天津科学技术出版社，2014 年版，第 33 页）

⑤工商学院更名津沽大学通告

案奉教育部高字第五八二零八号代电略开，私立天津工商学院准改为私立津沽大学，设文工商三学院。该校钤记及董事会钤记均另案颁发等因，奉此遵即更名为津沽大学，除分国外，特此通告。

（资料来源：《大公报》1948 年 11 月 11 日第一版，《闻墨》编委会主编《闻墨》，天津科学技术出版社，2014 年版，第 33 页）

⑥私立工商学院升格改称津沽大学，刘迺仁校长做主持升旗礼，校董会酒会招待中外各界

[本报讯] 具有二十五年光荣历史的工商学院昨天起正式升格，改称“津沽大学”。早晨十时，由刘迺仁校长主持升校旗典礼，接着是校董会举行鸡尾酒会，招待中外各界。陈司令、杜市长、英千里、徐端甫及各国领事等百余人参加盛会。中午召开董事会，正式决定聘前院长刘迺仁为津沽大学校长，并改工商附中为“津沽大学附属中学”。

下午二时在中国大剧院举行音乐大会，会前有一简单隆重的仪式，由刘校长、徐副董事长、英千里司长及教授学生代表致辞，英司长并代表教育部发给奖状。

刘校长讲到工商学院二十五年来的历史，提出三个值得怀念铭记的人：第一个是文贵宾主教，他协助罗马教廷，创立工商大学；第二个是裴百纳司铎，他可说是工商的第一任校长，适应时代，改法文，用英文；第三个是尚建勋司铎，他在创办初期建有功劳，现仍在欧洲为本校奔走募款。刘校长又回忆太平洋战事爆发后在敌伪势力下艰苦撑持的经过。女子文学系成立后，敌伪会趁罗马教廷接济中断之时，利诱改大，经婉言谢绝。胜利后，积极作改大准备，成立女子文学院，工商两院增系，完成三院十系，符合教育部大学组织法的规定。朱部长亦亲允许改大，经英千里先生的协助，终于在九月二十八日得到批准。一个多月来，感谢各界的庆贺，我们改大后，责任也增大了，今后一定要追随本市北洋、南开大学之后，日益迈进。

副董事长徐世章致辞：古人说“大学者，大人之学也”，工商在二十五周年时改为津沽大学，也算是成人了。关于改名的问题，最开始我个人不愿意把有历史意义的“工商”二字抛去。后来一想，“津沽”二字的确更好，请看北平有燕京，南京有金陵，广东有岭南，都是有名的教会大学，我们改称“津沽”后一定可以成为全国四大教会大学之一。

教育部司长英千里说，他代表朱部长来有两件事，一是道喜，二是颁奖状。

他解释改大批拖到现在，是因为教部忙着办北平师院□大的缘故。奖状是为工商学院在沦陷期内不断消□地离□学府，并积极地协助地下工作，实在是民族精神的最好展现。词毕，发奖状，由刘校长接受，该奖状由教育部制，文词如下：“查私立天津工商学院在战时尽力庇护地下工作人员，有利抗战，特给奖状，以示奖励，此状。”

教职员工代表致辞，强调工商学院一贯的家庭精神和□家□□的努力，现在终于达到目的了。工商的学校负责人是为了办学而办学，教授是为了教书而教书，学生是为了读书而读书，所以前途希望无穷。

学生代表是一个女孩子，她打趣说：“工商学院诚然是一个大家庭，不过是在产生了一个女儿（女子文学院）之后，更快乐、更丰满的。我们是教会学校，同学们读了书，一定要本□□着救世的精神去服务人群。现在中国正在患难中，将来救中国的一定是津沽大学的学生。”

最后，开始军乐及交响乐演奏，由丁继高、周乃森两教授指挥，每曲奏毕，掌声不已。演奏者都是该校学生，他们从昨天起也改称“津沽交响乐团”和“津沽军乐队”。

（资料来源：《大公报》1948 年 11 月 13 日第二张第五版，《闻墨》编委会主编《闻墨》，天津科学技术出版社，2014 年版，第 44—45 页）

（3）《益世报》记天津工商学院改大

①工商学院热烈庆祝明起改称津沽大学，昨举行改大典礼并升校旗，今假中国大戏院彩唱评剧

［本报讯］工商学院十二日起正式改称私立津沽大学，庆祝的节目昨已开始，津沽大学的字牌昨亦开始挂出。

今天下午一时半起，工商学院国剧社在中国大戏院演唱国剧，《两将军》一剧由朱丙寅、姚学谦演出，《法门寺》的主角是苏键、阎金铿、姚学恭、翟树年，刘文治饰演媒婆。其余《赐福》《黄金台》《坐宫》等三出，亦经过多日排演，演出定有精彩。该国剧社明起亦正式改名为津沽大学国剧社。

明天将是庆祝节目中最热闹的一天，上午九时三刻举行揭幕礼并升校旗，十时举行鸡尾酒会，各部并开放参观，宾客将看到北疆博物馆中十五万年前大象的头骨和两只长牙，这是 1936 年在山西省挖出的珍物。木工房、材料室、机械室、商学系及化学、物理各试验室的设备，亦将同时展览。下午一时半，中国剧院的音乐大会中，有津沽交响乐团及军乐队奏响交响乐及军乐。演奏以前有副董事长徐世章、校

长刘迺仁致辞，教育部代表英千里司长发奖状。

（资料来源：《益世报》1948 年 11 月 11 日第三版，《闻墨》编委会主编《闻墨》，天津科学技术出版社，2014 年版，第 34 页）

②刘迺仁任津沽大学校长

［本报讯］工商改称津沽大学，该校已开始庆祝，董事长于斌总主教因要不能北来主持庆典，已来电委托该校董事徐端甫为代表。再今后之津沽大学，校长一席，由现任院长刘迺仁司铎继任，已得教育部之同意。

（资料来源：《益世报》1948 年 11 月 11 日第三版，《闻墨》编委会主编《闻墨》，天津科学技术出版社，2014 年版，第 34 页）

③刘迺仁：工商改大专刊略言

国家多一大学之设，即人才多一陶铸之所。本校自成立迄今，历时二十有五载，不知几经挫折，始完矩镬。今日改称大学之庆，当时蓝缕之功，固有不容泯没，宜为称述者也。初时于溥泽、裴百纳两院长，于首创本校，裴至踵事增华，不避艰难，实事求是。其荦荦大端，择地祭奠，目光如炬，于院长之功也；不拘习法文，唯学生是重，裴院长之功也。后尚建勋院长两度来权校务，擘画精心，规模益具。向教育部立案，尤征卓见远谟。他如叶慕华院长，任期虽暂，然筹添文学院，肇造功深。迨日寇猖獗，形势日非，法国既自顾不遑，校事亦不容中辍。校董方面，在须统筹兼计，不易图存。迺仁承乏此日，思支危局，唯有延揽地方名宿，成校董会，可以肆应一切。于是龚仙舟、徐端甫两氏，先后膺选为董事长，老成硕望，以应非常，一则成立本校文学院，完叶院长之初衷；一则增设学系，成改大学之步骤。本校得脱坎凛而履康庄，实二氏之功也。至顽寇乞降，重光禹甸，于斌主教来任董事长，爱护扶持，不遗余力，改为津沽大学，厥功尤伟。迺仁得侧其末，缅怀诸先进嘉谋嘉猷，香于寸衷，自不可言喻矣。回溯卢沟变起，日寇深侵，陷贼八年，痛心摧横，而我职教同仁，坚贞不屈，负笈来学诸生，亦能苦不移，如非为平日砥砺之深，易能成历劫不磨之节，中国不亡，其恃此乎！迺仁材轻任重，十余年来，覆悚时虞，今幸免于陨越，校福无量，树人日众，近作津沽之庆，原为邦国之光，迺仁倘得遂其私愿，卸仔肩而退处闲散，其为欣忭，自日深而无已也。

（资料来源：《益世报》1948 年 11 月 12 日第四版“工商学院成立二十五周年升格津沽大学纪念专刊”，《闻墨》编委会主编《闻墨》，天津科学技术出版社，2014 年版，第 35 页）

2. 津沽大学的办学活动

（1）李宝震：纪念津沽大学

廿载悠长的岁月，奠定了津沽大学的基础，本年改大实现，可说是校史上值得纪念的一页，亦是全校师生艰苦奋斗的成果。在今日办教育，但求能弦歌不辍，我母校在如此时局下，虽然一切设施尚未达到理想，终能力图发展，充实设备，完成三院十系的大学，洵属难能可贵。

诞生在战乱世界里的工商学院，大部分时间都是在苦难中度过，为了谋学术的独立，屡次摒绝政治侵略，以维护学校的生存，尤其在沦陷期间，尽力避免与外界接触，以致形成教育圈的一个孤岛，有人常批评我校保守太过，就是因此。

这种埋头苦干的作风，影响了全体师生的治学精神，所以除去读书以外，从来没有参加过政治活动，“党派退出学校”这个口号在本校可说实行得最彻底，因此得到学生家长们的赞许，与社会人士的同情。

在继续求进步的过程里，校内的研究工作没有间断，设备和课程水准都有了显著的改善，于是改为大学。今后学校的立场，在于扶助学术独立与自由，我对津沽大学的前途，愿寄予无限希望。

（资料来源：《益世报》1948 年 11 月 12 日第四版“工商学院成立二十五周年升格津沽大学纪念专刊”，《闻墨》编委会主编《闻墨》，天津科学技术出版社，2014 年版，第 41 页）

（2）吴玉如：津沽大学中国文学系之我见

家琭讲授于工商学院之三年，校长刘迺仁先生语之曰，己事烦，不能兼主中国文学系事，其为我设之。琭之既承命，有问何以为教者，应之曰，姚姬傅先生乞养，出国门之日，语翁覃溪学士曰，诸君皆欲读人间未见书，某则愿读人所常见书耳。琭即亦以是言望于诸生。今日治国学者亦众矣，新者奇新，经子诸书，寓目为腐，西来之说，常亦可宗，琭非卑人大己也，治云国学，舍己耕人，诚未见其可耳。儒为之教，实重身心，大而言之，宁邦之本。矜残举碎，逼迮支离，于言国故，又其末矣。旷观迩年竟业四稔中国文学之士，范人立节，固不必高论拟人。即师中学□绩学无愧，恐已等凤毛麟角矣。中学无培其本者，大学遑论其成。琭自审迂阔，不敢轻肆言论，必欲言以示教，亦不肯为己阿世也。凡来学者，一两年中，名句读，习修辞；三四年中，涉经史，定专门。修辞务立其诚，专定终身之业。急名为学者之耻，实践发立德之基。琭即去斯，继者执此，十数年后，津沽文学，庶成风气乎。迂阔视我，早知之矣。

（资料来源：《益世报》1948 年 11 月 12 日第四版“工商学院成立二十五周年升格津沽大学纪念专刊”，《闻墨》编委会主编《闻墨》，天津科学技术出版社，2014 年版，第 43 页）

（3）其他文献记津沽大学的办学活动

1948 年，工商学院改名津沽大学。此后文学系又分为语文、外文两系，成为三院十系，教职工达 109 人，在校学生 630 人。原附中改名津沽附中，学生 1300 人。

（资料来源：《津沽大学校史简志》，天津市教育局《教育志》编修办公室编《天津教育大事记（1840—1948）》，天津市地方史志编修委员会总编辑室 1987 年出版，津出字 1987 第 000287 号，内部发行，天津市津北贫房子印刷厂印刷，第 169 页）

1948 年 12 月，辽沈战役结束以后，天津的国民党统治者有如惊弓之鸟，这时国民党教育部发来密电，准备把几所重点的大学南迁。地下党得知敌人这个密谋以后，在各大学开展了反南迁的斗争。天津女师学院、北洋大学、南开大学分别在是月 4 日、5 日、10 日做出反南迁的决议。12 月初，河北工学院、津沽大学的校方负责人，公开向报界表示：“坚持留津，不外迁。”国民党电示要各大学南迁的阴谋，完全被粉碎。

（资料来源：左建、秦戈《解放战争时期的天津学生运动》，天津市教育局《教育志》编修办公室编《天津教育大事记（1840—1948）》，天津市地方史志编修委员会总编辑室 1987 年出版，津出字 1987 第 000287 号，内部发行，天津市津北贫房子印刷厂印刷，第 170 页）

3. 回忆津沽大学

1946 年暑假，我考入工商学院土本工程系，在这完成我的大学教育。1951 年毕业留校任助教。1952 院系调整时，随工学院调往天津大学工作。从进校读书、工作到离校，历时 6 年，正是津沽大学最后存在的 6 年。

津沽大学是我市唯一的一所教会办的大学，在天津高等教育史上占有特殊的地位。从招收第一届学生起，到学校结束，总共存在 29 年（1923—1952 年），是一所历时比较短的学校，但学校的变化是比较大的，29 年当中，经历了我国社会大动荡的四个不同历史时期，即推翻清王朝后的民国时期（1923—1937 年），第二次世界大战日寇侵略中国的沦陷时期（1937—1945 年），抗日战争胜利后国民党统治时期（1945—1949 年）和共产党领导的新中国时期（1949—1952 年）；三种不同的社会制度：半封建半殖民地社会，殖民地社会和社会主义社会。

（1）教会庇护下的津沽大学

津沽大学校园内的宗教色彩比较突出。教学大楼的西部就是由一座教堂构成，可以容纳一二百人祈祷、作弥撒等，每逢星期日或宗教节日的时候，就有不少校内外的信徒参加活动。在校内经常可以遇到神职人员，校长、院长、教务长、训导主任都是神甫，教师中也有一些神甫，大学和附中中总共有 20 余位中外神甫，学校为他们建起了一座带有花园的二层楼房，内部装修讲究，大家称之为“神甫楼”（即现在外国语学院专家招待所后面的那座楼，花园已拆除），给人一种神秘感，一般同学不愿意进去或不敢进去。职员中除少量修士、修女外，其余职员和技工、勤杂工也大多是天主教徒。教学计划中设有神学选修课，2 个学分，有少数同学选修。学生信仰天主教的人数并不多。

这所由法国政府委托天主教耶稣会创办的高等学校原名工商学院，1948 年经中国政府批准改名私立津沽大学；中华人民共和国成立后，中央人民政府教育部于 1951 年 8 月 5 日决定接办该校，改为国立津沽大学。全校师生员工欢欣鼓舞，衷心拥护中央的决定，从此津沽大学回到了中国人民手中，改造成为新中国培养高级专门人才的大学。1952 年全国高等学校进行院系调整时，津沽大学撤销，其工学院并入天津大学，商学院并入南开大学，师范学院（原文学院）在原址扩建为天津师范学院，后来发展成为现在保定的河北大学。校址现为天津外国语学院所用。

法国天主教会创建的津沽大学以教学为由搜集了我国大量政治、经济、军事情报。该校北疆博物院创始人法国神甫桑志华，从 1914 年开始对我国北方自然资源和社会风情进行了广泛的调查，先后到过山东、河北、河南、山西、陕西、内蒙古、西藏等地，到 1925 年就搜集了 30 000 种植物标本，35 000 种动物标本，7000 种岩石与矿石标本，18 000 公斤动物骸骨化石，还调查了各地的地理、山川、河流、土壤及动植物情况，绘制了 133 幅地图，拍摄了 3000 余张照片，整理出各种关于人类学、工商业、农业等调查报告。1940 年他回法国时，带走了三大卡车的珍贵资料、标本、地图、照片、调查报告等。解放战争时期，我解放区政府在献县破获一个披着宗教外衣（神甫）的间谍案，他们的军事情报就是通过隐藏在津沽大学的间谍分子（神甫）交给在津美军情报部门的。以后又逮捕了与献县间谍案有关的 3 个法国神甫——卜相贤、鲍诩华（工学院院长）、房如晦（商学院院长），并将他们驱逐出境。

（2）教会恐怖下的学生运动

教会和学校当局勾结日伪、国民党、三青团，破坏、镇压学生参加爱国进步的政治活动；允许国民党、三青团、中统、军统在校内建立和发展组织；对住校生更是严加管理和控制，学生宿舍中由神甫、修士、修女任舍监，每晚点名；凡发现学生参加进步政治活动、阅读进步书刊或有进步言论者，便以“操行不及格”为理由开除学籍，土木系学生杨少文学习成绩优良，要求进步，被学校以这种方式开除。但是，事与愿违，广大师生员工采取各种方式进行抵制和斗争。抗战胜利后，学校当局曾以学生名义，从善后教济总署领到一大批救济物资（面粉、食油、美军军装等），他们把少量物资发给了生活困难的学生，其余的被他们贪污了。这件事被学生们发现了，在食堂里和主管此事的赵元俊神甫（中国人）展开了面对面的说理斗争，在证据面前，赵神甫不得不承认贪污的事实，答应补发给学生，同学们取得了斗争的胜利，并通过这次斗争，看到同学们团结的力量，也看到了学校当局和某些神甫的丑恶面目。1947 年 5 月 20 日，在地下党和“民青”组织的领导下，各班集会选出代表，代表们开会研究决定，随即召开全校学生大会，代表在会上宣布全校自即日起罢课，号召全体同学参加全市学生的“反饥饿、反内战”游行示威。同学们长期受压抑的爱国政治热情爆发出来了，群情激昂，打破了校园多年来的沉闷空气。这次政治性的全校罢课，在津沽大学历史上是空前的一次，使学校当局受到极大的震动和打击。他们针对大部分学生是走读的情况，立即宣布放假 3 天，把学生赶回家了。暑假期间又开除了一批要求进步的同学。解放后，学校当局对共产党、人民政府的敌视和破坏活动始终没有停止过。天津解放后的第二天，住校同学发现神甫楼里藏有大批救济物资，经过和学校当局交涉，便把面粉、食油等搬到食堂，解决断炊之急，有的神甫立即鼓动附中的住校同学来抢运。大中学生之间发生了一些争执，党组织发现后，马上劝阻大学学生停止搬运，并开会研究如何妥善处理，请王金鼎同志（当时任文学院教师，是我党从延安派来做地下工作的）出面揭露当局企图挑动大中学生打架、制造混乱的阴谋，使同学们提高了认识。他们的阴谋未能得逞。

（3）津沽大学的学科设置及特色

经过耶稣会 20 多年的经营，到 1946 年时，津沽大学已发展成为一所具有三院十系、学制为 4 年的综合性大学。其工学院设有建筑工程系、土木工程系、机械工程系；商学院设有财政会计系、国际贸易系、工商管理系；女子文学院设有中文系、西语系、史地系和家政系。学校还附有北疆博物馆。图书馆、实验室和实习工厂等设施齐全，材料实验室的万能液压材料实验机、金工厂的精密量块及各种齿轮车床、土建系用的精密测量仪器（经纬仪、水平仪等），在当时都是最先进的。商品检验室和商品陈列室在本市是独一无二的，在全国也是少有的。

我在津沽大学读书期间，在当时特定的历史条件下，学校实行的教育是三种教育制度混合物，反映了当时历史变动的特点。二次大战后，学校实行的主要是美国教育制度，同时保留原有法国教育制度的影响。解放后又增加了解放区和苏联教育经验，如系又分“组”（即后来的“专业”），废除反动课程和反动的训导制度，取缔反动党团和特务组织，增设马列主义政治课，取消神学课，增加毕业实习，等等。在系科设置方面强调社会需要和实用性，所设的建筑系、土木系、会计系、国际贸易系、西语系等，都是针对我国，特别是工商业大城市天津而设的，为天津培养了大批工商技术人员和会计师，尤其在建筑、市政建设、外贸、商品检验等行业中有着很大影响。

在教学方面，学校要求学生经过 4 年学习，“使学生毕业进入社会后，对一般工作皆能有胜任愉快之程度”，“对好高骛远及一味以造就高深之专家或博士、硕士为目的的教学方法，本院未敢雷同”。在这种指导思想下，学校对教学是比较重视的，但对科学研究是忽视的，校内没有学术研究的风气，科学研究像一潭死水，见不到什么新的科研成果。

为了便于说明情况，以我就读的土木系路工组为例加以说明。从三年级开始，土木系分为结构工程组和道路工程组，前者简称“结构组”，后者简称“路工组”。

1. 课程设置的特点：一是 4 年学习约 30 门课，给学生的知识面比较宽，就业时的适应性强。二是选修课很少，只有神学课和法语课。

路工组在 4 年中要学一定深度的基础理论课（微积分、微分方程、大学物理、化学）和专业基础理论课（理论力学、材料力学、流体力学、结构力学、土壤力学、工程地质、电工学、热工学、机构学），相当于现在的机械零件及机械原理、金属工学、工程制图，重点要学好专业课（测量学、大地测量、房屋建筑、混凝土结构、钢结构、市政工程即自来水与污水工程、水利工程、圬工即工程基础、道路工程、铁路工程、隧道工程、毕业设计），还要学一门有关经济和管理方面的课程（有关契约与合同等内容）。学完这些课程，就业后，很快就能在专业方面承担起设计或施工工作，学习优秀的还可以继续深造。

2. 重视外语教学。除主修英语之外，还要学第二外语——法语。很多教材用的是英文原版的，工程手册也是英文版的。部分教师用英语授课。毕业后基本能看外文专业书。

3. 重视实验、实习和毕业设计课。大学物理、电工学、热工学、材料力学、土壤力学等课程结合教学进度作相应的实验，写实验报告。学习测量学后，在校内和附近街道作测量实习，学会使用平板仪、水平仪、经纬仪、六分仪等测量仪器，作地形测量，详细、准确记录所测得的有关距离、角度等数据，并绘出平面图；二年级暑假去北京颐和园再作二周测量实习，这不仅要写实习报告，绘出平面图，还要根据所测的等高线，用厚草板按比例制作一个地形模型；毕业前还要做一次天文测量，测出的时间与最准确的欧米加表对照，快慢不得相差 1 秒钟。学习金属学时，每周在金工厂实习半天，练习基本功（锤正六方体一块，小扳子一把）和车床操作技术（作一个螺栓和螺母）。三年级暑假学校组织全班同学去各地进行三个月的毕业实习，我和两个同学去东北铁路局学习苏联的新养路法，和养路工人同劳动。通过在劳动中的观察和实地操作，对理论联系实际大有好处，课堂上讲的铁桥与桥墩如何铰接、线路上如何留出伸缩缝等就很好理解了，而且记忆深刻，为毕业设计打下一个良好的基础。

毕业前的那个学期，主要是作一个比较完整的工程设计。毕业设计要求计算准确，图面整洁，标题、注解等一律用仿宋字体书写，说明书要简明，按照真的工程设计去做。我和王之斌、赵叔麟三人的设计题目是设计一条几十公里长的山地铁路，根据老师给的地形图，从选线、定线、站场选址构思开始，对线路、隧道、涵洞、桥梁、车站等一一作出设计和上石方计算等，把 4 年里学到的有关理论知识综合运用到设计中去。在设计中，我们曾大胆提出在隧洞口连接一座弧形大桥的设想，至今记忆犹新。从设计构思、方法到技能技巧各方面都得到了锻炼。在工程制图和设计课上，教师针对我们初次接触这类课程的情况，拿来一些往届学生中的优秀作业或工程部门的设计图纸让大家传看，作为示范，启发和鼓励我们把作业做得更好，受到同学们的欢迎。

4. 学校注重考试。主要课程如微积分、力学等，经常在课堂进行小测验，事前不通知，每次出 2—3 题，作为平时成绩，教师根据学生中暴露出的问题，在下次课上作有针对性的解答，对我帮助很大。每学期末集中考几门课，试题难易均有，评分严格，很少有 100 分的。这些测试、考试对学生完成作业和认真读书起到一定的督促作用，考试作弊的学生是极少数的。

学校重视体育及课外活动，鼓励同学们参加文体活动。

学校的体育场地和器械设施比较齐全，有 400 米标准跑道、足球、篮球、排球、垒球代表队和管弦乐队、话剧社、京剧社等文艺团体，经常在校内外进行比赛或演出。

校内还有一个合作社，由商学院学生负责管理、售货，主要销售教科书及计算尺、绘图仪器等文具纸张。

同学们还创办了一所义务中学，吸收周围贫困子弟免费入学，校长、行政人员、教师全由大学在校生担任，不取任何报酬，校舍、课桌椅、文具纸张、粉笔板刷等得到学校的支持或从社会上募捐而来，教学质量并不比普通一般中学低，培养了一大批初中毕业生，取得了良好的社会效益和影响。

学校的组织机构精简，教职工人数少，工作效率较高。

解放前，学校发展成三院十系、在校生800余人的规模，而学校仅有校长1人；三个学院各有院长1人，别无其他办事机构和工作人员，院长还都兼一些课；系也是仅有系主任，没有其他工作人员。校长之下，设有教务长1人，教务处也仅有2—3名办事人员；训导长1人，有舍监若干人（均为神甫、修士或修女）；总务方面约有3—4人，还要管学生食堂及勤杂人员。教师中除了有十几位神甫和少量专职教师外，多数为兼课教师。工勤人员和技工人数很少，整个教学大楼只见过1名清洁工。

（资料来源：金永清《回忆津沽大学》，中国人民政治协商会议天津市委员会文史资料委员会编《天津文史资料选辑》第七十二辑，天津人民出版社，1996年版，第131—137页）

（二）新中国成立之后的津沽大学

1.《天津日报》记津沽大学

（1）津沽大学全体师生员工千余人，热烈欢迎新副校长等，张宗麟、李烛尘等讲话勉加强团结，建设新津沽（节选）

昨日下午两点钟，津沽大学全体师生员工一千二百余人盛大集会，热烈欢迎新任副校长李宝震、教务长王金鼎到职，祝贺津沽的新生。中央教育部高等教育司副司长张宗麟、校董会董事长李烛尘等亦莅会指导，并有冀工、师院等校代表赶来祝贺。

昨日，整个津沽充满着新生的气象。同学异常高兴，全校到处贴着欢迎标语。大会在庄严的国歌声中开始，主席、校政改革委员会主席钱君晔致开会辞，他号召全体师生不分宗教信仰紧密团结一起，共同搞好学习，并能不断地学习国立大学的先进经验，把津沽建设成一个中国人民自己的大学。

在热烈的掌声中，董事长李烛尘登台讲话，他首先指出，今天，我们又聘请了具有丰富教育经验的李宝震、王金鼎两先生来领导校务，我们的光明前途是可以预期的。他号召全体师生加强团结，他说，我们应当不分信仰，相互团结，宗教信仰自由，共同纲领早有规定，但是不能脱离中华人民共和国的立场，不能脱离爱祖国爱人民的原则，任何人违反这一原则都是要不得的。他并希望师生们珍惜这一新的环境，搞好学习，向其他国立大学看齐。

教育部张宗麟副司长在讲话中，特别强调号召全体师生巩固地树立起爱国主义思想来。他指出，在全国高等教会学校的改革中，津沽大学已走了重要的一步，希望继续前进。他号召全体师生加强政治学习，共同建设新津沽。

在王峻德校长致欢迎词后，教职员代表聂国屏、学生会代表王春瑞亦相继致辞，他们一致表示：过去满腔热情，没有办法发挥。今天，赢得了新的教学环境，一定搞好教和学，为建设人民的教育学府而努力！参加军干学校同学的代表在致辞中，亦为即将离开的母校得到新生而庆幸。他并说，从比，我们将安心地到国防前线去，保证学好军事技术，保卫祖国国防。

在雷动的欢呼与掌声中，副校长李宝震、教务长王金鼎相继讲话。他们为自己的荣誉感到无上光荣。李副校长说，这光荣应归于伟大的领袖毛主席，没有毛主席，津沽是没有今天的。他们一致号召全体师生加强学习，努力改造自己，互相团结，群策群力，在中央教育部和董事会的领导下，有计划、有步骤地向着新民主主义教育前程迈进。

冀工代表李福顺、师院代表穆家麒等，亦为津沽师生的新生而祝贺，他们并表示：今后愿进一步加强联系，经常交流教学经验，办好人民教育。

讲话后，在《没有共产党就没有新中国》的军乐声中，学生会、参加军校同学以及全校各系各班同学，纷纷向新副校长、教务长献旗、献花、献词。文学院毕业的六位校友，亦写信来向大会祝贺。

最后，全体一致通过致电中央教育部和本校董事会，报告经过，并保证坚决在他们的领导下搞好学习。

（资料来源：《天津日报》1951 年 1 月 11 日第一版，《闻墨》编委会主编《闻墨》，天津科学技术出版社，2014 年版，第 48—49 页）

（2）津沽大学师生员工集会，传达处理接受外国津贴，高等学校会议精神（节选）

［本报讯］昨日下午二时，私立津沽大学召开全体师生员工大会，由王峻德校长和钱君晔教授传达关于出席中央人民政府教育部研究处理接受外国津贴的高等学校问题会议精神及大会精神。

在传达报告中，他们都一致提出：为了胜利地完成处理工作，必须坚决执行政府的决定，全校不分师生员工、不分教徒与非教徒，一切爱国者更紧密地团结起来，为圆满实现这些决定而努力。钱君晔教授并表示，通过这次会议，使他认识到中国人民的爱国主义的伟大精神以及新中国建设的远景。他号召大家要坚定信心，努力工作和学习。

为认真讨论这个传达报告，该校教务长王金鼎特为同学们提出讨论重点作为参考，会后同学们将分组进行讨论。

该校自改革校政后，师生对学校前途充满信心，连日来，师生纷纷对校政提出改进意见。对此，王金鼎教务长昨日在会上也向大家做了解答，他对于师生们这种热爱学校的负责精神表示感谢，并鼓励大家今后继续本此精神，共同搞好学校。对于一时不能作的建议，他也都做了圆满的解释。会上他并谈到了该校下半年的工作方针，即首先从健全行政制度做起，其次，并准备进行关于课程改革的研究工作以及端正学风和学习态度。

（资料来源：《天津日报》1951 年 1 月 28 日第二版，《闻墨》编委会主编《闻墨》，天津科学技术出版社，2014 年版，第 50 页）

（3）津沽大学的新生

①新生前的津沽

津沽大学自从 1923 年工商大学开始，1933 年改名为工商学院，1948 年又改名为津沽大学，直到今年 1 月校政改革，津沽大学获得了新生，返回祖国的怀抱。自成立以来已有 28 年的历史了。在这 28 年当中，津沽大学一直在帝国主义分子控制之下，作为文化侵略的工具。

津沽大学原为天主教教会学校，是由帝国主义分子借着宗教的外衣进行文化侵略而设立的。这种文化侵略，比较政治、经济、军事上的侵略，其祸害更为阴毒，它们利用学校来进行麻醉愚昧中国人民，甚而假借各种科学研究和调查，秘密地替帝国主义作种种情报工作，利用学校做掩蔽，进行各种危害中国人民的特务活动。帝国主义者根据这种企图，所以它才在剥削中国人民无数的财富当中拿出千万分之一二来在中国办学校，以扩大其文化侵略影响，它们的目的是：

A. 利用宗教和学校在思想上进行奴役麻醉我国青年。教育与宗教不分，学校与教会不分，教学与传教不分，以腐蚀我国人民的民族自尊心与自信心，为帝国主义殖民政策进行鼓吹宣传，培养封建的、买办的、法西斯主义的以及亲美崇美的思想意识。

B. 利用威迫利诱的卑劣手段，分化师生，破坏中国人民的团结，以便其操纵把持施展侵略阴谋。

铁的事实证明了他们的企图。首先看看津沽大学过去的一些主要负责人。董事长于斌是一个屠杀中国人民不眨眼的战犯，工商学院时代的院长尚建勋是一个给国民党匪帮作特务工作，用无线电指挥匪机轰炸解放区的国际间谍，前校长刘迺仁是一个向国民党匪帮递黑名单迫害进步同学的特务头目。

这些帝国主义分子把持了校政的大权，进行帝国主义活动，同时勾结反动政府迫害师生的爱国运动，禁看进步书籍和杂志，禁唱进步歌曲，往来信件要经过检查。如此，在各方面都受到种种限制和压迫，使得津沽大学在这种“模范监狱”的情况下度过了悠久的岁月。

正由于这种原因，在学校内，大部分的教职员工及同学的思想意识及生活方式受了极严重极浓厚的影响而且不自知，因此造成了自由散漫、不团结、落后、保守的状态。

解放后，学校行政在形式上虽大部由中国人来管，并且开始政治学习，但多年来的恶果积重难还，基本上的情况依然未改。而同时帝国主义分子，卜相贤、鲍翊华、房如晦三个国际间谍，为了垂死的挣扎却更变本加厉，明目张胆地猖狂起来。对于中央人民政府的教育政策阳奉阴违，拒绝新民主主义的学习，反而进行帝国主义反苏反共反人民的反动宣传，散布帝国主义的侵略思想，更利用宗教进行文化侵略，如在反动课程“公教概论”的讲解中，公然侮辱人民政府和人民领袖，曲解政府政策，诽谤中国人民，灌输法西斯主义的思想，并且排挤进步教授。

在抗美援朝运动中，污蔑中国人民的爱国斗争，多方阻挠与破坏师生的爱国运动，破坏政府的爱国号召，并且公然散发反动小册子，在小册中无稽地污蔑共产主义为“赤色帝国主义”，侮辱唯物主义者为“否认人格的禽兽”，污蔑中国人民对美帝的愤怒为“有罪”。卜相贤更组织同学收听美国之音。

在反对奥斯汀无耻谰言的爱国运动当中，当时校行政却聘请来亲美分子陆湘清，宣扬美帝的所谓物质文明，毒化同学思想。

在津沽大学一般爱国的天主教师生进行爱国爱教的天主教革新运动当中，帝国主义分子百般阻挠、破坏，更滥用神权威逼利诱。

总之，不可讳言地，在过去，津沽大学是落后的、保守的，但必须认清造成这种现象的基本原因，是因为帝国主义的侵略压迫与束缚。

同时，我们也必需要指出的就是，过去虽然津沽大学长期在帝国主义分子的控制之下，但津沽大学对学术的贡献上、对科学的研究上，对人才的培养上，都有一定成绩的。而这些成果，甚至今天的津沽所有的种种，都是和师生分不开的。帝国主义分子只有对学校的控制、束缚和压迫，所有我们的建设和成就都是我们中国人民自己争得的，是与帝国主义分子不相干的。

②津沽大新生

解放后，虽然帝国主义分子在津沽大学更变本加厉地猖狂起来，但是由于全国解放事业的伟大胜利，由于中央人民政府教育部的指导和帮助，由于我们爱国的师生员工经过学习而提高了觉悟，由于我们主观的努力，津沽的旧基础逐渐动摇，而且新的力量开始成长。我们先后成立了工会及学生会，开始学习着自己管理自己的学校。

去年，全国展开了轰轰烈烈的抗美援朝运动以后，津沽大学的师生员工在这伟大的爱国高潮当中，思想觉悟更提高了一步，认识到了帝国主义利用宗教进行文化侵略的本质，爱国的公教师生，纷纷参加了天主教的革新运动，并且揭发了帝国主义分子的种种反动事实。同时，在津大党支部号召全校各单位组织起来和大支分会的领导下，全校展开了肃清崇美、恐美与亲美思想的斗争，树立了仇视、鄙视、蔑视美帝的思想。因此全校师生员工压抑不住对国际间谍卜相贤及其走狗孙志洪（当时的教务长）和沈晞（当时的秘书长）等种种帝国主义侵略行为与反革命活动的愤怒，而迫切地要求校政改革。伴随着抗美援朝运动的澎湃展开了一系列反帝爱国的激烈斗争。始而召开了控诉大会，在大会上，许多师生员工控诉了卜相贤等帝国主义分子的种种罪行，继而召开了讨论会，最后在一次师生座谈会上，一致通过组成了校政改革委员会，提出立即撤换当时的副校长卜相贤、教务长孙志洪和秘书长沈晞，正义要求以维我教育主权，建设新生教学环境。

终于在全校紧密团结、坚决斗争之下，更由于中央人民政府教育部的正确领导，撤换了帝国主义分子卜相贤，驱逐了孙志洪和沈晞，使得津沽获得了解放，返回到祖国的怀抱。自此，津沽由教会创立的旧津沽，一变而为中国人民的新津沽，开始走向新生。

津沽自从新生到现在已经半年了。在这半年当中，由于教育部的领导，由于新校政的领导，更由于师生员工的协助与努力，我们的新津沽在各方面都表现了校史上从没有过，也根本不可能有的新生的蓬勃气象。

首先我们根据津沽的具体情况，确定了我们发展的方向，我们不仅收回了教育主权，而且要进一步清除帝国主义侵略势力的残余，在思想上同帝国主义隔断联系。所以现阶段津沽的方向，不是如何求发展、如何谋扩充，而在整顿改造，稳步前进，肃清帝国主义文化侵略的影响，恢复民族自信心和自尊心，以建立爱国主义的思想，使每个师生员工深深体会到人民祖国的伟大与可爱，在这样的基础上发展成为一个真正的新型的人民大学。

根据以上认识和方向，我们认为，津沽的任务是在于将作为帝国主义文化侵略工具的旧津沽改变为实施新民主主义教育的为人民服务的新津沽。为了完成这光荣的任务，我们确定以下作为总方针：

A. 坚决执行共同纲领文教政策及教育部有关高等学校的一切规定与决议。

B. 彻底肃清帝国主义、封建主义、买办官僚资本主义的思想。并清除帝国主义文化侵略的毒素和影响，加强革命的思想政治教育及爱国主义思想教育，树立为人民服务的精神。

C. 贯彻爱国主义的教学政策，根据“政治是方向，技术是工具”的原则，明确规定业务学习服从政治学习的方针。

D. 密切配合国家建设的需要，以理论与实际一致的教学方法，培养具有高度文化水平、掌握现代科学技术、全心全意为人民服务的建设人才，如工程及财经工作干部。

E. 加强行政领导，调整机构，建立各种制度，提高工作效率，树立新的教学态度、工作态度、学习态度，克服过去无组织无纪律的混乱状态。

F. 改进教学，精简课程，改正为学术而学术的超政治的错误思想。

G. 响应“健康第一”的号召，加强体育卫生的教学与工作，并注意膳食管理，开展文体活动。

H. 继续普遍深入开展抗美援朝、卫国保家运动，在爱国主义的思想基础上，订好全校爱国公约。

根据总的方针和任务，我们初步地调整了机构，加强了组织，同时建立了教学及工作的各种制度。

基于以上的种种基础，半年来在各方面我们都收获到了显著的进步和成绩。

在抗美援朝的运动中，我们全校师生热烈地参加了各种活动，积极地担任了各种宣传工作。同学们在这一运动中创造了一些话剧和漫画，做了市内宣传和下乡宣传，收到了宣传的效果，不但教育了别人，同时也教育自己。

在镇压反革命的运动中，全校师生都认清了镇反工作是我们每一位中国人民的责任，因此检举了卜相贤、鲍翊华、房如晦三个帝国主义间谍分子，政府接受了我们的要求，而把他们逮捕起来了。

在翻天覆地的伟大的土改运动中，我校不少的教师积极参加了这一工作，投身于实际斗争之中，来锻炼自己、改造自己。在政府号召青年学生参加军事干部学校的时候，同学们以高度的爱国主义精神，争先恐后地报名参加，为了保卫祖国的安全，为了争取世界和平，都愿献出自己的一切。

以上这些伟大的成就，充分证明了津沽师生政治认识的提高和爱祖国的热烈情绪，是津沽以前从来没有的现象。同时也说明了在解除了压迫的津沽，同学们的力量和觉悟是无限的，是并不弱于人的，活起来的津沽师生，已基本上和从前不同了，经过了本校的反帝斗争，经过了抗美援朝及镇反运动而成为反对侵略要求和平的队伍里的主要一员。我们的力量已逐渐成长，逐渐增加。

再说到学习情况。同学们掀起了学习高潮，自觉地维护学习秩序和纪律。由于党团在思想上的领导，同学们在爱国公约的基础上，都保证把政治与业务学习学好，并加强课外的文娱体育及各种活动。

教育工会改组后，首先加强政治学习，教员们按业务性质分小组学习，每周一次。职员们每星期听报告一次。工人们每星期有系统的政治课讲授，学习情绪都是相当积极的。

因为我们已经解除了枷锁，具备了充分发展的条件，各系都在添聘专任和兼任教授，而且各系都根据具体情况进行了适合新民主主义教育的课改，及种种建设性的改革，在建设方面也都有了适当的增设和添置。

图书馆每月有一定的款项，大批的购买新书。医药卫生方面，我们也逐渐地扩充和添购。

体育方面，除去购置了体育器材，并旦也加强了对同学们课外的体育活动。结合爱国主义教育制定实施计划。这些也都是津沽从来没有过的现象。

再说到我们学校的教徒与非教徒之间，由于人民政府正确方针的指导，由于我们每一个人都了解到反对帝国主义分子并不是反对宗教，我们绝对遵守共同纲领，教友们也认清我们都是中国人，尽管宗教信仰不同，而我们的政治要求，我们爱祖国的思想都是一致的，不愿受帝国主义的侵略和压迫也是一致的，所以在教友与非教友之间，表现了空前未有的团结，这也是津沽从来没有过的现象。

总之我们津沽，我们新的津沽，人民的津沽，自从解放尤其是校政改革以来，全校师生员工，已经充分的认清津沽是我们自己的了，全校就在同心共济教学相长，师生互助之下紧密团结在新的爱国主义教育下，在马列主义毛泽东思想的领导下，走向了崭新的途径，走向了胜利的前途。

③今后的发展前途

我们津沽是可爱的，因为我们有壮丽的校舍建筑，我们有完美的科学设备，我们有完备的金工厂、物理实验室、材料实验室，我们有全国首屈一指的北疆博物院，我们有二百多位专任的求进步的教职员工，我们更有一千多活泼的可爱的积极学习新的理论与科学技术的同学，这些就是我们津沽可爱的基础。

详细的情况请看以后的介绍。

当然，我们津沽由于过去种种的限制，由于今天我们的努力还不够，新生不久的津沽自不免还有很多的缺点。比如我们有好几系都感到专任教授不够；比如我们的课程还有个别的系里不能完全与实际结合；比如我们的师生员工中，还有部分的人对新的环境和新的社会认识不足；比如我们的行政机构，虽然正在逐步地改善中，而仍未能十分健全；比如我们教职员工的宿舍问题，尚不能很好地解决等。我们是还有缺点和困难，我们也不讳言这些缺点和困难。

但是这些缺点和困难，我们是有足够的信心可以改正和克服的，主要原因是因为我们今天的津沽已是属于人民的了，掌握在人民手里的津沽它有了改善和发展的足够条件，也就是说，只有在人民的政权下津沽才能获得新生，在津沽的新生中才有了充分的信心使津沽逐步前进。

我们津沽是全国高等教育的一个单位，我们的工作是全国整调教育工作的一部分，一方面我们自己未尝把我们的责任看轻，另一方面希望不要用过去看旧津沽的眼光来看新津沽，这和不能用旧尺度衡量新中国是一样的。

我们津沽是可爱的，津沽的一砖一瓦都是我们中国人民辛勤建设的产物，我们的一草一木都是我们全校师生员工经过坚决的不屈不挠的斗争争取来的，争取到我们的手里，争取到人民的手里。我们津沽每一个人为了津沽脱离帝国主义的羁绊都曾多多少少尽了力量，这是不容易的，我们决定继续发扬这种斗争的精神来爱护它、建设它，改正缺点，克服困难，使它真正能适合国家的需要，符合人民的希望，使它能在抗美援朝、卫国保家、保卫世界和平这一伟大的斗争中，更好地发挥其力量，使它能获得新的胜利与新的成功。我们的津沽是有前途的，我们的前途和其他各个属于人民的大学的前途是一致的，是光明灿烂的，是无止境的。

（资料来源：魏谣《津沽大学的新生》，《津沽大学年刊 1951》，河北大学档案馆藏，1951-CB13-1）

2. 国立津沽大学的建立

私立天津工商学院是 1921 年法国天主教会开办的一所大学，当时校名叫私立天津工商大学。1929 年，因不符合国民政府教育部颁布的《大学组织法》（组织法规定：凡大学，必须具备三个以上学院），遂改称私立天津工商学院。抗日战争时期，在天津的一些高等院校有的南迁或西迁，有的被迫停办，而私立天津工商学院因系教会所办，故仍留在天津继续办学，所以发展很快。到 1945 年，抗战胜利之时，学院已发展到三院十系（文学院设史地系、家政系、中文系和外文系；工学院设土木系、建筑系和机械系；商学院设会计财政系、国际贸易系和工商管理系）的规模，故于 1946 年底向南京政府教育部申请改为大学。1948 年 11 月国民政府批准改为津沽大学。我是 1946 年从私立天津达仁学院来到私立天津工商学院工作的，至 1949 年初，一直任文学院史地系讲师。天津解放后，1951 年 1 月，天津市委准备接管私立津沽大学，安排我为教务长；同时聘请私立津沽大学商学院院长李宝震担任副校长。我们二人于 1951 年 1 月 10 日同时到任。1951 年 8 月，中央人民政府教育部决定接办私立津沽大学。同时，将私立达仁学院并入，正式改为国立津沽大学，任命张国藩先生为校长。1952年，全国高等院校进行院系调整，取消津沽大学，我也离开了津沽大学。私立津沽大学改国立一事是从1950年开始酝酿的，当时由学生发起，通过团市委直接向天津市军事管制委员会文教部提出，请求改为国立大学。学生们请求改国立大学的原因有三条：一是历史原因。多年来，学生们（主要是非教徒学生）对天主教的神甫和修女统治学校和迫害学生的行为不满，积怨至深。二是现实原因。抗美援朝战争开始后，津沽大学内部的法国教会中的极右派系耶稣会的神甫和修女们，或明或暗地阻挠该校师生开展抗美援朝活动，所以学生们要求驱逐帝国主义出境，将津沽大学改为国立。三是法国天主教会已经申明不再支付津沽大学的办学经费了。实际上这是对我们刚刚建立起来的中华人民共和国政府的一种要挟。在这种历史背景下，激起了爱国学生的强烈反对，要求政府接管津沽大学改为国立。

津沽大学改为国立的问题，是天津市市长黄敬主持的。1950年冬，中共天津市委负责人黄敬、黄火青、黄松龄、许建国、吴砚农、杨英等开会讨论津沽大学的问题，我也列席了这次会议。当时市委和与会的领导一致同意将津沽大学改为国立，决定派我带着市委的意见到北京去请示中央。派我去的原因，一是由于我对津沽大学的情况比较熟悉，二是我当时已接替梁寒冰同志主管天津市的教育工作。

1950年12月中旬，我乘火车到北京，因事先有电话里联系过，下车后就直接到中南海去中央宣传部部长陆定一家汇报。到陆部长家时已是下午5点多钟了，陆部长开会还没回来。陆夫人接待了我，当时她因摔伤了腿正在家里休息。她给陆部长打电话说，天津市委派人来汇报有关津沽大学的问题，陆部长让我等一等，他开完会马上回来。那天晚上，我在陆部长家吃的饭。7点多钟陆部长才回家。他端起一碗饭边吃边听我汇报。我先把津沽大学的历史背景和现状简略地作了汇报，接着汇报了校内师生要求改国立的原因和理由，以及天津市委对此问题讨论的经过和处理意见。陆部长听完汇报后问我，天津市委的意见怎么办？我说市委的意见很肯定，同意接管改为国立。陆部长说："那好，你等一等。"说看，便马上拿起电话向周总理汇报请示。我在一旁听得很清楚，周总理告诉陆部长："我们财政上没问题，没困难。至于津沽大学改国立的问题，请你再跟少奇同志请示一下。"陆部长马上又同少奇同志通了话，汇报了津沽大学要求改国立的情况，并说已经向周总理汇报过了，请少奇同志指示。少奇同志听完后问天津市委的意见和态度怎样？陆部长说：天津市委同意接管改为国立。电话里，少奇同志稍沉默会儿说："如果外国人出资办学校，给我们培养人才，有什么不好？"对于津沽大学改国立问题，少奇同志请陆部长再考虑一下。我听后悄悄地向陆部长说，外国人不出钱了。陆部长把这话告诉了少奇同志："教会声明不出资了。"少奇同志说："那好吧，是否请天津市委的负责同志来一趟。”陆部长放下电话对我说：“你是不是赶紧给天津市委打电话，请黄松龄同志到北京来。”我听后马上来到了交换台直接给黄松龄同志打电话作了汇报，并说陆部长请他赶紧来北京。黄松龄同志说明天就到。

这里还有一个小插曲。我去打电话回来时误闯进了朱德总司令的住所，中南海流水音一带是一排排同样建筑的平房，住着中央首长。因没有明显的房排号标志，当时中南海连路灯都没有，又是夜晚，首长住所也没有警卫人员，我觉得差不多到陆部长家了，便推门而进。进去抬头一看，朱老总和康大姐正对坐在一张小桌前吃晚饭，我当时一愣，来不及多考虑，行了个举手礼，随即说：“对不起，朱老总。”朱老总问我从哪儿来，我说：“从天津来。”问我有什么事，我说：“向陆部长汇报工作。”朱老总告诉我陆部长住在后边那排房里。我不敢久留，行举手礼后马上退了出来。就这一会儿工夫，但是，朱老总简朴的生活情况我却看得清清楚楚。屋里是几件旧家具，吃的是馒头、稀饭和两小碟菜。这个场景一直留在我的记忆里。

第二天上午黄松龄同志到了北京，我把昨天的经过又作了详细的汇报，下午，我们来到了陆部长家。黄松龄同志向陆部长汇报时说到津沽大学学生们要求将大学改为国立是自发的。陆部长又给少奇同志打电话汇报说，黄松龄同志来了，并提到了学生自发地要求将学校改为国立。少奇同志稍稍沉默了一下后对陆部长说：“学生是自发的吗？请你查一查，如果没有人发动，没有人领导，学生不会向政府来请愿要求改为国立。”为了彻底弄清情况，我陪黄松龄的同志连夜赶回了天津。到天津东车站时已经是晚上12点多了，也找不到车了。怎么办呢？黄松龄同志那时已是60多岁的人了，半夜三更的，天气又冷，总不能让黄部长走回家呀。恰好，出了车站附近就有一个派出所，我说：“黄老，您在这呆一会儿，我去打电话找车接您回家。”我找到了派出所所长说，这是市委文教部黄松龄部长，刚从北京来，没带警卫员，请你们负责安全，我打电话找车。那时，市委车很少，我打了好几处电话才找到车。在车上，黄部长若有所悟地说：“看起来呀，是上了青年团的当了。”说实在话，当时谁也没想到是青年团发动的。

第二天黄部长建议市委马上讨论这个问题，并把团市委的负责同志也找来了。团市委负责同志说是他们发动的。这些情况，当时没向市委请示汇报，市委领导不知内情。当然，发动是一方面，主要还是津沽大学有要求改国立的群众基础。黄部长听完团市委的汇报后，哈哈大笑说：“果真上了你们的当了。”由此看来，少奇同志的思维是极其敏捷的，领导经验也是极其丰富的。情况弄清楚了，市委领导同志讨论的结果，还是同意把津沽大学改为国立，并作了相应的决定。随后，马上把事情的始末向中央作了汇报，很快得到了批准。

津沽大学改国立的首要问题是学校领导班子的组成问题。当时的校长是天主教中国神甫王峻德，这个人是不能任用的，所以决定第一步先任命一位副校长。关于副校长的人选，市委曾提出高镜莹先生。高先生是著名的土木专家，当时担任天津市土木工程学会理事长。可是高先生在这之前已被市政府任命为市政总工程师，工作担子很重，不能分身。最后选定了李宝震先生。当时的私立津沽大学，校务重大决策由学校董事会主持决定。当时的董事长是著名企业家李烛尘先生，聘任副校长和教务长以及改国立的问题由黄敬市长亲自同李烛尘先生商谈。李烛老是极开明的人，非常支持政府的决定，于 1951 年 7 月 3 日，李烛老召集津沽大学的董事们开会，通过了津沽大学改国立和聘请李宝震先生任副校长、聘我任教务长的决议。1951 年 8 月 19 日中央人民政府教育部（高）字 1170 号令批准津沽大学正式改为国立津沽大学，并任命张国藩先生为校长。9 月 25 日学校举行了隆重的庆祝活动，全校师生欢欣鼓舞、锣鼓喧天，兄弟院校的领导和专家学者也前来祝贺。不久，叶剑英同志到校视察工作并对师生表示祝贺。津沽大学从此走上新生之路。

（资料来源：王金鼎《津沽大学的建立》，选自中国人民政治协商会议天津市委员会文史资料委员会编：《天津文史资料选辑》第七十二辑，天津人民出版社，1996 年版，第 126—130 页）

3.《天津教育大事记》记津沽大学的办学活动

1950 年 5 月 27 日北洋大学、南开大学、河北工学院、津沽大学，四校机械系毕业生七十余人举行座谈。会后致函中央教育部，决心在共产党和人民政府的领导下，尽最大努力，为祖国建设做出贡献。

12 月 3 日，南开大学、北洋大学、津沽大学等大中学校学生纷纷报考军事干部学校，至 14 日，报名已达 3072 人（大学 1192 人，中学 1880 人）。

1951 年 1 月 6 日，天主教会学校津沽大学师生自动成立校政改革委员会，要求把不执行新中国的教育政策、阻挠抗美援朝的副校长卜相贤（法国人）立即撤职。1 月 8 日，津沽大学董事会根据广大师生的要求，撤销了卜相贤等人的职务。聘请该校商学院会计财政系主任李宝震为副校长，聘请军管会文教部王金鼎为教务长。并呈中央教育部备案。10 日，全校师生 1200 余人集会，庆祝校政改革的胜利，欢迎新任副校长、教务长。

8 月 5 日，中央人民政府教育部根据津沽大学董事会的请求，决定接办该校，改为国立，由天津市人民政府代管。并决定扩充设备，调整院系。（9 月 25 日举行接受典礼。按津沽大学原名工商大学，创办于 1923 年，1933 年改为工商学院，1948 年改

为津沽大学）

1952年5月28日，中共天津市委宣传部关于天津高等学校教师思潮改造学习情况的报告中说，天津市八所高等院校（天津、南开、津沽、矿产、音乐、师范、冀医、水产专科），从1951年12月开始，参加了全市的“三反”运动。第一阶段在教职员和学生中分别进行。教师以思想改造为主，职员以“三反”为主，对学生则是“五爱”教育。第二阶段，从1952年1月中旬开始，全体师生参加“三反”运动，形成高潮。第三阶段，从3月初开始，全面转入教师思想改造的学习。至5月已初步结束，参加学习的有教授233、副教授128、讲师189，占教师总数90%。

9月27日《天津日报》报道，南开大学、天津大学、津沽大学院系调整工作基本完成。南开大学成为综合性大学。天津大学成为多科性高等专业学校，津沽大学校名撤销，津沽大学之师范学院与天津市教师学院合并为天津师范学院。校址在前津沽大学，属天津市人民政府领导。天津师范学院设语文、数理、史地、生化、政治、俄文、体育七个系，修业四年。另设速成部，修业一年，培养初中教师。设业余进修部，吸收在职中学教师和准备任中学教师的小学教师参加。

（资料来源：天津市教育局教育志编修办公室编《天津教育大事记（1849—1985）》，天津市地方史志编修委员会总编辑室1987年出版，津出字1987第000287号，内部发行，天津市津北窑房子印刷厂印刷，第19、22、25、32、39—40、43—44页）

4. 天津教会学校的结束①

不能否认，外国教会在天津办学校的过程中，将一些西方先进的教育内容和教育体制带到天津，对于打破封闭自守的封建教育、促进天津教育近现代化有一定的益处。但是作为帝国主义对华文化入侵的一部分，他们在办教会学校的过程中，向中国青少年灌输宗教、奴化的思想，毒害中国青少年的心灵。而且这些教会学校的存在的本身，就是国家教育主权丧失的表现。

天津解放初期，中国政府对于这些教会学校采取了“维持原校，逐步改革”的相对宽松的方针，允许教会学校在遵守和执行中国政府法令和教育方针政策的前提下，继续办学和接受外国教会的津贴，只是不容许教会学校强迫学生信教。宗教课程可以开设，但只能作为选修课，同时对校内进行礼拜、诵经等活动有一定限制。而一些教会学校，也适应社会政治、经济的变革进行了一些改革，如废除了国民党时期开设的反动课程、改革校务管理机构等。

① 题目为编者根据内容自行拟定。

但是各个学校对于执行中国政府教育法令政策、改革教育的态度是不一样的。一些接受外国津贴的教会学校，不仅继续用宗教思想奴化毒害青少年，而且隐藏在教会学校的一些帝国主义敌特分子，还以办教育为掩护，从事间谍和破坏活动。特别是在抗美援朝运动开始的时候，帝国主义分子的破坏活动更为猖獗，1950 年，以西开中学校长王际五和津沽大学副校长卜相贤为首的一小撮反动分子，公开破坏抗美援朝运动。他们明目张胆地宣传法西斯主义，公开为美帝国主义侵略行径进行辩护，阻止和打击学生参军参干，污蔑“学生参军是光荣的去送死”。面对敌特分子在教会学校中的疯狂破坏，收回教育主权，接管教会学校，已经是迫切的需要。

1951 年 1 月 11 日，教育部发布《关于处理接受美国津贴的教会学校及其他教育机构的指示》。贯彻中央的指示，1951 年 2 月 10 日，天津市政府发布津文字第 554 号布告，要求一切接受外国津贴的文教机关，即日起开始登记。

天津市首先对接受美国津贴的教会学校进行处理。处理的政策是：（1）把接受美帝国主义津贴的教会学校与接受其他帝国主义津贴的教会学校分开，分别对待。（2）将帝国主义分子及其走狗和美国人民区别开来。（3）将接受外国津贴的教会学校和外国人在中国开办的外侨子弟学校区分开来。（4）保证与尊重教职员工及学生信教自由，巩固教徒与非教徒的团结。

处理的原则是：（1）对与美帝国主义断绝联系以后，如经费依靠学费收入尚能维持或略加补助即能维持者，政府暂不接办。（2）为了彻底清除美帝国主义文化侵略，斩断与美帝国主义的联系，改组董事会，并清除美籍董事，改为中国董事。（3）对校长、教职员原则不动，个别学校领导力量薄弱者，适当配备人力。有反动行为者予以撤职。①

对于接受其他外国津贴的教会学校，在处理政策上与处理美国津贴学校不同，除了个别政治反动的学校收归中国人自办外，一般采取履行登记的办法。高等学校的宗教学院或神学院，暂时维持现状。到 1952 年接受其他外国津贴学校也大多改为了私立或私办公助学校。他们在 1952 年开始的私立学校的接管改办过程和高等学校院系调整中，逐渐由政府接办，改为公立。

（资料来源：王惠来、张广君主编《天津教育六百年》，中央文献出版社，2006 年版，第 186—188 页）

---

① 天津市教育局教育志编修办公室：天津基础教育四十年（1949—1988）[M]. 1989：49.

5. 重冠大学——津沽大学崛起于渤海之滨①

津沽大学是河北大学发展史上一个短暂而辉煌的时期。历经新中国成立、教会办学到政府办学、私立改公立等重要历史时刻。在此时期，学校持续快速发展，教学质量稳步提升，建成三院十三系之规模。中外众多知名学者教授在校执教，师资力量雄厚，在天津市与北洋大学、南开大学形成鼎足之势。

（1）易名津沽，开启新程

经过多年建设发展，工商学院已符合成立大学之标准。1948 年 10 月，国民政府教育部正式批准立案，将工商学院改名私立津沽大学，学校重以大学之名续力发展，说明学校“改大”成功对学校发展的意义。

（2）改制国立，举校欢腾

新中国的成立给学校的发展带来了新的曙光，经校董事会申请，中央政府教育部批准津沽大学由私立改为公立，举校上下欢之雀跃，津沽大学步入一个新的历史发展纪元。

学校主动申请由私立改为公立的过程，社会各界对此予以关注和报道。

（3）捧土培根，日升月恒

新的历史时期，学校师生员工勤勉努力、奋发图强，按照新民主主义方针办学，学校规模和办学实力日益增进，津沽大学迅速崛起，津沽大学时期学校的院系、教师、学生等方面规模的发展情况足以证实。

（4）教学相长，淬火成钢

津沽大学对教学水平和学生质量要求极其严格，注重应用学科和实践教学。

此部分的主要亮点有两个：

①津沽大学时期对学生培养质量要求极其严格，毕业生占注册学生总数不及 1/4。

②天津市政府对津沽大学学生质量的认可。

（资料来源：河北大学《校史馆大纲交流意见稿》）

6. 抗战胜利后教会办学短暂的复兴②

1945 年，抗日战争胜利以后，在华的天主教、基督教和新教都策划恢复战后的教会工作。

---

①　原题目为“日升东方，津沽崛起（1948—1952）”，编者根据内容及本资料的体例要求做了改动。

②　题目为编者根据内容自行拟定。

天主教罗马教宗庇护十二对中国天主教在战后实施复兴计划的总要求，是使天主教“更加中国化”。为此，战争刚结束，罗马教廷已做出决定，要在中国祝圣天主教在华历史上的第一个枢机主教（红衣主教）。经过仔细的研究，决定任时为青岛教区主教的田耕莘为枢机。1945 年 12 月 24 日教廷发布了此项任命。1946 年 1 月，田耕莘在美国枢机主教史贝尔曼的陪同之下，抵达罗马。2 月 18 日，田耕莘领受了教宗本人对他的祝圣。不久，教廷又任命田耕莘为北平总主教，主持全国教务。①

1946 年 4 月，罗马教廷宣布在中国建立“圣统制”，将全国划为二十个教省，每教省设立一总主教。在此以前，中国天主教传教区域的划分，是采用宗座代牧区和宗座监牧区的形式，代牧和监牧以宗座的名义代治区内教务。从设“圣统制”以后，教内统序由代牧制进于通常的主教制，这是中国天主教会历史上的重要事件。②

田耕莘回到北平以后，根据教廷的指示，积极在教区内培植中国籍神职人员。他将本区的小修院改为“耕莘中学”，修生从八十人增至一百五十人。不久，又在辅仁大学设立圣多玛哲学院，实际上相等于哲学系，使大修道院学生入院攻读。同时，田耕莘又在北京开设了上智编译馆，出版书籍和《上智编译馆馆刊》，亲为该刊题字，专门刊载教理和教史专文，以供知识分子阅读。又设立了天主教广播协会。③

抗日战争期间，于斌④已被任为南京教区主教。他于 1946 至 1948 年在南京成立了天主教文化协进会，拟将在全国各教区成立分会，先后办起了《益世周报》《益世主日报》、益世出版社、益世广播电台，推动天主教文化工作。1947 年 1 月，于斌又被教廷正式任命为江苏教区总主教。

战后，美国在华天主教势力有了明显的增长。抗日战争以前，美国天主教在华的传教士总数不足三百人，仅占在华天主教各修会传教士总人数 1/13。到 1942 年增至六百五十人，上升至 1/9，到 1947 年增至八百人，占总数 1/7。⑤

战后，中国天主教会的另一重要事件，就是 1946 年 7 月 6 日教宗庇护十二下谕，设立教廷驻华公使馆，同日任命黎培里总主教为教廷第一任驻华公使。

黎培里为摩纳哥人，生于 1897 年，父母为意大利籍。早年入意大利北部古奈阿城修院，1922 年升神父，转学于罗马传信大学，攻读教会法律。后被选入教廷外交

---

① 方豪：方豪六十自定稿［M］. 台北：学生书局，1969：2687. 田氏亦为当时远东第一任枢机。

② 罗光. 教廷与中国使节史［M］. 台北：传记文学出版社，1983：230.

③ 方豪：方豪六十自定稿［M］. 台北：学生书局，1969：2687.

④ 于斌，曾先后任天津工商学院、津沽大学董事，1949 年天津解放后于津沽大学辞职。

⑤ 顾长声. 传教士与近代中国［M］. 上海：上海人民出版社，1981：418.

学院，1925 年被派任教廷驻玻利维亚使馆成员，1930 年调任教廷驻爱尔兰使馆参事。1934 年任教廷驻东非英属殖民地宗座代表，领总主教衔。二次大战时返回罗马，任教廷救济外国侨民事务所主任。①

黎培里公使于 1946 年年底抵华，12 月 28 日晋见当时中国政府政要。黎培里没有将使馆设在北平，而是设于南京。② 同时前往各教区巡视教务。

抗日战争胜利以后，基督教新教也经历了一个短暂的复兴。抗战一结束，在内地的各基督教差会及许多附属机构，即纷纷迁回沿海原址恢复工作。从 1946 年初起，大批传教士从国外回到中国，到 1947 年底迅速增加到三千五百名左右，其中美国传教士的比例占了 60％以上。他们被分别派往东北、华北、华东、华南等地执行复兴计划。

（资料来源：顾卫民《基督教与近代中国社会》，上海人民出版社，2010 年，第 530—533 页）

7. 煌煌北国望学府，巍巍工商独称尊——津沽大学③

（1）创建

1921 年，法国政府商请罗马教廷批准，由当时管理天主教直隶东南教区的法国耶稣会士在天津马场道清鸣台创办了一所教会学校，初名“天津农工商大学”，复定名为“天津工商大学”，在教会内部称为“天津圣心学院”。这是天主教在华办学的一项重要举措，填补了中国北方尚无天主教建立大学的空白，与南方的上海震旦学院遥相呼应。

1923 年，学校开始招生上课。作为一所专科大学，大学设工商两科及神学系，并以法文为主要课程；共有 48 名学生，9 名教师。1927 年，大学开办工学院和商学院。1931 年学校初具规模，注册的学生人数增至 600 余名。

（2）宗教情结与科学精神

当时的罗马教廷与在华传教人员的信函，清楚地说明了建校的目的：“中国还是一个非公教国家，奉教的很少。知识分子和资产阶级在中国占优势，为打进这两个阶层，必须成立高等学校。”首任院长于溥泽其后历任院长如裴百纳、主任尚建勋、裴化行等及绝大多数教授均为法国神父，学生则多为天主教徒子弟及资产阶级出身的青年。

---

① 罗光. 教廷与中国使节史［M］. 台北：传记文学出版社，1983：232-233.

② 罗光. 教廷与中国使节史［M］. 台北：传记文学出版社，1983：232-233.

③ 标题序号为编者根据内容层次需要所加。

另一方面，工商大学虽然是教会为传教而建立的，但主持建校的人员，却是天主教中一些热爱科学、崇尚进步的著名学者。学校奉利玛窦、南怀仁等前辈传教士为楷模，实事求是，崇尚科学。在学校主楼正厅，悬有二人画像，墙壁正中悬挂着南怀仁绘制的巨幅《坤舆全图》。从这个意义上说，西学输入中国，耶稣会士起到了积极的推动作用。

所以，这所学校一开始就打上了鲜明的科学印迹，恰恰满足了当时社会民众科学救国、工商富国的愿望与要求，校训中的“实事求是”由此而来。在校园内，还建有著名的北疆博物院——当时在世界上影响很大的科研机构。北疆博物院和工商大学就像一对孪生兄弟，比肩并立于北国津城。这里的治学态度，深刻地影响了工商大学的学生。

（3）担任校长的法国神父

学校成立初期，两位法国神父担任了校长。他们呕心沥血，为工商大学的发展做出了杰出的贡献，也为学校未来的发展打下了坚实的基础。

1921 年 7 月 21 日，于溥泽神父被任命为天津开办大学代理院长，即为天津工商大学校长。于溥泽（1862—1930 年）出生于法国，文学博士。1921 年 7 月 25 日，他到达天津，精心选择，勘定马场道清鸣台校址，并承罗马教廷批准兴建。工商大学校舍主体工程基本上在其任内完成，购置设备，延聘教授。

1925 年 7 月，法籍耶稣会士裴百纳神父担任天津工商大学第二任校长。裴百纳，法国里尔人，法国里尔大学文学学士，哲学博士。1923 年到天津工商大学任教，担任方言、哲学、数学教授。1925 年 7 月，他担任耶稣会天津会长、天津工商大学校长。

裴百纳精通英语，博通数学，富于天资，诲人不倦，对待学生态度和蔼，当时颇受学生钦仰。为谋工商大学发展的救济金及解决教育等有关问题，他曾进行了长达半年的欧美考察，参观各国，以资借鉴，长途跋涉不辞劳苦。每至一地，他都要参见拜访各地要人，以联络感情并宣传工商大学的成绩。考察期间，他多半时间在法国，所到之处认真搜集、研究教育、查阅有关资料。在巴黎逗留的三日里，他马不停蹄采购各种新式理化试验器具，并与当地名人学者探讨社会经济问题，并聘请法国著名社会经济学者 P. Dubois 主持工商大学教务，同时聘请了数名法国知名教授来华任教。之后他又到罗马觐见教宗以及到耶稣会总会呈报天津大学工作成绩及发展计划。裴百纳神父欧洲之行后，先后与欧洲数十所大学结成友好学校，事后这些学校把大量的教材参考书赠送天津工商大学，为天津大学的发展和国内经济学的发展起到了不可估量的作用。1931 年，裴百纳因病辞去校长职务回国休养，1946 年再次来华在天津工商大学任教，1950 年迫于政治原因返回法国，1962 年病逝，葬于法国布隆尔。

（4）法式风情建筑

1921 年，工商大学建院工程破土动工。1922 年，北疆博物院、教师宿舍落成。1926 年，教学大楼和校长楼建成。1927 年，图书馆、藏书室及学生宿舍也相继竣工。

其中，1924 年开始建筑的教学大楼由法国永和工程司建筑师慕乐设计，最具独特风格。教学大楼为三层混合结构带有地下室，建筑面积呈工字形，为中心对称布局，坐南朝北，正面临马场道，主门厅居于正中。一至三层，主要是教室、备课室及办公室。西翼是教堂，并设有单独入口，将教堂设在教学楼内的做法比较少见。建筑外形采用法国鼎盛时期文艺复兴样式，正立面构图归整对称，中轴线突出，立面竖向划分为古典三段式，二、三层为清水砖墙，砌工精细，以平券窗为主。窗间设横向凹槽分格的砖垛扶壁，为简化的古典柱式，中央四角肓顶极为典型，两翼檐口为三角山花。

（5）极盛期

①从学院到大学的历程

国民政府成立后，学校向国民政府教育部申报立案。1933 年 8 月，南京国民政府教育部第 7923 号训令，正式批准立案，因所设系科未达“大学”三院九系之标准，故将学校更名为河北省私立“天津工商学院”。由大学降为学院，这对建校不久的教职工而言，无异于一次精神上的打击。但是，当时学校的教职工一心想把这所学校办成一个在全国乃至世界有影响的大学，此后学校加强了系科建设。

1933 年，工商学院之工学院与商学院内部建置基本完成：工学院分土木工程、建筑 2 个系；商学院分会计财政及国际贸易 2 个系。

1935—1939 年，又相继建成物理实验室、材料实验室、电机实验室、商品实验室、金工厂、木工厂等实验基地。

1939 年该院曾设法律系，转年停办，学生多转入商科。

1943 年 9 月，添设女子文学系，招收新生 90 名，由教育家孙家玉主其事。1945 年 4 月增设史地、家政二系，组建女子文学院。至此，学校规模扩大为三院七系。时任天津工商学院院长刘迺仁兼任主任，侯仁之任史地系首届系主任，孙家玉任家政系主任。聘请李奎耀、齐思和等一批在全国享有盛誉的教授学者执教，可谓人才济济。1946 年 8 月，女子文学院招生男女兼收，取消女子二字。

1945 年抗战胜利后，学校在工科添设机械系，在商科添设工商管理系，达到三院九系。1947年，大学总共有761名学生和91名教授。

1948年10月，经国民政府教育部批准，工商学院改名为“私立津沽大学”。消息传来，校园内一片欢腾。那凝聚着多少师生心血的夙愿与梦想，顷刻间化为一种流火般的热情，沸腾了！此后文学系又分为语文、外语两系，成为三院十系，教职工达109人，在校学生630人。

②浴火而生的凤凰

抗日战争时期，平津沦陷，华北地区的名校如清华、北大、南开等纷纷南迁。一时因环境所迫无法随迁，而又不甘心任职敌伪高校的教授们纷纷来津。二战期间，欧洲捐款及经费来源断绝，教会打算停办工商学院，裁减员工，遭到师生反对，于是校友会发起募捐。

1943年7月，刘迺仁担任工商学院院长，这是中国人第一次真正具有管理这所学校的权力。他抓住这一特殊的时机，大量吸纳专家、学者，侯仁之、齐思和、翁独健、袁贤能、胡继瑗、张华伦等知名教授学者，都吸纳到天津工商学院，使该校一时名流云集，声名鹊起，成为津门最有吸引力的高校。使学校有了快速发展，许多著名学者相继来到学校任教。

1941年12月8日太平洋战争爆发当日凌晨，侯仁之等20余人先后被捕，1942年出狱后，居留在天津避难。为避免敌伪干扰，他转到法国天主教会创办的工商学院任教，并兼任该校新设女子文学院史地系主任，妻子亦来支持参加教学。

避难期间，侯仁之仍坚持个人学术研究，勤奋治学，首先完成的是计划中关于北京历史地理专题之一的“北平金水河考”，并珍藏3年，终于得以公开发表在燕大复校后首先出版的《燕京学报》上。他还把研究课题定为天津，经过两年的资料查阅和实地勘察，逐渐形成天津历史地理的完整概念。时市女青年会以天津地理为题邀请侯先生演讲，继而天津工商学院的学生俱乐部再邀讲述此题。侯先生根据两次讲稿，从晚8时动笔，至次日晨5时半暂歇，写成《天津聚落之起源》专著。该文由天津商学院列为专刊，在1945年8月日本战败投降时正式出版。

在天津工商学院任教期间，侯仁之曾经有一段非常著名的写给毕业生的赠言：

在中国，一个大学毕业生的出路，似乎不成问题，但是人生的究竟，当不尽在衣食起居，而一个深受高等教育的青年，尤不应以个人的丰衣美食为满足。他应该抓住一件足以安身立命的工作，这件工作就是他的事业，就是他生活的重心。为这件工作，他可以忍饥、可以耐寒、可以吃苦、可以受折磨。而忍饥耐寒吃苦和受折磨的结果，却愈发使他觉得自己工作之可贵、可爱，可以寄托性命，这就是所谓献身，这就是中国读书人所最重视的坚忍不拔的“士节”。一个青年能在三十岁以前抓住了他值得献身的事业，努力培养他的“士节”，这是他一生最大的幸福，国家和社会都要因此而蒙受他的利益。

诸君就要离开学校了，职业也许是诸君目前最关心的问题，但是职业不过是求生的手段，而生活的重心却要在事业上奠立。愿诸君有坚定的事业，愿诸君有不拔的士节，愿诸君有光荣的献身。

他们以高尚的情操、可贵的民族气节顶住了当时权贵的拉拢引诱，宁肯在工商学院过着清苦的生活……

高镜莹（1901—1995），水利专家。抗战爆发后，高镜莹到天津工商学院任教，以渊博的知识和诲人不倦的精神教育学生，深得学生的爱戴。在任土木系主任期间，他亲自编写教材，并首次为土木系增设了高等结构工程、水利工程学等课程，使土木系名蜚北方，为国家培养了大量建设人才。

吴玉如（1898—1982），著名学者、书法大师。1939 年，吴玉如执教于工商学院，任中文系主任。“米盐区事朝饥忍，炊爨劳人夜读闲。身际承平复何憾，浮沉世味我无关。”在津沽大学任教期间，吴玉如素以记忆力过人著称，《说文解字》里许多字他都能透彻讲述其根源出处，不少古人的姓名、别名以及生平事迹，也都记得十分详尽，从无拼误。然而奇怪的是他于自家生日却往往错记，自己儿女的年龄也不甚清楚。有学生向他开玩笑问：“您有几个儿女？”他一时答不上来，竟扳着指头点名儿统计一番，而实际上他只有五个儿女。

沈理源（1890—1951），我国建筑业的先驱。1938—1951 年，沈理源任国立北京大学工程系教授和天津工商学院及津沽大学建筑系主任、教授。在大学教学中，除担任建筑设计课的教学任务之外，他还向学生们讲授西洋建筑史。

齐思和（1907—1980），历史学家。1942 年，齐思和到工商学院执教，同年 9 月 10 日《工商生活特刊》评价他说：“齐思和先生为我国历史学界之权威者，曾任燕京大学历史系主任，为美国哈佛大学哲学博士，现为我校担任现代史一课，当为我校历史放光荣异彩。”

（6）国立津沽大学

1949 年 1 月 15 日，天津解放。1951 年 9 月 19 日，中央人民政府教育部根据津沽大学校董会请求，批准“津沽大学改为公立，校名仍称津沽大学”，同时“私立达仁学院停办，全部学生转入津沽大学商学院”，“天津土木工程学校合并于津沽大学工学院”，还批准“以津沽大学原有文学院为基础，筹建师范学院”。国立津沽大学由著名物理学家张国藩任校长。

1951 年 9 月 25 日，举行了“津沽大学改为国立接受典礼暨开学迎新大会”。参加大会的有马叙伦、曾昭抡、黄敬、李烛尘、周叔强、杨石先、张国藩、孙冰如等。11 月 19 日，国防委员会副主席叶剑英视察天津，特地来到津沽大学看望师生。此时的津沽大学已扩大为工学院、商学院、师范学院三院十三系，在历史、水利、财经、外文、哲学、美学方面具备最高水平，教师增至 192 人，在校学生达到 1253 人。

（7）撤并

1952 年春，天津市成立天津、南开、津沽三大学院系调整委员会，国立津沽大学撤销。8 月，津沽大学工学院并入天津大学，商学院并入南开大学，并以其师范学院为基础在原校址与天津市教师学院合并组建天津师范学院，天津市委文教部长梁寒冰兼任院长。这次院系调整增强了天津大学和南开大学的实力，而由津沽大学改建的天津师范学院只剩下了十分简陋的普通物理、化学两个实验室和一些残缺的仪器设备。面对搬迁一空的校园，一些教师萌生了去意，教师队伍受到重创。

为了重振学校，中央教育部和天津市政府在经费和人力上予以大力支持，学校得到了迅速发展。到 1958 年，教师由 108 名发展到 338 名，在校生由 976 名发展到 4662 名。实验室由 2 个发展到 21 个。著名学者顾随、雷石榆、裴学海、马洋、胡毅、张弓、焦敏之、蓝英年等先后来校任教，学校成为华北乃至全国较有声望的师范院校之一。

1958 年 6 月，师范学院扩建为“天津师范大学”。1960 年夏，改为综合性大学，定名为“河北大学”。1970 年 11 月，河北大学由天津迁至河北保定，原校址改建为天津外国语学院。

（8）附：北疆博物馆

1922 年献县教区在酝酿天津工商大学的创建计划时，合并考虑法国神父桑志华的建议，决定在校内同时修建博物院，以解决标本收藏的难题。这是北方地区创建最早的博物馆，也是中国建立时间最早的博物馆之一。1952 年天津市政府接收北疆博物院，1957 年更名为天津自然博物馆。

①桑志华的建议

1913 年，桑志华（Emile Licent），一位获得法兰西生物地质学博士学位的天主教神甫，来到中国。8 年来他沿着黄河，一边传教一边调查山东、直隶、河南、山西、陕西、甘肃等地的地质和物产，搜集各种材料以备研究之用。在来往于北京和天津之间的旅途中，桑志华发现白河流域的地质和生物也很有特点，便几次溯流而上到延庆、赤城调查。这次他就是到后城一带调查后刚刚返回天津的。1920 年桑志华在甘肃庆阳县的黄土层中采集到旧石器时代的石英制品之后，便萌生了寻找旧石器时代人类的念头。不久，两位天主教神甫莫斯塔特和德维尔特告诉他，在鄂尔多斯沙漠南缘的萨拉乌苏河流域发现了大量的哺乳类动物化石。这更激起桑志华考察古人类遗址、收集遗物的劲头，几年来的奔波，收获颇丰。

1921 年，得知献县教区决定创办“天津工商大学”这个消息后，桑志华便极力建议在建大学的同时建一所博物院。他四处奔走呼吁“为保存搜集之物，博物院之设立，实为急务”。他认为，在中国北部尚无完善的地质研究院的情况下，“若在大学特设一科，专为研究华北矿农及其他各种之来源，此时似难以办到。然而为便利华人及外人关心华北之经济情形及科学上之各种问题起见，博物院之设立实不可少”。

②1928 年首展

1922 年，桑志华亲自主持北疆博物院大楼的建筑施工事宜，4 月 23 日开工，9 月 23 日告竣。大楼修建在工商大学院内，为三层楼房，钢筋混凝土结构，高 21 米，占地面积 300 平方米，设计了防盗门和双重窗户。1925 年，在办公楼西端建成陈列馆，为三层建筑，由法商永和营造公司设计。采用防火、防盗、防尘和防震措施，高窗天然采光，窗户密闭而又能自然通风。1930 年又在办公楼南首增建新楼，南北二楼又以通道相连接，博物院遂形成完整的格局。

1928 年 5 月，北疆博物院陈列馆正式向公众开放，展出了植物标本 2 万种，动物标本 3.5 万种，岩石与矿石标本 7000 种，动物骸骨化石 1.8 万公斤。各地地理、山川、河流、土壤和动植物分布地图 133 幅，照片 3000 余张，以及关于人类学、工商业和农业的调查报告。结合展览还举办有关的科学知识的讲座，这在当时社会上引起了不小的轰动。桑志华为介绍博物院的藏品撰写的出版物，对华北的地质生物研究产生了重要影响。

1928 年，南开大学的沈士骏教授在参观北疆博物院之后，写了一篇游记，叙述他的观感：“北疆博物院可算是在天津唯一的值得赞评的博物馆了。她的特色，就是该院法国教士桑志华历年在华北搜求的成绩，尤其是有史前人类的石器和河套以南榆林以北的老石器搜罗最富，足以傲视首屈一指的北京地质调查所了。凡是要看中国已知最古的石器，不可不到北疆博物院一饱眼福。”沈士骏还写道：“北疆博物院只有一个主任（院长），一个助手和一个修理工人，一个杂役，依比率比我们南开人少。但他们的标本是无法估价的。完全由外边采集，除旅费外不妄费一钱。”

③世所瞩目的科研成就

博物院由桑志华任院长，德日进任副院长，在他俩的努力下得到了迅速的发展，特别是各种标本日益增多。桑志华25年来发现的4个古动物群点：甘肃庆阳的三趾马动物群、内蒙古萨拉乌苏的更新世哺乳动物和石器、河北阳原泥河湾和山西榆社的上新世哺乳动物群的各种标本都在这里。还有桑志华梦寐以求的喜马拉雅山北矿山脉层的矿石标本。

桑志华、德日进二人在博物院从事科学研究，发表和出版了很多著述。据《河北大学史》载："工商大学在30年的发展历程中，计有德日进、桑志华、暴安良、侯仁之、林镜瀛等44位教师发表和出版的112种著述（含译文），其中，以法国人为主的外籍教师著述占59%，而德日进1人有著述41种，桑志华有16种""桑志华、德日进等倾注大量心血，从事探求中国北部兼及亚洲的人文、地理、地质、气象及动植物为对象的科学考察和研究，其成果为世人瞩目。"

北疆博物院虽然当时是一所专门的科学研究机构，但由于和工商大学同在一个大院里，互通互补，犹如一体。1927年5月出版的《工商大学校刊》第一期载文说：博物院"裨益于该大学学生，良非浅鲜""事实上，该院固无异为本校之科学图书馆，本校所授的哲学及高中之生物学各项课程，须要任何标本参考，均可立致，而于有研究兴趣之各教授与师生均着先鞭，耳闻目睹，无形中本校师生研究学术之风气，自然比较浓厚也。"

1937年抗日战争爆发，东北、华北、华东大部分地区被日军侵占，使桑志华的采掘工作被迫中断。天津沦陷后，日军封锁了英、法租界，而此时的欧洲也燃起了战火，迫于形势，桑志华回国，北疆博物院也基本停止了采掘与研究工作。第二年，因天津遭受水灾，博物院一部分展品迁到北京法国使馆附近新建的博物院内。此后，曾以搜集、保存和研究集于一身的北疆博物院便由发展期转入保管、利用的维持期。到1952年馆藏标本达20万件，为现在的天津自然博物馆的发展奠定了雄厚的藏品基础。

（资料来源：李雪、张刚《煌煌北国望学府，巍巍工商独称尊——津沽大学》，《科学中国人》，2009年第6期）

8. 鼎盛时期的津沽大学

（1）跻身大学行列

1948年7月15日，教育部为批准学校立案改建大学，特派副部长田沛霖来校视察。田沛霖听取汇报后，认为改建大学条件已经成熟。10月2日，院长刘迺仁飞往南京，在董事长于斌主教疏通下再次拜见朱家骅部长。10月4日，教育部正式批准立案，将工商学院改名为私立津沽大学。由于内战交通信息不便，立案公文10月26

日才正式传到，整个校园一片欢腾，广大师生员工一连举行了4天的庆祝活动。1948年11月12日，私立津沽大学校董事会召开第一次会议，正式任命刘迺仁为校长，决议原工商附中改名为津沽中学。会后，校董事会出面邀请许多天津市知名人士、各大学负责人和师生代表举办了盛大的鸡尾酒庆祝晚会。

（2）跻身大学行列过程中存在的弊端

天津工商大学因不符合国民政府教育部“三院九系”的办学规模标准，被降格为天津工商学院，这对学校教职工来讲，确实是个不小的“精神刺激”。此后，为了恢复“大学”名分，跻身大学行列，全校教职员齐心协力，迎难而上，共渡难关。同时，学校抓住机遇，办学规模得到迅速发展，成绩斐然，最终实现了恢复“大学”名分夙愿。然而，在学校办学规模取得迅速发展的骄人成绩背后，人们不难发现其存在着种种弊端。

第一，为了跻身大学行列，学校在制定办学规模和发展计划时，在学科乃至课程设置方面，不可避免地存有单纯追求“大学”的名分，不顾学校办学客观条件（师资、实验设备、生源及其毕业后的去向等）是否允许，盲目添加新的专业、学科，增设新的有名无实的院、系和专业，从而忽视了适应社会经济建设发展需要的办学原则。如1939年学校仓促加添法科，准备建立法律系。而当时学校师资力量严重不足，实际上精通法律者只有田执中教授一人。其次，从当时社会需要来讲，国民党政府施行“训政”，以党代政，权大于法，有法不依，根本没有法制可言。因此，1940年报考法律系者寥寥，且考试成绩欠佳。学校被迫停办法律系，将1939年所招18名学生转入商科。这实属劳民伤财，严重违背教育规律。

再如1946—1947学年，尽管学校达到“三院十系”规模，但在校注册生只有721名，中外籍教师共计115名。平均每系仅有学生70余名，每系只有教师10余名。若按4个年级班计算，每系平均实际招收学生不足20名。

第二，学校准备改建大学时正处于经费最困难的时期，即使不扩建都难以为继。但为了“大学”名分，学校不顾客观条件建立新的学院、科系，使得本来拮据的办学经费更加捉襟见肘。该校是以工、商两科为主，具备先进而足够的实验设备与陈列商品，是组织好教学的首要条件。众所周知，试验设备与陈列商品价格全都异常昂贵，当时原有办学经费来源几乎断绝，学校无论如何无力解决。学校发展违背“实事求是”的校训，忘记了办学的主要目的与原则，违背了教育发展规律，这势必影响教学质量。

第三，在政治上，学校当局为了保障国民政府教育部审核批准改建大学，抗日战争胜利后公然站在反共反人民立场上，千方百计阻挠和破坏学生参加反美蒋内战的爱国行动。比如，1946 年 12 月，因“沈崇事件”，京津大学生举行了声势浩大的反美示威游行。工商学院学生欲出参加，被学校当局强行阻拦，照常上课。再如 1947 年 5 月 19 日，天津市几乎所有大专院校的学生都参加了反对国民党发动内战的游行示威，工商学院当局对学生软硬兼施不许参加。结果学生冲破阻挠，于 5 月 21 日罢课上街游行。学校当局立即宣布附中临时停课，命他们一律回家，以免他们“也随了扰乱分子们去”。为防患再起，学校决定大学 6 月 2 日至 7 日提前举行期末考试，而后立即放假，命学生回家。可是，1947 年 7 月 2 日，国民党当局为扩大内战大量招募新兵，训令学校当局做好帮助接纳 1500 名新兵食宿的工作。工商学院院长、神甫教授们个个积极异常，“7 日亲自设宴招待领新兵的国民党军官们”，直至 8 月 8 日队伍被拉走。学校当局因此受到国民党政府嘉奖，并“得政府奖励 3300 万通行币”。

1948 年 10 月，院长刘迺仁不顾教学工作繁忙，乘坐飞机到南京逗留数天，通过于斌与蒋氏夫妇的特殊关系，到教育部与朱家骅部长进行“感情联络”。1948 年 10 月 4 日，改建大学的申请得到国民政府教育部批准，天津工商学院更名为私立津沽大学，可谓实现了学校领导教职工的夙愿。然而，1949 年 1 月 15 日天津市解放，津沽大学董事长于斌、校长刘迺仁顽固站在国民党反动派立场，坚持与新生的人民政权对立，相继辞去校董事长、校长职务。3 月，刘迺仁逃离天津。显而易见，在教会大学“德育”“慈善”的背后，是与中国革命与中华民族利益为敌，反对学生参加反帝爱国、反独裁专制斗争的政治立场。

第四，国民政府教育部导向失当是最主要的原因。国民政府教育部办教育，主要仿效美国的教育体制。其“三院九系的学校，方可称作大学”的规定，对美国来讲可能是适宜的，但却严重脱离当时中国的实际。无论私立还是国立学校，具备此名副其实实力者寥寥。相反，一个学校集中所有人力、财力，设立一两个非常好的科、系、院则是完全能做到的。但在国民政府教育部照搬美国教育体制的错误导向下，作为一个由大学降格为学院的学校的领导甚至教工，心里总感觉不平衡。他们往往宁愿分散其能力、财力与精力，而单纯去追求学校的“大学”的名分头衔。其结果适得其反，使得原本具有优势的专业、学科、院系发展受到负面影响。

总之，教会大学时期 30 年，办学经验十分丰富，教训非常深刻，值得借鉴。

（资料来源：阎玉田《踞析津之阳——天津工商大学》，人民出版社，2010 年版，第 84—86 页）

四、天津师范学院

（一）天津师范学院的创建

1.《天津日报》记天津师范学院成立

（1）记者：津沽大学师范学院与津市教师学院合并为天津师范学院

［本报讯］配合着南开、天津、津沽三大学的院系调整，原天津教师学院决定与津沽大学之师范学院合并为天津师范学院（校址在前津沽大学），属天津市人民政府领导。该院设中国语文系、数理系、史地系、生物化学系、政治系、俄文系。修业期限为四年。此外，设速成部（修业期限一年），短期培养初级中学教师，以适应本市发展中等教育的师资需要（速成部除设以上各系外，增设体育系）；另外设立业余进修部，吸收本市在职中学教师及准备培养成为中学教师的小学教师进行业余进修，以提高他们的业务水平。另外，并将设立天津市初等教师业余进修学院（院址在原教师学院），吸收在职小学教师进行业余学习。

（资料来源：《天津日报》1952年9月27日第三版，《闻墨》编委会主编《闻墨》，天津科学技术出版社，2014年版，第58页）

（2）记者：为祖国培养大批优秀的人民教师，天津师范学院前日开学，曾昭抡副部长、吴砚农秘书长、黄松龄主任委员出席讲话，勉励师生努力教学和学习

［本报讯］天津师范学院于前日下午在该院礼堂举行开学典礼，中央人民政府教育部副部长曾昭抡、天津市人民政府秘书长吴砚农、天津市人民政府文教委员会主任委员黄松龄均到会祝贺。出席来宾及该院全体师生共一千五百余人。

天津师范学院是在天津高等学校院系调整中新成立的培养中学师资的学府。目前，该院除设有培养高中教师的四年制各科系以外，并设有短期培养初中教师的速成部，培养工人政治教师的速成班，及提高在职中学教师及准备培养成为中学教师的小学教师的业余进修部，并创办了吸收全体中学教师参加学习马克思列宁主义、毛泽东思想的马列主义夜大学。该学院的成立，将为国家不断地培养出大批师资，并提高在职教师的政治与教学水平，以适应国家建设的迫切需要。

前日该院举行开学典礼时，曾昭抡副部长在讲话中指出：目前，我们国家和人民对中学师资是迫切需要的。国家在进行大规模建设中，需要由高等院校培养出大批建设人才，但目前中等学校毕业的学生还不能满足高等院校的需要；同时，全国

小学在校学生又在迅速增加，已经超过了五千万人，所以中等学校和中学教师都还不能满足目前的需要，现职教师的质量也有待提高，因此，人民政府对于培养中学师资十分重视，师范学院的学生在国家建设中所担负的责任也是重大的。他希望该院师生努力教学和学习，把天津师范学院办好，为培养优秀的人民教师而努力。

吴砚农秘书长的讲话中，着重说明了培养师资的重要性，及人民教师所担负的责任。他首先指出：天津市的文化教育工作，三年来已经有了空前的发展，现在在正规学校学习的有三十万人，在业余学校学习的有二十万人，加上参加其他学习如识字学习等，全市已有七十余万人正在受着教育。但是，目前教育工作中最感困难的就是教师人才的缺乏。新中国成立以来，人民政府在这方面做了很大努力，今年曾在中学增加了七百名教师，在小学增加了一千多名教师，但这还是很不够的，所以大批培养人民教师，便成为今天的一项迫切的任务。天津师范学院，就是为了培养优良的教育人才、培养领导教育工作的人才而成立的，这对津市文化教育工作的发展，将起很大的推动作用。在说明人民教师所担负的责任中，吴砚农秘书长指出了两点：一是人民教师的责任在于以马克思列宁主义、毛泽东思想来教育未来的国家干部，这种人才建设的责任是与经济建设同样重要的。有人认为经济建设比文化教育建设重要，因而不愿意做人民的教师，这种想法是错误的。今天，在中学教师缺乏的情况下，如果不能迅速地培养出大批的人民教师，然后通过他们培养出大批的人才与干部，就不能符合国家建设的需要。同时，随着旧思想的改造，新的思想的培养与树立也是一项重要任务，做一个人民教师，做一个马克思列宁主义、毛泽东思想的传播者是十分光荣的。二是今天的师范教育也与过去的师范教育有着本质的区别。过去有些人，也看不起师范学校的学生，而受师范教育的学生，也认为只要学些业务，在教书时传给学生就够了。今天，师范教育的任务在于培养对人民教育事业高度负责的人民教师，因此不仅要学好业务，而且还要注意使自己成为一个德才兼备的人民教师，所以这项责任也是异常重大的。吴砚农秘书长并勉励全体师生，在教学中要学习苏联的先进教学经验，用革命方法进行教学，把天津师范学院努力创造成一个新的培养教学人才的学府。

接着，由天津市人民政府文教委员会黄松龄主任委员讲话。他对学生说，有人感到入师范学院“劲头不大”，这种思想是旧社会遗留下来的，因为旧社会轻视教师，把他们看成穷小子。现在，这种时代已经一去不复返了。新社会对于教师是尊重的，因为每个人民都要受到很好的教育，所以教师所担负的任务是重大的。他并对该院全体教师提出了一点希望。他说：过去人们认为在师范学院教书的人是贩卖知识的；今天则不同，师范学院的教师不仅要使学生掌握科学的知识，而且要培养学生具有优良的思想作风，所以师范学院的教师本身必须养成一种优良的思想作风，起示范作用，才能把学生教好。

天津师范学院院长梁寒冰也在会上讲话。他除扼要地介绍了该院的情况以及这一新的师范学院的教学方针外，还提出以下几点作为今后的中心工作。第一，加强教学的思想性与政治性，教师要以马克思列宁主义的思想、观点来进行讲授，反对教学上的资产阶级思想与观点；第二，要保证教学内容的科学性，要求随时检查教学内容；第三，加强教学的科学性与系统性，防止从个人主观兴趣出发的教学方法。在教学中要联系实际，以培养学生成为能够胜任职务、具有马克思列宁主义思想的人民教师。他并说，该院将在这些原则下实行计划教学，使一切工作都围绕着改进教学、提高教学质量来进行。

国民党革命委员会天津市分部筹委会代表范绍韩也在会上讲话，祝贺新的师范学院的成立。教授代表徐忠杰、学生代表焦秀英则表示，坚决为完成祖国与人民所交付的任务而努力。

最后，由该院副院长何启君致闭幕词。开学典礼遂在“努力学习，做一个优秀的人民教师”的口号声中结束。

（资料来源：《天津日报》1952 年 10 月 27 日第二版，《闻墨》编委会主编《闻墨》，天津科学技术出版社，2014 年版，第 59—61 页）

（3）记者：中央人民政府委员会第三十二次会议，批准任命的各项名单（节选）①

［本报讯］据新华社北京 24 日电：中央人民政府政务院提请中央人民政府委员会第 32 次会议批准任命的各项名单。

哈尔滨工业大学校长：李昌，现任中央人民政府扫除文盲工作委员会副主任委员；

武汉大学副校长：张勃川，曾任中央人民政府高等教育部综合大学教育司司长；

中央音乐学院副院长：缪天瑞，曾任中央音乐学院教务主任；

天津师范学院院长：梁寒冰，现任天津市人民政府教育局局长；

天津师范学院副院长：温宗祺，曾任川西人民行政公署文教厅副厅长；

山西师范学院院长：梁园东，曾任山西大学师范学院院长；

山西师范学院副院长：苏贯之，曾任山西省太原市人民政府文教局副局长。

（资料来源：《天津日报》1954 年 6 月 26 日第三版，《闻墨》编委会主编《闻

① 在忠实原文内容的基础上，编者做了必要的删改。

墨》，天津科学技术出版社，2014 年版，第 62 页）

2. 天津师范学院简介

斯大林：我们劳动人民的大军在社会主义的基础上建设着新的生活，人民教师的行列是这支大军最必要的组成部分之一。

列宁：我们应该把人民教师提到资产阶级社会中过去、现在和将来所未曾也不会达到的那样高度。

天津师范学院是一所环境优美、设备完善的新型高等师范学校。全院现有教师 375 人，职工 390 人，学生 2651 人。今年暂定招收新生 1050 人。

本院的主要任务是为天津市培养全心全意为人民教育事业服务的中学师资。现设有本科、专科和中学教师业余进修部三部分。为便于教育科学研究和实验，还设有附属中学一所。本科现有中文、外语、历史、地理、政教、数学、物理、生物、化学等九系，修业期限为四年，培养高级中学师资；专科现有中文、历史、地理、数学、物理等五科，修业期限为二年，培养初级中学师资；中学教师业余进修部现有中文、历史、地理、数学、物理、化学、生物、音乐八科，进修期限为三年，它的任务是系统地提高在职中学教师的业务水平，培养优秀的小学教师成为中学教师。

各系科教学是根据教育部颁发的高等师范学校教学计划进行的。包括四个组成部分：

（1）专业课：是在教学计划中占比重最大的一部分（详见各系介绍）。（2）政治理论课：本科设有中国现代革命史、马克思列宁主义基础、政治经济学、辩证唯物主义；专科设有中国现代革命史和马克思列宁主义基础。（3）教育理论课：本科和专科均设有心理学和教育学。（4）教育实习：是本科三、四年级和专科二年级的必修课程。以上四个部分是彼此密切联系着，组成本院教学计划的有机的整体。因此，我们说高等师范学院的学生有他的专门性和特点，那就是做一个未来的中学人民教师，一个文化科学的创造者、传播者和人类灵魂的塑造者，负有艰巨而光荣的使命，他们不仅需要掌握高度的文化科学知识，还必须掌握马克思列宁主义的基本理论，树立足以为楷模的共产主义道德品质，而且还必须懂得教育科学的理论与技能技巧，只有这样才能胜任培养祖国青年一代的任务。

人民教师是光荣的、高贵的职业，祖国人民将他们的希望和未来都寄托在人民教师。没有优秀的人民教师，我们伟大祖国的将来是不堪想象的。

天津师范学院现有讲师以上教师 160 人，助教 215 人。其中一部分是多年在高等学校任教的老教授和社会知名人士，他们学识渊博，经验丰富，多有论著。一部分是从天津市中等学校优秀教师中提升的，有熟练的教学技能，有的还有著作。另外一部分人是青年教师，他们大多是不久才从全国各高等院校毕业出来或者曾进过研究院的，是在新的高等教育方针和制度下培养出来的新生力量。他们不仅有教学工作能力，而且具有高度的积极性和青春的活力。目前正在老教师的教导下迅速前进。

几年来在共产党和人民政府的领导下，在这些老师辛勤的努力下，本院教学改革和学习苏联先进经验方面都取得了很大成绩，目前已实行了新的教学制度和教学形式与教学方法；教育部规定各系科应开的课程基本上都已开设，教学内容上经过几年来在实际教学中不断充实和改进，全院已编写出一套较为完整的讲义，因而教学质量显著提高。

为了保证完成教学任务，几年来大力扩建校舍，增添设备，现在已经具备了优越的物质条件。各系科共有实验室20个，另有小型仪器修配厂一所，生物培育室一所。各种实验仪器设备基本齐全。建筑方面有大楼十数栋，宽阔整洁，阳光充沛，并有暖气、浴室等设备，校园内花木繁茂，风景优美。

生活在这样一个美好环境里的同学们，学习都很努力，学习质量在日益提高。尤其是中央提出向科学进军的号召后，各系科学生的科学研究小组已普遍的建立起来，他们正以高度的热情和顽强的精神向科学的堡垒进军。

（资料来源：《1957天津师范学院》，河北大学档案馆藏，1957-CB312-002）

3. 河北大学校史馆：转型师范——人民教师的摇篮①

1952年，按照国家教育战略调整，学校由津沽大学文学院为基础，创办师范学院，从此开始了学校八年的师范办学历程。这既是学校服从国家发展的需要，也是学校由师范性质向综合性大学发展的时期。

前言：1952年，在全国高校院系调整中，原津沽大学办学实力最为雄厚的工、商两院调出，仅以师范学院为基础，在原址建成天津师范学院。1958年扩建为天津师范大学。在此阶段，学校响应国家号召，以培养社会发展急需之各类学校师资为重，成为学校发展史上一段重要的历史时期。

（1）院系调整，易名师院

1952年8月，津沽大学工学院并入天津大学，财经学院并入南开大学。以津沽大学师范学院为基础，又将天津市教师学院并入，10月25日正式改建为天津师范学院。

---

① 原题目为“更弦师范，矢志教育（1952—1960）”，编者根据内容及本资料的体例要求，对标题及少量文字做了改动或删减。

此部分图片主要为天津市政府关于成立天津师范学院向教育部的函、天津师范学院成立情况及社会报纸的报道等。

（2）快速发展，更名师大

1958年6月，天津师范学院扩建为天津师范大学。10月，石家庄师范学院体育系本科并入天津师范大学。

此部分主要呈现天津师范大学成立的报道及师大形成的关系树状图。

（3）办好师范，学研精进

师范时期，学校按照党的教育方针，充分借鉴苏联高教经验，继续发扬学校优良办学传统，为办好社会主义教育而奋斗。

①按照党的教育方针办学的理念、制度及学校领导层的办学思路。

②多层次办学的特点，尤其突出研究生培养的开始。

③科学研究成就斐然。A. 顾随的成就；B. 全国第一台模拟计算机、400万伏静电加速器的研制；C. 1951年创办了新中国第一家历史研究刊物——《历史教学》。

（4）服务社会，智劳结合

师范时期，学校积极响应党的号召，全面贯彻“教育必须与生产劳动相结合”的方针，深入社会，大办工厂、发展教育、根治海河，积极投身于社会主义建设的热潮中。

学校响应社会主义建设总路线、与生产劳动相结合的教育和研究计划、援助社会各界的办学活动等。

（5）赤心向党，政治坚定

1953年4月，师范学院建立党总支。1956年5月28日，改建为党委会。学校党组织坚持将学校发展与党的要求相结合，书写了学校向党爱党、坚决跟党走的光辉篇章。

①领导关怀，周恩来、朱德接见学校学生情况。

②革命传统教育活动情况。

③学校的组织发展与首次党代会情况。

（资料来源：河北大学《校史馆大纲交流意见稿》）

（二）天津师范学院的办学工作实践

1. 天津师范学院教职员学习高等师范教育会议有关文件总结报告（1954 年 5 月 30 日）①

关于高等师范教育会议的内容及精神我院于 1953 年高师会议以后进行的传达，1954 年 3 月中央文教工作会议以后，我院温副院长又传达了高等教育 1954 年方针任务及教学工作等有关问题，各系、室并进行了漫谈，但两次传达均未组织大家认真讨论，因此，一般教师对高师会议内容及精神的体会还是很肤浅的。这次学习是根据中央人民政府教育部及华北教育局的指示进行的，又是在学完国家过渡时期总路线第四部分后开始的。一般教师的觉悟原有提高，这是有利的方面；但由于这一时期工作比较忙，又有总路线的学习和将要开始的教学计划的学习，时间紧迫，同时有些教师认为已听过传达，也曾进行过漫谈，感到学习重复，有些厌烦，因而对学习的重视不够，这是不利的方面。

我院领导对这次学习是重视的，院长、教务长等事先学了文件，结合学校的具体情况提出了学习的重点和要求：明确高师教育在国家建设中的作用和重要地位；明确教学改革的性质、目的、方针、方法及基本环节。强调深入领会文件的精神实质。并联系思想实际、教学实际，为了保证这次学习印发了有关高师会议的文件人手一册，并进行了布置，召开了党、团、盟全体成员联席会议，进行了动员。这次学习的收获是：

（1）明确了高师教育在国家建设中的作用和地位，在全校范围内初步揭发并批判了国民党反动统治时期摧残与卑视教育工作者的影响；以及目前存在着的、从个人主义出发的、对待师范教育工作的错误思想。如一位老教授过去有这样想法：“自己总认为教书是没出息的，只有年纪大了的人才教书，青年人是不干这个的。”有的人说：“在国民党反动统治时期，教员是四大贱之一，即‘坐火车、吃咸盐、贴邮票、请教员。’认为做教员，是无可如何的归宿。”有的人说“自己对师范工作是安心的，但感情上却总不愿自己的小孩上师范”。也有的把大学分成等次看待，“认为工科大学是最好的，综合性大学次之，有的综合性大学改成师范学院一定是不够条件”。也有的教师感觉自己戴着师范学院的校牌总觉比别人低一头。通过这次学习，这些思想已初步的得到了批判，教职员中开始了对师范教育的新的看法。他们说：

① 编者根据文献内容及当前文献表达的标准化体例要求做了必要的层次结构调整。

“从国家的整体来看，任何工作都是重要的，我们教好学生，学生又去教我们的孩子，这不仅关系着人民的文化水平，也关系着国家建设。”“旧社会轻视师范教育是有根源的，我们今天就必须做好工作争取别人重视，一位由北京科学院来的团员助教说：‘初由科学院调至师院工作，工作很不安心，认为到师范学院一辈子就完了，会要求辞职，学习后，认识到了师范教育是国家建设中不可缺少的一个环节，进一步体会到了服从组织统一分配是一个真理’。他表示一定要安心在师院工作。”新来的一位讲师也说：“过去工作中犯了错误，到师院后抱着立功赎罪的想法，但思想深处仍然暗藏着做专家的思想，如学生实习工作中感到影响了自己的学习，思想上就很不愉快，而实习又正是师范教育中很重要的一项工作，这说明自己对师范教育的意义还是不理解的。今后一定要真正为师范教育服务。”

此外，有不少教师过去虽然安心自己的工作，对师范教育也是重视的，但认识上不明确师范教育的特点和在国家建设中的作用。有一位系主任说：“学习后明确了在整个教育环节中高师教育是基本的环节，政务院的指示，是从国家建设的根本利益出发的，但自己在工作中很少把自己的工作和国家建设的需要联系起来，对师范教育的作用和特点也很少考虑，觉得它和一般大学差不多，感到自己力不胜任，因此，平日只注意提高自己的业务，很少考虑教学以外的各个环节，忽略中学实际。”一位教授说：“过去虽然没有认为师范教育不好的思想，但工作动力不足，很少从国家建设需要的观点来看问题，学习后才明确了师范教育真正是国家建设中不可或缺的一部分，办不好不仅影响中等教育，而且影响整个国家建设，感到了自己责任的重大。”也有的说：“学习后真正感到了高等师范教育是培养人才的工作母校，我们教出好的学生去参加祖国建设，这也就是我们对祖国的贡献，任务是光荣的。”

（2）在教学改革方面，我院虽进行了一二年的工作，首先是在理论上组织全体教师听苏联专家普希金的报告，学习波波夫等师范大学教学工作的种种形式等，但还不够深入。因而反映在教学改革的实践中，还存在着很多问题，特别是学习苏联的教学大纲教材等方面多是肤浅的，理解不深，结合中国、结合中国实际都不够。通过这次学习，不少教师对教学改革有了比较明确的系统的认识，并初步联系了工作中的缺点。

①进一步明确了教学改革的重要性以及教学改革的性质、目的等。他们体会到高等师范教育的教学改革，实质上是我国过渡时期总路线社会主义改造的一个方面，与国家的工业化有着密切的关系。它直接影响国家的文化建设、干部的培养，所以这一教学改革是只能成功不能失败。

②基本上明确了教学改革的方针、方法及其基本环节的内容和精神，也提高了

向苏联学习的认识。如有的讲师说："苏联的科学是为社会主义建设服务的，而且经过了30多年社会主义建设的实践，苏联的理论和经验对我们来说都是非常宝贵的，自己在几年的教学过程中也深深感到了苏联的教材是优越的：连贯性强，科学体系是完整的。为了搞好我们的教学改革，就必须积极地向苏联学习。"也有的检查了自己过去对学习苏联的不正确看法，一位教授说："过去学习苏联的教材总感觉不太习惯，觉得它和英美的教材也差不多，各有各的优缺点。这种看法是忽略了苏联教材的本质，也说明自己思想上还是深受欧美资产阶级学术思想的影响。"

不少教师认识到学习苏联必须要密切结合中国实际。如有的说："苏联的社会主义建设已经成功了，而我们中国却刚刚开始，若忽略了时间、地点、条件，硬把苏联的一套搬到中国来，就必然行不通。"在讨论中大家也检查出了在学习苏联中的形式主义以及要求过高过急等偏向。如数学系一年级生采用苏联教学分析的课本（杨从仁译）未加裁减，形成学生的过重的负担；又如历史系一位讲师将东北师大译的世界中古史中自己认为好的东西，完全装在自己的讲义中，而没有考虑到中国学生是否迫切需要的问题，其他教师也有同样的缺点；又如物专普通物理讲义是根据哈尔滨工业大学的讲义写成的，对于高师学生并不适用；俄文系一年级专科采用了教育部推行的北京俄学所编俄语读本，因其中突击性太大，致使学生负担过重等。不少教师也检查了学习苏联先进经验中的形式主义，如组织教师互相听课，目的性、计划性都不够明确，常常听完就完了，对教师教学质量的提高帮助不大；互阅讲稿也多是形式主义，谁也不认真看，因此也提不出意见；课堂讨论不少教师也都做过，但不明确它的作用和意义，常常是等于又上了一次课。有的则是白浪费时间。

对教学改革中首先着重改革教学内容的重要性，也有了明确的认识。如有的说："教学内容是整个教学改革的灵魂。只有丰富的切合实际的教学内容，才能使学生得到丰富的有用的科学知识。"而过去这一阶段中我们是更多地考虑到教学形式的改革。

③通过这次学习，大家已初步的找到了今后的工作方向，因而增强了工作的信心和动力。如一位老教授说："过去二年来，我们也摸着进行了不少的教学改革，成绩是有的，但由于方向不明确，造成了很多忙乱现象。现在有了中央教育部的指示，我们就有了方向，忙乱现象就可逐步克服，使我们的教学改革走入轨道。"

（3）组织领导中的缺点和存在的问题。①这次学习从开始到结束共学习了四次，时间是短促的，各系室学习不够深入，未能广泛的联系思想实际与教学实际。有的教师虽准备了意见也没有机会发言。②领导同志在这次学习期中，因有其他会议，未能从头到尾深入下层进行具体领导和帮助，特别是对薄弱环节未能给予帮助。

学习后不少教师提出：目前有关自己业务的苏联教材太少，感到很大的苦闷，他们希望教育部能注意解决这个问题。

（资料来源：《高等学校学年末、学年初报表》，河北大学档案馆藏，1956-01-11）

2. 天津师范学院教学工作的设计与管理①

关于1954—1955学年度第一学期教学改革工作检查总结及第二学期几个改进问题。本学期的教学改革工作，仍照《1954—1955学年度教学改革工作计划》之规定继续贯彻执行，不做修改。但过去半年以来，各系科在执行的过程中创造了不少经验，也暴露出一些问题。这就提供了对一些问题更明确、更具体、更进一步要求的条件，为此，特对计划中的几个主要问题做如下之指示。

（1）教学工作

①关于讲义问题。半年以来，各科教师根据《1954—1955学年度教学改革工作计划》的规定与学校的号召，大力投入了讲义讲稿的编写工作，取得了很大的成就，如历史系各科印发给学生的讲义即有一百六十二万余字之多，到本学年底，全系课程就有百分之七十以上都有了讲义了，生物系则将有百分之八十左右的课程有了全套的讲义。据学生普遍反映，有了讲义的课——特别是能坚持课前印发讲义的课程，对学生有很大的帮助，因此这一工作应加以肯定，并更加努力地坚持下去。

教材是教师教学工作最主要的依据，没有一定的教材，教师势必以更多时间进行备课，对教学方法、进修、科学研究、培养助教等工作之改进就会受到很大限制。上学期各系科教师在计划中规定的进修和科学研究等工作大都没有做，除有些教研组和教师是由于主观努力不够外，另一个原因就是由于备课、写讲义占去了很大时间。各科都有一定的教材，我们才能从备课、写讲义中解脱出大部分时间来，才能对其他的工作改进得更好。因此，使每门功课首先有一定的教材是我们目前教学改革进程中的关键问题。全院各科或绝大部分科目争取写出一定的教材，是我们教学改革工作的一个历史阶段，必须经过这个历史阶段才可能进入另外一个新的、更高的历史阶段——加强进修，开展科学研究，大力改革教学方法，使教学质量更进一步的提高。

目前在若干系科中对于教材问题还存在一个偏向，即大家愿意自己编写讲义，而不大愿意采用别人的教材，没有在采用别人的教材方面下功夫，虽然这种独立创造的精神是好的，但有时就未免不必要地过多地花费了精力，于时间，也不免拖延

① 题目为编者根据内容自行拟定。编者根据文献内容及当前文献表达的标准化体例要求做了必要的层次结构调整。

了争取各科都有一个固定教材的历史阶段的及早完成，我们应当首先在内部教材中或外部交流教材中，很好的选择研究，如有十分合适的教材，我们即可加以采用，讲授时略加修改，不必再花费很多时间与精力去自行编写了。再有少数课程如中国语文系的现代文选等，似乎也不必一定要花很多时间去写讲义，只需把所讲课文印发给学生，然后在堂上讲解就可以了。当然这不是说我们要放松编写讲义的工作，恰恰相反，我们对那些还找不到比较合适的教材而又需要有讲义的课程，更要求教师们大力地编写讲义，争取全院早日达到各科都有一定的教材的目的。

根据以上情况，要求各系科室主任、各教研室主任对这一方面要心中有数，在本学期开学之初，根据教学计划详细考虑本系室的课程，哪些可以找到适合的教本，哪些科必须自写讲义，什么时候能开始编写，如何编写——集体或个人，什么时候完成，做出详细具体而切实可行的计划，经批准后严格执行。在做计划时，既要防止盲目冒进——即教师条件不够而令勉强编写的偏向，又要防止保守不进的偏向，同时对不写教义而采用教本或外校交流讲义的课程也要严肃认真地选择，防止轻率采用、不负责任的情况的产生。对编写讲义的课程当然也要求教师尽最大努力以求尽可能得到较高的质量。各教学单位的负责同志对这些问题除了要有计划地进行经常的检查督促外，更应随时注意进行有关防止上述偏向产生的各种思想教育工作。

②关于教学方法问题。教师如何把知识传授给学生，使学生能够牢固地获得他所应得的知识，是教学工作中极端重要的问题。但由于我们大多数教师还需要集中大部分精力于教材的编写和教学内容的充实，因此，过去半年中对于教学方法的改进未作严格的要求，期末初步检查的结果，这一方面存在的问题也最多。但也有不少教师，由于个人的努力，做出了很好的成绩。这种情况，说明在本学期中，我们仍然可以对教学方法进行一定的改进。

A. 课堂讲授。课堂讲授一般地说是正常的，但目的不明确、重点不突出、系统不清楚的缺点仍然是较普遍地存在。有的课学生上完了还摸不清先生这堂课究竟是在说什么问题，有时甚至搞不清先生讲的是什么地方。理科教学中推算公式时，学生不了解为什么要那样推，有的课程上了半年学生都还很模糊，到了期末发下复习提纲才知道了全课的系统，学生反映“为什么先生不在教学过程中给交代清楚呢?”学生感到有的课程是上课不接下课，讲一个问题，看不出与其他问题的联系；特别是几位先生合教的课，更甚的是各自孤立的。这样学生所得的知识就常是一些片段孤立的东西，理解不够，记忆困难，不得已只好死背死记，学习很费力而收效不大。再则，课堂讲授中前松后紧的情况仍然比较普遍。就一学期来说是上半学期松、下半学期紧，就每堂课来说是上课时松、下课时紧。这说明我们现在除了大力进行讲义讲稿的编写外，对课堂教学还需要加以适当的注意。对于“教学改革工作计划中”所规定的课堂讲授要目的明确外，重点突出、系统清楚和克服前松后紧的现象等项，都需要在本学期的教学工作中进一步地贯彻，各教研室今后加强讲课和讲课后的评议，以及对教学进度的认真检查。

B. 课堂讨论。上学期各系科有许多课程都已实行了课堂讨论，事实证明这一苏联的先进经验确有很大的优越性，学生反映，课堂讨论不但巩固了他们所学的知识，而且大大地启发了他们独立作业和独立思考的能力。但课堂讨论，对教师来说是一个繁重的工作，要做好它，必须：（1）要出题出得好。首先要考虑到，所出的题目是否对一个阶段所讲授的内容有概括性，是否可以启发学生思考问题、引起争论，是否正是学生有疑难而模糊不清的地方。另外，在一个大题之下最好包括几个小题。（2）学生除准备整个题目的内容外，还有教师事先分别指定学生一人或一小组准备一个小题作中心发言。（3）要指定适当的参考书。参考书不能太多，多了不但加重学生负担，并且反而因材料过多，引起学生思想上的混乱，模糊了问题的重心。但也不能过少而只令其阅读讲义。这样就会使学生在讨论中只能重复讲义而不能引起争论，更不能培养其独立工作与思考能力。（4）要指导学生做发言提纲。发言提纲要真正是提纲，不能过多，这点非常重要。有的教师对指导学生做发言提纲重视不够或指导不当，结果有的学生就长篇大抄，几乎等于讲义搬家，结果是浪费时间而效果很差。（5）教师要亲自掌握讨论，针对学生的发言最后做出明确而肯定的结论。有的课程因班大人多，教师一人顾不了，必须分由助教掌握几组，就由教师先把问题的目的要求对助教详细交代并先主持一个组来示范，也能收到较好的效果。但也有的班因助教水平差，教师再帮助不够，结果助教上堂抓不着问题，不能启发同学，并在最后总结时不能针对讨论中的问题明确结论，而只是宣读教师事前准备的答案，因此收效小，使学生感到负担。在本学期的工作中，应鼓励大家更深入地研究如何做好课堂讨论的工作，很好地总结一下大家的经验。凡适宜于做课堂讨论的课程，在注意不加重学生负担的情况下，尽可能的试做，教师在开学之初先在教学大纲中定出计划，由教研室切实掌握进行（防止勉强做和形成一阵风）。

C. 实验。据初步的调查，半年来生物系的实验课做得较好，而理化两系的实验则是不能令人满意的，主要表现在：（1）目的性不明确，不能结合课堂教学。有的实验是课堂上已经讲过了很久才做，有的是课堂上还没有讲到就做了，学生不了解为什么要做这一实验，这一堂实验究竟要解决什么问题，形成了为实验而实验。（2）实验指导做得不好。教课先生不掌握实验，由助教自己去作，照书本抄来，不结合课堂教学，自己事先又不很好地预行操作。结果是实验指导上所提到的目的性不能在实验中具体贯彻（也是学生不了解实验目的的一个原因），或到实验时学生提出了问题，指导教师也做不出来。（3）对学生的指导不够，没有使学生在事先很好地掌握实验指导，临场也负责不够。如有的助教在指导实验时个人竟坐在一边看自己的书，而让学生自己去摸索，同学来问时也不做详细的解答与具体的指导。（4）实验室中的工作不严肃。有的班在上实验课时实验室内熙熙攘攘，人来人往，学生的实验报告不是从实验中来得出科学结论，而是先看结论，拿实验来迁就结论。（5）学生在实验课中一些基本问题没有解决，如物理实验中关于计算技术问题、基本测量仪器的使用问题等，这就加重学生在实验工作中的负担，不能很好地按时完成实验。由于以上种种缺点，因而使实验不能很好地为课堂讲授服务，更不能通过实验培养学生的科学工作的态度和理论结合实际的思想，实验所收的效果是很小，同时还增加了仪器的损毁和物资药品的浪费。这一问题一定要在本学期中尽力加以克服。生物系在1994年暑假时曾经对实验工作做过检查，在上学期的工作计划中做了明确的要求，因此这学期有了很大的改进，他们的经验可做各系的参考。

D. 辅导工作。我院绝大部分教师对学生的辅导都是很热心的，但究竟应该如何辅导，大家都还在摸索之中，还没有什么很好的经验。不过就过去半年的工作来看，个别辅导收效较好，也较为学生所欢迎，而所谓“集体辅导”则有若干偏差，造成学生的负担。如有的教师在辅导时只是把课堂讲过的重讲一遍，不解决问题，徒花费学生的自学时间；有的课程把辅导固定在夜间学生的自习时间内，使学生不能把晚自习的三个钟头自由地支配，整体使用，也妨害了学生的自习。这些都应当在本学期的工作中很好地加以研究，以求改进。

另外，各系科对工农干部学生的辅导都做得不好。据了解，全院只有一个教师对工农干部做了经常的个别辅导（历史系孙志芳），学期考试，工农干部的成绩很差，全院一年级工农干部学生共68人，坚持学习参加期考的52人，有十几个人由于感到困难半途退学，全部课程及格者只有9人（附情况表）。这一问题引起我们的严重注意，各系科要领导教一年级的教师深入了解，详细讨论，研究出切实可行的办法来，挽救这种局面，以免到暑假时形成大批工农干部留级或退学的现象。

E. 学生负担。目前我院学生负担过重的现象仍然是很严重的（见附件）。学生负担过重的主要原因是由于我们的教师对学生的实际情况了解不够，教同一班的各科教师之间的联系不够。上半年推行的分配学生课外工作时间的办法（不是要求学生作时间分配计划，而是教同一班的各科教师彼此联系对布置学生课外工作作合理的分配），本学期要更好地贯彻执行。据化学系一年级的经验，实行学生课外工作时间的分配，不但可以减轻学生的负担，而且可以使学生的学习更深入，效果更好。上半年许多班级的教师虽然定了分配学生课外作业时间的计划，但到实际布置工作时仍然没有很好地考虑，以致没有收到应有的效果，各教研室在本学期开始时务必要做好专科各年级及本科一、二年级的时间分配，不但要订出计划，更重要的要使每位教师从思想上解决问题，使计划能够贯彻执行。

F. 工作态度。从检查中看出，教学工作中存在的许多问题，其主要原因不外两点：（1）教师把大部分时间用于编写讲义和备课，不能花费更多的工夫来改进教学法的工作；（2）有的教师的责任心还不够，没有充分发挥潜力。关于第一点，前面已经说过，是我们学校目前的主要问题，我们应当努力争取早日结束这一个历史阶段。关于第二点，就不能不引起我们对思想教育工作的更加重视，大家固然都很忙，但是有的教师能在百忙中把教学工作做得很好，如生物系的王所安同志，不但担任教研组组长，还担任了两门新课，其中有一门课是他在大学中根本没有学过的东西，两门课都写讲义，还指导学生实验，又参加中学调查研究工作，而教学效果很好。这说明教学效果差、教学法工作做得不好，不完全是时间问题，还有如何进一步发掘潜力的问题。我们在开学之初，把这一问题提出来引起大家的注意，是十分必要的。

（2）教师进修

教师进修在目前不可能提很高的要求，根据过去的经验，教师进修的方式可以明确为：（1）理论学习。包括马列主义夜校系统的理论学习和有关本学科的理论学习。过去历史、中文两系的关于本学科理论的学习，已取得了一些经验，本学期文史地等科应再坚持学习，并可结合进行胡适资产阶级错误思想的批判。理科各系亦可结合马列主义夜校辩证唯物主义与历史唯物主义的学习并具备条件开展有关本门科学的理论学习。（2）结合备课与讲义的进修。教师编写讲义时的参考书籍工作可以作为他的进修。（3）结合教学进行科学研究。过去有许多教师在国内各个杂志上发表文章，据统计，仅历史系教师半年来在各杂志发表的论文不下20篇，这说明历史科学研究还不是绝对没有条件。今后各系应注意尽可能地加以准备鼓励，使研究工作与教学相结合，更能有组织有计划地进行。但也要防止过于勉强，反而阻碍教师科研写论文的情况。

（3）助教培养

关于助教培养，大体上可分为两种：一为院内培养，一为校外进修。在院内培养方面，半年来获得了一定的成绩，但由于客观条件的不利，如培养对象基础差（三年毕业者无论矣，即四年毕业者亦不够大学程度）、能真正指导助教进修的导师不多（与北京师大及北大等校比）和主观的努力不够，存在着的问题仍然不少，如培养目标不明确，进修计划不具体和不切实，学习方法有问题，导师与助教无密切联系，检查制度未建立，等等。校外进修方面指导上亦未抓紧，颇有放任自流的现象，兹针对这些缺点提出改进办法如下：

①培养目标要从各系实际需要出发，而不能强调个人兴趣和主观愿望。一开始应做思想动员，说明培养目标、工作内容和方法及将来成果。如该助教首肯，即进行培养，否则另选他人或暂行停止，以免劳而无功。现在各系对培养助教的目标虽然明确，而助教本人或另有他图，或漠不关心，不按培养目标进修，玩忽分内工作者亦不乏人。如物理系助教龙建新，感到学用不一致，希望能搞些关于无线电方面的工作调到工业部门去，即是一例。

助教与研究生不同，助教同志们对此应有深刻的认识。研究生的职责，是专搞学习与研究，毕业后始从事教学工作（如当教员）。助教的职责是协助教学工作，因为缺乏教员，才加上开某一课程所需知识的培养，两者都是大学教员的来源，前者则优于后者，惟在教员极度缺乏之际遂不得不采取双管齐下的办法。然既已任为助教并被选为培养对象矣，自应努力地工作，热情地进修。对于工作而怠于进修，或关心进修而忽视工作，或既不工作又不进修，均属错误。愿助教同志们尽力注意。

②进修计划，计划要具体扼要、切实可行，避免情急冒进、务广而荒。就物理系的助教言，大多数感觉自己学识不够，希望多学习些知识，以辅助过去的缺陷。故所定计划的内容及分量，超过自己现有的力量，尤以未开课的助教为甚，如物理学教学法助教焦秀芳的进修计划：

A. 学习科目：物理学教学法、普通物理、心理学、逻辑、马恩列斯有关著作、政治学、物理通报。

B. 时间分配：听物理学教学法，6 小时；听心理学，4 小时；准备实验，4 小时；帮助实验，6 小时；须复习，10 小时；事务工作，10 小时；政治学习，3 小时；看他书及杂志，3 小时。每周共 46 小时。

因为希望高，故选修门类多，后因感觉忙乱，收获较少，遂即改为重点学习，即着重学习物理教学法及普通物理，其他则暂置之而已。其他助教如姜国渭、石最坚，除本身工作外亦学习了两门以上的功课，以致产生工作与进修的矛盾。

③进修方法。要根据进修计划和理论与实际结合的方法有步骤、有联系、全面地实行进修——如对未开课的助教，将来要开某一科目，即这班听此科目的课，辅导此班的同学，做此科目的习题或实验，试编此科目的讲义，参加此科目的联系工作等。对已开课的助教，除该课应有的实际活动外，须学习与所开科目有关的或进一步的知识。如讲普通物理的助教学习理论电磁学，讲苏联文学的助教在分析作品

上欲了解“形象”的意义，就学习文艺理论等。此皆行之有效者，反之则工作方向不一致，效果就差（如石最坚辅导理论力学而进修量子力学，周愉辅导理论电磁学而进修普通物理）。

④指导教师。为取得助教的信赖，导师必须为业务较高真正能指导进修者；为提高进修质量，导师与助教必须保持经常的联系，如每周在规定时间内会面一次（化学系沈宏康先生与助教就是如此）；为使进修计划切实可行，在制定时，导师对助教必须予以恳切周密的指导；为加强导师的责任感，聘任时，须经系主任的推选，教务长的批准（物理系马澄先生不知道他是石最坚助教的导师）。

⑤检查制度。制定进修计划表以便检查（因为现有的进修计划表不适用须另制）；检查内容——按照计划表内所规定的项目（以每周为单位）；检查方法——用评阅、考问及指导的方法，检查本周情况及指导下周学习；检查时间——导师对助教，每周检查一次，向系室主任每月报告一次，系主任每两月向教务长报告一次，教务长及院长可以随时检查。

校外进修者包有助教，讲师及教授其检查制度另定之。

（资料来源：《高等学校学年末、学年初报表》，河北大学档案馆藏，1956-01-11）

3. 天津师范学院 1954 年新生工作总结①

（1）基本情况

1954 年我院录取新生 732 人，其中有中央统一分配的 690 人，在天津考取的小学教师 42 人。在 690 人中 44 人没报到，我们已通知备取生补上了，最后有 13 人请假一直没到校，实到人数 719 人，占录取新生总数的 98.2%，开课后因病退学的 9 人，休学 1 人。

本年新生的政治质量较好，新生中党员 89 人，团员 307 人，党团员占全体新生的 55.07%。学生中本人为工农成分的 133 人，占新生的 18.49%。家庭为工农出身的 225 人，占新生总数的 31.29%。此外华侨 51 人，占新生的 7.09%；少数民族 17 人，占新生的 2.36%。

健康方面，由于投考前初步的体格检查尺度掌握不一，分配后需经我院复查的 131 人。大体上是轻型肺病、心脏杂音、血压高及色盲等情况。复查结果仍有 1 人不合格，取消入学资格。

（2）新生入学前的准备工作及入学后的思想教育工作

①本年度高等学校统一招生前的宣传教育工作。为对本届高中毕业生进行全面

① 编者根据文献内容及当前文献表达的标准化体例要求做了必要的层次结构调整。

的升学教育，并正确认识高等师范在国家建设中的重要地位，我院在津市学校及学校团委的支持下，于6月5日举行了与本届高中毕业生一千多人的大联欢。会上，津市文委副主任兼本院院长梁寒水同志作了关于正确地、全面地对待报考志愿问题的报告。接着由我院中文系学生张□台作了关于对师范专业认识指导过程的典型报告。此外，更重要的是我们发动了各系老师，对各科设置目的、教学内容及他们的著作、教学用的各种参考书等，进行了展览，让本届高中毕业生参观。参观时并有各系负责教师做解释，并参观了物理，化学，生物等系科的实验室。这对本届高中毕业生教育很大，参观后又和我院学生交谈了学习生活状况。通过联欢参观活动，部分学生初步改变了他们以前的认识，即认为“学师范都是教学生”“师范有什么可学的”“到师范上学除了吃饭睡觉没事”等看法及“不上师范一样也可以当教师”的看法。现在他们认为，到师范学院来也可以学到不少的东西，感到教师也挺好、著作还不少等。有些同学回校后发表感想说，现在如果把我们分配学师范，情绪就不会那么大了。

②新生入学前的准备工作。在院长亲自领导下，院行政干部会进行了研究，并决定动员全体师生员工参加迎新工作，同时责成政治领导处具体掌握此一工作的进行。财务处、政治指导处、总务处组成联合办公室，以便于解决入学的各种手续。事先又组织了与津市新生的联欢，并对他们事先进行了教育，以备在全体新生到校后起骨干核心作用。

③新生入学后的各种活动。根据中央教育部关于做好迎新工作的指示，我们进行了以下的各项工作：

A. 以各系各班团支部为核心，吸收学生中的积极分子，组成迎新小组。他们主要是从生活上加以照顾关怀，帮助熟悉学校的环境，及解决生活上的各方面的问题。由于同学热情的照顾，使很多新生受了感动，初步安定了情绪。

B. 温院长作了有关师范专业在国家建设中的地位的报告，和政治领导处关于学生守则及学校各种规章制度的介绍，使学生有准备地开始一个新的学习和生活。

C. 特别重要的是各系主任向新生作了有关每门专业设置的目的与内容的报告，并组织了一些学习方法、学习心得的经验交流座谈会。

D. 各系又对担任新生课业的老师进行了动员，使教师对教学大纲、讲稿等做了充分的准备。开课至今，新生对教学基本上是满意的，对教师的热情教导很受感动。

（3）工作的收获

由于我们从各方面对新生进行了一系列的工作，特别是个人和集体的关系、师范专业在社会主义建设中的地位和学习纪律等方面的教育，收到了一定的效果。主要表现在下列的几点。

①对师范专业在国家建设中的地位和作用有了初步的认识。从今年新生的入学志愿来看，专业思想问题是相当严重的。录取新生共 732 人（包括小教），其中第一志愿报考师范者仅 101 人。有师范志愿者 96 人，指导志愿入学者 535 人，这些同学根本没有想到把自己分配到师范学院来，报到时情绪很大，认为学师范没什么前途，做教师也没出息。经过进行教育后，知道了师范教育在国家过渡时期的重要性，认识到教育青年一代是个艰巨而崇高的任务，如有的华侨同学说：我过去对师范教育的看法很不正确的，现在认识到师范教育的重要性，上师范学院也是很光荣的，自己能参加祖国的建设，成为培养干部的干部，责任还是很重大的。又如调干学生感到最初是服从分配来了，但经过迎新报告感到这个学校也很好的，有的说：过去我觉得认识字就能教书，现在认识到做一个人民教师也不是那样简单的。总之，经过教育，除少数同学外，绝大多数人能安下心来学习。

②个别同学已能初步批判旧社会所遗留下来的看不起教师的习惯和风气，并与之进行某些抗争，热爱专业的思想也逐渐产生了。有些新生不但学习情绪安定，而且能主动地对一些旧社会的影响做抗争。如有的同学分配到本院的化学专业，而他的同学考上工学院，当他们见面时，在工学的那位同学即讽刺他说："闹了半天你上师范还是学专科啊"。那个专科同学坚决地说："上专科一样为人民服务，这也是祖国所需要的。"还有的中学教师对考上清华的学生就说"很好"，考上师范的学生说"也好，比考不上大学好"。那个同学自己说"我一定提早报到，好好学习，看我有出息没有!"又如有些人以前不知道师范专业的重要，通过温院长的报告，知道什么专业、什么工作都是为人民所需要的，都是重要的，因而必须培养热爱专业的情感决心，终身献给教育事业。

③由于新生到校后，抓紧了学习纪律的教育，能很快地转入紧张的学习，旷课、迟到、早退的现象与去年新生到校后的情况比较起来，有很大改进。从目前的情况来看，还继续在减少中。

（4）工作中的一点体会

在这次新生工作中，除领导的重视和几个单位的紧密配合外，各系做好迎新工作是很重要的一环。因为新生入校后最关心的是他今后所学习的一些课程和整个学习前途的问题，我们在这次迎新工作中，重点抓紧了这一项工作。首先要求各系主任做好各系专业的报告，从而使同学在学习师范各种课程的时候明确目的和他的艰巨任务，逐步树立对专业思想的热爱和对人民教育事业的责任感。

（5）对今后工作的意见

①今年统一分配工作，会有很多的改进，但我们认为确实是有些人上师范是不太适合的。如一个在铁道上工作过十几年工的铁路工人，被分配到我校，结果又转到唐山铁道学院学习。还有其他类似的问题，增加新生工作中的困难。

②有些调干和工农连中的同学，家庭负担很重。特别是夫妇都上学，而且在一个学校，住房、保姆等问题，都要学校解决，使学校感到很大困难，也影响了他们的学习。我们的意见是今年招生时，领导上要考虑这个问题，并规定些解决办法。

③关于毕业学生的问题。本年度分配到我院的华侨学生共 51 人，16 人不安心学习，10 人申请退学，退学理由有三：1. 家庭不让上师范，并极力促其退学或转学，否则家庭就要和他脱离关系。2. 本人对师范没有兴趣，不愿意上师范。3. 身体条件不好，不适合读师范（但提不出医生证明）。

本来这三个条件都是不能成立的。如果不批准退学，就要无故长期旷课，并要学校根据旷课情况进行处理。总之要达到退学的目的。这些问题使学校感到很难处理。

（资料来源：《高等学校学年末、学年初报表》，河北大学档案馆藏，1956-01-11）

4. 天津师范学院学生基本情况的综合分析（1954 年 7 月）①

（1）本院学生基本情况

本院学生共有 1028 人（本科和专科，其中不包括毕业班）。在学生的基本情况中，学生的来源、家庭成分、政治表现、华侨及参加过反动组织的在全体学生中所占的比例情况如下：

①学生来源：主要是高中毕业生，共有 596 人，占全体总人数的 58%。其次是小学老师 235 人，占全体人数的 22.8%。社会青年 102 人，占全体人数的 9.8%。调干 85 人，占全体人数的 8.2%。

②家庭成分：主要是资产阶级、小资产阶级和地主，共 750 人，占全体总人数的 73%。其中资产阶级 255 人，占全体总人数的 24.2%。小资产阶级 362 人，占全体总人数的 35%。地主 122 人，占全体总人数的 11.8%。在其他 27%的人数中，家庭成分是工人的只有 45 人，占全体人数的 4.3%。贫民 29 人，占全体人数 2.8%。城市贫民 11 人，占全体人数的 1.6%。

③华侨：共 86 人，占全体总人数的 8.3%。

④政治情况：全院学生党员 8 人，占全体人数 0.8%。团员 374 人，占全体人

---

① 编者根据文献内容及当前文献表达的标准化体例要求做了必要的层次结构及内容的调整。

数 36％。

⑤参加过反动组织的有 135 人，占全体人数的 13.1％。

根据同学来源可分为以下几种类型：

A. 高中毕业生。思想上积极要求进步，有较高的学习热情，接受教育比较快，进取心较强。但绝大部分是志愿学工、学医，认为那样才有前途，分配到师范学院来，大部分抱着牺牲情绪，个别的不愿接受教育，存在对立情绪。经过一系列的专业思想教育，学习情绪基本上稳定下来。对纪律方面一般能遵守，因一般高中毕业生，在中学受到长期的集体主义教育，来师院后是要求有制度的，如新同学初来时，出校门都到辅导处来请假，但因二、三年级的废弛现象，受到一定影响，后经整个整顿已有好转。

对高中毕业生进行专业思想教育问题，是政治思想教育的中心工作。主要是从树立革命的人生观，从社会主义前途与个人前途的一致性，同时深刻地指出个人主义思想的阶级基础，使同学能从道理上对自己的个人主义有所痛恨，认识和体会到个人主义是进步思想的阶级敌人，是妨碍个人进步、推进社会前进的阻力。这样的打通思想，提高认识，是可以收到一定效果的。如数一郭成贵最初说："我想学工，我的理想与祖国利益并不矛盾，我不能学工是对祖国不利。"他的这种个人主义的想法，虽然班干部谈过多次，都没有解决问题，但在何启君同志的报告中，给指出个人主义的想法，就是资产阶级的根源，这样从阶级本质上批判了他的错误想法，使他很感动的，在讨论上痛哭流涕地批判了自己个人主义的思想。从此在学习及同学关系上有了很大的转变。另外通过一些具体形象、英雄烈士事实说明对待个人和集体的正确观念。这样是比较容易打通思想的，如中一张新台的转变。

B. 市师保送生。政治条件、学习表现都是比较好的，上大学是高兴的，并经过一定的专业教育，学习情绪很饱满，来师院后，一般的都是班上的干部及团的干部，都能起到很大的核心作用。在班上树立正风，大部分都是团员，学习成绩比较好，作风及工作都很踏实，能带动班上的一些活动，对组织班、领导班起了很大的作用。例如数专赵专网在未开学时即主动来校联系，领导市师送来的学生们熟悉环境，在团员们中做了思想准备，因此开学后这些同学，情绪都很饱满，工作积极，在群众中还有一定威信的。

保送生在接受教育中最能起到作用，收获最大，在各班中成为班上的主要骨干。

C. 小学教师。小学教师学习基本踏实，专业思想比较牢固，学习积极性很高。(经过一段工作又学习，感到机会很难得) 深刻地体会到牢固地掌握知识能更好地工作和只有学好，将来才能很好地克服困难。例如化学李慧珠，工作积极热情，学习也很认真努力，由于基础差，学习效果不好，但李并不灰心，认识到只有今天学好，将来才能更好地工作，学习的毅力很强。被调来的小教一般在学习上能吃苦耐劳，如有的小教，中午不回家，晚上也很晚回去，坚持学习。但是一般在学习方法上存在问题，学习效果不高。另外小学教师过去一直工作，对学校学习的整个纪律部分人感到是约束，表现自由散漫，对参加各种活动不够积极，有的上课来下课走，如地专刘瑗生活、作风自由散漫，感觉学校的制度是一个束缚，星期日晚自习经常不上，星期一有时也不能上课，平时晚自习也时常不请假便擅自离校。在小学教师一般的不如高中毕业生单纯、热情，对问题思虑较多，思想比较复杂，在教育中应加强集体观念，多参加集体活动，以提高集体主义热情。

D. 社会青年。一般的人生观模糊，作风散漫，并有的有流氓习气、对立情绪，表现在学习目的的不够明确，学习纪律遵守不够好，集体观念很薄弱，学习成绩也不很好。大体上有这样几种：长期失学，找到学校就好好干，没有什么正确学习目的，例如数专靳佐臣，表现的作风散漫，人生观很模糊，一些社会活动都是被动参加，但对学习抓得很紧，有时为了学习，不能遵守作息时间，经同学提出批评时，他说："你们还年轻不学行，我们不学行吗？"另一种混的思想，混几年有个资格，做个人本钱，因此对个人的旧的思想意识，不严格要求改进，不设想前途，不遵守制度，自由散漫。例如俄二张得善，作风散漫，学习一向不重视，经常三天打鱼两天晒网，个人前途向不考虑。再有一种社会流氓，对学校不满，谩骂组织，谩骂同学，不遵守制度，不学习，吊儿郎当，例如数一谢盛佐，学习不努力，作风散漫，制度不能很好地遵守，经常牢骚满腹，不能接受同学的意见，在宿舍中为所欲为，同学对他表示没有办法。对社会青年进行教育是比较困难的工作，首先是要多掌握材料，了解历史情况，通过积极分子、班干部来影响教育比较好，因为对他们进行个别谈话，情感上总是有距离，他们一般是以旧社会的眼光看政治辅导处。例如数专刘志成，初对组织是对立情绪，他感到他们（辅导员）是干什么的，又不是先生。另一方面，通过一些活动也是对他们的具体教育。在社会青年一般是经历多，但暴露少，所以在进步上是很慢的。

E. 调干及干部报考者。一般专业问题不大，学习上很认真，在班上保存中立态度，受过一段组织教育，普遍能适应号召，工作上比较有经验，但思想上不是很单纯。

一般的教育对他们能起作用，个别的工作也能发挥积极作用。例如俄一乙傅建英，原为民族事务处干部，过去曾向往高等学校，来我校后专业思想问题不大，对待学习是积极的，但对班上的工作开始是漠不关心，后来班中选他为班主席后，在工作中也能认真去做，但在工作中有时保持着中立态度。

F. 华侨。一般的回到祖国主要是要求学习，较靠近组织，有的华侨表现很好，不愿要求特殊照顾。如中一徐权发，他没有经济来源，组织上为照顾他叫他申请助学金，他说："我能回到祖国学习就是很好的，这点生活小事还麻烦组织。"

在大部分华侨同学，对祖国的成就、祖国从艰苦的斗争中成长起来体会不够，多抱着幻想，幻想祖国的伟大成就，幻想生活的优越，对祖国斗争过程了解不够，主要是单从要求祖国出发而不是把个人投到祖国的斗争中去、投到祖国的建设中去，有要求特殊待遇的思想。例如史一谢东光，他的志愿是想学经济系，分配到师范学院后很不满意，要求学校给他转学转系，并数次写信给教部及毛主席，平常表现十分傲慢，认为自己是归国华侨，应当受到祖国的特殊待遇，因此遇到个人要求得不到满足时，即要大闹个人情绪。一般的对师范教育认识很差，因在国外教师地位是很低的。

华侨表现中好的、坏的较少，中间的较多，个别的对新事物的领会上有距离，经常抱着怀疑的态度，如申请入团不能马上批准就垂头丧气，感到祖国不像在外国听的那样美。有的表现很落后，如数一林单复，对同学对学校不满意时经常谩骂，表现得自由散漫，经常谈低级趣味，上大学就是随随便便。

普通的觉悟低，主人翁的态度不强，有做客思想，宜在顺利平稳的条件下生活，好安逸，缺乏毅力。

对华侨进行教育，首先是从祖国前途和艰苦斗争中使他们有所体会，锻炼他们的艰苦意志，多从生活上关怀，实际的给他们解决问题，这样提高他们对祖国的情感，他们本身也希望别人体贴照顾。另外对一些事情讲清道理，也能很好地接受教育，但遇到没有讲清道理时，最易遭到敌对。再就是从各方面发挥他们的积极性，一般的是好表现、好虚荣，能适当地给他们工作，他们是很愉快的。同时通过工作也可以进行不同的教育。

（2）各系一、二、三、四年级的思想特点及不同表现的各班进行教育的重点问题

①一、二、三、四年级的思想特点及进行教育的重点问题

从学生的思想规律上看，主要是前途教育，如何树立革命的人生观，树立专业思想，明确学习目的、学习态度及如何遵守学习纪律等问题。因此，在进行某一方面的教育时，不可分割地来谈，或者孤立地解决某一个问题，都是有他不可分的联系性。但是从学生本身接受教育的过程上看，在学生入校学习过程上带有不同阶段的特殊表现，因此也需要有不同的重点的系统教育。如在一年级，一般是专业思想

教育和革命人生观的教育问题。如在本科一年级318人中，志愿入师院的是很少的，从物理、化学、数学、历史四系来看，140人中10人报考师院，仅占总数的8.2%，因此90%以上的学生是指导志愿，这样造成专业思想上很广泛而艰巨的教育任务。但在这学年来看，我们各方面教育是有很大成绩的。如从俄文、数学两系来看，117人中只有9人专业思想不稳定，不安心学习，自由散漫，这样的仅占两系人数的7.7%，也就是说，90%以上的不安心学习的人已经大部分稳定下来，只有7.7%的人数不安心，思想有波动，表现自由散漫。从这个数字开始的庞大看，是很重要的一项思想工作。另一方面进行革命的人生观教育的问题，在一年级也是很重要的，因为新同学在入校以前经历不一样，所受教育不一致，因此反映到人生观上是比较复杂和片面的。当集中到一个新的学习环境，有必要树立正确的对前途远大的认识，同时，对新环境如何适应、如何遵守学习纪律、如何从不同环境及不同生活习惯中适应新的要求团结起来，这些问题首先是应该在一年级开始有一个正面的教育，以树立正确的学习态度和建立良好的学习秩序。

总之，在一年级的政治思想教育是一个基本的关键问题，一年级开始如从各方面培养得很好，在以后的学习当中是能更好地循序渐进的。

在二、三年级一般的表现是学习上比较安定下来，而是如何进入钻研，牢固的掌握知识，及如何建立学习空气，创造学习条件，开展学术性的研究活动，提高政治水平，进一步巩固专业思想，总之是在一年级的基础上提高一步，要求在学习、生活上都是较正规地向上发展，而不应再存在某种较严重的偏差，如突出的不团结等现象。

从三年级开始，在三、四年级的学生思想上就突出地出现着毕业后的工作问题，在三年级的实习工作中是很好地进行热爱专业和发挥集体精神的教育环节，不少的同学经过实习更热爱了师范教育，通过实习也更好地搞好了团结，因此，从这样的基础上进行系统的个人服从祖国利益和个人在集体中的作用等教育，给将来服从统一分配打下坚固的思想基础是很必要的。

除此，在四年级的学习过程中，学生中都不断发生恋爱问题，因此如何很好地对待和处理个人的恋爱问题也是人生观教育中比较重要的问题。

②不同表现的各班进行教育的重点问题

从各班发展规律上看，表现比较好的班，同学的一般水平比较高，团能在班中起保证作用，团员本身觉悟较高，干部质量较强，对体会和贯彻工作比较深刻，因此整个班上表现比较好，政治空气较高，学习成绩、纪律都比较好。这样的班如中一、数二、俄三、俄二、数专等。另一方面，较弱的班级政治条件不够好，同学觉悟水平不平衡，团在班上发挥作用不大，个别团员表现不好，甚至不如群众，干部质量不高，因此形成班上的涣散，不团结。如史一化专等。其他班表现一般化，不太关心政治，学习态度不够好，团在班中发挥作用不大，干部独立工作能力不强，学习上表现个人的钻研、不重视政治课学习等情况，这样的班占大部分。

对几种不同的班如何进行不同的教育和具体的领导，这里因情况不同只能原则提一下，一般的应吸收中二班的辅导经验，根据不同情况提出不同方向。

A. 较好的班如何在现有基础上提高一步，弥补存在的缺点。如俄二甲乙两班都是很好的，但乙班干部与团的配合上比不上甲班，在提高的基础上，乙班应弥补这样的缺点。

B. 对较弱的班，应更多地吸收中二班的具体经验，加强分析各班存在的具体问题，找出主要和次要的原因，掌握情况进行重点的具体帮助。

C. 对一般情况的班，应根据不同表现、不同问题找出各班存在问题，提出解决的方向，进行一般的领导和帮助。

（3）如何掌握基本情况，发挥高度的工作效果

在这次总结中，从材料上看，我们对学生的基本情况的掌握是比较深入的，但在进一步发挥思想领导、系统地提高政治觉悟是不够的。因此摆在我们面前的是如何掌握基本情况，系统地进行思想政治教育，以发挥高度的工作效果。根据我们总结中可以看出存在的一般问题。

①一般的政治思想系统提高的问题。在同学中，普遍的专业思想虽然稳定但不够牢固，学习目的、学习态度有待于进一步提高。如普遍对政治课学习不够重视，单纯重视业务学习，在一年级是如何进一步树立革命的人生观、明确学习目的、端正学习态度。

在辅导工作方面，应加强工作的计划性、系统性。这学期在政治辅导工作上虽然有了不少的成绩，但是也说明了工作的计划还不够的，在对同学日常的思想领导上，一般的工作陷于被动，发生问题解决问题；如何针对存在问题，系统地提高同学的政治思想水平是不够的。今后应加强工作的计划性，以系统提高同学的思想觉悟。

②加强纪律教育，培养自觉的遵守纪律的良好习惯。

在同学方面，绝大部分能遵守纪律，但仍需要继续培养自觉地遵守集体纪律的良好习惯，部分同学不遵守纪律，自由散漫，应加强教育和进行适当批评。

在领导工作上，对纪律教育没做到经常的监督和批评，如对旷课问题，经常教育不够，这成本学期部分同学较严重的忽视学习和偏废学习的现象。另外，各有关

方面对学生均负有教育的责任不够明确，如教务行政科对旷课单纯完成统计，没能结合具体问题及时进行教育，也是造成旷课严重的原因。

③开展班系活动，培养干部，加强团结问题。

本学期大的活动比较多，班系活动开展不够，重视不够，各班的具体问题没能通过班系活动得到具体解决，同时有计划地培养干部做得不够，今后在这方面应加强领导。尤其是培养干部、加强组织领导是搞好班工作的中心问题。

目前在学生方面，干部质量低，不知如何搞好工作，如有的干部说，工作就是停留在一般化报告、开会、讨论、检查、批评、保证，如何提高一步就不知怎样做了。

在辅导工作方面，首先是因本身政治工作缺乏系统性，因此，不能给干部一个明确的基本方向和工作的具体要求（在一学期中），同时对干部的了解、系统的帮助也不够，所以造成有些班较严重的邪风上升，正气不能树立，干部工作不能开展，工作信心不足。如化专班主席经常受落后群众的打击。今后应该开展系班活动，大力培养干部，发挥班会组织领导作用。

在团结问题上，虽然这学期有了不少进步，但在各班中仍存在不团结现象，三五成群搞小圈，没有建立很好的政治空气、开展批评。这些主要是同学的政治觉悟低，学习思想上存在较严重的个人主义想法，如历史系比较突出，在工作上干部质量低，不能及时解决问题、搞好团结，另一方面辅寻工作没跟上去，没能抓住每个环节搞好团结工作。

（4）其他问题

其他如在同学中存在一般性的问题是恋爱问题，其中以化二最为严重。这里边实际是反映一个人生观的问题，在同学中大部分是无产阶级家庭，或是受资产阶级影响，因此恋爱观点、恋爱方式也都是资产阶级一套，在恋爱的表现上形成一种急于寻找、无中生有、乱拉乱扯及谈些无谓的男女关系的现象，这样造成学习情绪上的不安定，同时因都陷入个人的恋爱中，学习生活经常是一对的，这样也多少影响了对集体生活的关心。在这问题上反映出我们的政治生活还不够严谨，学习空气不够紧张，今后应通过多种方式从这两方面启发教育，以树立正确的恋爱观点。

另外，学生学习方法也普遍地存在问题，学习肯努力，但效果不够高，这主要是与老师的启发，教学的系统性、计划性分不开的。如对学生盲目的测验及无整体计划的分配作业都会引起学生的忙乱，造成学习效果不高的现象。

（5）辅导工作方式方法的问题

在过去，辅导员工作放在考虑一系的全盘工作及干部培养上比较少，个别谈话占的时间比较多，适当地减少不必要的个别谈话，将一些问题通过干部及小组解决，这样一边能培养干部，一边也能做好工作。从以上问题来看，今后政治辅导处工作主要是加强政治思想领导的系统性、计划性的问题。

①辅导员应根据整个辅导处计划做好各系辅导工作计划，中心问题是在整个工作方向中如何抓紧组织领导，开展班系活动，积极培养干部；各系辅导计划应向本系干部明确，指出各班存在问题和工作方向；各班根据问题制定各班计划，个人计划中除保证学习好以外，应保证完成班的工作计划。加强与各系及教师的联系，充分掌握情况，深入分析同学情况，以随时提高对同学的教育。

②制定新同学学生卡片制度，系统地积累材料，以便于系统地分析情况，同时对一些情况可以保存作为档案材料。

③加强整个工作的检查和总结，以及时地发现问题、解决问题。发挥文理科小组的作用，经常交流，经常互相启发，以提高工作效率。

（资料来源：《高等学校学年末、学年初报表》，河北大学档案馆藏，1956-01-11）

5. 天津师范学院一年来工作报告

天津市文委、中央教育部：

自从去年全国高等师范教育会议后，我院全体教职员在天津市文委直接领导下，遵循着会议的精神及其他有关指示，对学校各方面的工作，进行了初步整顿和改进，现报告如下。

一、关于政治工作方面

（一）团结工作。一般来看，我院行政领导同志和教师之间的关系，还是比较正常的。然而团结方面仍然存在着问题，主要表现在个别青年教师、助教有骄傲急躁情绪，他们看不起老教师，在个别系内公开流传着“教授不如讲师，讲师不如助教”的说法；师生关系上，少数学生讽刺教师，和教师故意为难，甚至侮辱教师的旧学校风气也还残存着。这样造成了部分教师之间不团结和动荡不安现象。高师会议后，我们根据会议和仲勋讲话的精神，在全体教职员中进行了教育，并着重批判了青年教师。此外即经常注意到团结工作，行政领导上尽可能倾听和尊重教师的意见，关心他们的疾病和生活。在学生中主要进行了广泛的尊师教育。经过一年来的工作，目前教师已渐趋团结和安定，部分老教师由于暑假中积极备课，开学后他们的教学质量已大见改进和提高。目前我们正进一步努力于教学工作上的批评自我批评和互相帮助，以求共同改造、共同提高。

（二）学生中的思想教育和纪律教育。经过数年来党的工作，绝大多数学生学习上是努力的，但仍有少数人，由于资产阶级家庭和旧学校风气的影响，学习上松懈，旷课现象还相当严重。针对这种情形，今春我们制定了学生守则，首先进行了正面的思想教育与纪律教育。又不断根据学生的具体表现进行了表扬与批评和必要的处分，对个别流氓成性、屡教不改的分子则坚决予以开除，加以本年工农成分及工农干部学生增多，学校风气已大有改变。根据今年开学六周统计，全校学生出勤率一般稳定在90%左右，如将因病请假者计算在内，即稳定到95%左右，其余多系新生因不甘心学师范而旷课者。以班级来看，目前已有物三、物专二、化三、化专二、史三、史四等班能保持数过的全勤。以系来看，已有俄、生、史、地四系在第六周内，除病号按章请假外，其余保持全勤。目前我们正从各方面加强教育，以逐步消灭旷课现象。

（三）全校师生中进行了大规模的政治理论和时事政策学习。从去年12月至本年6月我院全体师生和其他学校一样，也进行了关于国家过渡时期总路线和总任务的学习；粮、油计划供应的学习；四中全会公报中关于反对个人主义部分的学习；宪法草案的学习等。其主要收获是：全校师生一致明确了国家将必然过渡到社会主义社会和如何过渡到社会主义社会的理论和实践，批判和大体澄清了某些资产阶级的谬论和幻想，明确了自己努力的方向；不少教师由于过去未参加过革命而感到遗憾的，由于今番认识到自己实际上已参加了社会主义革命而感到鼓舞，并认识到自己责任的重大。不少资产阶级家庭出身的学生，也感到家庭靠不住而加紧了学习。在学习四中全会公报时又着重批判了资产阶级个人主义和骄傲自满情绪，因而这一年来，全院师生在政治方面有较大进步。但我们的学习仍然是有很大缺点的，主要表现在研究不深入、一般化，既不善于将总路线的精神经常结合到具体问题中去进行，也不善于把教学工作和政治学习进行妥善的统一的安排，以致互有影响。这些都是今后须要努力克服的。

二、关于教学工作方面

（一）存在的问题。对于教改工作，全院教师一般说来都是热情的，也做了不少工作，但还存在着问题。首先从教学内容来看：1. 对于苏联教材，教师多钻研不够，未能结合实际加以取舍，偏多偏深。2. 自愿讲义即多有庞难之处，重点不够明确，目的性不强。3. 既无教科书，又无讲义而由学生笔记者，理解与钻研机会很少，未免浪费时间精力。从教学方法来看，进度方面普遍犯有前松后紧的毛病，甚至拖拉；公开教学、互阅讲稿大抵偏重形式，注重实际效果不够；课堂讨论、课外辅导、考试等，各科即有各自为政互相抢时间的现象。

产生以上现象的原因，一方面是我们领导同志在高师会议前，对教改的目的、性质、方针等一系列问题缺乏明确认识，作风上深入细致不够；另一方面是由于不少教师缺乏教学经验，基础亦差。高师会议后，特别是今年四、五月间，全院教学人员学习了教改文件，从而在理论上有所提高，在实践上亦有不少改进。但由于我们领导上抓得还不够紧，也由于教改工作本身的艰巨性和复杂性，因而改进方面，还是不能令人满意的。

（二）本年工作的安排根据目前情况。我们今年特别强调了教学内容的改革和助教的培养，并列为教学工作中两大重点。在教学内容方面，我们提倡有条件的教师根据总路线的精神，从实际情况出发，集中精力，精简修改或编写出讲义，印发学生。如果这一工作今年能够完成，从明年起多数教师即是修改讲义问题，就可能抽出时间来进行科学研究工作等，而学生方面也就由于省了记笔记与整理笔记的时间，有了温习钻研或阅读参考书的机会。至于已有讲义的教师，即要求他们结合教学进行必要的科学研究工作。

关于教学方法方面。首先要求各课能够切实贯彻教学目的，加强教学的计划性以确实掌握进度。由于多数课程已印发讲义，创造了有利条件，这一问题估计已初步解决，至于各班课堂讨论、课外辅导、考试等时间次数，即由各系系主任、教研室主任、公共必修科教研室主任，共同商量统一编排的计划，并由系主任监督，坚决执行，以克服某种程度的混乱现象。关于考试考查方面，即遵照部颁规程，先由本科一年级试行。

关于助教培养工作，由于本年助教人数已逐渐增多，各系为争取在三年内全部实行部颁教学计划，已根据其课程需要、师资条件进行了排队工作，确定了培养目标，并已初步做出计划。目前的问题是业务骨干太少，指导教师甚为缺乏。

三、关于组织领导与行政工作方面

年来我院在组织领导与行政工作方面，也针对着某些缺点，围绕着教学工作，进行了初步调整与改革。过去行政、工会等方面，配合不够密切，有时行政包揽一切，实际上包也包不下来，反而形成少数领导同志的忙乱现象。工会等群众组织与多数同志，即无从主动进行工作。对此，我们进行了研究，加强了工会等各方面的工作。这样各方面的积极性已显示出来，不论从培养干部上或保证行政任务的完成上来看都是有好处的。关于各行政单位也做出了适当的调整。一方面是根据中央高等教育部高等学校规程与我院具体情况严格规定了各单位之间的分工执掌，另一方面即根据国家有关规定建立与健全必要的工作制度。目前的主要问题是干部缺乏，各行政单位还不够健全，因而使工作受到不少影响。

会议方面即数量减少，初步改变了一切问题非通过会议不能解决的习惯和办法，增加了个别联系、通知、口头商量等方式；会议的种类方面，即尽量减少了一揽子会，增加了各种专业会议、专题会议，如政治辅导工作会议、各种教学工作会议等，并且每月将会议内容时间等做出统一计划，分发有关人员，以便准备。这样一来，既节省了时间，又集中了精力，较彻底地解决了问题。至于各种委员会，不必要者亦予减少。一切工作尽可能通过已有组织，如行政、工会等办理。事实证明，有许多委员会实际上是没有必要的，徒然增加了工作人员的负担，浪费了精力。

学校里作息时间的规定是牵涉到几千人现实生活的重大问题，是牵涉到几千学生全面发展的问题，不能当成“小事”。对此我们也做了某些调查研究与改进工作，其主要精神是如何保证学生占有合理的休息、学习和体格锻炼的时间。由于我们各方面的知识有限，目前还正在探索中。

以上是我院一年来工作的大体轮廓。自从全国高师工作会议后，我们从实践中深深感到党和政府对学校工作的关怀，以及各种规定指示的正确。然而由于我们学习不够，还不能很好地根据领导意图与总路线的精神，把学校整顿得更好，因而直到目前为止，工作中仍然存在着很多问题。我们全体同志愿意进一步在党和政府的领导下，密切团结，深入调查研究，进一步搞好工作。

（资料来源：《高等学校学年末、学年初报表》，河北大学档案馆藏，1956-01-11）

6. 天津师范学院社会主义整改工作状况①

1957 年 10 月 10 日，由温宗祺副院长主持召开了院务会议。

会议首先对上级为加强我院领导新调来的戈华副院长、人事处王肯先处长表示了热烈欢迎。戈副院长在讲话时，强调指出要贯彻社会主义办学精神，使学校培养人才的工作和社会主义革命密切结合起来；要贯彻阶级路线，努力培养工人阶级的知识分子；要认真进行社会主义教育，加强政治工作，进一步进行知识分子的思想改造。他还要求加强科学研究工作，努力提高教学质量，希望大家对所提问题进行考虑和研究，以求改进工作，办好学校。

温副院长根据市委的指示和我院党委领导方面的初步研究，对当前工作提出了意见，……主要是开展社会主义大辩论和整改工作。

关于整改工作，他指出，要发动全体师生员工同心合力改进工作，克服缺点。他传达了党委根据市委指示对整改工作提出的初步意见。认为首先应当明确目的要求，问题很多，要有重点地解决。主要应解决学校领导上的一些重大问题。主要问题解决了，其他问题也就容易解决了。整改的领导，行政上分为两级，一是以温、

---

① 标题为编者根据内容自行拟定。

戈、李三位院长和蒋教务长、韩主任、王处长、杜主任为领导组；二是院务会议，许多重大问题应当通过院务会议讨论。整改主要解决以下几个问题：

一、学校的体制问题。如怎样行使党委领导问题；行政领导实行二级制还是三级制问题；院长领导和院务会议职能问题。

二、设置问题。如本院分院的设置问题；业余部怎么办好的问题。

三、扩大民主生活问题。如院务会议成员以及怎么开好的问题；究竟设哪些专门委员会及其如何进行工作问题等。主要是解决在党的领导下，怎样发扬民主，贯彻群众路线的问题。

四、精简机构、精减人员问题。我院人员还是比较多的，为了支援中学和其他方面的工作并达到人尽其才，应适当进行精简。

五、福利工作问题。如教职工住房问题、生活困难补助问题等。

六、人事工作问题。如工资问题、等级问题、三免制度、奖惩制度等。

七、教学和科学研究的重要章则制度问题。如实习办法、考试考查规则、学报和校刊的问题等。

八、如何加强系的领导、改进系的工作问题。学生应逐步转到各系全面负责，系的党、团、行政应进一步健全，以便在党委和院行政领导下，各系能独立进行工作。

九、领导干部参加体力劳动问题。

通过研究解决以上问题，以克服主观主义、官僚主义、宗派主义，改善学院工作。至于整改工作的详细计划，还有待党委讨论确定。

关于开展社会主义大辩论、进行社会主义教育问题，由党委宣传部长孙延龄同志根据上级指示和我院实际情况，报告了初步意见，认为社会主义思想教育是全民大辩论的组成部分。通过大辩论主要解决社会主义革命和社会主义建设中的一系列根本问题，如两条道路及六条政治标准等问题。这是政治思想战线上的社会主义革命。在大辩论过程中，要贯彻“学习理论、联系实际、提高认识、改造思想”方针，要以无产阶级思想批判资产阶级思想，以马列主义的立场、观点、方法克服非无产阶级的立场、观点、方法，从而达到培养工人阶级知识分子的目的。

关于学生内容，以毛主席《关于正确处理人民内部矛盾的问题》、各基本文件，参考有关文件及马列主义经典著作，请领导人报告，结合我院具体情况进行学习。

关于社会主义大辩论的具体计划和组织领导问题，尚待党委研究再行确定。

会议对于以上整改和社会主义教育问题进行了初步讨论，大家都很赞成和重视。

会上，还由人事处王处长简要报告了关于改变人民助学金具体办法的意见，即将助学金改为四等，本科甲等 4 元，乙等 3 元，丙等 2 元，丁等 1 元；专科甲等 5 元，乙等 4 元，丙等 3 元，丁等 1 元；伙食费由每月每人 11.5 元改为 12.5 元；学习费免发。大家表示同意。

会上李院长对各系选报科学研究题目问题提出了要求，因科学研究处已另行通知，此处从略。

天津师范学院院长办公室 1957 年 10 月 12 日

（资料来源：《天津师范学院学校行政及校务会议记录》，河北大学档案馆藏，院务会议纪要，院办 57 字第 7 号，XZ1957-01-7）

7. 《天津教育大事记（1949—1985）》记天津师范学院办学工作

1952 年 10 月 25 日，天津师范学院举行开学典礼。中央教育部副部长曾昭抡到会讲话。学生 2500 余人，其中四年制本科 500 人，速成专修科 440 人，工人政治教育速成班 230 人，业余专修科 1370 人，速成专修科学习一年，业余专修科学习两年。梁寒冰兼该院院长。

10 月 21 日，天津师范学院业余进修部中等学校教师进修班开学。学员 819 人，都是保送入学的。分语文、历史、地理、数学、物理、化学、生物，7 个系，18 个班。（初等学校教师进修共 11 个班，447 人，因市区调整区划，保送较迟，推迟到 11 月 21 日上课。）

1953 年 7 月 15 日《天津日报》报道：天津大学、南开大学、中国矿业学院、中央音乐学院、河北师范学院、天津师范学院等高等院校今年毕业 2600 余人（包括提前毕业和专修班、速成班）。其中工科 1050，师范 700，财经 230，其他 300 多。8 月 12 日举行欢送大会。

10 月 25 日，天津师范学院全体师生 1400 余人举行大会庆祝建校一周年。院长梁寒冰署名发表文章《为办好高等师范学校而努力》，提出：加强党的政治思想领导是关键，稳步地进行教学改革是中心环节，提高师资质量是决定性条件。

1954 年 2 月 8 日《天津日报》报道：天津教师学院函授部组织郊区小学教师业余进修有成绩。本市四个郊区 1400 余农村小学教师中有 800 多人文化程度不足初中毕业，市教育局为帮助他们提高文化水平和业务能力，于 1953 年春指定教师学院设置函授部，组织郊区农村小学教师进行业余进修。函授部于 1953 年 5 月和 9 月先后在东郊、北郊试行，参加学习的小学教师有 465 人共 28 个班，采用以讲授为主的办法，即由函授部编讲义，发给学员，另编详尽的指导讲义，作为教师辅导参考。一般每周上课 6 小时。

9 月 18 日，天津市高等学校马列主义夜大学第二分校开课（第一分校 9 月 15 日开课）。该校分三个分校。天津大学、南开大学为第一分校，河北师范学院为第二分校，天津师范学院、天津医学院为第三分校。参加学习的共 2000 余人。

1956 年 1 月 21 日，天津大学、南开大学、中央音乐学院、天津师范学院的政治课教师、教授、讲师、助教以及部分学生共百余人，分别到东郊、北郊参加农村工作，时间半个月左右。

7 月 14 日，天津师范学院教师座谈如何贯彻“百家争鸣”，21 日，南开大学教师座谈如何贯彻“百家争鸣”。

7 月 18 日，市人民委员会发出津委文字第 158 号通知，决定在市内八个区和塘沽区设立区教育局，统一管理全区中小学、幼儿园和业余学校。天津师范、幼儿师范、速成师范、教育行政学院、教师学院、工农速中、聋哑学校和完全中学（高初中）仍由市教育局直接领导。

7 月 30 日，天津师院附中、二十中、女七中、女一中校长和部分教师及南开大学部分教师座谈关于大中学校教育衔接问题。同日，天津市机电工业局召开教育工作会议，讨论制订该局 1956—1960 年职工教育规划，确定到 1960 年全系统工人达到高小毕业以上，干部达到初中毕业以上。

8 月 8 日《天津日报》报道：本市各高等学校增设新系和专业。南开大学恢复去年取消的外文系，英文专业招生。天津大学化工系增设三个专业。天津师范学院将俄文系扩大为外文系，增设英文专业。将部分系和教研组迁到原工农速成中学，设立分院。

9 月 17 日，天津师范学院中学教师业余进修部开学，学员 2200 多人，相当去年的四倍，大部是中学学历不够高师专科毕业水平的教师。另外，市教育局还组织近百名中学教师分别参加北京师范大学函授部的数学、物理、化学、生物、语文、历史、地理七个专业的学习，五年达到本科毕业水平。

1957 年 7 月 17 日，天津市师范学校分配本届毕业生 281 名。其中 108 名被分配到郊区农村担任小学教学工作。

12 月 12 日，天津师范学院院长梁寒冰（兼）、副院长温宗祺贴出大字报，对师生前一段提的批评表示诚恳接受，并公开进行检讨，号召全院师生员工打破顾虑，进一步掀起鸣放高潮。据 12 日《天津日报》报道，津市各高等院校转入专题鸣放，已贴出一万多张大字报，提出五万多条意见。但群众尚未畅所欲言，整改进展不够快。

1958 年 5 月 16 日天津师范学院党委召开大会，动员师生奋起火攻资产阶级知识分子的“最后一道防线”——资产阶级教学思想和学术思想。拔白旗，插红旗。

（资料来源：天津市教育局《教育志》编修办公室编《天津教育大事记》(1949—1985)，第 45、45—46、53—54、57、60、64、77、83、84、85—86、97 页）

8. 天津师范学院一年来工作大事记①

1958 年上半年继续进行整风运动，4 月份在学生中开展横扫“五气”，批判资产阶级个人主义，开展自觉革命，在中老年教师中开展交心运动。

同年 3—4 月，掀起勤工俭学高潮，建立勤工俭学小组 200 个。

同年 3 月 7 日，开展反浪费、反保守的“双反”运动。

同年 3 月 8 日、14 日、29 日，分别召开了我校第九届党代会、第二届工代会和第三届团代会。

同年 5 月 16 日，开始教学改革，两天之内贴出大字报两万张；放手发动群众，开展鸣放并论。口号是：鼓足干劲，力争上游，解放思想，提高觉悟，大胆揭发，深入批判，改进教学，提高质量。拔掉白旗，插上红旗，破除对资产阶级学术迷信，树立无产阶级新学风。

（资料来源：节选自《河北大学总结、报告》，《我校工作大事记》1958—1960 年，河北大学档案馆藏，XZ1958-01-11）

五、天津师范大学

（一）天津师范大学成立

1.《河北教育大事记》记天津师范大学成立②

1958 年 6 月 9 号河北省教育厅通知：调整河北天津师范学院。

一、该院中文系、历史系并入河北北京师范学院（8 月底前迁京）。院长卢金堂，党委书记周学鳌。

二、教育、外文、政教三系并入天津师范学院，扩建为天津师范大学（8 月底前迁完）。校长梁寒冰，党委书记戈华。

三、音乐系、美术系在河北天津师院原址改建为河北艺术师范学院。院长李化度，党委书记高镜明。

---

① 编者根据内容对原题目进行了调整，原题目为“我校三年来工作大事记”。

② 题目为编者根据内容自行拟定。

（资料来源：周治华、钟毅主编《河北教育大事记（1840—1990）》，河北人民出版社，1994 年版，第 265 页）

2.《天津日报》记天津师范大学成立①

［本报讯］根据中共河北省省委和中共天津市市委的决定，天津师范学院已于七月一日正式改名为天津师范大学。河北天津师范学院的政教系和外文系已并入该校，和该校原有政教系、外文系合并；河北天津师范学院教育系也已并入该校，天津师范大学成立教育系。现在，天津师范大学共有十个系。

天津师范大学今年准备招收新生 1394 人，连同原有在校学生共达 4000 余人。此外，该校还计划在中文、数学、物理、化学等系招收研究生 60 名。

（资料来源：尹炳文《天津师院改成天津师范大学》，《天津日报》1958 年 7 月 5 日第二版，《闻墨》编委会主编《闻墨》，天津科学技术出版社，2014 年版，第 63 页）

3. 院系调整中的天津师范大学②

1960 年 1 月 27 日，省教育厅向省委请示，拟迅速筹办一所综合性的河北大学，新成立的河北大学将是一个多科性的综合大学，主要负责培养科学研究人员和高校基础课师资，学制五年，在校生最大规模为 9000 人，设 12 个系。省教育厅建议将天津师范大学改造成河北大学，本年即开始招生。5 月 14 日，省人委通知：省委决定将天津师范大学改为综合性的河北大学，8 月 1 日举行成立大会。校长张承先（兼），党委书记戈华。③ 这结束了原河北大学停办后河北省近 30 年没有综合大学的历史。④

随着高等学校的结构性变化，高校内部的系科专业设置也随之进行了调整和变动。

首先，高校增设了新的系科专业。例如，天津师范学院于 1952 年组建成立后，增设了生化系。1955 年又增设了政治教育系。⑤ 1960 年，河北省委将天津师范大学改建为综合性的省重点大学，从而使河北大学进入迅速发展的新阶段。学校由原来师范类院校改为综合性大学，培养目标发生了重大变化，即由培养中、高等教育工

---

① 题目为编者根据内容自行拟定。

② 题目为编者根据内容自行拟定。

③ 周治华，钟毅．河北教育大事记（1840—1990）［M］．石家庄：河北人民出版社，1994：283.

④ 河北省地方志编纂委员会．河北省志（第七十六卷）［M］．北京：中华书局．1995：15.

⑤ 河北大学校史编纂委员会．河北大学史［M］．保定：河北大学出版社，2001：154.

作者改为培养具有较高科技水平专门人才、理论工作者、行政管理和中等以上人民教师。为此，制订了新的教学计划，对原有科系、专业进行了大量调整，增设了新的学科和专业。①

其次，内部科系做出了改组和分设的调整。例如，1952 年组建天津师范学院后，又数学系改为数理系。② 天津师范学院于 1953 年将数理系分为数学系和物理系二系。至此，天津师范学院共设九系，各系基本上不分专业。③ 1960 年，河北省委将天津师范大学改建为综合性的省重点大学，从而使河北大学进入迅速发展的新阶段。④为此，制订了新的教学计划，对原有科系、专业进行了大量调整，如原政教系分设为哲学系和政经系。

最后，撤销和调出了一些系科。例如，1952 年，河北师范学院撤销了理化系和史地系。天津师范学院于 1953 年初撤销家政系。⑤

天津市划归河北省管辖后，河北省委根据“技术革新”和“技术革命”的要求和形式，做出了全党全民大办教育事业的决议。为此决定将天津师范学院改建为天津师范大学，增设科系，办成河北省教育事业的中心，对原教学大纲、教材、讲义进行了修改，主要进行补充、删减、充实、提高。仅 1959 年就修改、编写新的教学大纲、教材和讲义 69 种，基本保证了教学工作的正常进行。⑥

（资料来源：王润《河北省院系调整研究（1949—1976）》，河北大学教育学院教育史专业硕士学位论文，2016 年 6 月，第 13、17、18、20 页）

（二）天津师范大学办学实践

1.《河北教育大事记》记天津师范大学办学工作

省教育厅 1958 年年度决算说明：年初预算定为 726.2 万元。后行政区划调整，将划归北京通县原设立的两所师范和两所附小归还河北省教育厅领导，划入预算 40.6 万元。院系调整，河北天津师范学院的教育、政治、外语三系并入天津师范大学，划出预算 12.6 万元。石家庄师范学院体育系迁到天津，划出预算 8.5 万元。为

① 河北大学校史编纂委员会．河北大学史［M］．保定：河北大学出版社，2001：157—158.

② 河北大学校史编纂委员会．河北大学史［M］．保定：河北大学出版社，2001：154.

③ 河北大学校史编纂委员会．河北大学史［M］．保定：河北大学出版社，2001：155.

④ 河北大学校史编纂委员会．河北大学史［M］．保定：河北大学出版社，2001：157.

⑤ 河北大学校史编纂委员会．河北大学史［M］．保定：河北大学出版社，2001：154.

⑥ 河北大学校史编纂委员会．河北大学史［M］．保定：河北大学出版社，2001：154.

支持各专所属学校大办工厂，从厅总预算中拨出补助费33万元。10月份中央将原直属天津大学和南开大学下放河北，划入预算。天津大学526.3万元，南开大学252.4万元。天津大学划给河北后又增加招生570人，财政追加预算27万元。最后全年预算为（不包括基本建设）1518.4万元。执行结果，实际支出14 480 398元，为预算总数的95.4%。财务管理工作存在问题：管理办法复杂，强调统一，要求过严，报表太多，致使财务管理工作人员整日局限在账表处理的繁琐事务中。四点建议：1. 科研经费适当增加。2. 制定一套适合学校简易的工厂成本核算办法。3. 制定一套全省学校统一的财务开支标准。4. 为适应市场物资供应不稳定状况，建议在季度中改为一次或两次拨款，交学校灵活调剂使用。

1959年4月29日，中共河北省委发出通知，调整天津大学等四所高校的领导关系：天津大学、南开大学两校仍由省直接领导，两校党的领导关系，由天津市委转交省委；行政工作由省人委负责，教育厅主管。天津师范大学、天津医科大学改由天津市领导，行政领导关系由省教育厅、卫生厅分别转交天津市人委，党的领导关系交由天津市委负责。

同年5月3日，省教育厅高教局发出《关于编制1959年、1960年招收和选送研究生及进修教师计划的通知》。本年，河北省部分院校开始招收或培养较多数量的研究生。

同年，省教育厅、财政厅联合发出《关于各类学校学生助学金问题的通知》。略称：为解决全日制高、中等学校学生的生活问题，对现行一般学生助学金的比例标准做如下调整。一、高等学校：按学生总人数70%的比例发给助学金（高师发100%）。驻北京者，按北京同级学校标准执行；天津市每生每月14.5元；其他地区13.5元。体育系的学生，除按标准外，每人每月另发伙食补助费6.3元。二、中等专业学校和招收初中毕业生、学制五年的专科学校，均按学生总人数的70%的比例发给助学金（中师发100%）。每人每月标准10元。其中招高小毕业生的，入学后三年内，按每人每月9元计。三、普通中学、高中按学生总人数的30%的比例发助学金。每人每月标准：城市10元，乡村9元。

同年6月，《河北教育》发表省教育厅厅长娄平《对初、高中毕业生的希望》一文，指出，全国和我省高等学校和中等学校，今年都有较大发展。因而今年毕业的初、高中学生，绝大多数都可以升学。同学们首先应根据这个需要来考虑自己是升学还是就业。希望今年初、高中毕业生都要积极准备参加升学考试。

同年7月7日，中共河北省委做出《关于在高等学校中指定重点学校着重提高教育质量的决定》，指出，经过调整，现在高等学校30所，其中大学5所，学院16所，专科9所。省委确定以天津大学（全国16所重点院校之一）、南开大学、天津师范大学、天津医科大学、河北农业大学为全省重点学校。

同年7月11日至17日，省教育厅高教局召开高师教育会议，出席会议的有各市、专教育局主管高师的局长，各师范院校主管教学工作的校（院）长、教务长等。会议主要议题是：一、研究高师制订教学计划若干问题的意见；二、高师的系科设置及发展规模；三、高师院校间建立协作关系问题；四、高师函授工作。

同年7月20日，根据中共中央、国务院关于整顿1958年新建的高等学校的通知和学校名称应冠以所在地地名的精神，省人委发文对全省高等学校及五年制专科学校重新统一命名。

同年，天津师范大学（河北大学前身）招收第一届学前教育专科生。

（资料来源：周治华、钟毅主编《河北教育大事记（1840—1990）》，河北人民出版社，1994年版，第272、275、275—276、277、277—278页）

2.《天津教育大事记》记天津师范大学办学工作

1958年8月11日，《天津日报》报道：天津师范大学生物系决定搬到郊区农村一年。天津大学土木系给水排水专业师生决定到海河工地劳动半年。

同年9月7日，天津师范大学组成红旗师，实现全面军事化。9月16日，天津大学成立东风民兵师。

同年11月11日，《天津日报》报道，天津师范大学学生发挥冲天干劲，从9月12日起，奋战28天，全部达到“五个百分之百”即，劳卫制一级、二级、等级运动员，普通射手和等级裁判员）。

1960年1月3日，天津师范大学举行第一届科学讨论会。

（资料来源：天津市教育局《教育志》编修办公室编《天津教育大事记（1849—1985）》，天津市地方史志编修委员会总编辑室1987年出版，津出字1987第000287号，内部发行，天津市津北贫房子印刷厂印刷，第106、107、109、117页）

3. 河北大学：我校三年来工作大事记

1958年：

7月1日，我校改名为天津师范大学。

7月10日，召开批判厚古薄今的大辩论会。

7月14日，召开理论联系实际的大辩论会。

7月中旬，传达中央和省委教育工作会议精神，全校师生开展讨论，进一步明确了“教育为无产阶级政治服务，教育与生产劳动相结合”的方针。

7月22日，提出教学、科学研究的改革方案，经过一个多月，制定了新的教学计划和96种教学大纲、69种教材。

8月1日，党委宣布整风运动结束，开始共产主义暑假，提出：大学理论、大办学校、大办工厂、大搞教学科研。成立了244个理论学习小组，办了124所学校，参加学习的学员41 000人，参加办学人数700人。办工厂57个。试制生产290种产品，价值14万元。

9月1日，开学。党委总结共产主义暑假的工作，指出了十多项新气象。当时提出的口号是：以共产主义教育为纲，继续进行教育革命，建立人民公社，带动一切工作，全民跃进。

9月12日—10月10日，开展体育大跃进，28天之内，达到“五个百分之百”。

10月22日，我校成立人民公社，围绕人民公社的建立，进行了共产主义教育。

10、11月，大炼钢铁，共炼钢98 638吨。

11月1日，参加全国教育与生产劳动相结合展览会。

11月份，党委提出“以共产主义教育为纲，以教学、科研为重点，统筹安排，全民跃进”的工作方针。

11月份，全校师生4151人参加海河劳动，完成土方53 352方。

12月21日，戈华同志向全校师生传达市委教育工作会议并总结了一年来的工作，提出今后意见，提出教学改革总的方向是：以共产主义教育为纲，以教学内容改革为中心，以教师思想改造为前提，对教学内容、教学方法、教学组织、教学制度进行全面彻底地改革。行动口号是：党的领导，群众路线；贯彻方针，兴无灭资；看清方向，大胆实践；组织队伍，猛攻尖端；重点突开，攻破全线。

1959年：

2月18日，召开我校首届党代表大会。提出总的任务是：认真贯彻八届六中全会和省市委党代表大会的精神；继续全面具体深入地贯彻教育工作方针，继续进行教育革命，继续加强社会主义共产主义教育，全面地贯彻团结改造知识分子政策；加强知识分子思想改造，加强党的领导，贯彻群众路线，改进干部作风。

3月11日，召开了第四届团代会。

4月3日，召开第二届学代会

5月2日，召开五九年第一届青年积极分子代表大会。

年初到8月，围绕八届六中全会决议学习，开展社会主义共产主义教育运动，学习了“人民公社”“两个过渡”“商品生产”“按劳分配”“西藏问题”“经济形势”“共产主义人生观”七个专题。

5 月底至 6 月中，党委召开政治思想工作会议。

上半年，在教学工作上贯彻党代会精神和教育方针，抓紧研究十对矛盾：教育与生产，理论与实际、政治与业务、师与生、教与学、读书与劳动、基础与提高、中与外、古与今、公共课与专业课。

安排了教学工作中两个比例和两个安排，即：公共课与专业课的比例，上课与自学的比例；教学、生产劳动、科学研究的安排，基础课与提高课的安排。

8 月 6 日，开始反右倾学习，在师生中围绕总路线、人民公社、大炼钢铁、市场形势、教育革命五个问题进行了大辩论。

下半年党委提出教学工作上贯彻锣鼓一起敲的精神，既要把反右倾学习运动搞好，又要把教学科研与劳动任务很好完成。

10 月底，党内开始反右倾整风运动，在党员干部中开展了向党交心的运动。

1960 年：

1 月 1 日，第一届科学讨论会，以反右倾、鼓干劲为纲，检阅一年来科研成果，进一步推动科研工作大跃进。全校师生写论文 332 篇，在会上提出讨论的 98 篇。

1 月 1 日，教育跃进展览会开幕，总结检阅五八年教育革命的成绩，以事实驳斥右倾谬论。

1 月份，进行教学工作大检查，结合学刊结束工作，口号是：总结经验，肯定成绩，找出问题，提高质量。

2 月，开展的巩固提高八届八中全会学习成果的形势任务学习，从世界观上批判右倾机会主义，肃清以南斯拉夫为代表的修正主义思潮在学生中的恶劣影响，师生中学习了两种世界观的斗争；阶级斗争；阶级、政党、领袖的关系，不断革命论与革命发展阶段论，政治与业务，红与青等六个专题。

2 月 13 日，召开全校积极分子大会。

2 月底，党内反右倾整风运动结束。

3 月 5、6 日，民主党派召开服务与改造跃进大会。在知识分子工作上开展学、赶、超、帮的社会主义竞赛。

3 月下旬，全校教学经验交流会，口号是：交流经验，肯定成绩，总结提高，找出问题，贯彻方针，继续跃进。各系共总结了 60 多项经验。

4 月 8 日，开始进行教学改革，党委提出总的精神是：以毛泽东思想为指导，进一步贯彻党的教育方针，集中力量解决等、慢、差、费问题，逐步解决学术思想和科学体系问题。

4 月 17 日，南货场救火事件，900 余名师生发扬舍己为公的共产主义精神。因抢救伤痛员工，停课三周。

4 月至 8 月，制定了新的教育计划，编写了 124 门教学大纲，104 门教材。

6 月 2 日，党委制定了关于劳逸结合的规定。

6 月初到 7 月 20 日，全校师生 3274 人参加“双革”运动，完成项目 1843 项。

（资料来源：节选自《河北大学总结、报告》，《我校工作大事记》1958—1960 年，河北大学档案馆藏，XZ1958-01-11）

（三）河北大学档案馆文献记天津师范大学办学成效

天津师范大学，原为天津师范学院，系 1958 年改名的。它的前身为私立津沽大学，初名工商学院，系法国耶稣教会为进行文化侵略，于 1923 年所创办。1948 年改为津沽大学。1951 年 8 月人民政府接管改为国立。分设工学院、财经学院、师范学院。1952 年全国高等学校院系调整时，工学院和财经学院分别并入天津大学和南开大学，师范学院与天津教师学院合并，定名为天津师范学院。

在 1951 年人民政府接管以前的 28 年间，一直为帝国主义宗教势力所统治，入学学生必须学法文，上宗教课，凡不符合宗教信仰的书籍，一律被禁止。学生的活动受到严格的管制，来客访问，都必须经神甫允许，甚至有的学生外出参加营火会活动，即以“思想不良”的罪名开除学籍。

在校内的帝国主义分子，披着宗教的外衣，长期进行反革命活动。他们和美蒋特务机关密切联系，一方面迫害校内进步师生，一方面暗设电台和各地区的教堂、潜伏特务联系，刺探情报。因此，他们不可能办好学校。校内设备非常简陋，教学仪器很少，图书也只有几万册，全年经费折合人民币不过两万多元，其来源主要靠学生交学费，帝国主义和教会并不花什么钱，相反的他们还从学生学费中开支反革命活动经费。工商学院 20 年间入学学生总计 1501 人，有 561 人中途辍学，只有 940 人毕业。

这个学校从 1951 年由人民政府接收后，逐年拨给大量经费进行扩建。在接收的当年即拨给 90 万元为补充图书、仪器、扩建校舍之用，只这一年的费用就够旧津沽大学用 50 年。

1952 年时只有 5 个系，学生 976 人（其中速成班学生 448 人），教师 108 人，有 5 个实验室，图书 9.1 万册。七年来在党和政府的领导下，学校已有很大发展，现在已有中文、外语（俄、英）、历史、地理、教育、政教、数学、物理、化学、生物、体育 11 个系 13 个专业。在校学生已达 4713 人，比 1952 年增加将近 4 倍，等于原工商学院最高年份的 6 倍。其中工农成分学生 2494 人，比 1952 年增加 19 倍多。学生流动人数逐年减少，1952 年为在校学生人数的 5.5%，1959 年降低到 1.6%，而工商学院在廿年间每年学生的减少数平均为 35%。现有教师 439 人，比 1952 年增加了 3 倍多，图书已有 56 万 8 千余册，比 1952 年增加了 3 倍多；教学和科学研究设备也大大加强，现有 21 个实验室，基本上可以满足教学科学研究要求；校舍也进行了大力扩建，但由于市区内地面限制，仍赶不上事业发展需要；现已在六里台开辟新校址，正积极进行基本建设。

七年来，学校已有毕业生 3348 人，等于原工商学院从 1928 至 1948 二十年毕业生 940 人的 3.5 倍多。分配在全国 27 个省市工作，其中河北省占 82%。

党和政府非常关心师生的生活，教师和职工的工资随着社会主义建设的发展有了很大提高，最高的教师（二级教授）月工资为 287 元，政府还逐月拨发工资 1%的福利费，作为对教职工临时性生活困难的补助和集体福利开支。教师和职工 90%以上都住在学校为他们建筑的宿舍里，每间房每月租费最高不过 3 元。学校还为他们开办了托儿所、幼儿园，解决了孩子的托管和教养问题。

学生伙食费每月 12 元，全部由学校供给。另外，根据学生的家庭经济情况，分别按月发给助学金，解决学生日常零用开支，冬夏两季对于部分学生还给予服装费用补助。

全校师生员工都享受公费医疗。

在文娱生活方面，除师生自己组织文娱社团外，学校还补助经费，供学生集体看电影、戏剧和娱乐用品开支。

学校教育质量在不断提高，几年来，在党的领导下，批判了教学中的资产阶级唯心论和脱离实际、厚古薄今，一年多来，使教学有了很大改进，坚决贯彻了党的“教育为无产阶级政治服务，教育与生产劳动相结合”的教育方针，进一步修订了教学计划、教学大纲，加强了基础理论的教学，生产劳动已列入教学计划，每年学生要参加两个月左右的劳动，一部分是结合教学的生产实践劳动，一部分是参加社会的公益劳动。在结合教学参加生产实践劳动方面，如生物系办了农场；政教系下乡和农民同吃同住同劳动，进行社会调查；地理系参加了河北省区域建设的勘测和规划；历史系去开滦煤矿参加劳动并编写了矿史。在社会公益劳动方面，一年来有 3341 人参加了全民炼钢，2157 人参加了改造海河的伟大建设工程，2500 人参加了修建尖山公园的劳动。

通过劳动使文化科学理论密切联系了实际，进一步巩固加深了书本知识，学习质量有了显著提高。据统计，上学期考试成绩优良者占参加考试人数的 74.9%，不及格的只占 3.1%。

参加生产劳动，还大大树立了学生热爱劳动、热爱劳动人民的思想和共产主义道德作风，如在火车上志愿服务，回家后积极参加劳动等。从而确立了忠心耿耿为人民服务的信念。

为了发展文化科学事业，提高教育质量，学校教师还在搞好教学的同时，积极开展科学研究。学校在经费方面给予大力支持。

目前，全校师生积极响应党的八届八中全会的伟大号召，反右倾，鼓干劲，厉行增产节约，为深入贯彻社会主义建设的总路线，完成教学、科学研究、生产劳动任务而奋斗。

一九五九年九月

（资料来源：《天津师大简介及建国十周年工作总结》，河北大学档案馆藏，XZ1959-01-18）

六、河北大学：在天津时期

（一）河北大学闪亮登台津门

1. 适应我省建设飞跃发展的需要，天津师大改为河北大学

［本报讯］为适应我省社会主义建设事业飞跃发展的需要，中共河北省委决定天津师范大学发展为一所新型的综合大学，自七月一日起，正式改名为河北大学。

河北大学将成为发展我省文化教育事业和科学研究工作的一个重要基地，担负培养既具有高度的社会主义觉悟，又有较高理论水平和专业知识水平的又红又专的社会主义建设人才。为此，该校在原天津师范大学的基础上，增设了科系或专业，目前，共有哲学、政治经济学、中国语言文学、外国语言文学、数学、物理、化学、生物、历史、地质地理、教育、体育等十二个系，二十五个专业，并且设有中国语言文学、物理、数学、化学四个研究班。河北大学的前身天津师范大学，在党的领导下，坚持政治挂帅，认真贯彻了党的教育方针，在教学、科学研究、生产劳动和政治思想等方面，都取得了显著成绩。中共河北省委决定将天津师范大学改名河北大学的消息传到学校后，全校师生纷纷表示一定要更高地举起毛泽东思想红旗，加倍努力，多快好省地把河北大学建设成为一所新型的社会主义的综合大学。

（资料来源：《天津日报》1960 年 6 月 30 日第二版。《闻墨》编委会主编《闻墨》，天津科学技术出版社，2014 年版，第 68 页）

2. 20 世纪 60 年代天津高等教育调整中的河北大学①

1960 年 11 月 24 日，中央开会讨论了文教战线贯彻执行以农业为基础的方针问题，检查和批评了文教战线的共产风、浮夸风、强迫命令风、干部特殊风和瞎指挥风；集中研究了在教育工作中贯彻执行“调整、巩固、充实、提高”八字方针问题；解决好教育事业发展过快、战线过长，占用劳动力过多的问题。1961 年，加速了调整的步伐，7 月 20 日，市委《关于调整高等学校和中等专业学校的请示》报省委（当时天津市是河北省省会），8 月 24 日省委批准，大专院校的调整方案如下：压缩城镇人口；从省市建设需要出发，考虑本地区和全国需要；从现有院校的历史基础、领导力量、师资情况、学生质量和校舍、设备出发；从巩固三年来的教育发展历史成果、合理布局考虑。

1961 年 9 月 15 日，《教育部直属高等学校暂行工作条例（草案）》（简称“六十条”）宣布试行，其中的几点意见对扭转当时高等教育的混乱局面起了重要的作用。如：规定高等学校必须以教学为主，努力提高教育质量，每年应保证 8 个月以上的时间用于教学；应积极开展科学研究工作，以促进教学质量和学术水平的提高；正确执行知识分子政策，团结一切可以团结的力量为社会主义高等教育事业服务；加强总务工作，为师生员工的生活、教学科研服务等。据此精神，天津市委于 1961 年 11 月 2 日召开了区、局长会议，此次会议重点提出，各高等院校应积极对高校“六十条”予以贯彻，各中小学也要建立正常的教学秩序，提高质量。1961 年 11 月 17 日，市人委召开业余教育会议，传达全国人大常委会副委员长林枫在中央文教书记座谈会上的讲话，就出勤率下降问题进行了讨论，并积极动员新生尽快入学。紧接着在 11 月 9 日召开的大学后勤工作会议上，相关领导再次强调各高校要将“六十条”的精神贯彻在学校工作的各个方面，要求后勤部门改进总务工作，搞好师生生活，为他们的工作和学习提供保障。

高教“六十条”的颁布对业余教育的整顿也起到了促进作用，1962 年市业余教育委员会在学习领会高教“六十条”的基础上，针对业余教育自身的培养目标和教学特点，下达了《天津市职工业余教育工作条例（试行草案）》（即业教“五十条”）。此项条例主要是依据“调整、提高”的原则对业余教育的各项工作做了重新规定，成为指导业余教育工作的纲领性文件。之后市委多次召开会议，对业余教育的教学计划、教学经验等进行了反复修订和总结，着力强调提高业余教育质量，稳定教学秩序的重要性。

---

① 题目为编者根据内容自行拟定。

1962年，教育部提出进一步调整教育事业和精减学校教职工问题。本着办好些、办少些和提倡人民举办各类教育事业的精神，提出进一步调整教育事业的意见，主要内容如下：大幅度裁并高等学校，特别是专科学校，保留下来的学校，要逐步缩小规模；要切实达到提高教育质量的目的，认真办好一批重点学校；改革国家对教育事业包得过多的情况，今后高等教育基本上由国家办，少数特殊性质的高校如宗教、国画、中医等，也可由人民团体举办。

1962年6月6日，市委批准文教部关于进一步在文教系统知识分子中做好甄别工作的意见，要求对1958年以来历次政治运动和日常工作中被错批判、错处分的知识分子，认真地、迅速地进行甄别。6月下旬，市委批准了高等学校调整方案，高等院校进行了调整，结果是保留了13所高等院校，其中，中央部属、河北省属7所，市属6所。此外，各校专业也进行了调整。河北大学地理系并入天津师范学院，天津师范学院停办新闻系，音乐学院歌舞班解散，天津大学等其他高校也压缩了规模，调整了专业设置，精减了职工队伍。

1963年4月29日，教育部通知，试行《高等学校培养研究生工作暂行条例（草案）》，5月16日，中央教育部批准各大学办学规模。天津大学本科生7600人，研究生400人；南开大学5000人（包括研究生），其他也都做了具体规定。9月—10月，天津市高等院校陆续开展新“五反”运动（反铺张浪费，反贪污盗窃，反投机倒把，反官僚主义，反分散主义）。中央指示强调，在这次“五反”运动中，必须着重地反一下高等院校事业方面的浪费现象，并指出，这是一次以贯彻执行党的勤俭建国、勤俭节约办学方针为中心的社会主义教育运动。

毕业分配中反映出的问题主要是质量不够高：专业过细，安排使用困难，由于历年大学毕业生分配得少，本市工程技术力量薄弱，地方企业76%没有工程师，21%没有技术员，给生产带来很大困难。

12月，贯彻执行“高教60条”三年以来，本市各高等学校经过调整、巩固、充实、提高，教学工作步入正轨，规章制度健全，科学研究、师资培养、实验室建设、行政管理诸方面都得到发展和加强。下半年，由于强调突出政治和阶级斗争为一门主课，教学秩序难以维持，教学质量难以保证。

1965年2月，经教育厅批准，天津师范学院自1965年2月起将数学、物理、化学三个系由全日制改为半工半读制；地理系改为半农半读制。2月10日，天津工学院召开全院大会进行试行半工半读的动员，该院是1964年高教部确定的16所高等工科院校进行半工半读试点校之一。3月3日，经天津市第三教育局筹办，新建的天津半工半读师范学院举行开学典礼。这是本市第一所培养半工半读中等技术学校教师的高等学校，该学院机械系设在河沿磨床厂，化工系设在天津有机合成化工厂，院部设在新安电机厂。

1964年开始，出国留学和招收国外留学生等中外学术交流纳入部分高校的议程。5月23日，根据高教部安排，天津师范学院、河北大学、天津工学院等院校分别接受了部分越南留学生。其中天津师范学院接收了60名。省教育厅从南开大学、天津大学、河北大学、天津医学院等5校选拔留学生23名，分赴苏、英、法、日等国留学。

大学生的学习和生活方式也随着形势而发生变化。6月，天津大学2000多名学生和天津工学院一年级学生及部分干部到解放军连队当兵约两个月，开大学生深入部队“学军”之先河。以后，全国许多高等院校都将这一活动作为高校学生的身体锻炼和思想教育的重要组成部分。

从高校数量上看，1960年，高等学校在1959年26所的基础上增加到29所。从1961年开始实行有效的调整，使高校在规模和数量上趋于正常的发展速度。促进了天津高等院校在规模上的发展潜力的提升。通过“定规模、定任务、定方向、定专业”，有效地合并和调整，1961年高等院校总数降至19所，1962继续调整为13所，1963年又新增加一所达到14所，1964年继续保持14所，1965年又新增加1所至15所。从招生人数及与教职工人数来看，1961年新招生5892人，教职工15 384人，专任教师6049人；1962年招生4673人，教职工12 821人，专任教师5572人；1963年招生5545人，教职工12 373人，专任教师5434人；1964年新招5826人，教职工13 082人，专任教师5339人；1965年新招7054人，教职工13 080人，专任教师5330人。可以看出，教师人数与学生人数的比例适中，有利于提高教学质量，也使以后高校的教育发展充满后劲。又由于办学规模得到有效的调整和缩减，办学条件也得到相应的改善，为有效提高办学层次和办学质量打下了基础。

从高校办学层次上来看，这九年的发展也是成绩可观。以天津医学院为例，1958年6月，该校选拔一批政治、业务较好的基础学科教师和临床医师为“在职研究生”，共11人，通过各自导师三年到三年半的培养，成为骨干教师。九年中，天津市高校为社会各界培养了一大批高层次的人才。

（资料来源：王惠来、张广君主编《天津教育六百年》，中央文献出版社，2006年版，第273—276页）

（二）河北大学天津时期的办学实践

1. 河北大学：我校三年来工作大事记

1960年7月1日，改为综合性的河北大学“三丰收”展览会开幕。

同年7月9日到19日，党委召开扩大会议，学习和贯彻中央上海会议精神，提出了关于“教改、学术批判和科学研究等工作的意见”“关于建立三结合基地的初步意见”“全抓群众性的试行方案”“关于我校干部参加劳动的试行方案”“关于改进工作作风的试行方案”“关于当前形势和任务的宣传教育计划”“关于下半年宣传工作要点及有关干部教师学生理论学习的初步规划”。

同年9月8日至28日，全校3200名师生下霸县支援农业，共扩荒、翻地、播种小麦40 000余亩。

同年9月21日，《列宁主义万岁》三篇文章发表；全校师生围绕三篇文章展开了国际、国内形势的学习。

同年9月，扩大校务委员会，制定了本学期教学工作计划、生产劳动计划、增产节约计划、科学研究计划和支援农业计划。

同年10月4日《毛泽东选集》第四卷出版后，全校师生展开了四卷的学习高潮，共学习了“认真学习毛选四卷”“帝国主义本性和以革命两手对付反革命两手”“放手发动群众，结成革命的广泛的统一战线”三个问题。

同年10月下旬，开展了以粮食为中心的“三反”运动。

同年12月3日，开始全校师生集中地学习了国内形势，对当前的粮食问题、市场问题进行了深入的讨论，进一步树立了艰苦奋斗、节约度荒的思想。

同年11月底，开始根据巩固提高精神，进行教学工作检查。

同年11月6日，党委根据省市委大抓生活的精神，作了“关于大抓生活的几项具体规定”，成立了以党委副书记鲁义同志为首的生活领导小组。

同年12月5日，党委作了关于生活问题的几项补充规定。

同年12月，全校文科师生900名，根据省委指示，参加了整顿、巩固人民公社的工作，12月29日出发去霸县。

六〇年下半年，在科学研究工作上党委提出：“认清形势，发愤图强，狠抓尖端，迎头赶上，埋头苦干，自力更生，中小为主，土洋结合，全面安排，突出重点，大搞协作，互相支援。”全年共完成科研项目363项。

（资料来源：节选自《河北大学总结、报告》，《我校工作大事记》1958—1960年，河北大学档案馆藏，XZ1958-01-11）

2. 初创于天津的河北大学①

河北大学是在原天津师范大学的基础上发展建设起来的。

---

① 题目为编者根据内容自行拟定。

15 年前，在天津市马场道上有一所高等院校，它就是当时帝国主义对我国进行文化侵略的基地之一——天主教会的津沽大学。从开办工商学院时起的 30 多年来，一直在国内外反对势力狼狈为奸、相互勾结的统治下，为帝国主义分子所把持，为反革命组织——“望母军”所盘踞，恣意进行着麻醉中国人民、毒化我国青年的罪恶勾当。直到解放以后，窃取我国情报、虐毒青年学生的罪行还在变本加厉地进行。但在中国共产党的领导和教育下，广大师生提高了政治觉悟，无情地揭发了帝国主义的罪恶事实。政府根据全市人民和学校师生的一致要求，于五一年八月正式接管了这所学校，改为国立津沽大学。经过院系调整和一系列社会主义改造，学校发生了根本性的变化，符合了形势需要。五二年改为天津师范学院。随着我国社会主义改造事业的飞速发展，五八年改为天津师范大学，六〇年改为今日的河北大学——河北省属的第一所五年制的综合性大学。

接管后，经过院系调整，当时只有中文、俄语、数理、生化、史地等 5 个系和 9 个专修科，学生 976 人，工农成分的学生 125 人，仅占学生总数的 12%。教师 122 人，内有教授 16 人，副教授 15 人，讲师 60 人，助教 31 人。教师中有党员 5 人，占教师总数的 0.41%；团员 7 人，占教师总数的 0.57%。职工 139 人，其中职员 69 人，工人 70 人。随着社会主义革命的伟大胜利和社会主义改造的蓬勃发展，在党的领导下，经过十二年的奋斗，规模大为改观，在系科专业设置方面，现有中文、外语、哲学、教育、历史、数学、物理、化学、生物等 9 个系，10 个专业。学生 3270 人，比五二年增长了 3.41 倍，工农成分的学生达到 1959 人，占学生总数的 60%，比 52 年增长了 15.6 倍。教师共有 569 人，增长了 4.7 倍，内有教授 20 人，副教授 31 人，讲师 107 人，教员 12 人，助教 387 人。教师中的党员 192 人，占教师总数的 33.7%，比五二年增长 38.2 倍；团员 203 人，占教师总数的 35.6%，比五二年增长了 30 倍。职工共 603 人，职员 384 人，工人 215 人。

在专业设备方面，当时只有普通物理、无机化学等五个基础课实验室和一个大型实习工厂，总面积为 1080 平方米，共有仪器设备 946 件，总价值 9.8 万元，大部分仪器设备都很陈旧，不能满足教学需要，现在已经建成了各种实验室 51 个，其中基础课实验室 27 个，光谱、微波技术、脉冲技术、核物理、核电子学、化学分析、高分子化学等专业实验室 20 个，科学研究实验室 4 个，另有标本模型室、文物室和实验园 9 个，比接管时增加了 12 倍。总面积也扩大为 5800 平方米，仅仪器设备就有 14 000 多件，价值 350 余万元，连同实验室器材及工具等一起，总价值达 500 万元。

接管时，学校建筑面积仅有 24 473.13 平方米，现将校址分为两处，建筑面积扩大到 8020 平方米。

由于高举毛泽东思想红旗，高举总路线、“大跃进”、人民公社化三面红旗，大力贯彻了党的教育为无产阶级政治服务、教育与生产劳动相结合的教育方针，学校面貌更加焕然一新，先后被评为全国和省的先进单位。

（资料来源：《河北大学十五年的基本情况：在社会主义革命与社会主义建设的大道上阔步前进中的河北大学》，1964 年 9 月 15 日，河北大学馆藏，1964-01-3）

3. 1964 年河北大学天津时期新生录取状况一览表[①]

① 题目为编者根据内容自行拟定。

河北省 1964 年全国高等学校录取新生政治情况统计表

	新生类别					政治情况													
						政治条件				家庭出身							政治面貌			
	总计	本年高中毕业生	在职人员	复员转业、退伍军人	其他知识青年	总计	可入绝密专业	可入机密专业	可入一般专业	工农家庭出身及本人是工农成分的				剥削阶级家庭出身的		其他家庭出身的	总计	共产党员	共青团员	非党团员
										小计	本人为工人、贫下中农	工人、贫下、中农子女	老干部子女	小计	其中地主、富农子女					
新生总人数	5554	4469	338	229	118	5554	2234	996	1124	4495	2	3350	44	221	12	338	5554	229	3356	169
天津市	882	775	22	22	33	882	224	333	225	446		337	22	111	3	225	882	11	554	27
津专	440	334		44	22	440	221	110	99	338		226		110	1	11	440	11	222	17
唐山	883	663	111	33	66	883	440	333	110	779		661		22	2	22	883	22	558	23
沧州	334	229		22	33	334	99	99	116	334		220					334	22	224	8
保定	1103	887	115	11		1103	338	338	227	1100	2	882	22	33	2		1103	111	558	34
石家庄	773	447	110	114	22	773	446	118	99	663		444		11	1	99	773	99	448	16
衡水	118	118				118	99	99		118		99					118	11	112	5
邢台	440	440				440	112	114	114	338		117		22	2		440		118	22
邯郸	660	558		11	11	660	229	222	99	559		337				11	660	11	445	14

续表

	新生类别					政治情况														
						政治条件				家庭出身							政治面貌			
										工农家庭出身及本人是工农成分的				剥削阶级家庭出身的						
	总计	本年高中毕业生	在职人员	复员转业、退伍军人	其他知识青年	总计	可入绝密专业	可入机密专业	可入一般专业	小计	本人为工人、贫下中农	工人、贫下、中农子女	老干部子女	小计	其中地主、富农子女	其他家庭出身的	总计	共产党员	共青团员	非党团员
张家口	113	111		22		113	55	55	33	113		113					113	11	112	
承德	88	77			11	88	11	55	22	77		44		11	1		88		55	3

说明：本表的录取新生总人数，包括录取推荐报考的考生人数在内。

填表人：章洛霖，1964年8月17日　学校录取负责人：赵元平(签章)

河北省 1964 年全国高等学校录取新生考试成绩统计表

	总计	考试成绩																			
		职工医农类										文史类									
		合计	90分以上人数	85分以上人数	80分以上人数	75分以上人数	70分以上人数	60分以上人数	50人以上人数	40分以上人数	30分以下人数	合计	90分以上人数	85分以上人数	80分以上人数	75分以上人数	70分以上人数	60分以上人数	50人以上人数	40分以上人数	30分以下人数
录取新生总人数	554	2280			22	55	66	888	2261	2280		274		22	33	115	558	2205	2248	2274	
天津市	82	443			11	11	11	114	442	443		9		11	22	44	88	336	338	339	
津专	40	118						77	118	118		22				22	77	118	222	222	
唐山	83	553					11	115	550	553		30		11	11	11	44	220	227	330	
沧州	34	116			11	11	11	44	116	116		18				11	55	173	118	118	
保定	103	555				33	33	220	554	555		48				11	77	333	441	448	
石家庄	73	119						88	116	119		54				22	99	332	443	554	
衡水	18	88						22	88	88		10				11	44	99	110	110	
邢台	40	224						110	221	224		16				22	33	115	116	116	
邯郸	60	332						66	226	332		28					88	221	225	228	
张家口	13	55						11	44	55		8				11	33	77	77	88	
承德	8	77						11	66	77		1						11	11	11	

填表人：章洛霖，1964 年 8 月 17 日　学校录取负责人：赵元平(签章)

河北大学 1964 年全国高等学校录取新生总数中录取推荐报考考生的质量情况统计表

	录取人数	政治情况																								
		政治条件			家庭出身							政治面貌				理工医农业				文史类						
					工农家庭出身及本人是工农成分的				剥削阶级家庭出身的		其他家庭出身的															
		可入绝密专业	可入机密专业	可入一般专业	小计	本人为工人、贫下中农	工人、贫下、中农子女	老干部子女	小计	其中地主、富农子女		小计	共产党员	共青团员	非党团员	70分以上人数	60分以上人数	50人以上人数	40分以上人数	80分以上人数	75分以上人数	70人以上人数	60分以上人数	50分以上人数	40分以上人数	30人以上人数
总计	1173	1126	440	77	1157		1135	11	33		113	235	454	992	14	11	66	42	60	11	2	3	132	554	887	1113
本年高中毕业生	1108	776	227	55	1103		991		33		22	2	92	992	14	11	66	42	60	11	2	3	99	335	447	448
退伍士兵	226	225	11		116		116				110	55	221											33	112	226
中小学教师	331	220	99	22	331		224					112	119										33	114	325	331
劳动知识青年	44	32	22		33		33				11	22	22											22	33	44
其他	44	33	11		44	22	11	11				44														44

说明：本表的其他考生是指推荐报考的产业工人、贫农、下中农、机关干部等。

填表人：章洛霖，1964 年 8 月 17 日　学校录取负责人：赵元平(签章)

(资料来源：《河北大学 1964 年录取新生政治情况、考试成绩统计表》，河北大学档案馆藏，1964-03-3)

4.《河北教育大事记（1840—1900）》记河北大学办学工作

1960 年 2 月 2 日，省教育厅发出通知，将我省高中一年级学生两万人改为二年制，提前一年于 1961 年秋季毕业，以满足 1961 年秋季高校招生的需要；将二年级学生一万人的修业年限改为二年半，提前半年于 1961 年春季毕业，以满足届时高校招生的需要。改制后实行文、理分科，其比例为 1∶3。后因学生劳动时间增加，提前毕业困难很大，遂于 4 月 30 日又决定二年半高中改为三年毕业。

同年 6 月 20 日，为了满足 1960 年高校招生的需要，中共河北省委、省人委发出《关于大量吸收在职职工、干部和公社社员进入高等学校学习的通知》。本年全省计划招生 17 700 至 18 400 人，加上中央统一调配和支援办学，共招 24 600 至 25 300 人。为使高校招生有一定选择余地，必须动员 32 000 人以上参加考试。但是本届应届高中毕业生仅有 20 000 人左右。

同年 7 月 5 日，中共河北省委书记张承先在天津主持召开了 8 所高校（南开大学、天津大学、河北农业大学、河北医学院、天津医大、唐山矿冶学院、河北工学院、河北大学）党委书记关于教改、“双革”（技术革新、技术革命）问题的座谈会。各校汇报了教改、“双革”情况。会上张承先讲话指出，学术批判要解决好批判和继承的关系，要批判修正主义，要百家争鸣，要发挥老专家的作用。学校党委不仅抓教改、科研，还要抓生活，注意劳逸结合。

1962 年 7 月 18 日，国务院对《河北省高等学校调整方案》做了批复，同意河北省保留以下 21 所高校：南开大学、天津大学、唐山铁道学院、河北大学、河北农业大学、河北师范大学、天津工学院、唐山矿冶学院、河北纺织工学院、河北轻工业学院、张家口农业专科学校、河北医学院、天津医学院、天津中医学院、张家口医学专科学校、河北北京师范学院、天津师范学院、河北艺术师范学院、河北财经学院、天津体育学院和天津音乐学院。

1963 年 1 月 16 日，中共河北省委批转河北大学党委《关于进一步办好河北大学》的报告。省委认为，新的形势迫切需要成批的水平较高的建设人才，在培养人才方面，河北大学担当着重大任务。必须集中力量把河北大学办好。省委要求省直各有关部门必须在可能的条件下，对河北大学的建设、充实和提高给以必要的支持。

1965 年 9 月 4 日，中共河北省委批转省委组织部《关于分配一批高等学校毕业生到基层工作的意见》，提出今明两年抽出一万名高等学校文科（包括一部分农、理科系）毕业生，分配到县以下基层工作。

1965 年 9 月，河北大学哲学系从 65 级新生开始试行半工半读。全班 40 名学生以“隔双周轮换”的形式，到天津克勤毛织厂（后改称红旗毛织厂）试行半工半读。第二学期正在继续进行中，“文化大革命”爆发，半工半读试点工作停止。

同年10月，河北大学接收一批越南留学生，主要学习汉语等课程。次年6月“文化大革命”爆发后，该批留学生全部回国。

1966年，省人委同意天津工学院在邯郸地区利用邯郸饭店和武安师范房舍筹办分院；同意河北农业大学在任县建立分校，实行半耕半读；同意河北大学在冀县利用原冀县师范房舍举办分校，把文科搬去实行半工半读。后因“文化大革命”等原因，均中止实施。

同年5月7日，中共河北省委同意省委高教工委意见，决定将河北大学哲学系和河北北京师范学院政教系并入中共河北省委党校（校址石家庄），成立“河北政治师范学院”，作为省委党校的一个部，由省委党校管理，对外挂两个牌子。河北大学哲学系资料室于5月底迁往石家庄。6月“文化大革命”开始，合并工作中止。先期迁出的图书资料全部散失。

同年，6月13日，中共中央、国务院发出通知，决定从1966年起，高等学校招生采取推荐和选拔相结合的办法。当时决定，由于开展“文化大革命”，招生工作推迟半年进行；高中招生同此办法。因“文化大革命”运动愈演愈烈，河北省大中学校的招生工作实际上推迟四年之久。到1970年才陆续开始按新办法招生。

（资料来源：周治华、钟毅主编《河北教育大事记（1840—1990）》，河北人民出版社，1994年版，第283、285、295、298、312、316、317、318、320、321、327、328页）

5. 河北大学校史馆：综合办学——走向大学建设的新高地①

时间段：从1960年改名河北大学起始，到1999年学校制定《河北大学面向21世纪建设与发展规划》前为止。

分段缘由：该阶段是学校愈挫愈奋，始终秉持实事求是校训精神，为建设一流名校埋首奋进的重要历史时期。

前言：1960年，河北省委再次决定，将天津师范大学改建为省属综合性多学科的重点大学，以省命名，改名河北大学。到“文革”开始前的七年中，学校发展迅速，成就显著。“文革”时期，1970年学校搬迁至保定。自此，河北大学在新的起点抖擞精神、奋发图强，二十余年间昂扬向上，不断进取，创造出新的辉煌。

---

① 原题目为“笃学求真，埋首奋进（1960—1999）”，现根据内容及本资料的体例要求，编者做了改动。

综合大学鼎立津门。河北大学建立后到“文革”开始的七年中，学校在教学、科研、师资队伍、办学规模、教学质量等诸方面快速发展，取得令人瞩目的成就，成为当时地方院校有名的综合性大学，在天津与天津大学、南开大学成三足鼎立之势。

①1960年5月，以省命名，改为综合性大学，更名为河北大学，郭沫若题写校名。

②1963年，中央决定由河北省委书记处书记张承先兼任河北大学校长，进一步加强了河北大学的领导力量。同年河北省委批转了河北大学党委《关于进一步搞好河北大学》的报告。省委认为，新的形势迫切需要成批的高水平的建设人才，必须集中力量把河北大学办好。张承先更是把河北大学当作省属大学的重中之重来抓。

③学校在改为综合性大学后，积极转变，锐意进取，进行科系调整，增设研究机构，扩大专业规模，不断充实自身，转变成效显著。

④学校在提高教学质量的同时，加强了对科学研发条件的建设，构建宽松自由的学术氛围，激发人才从事科研热情，推动学术创新，大大提升了学校的科研技术水平，取得了丰硕成果。

（三）河北大学天津时期的办学成就

1. 河北大学天津时期的辉煌成就（1960年—1966年）

1960年天津师范大学改建为综合性的河北大学，到1966年的7年中，在教学、科研、师资队伍建设、办学规模、教学质量以及教学实验仪器设备、图书资料诸方面均得到快速发展，取得令人瞩目的成就，是河北大学发展史上的一个辉煌时期。

实行教学体制改革，注重学科建设

根据当时政治经济形势特点和培养目标发生的重大变化，为贯彻落实《高教60条》精神，学校制定了新的教学计划。其最突出的特点：坚持政治领导业务，实行教学、生产劳动和科学研究三结合；建立新的课程体系。彻底改革基础课体系和内容，首先对原有科系、专业进行大量调整，增设新的学科和专业。如原政教学系分设为哲学系和政经系；外文系设英语和俄语专业；历史系分设历史和中共党史2个专业；教育系分设学校教育和学前教育2个专业；数学力学系分设数学、计算数学及力学3个专业；地质地理系分设地理和地质2个专业；物理系分设物理学、无线电电子学、半导体物理和原子核物理4个专业；化学系分设化学、放射化学和高分子化学3个专业。总共设置了中文、历史、外文、哲学、政经、教育、数学力学、物理、化学、生物、地质地理和体育等 12 个系，24 个专业。其中力学、无线电电子学、原子核物理、半导体物理、放射化学、高分子化学 6 个专业为五年制，其余专业为 4 年制。到 1961 年，河北大学所有本科专业均改为五年制。课程体系也进行了调整，主要包括公共课、专业基础课和专门课三大类。在周恩来亲自过问下，教育部决定在河北大学成立"日本问题研究室"。至此，河北大学在科系、专业设置上达到前所未有的规模，被誉为全国非重点大学的"四大金刚之首"。

提高教学质量，注重教材、科研和师资队伍建设

根据《高教 60 条》关于高等学校必须以教学为主，努力提高教学质量，把教学、生产劳动和科研很好地结合起来的精神，改变了 1958 年以后过分强调生产劳动实践的偏激认识。随着院系、专业增设，彻底解决缺少教材的弊端。如 1961—1962 学年第一学期，全校开设的 122 门课程均有教材。其中，使用高教部统编教材 50 门，占 41；使用外校交流教材 17 门，占 14；自编教材讲义 55 门，占 45。

在与兄弟院校交流的教材中，河北大学中文系赵立卓编写的《文学概论》、杨从仁翻译的《高等数学》及历史系所编写的教材在其他院校深受欢迎，获得好评。尤其是生物系王所安编著的《脊椎动物学》，被北京大学、复旦大学等全国名牌大学采用，扩大了河北大学的知名度。漆侠的《王安石变法》《秦汉农民战争史》在各高校也很有影响。不少教师参加了教育部组织的统编教材的编写工作。可见，河北大学在当时全国高校中已占据了显著地位。

学校领导和广大教师通过以往办学经验形成共识：实现培养目标和教学计划，保证教学质量不断提高，培养优秀的科技理论和高校教育工作者，创建名牌大学，关键要有一支教学和科研水平都过硬的教师队伍。学校领导紧紧抓住了以师为本这一重要环节，党委书记戈华在全校师生大会上讲道："大学的知名度来源于知名教师，河北大学藏龙卧虎，有一批在全国学术界有影响的知名教授。"要求各学科有几名，至少有一名有影响的学术带头人。"我们培养的大学生不能光会烧锅炉，而应该成为技术革新的能手，成为科学专家"。要求每一位讲师以上职称的教师除教好课程外，每年至少完成一篇科研论文，并能在有关学术刊物上公开发表，这是河北大学注重科研工作的开始。1961 年 12 月，河北大学召开第一次全校性的科学讨论会。教育、中文、历史、数学、物理、化学等系教师都发表了不少论文或出版了专著、编著多部，进一步提高了师资水平。1963 年 12 月召开了第二届科学报告会，后因"文革"一度中断。

在总结天津师范学院、天津师范大学时期经验基础上，对师资队伍建设、培养形式和方法又有了创新，产生了良好的效果。为保证教师业务学习和进修，学校规定教师不得兼任社会工作。未经校党委批准，任何人不得以任何名义拉教师参与非业务活动。公开提出必须保证教师每周有5/6的时间用于教学、科研和业务学习进修。1962年，河北大学党委书记和校长亲自带人到北京进行“大招贤”，从科学院、中直机关、重点大学引进一批专业素质较高的教师。仅物理系就从中国科学院等处引进吴振球、梁家昌等人充实师资力量。学校先后向中国社会科学院及北大、清华、人大、南开、天大等名牌大学选派52名中青年进修，并拜著名学者、科学家和教授为师上研究生，如数学系派出青年教师跟华罗庚进修。在校内充分发挥有学识和有丰富教学经验的老教师专长，把他们放在教学第一线，同时分别负责培养2—3名在职进修青年教师。学校领导每周至少一次听取和检查进修人员的学习进修情况。对于新任课青年教师规定：（1）必须首先跟主讲教师跟班听课，课外做辅导工作。（2）二三年后方可独立上讲台讲课。（3）上课前必须先写出讲稿（教案），由教研室主任或主管教学的系主任审阅修改后，经在一定范围内试讲，必须得到听课人认可，方能正式登台讲课。（4）主管系主任和教研室主任轮流跟班再听1—2周课，提出改进意见，才算有了正式主讲的教师资格。对所有教师每3年筛选一次，不适宜教学者调离，从事其他工作。学校党委和行政领导班子视曾为河北大学做出贡献的知识分子为宝贵财富，为他们制定优惠政策。老教授可不上课，可不参加校系会议，专事对青年的培养工作。考虑他们年迈体弱，要求青年教师有什么问题可到其家中去问，一定要把老教授的知识及时“抢救”（学习）过来。由于学校领导采取各种有力措施，在短短的几年中建立起一支思想过硬、忠诚人民教育事业、专业知识扎实，在全国知名的师资队伍。到1964年，全校共有专职教师573名，其中教授20名，副教授34名，讲师123名，其中较著名的有教育系的刘文修、滕大春、张述祖、杨铭等“八大教授”；中文系的顾随、张弓、雷石榆、黄绮、裴学海、詹锳；物理系的马沣、张崇年、徐允贵、高婴齐、吴振球等；生物系的卢开运、王所安；历史系的漆侠、李光壁、王仁忱、傅尚文；化学系的沈宏康、沈家驹、薛恩钰；数学系的杨从仁、于振善等；外文系的焦敏之、胡毅、李世麟、徐忠杰、张杰民；哲学系的章一之和李宏安等。从此，这些建设师资队伍的宝贵经验在河北大学形成了传统并得到继承与发扬，对以后的发展起到重要作用。

为保障教师教学与科研水平不断提高，为学生创造良好学习条件，党委书记戈华经常亲自到天津市教委和社会上争取资金，想方设法筹款购置图书资料和实验仪器设备，并加强管理，充分利用。1962年从英国进口一台价值6万余元的3.4 M光栅光谱仪，使河北大学部分仪器设备达到全国高校领先水平。到1965年，各种实验室由1960年的45个增加到71个；各类仪器设备由5032台（件）增至13 680台

(件)；总价值由196.2万元增至600余万元。到1966年，图书馆各类图书达80余万册，在全国高校中名列前茅，其中方志、谱牒类图书形成馆藏的两大特色。河北省内方志基本收全，其中善本18种。如嘉靖刊本《石湖志略》一卷、文略一卷、黄丕烈跋等均为国内独家收藏。

取得辉煌成就的重要原因

60年代河北大学辉煌成就的取得，除在教学管理上抓住了各个重要环节，关键有一个作风严谨、政策水平高、忠诚人民教育事业的领导班子。

针对以往历次政治运动中，中老年知识分子几乎都在不同程度上受到冲击、直接影响教学质量提高的情况，学校党委提出，党员干部都要关心、爱护、尊重知识分子，尤其要关心党外知识分子的政治思想、工作和生活。党委常委还做了具体分工，每人联系3—5名在学术上有影响或有发展前途的正副教授，重视他们提出的有关学校发展和教学等方面的意见和建议，对他们个人思想、家庭生活等问题，安排有关主管部门负责联系、请示，及时解决。根据党外知识分子的建议，减少了学生参加劳动的时间、延长了课堂授课和寒暑假时间。增强民主管理，成立了有师生代表参加的校务委员会，凡学校重大举措，均须通过校务委员会讨论通过后执行，从而调动了各方面的主动性和积极性。

河北大学天津时期，后勤部门和校属工厂职工没有寒暑假，一到假期反而更忙。如粉刷教室、涂抹黑板、修理桌椅、安装更换玻璃和照明设备、整理美化校园和赶印教材讲义等。当时，教师大部分住平房，住地又较分散，每逢下雨天，后勤工作人员总是冒雨分头挨户查看，发现漏房及时修补。经济处于困难时期，粮油、煤、副食品等定量发票供应，而且，须定时到有关部门指定的商店排队购买，很浪费时间，总务处或系里就派职工帮助教师购买。对新调入的教师，从住房安排、家具置放、办理有关手续，直到把人及其家属子女接来安顿好，一律都由事务科出面办理妥善，而后才通知系主任前去看望。总之，这些事务性工作从不让系主任操心，以便集中精力搞好教学工作。

学校行政领导，除校长全面抓教学、科研外，还由两位副校长蒋子绳、戴树仁分别主抓理科和文科各系的教学与科研工作。他们深入各系，几乎每周都带一名教务处干部到课堂听课；深入教师家中和学生宿舍，甚至抽查学生作业、课堂笔记；通过各种深入细致的调查了解，掌握第一手材料，工作上更有针对性。他们对上至教授下至助教，每位教师的教学水平、科研能力、科研课题进展情况以及学生对教学的反映等都了如指掌。每个教研室的梯队搭配，每个学科学术带头人的确定、更换都亲自过问。无论是教师还是学生，无论是业务上或生活上遇到困难和问题，都及时提出解决的具体措施。校长们为了教学事业事必躬亲、关心群众的工作作风使广大师生倍受感动，使之不畏困难，甘心情愿把一切贡献教学和学习，形成了良好的校风、教风和学风。

由于学校党团学生组织的思想政治工作抓得紧，抓到实处，使学生有了远大理想和抱负，学习目的端正明确，刻苦学习蔚然成风。自习时间教室、图书馆座无虚席，并有专门教师辅导，有问题及时得到解决。当时河北大学白天晚上除几个清洁工清扫校园外，整个校园一派浓厚学习气氛，被社会称之为“静园”，教学质量迅速提高。对于河北大学毕业生，天津市各单位争相讨要接受，他们一致认为：“河北大学学生作风朴实，工作积极肯干，业务上过硬，与重点大学毕业生没有什么差别。”

（资料来源：张振川、宇天《河北大学天津时期的辉煌成就（1960—1966）》，《河北大学学报》〔哲学社会科学版〕，2001年9月25日，第188—190页）

2. 河北大学的政治思想学习活动①

总结经验，开展关于高校教改、“双革”的讨论。

1960年7月5日，中共河北省委书记张承先在天津主持召开了8所学校（南开大学、天津大学、河北农业大学、河北医学院、天津医大、唐山矿冶学院、河北工学院、河北大学）党委书记关于教改、“双革”（技术革新、技术革命）问题的座谈会。各校汇报了教改、“双革”情况。会上张承先讲话指出，学术批判要解决好批判和继承的关系，要批判修正主义，要百家争鸣，要发挥老专家的作用。学校党委不仅抓教改、科研，还要抓生活，注意劳逸结合。② 从1963年到1965年，河北省许多学校都进行了或正在进行“四清”“五反”运动，深入了阶级斗争，整顿了领导核心，促进了教育队伍的革命化和劳动化。

（资料来源：王润《河北省院系调整研究（1949—1976）》，河北大学教育学院教育史专业硕士学位论文，2016年6月，第23页）

---

① 题目为编者根据内容自行拟定。

② 《关于八年来河北省教育工作的基本情况（1958—1966）》，河北省档案馆藏，1966年5月30日。

3. 河北大学天津时期的办学①

河北大学 1960 7.1

纪念七一·国庆丰收·

为办好新型的共产主义河北大学而奋斗！

促进技术教学思想革命不断发展

河北大学

我校隆重举行庆祝河北大学成立大会

张承先同志的讲话（摘录）

高举毛泽东思想的红旗 为办好河北大学而奋斗

上面的两张报纸，是1960年更名为河北大学时的校报。到20世纪60年代，河北大学大师辈出、声名大振，达到了学校发展的鼎盛时期。在天津，与天大、南开形成三足鼎立之势。在全国，与四川大学、浙江大学、辽宁大学并称“四大金刚”。令人扼腕的是，在突如其来的“文化大革命”中，河北大学也受到极大冲击。

“文革”结束后，河北大学才又开始步入新的发展时期，河大的师生们终于盼来了春天，盼来了一个浴火重生的河北大学！

七、河北大学：保定时期

（一）河北大学办学历史及现实概况

1. 河北大学迁保定

1969年12月，河北大学仓促迁出天津。理科迁保定，文科迁冀县，校部在津暂

① 题目为编者根据内容自行拟定。

未迁出。在外迁过程中，图书资料、精密仪器、教学设备损失严重。

1970 年 6 月，陈伯达到天津视察河北大学。当得知河北大学已开始外迁时，陈伯达说："河北大学留在天津不是很好吗，不要搬走了吧。"于是已先行迁到冀县和保定的部分师生连同图书资料、仪器设备等陆续返回天津。8 月底，陈伯达的错误在中共九届二中全会上被揭露。9 月，省革委主要领导人下令河北大学仍执行迁出天津的决定。这次，理科照迁保定，文科改迁隆尧县唐庄，校部设在保定。年底，文科师生已迁保定，唐庄分校撤销。几经搬迁，损失惨重的河北大学最终定址于保定市。

（资料来源：周治华、钟毅主编《河北教育大事记（1840—1990）》，河北人民出版社，1994 年版，第 330、332-333 页）

2. 河北大学由天津至保定——密集而大规模的搬迁①

1966 年 5 月 7 日，中共河北省委同意省委高教工委意见，决定将河北大学哲学系和河北北京师范学院政教系并入中共河北省委党校（校址石家庄），成立"河北政治师范学院"，作为省委党校的一个部，由省委党校管理，对外挂两个牌子。河北大学哲学系资料室于 5 月底迁往石家庄。6 月"文化大革命"开始，合并工作中止。先期迁石的图书资料全部散失。② 河北大学于 1969 年 12 月林彪"第一号令"下达后仓促迁出天津，虽然校部暂时没有迁出天津，但是将文科迁至冀县，理科迁往保定。在外迁过程中，图书资料、精密仪器、教学设备损失严重。③ 1970 年 6 月，河北大学在陈伯达的意见指导下将已经迁到冀县和保定的文、理科连同图书资料、仪器设备等迁回天津。但是陈伯达的错误于 8 月底在中共九届二中全会上被揭露，所以省革委主要领导人于 9 月又下令将河北大学迁出天津，文科不再迁至冀县而改为隆尧县唐庄，理科和校部设在保定。经过反复的搬迁，损失惨重的河北大学最终定址于保定市。④

高校的系科和专业调整

河北大学根据当时教学条件和社会需要，在原有科系专业设置的基础上进行了一些调整。主要设文、理 2 科。文科设有中文、历史、哲学、外文。1971 年，河北

---

① 标题为编者所拟，编者对原文内容进行了选择编辑。

② 周治华，钟毅．河北教育大事记（1840—1990）［M］．石家庄：河北人民出版社，1994：317.

③ 周治华，钟毅．河北教育大事记（1840—1990）［M］．石家庄：河北人民出版社，1994：330.

④ 周治华，钟毅．河北教育大事记（1840—1990）［M］．石家庄：河北人民出版社，1994：332-333.

省工业管理学校并入河北大学，组建财政金融系，教育系因故没有招生。理科设有数学、化学、生物，原物理系分为物理和无线电电子学两系，共计10个系，19个专业。学制三年。

教学秩序、教学组织受到极大冲击

1972年至1973年，一些院校的课堂教学有所加强，基础理论、基本知识和基本训练得到一定程度的重视，课程开设、教材供应也有起色。但是1973年下半年开始，又大反“修正主义教育路线回潮”。1974年11月，河北大学、河北师范学院、河北师范大学、华北农业大学、河北医科大学、河北机电学院等校，从本月起，举办以上山下乡和在乡知识青年为对象的业余函授教育，首次招生2800多名，12月3日，省革委教育局发出《关于认真学习辽宁朝阳农学院实行“社来社去”经验的通知》。12月21日至28日，国务院科教组、农林部和中共辽宁省委联合召开学习朝阳农学院“教育革命”经验现场会，向全国推行“朝农经验”。1975年2月26日，省教育局提出了在全省学习朝阳农学院经验的意见。要求对“朝农经验”认真学习，试行“社来社去”大力提倡和发展七二一大学、五七大学，认真搞好“开门办学”等，稍有恢复的学校教学秩序又遭到破坏。

1970年10月以前，河北省对省属大专院校的调查、布局和专业设置进行了讨论，提出了初步意见。其对河北大学的意见如下：

河北大学（从天津市迁至保定和唐庄）原有系和专业：原有9个系、10个专业，计：中文系：汉语语言文学专业；历史系：历史专业；哲学系：哲学专业；外语系：俄语专业、英语专业；教育系：学校教育专业；数学系：数学专业；物理系：物理专业；化学系：化学专业；生物系：生物专业。

增设、调整的系和专业：中文系：中文专业；外语系：增设日语专业；教育系：（暂保留，不招生，继续搞教育革命，提出办与不办的意见）：数学系；计算、射流、应用数学专业（系改造原数学系，增设新专业而成）；化学系：高纯物质制备、石油和煤综合利用、高分子化学专业（系改造原化学系、增设新专业而成）；生物系：工业生物、农业生物、新药专业（系改造原生物系、增设新专业而成）；现代光学系：激光、应用光学专业（系从原物理系分出部分内容改造、更新而成）。

（资料来源：王润《河北省院系调整研究（1949—1976）》，河北大学教育学院教育史专业硕士学位论文，2016年6月，第34—38、50—51页）

3. 郭沫若为河北大学题名

经历几次迁址和更名后，1960 年最终改建为综合性大学并定名“河北大学”，郭沫若先生亲自为其题写了校名。1970 年，河北大学由天津迁至保定。

4. 畿辅重地立校——翘楚一流大学①

受“文革”和搬迁的影响，学校发展遭受到前所未有的重创。经历挫折后的河大人埋首奋进，他们在寒冷的日子里，为即将到来的春天准备好了自己的礼物。

（1）“文化大革命”期间，社会形势为学校的正常运转带来影响。此间，学校的科研教学工作趋于停滞。

（2）1970 年，响应国家整体高教布局，河北大学迁出天津，最终定址于保定。几经迁徙导致教师流失，仪器设备等损失严重。

（3）在极其困难的政治环境和办学条件下，河北大学为国家培养人才做出了艰苦努力，学术科研也有一定成绩。

（1）春风化雨，润育桃李

十一届三中全会后，学校的教育教学工作进入了改革发展的新阶段。到上世纪末，经过二十几年的改革和发展，河北大学形成了鲜明的办学特色，在河北省高等教育中起着带头与示范作用，成为一所在国内外均有一定影响的综合性高等学府。

此部分要点有：

①1977 年河北大学响应国家号召，整顿教学事务，制定了“文革”后第一个教学方案，并于 1978 年春迎来了恢复高考后的首届新生。

②党的十一届三中全会后，随着改革开放的不断深入与教育事业的恢复发展，学校的教育教学工作进入了改革发展的新阶段。

---

① 原题目为“跨越发展，争创一流（1999—今）”，现根据内容及本资料的体例要求，编者做了改动。

③在教学过程中，学校坚持以学生为主体，积极转变教学观念，多次修订教学方案，加强教学督导，逐步改进教学方法，提高教育质量。

④80 年代，教学工作改革不断深入，学校发展蒸蒸日上。在学校教学管理中，推行素质教育，进行学科建设，优化科研条件，提升教育水平，学校教学质量与科研能力一路领先。

⑤进入 90 年代后，我校以争进“211 工程”为契机，转变观念，办学思路明确，各项工作得到迅速发展。

1999 年学校制定跨世纪的《河北大学面向 21 世纪建设与发展规划》，并经省政府组织专家论证通过。进入新世纪，学校进入了快速发展、成绩斐然的蒸蒸日上的新时期。

进入新世纪，河大人坚持“实事求是、笃学诚行”的校训传统和“博学、求真、惟恒、创新”的校风精神，在教育部和财政部的大力支持下，在河北省委、省政府的正确领导下，凝心聚力，真抓实干，着力优化学校发展结构，坚持质量、规模、结构与效益相统一，“一省一校”工程各项工作稳步推进，学校综合实力明显提升，正在向着“特色鲜明，国际知名”的高水平综合性大学稳步迈进。

从纵横两条线来说明校史：纵线为“世纪新篇”，也就是从纵向展示 1999 年以来学校发展的大事；横线则从学科建设、师资队伍、人才培养、科研服务、大学文化、国际交流与合作和党建思政七个大方面进行亮点的梳理展示。

（2）世纪新篇

①制定发展规划，确立发展战略

1999 年，为谋划好新世纪第一个十年的发展，河北大学围绕“在世纪之交的时刻怎样谋划河北大学在未来十年的发展，怎样将河北大学建成一流的名牌高校”这一课题，着手编制《河北大学面向 21 世纪建设与发展规划》。按照《河北大学面向 21 世纪建设与发展规划》确定了“超常发展，建设国内一流大学”的发展目标。

②从实事求是到笃学诚行

2001 年 10 月 18 日，在新世纪的第一个金秋时节，河北大学建校八十周年庆典在新落成的多功能馆隆重举行。以此次校庆为契机，考订完善了河北大学校训“实事求是、笃学诚行”，校风概语“博学、求真、惟恒、创新”，并确定了新的校徽、校歌。80 年是一个划时代的里程碑，一个生机勃勃的河北大学正以前所未有的激情、超常发展的勇气和魄力，朝着建设名校的目标努力奋进。

③“三大战役”打造新大学

2000 年，河北大学在全省高校率先开展人事制度、分配制度和后勤社会化改革，拉开了全省高校改革的序幕。

④建设新的校区，拓展发展空间

新世纪之初，在高等教育大众化的时代背景下，学校办学规模迅速扩大。为了解决办学空间狭小、办学资源不足的问题。学校审时度势，抢抓机遇，决定建设新校区，拓展办学空间，为实现协调、健康、可持续发展奠定了坚实的基础。

⑤医科并入，实现真正意义上的综合性大学

2005 年，河北省职工医学院及其附属医院建制并入河北大学；河北大学成为我省唯一一所真正意义上的综合性大学。

⑥省部共建：学校发展跃上新台阶

2005 年，学校成功跨入省政府与教育部共同建设的“省部共建”大学行列，成了全省第一所省部共建大学。

⑦入选国家“中西部高校提升综合实力工程”

2012 年，学校先后成功入选国家“中西部高校基础能力建设工程”高校、国家“中西部高校提升综合实力工程”高校。

⑧踏上一流征程

2016 年，河北大学成功入选全国“一省一校”重点建设高校和河北省“双一流”建设第一层次高校。

（3）学科立校，成效显著

学科门类、学科实力全省第一，博士点、硕士点总量全省高校第一，覆盖门类全省高校第一；我校是河北省唯一一所被教育部批准的专业学位研究生教育的改革试点高校，法律硕士被列为国家专业学位研究生教育试点。

学校高度重视学科建设，每年召开学科建设工作会议，研究制定学科建设与发展规划，推动学科建设快速发展。

重点学科是学校的支柱和拳头，是体现学校办学水平和办学特色的重要标志，在促进学校学科、学位点、重点实验室建设方面具有重要辐射、牵引作用。目前，学校已经形成国家重点（培育）学科—省强势特色学科—省级重点学科—校级重点学科的四级重点学科建设体系。目前学校建有 1 个国家重点培育学科，4 个河北省强势特色学科，15 个省级重点学科。

适应科技和学科发展的新形势，学校充分发挥综合性大学优势，促进学科交叉融合，培育新的学科增长点，2006 年底，按照学科门类及实际需要，学校成立人文学部、社会科学学部、信息工程学部和生化医学部等 4 个学部，进一步加强了学术交流，实现了全校各学科间的信息、资源和成果共享，提高了合作攻关的能力。

经过近几年的融合与发展，河北大学医学部目前拥有临床医学院、护理学院、公共卫生学院、基础医学部、中医学院等五个学院和一所大型三甲综合性医院——河北大学附属医院。学科建设和人才培养质量不断提高，相继获批中西医结合与临床医学、外科学等 18 个医学类硕士学位授权点，逐步进入了高等教育发展的快车道。

（4）师资队伍英才辈出

我校是全省唯一一所五大类领军人才齐备的高校。目前拥有两院院士、“长江学者”“国家杰青”“千人计划”“万人计划”19 人。学校曾为我省培养了第一位博士生导师、引进了第一位中科院院士、培养了第一位中科院院士。一支素质优良、结构合理、业务精湛的师资队伍已经形成。

（5）人才培养全面发展

教学工作以提高综合素质、强化创新精神和实践能力为主线，以学科建设为龙头，积极改革人才培养模式，改革教学内容和课程体系，强化教学管理，教学质量和教育水平不断提高。

①育人为本，质量至上

学校秉承“育人为本，质量至上”的根本原则，不断加强专业内涵建设、精品课程建设、实验室建设、教学团队建设、人才培养模式创新实验区建设等，教学质量改革工程取得显著成效，建设了一批国家级、省级标志性项目，各类教学质量改革工程项目数量位居河北省高校前列。

②素质教育全面发展

学校全力推进大学生素质教育工作，建有教育部大学生素质教育基地，实施第二课堂素质拓展计划，着力提高大学生的学习能力、实践能力和创新能力。实现了第一课堂和第二课堂互动互补。近年来，我校学生在各类赛事活动中获得国家级奖励近 600 项、省部级奖励 1000 多项。

（6）提升科研水平，增强服务能力

①哲学社会科学

学校凭借人文社会科学学科优势，在省市各级部门的关心和帮助下，建成了一系列文化研究和传播平台。

通过平台建设和内部资源整合，学校在传统文化挖掘、整理和传播方面不断取得新的成绩。连续在 2014 至 2016 年分别获批国家社科基金重大项目，填补了国内史学、词律学和民族医药学研究领域的空白，标志着我省人文社会科学研究又迈上了新的台阶。

②自然科学研究

原始创新能力显著增强，承担国家级重大项目取得新突破。

科技奖励取得历史性突破，专利工作取得快速发展，三大检索收录论文总数在我省高校继续位居前列。

创新基地建设获得突破性进展，基地运行步入良性循环。

科学技术奖励是科技成果水平的重要标志之一。2000 年以来，我校作为第一完成单位获得国家、省部级以上科技奖励 110 项，获奖级别和数量实现了历史性突破。

③科技创新服务社会

学校高度重视发挥科技创新对文化发展的引擎作用，深入实施科技带动战略，加强文化科技创新，增强文化领域自主创新能力和文化产业核心竞争力。

学校以市场需求为导向，以增强科技创新能力为目标，坚持科学研究与人才培养相结合，坚持开发工作与地方经济建设相结合，大力推动学校与科研机构、企业的合作，逐步建立和完善了从科技创新、成果孵化到产业化的学、研、产完整体系。

④产业文化扶贫见成效

近年来，学校积极投入到我省文化扶贫脱贫工作之中，坚持扶贫与扶智相结合，探索出一条精准扶贫的道路，通过提供科技服务、开展义务支教、走访调研贫困村和贫困户等系列活动，实现了贫困地区“输血与造血”“需求与服务”“高校资源与社会资源”的深度融合，助力我省实现全面建成小康社会的宏伟目标。

（7）校园文化丰富多彩

①环境文化

诸如图书馆、博物馆及学校优美的校园环境和育人条件更上新台阶。

②传统文化

莲池国学院（文学院）、传统文化系列选修课、太古遗韵、古谱今译、旭宇艺术馆、艺术学院、素质拓展类的学术报告如叶嘉莹等名流的莲池读书会；河北省乡土艺术研创基地、大学文化传承创新研究中心。

③红色文化

学校坚持把立德树人作为根本任务，积极践行社会主义核心价值观，深入开展红色文化教育，以革命传统文化为统领，培育红色校园文化成效显著。

④志愿文化

志愿文化是大学文化建设中的一个亮点。目前，学校共有注册志愿者 1 万余人，每人每年参与志愿活动多达 120 小时。2016 年“五四”前夕，省委书记赵克志同志专门给我校贵州支教分队回信，对我校志愿者的工作予以充分肯定和鼓励。2010 年，我校在全国高校首倡成立关心老一辈工作委员会，将关老爱老的自发行为提升为全校爱老敬老的自觉行为，教育部简报予以重点推介。

⑤社团文化

共有各类学生社团 137 个，注册人员达 12 000 余人（次）。2005 年《新世纪》周刊推出的全国百所高校“中国大学满意度调查”，在社团活跃度排行榜中我校位居第三名。

（8）国际交流与合作

①国际交流

适应教育国际化的发展趋势，学校对外开放力度不断加大。学校先后与美国、日本、加拿大、俄罗斯、英国、法国、韩国、蒙古、哈萨克斯坦、印度尼西亚、澳大利亚、马来西亚、乌克兰和苏丹等国家及我国台港地区的高校及教育科研机构建立了友好交流关系，先后创办了 4 所语言中心，分别是河北大学-斯旺西大学英语教学中心，河北大学-俄罗斯后贝加尔人文师范大学俄罗斯语-汉语教育中心，蒙古伊和扎萨克大学汉语教育中心，韩国培材大学河北大学汉语-韩国语教育中心。

2005 年以来，学校与海外院校联合举办了国际精细化学与功能高分子学术研讨会、小林多喜二国际研讨会、俄罗斯—中国—蒙古跨文化交流国际学术会议、机器学习与控制论国际会议、中华文明的历史与未来国际学术研讨会等多次国际学术会议。

②汉语国际推广

学校汉语教师志愿者派出人数逐年增多。2006 年以来，我校先后向泰国、尼泊尔、印度尼西亚、苏丹等十几个国家派出 100 多名汉语教师志愿者。

③合作办学

2013 年，我校获批河北省首家中外合作办学学院：河北大学-中央兰开夏传媒与创意学院。2014 年招生，本科学历，学制四年。

同年，河北大学与爱尔兰联合培养“人力资源与管理”专业落户管理学院，本科学历，学制四年。

④国际科研合作实现突破

学校深化科技合作领域，在国际科研合作方面实现新突破。2008 年，河北大学与俄罗斯喀山国立技术大学合作承担的课题，列入了中国—俄罗斯政府科技合作计划，并通过国际合作司组织的申报评审，列入科技部重大国际合作科研计划，获得资助 190 万元。

（9）党建思政凝心聚力

学校党建工作始终坚持围绕中心抓党建，抓好党建促发展的理念，团结和带领全校各基层党组织和广大共产党员，发挥基层党组织的战斗堡垒作用和党员的先锋模范作用，为全面推进学校各项事业的发展提供了坚实的组织保证和思想保证。

此部分照片从思想、组织、作风、制度、反腐五个方面，用典型事件的照片进行展示。

（资料来源：河北大学《校史馆大纲交流意见稿》）

5. 与时俱进强势发展中的河北大学

河北大学是河北省唯一的综合性大学和省部共建大学，其前身是1921年始建于天津的天津工商大学。学校在经历数次易名之后，于1960年改建为综合大学，定名河北大学，1970年迁至历史文化名城河北保定。

河北大学现有25个二级学院（含医学部），3个公共教学部，1个教学中心，25个研究所（室），1个教育部省属高校人文社会科学重点研究基地，7个省级重点实验室，10个省级重点学科，2个省级文科基础学科人才培养和科学研究基地，1所三级甲等综合性附属医院。学校设有80个本科专业，4个一级学科博士后科研流动站，11个博士学位授权点，128个硕士学位授权点和法律硕士、公共管理硕士（MPA）、工程硕士3个专业学位授权点，学科专业涵盖文、史、哲、经、管、法、教、理、工、农、医十一大门类。学校共有各类学生63 824人，其中研究生3501人，全日制本专科生39 551人，外国留学生118人；现有教职工3483人，其中专任教师1817人，中国科学院院士2人，具有正高级职称312人、副高级职称692人，博士生导师92人，具有博士学位和正在攻读博士学位的专任教师近400人。

河北大学始终将人才培养作为根本任务，高度重视教学工作，不断推动教学建设、改革与发展，使教育教学质量和人才培养质量全面提升。在教育部2001年对全国44所高校进行的本科教学工作随机性水平评估中，河北大学被评为8所优秀院校之一并名列榜首。学校积极探索办学体制、管理体制和人才培养模式改革，在全省率先创办了公办民助二级学院——工商学院，其一流的师资、一流的专业、一流的管理、一流的教学和生活设施，为学生成才创造了得天独厚的良好环境。

河北大学的科研工作坚持为河北省经济建设、科技进步和社会发展服务，许多学科成为河北省的科研中心和学术交流窗口，全国电磁学学会、文心雕龙研究会等20多个国家和河北省基础研究学会挂靠于此。哲学社会科学研究在全省高校处于领先地位，在中国古代史、中国古典文学、外国教育史、日本经济等研究领域处于全国先进行列，在国家社科基金项目、国家社科获奖及历年河北省社会科学优秀成果评奖中始终稳居全省第一。自然科学研究方面，在基础数学、光学与材料物理、分析化学、生物科学研究方面都具备国内先进水平，国际三大检索文献收录学校科技论文数量处于全省领先地位。

建校84年来，河北大学已为国家培养了10万余名优秀毕业生，众多毕业生已成为各学科领域的专家、学者和社会知名人士，或者党和国家的高级领导干部。河北大学已经成为为河北省乃至全国培养基础理论扎实、知识面宽、素质高、能力强、富有创新精神和创业能力的综合性、广适性骨干人才的摇篮！

（资料来源：《河北大学学报》〔哲学社会科学版〕，2006年2月）

6. 中国著名学术机构——河北大学

河北大学是河北省唯一一所重点综合性大学。学校的前身是1921年法国耶稣会士于天津创办的天津工商大学，其后数易校名，先后历经天津工商学院、津沽大学、天津师范学院、天津师范大学等时期，1960年改建为综合大学并定名河北大学，1970年由天津迁至国家历史文化名城——河北保定。

学校设校本部、新校区、医学部等校区，占地面积2440亩，建筑面积95万平方米，教学科研仪器设备总值1.93亿元。学校办学条件优良，治学环境优美，教学、科研设施先进：建有设备技术一流的网络中心、新闻中心和环境一流的体育馆、音乐馆、大学生活动中心和艺术教育中心；拥有河北省唯一一家高校出版社——河北大学出版社；学校图书馆馆藏文献390万册。

馆藏数量居河北省各类图书馆之首；学校博物馆收藏动植物标本60余万件，文物近7000件，其中国家一、二级文物70余件，馆藏数量和质量位居全国高校前列。

河北大学现有85个本科专业，涵盖哲学、经济学、法学、教育学、文学、历史学、理学、工学、医学、管理学等十大学科门类；设有涵盖全部十一大学科门类的127个硕士学位点（12个一级学科硕士点）以及法律、教育、工程、公共管理、工商管理5个专业硕士学位点，12个博士学位点（1个一级学科博士学位点），6个博士后科研流动站；拥有1个教育部省属高校人文社会科学重点研究基地，1个教育部大学生文化素质教育基地，1个教育部省部共建重点实验室，8个省级重点实验室，12个省级重点学科，2个省级文科基础学科人才培养和科学研究基地。

学校师资力量雄厚，现有教职工3215人，专任教师1784人。其中，中国科学院院士2人，“软引进”院士7人，享受政府特殊津贴专家27人，国家有突出贡献专家3人，国家“百千万人才工程”人选2人，全国模范教师2人，全国优秀教师5人，全国优秀教育工作者 1 人，省管优秀专家 11 人；教授 328 人，副教授 398 人；博士研究生导师 92 人，硕士研究生导师 520 人；具有博士学位教师 277 人。现有全日制在校学生 23 964 人，其中，本专科生 18 951 人，博士、硕士研究生 3350 人，留学生 162 人。

学校始终坚持以人才培养为中心，以本科教育为主体，以高水平科学研究为支撑，以培养基础理论扎实、后劲足、适应能力强、具有创新精神和实践能力的高素质人才为目标，不断推进教学建设、改革与发展，努力提高整体办学实力和水平。在多年的办学探索与实践中，形成了两大课堂互动互补互融、培养具有创新精神和实践能力的强省骨干人才的办学特色。学校立足于地方经济建设、科技进步和社会发展需要，大力加强科研开发和科技成果转化，许多学科成为河北省的科研中心和学术交流窗口。

学校重视国际交流与合作，先后与日本、美国、加拿大、俄罗斯、英国、法国、韩国、蒙古等国家的 40 余所高校及教育科研机构建立了友好交流协议关系，是教育部批准的首批具有招收留学生资格单位和河北省国际文化教育交流的重要桥梁与窗口。

（资料来源：尧舜《中国著名学术机构——河北大学》，《学术界》，2008 年 4 月，第 312 页）

7. 百年沧桑，六度更名：河北大学从天津到保定①

有多少人了解河大的历史？在这儿已经生活了几年的老生们了解河大的历史吗？又有多少人了解几代河大人在名校之路上所留下的汗水和眼泪呢？

（1）生根天津

岁月流转，沧桑巨变，我们生于斯养于斯的这所大学，已经走过了 83 年的风雨历程。翻开厚厚的校史，我们发现河北大学的历史之源，可以追溯到 1921 年的天津工商大学。

最初的工商大学是 1921 年由当时管理天主教直隶东南教区的法国耶稣会士在天津马场道创办的“天津工商大学”。当时的罗马教廷与在华传教人员的信函，清楚地说明了建校的目的：“中国还是一个非公教国家。奉教的很少。知识分子和资产阶级在中国占优势，为打进这两个阶层，必须成立高等学校。”

工商大学虽然是教会为传教而建立的，但主持建校的人员，却是天主教中一些热爱科学、崇尚进步的著名学者。学校奉利玛窦、南怀仁等前辈传教士为楷模，实

① 题目为编者据具体内容自行拟定。

事求是，崇尚科学。在学校主楼正厅，悬有二人画像。墙壁正中悬挂着南怀仁绘制的巨幅《坤舆全图》。从这个意义上说，西学之输入中国，耶稣会士起到了积极的推动作用。

所以，这所学校一开始就打上了鲜明的科学印迹，恰恰满足了当时社会民众科学救国、工商富国的愿望与要求，校训中的“实事求是”由此而来。

在工商大学院内，建有著名的北疆博物院，那是当时在世界上影响很大的科研机构。北疆博物院和工商大学就像一对孪生兄弟，比肩并立于北国津城。这里的治学态度，深刻地影响了工商大学的学生。

刚刚建成的工商大学，第 1 期只招收了 51 名学生，全校只有 9 名教师，在当时的高校园林里，它就像一棵小小的幼苗。因所设系科未达到三院九系的大学标准，1933 年它在南京政府立案时不得不改名为工商学院。

由大学降为学院，这对建校不久的教职工而言，无异于一次精神上的打击。但是，当时学校的教职工一心想把这所学校办成一个在全国乃至世界有影响的大学。著名法籍学者裴百纳在担任校长期间，曾到欧美进行了长达半年的考察，为学校采购来大量世界领先的教学仪器与设备，采用当时最先进的高校管理办法，招聘来一批著名学者、教授到学校任教。经过他的不懈努力，学校在欧美有了很大的影响。

到了 1943 年 7 月，刘迺仁担任工商学院院长，这是中国人第一次真正具有管理这所学校的权力，全校师生欢呼雀跃。这时的中国，正值抗日战争的战略相持阶段，由于日伪占领的特殊环境，华北地区的名校如清华、北大、南开等纷纷南迁。工商学院身处逆境而不惊，刘迺仁抓住这一特殊的时机，大量吸纳专家、学者，使学校有了快速发展，许多著名学者相继来到学校任教。当时的工商学院人才济济，在社会上的影响极大，“可与美国康奈尔大学相伯仲”。

由于学校加大系科建设力度，发展迅猛，达到三院十系的规模，1948 年 10 月，经国民政府教育部批准，工商学院改名为私立津沽大学。消息传来，校园内一片欢腾。那凝聚着多少师生心血的夙愿与梦想，顷刻间化为一种流火般的热情沸腾了，“煌煌北国望学府，巍巍工商独称尊”。直到现在，许多老人还在谈论着学校在那个时代独有的兴盛。

随着中国人民解放军的节节胜利，天津作为人民的城市，即将回到人民手中。1949 年 1 月，由于政治上的原因，刘迺仁辞去他的校长职务，奔赴香港。

从工商大学到私立津沽大学，几十年的时光飞逝，岁月如流，学校聚集了一大批国内有影响的专家学者，如著名学者侯仁之、高镜莹、齐思和、阎子亨、沈理源、张镈等先后在我校任教，他们的加盟，极大地提高了学校的声誉，也为中华民族培养了一大批工商管理人才和蜚声中外的专家、学者，后大多成为新中国经济建设的栋梁。曾任中共中央政治局常委、国务院副总理的姚依林同志，30 年代就学于本校财会系，在天津从事地下革命斗争。著名物理学家袁家骝，香港特别行政区立法委员、房屋委员会主席郑汉钧等均出自本校。著名红学家周汝昌、著名音乐家沈湘出自本校的附属中学。

新中国的成立，在我校发展史掀开了新的一页。1951 年 9 月 19 日，中央人民政府教育部根据津沽大学董事会的请求，批准津沽大学改为国立，任命著名物理学家张国藩教授为校长。庆典大会上社会各界知名人士纷纷签名，津沽大学从此步入了新的历史时期。

（2）初历风雨

这时的津沽大学已经扩大为工学院、商学院、师范学院三院十三系，教师增至 192 人，在校学生达到 1253 人。但是，行将开始的大规模经济建设，急需大量人才。国家对旧中国留下来的高等学校，进行重组改造，1952 年中央决定对天津市的 3 所大学进行院系调整。原津沽大学工学院并入天津大学，商学院并入南开大学，剩下的师范学院在原校址组建天津师范学院，天津市委文教部长梁寒冰兼任院长。这次院系调整增强了天津大学和南开大学的实力，而由津沽大学改建的天津师范学院只剩下了十分简陋的普通物理、化学两个实验室和一些残缺的仪器设备。面对搬迁一空的校园，一些教师萌生了去意，教师队伍受到重创。

但是，天津师范学院的师生不甘衰落，决心使学校重新成为和南开大学一样的名校。为了重振学校，中央教育部和天津市政府在经费和人力上予以大力支持，学校得到了迅速发展。到 1958 年，教师由 108 名发展到 338 名，在校生由 976 名发展到 4662 名。实验室由 2 个发展到 21 个。著名学者顾随、雷石榆、裴学海、马汴、胡毅、张弓、焦敏之、蓝英年等先后来校任教，学校成为华北乃至全国较有声望的师范院校之一。

1958 年河北省委决定，将天津师范学院扩建为天津师范大学。经过两年的努力，学校的实力和办学水平显著提高。为了适应河北省政治、经济，文化发展的需要，改变河北省的高校结构，1960 年，河北省委再一次决定，将天津师范大学改建为省属综合性多学科的重点大学——河北大学。

1960 年 8 月 1 日，这是河北大学永载史册的日子，这是几代河大人终生难忘的时刻，从此，燕赵大地、渤海之滨有了自己的综合性大学，海河岸边升腾起一颗高等教育界的希望之星！

根据省委书记处书记张承先“应该把河北大学办成全省大学的骨干学校，全省科学技术中心”的指示，河北大学制定了新的发展规划：苦战三五年，打好基础，改变面貌，在科学、理论、学术水平方面赶上国内先进水平。六七年之内，在原子能和无线电子学与文、史、哲等方面，成为国内重要科研基地，达到国际水平。

这一时期的校党委书记戈华，是一位懂教育、有魄力的领导，他认为，学科建设是学校发展的根本，而学科的发展必须有赖于名教授的支撑。他重视知识分子，重视人才队伍的建设。

戈华在全校师生大会上明确讲道：“大学的知名度来源于知名教师，河北大学要藏龙卧虎，必须要有一批在全国学术界有影响的知名教授。”许多河大人还记得，1962年他带领校领导一班人到北京进行“大招贤”。他们从中国科学院、中直机关，各重点大学引进了吴振球、梁家昌、朱自熙、孟宪域等一批人才。

戈华时期的河北大学人才济济，群星荟萃，教育系有刘文修、滕大春、胡士襄、张述祖等八大教授，中文系有顾随、张弓、雷石榆、魏际昌等八大教授，物理系有马沣、吴振球、朱自熙，生物系有林子明、卢开运，化学系有沈宏康、傅承光，历史系有漆侠、王仁忱、傅尚文、李光壁，数学系有杨从仁，外语系有胡毅、徐中杰，哲学系有章一之等全国的知名教授。在系科、专业设置上也达到了空前的规模，河北大学已发展成为文、史、哲、经、外语、教育、数、理、化、生多学科的在国内很有影响的综合性大学。

这时的自然科学研究，也取得了令人瞩目的成就。

王所安教授编著的《脊椎动物学》被教育部评选为全国高校通用教材，这是建国后第一本由中国人自己编写的全国通用教材。

我国第一台模拟电子计算机、400万伏静电加速器，都首先在我校研制成功。河北大学声名大振，在天津与天津大学、南开大学形成三足鼎立之势。

1961年高教部部长杨秀峰视察河北大学，委托河北大学和天津大学负责起草“高校六十条”，这充分说明河北大学在当时全国高校中占有突出地位。

1963年，中央决定由河北省委书记处书记张承先兼任河北大学校长，进一步加强了河北大学的领导力量。同年河北省委批转了河北大学党委《关于进一步搞好河北大学》的报告。省委认为，新的形势迫切需要成批的高水平的建设人才，必须集中力量把河北大学办好。张承先更是把河北大学当作省属大学的重中之重来抓。

此时的河北大学如同一辆高速行驶的列车，驶入了快速发展的轨道，即将跨入全国重点高校行列。

（3）移址保定

令人痛心的是，“文化大革命”开始了。

1970 年初河北大学仓促迁出天津，来到保定。保定是一座历史文化名城，有着深厚的文化积淀。但是，在河北大学迁入时，河北省委刚刚从保定迁出，保定不再是河北的政治文化中心。这一出一入，决定了河北大学的命运更加坎坷。

比这更严重的损失在这个历史关口无奈的来临了，学校在“文革”中的大搬迁，成为“浩劫”中的“浩劫”。大量资产流失，三分之二的仪器设备被毁坏，71 个实验室减少到 15 个。44％的教职员工调出，留下的教师只能无言地面对这一切。他们的痛苦无法诉说……

“文革”中的大搬迁，对于已经初具规模的河大来说无疑是晴天霹雳，这棵已经在天津生根的茁壮大树被活生生地移植到了保定，同时也宣告着河大人为之奋斗的名校之梦，再一次破灭了！

多少河大人在内心深处不停地追问：“河大，你走向兴盛与繁荣的道路，又在何方？”

无声的岁月在煎熬中流逝着，浩劫后的河大人不甘沉沦，他们在最寒冷的日子里，为即将到来的春天准备好了自己的礼物。

这一时期，数学系计算专业研制成“立式线仿铣床程控专用电子计算机”和“流体计算机”，物理学方面，朱自熙、孟宪域等的“电致发光照明具”，李百贵的“稳态超导磁镜研究”，数学系射流小组的“射流技术自动控制聚氯乙烯轧延硬片密闭自动连续生产线”，梁鸿绩的《射流技术在塑料自动化生产线上的应用》等成果均在国内领先。这些在逆境中取得的成果，后来都获得了 1978 年的全国科学大会奖。

那时许多教师都在默默地从事科研工作，他们是压抑的，也是不屈的。他们渴盼着、等待着历史掀开新的一页。

1976 年 10 月，党中央一举粉碎了“四人帮”。十一届三中全会以后，一大批冤假错案得到平反，河北大学开始步入新的发展时期，一位老教授在一篇文章中热情洋溢地呼唤着科学教育的春天，也呼唤着河北大学的春天。他引用苏轼的词：老夫聊发少年狂，……鬓微霜，又何妨！

这一时期的河北大学，如同久旱遇甘霖，枯木逢春，焕发出了无限的生机与活力。教学与科研同步增长，人才与成果共同丰收。以詹锳先生为代表的李白研究、《文心雕龙》研究，以漆侠先生为代表的宋史研究和以滕大春先生为代表的外国教育史研究、孙执中先生的日本问题研究和世界经济研究、刘文修先生的比较教育和教育管理研究在国内外学术界均占重要地位。

进入新时期的河北大学，经过十几年的发展，开始焕发出青春的光彩。漫步在晨曦初照的校园里，逶迤曲折的小路上洒满了晶莹剔透的露珠，在这布满灵光的智慧之园里，莘莘学子用辛勤的努力与不懈的追求渴盼着，渴盼着河北大学早日跻身于全国一流高校的行列。

（节选自 https://m.jinchutou.com/p-104561746.html）

（二）河北大学部分专业介绍①

1. 河北大学宋史研究中心的成长与成就

（1）河大宋史研究中心成为全国唯一宋史研究基地

本报讯（记者王瑛）记者 11 月 7 日从河北大学获悉，日前经教育部专家组实地考察，河北大学宋史研究中心以全票通过，成为省属人文社会科学重点研究基地。这也是全国唯一的宋史研究基地。

宋史研究中心的前身是河北大学宋史研究室，1982 年由著名宋史专家漆侠创建。多年来，该中心潜心宋史研究，取得了丰硕的成果，共发表论文 378 篇，出版专著 29 部，主编、参编各种论著 27 种。研究成果获省部级以上奖励 21 项，厅局级 26 项。教学成果获国家级奖励一次。其中，漆侠教授的《宋代经济史》被史学界誉为中国古代经济史断代研究“填补空白的奠基性巨著”。

中心现有专兼职科研教学人员 12 人，其中教授（研究员）7 人，副教授（副研究员）3 人。1984 年，获中国古代史专业博士学位授予权，现有博士生导师 5 人。1986 年，宋史学科被确定为省级重点学科。

（资料来源：《河北日报》，2000 年 11 月 10 日，第 2 版）

（2）半甲历程不寻常——河北大学宋史研究中心成立三十周年回顾与展望

河北大学宋史研究室创立于 1982 年，1990 年改组为历史研究所，2000 年组建为宋史研究中心并在翌年被教育部评定为“省属高校人文社会科学重点研究基地”。我从 1983 年入宋史研究室读研究生，后留此工作至今，亲历了它半甲岁月的成长历程。今日回顾深思，不禁百感交集，爰笔而记要，奉诸同志师友。

任何一个学术机构能够长盛不衰、广具影响并得同道首肯，必须具有重大标志性成果和贡献，且能可持续发展。30 年中，河北大学宋史研究中心共有 10 项重大标志性成果和贡献：①《漆侠全集》。其中的《王安石变法》《宋代经济史》《辽夏金经济史》《宋学的发展的演变》《历史研究法》《秦汉农民战争史》等论著，是当时和后来相关研习者所绕不过去的必读书。特别是《宋代经济史》，“总结了过去，也开拓了未来，确是一部里程碑式的著作，不论从中国经济史研究的角度看，还是从宋史

---

① 题目为编者根据内容自行拟定。

研究的角度看，都是如此”。(王曾瑜，1989 年) 在《全集》中，漆先生对中国古代史重大问题提出 10 种富有创造性的观点，“从而构建了一个独具特色的中国古代史研究的理论体系”。(乔幼梅，2012 年) ②《辽宋西夏金代通史》。该书遵照中华大一统和各民族平等的理念，系统吸取和总结了 20 世纪和 21 世纪初的研究成果，全面展现了 10—13 世纪中国的各方面历史，是一部继往开来的集大成式的巨著。③《中国改革通史》。该书共有十卷，是第一部系统研究论述中国古代改革史的大型著作。④《宋史研究丛书》。已出版研究论著 27 部，是该断代整体研究类丛书中已出数量最大者。⑤《宋史研究论丛》。已出版 13 辑，是目前该领域唯一的 CSSCI 来源集刊。⑥《河北大学历史学丛书》。由河北大学宋史研究中心和历史学院共同编发，已出版学术论著 26 部。⑦人才培养成就巨大。漆侠先生的教学成果《以马克思主义为指导治史·执教·育人》荣获优秀教学成果国家级特等奖。中心已培养毕业历史学博士 76 人（其中韩国留学生 3 人）、硕士 189 人（其中韩国留学生 1 人），培育宋史人才数量最多，许多毕业生已经成为业务骨干或单位领导，是宋史界同一师门中最为活跃的学术群体。⑧资料收藏与开发。中心资料室现有藏书和杂志共 2 万多种，5 万多册。与有关方面合作开发，推出中国第一个大型断代史数据库《宋辽夏金元史电子馆》，推出多种宋辽金史论著目录索引，推出《保定商会档案》和《保定房契档案汇编》。史料收藏之富和开发之巨，在国内高校宋史研究机构中居于前列。⑨基地与学科平台。河北大学宋史研究中心是国内高校八个同类研究机构中唯一的教育部评定的“省属高校人文社会科学重点研究基地”。其中国古代史学科是全国第二批、河北省第一个博士点，后与历史学院合建的历史学科是河北省 24 个强势特色学科之一，与历史学院合建成全国第一批中国史一级学科博士点和博士后科研流动站。⑩学术大师漆侠先生。因有上述九项重大标志性成果和贡献，我们可以肯定，漆侠先生确是一代学术大师。中心这些成绩，是研究中心全体师生员工共同努力的结晶，也是各级领导和各界朋友大力支持的结果，但首先是漆侠先生的功劳，也全都离不开先生的开山之功、奠基之德、培育之恩。

半甲之路，很不寻常，其间经历了不少风吹雨打，其中有许多酸甜苦辣、悲欢离合。当前我们也面临如下一个很紧迫很重大的问题：过去的 30 年，取得十大成绩，那么，再过 30 年，能否再创十大成绩甚至更多成绩？

历史决定现实，历史和现实决定未来。能否冷静分析过去 30 年的历史，正确总结出其中的经验教训，据此制订出科学的未来发展规划，是今后宋史研究中心兴衰成败的关键。回顾过去 30 年的历史，笔者总结出以下四点经验教训：

第一，必须有学术大师。凡学术大师，必定学识渊博、视野开阔、成就卓著、影响广大、泽惠久远。宋史研究中心能够创立并发展壮大，能有十大标志性成果和贡献，首先是因为拥有一位漆侠先生这样的学术大师。

第二，“基地”制度保障。河北大学宋史研究中心有幸被教育部评定为“省属高校人文社会重点研究基地”。教育部对“基地”的建立、师资、科研、经费等各方面，都制订了非常严格、科学、超前的监管制度，并硬性要求所在学校对“基地”工作全力支持、特区化支持。就在2001年3月教育部批文下达后不久，漆侠先生因医疗事故突然辞世。当时许多人忧心忡忡，领军人物走了，大旗倒了，宋史研究中心前途未卜。然而，10年过去了，事实证明，中心不但未垮，而且陆续推出一系列重大标志性成果，有不少显著的新发展。秘诀和关键就在于，我们的各项工作得到教育部的“基地”制度保障。中心未来的工作和发展，只要严格遵照教育部对“基地”的各项制度要求，努力研发重大标志性成果，多出精品，就一定会不负众望，持续发展。

第三，不断创新，与时俱进。一个国家，一个学术机构，都必须不断创新，与时俱进，否则就丧失了生命力。漆侠先生在二十世纪五六十年代，主要研究宋史和中国农民战争史；后来主攻宋代经济史和辽夏金经济史，晚年又转攻宋学，向整体综合研究宋辽夏金史目标奋进。同时，他还与时俱进，长期支持史料电子化、数据库建设。与一些自闭固封于个案研究、个点创新的学者不同，漆先生特别注重个案研究与整体研究、个点创新与系统创新的结合，因此才能有《宋代经济史》《辽夏金经济史》《辽宋西夏金代通史》这样的巨著名作。当然，中心的创新现状还是远不令人满意的，急需在史学研究方法、工具和理论等方面开展重大创新，切实学好用好漆先生引领的成功路径，再创佳绩。

第四，团队体制与团队精神。细看中心30年的十大成果和贡献，全部都是在个人学习钻研基础上团队攻关的硕果。这种团队体制和团队精神，是以“基地”在编人员为主导，面向海内外广纳贤才，集体合作，攻坚克难，产出重大标志性成果。现在，中心的在编教工已从初创时的2人扩充到34人，实力大增，只要我们大家在个人奋斗的前提下，进一步严守坚持团队体制，进一步发扬光大团队精神，内外结合，精诚团结，集体攻关，就一定能够不负使命，再向社会奉献出重大标志性成果。

（资料来源：姜锡东文，见《光明日报》，2012年10月19日，第14版）

2. 动物学国家重点（培育）学科简介

一、历史沿革与现状：河北大学动物学科具有55年的发展历史。在王所安教授、印象初院士和宋大祥院士带领下，形成了勇于探索、严谨治学的优秀学术团队，以其学术实力得到中外学术界的赞誉，现已发展为国家重点培育学科、河北省重点学科和重点实验室，河北省生物学强势特色学科，享有硕士、博士学位授予权，学科设有博士后科研工作流动站。

二、研究方向：昆虫系统学与进化、蛛形动物系统学与进化、陆生类系统学与进化、应用水生动物学、动物生化与分子生物学、害虫生物防治。

三、学术团队：学术队伍由 30 人组成、其中中国科学院院士 2 名，教授 14 名，副教授 7 名，博导 8 人，硕导 15 人，具有博士学位 22 人。4 人获得国务院特殊津贴，1 人为国家有突出贡献的中青年专家，1 人入选全国“百千万人才工程”（第一、二层次），1 人获教育部新世纪优秀人才支持计划，1 人获全国“三八红旗手”称号。

四、人才培养：在本学科重点建设期间，所开设课程涉及所在学院 5 个本科专业和多个硕士学位点。迄今共计培养博士后 2 人、博士生 18 人、硕士生 120 余人。由本学科教师指导的大学生科技作品获得全国第七至十届大学生课外科技作品“挑战杯”一等奖 2 项、二等奖 4 项、三等奖 6 项。此外，1 硕士论文获得中国科协优秀奖，1 博士论文获得河北省优秀博士论文。学科建成《细胞生物学》和《动物生物学》2 门省级精品课程，出版《脊椎动物学》等本科生、研究生教材 7 部。

五、科学研究：共计承担各级各类科研项目 127 项，其中国家重点基金项目 3 项，国家自然基金面上基金 18 项，国家“973”和“863”项目 4 项，国家科技部重点项目专题 1 项，省部级项目 63 项，其他 28 项，到位科研经费近 2000 余万元。近 5 年在国内外重要学术刊物上发表学术论文 650 余篇，其中 SCI 论文 100 余篇。出版教材和学术专著 44 部，代表性专著包括《中国动物志》《动物学名词》《海峡两岸动物学名词》和《河北动物志》等国家和地方具有重要影响的学术著作：获得省级科技成果和国家专利 20 项。目前动物学科拥有各类动物标本近 72 万件，累计发现无脊椎动物新单元 1000 余个。

（资料来源：河北大学动物学科实验室）

第三编　各历史时期河北大学办学目标及办学活动

一、教育目标

（一）天津工商大学

1. 天津工商大学“实事求是”的办学方向

校训——实事求是。

教会时期的30年，天津工商大学奉利玛窦、南怀仁等前辈耶稣传教士为楷模，实事求是，崇尚科学。在学校主楼正厅——学校接待室墙壁一侧悬有二人画像，另一侧挂有“实事求是”校训，正中悬挂着南怀仁绘制的巨幅《坤舆万国全图》。

“实事求是”的校训，贯穿于天津工商大学组织管理、教学、科研、学生工作等各个环节和方方面面，充分体现了该校最主要的办学特色。全校教职工和莘莘学子始终遵循这一校训，形成了良好的校风。该校正是依靠这种精神与校风的代代传承，在其90年（至2011年）的历程中，面对逆境敢于迎战，善于抓住机遇，渡过了一道又一道难关，促进了教学事业的不断发展。

（资料来源：阎玉田《踞析津之阳——天津工商大学》，人民出版社，2010年版，第15—16页）

2. 天津工商大学办学目标的诠释①

骏：避静神工——民国十五年九月

秋季入学之前，本校公教学生，皆行一避静神工。五日入静，艾神父为指导，每日讲道理两次，上午为鄂神父讲，下午为艾神父教，午后三时后由法籍神父讲古圣事迹及故事等。及毕，每人敬念玫瑰经数串。休息时，则特置一精致之阅书室，配备各种圣书画及杂志甚多，八日晨出静。是晨，西开总堂文主教驾临本校，行圣堂礼，于弥撒中，后讲道半小时。总之，我等读书之余，得此良机，清心寡欲，以休养疲弱之精神，于人格、道德、身体，俱获益匪浅。然彼时有三五远道同学，因交通梗阻，未能及时赶到，此吾等所引以为憾者也。

（资料来源：《工商大学公教学生季刊》第一期，河北大学档案馆藏，1930-CB13-1）

3. 天津工商大学“实事求是”校训的历史发展及现实意义

“实事求是”是河北大学前身天津工商大学时期确立的，作为学校的办学理念和指导思想，贯彻于历史时期学校工作的方方面面，一直延续至今，成为河北大学校训的主体或内核部分。河北大学六更校名，先后经历天津工商大学、天津工商学院、津沽大学、天津师范学院、天津师范大学、河北大学六个历史时期，在每个历史时期都全面落实“实事求是”的校训，培养了大批优秀人才。本文以此为基础，探讨其意蕴及现实意义。

（1）“实事求是”校训的形成及内涵

1921 年 8 月，法籍神甫于溥泽选定天津马场道为天津工商大学的校址，经过罗马教廷的批准后，聘请比利时著名工程师绘制学校建筑设计图样。建校初教学设施仅有本科大楼、图书馆、花园、网球场等，后学校陆续建成藏书楼、理化实验室、材料实验室、机械实验室、商品陈列馆、北疆博物院、学生宿舍和运动场等。1923 年，天津工商大学各个建筑基本建成，9 月 15 日正式开学。学校建校初设工、商两科，建校时学校定名为天津工商大学。于溥泽担任工商大学首任校长，其办学名言为：“促使现代中国吸收欧洲科学，取其精华，去其糟粕”；“努力传授法国的文化和技术，把学校办成高等智育和德育中心”；“工学院和商学院，从实用的角度讲，能够更好满足中国青年的需求和渴望”。② 从办学名言中可以看出，学校办学讲求科学精神，汇通中西所长，崇尚学术自由，开放包容。

天津工商大学开办伊始，以法式教育为蓝本，以工商两科为基石，以中西融合

---

① 题目为编者根据内容自行拟定。

② 赵泽生译.《工商学院简史》，河北省宗教志编辑室藏。

铸特色，奠定了其在中国教会大学史上的突出地位。该时期学校的办学主导权在教会，但也具有遵循大学办学规律、中外融合的特点。其间潜隐实事求是的思想元素，奠定了学校基本的办学风格。

针对20世纪20年代初中国非基督教运动的现实，天津工商大学强化世俗性，立足中国社会实际，逐步改变学校初期的办学神学性使命，以培养人才、服务社会为办学目标。“循我国经济发展之需要，予青年以相当巩固之知识。另外还有一件特别注重的事情，造就实用人才，因为中国需要实用的人才比理论的为急。”① 1933年，国民政府教育部要求包括教会高等学校在内的所有私立学校必须向教育部注册立案，接受国民政府的管理。国民政府教育部核准天津工商大学的注册立案，将天津工商大学更名为天津工商学院。在教育部正式立案后，大学更加明确了服务社会的办学目标：“以教授工商各科高深学术，造就专门人才为宗旨。”②

天津工商学院聘请华南圭为院长，并明确提出将“实事求是”作为本校校训。在教学方面，华南圭院长将法国公益工程大学的教学实习制度引进工商学院。强调实习在教学中的重要地位和作用，亲自赴石家庄、长辛店等地联系毕业班的旅行实习，1937年著文《工商学院之过去和未来》提出“吾向主实事求是”“各院课程，尤求切合实用”。同年，文学教授朱星元在《工商学生》发表《实事求是的真义》，对学校将“实事求是”作为校训进行阐释；1937年7月，学校正式将“实事求是”的校训印在毕业纪念册上。“实事求是”的校训精神深入每位工商人的心中。

“实事求是”是指从事物的实际情况出发，探求事物的内部联系及发展规律，不夸大不缩小，正确处理和解决问题，就为人处事而言，就是要求全校领导、教职工、师生求真务实、踏实肯干、积极进取。“实事求是”核心所在是：探求客观真理，勤勉务实，扎实稳健，逐渐实现理想目标，并捍卫正义和真理的永恒，充满着激情与信念，为之奉献与执着进取。这是主客体统一的核心理念，兼容人生、社会与教育培养为一体的大学教育哲学命题。

天津工商学院立足于国内“科学救国”“工商富国”的时代需求，开设工商两科并以其为主，要求工科学生要通晓土木工程设计，商科学生要能从事商业贸易。这种以造就工商两界专门人才为主的教育目标，更突出其实事求是的精神。

各项规章制度、课程的设置、教学活动都依据校训精神要求进行调整，各方面

---

① 刘美．工商大学的设立和经过［J］．工商大学季刊，1927（1）．

② 工商学院出版委员会．私立天津工商学院组织大纲［J］．私立天津工商学院览，1935：3．

发生了重要变化，办学规模迅速扩大。学院根据教育部的规定修订办学制度和办学活动，规定“学制4年，分工、商两科”。① 工科设有建筑工程、土木工程两个系，商科设有国际贸易、会计财政两个系。天津工商学院成立校董会，规定校董会为7人，且有5人为华人，董事会的主席必须为华人。课程设置突出西方先进科学文化知识及技术的教学与训练，学院的所有课程带有社会实用和民族政治色彩，宗教成分相对淡化。教学评估考试制度采用法国的教育制度，评分采用20分制，学院考试分为星期考、月考、期中、期末和毕业大考，学生每天有作业，课程负担相对有密度及负荷量。天津工商学院的教师由传教士、外国教师及华人担任，且华人教师所占比例超过天津工商大学时期。传教士为专职教授，一般传授一门基础课或专业课；外籍教师多数为在社会上有工作的兼职教师，且大多数为工、商行业人员；中文及部分专业课由华人教师担任。随着社会的发展，天津工商学院的华人教师远超外籍教师。

天津工商学院师资队伍一流，办学水平一流，不仅在天津市，而且在全国都具有非常高的声誉。根据1935年《私立天津工商学院一览》中教职工一览表统计，当时共有教职工37人，其中法国、英国、俄国、比利时、奥地利和德国等国毕业或者肄业的教职工有25人，且其中将近一半是博士毕业。外籍教师占全体教师总数的67.6%。之后逐步汇集了一大批国内外一流的名师。主要有：1930年到校的巴黎大学政治经济学博士尹凤藻教授；1938年，美国密西根大学硕士、工商学院土木工程系主任高镜莹教授（官厅水库的主要设计者）；1945年到校的毕业于美国康奈尔大学工学博士林镜瀛教授；1945年天津工商学院首任史地系主任侯仁之先生（新中国现代历史地理学的开创者和奠基人，中科院资深院士）；工商学院女子学院创立者、毕业于美国俄亥俄大学研究院的孙家玉教授；清朝贡生、清华大学国文教授李奎耀先生；清华大学本科毕业、哥伦比亚大学硕士毕业的张杰民教授；著名书法家吴玉如教授等。据不完全统计，解放前曾经任教的部分教师中，就有18位法国巴黎大学和里昂大学、美国康奈尔大学、英国伦敦大学、比利时鲁文大学等国外著名高校的博士毕业生。他们代表了当时世界知名大学的水平，也展示了中国学术界前沿创新的能力，更体现了天津高校一流大学的风采；是他们缔造了天津工商学院的辉煌。

天津工商学院多年来造就了大批专门人才，他们积极为国家社会服务，获得社

---

① 中国人民政治协商会议天津市委员会文史资料委员．天津文史资料选辑（第1辑）天津租界谈往［Z］．天津：天津人民出版社，1999：161.

会认可。工商学院院长华南圭评价说："历年来服务工商各界之毕业同学，数量上虽属不多，但类皆能发性（挥）母校埋头苦干之精神，刻苦耐劳、忠诚服务成有相当之地位，而博得社会之同情心不少焉。"①

1937年，抗日战争全面爆发，天津工商学院面对异常艰难的环境，学院教职工并没有退缩，而是积极采取措施，帮助学院度过艰难时期。

（2）"实事求是"校训在河北大学发展史中的作用

河北大学以"实事求是"为校训，旨在培养学生求真务实的精神品格。"实事求是"自天津工商学院时期确立为学校的办学理念和指导思想，不仅贯穿于学校生活的方方面面，包括教师教学、科研、学生生活等，而且一直延续至今，成为河北大学亘古不变的教育理念。"实事求是"作为精神理念和价值追求，使办学活动的科学与人文荟萃，发挥校园文化潜在课程的导向、激励、暗示与熏陶的教育影响。

①引领学校办学活动

20世纪30年代，中国社会急需专业技术型人才，天津工商学院提出造就专业技术人才的教育目标就是满足当时社会的发展需求，培养技术型人才，培养德、智、体"三育"均衡发展的全面人才。天津工商学院适应社会实际需要，增设相关专业，调整院系、科室设置，使学校教学质量和声誉始终随着社会发展而不断进步。学院在实际教学工作中，讲求实际，实事求是，力避浮夸、虚荣，鼓励学生独立探索，学以致用，高效率培养专业技术人才，服务社会。

天津工商学院的培养目标是"使本院为一标准化现代化之最高学府"，以"造就熟练现代技术、前程远大的青年"，"选就工商两届之专门人才"，使毕业生"能够在社会上找到较优的职业"。② 通过德育、智育、体育三方面对学生进行全方位的教育。德育，即学校规定学生应拥有自尊自重精神，保持谦和、恭谨、诚实、自律的高尚人格。智育，即学校对学生的培养以专业技术教学和实验为主，校外实习实践为辅，注重理论与实践相结合，激发学生的学习热情和主动性。体育，即强健学生体魄，增进体质。培养成德智体全面发展的专业技术人才并提高学生建设国家的能力，作为学校办学定位，正是"实事求是"校训内涵的生动体现。

以教育目标为导向，反映"实事求是"的校训理念，天津工商学院课程设置趋于科学化，主要分为基础课程和专业课程。其中最具校本文化特色的专业课程以院

① 华南圭. 工商学院之过去与未来 [J]. 工商学生，1937，1 (4).

② 天津工商学院出版委员会. 工商学生（第1卷第4期）[Z]. 河北大学档案馆藏，1937-CB13-9.

系加以区分，如工科专业课程主要分为十大门类，包括数学、物理、化学、平面测量、静力学与材料学、房屋建筑、市政学、铁路学、会计学原理、商业英文、工业实习，授课时数为1—2年。① 天津工商学院除重视学生科学知识理论的学习外，还重视学生的实验、实践课程及实习活动课程，将理论知识与实践结合，正是贯彻校训“实事求是”的要求。

为实施理论与实践相结合的培养模式，学院设置了物理实验室、化学实验室等。其中化学实验室又进行细分为五处，分为普通化学实验室、化学分析实验室、学科材料、天秤室、教授特别实验室，由此可见学院对实验课程的重视。为保证学生能高效地学习专业课知识，学校购买了大量的模型供学生实验课程所用。学院设有机械室，机械室配备压力台、发电机、水蒸机等设备供学生参观学习，这种直观的教学法能够激发学生的学习兴趣，激发学生的求知欲。商学院要求学生参加各种商业组织，要求一、二年级在校学习基础课程，三、四年级开始参加社会实践实习，以巩固所学知识，将所学知识运用到社会实践中。实习包括在各个工厂参观实习，或假期安排学生到各个行业实习，商科学生在银行、商贸行业实习，工科学生在工程建筑类行业实习。为改变社会流行的强调“博而不精”的浮夸教学风气，学院所授课程完全实事求是，以求“学生学一科会一科，学一科精一科”②，不好高骛远。正是学校严格遵循校训，才使得办学取得成功。

教学方法是实施课程方案、实现人才培养目标的途径及手段。天津工商学院的教学方法多样，强调学理学识与实践经验并重，课堂教学与实验实习相结合，注重启发式教学。有别于传统的教育与社会实际、书本知识与学生生活、学校与社会生产相脱离的弊端，天津工商学院非常重视教学与实践的紧密结合，安排了假期实习、毕业前实习、平常教学实习等多种实习，从而保障了学校发挥培养人才、发展学术、服务社会的职能。为了提高学生的科学理性精神及实际操作能力，教学中注重采用实验教学法，强调在教学中充分利用各种教学设备，以培养学生动手能力、讲求实证、重视求真务实的态度和方法，要求学生在教师的指导下进行自学，学以致用。在教学中崇尚科学理性，理论紧密联系现实，高效率培养社会急需的各类人才。教学组织活动反对注入、填鸭式，而是注重启发教学。教师在上课时无统一教材，均采用讲义，要求学生在听讲的同时进行笔记，加深对所学课程的理解和记忆。同时，

① 天津工商学院出版委员会．私立天津工商学院一览［Z］．河北大学档案馆藏，1935-CB13-7.

② 天津工商学院出版委员会．1945工商［Z］．河北大学档案馆藏，1945-CB13.

提倡学生在课堂上进行讨论发言，培养学生独立思考的能力，启发学生学习研发的积极性和主动性。

中华人民共和国成立后，河北大学由师范类学校改为综合性大学，培养目标发生了变化，不再只是重点培养中学师资了，要全方面培养学识丰富、技术精湛的高质量、专业化人才，满足国家建设的需要。因此，学校的科系、专业设置等方面也都随之进行了增设和调整，如教育系增设学前教育和学校教育两个专业，物理系增设物理学、无线电电子学、原子核物理学、半导体物理学四个专业，原有政教系分化为哲学系和政经系两个专业等等，力求培养出更广泛的专业化人才，使高精尖人才在社会各个领域都能充分发挥出自己的聪明才干。由此可以看出，学校在性质、职能上发生变化后，并没有故步自封、一成不变，而是积极调整学校的教学计划、培养目标、专业设置等，从学校实际发展情况出发，树立正确的发展理念，坚持实事求是。

河北大学在教育教学中十分注重实事求是、理论联系实际。在毛泽东思想的引领下，学校大力贯彻教育和生产劳动相结合、理论和实践相结合的方针。在教学工作中不盲目灌输书本知识，而是鼓励学生在实践中检验真理，真正做到实事求是。如数学系、物理系、化学系学生结合理论学习分别到天津市电子仪器厂、渤海无线电厂、有机合成厂、近代化工厂、塘沽永利碱厂、大沽化工厂进行了参观和生产实习，印证书本知识，更加透彻地巩固了理论知识；物理系四年级学生结合狭义相对论的学习，成立了“相对论课外小组”，开展了对相对论的基本原理如时空论有趣的探讨，提高了学习效果。①

②推动科学研究

1952 年 8 月，津沽大学的工学院并入天津大学，商学院并入南开大学，师范学院与天津学院合并成天津师范学院。科学研究的使命从未减弱。当时的数学系教师除了日常教学工作外，还要进行自己的科研工作，并领导学生成立科学研究小组，有的教师还发表了自己的论文，有的教师接受教育部委托编写师范学院数学教科书的任务。此外，数学系教师还翻译了多种教科书和参考书，有的已由高等教育出版社出版，全国许多高等学校采用作为课本；有的已由科学出版社出版作为展开科学研究的学习资料。历史系共分为四个科研组，包括中国古代史科研组、中国近代史科研组、世界古代史科研组与世界近现代史科研组，各个科研组设有主任，分别领导各有关学科的教学工作和科研工作。历史系教师以中国实际为基础，出版了几十

① 河北大学十五年的基本情况［Z］. 河北大学馆藏，XZ1964-01-3.

种专门著作，在《人民日报》《天津日报》《历史研究》《历史教学》等报刊上发表论文近80篇，① 教师们的辛勤劳动和在教学科研上的贡献，赢得了学生们的尊敬和爱戴，也在学术界享有一定的声誉。

河北大学的教师不仅在学校里教书育人，还融入社会现实，积极进行科研活动，为社会主义国家建设身体力行地贡献自己的力量。如1960年9月，河北大学数学力学系师生深入徐水县农村，大搞线性规划，将运筹学用于农业，提高了农业生产效率。② 1962年3月，河北大学数学力学系工人出身的教师于振善创造了一种新的算法“杆珠计算法”，这种算法不用口诀就能在一个普通算盘上做加、减、乘、除和乘方、开方运算，迅速准确，简便易学，这是他的“划线计算法”应用到珠算上的一项新发展，③ 为我国在数学方面的研究又做出了新的贡献。1962年4月14日，《天津日报》还对他的“杆珠计算法”进行了详细介绍。

由于贯彻了“百花齐放、百家争鸣”的方针和科研服务于教学的原则，仅1958、1959两年就完成科学研究项目952项。④ 1960年，王所安编著全国通用教材《脊椎动物学》，还发表了多篇论文。1962年以来，学校教师结合教学完成了学术研究论文和文献综述等305篇，其中126篇在校内外刊物上发表，还出版了《中国近代史》第一卷、《中国农民战争史》第一分册、《现代汉语译释学》以及《暴风雨中的花园》《蛇岛的秘密》等五部专著和译著。⑤ 在自主科学方面，设计和试制数百万电子伏特静电加速管，已经进行了操作试验，拍照了系统，效果良好，从而进一步开展了应用加速器的产生应用于工农业生产的初步科研工作，由于做出了成绩，静电加速器研究中的成员被评为省群英会的先进集体。⑥ 在数学科研方面，农民发明家于振善先后发明了“尺算法”“线性计算法”“数块计算法”“珠算计算法”“算式计算法”等计算方法，并且受到了党和政府的多次表彰、多家媒体报刊的报道，先后用英语、法语、西班牙语向世界传播介绍。此外，师生深入工厂、企业和科研机构等处，解决了200多项生产实际中的数学问题，并且出版了《数学在生产中的应用》一书。⑦

---

① 天津师范学院［Z］. 河北大学馆藏，1957-CB1312-0002.

② 天津市教育局教育志编修办公室编 . 天津教育大事记［M］. 天津：天津市地方史志编修委员会总编辑室出版，1987：122.

③ 天津市教育局教育志编修办公室编 . 天津教育大事记［M］. 天津：天津市地方史志编修委员会总编辑室出版，1987：131.

④ 河北大学十五年的基本情况［Z］. 河北大学馆藏，XZ 1964-01-3.

⑤ 河北大学十五年的基本情况［Z］. 河北大学馆藏，XZ 1964-01-3.

⑥ 河北大学十五年的基本情况［Z］. 河北大学馆藏，XZ 1964-01-3.

⑦ 河北大学十五年的基本情况［Z］. 河北大学馆藏，XZ 1964-01-3.

“有些自然科学研究项目已经列入“国家科学研究十年规划”中，并接受了省委交给编写“哲学初级读本”“逻辑学读本”“教育学”以及与南开大学合编毛泽东文艺思想等书的任务。①

河北大学天津时期的科学研究可以说取得了累累硕果，研究成果涉及各个学科，使河北大学在全国的知名度大大提升。

③促进人才培养

天津工商院的校训是“实事求是”，受校训熏陶，“凡学教特当以人才之产出为其第一要务”②。自 1925 年招收本科大学生以来，学生数目大幅增长。特别是 1933 年学校在政府正式立案后，学生数量有所增加。抗日战争时期，天津工商学院得到了迅速的发展。尽管天津工商学院学生数量有所增加，但毕业生人数仍不多。如首届毕业生仅 11 人（其中工科 7 人，商科 4 人），1930 年毕业生不过 12 人（工科 9 人，商科 3 人）。将近 30 年培养出的人才，为旧中国尤其地区的工商业发展，做出不小的贡献。③ 天津工商学院培养大批专业实用型人才，学生毕业后大多就业于各个企业机关要处，如工矿、交通运输部门、土木建筑、金融行业、市政府单位、水利等。1933—1946 年，天津工商学院的毕业生人数总体保持稳步上升的趋势。1933—1946 年，记录在册的有 1277 名，仅有 444 名毕业生就业去向记录在册，其中 833 名毕业生就业去向不明，受战争的影响，毕业生就业去向不明的人数一直在增加，记录在册的 444 名毕业生的就业去向几乎涵盖当时社会的所有部门，占记录在册毕业生总数的 35%。就业部门人数较多的是工矿、行政管理、交通运输、商业贸易，这四个部门占就业人数占记录在册毕业生总数的 19%，其中就业部门较少的是水利电力，就业人数仅有 16 人；其次为市政单位，人数为 31 人；另有 9 人选择留学继续深造。

天津师范学院时期，历史系学生们毕业后大都加入了历史教学的队伍，有的在教学工作之余，还进行科学研究工作，并在历史刊物上发表了自己的著作和文章，大家都在为祖国社会主义的建设贡献自己的力量；地理系现有学生 115 人，他们在党组织的大力支持和教师们的关怀指导下刻苦钻研，扩大知识领域，提高学习质量，成立了地理科学及气象研究小组。中央教育部于 1955 年暑假成立了政治教育系，到 1957 全系年级两班共有 107 名学生，全部为党、团员；物理系有本科学生四个年级和专科学生两个年级共计 285 人，业余进修班四个班共有 221 人；生物系本科、专科

---

① 河北大学十五年的基本情况［Z］. 河北大学馆藏，XZ 1964-01-3.

② 中国基督教教育调查会. 中国基督教教育事业［M］. 北京：商务印书馆，1922：316.

③ 曲大富. 实用教育全书［M］. 北京：北京科学技术出版社，1999：1057.

现共有学生 179 人，① 学生毕业后大部分都分配到各个中学担任生物学教师，有的已经荣升为学科教研组长，有的被评为优秀教师，有的在天津市直观教具展览会上受到表扬等，学生毕业后都在自己的领域取得了不俗的成绩。

正是因为全面贯彻了学校的教育方针，教育质量不断提高，从而促进学生在德、智、体等方面都得到发展，年复一年地输送着新的血液到祖国社会主义建设的各个岗位上。1953 年的毕业生仅有 34 人，1963 年的毕业生已达到 909 人。② 12 年来共毕业了 7098 人，在社会生活的各个领域贡献着自己的力量，其中包括土木建筑、文化教育、交通运输、行政管理、商业贸易、金融、市政、水利电力等，有的成为工程师，有的成为建筑师，有的成为会计师，有的成为技师，有的成为老师。无论是何种职业，对于当时正在发展中的新中国来说都是非常珍贵而重要的，他们在各自的岗位上勤奋工作，为国家建设、民族振兴、人民幸福做出了积极的努力和贡献。

④勉力社会服务

服务社会是大学重要的职责和功能，也是其主要的教育理念之一。在多年的办学实践中，河北大学始终坚持教育服务社会的办学方向，通过深入系统研究社会需求及其变化，科学确定其人才培养目标，使所培养的人才能够满足社会特定需求，为推动社会进步做出一定贡献。

20 世纪初期，中国社会发生了剧烈变化。民国肇始，风气开通，科学救国呼声日益高涨。民族精神，系于教育，国之贫弱，端赖工商。兴办教育、发展工商成为当时中国的现实需要。针对中国社会实际，耶稣会士在初创天津工商大学时就明确了服务社会的办学目标：“循经济发展之需要，予青年以相当巩固之知识。另外还有一件特别注重的事情，造就实用人才，因为中国需要使用的人才比理论的为急。”③ 具体而言，商科主要造就以下各项人才：1. 能以商业方法经理工商事务之人才；2. 精于鉴定货品、熟悉改造货物并能管理驻外商店或一工厂之人才；熟悉各地商业习惯、海外则例与海上规律之专门进出口家；3. 会计师、艮（银）行家股票经纪人、保险公司事务员；4. 受普通教育认识哲学的、社会的大问题而能在社会上占一重要位置的人才。土木工程科则使学生能于铁路、水利、营造、图绘、测量诸方面中占一重要之地位。④

1933 年在教育部正式立案后，工商学院仍然坚持服务社会的办学目标，“以教授

---

① 天津师范学院［Z］. 河北大学馆藏，1957-CB1312-0002.

② 河北大学十五年的基本情况［Z］. 河北大学馆藏，XZ 1964-01-3.

③ 刘美. 工商大学的设立和经过［J］. 工商大学季刊，1927（1）.

④ 天津工商大学章程［M］. 天津：北洋印字馆，1928：3-6.

工商各科高深学术、造就专门人才为宗旨”。①社会需求是办学的根本。津沽大学基于中国实际造就专门人才的宗旨，确实吸引了一批借工商救国的青年学子。1930年毕业班学生陈翕永“平日感我国之工、业不兴，实为日后富强之大阻碍，遂毅然决然，立志学工”，② 中学毕业后遂报考工商学院，与其相似，陆以寿也“感觉中国经济制度之不良为现在亟应解决问题，故入商科专攻商业、经济、银行各门”。③ 这些素抱爱国之心的青年学子利用津沽大学良好的学习环境和条件，努力学习专业知识和各种技术、技能，为将来服务社会打下坚实的基础。

津沽大学学生毕业后主要从事与专业相关的工作。在有明确职业记载的493人中，有312人任职于工矿、交通运输、土木建筑、金融、市政、商业贸易部门，占任职总人数的63%以上。他们依靠扎实的专业知识和熟练的基本技能立足本行业．成为工程师、会计师、建筑师、技师等，获得社会好评。另外，也有部分人员进入文化教育、行政管理等部门。不管从事何种职业，这些学有专长的高等人才对于积贫积弱的近代中国来说都非常宝贵，他们在各自的岗位上勤奋工作，为中国的独立和富强而努力。

在多年的办学实践中，河北大学始终以服务社会为办学方向和准则，通过对当时社会实际需求与发展变化的深入研究，科学确定其人才培养的目标，使所培养的目标人才能够满足特定的社会需求，推动社会发展。

河北大学不同时期的毕业生，毕业后基本上都是从事与所学专业相关的工作。包括土木建筑、文化教育、交通运输、商业贸易、行政管理、金融、市政、水利电力等领域。他们都凭借着扎实的专业知识和娴熟的操作技能在本行业立足，有的成为工程师，有的成为建筑师，有的成为会计师，有的成为技师，有的成为老师等。他们把在大学所学习到的知识完全应用在自己的工作岗位上，继续发扬踏实肯干的精神品格，兢兢业业，向国家、向社会奉献着自己的青春和热血，为社会主义国家建设增砖添瓦，这些学有所长的高等专业人才对于当时的国家建设来说可谓是非常宝贵的人力资源。

（3）“实事求是”校训对当前河北大学发展的意义

河北大学从1921年初创到现在已经有将近百年的时间了，从天津工商大学、天津工商学院、津沽大学、天津师范学院、天津师范大学到河北大学，每个发展阶段

---

① 《私立天津工商学院组织大纲》，工商学院出版委员会编：《私立天津工商学院一览》，天津：天津工商学院出版委员会，1953年版，第3页。

② 《陈翕永毕业留言》，《天津工商大学一九零三班毕业纪念册》，河北大学藏。

③ 《陆以寿毕业留言》，《天津工商大学一九零三班毕业纪念册》，河北大学藏。

都有其办学特色和办学成果。河北大学在发展中传承和发扬实事求是的精神，形成自身的办学理念，把提高教学质量放在首位；不仅重视学生知识的掌握，还注重学生品行的培养；以服务社会为本位，积极培养能够满足社会主义建设需求的人才。从河北大学办学理念和办学活动中可以看出，在学校发展中要始终秉承实事求是的精神，在基础文化学习之外，大力提倡科学研究，大兴科研之风，提高学校整体学术水平，以社会服务为本，使得从学校中走出来的人才能够为社会主义建设和国家发展添砖加瓦，贡献自己的力量。学校发展，以培养人才为核心，服务社会为本位，才能在各高校竞争的浪潮中保持本心，实现真正的、高质量的发展。

进入新世纪，学校进入了快速发展、成绩斐然的蒸蒸日上的新时期。2005 年，学校成功跨入省政府与教育部共同建设的“省部共建”大学行列，成为全省第一所省部共建大学。2012 年，学校先后成功入选国家“中西部高校基础能力建设工程”高校、国家“中西部高校提升综合实力工程”高校。2016 年，河北大学成功入选全国“一省一校”重点建设高校和河北省“双一流”建设第一层次高校。进入新世纪，河大人坚持实事求是的校训传统和博学、求真、惟恒、创新的校风精神，在教育部和财政部的大力支持下，在河北省委、省政府的正确领导下，凝心聚力，真抓实干，着力优化学校发展结构，坚持质量、规模、结构与效益相统，“一省一校”工程各项工作稳步推进，学校综合实力明显提升，正在向着“特色鲜明，国际知名”的高水综合性大学稳步迈进。

当今社会国家之间的竞争是综合国力的竞争，但归根结底是人才的竞争，教育尤其是高等教育是培养人才的关键，国家高等教育水平决定了人才培养质量，高等教育面临前所未有的挑战。伴随着教育资源和人才的竞争，河北大学如何把握时机，践行“实事求是”校训向前发展，是值得深思的问题。河北大学的办学活动有形与无形、显性与隐性、本体与拓展都应贯穿“实事求是”的信念与因素，将其办学活动的力量组合为结构功能，产生出凝聚力与向心力的提升以及精神活力的催动。从而实现办学效率与质量的双赢。

大学的办学功能层次复杂多样，但最根本的一点在于培养人才。人才培养的主要方式或途径是学校教学，尤其是本科阶段的教学。这无论是对学生成才还是社会进步都是至关重要的。“实事求是”的校训最集中的应该反映在教学的环节与序列当中，包括教学设计、教学实施、教学评估与教学改革。而这其中又融汇了办学目标、课程编制、教学组织方法和教学管理。科学的目标导向，人类文明的继承、弘扬，未知世界的真知探求，理性分析的客观严密，工具实验的精准分析以及知识应用的求实、奉献，等等，都是“实事求是”在教学中的多样化表现，而成为大学教学的精神载体，更是达到优化办学成效的资源力量。

河北大学办学的竞争力与社会贡献，离不开大师引领下的师生合作研究以及优秀研究成果的问世。“实事求是”是科学研究的理念和准则，不仅有方法论的指引，还更有研究主体的行为、方式与规范程序的保障。在这里，创新与超越、前沿与领先、文明与进步以及理性与牺牲等等正诠释了“实事求是”与科学研究及创新成果之间的互动促进。

“实事求是”旗帜下河北大学的办学实践不是封闭的，而是开放的。市场与学科专业、社会与大学、师生主体与现实需求绝不能隔离，而应该融合。只有与社会的实际结合，紧跟市场对专业、人才培养质量的诉求，大学才能充满生机活力。个人的价值和愿景也才能在这种努力践行中得以实现。而这些方面的优化组合与结构最大化功能的释放，都需要秉承“实事求是”的思想和方法，理性而不优柔寡断，客观而不虚浮装饰，理性而不夸夸其谈，稳健而不左右彷徨。以“实事求是”的校训指导办学实践，正是解决大学与社会、学生与市场、专才与通才等诸多复杂关系间合理向度的有效法则。我相信，河北大学在“实事求是”的校训引领下，明天一定会走向学校发展史上的辉煌。

（资料来源：吴洪成撰写，尚未刊发。作者在撰写中得到所指导硕士研究生刘梦熙、贺美燃的协助，特此致谢）

（二）天津工商学院

1. 天津工商学院校旗、校训

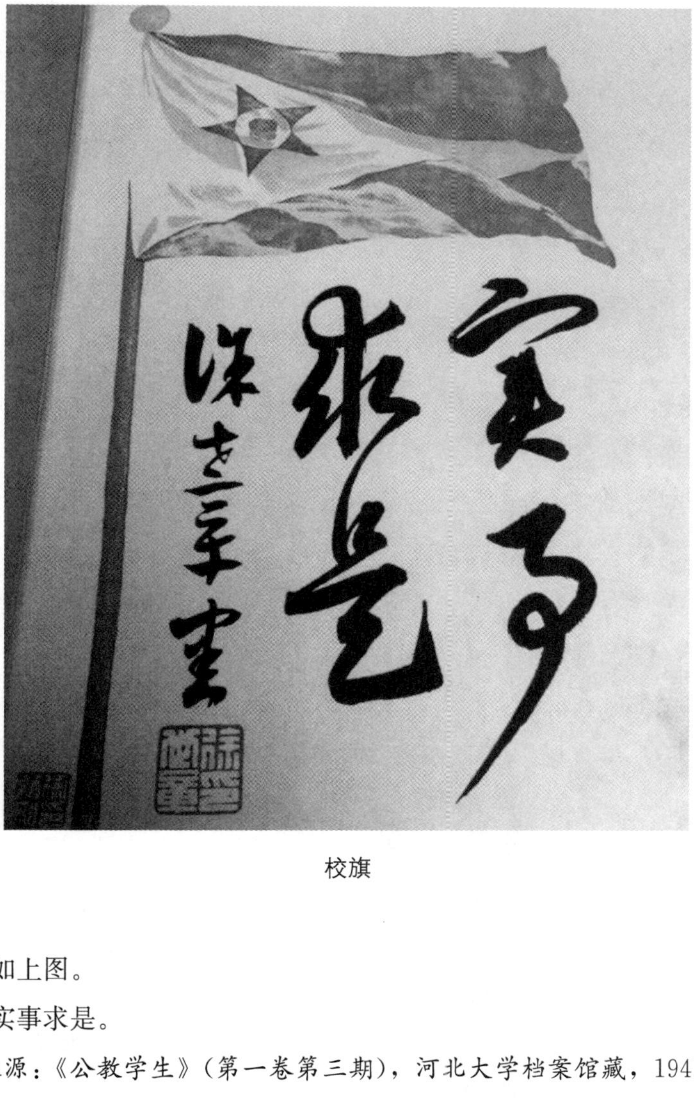

校旗

校旗：如上图。

校训：实事求是。

（资料来源：《公教学生》（第一卷第三期），河北大学档案馆藏，1941-CB13-10）

2. 院长刘迺仁：工商学院女子文学系成立纪念刊序

妇学之名，见于天官；姆教之范，垂于内则。常人每以我国自古女学不兴，非旷论也。惟降至近世，妇学寖衰，女教益弛，方之东西各国，遂觉瞠乎其后。虽往圣之遗意失宣，亦战祸之频仍所致，此岂女子之不幸，实国家之不幸也。津沽位毗京华，利兼河海。人物闻殷，学校林立，事变而还，人口愈增，乃除女子中学外，全市竟无一可资深造之女子大学，历年由本市女子中学毕业者，不得不负笈他乡，或辍学在家，本邑人仕，莫不引以为憾。本院素抱为国储才为世谋便之旨，爰不辞艰难，力图扩充，嗣得本市名公硕彦多方协助，卒获实现。本年先设女子文学系，聘本市教育家孙家玉女士主其事，至来年再继图扩充。韶光荏苒，今开学始业倏已二月矣，同人等念肇基之多艰，凛克终之当勉，且以酧父老之嘉惠，报桑梓之热望，不可无文字以为纪念，乃有成立纪念刊之作。逌仁忝长工商，汲深绠短；今兹添设，职责益重。昔章学诚氏有云："妇学之名，见于天官内职，德言容功，所该者广，非如后世只以文艺为学也。……郑注'言为辞令'，自非娴于经礼，习于文章，不足为学。"乃知诵诗习礼，古之妇学，略亚丈夫；后世妇女之文，虽偏于华采，要其渊源所自，宜知有所受也。"旨哉其言！夫本院此系虽主文学，然于讲习文章，自亦不可不娴于经礼，庶乎正内相夫、治家给事之际，均可无所愆尤。昔邓曼推盈满之祥，穆姜解利贞之义，成名垂竹帛，为世传诵；否则徒以浮词华藻相竞尚，实非本院添设该系之旨也。谨摅鄙怀，伫候明教，窃欲与同人等共致力焉！

（资料来源：《工商学院女院成立纪念册》，河北大学档案馆藏，1943-CB13-1）

3.《天津工商学院院务报告书》记本院办学目标及其他①

第一，学校行政组织。本院之最高行政机关为校董会，由七人组成，呈部备案，另聘国内工商暨教育专家若干人，为名誉校董，俾资顾问指导一切，海内名流如叶恭绰、张伯苓，翁文灏、卞白眉、杨荫荪等诸君，均在名誉校董之列。主持本院教务人员，多系敦聘社会上品学兼优知名之士，而其中职员与教员之一部，则为耶稣会会员，全体教职员皆以"诚信"与"友爱"之精神，从事于教育，故全校师生，犹如家人焉。

第二，学院组织。本学院系由下列各院校组织而成：1. 工学院（包括土木工程、机械两系）2. 商学院（包括财政经济、商业两系）3. 附属中学校（包括高中与初中两部）。工商两院修业期限均为四年，四年毕业成绩及格者，依照部章授予工学士或商学士学位，高中初中修业期限各为三年，共为六年。

第三，学生入学资格。入工商两院之学生，须于公立或以立案私立高级中学毕业者为合格，而入工学院则又须擅长算学、物理，入商学院则须擅长中外国文字及地理、化学等科目，盖不如此，殊难使伊等将来成为一专门人才也。

第四，入学费用。本院为减轻学生家长负担，俾是教育普及起见，故对学生之用费，力求其减少，大抵入学院之普通学生学费及住校一切费用，每学期有 80 元即

---

① 标题为编者根据内容自拟并对文中相关标题及层次体例进行了必要处理。

足应用，高中学生有70元即有余裕。每月膳食费由7元至9元不等，按平均数而论，在本院工或商学院之学生综合其学宿膳书籍及一切杂费，有250元一年即绰有余裕，高中之学生则需200余元即足一年之用。

第五，教育目的。本学院创设目的，在使学生受益优良之教育，成焉义勇男儿，启发其德性，使之能自立，并使之知尊敬及服从长上；又指示以自由之界限，与其正当之行使，且又授予普通及专门之知识。使之在社会上、公务上有充分之资格，任重要之事务。

第六，教育方法。为达上述目的起见，本学院纯以“诚信”与“友谊”之精神，待遇教员与管理学生，所订院规，概由多年之经验而认为正当与良善者，绝非凭空设想，从未经过试验者。本学院规，在使学生有自尊自重之精神，以高尚其人格，管理学生，亦采取温和手段，然对于学生之心理或学生之健康关系重要各规条及秩序之维持，本学院不敢丝毫疏虞，一概认真施行。本学院于学生智育之发展与德性之培养，既如上所述，而同时对于学生体育之重要及利益，亦不敢漠视，凡于学生身体发育有益之事，概为设备，各式运动一概奖励，足球、网球、篮球等，皆学生于课余之暇所从事重要之运动也。本学院在教授上最注意与发展学生之个性及自动力授课而外，另加练习工作，以期各生都有勤奋耕作及实用之习惯。商科有商业实习及年终毕业论文，工科有实习工程及工科设计，高中则有每日练习。

第七，毕业年限。各科课程四年毕业，毕业后由本学院发给工学士或商学士文凭。但商科学生肄业三年者，可随意休学，分数及格者，并可得乙种文凭。

第八，课程。（一）工学院（机械及工程）：A数学——三角、微积分、解析几何、图解几何；B力学——理论力学、实验力学、耐力学、铁筋洋灰、机械绘图；C物理、光学、声学、热学、定量；D工业电机学；E热力学、机械动机；F工业化学；G建筑学；H铁路、工程学、道路工程学；I水利学；J Nomography（theory of errors-diagrams）；K工艺学；L哲学。（二）商学院：A会计学；B商业学、地理学；C出产学、化学；D财政学、银行学；E法律学、保险学；F法语英语公函；G经济学、哲学；H商业实习；I统计学。

第九，授课用语。各科内因需要之不同有若干课程用中文或英文教授，然同时亦设法使学生习得足以应用之法文，以便学生能参考各种法文专门书籍，并使之能做普通法语之会话。

第十，考试与记分。学生所习得诸课程内，每周之末有一门以口试或笔答考试一次，每学期之末，举行大考一次，将所习各课程，具加一考试。考试之成绩，以0分至20分评定优劣，而以12分为及格。学期之分数，系将每周每月考试之分数与学期大考之分数合计平均而得，每学年末，大考之分数，系将第一学期第二学期所得之分数平均而得。每学年末总平均分数，至少需有 12 分方为及格，其重要科目之分数，不及 12 分而多于 9 分者，须复行考试，其不及 9 分者为落第，复考试需先行请得学院之许可，于暑假之末举行。学生之平均分数，不及规定之标准数目者，本学院当令其留级复习，但留级只准一次。于学期之内，如学院发现某生资质愚钝，能力薄弱，不能随班学习时，本学院当即将此情形通知学生本人及家属，令其下学期休学。

第十一，证书与学位。学生修业四年期满考试及格者，本学院当给予卒业证书，其毕业考试成绩优良者，当发给工学士或商学士毕业文凭，惟毕业总平均分数至少须有四年平均 14 分。

第十二，院规。为维持秩序与纪律起见，本学院对于不轻旷课、遵守学规、勤勉求学、品行端方等事，认真监督，如学生对于上述任何一项有违反时，本学院当酌量情形，轻则斥责，重则革退。兹将应行禁制各事列左：1. 扰乱学院秩序；2. 不服从；3. 不正当行为，而玷辱学生个人或学院之名誉者；4. 旷课或迟到。学生上课 1 月后。如本院认其不宜在课室内听讲时，当令其退学。

第十三，勤学绩分。勤学分数之给予，其目的是在鼓励学生之勤学。学生每次旷课，无论经学校准许与否，都须扣分。凡学生授课次数未满百分之八十者，即不准应考学期试验。但学生因患重病或因近亲有丧亡大故，在事先亲自禀明，或临时用函件报告学校当局者，不在此列。凡因故离校之学生，回校时如无家长之证明信件，概不再与容纳。1 月内学生之勤惰，与月终亦评定分数，将来算入总平均分内。

第十四，费用。以下各项费用均须于开学报到注册时缴纳。甲、半学年（每学期）费用：1. 学费 35 元；2. 宿费 20 元；3. 体育费 3 元；4. 理化试验费 7 元；5. 打字或测量费 3 元；6. 讲义费 4 元；7. 预偿费 5 元；8. 实验室预偿费 3 元。乙、特别费：1. 报名费 5 元；2. 毕业文凭费 6 元；3. 卒业证书费 3 元；4. 复考试费 3 元。注册迟误时，须额外缴纳大洋 1 元，除预偿费一项，于学期之末，按照损坏院产之程度及其他费用之多寡，由是项内扣除有余发还外，其他各项费用，概不发还。学生之书籍费、膳费，与宿舍内所自用之器具，不在学费与宿费之内，概由学生自备之。

（资料来源：《天津工商学院院务报告书》，河北大学档案馆藏，1935-CB13-8）

4. 社会名流为天津工商学院 1937 毕业班题词

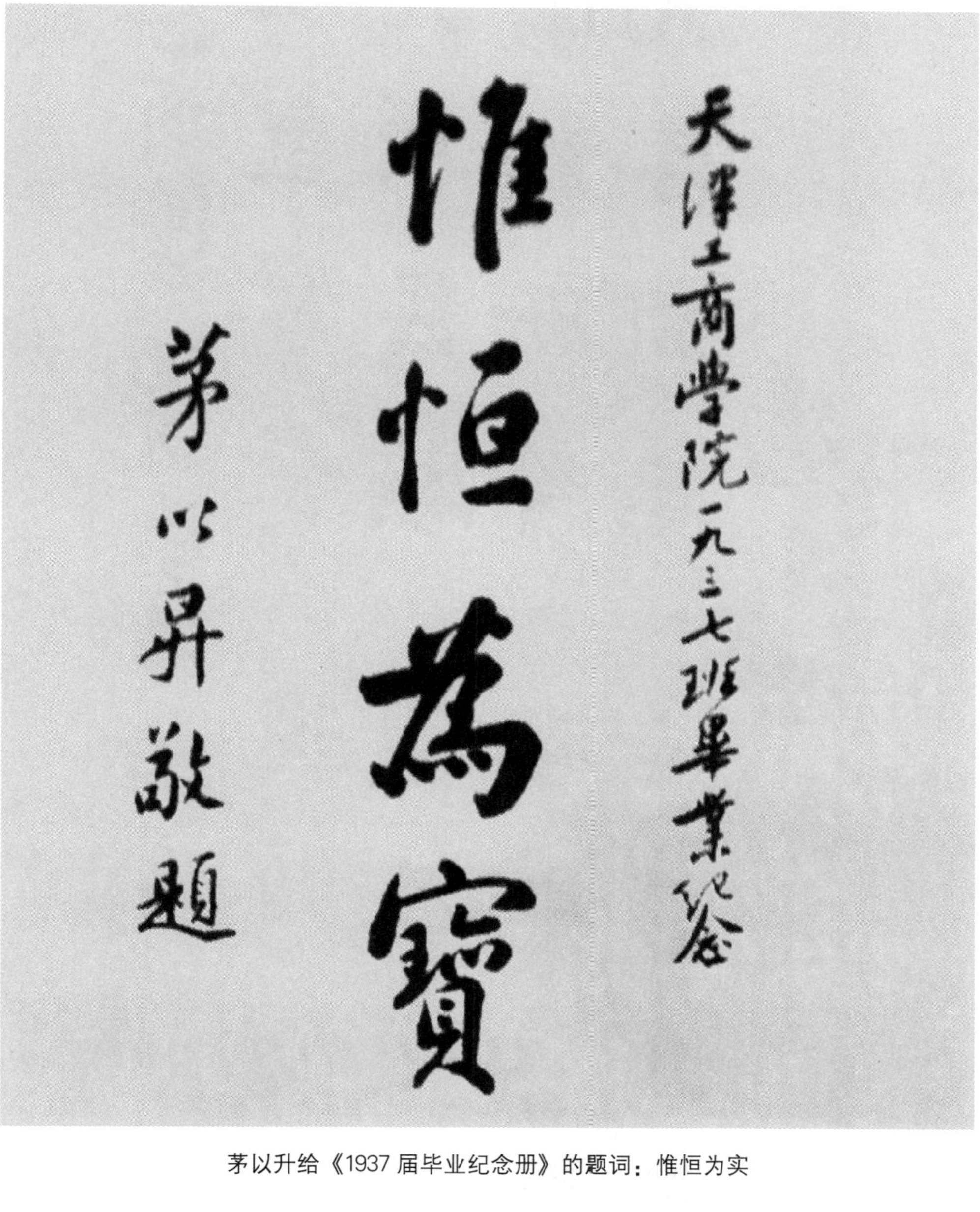

茅以升给《1937 届毕业纪念册》的题词：惟恒为实

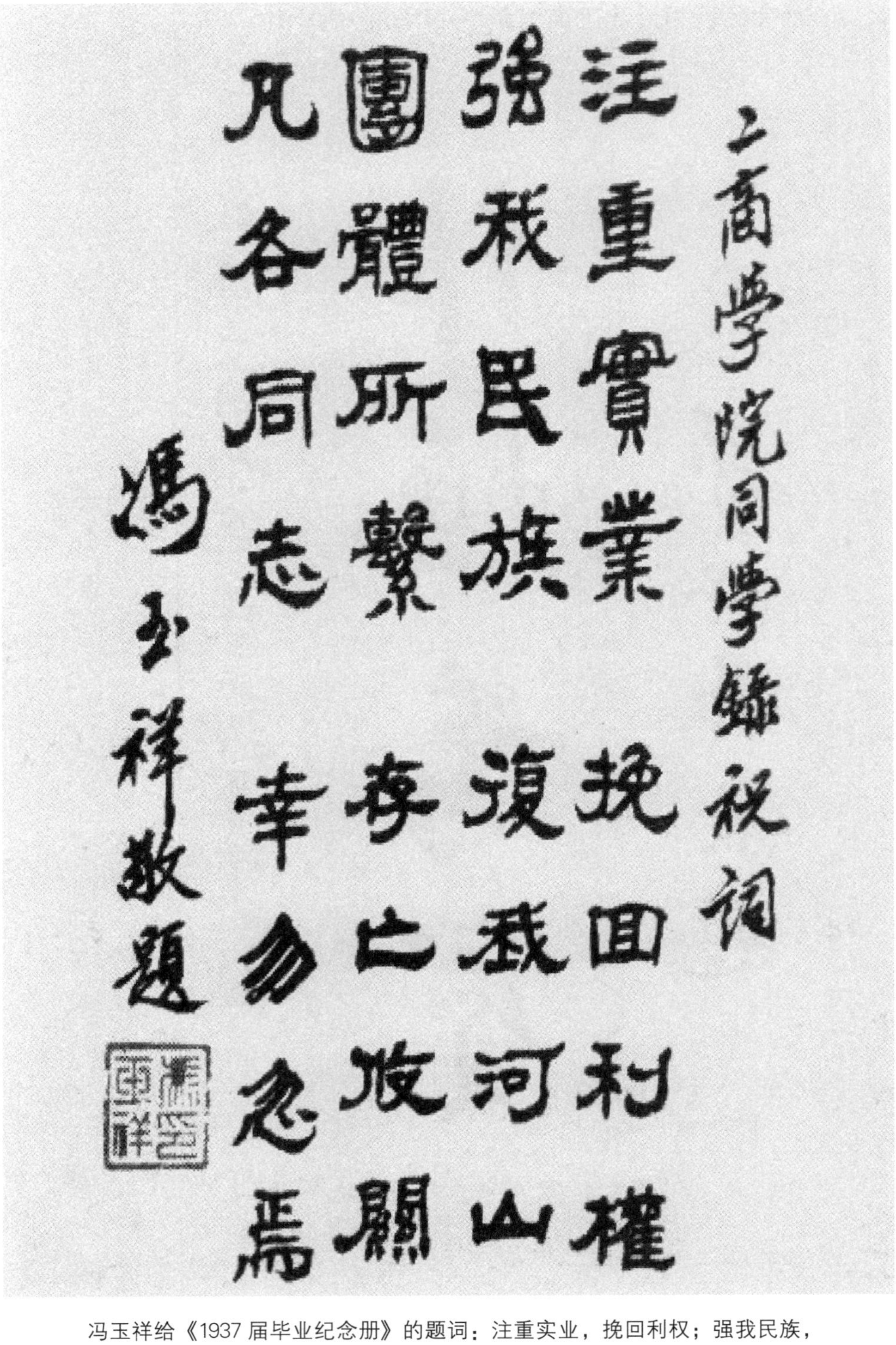

冯玉祥给《1937 届毕业纪念册》的题词：注重实业，挽回利权；强我民族，复我河山；团体所系，存亡攸关；凡各同志，幸勿忽焉。

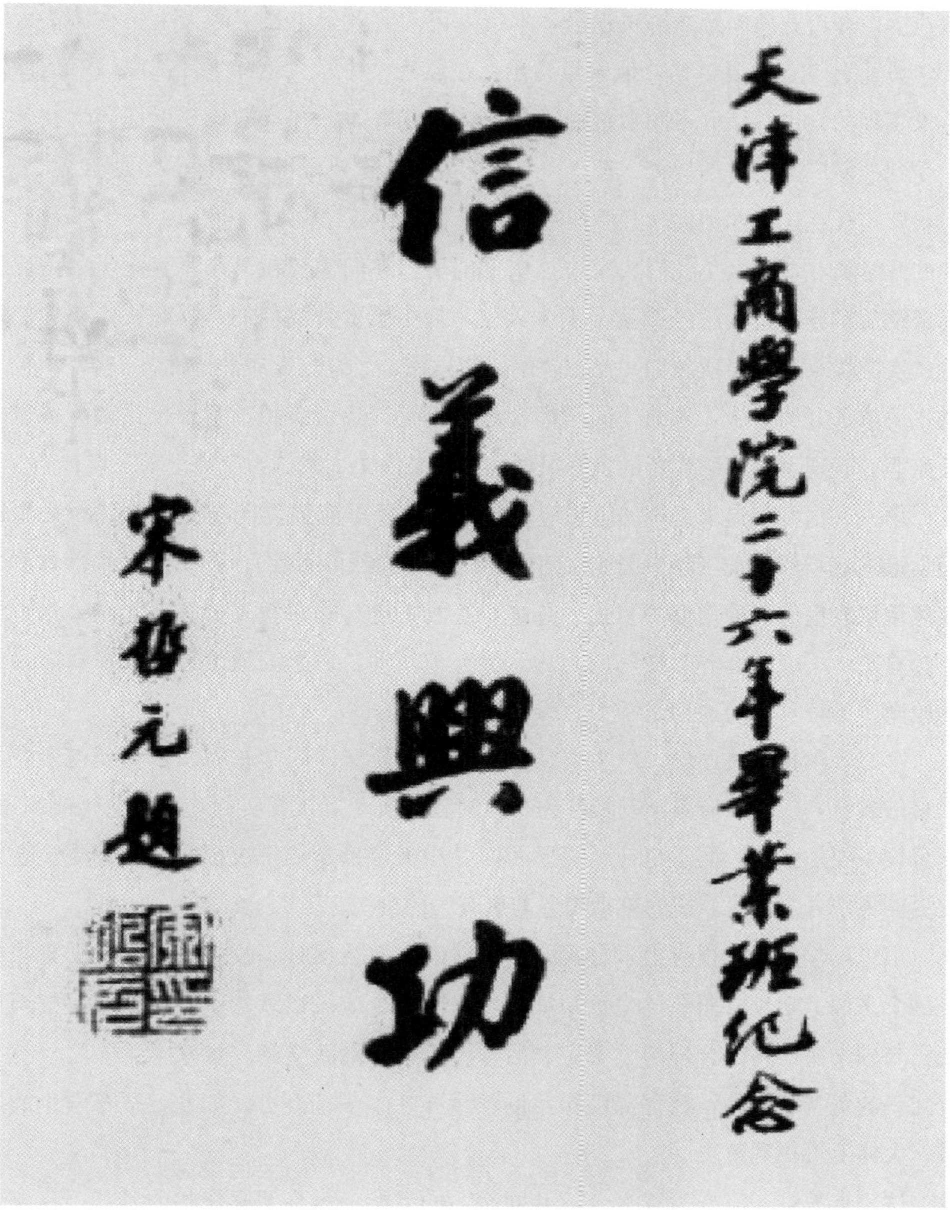

宋哲元给《1937 届毕业纪念册》的题词：信义兴功

（资料来源：《1937 届毕业纪念册》，河北大学档案馆藏）

（三）津沽大学

［本报讯］天津解放一年来，本市私立教会学校校方与同学间发生波折甚多，因而颇影响师生教学情绪。如津沽大学即曾在上学期因校务问题一度同学与校方发生

争执。对今后此项问题之解决途径，本市人民政府黄敬市长于昨天上午在津沽大学开学典礼上曾有重要讲话，他着重指出：在新社会中，无论师生，都应该有信仰及追求真理的自由，信仰不同者彼此人格上应互相尊重，并且学校要保证同学在学校中受到他所应当受得的教育，至学生负担问题也一定要做得合理，不要太轻或太重。

黄市长在庆贺津沽大学开学典礼上向全体师生发表讲话，他说：今年举行新学期的开学典礼，这真是我们大家应该庆幸的事。你们学校在天津私立大学中是比较有成绩的学校，过去已经造就了不少人才，新中国更需要你们，因此我希望你们经过这次波折，充分吸取教训，互相合作，使学校走上健全发展的道路。（略）学校当局也采取了开明措施，采纳了同学们合理的意见，特别卜相贤副校长自动辞去教务长兼职，表现了教育工作者的良好风度。这次事件中，我认为应当记取三点教训。

第一，信仰与追求真理的思想应该自由。学校不能强制同学上宗教课或是限制同学追求进步的活动（新中国成立前此类的措施应深以为戒）；同时非宗教信仰者也应尊重宗教信仰者的信仰的自由。总之，宗教人员与非宗教人员间彼此在人格上应互相尊重，不应有侮辱与谩骂的行为。至有关信仰、宗教的辩论会可以在双方自愿的原则下举行，因为这也是学术上的研讨。

第二，学校认真办学，学生要认真学，学校要保证同学在学校内受到他所应当受得的教育，人民政府新学制及各种有关的教育法令要认真实行，聘任老师要慎重，学习设备要加强等。同学也应认真学习，并积极帮助学校解决困难。校务委员会使它更能集中各方意见，成为推动校务的更有力的机构。

第三，学生的负担应力求合理。学校财政除教会出钱、校外募捐外，学费当然是一个来源。学校要照顾学生负担能力，但同学也应该以缴纳学费为义务。校当局现已与同学协议得出合理的学费定额后，同学也应踊跃交纳。贫寒学生除学校有十分之一的免费名额外，教育部已指示助学金亦在本学期开办。如此，贫寒学生的困难，大体上可得到解决。

这三点教训，应成为双方今后共同努力的目标，也是共同合作的基础，只要这三个问题处理适当，我相信学校一定能得到健全的发展。

接着黄市长并作了《目前的形势和同学们的修养》的报告。开学典礼至十二时结束。

（资料来源：《天津日报》1950 年 3 月 14 日第一版，《闻墨》编委会主编《闻墨》，天津科学技术出版社，2014 年版，第 46—47 页）

（四）天津师范学院

1.《天津师范学院暂行学则草案》记该院办学目标①

第一章　总则

一、本院任务是培养具有马克思列宁主义和马克思列宁主义与中国革命实践相结合的毛泽东思想的基础、高级文化科学水平和教育专门知识与技能，全心全意为人民教育事业服务的中等学校师资。

二、本院本科暂设中国语文、俄文、历史、数学、物理、化学、生物等七系。专修科暂设中国语文、俄文、历史、地理、数学、物理、化学、生物等八科。本科修业年限为四年，专修科修业年限为两年。

三、本院根据天津市人民政府的决定，为系统的提高天津市在职中等学校教师的业务水平，并培养部分在职小学教师为中等学校师资，特附设教师业余进修部（其学则另设之）。

四、本院为教学上理论与实际密切结合，特设男女附属中学各一所。

五、本院新生由政府统一分配，入学时须呈缴有关的证明文件，以便审定学籍，该项证明文件于学生毕业时发还。

六、本院学生均享受人民助学金，具体办法根据政府规定办理之。

七、本院学生修业期满成绩合格者，准予毕业，呈报中央人民政府教育部发给毕业证书，并统一分配工作。

第二章　教学工作之组织

八、本院各系科根据中央人民政府教育部所制定之高等师范学院教学计划（包括政治理论科目、教育科目、专业科目和教育实习等四个有机组成部分），结合本院具体条件进行教学。

九、本院各系科均根据教研室通过的各科教学大纲进行教学工作。教学工作之一般组织形式如下：

1. 讲课

2. 课堂讨论和专题讨论

3. 教学实习、实验、作业

4. 教育见习和实习

5. 辅导工作

---

① 题目为编者根据内容自行拟定。

6. 学生独立工作

7. 考试与考查

十、本院依据中央人民政府教育部统一规定，一学年分为两学期，第一学期自九月一日至一月二十三日，第二学期自二月七日至六月三十日。

十一、本院一学年规定两次假期，寒假自一月二十四日至二月六日，暑假自七月一日至八月三十一日。

第三章　成绩考查

十二、本院学生成绩考查和评分，分下列各种：

1. 日常考查。各系（科）根据具体情况，由教研室共同研究，斟酌采用课堂讨论、检查笔记、检查作业、实验报告或书面测验等方式，评分记录，作为学生平时成绩。

2. 学期考试及学期总成绩。每学期终了时，各系科均举行学期考试（口试或笔试，考试范围为全学期教学内容）评定分数，作为学生学期成绩。以学期考试成绩为主要根据，并参考学生平时成绩，由教师评定学生各科的学期总成绩。

3. 学年成绩。每学年终了时各科教师根据学生第一学期和第二学期总成绩，妥善的评出学生学年成绩，各科学生成绩，须经教研室审核批准。

十三、学生成绩评定，暂采用四级分及百分两种记录方法，逐步创造条件，争取全面实行四级分制。四级分记录分为优、良、可、劣四级。可为及格，劣为不及格。

（资料来源：《教学规章规定》，河北大学档案馆藏，XZ11-1954-02-12）

2.《师范学院暂行教学计划说明》记天津师范学院主要系科教学目标①

（1）中国语言文学系专业科目的设置目的

本系的专业科目包括语言和文学两部分：

①语言科目的设置目的

A. 使学生初步具有语言学的基本知识。

B. 使学生掌握现代汉语的基本知识和规律，并能把它们适当地运用到讲、读和写作当中去。

C. 使学生具有古汉语的基本知识和阅读一般古代文学著作及分析其语言结构的

---

① 题目为编者根据内容自行拟定，并根据具体情况对标题设计及层次划分略有变动。

能力。

D. 使学生能把所学到的语言知识和技能按照教学理论和原则，运用到教学工作中去。

②文学科目的设置目的

A. 使学生初步掌握马克思列宁主义的文学理论的基本知识。

B. 使学生具有中国文学和世界文学的基本知识和历史知识，熟悉各个时代的代表作家和代表作品。

C. 提高学生分析欣赏各种文学作品的能力，培养学生运用祖国语言文字正确优美地表达自己的思想感情的能力。

D. 通过文学教学，培养学生爱国主义的精神和共产主义的道德品质。

E. 使学生能把所学到的文学知识和技能，按照教学理论和原则运用到教学工作中去。

(2) 俄语系专业科目的设置目的

本系设置讲读、语法、翻译、发音学、语法研究、俄语教学法等专业科目。

基本辞藻和语法是语言的基础，学习语言要在掌握基本词藻和语法规律的基础上发挥运用语言的能力，因此俄语课中设有讲读和语法。讲读一科目是使学生掌握一定数量的词藻，并通过各种作业培养其运用俄语的能力。语法一科目主要是使学生掌握词的变化规则和用词造句的规则。为了使学生进一步掌握语法规律的特殊部分，并初步掌握俄语修辞，另设语法研究一科目。

学习外国语，必须具有正确的发音能力，掌握标准读音的基本规律，并理解发音和正字法之间的相互关系。因此，发音训练应是俄语课中讲读一科目的任务之一。此外，为使学生掌握系统的、科学的发音规律，设置发音学一科目。

对比法为学习外国语的主要方法之一。为了使学生在将来能运用对比法进行教学，因此俄语课中设翻译一科目。

为使学生对俄罗斯及苏联作家及其作品有一般的认识，在三、四年级开设苏联文学一科目。

学习外国语的学生，应该对本国的语言、文学有一定的修养，因此，在一年级开设现代汉语，二年级开设中国现代文学等科目。

语言是在社会历史发展过程中产生和成长起来的，它的基本词藻和语法构造是随着社会历史的发展而愈趋完善的。因此了解所学语言国家的历史，对学习这种语言有极大的帮助，为此设有苏联史一科目。

为了使学生毕业后能根据科学的教学理论和方法进行教学，设俄语教学法一科目。

(3) 历史系专业科目的设置目的

世界古代史：自上古至476年西罗马灭亡止。

世界中世纪史：自罗马帝国灭亡至英国资产阶级革命止。

世界近代史：自1642年英国资产阶级革命至第一次世界大战结束止。

世界现代史：自1917年10月社会主义革命讲起。

中国古代及中世纪史：鸦片战争前的历史。

中国近代及现代史：自鸦片战争起至现在止。

这六个科目的设置目的在于使学生掌握系统的历史科学知识，培养其历史唯物主义的观点，并运用历史唯物主义的观点分析历史问题的能力，为继续研究历史科学奠定基础。通过上述六个科目，使学生熟悉历史上祖国人民及世界各国人民对自然和对阶级压迫进行斗争的历史进程。并认识社会发展的一般规律和特殊规律。因而培养其对祖国、对劳动人民事业的热爱，加强其对祖国及世界各国社会主义、共产主义前途的信心，成为社会主义积极建设者和保卫者。

这六个科目都应根据历史唯物主义的观点来分析史实。因此，必须坚决反对历史教学中的唯心观点，反对单纯陈述史料、罗列事实、不加分析的现象，同时也要反对只讲理论、忽视史实的现象。在历史课的讲授中必须进行爱国主义和国际主义相结合的思想教育，但同时也应该防止脱离历史讲授的内容而生硬地进行思想教育的现象。

对于经济方面和文化方面的历史资料应尽量予以搜集，以丰富讲授内容。中国现代史部分因目前史料有待整理，尚不容易超出政治史的范围，但必须逐步地增加经济和文化的部分。目前此一科目的讲授容易和共同必修科中的中国革命史重复，因此各院对中国革命史和中国现代史的分别开设应当视各院的条件决定，条件不具备的学校可暂时开设一门。世界史各科目应当适当地讲授有关东方各国的材料，中国史应逐渐增加关于少数民族的材料。在历史科学的讲授过程中应注意指导学生系统地阅读历史史料，以丰富历史知识。

(4) 地理系专业科目的设置目的

本系专业科目包括以下几个部分：

①自然地理学和经济地理学。

②地理学的基础科目。

③与地理学有关的技能科目。

④地理教学法。

自然地理学和经济地理学分别隶属于两个不同的科学范畴，自然地理学是自然科学，经济地理学是社会科学。但自然地理学的研究必然归结到它在生产实践上的意义。它为研究经济地理学作好准备，而经济地理学的研究也必须联系到自然条件，所以两者之间有着密切的、有机的联系。这种关系也就确定了自然地理学应开设在经济地理学之先。

天文学和地质学是学习地理学的基础科目，地图学及其地形测绘是为了培养学习地理学所必需的技能的，这两类科目都开设在一、二年级。地理教学法的设置目的在培养学生根据科学的教学原则和方法讲授地理学的能力。其讲授应与教育实习密切的配合与联系。

本系的选修科目有区域地理研究法、地理学史、地理教具制造、俄语，各校可根据需要与可能斟酌开设。

野外实习是配合课堂教学以巩固所学，并加强理论与实际的联系，在教学计划中分别安排在第二、第四、第六三个学期。第二、第四两学期的野外实习是关于自然地理各科方面的实习，第六学期的野外实习是综合性（自然地理和经济地理）的实习。

（5）数学系专业科目的设置目的

本系专业科目的设置目的，在使学生对初等教学的全部教材能熟练精通，对高等数学的主干部门能掌握概要，并能将数学理论与实际相连接，不但自己形数通习，体用两明，而且具有相当的传授能力。

作为一个未来的中等学校数学老师，首先必须就中等学校教材分门别类，熟悉深研，以便对基本概念有正确的认识，对通行理法有透彻的了解，对演算绘图解题分析有足够的熟练。初等数学复习及研究一科目，就是为此而设的。

中等学校数学教材的基本理论和演算方法，有一部分需要借助高等数学始易通晓。所以中等学校数学教师即使仅以精通初等数学的理论、熟练初等数学演算方法为目的，也需要明了几门高等数学的系统理论，掌握其中的主要方法。因此，本系开设解析几何、高等代数、数学分析、近世几何、几何基础、数论和复变函数等七种科目，为学生将来从事教学工作和继续进修奠定良好的基础。

为了使教材不至彼此重复，理法可以互相照顾，互相征引，上述七门高等数学和五门初等数学的分科已初步做了适当的排列（将来教学大纲中还要注意细节的排次）。

数学中的理法，无一不是由实际中来，也无一不是应用到实际中去。为了阐明教学的本质，演示教学的用途，对青年讲授数学必须注意联系实际。因此中等学校数学教师本身对数学的应用必须有相当的素养。物理、力学、制图三科与数学性质相近，理法相通，兼习易明，相得益著，所以定为本系的必修科目。最后，数学教学法一科目是专为训练实际教学方法而设的。

（6）物理系科目的设置目的

中等学校物理学的内容包括物理学的各个部门。中等学校物理教师应掌握物理学各部门的基本知识——基本现象、基本概念、基本规律及其间的相互关系，并具有指导学生进行实验所必需的各项技能和熟练技巧。

普通物理是本系的基础科目，其他各科目大都是依据着和围绕着它为了提高和扩大物理学知识而设置的。

为了使未来中等学校物理教师对工作能胜任愉快，并且能不断地提高自己的业务水平和教学质量，他必须在理论方面奠定坚固的基础，因此在普通物理的基础上设置理论力学和理论物理等科目。

由于物理学的理论科目需要用到高等数学的知识，故在学习理论科目之前，必先学习些高等数学，因此设置解析几何及代数、数学分析等科目。

为了扩大学生物理学的知识领域并联系实际，设置和物理学有密切关系的科目，如天文学、电工及无线电技术、制图学等。

为了使学生毕业后能胜任中等学校物理学的教学工作，设置物理教学法和中学物理实验技术一科目，这一科目应与教育实习紧密配合。

（7）化学专业科目的设置目的

一个未来中等学校化学教师首先必须掌握化学专业的基本知识和熟练技巧。无机化学、有机化学和分析化学就是为了这个目的而设置的。

其次，化学教师不仅需要掌握化学基本知识，还需要在化学理论方面有一定的基础。因此设置物理化学一科目。

为了巩固和提高学生的化学知识，并使这些知识更加系统化，在无机化学和有机化学的基础上设置元素周期系统和有机化合物系统鉴定两个科目，使学生不仅对无机化学和有机化学作总结性的复习，而且对化学有更全面、更深刻的系统的了解。

第三，中等学校的化学教材涉及与化学有关的各重要生产部门的知识。因此，一个未来化学教师还必须熟悉与经济建设和国防建设有密切关系的化学知识。为了这个目的，本系设置工业化学、生物化学和农业化学的科目。这些科目是为了扩大学生的专业知识，并使理论与实际相结合。

第四，由于物理学与化学的密切联系。又由于数学和物理学是化学的基础。所以在第一、第二学年设置普通物理和数学。

第五，未来中等学校化学老师，除掌握丰富的化学知识外，还必须掌握教学原则和方法，为了这个目的，设置化学教学法。

（8）生物系专业科目的设置目的

中等学校生物学包括植物学、动物学、人体解剖生理学和达尔文主义基础。因此，本系教学计划中设植物学（包括植物生理学）、动物学、人体及动物生理学（包括人体解剖学）和达尔文主义四个主要科目，在本系各专业科目中占最重要的地位。

第一学期开设米丘林生物学概论。其目的在使学生在开始学习生物学时，就能以辩证唯物主义的观点了解生命现象和生命界的基本规律。为以后学习其他专业科目奠定良好的基础。

为了使学生学好四个主要科目，尚须配备一定的有关科目。农业基础知识便是配合植物学和动物学而开设的；组织学及胚胎学便是配合动物学、人体及动物生理学和达尔文主义而开设的。

由于生物学中许多方面需要用到化学，尤其在学习植物生理学和人体及动物生理学之前，应先学习化学。因此，设置基本化学、有机化学和生物化学等科目。

中等学校生物教师除了掌握理论知识和实验操作外，还要认识自然界中生活有机体和环境的相互关系。因此，在教学计划中有些科目不仅规定了实验，而且还规定了野外实习。野外实习要建立在一定的课堂理论学习的基础上与课堂讲授有机地结合着进行，其目的在进一步加深和巩固理论知识，并培养学生研究自然界的兴趣和能力。

中等学校生物教师，除应具备生物学的系统知识外，还要能够运用先进的教学原则和方法。把生物学知识传授给青年一代。生物学教学法一科目的开设就是为了完成这个任务。

（资料来源：《师范学院暂行教学计划说明》，河北大学档案馆藏，XZ11-1954-03-11）

3. 天津师范学院暂行学则草案

第一章　总则

一、本院任务是培养具有马克思列宁主义和马克思列宁主义与中国革命实践相结合的毛泽东思想的基础，高级文化科学水平和教育专门知识与技能，全心全意为人民教育事业服务的中等学校师资。

二、本院本科暂设中国语文、俄文、历史、数学、物理、化学、生物等七系。专修科暂设中国语文、俄文、历史、地理、数学、物理、化学、生物等八科。本科修业年限为四年，专修科修业年限为两年。

三、本院根据天津市人民政府的决定，为系统地提高天津市在职中等学校教师的业务水平，并培养部分在职小学教师为中等学校师资，特附设教师业余进修部(其学则另设之)。

四、本院为实现教学与理论相结合，特设男女附属中学各一所。

五、本院新生由政府统一分配，入学时须呈缴有关的证明文件，以便审定学籍。该证明文件于学生毕业时发还。

六、本院学生均享受人民助学金，具体办法根据政府规定办理之。

七、本院学生修业期满成绩合格者，准予毕业，呈报中央人民政府教育部发给毕业证书，并统一分配工作。

第二章　教学工作之组织

一、本院各系科根据中央人民政府教育部所规定的高等师范院校教学计划（包括政治理论科目、教育科目、专业科目和教育实习等四个有机组成部分)，结合本院具体条件进行教学。

二、本院各系科均根据教研室通过的各科教学大纲进行教学工作。教学工作之一般组织形式如下：

1. 讲课

2. 课堂讨论和专题讨论

3. 教学实习、实验、作业

4. 教育见习和实习

5. 辅导工作

6. 学生独立工作

7. 考试与考查

三、本院依据中央人民政府教育部统一规定，一学年分为两学期，第一学期自九月一日至一月二十三日。第二学期自二月七日至六月三十日。

四、本院一学年规定两次假期，寒假自一月二十四日至二月六日。暑假自七月一日至八月三十一日。

第三章　成绩考查

一、本院学生成绩考查和评分，分下列各种：

1. 日常考查。各系根据具体情况，由教研室共同研究，斟酌采用课堂讨论、检查笔记、检查作业、实验报告或书面测验等方式，评分记录，作为学生平时成绩。

2. 学期考试及学期总成绩。每学期终了时，各科系均举行学期考试（口试或笔试，考试范围为全学期教学内容）评定分数，作为学生学期成绩。以学期考试成绩为主要根据，并参考学生平时成绩，由教师评定学生各科的学期总成绩。

3. 学年成绩。每学年终了时各科教师根据学生第一学期和第二学期总成绩，妥善地评出学生学年成绩。各科学生成绩，须经教研室审核批准。

二、学生成绩评定暂采用四级分及百分两种记录方法，逐步创造条件，争取全面实行四级分制。四级分记录分为优、良、可、劣四级。可为及格，劣为不及格。

（资料来源：《教学规章规定》，河北大学档案馆藏）

4. 我们要走“一二·九”青年所走的道路——知识分子与工农相结合的道路

在二十二年前十二月九号，北京青年学生为了反对日本帝国主义进一步侵略中国，反对蒋介石对内镇压、屠杀，对外妥协投降政策，在党的领导下爆发了轰轰烈烈的爱国运动，举行了请愿、游行、示威，并提出了代表全国人民意志的“停止内战，一致抗日”“反对华北自治”“争取民主自由”的口号和要求。由于当时“一二·九”的青年在爱国主义的革命精神鼓舞下，在党的支持下，不怕危险，不怕牺牲，和国民党反动政府以及帝国主义进行顽强的斗争，并且由于他们又响应了党提出的“到农村去！知识分子和工农结合！”的号召，组织了和教育了广大的工农群众参加抗日斗争，因此“一二·九”运动终于冲破了国民党不抵抗政策和冀察当局的投降计划，结束了从1927年以来的反动统治，使革命重新走向了高潮，促进了抗日民族统一战线的形成，推动“七七”全面抗战，为抗日战争的胜利打下了基础。

今天，我们在庆祝“一二·九”运动二十二周年时，我们不仅要继承“一二·九”时代青年爱国主义的革命传统，学习他们艰苦、勇敢斗争的精神；特别是我们应该记取“一二·九”运动给我们总结出来的两点宝贵的历史经验：一点就是青年学生必须要接受党的领导，“一二·九”青年爱国运动其所以能够进行的比较深入和广泛，并且在反动统治下能够长期的坚持下去，在整个的中国革命斗争中起到重大的作用，最根本的一点就是“一二·九”青年响应了党的号召，接受了党的领导，这也正如刘少奇同志所指出的“单纯的学生运动是不能获得胜利的”。这个宝贵的历史经验也就告诉我们今天的青年学生和知识分子，要想在社会主义事业的建设中，发挥更大的作用，必须要主动地接受党的领导，坚定地跟着党走。

今天我们不仅要接受党的领导，跟着党走，而且我们还要进一步捍卫、巩固、加强党的领导，因为党领导是马克思列宁主义的基本问题，是中国革命成败的关键，是社会主义在中国最后建成的最根本的保证。因此问题十分明显，如果丧失了党对社会主义建设事业的领导，实质上，就是在中国取消了社会主义；取消了人民的民主和幸福，使中国人民重新回到殖民地半殖民地的地位，也就是使中国人民重新回到做奴隶的地位。今天我们全国青年朋友们，必须坚定的捍卫党的领导；加强和巩固党对社会主义建设事业的领导；坚决和反党反社会主义的一切言行进行不调和的斗争；保卫"一二·九"青年用鲜血换来的爱国权利。这就是我们今天学习"一二·九"青年爱国主义精神最重要的一点。

再一点宝贵的历史经验就是：知识分子必须和工农兵相结合，否则一事无成。"一二·九"时代的中国知识青年，由于在艰苦的斗争过程中特别是在党的教育下；使他们日益懂得了这个宝贵的真理，响应了党的号召，抛开了范围狭小的城市生活和死板板的不切合当时实际的书本，坚定地走向了农村、军队和工厂，与广大的工农兵结合在一起，在实际的革命斗争中进行自我教育、自我思想改造。另一方面，在党的领导下，去组织了和教育了广大的工农群众，进行革命的斗争，当时参加"一二·九"运动的很多青年学生都参加工农武装——八路军、新四军；并在党的教育和培养下，大部分都成为当时战场上军事指挥、政治工作人员、地方行政负责人员以及经济工作、文化工作人员。他们在中国革命中起了很大的作用。但是当时也有一些青年学生不愿意吃苦，不愿意去和工农大众结合，留恋着那种"白面书生"的生活，没有经受革命的实际锻炼，因此在革命大风暴的斗争中，有的动摇了，有的走向反人民、反革命的道路了。

"一二·九"运动进一步证实了毛泽东同志曾指出的"知识分子是否愿意与工农大众相结合，就是革命与反革命的分界线"的正确性。历史的事实告诉我们，今天的青年朋友们必须去和工农结合，必须很好地为工农服务。只有这样，我们才有取之不尽、用之不竭的力量；才有远大的前途，否则，就必将一事无成，一败涂地，没有前途，同氢气球一样，在空中飘荡，最后不知其下落，必然要和草木同腐了。

特别是今天我们全国的青年学生和知识分子所面临的历史任务与"一二·九"时代的青年所担负的历史任务是不同了，我们在党的领导下，将负担着在我国建成社会主义的光荣历史任务，这个任务比起"一二·九"青年所担负的任务是更加复杂，更加艰巨了。

因此，这样伟大的事业，要求我们今天的青年必须是一个有知识、有共产主义觉悟的、身体健康的劳动者。可是当前我国大部分青年学生和知识分子与国家的要求还相隔着一定的距离，我们每个青年须争取尽快地来缩短这个距离，满足国家的要求。缩短这个距离最主要的一点就是要加强思想改造，端正自己的政治方向，只有思想得到彻底改造，站稳了无产阶级的立场，有正确的政治观点和前进方向，我们才能在工作和学习中发挥更大的积极性和创造性，我们的知识才能得到充分的发挥。反之，如果我们没有一个全心全意为人民服务与工农共甘苦的政治态度，而满脑子个人打算的话，不仅所谓的知识不能被人民所需要，就是连自己也将被人民所抛弃，为此我们必须要加强思想改造。进行思想改造，除了要学习马列主义以外，更重要的一方面是继承党所领导下的“一二・九”青年的与工农结合的革命传统，要参加生产劳动，和工农相结合。因为只有在比较艰苦的环境中我们才能够深刻地了解到劳动的意义以及工农群众在历史前进中的作用，才能培养我们的工农思想感情，坚定地树立起全心全意为工农服务的人生观。

尽管当前我们同学大部分时间忙于学习，没有一个比较长的时间到生产战线上去锻炼，但是在不久的将来就会得到这个机会的。就目前来说，我们必须要在力所能及的条件下争取多接触工农群众，要了解工农群众生活和要求，同时，批判轻视劳动和工农群众的错误思想，使自己的思想得到彻底的改造，我们要永远走“一二・九”青年所走的道路——知识分子和工农相结合的道路。这就是我们纪念“一二・九”运动二十二周年的应有态度。

（资料来源：《天津师范校刊》（第三期），作者李捷，河北大学档案馆藏，1957-CB1312-001）

5. 天津师范学院社会劳动锻炼选录①

（1）南义心庄下放干部大队部赵元平：向在校同志们汇报来自农村一个多月以来劳动锻炼的收获

下乡探望的同志们并转全院师生职工同志们：

当同志们下乡探望的消息传来以后，大家都很兴奋，准备以农业社新社员的身份对同志们表示热烈欢迎，并准备藉此机会向同志们汇报下乡后一月来的情况。

我们到达这里以后，立即受到乡、社干部和老社员们的欢迎和照顾，他们热情地说：“早就盼望着你们来，到了这里就是到了自己家里”，“有了你们，合作社就好办了”。农民的话有分量，说一句算一句，说到哪儿做到哪儿，待我们真是亲如家人，照顾得非常仔细、周到。他们宁可自己挤着也要腾屋子让我们去住，看到我们缺什么就拿来什么；没烧的就送来稻草，没菜吃就送来白菜、萝卜；有的一直不让住在他家的同志们买咸菜吃，说“自己家里腌着萝卜，哪能还买菜吃”；有的看到我们东西没处放马上就给钉了个木板桌子。他们教给我们怎样烧火、煮饭、做菜，遇到我们不会做时，立即放下饭碗跑来帮忙，每当做了差样的饭菜，还送来给我们吃。

---

① 题目为编者根据内容自行拟定。

在劳动中，老社员们总怕我们太累了，不让我们干重活，不断提醒“要慢慢锻炼”。有的同志迎着西北风掘土，老社员立即提醒说：“小心让风顶着。”老社员们这种无微不至的关怀，真诚朴实的态度，给大家很大教育，大家具体体会到了劳动人民的阶级情感。大家一致提出“放下知识分子架子，和农民打成一片，老老实实向农民学习”。很多同志本着“手勤、眼勤、口勤”的原则，主动给老社员扫院子、挑水、找老社员聊天，给老社员读报、唱戏、说相声，帮助老社员识字，提高文化。王希贤、周定瀛等同志还结合劳动情况编了歌词；在挑河休息时唱给老社员们听。目前，彼此之间已经熟悉起来，开始建立了亲密的感情，比如李延龄、伊康年等同志曾经请假到市里来，回去以后，住在一起的老社员说：“你们走了以后，总觉着像缺了点什么似的，以后你们可不能到别处去住，就在这旁边盖房子，我们做邻居。”李延龄等同志也反映“回市里以后，觉得没多大意思，愿意早些回乡里来”。

在老社员帮助下，我们上的第一课是“学会生活”。我们以四五人为一小组，以小组为单位自己起伙做饭，对吃饭虽然都不外行，但做饭许多人还是生手。有的把米饭做成了粘粥，有的把面条做成了浆糊，也有的不得不到锅底去捞贴饽饽，许多人做饭时顾上不能顾下，顾了烧火顾不了炒菜，弄得手忙脚乱，出了许多笑话。尽管如此，大家吃起来都分外香甜。有些人从来没有吃过玉米面，但他们明确“下乡就是吃苦来的”，“要从吃苦中锻炼自己”，所以很快就和玉米面交上了朋友，大家抢着吃又香又脆的贴饽饽。现在，许多人已经学会了做饭，可以完满地解决吃饭问题了。对这生活环境大家已经完全适应，并逐渐产生了感情。对热炕大家特别感兴趣，每当劳动一天之后，睡一宿热炕，真是又解累又解乏，周身舒畅。有的同志还说：“这里空气新鲜，好像天也高一些。”不少同学过去身体不好，到这里以后，由于每天劳动，吃得好，睡得香，以致许多病都退却了，脸孔渐渐变得又红又亮起来。

我们上的第二课是“学会劳动”。我们这些知识分子，讲起“劳动创造世界”来头头是道，轮到自己亲身劳动就露出了本相。不过，大家倒是抱着接受考验的决心，确是努了一把力。到这里的第二天，大部分就下地。随后，大家响应了乡支部兴修水利的号召，背起铁钎，踏上了河渠。“挑河”——这是一致公认的重活儿，但是大家没有被它吓住，不仅男同志参加了，女同志也参加了，最初几天有些不大习惯，觉得腰酸腿痛，有的肩上、手上肿了起来或者起了泡，可是，大家热情高涨，一直坚持劳动。大家提出了“积极劳动、克服困难、虚心学习、注意健康”的口号，有的同志在太阳刚爬起来的时候就下了河，有的同学跟着老社员打夜班，有的同志在下雪的日子还叫着老社员一起去挑河，泥浆沾满腿，鞋上结了冰，但寒冷没有影响大家战胜困难的决心。郭豫敏同志在挖支河时脱光脚下了水，林京同志体力较弱，但一直带头劳动，当生产队长一再要他下工时，他急得流了眼泪。孙由洞等同志积极肯干，劳动质量赶上了老社员，在乡的生产快报上受了表扬。目前，一条十七里长河已经完成了。在兴修水利方面，南义心庄乡受到了南乡区委的表扬，区委号召各乡向南义心庄乡看齐。河工基本完成以后，社里把全乡的植树任务交给了我们，第二分队用了两天多的时间种了两千九百多棵树，超额完成任务。现在，大家已投入了积肥高潮，我们向乡党支部提出了三条保证：1）在生产队领导下，带头积肥、不怕脏、不怕冷、不怕累，虚心向老社员学习积肥经验。2）一边动手积肥，一边宣传动员，男女齐出动，人人有活儿干，保证全勤。3）开动脑筋和老社员一起寻找肥源，扩大肥源。各个分队已相互提出了挑战，各个小组也做出了积肥行动计划。大家除去和老社员一起去积肥以外，各小组都挖了积肥坑，订出了业余积肥的数字。每天，天刚蒙蒙亮，就有的背起粪筐去拾粪，有的去打扫街土；有的同志下地，带着尿罐，和成尿泥带回来。有的同志看到路上有许多大粪，就用手捧了回来。大家不光自己积极积肥，而且做宣传动员工作也很卖力气，时常会看到同志们出入各家进行宣传动员，许多小组还在墙上粉刷了大字标语。对我们的劳动热情，老社员们极为赞扬，他们说："下放干部真能吃苦，决心真大，不知哪里来的那股劲，体力不强、可是硬干"，"都这么干，社会主义的路没个走不成。"

经过参加劳动，大家觉得有很多体会，有的说："我们不仅身体健康了，思想也健康起来了。"有的说："看上去泥手泥脚，心地却比以前纯洁了。"大家感到对劳动与劳动人民有了进一步的理解，同时受到了活生生的阶级教育。经过亲身体验，许多同志体会到劳动的伟大与艰苦，认识到体力劳动在社会生活中占有最重要的地位，有根本的意义。正是体力劳动为我们创造了基本生活条件，创造了文化知识。人都要吃饭，但是，过去我们很少想到生产一粒稻米要经过多少劳动。当然由于过去脱离劳动，实在也无从想起。下来以后，农民们跟我们说："生产一粒稻米光水就需要两担。"刚听到这里时有些吃惊，稍后，从劳动中完全理解了这句话。仅仅就我们参加的秋后劳动来说，就有轧场、扬场、装包、过称、缝包、装运、挖河、积肥……。这一切不都是为了让大家得到稻米吗！有的同志说过这样的一段话，代表了许多同志的认识，他说："农业劳动是复杂的，体现着人类巨大的智慧，由于过去轻视劳动，就武断地判定它是简单的。"

劳动也开拓了人们视野，使许多同志看到了集体的力量。有的同志说："一条十七里大河，这么快就完工了，这还不都是群众的力量、集体的力量。过去在学校里，个人讲课，个人备课，总觉得个人不得了，看不到集体。"许多同志认识到农民不仅是我们的生产技术上的老师，而且是政治上的老师，当前，后者具有更重要的意义。

在讨论农业发展纲要草案时，大家看到广大农民对坚持党的领导、坚持贫优农领导成分方面非常坚决，感到自己的阶级立场是软弱的或是动摇的。有的同志说："从日常交谈中大致可以看出谁是贫优农。"有的同志谈到："贫优农极其痛恨剥削，而自己过去对剥削的理解是抽象的、空洞的、缺乏具体情感。"大家感到，合作化以后农民的集体主义思想很强烈，劳动积极性很高，有的同志说："挖河工作一动员，群众都激动得嚷起来，转天就披星戴月地干上了，那场面真令人感动。"大家还感到，劳动人民的情感真是纯朴、诚挚、高尚。有的同志谈到"由于进一步了解了农民，看到了农民高贵品质，所以和农民的关系变得非常自然，非常亲近，过去在公共汽车上遇到了农民，怕沾脏了衣服，总是躲远点；现在遇到农民就觉得很亲近，总要聊上两句。"

总之，下来以后，大家收获很大。真正感受到劳动对我们的确是个很好的锻炼。每天和农民一起生活与劳动，可以学到许多从书本上学不到的东西，对我们在立场、观点、思想情感上的锻炼有根本意义。由此更进一步认识到干部下放参加劳动生产的深刻革命意义，这确是知识分子进行思想改造的正确途径；确是党和国家干部路线的具体贯彻和重大发展，大家的情绪是饱满的，许多同志表示"今后积极投入农业劳动，虚心向农民学习，努力锻炼自己，决心做一个有文化的农民"。全院的同志们，我们决不会辜负你们的期望，我们决心和同志们在不同的战线上向着社会主义飞步前进。

（资料来源：《天津师范校刊》第六期，河北大学档案馆藏，1958-CB1312-001）

（2）黎明祥：劳动使感情起了变化——从我的两篇日记谈起

我坐在炕上，翻阅着日记本，思索着我下乡以后的收获。从日记本上，发现两篇日记，给了我很大的启发。一篇是去年秋天写的，另一篇是今年秋天（下乡以后）写的。但，两篇日记记的都是"下雨"的情景。前一篇这样写着：

今天，雨。

黑云直往上堆，片刻，天上像涂了墨汁。

狂风急雨来了！

同学们呆在宿舍里，为这来势汹汹的暴风雨而喝彩。有的同学跳上了床，钻进被窝，他们说，这是睡觉的好天气。有的人下棋，有的人拉小提琴。

我站在窗前，激动地作起诗来：

风，你尽情地吹吧，

把大地上的一切落叶席卷而光；

雨，你尽情地倾泻吧，
让大地饱喝一顿！
我，将趁此机会上电影院等退票去了。
不，我还是拿起小说，
去寻找主人公的下落吧！……

后一篇这样写着：

早晨，天阴沉沉。黑云布满天空，浓雾紧锁大地。看样子，疾风暴雨就要来临了。

我的心，就像田野上的稻浪一样起伏不平。

此刻，我想到的不是因为下了雨，道路泥泞行走不便，而是田地里还有许多刚割下的稻子还没有挑回来，打谷场上的稻子还没有捋完……

我马上跑去着急地问队长："如果下雨了，怎么办?"我和队长立刻就想办法抢救去了……

这两篇日记都在下雨的情况下写的。但是，内容所表现的思想感情是截然不同的。

为什么呢？这问题不能不引起我深刻的思索。

过去，我从小一直念书，主要生活在大城市，很少与农民接近，甚至可以说是没有接近。对农村情况了解不全面，肤浅空洞，只是从书本报章杂志上知道了一些。这样，就很难树立起对农民的思想感情。因而，在平日的生活中，考虑问题时，往往是以自己作为出发点，很难得把广大的劳动人民的利益作为前提去考虑问题、处理事务。就是下雨的时候，想到的也是自己，至于广大的农民就想不到了。

可是，这次下乡，由于自己参加了劳动，尝到了劳动的滋味，深知粮食来之不易，多少熟悉了农民的生活状况。因此，在我的脑子里的非劳动人民的思想感情的领域越来越缩小，劳动人民的思想感情的领域越来越扩大。这样，就是看到天不作美要下雨的时候，在自己的脑子里就自然而然地会想到正在秋收的广大农民，会想到经过自己双手割下来而还堆在场上的稻子。

总之，这两篇日记，使我更深一步地认识到：知识分子要进行思想改造，要树立起劳动人民的思想感情，就必须从实际的生活——工农生活中去培养和锻炼。一切脱离实际生活，脱离工农群众，想坐在书房里进行思想改造、培养劳动人民的思想感情的做法都是不可能的！

（资料来源：《天津师范校刊》第六期，河北大学档案馆藏，1958-CB1312-001）

（3）政教系下乡劳动同学工作简讯

政教系全体下乡劳动的同学，在和老乡们一道结束了紧张的秋季丰收以后，经过一个月的大鸣大放和社会调查。为社会主义大辩论打下了良好的基础。现在他们白天投入冬季生产高潮——挖沟渠，平河楞，撬冻土，积肥。晚上参加农民的大辩论。他们和农民一起准备迎接第二个五年计划的第一个大丰收。无论是东方发白的黎明或是夕阳西下的傍晚，风和日暖的日子或天寒地冻的时刻，都可在大道上和村庄旁。看到他（她）们身背粪筐、手提粪铲的劳动身影。

（资料来源：《天津师范校刊》第五期，河北大学档案馆藏，1958-CB312-001）

（4）平凡而光荣的劳动

物一、物专一同学，1957 年底曾接到参加售票员工作的喜讯，他们非常高兴。平常在吃饭时、在宿舍里，有的人便学习售票员的声调；有的把电车路线和价目表记在自己的日记本上，准备迎接这一平凡而光荣的工作。

元月五日，寒风轻轻吹着，一众年轻人踏进有轨电车厂。久已渴望的活动马上就要开始了。

12 点，大家先后上车，电车在街道奔驰，当车厢停在第一站的时候，郑志杰同学为尽力帮助乘客熟悉环境，大声喊：百货公司到了，有买日用百货的，请赶快下车！这种爽朗、认真的工作态度，使老售票员很为钦佩。刘柱芬等同学一上车就售票，很快能独立完成工作，也受到人们的赞扬。

通过这次活动，使大家体会到：售票工作并非是简单的事情，要注意乘客和自己的安全，还要保证乘车时间，要记清站名，并且必须有熟练的售票技巧。正如电车厂长所说："这是体力和脑力劳动者相结合的、平凡而光荣的劳动。"

（资料来源：《天津师范校刊》第五期，河北大学档案馆藏，1958-CB312-001）

（5）新年前夕探望下放干部下乡同学

新年前夕，12 月 24 日，我院党、政、共青团、学生会、民主党派以及各系的代表下乡去看望我院的下放干部。他们带去了大量的在校的同学给下放干部们的贺年礼物、贺年信件。下放干部们每人都收到许多贺年信件。学生会、摄影组还特意创造了一些贺年相片赠送给下放干部们。

下放干部们非常热烈地欢迎看望他们的同志，他们向代表们叙说着到农村以后劳动、生活的情况。下放干部、中文系助教李蓉真向温宗祺副院长报告最近她在积肥劳动中，每天已能得到八分了（在冬季劳动中，这是较高的工分）。下放干部、化学系助教吴经才向蒋子绳教务长报告他正和邱珏同志共同研究如何利用肥料的自然气的情况。

我院许多下放干部劳动勤、生活俭的作风受到了老乡们的好评，如有的老乡说："我要有你这样一位儿媳妇多好。"

下放干部们，除了早晨拾粪，下午和老乡们一起劳动以外，晚上还参加农民的社会主义大辩论和讲解农业发展纲要。

离别时，下放干部们向温副院长表示一定要好好劳动，好好锻炼，不辜负在校同志们的期望。

另讯：12 月 31 日学生会组成代表团下乡去看望我院政教系下乡参加劳动和社会主义大辩论的同学。

（资料来源：《天津师范校刊》第五期，河北大学档案馆藏，1958-CB312-001）

（五）天津师范大学

师大教务处：天津师范大学——培养人民教师的基地

天津师范大学是一所年轻的高等师范学校。它的任务是：根据党和国家的要求，培养具有社会主义觉悟、能够胜任中等学校教学工作、体格健康的人民教师。

1952 年全国高等学校进行院系调整的时候，在津沽大学的基础上，与天津教师学院合并，成立了天津师范学院。1958 年，学校有了更大的发展，便改为天津师范大学。七年来，这个学校的党组织，对全体师生员工进行了细致深入的思想政治工作。经过比较系统的马克思列宁主义理论的学习，特别是从去年贯彻党的教育方针以来，广大师生的社会主义觉悟大大提高，他们紧紧地团结在党的周围，积极改进教学，认真钻研科学知识，并且积极参加生产劳动，向红专的道路迈进。

几年来，天津师范大学有了很大发展，目前有 4 个研究班，11 个系。即：中国语文研究班、中国语文系，外国文学系（包括俄语、英语两个专业），历史系，政治教育系，教育系（包括学校教育与学前教育两个专业），地理系，数学研究班、数学系，物理研究班、物理系，化学研究班、化学系，生物系和体育系。研究班招收大学毕业生，培养高等学校师资，现有研究生七八十人。各系都是招收高中毕业生，培养中学师资，四年毕业。今年暑假以后，在校学生将达到 5000 多人，教师 400 多人。这个学校还有附属中学一所，有学生 890 人。学生中的工农成分历年来逐步增加。1952 年，工农学生只占 13%，1956 年就增加到 28.8%，到今年，工农学生已达到总人数的 38.8%。七年中，这所学校已经为国家培养了 2306 名人民教师，他们被分配到我省各地和东北、西北各地区，为光荣的人民教育事业而努力工作。在今后几年内，毕业生的人数还将大大增加。

在教学用房以及图书仪器设备方面，几年来扩充很快。建筑面积已由原津沽大学的8000多平方米增加到现在的25 000多平方米。图书馆藏书由新中国成立前津沽大学的80 000多册，增加到目前的57万多册；实验室也增加到21个。

教师是“人类灵魂的工程师”，需要具有比较高的政治思想水平、坚定的工人阶级立场和共产主义思想品质。因此，学生在校期间，要系统地学习马克思列宁主义基础理论，树立无产阶级观点、群众观点、集体观点、劳动观点和辩证唯物主义观点。劳动课是学生的必修课，学生通过参加生产劳动，学会一般的工农业生产技术知识，锻炼从事生产劳动的能力。教育课程和教育实习也是师范大学教学计划的一个组成部分，通过学习教育课程和教育实践，使学生了解党和政府的教育方针、政策，掌握教育科学的一般理论，并且有教学的能力。在专业知识方面，一方面要使学生牢固地掌握基础理论知识，同时还要学习一些尖端科学的最新成就。

由于教学和生产劳动的紧密结合，天津师范大学在教学、科学研究工作方面出现了不少新气象。去年，各系有很多课程，如物理系的电子学、热工学，化学系的有机化学、分析化学，生物系的动物学、植物学，地理系的普通自然地理，政治系的中共党史，历史系的中国近代史，以及教育系、中国语文系的若干课程，都是结合着生产劳动和社会实践进行教学的。这样，学生不仅学到了理论知识，而且获得了直接经验，学到了实际本领。不久以前，学校已经总结了这些经验，制定为教学、科学研究工作的制度，并且正式列入了教学计划。

（资料来源：《天津日报》1959年6月5日第二版，《闻墨》编委会主编《闻墨》，天津科学技术出版社，2014年版，第66—67页）

（六）河北大学：在保定时期

1. 树立面向新世纪的办学理念——访河北大学党委书记詹福瑞

坐落在古城保定的河北大学，在短短一年多的时间内大刀阔斧地进行了校内管理体制改革，受到中央有关领导的肯定。今年学校又开展了教育教学观念大讨论和学科专业评估与建设工作。是什么理念或精神使河大人紧紧凝聚在党委的周围紧锣密鼓地谋划改革发展的呢?

带着这个问题，笔者采访了河北大学党委书记詹福瑞。

詹福瑞介绍说，河北大学是河北省唯一一所综合性大学，学科遍及文、史、哲、经、法、教、理、工、医、管十大门类，现有20个学院，53个本科专业，博士、硕士授权点50个，共为国家培养输送了近十万名各类人才。但与国内一流大学相比，还有相当距离。因此，我们提出了“加快改革，超常发展，努力建成国内一流大学”的战略目标。

当笔者问到河北大学面向21世纪应确立什么样的理念时，詹福瑞胸有成竹地说：一是要树立面向经济建设主战场求生存的理念。政府虽然仍在统管着招生计划，并且是学校财政的主要来源，但显然高校已不能完全依赖政府而生存。学生就业的市场化以及经费投入的不足，要求高校必须调整思路，面向市场谋求生存与发展。要增强学校的灵活性，面向经济建设与社会发展的需求调整学科专业，面向本世纪科技与人文学科发展的未来，调整教学内容与课程体系，改革教学管理模式和人才培养模式。二是要树立立足地方、面向世界求发展的开放办学理念。河北大学是省属地方综合性大学，又地处保定。从国外高校发展的经验来看，地方院校只要办学方向明确，也可跻身世界名流大学。所以河北大学要有全球性办学眼光，要虚心向国内外名流大学学习；同时要本着有所为、有所不为的原则，在某些学科专业上敢于瞄准世界水平。三是要树立以人为本、依法治校的理念，落实《高教法》，依法治校。

詹福瑞充满信心地说，只要我们尽快树立起新的办学理念，制定切实有力措施，努力奋斗，就一定能够发挥后发优势，实现河北大学的超常发展。笔者从河北大学了解到，今年的学科建设工程、新校区建设工程等五项重点建设工程都已起步。

（资料来源：《光明日报》，2001年5月31日，第A02版，作者魏刚）

2. 突出特色，超常发展——访河北大学校长王洪瑞教授

在河北大学80周年校庆前夕，就新世纪高等教育的发展和人才培养问题，记者采访了河北大学校长王洪瑞教授。

在新落成的学校主楼内，王洪瑞结合学校实际，谈了高等教育的改革和发展。他说，21世纪是知识经济时代，其核心就是创新，而创新人才的培养关键在高等教育。我们把它概括为“守正创新”。王洪瑞解释说，“守正”就是遵循教育规律，努力保持自己的办学特色，并在此基础上创新。河北大学是一所综合大学，经过几代人80年的努力，形成了多学科综合、基础宽厚、突出应用和创新进取的办学特色。特色是创新的基础，没有创新，就没有发展。

谈到河北大学的改革和发展的做法和思路时，王洪瑞概括为三句话，牢牢把握一个根本，努力转变两种观念，进一步完善两个机制。一个根本就是努力培养一大

批基础扎实、知识面宽、素质高、能力强的专门人才。转变两种观念就是转变传统的人才观和质量观，特别要改变单纯以分数高低作为衡量人才的唯一标准，确立以综合素质和创新精神、实践能力为衡量人才的主要标准，建立全面、科学的学生考核指标体系，给学生成才以正确的导向。在教育质量评价上，改变单纯以学生掌握知识多寡、深浅来评价教育质量的高低，特别要注重树立包括知识、能力在内的全面素质质量观。完善两个机制，一是激励机制，一是保障机制。近几年来，该校在教学和管理工作中积极引入激励机制，在干部队伍中实行竞争上岗，使能者上，平者让，庸者下。在教师中实行多劳多得，优劳优酬，分配向教学科研一线倾斜，奖励幅度上不封顶，下不保底，使压力和激励并存。在保障机制方面，学校把后勤工作整体剥离，成立后勤集团，实行自主经营、自负盈亏、企业化运作。在师资队伍建设方面，学校实施了自我培养和人才引进“双轮驱动”战略，努力造就一支数量足、结构优化、素质良好，富有活力的教师队伍。在教师队伍的管理上，该校打破传统的管理办法，在学校内的二级学院实行固定编制和流动编制相结合，少量的固定编制养一批学术水平高的“终身教授”，大量的是流动编制，聘任一大批有一定程度流动性质的校内外“自由职业者”，这种教师队伍结构可充分发挥综合性大学学科门类齐全的优势和特色，有利于学科的交叉发展。

王洪瑞说：“我们大胆改革传统的人才培养模式，按照新的人才观和质量观要求，积极探索和建构以学生为中心、以学生自主活动为基础的新型教学管理模式，全面实行学分制。学分制的核心是选课，充分发挥我校多学科综合、师资队伍整体素质高的优势，开出数量多、质量高、反映各学科前沿最新动态的选修课程，给学生以广阔的学习和选择的空间，变学生被课表牵着转为学生自主选择课程，变‘要我学’为‘我要学’。”

该校注意加强学生基础阶段的“通识教育”，使每位学生都要修读一定数量的人文与自然学科课程及技能课，确保学生全面发展。另外，该校还设立创新学分，鼓励学生的创新实践活动。通过改革，建立起既适应终身教育体系又有利于学生个性发展和特长发挥，激励主动性、创造性的人才培养模式。

（资料来源：《光明日报》，2001 年 10 月 16 日，第 A02 版，作者蔺玉堂）

3. 河北大学推进“滴灌”思教模式培育时代新人

[本报讯]（记者马利）在客运中心义务为旅客导航、搬运行李；在红色景区带领游客一同唱响《我和我的祖国》……这个寒假，河北大学土木工程专业学生杜楠完成了一份厚实的思想政治课社会实践作业。“实践课堂是学校思想政治教育的‘大

课堂’之一，让我们在奉献中收获成长，在行走中丈量世界。”杜楠在实践小结中这样写道。

走进河北大学的思政大课堂，刻板的印象正在悄然改变。从打造思政“金课”到创新课程体系，从以行促知制作微电影到以德为本开展德育论文答辩……围绕立德树人这一根本任务，河北大学以推动习近平新时代中国特色社会主义思想进教材、进课堂、进头脑为主线，全面推进“滴灌”思想教育育人模式。

当今社会价值观多元多变，如何让高校思想政治课走进学生的心？“我们推行思政课改革，组织教师集体备课，准确把握教材基本观点，精选学生喜欢的案例，着力把‘有意义’的课上得‘有意思’，把‘最难讲’变‘最精彩’。”河北大学党委书记郭健介绍，学校对课程内容进行提炼，遴选52门“课程思政改革试点”课程，精心打造出“习近平新时代中国特色社会主义思想”专题、“‘习近平谈治国理政’研读”等思政“金课”。课程中增加时政热点，安排师生互动，调动学生参与教学的积极性；重点难点内容采取专题教学法，针对不同专业、不同基础的学生实行教学风格多样化，做到因材施教。

“‘滴灌’育人模式彰显出针对性强、实效性强的特点。”河北大学马克思主义学院副院长柴素芳说，河北大学结合大学生喜欢短视频、微表达的特点，创新教育载体，开展微电影教学，改变以往只撰写调研报告的形式，拍摄相关内容微电影也可以拿到学分。思政课教师围绕教学内容和主题，指导学生动手创作、拍摄、制作微电影，将微电影融入课堂，计入学分。

“拍摄时，学生们乐在其中；观看后，大家讨论热烈，微电影教学改革触动了青年学生的兴奋点和求知欲。”柴素芳兴奋地说，“过去我在课上苦口婆心，传统的理论灌输往往收效甚微，没想到拍微电影激发了大学生的热情和兴趣。”

尽管已经过去一个学期，说起去年暑假参加《幸福时光》的拍摄，河北大学2017级研究生尹璐依然心潮澎湃：“第一次当演员、第一次体验航拍，最受触动的是主人公在人生选择上坚定信念，顶住了亲友的压力到青海支教，让青春之花绽放在祖国最需要的地方。”截至目前，该校已有15 000多名学生拍出了3500多部微电影。

在河北大学，“滴灌”育人模式还体现在实现全过程育人。该校不断延伸育人链条，早在2006年就在我省率先推行“德育论文答辩”，并坚持至今。毕业前夕，大学生再次走上讲台，回首大学的学习生活，与大家分享收获和感悟，说出缺失与遗憾，评委老师给予分析和引导，面对面引导和帮助广大毕业生完成心理过渡和角色转变，明确人生坐标，增强学生社会责任感。目前已有6万余名学生通过答辩走向社会。

“毕业时事情很多，所以刚开始对写德育论文、参加德育答辩不是很理解，觉得有些走形式，没必要。”该校毕业生王贺对记者说，“而这个过程，让我回顾和梳理了自己大学四年的心路历程，与同学和老师进行坦诚的交流，坚定了我走好未来之路的信心和信念。”

推动全员全过程全方位育人，如今，河北大学已将课堂教学之外的教育管理服务阵地前移至生活园区、学生宿舍，党建工作、就业创业服务、心理健康教育等队伍陆续入驻学生公寓，以住宿书院为阵地，将思想政治教育工作做到每位学生心里。

入选教育部第一批高校思想政治工作精品项目、3个党组织入选首批全国党建工作标杆院系和样板支部培育创建单位、全国高校大学生思政课艺术作品展一等奖……“滴灌”思想教育育人模式成效显著。郭健表示，该校将继续坚持“因事而化、因时而进、因势而新”，引导学生坚定理想信念、厚植爱国主义情怀、加强品德修养，增长知识见识、培养奋斗精神、增强综合素质，成为德智体美劳全面发展的社会主义建设者和接班人。

（资料来源：《河北日报》2019年2月25日，第16版）

二、教学计划

（一）天津工商大学

1. 天津工商大学课程表

天津工商大学创立于民国十二年九月，校址所在清洁适宜，为津埠……预科开办之。初召集，就学者接踵而至，勤苦奋勉，未尝稍有懈。主办者有……于十四年九月复开正科以资深造。

（1）宗旨

循我国经济发展之需要，予青年以相当巩固之知识，斯为本校之宗旨。中国此时首应造就青年，使其得切实之经验而堪任真正之领袖，方为当务之急。盖中国财源之稽核与夫开辟经营，非中国自有人才莫济于事也。

中国历年派遣多数学生分赴欧美、日本求学工作新法，以应时需。无如离国以前预备不足，因之羁留海外毫无所得，光阴等于虚度，金钱化为乌有，败兴归来，诚可惜也。此种无预备而留学之失败，已屡试不爽矣，是以应先于国内查照祖国社会现状及其道德习俗，就教于博学尽职之师长，俾各学门径，有所得然后出洋补习，则学业自不难通微入妙。本大学之设立，冀有以应此需求也，预科于研究普通科学及深造国文之外特别注重于欧西文字，盖乏此，媒介新知识之门径莫由而得，其正科毕业者，可以分入工商各途或投身公私各机关担任重要职务，以展鸿猷而济世艰。

（2）课程概略

正科分工、商两门，天津为华北工商之中心点，本校设立于斯对于研究工商之资料可谓取之不穷矣。

（一）工艺科分铁路、土木工程、房屋建筑、水力、测量等门，嗣后视时势之需要再行增设电矿等门。

（二）商业科暂分商业、保险、银行等门，嗣后扩充，再行增加海陆运输、财政等门。

中国现代学术所须首重实验，理想次之，是以本校注意于造就实用人才，俾学业于前程，有以利达应用，并藉其自修与推想之能力而求进益，是以于例课之外多做练习实验，俾出校之后，或经在国内任职，或赴欧美留学，以资深造。

（3）学府

本校设有北疆博物馆，凡黄河流域以及以天津为商场之区域，均经过学术之调查，历境搜掘，费时十年有奇，其所得成绩均储于该馆。

于此项博物古物采集外，本校另有种种社会与经济之调查，藉其所得组织工商物品标样陈列所，其已组就者有建筑材料部、电器汽具部及材料试验室。

此外尚有宏富之图书馆，于三年之间购觅之图书已达万卷之数，以飨学者而备其参考，阅书室之幽雅敞亮，犹其次焉者也。

（4）工艺专科课程表

本科所专习者为土木工程、铁路建筑、水利工程、房屋营造、测量图绘等门，是均为我国有益而必需之事业，亦将来毕业生易超之途径也。

第一、二年专为灌输技术家必不可少之知识，第三年则专习制图及技术之实验。

（一）算学

第一、二年算学之研究极为详细，一则因算学为各种科学必须之门径，一则因其可以增进准确及法则之观念也。

第一年初等算学增补：

（甲）代数：函数及其图解、子函数、原函数。

（乙）三角：任何三角之解算法。

（丙）几何：对称、反逆、圆锥曲线（对于几何习题特别注意，因该项习题最易阐发思想整理推究）。

（丁）机械：静力学、动力学、运动学。

第二年高级算学初步：

微分、积分及其于机械学及解析几何之种种实用（求积论）。

（二）理化

各种实习均包括在内，俾学者对于世界之新发明，如无线电、发动机等得以初步涉猎。

物理第一年：

（甲）单位：C. G. S. 法。

（乙）地之吸引力：重力、钟摆、秤。

（丙）静水学：巴斯楷氏及亚西墨德氏之原理、重率。

（丁）气质：空气压力、玛立约特氏之法则、压气筒。

（戊）几何光学：反射、折射、验光器。

物理第二年电学：

（甲）静电学。

（乙）磁气。

（丙）常流电流：动电学、蓄电池。

（丁）交流电流：电气感应、电磁互生机与电气发动机、变压器。

（戊）电报电话：无线电。

物理实验自第二年起施行，尤其于第三年在研究热力学、实用机械学及材料抗力学时，对于此项实验特别注意。

化学分两年习完：

第一年：

（甲）无机化学：重量、容积及比例之法则、化功、原子论。

（乙）非金属：盐素及去色氯化物、炸药。

臭素：碘、氟气。

硫磺及各种硫酸。

各种育酸及养化育。

各种磷酸。

工界适用各种煤质：炭气。

各种砂强。

苏打及加里之工业。

各种亚莫尼士。

（丙）各金属。

第二年：

（甲）金属：　合金属、白佗列氏法则。

石灰：水门汀。

冶金业（铜、铁、生铁、钢等）。

镀、镍、镀、锡、混、汞、铝。

砖、陶、瓷、玻璃各工业。

（乙）有机化学炭化质（煤油等）。

酒精与以脱蒸馏醸酵。

非奴里盐。

糖胰灼等之制造。

分锤炭轻合类分锤盐类。

制革法染法与染料淀粉。

第二年级之化学实验为定性分析（特别注意于锑、钾、钠、钙、铜、锡、铁、汞、银、金等类），研究酸类（特别注意于绿化物、硫酸盐、次亚硫酸、硫化物、强硝酸化物、磷酸、璜酸、锰酸　、草酸、醋酸盐等）及其他盐类之分析。

第三年级之化学实验为定量分析，特别注意于工业与饮食之水类及通常工业出品之定量。

（三）图绘

预科所习之图画应当纯熟，盖自预科第二年起首即教授几何图画也。

（甲）画法几何。此课二年分授。

第一年：

点、直线、平面之普通法则。

第二年：

多面体、圆体、多面体与圆体之交切。

（乙）营造图画。此课亦二年分授。

第一年：

砌砖工、砌石砌砾工、房基、建筑术入门、侧面图制法、墙之挖洞法、图墙图案。

第二年：

木件装组法、地板、木材、顶盖、门窗、小建筑图案。

（四）测绘术

此门功课在第一、二年级占最重要之位置，因使用仪器及工地工作之习惯皆基于此也。

第一年：

（甲）概论、测绘术与测地学之分别。

（乙）尺寸比例、量角之游尺及圆分度论。

（丙）测绘术之方法与手续。

（丁）地形图之读法与用法、圆之绘画、着色之定例。

（戊）圆之钞录及缩小。

（己）仪器论、矩尺、量角仪、万测器、指南针、平版测器。

（庚）错误种类之概述。

（辛）方法与仪器于各种测量之实用。

（壬）小地亩制图法、铁索测量、准线测量、平版测量、指针测量、建筑测量。

第二年：

（甲）仪器论、镜圈、经纬线、水平。

（乙）纵横测图及路之堑壕之计算。

（丙）勘察之测图。

（丁）市村地亩注册之测图。

（戊）高低测量之主要法则。

（己）几何法之高低测量。

（庚）三角法之高低测量。

（辛）气压法之高低测量。

（壬）土木工程草案研究之手续。

（癸）大面积之测图。

本科学业除于天津本阜各工地实行查勘外，同时另有下列之补习：

第一年关于房屋建筑有建筑材料、房基、墙壁、地板、顶盖等等之初步研究；

第二年关于市政土木工程有材料试验室之实习（石、砂、洋灰、石灰、泥浆、三合土、人造石、砖瓦、铺地砖块、陶管，等等）及道路、城市水利、自来水支配、河岸、桥梁、内河等等之研究。

暑假之实习共分两次，习毕后个人即可按其专认之门于第三年加以深微之研究。

（五）语言文学

各项功课均以法文教授，各生于预科毕业后对于法文即应纯熟以便听讲，因本科法文并无专门教授也。英文为远东商业之文字，故教授时特别注意。中文通顺后即注意于商业适用之中文。

（六）哲学

第一年：心理学。

感情生活感应与知觉、快乐与痛苦、情绪、意向、嗜好。

动作生活本能、习惯、决意、随心所欲。

体与德之关系、个性、符号与语言、美、技术。

第二年：伦理学。

观念与名词定义、分类、评判、推理、直接演示、间接演示、三段论法。

应用伦理学科学与科学知识、算学、实验科学、伦理学及社会学、真理及通性、信仰、错误、真理及确切之标准。

（5）商业专科课程表

第一、二年级功课专在教授工商业经理家及银行家必不可少之知识，如会计学、中外商业学、商法等，均经过详细之研究。

本埠各商行、银行、工厂等之临时参观或长期实习，使诸生可以得事实之经验至本地，各种出产及重要舶来品之货样均陈列于商品陈列所以资参考。

至第三年级则可分途而习，或专攻商业（工商业之组织及其经理法商品之研究等），或专习银行，或研究保险及运输（铁路簿记、海运及内河运输之规则、税则，等等）。

商科第一年级之详细课程：

（一）商业算术

分量与度量、各国货币及其彼此关系。

单利（各种计算法）。

折利、利息率及折利率。

利息往来账（各种变化及其计算法）。

复息、年赋额及各种攞提。

（二）簿记大纲

复式簿记论。

账簿之分类、每账之详细研究及其实习。

账目之清核及货物之盘查。

财产目录、贷借对照表、损益账之作法。

中国改良簿记及复式簿记之比较。

（三）商货贸易术

商业与商人。

贸易之分类：国内贸易、国外贸易、总贸易、专贸易、进口贸易、出口贸易、食用、通过、存栈，等等。

关于契约成立时之手续，各项中间人、各种凭证单据、各种有关系之机关。

拍卖与随意卖（现货、定货、远期货）。

（四）商品学

商品之分类。

建筑材料：天然的与人造的（石灰、水门汀、砖等）。

陶业：中外瓷。

中外木料。

矿产燃料：世界之煤矿与中国之煤矿、中国大煤矿公司及中外合办之公司。

煤油：世界之出产、中国煤油之位置。

食品及其附属出品：米、麦、面。

豆与大豆、花生、油与油碴。

茶：中国茶市与外洋茶市。

（五）地理

地之经纬、地之转动、四季。

地质学之概要、地之外皮、地土、地土之年岁。

气候及其原因、寒暑、气压、风、雨、气候关于农业及殖民之影响、气候之分类。

洋与海及其面积之支配、海流及其于地理与经济之关系、海潮、江河、江河之流向、由农工商三方面着眼之江河分类。

地面之起伏及其形状、以农务为观念之地土分类、分地土之改良。

结论：按水土、地质、地面之起伏、近海之关系而分殖民之稀密。

（甲）居民稀少之域：沙漠、荒原、热带寒带之森林地。

（乙）居民稠密之区和风带、温带。

（丙）居民之迁移：移出移入、新辟地、工业区域、大城繁市、居民稠密中率、居民稠密真数。

（六）商业实习

其目的在实习、贸易、商算、簿记等课，是以记账、写信、制单据等，事件件均需学生自己工作，以资熟悉。

第一年之实习假设为个人开设之商号目，开始营业以至年终决算，各项事务或分析或贯串应有尽有，作一事业之模型而使学生得以窥全豹。

（七）法文：读法、作文、文牍（关于商业经济者）

（八）英文：会话、作文、文牍、单据凭证

（九）中文商业之函牍文件、中国现行商法、关于经济财政商业之稿件

（十）哲学

（十一）物理

（十二）化学

参看工科之课程表。

（十三）图画读图法、货栈简略图、地段用法

商科第二年级之详细课程：

（一）财政算术

（甲）货币：贵金属特点、分量、成色，每启罗纯金银可以鼓铸之币数，每启罗官成色可以鼓铸之币数，货币实值，金银官价之比例，伦敦、巴黎、纽约金银之行市，各该行市之平价，两地金银之交易率。

（乙）汇兑。

国际债务、汇兑平衡、行情之变化、行情之缘由、行情之界限、主要行市表之研究、证券之种类、有价证券价值与数目之规定、两地或两地以上汇兑之研究。

（二）实用簿记

商业簿记属于个人者、属于无限公司者、属于有限公司者。

工业簿记、银行簿记、合资营业簿记、居中买卖簿记、寄售簿记、清算簿记、中国买办簿记。

（三）货物贸易术（续第一年）

（甲）关于履行买办契约之手续：运输、保险、税关。

（乙）关于清偿款项之手续：银行、划账公会等等。

（丙）出进口之特别研究：文件、单据、簿记。

（四）商品学

纺织业：出口进口、中国之纺织工业、生棉、棉纱线、棉织布匹、中国布匹行情之涨落。

羊毛、驼毛、中国之工业与商业。

中国之丝绸、日本之丝绸、外国之丝绸。

毛：猪毛、皮货、皮革等及其天津之商业。

五金：铁、铜、锡、铅、其制造品及半制造品、机器之贸易。

（五）法律学

第一学期民律：

律例浅识、论法、何谓义务、商法入门、人位之资格、财产、家庭、继承权。

义务权利、契约。

第二学期商律：

商务及商人商行为论、商人与铺底、工业财产、商人之资格、账簿。

商业凭证。

民事契约与商业契约比较论。

优先权与抵押、破产论。

（六）法制经济

题旨、法则、分类。

（甲）生产之原能、天然界与人之工作、工作之分划、工具、资本、管理、个人财产、组合、自由、生产之组织、各项农工财大规模之事业。

（乙）支配：富庶、公债息、利息、赢赊、工资。

（丙）社会经济问题：社会问题、工作契约、工会、罢工、资工冲突之解决法与预防法、社会共产主义、国有论、协助组合、现代经济论调之研究。

（七）经济史地

中国之国际商业、中国经济地理、中国每省之地质与农工商之详细研究、内地河道运河铁路之交通、商埠口岸。

（八）商业实习

其目的与工作法均与第一年级相同，惟假设营业者为银行或商业公司耳。

（九）商业文法

（十）商业英文

（十一）商业中文

以上三课均以制作商业应用文件为要素或者恭观之报告或著作关于工商之论文。

（十二）图画

商务图表之制作法：曲线、统计图表、商品陈列所之挂图。

（6）预科课程表

对于专科功课，如欲能心领神会、毫无隔膜者，先入预科为必不可少之步骤；其法文未通或中学程度不足者，先入预科补习尤为必要，预科功课共分三年。

第一年级：

（一）国文；（二）伦理（伦理概论、良心、假伦理、人之职责与权衡）；（三）数学（全部温习）；（四）法文（文规、会话、练习）；（五）地理（中国）；

（六）单线图画。

第二年级：

（一）中国文学；（二）伦理（社会、家庭、国家、社会问题）；（三）算学、代数（一次方程、二次方程）、平面几何；（四）法文；（五）物理（总论、热学、重学）；（六）地理（亚洲）；（七）单线图画；（八）打字。

第三年级：

（一）中国文学；（二）哲学（知识、生活、知觉、感觉）；（三）算学、代数（三项二次方程、级数、对数）、几何（平面与立体）；（四）物理（声学、光学、电学）；（五）法文（温习、文规、作文）；（六）英文；（七）地理（欧洲及其他部分）；（八）图画（图解构造）；（九）打字。

（7）投考资格

入预科者须中学毕业或具有相当之学历，而年在20岁以下者方为合格。预科分三年级，故入学考亦分三等。入正科者必须预科第三年级毕业考试及格或经同等考试及格者，方可列为正科生。

（8）学费

（一）每半年学费30元；宿费10元；体育费1元；预偿费3元（若此款于本学期内未曾用尽，至放学时以赊款分还各生）。

（二）校中应用之书籍纸笔等件概由诸生自备。

（三）实验费每学期2元，其有手工者另加。

（四）寄宿生之饮食需用概归自办，本校予以极方便之援助，宿舍中之桌椅睡铺等件亦由学生自备。

（9）规则

（考试及惩罚）学生所习各课有定期临时考试，于每学期有期考。考试成绩由零至二十，以二十分计算并按每课之缓急轻重予以相当之指数，以示区别。

无论临时考试或期考，凡未经允准而缺席者，其分数即为零分。

每学期终了，本校将各生成绩造一分数清单送致父母或代表父母之人，各生所得之总平均分数不及十二分者不得升班。凡经劝诫而不依从者，其所得之总平均分数亦可因而消减。凡重大过犯可以扰乱公共秩序或可以伤损学生及本校名誉者，皆在黜退之列。

（资料来源：中华民国十五、十六年度天津工商大学课程表（附简章），校址：特一区马场道。北京图书馆藏，MG-G649.29-273）

2. 天津工商大学招考简章

沿革及组织：本大学成立于1923年9月，职员均系耶稣会教士，本科分土木工程及商业财政二科，预科不分。

修业年限：本科四年，预科两年。

教授方式：本校秉承社会现状及学生需要而取材，且使得学生得学习并进，兹将各科课程略述于下。

A工科：(1) 数学——大代数、三角、微积分、解析几何、圆形几何。(2) 物理——电学、热学、机械。(3) 化学。(4) 平面测量。(5) 静力学与材料力学、建筑材料、铁筋洋灰、材料实验、工程估计学、水力学。(6) 房屋建筑、图解力学、工程设计。(7) 市政学、铁路学。(8) 会计学原理。(9) 商业英文。(10) 法文。(11) 哲学。(12) 工业实习（暑假期内可介绍学生至工厂实习四星期）。

B商业财政科：(1) 会计学商算。(2) 中外簿记学。(3) 化学。(4) 商业与运输。(5) 普通商业地理。(6) 商业产物。(7) 财政、银钱、银行、汇兑。(8) 保险。(9) 商法与民法或民商法。(10) 商谈及商业尺度。(11) 商业实习及管理。(12) 经济原理。(13) 法文。(14) 哲学。(15) 商业实习（暑假期内可介绍学生至银行及商店实习四星期）。

C预科：(1) 国文。(2) 文化历史。(3) 英文。(4) 代数。(5) 几何。(6) 机械绘法。(7) 物理。(8) 化学。(9) 地理。

教授法：按各门课程之性质及功用而定夺其教授之方法，除国文用中文讲解外，余均用英文，但对于法文之有趣或乐读法文书籍诸生亦可得相当之研究。

考试与记分：每门功课每星期必经笔考或口考一次，学期之末另有大考一次，每考试均以二十分为足分，十二分为及格。但大考某项工课有不及格而在九分以上者，得于暑假期末补考，及格方准升班。

记分法：本校第二期大考所定之分数系将第一期大考及第二期每星期考试并第二期大考之各分数分门汇合而平均之，如在第一期或第二期开学之第1月考试有不及格者，准其退学。

操行：一不旷课，二守校规，三苦用功，四顾名誉，四者犯一事，情较重者准其退学。

（资料来源：《天津工商学院院务报告书》，河北大学档案馆藏，1935-CB13-8）

3. 天津工商大学系科专业及课程设置

办好一所学校，首要的是坚持正确的办学指导方针。即以培养社会建设人才为目的，专业、课程设置适合社会政治经济建设需要；始终将教学作为学校工作的中心环节，施行科学的教学管理，组织好教学活动；调动全校教师教学的积极性，讲究教学方法；以教学带动科研，以科研促进教学，不断加强师资队伍建设，推动学科建设，促进教育事业的发展。教会大学时期 30 年办学经历，正反两方面的经验十分丰富，值得借鉴。

天津工商大学在创办时期，主要采取法国教学模式。学校在实践中探索，不断改进基础与专业课程的设置，以便适应中国客观需要，发展办学规模。1923 年 9 月，首次招生 51 名，9 月 15 日新生入学正式上课。按所招学生考试成绩分预科两个班两个年级。翌年又招新生 38 名，教授达 15 名，当时只设工、商二科。1925 年开始有了大学本科一年级。本年又设教务长一职，由邵德基担任。1926 年教学主楼竣工，图书馆及藏书室落成，购置中外图书一万余册，订购大量国内外著名学术刊物、报纸。1928 年，凌安澜出任学监，努力置办体育设施，组织各项学生运动队，体育方面得到突飞猛进的发展，对提高学生身体素质起到了重要作用。学校首届 11 名本科毕业生，工科 7 名，商科 4 名。其中 3 名获学士文凭，8 名获肄业证书。学校建制趋于完善。

工商大学开办之初，在课程设置上只分基础课程与专业课程两大类。

（1）基础课程，主要有哲学和法文

哲学，亦称方法论，主要“以陶冶现代青年为目标”，培养学生分析解决问题的正确观点和方法以及解决实际工作问题的能力。规定各专业学生一年级一学年每周 1 时，计 36 学时。

法文，工商大学为法国天主教会所办，故对该门课程异常重视。学校要求预科期间必须达到课堂上听懂法语授课、平时用法语对话的程度，始能升入本科。到大学本科后，一般课堂教授用语为法语。法文科目教学内容以商业公牍为主，为帮助学生以后的国际交往，要求“商业文件中不惟注重格式与礼貌，而言词之准确尤为重要，设法于可能范围内免除日后之误会与纠纷”。规定授课时数：各系科一年级全学年每周 4 学时，二、三年级全学年每周 3 学时（包括商业英文），三年合计竟达 360 学时，几乎占课程总量的 1/5。

然而，以法语为课堂用语存在严重的弊端，当时一般初、高中阶段大部分开设的外语为英语，因而所招新生不能领会所学专业学科讲授的知识，致使相当数量考生对工商大学望而生畏，不得不投考他校。

（2）专业课程，主要分工、商二科，学制 4 年

工科专业课程的设置，主要包括十大门类：数学（包括大代数、三角、微积分、

解析几何、图形几何)、物理(包括电学、热学、机械等)、化学、平面测量、静力学与材料学(包括建筑材料、铁筋水泥、材料实验、工程估计学、水利学等)房屋建筑(包括图解力学、工程设计)、市政学、铁路学、会计学原理、商业英文、工业实习(利用暑假介绍学生到工厂实习 4 周)。以上各专业课程授课时数一般为 1—2 年,每周 2 学时左右。①

商科专业课程计有以下 12 大门类:会计学与商算、中外簿记学、化学、商业与运输、普通商业地理、商业产物、财政学(包括银行、汇兑、银钱等)保险、商法与民法或民商法、商谈与商业公牍、经济学原理、商业实习(利用暑假介绍学生到银行或商店实习 4 周)。以上各课目授课时数一般为 1—2 年,每周 2 学时左右。②

以上专业课程设置,显然具有侧重实用的基础知识和应用科学的特点。学生所学的知识面较宽。毕业后对实际工作适应性较强。此外,学校采用法国教育制度,所设置课程一律必修,不设选修。

(3)积极探索

随着政治形势与经济社会发展的需要,学校师资、图书、实验设备不断加强与完善,课程不断增设,科目不断变化。1926 年 12 月 15 日,校长裴百纳到交通部咨询“各铁路需用人才情形以定学科内容”。中国著名桥梁专家茅以升提出“以土木工科为最适用,并以英文教授为宜”的建议,被学校采纳,从此学校师生与茅以升结下不解之缘。1930 年班毕业生出纪念册,特邀茅以升作序:

> 天津工商大学一九三〇年班以毕业纪念册属序于余,余因忆民国十五(1926)十二月五日,校长裴那德(裴百纳)君诣交通部路政司咨询各铁路需用人才情形以定学科内容时,余适承乏考工科会代表路政司接洽并表示意见,以为办理工科以土木工科为最适用,并以英文教授为宜。裴那德君称善而去。弹指光阴忽忽已四阅寒暑矣,今观其概略,册内考试成绩异常认真,为近日各校中所罕见,其成绩进步昭然若揭。惟斯校在天津成立未久,外间知者无多,窃愿最初毕业各班,为母校峥嵘头角,造福社会,则天津工商大学之光荣正未有艾,以及后来毕业各班之模范树之先声矣,是为序。③

---

① 《私立天津工商学院一览》,1935 年 5 月。
② 《私立天津工商学院一览》,1935 年 5 月。
③ 《天津工商大学 1930 年毕业纪念册》,河北大学档案,1930-CB13-1。

1929年6月15日至12月31日，校长裴百纳为了学校发展，不畏严寒酷暑，到欧美进行了长达半年时间的考察。每到一地，他都拜访当地要人，认真搜集研究教育、经济及社会诸问题有关材料，解决教育等有关问题。先后参观了莫斯科、柏林的大学。在比利时与当地工商大学留学生会晤。至伦敦，探望病中的工商大学教授莫里西（P. Morrissey）。至罗马，拜见耶稣会最高机关，呈报工商大学工作成绩及未来发展计划。其后，参观当地最闻名的格来高大学（Universite Gregorienne），与该校各教授晤谈甚恰。又参观东方学院（Pinstitut Orienta），备受欢迎。在日本，参观耶稣会在东京设立的上智大学（Jochi Daigaku），并了解日本的教育制度。在日内瓦，更与当地各主要部门，如国际盟会、万国工业会、教育影片会及众多私人团体联络关系。事后以上各学会出版的一切书刊一律赠送天津工商大学，极大地提高了天津工商大学在国内外的知名度。

裴百纳在美国纽约、华盛顿、芝加哥、旧金山等地皆参观耶稣会创办的著名高等学府，还参观了科学馆、图书馆和各种体育比赛，扬长避短，以为工商大学所用。他多次受到各地著名杂志编辑、报纸主笔采访，扩大了天津工商大学在国内外的影响。他积极筹款，采购大量图书资料，物理、化学实验室仪器设备，聘定名人教授数人，谋求工商大学发展。至此，办学诸事就绪，学校初具规模，成为华北最为著名的工商专门大学。

（资料来源：阎玉田《踞析津之阳——天津工商大学》，人民出版社，2010年版，第61—64页）

（二）天津工商学院

1. 天津私立工商学院（马场道）夜班招生

问学二月二十一日

学费一学期□元，包括全课目

报名临时报名

课目初级法文（星期一、星期二、星期三、星期四）

初级英文（星期一、星期二、星期三、星期四）

高级英文（星期一、星期四）

银行统计学（用英语教授）（星期五）

中国现行法律（用英语教授）（星期五）

（资料来源：《益世报》1934年2月12日第二版，《闻墨》编委会主编《闻墨》，

天津科学技术出版社，2014 年版，第 15 页）

2. 商学院一年新生各科入学试题例证（1939 年度）①

一九三九年度商学院一年新生各科入学试题

国文入学试题

常识

1. 试举十三经之名。

2. 纪传、编年、纪事本末、政书四体，可有分别？

3. 老子之主要思想为何？

（资料来源：《1940 工商向导》，河北大学馆藏，1940-CB13-7）

3. 私立天津工商学院招生

[私立天津工商学院招生]（一）科别：工科及商科，招考一年级新生。（二）报名日期及地点：天津自即日起，在特一区马场道本院报名。北平七月二十日起，在东城灯市口育英中学第一院报名。济南七月二十日起，在杆石桥外私立育英中学校。（三）考试日期及地点：八月六、七、八日，地点同前。（四）奖学金：本院设有奖学金，工商两科各三名，凡在平津济三地投考本科一年级之新生总数前三名，得享受下列奖学金之优待：第一名免除第一年两学期之学费，第二名免除第一年第一学期之学费，第三名免除第一年第一学期之学费。（五）资送国外留学：凡在本院四年之工商科毕业生，其品学优良、毕业考试列取第一名者，由本院资送赴法，以求深造。备有详章，函索即寄。

（资料来源：《教育要闻》，河北大学档案馆藏，1935-CB13-6）

4. 天津工商学院办学方案设计②

（1）教授和学生

现在共有学生 120 余人——本科 35 人，预科 80 余人，教授 29 人，司铎 10 人，中国教授 9 人，西人教授 10 人。最著名和最重要的西人教授如下：Mr. Metz 法工部局工程师，工科建筑教授。Mr. Silk 意工部局的工程师，工科测量教授，Mr. Sandrie de Jouy 考定会计师，万国储备会经理，商科簿记教授。Mr. Ferrer 法文财务报经理，前中法实业银行襄理，商科商业和财政学教授。Mr. Quille 永和建筑公司绘图师，工

① 题目为编者根据内容自行拟定。

② 题目为编者根据内容自行拟定。

商科绘图教授。其余如 Mr. Boisson，Mr Mc. Afee……等很多著名的教授。

（2）起源

普通中学毕业的学生，能升任大学的很少，大概程度太低的缘故，所以不能不为一般新考来的学生设备预科，一方面补习法文，一方面学习科学，将来升入本科，直接听讲，参阅原本书籍，当然免却许多隔膜。预科年限为三年，就是这个缘故。

记者按：1923 年北京大学投考的学生 2488 人，录取的只有 163 人，这 2000 多人，中国文得零分的 10 人，英文得零分的 67 人，数学得零分的 310 人。又 1924 年我国 24 个大学里报考的共 16 000 人，录取的只有 3300 人——为总数的 20%。就这两次看来，中学毕业的程度，真浅薄的很。

（3）组织

约分四部分，其实是三部分，因为二年级甲乙两班同时升入三年级。1. 三年级；2. 二年级甲班；3. 二年级乙班；4. 一年级。

（4）投考

每年来本校投考预科的学生，分子很是复杂，程度也不等，因为这几种原因，所以必当经预科的甄别。1. 中学毕业，各门科学都已学过，但是法文一字不识，因为专学英文，所以不得不入预科专攻法文。2. 已经学过法文，可是其他科学——最主要的数学，茫无所知，所以必得入预科学习。3. 法文和各门科学都学过，可是都没根底，直接入本科，不设用，所以必得入预科补习。4. 预科与本科的课程及所用的课本，都有关系，并且是有系统的，他校所用的课本好多与本校不同，所以必得入预科，才能先后一致。5. 他校的主要课程和本校有不同的地方，所以必得入预科补习本校的主要课程（法文、数学、地理、画图）。

（5）课程

约分三部：1. 主要的：法文、数学。2. 次要的 画图、物理、化学、英文。3. 普通的：国文、地理、哲学、打字、运动。入商科的特别注重英文和地理，入工科的特别注重数学和画图。

（6）教授

课本多购自法国或教员编辑。法文课本用 Dussouchet，Crouzet 和上海震旦大学编的本子。数学课本用 Cours Dalgebre 和 Elements de Geometrie ……。其余各门都是教员自编讲义或写笔记，预科一、二年级用中文教授，三年级除国文外，完全法文教授。

（7）教员及学生

A. 教员。法文 6 人，数学 3 人，画图 2 人，地理 2 人，哲学 2 人，英文 1 人，物理化学 1 人，中文 1 人，打字 1 人。B. 学生。三年级 24 人，二年级甲班 22 人，二年级乙班 21 人，一年级 22 人。

（8）考试

分平时记分、星期考、月考和季考四种：1. 平时记分，法文每日背诵及讲解故事，法文作文（三年级），翻译（一、二年级），数学、物理、化学、英文，每周作功课一次。2. 星期考，数学、法文于每星期六举行一次，分笔试、口试两种。3. 月考，各门功课皆举行一次。4. 期考，与月考一样，就是法文、数学同时举行笔试、口试，分数结果寄各生家长，以定能升班与否。

（9）结论

由以上看来，预科在本校已是很重要的了，是万不能不设的，但是要明了，要晓得，不是为一般"升不了学的学生""大开方便之门。"他的目的是：（1）淘汰懒惰、愚钝，不遵校规的学生。（2）养成自动用功的精神和习惯。（3）造成各种科学的基础。

晨八时，二四，二，1927 年，草稿。

附教员及学生人数、宿舍及分配，皆以 1926 年所调查的为准。

（资料来源：《工商大学校刊第一、二期》，河北大学档案馆藏，第一期：1929-CB13-1；第二期：1930-CB13-1，"本校预科一个简单的说明"）

5. 天津工商学院学科专业课程计划表①

表 1

工商学院	土木工程学系 Faculty of Engineering Civil Engineering Department	第一年级 1st Year				第二年级 2nd Year				
		第一学期 1st term		第二学期 2nd term		第一学期 1st term		第二学期 2nd term		
学程	Subject	每周时数		Hours Perweek		每周时数		Hours Perweek		合计
		讲授 Lect.	实习 Appl.	讲授 Lect.	实习 Appl.	讲授 Lect.	实习 Appl.	讲授 Lect.	实习 Appl.	
党义	Party principles	1		1						2
哲学	Philosophy					1		1		2
国文	Chinese Literature	1		1						2
英文	Freshman English	2		3						5
第二外国语	Second Foreign Language					2		2		4
微积分	Calculus	6		6		6		4		22
普通物理	General Physics	3		3		3				9
物理实验	General Physics Laboratory		2		2		2			6
化学实验	Chemistry Laboratory		2							2
地质学	Geology	1								1
书法几何	Descriptive Geometry				6					6
机械制图	Mechanical drawing		6							6
力学	Analytical Mechanics					6				6
材料力学	Strength of materials							5		5
工程材料	Materials of engineering	2								2
工厂实习	Machineshop Practice								4	4
测量学	Surveying (Lectures)			2		2		2		6
测量实习	Surveying (Fieldwork)				2		2		2	6
土木工程制图	Public Works Drawing						2			2

① 题目为编者根据内容自行拟定。

续表

工商学院	土木工程学系 Faculty of Engineering Civil Engineering Department	第一年级 1st Year				第二年级 2nd Year				
		第一学期 1st term		第二学期 2nd term		第一学期 1st term		第二学期 2nd term		
学程	Subject	每周时数		Hours Perweek		每周时数		Hours Perweek		合计
		讲授 Lect.	实习 Appl.	讲授 Lect.	实习 Appl.	讲授 Lect.	实习 Appl.	讲授 Lect.	实习 Appl.	
房屋建筑学	Building Construction							4		4
建筑制图	Building Drawing								2	2
总计	Total	16	10	16	10	20	6	18	8	104

表 2

工商学院	土木工程学系 Faculty of Engineering Civil Engineering Department	第三年级 1st Year				第四年级 2nd Year				
		第一学期 1st term		第二学期 2nd term		第一学期 1st term		第二学期 2nd term		
学程	Subject	每周时数		Hours Perweek		每周时数		Hours Perweek		合计
		讲授 Lect.	实习 Appl.	讲授 Lect.	实习 Appl.	讲授 Lect.	实习 Appl.	讲授 Lect.	实习 Appl.	
哲学	Philosophy	1		1						2
工程经济	Economics					1		1		2
工程契约及规范	Engineering law							1		1
会计	Accounting							2		2
材料试验	Materials Testing		4							4
机件学	Elements of Mechanism	4								4
工艺学	Technology							1		1
起动机	Construction equipment					1				1
暑期测量实习	Topog. surveyingcamp									
铁道曲线	Railway & highway curves							1		1
构造学	Theory of Structures	6								6

续表

工商学院	土木工程学系 Faculty of Engineering Civil Engineering Department	第三年级 1st Year				第四年级 2nd Year				
		第一学期 1st term		第二学期 2nd term		第一学期 1st term		第二学期 2nd term		
学程	Subject	每周时数		Hou-s Perweek		每周时数		Hours Perweek		合计
		讲授 Lect.	实习 Appl.	讲授 Lect.	实习 Appl.	讲授 Lect.	实习 Appl.	讲授 Lect.	实习 Appl.	
桥梁	Bridges			3						3
钢筋混凝土学	Reinforced concrete			4						4
土石及基础学	Masonry & foundations			2						2
工程估计	Quantit. Surveying (metre)	1								1
建筑学	Elements of architecture	1								1
煖房及通风	Heating and ventilation							1		1
市政工程	City planning							1		1
给水工程	Water supply					2				2
污水学	Sewerage							1		1
水利学	Hydraulics			4						4
海河工程	Rivers					2				2
电机工程	Electr. Engineering	3								3
电机工程实验	Elect. Engine. Laboratory				2					2
热机关学	Heat engines					4				4
公路工程	Roads							2		2
铁路学	Railroad					3		2		5
参观工厂	Inspectionoffactories						2			2
论文	Thesis						2		2	4
计划	Designs		6		10		8		12	36
总计	Total	16	10	14	12	14	12	12	14	104

表3

工商学院	建筑工程学系 Faculty of Engineering Architectural Engineering Department	第一年级 1st Year				第二年级 2nd Year				
		第一学期 1st term		第二学期 2nd term		第一学期 1st term		第二学期 2nd term		
学程	Subject	每周时数		Hours Perweek		每周时数		Hours Perweek		合计
		讲授 Lect.	实习 Appl.	讲授 Lect.	实习 Appl.	讲授 Lect.	实习 Appl.	讲授 Lect.	实习 Appl.	
党义	Partyprinciples	1		1						2
哲学	Philosophy					1		1		2
国文	Chinese Literature	1		1						2
英文	Freshman English	2		3						5
第二外国语	Second Foreign Language					2		2		4
微积分	Calculus	6		6		6		4		22
普通物理	General Physics	3		3		3				9
物理实验	General Physics Laboratory		2		2		2			6
化学实验	Chemistry Laboratory		2							2
地质学	Geology	1								1
书法几何	Descriptive Geometry				6					6
阴影法	Shadesand shadows						2			2
机械制图	Mechanical drawing		2							2
徒手画	Freehand Drawing		4							4
水彩画	Watercolor						2			2
力学	Analytical Mechanics					6				6
材料力学	Strength of materials							5		5
工程材料	Materials of engineering	2								2
工厂实习（木工）	Woodshop Practice								4	4
测量学	Surveying（Lectures）			2		2		2		6
测量实习	Surveying（Fieldwork）				2				2	4
房屋建筑学	Building Construction							4		4
建筑制图	Building Drawing								2	2
总计	Total	16	10	16	10	20	6	18	8	104

表 4

工商学院	建筑工程学系 Faculty of Engineering Architectural Engineering Department	第一年级 1st Year				第二年级 2nd Year				
		第一学期 1st term		第二学期 2nd term		第一学期 1st term		第二学期 2nd term		
学程	Subject	每周时数		Hours Perweek		每周时数		Hours Perweek		合计
		讲授 Lect.	实习 Appl.	讲授 Lect.	实习 Appl.	讲授 Lect.	实习 Appl.	讲授 Lect.	实习 Appl.	
哲学	Philosophy	1		1						2
工程经济	Economics					1		1		2
工程契约及规范	Engineering law							1		1
会计	Accounting							2		2
材料试验	Materials Testing		4							4
机件学	Elements of Mechanism	4								4
工艺学	Technology							1		1
起动机	Construction equipment					1				1
构造学	Theory of Structures	6								5
暑假建造实习	Summer Building Practice									
桥梁	Bridges			3						3
钢筋混凝土学	Reinforced concrete			4						4
土石及基础学	Masonry & foundations			2						2
工程估计	Quantit. Surveying (metre)	1								1
高级房屋建筑	Advanced Building construction	2								2
建筑理论	Theory of architecture	1		1						2
建筑史	Historyofarchitecture			3						3
内部装饰	Interior decoration					1				1
验光学	Acoustics, Illumin. Color					1				1
煖房及通风	Heating and ventilation					1				1
市政工程	City planning							1		1

续表

工商学院	建筑工程学系 Faculty of Engineering Architectural Engineering Department	第一年级 1st Year				第二年级 2nd Year				
		第一学期 1st term		第二学期 2nd term		第一学期 1st term		第二学期 2nd term		
学程	Subject	每周时数		Hours Perweek		每周时数		Hours Perweek		合计
		讲授 Lect.	实习 Appl.	讲授 Lect.	实习 Appl.	讲授 Lect.	实习 Appl.	讲授 Lect.	实习 Appl.	
给水工程	Watersupply					2				2
污水学	Sewerage							1		1
论文	Thesis						2		2	4
参观工厂	Inspection of factories and buildings						2			2
计划	Designs		6		12		15		17	50
总计	Total	16	10	14	12	7	19	7	19	104

表 5

工商学院国际贸易学系 Faculty of Commerce Import-Export Department						
学程	Subject	每周时数 Hoursperweek				备注
		第一年级	第二年级	第三年级	第四年级	
哲学	Philosophy		1	1		
伦理学	Ethics				1	
社会学	Sociology	2				
经济学	Economics		2	2		
经济研究	Economics (research)				2	
商法	Commercial Law	2	2	2		
律师办公	Lawyer's office				1	
商业地理	Commercial Geography	3	3	3		
商算	Financial Mathematics	2	2	2		
进兑，统计	Exchang, Statistics				2	
簿记	Book-Keeping	3				

续表

工商学院国际贸易学系 Faculty of Commerce mport-Export Department						
学程	Subject	每周时数 Hoursperweek				备注
		第一年级	第二年级	第三年级	第四年级	
商业会计	Commercial Accounting		3			
普通商业	Commerce（General）		2			
国际商业	Commerce（International）			2		
工商管理	Organization of enterprises				2	
商业实践	Commercial Bureau		2	2	2	
国文与公牍	Chinese literature and correspondence	2				
普通英文	English（General）	4				5：1st term；3：2nd term
英语会话	English（oratory）	1				
英文公牍	English correspondence		1			
法文	French	4	4	2		
保险	Insurance			2		
化学实验	Chemistry Laboratory	2				2nd termonly
有机化学	Organic Chemistry		2			
商品	Commodities			4	4	
商品试验	Testing of Commodities			2	2	
运输	Transports				1	
关税	Customs				1	
广告	Advertising				1	
商史	History of Commerce				1	
总计	Total	25	24	24	20	

表 6

工商学院会计财政学系 Faculty of Commerce Finance-Accounting Department						
学程	Subject	每周时数 Hoursperweek				备注
		第一年级	第二年级	第三年级	第四年级	
哲学	Philosophy		1	1		
社会学	Sociology	2				
经济学	Economics		2	2		
经济研究	Economics（research）				2	
商法	Commercial Law	2	2	2		
律师办公	Lawyer's office				1	
商业地理	Commercial Geography	3	3	3		
商算	Financial Mathematics	2	2	2		
进兑，统计	Exchang，Statistics				2	
簿记	Book-Keeping	3				
商业会计	Commercial Accounting		3			
普通商业	Commerce（General）		2			
国际商业	Commerce（International）			2		
工商管理	Organization of Enterprises				2	
商业实践	Commercial Bureau		2	2	2	
国文与公牍	Chinese Literature and Correspondence	2				
普通英文	English（General）	4				5：1st term； 3：2nd term
英语会话	English（Oratory）	1				
英文公牍	English Correspondence		1			
法文	French	4	4	2		
保险	Insurance			2		
化学实验	Chemistry Laboratory	2				2nd termonly
工业会计	Industrial Accounting		2			
审核学	Auditing			2		
官厅会计	Public Accounting			2	2	
财政法规	Fiscal Law				2	

续表

工商学院会计财政学系 Faculty of Commerce Finance-Accounting Department						
学程	Subject	每周时数 Hoursperweek				备注
		第一年级	第二年级	第三年级	第四年级	
财政学	Public Finance			2	2	
银行学	Banking				2	
人寿保险	Life-Insurance				1	
总计	Total	25	24	22	19	

（资料来源：《工商学生》第一卷第四期，河北大学档案馆藏，1937-CB13-9）

6. 天津工商学院教学管理设计①

（1）本学院组织

本学院系由下列各院组织：1. 商学院；2. 工学院。此外附设完全中学校（高中与初中）一所。

（2）毕业年限

各科课程，四年毕业，毕业后由本学院发给工学士或商学士文凭。但商科学生肄业三年者，可随意休学；分数及格者，并可得乙种文凭。

（3）课程

工学院（机械及工程）：A. 数学——三角、微积分、解析几何、图解几何。B. 力学——理论力学、实验力学、耐力学、铁筋洋灰、机械绘图。C. 物理、光学、声学、热学、定量化学。D. 工业电机学。E. 热力学、汽机动机。F. 工业化学。G. 建筑学。H. 铁路工程学、道路工程学。I. 水利学、J Nomography（theory of errors-diagrams）。K. 工艺学。L. 哲学。

商学院：A. 会计学。B. 商业学、地理学。C. 出产学、化学。D. 财政学、银行学。E. 法律学、保险学。F. 法语英语公函。G. 经济学、哲学。H. 商业实习。I. 统计学。

（4）入学考试

入学考试之日期，于每学年之末，当在本埠报张宣布之。考试时，投考生须呈

① 题目为编者根据内容自行拟定。

验报名费收据，证明其曾在本学院会计处缴费，方准考试。其他大学学生，与本学院工商二院第二年、第三年、第四年同级，而欲投考插班者，除非有特别情形，本学院概不收纳。

（5）注册

投考本学院学生，已遵照办理上开各项，并考试及格时，本学院当发给注册证一纸，准其注册，为本学院某级正式学生。

本学院已准许注册各学生，须填写本学院所备保证书，由保证人签字。保证人须居留天津者，学生之同学或未成年者，不能充当。保证人对于学生在学院之举动，须负责并负保学生清付应缴纳各项费用，倘保人与上述各项不合，则学生须另觅适当之保证人。如学生或保证人之姓名或住址有变更时，须立即通知本学院。

本学院开课之前一日，所有学生于缴学费时，须呈交注册证及保证书，本学院当即发给听讲证一纸，以便持证上课。已为本学院录取各生，在本学院注册后，本学院即将各生所报事项，详加审查，倘发现任何事实与各生所报者不符时，本学院当即令该生退学，所有该生已缴各项费用没收之。

［入学考试］

投考本学院正科者须试以下节目：

（一）中文。文言作文，以白话文表述意见、演说。（二）代数。二次方程式、三项式之定理、方程式之根之质、N代数式之二次方程式、不等之二次方程式、运用代数求几何之问题、对数定理。（三）解析几何。图解、直线之方程、二次函数、角系数。（四）三角学。以三角学函数运用于几何学之问题、立体几何。（五）几何学。平面、平面之平行线、平面之垂线、一线在平面上之射影、平面与线之角度、不在同一平面之两直线之公共垂直线、两面角、垂直面、柱体及平行六面体、立体、角锥体、三角锥体及柱体之体积、平截角锥体及平截锥体。圆柱体及圆锥体、面积及体积、旋转圆锥体之侧面及体积。圆球、切面及正切面、圆球之半径、圆球之面积、圆球之立积、圆角形、圆弧形、带圆带行之体积。（六）物理学。甲．热学：水银及酒精温度计、最高及最低温度计、摄氏及华氏计量及互相推求、固体之涨缩，直线、表面及体积之涨缩。液体及气体之涨缩、概论、应用与气压表之改正及金属制物。固体之熔融、定律、压力于熔点之影像、过热、冷却剂、液体内固体之溶解、过饱和。蒸发、真空内之蒸发、饱和及温饱和气体、空气中之蒸发、蒸发制冷。应用、沸腾、定律。气体之液化及应用。温度、定义、空气中湿度之审定、湿度计、云、露、雾、雪。机械能力与热能力之转移、机械能力与加路里之当量、朱尔定律。乙．光学：光之传播、光之反射、定律。平面及弧面镜。光之曲折、定律。棱镜及透镜、放大镜、显微镜、天文镜、望远镜、加里氏望远镜。光之成分、日光虹影、分光镜、光线分析。丙．声学：声之造成及传播、逗度。声波波长、振动及审定、音阶、振弦、音和、调之。音管、定律、节及调。丁．磁学：磁铁、磁线、铁之磁气性质、罗盘。戊．静电学：摩擦生电、电气量及单位。法来地电筒、检电器、电压之理论及实验、单位；电容及单位、蓄电器、放电、避雷针。己．动电学：电流、水力及热力发电机、电动力及单位、电流及单位、抵抗力及单位、欧姆定律。电流之化学影像、定律、电解、电镀、蓄电池、电流之化气影像、定律、通电线筒、电流表、电压表、电磁铁、电铃、电报、电感应、棱兹定律、电话及播音机。电动机之理论、交流及直流电动机、变压器、伦可夫线圈。电之交流、高电振、无线电报、真空管内气体之放电、盖斯刺管、X光线、无线电。（七）化学。溶液性质、饱和及通饱和溶液、结晶水、渗透性、酪浆质、胶质液。原子垂及分子垂直审定、氩、硝酸、硝酸物、炸药、肥料、电气化学、钠、钾、镍、碘、铝、气、磷、铋、砷、碳及化合物、燃烧气体；阿斯伦等、镁、钙、锡、钡、铝、铁及钢、锌、锡、铅、铜、水银、银、金、白金、镭、酒精、格斯林、醚。单糖、复糖、铁维、脂肪、油、食物。（八）历史。中国史及世界历史、近二世纪。（九）地理。中国、美利坚合众国及欧洲（地文、政治、管理、出产）。（十）英文。诵读、会话、作文、英文演说之实习、成语。（十一）法文（随意）。诵读、会话、作文、法文演说、成语。（十二）绘图。正投射，以平面、正面及侧面投射影表示机械及实物之形状（例先用稿纸作稿继依此例尺作图），建筑绘图。

（资料来源：《天津工商学院一览》，河北大学档案馆藏，1929-CB13-3）

7. 天津工商学院工科、商科教学计划及内容大纲①

（1）工科课程内容

①党义纲目

民族：中华民族、民族总论、让我们来救中华民族、外人之三种压迫（文化的、政治的、经济的）、我们的救星是国家主义、我们的敌人是帝国主义、国家主义之延长。怎样去兴奋的研究国家主义。

民权之空间论及时间论、民权的三口号（自由、平等、博爱）、五权宪法、四权公法、民权之详解及实例。

民生：历史的重心是民生、怎样解决中国民生痛苦、地价及平均地价、外人之

---

① 题目为编者根据内容自行拟定，按照统一规范及现代通行方式对文中体例编排、结构标题及标点符号做了必要的设计或修改处理。

经济压迫、我国衣食住行之改进。

②国文及文牍纲目

文学：文章体式的研究与各种作品的选读。

（甲）记实文；（乙）叙事文；（丙）说明文；（丁）论辩文。

时代的文学：

（甲）散文；（乙）律文；（丙）文学概论；（丁）文学通论；（戊）诗论；（己）小说论；（庚）戏曲论；（辛）批评论。

文牍：（甲）公牍之类别及程序；（乙）公牍之分析；（丙）上行公牍；（丁）下行公牍；（戊）平行公牍。

③哲学纲目

哲学的目标：哲学与人生的意义、哲学对于人类及文明进化之关系、中国思想与西方思想之关系及其影响、哲学在各种科学与人类文化方面之地位。

精神系统之分析：精神之分析与综合、个人思想与言论、个人与社会、个人社会及世界、人类对社会之义务、社会生活之伟大及其危机、人类之理律及其可能性、情感、记忆、好嗜、倾向、理智与思想、愿望与高尚之情爱、启发理智与愿望所采用之天然方法、启发中国新青年爱国热忱之原理及其应循之途径。

附注教授方式：以讨论问题或问答体裁研究学生之个人思想而加以纠正，灌输青年正当观念，俾对其整个人生有合宜的解决之途径。

④微分积分纲要

工科一年级微分学：

第一学期：函数总论、二次函数、□指数函数、二项式定理、c之级数、自然对数、三角函数及反三角函数、极限与微极、极限与极小、单自变数函数之微分、微分、垂直坐标与极坐标之构图、切线、法线、渐近线、弯曲、弯曲率、缩闭线、包络线等。

第二学期：代数方程式定理、数值与图解解法、部分微分、函数之极大极小问题之讨论、属物理与机械之应用、空间之卡氏与他种坐标、微分于空间曲线或面之应用、面之切线与法线、曲线上之切面与法面、□曲□、二次□、数值与成幂级数、马克劳兰与泰来氏定理、函数之展位级数、级数于连算之用途、不定式。

⑤经纬形学纲目（俗称解析几何）

工科一年级解析几何：

横纵轴之定义、横纵线之位置及记号、两点之距离、一次方程式之函数、极式之坐标、直线方程式、轨迹之定义、一点之轨迹及方程式、极限式之方程式、更变横纵轴之方式（直移、转移）、曲线之种类、切线、法线及方程式、次切线及次法线、两元两次方程式、用三项式之定理求曲线之种类。

工科二年级解析几何：

平面横纵轴、线之符号、两点之距离、直线之方程式、轨迹之方程式、极限式之方程式、轴之变格公式、直移及旋移、曲线之种类、切线、法线、方程式、两元二次方程式、$Ax^2+2Bxy+Cy^2+2Dx+2Ey+F=0$、用三项式求曲线之种类、切线、法线、渐近线。

微系数中心、求中心之定理及公式、通径、酡径、求二次方程式之简式、圆锥形之曲线、焦点及准线之定理、超越方程式之曲线、摆线、次摆线、圆周上外摆线及内摆线、螺线、变曲螺线、对数螺线。

微积几何渐伸线、渐屈线、圆形之渐伸线、包线、包线之方程式、遮掩圆、曲率圆、遮掩圆及曲率圆之中心。

立体几何空间一点之位置坐标、两点之距离、直线及平面之方程式、圆柱体及圆锥体之方程式、椭圆体、变曲体、双曲抛物线体、椭圆抛物线体。

⑥投影形学纲目

工科一年级图解几何：

正射影、一点之射摄影、一线之射影、用两面之射影、用三面之射影、圆解应用之符号、空间一点之位置、定义、一直线之位置、直线之特别情形及相当名词、一平面之位置、平面之表示法、平面之特别位置及相当名词、平面之坡度、平面坡度最大之线、平面之垂线、求直线之横纵迹、直线与平面之交点、两平面之相交线、三平面之公共点、平行直线、平行平面、直线与一平面所成之角度、一点或一线之斜射影、立体之斜射影、更换射影面法、更横纵射影面、求一点到一平面之距离、各种图解问题、求一直线之长度、令一直线成为顶线或成为铅垂线、令一平面成为顶面或成为铅垂面、旋转法、定义、旋转轴之位置、用旋转法求图形之新射影、用旋转法、求直线之真长度、求两直线所成三角、回转法、将图形回转入一平面上、求两直线所成之角、求两平面所成之角、将圆形在平面上之摄、定椭圆之大小轴、求外接圆或内切圆之中心、多面体、多面体之外过观形、定虚线及实现之方法。

工科二年级图解几何：

多面体之射影、外观形、指定一点或一线之虚实法、视察一点关于一平面之位置、直线、与多面体之交点、直线与角柱体及角锥体之交点、特则之方法、平面与多面体之截面、展开角柱体或角锥体、两多面体之交线、角锥体与圆锥体之交线（特则法）、圆柱体与圆锥体之交线、切面、引切面平行一定之方向、连用切面、求圆锥体或圆锥体之荫、旋转体、旋转体之射影、外观形、曲面、能展开及不能展开之曲面、旋转圆柱体及旋转圆锥体、准线、母线、曲面之切面、曲面上之经线及纬线、切面及法面、圆锥体及一平面之截面（三则内之三种曲线）、圆球、球之射影、圆球面上一点之射影、一点上之切面、直线与一球之交点、平面与一球之截面、分解三面体（六则）、荫之绘法、连用建筑图画、透视图、近透视、远透视、三方向之透视。

地势几何一点之表示及一直线之表示法、一直线之坡度及一直线之隔、隔之定义、两点之距离、平面之表示法、平面之坡度、用平面之坡度线表、一平面（坡度比例）、两平面之交线、一直线与一平面之交点。

叠转法定两直线所成之角、定两平面所成之角、多面体、求平面图、定填土及挖土法、平台之斜面、定路线、纵截面、横截面、等高线、等高线之特质、在高线图上引路线等、土工及石工、木料之嵌接法、半接法、用笋及笋眼之接法、斜氏之接法、房梁、房梁之布置法、用图解定房梁之位置、房顶之坡面、屋脊、屋盖、雕石法、穹形门洞、穹形带椭式、斜下坡、平穹形、两穹相垂式、图球穹形、墙壁内之穹洞、Marseille 式之穹形、Montpellir 式之穹形、梯阶、算步法（代数法或几何法）。

⑦物理学纲目

工科一年级物理试验：

第一学年第一学期：固体与液体力学。

力案工作、分力与合力；用单摆试测地心加速度；游丝弹簧秤、秤之规度审定、固体与液体之比重；比重瓶之应用；用滞力□□氏弹性度；扭力弹性度；自由下落仪器、均等加速度；斜面、工作原理与效率；空氏（Kundt's）管试音速；麦氏（Melde's）试验波动法。

第二学期：

伸力之弹性度、扭动摆、极弧线、近心力仪、表面张力、撞击力、振动图示法、摩擦系数、稳定角、相合摆、惯性。

第二学年第一学期：光学试验。

光线轨迹仪、凹反射镜、凸反射镜、显微镜、照度表、棱镜试折光指数、角度表、元素及化合物之光带、光之□化仪……

第二学期：热学及分子物理试验。

直线膨胀系数、波耳（Boyle's）定律、固体之比热、热之机械当量（用电话试验）、（三五）空气之密度、空气之膨胀系数、电气热力、热之机械当量（机械试验）、饱和水蒸气压力、水之蒸发热。

第三学年第一学期：磁学及直流试验。

磁场图示、欧姆（Ohm）定律、比电阻力、韦氏（Wheatstone）桥、电阻力之温度系数、电灯之连接法、切线式电量表、铜之电化学当量、电压表……

第二学期：交流及高压电流。

正切线自动昼线仪、自感作用、变压器之研究、电码表、伊里汤生（Elibu Thornson）试验、电容器之电容量测试法、理想之发电机、电动机之效率、真空管之特征、电气振动及共鸣。

⑧物理纲目

教科书：Physics for Student of Science and Angineering Duff；Principle of Thermody-namics Birtwistle；Altenating Currents 教授讲义。

工科二年级：

第一学期：光学。

光之性质、光之速度、光之反射、反射镜、光之屈折及分散、透镜、三棱镜、光之干涉、光之绕射、光学仪器及计算、辐射能力之放射及吸收、光之□□折及转化。

第二学期：热学及热动能学。

热学：温度计、涨缩、量热法、状态之变换、对流、传导、辐射、能力常住性、功热当量。

热动能学：热动能第一定律、第二定律，卡诺循环（Carnot）原子热能力，温德华（Vander Woat）方程式，热动能函数，内热，总热量，仰金（Rankine），循环，干、湿及□热蒸汽，麦克斯威（Maxwell）方程式，克莱浦容（Clapeyron）方程式，克劳斯（Clausius）方程式，系统之平衡，相规则。

工科三年级：

第一学期：磁场、静电学、直流。

磁学磁铁、磁场、地球磁场。

静电学电气性质、电力场、电压差、电容量、空气之电气。

直流电流、电动力、电阻力、欧姆定律、电流之磁场、电磁感应、电动法、电热法、电分解、一次电池及二次电池、感应电流、自己感应作用。

第二学期：交流、电振动、电子理论。

交流电压及电流、感应电路、电容电路、电力、串接之电阻、感应及电容、连接之电阻、感应及电容、三相电路。

电振动电气共鸣、无线电话及电报。

电子理论气体之导电性、阴极光线、X光线、辐射性。

⑨工业化学纲目

有机化学理论总论、链式化合物、轮式化合物。

工业化学之理论普通程序、空气与水、化学药品、冶金工业、陶业化学、油漆。

试验室工作各种溶剂提炼法、灰滤法及结晶法、蒸馏法及分馏法、空气中二氧化碳之定量分析、水质分析、水之软化、水西门土石膏之制造、颜料之配制、油类之配置、漆类之配制、定量分析之普通方法、滴管分析法、纤维、碘度分析、漂白粉、醇类。

⑩热力机纲目

热动力公式、纯气、热之吸收、朱尔氏之定律、胀之功力、不受热量之胀、不受温度之胀、热力随数式、理想热力机、格尔诺氏之环线、汽车之产生及其性质、热度表、气之品质、物理的混合。

燃料煤质分析、各种染料织品类、热面、篦面、马力及其经济、热衡、手工燃炉、各种机力燃炉、煤粉炉、锅及省热机、空气之燃热。

热汽机格尔诺氏之环线、朗金氏之环线、热汽机之种类、油润、机及热之效率、齿阀、复组之机件、气压之放射、气之缩敛、冷塔、汽戽 tubline、汽戽内汽之动作、各种汽戽。

内燃机分类、燃烧之环线、气体燃料、液体燃料、混合燃料、马力、配件、阀、碳化器、自动及飞机及海船之特性、内燃机之经济。

⑪电气工程纲目

A. 交流电及电压、波状、渥可西渥自绘表、Oxillogxaph、频数表、最大值中值实值、电压表、射线圆算。

B. 诱导电之个性系数、受诱导电流及电压之关系、相连及平行时之抗力及诱导性、能系数、电能表。

C. 积电器电压及电流之量、电流、能、抗力、诱导性及量在相连及平行之关系。

D. 发电机二相三相发电机在三角形及星形联结时电压及电流、发电机之制造、蒸汽卧辅发电机、发电机之各弧线、射线圆解、调节弧线、自动调节、效率。

E. 恒速度电动机、射线圆算、最大效率、能系数之增大、相合之辨认。

F. 变压器射线算法、恒数电压及恒数电流之变压器、效率、消失、冷变压器、变压器联于一二三相之电线、自动变压器、波斯顿变压器 Bossting、斐特变压器 Feeder。

G. 多相诱导电动机、转动磁田多极动机、温特氏电动之起始 Wound、开其电动机 Cage、诱导电动机之应用及调节、变速器、起始协助器、自动起始器。

⑫营造学科目（房屋工程）

疲材木质疲材：顶棚及柁架之型式及斜度，单式柁架（孤檩、变檩），高扬柁架第一种、第二种、第三种，变形柁架，中国古式柁架，木质顶棚及其他柁檩各件之算法，博龙索式，实例及经验尺寸，凹形凸形之屋棱，尖形圆锥形屋顶，光棚及飞窗鳞窗，直势斜势之天窗。铁质疲材：布置及学理之要义、柁架型式、简单柁架撒茫式、博龙索式柁架之研究、多角形柁架之研究、均势柁架大柁架之研究、覆碗型之顶棚。

圬工堆墙：天然坡度、衣墙及支墙、古龙势之学理、最大推力、来□余式算法、推力表、三角线、倾势倾度对照表。均之条件：倾倒、滑动、压破、斗形算律。推墙之型式：长方形之推墙、支墙之基础、分荷拱、细节。篱墙：孤墙、圆墙。水仓之墙：学理及算式、仓底、埋没之水仓。屋墙及墙内之孔：平房及楼房之明墙、面墙及墙内及型式、墙内之厚度、门孔、窗孔、烟孔。拱体：定义、天弧及地弧、拱体之工作、平拱、垂线法蜗线法之斜拱、倾拱环拱覆碗拱之工作、凸拱凹拱毗叠拱之工作、分荷拱及轻拱之工作。地窖：地弧、高度、拱腿、通风通光、阶梯、防湿方法。石阶：级面之算法、息面及梯级、驴阶及鼠阶、翅式之阶梯、台阶。墙之工作术：凝土之墙、空墙、膈墙。房屋上之铁筋圬工：百分率、干筋转筋、直梁版、骨版、空版、空梁、墙、能受之力、长体受压、柱之安全力、捷力者、中立纹、梁之高度、干筋、工作术。

底面及顶面工程土方工程：方格法之测量、体积及土坎、对于土木工之荷重之耐力、房屋之地位。基础工程：窄肩或宽底基础、统床或用墩之基础、木椿、螺椿、椿之分布、抵拒、基础用挤破法、用力法、基础在流沙土、在桥器下。铺地工程：泥土或砖石之脚地、西门土或沥青土之脚地、沙槐木槐玻璃槐之脚地。房屋工程：垫木、空瓦平瓦浪瓦机瓦、片石之房屋、铅铜锌及镀铁之屋面、光棚及玻璃屋面、木西门土之屋面、泥土之屋面。金类小工：滴管、装饰。

中部及各项工程金材及其联结：铁族、非铁族、铁材之联结钉、铆钉、螺栓、习用联结法。木材之联结：头交于腰之各式接榫、二木相交或平行之榫、细木之联结。地板工程：木质、铁质、搁桥、锚结法、搁桥之算法、木柱、铁柱、搁桥之膛、脚板、天板（天花板）。幅墙工程：木幅膛、板墙、膈墙、铁幅、铁骨膛。小木工：墙板、门圆、复门、凉门、旋门、圆门、普通窗、飞窗、滑窗、店窗、门窗所需之铁件。

楼梯：概要、步组、曲梯、身空、明域、楼梯之规画、明梁、暗梯、英国式各楼梯、生铁熟铁各楼梯、栏杆、铁筋圬工楼梯。附属工程：墁工、涂抹工、玻璃工、凉台。

卫生设备关于降水之事物：雨水、水窖、井水、水之保存、简易澄清法、缭沸法、化学干水法、平房及楼房之水务、监管、阻阀、盥盆、家庭自流热水之设置。关于积水之事物：坐桶、死坑、长期粪坑、无毒粪坑、打扫方法、各式恭桶、各式恭盆、各式小便器具、各式水斗、各式虹吸。

暖务及通风热之理论：幺位及能量、燃烧、燃料、空气、蒸汽、热之传导、暖务所需之热量。炉类：敞炉、炉膛、烟囱、算法、闷炉、单筒、变筒、仓炉、算法、热气之炉、副件、算法、热水之暖炉、水锅、胀缸、水管、算法、热汽式暖炉、器具、汽锅、汽管、胀力、调节器、热汽热水合用法、烟囱。天然通风法：概要、中立带、滴用之组织及其条件。人为通风法：呼道法、机力法。

支配上之分析研究：尺寸、对势、接待各室及居住各室、其他各室、楼梯之位置。支配上之研究：独宅、局署、旅馆、市房、医院及疗养院、学校、平房。

美术总论：体制、希腊、罗马、亚拉伯、罗马中古、复兴近世式。部分：足躯首之笨重制、半笨制、轻雅制。模镂：各时代之琢式、营造美术之序、各时代之序、建筑物之性质、部分之分配、正面之划分。

柱及穹墙：圆柱、希腊罗马近世之三序、卷体膨势比例、方柱及人柱、穹墙之要则及比例与装饰、穹之叠置、穹之种类。房屋三大部、底部、躯部、首部。额墙及胁墙：额墙、额墙之支配、斩连之额墙、胁墙。

门窗之美术：比例、有巢之窗孔、新式、叠窗、毗窗、高窗、低窗、天窗、门孔、顶棚。屋内装饰：天板、墙炉、镂栏。

⑬建筑材料纲目

置办圬工：各种天然材料，各种人工材料，各种粘结材料。土木：脂木，白木，细木，硬木，木之特性，木之优劣。金工：各式炉，各式金属，炼铁，铁之优劣，钢，小金属（锌铜等）试验：圬工材料之压力试验：西门土之电比重试验，凝结度试验，拉力试验，压力试验，细度试验，冷人变形试验，铁道部规范金工材料之物理的试验（锌验、验秤验）。金工材料之机力的试验（试验挠力压力挠力及屈度折角穹形钻孔）。

连用灰膏：各种拌灰方法、各种灰膏之用法。圬工：砖之圬工、各种石料之圬工、混凝土之圬工。水内水外之各种工作、铁筋圬工之工作。沥青土之工作、墁、罩衣、步道。各种工具、各种接榫方法、各种保存方法。各种工具、各种接榫方法、铁之保让法。

⑭力学纲目

概要：射线、射影、射线之动率。动点：动之方程式、速度、速率、分力Hadograph。各种动：圆动、匀动、匀变之动、往回之周动，等等。动之组合：速度之组合、变动之组合。固体之动：直动、旋动、与固定平行平面之动、霎时一点之理、圆绕固定一点之旋动、自由固体之动、圆体之比动。

静引言：力：定义、组合法、量法、幺位、量力表、投力与敞力、隋动、功力、总功力、三项方程式之圆解、各种机件之圆解、旋动之功力、能力、幺位。点：自由一点上之力之组合及均、不自由一点上载平或线上之理之组合及均。力系：同等之力系、均之方程式、应用、线之均、力之折线形、圆形、移重桥、总力及总动率。重心：用经纬形学以求重心、线面体之重心、实际速度之定理、机件上之应用。机件：杠杆、起重机、移重桥、滑轮、复试滑轮、微力滑轮、卷重机、螺杆、水压机、扁栓。

动与静点：动静之定理、应用，地球吸力。力系：平常定理、重心定理、应用（爆炸物飞机及轮船之推进、机件之动力）、离心力及其应用（飞轮、轨道弧线）、旋动方程式、惰性动率、线面体之惰性动率、旋回义之原理 gyroscope。

⑮应用机械纲目

零件：公式之详解铆钉、扁栓、凸动体、歪动体、轴颈、轴枕、球轴枕、九轴枕、擦面联动轮、齿面联动轮、皮带联动、麻绳联动、链之联动、齿轮、齿轮蜗杆联动。轴及动轴、轴及其曲拐、勤器。曲拐杆及连接杆、机动车及连接杆、叉头、偏心轮、斩垫臼、汽饼及汽缸、梃杆、摇动机件、速回机件、塞与管。

起重及连轮机器概要、功力、消失之功力效率、轮之联动之概要、齿杆起重机、支重机。手摇曲拐轴、链索、绳链、虎克轴及眼杆、卷重机、簧韧、带韧、重块。装置绞盘、风力之阻碍、滑轮、链索、斜面起重。三角起重架、人字起重架、墙上起重机、旋转起重机、旋转反唐克车轮式起重机、移动起重架、支架桥、门式起重机、链带连送机。

⑯材料耐力学纲目

算线、力之组合、力之折线形、力之极线形、力之络线形、惰性动率、重心、挠力、耦力、闭口形。

材料之个性物体之种类、肌理，力之种类、内力、弹性界、短体及长体、弹力动率、断破耐力、安全耐力。

拉力原理、弹性系数、伸长、裂断之各种现象及时期。

压力短体受压，长体受压、膨裂、弯屈，各种性体、浪金定律。

剪力原理、各种物质能受之剪力。

绞力原理、圆体受绞力、筒体受绞力、椭圆体受绞力、长方体受绞力。

挠力原理、弹力动率、挠力动率、惰性比例、外力之求法、各式之惰性动率、通以铁材之惰性比例。

搁梁之算法：荷重均布者、荷重合聚于一点、荷重分聚于数点、均布荷重兼合聚荷重、互力、斗形算律。

滑力原理、公式。

惰性动率原理、旋径及惰性椭圆、中央核、幺位。

挠力之系理：挠力之流数、挠度之微分式、挠力之失度、斜势之挠力。

嵌梁之算法原理、一嵌一悬之直梁、荷重合聚于末端、荷重均布、荷重合聚于一点、一嵌一搁之直梁、荷重均布。

翅梁。

静力算线。

骈力公式、屈势。

⑰铁筋圬工纲目

总论历史：纯质及杂质、学理与经验。混凝土之分体：铁筋、混凝土、铁筋混凝土。铁筋之法式：拉力、压力、简单挠力、复杂挠力。工作之大概：模壳、铁筋之安置、验收、防渗方法、铁筋接续法。

学理的算式拉力：力、伸与缩。压力：短体受压、长体受压。拉力：普通算式、各家学说。耐力习用公式。

实用的算式拉力。压力：短体、长体。简单挠力：学理算式、经验算式。复难挠力：直体、穹体、胃体。

算式之连用压力：短体、长体。简挠力：单算式之比较、滑力之算线。复难挠力：纯全压力、压又拉。

⑱工艺纲目

金属各种性质及试验木型厂、翻沙厂、锻铁厂、机器厂、建立厂。冲风炉及各式附属品之研究各式炼钢炉、炼铁、特别钢、习用金属。

各式联结器、各式反行法、各式变速器。机器厂内机器之研究、自动机器之原理及作法、齿轮及螺丝之制法、各式零件之造法。

不用其他金属帮助之银（各种）、用其他金属帮助之银（各种）。

关于管子学之研究。

⑲算线术纲目

总论敏速及准确、误差、最小二次方程之应用、表之作法及连用、算机、算仪、机仪之利弊。

线算技术公式之算线、与舍去小数法之比较、标线、段落、比例尺、直线出线之变换、三个或多个变数之表显、算线之叠置。

算尺之连用乘法、分法、比例、二乘方、三乘方、三角术对数。

⑳测量学纲目

地形学：点与直线之表示法、直线之斜度、平面之斜度交线、叠转法、两线之角、两面之角。多面体、填土及挖土、等高线、纵势截面图、横式截面图、在图上拟定路线法、在地上规划路线法。

初级测量：测量总论：铜尺、直线丈量、误差来源及改正、局部测量、测量记录法、标记图、面积计算法、制图法。

高级测量：罗盘仪、罗盘仪之校正、罗盘仪测量法、误差之来源、磁引之避免。平板仪：平板仪及附件、校正法、用法。经纬仪：各式经纬之校正及用法、经纬仪测量法、角度测量法、水平仪：各式水平仪之校证及用法、高度测量。

大地测量：平面测量：原理三角及形学测平法、气压表、误差之来源、等高线测量法。间接距离测量：视与谈之原理及方法。斜坡测量：曲线之标定、铁路公路指标定、地道之规定。矿内测量。水流测量。天文测量：天文专名之定义、时间方向及经纬之测定、误差原理、误差分类、最弱平方、误差之限制、三角测量、根本线、定角、计算及效正、制图、投影图、推形投影、角形投影。海岸测量：六字仪Sexant、八字仪Octant，检验海底器具及方法、三角测量。

㉑水力学纲目

水之均与动在一点之压力及方向、平面上压力之平衡、竖墙上压力之变更、压心、水池水坝水污之压力、沈体浮体之均、百奴旦氏定律、荷力面、动水之压力、薄墙、流量、水之粘性。

阀流及倾泻阀之流量、沈阀、各式流水口、各式泻水墙。

水管：各种情形下水管、流量公式、水面、达尔西氏公式、佛郎蒙氏公式、关于流量速管径之算表、连管、难管、回管、升水机之能力、压力面之损失、射水、虹吸。

水之分送水路之纲、直径算法、流量算法、必需之压力、纵势竖剖面、滤水器具、自流井。

水渠速度、墙之阻力、达提尼氏及排静氏之公式、压力之分配。截水之堤、涌度、截留之水量。

水流测计法：赖速度的测计、同浮体的测计、达西氏方法、Darcy 吴尔特门氏方法 Woltmann 用变动之公式、流量曲线、雨量、泉之擒取、潮水。

水力机：河流之能力、瀑布之能力。

水厂及其机器：各式水轮、水戽 Turbine，离心力唧机及各式唧机、效率、水压机、风力速度测计表。

㉒地质学纲目

地球总论 Constitution Geneale De Pecorce Teuestre：主要矿岩之外性 Caractere Exterieures Desmlneraux、Roches Princi-Pale、矿岩之形状 Modes De Gissement、古海之地岩 Sediments、火岩 Terrians Eruptifs。

现状 Factuelles：内心之动作 Actions Internes、地壳之温度 Temperature、Delicoree、温泉火山 Sources Themales、Volcans、外状 Actiones Internes、风雨冰雪 Geles、Vent、Pluie、Glace、流沙 Aluvions。

分等 Classifications Generales：原岩沈林岩 Terrains Primitifs、Sedimentaires、初级、一级、二级、三级、四级、Groupe Primaire、Secondaire、Tertiaire、Guaternaire、Post Secondaire。

地质图 Carter Geologiques：图之构成 Composition Des Cartes、图之用途 Usage Descartes。

地质之实用 Application De Geologie：关于工程者、关于材料者 Execu-Tion De Travanx、Materiaux Divers、关于水源者 Recherche Eb Captage Des Eaux。

㉓铁路学纲目

轨路材料总论：铁路之构成、铁路受力之种类、轨条之联结、轨枕之作用、道碴之作用、轮与轨之关系、铁道部标准及规则。轨条：型式重量、高度宽度、欧美轨条、中国各路之轨条、关于轨条之公式、钢质及安全耐力、长度及接缝、消损、爬行。轨枕：木枕、钢枕、铁筋混凝土之轨枕。轨路之器具：车站内轨路之条件、分道叉、交分道叉、对角线、贯撤器、扳道器、旋盘、旋桥、转车台、转车台轮挡、阻动器、各种道叉之算法。特别设置：标志、栅栏栅门、水鹤、水嘴、起重机、秤桥、载积规、动突牌。号志：号志之规则、号志之构成、装置、各种号志、北宁铁路电气号志。传动具：传动线、线之各种矫正器、号志自闭机械、尖轨之传动线、传动杆之抗力。

铁路工程轨路工事：路床、道碴、超高度、超宽度、抛物线衔接法、材料之分配、铺路工作、机器铺路。车站内之轨路：车站内之选定及分等、轨道之布置、三角形及环形、车房之轨道、货道、工厂仓库等轨道、配车之路线、大站及尾站之轨道、港岸车站。建筑物：总局及各等车站、货棚车房工厂、水塔水鹤、行动喂水法、沥水法。建路之策划：连量之概计、建设之条件、拂力抗力、倾度曲线之阻力、机关车煤水车之阻力、驶力、初策、实策路线规图之条件、包办测量之契约。铁路之修养：人员之组织、材料之布置、撒碴新法、验路仪、验桥仪、路病之检查修养之程序、保安防弊、事变赏罚职守。

㉔圬桥学纲目

水流之力量、洪流、水之高度、桥梁之位置、基础之关系、孔度之条件。

桥孔流量、速度、涌流、孔面及孔度、迈流、溢桥、圬工铁工之比较、风之压力、水之推力。

桥身拱之耐力、拱之型式、拱线之画法、桥台及桥墩。

耐力斗型算律、压力曲线、粘力、精固及坚固之条件、土之推力、梅李氏之算线、弹拱之算线。

基工地岩、基之工作、椿工、计基方法。

工作术拱体之工作、层叠法及堆叠、层砌法、迭砌法、并砌法、桥台、拱跟、角链、墩嘴、墩冒、镂空首墙、镂空桥墩、空心桥墩、工作之程序。

附属工程回墙、翼墙、桥栏、泄管、罩衣、衣墙。

支架原理、形式、算法、撤卸时期及方法。

难项倾拱、倾桥、曲桥、斜桥、装饰、斜述书。

㉕钢桥学纲目

总论静力所可解决之制度、所谓钢桥、所谓活重、临时木桥（陇海、平汉、北宁所用者）、铁路之钢桥、公路之钢桥。桥之型式垂直式、并蒂式箱式、偏中式及空架式、钣梁及疏梁、疏梁之三角钢之型式、标准载重及行动力。挠力算法原则、卫式之线路。截力算法线路、势力线。疎梁各杆算法上肢及下肢算法、斜桁算法、竖桁算法、复式疎梁算法。接合之算法顶钣之铆钉、角铁之铆钉、干钣之横势连接、上下肢之角铁之连接。御风系杆原则、定势籣式系杆、定势复式系杆、横式系杆、横势滑力。胀力器具原则、滑轮算法、座屐算法。铁道部规范、各项工作方法。

㉖公路工程纲目

总论部章、路之等第、路之荷重、超动率、盘度斜度、变度、超高度超宽度、车之种类、阻力及牵力、左行右行制度、路线各图及土工。乡道平肩式及耸肩式、路床及路面、石碴之车道、石碾水碾机碾、碾工、石块之车道、步道、路牌、里程牌、号志、木桥圬桥铁桥、涵洞、维持与修理。

㉗河海工程纲目

内河水利工程天然河道：纯然的天然河道、修正之天然河道。河道之修正：连河之关系、必需之圬工、连河之修正、给水方法、升桥及斜面、储水池、维持及营养。

海边水利工程初步研究、风与波浪、海滩、河滩、沙滩、沙岛、海兜之利用、埠岸之要事、埠岸之外工、埠岸之计划、船闸、岸墙、附属工作物、岸上之设计、修理轮船之设计、活桥、浮灯及灯塔、其他。

市政工程项目。公共卫生：空气、日光、水、草及木。卫生工程：公私净水之各种设备、公私积水各种处理、公沟及私沟、医院及调养院。车道：木质车车道、沥青土之车道、石碴之车道、其他各料之车道。路之环境：步道、甬道、交道口、斜切线、路之剖面。附属工程：路櫈、路灯、种树、路牌及门牌。车道之维持：碎修、翻修、平时之养护、冰雪之养护。公共建筑：官署、学校、图书馆、旅馆、监狱。住宅建筑：平房、独宅、集宅、工人房屋。

㉘土石工程纲目

地岩及标橛钻验：明坑法、实杆法、空杆法、悬绳法、坎拿大法、水内钻验法。标橛：路线之标橛、建筑物标橛。

挖除之土工。简易之挖除：用手具之挖除法：用镐法、用铲法、用犁法、劈坍法。用机器之挖除法：勺机、箕机。艰难之挖除。软岩之挖除。硬岩之挖除：凿孔、装业、燃火、爆料、扩孔法。

土工之运输。运输术：铁铲运输、手车运输、笨车运输、箱车运输、铁路及驶务、人及牲口运输、竖坑运输、倾面运输、架空运输。运输价：运价之公式、各种器具之运价、倾斜地面之运输。土方行动术：土方预估表、土方行动、土方算面图。

挖除之工作。预算：开标应审慎之各事、开工前之先务。挖除：逐段术、逐層术、漏斗术、泄水。

填积之工作逐段术及逐層术：填积之先务、土之低陷、路床之超高度。

支撑及开采支撑术：坚土之支撑、松土之支撑、井及衖。开采术：明采法、暗采法。

坚护之工作土坎之坚护：对于外损之工、对于内损之工。土堤之坚护：堤之基础、堤之本身。

隧道总论：地质、截面、水沟、护衣及泻床、躲穴、泄穴、温度。

山下隧道。普通隧道：英国法、比国法、德国法、奥国法、捷法、支撑、疏泄、艰难之工作。

水底隧道：环筒、浮箱、灞。

城市隧道。明坎隧道：坎、衖、环筒。

水底之土工：探验：船索、气钟、泅衣。浚务：臂力浚机、手机、机器、轰石法。

基工。水外之基工：平基工、浅基工。深基工：横展凿井法、竖插凿井法、冰冻法、增加耐力法、护基工作物。水内之基工。浅基工：灞、无底箱、泅沉混凝土。二深基工：椿、悬杵椿机、落杵椿机、汽杵椿机、射水椿工、螺椿、滵箱、大块基地。

㉙工程估计纲目

备忘各项公式、直线面积、立体、旋转体面积及立积、有曲面之立体、Poncelet及Simpson之公式、算密度、直线、平面及立体之窖度、估计土方、等高线之平面、纵截面圆、横截面圆、坡面、斜坡、路线之交点、天然地线及计划线之交点、计算土方之各种方法、桥梁、估计及各种估计方法、各种表式、桥基、房基、算法及立表法、各种小桥之构造、陶器水管、铁器、混凝土、桥础、桥墩、桥座、桥穹之外曲面、内曲面、首墙、回墙、翅墙、函洞、桥壁、桥之歇部、编辑法及连用。木质工程：构造及解辑、小木桥、支柱、截水堤、木架、穹架、编辑法及连用。铁质工程：构造、正梁、次梁、便道栏杆、桥板、房架、各种复杂工程之估计。

㉚图书纲目

图解门：面及体、面之相切、圆形各种划分、滑轮在不同上面之传动、椎体之投射、平行透视、各种固体相切、展开法、荫。

营造门：各种砖工、各项木工、各项铁工、房基、楼梯、拱、地板、房顶、门、窗、房屋组织、简单住宅、住区市房、柱头、正面详图、关于房屋之各项设备、符号及颜色、读图练习、关于房屋之古今美术图样。

机械门：特号及颜色、机件之射影、读图练习、标准尺寸、铆钉、螺钉、螺帽、螺栓、徒手书法、机件之仔细书法、动链之速度及加速图表、凸动体之书法、轴之了解、轴枕、偏心、联结图、齿轮、齿轮设计图、滑轮设计图、皮带联结图、起重设计图等。

公益工程门：各种石工之桥梁、铁筋圬工、铁路桥墩、铁路上之各种物品、钢桥、各种铁工、内河工程要图、海港工程要图、水务要图。

（2）商科课程内容

①党义纲目

民族、中华民族、民族总论、让我们来救中华民族、外人之三种压迫（文化的、政治的、经济的）、我们的救星是国家主义、我们的敌人是帝国主义、国家主义之延长、怎样去兴奋的研究国家。

民权之空间论及时间论、民权的三口号（自由、平等、博爱）、五权宪法、四权公法、民权之详解及实例。

民生。历史的重心是民生、怎样解决中国民生痛苦、地价及平均地价、外人之经济压迫、我国衣食住行之改进。

②国文及文牍纲目

应用文：

第一编　私文书：书翰、电报、广告、契约、单据。

第二编　公牍文：下行公文——令、训令、指令、批、布告、通告、任命状；平行公文——咨、公函；上行公文——呈；同公文——电报、代电。

第三编　章程、杂项：标语、会议录、报告书、日记等。

国学研究：

第一编　治国学的方法：参考文——胡适《治国学的方法与材料》；梁启超《治国学杂话》；章炳麟《治国学之方法》；梁启超《中国历史研究法》。

第二编　古书源流：章炳麟《经略说》；龚自珍《经正名》；谢无量《经学的流传及注家的研究》；江瑔《九流之名称》。

第三编　国学思潮：参考文——梁启超《清代思潮》，《最近世之学术》；胡适《建设的文学革命论》，《国语与国语文法》。

第四编　文体论例：章炳麟《文之体例》；章实斋《古文十弊》；孙俍工《辩论文》；胡适《论短篇小说》；夏丏尊、刘薰宇小品文；章炳麟《诗之体例》；王国维《元剧之文章》；李渔词曲结构；郁达夫《介绍一个文学的公式》；胡适等《请颁行新式标点符号议案》。

第五编　文体一般：纪事文——孙诒让《墨子传略》；司马光《通鉴》《赤壁之战》；语录——吕坤《呻吟语录》；洪应明《菜根谭》；乐府——《孔雀东南飞》《木兰诗》；考证——胡适《水浒传故事考证》；词曲——高明《琵琶记·吃糠》；郑燮《道情》；剧本——胡适《终身大事》；附书目参考书——胡适《一个最低限度的国学书目》；梁启超《国学入门书要目及其读书》；王重民《国学论文索引》；李笠《三订国学用书撰要》。

③哲学纲目

哲学的目标：哲学与人生的意义、哲学对于人类及文明进化之关系、中国思想与西方思想之关系及其影响、哲学在各种科学与人类文化方面之地位。

精神系统之分析：精神之分析与综合、个人思想与言论、个人与社会、个人社会及世界、人类对社会之义务、社会生活之伟大及其危机、人类之理律及其可能性、情感、记忆、好嗜、倾向、理智与思想、愿望与高尚之情爱、启发理智与愿望所采用之天然方法、启发中国新青年爱国热忱之原理及其应循之途径。

附注教授方式：以讨论问题或问答体裁研究学生之个人思想而加以纠正，灌输青年正当观念，俾对其整个人生有合宜的解决之途径。

④商业算术纲目

算术法四则及其他。省略法：加减省略法、乘除省略法。度量衡：本国度量衡、万国权度通制、英制、日制、美制。货币：本国货币、外国货币、铁币本位制、货币标准、货币紧缩与膨胀。复名数之计算：分厘法、报酬、捐税、包皮及减量、运费、损、益。利息法：单利、贴息、复利、随时存款、公债、股票及公司债票、栈租、交付期、日平均法、平均计算、交互计算。按分法：公司及组合之决算、海损之计算。国际汇兑、概说、裁定、汇兑、信用汇兑。买卖计算：卖出计算、标准计算、纯所得计算、极度计算。保险计算：计算原则、统计方法、保险表之制救及使用、再度保险之计算、共同保险之计算、年金、确实年金、生命年金。银行计算：各种贴息之计算、各种福利之计算、货币发行之计算、各项业务之计算。

⑤簿记学纲目

总论：会计之意义、会计之分类、会计之组织、簿记之定义、簿记之种别、簿记之历史。

簿记计算之要素取引，构成取引之要素：交换、金钱贷借、损益之计算要素相互结合之关系。

＊科目及借贷

账簿及记录：主要账及辅助账、主要账之分类、主要账之形式及其记录方法、记录及保存之注意、记录主要账之练习。

结算：个人商店之结算、个人商店结算与公司结算之异同。

科目之类别：资产科目、负债科目、不能预定之科目、损益科目。

＊账簿之组织及法规

中国旧式簿记总论，组织、优劣及改良方法。

铁路会计：资本支出会计、铁路营业进款会计、营业用款会计、岁记账、盈亏、拨补账、铁路总平均。

会计学科目：复式簿记原理、贷借对照表、资产负债之分类、单会计法与复会计法、资本的支出与收益的支出、财产估价表、商号、会计上关于负债之问题、会计上关于股款之问题、损益计算、公积金、减债基金、成本计算、破产时财政真相表示法、各国会计的法规比较、无限公司及两合公司会计上发生之计算问题、关于商品之问题。

⑥商业地理纲目

总论：商业地理之定义及性质、国外贸易、对于生意地理之关系。

自然与商业：气候、温度、雨量、风向、土壤、山脉、河流、平原、海岸、海洋。

人文与商业：人种、教育、机械、陆运、水运、邮电、度量衡、货币、政府。

交通与商业：海洋航线、江湖航路、铁路、公道、运河、其他路线或便利交通之工具。

国内之商业城镇：长江流域、珠江流域、黄河流域、黑龙江流域及其他各地之商埠。

国外之著名商埠：亚洲之商埠、欧洲之商埠、美洲之商埠、非洲之通商口岸。

国际之物产：植物产、动物产、矿物产及其他特殊物产。

国际贸易通商史、各国之贸易额、列年输出输入之概况、贸易平均。

⑦运输学课程纲目

第一编　铁路运输：铁路业务、铁路营业方法及其组织、运价、法制。

第二编　公路运输：汽车运输的发展，公路运输业务，合作业务——与铁路、电车、轮船等合作业务，法制。

第三编　水路运输：海洋承运人、吨位计算法、航线、轮船公司组织、列强商船队政策。

第四编　航空运输：航空事业的发展、航空业务。

⑧经济学纲目

总论：经济学之目的及其过程、经济学之学派、欲望与价值。

生产之要素：自然物、劳力、资本。

生产之机关：生产之规定、分工、生产之集中、生产团体、国家生产。

流通：贸易、运输、商人、金钱、币制、纸币、国际贸易、商业政策、信用、银行。

分配：现行分配法，社会主义分配法、人类之各界（地主、资本家、劳动者、创业者、贫困）、国家。

消费：消费与生产之关系、费用、储蓄、资产之出国。

⑨法学纲目

通论：权利与义务之概论、法律概要（法律科学、天然法律、现行法律）、中国立法（旧律、新律）、司法机关。

民法：总论、主要原则、法例、人（自然人与法人）、物、法律行为（行为能力、意志表示、条件及期限、代理、无效及撤销）、期日及期间、消减实效、权力之行使。

债：通则、债之发生（契约、代理权之授予、无因管理、不当利得、侵权行为）、债之标的、债之效力（给付、延迟、保全、契约）、多数债务人及债权人、债之移转、债之消减。

各种之债：买卖、互易、交互计算、赠与、租赁、债贷、雇佣、承揽、委任、经理人及代办商、居间、行纪、寄托、仓库、运送营业、承揽运送、合伙、隐名合伙、指示证券、无记名证券、终身定期金。

物权：所有权（不动产所有权、动产所有权、共有）、地上权、永佃权、地役权、抵押权、质权、典权、留置权、占有权。

亲属及继承权：亲属及继承制概要、婚姻、夫妻财产制、遗产之继承、遗产之继承人。

商法概要：公司法（通则、无限公司、两合公司、股份有限公司、股份两合公司、罚则）、商标法、商会法、破产法、公司注册规则、保险法、交易所法、票据法、银行法。

⑩银行学纲目

总论：定义、起源、功用、种类。

存款：各种存款、支票制度、拨账科目、票据交换。

贴息：票据贴息、利率、期限、种类。

放款：各种放款、贴息与放款比较、贴息放款之特别限制。

支付：准备金种类及性质、制度与政策、集中与分散、国家干涉。

纸币：种类及其性质、国家发行与私人发行、纸币发行法、纸币之资格。

银行：资本金公积金及组织性质、运用、独立制度及支店制度之得失。

外国汇兑：作用及目的、汇兑经济、国际贷借原因行情及信用、各国汇兑行情之特色。

各国银行制度：美国之银行制度、英国银行制度、德国银行制度、法兰西银行制度、日本银行制度、我国银行业。

⑪高等统计学纲目

统计之略史：由来、发现、改进、沿革、概况。

统计之定义：各派之定义。

统计之法则：统计齐一之法则、大量不变之法则。

统计之用途：纯正统计之用途、应用统计之用途。

统计之程序：审定、选定、搜集、分析、勘校。

统计问题之审定。

统计单位之选择：单位之类别、统计单位之资格、单位应用之法则。

统计材料之来源与书集：统计材料之来源、统计材料之类别、统计材料之集合。

统计材料之量类与分析列表法。

统计图式：制法、要件、类别、应用、规则。

论集中数量：平均数、中数、众数、百分比。

论差量：距离、四分差、平均差、标准差、差量系数。

论偏斜度。

总论数：意义及效用、编制与原则、类别、比重、基数、我国之物价指数。

总论系数：种类、各种计算。

勘校法。

铁路统计。

⑫应用化学纲目①

⑬财政学纲目

绪论：财政之意义、财政与各种经济之一般的关系、财政与个人经济及企业经济、财政与国民经济及世界经济、财政之内容、现代财政之原则。

财政思想发达略史：古代、中世、近代、现代。

财务行政序论：序言通论；预算论：种类、编制、形式议定及其不成立；现计论：收支机关、方法及原则；决算论；财务法论。

公共经费论：性质、原则、种类、现状趋势及膨胀法则。

公共收入论：私经济收入；公共财产利用收入；公营事业收入；租税：意义、沿革、种类、原则、收入课税、利得课税、支出课税；公共杂收入。

公债论：意义种类、发行募集、借换及偿还。

地方财政论：概论、地方经费、地方收入、地方公债。

结论：吾国国家财政及地方财政之现状、民国以来颁布各种财政法则之评判。

⑭出产学纲目

五谷类：各种麦与黍、各种米类、面米制造、中国面粉工业。

油脂植物类：麻油、胡椒、棉、芸薹、黄豆、落花生、胡桃、橄榄、粽等属；植物油、榨油方法、黄豆油、菽豆油、油棉、棕油；油渣、油饼、中国花生、菽豆、

---

① 以下都是英文专业词汇的表达内容，本书省略，读者如有需要，可以根据后面的资料线索自行查阅。

豆饼之贸易。

糖类：甘蔗糖及其制造、葡萄糖及其制造。

果品类：果品之概要、各种苹果、各种杏苹、香蕉、柠檬、葡萄、枣。

野橡与人培橡：橡胶培植及出产、制造之汇备、提炼和硫副产、生产过剩及恐慌。

烟草类：生产、种植、制造之汇备。

染料及香料：染料、津料、颜料之研究、生产以上各科草与树。

植物之纤维：椰壳、木棉、木筋、麻筋、中国特殊植物、苎麻、培植、主要商业品类、市场、缺点与将来、船运及输出输入、国际贸易、中国棉业。

木料：世界木料质之来源、木料之构造、木料之化学成分、木料之保存方法、木料之各种品类、硬木、软木、胶木、熟带木料、中国木料。

茶：地理上之出产及分配、培植、制造方法、红茶、绿茶、茶砖、茶末、中国茶叶。

咖啡：培植及生产、商市之准备、巴西咖啡业之调节、生产过剩及恐慌。

可可：培植及生产、商市之准备、可可乳、可可糖。

淀粉：食用之主要淀粉、洋芋之淀粉之制造。

草鞭：中国之草鞭业。

矿物产品及金属：锑、铜、金、铁、铅、银、锡地理上之分配及出产；矿、采矿、混合、用途、化学主要成分、中国之钢铁业、中国之细锡。

煤属：地理上之分配、出产及消费、煤之品类、碎煤、泥煤、沥青煤、黄煤；煤之制造业、煤津之炼取、中国之煤矿。

煤油属：地理上之分配、产生及消费、前途、油井之开凿、转连、蒸馏及提炼、粗油蒸馏、将来之出产、油气及燃料油之用途、油之统制、中国之油源。

动物产品皮：主要动物与工业用途、地理上之分配及生产、马骡驴之皮、牛类之皮、羊类之皮、出口之准备、剔取、包装、中国皮之出口、出产之中心、产销。

毛：主要动物之毛、地理上之分配及出产、生料、熟料、用品、出口之设置、剔取、包装、毛品之市场公卖、华北主要皮毛之出口。

肉类：主要用途及贸易、马肉、驴肉、羊肉、其他肉类、□及别之工业。

猪鬃：猪肉与猪鬃之区别、良鬃之产地、中国猪鬃、生产、黑鬃、白鬃、鬃之整理、鬃毛及毛渣、天津分类标准。

细毛：羊毛地理上之分配、出产及消费，绵羊毛、杂毛、本地毛、羊毛纤维之研究、各种毛纤维之形状及优点、细毛之主要功用、梳毛、衣服皮毛、地毯毛、碎毛、毛之配合、分别、纤毛、洗毛及其擦光之方法、毛之含水量、毛类试验所，中国毛品类及劣点、分类之方法、主要产地，毛品域及其特殊性质、骆驼山羊毛地理上之分配及出产、分类及纤毛方法。

丝：地理上之分配、出产及消费，丝之构造及优点、家蚕及野蚕；鲜茧、变茧、破茧、缫丝、生丝、纺丝、白丝、黄丝、草丝、锅丝、燃丝、线丝、水分、评定所、废丝、丝之市场、中国丝业。

蛋：世界出产、主要出口、蛋黄与蛋白、出口前之整理与包装、中国之蛋业及其出产。

⑮纺织业纲目

＊纺织原料

第一编　概论：纺织概况、纺织的起点、纺织与其他学科的关系、纺织与经济的关系。

第二编　自然原料：第一章植物原料：概说、棉、木棉、黄麻、苧麻、大麻、木槿、龙舌兰、其他植物原料。第二章动物原料：概说、羊毛、禽羽、头发、蚕丝、蛎壳类。第三章矿物原料：石棉、金属类。

第三编　人造原料：第一章植物原料：人造丝毛、纸纱。第二章动物原料：人造丝。第三章　矿物原料：玻璃。

第四编　世界纺织原料市场：棉花市场、蚕丝市场、羊毛市场。

＊纺织工程

第一编　棉纺：混棉、给棉、开棉、清棉、梳棉、精梳、并梳、粗纺、精纺、纺线、烧光、摇纱、装包。

第二编　毛纺：选毛、混毛、洗毛、粗梳、精梳、并梳、纺织、摇纱、装包。

第三编　丝纺及麻纺：缫丝、法国式缫丝机、美国式缫丝机、土法缫丝、亚麻纺织、苧麻纺织、大麻纺织等。

第四编　编造：概说、机械的制造与运用、布面的组织与制造、布纹解析。

第五编　精整：漂白、染色、印花、漂洗、去垢。

第六编　纺织工厂设置：建筑、机器安置、预算。

第七编　世界纺织业概观：中国纺织业与国际贸易、棉纺织业、丝纺织业、麻纺织业、中国发网花边业等。

⑯保险学纲目

总论：目的、原则、种类、大数统计、算法、保险法与保险之关系、保险公司之种类、国家保险。

火险：定义、方法、期限、费用、标准、契约、利害。

水险：水险之历史、原则及目的、海损、海险、赔偿之种类、委托、契约、手续、经纪人、著名海险公司之分析、各国制度之异同、海上法规。

人寿险：人寿之价值、人寿险之起源、寿命之延长、保险率之标准、各种计算之方法、依赖社会之需要、劳工保险、居间保险、储蓄保险、事业保险、养老金。

⑰商业英文文牍目（略）

⑱商业学纲目

商业之目的及分类，组织商店，买办制度，商业应用账目表册，付款方法，邮局及汇兑，电汇，银行，银行纸币，支票及汇票，货栈，广告学，进出口，商业合同，进出口买货及售货之规程，货物之类别，货物价格之计算，保税，海关，货运及保险方法，商会组织及公司组织，支店成立，检查账目，科目整理。

⑲中国国际贸易史纲目

汉以前中国之商业。

自汉初至隋末（西元 618 年以前）中国国际贸易情形，与西域诸国之贸易，与罗马之贸易。

自唐初至明中（西元 618 至 1561 年）中国国际贸易情形，与回教诸国之贸易，与南洋诸国之贸易，与日本之贸易。

自明中叶至鸦片战役（西元 1516 年至 1843 年）中国国际贸易之情形，欧人初期来华贸易情形，广东公行与万国商管之贸易。

自鸦片之战以至欧战（西元 1843 至 1914 年）中国国际贸易情形，重要商约之分析，港口开放之影响，势力范围之解释，海口之组织。

欧战之间（西元 1914 至 1918 年）中国国际贸易之特殊现象。

自欧战结终以至现在中国与列强制贸易关系及其趋向，中国与日本经济关系之检讨。

⑳商业实践纲目

商业实践目标；商业实践之组织及方法；商业实践之分类：出口实习部。入口实习部，银行实习部，海关轮船实习部，水险特别险及人寿险实习部，火险实习部。

㉑关税学纲目

论外国贸易政策上之学说并政策之发展：重商三义（马根第利斯谟），自由贸易主义，保证贸易主义，自由及保证主义之论据，贸易之顺逆与正货之出入，农业保证主义与工商立国主义。

论外国贸易政策上之手段并其目的：关税，关税制度，区别关税，通商条约，最惠国条款，关税同盟，退税及输出奖励金，自由港及保税库仓，加工贸易。

㉒第二外国语课程纲目

商科一年：读音，文法，翻译，会话，读本——Durand：Leconns de langue francaise illustree（Premiere annee）。

商科二年：读音，作文，文法解析，翻译。

文法——James E Chu：grammaire Franaise。

读本——G. Bruns：Le tour de la France par deuxenfants。

会话——J. Hieng-Tse kiang：Manuel de la Conversation（Franois-Anglais-Chincais）。

尺牍——J. Mc Laughlin：Vouceau manuel epistolaire en Francais et en Anglais。

商科三年：读音，作文，文法解析，翻译，尺牍。

文法——J. Dussouchet：Cours de Gramaire Francaise。

读本——Durand：Lons de Langue Francaise illustree（3e Annee）。

会话——guide pour etudier la langue francaise。

附：天津工商学院工学院、商学院课程表

铁路	地质学	建筑材料	材料耐力	力学	营造学	测量学	图书	图解形学	工业化学	物理学	微分积分	经纬形学	国文及文版	党义	工学院科目	
	一				二	三	七	二	二	三	四	三	一	一	第一年	每星期钟点
	一				二	三	七	二	二	三	四	三	一	一		
		二	一	二	二	三	六	一	二		三	三			第二年	
		二	一	二	二	三	六	一	二		三	三				
			二	三	二	三	六	一	二						第三年	
			二	三	二	三	六	一	二							
四			二	二		三	二								第四年	
四				二		三	二									

共计	练习	军事训练	哲学	钢桥	工程估计	线算	土石工程	桥拱桥梁	市政工程	钢筋工	电器工程	工业	应用机械	河海工程	热力机	水力学	公路
三六	三	三	一														
三六	三	三	一														
三五	五		一								二				二		
三五	五		一								二				二		
三五	三		一					二			二	二	二		二		二
三五	三		一					二			二	二	二		二		二
三五	四		一	二	二	一			二	三	一		一	三		二	
三三	四		一	二	二	一			二	三	一		一	三		二	

第二外国语	商业地理	化学实验	应用化学	商业算数	法学	保险学	商业学	出产学	纺织业	簿记学	国文及文版	党义	商学院科目		
四	三	三	二	三			二	二	二	二	一	一	上学期	第一年	每星期钟点
四	三	三	二	三			二	二	二	二	一	一	下学期		
四	三	二	二	二	二	二	二	二	二				上学期	第二年	
四	三	二	二	二	二	二	二	二	二				下学期		
四	三	二	二	三	二	二	二						上学期	第三年	
四	三	二	二	三	二	二	二						下学期		
					二								上学期	第四年	
					二								下学期		

（资料来源：《私立天津工商学院一览》，河北大学档案馆藏，1935-CB13-7）

8. 天津工商学院商科课程内容

Ⅰ. 课程总纲

1. 基本论题
2. 社会学
3. 经济学
4. 经济及社会论题
5. 商法
6. 工商管理学
7. 商业地理
8. 国文
9. 英文
10. 法文
11. 日文
12. 近代史
13. 世界史

Ⅱ. 基础科学

14. 商业史
15. 统计学
16. 商业数学
17. 汇兑学
18. 簿记学
19. 商业会计学
20. 普通商业学
21. 国际贸易学
22. 人寿保险学
23. 水险及火险
24. 运输学
25. 银行学

Ⅲ. 各系专修科目

(A) 会计财政学

26. 成本会计

27. 审计学

28. 政府会计学

29. 财政学

30. 财政法规

(B) 国际贸易系

31. 有机化学

32. 仪器分析化学

33. 应用化学

34. 商品学

35. 纺织学

36. 商品实验学

37. 课外工作

课程内容说明

1. 普通课目

本科包括各种普通非专门之课目，使学生之智识范围扩大；其中所定之课程乃在发展各生所选择之职业以外之思想及旨趣。

(1) 基本问题。本科以哲学问题为目标以陶冶现代青年。

授课——各系二、三、四年级全年每周1小时。

课本——讲义。

(2) 社会学

本科教授政治社会之起源、国家之职责与任务、各种社会之组成——家庭、社会阶级等；社会问题之检讨，评论自由党、社会党及天主公教对解决社会问题所有之主张，私人占有权之伸张、界限及结果；工资制度——工团、罢工、闭厂及社会保险、国家及国际劳工立法；土地问题——土地之租用及土地社会主义。

授课——各系一年级全年每周2小时。

课本——编发讲义。

(3) 经济学

A. 经济学之定义与分类、经济学之定律。经济问题——人类之需要、经济运动力、社会之环境及经济界之偶然事故。经济法则、经济学中应用各种法则、价值论之各种理论。生产——生产原素、天然、劳工及资本。

生产之组织分工制度、事业集中、生产协会。

生产立法自由竞争制度、经济恐慌、国家公营企业。

分配（私人占有权及工资制度已于社会学中教授完毕）。地主报酬——租赁。资本之报酬——利息、有利放款、高利贷。企业家之报酬——鸿利。

授课——各系二年级全年每周 2 小时。

课本——Fallon-McNulty-Goss：Principlesof Social Economy、并编发讲义。

B. 交易：交易之意义。货币——货币制度、货币之代替物。信用——信用之性质及功用、信用之种类、信用之媒介。贸易——贸易于经济上之地位、证券交易所、投机事业。国际贸易——贸易平衡及收支平衡、商业政策、保护政策及自由贸易政策、国际贸易之现阶级。

消费：(a) 私人消费——货物之利用、奢侈品、消费与人民。(b) 消费者之组织——公共消费之意义、税、公共借贷（此种问题将于财政学课程中详细讨论之）。

授课——各系三年级全年每周 2 小时。

课本——Fallon-McNulty-Goss：Principlesof Social Economy，并编发讲义。

（4）经济及社会现代论题

本科之目的乃将现代之书报杂志所载之经济社会问题及其解决之方法提示于学生，使学科与实际人生发生联系。

授课——各系三、四年级全年每周 1 小时。

课本——讲义。

（5）民法及商法

中国法律对于民法及商法并无鲜明之界限。民法乃由民法及商法草案合并编成，为主要之基础法规，用以解决商务纠纷者（见 1929 年 5 月 8 日胡汉民于中政会之演辞）。故凡研究中国法律者无不自民法着手。习商法者，自然不能例外，必须先研究民法，以俟对法学有相当基础后，再研究对商民有特殊关系之法律（民法第二编“契约及各种之债”），至于商业比较次要之部分，则不过言其梗概，不加详细之讨论。

引言：法律及权利之意义、中国法律、中国司法制度。中国民法之研究。

第一编　总则。推订及证明之意义、人、物、法律行为、日期及时期、消减时效、权利之行使。

第二编　债。债之发生、标的、影响、移转及消减。特种债务、主要债务契约之研究。

第三编　物权。总则、所有权、地上权。使用权。担保权：抵押权、质权。佃权、留置权、占有权。

第四、五两编　亲属及继承。亲属关系之意义、婚姻、夫妻财产制度、财产之继承、遗嘱、特留份。

各种商业主体商务企业、公司、合作社、银行、保险公司。

商标法。

商业团体工商业同业公会、商会、交易所。

破产法。

海商法。

比较商法、各国立法之公司制度。

(6) 工商管理

新企业之创办、主要因素之研究——市场、需要之满足、需要之存在及发展之范围、现存及将有之竞争者、计划中之企业之性质、该企业在法律之地位、企业之资本及其筹措之方法、企业之建筑设备等。企业之内部组织。

企业之进行——经理之任务、人事问题、员司之填补、训练、领导、监督及薪俸。对于生产者及顾主之关系、书札文件、价格、信用之请求及承诺。

财务行政问题——预算及其分配方法、鸿利之分配、准备金、公司对银行之往来关系。

授课——各系四年级全年每周 2 小时。

课本——讲义。

(7) 经济地理

* 一年级

经济发展概论：

a. 地质学

b. 气候

c. 江海、海洋、河流

人文地理、世界人民分配之情形：

a. 文化区域

b. 都市及名城

c. 港埠之类别

d. 沙漠与半沙漠地带

e. 近百年来人类占据世界之发展史

* 二年级

世界之生产区域及市场：

a. 根据经济观点世界上之生产及分配要素

b. 分配主要商品之市场：麦、羊毛、棉、丝、人造丝、纤维、木料、橡皮、煤、铁、油及副产品。

＊三年级

经济地理：本科之目的在自经济观点将世界诸大国作详细之研究及比较，观察各个国家具有之经济特性并根据其食量、其他植物食品、动物食品、纺织原料品、植物原料品、矿产及三种原动力——煤、油、水之产量，而将诸国分别为优裕国家、自给国家及仰给于人之国家，因而明了诸大国之富源及收入，工业国家仰给他国原料品及食物所受要挟及牵制之程度，此外，中国在世界经济之立场及其国际贸易之重要性，尤当为学者所重视。

（8）国文及公牍

本科继中学之课程作更深之研究，使学生对于作文得较优之成绩，第二学期偏重于公牍方面。

授课——各系一年级全年每周 3 小时。

课本——讲义。

（9）英文

A. 普通英文

本科继中学之课程作更进一步之研究，注重选文之诵读及讲解。

B. 英语会话

本科之目的在促进学生发音之准确、默书之正当，以便用言语发抒思想。

C. 英文公牍

本科之目标以商业公牍为主，使学生明了商务文件中不惟注重格式与礼貌，而言辞之准确尤为重要，设法于可能范围内免除日后之误会与纠纷。

授课——各系一年级，全年每周 4 小时。

各系二年级全年每周 2 小时。

各系三年级全年每周 2 小时。

（10）法文

一、二年级学生采用课本 La Famille Duport。三年级学生侧重于会话及法文公牍。

授课——各系一年级，全年每周 4 小时。

各系二年级全年每周 3 小时。

各系三年级全年每周 3 小时。

（11）日文

本科为商学院学生之必修科。

授课——各系一、二年级全年每周 2 小时。

(12) 近代史

自法国革命起直至今日之近代世界历史。

授课——各系一年级全年每周 1 小时。

课本——讲义。

(13) 世界经济史

本科为新设之课程，将于 1939—1940 学年中教授之。

授课——二、三年级合班全年每周 3 小时。

课本——讲义。

2. 基础学科

(14) 商业史

本科之要旨在明了各国间之商务交通发展之经过及中国贸易发达史。

授课——各系四年级全年每周 1 小时。

课本——讲义。

(15) 统计学

本科教授统计学发达史，统计学之定义、范围、分类、法则，统计方法及经济商业诸问题。

统计研究问题之组织，统计材料之来源及种类，材料之搜集、分析及编纂。统计单位、抽样、近似及准确。

统计事项之分类、统计表及统计数列。

空间比较图及统计地图、时间比较图及条形图、一般对数及圆形统计图、Lee 氏统计图、Gault 氏统计图……

频数与频数分配、频数分配图。

平均数之性质、目的、计算及选择。

离中趋势、偏态、几率与差误、正态曲线、插补及曲线修匀法。

系联、直线系联、曲线系联、简单系联、重复系联、偏系联、等级系联。

时间数列之分析、长期趋势、季节变动、循环变动、偶然变动、时间数列之系连。

指数之性质、应用及编制方法、项目之选择、基础及平均数、加权法、各种主要指数之编制、生活费指数、物价指数、生产指数……

商情预测——商务发达之因素、商情预测之理论、商情预测事务、商情预测应用之统计数列及方法、农商及投资之预测。

统计学对于商业金融及其他商务之用途。

授课——各系三年及全年每周 2 小时。

课本——讲义。

（16）商算

（A）第一年级

温习中学所学之基本数学，以备将来经济及商业计算之应用。敏捷计算法、估计及错误。

法国十进度量衡制度、英美度量衡制度、中国度量衡制度、本埠单位制度。

世界主要货币制度。

统计图表编制法。

单利、百分率、平均数、损益、经纪及佣金、折扣及现价、给付公式。

授课——各系一年级全年每周 2 小时。

课本——讲义。

（B）第二年级

复利及贴现，票面利率，实际利率及相当利率、相当价格，永续利息。

确实年金、普通年金、前付年金、逗顿年金、永续年金、投资积数、固定年金或不固定年金分期偿债、级数表之编制法、债券负债、减债基金。

资产之估价及折旧之各种方法。账面价值、再投资利率。

债券——债券之发行、债券之分期偿还、债券之转换、债券之账面价格。债券之利息。收益权及归属权、议价之推销、贴水之累积、年金公债、彩票公债、分期偿债、实在利率、估价。奖品、利息、平均收益及归属权。

授课——各系二年级全年每周 2 小时。

课本——讲义。

（17）国际汇兑学

外汇之原理、法定平价及购买力平价。

国际负债及汇兑变迁之原因。

国际金融市场交易所之业务、长期借贷对外汇之影响、投机事业。

国际负债清偿之方法。

现金输送点之原理及其作用。银本位、金本位及其种类，兑现及不兑现纸币单位。

中国过去及现代之金银问题、中国货币改革史。

中国货币现状。

外汇术语。外汇之开价及买卖之程序、主要外汇程序之分析、开价之方法、汇率之计算、汇票之买卖、外国货币之放款及账目、汇兑现状。

汇兑风险之避免、外汇期货。

裁定汇兑及投机事业。

外汇之统制及其于战后发生之影响。

伦敦、纽约、上海等地之外汇市场。

中国之国内外汇兑。

授课——会计财政系四年级全年每周 1 小时。

课本——讲义。

(18) 簿记

1. 绪论——簿记之定义，复式记账原理之起源、单式记账原理之弊害、借贷两方之概念。

2. 簿记簿册——主要记录登记簿之性质及用途、分录簿及现金账、分录簿每日之应用、分录之理论。

3. 总账及试算表——科目之类别、科目之登记、科目之平衡、试算表编制发、试算表之错误。

4. 营业科目及损益计算书——季节收支之节录、结算账目之公式。

5. 资产负债表——资产负债及资本、新账簿之设立、各种资产负债表。

6. 账簿之整理及结算——资产及收益、平衡时之整理、先期支付及应付未付之项目、折旧、呆账及各种准备。

7. 现金出纳簿——现金出纳簿之特别格式、科目登记时与总账借贷方相反之情形、存折、调节表及零用。现金账。

8. 辅助簿——售货簿、购货簿、进货退回簿、销货退回簿、多栏式簿。

9. 汇票——汇票之种类、汇票之承兑、汇票之背书、汇票之贴现、汇票之收回、汇票之拒绝支付、汇票之换新、应收账款簿、应付账款簿。

10. 寄销及合伙寄销账——承销品与寄销品、寄销清单、短期合伙。

11. 合伙——合伙之性质、合伙之契约、合伙创立时应有之记录、提存账户、损益之分配与负担。

12. 合伙——（续前）伙员之入伙、伙员之退伙、资产价格之重估、合伙之解散。

(19) 商业会计

资产之种类、资产负债表之格式、资本与收入之分别。独资企业应有之账户、独资企业之折旧、准备及偿债基金。

合伙企业之会计问题——会计契约及其对合伙会计之关系、合伙账户之主要整理记录、合伙账户中之商誉账户、处理商誉之方法、隐名及有限合伙、退伙、合伙之解散、合伙改组为有限公司时应有之步骤及记录、独资企业之合并、短期合伙之账户及合伙账户中之其他一切问题。

公司会计公司之组织大纲及公司章程、法定账簿、股份之种类、股份之认购及分配、股份簿、公司开办费、抵押与信用公司债、有限公司购买私人企业之方法、没收股份、鸿股、提取资本之一部支付利息之方法。审计前之簿册准备工作、公司之账户及资产负债表、股息、盈余分拨账、或有负债、有限公司之合并、有限公司归并于他有限公司时应有之步骤、资本之削减、公司之改组。

全部账户及一部分账户之平准试算、自身平准总账及部分账户平准总账、支店会计。

破产会计、清算会计及破产管财人应有之账簿。

授课——各系二年级全年每周 3 小时。

课本——讲义。

(20) 普通商业

商业之意义及类别。

商业之组织、商人、商店、店员、经纪人及其他中间人。

售货方法之类别、商务应用文件、各种开价之方法、折扣、付款之条件——现金、分期或记账。付款之方法——邮汇、电汇、支票、汇票、经纪人汇票。

各种票据（汇票、期票、支票）之研究、票据法之详细探讨。

商务金融问题（自商人立场上研究）信用借款、货栈。

促进商业之团体组织——商民协会、同业公会及商会。

授课——各系二年级全年每周 2 小时。

课本——讲义。

(21) 国际贸易

本科教授商业原理及出入口贸易之经营。其主要论题为国际贸易之原理及国际收支之平衡、关税政策与国外贸易、政府及其他公私团体对国外贸易之鼓动、实业部之国际贸易局、分配货物之直接与间接之途径、国外贸易之金融信用情形、贸易方法——国外市场之观察、装船之准备、货物之装卸及运入市场、此外对于中国国际贸易之发展及最近之趋势尤为注意。

(22) 人寿保险

人寿保险之性质及其基本原理、人寿保险之定义与沿革、人寿保险之效用——对于家庭及个人之效用；对于商业之效用。

人寿保险危险之测度、死亡之推算及死亡表、死亡表之内容、要点、编制、死亡要素、调整及主要死亡表。

人寿保险之分类。

定期保险普通终身保险、限期缴费保险、养老保险、分期付款保险、其他各种保险。

人寿保险之基本计算原理与保费之计算。

年金与死亡后立即赔偿之保单；二者之数学关系及计算公式。

普通终身保险。

再保险与分保险。

分期缴纳保费保单、营业费。

预备、保单之改变、退保金、保单押款、余利。

工业保险、残废保险、集团保险。

法定准备金公司之种类、该公司之组织、人寿保险之投资问题、人寿保险之法定情形。

人寿保险之招徕方法。

保单格式。

授课——各系四年级全年每周1小时。

课本——讲义。

(23) 水险及火险

保险学发展之经过、保险学对于近代工商业之重要性。

火险、火险保单、火险担保、火险损失之调整。

水险之用途、水险之保费及保单、航程、水险所保之危险、特别均损不负责任及特别均损负责任之意义。

再保险、赔偿之追诉、损失之估计。

关于其余各种保险之普通知识；如战争险、疾病险及意外事故险等亦当予以相当之研究。

授课——各系三年级全年每周2小时。

课本——讲义。

(24) 运输学

本科之目的在使学生明了运输学为独立科学并为促进社会发达之主要工具。其内容包括陆海空及公路运输之规则、运费之计算、运费之等级、资产之估价、运输金融问题、会计问题、运输业务、海陆空及公路运输业之组织及比较。此外对于运输学之问题如合作、竞争及集团联合关系均加以详细讨论及研究。

授课——各系四年级全年每周 2 小时。

课本——运输学原理、Jehnson、Huebnerand Wilson、Principles of transportation 及讲义。

(25) 银行学

本科教授银行学之定义、银行之起源、欧洲银行发达史、银行之使命及主要业务、银行之附属业务。款项之移转、代行业务、代收股红及利息、代取公款利息、代收期票、汇票及债券之价格、经营信托事业、股票之买卖、债券之发行、代信托人执行业务、代理汇票之承兑、发行商业及私人之信用保证书、辅助国内外贸易、供给商情、统计及其他主要参考资料。

银行资产负债表之分析及其格式。

银行资产负债表负债方之科目资本——注册资本、认缴资本、已缴资本、认缴未缴资本、准备金、往来存款、活期存款及定期存款、生活储金、应偿他行之借款、已发纸币、承兑、批准之贷款、代客担任保证事物、代理通信事物、外汇之卖出。

银行资产负债表资产方之科目：库存现金及存于他行之现金、寄往国外尚未到达目的地之他行支票及结余存款、即期及短期支付之款项、国外汇票之购买、货到付款及承兑取货两种单据之交易、国内汇票之贴现、投资问题、长短期放款、货物抵押之长短期放款、期票抵押之长短期放款、往来存款之支透、短期填款、银行建筑、其他资产、顾客因承兑、背书及保证所有之负债、外汇之购买。

银行与主顾之关系：主顾之账户、主顾之签字、往来存款折、存折及支票册、调节表、存折之记录、账目抵销权、扣押债务人存款命令、未清债务之偿付、存款收据、账户之结算、特种顾客之账户——破产人、尚未复权之破产人、信托人、管理人、执行人、联合账户、未成年人、代理人、合伙、有限公司、俱乐部及私人社团、委任权。

放款、透支及其抵押品担保及担保品、银行之留置权、背书之性质、抵押权及质权、抵押与移转、转押。

信托收据、顾客之契约及留置证明书、期票、通融期票。

银行各种票据文件之分析、银行账簿之格式。

授课——各系四年级全年每周 2 小时。

课本——讲义。

3. 各种专修课程

A. 会计财政系

(26) 成本会计

成本会计原理。

契约成本会计买入分录簿、应用材料品登记簿、厂存材料品登记簿、材料返还簿、机器之应用、材料之运输、工资、工人之监督。

营业费、企业管理费、工资及薪俸。

成本总账。

契约未完成时成本会计计算利益之方法。

成本会计账簿与普通账簿间之调节问题。

产量成本会计、制造业成本会计、营业账之百分率、成本会计统一问题。

其他成本会计问题。

授课——会计财政系二年级全年每周 2 小时。

课本——讲义。

(27) 审计学

审计之意义、审计学与会计学之分别。

审计之目的及用途。

审计之主要目的：明了企业之真实经济情形、改进企业之管理。

审计之次要目的：发见错误、侦查弊端。

审计之种类：详细审计、资产负债表审计、继期审计、定期审计。

账目及凭单之核对：核对计算及过账；核对账簿之结算；凭单、现金簿、日记簿、票据簿、分录簿及总账之核对。

制造企业账、营业账及损益计算书之审计：购入、售出、未成品、存货、收入、支出、盈余分拨账之审计。

资产负债表审计：资产之估价及核对、流动资产——现金及银行存款、应收账款、应收期票、投资。固定资产——土地及建筑、不动产租赁、机器设备、家具器皿。无形资产——商誉、专利权。

负债流动负债——应付账款、应付票据、应付未付之各项支出。固定负债——抵押、债券、借款。或有负债——第一负债及第二负债。

准备金、资产及盈余。

各种执照、证书及报告表册。

授课——会计财政系三年级全年每周 2 小时（理论及实习并重）。

课本——讲义

（28）政府会计

引言：政府会计之意义、范围及特质、政府会计之组织、会计年度、整理期限、会计组织单位、我国政府会计之沿革。

预算：预算之意义及特质、预算之起源及种类。

预算之编制：中央政府、地方政府、岁出岁入之计算方法、编制预计之时期。

预算之审议：各国审议预算之制度。

预算之执行：预算执行之监督。

我国预算制度：我国预算之沿革、会计法之预算条例、预算之内容及格式、编制预算之程序。

现计收支之性质及其特点、收支机关、金库制度、收支期限。

收支程序收入程序、支出程序。报告表册、交代。

官厅簿记通则、预算科目、财务科目。

簿记制度：（a）账簿之设立及其组织、登记之程序；（b）簿记制度之内容；（c）两种科目。

簿记组织：（a）记账凭证与簿记通则、记账凭证、主要簿、辅助簿、各种报表；（b）改良簿记组织之建议、账簿之记录方面——原始单据、记账程序、格式及解释。

决算之性质及起源。

决算之编制及承认：（a）决算之性质及内容；（b）编制决算之程序；（c）决算之承认。

审计：审计之意义及其范围、审计之方法及其效果、审计机关之组织、各国现行审计制度概要、我国现行之审计制度及其特质、审计之实施。

授课——会计财政系四年级全年每周 2 小时。

课本——政府会计论（潘序伦著、二十三年出版）。

（29）财政学

财政学之定义、财政学之特质、财政学为一独立科学、财政与各种经济之关系、财政思想之发达、中国财政思想发达史。

支出论：

概论、支出之分类、科学之分类及预算式分类。支出之原则、政治的原则、财政的原则、国民经济的原则、社会的原则。

各国支出膨胀之实况、支出之真的膨胀、支出之假的膨胀、支出膨胀之原因、各国支出膨胀比较之困难。

分论支出：皇室经费与元首俸给、军费支出、内政各费之支出、公共营业费、国内支出与国外支出、中央支出与地方支出。

中国支出概况。

收入论：

概论、收入之意义、收入之发达。

（A）经济的收入：国营企业之经济收入及其利弊、国营企业之种类、独占制度下之国营企业、自由竞争制度下之国营企业。

（B）强制的收入：租税概论、租税发生之根据、租税之发达、租税之术语。

租税原则：国民经济原则、财政原则、社会原则。

税之分类与税之组织：单一税与复合税、直接税与间接税。

主要租税之研究：土地税及其征课方法、房屋税、资本收益税、营业税、职业收入税、所得税、土地增值税、继承税。

消费课税论：货物税、关税、使用税、交通税。

流通课税论：登记税、印花税、交易税。

中国租税制度发达史：

（a）周朝至民国之我国租税及租地制度。

（b）同时期内之其他各种税制。

（c）财政独占：财政独占之意义与种类、盐独占、烟酒独占、彩票独占、其他各种独占。

（d）特别税：司法规费、行政规费、政府授予各国租界之主权、领事税。

公债论：概论、公债之分类。

公债各方面之研究：公债经济方面之研究、公债政治方面之研究、公债社会方面之研究、公债法律方面之研究。

公债技术方法之研究。

公债之诱募方法：公募法、银行竞买法。

公债之形式。公债之担保、公债之偿还。

各国公债之一瞥。

中国公债概略。

预决算论。（参考政府会计之课程说明）

战时财政论：战争与财政、战费对国民经济之影响、战费之筹措方法、战时租税与战时公债、战时财政对货币政策之影响、通货膨胀政策。

地方财政：

概论：地方财政之意义及特质、中央财政与地方财政之关系。

地方支出：论地方支出之意义及范围、国地支出划分之原则、各国之地方支出、中国之地方支出。

地方收入论：国地税收划分之原则、政府补助金制度、各国之地方税、中国之地方税、其他官产收入、公管企业收入。

地方公债论。

地方预决算论。

授课——会计财政系三年级及四年级两年每周 2 小时。

课本——财政学（大学丛书）（尹文敬著、二四年讲义）。

（30）财政法规

会计师之业务：（a）会计师受私人委托时之职责；（b）会计师受法院委托之职责。

商人对于账簿负之法律责任。

清算人之职责：会计师担任合伙清算人、公司清算人及各种法人清算人时之职责。

破产法：破产管财人之职责、债权人遇债务人无力支付请求和解或宣告破产时应取之步骤。

民事诉讼程序概论、各种证据（民法第二编第一章）及公告之程序（民法第三编）。

财政法规纳税人之呈报、呈报及补救方法、制裁、各种费用、印花。

授课——会计财政系四年级全年每周 2 小时。

课本——讲义。

B. 国际贸易系

（31）有机化学

本科为将来研究实用化学及商品检验学之过渡学科、其课程之内容、颇似各大学医预之课程、注重实用化学及化学实验。

纲要——有机化学之定义。

分析之要法。

有机公式之计算。

有机体结构及其关系。

脂肪族碳氢化合物——甲烷及其同系物、乙烷及其同系物。

乙炔。

卤化烷基物——氯甲、氯化、三氯甲（氯仿）、三碘甲、四氯化碳。

醇第一醇、第二醇、第三醇、甲醇、乙醇。多醇——二元醇类、甘油（硝酸甘油）。

醛——福摩林液、乙醛。

酮——木酮（丙酮）。

糖——葡萄糖、糖精、乳糖。淀粉、糊精。纤维、硝酸纤维、假象牙、人造丝及纤维漆。

酸——蚁酸、醋酸、丁酸等。多脂酸与不饱和酸（油酸等）。二元酸——乙二酸、乳酸、林檎酸、酒石酸、柠檬酸及氨基酸。

醚——酯类。天然脂肪物质。

胺、单一胺与胺及其他之结构。

醯胺、脲。

睛——睛酸、睛化物、复杂睛化物。

生物碱类（属于尿酸）。

胂类。

有机金属化合物（格黎纳尔）。

碳氢化合物、一环与多环——苯、萘、蒽。

芬香族硝基化合物。

氨基化合物（苯酸、甲苯胺属）。

偶氮与重氮化合物。

酚与萘酚（甲酚、麝香草粉）。

酸——苯甲酸、苯甲二酸、水杨酸。

醇——醛（苯甲酸）酮。

主要染料（由二与三苯甲烷、萘酚……偶氮染料而得）。

氨基硫基药品。

杂环及脂肪族碳化物——松香油、樟脑、生物碱类。

(32) 仪器分析化学

（商品试验所应用之物理化学方法及仪器）

测量长度——游尺、弯脚规、度弧器、精测高度微差器。

质量——天平。体积、时间。温度——温度表、热电池、光学高热计。压力。

主要仪器及方法。

蒸发干燥炉、整温器、调节温度计。

蒸馏阶段、分别蒸馏、真空蒸馏。

提取远心作用。

特殊测定：

溶点。

比重。

黏着性、绝对黏着性。

发火点及着火点。

量色法。

量熟法——量热胆。

表面张力。

光线测定：

放大镜。

分光器。

反光器。

偏光器。

错误及其探讨。

（33）应用化学

甲、主要程序、方法、仪器。

煤——分类、分析。

蒸馏、由煤气、焦炭等所得之产物。

煤黑油——低温与高温之煤黑油。

蒸馏及精馏。

煤黑油之产物及其用途。

石油——提取、原石油之提炼。

蒸馏、提炼、精制——汽车用之混合油、分类——综合石油、以个别方法分合之。

木材——木材之蒸馏。

由木材所得之工业品。

胶与树脂（松香）。

（综合树胶与陶器工业）

像皮及人造橡皮。

乙、重化学药品——氯化钠——苏打——硫酸及盐酸等。

土壤及肥料。

炸药。

砖与耐火物。

瓷器。

玻璃。

冶金术之摘要及金属与合金之性质。

丙、油类——脂肪——腊。来源、提取、精制、用途及性质。

颜料及油漆。

墨水、擦铜水、膏、胶、黏着物。

肥皂。

香料及化妆品之制造。

丁、麻工业（人造丝）。

纸工业。

糖。

酒精与酒。

食料、滋养物、生活素、荷尔蒙。

罐头食品、腌渍品、酱油。

药品。

摄影及摄影用品。

戊、鸡蛋产物、面粉分析、染料及染色、削皮法。

（34）商品学

甲、植物产物。

1. 谷类小麦、裸麦、雀麦、麦子、大麦、黍、蜀黍类、稻。

2. 面粉及磨面工业小麦面、面粉厂之保险、磨面工业、麦子面。

3. 产淀粉之植物及树马铃薯、小麦淀粉、麦子淀粉、稻米淀粉、薯类淀粉、粗粒薯粉、葛粉、西米。

4. 油质之植物。

第一组产生干性油者、亚麻。

第二组产生性油者。棉子菜子、芝麻麦子、豆类。

第三组产非干性油者、橄榄树、花米、茶、蓖麻。

第四组产植物脂肪者、棕榈油、椰子树、脂肪树。

5. 糖及产糖之植物与树蔗糖、葡萄糖、槭树糖。

6. 水果苹果、杏、香蕉、柠檬类水果、葡萄、枣、无花果、罐头水果。

7. 橡皮分布地带、气候、土壤、栽植、凿孔取汁法、收集乳状液法、乳状液之提制。橡皮之贸易及用途。

8. 烟草。

9. 茶。

10. 咖啡、椰子、巧克力。

11. 由树及植物所得之其他产物。草辫、削皮树皮、香料及调味物、药品、染料、胶及松香。

12. 木材。

13. 纺织纤维。(参阅纺织学课程)

乙、动物产物。

a. 兽皮。

母牛皮。

马皮。

羊皮。

山羊皮。

统计、出产区域、主要区域之特性。

出口之准备、类别、打包。

b. 毛。

羊毛。

山羊毛。

驼毛。

统计、出产区域及其特性、

出口之准备:分类、打毛、洗涤、梳净、打包。

c. 发毛。

母牛毛、犁牛毛、马鬃、人发、猪鬃。

d. 羽毛统计、出产、出口、出产区域、主要区域之特性。

出口之准备:清除、梳打、刷毛、分类、打包。欧洲及美洲之主要羽毛市场。

伦敦公共拍卖所。

由天津出口之主要羽毛之说明与研究。

羚羊、獾、家猫、野猫、狗、山羊及小山羊、狐狸、野兔、小羊及绵羊、豹、山拨鼠、貂、水獭、兔、浣熊、松鼠、鼬鼠、狼、松鼠尾、狐狸尾等。

e. 装箱物品猪肠及羊肠。

f. 鸡蛋产物。

(35) 纺织学

a. 纲要纺织之种类。

植物的棉、亚麻、黄麻、大麻、苧麻。

动物的毛、丝、发毛。

人工的。

以抚摸、放大、化学反应等方法分析纤维。

出产地及其主要不同点。

产量及用途。

b. 棉花纤维不同之变化。

美国、巴西、埃及、印度及中国所产者之分析计算法。

轧棉、疏松、打棉、纺、织、漂白、染色、印花、装修、打包、销路等步骤鉴定。

布匹海关报告之主要布匹之分析：灰斜纹布、斜纹布、白褂衫布、印度缎、羽缎、衣料、毛丝绒毯、印花布、织花布、翟克尔氏机织花布、毛葛、棉天鹅绒、正织布及反织布。

c. 毛（由天津出口之原料、参阅商品学课程中之动物产物）。

澳洲、新西兰、南美、欧洲、中国毛之纤维之比较、粗细及价格。

杂种及本地生长之细羊毛线。

世界产量及各种类之价值。

制造程序之检讨。

d. 地毯：欧洲、布鲁塞尔、威尔吞、基得明斯忒、天津及中国地毯料。

制造程序及其主要不同点之检讨。

应用原料。

e. 丝、天然丝。

麻。

张力详细分析、受湿之试验、化学反应。计算法、缠绕、大小、经线及绕经线之轴、纺织物之织成、夹裹、花边织物、袜类。

世界产量之分析。

f. 毛布。

鸵鸟、安古拉山羊毛织成细羽纱缎、羊驼毛布。用途及各种之化验。

制造程序。打带、过饰、布、棉、绢、天鹅绒、小羊皮、假獭皮及毛皮。

地毯及室内装饰品。

g. 中国进口主要布匹之分析。

h. 麻布制造程序之检讨。

本色花麻布、斜纹布、细麻布、手帕、台布等之分析。

i. 黄麻及大麻：帆布、篷帐、苧麻黄麻合织之粗麻布、粗麻布、绳及线。

（36）商品实验

本科理论部分可参阅实用化学或仪器分析化学；实际工作将于实验室内实习之。对于下列产物应特别注意：

植物油及脂肪。

种子含油量。

比重。

酸价。

碘价。

咸化作用价。

不咸化物质。

凝固点试验。

反光系数。

矿物油及石油产物。

比重。

蒸馏阶段。

蒸汽压力。

含水量。

胶。

发火点及着火点。

黏着性。

绝对黏着性。

煤潮湿性。

挥发物质。

灰（与固定碳）。

热量。

蛋制品潮湿性、含油性、酸性、蛋白质含量、溶解度。

面粉潮湿性、含油量及酸性、湿与干面之筋质。

糖。

肥皂水、纯碱、统共碱性、脂肪酸。

染料之应用：应用及对光线、煮沸、汗之固定性之试验。

直接染料：直接染料＋重氮剂与显色剂。

碱性染料。

留色染料。

瓮染颜料。

硫磺染料。

天然染料。(苏木)

课外工作。

（一）毕业论文本文为各系毕业生之必需品。全文最长不得逾二十页，以英文为主，有欲交中文副本者听之。其题目由学生及导师共同拟定，呈请科系主任批准，即可着手编著，限于毕业考试前1月交卷。其题目之类别，因系而异；国际贸易系之学生，多重商品及中外贸易之消长，而会计财政系之学生，则侧重货币、金融、保险、会计及财政诸问题。本院商科历届毕业生之著作，颇受中外学者之赏识及选购，著者因而博得社会人士之推举者，亦数见不鲜，是以本院师生莫不重视之。

（二）假期实习。商业科学，最重实用。本院为谋学生之学识与经验并进，乃于寒暑假期中，介绍学生于各商业组织，以便实习，俟学成问世时，不患有理论无实际之弊。

（三）工厂参观。工厂商店及其他大企业之设备、组织及管理问题，为商科学生所当熟悉者，故商科主任于学年开始时，即编成该年度出外参观程序表，委派专门教授，领导参观市内各大企业及组织完善之公司洋行，俾学生卒业后服务社会时，有所遵循。

（四）统计图表。我国统计人才稀如晨星，本院应社会之需要，对统计学特别注重，故于本年度添设美术制图一科，以制作统计表册为唯一目标，将来能出力国家社会之处，自属不少。

（五）打字练习。打字为商科学生之主要技术。本院虽未另设此科，但颇重视之。院内有特设之打字室，内置机器多架，学生随时可前往练习，不另收费。务使各生对打字术均达到准确迅速之程度。

（资料来源：《天津工商学院商科课程内容》，河北大学档案馆藏，1939-CB13-6）

9. 天津工商学院 1943 年校历

民国三十二年度第一学期：

9 月 6 日至 8 日（星期一至星期三）注册交费。

9 日（星期四）始业式及正式上课。

11 日（星期六）下午举行迎新游艺会。

14 日（星期二）中秋节下午放假。

28 日（星期二）秋丁祀孔下午放假。

10 月 10 日（星期日）“双十节”放假。

11 月 1 日（星期一）放假。

12 日（星期五）总理诞辰放假。

13 日（星期六）院长庆辰放假。

12 月 8 日（星期三）放假。

25 日（星期六）圣诞节放假。

1 月 1 日（星期六）新历年假。

6 日至 8 日（星期四至星期六）开始温课。

10 日（星期一）学期考试。

5 日（星期六）放寒假。

民国三十二年度第二学期：

2 月 10 日至 12 日（星期四至星期六）注册交费。

14 日（星期一）正式上课。

3 月 12 日（星期日）总理忌日放假。

19 日（星期日）放假。

4 月 6 日至 10 日（星期四至星期一）复活节（放春假）。

29 日（星期六）开运动会。

5 月 18 日（星期四）放假。

6 月 15 日至 17 日（星期四至星期六）开始温课。

19 日（星期一）考试。

24 日（星期六）放暑假。

（资料来源：《工商学院女院成立纪念册》，河北大学档案馆藏，1943-CB13-1）

10. 天津工商学院土木工程系的课程；高镜莹（C. Y. Kao. M. S. E. Mich.）等教授讲话①

（1）土木工程系课程表

土木工程系课程表（每周教授时数）

年级	学期	方法论	现代论题	国文	英文	第二外国语	微积分学	物理学	分析化学	工程地质学	工程材料学	工程契约学	书法几何学	测量学	大地测量学	力学	材料力学	应用力学	工艺学
一年级	第一学期	一		一	二		六	三	一					二					
	第二学期	一		一	二		六	三		三									
二年级	第一学期	一			二	五	三						二		五				
	第二学期		一			二	五							二			五		一
三年级	第一学期		一								二				二			四	
	第二学期		一																
四年级	第一学期																		
	第二学期												一						

---

① 题目为编者根据内容自行拟定。

（资料来源：《天津工商学院（津沽大学）档案图集选编》，天津档案馆、天津外国语大学编，天津人民出版社，2016 年版，第 37—38 页）

（2）高镜莹（C. Y. Kao. M. S. E. Mich.）等教授讲话①

“工商”的考试多得有名。普通的作业要算做每月的月分，“微积分”书上的题目，教授不向你要那是让你自己去研究的，虽然不向你要，可是每周的练习和每一次的口试却也多得可以，这两项的分数就代替了作业文应得的“月分”。每星期六的上午有两个半小时的考试，每次一项，各主要课目依次轮流，考试表是自一开学就贴出来的，这个考试非常要紧，俱乐部为了这个考试在星期五休息一次，其他的聚会、游戏也尽量躲开星期五，相反的是图书馆以星期五的生意最为兴隆。

为应付考试，本系有一星期“三 C 政策”，是本系以往的几位老大哥发起的，他们是（Correct、Complete 和 CI）其实这三条不止本系可用，其他各系一样通行无阻，不过因为他是本系同学所创的故科“土木系三 C 政策”，本政策并无专利，一切仿用概不追究。这三条政策除第三条外，都是需要用功的。读书要能活用，才能 Correct。读书有系统才能作到 Cemplete，而不至于有遗漏或张冠李戴的缺陷。

学“工”必须读书，读死书却不能学得好“工”，参考书必须多看，看参考书却要浏览，不必太认真。啃死书所得有限，费力却很多，不可不注意。历年来因啃死书致体力不支而休学退学的充耳盈目，多少是有些危险性，所以适量的运动必不可缺乏，然则运动会上不是第一名也无须乎羡慕。体格对学“工”的人有很大关系，不在学校里。社会上需要土木工程师的地方，多半是人迹罕至，或是道路艰险的地方，还有工程师的工作常在普通已休息的时候，工作起来就许是夜以继昼，体格不好的怎么支持得住？奉劝新同学早作打算，保持相当的锻炼，使体格有良好的教育，然后才可以谈到完美的求学，以及服务社会、造福人类，完成你所希望的志愿！

本院自民国十二年成立已来，胥宇津市，巍然翘楚，专以工商两科见长，尤以工科为最，历年来毕业同学，散处各地大工程机关服务者，率多成绩斐然，颇蒙社会人士所赞许。

民国二十七年，聘暴安良司为工科主任，而由高镜莹教授主持本系，迄今五载于兹，声誉鹊起，英材辈出，胥为二公之力也。虽然，本系内容组织究竟如何，顾非外人所熟知，耳闻口述，未当无向壁虚造之点，爰藉此迎新之一隅，聊作阐述，以□诸新同窗，谅亦所欲闻也。

---

① 题目为编者根据内容自行拟定，原题为《本院工科土木工程系之剖视》。

主要课程：

普通科目：国文、英文、日文、方法论、经济学、簿记学、工程契约、心理学、工程英语。

基础科学：微积分、物理、工程地质、线算学。

实验：物理实验。

制图训练：机械制图、画法几何学、工科制图、建筑制图、透视投影制图。每项除授课外均有绘图实习。

机械工程：解析力学、材料力学、应用力学、工艺学、工程材料学。

实习：材料试验、铁工厂实习。

测量科目：平面测量学、大地测量学。

实习：测量仪器矫正实习、基本测量实习、街市测量实习、测量制图实习、大地测量实习、暑期测量实习。

构造工程：构造学、硬架构造学、钢筋混凝土学、圬工及基础学、土力学。

设计：精造设计、钢筋混凝土设计、桥梁设计、建筑工程、房屋建筑学。

市政及卫生工程：给水工程学、污水工程学、□房通风学。

设计：给水工程设计。

水利工程：水力学、水利工程学。

设计：水利工程设计。

实验：水利实验、水力实验。

电机工程及热机学：电机工程学、热机学。

实验：电机实验、热机实验。

铁路工程及道路工程：铁路工程学、道路工程学、铁路曲线及土方学。

设计：铁路设计。

实习：铁路曲线测定实习。

体育。

以上计专科42项，设计6项，实习12项，实验6项，另有体育1项，共67项合共200学分，每学期必修25学分，每周上课平均约为25小时，然各年级并不一致。所选课本，率按教育部规定多仿前清华、北洋、交通各大学之体制，其详细内容参阅本院出版之《工学院课程内容说明》一书。

（资料来源：《工商生活迎新特刊》，河北大学档案馆藏，1943-CB13-10）

11. 天津工商学院建筑工程系教学状况与分年课程设置①

（1）沈理源教授（系主任）：给本系一年级新同学介绍我们的建筑工程系

我们的间隔了一年的建筑工程系，今年又招收一年级新生了。依我所见，由于本系的特殊风格，它对新同学们实在是一个很好的机会。因为它不是一个建筑学系而是建筑工程学系。它不属于艺术科而属于工程科。普通的专业建筑师们并不能为他自己所设计的建筑物加以计算。在美国设有专门的建筑工程系去训练一班特别的工程师，这些工程师们不但知道一般工程构造的计算，对建筑学亦稍通门径，所以能够帮助建筑工程师们做设计类的计算工作。但是这和我们的建筑工程系是截然不同的。在本系经过相当的训练的学生可以作一座建筑物的全部绘画与计算工作，这在普通是需要两种人才来合作的。据以往的经验，当两个人同时合作的时候，彼此间常要发生许多的争执。例如一位工程师以为需要在一座大厦的中间加一排支柱，但是建筑师却要反对，因为这样可以毁坏他的设计的建筑美。如果这全部工作是由一个人来作的话，这些弊病就都可以免去了。

当我们在1937年成立本系的时候，有些人说在短短4年内绝对不可能得到充分的训练。但是以往的毕业们显示出来这确实是可能的。当然工作上的努力是要达到一个相当的多量。在我觉得和普通一般的想象相反的是学建筑工程要比学土木工程难，而建筑工程系的学生的工作也较比更忙。此外，一个聪明的学生在土木工程系里可以得到相当的成功，而在建筑工程系里却需要兼有审美力。

由于以上各点，我相信本系应用于现在中国的实际情形实在是最适当的了。

（资料来源：《工商生活迎新特刊》，河北大学档案馆藏，1943-CB13-10）

（2）渠川瑞：教授阵容

沈理源教授是意大利工程专校毕业，天津华信工程公司经理，本院建筑系主任，担任的课程有三年级的建筑史和建筑史设计、四年级的建筑设计等。

阎子亨教授是香港大学工程系毕业，天津中国工程公司经理，担任的课程有二年级的房屋建筑学及三年级的高级房屋建筑学、四年级的建筑师办公等。

张镈教授是中央大学建筑系毕业，天津基泰工程公司经理，担任的课程有三年级的建筑设计和四年级的中国建筑设计等。

最后要介绍的是王仲年教授了，他是美术家，曾经到捷克去深造过，在本院担任的课程有一、二年级的徒手画和水彩画，四年级的色彩学等。

（资料来源：《工商生活迎新特刊》，河北大学档案馆藏，1943-CB13-10）

---

① 题目为编者根据内容自行拟定。

(3) 渠川瑞：我们的建筑工程学

我们的建筑学会，到现在才成立了三周年，而去年又无形中停顿了一年，所以始终没有作到理想的地步，从本学期起，我们愿意好好整顿一下，在会章方面也少少的有一些更动，以前建筑系的同学是任意加入的，可是今年我们愿意请所有建筑系新同学，都作我们的基本会员。

因为经费关系，我们的会刊在三年中只出了一本，这实在是令我们感觉不满意的地方，可是物价日高，这个缺憾一时不太容易弥补，所以我们将会刊改成报纸式，每学期打算出版一、两次，篇幅虽然少了，可是内容仍旧力求充实，成绩如何，要看以后的情形而定了。

说了半天，也许诸位对于建筑学会的宗旨和组织都还不太明了吧，那么就请参看下面的章程就可以知道了。

(资料来源：《工商生活迎新特刊》，河北大学档案馆藏，1943-CB13-10)

(4) 建筑工程系分年

HAUTES ETUDES (Kung Shang)

FACULTY OF ENGINEERING

Department of Architectural Engineering

Department of Civil Engineering

June 1939

Courses of Study

Subject Numbering System:

General Studies	1—9
Fundamental Sciences	10—19
Drawing	20—29
Mechanical Engineering	30—39
Surveying	40—49
Structural Engineering	50—59
Architectural Engineering	60—69
Municipal and Sanitary Engineering	70—79
Hydraulic Engineering	80—89
Electrical Engineering; Heat Engineering	90—99
Railway Engineering; Highway Engineering	100—109

GENERAL STUDIES

SURVEYING

STRUCTURAL ENGINEERING

ARCHITECTURAL ENGINEERING

MUNICIPAL AND SANITARY ENGINEERING

（资料来源：《工商学院建筑工程系教学内容》，河北大学档案馆藏，1939-CB13-7）

12. 天津工商学院国际贸易系、会计财政系的课程与教学状况①

（1）佚名：献给国际贸易系同学

①你们可以自负了

踏入商科的大门，你们应当感到骄傲，因为这是华北唯一的商学院。而国际贸易系的同学更应当感到骄傲，因为你不仅可以学到了商业的基础科学，同时你又学到了分析与检验商品的特殊技能！真的，你毕了业不仅是一个商学士，还可以说是一个理学士。

所以希望同学要认清这一点，而坚强自负心理，在这四年中，我们和化学结了不解之缘！一年级读有机化学及分析化学（定性与定量），作分析化学实验。二年级读仪器分析化学（测量、蒸馏、提取、显微镜、远心力、熔点、比重、发光点、表面张力、光线测定……），并且自二年级至四年级读应用化学，介绍了整个化学工业的全貌。三、四年级有商品实验，利用一、二年级的化学基础作实地的练习，检定纺织纤维，定媒的热量，分析各种矿植物油、干鸡蛋、面粉及糖，并研究燃料的应用。

我们的设备也是大有可观的，大学新办公楼除了训育处、秘书室、会客室外，可以说全为国际贸易而设。楼下除陈列商品外，并有化学教室一间，楼上则全为国际贸易系的天下，如化学实验室、商品检验室、天秤室、分光实验室、商业实践教室、经济地理教室等。

---

① 题目为编者根据内容自行拟定。

在这里，我们将要得到专门的技术，来辅佐专门的学问，所以国际贸易系的同学们，你们可以自负了！

②教授阵容

房如晦司铎，法籍人，英国伦敦大学哲学博士，任商科主任兼国际贸易系主任，及纺织学教授。

柯守义司铎，荷兰人，荷兰尹都文大学商学院毕业，任经济学及现代论题教授。

麻沃畲先生，英国里滋大学硕士，前北大理学院平大工学院教授，任有机化学仪器分析化学及应用化学教授。

沈晞先生，法国巴黎大学法学博士，前中国大学教授，任商事法及国际规法教授。

袁问朴先生，美国纽约大学哲学博士，前南开及燕京大学教授，任经济思想史教授。

胡继瑗先生，美国乔治城大学硕士，前之江及燕京大学教授，任货币银行学、保险学及海洋运输学教授。

傅勤先生，日本中央大学商学部商学士，任统计学教授兼日文讲师。

陈凤罩先生，清华大学经济系硕士，任汇兑学及高级银行学教授。

德瑞富司，法籍人，巴黎大学毕业，任商品学教授。

伍克赞先生，北洋大学陶冶学系学士，任分析化学教授。

赵炳南先生，法国里耳大学商学士，任法文副教授及社会学讲师。

李宝震先生，本院商学士，任簿记学讲师。

工藤陆奥男先生，日本国立帝国大学文学士，任日文副教授。

王冠三先生，北京师范大学文学学士，任英文副教授。

朱星元先生，国学专门学院文学士，任国文讲师。

吕彭年先生，南开大学商学士，曾任南大商算教员，任商算讲师。

③怎样度过第一年？

怎样度过第一年？同学们，你们怎样度过第一年呢？系主任房如晦司铎，素以励精图治、埋头苦干驰名，蔼然可亲，永远是笑嘻嘻的，你们将在他的领导下度过了这一年。教有机化学的麻沃畲先生，学识渊博，涉语成趣，出题时包罗万象，应有尽有，可是你千万不要害怕，只需把大纲弄清楚了就行，他照例是讲多少考多少，前后相联，绝对的不挑题目；不是不挑，是不能挑。分析化学是很有趣的，你每堂可以见到伍克赞先生作实验，一面讲一面作一面写，手不停书，眼不停视，口不停讲，而又一丝不乱，井井有条。簿记学和商业数学，有一部分同学是恐慌的，其实只要上班听讲，不明白的地方多问，作的练习不短，并且真实懂得，是不成问题的。朱先生的国文、赵先生的法文、工藤先生的日文、王先生的英文，有的是条分缕析，解说详明；有的是次序井然，循循善诱；有的是重复说明，诲人不倦；有的是一字一顿，出语幽默。其他尚有经济学地理、社会学等学科。

（资料来源：《工商生活迎新特刊》，河北大学档案馆藏，1943-CB13-10）

附：国际贸易学系课程表

国际经济贸易学系课程表（每周教授时数）

科目	一年级第一学期	一年级第二学期	二年级第一学期	二年级第二学期
基本论题			一	一
社会学	二	二		
经济学			二	二
社会经济论题				
商法			二	二
工商管理学				
商业地理学	二	二	二	二
国文	三	三		
英文	二	二	二	二
法文	二	二	二	二
日文	二	二	二	二
文化史				
现代史	一	一		
商业经济学			三	三

（资料来源：《天津工商学院（津沽大学）档案图集选编》，天津档案馆、天津外国语大学编，天津人民出版社，2016 年版，第 34 页）

（2）佚名：献给会计财政系的新同学

随着经济之蓬勃活跃呈进，本系乃极为社会人士所注意！本系所学为经济实践与理论，以会计学与财政学为两大主干，并必修着经济系与法商系之一切主要课目，所以本系毕业生的出路是绝对不成问题的。由于课程的繁多，每周五日上课时数总在 25 小时以上，需要参考书籍，也异常众多，只要你肯埋头苦干，那四年以后自然就能怀着满腹经纶了，无论在会计界、财政界、经济界、企业界，都会占得一席相当地位的。请在这里为新入本系的同学们庆贺！不要惧怕一切的艰辛困顿，更不要以为本系是很舒适的，因为所研究的学术也是极费解的，不勤勉攻读自己会吃大亏。

第一年是商科两系合班上课的，课程主要者为簿记与会计学、投资数学、经济地理总论和英文，都是占有三四个学分的功课，必须都修得很好，否则很危险，而教授们也相当严刻，五六十分就很不易，要想得八十来分，必须有绝大的努力，但是你更要知道得二三十分的同学也是不在少数的，由于每次考试都是时间短、题目多且难，分数以九十上下为满分，如果你能多念书多实习，并多找参考书，那成绩一定坏不了。课本多是采用美国各大学的课本，但是在第一年答卷子时，倒可以英汉任意选用，两年以后只有一二门特殊的是用中文答卷子外，其余一律用英文的，希望新同学多注意才好！现代史一课去年敦请了前燕大史学系主任齐思和博士担任教席，每两周四小时极饶兴趣，并且那一堂上你也会看见一些他班同学来旁听的。社会学也是值得寻味的学科，此外还有日文、法文、古文与公文，用来充实你自己；包罗万象极丰盈之至，教室也是极别致的，层阶式使你很写意的听、看、写、读着。

会计财政系是华北唯一专门研究会计与财政的大本营，毕业后除获得商学士外，及谋得高职外，并且你还有着会计师的名号，这是一种极自由且高贵的职业呢！在华北想找出第二个会计师养成所是绝对没有的，近数年本系尤力加发展，各项设备完整，教授亦多为国内一流学者，本年度毕业学士，政府、公司等争先采用，因所学实践与理论并行，毕业即能出而问事故也。

课程方面是国内任何大学商学院所不及的，二、三、四年级之主要课程为审计学、统计学、高级会计、中级会计、财政学、财政法规、民法、商事法、经济思想史、中国经济史、保险学、经济学、世界经济地理学、国际贸易学、海洋运输学、工商管理、商业理财、货币银行、公司会计、成本会计、官场会计、高级银行学，等等，都是极实用的科学。此外，打字一项也是会计财政系的同学应该会的技术、不但会而且还得打得流利、校中备有多架良好打字机，新同学最好多加练练玩玩，不去动用是损失自己的权益的。

第一年所用的书籍，在消费合作社是可以全部买到，至于仪器及学用品，并不像工科同学们的繁多，只是各种账纸及数学用纸及普通文具而已，在物价高昂的今日，本系的费用较工科省得多，而且参考书在图书馆尽有，并且是很需要去读的。在精神与物质上本系都占优势的。

进入一个新的境域自然会感到极度生疏与恐惧，尤其是诸位同学在未来工商以前恐怕早已听满了一些关于管理的严格与考试的繁多的话，更会觉得不安吧。但是请你不要怕，只要能在课堂中安心听讲，不迟到旷课，守纪律，那么成绩一定错不了，请祝各位品学俱进。

会计财政系教授阵容：

商科主任，房如晦，法籍人，英国伦敦大学哲学博士，现执教纺织学等课。

系主任，赵金刚先生，美国西北大学商学硕士，现任商业理财、工商管理、商业英文等课教授。

柯守义司铎，荷兰籍人，荷兰尹都文商学院毕业，现任经济学、现代论题教授。

沈晞先生，法国巴黎大学法学博士，曾任中国大学教授，现任民法、商事法教授。

张华伦先生，美国本雪文尼亚商学硕士，美国哈佛大学研究学者，现任会计、成本会计教授。

齐思和先生，美国哈佛大学哲学博士，前燕大史学系主任，现任现代史教授。

袁问朴先生，美国纽约大学哲学博士，曾任南大燕大教授，现任经济思想史教授。

胡继瑗先生，美国乔治城大学硕士，前之江燕大教授，现任海洋运输学、货币银行学、保险学教授。

傅勤先先生，日本中央大学商学部商学士，现任统计学教授。

谭宪澄先生，本院商学士，现任财政学、保险学教授。

陈凤罕先生，清华大学经济系硕士，现任汇兑学、高级银行学教授。

工藤陆奥男先生，日本东京帝大文学士，现任日文副教授。

李宝震先生，本院商学士，现任簿记、中级会计讲师。

赵炳南先生，法国里耳大学商学士，现任法文及社会学副教授。

王冠三先生，北京师范大学文学士，现任英文副教授。

朱星元先生，国学专门书院文学士，现任国文讲师。

吕彭年先生，南开大学商学士，曾任南大商算学员，现任商学讲师。

（资料来源：《工商生活迎新特刊》，河北大学档案馆藏，1943-CB13-10）

（3）会计财政系课程表

商法	社会经济论题	经济学	社会学	基本论题	科目			会计财政学系课程表
		二	二	一	第一学期	一年级	每周教授时数	
		二	二	一	第二学期			
二		二		一	第一学期	二年级		
二		二		一	第二学期			
二		二		一	第一学期	三年级		
二		二		一	第二学期			
二	一			一	第一学期	四年级		
二	一			一	第二学期			

（资料来源：《天津工商学院（津沽大学）档案图集选编》，天津档案馆、天津外国语大学编，天津人民出版社，2016年版，第33页）

13. 天津工商学院女院教学计划及教学访谈①

（1）女院教学计划

①教学计划

民国三十二年度第一学期校历

日期	事项
9月6日至8日（星期一至星期三）	注册交费
9日（星期四）	始业式及正式上课
11日（星期六）	下午举行迎新游艺会
14日（星期二）	中秋节下午放假
28日（星期二）	秋丁礼孔下午放假
10月10日（星期日）	“双十节”放假
11月1日（星期一）	放假
12日（星期五）	总理诞辰放假

① 以下内容体例、图表及格式由编者按现代通行文体进行了设计与编排。

续表

日期	事项
13 日（星期六）	院长庆辰放假
12 月 8 日（星期三）	放假
25 日（星期六）	圣诞节放假
1 月 1 日（星期六）	新历年假
6 日至 8 日（星期四至星期六）	开始温课
10 日（星期一）	学期考试
15 日（星期六）	放寒假

民国三十二年度第二学期

日期	事项
2 月 10 日至 12 日（星期四至星期六）	注册交费
14 日（星期一）	正式上课
3 月 12 日（星期日）	总理忌日放假
19 日（星期日）	放假
4 月 6 日至 10 日（星期四至星期一）	复活节（放春假）
29 日（星期六）	开运动会
5 月 18 日（星期四）	放假
6 月 15 日至 17 日（星期四至星期六）	开始温课
19 日（星期一）	考试
24 日（星期六）	放暑假

②课程编制

女部导师：

女部为指导学生读书及适应本校环境起见，女部主任兼为学生导师，学生如有疑难问题，可请导师指导。

课程编号：

女部所开之课程各有一课程号数及课程说明，关于课程之内容详载于课程说明，课程号数排列之原则如下：

课程号数：

一年级生及其他高年级生 101 至 199

二年级生及其他高年级生 201 至 299

三年级生及其他高年级生 301 至 399

四年级生 401 至 496

四年级生毕业论文 497 至 498

[甲种课程] 为一学年修完之课程，其课程号数仅只一个，例如：[国女 101] [国文 102]。单数为上学期课程，双数为下学期课程。

[乙种课程] 为一学年修完之课程，其上下学期须连续读毕方予学分，此种课程以两个连续号数加一 [—] 符号表示之，例如：[新文学 105—106]。

[丙种课程] 为两学年修完之课程，例如：[法女 101—102] 及 [法文 203—204]

每项课程修完一学期时其教员即给予成绩。

女子文学系一年级课程：

课目	课目编号	每周时数	学分	教员
国文	101—102	4	3	李奎耀先生
中国文字学	103—104	1	1	同上
新文学	105—106	3	2	朱星元先生
英文	111—112	3	2	张杰民先生
法文	121—122	3	2	狄守仁司铎
日文	131—132	2	2	三浦万之助先生
教育学	135	1	1	孙家玉先生
社会学	143—144	2	2	赵炳南先生
人文地理	145—146	2	2	侯仁之先生
中国通史	149—150	2	2	齐思和先生
体育		1		张□霞先生

工商学院女院女子文学系课程内容说明，中华民国三十二年度（1943 年）：

国文 101 至 102　33 学分。

精选古今名人著者，详为讲授，以唤起学生欣赏之兴趣，并使之习作取法各类文体，俾养成发挥思想之能力。

授课全年每周 4 小时；练习每月作文 2 次或 1 次；课本选授名著。

文字学 103 至 104　1 学分。

本科为研究国学之始基，先使学生对于字形字音字义，得有具确之认识。然后将形音义三者相互之关系，使学生融会贯通，以收实用之功效。

授课全年每周 1 小时；练习每月提问 1 小时笔答或口答；课本编授讲义。

新文学 105 至 106　2 学分。

本课程因坊间无适当课本，故由授课者自编。内容分散文、诗歌、小说、戏剧 4 类。纵的方面，约分 2 期：第一期自民国六年至十四年，第二期自十四年至二十四年。同时并补充以新文学运动史，以及散文、诗歌、小说、戏剧之原理与作法，如批评或鉴赏方法，亦随时加以讨论，每 2 星期习作 1 次，俾收读作并进之效。本课程之月的，务在使学生对于新文学之一切常识均有深切的明了，且养成自动欣赏与自由能写作之力。

全年每周 3 小时。

一年级英文 111 至 112　2 学分。

本课程之目的，在使学者熟习英文法，多识英文字，循序渐进以入于英文文学之了解，而欣赏之，乃以英文文字为研究英文文学之基础者。

全年每周 3 小时。

法文 121 至 122　2 学分。

见于法文在文学上之重要，本科目授予学生对法文有充分之认识，于四年毕业后，使学生能读法文文学、杂志及他法文读物，并能写作极清楚而正确之法文。

全年每周 3 小时。

初级日文 131 至 132　2 学分。

专为大学一年级学生全年每周 3 小时。

教本日本语入门（新民）

教育学 135 至 136　2 学分。

本科内容为教育概论，教室工作包含教育史、教育心理与教授法等普通简要原理之讨论，课外作业使学生由详读所指定之参考书，选作报告。

第一学期；每周 1 小时。

社会学 143 至 144　2 学分。

政治社会论：政治社会之起源。

国家论：国家之任务及职权。

社会之机构：家庭、社会阶级。

社会问题：关于解决社会问题各种见解之探讨（自然主义派、社会主义派及公教主义派）。

私产问题：私产权之发展、范围及重要。

劳动制度：劳动组合、罢工及停工、社会保险劳动立法、国际劳动立法、产地问题、地租、土地公有社会主义。

全年每周 2 小时

人文地理学 145 至 146　2 学分。

本课目的，在训练学生直接观察人类活动与自然环境之关系，充分解释现代地理学之重要原理，并广列实例以资说明，务期学理与经验得收相互印证之效。

全年每周 2 小时。

中国通史 149 至 150　2 学分。

本课程之目的在追溯中国文化演变之大势，尤注意经济生活之进展、政治制度之嬗递，与夫社会组织之变迁。上溯最初，下迄现代，共分 4 期：（1）上古时期，自最初至秦统一六国。（2）中古时期，自秦汉迄五代之末。（3）近世时期，自宋迄清中叶。（4）最近世时期，自鸦片战争迄最近。进行方法，课演、讨论与课外阅读并重，尤注意于基本史料之研究与讨论。

全年每周 2 小时。

（资料来源：《工商学院女院成立纪念册》，河北大学档案馆藏，1943-CB13-1）

（2）佚名：我们新设的女子文学系

在女文系新生榜示后的第三天早晨，记者等特往访首任女部主任孙家玉女士。记者等与孙家玉女士开始寒暄了几句话后，就把话题转到半年来最轰动津市教育界的女子文学系问题上，由记者提问，即蒙孙主任群答如次：

问：女子文学系的校舍如何？

答：女文系的校舍起初是令培育小学转移，而用为校舍的。因该小学年来租用教会房屋作为校舍，现合同已满，故拟收作女文系校舍之用。但后来因为培育找不到适当地点，在踌躇不定时，圣功女中的修女们传来消息，欲将该校在香港道之宿舍或卖或赁于工商。当时校方与他们接洽以后，在修女们的意思愿意售卖，但由于经济问题，我们只能租赁。至于租金一项修女们很客气，给予五折，原定为每月三千元，租与我校只取一千五百元，全年一万八千元。现在很希望能有热心人士把这一项捐出来才好。

问：女文系的图书设备如何？

答：女文系所需要的参考书在男院图书馆里只有一部，将来把它借转到女文系去。前已广为求各方捐赠半价售图书，总之参考书系不可或缺，校方现在正设收集，力求完善。

问：女文系的课程和教授如何？

答：在第一年注重中国文学，古文选读及文字学已请李奎耀先生担任，经学概论及近代通史由齐思和先生、文学选读及文学史已请朱星元先生与秦佩珩先生、英文已请张杰民先生担任，法文由狄守仁司铎、社会学由赵炳男先生担任，另外有一点钟的教育学由我担任，将来还要酌添家政科目。

问：女文系的体育课如何？

答：关于体育课我是赞成的，因为我国的女孩子多不喜欢运动，因之身体多不太健强，所以我愿意学生运动。但是现在因为女文系没有体育设备，体育课只好暂时借地上课，本打算到男院去上课，但想到相当不便，所以拟暂借圣功体育场一用吧！

问：孙主任教育方式如何？

答：现在的中国教育方式有两种，一种是只念课堂上先生讲的功课，另外一种是听讲以后还要自己去参教翻阅的。我是喜欢后一种，比较任其自然发展，再加以一种范围是最好的，这样才能得到很多实在有用的东西，较刻板式为佳。女院既系文学，所以在课外每人必须去多看点书才好。

问：女生管理上如何？

答：女文系的学生既是工商的学生，那么为着保持过去的荣誉起见，管理方面当然要采取整肃的方案，并且还打算规定服装。本来大学生不应该有制服，但是由于环境的不同，也为着使同学之间不能有太悬殊的差异以形式阶级区分起见，所以应有此种措施，拟定一种很经济又朴素、复杂、荣誉的服装。

问：女文系的组织如何？

答：女文系的组织很简单，我商承刘院长负责办理女部职务，校方已约请两三位助理一同帮忙工作，办理教务、训育、事务等事项。在女院还要预备出一间院长室，请刘院长常到女院看看。如今女文系成立完全是刘院长的功劳，此一举正不知给予天津女中学生多大的福利，希望她们能够感谢创办者的善心，而努力为学校谋荣誉，为个人充实学问才是。

问：女院预备招住校生吗？

答：暂时不预备，明年或可以筹设一下。

问：女院的教室如何支配？

答：那是一所三楼三底的房子，给一百多学生用做校舍教室是富富有余的，打算把光线最充足的两间用做教室，余的分配别项用。房子是相当的好，外表更极其壮观了，读书当亦甚适宜。

问：女文系将来发展如何？

答：现在因为是文学系，所以在课程上当然是注重于文学方面，将来拟设法筹立家政与教育两系，看个人的兴趣而分入各系。至于今年正取新生 90 余名，约可分两班上课，女院方面现在也预备让他们组织小规模的消费合作社及课外劳作等，为使他们得有实习的机会。

（资料来源：《工商生活迎新特刊》，河北大学档案馆藏，1943-CB13-10）

14. 天津工商学院的系科调整①

根据 1929 年颁行的《大学规程》，直隶公立工业专门学校和直隶法政专门学校均奉令升改为河北工业学院和河北法商学院。升改后的河北工业学院设化学制造系、机电工程系、市政水科工程系，学制为 4 年。附设高中工科和高等职业部，学制为 3 年。升改后的河北法商学院设大学部和专门部。大学部设法律、政治、经济、商学四系。另外附设预科及中等商业科。

建于 1922 年的工商大学，1933 年取得教育部的正式批准立案，更名为河北省私立天津工商学院。依照部颁标准，设工商两科。工科下设土木工程系和建筑工程系；商科下设会计财政系和国际贸易系。

直隶甲种水产专科学校于 1928 年奉令停办，随后进行改组重建。1929 年成立河北省水产专科学校，设高中科和本科。本科分渔捞和制造两个专业。渔捞又分航海驾驶、气象海洋、渔具、渔轮四部；制造分化学、细菌、工厂三部。1934 年，学校有教员 28 人，学生 91 人，其中渔捞 40 人，制造 37 人，高中科 14 人。

1928 年天津建市后，有国立大专院校 5 所：北洋工学院、河北工学院、河北法商学院、河北女子师范学院、河北水产专科学校。私立大专院校 2 所：南开大学、天津工商学院。公私立共 7 所。这 7 所院校在调整改革中都有不同程度的发展，尤其北洋工学院（北洋大学）、南开大学在建市后的十年里，基本确立了在我国高等院校

---

① 题目为编者根据内容自行拟定。

中令人瞩目的地位。

（资料来源：王惠来、张广君主编《天津教育六百年》，中央文献出版社，2006年版，第161页）

（三）津沽大学

一、工学院

1. 土木工程系：本系课程相当繁重，最主要者计有线算学、测量制图、流体力学、热机学、硬架构造学、钢筋混凝土学、铁路工程、给水工程、水利工程、公路工程及工程估计等，系主任高镜莹教授，美国康奈尔大学工学博士，对给水工程颇具心得，其他教授如王守忱、邓华光、谭环、伍克潜等均系学识充足、经验丰富之导师。

2. 建筑工程学系：系主任沈理源先生乃意国工程学校毕业，担任建筑设计及建筑原理，教授有阎子亨先生讲授房屋建筑学，马沣先生担任物理学，其他如杜齐礼之微积分、冯建逵之徒手画等均为重要课程。以建筑可代表国家文化及民族习俗，故建筑构图为极费心思之一门科目。

3. 机械工程系；为前两年新设之一系，系主任贝兴仁司铎，法国里耳大学工程师，担任机械制图及金工厂实习等科目，对该系之发展甚为努力，除原有之金工厂，其主要课程有金工学、机械制图、机件学、材料力学及工厂实习等，教授有赵蕴山、张锷及杨学涵等。

二、商学院

1. 国际贸易系：自创办以来进步甚速，颇为社会人士所推崇，设备方面有商品实验室、天秤室、分光实验室等，各种实验仪器，靡不备具。课程方面，除商业之基础科学，若会计学、经济学、国际贸易学原理、统计学外，其他如商业实践、商法、商品学及染色实验等，应有尽有，且担任染色学之麻沃畲先生乃英国里滋大学硕士，担任商法之沈晞先生为法国巴黎大学法学博士。

2. 会计财政系：课程内容，理论与实践并重，理论方面有经济学、经济史、经济地理等，实践方面则为此系最主要之课程，如簿记、商算、中级会计、高级会计、成本会计、政府会计、商业公牍、民法保险学等，其中会计数学课程，除讲授之外，最重实习，实习之成绩占总成绩三分之一。

3. 工商管理系：此系虽仅有两年之历史，但已很能引起社会注意，其前途发展确属不可限量。课程方面，除会计学、经济学外，对于劳工问题及工商管理之理论及实践等学科特别注意。

三、文学院

1. 国文系：本系课程，一、二、三年级中主要者，有诗文浅说、楚辞、汉魏六朝文、中国文学史、文字学、散文及习作、诗经曲选、词选、训诂选、诗词习作等。系主任为吴玉如先生，教授中有裴学海、孟志孙、程建为、祖吴椿、王辉曾、张纪方诸先生。

2. 西语系：系主任李世麟先生为英国伦敦大学文硕士，前曾任天津河北女子师范学院英文教授兼主任，课程有英文名著选读、文法研究、西洋近世史、修辞学、语音学、英国文学史、戏剧、现代英国文学、小说选读、法文、美国文学、莎士比亚演说及辩论、英语教授法、速记及打字、文学批评等。

3. 史地系：系主任王华隆先生于地理学方面学识甚丰，全国尽知，课程内容设计有中国通史、地理通论、自然地理、世界通史、中国上古史、中西交通史。欧洲经济史、地质学、美洲地质、中国中古史及近代史、东北史地、中国近代史、西洋近代史、史地教学法等。

4. 家政系：系主任孙家玉女士毕业于美国欧海欧大学研究院，担任化学、家政概要、营养学、事物分析及定性定量分析等，此系指导学生认识家庭社会发展之基础，授以家政学识技能，俾能重任家庭指导之责。课程除主任讲授外，尚有社会学、会计学、织品学、食品选择及调制、心理学、教育学、生理学、生物学、婴儿学、园艺、衣服洗染及调色、家庭布置、美术原理、家事实习等，此外尚有音乐、图画、文学等选修课目。

（资料来源：《闻墨》编委会主编《闻墨》，天津科学技术出版社，2014 年版，第 41—43 页）

(四) 天津师范学院

1. 天津师范学院教学计划方案设计及说明①

(1) 中国语言文学系专业科目的目的和主要内容

语言学概论

目的：使学生初步掌握语言学的基本知识。

主要内容：1. 语言的社会本质、起源及发展；2. 语言学各部门的基本概念；3. 语言的分类（包括谱系分类）；4. 语言学在科学体系中的地位。

① 题目为编者根据内容自行拟定，并根据具体情况对标题及层次做了必要的设计与处理。

教学方法：只作讲授，不作课堂作业。

附注：本科目如目前无条件，得暂缓开设。

汉语、现代汉语及实习

目的：使学生掌握现代汉语的规律，并能把它熟练地运用到讲、读和写作中去。

主要内容：1. 说明现代汉语是现代中国各民族交际上所用的共同语，包括口语与书面语两方面，它是以首都语为基础的。2. 说明现代汉语的组成，包括对外来语、方言、文言俗语的吸收和排斥。3. 说明现代汉语的语言、辞藻、语法各项的规律和各项规律相互间的关系；口语与书面语的比较。4. 说明当前流行的汉语的种种形式（口语的和书面语的），特别指出汉语汉字的关系。5. 正音（包括朗读）正字和句读法（即标点符号）的讲解和训练。6. 汉字改革问题的解说。

教学方法：除讲授及讨论外，并应注重系统的练习。

附注：本科目各校得视条件减少教学时间，可以开 3 个学期，每学期每周 4 学时，也可以开 4 个学期，头两个学期每周 4 学时，后两学期每周 2 学时。

古汉语

目的：使学生具有古汉语的基本知识和阅读一般古代文学著作及分析其语言结构的能力。注重先秦两汉时期的作品（发生影响最大的作品如《论语》《孟子》《左传》《史记》和《汉书》等。）

主要内容：一部分讲音节（目的是能说明假借现象）、文字（目的是能说明古今人的用法的不同）和词藻，另一部分讲文言文法（包括文言特别句法和文言虚字）和修辞的特点，等等。

教学方法：除讲授外，应注重阅读、翻译等有系统地练习。

附注：各校得视条件改为每周教学 3 学时。

文学概论

目的：使学生具有马克思主义的文学理论的基础知识。

主要内容：1. 文学的任务。2. 形象典型，语言。3. 主题题材、人物描写、梗概、背景、结构。4. 创作方法（古典主义的、浪漫主义的、批判现实主义的、社会主义、现实主义的）。5. 文学种类（诗歌、戏剧、小说、散文、人民口头创作等）。6. 文学的阶级性、人民性、党性、民族性、思想性与艺术性。

教学方法：除讲授外，并作课堂讨论。

中国文学

目的：使学生具有中国文学的历史知识，熟悉中国历代文学上的重要作家及其代表作品，使学生从具体作品中了解中国文学思想上（例如人民性、人道主义、爱国主义等）和艺术上的种种特点和优点。

教学要求：在讲述各时期文学发展情况和重要作家及其作品时，必须适当联系当时的经济政治和一般文化的具体情况。先秦汉魏六朝作品由教师作较详细的讲解。唐宋元明清的作品，除必须由教师解释者外，主要靠学生独立阅读，由教师予以指导。现代文学部分，关于新文化运动的介绍，应以鲁迅为中心，并根据文学发展的情况与文坛动态，介绍其他重要作家及其作品。关于作品的选读，应注意避免与现代文选相重复，本科目除讲授外，应注意课外作业由老师指定若干篇（每学期 3 至 5 篇）代表作品，由学生独立阅读，并应对课外作业作具体的布置和检查；在讲授和阅读基础上举行课堂讨论。

外国文学

目的：1. 以使学生初步认识世界文学发展进程，并重点地了解伟大作家的伟大作品，批判地接受这些古典文学遗产，更好地领会现代文学的来龙去脉。2. 使学生了解文学的特征（多民族性、人民性、党性），认识苏联文学是世界文学中最有思想性、最革命、最先进的文学，认识它的教育作用和世界意义，并从苏联文学的代表作品中学习社会主义现实主义的创作方法，同时认识和学习苏联人的国际主义、爱国主义精神、社会主义新人的崇高品质。

主要内容：按古代至 18 世纪末外国文学、19 世纪外国文学、19 世纪俄国文学及苏联文学三段讲授。第三学年第一学期主要就以下范围作适当选择：希腊神话、叙事诗、戏剧、俄罗斯英雄歌谣、《伊格尔王子》《虎皮骑士》；意大利文艺复兴三大作家（但丁、彼德拉克、波卡丘）、莎士比亚、西万提斯，古典主义莫利哀、歌德。重点作品选读就以下范围选定：希腊悲剧一篇，莎士北亚悲剧一篇，莫里哀喜剧一篇，《浮士德》第一部。还可以适当选一些短片和篇章。第二学期讲 19 世纪外国文学，主要从革命主义浪漫作家、批判现实主义作家中适当选择若干人，如拜伦、雪莱、雨果、海涅、裴多斐、巴尔扎克、左拉等及其作品讲授。第四学年讲授 19 世纪俄国文学与苏联文学。19 世纪俄国文学注重普希金、果戈里、托尔斯泰及革命民主主义作家们的作品。苏联文学讲授：1. 苏联文学的概况。联共党的文艺政策和对于文学的指导理论。2. 高尔基及苏联历史发展各阶段中重要作家和作品。

儿童文学

目的：使学生掌握儿童文学的理论，并比较广泛而系统地接触儿童文学作品。

主要内容：1. 儿童文学理论。2. 中国、苏联和人民民主国家为儿童整理出来的人民口头创作。3. 现代中国、苏联和人民民主国家的儿童文学作品（包括各种体裁、各种题材、不同年龄儿童用的代表作品。对重点作家和重点作品作比较详细的分析，一般作品作简略的介绍)。

教学方法：除讲授外，并作课堂讨论。

现代文选及写作

目的：1. 以培养学生分析、批判和欣赏现代文学作品的能力。2. 提高学生的写作能力，并使其能运用祖国语言文字正确优美地表达自己的思想感情。

主要内容：选授语法正确、修辞精练、结构谨严并具有思想性、艺术性的现代文学作品作为范文，使学生通过这些范文的研究与阅读提高写作与欣赏能力。一年级以选授散文为主，二年级加授小说、诗歌、戏剧等；习作方面，以散文写作为主，但亦应根据学生的兴趣和特长。对于小说、诗歌和戏剧的写作，作适当的指导。

教学方法：习作应和讲授密切结合。

中国语言教学法和文学教学法

中国语言教学法

目的：使学生掌握中等学校语文课中语言教学的理论，方法和技能。

主要内容：1. 中学语言教学的目的、任务及主要内容。2. 语言的课堂教学（教学原则的贯彻，教学环节与教学方法的运用，教学的思想性、科学性、目的性等）。3. 说话、写作的练习、指导。4. 课外活动的辅导。5. 中等学校语文课语言教学中个别教学问题的研究。

以上五项以第二项为重点。本科目的讲授应与文学教学法密切结合。

教学方法：除讲授外，并作课堂讨论、作业练习（批改作业、编写课时计划、试演等）和参观。

文学教学法

目的：使学生掌握中等学校语文课中文学教学的理论、方法和技能。

主要内容：1. 中学文学教学的目的、任务和主要内容。2. 文学的课堂教学。3. 写作的练习指导。4. 课外活动的辅导。5. 中等学校语文课文学教学中个别教法问题的研究。

以上五项以第二项为重点，本科目的讲授应与语言教学法密切结合。

教学方法：除讲授外，并作课堂讨论、作业练习（批改作业，编写课时计划，试演等）和参观。

附注：各校目前如分别开设中国语言教学法和文学教学法有困难。得暂合开中国语文教学法一个科目。

逻辑学

目的：在使学生掌握关于正确的思维规律、思维形式和思维方法的科学知识，并培养其逻辑的思维能力。其内容讲形式逻辑，但要阐明形式逻辑和辩证逻辑的关系。

中国史

丰富学生的中国历史知识，培养他们运用历史唯物主义的观点、方法去分析中国历史问题的能力，帮助他们认识中国文学发展的历史背景，以便更好地领会中国文学。

为保证未来中等学校师资必要的质量，各校在根据部颁《师范学院暂行教学计划》制定本系过渡性教学计划时应争取开设下列科目（三年毕业的教学计划也应按照此项要求制定）。

共同必修科目：中国革命史、马列主义基础、心理学、教育学、体育。

专业科目：汉语、现代文选及习作、文学概论、中国文学、外国文学、中国语文教学法。

中国语言文学系暂行教学计划												
专修学科：中国语言及文学												
任务：培养中等学校中国语言文学教师												
修业年限：四年												
本系必修科目学程表												
科目	第一学年		第二学年		第三学年		第四学年		时数			
	第一学期十八周	第二学期十六周	第三学期十八周	第四学期十六周	第五学期十八周	第六学期十周	第七学期十二周	第八学期十二周	总计	其中		
										讲课	实习作业	
	每周时数										实验	课堂实习讨论及练习等
中国革命史	3	3							102	76		26
马列主义基础			6	6					204	154		50
政治经济学					5	5			140	112		28
辩证唯物主义与历史唯物主义							5	5	120	96		24
心理学	2	3							84	68		16

续表

中国语言文学系暂行教学计划													
专修学科：中国语言及文学													
任务：培养中等学校中国语言文学教师													
修业年限：四年													
本系必修科目学程表													
科目	第一学年		第二学年		第三学年		第四学年		时数				
	第一学期十八周	第二学期十六周	第三学期十八周	第四学期十六周	第五学期十八周	第六学期十周	第七学期十二周	第八学期十二周	总计	其中			
										讲课	实习作业		
	每周时数										实验	课堂实习讨论及练习等	
教育学			3	4					118	88		30	
教育史					3	3			84	64		20	
体育	2	2	2	2					136			136	
俄语	3	3	3	3					204			204	
学校招生							3		36	24		12	
逻辑学	2	2							68	54		14	
中国史	4	4							136	116		20	
现代文选及写作	4	4	4	4					272	204		68	
中国语言教学法					2	2			56	23		33	
语言学概论	2	2							68	68			
汉语	4	4	4	4	4	4			384	228		156	
文学概论	2	2							68	58		10	
中国文学			5	5	8	8	5	5	514	482		32	
外国文学					3	4	5	5	214	200		14	
儿童文学					2				36	30		6	
文学教学法					3	3			84	37		47	
教育见习			2	2					68			68	
总时数	28	29	29	30	30	29	18	15	3196	2182		1014	

本系选修科目表

科目	学期	时数
文艺学	8	36
人民口头创作	7—8	48
专题报告（包括戏剧、电影、音乐、美术、语言、文学等）	7—8	48
文学专题课堂讨论	7—8	72
俄语	5—8	104

本系实习时间分配表

实习名称	学期	周数
教育实习	6	6
教育实习	7	6
共计	12	

本系毕业考试科目表

马列主义基础与中国革命史
教育学与中国语言和文学教学法
汉语

本系几门科目的内容分配表

科目	第一学年		第二学年		第三学年		第四学年		时数		
	第一学期十八周	第二学期十六周	第三学期十八周	第四学期十六周	第五学期十八周	第六学期十周	第七学期十二周	第八学期十二周	总计	其中	
	每周时数									讲授	实习作业 课堂实习讨论及练习等
汉语									384	228	156
现代汉语及实习	4	4	4	4					272	136	136
古汉语					4	4			112	92	20
中国文学									514	482	32
先秦文学			5						90	85	5

续表

本系毕业考试科目表											
马列主义基础与中国革命史											
教育学与中国语言和文学教学法											
汉语											
本系几门科目的内容分配表											
科目	第一学年		第二学年		第三学年		第四学年		时数		
	第一学期十八周	第二学期十六周	第三学期十八周	第四学期十六周	第五学期十八周	第六学期十周	第七学期十二周	第八学期十二周	总计	其中	
	每周时数									讲授	实习作业：课堂实习讨论及练习等
汉魏六朝文学				5					80	75	5
唐宋文学					8				144	136	8
元明清文学（至五四前）						8			80	76	4
现代文学（五四至现在）							5	5	120	110	10
外国文学									124	200	14
古代至十八世纪末外国文学					3				54	54	
十九世纪欧洲文学（不包括俄罗斯文学）						4			40	36	4
苏联文学（包括俄罗斯文学）							5	5	120	110	10

（2）俄语系专业科目的目的和主要内容

俄语课

俄语课的教学大致可分为三个阶段：第一学年为初步学习阶段，对学习俄语或有一定俄语基础的学生，应复习、巩固和提高其原有的俄语知识和技能，使其熟练地掌握发音和最基本的语法知识，并在日常生活范围（包括学校生活和社会生活）里具有初步运用俄语的能力。对未学过俄语的学生，则宜采取讲读和语法混合讲授的方式，培养其初步认识和掌握俄语的能力，为进一步学习语法、扩大俄语学习范围奠定基础。

第二、三学年为基本学习阶段，应系统地讲授语法，有计划地丰富学生的辞藻，逐步提高其运用俄语的能力。

第四学年为扩大和深入学习阶段，应比较细致地学习语法和修辞的特殊问题，阅读文学作品、科学论文等材料，扩大俄语接触面，以便达到切实掌握俄语的目的。

在四年修业期间，全部俄语课的词藻应达到 7000 至 9000 个。第一学年和第二学年各为 1500 至 2000 个，第三学年和第四学年各为 2000 至 2500 个。

语法

本科目的目的是有计划、有系统地讲解语法规律，并结合课堂作业和课外练习以巩固学生对语法规律的知识，并培养其活用语法规律的能力。

讲读

本科目包括语音分析、发音练习、语法分析（包括字法和句法的分析），词和句的理解和运用。应通过课堂作业和课外练习巩固学生的俄语知识，并养成其运用俄语的熟练技巧。

语法和讲读二科目一般应分别设置，但在第一学年亦可混合讲授。语法和讲读二科目之间的关系是平行而又交错的，必须建立一定的联系。

翻译

本科目是在现代汉语语法规律和现代俄语语法规律相互比较的基础上进行的，以俄译中为主。

语法研究

本科目包括一般修辞在内，以讲授方式进行，结合修辞讲授语法规律的特殊部分，并根据俄语的历史发展做深入的分析和研究。

发音学

本科目的目的是在讲读一科目中正常进行的发音训练的基础上，进一步使学生掌握系统的、科学的俄语发音规律。

苏联史

本科目讲述苏联各民族，主要是俄罗斯民族自远古到 19 世纪末的历史。20 世纪苏联现代史部分应在马列主义基础上结合联共党史已有适当讲述，本科目不再重复。

苏联文学

本科目根据历史的顺序讲授俄罗斯文学和苏联文学的发展，并阐述各时代的主要作家及其作品。作品的讲习可配合一科目进行。

现代汉语

本科目以讲授现代汉语语法为主。

中国现代文学

本科目以选授现代重要作家的作品为主，并适当地讲述现代文学的发展情况。

俄语教学法

本科目的在使学生了解中等学校俄语教学的目的和内容，并掌握俄语教学的原则和方法。

为保证未来中等学校师资必要的质量，各校在根据部颁《师范学院暂行教学计划》制定本系过渡性教学计划时应争取开设下列科目（三年毕业的教学计划亦应按照此项要求制定）。

共同必修科目：中国革命史、马列主义基础、心理学、教育学、体育。

专业科目：现代汉语、中国现代文学、俄语课（包括讲读、语法、翻译三科目）、俄语教学法。

<table>
<tr><td colspan="13">俄语系暂行教学计划</td></tr>
<tr><td colspan="13">专修学科：俄语</td></tr>
<tr><td colspan="13">任务：培养中等学校俄语教师</td></tr>
<tr><td colspan="13">修业年限：四年</td></tr>
<tr><td colspan="13">本系必修科目学程表</td></tr>
<tr><td rowspan="5">科目</td><td colspan="2">第一学年</td><td colspan="2">第二学年</td><td colspan="2">第三学年</td><td colspan="2">第四学年</td><td colspan="4">时数</td></tr>
<tr><td>第一学期十八周</td><td>第二学期十六周</td><td>第三学期十八周</td><td>第四学期十六周</td><td>第五学期十八周</td><td>第六学期十周</td><td>第七学期十二周</td><td>第八学期十二周</td><td rowspan="4">总计</td><td colspan="3">其中</td></tr>
<tr><td colspan="8" rowspan="3">每周时数</td><td rowspan="3">讲课</td><td colspan="2">实习作业</td></tr>
<tr><td rowspan="2">实验</td><td rowspan="2">课堂实习讨论及练习等</td></tr>
<tr></tr>
<tr><td>中国革命史</td><td>3</td><td>3</td><td></td><td></td><td></td><td></td><td></td><td></td><td>102</td><td>76</td><td></td><td>26</td></tr>
<tr><td>马列主义基础</td><td></td><td></td><td>3</td><td>3</td><td>3</td><td>3</td><td></td><td></td><td>186</td><td>140</td><td></td><td>46</td></tr>
<tr><td>政治经济学</td><td></td><td></td><td></td><td></td><td></td><td></td><td>6</td><td>6</td><td>144</td><td>114</td><td></td><td>30</td></tr>
</table>

续表

俄语系暂行教学计划												
专修学科：俄语												
任务：培养中等学校俄语教师												
修业年限：四年												
本系必修科目学程表												
科目	第一学年		第二学年		第三学年		第四学年		时数			
	第一学期十八周	第二学期十六周	第三学期十八周	第四学期十六周	第五学期十八周	第六学期十周	第七学期十二周	第八学期十二周	总计	其中		
	每周时数									讲课	实习作业	
											实验	课堂实习讨论及练习等
心理学	2	3							84	68		16
教育学			3	4					118	88		30
教育史					3	3			84	64		20
学校招生							3		36	24		12
体育	2	2	2	2					136			136
现代汉语	4	4							136	92		44
苏联史					3	3			84	84		
中国现代文学			3	3					102	102		
苏联文学						2	2	2	104	104		
俄语课	18	18	17	16	16	16	14	16	1982			1982
俄语教学法					2	2	2	2	80	40		40
教育见习			2	2					68			68
总时数	29	30	30	30	29	29	27	24	3446	996		2450

本系实习时间分配表		
实习名称	学期	周数
教育实习	6	6
教育实习	7	6
共计	12	

本系毕业考试科目表
马列主义基础与中国革命史
教育学与俄语教学法
俄语

本系俄语课的内容分配表

科目	第一学年		第二学年		第三学年		第四学年		时数	
	第一学期十八周	第二学期十六周	第三学期十八周	第四学期十六周	第五学期十八周	第六学期十周	第七学期十二周	第八学期十二周	总计	讲课及练习
	每周时数									
俄语课	18	18	17	16	16	16	14	16	1982	1982
讲读	10	10	10	10	10	10	8	8	1152	1152
语法	8	8	7	6	6	6			662	662
翻译							4	4	96	96
语音学								2	24	24
语法研究							2	2	48	48

（3）历史系专业科目的设置目的和主要内容

世界古代史　自上古至476年西罗马灭亡止

世界中世纪史　自罗马帝国灭亡至英国资产阶级革命止

世界近代史　自1642年英国资产阶级革命至第一次世界大战结束止

世界现代史　自1917年10月社会主义革命讲起

中国古代及中世纪史　鸦片战争前的历史

中国近代及现代史　自鸦片战争起至现在止

这6个科目的设置目的在于使学生掌握系统的历史科学知识，培养其历史唯物主义的观点，并运用历史唯物主义的观点分析历史问题的能力，为继续研究历史科学奠定基础。通过上述6个科目，使学生熟悉历史上祖国人民及世界各国人民对自然和对阶级压迫进行斗争的历史进程，并认识到社会发展的一般规律和特殊规律，因而培养其对祖国，对劳动人民事业的热爱，加强其对祖国及世界各国社会主义共产主义前途的信心，成为社会主义的积极建设者和保卫者。

这6个科目都应根据历史唯物主义的观点来分析史实。因此，必须坚决反对历史教学中的唯心观点，反对单纯陈述史料、罗列事实、不加分析的现象；同时也要反对只讲理论忽视史实的现象。在历史课的讲授中必须进行爱国主义和国家主义相结合的教育思想；但同时也应该防止脱离历史讲授的内容而生硬地进行思想教育的现象。

对于经济方面和文化方面的历史资料应尽量予以搜集，以丰富讲授的内容。中国现代史部分因目前史料有待整理，尚不容易超出政治史的范围，但必须逐步地增加经济和文化的部分。目前此一科目的讲授容易和共同必修科中的中国革命史重复，因此各院对中国革命史和中国现代史的分别开设当视各院的条件决定，条件不具备的学校可暂开设一门。世界史各科目应适当地讲授有关东方各国的材料，中国史应逐渐增加关于少数民族的材料。在历史科学的讲授过程中并应注意指导学生系统阅读历史史料及丰富其历史知识。

亚洲各国史

本科目应该按照历史年代的顺序进行讲授，但重点应放在近代和现代。在近代和现代亚洲各国遭受帝国主义的侵略和压迫，处在被剥削、被奴役的地位。他们的历史曾被资本主义历史家所否定或歪曲。现在亚洲各国人民已成为反抗帝国主义的巨大力量，我们应十分重视亚洲各国人民的历史，因此使学生具有亚洲各国近代史和现代史的基本知识是十分重要的。

关于古代和中世纪亚洲各大国的成就，应该在世界史内讲授。关于中国和亚洲各国的关系，应该在中国史内详细讲授。本科目对于这两部分，只作一概括的讲述。

中国文学、世界文学

这两科目应依历史的顺序讲授中国和世界文学发展情况，着重讲授各个时期的代表作家及其代表作品，使一个未来历史教师具有一般的文学素养，以丰富其历史讲述的内容。

中国历史要籍介绍及选读

本科目的讲授，应按时代的顺序、史籍的性质，就历史要籍作概括的评述，再就其中更为重要的著述分别阐明其作者生平、撰述过程、编著体例、史料价值及其在史学上的地位，并选出其代表的篇章进行讲解，指导学生阅读和分析，使学生对于历史要籍具有基本的认识和阅读的能力，为其理解、运用中国史料奠定基础。近人的史学论文也可适当地选印，作为本科目的参考资料。

本科目应介绍工具书若干种，以培养学生运用中国历史的工具书，解决阅读和研究时所发生的一般问题的能力。

历史教学法

本科目的：

一是使学生了解中等学校历史教学的目的和内容。

二是使学生掌握中等学校历史教学的原则和方法，包括教学工作计划的制定，课堂教学的准备，直观教材的使用，家庭作业的布置和检查等。

三是中等学校历史教学中个别问题的教法研究。

在教学过程中除进行讲授和课堂讨论外，应随时结合讲授内容，组织学生的实习作业，如分析讲课、分析课本、编制历史年表、编制历史地图、搜集制造直观教材、制作黑板图表、编制教案等，以加深学生对于教学法的理解和熟练。

为保证未来中等学校师资必要的质量，各校在根据部颁《师范学院暂行教学计划》制定本系过渡性教学计划时应争取开设下列科目（三年毕业的教学计划亦应按照此项要求制定）。

共同必修科目：中国革命史、马列主义基础、心理学、教育学、体育。

专业课目：世界古代史、世界中世纪史、世界近代史、世界现代史、中国古代及中世纪史、中国近代及现代史、历史教学法。

<table>
<tr><td colspan="13">历史系暂行教学计划</td></tr>
<tr><td colspan="13">专修学科：历史</td></tr>
<tr><td colspan="13">任务：培养中等学校历史教师</td></tr>
<tr><td colspan="13">修业年限：四年</td></tr>
<tr><td colspan="13">本系必修科目学程表</td></tr>
<tr><td rowspan="4">科目</td><td colspan="2">第一学年</td><td colspan="2">第二学年</td><td colspan="2">第三学年</td><td colspan="2">第四学年</td><td colspan="4">时数</td></tr>
<tr><td>第一学期十八周</td><td>第二学期十六周</td><td>第三学期十八周</td><td>第四学期十六周</td><td>第五学期十八周</td><td>第六学期十周</td><td>第七学期十二周</td><td>第八学期十二周</td><td rowspan="3">总计</td><td colspan="3">其中</td></tr>
<tr><td colspan="8" rowspan="2">每周时数</td><td rowspan="2">讲授</td><td colspan="2">实习作业</td></tr>
<tr><td>实验</td><td>课堂实习讨论及练习等</td></tr>
<tr><td>中国革命史</td><td>3</td><td>3</td><td></td><td></td><td></td><td></td><td></td><td></td><td>102</td><td>76</td><td></td><td>26</td></tr>
<tr><td>马列主义基础</td><td></td><td></td><td>6</td><td>6</td><td></td><td></td><td></td><td></td><td>204</td><td>154</td><td></td><td>50</td></tr>
<tr><td>政治经济学</td><td></td><td></td><td></td><td></td><td>5</td><td>5</td><td></td><td></td><td>140</td><td>112</td><td></td><td>28</td></tr>
</table>

续表 1

历史系暂行教学计划

专修学科：历史

任务：培养中等学校历史教师

修业年限：四年

本系必修科目学程表

科目	第一学年		第二学年		第三学年		第四学年		时数			
	第一学期十八周	第二学期十六周	第三学期十八周	第四学期十六周	第五学期十八周	第六学期十周	第七学期十二周	第八学期十二周	总计	其中		
	每周时数									讲授	实习作业	
											实验	课堂实习讨论及练习等
辩证唯物主义与历史唯物主义							5	5	120	96		24
心理学	2	3							84	68		16
教育学			3	4					118	88		30
教育史					3	3			84	64		20
学校招生							3		36	24		12
体育	2	2	2	2					136			136
俄语	3	3	3	3					204			204
世界古代史	5	4							154	130		24
世界中世纪史			5	4					154	130		24
世界近代史					8	6			204	148		56
世界现代史							6	6	144	96		48
亚洲各国史							4	6	120	96		24
中国古代及中世纪史	6	6	6	6					408	340		68
中国近代及现代史					6	8	8	8	380	328		52
中国文学	3	3							102	84		18
世界文学	3	3							102	84		18

续表 2

历史系暂行教学计划

专修学科：历史

任务：培养中等学校历史教师

修业年限：四年

本系必修科目学程表

科目	第一学年		第二学年		第三学年		第四学年		时数			
	第一学期十八周	第二学期十六周	第三学期十八周	第四学期十六周	第五学期十八周	第六学期十周	第七学期十二周	第八学期十二周	总计	其中		
	每周时数									讲授	实习作业	
											实验	课堂实习讨论及练习等
中国历史要籍介绍及选读	3	3	3	3					204	168		36
历史教学法					3	3			84	40		44
教育见习			2	2					68			68
总时数	30	30	30	30	25	25	26	25	3352	2326		1026

本系选修科目表

科目	学期	时数
史科学	5	36
古文字学	6	30
中国文化史	5—6	56
考古学	7	
地图作法	7	24
历史地理	7—8	48
博物馆学	8	36
俄语	5—8	104

本系实习时间分配表		
实习名称	学期	周数
教育实习	6	6
教育实习	7	6
	总计周数	12

本系毕业考试科目表
马列主义基础与中国革命史
教育学与历史教学法
中国史
世界近代及现代史

(4) 地理系专业科目的目的和主要内容

天文学

本科目的：

1. 使学生了解天体，特别是地球、太阳和月球的性状、组织系统及其形成和发展。

2. 使学生了解天体，特别是太阳、地球和月球的运动规律及其对日常生活的意义。

3. 使学生掌握基本的简便的天文观测方法。

本科目的主要内容：

根据上述要求，本科目的主要内容应包括球面天文学和实用天文学的基础知识，以及天体物理学方面有关太阳系的构造和行星运动、太阳系各天体的组成及其物理性质。恒星的物理性质和宇宙演化论等。关于理论天文学和天体力学方面的内容，应尽量减少。

地图学及地形测绘

本科目的：

1. 使学生具有读图和用图的基本知识。

2. 使学生掌握简便的测图、绘图和制图的熟练技巧，并初步了解现代科学水平的测绘方法和精细仪器的使用。

本科目的主要内容：总论、绘图、测图和读图等。

地质学

本科目的：

1. 使学生了解并掌握地理学所必需的地质学的基础知识，特别是有关地壳的组成物质、地壳的变动及其历史发展。为学习地理学奠定基础；并通过地质学的学习了解地球的历史及其发展规律，建立辩证唯物主义的世界观。

2. 使学生具有用简便方法鉴别普通矿物、岩石，观察一般地质现象，填绘地质简图的能力。

本科目的主要内容：绪论、结晶、矿物岩石、动力地质（包括构造地质）及古生物地史等。

普通自然地理

本科目的：

1. 使学生对自然地理学发展的历史及其方法论有初步的认识。

2. 使学生了解各地理要素的性质、发展及分布的规律及其相互关系。进而认识地理环境的整体性及各自然要素在地理环境中的地位和作用。

3. 使学生掌握普通自然地理学的基础知识，技能和熟练技巧，以解决中学自然地理教学中和日常生活中所遇到的实际问题，并为进一步学习土壤地理、植物地理、区域自然地理和经济地理奠定基础。

本科目的主要内容：

普通自然地理是把地球作为一个统一的整体来研究的。其主要内容应包括绪论、地球、气候、水文、地形、土壤、植物和动物。

土壤地理学

本科目的：

1. 使学生了解土壤是一个独立自然体，同时是地理环境的一个组成部分。

2. 使学生了解土壤发展和分布的规律，藉以认识土壤的性状及其演变过程和方向，进而指出对它合理利用的方式，以为进一步学习区域地理提供条件。

3. 使学生初步了解土壤调查和分析的方法，掌握简便的测定土性、鉴别土类、绘制土壤图等的熟练技巧。

本科目的主要内容：

1. 土壤学基础，主要讲授土壤的通性、发育分类和肥力。

2. 土壤分布的基本规律和各土壤带土壤的生成、特性及其利用。

植物地理

本科目的：

1. 使学生认识植物的构造、生活和主要系统，并结合自然地理条件了解植物的种类、分布和植被的类型及其发展和分布的规律。

2. 使学生认识植物对于人类生活的意义和重要性，为进一步学习区域自然地理和经济地理奠定基础。

3. 使学生具有区别普通植物种类和认识基本植被的知识，并掌握采集标本记载植被型和制作植被图的方法。

本科目的主要内容：

1. 植物学基础。

2. 植物地理学，主要讲授植物生态、植物群落和世界植被类型。

各洲自然地理

本科目的：

1. 使学生在学习普通自然地理的基础上了解世界各地自然环境的构成和发展规律。进而了解它们的整体性和区域性。

2. 使学生了解每一自然区域中形成地理环境的各种地理要素的作用和相互关系，并认识每个自然区域的综合特征。

3. 使学生了解世界各地区自然条件及其利用的情况，世界各种族的特征、分布和发展，为学习世界经济政治地理提供条件。

本科目的主要内容：分洲讲授，除各大洲一般总论外，应以自然区域的讲授为重点。

中国自然地理

本科目的：

1. 使学生在普通自然地理基础上，了解中国自然环境的要素及其构成区域的综合特征和发展规律。

2. 使学生认识各自然地理区域在我国整个地理环境中的地位和作用，并指出合理的利用和改造方式，为进一步学习中国经济地理提供条件。

3. 使学生从本国自然地理的研究中体会祖国的伟大可爱，以贯彻爱国主义思想教育。

4. 使学生认识祖国古代学者在自然区域地理研究上的贡献以及劳动人民在改造自然中的成就，建立热爱科学、热爱劳动的正确观点。

本科目的主要内容：分总论和区域地理两部分。讲授时应以后者为重点。

中国经济地理、外国经济政治地理

这两科的目的：

1. 使学生认识经济地理学的研究对象、任务和方法。

2. 使学生具有分析运用、编制经济图表和搜集分析，运用经济地理资料的能力，并通过为配合教学而进行的经济地理调查、参观等，培养学生对特定的地区经济地理的综合研究能力。

3. 使学生通过中国经济地理的学习，正确了解祖国国民经济的一般特征，认识新中国国民经济的迅速发展和大规模经济建设的巨大成就，了解祖国各地区的经济特征及区域间的联系，从而具体地认识到祖国的强大和逐步过渡到社会主义的道路。

4. 使学生通过外国经济政治地理的学习掌握世界各国的生产配置的特征和主要国家的政治特点，具体地认识到社会主义制度和资本主义制度本质上的区别，并了解当前的世界形势及其发展趋势。

这两科目的主要内容：

中国经济地理的内容包括绪论——关于经济地理学的基本理论、全国总论、区域分论。区域分论占全部讲授时数的3/4。

外国经济政治地理的内容包括总论和各国经济政治地理。各国经济政治地理可按苏联、人民民主国家、资本主义国家、殖民地及附属国的顺序讲授。

地理教学法

本科目的：

使学生了解中等学校地理教学的目的和基本内容，并掌握地理教学的原则、方法和熟练技巧。

本科目的主要内容：

1. 总论。讲授地理教学的目的和任务、地理教学的理论基础以及地理教学的一般原则和方法等。

2. 各科地理教学法，按照中等学校所开设的地理科目分别讲述。

为保证未来中等学校师资必要的质量，各校在根据部颁《师范学院暂行教学计划》制定本系过渡性教学计划时应争取开设下列科目（三年毕业的教学计划亦应按照此项要求制定）。

共同必修科目：中国革命史、马列主义基础、心理学、教育学、体育。

专业科目：地图学及地形测绘、地质学、普通自然地理、各洲自然地理、中国自然地理、中国经济地理、外国经济政治地理、地理教学法。

地理系暂行教学计划												
专修学科：地理												
任务：培养中等学校地理及中等师范学校地理老师												
修业年限：四年												
本系必修科目学程表												
科目	第一学年		第二学年		第三学年		第四学年		时数			
	第一学期十八周	第二学期十六周	第三学期十八周	第四学期十六周	第五学期十八周	第六学期十周	第七学期十二周	第八学期十二周	总计	其中		
	每周时数									讲课	实习作业	
											实验	课堂实习讨论及练习等
中国革命史	3	3							102	76		26
马列主义基础			3	3	3	3			186	140		46
政治经济学							6	6	144	114		30
心理学	2	3							84	68		16
教育学			3	4					118	88		30
教育史					3	3			84	64		20
学校招生							3		36	24		12
体育	2	2	2	2					136			136
俄语	3	3	3	3					204			204
天文学	4								72	36		36
地图学及地形测绘	5	7							181	97		84
地质学	5	5	4						227	163		64
普通自然地理	6	5	4						245	172		73
土壤地理学			5						90	60		30
植物地理学			3	5					119	76		43
各洲自然地理				6	4	4	4		230	164		66
中国自然地理				5	4	4	5		229	177		52
外国经济政治地理					5	4	5	5	242	144		98

续表

地理系暂行教学计划

专修学科：地理

任务：培养中等学校地理及中等师范学校地理老师

修业年限：四年

本系必修科目学程表

科目	第一学年		第二学年		第三学年		第四学年		时数			
	第一学期十八周	第二学期十六周	第三学期十八周	第四学期十六周	第五学期十八周	第六学期十周	第七学期十二周	第八学期十二周	总计	其中		
	每周时数									讲课	实习作业	
											实验	课堂实习讨论及练习等
中国经济地理					4	4	5	6	236	146		90
地理教学法					6	6			156	80		76
教育见习			2	2					68			68
总时数	30	28	29	30	29	28	28	17	3189	1889		1300

本系选修科目表		
科目	学期	时数
区域地理研究法		54
地理学史		36
地理教具制造		36
俄语	5—8	104

本系毕业考试科目表
马列主义基础与中国革命史
教育学与地理教学法
中国自然地理与中国经济地理
各洲自然地理与外国经济政治地理

本系各专业科目实习作业时数分配表（包括实验、实习、课堂讨论）								
科目	第一学年		第二学年		第三学年		第四学年	
	第一学期	第二学期	第三学期	第四学期	第五学期	第六学期	第七学期	第八学期
地图学及地形测绘	45	39						
地质学	16	26	22					
普通自然地理学	42	13	18					
土壤地理学			20	10				
植物地理学			15	28				
各洲自然地理				28	18	8	12	
中国自然地理					18	8	12	14
外国政治经济地理					32	14	20	32
中国经济地理					36	12	18	24
地理教学法					52	24		

本系实习时间分配表					
实习名称	学期	周数			实习内容
		学期内	暑假	共计	
野外实习	2	3	1	4	地形测绘、地质学、水文、地形、气象
野外实习	4	3	1	4	地形、地质学、土壤、植物、动物
野外实习	6	2	3	5	对特定地区自然结合经济的综合性实习
教育实习	6	6		6	初中各年级地理教学实习
教育实习	7	6		6	高中各年级地理教学实习

（5）数学系专业科目的目的和主要内容

高等代数

目的在使学生获得基本的代数知识，掌握比较缜密的代数方法。在知识方面，着重系统理论的讲授，使学生明了中等学校代数的理论根据，并略知代数发展的趋势；并讲授为学习其他数学课程主要是几何和物理学所必需的代数知识。在方法方面，使学生掌握代数的亦即有限运算的进行方法。本科目的教材虽多是19世纪以前的成果，但对于这些教材的处理，则应运用较新的方法。本科目的内容包括环与体的初步介绍、复数体、行列式、矩阵、一次方程式、二次式、多项式、有理系数多项式、实系数多项式、复系数多项式、圆规直尺作图能不能问题、群的简单介绍（后两项是否讲授可视具体情况决定）。

整数论

讲授整数的基本性质（着重与算数有关的）和数论中的初步理论，通行方法和发展概况。取材举例应结合中等学校数学中的数论问题（如循环小数之循环位数、混合比例、无定方式、求一术、勾股数……）和中国数学家在数论方面的贡献（如陈子、孙子、刘徽、秦九韶、朱世杰、李治……华罗庚）。内容为可约性理论、重要算术函数、同除式、一元同除式、二次同除式、元根和指数。

解析几何

阐发最基本的形数对应法（即笛卡尔坐标法），研究几何图形（主要是点、线、面、圆、球、圆锥割线、二次曲面）的基本性质，为代数、分析及物理供应形象佐证。为近世几何、几何基础（及微分几何）建立稳固根基；为初等几何配备适当工具以解决一些较为繁难的问题。立体部分用矢量讲授，对二次曲线及二次曲面均分别作有系统的研究。

近世几何

利用无穷远元素、虚元素、连续原理、对偶原理，先由欧式几何发展到放射性，次由放射几何进至射影几何，最后述及几何学用变换群分类法。随时指明与高等代数之联系及其在解析几何与初等几何之应用。

几何基础

系统地阐明几何中一些最基本的概念，建立一系列的简明原理，使初等几何有稳固的基础，内容包括几何基础简史、初等几何的各类公理及其推演、非欧几何之平行理论、公理之研究（不矛盾、独立、完备），三派几何之比较及其联系。

数学分析

用极限的方法研究实函数（主要是连续函数）的一般性质，其理论基础为实数理论。通过本科目的讲授使学生掌握分析学的基本概念、主要方法以及由此导出的重要结果。在讲授过程中，并尽可能地利用几何图像说明分析学的理论，并应注意分析与几何及物理的联系。对于涉及初等数学的部分亦应促使学生注意，本科目内容包括函数概念、极限概念、连续性、一元函数的微分法和积分法、简易微分方程、多元函数的微分法、重积分、线积分、面积分、广义积分、级数、实数理论等。

复变数函数论

本科目内容包括复数系、初等函数、微分法、基本法、级数等。一方面使学生将函数的研究推广到复数领域中，因而对分析学有比较完整的认识；一方面使他们知道一些将来与教学有关的问题，如指数函数和对数函数的推广，在复数领域中指数函数和三角函数的关系、代数学的基本定理等。

初等数学复习及研究

本科目分五科，共同目的有六：

1. 补充知识技能。使学生对中等学校数学通晓熟悉，任何缺陷本科目都须加以补充。

2. 建立理论基础。使学生充分掌握中等学校各门数学课的理论基础。这些知识虽然主要是由高等数学得来，本科目也应分别加以指点、编排、补充和比较。

3. 掌握解题方法。高师学生对于中等学校数学各种习题必须能熟练地解答，特别应该注意较繁难的解法和借助高等数学以看出解法的途径。

4. 注意参考资料。列举有关初等数学的书籍、杂志、图表、模型、器具等，并介绍新的教材和方法。

5. 熟练教学技巧。对中等学校数学教师在教学上所必需的技巧，如口述计算、绘制图表等等经常加以训练。

6. 研究补充材料。与中学数学教材教法有关联的问题，如习题的分类、推广，典型题的选择、推敲，解法的分析、讨论以及数学各科相互间及与其他科目的互相联系、互相印证和相互启发之处，均须指示途径，开列资料，令学生分组研究。

本科目包括下列五科：

（一）平面几何的复习及研究。本科之目的在于：

1. 补充中等学校未曾细讲和不易学好的题材。

2. 系统地讲授轨迹和作图，使学生能充分掌握正确理论、通用方法和足够的熟练技巧，更进而培养对问题的观察、分析、综合和推究的能力。

3. 在中学教材的基础上加以提高，并加以系统整理，使学生获得一种概括的系统的知识，并锻炼其独立处理和组织教材的能力。

4. 指点初等几何中须借助高等数学始能解决的难题。本科教材包括证法通论、证题杂述、轨迹作图等四部。

（二）立体几何的复习及研究。本科系就中学立体几何教材加以系统整理和适当的补充。内容着重基本概念、平行投影，体积的割补及计算、极大极小、空间轨迹、简单球面几何及三角、圆形的全等变换（平移、翻转、对称）、相似性、欧拉定理、正多面体。

（三）数的概念。本科系以高等代数、分析及数论为基础，对中等学校数学中常见之数系，加以综合的理论阐述，内容包括集合概论（序数、基数）、有序环及有序体、自然数及归纳法、整数及整除性、有理数及循环小数、实数，并注意数系之历史的发展。关于有理数应讲用量引入和用公理引入的两种理论及其比较。实数应以十进小数引入，然后与数学分析关于实数的理论相比较。

（四）代数的复习及研究。本科系研究有理式的恒等变换（包括多项环式、多项式的分解、有理函数体等），用函数观点讲，然后与高等代数用不定元的理论作比较方程不等式（包括一次的、二次的、简单联立的）各方面题材，凡中等学校教员所应通晓熟练的，均应详加解释，多予练习。

（五）初等函数。本科将散见于各门高等数学中的初等函数的理法题材，分别整理补充，务使学生对初等函数理论有正确的了解，并掌握有关问题的解法，内容包括幂函数、指数函数、对数函数、三角函数、逆三角函数、三角函数在平面上及球面上之应用、指数函数和三角函数在复数域中之关系。

数学教学法

本科目的目的有三：

（一）使学生明确中等学校开设数学课的目的，以便将来从事教学工作时，能根据教学目的，运用教学原则，把数学的知识、技能和熟练技巧传授给青年一代，并培养其辩证唯物的世界观。

（二）研究中学数学内容及其教学的方法、形式和组织，并研究优良教师的教学经验。

（三）对中学数学教材中难懂处、难讲处和讲解时应注意之点，分类指明，加以讲论，使学生通过这科目的学习，对中等学校数学的每一题材都能选用适宜的教法，以提高教学效果。

以上三类题材列举不妨从详，讲授可以择要。其不及讲授的可作为实习作业，令学生分题研究，集体讨论，以养成学生对数学教学法研究和批评的能力。本科目教材分五部分：数学教学法通论、算数教学法、代数教学法、几何教学法及三角教学法。

普通物理

本科目的目的有三：

（一）使学生通晓一般物理学的基本概念和规律（包括力学、波动学、热力学、电学、光学、原子物理的一般知识）。

（二）使学生能运用数学方法说明物理现象。

（三）使学生对数学中（尤其是在中等学校数学中）常见的涉及物理的问题的实际意义能有充分的认识。

理论力学

本科目用数学方法研究力学中的基本原理和重要现象，并适当地阐明力学的历史发展顺序及分析数学的理论和方法所给予力学的影响，以培养学生认识数学理论的实际意义。

制图学

本科目是一门技术课，目的在训练学生能用仪器正确而美观地绘制普通平面图形和简单立体图形，以加强对空间的感性认识而便利其对图形之理论的研究。

为保证未来中等学校师资必要的质量，各校在根据部颁《师范学院暂行教学计划》制定本系过渡性教学计划时应争取开设下列科目（三年毕业的教学计划亦应按照此项要求制定）。

共同必修科目：中国革命史、马列主义基础、心理学、教育学、体育。

专业科目：普通物理、解析几何、近世几何、高等代数、整数论、数学分析、初等数学复习及研究（平面几何、立体几何、数的概念、代数、初等函数，数学教学法）。

数学系暂行教学计划

专修学科：数学

任务：培养中等学校数学教师

修业年限：四年

本系必修科目学程表

科目	第一学年		第二学年		第三学年		第四学年		时数			
	第一学期十八周	第二学期十六周	第三学期十八周	第四学期十六周	第五学期十八周	第六学期十周	第七学期十二周	第八学期十二周	总计	其中		
	每周时数									讲课	实习作业	
											实验	课堂实习讨论及练习等
中国革命史	3	3							102	76		26
马列主义基础			3	3	3	3			186	140		46
政治经济学							6	6	144	114		30
心理学	2	3							84	64		16

续表 1

数学系暂行教学计划												
专修学科：数学												
任务：培养中等学校数学教师												
修业年限：四年												
本系必修科目学程表												
科目	第一学年		第二学年		第三学年		第四学年		时数			
	第一学期十八周	第二学期十六周	第三学期十八周	第四学期十六周	第五学期十八周	第六学期十周	第七学期十二周	第八学期十二周	总计	其中		
	每周时数									讲课	实习作业	
											实验	课堂实习讨论及练习等
教育学			3	4					118	88		30
教育史					3	3			84	64		20
学校招生							3		36	24		12
体育	2	2	2	2					136			136
俄语	3	3	3	3					204			204
普通物理			5	5	5	5			310	186	93	31
理论力学							5	5	120	72		48
制图学	1	1							34	17		17
解析几何	6	4							172	104		68
近世几何					4	4			112	84		28
几何基础							3	4	84	84		
高等代数	2	2	3	3					170	113		57
整数论								4	48	48		
数学分析	6	6	6	6					408	272		136
复变数函数论					3	3			84	84		
初等数学复习及研究									330	232		148
1. 平面几何	3	3							102	68		34
2. 立体几何			2	2					68	34		34

续表 2

数学系暂行教学计划

专修学科：数学

任务：培养中等学校数学教师

修业年限：四年

本系必修科目学程表

科目	第一学年		第二学年		第三学年		第四学年		时数			
	第一学期十八周	第二学期十六周	第三学期十八周	第四学期十六周	第五学期十八周	第六学期十周	第七学期十二周	第八学期十二周	总计	其中		
	每周时数									讲课	实习作业	
											实验	课堂实习讨论及练习等
3. 代数					5				90	54		36
4. 数的概念						6			60	40		20
5. 初等函数							5		60	36		24
数学教学法					4	4	4		160	120		40
教育见习			2	2					68			68
总时数	28	27	29	30	27	28	26	19	3244	1990	993	1161

本系选修科目表

科目	学期	时数
积分几何		
数学史		
数学代数基础		
复变数函数论		
计算的理论与实践		
天文学		
测量学		
统计学		
俄语		

本系实习时间分配表

实习名称	学期	周数
教育实习	6	6
教育实习	7	6
总计周数		12

本系毕业考试科目表

马列主义基础与中国革命史
教育学与数学教学法
数学分析
初等数学复习及研究

本系各专业科目练习及实验每周时数分配表

科目	第一学年		第二学年		第三学年		第四学年		备注
	第一学期	第二学期	第三学期	第四学期	第五学期	第六学期	第七学期	第八学期	
普通物理			（平均）2	（平均）2	（平均）2	（平均）2			隔周实验 3 小时，隔周练习 1 小时
理论力学							2	2	练习
制图学	1/2	1/2							练习
解析几何	2	2							练习
近世几何					1	1			练习
高等代数	2/3	2/3	1	1					练习
数学分析	2	2	2	2					练习
初等数学复习及研究	1	1	1	1	2	2	2		练习
数学教学法					1	1	1		练习

（6）物理系专业科目的时数分配、目的和主要内容

时数分配

（一）解析几何及代数：第一学期每周讲授 3 学时，课堂作业 1 学时；第二学期每周讲授 2 学时，课堂作业 2 学时；第三、第四学期每周讲授 2 学时，课堂作业 1 学时。

（二）数学分析：第一、第二、第三学期每周讲授 4 学时，课堂作业 2 学时；第四学期每周讲授 3 学时，课堂作业 2 学时。

（三）普通物理：第一、第二、第三、第四学期每周讲授 4 学时，实验 3 学时，课堂作业 1 学时；第五学期每周讲授 3 学时，课堂作业 1 学时。

（四）理论力学：第五、第六学期每周讲授 3 学时，课堂作业 2 学时。

（五）理论物理：第五、第六、第七、第八学期每周讲授 4 学时，课堂作业 2 学时。

（六）天文学：第七、第八学期每周讲授 3 学时。实验作业 2 学时。

（七）高等物理实验：第八学期每周讲授 1 学时，实验 3 学时。

（八）电工和无线电技术：第六学期主要讲电工每周讲授 2 学时，实验 2 学时；第七学期讲授无线电技术，每周讲授 3 学时，实验 3 学时。

（九）制图学：第一、第二学期每周实习作业 1 学时。

（十）物理教学法及中学物理实验技术：物理教学法在第五、第六、第七三学期每周讲授 2 学时，共 80 学时，课堂作业每周 2 学时，实验技术在第五、第六学期，每周 2 学时（可根据各校的具体情况做适当的灵活变动）。

目的和主要内容

解析几何及代数、数学分析

这两科目的：

这两科目的设置是为使学生掌握学习理论物理和理论力学所需要的数学知识和相当熟练的演算技巧（解析几何和代数合为一科目，是为了处理教材的方面）。

这两科的主要内容：

本科目的教材应在不影响教学体系的原则下，充分供给理论科目所最需要的数学工具。

解析几何及代数：解析几何主要讲授平面解析几何，立体部分只须讲到二次曲面。空间曲线和曲面的讨论，则放在数学分析里的向量分析去讲。

代数为两部分讲授：一部分为方程式论（包括行列式论）及二次形；另一部分为排列组合及或然率大意。

数学分析：主要讲授微积分（包括偏微分及重积分）、微分方程（包括偏微分方程）及向量分析（包括积分变换法及部分向量几何）。其他必要的分析教材，可分别结合这三个主要内容来讲。

普通物理

本科目的：

在学生原有中等学校物理学知识的基础上加以充实和提高，使学生在学完这一科目后，基本上能掌握中等学校物理的教材。

本科目的主要内容：

普通物理的教学应尽可能通过讲解、演示和实验来建立物理学的基本概念，防止抽象地讲述和记诵定义。实验和演题是为了巩固知识并培养熟练技巧，和讲课同样的重要，在具体布置时必须和教材的程度相适合，并和教材的进度尽可能地相配合。

讲授普通物理应尽可能利用高中数学而尽量少用高等数学推导公式，要防止把物理课变成数学形式上喧宾夺主的现象。

物理学各部分在发展过程中相互影响的情形及其重要史略，是贯彻辩证唯物主义最有效的教材，应当在普通物理教材中占有一定的地位。

理论力学

本科目的：

使学生能在普通物理中力学的基础上，以高等数学为工具，论证机械运动中一些更重要的原理，并解决其中一些比较常见而复杂的实际问题。

本科目的主要内容：

包括质点力学、刚体力学、弹性体力学和流体力学等。

理论物理

本科目的：

在普通物理基础上系统地精密地阐明物理学上理论方面的基本知识。

本科目的主要内容：

包括热力学、电动力学、统计力学及量子力学。先讲宏观部分，后讲微观部分。

物理学的发展过程，具有丰富的辩证唯物的意义，通过其中的理论物理的学习，更容易体会方法论的重要性，因此讲授理论物理时，要重视各种理论在其发展过程中所起的作用。

讲授理论物理时必须运用高等数学，但应防止单纯着重数学演证，在演证方面应尽可能做到避深求浅、避繁求简。

天文学

本科目的：

通过对天体的认识，培养学生辩证唯物主义的宇宙观，并为高中开设天文学准备条件。

本科目的主要内容：

除一般天文知识外，尤应注意天文和物理的关系。实验的主要内容是观测，可集中时间举行，其目的为巩固课堂教学所传授的知识，不须着重技术训练。

高等物理实验

本科目的：

使学生对实验物理获得更完整的认识，并在实验技术方面提高一步。

本科目的主要内容：

教材的选择，应着重程序较复杂或理论较高深的实验。排列次序应和普通物理实验相联系，并与理论物理及理论力学教材相配合。实验的具体名称和方法，可根据各校设备条件来确定。

电工和无线电技术

本科目的：

通过实物和实验，使学生对电工、无线电有比较深入的认识。

本科目的主要内容：

在电工部分着重介绍交直流电机的构造和性能；在无线电部分，着重基本原理、广播和通讯机器的构造及装置技术，必要时可配合教材组织若干次工厂见习。

制图学

本科目的：

使学生在高中制图学基础上进一步掌握制图的技术，能阅读结构图，并自制实验设计图，以便将来在教学工作中加强直观性。

本科目的主要内容：

包括几何画和机械画。

物理教学法及中学物理实验技术

本科目的：

使学生了解如何编订教学工作计划，如何备课，如何写作教案并能根据教学原则和方法进行课堂教学。

本科目的主要内容：

实验技术应结合教学工作的需要，培养学生的教室演示及实验室实验的正确方法和熟练技巧，兼及指导课外活动最需要的有关物理的技术。本科目的两部分必须保持着有机的联系，密切配合，不应把它们机械地割裂开。

为保证未来中等学校师资必要的质量。各校在根据部颁《师范学院暂行教学计划》制订本系过渡性教学计划时应争取开设下列科目（三年毕业的教学计划亦应按照此要求制定）。

共同必修科目：中国革命史、马列主义基础、心理学、教育学、体育。

专业科目：普通物理、解析几何及代数、数学分析、理论力学及理论物理的宏观部分、物理教学法及中学物理实验技术、电工和无线电技术。

物理系暂行教学计划

专修学科：物理

任务：培养中等学校物理教师

修业年限：四年

本系必修科目学程表

科目	第一学年		第二学年		第三学年		第四学年		时数			
	第一学期十八周	第二学期十六周	第三学期十八周	第四学期十六周	第五学期十八周	第六学期十周	第七学期十二周	第八学期十二周	总计	其中		
	每周时数									讲课	实习作业	
											实验	课堂实习讨论及练习等
中国革命史	3	3							102	76		26
马列主义基础			3	3	3	3			186	110		45
政治经济学							6	6	144	114		30
心理学	2	3							84	68		16
教育学			3	4					118	88		30
教育史					3	3			84	64		20
学校招生							3		36	24		12
体育	2	2	2	2					136			136
俄语	3	3	3	3					204			204
解析几何及代数	4	4	3	3					238	154		84
数学分析	6	6	6	5					392	256		136
普通物理	8	8	8	8	4				616	326	204	86
理论力学					5	5			140	84		56
理论物理					6	6	6	6	312	208		104
天文学							5	5	120	72	48	

续表

物理系暂行教学计划												
专修学科：物理												
任务：培养中等学校物理教师												
修业年限：四年												
本系必修科目学程表												
科目	第一学年		第二学年		第三学年		第四学年		时数			
	第一学期十八周	第二学期十六周	第三学期十八周	第四学期十六周	第五学期十八周	第六学期十周	第七学期十二周	第八学期十二周	总计	其中		
	每周时数									讲课	实习作业	
											实验	课堂实习讨论及练习等
高等物理实验								4	48	12	36	
电工和无线电技术						4	6		112	56	56	
制图学	1	1							34		34	
物理教学法及中学物理实验技术					6	6	4		216	80	56	80
教育见习			2	2					68			68
总时数	29	30	30	30	27	27	30	21	3390	1822	434	1434

本系选修科目表		
科目	学期	时数
物理学史	7—8	46
电子学	7—8	40
光学专门课	7—8	40
气象学	7—8	48
俄语	5—8	104

本系实习时间分配表		
实习名称	学期	周数
教育实习	6	6
教育实习	7	6
总计周数		12

本系毕业考试科目表
马列主义基础与中国革命史
教育学与物理教学法
普通物理
理论力学或理论物理中的理论热学或理论电磁学

（7）化学系专业科目的课时分配、目的和主要内容

课时分配

（一）无机化学：第一学期每周讲授6学时，实验一次3学时，课堂作业（注）1学时；第二学期每周教授4学时，实验两次共6学时。

（二）普通物理：第一、第二学期每周讲授4学时，实验3学时，课堂作业1学时。

（三）数学：第三、第四学期每周讲授3学时，课堂作业1学时。各院可根据学生入学时的水平在第一学年酌增“数学复习”每周2学时。

（四）分析化学：第三学期开定性分析，每周6学时，讲授共30学时，实验共78学时，第四学期开定量分析，每周7学时，讲授共32学时，实验共80学时。为了使讲授与实验更好地配合，二者的时间在每一周内可灵活运用。

（五）有机化学：第三学期每周讲授4学时，实验3学时，课堂作业1学时。第四学期每周讲授3.5学时，课堂作业0.5学时（或每两周中讲授7学时，课堂作业1学时），实验3学时。

（六）物理化学：第五学期，每周讲授3学时，课堂作业，1学时；第六、第七学期每周讲授4学时，实验3学时，课堂作业1学时。

（七）工业化学：第五、第六学期每周讲授4学时，实验3学时。

（八）元素周期系统：第七、第八学期每周教授2学时。

（九）有机化合物的系统鉴定：第五学期每周5学时。讲授共22学时，实验共68学时。

（十）生物化学：第七、第八学期每周5学时。讲授共65学时，实验共45学时，课堂作业10学时，时数的分配是每讲完一单元后即进行有关的实验，每次3学时，课堂作业约每两周举行一次，每次1学时。

（十一）农业化学：第八学期讲授44学时，实验16学时。

（十二）化学教学法：第五、第六、第七学期每周4学时，讲授共56学时，实验共56学时，课堂作业（包括讲授、讨论和见习）共48学时。三者的时间在每周内可灵活运用。

目的和主要内容

无机化学

本科目的：

本科目是化学系的基础科目，其目的是在学生在中学学校学习化学的基础上充实其化学的基本知识，为学习本系其他专业科目奠定基础。

本科目的主要内容：

包括原子——分子理论。溶液的基本理论、电离学说、化学平衡、氧化还原、门捷列夫元素周期系统、元素及其化合物的性质。

普通物理

本科目的：

由于化学与物理学的密切联系，了解化学诸现象和学习化学各科目均需要物理学的基本知识，所以普通物理和无机化学同时开授。

本科目的主要内容：

注重物性学、热学、电学和光学。

数学

本科目的：

使学生掌握学习化学特别是物理化学所需要的数学知识，重点在于方法的应用。

本科目的主要内容：

包括图解方程式、微分、积分、偏微分和常用的敛极数。

分析化学

本科目的：

使学生在运用化学原理方面获得进一步的认识，并在基本技巧方面也获得进一步的训练。

本科目的主要内容：

定性分析的内容包括阳离子的系统分析、常见的阴离子的个别鉴定及未知物的分析。定量分析的内容包括典型的定量分析和容量分析。

有机化学

本科目的：

有机化学在中等学校化学教材中占有非常大的比重，今后化学工业的发展方向将更多地依赖有机合成。为了使学生系统地掌握有机化学的基本原理，通过布特列洛夫的学说说明有机化合物的分子结构和特殊性质，并讲述有机化合物的重要合成方法及其在工业上的重要性。

本科目的主要内容：

包括链状、环状与杂环三种类型的化合物。

物理化学

本科目的：

使学生能更全面地掌握化学理论以便解决他们在将来教学时所遇到的困难。

本科目的主要内容：

物质结构、化学热力学、胶体及化学动力学。

工业化学

本科目的和主要内容：

使学生认识各重要部门的化学生产的基本原理和生产过程，同时要熟悉工业生产流程图。实验内容主要是结合中等学校化学教材，以简单的方法进行工业产品的制备实验。

元素周期系统

本科目的：

使学生巩固和提高无机化学知识。

本科目的主要内容：

以门捷列夫的周期率为基础，系统地、深入地说明元素及其化合物的性质及制法。

有机化合物的系统判定

本科目的：

使学生巩固和提高有机化学的知识

本科目的主要内容：

包括有机化合物中元素的鉴定、物理性质的测定、官能团的鉴定和证实实验等。

生物化学

本科目的：

使学生认识有机界与无机界在化学方面的相互关系和化学在生命现象上的意义，并掌握中等学校化学教学中必需的生物化学知识。

本科目的的主要内容：

注重糖、脂肪类、蛋白质的化学，活性物质及三要的生物化学过程。

农业化学

本科目的和主要内容：

使学生对于农业化学具有一般的认识，以便解决中等学校化学教学中遇到有关农药、肥料、土壤等问题。

化学教学法

本科目的：

使学生了解中等学校化学教学的基本内容，并掌握教学原则和方法，熟悉教学中的各种重要技能，特别是化学实验的技术。

本科目的和主要内容：

（一）化学教学的一般原则；

（二）个别教材的教法问题；

（三）化学实验教学。

（附）工业见习——为了使理论学习和生产实践相结合，在第六学期后的暑假内举行工业见习 1 次，时间共 4 周，见习生注重参观和了解生产过程，不参加实际生产工作。

为保证未来中等学校师资必要的质量，各校在根据部颁《师范学院暂行教学计划》制订本系过渡性教学计划时应争取开设下列科目（三年毕业的教学计划亦应按照此要求制订）。

共同必修科目：中国革命史，马列主义基础，心理学，教育学，体育。

专业科目：无机化学、普通物理、数学、分析化学、有机化学、物理化学、工业化学、化学教学法。

化学系暂行教学计划

专修学科：化学

任务：培养中等学校化学教师

修业年限：四年

本系必修科目学程表

科目	第一学年		第二学年		第三学年		第四学年		时数			
	第一学期十八周	第二学期十六周	第三学期十八周	第四学期十六周	第五学期十八周	第六学期十周	第七学期十二周	第八学期十二周	总计	其中		
	每周时数									讲课	实习作业	
											实验	课堂实习讨论及练习等
中国革命史	3	3							102	76		26
马列主义基础			3	3	3	3			186	140		46
政治经济学							6	6	114	114		39
心理学	2	3							84	68		16
教育学			3	4					118	88		30
教育史					3	3			84	64		20
学校招生							3		36	24		12
体育	2	2	2	2					136			136
俄语	3	3	3	3					204			204
无机化学	10	10							340	172	150	18
普通物理	8	8							272	136	102	34
数学			4	4					136	102		34
分析化学			6	7					220	62	158	
有机化学			8	7					256	128	102	26
物理化学					4	8	8		248	142	66	40
工业化学					7	7			196	112	84	
元素周期系统							2	2	48	48		
有机化合物的系统认定					5				90	22	68	
生物化学							5	5	120	65	45	10

续表

化学系暂行教学计划

专修学科：化学

任务：培养中等学校化学教师

修业年限：四年

本系必修科目学程表

科目	第一学年		第二学年		第三学年		第四学年		时数			
	第一学期十八周	第二学期十六周	第三学期十八周	第四学期十六周	第五学期十八周	第六学期十周	第七学期十二周	第八学期十二周	总计	其中		
	每周时数									讲课	实习作业	
											实验	课堂实习讨论及练习等
农业化学								5	60	44	16	
化学教学法					4	4	4		160	56	56	48
教育见习			2	2					68			68
总时数	28	29	31	32	28	25	28	18	3308	1663	847	708

本系选修科目表

科目	学期	时数
化学史		48
无机设备	8	36
化学文献	8	24
碳物学	8	72
俄语	5—8	104

本系实习时间分配表

实习名称	学期	周数
教育实习	6	6
教育实习	7	6
工业见习		4
总计周数在暑期举行		16

本系毕业考试科目表
马列主义基础与中国革命史
教育学与化学教学法
无机化学
有机化学

（8）生物系专业科目的和内容

米丘林生物学概论

本科目的：

使学生掌握生物学的一般知识和规律，为学习本系其他专业科目奠定基础。

本科目主要内容：

生物体的构造形式、新陈代谢、激应性及运动性、繁殖及生活力、个体发育、遗传性和变异性、巴甫洛夫高级神经活动学说、种与种形成的概念。

植物学

本科目的：

使学生掌握植物学的基本知识。

本科目的主要内容：

植物体在生活过程中各器官组织的形成、构造、一般功能及其和周围环境相互关系，并以米丘林，李森科的理论为根据，介绍植物的无性及有性生殖，以及有花植物生殖器官的发育，然后按照进化程序讲授植物分类，结合生态、地理分布以及各种经济植物在我国社会建设中的意义进行讲授。

实验时间包括近程野外实习的时间在内。另有远程野外实习 3 周，各校可酌情在第二和第四学期末与动物学野外实习配合进行。

动物学

本科目的：

使学生掌握动物学的基本知识。

本科目的主要内容：

首先介绍动物界的一般规律，然后按照动物进化程序，逐门论述门、纲的通性，纲代表动物的形态、生教及发生，门、纲的分类概况，地理分布及生态，经济价值及种族发生的问题。在教学中要贯穿着达尔文主义的精神。

第一学年讲无脊椎动物学，第二学年讲脊椎动物学。实验的目的在使学生对重要纲的代表动物作详细的观察及（或）解剖。并对常见的各“目”代表动物有初步认识，近程野外实习的时间包括在内。另有野外远程实习三周，各校可酌情况在第二，第四两学期末与植物学野外实习配合进行。

组织学及胚胎学

本科目的：

使学生对高等动物有机体的组织及个体发生具有基本的认识，对动物学作进一步的补充，并为学习人体解剖学和人体及动物生理学奠定基础。

本科目的主要内容：

组织学讲授五大基本组织的结构、化学成分、功用、起源及再生，并应结合讲授各组织间的联系和有机体的整体性；胚胎学讲授动物有机体的起源、胚层的成立，人的胚膜及胎盘的形成，三胎层的分化和器官的奠定。

人体解剖学

本科目的：

为学习人体及动物生理学奠定基础。

本科目的主要内容：

本科目设在组织学及胚胎学之后，讲授内容须与组织学及胚胎学密切配合，并对器官组织部分加以适当补充。

在阐明各系统和器官构造时，应强调形态与技能的相互关系和不可分割及有机体的统一完整性。在有关章节内应着重指出人体内部器官的形态和体表外形的特征及其在生活方面（如医疗、急救、病理）之重要意义。

人体及动物生理学

本科目的：

使学生在学习动物学、组织学及胚胎学、人体解剖学和化学的基础上，进一步掌握有关人体和动物各部机能的基本知识。

本科目的主要内容

并以巴甫洛夫学说为根据，在讲授中贯彻有机体和生活条件的统一及各器官功能的相互作用和相互依存的关系，并着重阐明神经的调节机能和大脑皮层的主导作用。在讲授中枢神经系统一章时，要着重贯彻巴甫洛夫的高级神经活动学说。

植物生理学及微生物学基础

本科目的：

使学生在学习植物学和化学的基础上，获得有关植物体各部分机能及微生物学的基本知识。

本科目的主要内容：

植物生理学以李森科的阶段发育理论为中心，讲授植物生命活动过程的规律和与外界环境的联系以及如何在实验中支配植物的生命活动；“微生物学基础”只概要地介绍微生物的形态，生理与环境的关系及微生物学的基本技术操作等，其他如代谢作用可分别列入有关植物生理学各章中讲授，讲授时应指出和高等植物的关系及其在实践中的意义。

达尔文主义

本科目的：

使学生从生物进化理论的发展，了解有机界的进化、发展及其规律，并掌握这些规律，以批判生物学上唯心的错误思想，而建立辩证唯物主义的世界观。

本科目的主要内容：

达尔文以前进化理论的发展史，达尔文的理论及其出现后对各门科学（古生物学、比较解剖学、胚胎学、生理学、生物地理学等）的发展所起的影响，这些科学又如何加强和巩固了达尔文主义的理论，生物学发展的最高阶段即创造性的达尔文主义，通过地球上生命的起源和人类的起源，来联系有机界的发生和发展，说明人类在发展过程中创造了自己，并成为自然界的主人。

农业基础知识

本科目的：

系统地介绍社会主义先进农业理论和生产技能。并尽可能地结合中国农业实际，而使学生具有讲授中等学校生物学科中有关农业部分的必要知识。

本科目的主要内容：

第 1 部分讲授威廉斯关于土壤形成和肥力的理论及土壤的基本性状；第二部分讲授工作原理和技术，说明耕作制度的发展和草田轮作制中每一环节（轮栽、耕作、施肥、防护林、选种、灌溉）的作用及其相互关系，并介绍主要的杂草及其防除法；第三部分，根据各种不同作物的生物学特征，讲授主要栽培植物的栽培技术和在轮栽中的地位；第四部分讲授主要动物（家畜、家禽、养鱼）的饲养和管理方法。

基本化学

本科目的：

使学生掌握学习生物学各科目时所需要的基本化学知识，了解普通阳离子和阴离子的个别鉴定方法与简单的定量方法，并为学习有机化学和生物化学奠定基础。

本科目的主要内容：

在学生原有的中等学校化学知识的基础上提高其对物质结构的认识，使其了解并能应用溶液的基本理论、电离学说、中和作用、化学平衡、氧化还原等一般的化学原则，再通过门捷列夫周期系统扼要地说明元素及其化合物的性质和制法。为了巩固学生在课堂教学中所获得的知识并训练其操作的技巧，讲授须与实验配合进行。

有机化学

本科目的：

使学生掌握学习生物化学和生理学时所需要的有机化学的知识。

本科目的主要内容：

通过布特列洛夫的学说说明链状、环状、杂环三个类型有机化合物的分子结构和特殊性质。为了巩固学生在课堂教学中所获得的知识，在讲完每一单元后即进行有关的实验，每次 3 学时。

生物化学

本科目的：

使学生掌握生物化学的基本知识和了解化学和生活活动的关系。

本科目的主要内容：

包括糖、脂肪、蛋白质、酶、维生素、激素、新陈代谢及生理氧化。为了巩固学生在课堂教学中所获得的知识，每讲授 6 学时，进行实验 3 学时。

生物学教学法

本科目的：

使学生掌握教学原则和方法，而能胜任中等学校生物学科的教学工作。

本科目的主要内容：

包括生物教学的一般理论、植物教学法、动物教学法、人体解剖生理教学法、达尔文主义基础教学法。除讲授外，应进行必要的实验。在学程表中没有列举讲授和实验的时数，各校可根据具体情况适当分配（如讲授和实验的材料较多，总时数可增加 120 学时，各学期每周改列 3 学时）。

野外实习

应和课堂教学密切配合，在课堂讲授和实验的基础上，通过对实验环境中生物（动物、植物、农作物）的观察，丰富学生的自然界知识。野外实习分为近程和远程两种，近程实习的时间包括在实验时间内，远程实习时间的分配详见实习表。

为保证未来中等学校师资必要的质量，各校在根据部颁《师范学院暂行教学计划》制定本系过渡性教学计划时，应争取开设下列科目（三年毕业的教学计划亦应按照此项要求制定）。

共同必修科目：中国革命史、马列主义基础、心理学、教育学、体育。

专业科目：米丘林生物学概论、植物学、动物学、人体解剖学、人体及动物生理学、达尔文主义、农业基础知识、基本化学、生物学教学法。

生物系暂行教学计划

专修学科：生物

任务：培养中等学校生物教师

修业年限：四年

本系必修科目学程表

科目	第一学年		第二学年		第三学年		第四学年		时数			
	第一学期十八周	第二学期十六周	第三学期十八周	第四学期十六周	第五学期十八周	第六学期十周	第七学期十二周	第八学期十二周	总计	其中		
	每周时数									讲课	实习作业	
											实验	课堂实习讨论及练习等
中国革命史	3	3							102	76		26
马列主义基础			3	3	3	3			186	140		46
政治经济学							6	6	144	114		30
心理学	2	3							84	68		16
教育学			3	4					118	88		30
教育史					3	3			84	64		20
学校招生							3		36	24		12
体育	2	2	2	2					136			136
俄语	3	3	3	3					204			204
米丘林生物学概论	3								54	40		14
植物学	6	6	3	5					341	155	186	
动物学	6	6	6	5					359	186	173	
组织学及胚胎学			3	3					93	45	48	
人体解剖学					4	4			112	58	54	
人体及动物生理学							6	6	144	72	66	6

续表

生物系暂行教学计划

专修学科：生物

任务：培养中等学校生物教师

修业年限：四年

本系必修科目学程表

科目	第一学年		第二学年		第三学年		第四学年		时数			
	第一学期十八周	第二学期十六周	第三学期十八周	第四学期十六周	第五学期十八周	第六学期十周	第七学期十二周	第八学期十二周	总计	其中		
	每周时数									讲课	实习作业	
											实验	课堂实习讨论及练习等
植物生理学及微生物学基础					5	5			140	56	84	
达尔文主义							6	4	120	86		34
农业基础知识					4	4			112	72	40	
基本化学	5	5							135	93	62	
有机化学			4						72	48	24	
生物化学				3	3				93	63	30	
生物学教学					2	2	2		80			
教育见习			2	2					68			68
总时数	30	28	31	30	24	21	23	16	3037			

本系选修科目表

科目	学期	时数
昆虫学	5—6	60
地质学	5—6	60
植物生态学	7—8	60
动物生态学	7—8	60
高级神经活动生理学	7—8	24
生物技术	7—8	60
俄语	5—8	104

本系实习时间分配表		
实习名称	学期	周数
教育实习	6	6
教育实习	7	6
野外实习	2	3
野外实习	4	3
总计周数		18

本系毕业考试科目表
马列主义基础与中国革命史
教育学与生物学教学法
动物学或植物学（任选一门）

（9）教育系各专业科目的设置目的和主要内容

世界通史与中国通史

目的在使学生掌握科学的历史知识，树立唯物的历史观点，并充实其一般文化修养，使能更好地领会和掌握教育史和教育学的内容。教学内容应着重近代文化史方面。

世界文学与中国文学

目的在使学生掌握基本的文学知识并培养其欣赏文学的能力，为将来担任教育学、心理学的教学工作奠定必要的文学修养方面的基础。世界文学与中国文学应依历史顺序，精选富于人民性、思想性和艺术性的作品。应着重选现代作品；在世界文学中，尤应着重选苏联及人民民主国家的现代作品。

现代文选及习作

目的在通过范文的选读和分析研究及习作，以提高学生运用祖国语文的能力。如学生入学考试的语文成绩优异，经系主任批准，可以免修。

人体解剖生理学（学龄期）

目的在研究人类（着重儿童及青年）身体各个器官的构造及其机能，为学习教育学、心理学提供解剖生理学的基础知识。其主要内容应包括：（1）有机体与环境的统一。（2）人体各个生理系统的构造和机能。（3）高级神经活动。（4）发育时期人体解剖生理的特点和卫生。

学校卫生

目的在使学生掌握关于保护和增进儿童、少年、青年健康的科学知识，以及有关学校卫生的必要知识。其主要内容应包括：（1）儿童、少年、青年身体的发育。（2）学校建筑和设备的卫生。（3）教学过程中的卫生。（4）儿童、少年、青年课外活动的卫生。（5）儿童、少年、青年的疾病预防。本科教学应和人体解剖生理学密切联系，注意避免重复。

逻辑学

目的在使学生掌握关于正确的思维规律、思维形式和思维方法的科学知识，并训练其逻辑的思维能力。其内容系讲形式逻辑；但要阐明形式逻辑和辩证逻辑的关系。

心理学

（一）普通心理学

目的是根据辩证唯物主义和巴甫洛夫高级神经活动学说，阐明人类心理的发展规律，为学习教育学及将来担任教学工作提供必要的心理学知识，并在科学的心理学知识的基础上形成学生的科学的世界观。

（二）儿童心理学

目的是在普通心理学的基础上，研究儿童心理发展规律及各期的特征。其主要内容包括：（1）儿童心理发展的规律及阶段的划分。（2）儿童心理各阶段的特征。（3）儿童心理过程及心理特征的发展。

普通心理学和儿童心理学的教学，除讲授、课堂讨论和实验外，还要进行必要的实习；并且要和师范学校心理学的教学取得密切联系。实习的内容是在中小学或幼儿园进行关于儿童心理的有计划有系统的观察，以训练学生的观察方法和观察能力。

教育学

目的在以马列主义的科学教育学武装学生，使其掌握教育、教养和教学的基本规律，并能应用于实际，培养其研究教育的兴趣和能力，并巩固其献身于人民教育事业的专业思想。教育学的教学要特别注意：（1）把苏联先进经验和中国实际相结合起来，要以苏维埃教育学的理论作武器，认真地系统地总结中国优良学校和教师的成功经验。（2）面向师范学校和师范学校教育学的教学密切联系起来。有关学校管理与领导方面的问题，在教育学内讲授，不另设科目。

教育史

目的在以历史唯物主义的观点，阐述教育理论与实际相结合的发展及其规律。

批判各个时代唯心的反动教育思想及学说，吸取历代进步教育家，特别是近代民主教育家的思想和学说，以便使学生认识教育的阶级性和历史性及教育在社会发展中的作用和意义，并培养和巩固学生的专业思想。其主要内容暂定前三学期讲世界教育史，最后一学期讲中国教育史。世界教育史着重讲近代的，特别是苏联部分；中国教育史因教材关系，暂定只讲近代部分（从鸦片战争到中华人民共和国成立）；但在序言中对上古及中古部分要作系统的概述。

小学各科教材及教学法

目的在根据教育学的原理、原则，对小学各科教材及教学法作具体的分析研究，以加深学生对教育学的理解。其时间分配约如下：总论 6 学时，语文 58 学时，算数 38 学时，自然 30 学时，历史 30 学时，地理 30 学时，音乐 12 学时，图书 12 学时，体育 16 学时。

教育学教学法

目的在研究师范学校教育学教学原则和方法，并培养必要的技能和熟练技巧。其主要内容应包括：（1）教育学的教学原则和方法。（2）师范学校教育学教材的研究与补充教材之选择与组织。（3）如何备课（包括做教案）。（4）教育学直观教育之制备与运用。（5）师范生教育实习的指导。

心理学教学法

目的和内容原则上和教育学教学法相同；但内容（5）应改为“心理学实验方法指导”。

专题课堂讨论

目的在使学生对三种主要专业科目（教育学、教育史、心理学）作更深入的研究，并把理论和实际更好地结合起来，培养他们收集、分析、组织材料的能力和发表能力。如教研室和指导教师拟定题目，分配给学生（或由学生自选）分别进行研究，然后写成报告在课堂上提出，并进行讨论。如限于师资条件，得暂缓开设。

教育见习和教育实习

教育见习配合教育学和小学各科教材及教学法的教学来进行。目的在使学生在学习理论过程中，适当接触学校实际，以增加其实际知识，并使其有初步运用理论去分析问题的能力。其教学方法主要是：参观教学，参加课外活动和团队活动，举行座谈会等。教育实习集中进行，分为三次。第一次在第六学期，共 6 周，在小学进行实习；第二次在第七学期，共 6 周，在师范学校进行实习；第三次在第八学期，共 2 周，在文教行政机关进行实习。各自教育实习的时间，一般以排在课业结束之后、学期考试开始之前为宜，但各校得依据具体情况，酌予变通。

教育系暂行教学计划

专修学科：教育

任务：培养师范学校教育学、心理学教师

修业年限：四年

本系必修科目学程表

科目	第一学年 第一学期十八周	第一学年 第二学期十六周	第二学年 第三学期十八周	第二学年 第四学期十六周	第三学年 第五学期十八周	第三学年 第六学期十周	第四学年 第七学期十二周	第四学年 第八学期十二周	时数 总计	时数 其中 讲课	时数 其中 实习作业 实验	时数 其中 实习作业 课堂实习讨论及练习等
	每周时数											
中国革命史	3	3							102	76		26
马列主义基础			6	6					204	154		50
政治经济学					5	5			140	112		28
辩证唯物主义与历史唯物主义							5	5	110	88		22
体育	2	2	2	2					136			136
俄语	3	3	3	3					204			204
世界通史与中国通史	2	3	3	2					170	134		36
世界文学与中国文学	3	2	3	2					172	142		30
现代文选及写作	4	4							136	70		66
人体解剖生理学	4	4							136	80		56
学校招生							3	3	66	44		22
逻辑学	3	3							102	72		30
心理学—普通心理学	5	5							170	100	34	36

续表

教育系暂行教学计划

专修学科：教育

任务：培养师范学校教育学、心理学教师

修业年限：四年

本系必修科目学程表

科目	第一学年		第二学年		第三学年		第四学年		时数			
	第一学期十八周	第二学期十六周	第三学期十八周	第四学期十六周	第五学期十八周	第六学期十周	第七学期十二周	第八学期十二周	总计	其中		
	每周时数									讲课	实习作业	
											实验	课堂实习讨论及练习等
儿童心理学			3	3					102	76		26
教育学			6	4	4	2			204	176		68
教育史					4	4	4	6	220	148		72
小学各科教材及教学法				4	6	6			232	176		56
教育学教学法						2	2		44	32		12
心理学教学法					2				36	28		8
专题课堂讨论—教育学							6		72			72
心理学					2	2			56			56
教育史								4	40			40
教育见习			2	2	4	4			180			180
总时数	29	29	28	28	27	25	20	18	3094	1708	34	1352

本系选修科目表

科目	学期	时数
艺术（音、歌、舞）	1—4	136
儿童文学	5—6	56
巴甫洛夫高级神经活动学说	6—7	44
青少年及少先队工作	7	24
俄语	5—8	100

本系实习时间分配表		
实习名称	学期	周数
教育实习（在小学）	6	6
教育实习（在师范学校）	7	6
教育实习（在文教行政机关）	8	2
总计周数		14

本系毕业考试科目表
马列主义基础与中国革命史
心理学
教育学
教育史

2. 教务处：天津师范学院1953年度第二学期对教学工作的几点提示（1953年2月12日）[①]

（1）修订教学大纲和改进教材。

①根据我国过渡时期总路线总任务的精神，检查教学大纲和教材的内容，予以必要的修正。

②进一步明确教材各章的重点及其目的性，使学生能掌握课程的基本内容，以达到专业需要的目的。

③根据学生水平，在不影响专业教学计划的要求的原则下，适当地精简教材的庞难部分和过高的部分，以减轻学生学习的负担。

④周密地分配授课时间，加强教学进度的计划性。

⑤经常从实际教学效果检查教学大纲和教材，予以不断地修正；并研究讨论交流有效的教学大纲和教材，提出意见。

（2）改进教学形式和教学方法。

本学期中对各科教学结合贯彻学则中有关教学工作之组成和成绩考查等部分。改进教学形式和教学方法，以提高教学效果，其具体方法如下：

---

① 题目为编者根据内容自行拟定。

①组织学习部定教学计划中关于教学工作的基本形式（即《师范学院教学计划修正草案总说明》的第三部分）和波波夫的专家意见、《师范大学教学工作的种种形式》两份文件，使学生清楚了解教学工作的基本形式和方法的具体要求和做法。

②各教研室根据实际情况，选择重点科目，确定其教学工作的形式和方法，拟定具体要求和做法，重点试行，总结经验，加以交流（在系内）。并在教务会议上作经验交流的报告。

③注意平时考查，加强对学生作业的督促指导，由各教研室确定作业范围，具体规定课堂讨论、课外作业、辅导和书面测验的时数和内容，以保证均匀地分配学生的学习分量，逐步消除学生负担过重的现象。

（3）提高和培养师资工作。

①组织教师钻研教材，并学习有关教学工作的文件以提高教师的业务水平。

②有条件的教研室，为适应教学上的需要，可选择有关本门课程哲学观点的科学理论的一二种文件，组织教师学习，以提高教师的业务思想水平，使逐步掌握本门课程的科学系统的关键问题，能运用马克思列宁主义的观点进行教学。

③有条件的系根据教师的自愿，重点试行系统地提高业务的办法，帮助教师制定出进修计划，进行研究，一定时期内在教研室会议上报告讨论。

④为满足今后教学上的需要，自力更生地解决师资问题，各系根据发展任务，订出培养助教的具体计划，保证执行。在本学期末各系应总结经验，加以推广。

（4）深入进行教学检查，推动和总结教学工作。

①经常有计划地组织听课，检查作业，分别举行教师和学生的座谈，对重点学科进行检查、分析、研究，以深入了解教学质量已经达到怎样的水平，还存在着什么问题，作为改进与提高教学质量的根据。

②在平时教学检查的基础上，一学期中各系（科）根据具体情况选择一个重点学科进行一次全面性的教学检查工作。

（5）教育实习工作（计划另附）。

（6）工作的安排。

二月份：1. 修订教学大纲。2. 订定系（科）和教研室的工作计划。

三月份：1. 学习有关教学工作的形式的两个文件。2. 检查教研室工作的进行情况。3. 准备教育实习工作。

四月份：教育实习工作。

五月份：1. 学习政务院关于改进和发展高等师范教育的指示和高等师范教育会议有关文件。2. 进行教学检查工作。3. 教务会议。

六月份：1. 进行学年结束温课和考试工作。2. 总结教学工作。3. 教务会议。

（资料来源：《天津师范大学——教学大纲、计划、意见》，河北大学档案馆藏，1956-03-05）

3. 教务处：确立教学大纲的原则性问题——以编订植物学教学大纲为例①

（1）主要的原则。

①拟定大纲数量结合中学实际情况。

我们的意见以为中学教学大纲应该是师范学院教学的方向，因此，我们教学大纲中的内容应力求符合需要。如果中学教学大纲有问题就应当修改，否则就应当是一个正确的根据。

根据初中教学要求，形态的比重比较生理和分类等方面为大，但是按照本教学大纲中各主题内容的比重，被子植物各论占50小时，似嫌过重，而不切合需要。我们认为可以减少讲解内容，不需了解过多科的特征。主要在通过被子植物各论的讲解了解植物进化，同时锻炼学会独立确定的方法以便其能在中学教学中满足需要，因此，我们以为被子植物各论讲解三四十科已足应用。

②在已根据的原则中第二点规定“应照顾到师范大学或学院有双重任务，既培养中等教师，同时亦培养高等学校的师资”，我们认为这种规定与部颁的教学计划中所规定的任务不符合，师范学院的任务只有培养中等教师的任务，不能与师范大学的双重任务相混淆，因此对于师范大学的双重任务应另行规定，同时教学大纲的内容也应当分别重点以符合不同的任务。

（2）有关本大纲的主题，各主题的比重及其应占的教学时数问题。

内容	原定时数（小时）	修订时数（小时）
绪论	3	3
植物细胞	6	9
植物组织	3	6
植物营养器官	18	21
植物繁殖	15	15
植物系统及其他进化	48	48

① 题目为编者根据内容所拟，根据行文逻辑层次对标题做了适当调整。

续表

内容	原定时数（小时）	修订时数（小时）
被子植物各论	50	41
植物和环境	12	12

（3）关于细胞一章，根据大纲中所规定的内容，教学时数不足，应再增加 3 小时。

（4）组织一章的比重问题。

组织为器官的组成基础，如果在组织一章中较详细地讲解清楚，那么在器官的讲解中就可以着重在器官中各组织的联系上，不再花费时间做个别组织的详解，因此，我们以为组织一章需要增加 3 小时教学时数。

（5）植物营养器官应再增加 3 小时。

（6）植物繁殖一章根据规定内容教学时数大大不足，移至第二学期讲解也打乱了系统性，建议将内容简化，重点放在说明繁殖的各种不同的方式上。

植物的繁殖一章中，如果在有性生殖中穿插各种例子说明各种不同繁殖方式及其演化意义，对于以后的植物系统及其进化一章的内容就要重复，时间亦嫌不足，拟提请讨论，明确两方面讲解重点，同时考虑时间问题，是否在繁殖一章中尽量简化内容。

我们的意见，按照金杰里原本中所有系统性，即在营养器官后接讲繁殖，由低等方式至于高等方式，再由此讲到花果、种子。这样的讲法能够说明植物各部分器官的完整性，比较茹科夫斯基的系统，将花果、种子营养器官割裂放入高等植物分类中讲解比较恰当。因此，我们同意大纲中所用的系统。

关于时间的问题，和内容前后重复的问题，我们的意见是，在讲繁殖时重点放在说明繁殖的方式，简单地举例。关于演化意义方面，在植物系统及进化一章中重点贯彻，也就是简化繁殖一章的内容。

（7）植物系统及其进化中移出 9 小时放存第二学年第一学期中，第一学年第二学期的讲解内容至地衣门为止，自苔藓植物起移至第二学年第一学期内讲解。

（8）被子植物各论减少教学时数为 41 小时（减少 9 小时），内容减少不合乎当地情况的，或在演化顺序上可以不列入的科，我们认为总科数由 77 科减至 30 科至 40 科就已能满足中学教学的需要。

有花植物的分类演化系统现在规定的是 Engler 和 Plant 的系统，我们的意见而且根据苏联教本的系统，都以为采用 Bassy 的系统为宜。

总之，按照我们的意见，各主题的比重和教学时数修改如下：

<table>
<tr><td>绪论</td><td>3 小时</td><td rowspan="5">生一上期（18 周）</td></tr>
<tr><td>细胞</td><td>9 小时</td></tr>
<tr><td>组织</td><td>6 小时</td></tr>
<tr><td>营养器官</td><td>21 小时</td></tr>
<tr><td>繁殖</td><td>15 小时</td></tr>
<tr><td>植物的系统与其进化</td><td>36 小时</td><td>生一下期（13 周）</td></tr>
<tr><td>植物的系统及其进化</td><td colspan="2" rowspan="2">生二上期（18 周）</td></tr>
<tr><td>被子植物各论</td></tr>
<tr><td>被子植物各论</td><td>14</td><td rowspan="2">生二下期（13 周）</td></tr>
<tr><td>植物和环境</td><td>12</td></tr>
</table>

（9）野外实习问题。

A. 野外实习的目的。

①观察自然界中植物的形态构造和环境的统一。

②理论结合实际，巩固课堂所学。

③锻炼科学方法和科学态度。

④扩大眼界，培养研究植物的兴趣。

B. 野外实习的方针。

①要在学生原有理论的基础上进行，如生一和生二在实习时应有不同的实习要求和内容，如生一实习内容应限于根茎叶、花果、种子范围内；而生二实习内容可包括形态、分类及生态等学时。

②实习内容应结合当地自然条件的实际，因地制宜地编写切实可行的实习指导。

③实习内容应尽量结合祖国生产的实际，藉以进行爱国主义教育，如海带养殖场的实习或果园、酒窖的实习参观等。

（10）实验室教学问题。

根据我们的经验，在实验室教学中首先要明确实验的目的，根据目的编写切实可用的实验指导，然后通过实验，使之巩固所学，并启发学生的思维，从感性到理性，由此及彼的推理判断，并树立起科学的态度和方法和集体工作中的组织性、纪律性，特别培养学生树立爱护公共财物的爱国主义道德。

在编写实验指导中，首先必须明确它是在每个实验中起锁□作用的，通过它可以引导学生学习使用科学方法和步骤来研究有机体问题，使能建立起正确的感性认识，并从而学会进一步提高到理性认识。为此，实验指导不应是形式主义的，而必须对实验起切实的指导作用的，它至少包括以下几个内容，如实验目的与要求、实验用的课本、器材与仪器、操作的步骤与方法、结果与结论等。这些基本的内容有的需要说明，有的需要提示启发。总之，学生依靠它的指导，能在实验室中独立的思考操作，并根据结果做出正确结论，对于实验中的偏差，也能做出适当的检查。

每个实验都必须作出实验报告，报告中有的作图是主要的，但绝不应停止在单纯地作图上而忽视必须的文字上的说明，特别是结论部分，尤须强调文字论据。在作图方面除强调根据实物、反映实物外，有时还要求学生作构思性质的图解，以锻炼其建立对事物的不断运动、发展变化的观念。

实验室中的教师必须经常负责端正学生在实验室中严肃认真的科学态度和组织性、纪律性，以及培养学生树立爱护公共财物的爱国主义道德，必须与一切浪费材料、损坏器具以及不经心使用贵重器具作斗争。

实验之先，教师必须有可靠准备，反对事前无准备的手忙脚乱、乱抓一把，或者发生乱回答问题的反科学现象。

在我们过去实验室中就有过一度手工业式、非科学的操作方法和官僚主义的领导作风，我们的实验没有明确目的，由于实验材料的缺乏，所以常根据材料而决定实验内容，同时因为材料不足，所以在实验室中很难维持秩序，学生乱抓材料，东闹西嚷，而试验中也没有编写实验指导，仅在黑板上书写实验内容，学生因无实验指导就不断发问要求教师帮助进行实验，于是，一位教师周旋于三四十位学生中就感到应接不暇，更顾不到如何启发学生思考，形成有问必答的现象，学生思想中也不明确实验目的，以为实验就是作图，于是就形成以求早早完成画图的现象，在画图时也不求其反映真实性，甚至于没有实物就按照书本上画图抄绘完事。

经过一系列的摸索和检查，我们才扭转了以上手工业式的非科学性的操作方法和官僚主义的领导作风。今天虽然仍存在着不少缺点，但显然地通过实验，无论是教师还是学生都有了不同以往的收获，因此，我们希望通过这次会议能够明确出来实验教学的目的、方法和步骤，以便施行而避免错误。

（11）其他问题。

生物专修科的教学大纲尚未颁布，是否也可以按照本科教学大纲进行，拟提请讨论。

（资料来源：《天津师范大学——教学大纲、计划、意见》，河北大学档案馆藏，1956-03-05）

4. 天津师范学院关于北京师范大学若干学科教学大纲的意见①

(1) 对普通物理教学大纲草案的意见

北京师范大学以充足的人力经过3个月的时间所拟成的普通物理教学大纲草案，其内容已经相当完备，本系仓猝讨论，未能对于草案进行逐条研究，仅就一些问题，提出初步意见如下。

①关于章节顺序。

振动波动声学，排在分子物理之前还是排在电磁学之前，以何者较好？排在分子物理之前，则动波传播的速度不便推导；排在电磁学之前，而振动又距离力学太远。

重叠原理，在讲波动时讲述，似乎较宜。

光的速度、反射定律和折射定律，是排在光学开始还是分别排在后边，以何者为宜？

X光线与热辐射，是应排在光学部分，还是应排在原子物理部分？

原子物理是否应从光谱讲起？

②关于是否增删教材。

流体静力学在中学物理中很重要，应否再讲一讲？

刚体静力学，原理虽简单，但若使学生能适当掌握，则须通过若干例题，应否将教材增多一些？

偏振光的干涉，似应列入，以便多讲一些偏振光的应用。

每篇之末，有一个总结为宜，总结的内容与所需时间亦应适当规定。

③关于时数。

时数的多少，固规定于教材，但在教学大纲，时数的规定即限定了教材；时数的分配即代表教材的分配。

草案中下列各章的时数，似乎稍多：功和能、万有引力、声学、气体、光的干涉。

草案中下列教材各章的时数，似乎稍少：刚体的平衡、光度学、光的散射、X射线。

草案中所列授课总时数与教学计划中的总时数不符。

④关于重点部分的讲法问题。

能的概念如何逐步深入？对于能的概念，学生最不易明确。

---

① 题目为编者根据内容自行拟定。

磁场如何讲起，这部分的讲法最分歧。

（2）对化学系一年级无机化学教学大纲草案的意见

我们对于本大纲草案基本上是同意的，它的优点是：

①从本大纲的内容和时间的分配上可以看出课程的重点和哪几章是为分析化学打下基础（如溶液理论、电离学说等章），哪几章是在物理化学中再提高的（如金属通论、原子结核、分子结构章）

②精简的部分和合并的部分我们都同意，这样使内容更为紧凑。

③大纲的优点是章节的标题详细，在广度方面指导相当明确，此外，我们也有几点不同的看法和意见特提出如下：

A. 在结合中国实际加强爱国主义教育方面感觉还不太够：大纲中除添加了《中国古代的化学工业》一节外，在其他章节中与中国实际相结合的地方较少，似乎不太突出，我们认为应在适当的章节中再加入一些。如在硅酸盐工业中要特别提出中国的瓷器；金属的冶炼中可添加中国古代的冶金法等。

B. 在本大纲中每章的重点和目的要求没有提出，所以在深度方面不够明确。

C. 关于《门捷列夫的周期律》一章，我们认为仍按照格林卡原书系统调至原子结核前讲较好，理由是：

①门捷列夫元素分类法，不但是研究化学元素性质的指南，并且在研究物质结构学说的发展中也起了指导作用，所以在讲原子结核一章以前仍应深入了解门捷列夫的周期律。

②虽然在中学课本中对门氏周期律有了足够的认识，但因为它对无机化学起着指导作用，所以在大学的课本中仍需安排讲，既然如此，如果放在第八章的后面，而教材内容不改，我们感觉不太恰当。因为前几章的教材已进入相当的深度，而与门氏周期律的内容不能很好地衔接，所以不如放在第三章前讲较为恰当。这样一方面巩固了学生中学已有的知识，一方面还能学到新的知识。

（3）对动物学教学大纲草案的初步意见（脊椎动物部分）

①本教学大纲是根据苏联的马特维也夫著的《动物学教程》和纳岛莫夫著的《脊椎动物学》编写的，在内容方面我们基本是同意的。

②大纲中在第一章脊索动物标题下面讲述七个问题，前三个问题似乎是讲脊索动物的概念，后四个问题是分别讲述半索动物、尾索动物、头索动物四个亚门的代表动物和概论。这样的几个问题放在一个标题下讲似乎不够明确。前三个题目在原教科书上是属于绪论部分，我们考虑到大纲草案的编写者在这里不用绪论的字样原因是根据动物学教程的编写形式，把无脊椎与脊椎动物两部分看为一个整体，而在

开始讲无脊椎时有了绪论，在这里再加上绪论就不合适了，这样把两部分看作整体的论点我们同意，但是如上述在脊索动物标题讲迄几个不相关的问题是不恰当的。我们提议这样：

脊椎动物学：

第一章　脊索动物概论（通论）

1. 脊索动物与无脊椎动物的分别（脊索动物的特点）。这样可以在学习无脊椎动物的基础上来寻找出脊索动物的特点。

2. 脊索动物的重要性。

3. 脊索动物门的简单分类：半脊索动物亚门、尾索动物亚门、头索动物亚门、脊椎动物亚门。

第二章　半索动物亚门

第三章　尾索动物亚门

第四章　头索动物亚门

在此亚门内主要讲解文昌鱼的基本构造和□□外，在讲文昌鱼在我国的种类及产地时应当介绍一些□门文昌鱼的生□。

第五章　脊椎动物亚门概论

第六章　□口纲

第七章　鱼纲

第八章　两栖纲

第九章　爬行纲

第十章　鸟纲

第十一章　哺乳纲

第十二章　脊椎动物比较解剖

第十三章　总结

③我们的意见，在讲脊椎动物亚门通论时应把脊椎动物各系统的演化概况作简单介绍，以使后来在各纲讲述方便，例如肾脏在通论中把前肾、中肾、后肾的概况来简单介绍，否则讲到鱼纲就要讲中肾的来源和分化，讲到哺乳要讲后肾的来源，这样一方面繁琐，一方面不容易使得学生对这一问题得到系统的概念。

④大纲草案第三章鱼纲第一个标题“特征”，在此标题下面讲到鱼类的生活方式和鱼类的特征，我们认为把生活方式和特征放到一起讲容易混淆，我们的意见是这样：

第七章　鱼纲

一、通论

1. 生活方式。

2. 特征：除草案中规定的项目外，我们认为还应当讲述鳞片的种类与构造，否则讲鲨鱼要讲楯鳞，讲鲤鱼要讲圆鳞，当讲圆鳞时在返回来和楯鳞比较，不如先讲后比较其异同点，学生能有系统概念。

3. 鱼纲的分类：板鳃亚纲、总鳍亚纲、肺鱼亚纲、棘鳍亚纲。

二、代表动物

……

⑤大纲草案在爬行动物与哺乳动物两纲用代表动物讲述该纲动物的形态构造等。我们认为代表动物不能包括本纲动物某一些特点，爬行动物用龟、鳖代表，但它的形态构造和其他爬行动物有很大区别。例如龟与蛇的骨骼大有区别。成对的内脏也有区别等。在哺乳动物方面也是这样的问题。所以，我们的意见是这样：

这两纲不用代表动物而广泛地用通论的方式讲，这样在讲各系统时可以把各自的主要特点介绍出来，使学生有一个全面的认识。

⑥关于洋膜、□膜的形式可否放到爬行动物的生殖发育问题中去讲，不另再一开始就讲，有些突如其来。

⑦在鸟纲通论中，主要是讲到鸟类飞行各器官相应变化的一些特点，我们认为在讲代表动物时主要也是讲这个问题，那就是鸟类由于飞翔身体各器官的相应变化。因而就有些重复，可否通论不要，在讲代表动物时主要贯彻这个问题。

⑧大纲草案中讲到文昌鱼的营养方式的消极性、鱼类的生活方式转为积极性等。这里的消极与积极是否指文昌鱼的纳食不是身体运动去寻食，而是借水流获食，而鱼类开始自己到处巡食而言。

我们认为那是不同动物不同的纳食方法，不能认为那是消极的，那是积极的。如果某一种生物在纳食方面是消极性的，那它就会发生危机。我们的意见不用这样的名词（但也许不了解其真正意义）。

⑨大纲草案中规定有关实验的问题（因不明了具体情况，仅以此不成熟意见供参考）。

A. 第二学年二学期实验每周 2 小时，设同学亲自操作，时间是否够用。

B. 讲授与实验是否能很好地配合，如鸟纲讲 5 周，而实验 4 次。

C. 实验是培养学生独立工作及思考力，在进行中完全配合挂图，对此要求有无。

（资料来源：《天津师范大学——教学大纲、计划、意见》，河北大学档案馆藏，1956-03-05）

5.《1957天津师范学院》记本院主要院系教学计划及其他①

(1) 外语系

外语系的任务是培养具有共产主义世界观、人生观和高度业务水平的人民教师，以适应祖国推广俄语和英语学习的要求，吸收苏联和其他国家的文化、科学技术成就，来加速我国的社会主义建设。

本系列设有俄语、英语两个专业。此外还担负着本院外国语公共必修课的教学任务。全系共有学生247人，教职员50人，其中外籍教师10人。现将两个专业情况简要介绍如下。

俄语专业的主要业务课程有俄语讲读、语法、翻译、语音学等，通过这些课程系统地学习了词法、句法、俄罗斯和苏联文学、翻译、会话等，使学生们达到“会读、会听、会写、会说，会教”。并在这一基础上，具备进行独立研究与深造的能力。本专业现有一、二、三、四年级学生207人，教师16人，其中苏联教师8人，他们大都是学有专长，并积有丰富教学经验的。如安寿颐副教授（副系主任）曾在苏联海参崴国立远东大学任教并在前中长铁路管理局担任翻译主任兼扶轮专科学校校长等工作，译有《甲必丹之女》等作品，为我国从俄文原著介绍普希金作品的第一人；苏联教师乍比牙金系俄国喀山大学毕业，曾任中学校长及俄语教师多年，苏联教师维诺格拉多夫大学毕业后在南开大学等校任教多年，对文学方面有高度的修养。其他中外籍教师不少人是有丰富教学经验并有译作的。总之，教师阵容是相当整齐的。

俄语专业已有两届毕业生共62人。其中在北京俄语学院等高等学校进修者5人。留本系及其他高等学校担任教学工作者28人，其他毕业生大都分配在高中和中等技术专业学校任教，少数在出版部门工作。他们都能积极工作，担任起党和国家交给他们的光荣任务，由此说明几年来俄语专业的教学是有一定成绩的。

英语专业是去年为适应中等教育的需要而成立的，现有学生40人，教师7人，其中有5位是中国籍教授，2位是外籍教师。他们在学术和教学方面都具有相当高的水平。5位中国教授早年均留学美国或英国取得硕士和学士学位，教研组主任张杰民教授曾在美国格林纳尔大学攻读英文文学，得学士学位，又在美国哥伦比亚大学研究院研究西洋哲学得硕士学位，三十年来曾先后在清华大学、东北大学、北洋大学等校任教授，李世麟教授曾在英国伦敦大学专攻语言学，造诣很深，外籍教师陈必第曾在美国奥委州立大学获得学士学位，又在来稀干州立大学研究院研究。英语专

---

① 题目为编者根据内容自行拟定。

业虽然是新设立的，但是教师阵容是相当强的。

英语专业主要业务课程有基础英语、语法、翻译、修辞学、散文选、英国文学史、现代英文文学等课程。和俄文专业一样，通过这些课程的系统学习，使学生能够“会读、会听、会写、会说、会教”，并在这一基础上有独立研究和进修的能力。

本系的学生除了专业课的学习以外，还必须学习中国现代革命史、马列主义基础、政治经济学、教育学、心理学、现代汉语及教学法等课程，以使学生能够树立正确的世界观和人生观，并具有一定的教学理论知识和文学素养，同时，为了使同学能够以理论联系实际并锻炼他们的教学能力，还组织了教育实习。

为了辅助教学、开展课外阅读，本系设有资料室，备有各种俄文、英文图书杂志供师生参考。并备有收音机、留声机等供同学收听外语广播、诗歌朗诵、发音练习等辅助学习，此外还有不定期的学术讲座、讲演会等活动。这些课外活动对丰富学习内容、活跃学习风气是起了一定作用的。

（2）历史系

本系自 1952 年以来，为了适应国家文化建设迅速发展的需要，有了很大的发展。现在本科和专科学生人数为 291 人，比 1953 年同时期的人数约增加 4 倍以上。此外业余进修部的中学教师在本系进修历史专业的学员还有 246 人。本系现有教师计教授、副教授 9 人，讲师 12 人，助教 14 人，教学辅助人员 4 人，共 39 人，本系资料文物室收存了图书 14 200 余册，中外杂志报纸 90 余种，古物 606 件，模型 84 件，在 1954 年同时期。这两项共计只有 300 余件。本系现有历史图片 1040 张，幻灯片 389 张，与去年同时期比较，这两项也有很大的增长。由于人民文化教育事业的飞跃发展，中学历史教师的需求大为增加，因此本系在今后三四年内还将有更大的发展，到 1959 年暑假后，本系学生将增至 380 余人，教师人数亦将有所增加。

本系的教学组织，按照学科门类的性质，分设四个教研组，即中国古代中世史教研组、中国近代现代史教研组、世界古代中世史教研组与世界近代现代史教研组，各个研究组设有组主任，分别领导各有关学科的教学工作和科学研究工作。此外，还设有资料文物室掌管图书文物的采购、保管及借阅展览的工作。资料文物室的工作对本系教学工作以及科学研究工作的进展有很大的作用。

本系的主要任务是培养具有充实的历史科学知识和掌握教学及教育方法的中等学校的历史教师，此外还要帮助中学现有历史教师进修，以提高他们的业务水平。因此本系主任本科、专科外，还有中学历史教师业余进修班。本科学生四年毕业，一般是任高中历史教师；专科学生二年毕业，一般是任初中历史教师（成绩优秀的，也可派任高中历史教师）。

根据本系的教学任务、目的和要求，本科和专科的学生均需学习规定的政治理论课和教育理论课；在历史专业方面均需学习中国史和世界史的各课程以及中国历史要籍介绍及选读等；此外，他们还必须学习历史教学法和进修教育实习。在学习上选课程时都是循序渐进的。例如，在历史专业方面，专科和本科都是先学上古史及中世史，然后学近代史及现代史；在教育课程方面，先学教育理论，然后学教学法。专科在二年级时进行教育实习。本科在三四年级时进行教育实习。专为本科学生所开设的课程是政治经济学、辩证唯物主义与历史唯物主义、教育史、世界文学与中国文学、亚洲各国史以及其他属于选修的一类课程。

为了把本系学生培养成为合格的中学历史课的人民教师，本系教师的教学工作和教育工作起着决定性的作用。本系所开设的课程，教师们一般都是能胜任的。不仅如此，本系的教师中有一部分是老教师，在大学教书的，有的在 20 年以上，有着丰富的教学经验和渊博的学识。有一部分教师不仅在教学上，而且在历史科学某些方面的研究上也是有着显著成绩的。有一部分年级教师，教龄虽然较短，可是他们的教学工作还是令人满意的，而且有的教学质量还是很高的。在学习苏联，结合中国实际以改进历史教学方面，无论青年老年教师都是积极努力的。为了把学生教好，教师们往往备课直到深夜，编写出十几万至几十万字的各门课的讲义印发给学生学习，不倦地指导学生的学习方法和解答学生学习中的疑难问题，在百忙中分出时间来指导学生的科学研究。根据不完全的统计，本系教师编写的讲义已达约 3 000 000 字。最近四年来出版的专门著作十几种，在《人民日报》《天津日报》《历史研究》《历史教学》《新史学通讯》及《读书月报》等报刊上发表的论文近 80 篇。教师们的辛勤劳动和在教学上的贡献，得到了学生的尊敬和爱戴；教师们在学术方面的贡献，也赢得学术界上相当的声誉。本系的教师们不满足于目前的成绩，大家还要继续努力提高教材质量，改进教学方法，争取把现有讲义修订到较高水平的教科书的高度，并响应中央向科学进军的号召，制定计划在历史科学研究方面以作出更多更大的贡献。

本系学生的学习生活和课外活动方面，是丰富多彩的。本系学生一般都是努力学习的。在本系教师和其他有关系组教师直接领导下，在党团行政的培养和帮助下，学生的政治觉悟和业务水平不断提高，例如本科薄恒秀女同学，是共产党员，曾参加过中国人民志愿军并立过三等功，原来她不仅具备了初中的文化程度，1954 年转业被分配到本系学习，她本想学习美术，可是她服从组织分配，来到本院学习历史，在学习过程中，她认识到历史科学是我国社会主义建设中文化建设的一个重要方面，认识到作为一个人民教师的崇高意义，认识到抗美援朝是爱国行动，接受学习历史的任务，将来作一个人民教师，也是祖国建设所需要的。因此她安心于历史学习，热爱这个专业。在学习中她遇到不少困难，可是她善于学习，苦心钻研，克服困难，取得了优秀的成绩，并曾先后两次被选出席了本市的社会主义积极分子大会，在大会上受到了表扬和奖励。本系学生在毛主席的“三好”号召下，很多人在政治学习、业务学习、文体活动，社会工作以及个人生活方面都提出了严格的要求，作了细致的安排，并认真地执行。本系学生除规定的学习任务之外，在向科学进军的号召下还组织了科学研究小组结合课堂教学利用课外时间进行科学研究。本系学生科学研究小组成立最早的是史二的小组，它已经有一年的历史，并且已经有了些收获，取得了一些初步的经验。1956 年初本系同学出版了《历史学习》刊物，作为进行初步科学研究工作的园地。本系学生的文体活动在党的领导和团支部、学生会及班会的组织推动下，开展得很活跃。曲艺、器乐、舞蹈、唱歌、朗诵、戏剧……各方面都出现了一些爱好者和积极分子。本系学生的生活是紧张愉快而丰富的，他们的各种才能都有发挥的机会。

近几年来，本系已经有一批毕业生加入了中学教师的队伍，他们一般都能胜任教学和教育的工作。有不少的毕业生在工作上很快地表现出来，他们是有才能的教师，他们爱护学生，从实际工作中感到教师工作是可爱的和崇高的，因而都在不断地提高自己的工作，得到了学生的爱戴和领导上的重视。本系的毕业生，有的还在教学工作之余从事于科学研究工作，并在历史教学刊物上发表了文章。

本系的教师们，看到年轻的一代在本系毕业生的教导下和其他中学教师的教导下成长起来，即将成为祖国社会主义建设的新生力量而感到兴奋，也为看到了自己亲手培养起来的人民教师能对祖国的教育事业有所贡献而感到欣慰。

（3）地理系

本系现有本科一年级、专科一二年级各一班，学生人数 115 人，教职员 27 人。为适应中等学校日益发展和教学质量急需提高的要求，1956 年暑假在科的基础上扩充为地理系。

在系的直接领导下设普通自然地理、区域自然地理和经济地理三个教研组。此外还有资料室、绘图室、仪器室、地质地形标本模型室、土壤实验室、气象园等。资料室现有教学参考书 10 928 册，国内外杂志 74 种，各种教学挂图 290 种。在教学设备方面有气象仪器、测量绘图仪器、天文仪器、土壤实验仪器、地质（岩石、矿物）地形标本等。这些都为课堂教学、实习、试验的顺利完成奠定了相当可观的物质基础。

本系分本科和专科两类，本科修业 4 年，除政治、教育、心理等公共必修课外，专业科目的设置主要的包括四个组成部分：1. 自然地理和经济地理。这两种课程分别隶属于不同的科学范畴，自然地理学是自然科学，经济地理学是社会科学，但自然地理的研究必然归结到它在生产实践上的意义，以助于人类改造自然的活动，而经济地理也必须在自然条件，获得客观评价的基础上来讨论生产力的合理配置问题，故二者之间存在着性质不同但又不可分割的联系，其所设科目有普通自然地理、土壤地理、植物地理、中国自然地理、各州自然地理及中国经济地理、外国经济政治地理等。2. 地理学的基础科目有天文学和地质学。地球是宇宙的一个微小至点，地质是地貌发育的物质基础，故天文学、地质学的研究，对揭露地球的秘密、掌握地球的发展规律有其直接的现实意义。3. 与地理有关的技能科目有地图学及地形测绘，其目的在培养学生研究地理学所必需的知识技能。4. 地理教学法是先进的教育科学理论与教学实践活动密切结合的典型，通过教学法的讲授、见习、实习等，不仅使学生获得传授地理知识的教学原则、教学方法，而且掌握了地理教学的技能。另外还有区域地理研究法、地理学史、地理学概论、地理教具制造等选修科目。

专科修业二年，除政治，教育，心理等科目在教学内容、教学时数方面与本科稍有差别外，专业科目的设置计有普通自然地理、地质学、地图学及地形测绘、中国地理、世界地理、地理教学法六门学科，此外还有中国经济地理、外国经济地理及地理学史等选修科目。通过地质学的学习，不但可以掌握地理学所必需的地质学的基础知识，而且可以具有利用简便方法鉴别普通矿物、岩石，观察一般地质现象的能力。普通自然地理是把地球作为统一的整体来研究的，其目的在了解各地理要素的性质、分布与发展的规律及相互关系，进而认识地理环境的整体性及各自然要素在地理环境中的地位和作用，以建立辩证唯物主义世界观，同时掌握普通自然地理的基础知识，技能和熟练精巧，以解决初中自然地理教学中和日常生活中所遇到的实际问题，并为进一步学习自然地理奠定基础。地图学和地形测绘设置主要目的在于初步了解地图的测绘方法，以便能够使用普通测量仪器和掌握简便的测绘和制图的技能和熟练技巧。中国地理的讲授主要是对我国自然资源的丰富性、多样性获得全面的认识，并了解我国各地区的自然特征及其在国民经济建设中的地位和作用以及劳动人民利用和改造自然的伟大成就。世界地理是以各洲自然地理和主要的国家的地理为重点，其目的在于了解世界各洲及主要国家的自然概况、利用情况及其经济政治的特点，从而认识到社会主义制度和资本主义制度在资源利用、政治经济结构方面有本质区别。

野外实习（本科第三、第四学期为自然地理各科方面的野外实习、第六学期为自然地理与经济地理的综合野外实习。专科在第二学期进行自然地理的野外实习）

是整个教学过程的锻炼，是理论联系实际的主要环节。1953年以来进行了山东烟台、山西大同、冀东山海关的三次野外实习，事实证明；它不仅巩固加深了学生的地理科学知识，而且激发了学生学习地理科学的兴趣。

几年来，在党和院行政的领导下，我系获得了很大的发展。师资培养、仪器设备等，已经基本上保证了教学的需要。广大教师以社会主义的劳动态度，在教学改革、学习苏联先进经验，密切联合中学实际贯彻全面发展教育的方针，以及教学、科学研究方面都取得了一定的成绩。自从党提出向科学进军的伟大号召之后，全系学生在党组织的大力支持和教师的关怀指导下，他们积极努力刻苦钻研，贪婪地扩大知识领域，提高学习质量，有的班都成立了地理科学及气象研究小组，有趣地探讨着地理科学的秘密。他们不仅在学习上取得了优良成绩，而且在篮球、足球、歌曲、舞蹈等系级比赛中，经常取得令人满意的成果，使他们的生活学习和谐而有节奏。就历届毕业生政治思想学业水平来看，基本上符合党和政府的实际要求，他们（她们）都能胜任中等学校和中等技术学校的地理教学工作，其中不少学生已经成为该校教学中的骨干，也有的当选了模范教师，他们都在进一步地努力为母校争取更多更大的光荣。

（4）政治教育系

政治教育系是本院最年轻的一系，它是前年暑假才成立的。

我们党是从来就重视政治理论工作，重视马克思列宁主义的宣传的。为了充实本市各中等学校和其他文教机关的政治理论工作的力量，根据中央教育部和中共天津市委的指示，我院于1955年暑假成立了这个系，现有一、二年级两班共107人，全部为党、团员。

目前本系有25位教师，设有4个教研组，即中国现代革命史教研组、马克思列宁主义基础教研组、政治经济学教研组、辩证唯物主义与历史唯物主义教研组。

本系培养目标是：根据国家总任务的要求，依照理论与实际相结合的方针，培养具有马克思列宁主义理论知识、共产主义道德品质、一定的政策思想水平、初步政治思想工作能力及教育工作的专门知识与技能的政治理论工作干部和中等学校政治课教师。

本系现在只设有本科，学习期限是4年。

在这4年中要学习的课程是很多的，主要有：

1. 关于马克思列宁主义理论的基础课程有：马克思列宁主义基础、中国现代革命史、政治经济学、辩证唯物主义与历史唯物主义、逻辑学、国家与国家法权基础等。这些课程都是本系的专业课程。通过这些课程，我们将要接触到许多马克思列宁主义的经典著作，例如仅“马克思列宁主义基础”一课就要读30本有关的经典著作。从这些著作里，我们将会吸收无穷无尽的革命力量，我们将会接触到人类文化的宝藏——马克思列宁主义。

2. 历史课程和文学课程：要学好政治理论，必须具备足够的历史知识，因此，4年中历史课程在全部课程中占据了一个很重要的位置，差不多每一年都要学习一门或一门以上的历史课程，其中包括中国古代及中世纪史、中国近代史、世界古代及中世纪史、世界近代史、现代史等。此外，为了培养学生的文学素养，提高政治理论工作者表达思想的能力，本系还设有“文选”课程。

3. 教育科学方面的课程：作为一个高等师范学院的学生，为了培养他将来从事教育工作的能力，本系同学亦修读教育学、心理学课程。

此外，为了加强学生的党性锻炼、思想修养，提高政治思想水平和实际工作能力，本系还设有党的建设课程，并根据情况经常聘请有关部门的负责同志来院做时事政治的报告。

为了贯彻反对教条主义、理论联系实际的方针，我们系里教学活动的重要方向之一，就是组织学生多接触社会生活，参加社会实践。在四年的学习活动中，我们不仅有机会要到中学去实习，而且还要到工厂、农村中去参观、访问和参加实际工作。

例如1955年冬天，全国农业合作化运动高潮到来的时候，系里的同学就和老师一道，参观、访问了李吉顺农业生产合作社；寒假中全系师生又根据市委指示参加了东郊区区委组织的农业合作化的工作组，下乡参加了这一伟大的农业社会主义改造工作。在20余天的热火朝天的农业合作化运动高潮中，每一个同志都获得了极其难得的实际工作的锻炼，提高了阶级觉悟和政治思想水平，增加了许多丰富的生产和阶级斗争的感性知识。

此外，本系十分注意围绕理论课程内容，开展多种多样的教学辅助活动，以加强学生对课程的理解和记忆。例如，在讲到马列主义基础第五章有关民族问题时，我们就组织同学观看了《在康布尔草原上》话剧，并且举办了文艺晚会，在这个晚会上，朗诵了许多少数民族的诗，唱了许多少数民族的歌和跳了少数民族的舞蹈，使学生对我国的民族政策加强了理解。讲到中国工人运动时，我们就请在解放前领导过工运的同志介绍解放前的工人运动情况，讲到农业集体化时就请市委负责农业工作的同志讲我国合作化的情况与政策，这样不仅加深了对讲课内容的了解，并能使所学的理论与目前实际紧密地结合起来，提高了思想认识与政策水平。

本系同学经过了一至二年的学习锻炼，进步是很显著的，他们不仅获得了许多系统的科学、理论知识，而且在阶级觉悟和工作能力方面亦有很大的提高。

（5）数学系

本系课程是根据中央教育部1955年颁发的师范学院暂行教学计划而开设。除公共必修课外，本系专业科目可分为高等数学、初等数学、数学教学法、制图学、物理等科目。

一个中等学校数学教师必须具备足够的高等数学知识，才能指导自己的教学工作，因此要用很多的时间学习高等数学。

本科方面：高等数学设有解析几何、高等代数、数学分析、近世几何、复变函数论、几何基础、整数论等，另外还有一些选修课，如实变函数论、微分几何、近世代数等。

专科方面：专业科目设有算数及代数复习与研究、几何复习与研究、初等函数、三角与解析几何、数学分析。另外，从本学期起又开设了选修课——高等代数。

一个中学数学教师培养的对象是中学生，因此，在掌握高等数学知识的同时熟悉初等数学知识是十分必要的。

初等数学复习与研究课程就是为了这个目的而设置的。

这些课程分设平面几何、立体几何、代数、数的概论与初等函数五个科目。

在这些科目里，一方面把中学数学教材加以系统的整理，使学生熟练地掌握中学教材，另一方面以较深的理论加以研究，为将来的数学教学工作打下良好基础。

学生除必须学好以上的数学课程外，还要掌握数学教学的基本理论与技能，因此设置了数学教学法、教育学、心理学。

为了更好地培养同学们唯物主义世界观及对社会发展规律系统深入地了解，我系还开设了一些政治理论课（如中国革命史、马列主义基础、政治经济学、辩证唯物主义）。

为了更好地使学生知道数学怎样从生产实践斗争中来，及如何运用到生产实践斗争中去，加强学生对物质世界的认识，还必须要求学生学习普通物理、理论力学、制图学等科目。

通过以上科目学习的结果，不仅使学生系统地获得了数学专业方面的知识，而且也为培养学生将来成为合乎规格的中学数学教师奠定了基础。

本系教师共49人，教学计划中规定的必修课已全部开出，现已开设了几门选修课，学生可根据自己的能力及爱好来选修这些课程。

教师除日常的教学工作外，还要进行自己的科学研究工作，并领导学生的科学研究小组，有的教师已发表了自己的论文，有的教师接受了教育部委托编写师范学院数学教科书的任务。

此外，我系教师已经翻译了多种教科书与参考书，有的已由高等教育出版社出版，全国许多高等院校采用作为课本；有的已由科学出版社出版，作为展开科学研究的学习材料。

在系主任领导下，现设有数学分析、代数、几何、数学法四个教研组，分别进行数学工作和科学研究工作。

为了推动系里日常的数学工作和科学研究工作的开展，各教研组还根据具体条例组织了各种类型的学术研究小组。

如数学分析教研组组织的实变函数论小组、泛函分析研究小组、几何教研组组织的微分几何研究小组、代数教研组组织的抽象代数研究小组等。

这些研究小组现已进行活动了，效果良好。

自党提出“向科学进军”的号召后，我系为了满足同学向科学进军的要求，除了一系列的课程学习外，教师还帮助同学组织了各种课外学习钻研小组和其他学术报告，如学术报告会等。

这样，可使学生听到许多有意义的介绍有关现代科学成就的报告，通过这些活动确实增强了同学学习数学的兴趣，丰富了数学专业知识。

另外，为了适应满足教学工作和科学研究工作的需要，系里还设有资料室，现有中外各国书籍5000余册，中外杂志90余种，以及各种数学用具。

数学是向科学进军的一个必要的准备，数学教师是祖国文化教育战场上不可缺少的组成力量。因此培养数量又多、质量又好的中学数学师资就成为我系目前的一个主要任务。

（6）物理系

本系现有本科学生4个年级，专修科学生2个年级，共285人。业余进修班4班共221人。有教授4人，讲师11人，助教20人，共35人。教学行政人员4人，全辅助人员6人，技工和徒工7人。

本系任务是培养中等学校物理教师。由于中等学校物理课的内容包括物理学的各个部门，因之物理教师应全面掌握物理学各部门的基本知识，了解各部门间的互相关系，并具有指导学生进行实验所必需的各项技能和熟练技巧。所培养出来的教师是物理教育的专门人才。在物理学的基本知识方面，与四年制的综合性大学物理系毕业生有同等的水平，所不同的是在专门化方面，我们的专门化是物理教学，因此我系本科设置以下的专业科目：普通物理和实验是本系的基础科目，在普通物理的基础上设置理论力学、热力学和统计物理、电动力学、量子力学、高等物理实验、电工及无线电技术等科目。在工具课程方面，有外国语、解析几何及代数、数学分析，制图学等科目。为了扩大学生的知识领域，设有天文学。并将设有选修科目：物理学史、光谱学、电子学、物理光学、气象学、固体物理等。为使学生具有担任中等学校物理教学的实际能力，物理教学法集中等物理实验技术都规定为必修的科目。

专修科的任务是培养初级中等学校物理教师，修业年限2年。在物理知识方面，比本科二年所学的较多，而工具课程较少。专业科目有普通物理，物理教学法及实验技术、无线电技术与制图学等。为了在普通物理的基础上加深和扩大理论知识，使其将来更好地完成教学任务，还设有理论力学基础及理论电磁学基础两门选修科目，普通物理是专业科目中的重要学科，高等教学基础是学习物理学的必要工具。物理教学法集中学物理实验技术，是为了培养学生的教学能力和进行演示实验及分组实验的正确方法和熟练技巧。无线电技术及制图学则为初中教师领导中学生课外活动及制造图表以便加强教学工作中的直观性而设。

本系教师阵容在高等师范中是相当强的，马沣教授是力学专家，曾在前河北工学院、津沽大学等校任教多年。高婴齐教授是光谱学专家，曾在前辅仁大学、北京师范大学任教多年。徐允贵先生是研究原子物理的，曾在前燕京大学和英国利物浦大学任教。系主任张崇年教授曾在北京大学、北洋大学和天津大学任教，对于物理学和工业技术的联系有广泛的知识。刘式璠先生，对于无线电和仪器制造方面有渊博的知识和独到的技术。此外还有从中学优秀教师中选拔的中年教师。

教学设备方面，本系有相当完善的实验室，分为普通物理实验室、高等物理实验室、电工技术实验室、无线电技术实验室、中学物理实验技术实验室、示教设备实验室等。从普通物理实验室中，培养学生各种基本量的测量技术，并作各种基本规律的验证的实验。高等物理实验室有真空技术、电子测量气体导电、光谱分析、X射线、放射性等方面的实验。电工技术实验室有关于发电机、电动机、变压器等方面的实验。无线电技术实验室有关于各种基本测量和装配收音机等方面的实验。中学物理实验技术实验室有初中物理和高中物理的分组实验设备及有关的示教设备；培养学生的实验基本技术，并实习金工、木工、玻璃工、电安装工和热工等五种工艺，除此本系还有小型仪器修配工厂一所，可以经常自制物理仪器并修配物理仪器。为了使学生充分掌握必要技术以便在中学教学中进行综合技术教育，本年还将大力增设机床，为学生进行技术实习之用。

本系专用图书有7000册，国内外期刊60余种，专供教师教学参考及科学研究之用。

本系教师一方面在进行教学，一方面进行科学研究工作。在教育科学的研究方面，现在进行中学物理教学和高等师范物理教学的研究，在物理科学的研究方面，现在筹备光谱学、电子计算技术、原子核物理等方面的研究工作。

在学生课外活动方面：学生响应党“向科学进军”的号召，对科学研究的热情很高，各年级都正在成立研究小组。如业务钻研小组、航空模型小组、无线电小组等。通过各种研究小组的活动，可以更加巩固和加深专业学科的知识，并进一步培养各种必要的技能与技巧。

（7）生物学

本系分为本科和专修科两个部分，本科的任务是培养高中生物学教师，修业期限为 4 年；专修科是培养初中生物学教师，修业年限为 2 年。现有本科各年级 4 个班，专修科二年级 1 个班。全系学生共计 179 人，教师中教授 2 人，副教授 1 人，讲师 10 人，助教 23 人，教学辅助人员 6 人，行政人员 4 人，共计 46 人。

本系课程是根据教育部所颁布的高等师范学院教学计划而开设的。专业课方面以植物学、动物学、人体及动物生理学（包括人体解剖学）和达尔文主义等四门课程为最基本的课程，在专业课程中占最重要的地位。本科三年级设有农业基础知识是使学生掌握基本生产技术教育的必要学科之一。此外，还有组织学与胚胎学，是动物学和人体解剖学的辅助课程，而植物生理及微生物学是植物学的补充课。一个中等学校的生物教师，除了具备系统的知识外，还必须能运用先进的教学原则和方法，把生物学知识传授给下一代，因此在本科三四年级设有生物教学法一科。由于化学是生物科学的基础与有机组成部分，所以在课程中还规定有基本化学、有机化学和生物化学。

除以上必修课程外，还有昆虫学、地质学、植物生态学、动物生态学、高级神经活动生理学、生物技术等选修科目。

为了贯彻理论与实际相结合的方针，以上各专业课中除达尔文主义外，都和实验或实习配合进行。各门基础课在讲到一定内容时，经常组织近程实习，如近郊的植物标本采集及鉴定，校园植物的鉴定与标志，以及到国营农场的参观见习等。此外，在第一学年末有 3 周的远程野外实习，第二学年有 3 周农场实习。

学生课外活动方面：去年以来，本系列各班同学响应了党“向科学进军”的号召，在专业教师的指导下，分别组织了 8 个科学研究小组进行活动。有的组在作植物的嫁接与授粉的实验，有的组在实验如何在不同的环境条件下培养草履虫，有的组在进行蛙卵的人工授精，有的组在作条件反射实验，有的组在养蜂，有的组在孵鸡鸭，有的组在作高等植物分类，也有的组作脊椎动物解剖。由于教师的耐心指导和同学们认真的研究，已经有几个小组获得初步成就。从整个课外研究活动的趋势可以看出，这一工作的开展，无论在锻炼同学科学思维与独立工作能力上，在培养同学生产技术与共产主义道德品质上，都会起显著的作用。

实验室方面：计有植物学实验室、植物生理学实验室、动物学实验室、动物生理学实验室、人体解剖实验室、植物分类学实验室、生产技术工作室、动物标本室和兔房、狗房、鸡鸭舍、米丘林培育室等。

本系成立四年来，毕业生有：1953 年速成班的和 1955 年专修科的共有 33 人，1956 年本科毕业生 27 人，专科毕业生 38 人都分配到各中学担任生物学教师。现在有的已担任了学科教研组长；有的被评为优秀教师，有的在天津市直观教具展览会上受到表扬。

(8) 化学系

本系分为本科和专科两个部分。本科的任务是培养高级中学的化学教师，修业年限为 4 年；专科的任务是培养初级中学的化学教师，修业年限为 2 年（自 1957 年暑假起不再招收专修科学生，只收本科学生）。

目前本科和专科学生人数共有 203 人。

本系的专业课程：属于本科的，可分为四类，第一类是基础科目，如一、二年级的无机化学、分析化学、有机化学等。这些科目的设置是在培养学生的专业基础知识，以及熟练技巧。第二类是辅助科目，如一、二年级的普通物理、数学等。第三类是巩固与提高的科目，如三、四年级的物理化学、有机化合物系统鉴定、元素周期系等。第四类是扩大化学专业知识并使理论与实际相结合的科目，如三、四年级的工业化学、生物化学和农业化学等。

除了上面四类课程以外，本科学生还可以选修化学史、无机制备、化学文献、矿物学与俄语等。一个师范学院化学系的毕业生是具有丰富广博的专业知识的。

未来的中学教师，除了掌握丰富的化学知识以外，还需掌握教学原则和教学方法。为了这个目的，本系设置了化学教学法，这使他们在毕业之前即具备了必要的教学理论与实际的知识。

本系现有五个教研组：无机化学教研组、有机化学教研组、分析化学教研组、生物化学教研组、教学法教研组。在这些教研组中，现有教授 5 人，讲师 6 人，教员 1 人，助教 19 人，其中几位教授都曾在各个大学任教多年，具有丰富的教学经验和指导能力。此外还有教学行政人员和教学辅助人员 10 人。

在教学设备方面是相当充实的，非但能供教学上的应用，并且还可进行科学研究工作。

①本系现有7个实验室，包括无机化学实验室、有机化学实验室、分析化学实验室、物理化学实验室、生物化学和有机系统鉴定实验室、化学教学法实验室以及工业化学实验室。

②仪器，药品模型方面：本系现有普通天秤28架，分析天秤36架，精密分析天秤4架，较特殊的仪器计有：光电比色计、旋光计、电动离心机、填空泵、高真空水银蒸气泵、电位计、检流计、标准振荡器、卡计、血液瓦斯测定器、分光计、精密标准温度计、折射计、粘度计、自动控制恒温槽、高温电炉等无机药品330种，有机药品570种，各种教学模型35台。

③图书资料方面：图书有5000余册，苏联期刊41种，资本主义国家期刊49种，人民民主国家期刊5种，国内期刊32种。

就以上情况看来，无论是教师力量或教学设备方面都完全有可能培养出符合国家要求合格的中学教师。

（资料来源：《1957天津师范学院》，河北大学档案馆藏，1957-CB312-002）

6. 天津师范学院关于“师范学院暂行教学计划”的几点说明

教学计划是学校全部教学工作的基本纲领，是培养目标的具体体现。完成教学计划是学校的基本任务。没有教学计划，学校的全部教学工作便无所依据，就不可能把教学工作引向有目的、有计划的轨道上去，也就失去了完成学校基本任务的保证。在第一次全国高等师范教育会议上已经明确教学改革应着重教学内容的改革，就是首先解决教学计划、教学大纲和教科书的问题。而没有教学计划，教学大纲的拟定和教科书的编写也就无从着手。教学计划的重要性就是如此。

教学计划的制定是一件十分艰巨和复杂的工作，它首先要保证培养目标的完成，保证教学计划本身的科学性、系统性，同时要照顾到现有的师资条件、学生水平和教学设备等。

这次师范学院教学计划的修订工作是根据下列几个原则进行的。

第一，根据培养目标，师范学院负责培养中等学校师资的任务，但是师范学院所要培养的，不是任何其他一种师资，而是符合国家过渡时期总路线、总任务所要求的适合于国家建设所需要的师资。具体地说，师范学院的任务是根据国家过渡时期总路线精神，以理论与实际一致的方法，培养具有马克思列宁主义基本知识与观点、共产主义的道德品质、高度文化科学水平与教育的专门知识与技能的全心全意为人民教育事业服务的中等学校师资。

为了实现这一个培养目标，完成这样一个任务，师范学院各系的教学计划就必须包括四个部分，这四个部分是密切关联的，组成一个有机的整体。第一个是政治理论科目。其设置的目的是使学生掌握马克思列宁主义的基本知识，建立科学的世界观与革命的人生观。培养人民教师所应具有的共产主义的道德品质，使他们能以无限的忠诚为国家的社会主义建设事业而奋斗。我们的国家已经进入了社会主义改造和社会主义建设的新时期，我们的年轻一代负责建设社会主义和将来建设共产主义的光荣任务，人民教师就必须掌握马克思列宁主义的基本知识，具有科学的世界观和革命的人生观。具有共产主义的道德品质和对社会主义事业的无限忠诚，才能以共产主义的精神去教育下一代。因此，政治理论科目在师范学院的教学计划中占有重要的地位。第二是教育科目，其设置的目的是使学生掌握马克思列宁主义教育科学的基本原理、教育的方法与技能，并培养他们全心全意为人民教育事业服务的专业精神。一个人民教师，不但要对所专业的本门学科有丰富的知识。而且要能在马克思列宁主义的教育理论指导之下把自己的专业知识最有效地传授给学生。并通过教学对学生正确地进行政治思想教育，因此先进教育理论的掌握和教育方法的熟练，对于一个人民教师来说是十分重要的。第三是专业科目，其设置的目的是学生切实掌握从事中等学校各科教学工作所应具备的、合乎现代科学发展水平所要求的专业知识与技能。为了建设社会主义和将来建设共产主义，我们的年轻一代就必须掌握最先进的现代科学知识，就必须在中学阶段为此打下坚实的基础。因此，未来的中等学校教师必须在他所专业的学科有丰富的合乎现代科学水平的知识。这一部分在教学计划中占有最大的比重。在这一点上，师范学院各系专业科目的设置与其他高等学校统一系专业科目的设置会有所不同。例如有人主张师范学院生物系应开设昆虫学，固然这门科学对农业经济有重大的意义，比如在综合大学的生物系开设这一科目是可以的，可能是必要的。但对以培养中等学校生物学师资为目标的师范学院生物系来说就没有必要了。第四是教育实习，其设置的目的是使学生通过见习、实习了解一般中等学校教育与教学工作的实际情况。并初步掌握中等学校教育与教学工作的实际技能。这是使培养师资工作理论与实际相联系的重要保证之一。

这四个部分是有机的、互相关联的，是为了实现师范学院培养目标所不可或缺的。而且这四个部分在教学计划中应各占有合理的比重，略轻略重，都是不合适的，以致妨碍培养目标的实现。

第二，根据认真学习苏联先进科学教育经验、密切结合中国实际的方针学习苏联是肯定的，但不宜机械地搬用苏联经验，不应形式主义地学习。一方面我们要认真学习苏联师范学院的教学计划，体会其精神实质，并把它正确地贯彻到我国师范学院的教学计划中去。而另一方面，还必须考虑到中国的历史条件与当前国家建设的任务以及我国中等学校和高等师范学校的实际情况，包括中等学校的教学计划、教学内容、学校规模、高等师范学校的师资条件、学生水平等等。

第三，教学计划应具有方向性和现实性。就高等师范学院来说，学习苏联先进教学改革还在开始的阶段。教学计划为各校指出一个努力的方向。其次必须正视我国各师范学院之间无论就师资条件、设备条件与学生水平来说，都存在着不平衡性，要定出一个同样程度的适合全国各师范学院的教学计划是不可能的。对于条件较差的学校来说，就不可避免地在一定程度上是一个方向性的教学计划了。因此教学计划的方向性是在目前状况下不是所有学校也不是所有年级都能立即全部实行，而是作为各校努力的一个总方向，要求各校积极创造条件。在第一个五年计划的最后一年，各年级都能基本上实现这个统一的教学计划。另一方面，制定出一个教学计划是要逐步实行的，是要在一定期限内在多数学校有实现可能的。因此教学计划的现实性，是指大多数学校现在从一年级开始，可以逐年逐步地基本上实现。过分迁就现实不指出一个努力的方向，这样一个教学计划，对于正处在教学改革过程当中的我国高等师范学校来说就会失去了推动学校教学改革的作用，因此是不合适的。另一方面好高骛远，不顾可能，完全脱离实际，这样一个教学计划也会同样失去推动学校教学改革的作用，也是不合乎我们要求的。

同时具有方向性和现实性的这样一个教学计划，也就具有一定程度的稳定性。固然一个教学计划不是也不应该是一成不变的，它将随着科学的发展，随着师范学校本身条件的改善，随着国家对中等学校师资质量的要求的提高而逐步提高。特别是在过渡时期制定出来的教学计划也带有过渡的性质。可以肯定地说，将来还要经过多次修订。但是，如前面所说，教学计划是学校全部工作的基本纲领，是学校全部教学设施的主要根据。假如一年一改，变动频繁，就会打乱学校教学工作的计划，使学校在提高师资、培养助教、增添设备以及编写教学大纲和教材各项工作上都失去了应有的依据，这对改进教学、提高质量来说是不合适的。因此，教学计划必须具有一定程度的稳定性，也就是说，应保证在两三年内不至有大的变动。假如在制定教学计划的时候能适当地顾到它的现实性和方向性，它的一定程度的稳定性也就有了保障。

1952 年中央教育部印发过一个师范学院教学计划草案，这个教学计划是由中央教育部委托北京师范大学在苏联专家直接指导之下，根据苏联高等教育部 1951 年批准的苏联师范学院教学计划起草的，其中教育系和学前教育系的教学计划是 1948 年批准的。正如我们所熟知的，苏联师范学院教学目标明确，具有高度的科学性、系统性，理论结合实际，它的优越性是十分明确的。吸收苏联先进经验制定出来的这一个教学计划，也就是在一定程度上具备了这些优点。这个教学计划的印发，对于纠正当时师范学院中存在的教学无目的、无计划、因人设课的混乱现象，对于明确师范学院的培养目标和教学改革的方向起到了一定的作用。

对于这种情况，中央教育部就决定对1952年印发的教学计划做一次修订。修订工作是从1953年3月开始的。一年以来，经过北京师范大学教师同志们的辛勤努力和苏联专家的热情帮助并广泛地征求了各方面专家的意见，又在全国高等师范教育会议上进行了讨论，现在已经基本上修订完成。这次修订工作本身也就是一个学习苏联先进经验、结合中国实际的过程。正如上面所提出的，制定教学计划的几个原则，也是在修订过程中逐步明确起来的。至于这个原则，在这次修订计划中贯彻到何种程度，政治理论课、教育课与其他共同必修课的比重是否安排得合理，那只有在实践过程中加以证明。缺点当然是难以避免的。

现在就把这次修订工作中，对于1952年印发的教学计划草案的几点重要修正加以简要的说明：

一、1952年印发的教学计划，共有13个系，包括中国语文系、俄语系、历史系、地理系、数学系、物理系、化学系、生物系、学校教育专业、学前教育专业、体育系、图书制图系、音乐系。这次修订的只有中国语文。俄语、历史、地理、数学、物理、化学、生物、教育9个系。由于高级中学的教学计划已经不设音乐、图书科目，今后初级中学和师范学校的音乐、图书的师资究竟如何培养尚待仔细研究。体育师资的培养也存在着一些问题有待解决，所以这几个系的教学计划，这一次暂未修订。

二、把数学、物理、化学、生物四个系的双重培养任务改为单一任务。1952年印发的教学计划中，规定数学系肩负培养物理师资，物理系肩负培养数学师资，化学系肩负培养生物师资，生物系肩负培养化学师资的任务。原来这样规定是一方面根据苏联师范学院教学计划，同时也为了学生毕业以后工作上的便利。但是事实上，我国高中都集中在城市，规模较大，班次较多，而且中学大多数是高中与初中合设的，高中教师必要时可兼初中功课。一位中学教师一般只担负一门学科的教学，同时由于这几门科学内在联系，物理系毕业生必要时要兼授一些数学课，生物系毕业生必要时兼授一些化学课，并不致有很大困难。而且改变单一任务，学生可集中时间学好一门学科，不至于负担太重，难以兼顾。基于以上这些考虑，在这次修订中，这四个系都改为单一任务。

三、共同必修课方面做了如下的修订：

1. 政治理论科目开设中国革命史、马列主义基础、政治经济学三门课程。在开设顺序和教学时数上亦有所变动，同时安排得比较集中。

2. 教学科目仍旧只是教育史，学校招生的教学时数减少了一些。

3. 俄语仍列为必修课，时数未变，对一个高等学校学生来说，掌握一种外国语是完全必要的。特别为了更好地学习苏联先进科学和教育经验，掌握俄语更是必要的。但由于目前俄语与师资的普遍缺乏，在教学计划说明中规定各校如师资条件不足，可暂缓开设或暂缓普遍开设。同时，对于一般学历低、程度差的学生得以免修，以减轻学生负担，集中时间学好专业科目。

4. 原草案中第 8 学期原时为 6 周的毕业考试缩短为 4 周。这样，第 8 学期的上课时间从 10 周增加为 12 周。

5. 每个教学时数比原草案稍微减少。就 9 个系的 4 年教学总时数来说。原草案平均是 3440 多学时，平均减少了 170 学时，原草案各系每周教学总时数除七、八学期外，一般都为 30 学时。在修订计划中，各系在前六学期每个教学时数一般是从 25 到 29 学时，只有个别系是 30 和 31 学时。就各校反映，每周 30 学时，学生负担重了一些，适当减少是符合实际要求的。

6. 对各系专业课做了不同程度的调整。数学、物理、化学、生物四系由于培养任务的改变，在专业课的设置上有了较大的变动。中国语文系在专业课的设置上也做了重要的调整，主要是把语文和文学明确区分，加强了教学计划的科学性和系统性。此外，在各系专业课的设置上，对于估计在多数学校几年内难以开出的科目做了必要的删减，如地理系的动物地理，物理系的气象学，教育系的教育心理，中国语文系的文艺学、人民口头创作以及草案中各系的专题课堂讨论等，限于目前师资条件和学生水平，除个别保留外，都删了。

7. 在暂行教学计划中，政治理论科目、教育科目、其他共同必修科目、教育实习见习科目和专业科目在 4 年教学总时数中各所占比重，以历史系为例，情况如下：政治理论学科占 15%，教育学科占 11%，其他共同必修学科占 9%，教育实习见习各占 11%，以上共 46%，专业学科占 54%。数学系的情况与历史系大致相同，政治学科占 12%，教育学科占 13%，其他共同必修学科占 9%，教育实习见习各占 12%，以上共 46%，专业学科占 54%。

8. 在暂行教学计划中，对于各学期考试与考查的科目会做具体规定，各校本着苏联学校考试与考查制度的基本精神，根据各校具体条件做适当的规定。

9. 在暂行教学计划中对于各科目的设置目的和内容有了比较详细的说明，在教学大纲还未统一编订之前，对各种学科的设置目的和内容做出比较详细的说明，使各校教师在准备教材时有所依据，同时可以使各校在同一科目的教学内容上取得相对的一致，这是完全必要的，但由于教学实践的经验还不够，说明中所规定的一方面各系各科目之间详略很不一致，一方面要求可能偏高偏低以及与教学计划中所规定的教学时数是否相等，都还存在许多问题，这是要在教学实践中逐步加以修正和改善的。

10. 在暂行教学计划的总说明中对于师范学院教学工作的基本形式有了概括的说明，应该明确：讲授是教学的基本形式，教师应充分备课，要求通过教授在课堂上解决问题。其他教学形式都是在讲授的基础上加以巩固和加深，对讲授内容的理解、体会和掌握为目的的。应该认识学生学习负担的轻重主要不是取决于每个教学时数的多寡，而是决定于教师讲授内容的科学性、系统性、明确性以及课后作业有计划的适当的布置。

这次修订的教学计划，虽然教员草案比较切合于我国高等师范学校的实际，但仍是一个带有方向性的教学计划，因此各校就不宜机械地执行，而应该根据各校具体条件，主要是师资条件，量力而行，有准备有步骤地来执行，争取在两三年内各年级基本上实行。这里面关键的问题是师资问题，除由中央教育部委托有条件的师范学院、其他高等学校及科学研究所展开有计划的培养外，各校均应有计划、有准备地采取在校内培养和送他校进修等办法。不顾具体条件机械地执行与不努力创造条件不争取逐步执行都是不对的，在暂行教学计划的各系说明部分列有各校在制定本校过渡性教学计划时所应争取开设的科目，应争取一切可能开设。

教学计划的制定是教学内容改革的一个重要步骤，但它仅仅是第一个步骤，教学计划制定以后还需进一步编订教学大纲，然后根据教学大纲编写教材，这是更加繁重的工作，这事还有待于全体高等师范教育工作同志共同努力。

（资料来源：《师范学院暂行教学计划说明》，河北大学档案馆藏）

（五）河北大学

1. 河北大学学科专业的设置①

1961 年 7 月 28 日，中共河北省高教厅党组向省委提出将河北大学体育系并入石家庄师大的报告。该系有教职工 60 人，二、三、四年级学生 243 人。后经省委同意，合并任务于 8 月底完成。② 河北大学由天津师范大学改为综合性大学后，科系和专业

① 题目为编者根据内容自行拟定。

② 周治华，钟毅. 河北教育大事记（1840—1990）［M］. 石家庄：河北人民出版社，1994：290.

设置有了很大变化。如原政教系分设为哲学系和政经系，外文系设英语和俄语 2 个专业，历史系设历史和中共党史 2 个专业，教育系设学校教育和学前教育 2 个专业，数学力学系设数学、计算数学及力学 3 个专业：地质地理系设地理和地质 2 个专业。物理系设物理学、无线电电子学、半导体物理和原子核物理等 4 个专业，化学系设化学、放射化学和高分子化学 3 个专业。总计设置了中文、历史、外文、哲学、政经、教育、数学力学、物理、化学、生物、地质地理和体育等 12 个系，24 个专业。其中力学、无线电电学、原子核物理、半导体物理、放射化学、高分子化学等 6 个专业为 5 年制。随后由于经济上处于三年困难时期，根据中央关于“调整、巩固、充实、提高”的方针，河北大学对院系、专业不断进行了调整，办学规模上也进行了一定的缩减。1962 年地质地理系调归天津师范学院。① 1964 年政经系停办，同年成立日本问题研究室，主要对日本教育和经济进行研究，取得可喜成果。至此，河北大学在科系、专业设置上达到空前未有的规模，当时在全国也是为数不多的，在天津与天津大学、南开大学形成三足鼎立之势。到 1965 年，全校调整为中文、历史、哲学、外文、教育、数学、物理、化学、生物、体育等 10 个系 11 个专业。

（资料来源：王润《河北省院系调整研究（1949—1976）》，河北大学教育学院教育史专业硕士学位论文，2016 年 6 月，第 26 页）

2. 改革教材更新教法突出能力——河北大学全方位进行教学改革

［本报讯］（记者吕向辉）河北大学近年来积极加强教学建设，深化教学改革，强化教学管理，注重人才培养，使办学效益和教育质量均有显著提高。目前，该校的国家重点科研机构——教学改革研究中心，是全国艺术教育先进单位，许多学科已成为全省乃至全国的科研中心和学术交流的窗口。

教学计划是实现人才培养目标和基本规格的实施方案。1998 年，该校对本科专业教学计划全面修订，新的课程结构由公共必修课、基础课、专业必修课、实践性课程、文化素质教育限制性选修课程和任意选修课组成。新的教学计划压缩了 4 年总教学时数，给学生更多的自主权。还将文化素质教育作为限选课纳入教学计划中，要求学生必须选学其中的 10 个学分，文科学生必须选学大学数学，理科学生必须选学大学语文。打通了同一科类专业的基础课，构建和完善一级学科平台课程。新的教学计划自 1999 年实行以来，受到学生的欢迎。

加强教材建设是教学改革的重要内容之一。1996 年国家重点科研机构河北大学教学改革研究中心成立，由著名数学家、中国科学院院士林群兼任中心主任。该中

① 河北大学校史编纂委员会．河北大学史［M］．保定：河北大学出版社，2001：158.

心研究成果《微积分透视》《大学文科数学》等被国内多所高校采用。设立教材出版基金，每年拨专款10万元资助部分优秀教材的出版。其中孙汉文教授的《原子光谱分析》、李国华教授的《文学批评》被教育部列入面向21世纪国家重点教材建设计划。

该校注重培养学生的创新能力，充分运用启发式、讨论式、研究式、答辩式等生动活泼的方式，初步实现了基础课教学的“宽、厚、实”、专业课的“精、深、活”，部分课程实现了计算机辅助教学和电化教学。同时，非常注重实践教学。1998年，该校政法学院成立了河北大学学生法律援助中心，这是我省首家学生法律援助组织。两年来，他们接待来访者890余人次，代写法律文书100余份，代理出庭2次。新闻传播学院结合专业特点，近年来先后组织了坝上采访团、渤海边防行、消防夏令营等活动，使学生得到了锻炼。

该校加强教师队伍建设。通过实施自我培养和人才引进“双轮驱动”战略，师资水平有了较大提高。1999年10月，河大生命科学学院宋大祥教授当选为中国科学院院士，也使河大的中科院院士达到6人。目前，该校正副教授达564人，省管专家达10人，享受国务院特殊津贴达29人，省青年社科专家达8人，跨世纪人才达23人，同时还聘请130名两院院士、知名专家学者、社会名流为兼职教授。

（资料来源：《河北日报》，2001年8月22日，第7版）

三、教学活动

（一）天津工商大学

1. 本校之化学分析实验室

考察工业上所用之材料中的煤、水、钢、铁、机械油等性质的好坏，成色的高低，必得经过化学上的分析，方能明晓，他如研究商品中的丝织品、酒、糖、钙粉、油脂等的成分的真伪，原料的优劣，也是必得经过化学上的分析，方能明晓得。本校化学分析实验室之设立，就是希望有以应该项的需要。

实验室内部的布置与设备，完全系采用最新的制度与系统。现在本室购置的各种药品，为数在两千种以上，实在是“搜集靡遗”。至仪品方面，则无论远年近日所发明的，亦可谓“网罗殆尽”，最近本埠某大化验所之停办，本校又将该所所有仪器、药品等一并购入，因之本校实验室之储藏，愈为富厚完备。我们虽不敢说是和欧美各著名大学相媲美，但我们若拿“宏富壮丽”四个字来形容他，总不会有人敢起来说是名实不符，这是我敢武断的。

复次，就各生研究的精神与教员指导的方法，观察起来，也很能使我们十分满意。除预三与本一尚努力研求各基本知识与各项实验不计外，本二的实验分析的成绩，尤足令我们为本校化学的前途作贺。

本二的工作中，如用分微器测量或分析丝织品与钙粉，用碳酸定量器实验石灰与水门汀性质的纯杂，用酒精汁或萨利隆甄考察酒与酒精质料的污洁，用锁克利侵出器测验油素，用验油比重器或乳酪计分析糖、油、胰皂等，全是实验的、应用的。他如实验金中所含的银成分、煤油与器械油质性的流动或黏滞及考察锅炉中的水有无、漂白粉中的气是否过多等，也无一不是确切的、需要的。像这样的例子，还不只是这些，真要使我们举不胜举呢！

总之，本实验室于教授、设备两方面，已全是尽美尽善，加以学生均不遗余力地考究研求，而教授尤能孤心独诣地讲解指导，将来或不难于化学界上有所发明或贡献也。

（资料来源：《工商大学校刊第一、二期》，作者：郭士钧，河北大学档案馆藏，第一期：1929-CB13-1；第二期：1930-CB13-1）

2.《益世报》记天津工商大学教学设施①

天津工商大学，为公教耶稣会所创办，其规模宏大，实为华北公教中首屈一指之学校，校址在特别一区马场道。

自今春建校以来，至日前已将教室宿舍、博物馆及教员住宅等楼房建成。于月之十六日行开学礼，学生到者已 60 余人，先设预科二班、一年级一班、二年级二班。记者于开幕之日，前往参观，见其新建筑物之壮丽，即知该校计划之远大，将来之发达，可预卜也。

该校校舍，计正面大楼两座，前者为礼堂、教室、自修室、职教员办事室及会客厅等。楼上之教室，光线极佳。化学图书等教室，设备尤极完美，后进为学生寄宿舍及牧员卧室，一切陈设均极精致，每室三人五人不等，光线甚合卫生。除北洋、南开之新校舍外，天津各校校舍殆无足与比者。

左旁为博物馆，凡物理化学及工程实习上之仪器均备。右旁有楼房四座，皆备作西国教职员等住宅之用。校内四周，隙地甚多（二十余亩），为将来扩充之余地。校长朱伯洛先生及西国教职员计 11 位，中国教员有蒙圣球、孙桂华、杜丹忱三先

① 题目为编者根据内容自行拟定。

生。该校宗旨，专为造就商界中及工程上实用人才，故其科目不务高远，惟求切于实用。

预科限两年毕业，本科则分工商两部。工科有三年毕业及四年毕业两班，以其程度为断。朱校长告记者云：该校现在计划，拟先办电气工程，以该项工程为世界近日最切实行用者，且中国目下无完善之大学。但如学生中有一部分愿习他项工程，如采矿冶金、土木工程、普通机械、应用化学者，均可随时酌开一班或两班。因该校于此等科目，均有相当设备，且在京津一带之西国工程家，均愿尽力相助也。商科毕业期限，亦分两年三年两种，务使学生之才力强者，得早获高尚之学识云。

天津为北方重地，有此大学，将来公教人才辈出，于社会造福当不浅也。

（资料来源：《天津工商大学已开幕》，载《益世报》1923 年 9 月 19 日第三版，《闻墨》编委会主编《闻墨》，天津科学技术出版社，2014 年版，第 5—6 页）

3. 天津工商大学教学活动及教学特色①

（1）教学活动与组织形式

工商大学以“实事求是”为校训，以德、智、体“三育”为宗旨，所有教学活动与形式均以“使学生受优良之教育，成为义勇男儿，启发其德性，使其能自立”，培养“尊敬及服从长上，正当行使自由”，“且对其授予普及专门知识，使之在社会上、公务上有充分之资格，任重要之事务”为目的。

①一贯重视“德”育

天津工商大学因由天主教会所办，宗教色彩一向较为浓厚。1929 年 5 月创刊的《宗教学生》季刊内便有大量宗教和神学论文。为扩大影响，大学出版《公教学生》季刊，在校生人手一册，且流传于校外。学校经常组织神甫、主教前来布道讲座。

学校虽然制定了几乎“令人窒息”的严格校规，但教授及学校管理人员大多为具有专门知识的神甫，以“诚信、友爱”为宗旨对待教员学生，当教工和学生有请益质疑时，他们总是不厌其烦地开导、解答，直至令其满意为止。更有学监专司学生的品德教育，“以高尚人格管理”。总之，他们以其举止言行潜移默化地影响青年学生，以达不断增强学生身心健康，保障教学活动与正常的教学秩序，使得学生能够顺利完成学业之目的。事实上，学校当局对学生政治思想的严格规定与“循循善诱”的管理，带有极其鲜明的政治色彩。校章明确规定：严禁学生参与校外一切政治社会活动。但是，1924 年对于遭受直奉逃兵抢掠的难民，校长、神甫却准许师生

---

① 题目为编者根据内容自行拟定，编者根据文献内容及当前文献表达的标准化体例要求做了必要的层次结构调整。

为其上街四处募捐，以示“仁慈”。而在1925年“五卅”运动中，学生要求停课参加反帝爱国运动行列，却遭到校长严厉斥责。6月8日校长声明：“本校暂时停课，学生一律放假回家。”① 再如1926年大沽口事件引发的“三一八”惨案，激起全国各阶层人民声援北京人民反帝爱国运动。学生出于爱国激情，不顾校方阻挠，毅然投身于这场运动中，开展罢课游行示威活动。结果，学校当局认为这是由于受了“激烈党（指中共）的影响，在本校闹乱子的”，开除3名“带头闹事”的学生。②

②重视智育

学校对于基础科学和专业知识的教育更为重视，对所聘专兼职教授、职员都制定了严格的标准与规则。专职教授必须是十分注重富于学理、时间充裕且实践经验丰富者。兼职教授自身须有相当职业者。一切以学生毕业后即可适应社会工作为教学标准。学校注重学识与实际结合，采取以课堂授课为主，启发学生学习的热情与主动性。此外，学校还极其重视课外教学活动，主要包括以下几个方面：

工厂参观：《课程总纲》规定：“每学年开始，各系科主任即编成学年度出外参观程序表，并委托专门学科教授，领导参观市内各大型企业及完善之公司洋行，使学生卒业后服务社会时，有所遵循。”

假期实习：“商科学生最重实用。本校为谋学生之学识与经验并进，于暑假期中介绍学生于各种商业组织，以便实习，使学生问世时，不患有理论而无实际之弊。”工商学生一、二年级集中学基础课程，三、四年级增加各种业务实习时间，业务实践形式主要有旅行考察、专项测量、工矿银行参观类。另有商科学生的毕业工作报告，即选择优秀的作为学院经济论文，每年印成书籍，分送到中国及国外各地，“很受商界和学术界的欢迎”。更难能可贵的是，各专业教授包括时任教务长工科教授暴安良，不畏酷暑寒冬，利用寒暑假多次亲自带学生去青岛崂山、北京西山等地，指导学生进行测量实习。学校当时所进行的以上教学活动及其形式和方法，对于学生把知识与实际相结合，掌握专门技能，毕业后到社会即能很快适应工作岗位、做出贡献，产生了良好的效果。

统计图表：“我国统计人才稀如晨星，应社会之需对统计学特别重视，所以添设美术制图一科，以制作统计表目为唯一目标，将来能出力国家社会之处。”

打字练习：校内设有打字室，内设打字机多架，学生随时可前往练习，不另收费，以便学生打字水平达到准确、迅速之程度。

---

① 《天津工商大学简史》，第15页。
② 《天津工商大学简史》，第21页。

毕业论文：为工商各科“毕业生之必需作品，全文最长不得逾 20 页，以英为主，有欲交中文副本者听之。其题目由学生及导师共同拟定，呈请系主任批准，即可着手编著，限于毕业考试前一个月交卷。其题目之类别，因系而异”。无论何种题目，其中一个显著的特点皆为紧密联系实际。①

除课堂授课外，学校对实验、实习尤为重视。从学识与实际相结合原则出发，学校当局采取各种措施募集资金，不惜重金积极购置各类先进的实验设备。1929 年春，学校购置大型地震仪一台。此仪器设计精密，能测出极远和微小地震，享有国际声誉，当时在全国大专院校绝无仅有，因而蜚声学坛。同年，校长裴百纳去欧美主要工商科大学考察途中，采购了大量世界领先仪器。如电机试验，完全采用法国巴黎电器学校最新式的仪器和最先进的科学管理办法。

③注重体育

学校将体育视为“三育”中的重要环节，关系青年体格健康和毕业后能否胜任重要工作。对体育课程一向极为重视，与当时社会历史条件的影响也是分不开的。学校创办之初，正值蔡元培出任教育总长，提出“军国民”思想，注重体育事业的时期。北洋军阀政府颁布体育法规，各种体育社团纷纷成立，各项运动项目及体育比赛广泛开展，学校自然不能例外。特别是 1928 年凌安澜出任学监，努力置办体育设备，迅速办成 5 个足球场、6 个篮球场、1 个排球场、4 个网球场和 1 个田径场。设备齐全，各种运动器械应有尽有，由学监热心指导、组织，成立了学生组织的体育委员会及篮球、足球、排球、垒球和乒乓球等体育队。班、系级各类体育比赛活动几乎每星期都有，课外体育锻炼蔚然成风。每年春季全校举行运动会，外界举办的各项比赛学校均派队参加。例如，1930 年天津青年会主办的全市篮球锦标赛，学校代表队获全市冠军。这一方面使学生体质不断增强，另一方面扩大了本校在社会上的影响。

此外，学生还组织起话剧社、艺术社、管弦乐队等团体，周末或重要节日都举行文娱联欢活动，丰富课余生活，陶冶情操，德、智、体诸方面得到全面发展。

（2）教学方法、教材及教学特色

①教学方法

工商大学时期，学校在教学方法上本着实事求是、注重科学的宗旨，力求培养学生全面知识和实际锻炼能力。学校对学理学识和实践经验采用并重主义。课程设

---

① 天津工商学院出版委员会编．私立天津工商学院一览［M］．天津工商学院出版委员会，1935．

置偏重实用的基础知识和应用科学，培养目标相当明确，学工的要会设计施工，学商的要能从事国际贸易，通晓企业管理。

学校采用西欧教育体制，造就人才不求急进，注重基础科学。在大学4年中，前3年专注造就工程师或会计师之主要必修课程，不仅须使学生掌握基本学识，且须使之能运用自如，达到熟能生巧、有创造力之程度，最主要造就学生专门之技能，即在博之基础上求精，以利毕业后在干好岗位工作的基础上不断创新发展。

②教材使用与讲授

各门课程所用教材，除现有少量西欧教科书外，大部分采用各专业教授自编的讲义，盖因现代科学发展日新月异，以往的教材显然陈旧，有些内容已经不适应社会发展甚至荒谬。

采用讲义能将最新科学研究成果、学理及发明不断及时编入讲义，且加以笔记说明，如此使教学内容具有时代性和前瞻性。从此目的出发，学校极其重视科学研究。除订阅大量国外著名学术刊物供教师参考外，还先后创办了《北辰》《工商学刊》《导光》等较有影响的学术刊物。同时，为不断提高教授科学研究与教学水平，更新知识，拓宽科学视野，学校经常聘请国内外专家学者来校做学术报告，不断派出教员到西方著名大学深造、讲学，进行学术交流。

另一方面，因一般使用教师编写的讲义，所教课程缺乏系统性，致使学生课堂忙于记笔记，对教师所讲内容无暇思考，不能当堂领会，存有无形中增加学生负担的弊端。

③教学管理与教学特色

学校教学管理特色：总结工商大学时期的行政管理特色，可用“机构精简，讲究效率”概括。全校只设校长、教务长各一人。工商两科各设主任一名，由专任教师兼任。校长、教务长、各系主任除负责教学行政、兼做教研工作外，其讲课时数不少于专职教师。全校仅一名秘书、一名庶务、二名图书管理员和十多名工友。当时，专职和兼职教师都自己编写讲义、讲课、监考、批改作业。兼职教师按授课时数付酬。暑假前发聘书，教师接不到聘书即为被解聘，这对于保证教学质量起到一定作用。

天津工商大学的教学特色：“实事求是”不仅是其校训，也是其最主要的教学特色，它贯穿教学的各个环节；学理学识与实践经验并重，是其教学特色的重要体现；课堂教学与实验实习相结合，格外重视除课堂教授课程之外的实验、实习工作，以养成学生自己动脑动手、勤奋向上、善于思考、审度推理等良好习惯；坚持实事求是，避免浮夸，所授课程力求使学生学一科会一科，学一科精一科，力除学生毕业后往往“博而不精”适应工作困难之弊，同时注重培养学生举一反三的能力。

综上所述，尽管学校是由法国天主教会以传教作为办学宗旨创办的，是为了培养中国高级布道士，以便将“上帝福音”传遍每一个中国人，不可避免地带有文化侵略性质。但耶稣传教士把西方现代先进的教育、教学管理、教学方式和方法以办大学的方式传入中国，在客观上对于废除中国封建的私塾、学馆以及八股试帖、开科取士的教育，对于重视自然科学与社会科学研究，培养造就现代知识人才，促进中西文化交流等方面所起的积极作用亦是不可否认的。此外，当时传教士食宿由教会供给，不给薪金，专、兼职教师自己编写讲义、讲课、监考、批改作业，均不另付报酬。特别是学校每个领导和教师为教育事业鞠躬尽瘁、一丝不苟的敬业精神，对学生发生潜移默化的影响，是该校形成良好校风和学风的重要原因之一。

（资料来源：阎玉田《踞析津之阳——天津工商大学》，“第一节　天津工商大学时期的教学”，人民出版社，2010年版，第64—68，70—71页）

（二）天津工商学院

1. 天津工商学院女院课堂教学场所、图书馆管理、女生生理保健及学业管理①

（1）教室规则

①各班学生应于第一次钟时齐集教室顺序就座。

②教授出入教室时学生均须起立致敬。

③教室座次编定后不得自行更易。

④学生上课不得迟到或早退，凡因特殊情形迟到或早退者，须向训育主任呈明理由，发给入课证方得入课室听讲。

⑤学生听讲时如有疑问，应俟教员讲至一段落后再举手示意，经教员许可后方能起立请求解释。

⑥上课时不得谈话或私阅课外书籍。

⑦教室以内一切均须服从教授指导。

⑧无论在上课或下课时间不得在教室内喧哗嬉笑，应保持肃静清洁及秩序之整齐。

⑨无论在上课或下课时间不得吸烟。

① 题目为编者根据内容自行拟定。

⑩学生在教室内犯规由该班教员随时训导，如不服从，得令其退出教室外，并由训育主任予以惩罚。

⑪在上课时间内，凡有空堂学生应在图书馆内阅读图书，不得作任何运动。

（2）图书室规则

（一）图书室除星期日、例假及星期六午后外，每日上午九时至下午一时、下午二时半至五时为开放时间。

（二）各种书籍须在图书室内阅览，阅览完毕尤须放回原处。

（三）凡愿借出图书室之书籍，应先填具借出单交管理员收存，切不得私自携带出馆。

（四）图书室内指定参考书之借出时间，只能在星期一至星期五下午五时借出，至翌日上午九时缴还；星期六下午一时借出，至次星期一上午九时缴还。

（五）凡借出图书室内普通书籍不得超过两星期，但因特殊情形经许可后仍能续借一星期。

（六）凡借书逾期不还者，应予以警告，倘经两次警告而仍不按期交还者，取消其阅书权。

（七）倘被借书籍有遗失或污损情事，应由借书人负完全责任，或出资另购，或出资修补。

（八）在图书室内不得喧哗、疾行、零食或携带墨盒及易于燃烧之物，以防危险。

（九）借出之书籍，在每学期放假前一星期离期限未满，亦须缴还。

（资料来源：《工商学院女院成立纪念册》，河北大学档案馆藏，1943-CB13-1，第20—21页）

（3）女生图书馆管理、生理检测及学业管理一览图①

---

① 题目为编者根据图片自行拟定。

工商学院女生部

学生品行成绩考查簿

姓名　　　　　　籍贯　　　　　　年龄　　　　　　入学年月

期别 标准	第一学年		第二学年		第三学年		第四学年		备注
	第一学期	第二学期	第一学期	第二学期	第一学期	第二学期	第一学期	第二学期	
装束									
整洁									
心志									
意趣									
言语									
礼貌									
气度									
守规									
平均成绩									

附注：请用 ABCDF 五等符号注明等级；A 为最优等级，C 为及格等级，F 为最劣等级，品行不及格者不能升班。

工商学院女生部

体格测量表

姓名　　　　　　入学年月　　　　　　主任　　　　　　教授

期别 标准	第一学年		第二学年		第三学年		第四学年		备注
	第一学期	第二学期	第一学期	第二学期	第一学期	第二学期	第一学期	第二学期	
年龄									
身高									
体重									
胸围									
肺活量									
血压									
眼									
耳									
鼻									

续表

期别/标准	第一学年		第二学年		第三学年		第四学年		备注
	第一学期	第二学期	第一学期	第二学期	第一学期	第二学期	第一学期	第二学期	
口									
心									
肺									
肾									
经腺期									
试验室检查 尿血 X光									
以往病症：									
遗传病症：									

学生调查综合表正面及反面

学生　　　　　　　　别号

学生家长	家族			保证人
姓名 住址 职业 与学生之关系	分位	名字	职业	姓名 住址 职业 与学生之关系
	曾祖			
	祖父			
	父			
	兄弟			

学院　　　　　　　　　　　　　　号数

永久住址	入学前之经历	入学年岁	籍贯	入学年月	别号	

工商学院女生部

学生学期成绩通知彐

中华民国　　年　　月　　日

女子文学系第____学年第____学期

学生（表见下页）

<table>
<tr><td colspan="2" rowspan="2">科目</td><td rowspan="2">学期总平均成绩</td><td rowspan="2">学分</td><td colspan="4">本学期扣分统计</td></tr>
<tr><td colspan="2">类别</td><td>时数或次数</td><td>应扣分数</td></tr>
<tr><td colspan="2">操行成绩</td><td></td><td></td><td rowspan="2">请假</td><td>因病</td><td>小时</td><td></td></tr>
<tr><td rowspan="27">学业成绩</td><td></td><td></td><td></td><td>因事</td><td>小时</td><td></td></tr>
<tr><td></td><td></td><td></td><td colspan="2">旷课</td><td>小时</td><td></td></tr>
<tr><td></td><td></td><td></td><td colspan="2">迟到</td><td>次</td><td></td></tr>
<tr><td></td><td></td><td></td><td colspan="2">早退</td><td>次</td><td></td></tr>
<tr><td></td><td></td><td></td><td colspan="2">记过</td><td>次</td><td></td></tr>
<tr><td></td><td></td><td></td><td colspan="3">扣分统计</td><td></td></tr>
<tr><td></td><td></td><td></td><td colspan="4" rowspan="6">扣学业总分规则
请假每 3 小时扣 1 厘
旷课每 1 小时扣 2 厘
迟到或早退每次扣 1 厘
记过每次扣 5 分</td></tr>
<tr><td></td><td></td><td></td></tr>
<tr><td></td><td></td><td></td></tr>
<tr><td></td><td></td><td></td></tr>
<tr><td></td><td></td><td></td></tr>
<tr><td></td><td></td><td></td></tr>
<tr><td></td><td></td><td></td><td colspan="4" rowspan="9">成绩说明
A 等（85—100）
B 等（75—84）
C 等（60—74）
D 等（50—59）
F 等（50 以下）
成绩以 100 分为最高分数，60 分以下为不及格；
D 等表示成绩可疑，可予以复试机会</td></tr>
<tr><td></td><td></td><td></td></tr>
<tr><td></td><td></td><td></td></tr>
<tr><td></td><td></td><td></td></tr>
<tr><td></td><td></td><td></td></tr>
<tr><td></td><td></td><td></td></tr>
<tr><td></td><td></td><td></td></tr>
<tr><td></td><td></td><td></td></tr>
<tr><td></td><td></td><td></td></tr>
<tr><td>平均成绩</td><td></td><td></td><td colspan="4" rowspan="6">学分说明
平均每学分代表一学期内每周 3 小时之工作，此 3 小时包括上课 1 小时，自习 2 小时
学生完成一门课程成绩及格方给学分</td></tr>
<tr><td>应扣分数</td><td></td><td></td></tr>
<tr><td>实得成绩</td><td></td><td></td></tr>
<tr><td>实得学分</td><td></td><td></td></tr>
<tr><td>全班人数</td><td></td><td></td></tr>
<tr><td>应列名次</td><td></td><td></td></tr>
<tr><td colspan="4">教务处圆章：</td><td colspan="4">备考：</td></tr>
</table>

（资料来源：《工商学院女院成立纪念册》，河北大学档案馆藏 1943-CB13-1）

2. 天津工商学院科学研究实验室设备①

一、本院物理实验室为华北著名物理实验室之一。室内能容百人，各项仪器设备，不但应有尽有，且力求其近代化。每次实验仨何一种仪器，能有五副同样之仪器，供多数学生同时一次实验。物理室之大部仪器，多购自欧美，近年来小规模仪器，且能由本院小工厂自行制造。本院对于电学一门尤为注重，故对电气工程之设备力求完善，对较高深之物理实验，可谓毫不困难。

二、本院化学实验室内分六处。一处为普通化学实验室，两处为化学分析实验室，一为化学材料室，一为天平室，一为教员特别实验室。各室之布置与设备，完全系采最新之制度。该化学室所购置之各种药品，数在四千种以上，至于仪器及实验材料，亦尽量搜索，在同一时间，实验物品每次可供 80 人之用。化学室内之天平，极为精准，其中有一种沙氏天平，准性为万分之一克，至足珍贵。

三、工业材料陈列所。内中陈列设为各种建筑模型，内分土木工建筑模型、桥梁模型、世界各大建筑模型标本，各种建筑材料搜罗极多，均标明价格，分类陈列，以供学生材料学参考之用。另有测量仪器室附于工业陈列所，内藏水准仪、经纬仪等 20 余架及测量仪器等多种。

四、地震仪室。此项地震仪，在天津只本院有此一具，系于 1931 年由上海徐家汇天文台连运津者。

五、商品陈列馆。商业学乃一种重视经验之科学，其中对于商品辨认之经验尤为重要，本院成立之初，即注意于此点，而有商品陈列馆之设立，七八年来向国内外各方征求样品，现时所存之商品约六七十类，每类之中再分为数十种。

六、商务实验室则纯为一商业实践之科室。凡一银行或一贸易公司应备之账簿文件，及某一事件在商业上应经过之步骤，在该实验室亦均应有尽有，初不以其为实验性质而忽视也！

七、本院图书馆共分两部。一为藏书室，一为阅览室。藏书室居地下层，又分为二，一为书库，一为整理室。书库长十七公尺，宽十公尺，能存储五万册以上之书籍；阅览室能容一百余人同时阅览，现藏书籍约四万余册，其中中文书籍约占五分之一，其余则为英法文书籍。本院藏书有远在数百年前者，现为绝版，颇足珍贵。

（资料来源：《天津工商学院院务报告书》，河北大学档案馆藏，1935-CB13-8）

---

① 题目为编者根据内容自行拟定，并根据内容要求对标题做了必要调整。

3. 天津工商学院教学方法的现代性取向[①]

一、本学院对于教授方式，最注意于发展各生之个性及自动力，故本学院于授课之外，对于学生实习工作特别注意，以养成各生勤奋、适度、推算、创作之习惯。

二、近世教学风气多重浮夸，故大学毕业之后，往往博而不精，为世诟病。本校所授课程系依照部章，而完全实事求是，俾学生学一科会一科，学一科精一科，同时使学生皆有举一反三之力。

三、本院教授学科，除因若干科学名词不能不用外国文外，其余大多用国文教授，以矫正洋化之弊。

四、本学院所授各门课程，多不用书籍，而用讲义及笔记，因以现代之科学发明，日新月异，采用后者能将最新之学理与发明编入讲义，且加以笔记说明，如此不独自合部章，兼且极富时代性矣。

五、本院对于学理之经验探取并重主义。

六、本院教育方针，在不违背教育部方案之下，间探欧洲教育制度之精神，尤与法国教育制度有共鸣之点。本院造就人才，不求其急进，在大学四年、高中三年之七年中，有一年预备为学生之总温习，有两年特备注意为学生之基础学科，如数学及理化等课程。有三年专注于造就工程师或会计师之主要必修课程。不但须使伊等彻底明了，且须使其能运用自如，运到熟能生巧，能有创造之程度。然后再以一年之时间，造就学生之专门技能。如此则学生于离开学校进入社会以后，对于其专门之学科，固有特殊之技能，即对于一般工作，皆能有胜任愉快之程度。总之学校只能为求学青年作以学术上总导师，学校本身决不能立刻造出若干专门家或发明家也。故好高骛远及一味以造就高深之专门家或博士为目的之教学方法，本院未敢雷同。

（资料来源：《私立天津工商学院一览》，河北大学档案馆藏，1935-CB13-7）

---

① 题目为编者根据内容自行拟定。

4. 天津工商学院教学环境及教学活动图案一览①

天津工商学院物理试验室附属工厂操作实况

① 题目为编者根据内容自行拟定，图表下的说明文字均为编者根据内容自行编写。

天津工商学院商业贸易商品陈列

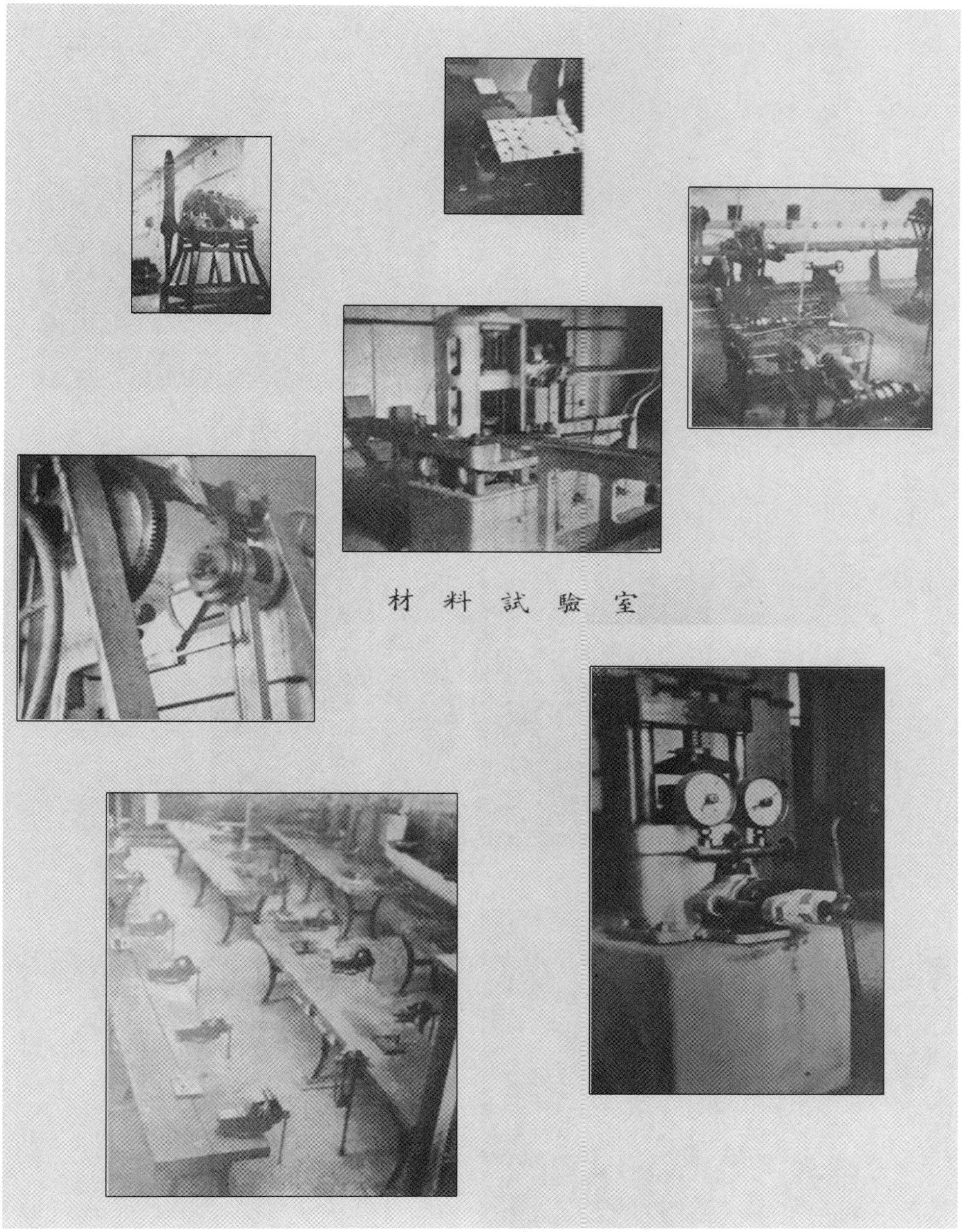

天津工商学院材料工程学材料试验室

刻日竣工之商科樓

天秤室

藥品室

天津工商学院商科楼、天秤室、药品室

檢驗商品用之
顯微鏡

儀器分折用之
愛倍(Abbe)氏
折光器

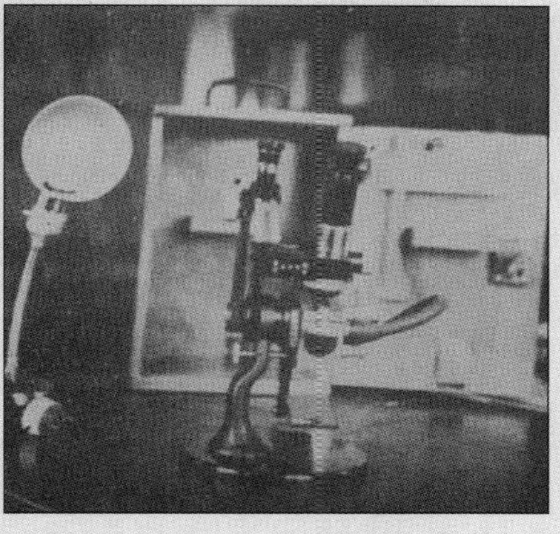

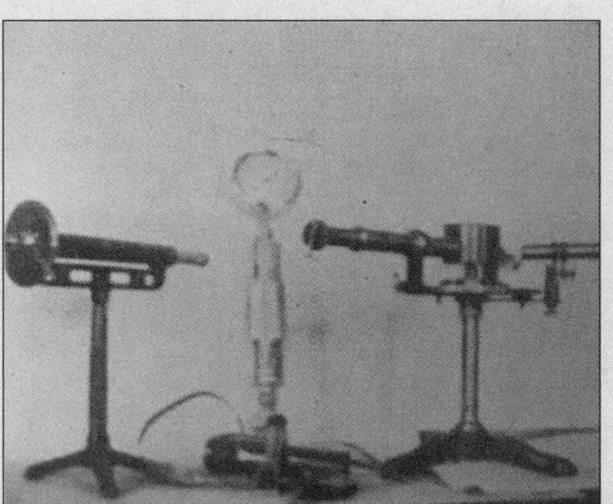

儀器分折用之分光器
瑞德氏氣壓器
(用於試驗氣油之氣壓)
偏極光器

天津工商学院生物化学使用仪器

天津工商学院化学师生试验活动

（资料来源：《天津工商学院1940年毕业纪念刊》，河北大学档案馆藏，1940-CB13-5；《天津工商学院贰拾捌年班毕业纪念册》，河北大学档案馆藏，1939-CB13-3；《天津工商学院商科课程内容》，河北大学档案馆藏，1939-CB13-6；《工商学院1937班毕业纪念册》，河北大学档案馆藏1937-CB13-7；《工商学院毕业同学录1935班》，河北大学档案馆藏，1935-CB13-4）

5. 佚名：工商学院筹开春季运动大会，工、商、附中三部对抗已定四月二十五日举行

［本市消息］本市私立工商学院，对体育一项向极注意，故成绩颇佳。去年会得河北省天津区运动会径赛冠军、田赛亚军。兹该校以时届春节，特定于四月二十五日（星期六）下午二时举行本年度全校运动大会。闻该校体育主任暴安良君，现正准备一切，并请该校体育指导王子华君担任总裁判。本市体育界闻人分任各项裁判。届时除邀请法兵总部军乐队助兴外，并特设无线电放大器一座，以资报告各项比赛情形。该校此次比赛，以工、商、附中三单位作为三角对抗，另有初中学生体育游戏及校友外宾四百米接力、一千五百米接力等项。闻报告参与者已达二百余人，内

有短跑名将朱文楷、张俊德、吕孟秋、王世锐，及跳高健将叶飞、李振东等人。预料成绩定有可观。兹闻该校即将发出请柬多份，邀请各界外宾及学生家长届时参观，并备有茶点招待一切云。

（资料来源：《大公报》1936 年 3 月 27 日第二张第八版，《闻墨》编委会主编《闻墨》，天津科学技术出版社，2014 年版，第 17 页）

6. 工商的宗教生活①

工商是个天主教的大学，创立于民国十二年秋季。创办人是普通被认为天主教中的激进分子耶稣会士们。就在这种双重关系之下逐渐地形成了被人视为有着特殊性格的工商学院。耶稣会士们在公教的教育上有了他们辉煌的历史。一七八九年法国大革命以前，那些被人称为激进的维新人物或百科全书派几乎都是耶稣会士的学生们……虽然他们曾反对过耶稣会。西万提斯在其《侠魔传》中所嘲笑过的骑士之一，典型的人物罗耀拉的依那爵，是活跃的耶稣会最高标准人物。他由罗曼提克的世界进到信德的领域作了神圣的宗教的事业。在那有名的东西文化交汇时期，明末清初，将西方新文化带到这金璧辉煌、古老东方来的学者，也是耶稣会士们，所以在中国的文化史上，他们留下了不朽的功绩。耶稣会自其最初即见到了教育事业和文化的介绍是怎样有助于信德的传布。所以在东方文化中心的中国，他们找到了事业的中心。唯有使中国得到信印之光，东方传教才算有基础，这是他们心目中日日相望的目的。工商的公教同学看到这里，是应该体会这种伟大事业的重要性的，同时也应该感觉出你是处在这种事业的机遇的环境中。

我在这里是不是夸张，已将工商学院在信德的和教育的历史上之重要性和希望述说了一大片段。工商的信友是怎样被熏陶去成就未来的理想事业，不是局外人和新同学所易知的。我知道在工商的朋友中间流行着一种普通的意见，以为工商的宗教生活是比其他大学比较地严重点——或许不—是沉闷。在校内，公教学生除了每日的神功课业之外，其他各种课内外活动是自由地无间隙地参加在其他同学之间的，并无特殊，并且也无须特殊，不该特殊。或者有人以为这已就是沉闷吧。其实这是没有明白信德生活真谛的见解。公教生活应当是进入每一个角落里。前几年公进会的总监督曾把这一点提示给本校的青年会，以为传信工作不在于吹着喇叭，打着铜

---

① 我们摘录一篇由信教同学夏永平所写的文章《工商的公教生活》，刊登在 1940 年《工商向导》（第 61—62 页）。相信此文可帮助读者进一步理解耶稣会文化教育事业背后的宗教理念，以及这种理念如何传承到信教学生的生活之中。本书摘引此文，意在呈现校史相关文献资料，文章并不代表本书观点，请读者注意甄别判断。

鼓，站在街头巷尾，对着一群精神涣散的人去宣布福音，而在于能去镇静地修养自己的本领，以备闯进每一个社会细胞，去支持，更好是去领导，制造公教空气，使社会人士在公教习惯中熏陶，久而久之一定有集体归化的可能。在工商一切课内外活动都有公教同学们去参加。甚至有时候是领导。他们做了什么呢？并没有寻找机会去讲道理，不是必需的，也不应该。最大的希望不是参加得适当，而是领导得适当吗？每一个单元组织都有公教的分子，并且假使这些分子不是良好的，就是中坚的，使这些组织尽合公教习惯，这不是最根本的工作吗？我相信，工商的公教同学是这样做过，还应当这样做，以收最大的效果。明末的耶稣会士，也是这样做过的，谁说这是沉闷呢？

公教同学的一般活动是如此，其神修生活也可以加以一瞥。因为工商是个大学，在公进组织上，是一个合法的单位，所以历年来也有那独立的、直属于总指导会的青年会存在着。过去的指导司铎，如邵德基神父、申自天神父，都是德才兼备的，前者曾任本学院经济学教授，后者是科学方法论的作者。现任指导司铎籍神父，则是孕有巨量的潜能的，在非常的时期下，仍能照常进行，其希望是很大的。在他们的指导之下，青年会也曾做出了惊人的成绩。其中最可纪念的，是二十六年成立的民众夜校，我曾记得同李君崇高，在夜间计划着怎样请教员买教科书、招生、呈报教育局等琐碎的事，因为白天上课没有什么功夫，教员们多半是由青年会员义务担任，他们的热心使全校感动。可惜办了一年多就因故停止。其次是青年会曾提倡过通俗科学讲演，博得社会好评。事变以来，因种种不便，青年会的社会事业不言而喻地停顿了。二十六年青年会还出过一种刊物，名为《工商信友》，为保持信德真光，进而成为热心的教友。

近几年来令人敬仰的成绩是青年会帮助编印了公教会丛书，这丛书中的几本，竟风行一时，收效颇大，因此几位会员特蒙宗座代表奖励，并亲召至代表公署降福。

现在，我们来看我们的日常生活，早晨六点起来，六点半进堂，念早课，望弥撒。数年的经验告诉我，每天领圣体的同学差不多在半数以上，这就是很好的现象，我们不能希望太高。晚七点三刻念晚课。每星期两次道理由指导司铎讲，有时举行讲演则由会员轮流来讲。每学期开始举行三日避静神工，这是清理个人的好机会。

工商公教组织中还有一颗藏在锦匣中的珍珠，那便是虔诚的圣母会，这个会是少数人的团体，好像是青年会的心脏一样，在不显露的地方，鼓动着信德生活的生命。

诸位新来的公教同学，希望你不但继承这个生命，还要发扬光大之，使基督福音之花栽遍全中国。工商也许是耶稣会所说过的一个芥菜子，长成一棵大树，南来北往的飞鸟，栖息在那茂盛的枝叶间，唱着响亮的赞美歌，至于无穷之世。

（资料来源：田炜帅《煌煌北国望学府：私立天津工商学院——津沽大学 1923—1951》，辅仁大学天主教史研究中心，2018 年版，第 427—429 页）

（三）津沽大学

1. 津沽大学的教学改革及教学活动①

（1）改建为津沽大学后学校发生的重要变化

①最明显的变化就是传教士在教职员中的比重减少

建校初期，教职员绝大部分为中外传教士或天主教徒。1938 年全校教职员 50% 为教士或教徒。1948 年改为津沽大学后，全校教职员近 100 人，绝大部分为中国人，传教士和教徒仅 10 人左右。学生中有教徒身份的人数也逐渐减少。根据当年的统计数据，1925 年全校 95 名学生中教徒 33 名；到 1948 年改称津沽大学时，全校 879 名学生中教徒仅有 86 名。

②国民党政府教育部推行美国的教育制度，学校原法国教育制度有所改变

如学生学习成绩记分由 20 分制改为百分制，增设选修课程等。专任教师有所增加，还聘请一些外校教师，如南开大学财经学院院长袁贤能、外文系主任司徒月兰和孟志芹、高殿森、颜毓蘅等教授，来学校兼课。

③课程设置的变化

新中国成立后，中央人民政府教育部先后召集一些大学校长、教务长等听取他们的汇报，进行座谈，了解情况。1949 年 11 月 12 日，津沽大学校长王峻德、副校长卜相贤和沈晞也被召到教育部进行汇报。通过初步调查了解，中央人民政府教育部发现一般大学课程设置过多且不合理，学生负担过重影响身体健康。认为必须对旧大学的课程设置和教学方法进行彻底改革，应进行必要的政治理论学习，以贯彻培养造就德智体全面发展的社会主义新型知识分子。

为进一步掌握材料以便提出相宜的改革方案，11 月 17 日，中央人民政府教育部向京津各院校发出通知。要求各校将每学期学程数目统计表、课程表及教师担任课程统计表，按部提供的格式“于一周内报部”。29 日，又发出第 165 号通令，要求各校对教学改革实施情形予以检查，将有关各系对课程内容、教学方法的改进意见，于 12 月 15 日前向教育部作出书面报告。这些充分表明了中央人民政府对教育改革极其重视以及慎重的态度。广大师生员工积极响应号召，就如何改革旧的教学体制、

① 题目为编者根据内容自行拟定。

课程设置、教学内容和教学方法，通过各种组织形式，展开了热烈而认真的讨论，提出了初步改革意见。

1950 年 10 月，中央人民政府教育部批准津沽大学工商管理系改为企业管理系。校务委员会根据教育部指示精神，对一些学科的课程内容作了调整充实，逐步实行重点学习；如工学院土木工程系重点课程分为结构工程与铁路工程 2 组；建筑工程系重点课程分为结构工程和美术工程 2 组；机械工程系则着重于母机制造及内燃机的重点学习。商学院重点课程分为成本会计、经济核算、财政学及财政行政论；国际贸易系重点课程则分为国际贸易原理、政策、实务及商品检验等；企业管理系重点课程分为工业管理、人事管理、材料管理及生产管理。1951 年 6 月经教育部批准，津沽大学将商学院改为财经学院，会计财政系改为会计学系。

（2）私立津沽大学时期的教学改革

关于开设三门政治理论课的斗争。

中华人民共和国成立后对教育十分重视，其教育方针即培养学生树立正确的世界观和为人民服务的人生观，培养有思想、有道德、有科学文化知识的社会主义事业的人才。

天津市解放后不久，华北高等教育委员会即召集所属各大专院校负责人举行扩大会议，决定立即废除国民政府教育部关于教育的规定及课程设置的标准。于暑假开学后，各校各年级一律开设辩证唯物论与历史唯物论、新民主主义论、政治经济学三门公共政治理论必修课程。要求前两门课程于 1949—1950 学年讲授，每周 3 学时，每门 3 学分。政治经济学每周 3 学时，一年学完，共计 6 学分。规定文、法、商、财、师范学院毕业班学生必修，其他年级可以选修，毕业前必须修完。根据此三门课师资缺乏状况，华北高教委员会于 1949 年 9 月 20 日对津沽大学特别发文指令：“介绍杨思慎、王金鼎二先生任教辩证唯物论与历史唯物论各一班级。季陶达先生任教政治经济学。”

1949 年 10 月 7 日，教育部就开设三门政治理论课又发出《通知》作出具体指示。《通知》指出：“学好这三门政治理论课是新中国每个知识分子所应有的起码知识。只有掌握了这些活的知识，才能建立起健全的革命人生观，进而充分发挥聪明才智，为人民服务。全国胜利即在眼前，新的经济文化建设，经纬万端，尤有其迫切性和重要性。”要求各校教务长、院长、系主任及有关教员经常与各该政治课程与基础课程的教学委员会、学生会及党支部取得联系，摆正政治理论课与专业课的关系，设法解决好目前学生授课时间过多的问题，对其他课程作必要而适当的调整，并对选修过多的同学进行耐心的说服工作。“务使每个同学对每门政治理论课每周保持9小时的学习时间（包括阅读、上课、讨论等）。”学校广大师生积极响应《通知》精神，出谋进策安排好各课程的关系，保证了政治理论课的教学。

以卜相贤副校长为首的一些人，强烈反对教育部关于在大专院校开设三门政治理论必修课程的规定。在开设与不开设问题上，校务会议展开了两天激烈的争论。广大师生自动组织起来揭发卜相贤长期以来反共、反人民、反对学生爱国行动的罪行，强烈要求卜相贤立即辞去校长职务，“滚出学校”。但也有少数管理职员和教授随之起哄，先后提出“辞职”予以要挟。双方对峙，教学秩序出现严重混乱，最终通过天津市文教部与黄敬市长亲自出面才得以解决。卜相贤等被迫同意开设教育部所规定的政治理论课，但别有用心地提出在开设政治理论课同时，必须开设“公教概论”（《圣经》），用以宣扬唯心主义有神论，抵制马克思主义的唯物主义无神论。而且规定每周也同辩证唯物论与历史唯物论等课程一样，必须每周3学时，一学期3学分。

校务职员和师生代表从中国共产党的宗教政策出发，允许开设“公教概论”，但必须作为选修课程，双方最终达成妥协，从此两种截然不同的政治课唱起对台戏。卜相贤利用副校长的身份经常亲自到教室听辩证唯物论与历史唯物论、社会发展史等课程，以便抓住“把柄”，而后在“公教概论”课堂上有针对性地予以批驳。比如他听政治课后，在课堂上质问学生；“说人是从猿变来的，你们见过吗？没有见过的东西不能相信，这就是唯物主义。”同学们反驳道：“你见过上帝没有？没见过就相信，不是唯心主义是什么？”“都是上帝的儿子，为什么帝国主义还侵略中国！”结果卜相贤总是被学生们问得张口结舌，无言以对，狼狈不堪。此后，“公教概论”课程听众逐渐稀少，选修的同学越来越少。但他们不甘心失败，当“公教概论”课程结束时，公然以“论马克思主义的缺点”命题，作为学生的试卷，学生如不按其立意论证，就判不及格或0分，扣除学生学分，以勒令退学要挟学生，达到反对马克思主义和人民政权的目的。但广大学生在党组织支持和帮助下，进一步认清了卜相贤一伙的反动本质。由于“公教概论”课程只有几个教徒，而且不断遭到同学嘲讽奚落，他们无心上课，最终，学校不得不取消这门课。

（3）教学内容与教学方法的改革

文学院各系也开始实行重点学习计划，使新旧文艺思想相配合，训练新民主主义教育方针下的干部人才，积极进行教学改革。兹举中国文学系和史地系的改革方案如下：

①文学院中国文学系改革后的课程设置、教学内容与教学方法

文学院中国语言文学系通过认真讨论，首先作出如下改革的原则：

第一，废除国民党教育部规定的课程；

第二，以马列主义及新民主主义论立场观点为教学准绳；

第三，改变过去纯粹旧文学的状况，今后须增加新文学内容；

第四，改变过去只偏重知识的状况，今后须加强能力的培养。对课程设置作出如下新的规定：公共必修课程各系各年级必修（指上述三门政治理论课）。大一普通课程部分，包括国文、外文（俄、英、法）、中国历史。本系基础课程：中国文学史包括中国文学史、汉魏六朝文学史、唐宋文学史、元明清文学史及现代文学史等断代文学史；中国语文包括概论、文字学、声韵学、训诂学等；写作实习包括现代文习作、应用文习作等；中国文学名著选包括诗选、词选、曲选、散文选、现代文选等。选修部分主要有专家研究和专书研究两部分。①专家研究：主要有鲁迅研究，包括其生平、文学作品、杂文及其在基本政治思想上的重要地位；②专书研究：主要包括《诗经》《论语》《孟子》《荀子》《韩愈集》《李义山诗》《史记》《周邦彦词》等。

②史地系改革后的课程设置、教学内容、教学方法及教学时数

全系各年级必修上述三门政治理论课，一学年每周3学时；历史基础课程：社会发展史，一年级必修，二、三、四年级选修，一学年每周3学时。课程内容包括绪论、由猿到人、原始社会、封建社会、资本主义社会、新民主主义社会、社会主义社会。授课目的：使学生树立劳动观点和为人民服务的人生观，了解社会发展规律。教学方法：教师先作报告式概括讲解，而后学生组成小组讨论，提出问题再作解答。中国通史：一年级必修，一学期每周4学时。课程内容：注重说明中国历史发展的动力及过程。按历史顺序专题叙述每个时代及其与他时代的关系与相互作用、与世界史的关联与比较，使学生了解每个历史时代的发展状况及其在世界历史中的地位。授课目的：使学生了解历史发展规律，把握现实以确立对于革命实践的信心与行动。教材及参考书：范文澜《中国通史简编》，翦伯赞《中国通史纲要》，吴泽《中国历史简编》，周谷城《中国通史》，吕振羽《简明中国通史》，邓初民《中国社会教程》等。世界通史：二年级必修，全年每周4学时。课程内容：上学期以史实论证社会发展规律，确立历史唯物主义观点；下学期以资本主义国家及殖民地的发展过程，说明世界无产阶级革命的历史根源与前途。教材：以苏联科学院出版的《世界中古史》《世界古代史》《殖民地附属国新历史》为主。中国近代史：三年级必修，全年每周3学时。课程内容：从1840年至解放战争胜利，主要了解近代中国社会性质及新民主主义革命的历史根据和过程。教材：主要参考《新民主主义论》《中国革命与中国共产党》，范文澜《中国近代史》，李鼎声《中国近代史》等。西洋近代史，注

重第一次世界大战至第二次世界大战结束欧洲局势及各国政治经济状况。第一学期首先由《帝国主义是资本主义发展的最高阶段》开始，而后简述世界大战与战后国家均衡之局势以及注意法西斯之兴起、经过及背景，进而述及其余资本主义国家如英、美、法等。第二学期由苏联社会主义革命开始，详述社会主义新世界的发展，最后述及第二次世界大战前夕及战后社会主义与新民主主义国家和平势力与帝国主义国家的关系。此外，还开设明专题史研究、史学通论、历史研究法（史学方法）等各年级必修的基础课程。选修课程：欧洲文化史：二、三、四年级选修，每周3学时。历史哲学：三、四年级选修，每周2学时。考古学：三、四年级选修，每周2学时。马列主义史学名著选：三、四年级选修，每周2学时。此外，还决定史地系分为历史、地理两个专业（很快分别建系），学生可随意选修历史专业或地理专业。此外，还举办各种纪念会、讲演等形式，不断提高学生的历史知识、理论水平和分析现实问题的能力，达到不断改造世界观的目的。

③避免填鸭式教学方法，注重与实际的结合，学生不断提高学习效率，增长知识，提高分析和解决实际问题的能力

学生根据教师提出的问题在自己看书过程中大家讨论，而后由教师作总结。这对学生毕业后提高认识、分析、解决问题的能力大有益处，“更有利于全面的为人民利益”。

总之，无论在课程设置、教学内容、教学方法和教材选用上，史地系都进行了重大改革。各门课程注重理论、历史与现实的联系。尤其是教师在中国通史、中国近代史的讲授过程中，注意分析研究每个时代及其与他时代的关系和相互作用、与世界史相同时代其他国家的关联与比较，使学生了解每个历史时代的发展状况及其在世界历史中的地位。这种纵横比较的教学方法，既能使学生了解中国社会历史的发展，对祖国未来充满信心，又可使其了解中国与世界先进国家的差距，避免盲目乐观，找出造成落后的原因，增强历史责任感。这些宝贵的教学经验和方法，具有重要借鉴价值。

综观中国文学系与史地系对于教学内容、教学方法及课程设置的改革，从当时的历史条件评价，这对于推动学校教学改革不断深入发展，把学校建设成为培养造就社会主义政治、经济、思想、文化建设人才的阵地，可谓迈出了极其重要的一步，实属难能可贵。

（资料来源：阎玉田《踞析津之阳——天津工商大学》，人民出版社，2010年版，第87—93页）

2. 津沽大学同学来行实习

天津津沽大学，因慕本行内部办事手续完善，最近特利用暑假，派该校工商管理系三年级学生张同猛、苏翔远、张耀光、王子臣、秦世忠、王德润、张行知等七位，来津行实习，为期约有两月。张君等已于7月12日正式来行报到，先在会计、交换、放款及内外汇兑等部门实习，俟熟谙后，再轮至其他部门及各办事处等处实习。范经理对该校同学来本行实习颇为重视，事前曾召集各部门主管人员谈话，指示于实习时，必须尽心详细指导，务使能充分明了，得到实际经验为止。

（资料来源：欣伯《津沽大学同学来行实习》，河北大学档案馆藏）

（四）天津师范学院

1. 天津师范学院一年来工作报告——1954到1955学年年度教学工作总结

（1）教材编写工作

一年来，各科教师根据工作计划，大力投入了教材编写工作，取得了很大的成绩。全年编写讲义的科目共有106门，占全院开课总数的70.2%。共计12 900余页，2110万余字。再加上采用苏联教本的课程21门，则全院83.8%以上的课程都有了教材，基本上完成了讲义编写的一个历史阶段。由于各科有了一定的教材，本学年的课堂教授一般较过去有以下的改进：

①教师可以根据教材的组织系统，着重对本门课程的基本的主要的问题作深入的阐述，不必为写黑板和照顾学生作笔记而分神，这样讲授就更加细致深入而有重点，提高了课堂讲授的质量。

②能比较精准的计划讲授时间，严密地分配教材，加强教学的计划性，保证进度的完成。本学年度全院各科拖拉进度现象已大大减少，前松后紧的现象也有了很大改进，许多课程有了讲义是其主要原因之一。

③学生可以从沉重的逐字逐句的记笔记中解放出来，集中注意力听讲，深入体会教师的讲授内容。复习时可以根据讲义作系统完整的复习，节省了整理笔记的时间，也免除了笔记间断不齐，影响复习的困难。

④有了讲义，对各科教学内容的检查有了根据，可以组成教师对讲义的政治思想性、科学系统性方面作细致深入的研究讨论。此外，教师在编写过程中，熟悉了教材，明确了问题，从而提高了业务水平，也就相应地提高了讲授水平，这又是编

写讲义工作的另一收获。

但是，由于我们的科学水平、政治理论水平的限制，由于我们大部分讲义都是初稿，因此在讲义中一般还存在着不少的缺点和问题，须待以后不断地加以改进。

①教材质量不高，具体表现在：

1. 贯彻目的性体现培养目标不够突出。各科教材的编写，必须根据教学计划和教学大纲目的要求，确定教材的中心思想和中心内容，要通过这一教材的教学，使学生切实掌握将来从事中等学校该科教学工作应具的知识技能与熟练技巧。一般说来，教师们在编写工作中对这一点是注意不够的，因此体现培养目标不突出，不能显出师范学院教材的特点。

2. 科学系统性差。讲义的科学的完整的体系差，对基本理论阐述不够明确，有的材料堆积现象罗列，对教材现象缺乏具体分析；有的在表面上章节似有系统，但体现内在联系却很差。因此学生反映有的讲义是“一大片，抓不出理路来”。此外，还有个别教师将科学上的讨论未得定论的东西放到教材中去，这是违反编写教材的基本原则的。

3. 政治思想性不强。一般来说，大家是注意了用马列主义的观点去处理教材的。但通过本门科学的具体内容，随时随处贯彻马克思列宁主义的精神，这一点还是很差，而引用马列主义词句，形成外加的生硬的教条的不少，这说明我们对马列主义的学习钻研，还须更加努力。

②教材分量过多，篇幅与讲授时数不相适应。例如中文系专修科一年级共开七门课程（体育除外），全年共发讲义资料 1439 页。学生平均每周须读讲义资料 42 页。教材分量过多的结果，使学生的学习负担加重，不仅影响学生对教材基本问题的深入理解与掌握，而且也阻碍了全面发展教育的进行。教材分量过重的原因，一是由于教师初次编写讲义，对课程内容掌握不够，对于教材的取舍详略，还不能自如；一是教师在主观上愿意多给学生点东西，以为教材内容越多越善，没有很好考虑教学大纲的要求与学生的接受能力。这种主观主义的想法，是应该很好地克服的。

③讲义的审阅未能很好开展。各教研室对于讲义的审阅工作多数未能很好地开展。上年度计划中所定每一教研室择一门讲义作重点的审查研究也多数没有做到。有的虽然作了，但因教师们大家忙于自己编写教材和上课，对审阅的教材未作出较长时间的仔细阅读，因而在教材讨论会上不能作深入讨论而使讨论会流于形式。在今年大部分教材都已初步解决了的基础上，这一工作应更好地进行，充分发挥集体力量，对一些教材作较全面深入的修改。

在教材的采用上，多数教师不愿采用别人编写的教材而愿意自己编写，这种积极努力的精神是好的，但如果我们编写工作有困难，努力编写出来的讲义又还未必较别人编写的好，则不如即采用别人编写的，而把时间精力用在备课和进修上。根据上述情况，各系科室对现用教材应加以审查，根据不同情况，分别处理。提出教材编写修改计划要切实根据部颁教学计划和教学大纲的要求，结合学生实际水平，贯彻“精选教材，提高质量”的精神，正确掌握“学少一点，学好一点”的原则，明确目的性，删除庞杂，加强教材内容的科学性和政治思想性，并加强对讲义的审阅工作，每一教研组每一学期（或每一学年）应集中力量审阅一种讲义，通过集体讨论，进行修改，以提高讲义的质量，增进教师的业务水平。

（2）教学工作

一年来，我们的教学工作有相当大的改进。在部颁教学计划的执行方面，本科一、二年级及专科一年级都执行了计划，除中文系一年级的逻辑学一科外，所有课程全部开出。其他各年级无论在教学时数和课目上，都进一步接近了部定计划的要求；由于坚决贯彻执行部颁教学计划，本年各系科共增开了新课 26 门。在各科教学大纲方面，数理化生四系一年级课程已全部采用了部订教学大纲，其他自订教学大纲的课程，也一般经过了修订，无论从目的要求的明确性上看，从内容质量上看，都较过去有所提高。在各科教学的计划性方面，由于教师都根据教学大纲制定了教学日志，多数课程又有了讲义，教学进度的执行有了显著的改进。此外，课程进行中前松后紧的现象也相当大地减少了。在课堂讲授方面，不少教研组组织了教师互相听课，并举行观摩教学和评议会，这些都对课堂讲授的改进起了一定的推动作用。一般来说，教师在课堂讲授上都是认真努力的，因此课堂讲授的效果较之过去也有一定的提高。在运用各种教学形式方面，有的系科对课堂讨论作了重点示范与研究，有的注意了留课外作业的问题，更重要的是全院本科一年级及地专一年级全部实行了部颁考试考查的规定，为进一步改革考试制度打下基础，并对提高教学质量起了一定的推动作用。由于以上种种改进，学生成绩不断有所提高，本学年第一学期学生不及格人数 230 余人，占全体学生数的 13％多，第二学期不及格人数减为 164 人，占全体学生人数的 9.4％。此外，中文、历史、数学、物理、化学、生物六系教师，还参加了市教育局组织的中学教学质量调查工作，所有参加调查工作的教师都进一步了解中学教学情况，认识到师范学院的教学工作必须联系中学实际的重要意义。在这次调查工作的基础上，数学系并与中学数学教师进行了两次座谈会，这种办法是我院今后进一步与中学取得密切联系的好方法。

但在教学工作中仍然存在着不少严重的问题和缺点，可分为下面几个方面来谈。

①课堂讲授

第一，课堂讲授在教学内容上存在的问题。

（1）政治思想性不强，教师在教学中注意贯彻政治思想教育不够。最主要的是有的教师在教学中未能注意积极地宣传马列主义，反而传播了资产阶级唯心论的观点。有一位教师在古典文学教学中说“水浒的主要思想是替天行道”，这是夸大了这部伟大作品的消极因素，而忽略了它的积极的现实主义的因素。讲《红楼梦》时，还不断提到贾宝玉的身世，说“这就是作者自叙它的祖上”。又有一位教师讲分类学家林迺的学说，只讲其正确的一面，而对其宗教迷信的唯心观点未予批判，这就很可能使学生全面肯定林迺的学说而受到他学说中唯心观点一面的害。再有一位物理教师在解答学生问题时对“死热说”的反动谬论没有加以批判，并且把热与热辐射的概念混淆，从而推出“热是物质”的错误结论。再则有的教师在教学中举例联系实际时忽略了在教学中应随时注意贯彻思想教育这一严肃的任务，举些庸俗的例子。如一位教师在谈到感性的美育时，举女人的小脚来作说明。这些都说明我们在政治思想水平还低，在教学中的政治责任感还不够。在今后的工作中应该很好地注意克服。

（2）教师在讲课中常有发生错误讲解的现象。如化学系一位教师讲橡胶的结构时，一会儿说有 7 个氢，一会儿又说有 8 个氢，到底有几个氢，教师终于向学生作不出肯定的答复；又一位教师在讲授世界文学时把“自然主义”讲成“现实主义”；此外，还有的教师在演算例题时发生错误。讲课中发生错误的原因，除个别教师是由于业务水平低，对教材的理解不够外，多数是由于备课不足，钻研教材不够。总之是工作的责任心不强所致。我们希望今后在大家思想觉悟提高的基础上，肃清这一现象。

（3）教学上相当严重地脱离实际。不少教师在讲课中很少考虑学生的接受能力，主观地希望多给学生一些知识，这样就造成的学生负担过重的现象，学生对所学课程疲于应付，学习效果很差。其次是教学中联系中学实际不够，教学内容与中学课本照应不够，很少注意提出一些有关中学教材的问题研究解决。

第二，课堂讲授在教法上的问题。主要是有了讲义如何讲授的问题。一年来许多有了讲义的课程都发生了有了讲义后如何讲授、以及有了讲义后学生是否还要记笔记的问题。目前大家讲授的方法大约可归为四种：

（1）对讲授内容不是全面交代，而是分清主次，抓着基本问题反复讲解，对次要问题只扼要地提出，留给学生课下阅读。这样既可节省课堂讲授时间，又可使学生抓着重点，自己去系统地阅读和体会教材，培养其独立思考能力与学习上的积极主动精神，这是一种很好的讲授方法。

（2）按照讲义逐字逐句进行讲解。不少学生欢迎这样讲法，但这样的讲法必然要花费更多的讲授时间，而且学生抓不着重点，在课上课下都缺乏锻炼独立思考、独立工作的机会，极易养成学生死背死记的习惯，影响学习质量。

（3）按照讲义宣讲或背诵。这是一种不好的讲授方法，学生既极不感兴趣，教学效果当然也很低。

（4）课堂讲授与讲义内容脱节，讲的是一套。讲义又是一套。这是旧的资产阶级“自由讲授”的残余，自然是极坏的一种讲授方法。

以上四种讲授方法，只有第一种方法是正确的，但这样讲授必须在课前充分备课，透彻地掌握主要问题和内容体系，作好每一错误的讲授计划，才能搞好课堂讲授。那种认为有了讲义之后即可放松备课的想法是完全错误的，必须克服。

有了讲义或教本后，学生是否还需要记笔记呢？是要记的，但不是逐字逐句地记，而只是就学生听课时的理解记下重点，以便帮助自己在课下阅读讲义和参考资料，教师对学生的笔记要有检查，从中可以看出学生是否掌握了一堂课的主要内容和主要意思。这是了解教学效果的最好方法，也是帮助学生改进学习方法的最好的依靠。

其次是在教学中运用直观教具的问题。过去对于在教学中运用直观教具我们是注意不够的。理、化、生物等系的课程缺乏有计划的示范实验；历史、地理等系各课尚未作出系统的教学用途，对师生自制教学用具的工作也重视不够。这不但影响目前的教学效果，还会带给学生以不重视直观教学的习惯。这是我们今后工作中应当注意的。

②辅导

一年来，各科教师对辅导工作是相当注意的，许多人订出了辅导计划，深入了解学生，使辅导做到有的放矢，有的教师并开始注意通过辅导来培养学生独立工作能力。对于工农干部学生的辅导，大家尤其热心积极。但总的说来，大家对辅导的基本精神还掌握不够，更还缺乏一套具体的辅导办法，许多问题须改进和纠正。

过去辅导工作主要是采用集体辅导和个别辅导两种形式。集体辅导一般每周 1 次或两周 1 次，有时是把课堂讲授中不清楚的地方重讲一遍，有的是作单元总结，有的是解答习题中发生的问题，更有的是想通过集体辅导使学生重视这门功课，有的辅导时间太多，占用学生晚自学时间。个别辅导基本上是采取个别答问形式，一般是采取教师等待学生来问的方式，也有定期指导学生提出问题的，但又往往以目的要求不明确，方式不好，学生有顾虑，认为是变相的测试，结果反而增加了学生的紧张情绪。总之，都是没有充分了解辅导工作的目的和要求，在今后的辅导工作中，应切实贯彻部定教学计划中所规定的辅导目的，减少不必要的集体辅导，贯彻学生自愿参加的原则。辅导的次数和时间，要有严格的计划和限制，教师——特别是主讲教师，要深入了解学生的困难与要求，亲自进行辅导，注意通过培养学生的独立思考和独立工作能力，创造一套工作方法。对工农干部的辅导工作，更须加意改善，不仅要帮助他们解决课程和作业的一般困难，尤须要注意培养独立学习能力，使其能在短期内跟上班。

③课堂讨论

本年实行课堂讨论的科目共有18门，都在学期开学之初订出计划，按照计划进行。历史系还在三个教研室中各选一科的课堂讨论作为观察，举行评议，提高了教师的认识，总结了经验。一般地说，各科的课堂讨论还存在不少问题，大有待于改进。首先是对课堂讨论的要求过高，对课堂讨论只是“帮助学生巩固和加深领会讲课中所获得的知识，培养独立工作的能力”的目的要求体会不够，把一般课堂讨论当作专业讨论，加重了学生的负担。学生每年准备一次课堂讨论要花10小时左右，甚或要超过10个小时。其次是对学生的准备工作指导不够，未能使学生体会题目的中心内容。学生的发言提纲往往是照抄书本，是演讲稿子而不是演讲，不但过多地花费时间，并且发言内容贫乏重复，不能针对讨论中的问题给学生以主动的启发教育。今后各教研室还应努力研究，创造好的经验，借以提高课堂讨论的质量。历史系对课堂讨论总结的几条经验可作参考：1. 题目要出好。要选择教学大纲中的主要问题。要充分考虑结合学生实际水平、启发学生思考、能够展开争论的问题，题目的要求要明确具体，范围不宜太小，以免形成答重现象。2. 帮助学生做好准备。首先要使学生充分了解题目性质和□□，并提出一些必要的参考资料（但不宜过多）指导学生写好发言提纲，特别是要防止学生照抄讲义，把发言提纲写成了讲演稿子。3. 做好讨论总结。在讨论之前主持讨论会的教师要看发言提纲，做到对这次讨论心中有数；在讨论过程中要细致地听取学生的发言，并启发学生展开争论。作结论时要针对讨论中的问题明确是非，指出发言中的优缺点，肯定正确的地方，纠正不正确的地方，总之，要使学生清晰地了解问题的各方面，不留一点含混模糊的印象。

④实验

实验工作一年来有不小的改进。如物理系各年级的实验均实行了实习制度，在实验前由教师先行讲解，或由学生填写实验报告，这样就使学生明确了为什么要做这个实验，在实验中要学到那些知识和技能，因而增进了学生对实验作业的积极性，提高了实验课的质量和效果。生物系根据教学大纲的要求，重新编写了实验指导，使实验工作更加结合实际与教学的要求，化学系采用了填表式的报告，大大节省了学生写实习报告的时间，并统一了报告的内容。此外，大部分教师都重视了实验前的准备工作，事前亲自做一遍，掌握仪器的性能，加强了实验课上的指导作用。

但也还有不少的缺点和问题存在。如学生在实验上多半还是机械地按照实验指导去作，对培养独立工作能力方面作得很不够；有的系的官方指导已经十分陈旧，与目前的讲课内容已不相适应，须待大力修改或重编；还有少数教师对实验缺乏经验，不能充分发挥在实验课上的解决问题的作用；更有个别教师责任心不强，对实验课敷衍草率。如化学系一位教师在一次实验课上要学生做四个实验，先把药品准备好了，让同学去滴一滴药就算做了实验，还有一位教师批改学生实验报告，同样两份报告，一个批了错，一个批了对，弄得学生莫名其妙。像这样的现象是不能容许的。今后要求再切实地修改实验指导，使其更结合实际，更联系讲课，更好地执行预习制度，并严格对实验课的检查。

⑤考试与考察

考试考察课分三个方面来谈，一是学期考试，一是学期考查，一是平时测验。在学期考试方面，本学年从各系本科一年级及地理专修科一年级开始实行了部颁考试与考查的规定。使学期末的成绩检查获得了改进，并取得了初步的对于实行新的考试方法的经验。在改进方面：1. 对学生所学知识质量都考察，比较地更为容易与确切了。2. 学生通过考试准备，更系统地复习了功课。3. 防止了学生在考试中的侥幸心理，杜绝了旧考试制度的弊病。4. 锻炼了学生语言表达能力。这对于培养师范学生是有极大的意义的。在经验方面：1. 口试前要充分做好思想动员工作，对口试的办法，评分标准要使学生充分了解，解除学生不必要的顾虑，防止过度紧张的情况，使学生能以正确的态度对待口试，只有这样才能考查出学生的真正知识水平。2. 做好复习指导工作，拟好课程复习提纲，并依据提纲进行辅导，注意培养学生独立思考能力，掌握课程的重点与系统。3. 考试题目及答案要慎重制定，仔细讨论，题目不但要求包括全部课程的主要知识，并要分配均匀，不要时重时轻。4. 主考和陪考教师要充分掌握标准答案的要求与精神，深入研究评分标准，然后才能正确地评分。一年来，在实行新的考试办法过程中虽然有了收获，但对评分标准的掌握还是不好，口试过程中对学生启发提示过多，时间过长，学生有过分紧张情况，这些缺点，应在今后加以改正。

学期考查存在问题最多，首先教师对学生平时学习情况了解不够，主要是靠平时测试成绩作学期考试成绩，未能真正体现考查的作用；再则学生对只考查而不考试的课有“不重要”的错误想法，因而影响了对该门功课的学习情绪。有的学生甚至因为某门功课不考试，在学期末的几周即不专心听课，以至发生有的课程下学期不能衔接，不得不再进行补课的严重现象。今后应对学生加强教育，使其正确认识考查的意义，去除不正确的想法，教师更应加强对学生平时学习情况的了解，正确地进行考查，以纠正学生的错误思想。

在测验方面，一年来都实行事先不通知学生的办法，原意是防止学生突击考试，忽视正常的学习。但实际上学生毫无猜测，形成堂堂紧张，更影响正常学习。再则学生事先无准备，考试成绩不佳（这当然也反映了我们的日常教学上的问题），打击学习情绪，并且有的教师因为全班考试成绩不佳，即宣布不算分数，这更失去了对学生课业核查与督促的作用。因此这种办法必须改变。即取消不通知的测试，严格规定各门功课每学期的测验次数，在测验时间上作合理的安排，在学期开学初通知学生，如此既防止临时测验的弊害，也不致影响正常的学习。更重要的是要在教师和学生中反复宣传考查测验的目的与作用，使师生都能自觉地做好这一工作，在思想上不透彻理解平时测验是"在于督促学生系统地学习教材，使其在整个学期中坚持不懈地学习，同时测验也使教师有可能判断学生对这一门课某一部分的掌握程度，以及学会运用已学过的理论知识去解决实际生活的问题的程度"的意义，要搞好这一工作是很困难的。

本年内还有少数教师在测验和考试上表现极不负责的态度，大考中泄露试题的事情还有发生。这是绝对不能容许的，必须坚决反对。还有教师在评分上不严肃认真，采取"及格主义"，也是必须纠正的。

⑥学生学习负担过重问题

学生学习负担过重问题，是目前我们教学中存在的重要问题。据历史系一年级在下学期第八周的调查，全班学生平均每周自学时数需要 30 小时，连同每周上课 30 小时，外加集体辅导 6 小时，总计每周学时达 66 小时，超过规定 12 小时。个别学生的学时甚至有达到每周 70 小时的。其他各系情况也与此相仿（本科生年级较好）。

由于学习负担过重，使学生的文体活动与休息时间缩短，严重地影响学生的健康。据医务室的统计，本年学年的健康状况是不好的，患神经衰弱的学生占患病学生总人数相当大的比例，这就充分说明学习负担过重对学生健康的不良后果。其次是妨碍了学生对时事政治的关心，滋长了脱离政治的倾向，不愿参加社团活动，甚至有的学生由于功课压力过重，要求停止党团活动一次。由于负担过重，使学生学习成为被动应付，因此所学知识不牢固，有的甚至因为无法应付，有意地放弃一门或几门功课的学习，形成学习上的偏废。因此本学年考试的结果，仍有 164 人不及格，占学生总数的 9.5%以上。

学生负担过重的原因，主要是学校贯彻全面发展的方针不够，没有使教师深刻地认识贯彻这一方针的重要性，因此教师往往主观地要求学生多学一些。讲义分量是多的（见前节举例），课外作业是偏于难的，如物一和物专一数学分析，一次留作业达十几题至二十题，实际上一般学生每晚只能作出二三题；留课外阅读也是过重的，如中专二本学期中仅古典文学一科即要求学生看《水浒》《三国演义》《西游记》《儒林外史》《红楼梦》五大部书；课堂讨论发言提纲的要求也是过重的，有的教室室因在讨论会上人数过多，发言不能普遍，要求学生的发言提纲写详细点，并据以评分，于是使学生的发言提纲都写成了讲稿，过多地花费了时间；此外，过多的集体辅导也不必要地占用了学生的自学时间。这些现象，务要在今后工作中坚决克服！

为了正确地解决这一问题，首先教师应很好地学习中央高等教育部《关于研究和解决高等工业学校解决学生学习负担过重问题的指示》和《贯彻全面发展方针，解决学生学习负担过重问题，提高高等教学质量》两个文件，从思想上树立全面地培养学生的观点；其次是加强教学方法的研究，改进教学，并加强对学生学习方法的指导，以增进学生的学习效果；最终合理地安排学生自学与工作的时间，严格规定教学日历，是保证贯彻“学好一点，学少一点”的方针的必要制度。这一工作，一年来我们是有一些经验的，如由系主任亲自召集一班的教师学生座谈安排各科的自学时间，即是一个较好的办法，希望各系科主任积极努力，做好这一工作。

（3）助教培养

本院助教培养，按其情况的不同，分别实行了不同的培养方法，约可归纳如下数种：

①校外进修。进修课程主要是本院尚未开出，准备进修后回学开课者。本年采取了脱产进修，与校外听课仍在院内担任工作的两种方式。前一种方式一般都有良好成绩，基本上可以期望回校后担任课程。不脱产进修的办法，基本上是一种失败的办法，除个别人外，一般都因工作与学习矛盾，不能坚持，中途而废，或负担过重，收获不大。今后还是应以采取脱产进修为主。

②随班主任，随班听课，工作与培养相结合。这一办法的收获是较大的，也取得了相当的经验，主要办法如下：

1. 第一年助教到校后，即明确其进修课程，指定教师，随班听课，并做班上的辅导工作，帮助教师领导课堂讨论与批改作业的工作。助教听课后有考试，要看课内指定的参考书，并做读书笔记或报告。这样经一年之后，助教对本门课程即获得了一个较为深入的整体知识，并通过工作，较为确切地掌握了课程内容的主要环节。

2. 第二年除仍做本门课的助教工作外，即选择本门课程的一段进行深入钻研，写出讲稿，经教师指导修改，在教研室进行试讲，试讲后开评议会，试讲成绩较好者，教师并可在讲到这一段时，让助教上堂试教。助教除写一段讲稿与试教外，如尚有余力，教师还可在本门课中指定一二个重点，令其做一专题报告，借以提高水平，培养独立钻研学术的初步能力（但这一办法，必须视助教能力时间而定，勉强去作，必然形成负担，不但不能收得应有效果，反而影响工作）。一般说来，如果教师指导得宜，助教本人努力，经过这样二年培养之后，第三年即可勉强独立开课了。

3. 在培养过程中，教师定期与助教会面的制度是必要的，只有这样才能及时解决助教思想上和学习上的问题，对助教学习起督促作用。对于本院去年提前毕业的一些助教，则采取一面工作一面补课的办法。因为这些助教，功课既未学全，基础课又多没学好，因此除一面给予辅导和看实验的工作外，一面即与同学一起听未学过的课或补上主要的基础课程，其目的在使其一二年内能具有足够的大学毕业水平。这是根据我院情况所采取的特殊办法，这一办法也有很好的效果。但有的助教工作与所听课程不一致，因此形成过重负担。

助教培养工作目前存在的缺点和困难，从客观条件上说，一是助教人数较少，有的系科要照顾工作就无法派人去外校进修，要派人进修就不能照顾工作，因此采取了一面工作一面在校外听课的办法，但这一办法证明是失败的。一是培养助教的师资不够。经验证明，第二种培养助教的方法是切实而有效的，但这一办法必须有适当的教师，否则无法实行。但在我院完全胜任于培养助教的教师仍然是不多的。这种客观上的困难不是一时能完全克服的，只能在逐步的发展中去克服。从主观努力方面看，则有以下一些问题，需待我们在今后工作中尽力克服。

1. 制度不严，或贯彻计划与制度不够。各系室在工作计划中对培养助教都订有一定的制度，但据学期末的检查，绝大部分系室都未能坚持制度，特别是教师与助教定期见面一项，除少数教研室外，都未能贯彻执行，因而助教的进修形成自流现象，成绩的好坏主要依助教个人的努力如何而定，失去了教师的帮助与检查督促作用。有的指导教师完全是形式，甚至领导上在指定某教师做指导教师时，即明知其确有困难，不可能指导，有的教师甚至在学期结束时还没有将助教的进修计划批下来。

2. 助教的工作与进修的矛盾未能很好地解决。有的系室的助教，工作是一样，进修的又是一样。这其中虽然因助教人数较少，有难以克服的困难，但是领导上如能更认真地考虑这一问题，有许多人的困难是可以解决的。

3. 助教的工作与学习时间未能很好地规定。就全院说，对这一点没有统一的明确的规定，因此各系室的办法就大不一致。有的工作时间过多，差不多只有晚上三个钟头的安静自学时间，有的则大部分去学习，而不照顾工作。个别助教甚至在此情况下既不很好地工作，也不很好学习，浪费时间。

4. 此外，在思想方面还存在一些问题。许多教师还没有把培养助教作为他的主要工作任务之一，因而负责不够，教师与助教见面制度之未能很好贯彻执行，这种思想的存在是其主要原因之一。有的教师虽然与助教见了面，但因事前没有充分的准备，事后又没有很好地布置任务，因此见面的效果不大，流于形式，有的教师以随时聊天的方式作为对助教见面检查，都是对这一工作重视不够的表现。助教方面思想上存在的主要问题是把进修与工作对立起来，认为只有很好地读书才叫进修，甚至随班听课，做辅导工作，指导实验，领导课堂讨论，参加实习等都只看成是工作，而不认为是进修所绝不可少的一部分，这说明在一些助教的心目中对一个人民教师的要求还认识不够，还存在只要能上堂讲课即算是合格的教师了的错误想法，这一思想必须坚决予以克服，我们对助教的培养，必须贯彻工作与学习并重、全面培养一个人民教师的方针。

（4）教师进修与科学研究

由于教师把主要精力放在编写讲义讲稿和备课上，因此在本年度的教学工作计划中对教师的进修除政治理论学习按照马列主义业余学院的规定进行外，未作其他的要求，本学年的第二学期，系统的政治理论学习暂停，文科各系以批判胡适派反动唯心论为主，理科则以讨论教材为主，结合讨论教材体会在教材中贯彻政治思想性的问题。关于批判胡适反动唯心论的学习，有相当的收获，启发了教师在教学中与一切反动唯心主义做斗争的积极性。关于教材的研究和讨论，则大多未能很好实行，收获不大。只有化学系无机化学组级数学系教学分析教研室有一两次讨论会因有比较充分的准备，略微有些收获。

科学研究，文史两系及马列主义教研室教师响应院部号召，写了批判胡适的文章，计脱稿者有历史系 8 篇，中文系 3 篇，马列主义教研室 1 篇，共 12 篇，其中 3 篇已分别在报章杂志上发表了，这是由学校领导下所进行的科学研究的成绩。此外各系教师多有个人与国内各出版社与学术杂志联系而写研究论文及出版书籍与翻译者，约计有三四十篇，这说明我院教师在进行教学工作之外，并不是完全没有余力进行科学研究的。学校行政今年应对教师的这些活动加以适当的组织与鼓励，诱导其研究方向更与教学工作相结合，鼓励其更益发挥积极性与计划性，今后学校对于科学研究，应有明确的审查奖励办法。教研室更应做出详细计划，教师个人也应把这一计划列入自己的工作计划表中，以便这一工作更为有组织有计划地进行。

（资料来源：《高等学校学年末、学年初报表》，河北大学档案馆藏，1956-01-11）

2. 生物系通讯：培养又红又专的人民教师，生物系试行班导师制度

生物系师生在这次鸣放高潮中，对我院各方面工作提出的共1582条意见。系里根据先捡芝麻、后抱西瓜的原则，初步确定了六大措施，其中比较突出的是试行班导师制度。

根据同学们的要求，和国家培养又“红”又“专”的人民教师的方针，我们认为有必要加强学生的政治思想工作，对此，我们决定试行班导师制度。这个制度建立后，可以解决下列问题。

（1）学生的生活纪律问题；

（2）各门课程之间的联系问题；

（3）收集并转达学生对各课的意见并促进教师及时改进；

（4）平衡各课的作业、测验、考试和考查的安排，消除学生因学习负担过重而“开夜车”的不正常现象。

配合党团加强对学生政治思想教育，班导师将是系行政领导的得力助手，他们的任务是：

（1）在系主任的直接领导下，指导有关班级学生的学习和生活，以及政治思想教育方面活动；

（2）在有关班里通过班委会干部的协助来了解班里情况，推动工作；

（3）经常的与班上的党团员干部取得联系，相互紧密配合，解决班上所存在的问题；

（4）经常与各教研组主任取得联系，向教研组主任反映有关各任课教师课程进行的情况；并与系外公共必修课的任课老师取得联系，反映学生之意见，及时求得改进。

上述的任务相当繁重，为此我们对于班导师的人选是比较谨慎的，基本要求是政治立场坚定，在同学中有一定威信，平日喜欢与同学接近，关心学生的学习和生活的教师。

我们根据上述各方面的认识，在最近一次的整改工作组的会议上，经过反复的研究，决定了下列四位同志为我系各班级的班导师：

一年级 梁琴　二年级 信丽堃

三年级 刘庆余　四年级 麻永良

24日我系主任已正式委派这四位同志担任班寻师，班导师们在接受这一光荣的

工作时，均表示有决心在系主任的领导下把班级工作搞好，系主任并初步决定每两周亲自召开班导师会议（必要时得临时召开）研究各班级学生的学习生活和思想上的问题，当系行政会议讨论有关学生问题时，有关班的班导师亦得被邀列席。至于系行政召开系行政扩大会议，则班导师全体参加。

我们认为，班导师制的建立，对于加强学生的工作、提高学生学习质量有很重要的意义，这样我们就可以贯彻对同学全面负责的精神，以培养出有社会主义觉悟的、有文化的、健康的劳动者，培养又“红”又“专”的人民教师。

（资料来源：《天津师范校刊》第四期，河北大学档案馆藏，1957-CB1312-001）

3. 从鸣放中来看我系在教学中的问题

在整改的过程中，我院掀起了第二次的鸣放高潮，我系同学给我们教学上提出了很多意见，绝大多数的意见是正确的，并富有建设性，可以分为两方面：一为教学内容方面的，如“理论联系实际不够”“教材内容在数量上不能适合学生的要求”，“在教学内容系统上不精练，不完整”以及“教学内容的现实意义不够”等。在教学方法方面，如“讲授重点不突出，平铺直叙”“讲授与直观教具配合不好”“讲授与实习实验配合不好”“教师在讲授时缺乏正确而清晰的语言”等，从这许多意见中，反映了我们在教学上存在的缺点是很多的。说明了：

（1）我们在地理科学的领域中知识的面不广，不深，而且钻研的也不够。

（2）我们在教学方法上缺乏经验，尤其在青年教师中缺乏熟练的教学技能，因而面临着这样生动的事实，需要我们拿出最大的力量，改进教学，提高教学质量，以满足学生的迫切要求。

提高教学质量是和提高师资质量有很大关系。当然提高师资质量是一件长期艰巨的工作，它牵涉到整个教学工作和科学研究工作的各个方面，必须全面规划，加强领导，有计划、有步骤地进行。但是在我们这个工作还没做到完备以前，目前我们能不能改进教学中的缺点，提高教学质量？我认为我们地理系教师有条件做到这点。因为在我院几年来教学改革所取得成绩的基础上，发挥教师潜在的积极因素，动脑筋、想办法、发挥创造性的劳动，教学质量是会提高的。因为在我系近一年来的教学上出现了一个阻碍教学提高的消极因素。（1）系的领导与教研组领导在教学上犯了严重的官僚主义，教研组没有发挥在教学上的组织作用，缺乏教学领导中的核心力量，没有发挥在教学上的集体劳动作用，现在教研组好似合作社，但是在合作社内不是创造性劳动的生产者，而是自由主义的单干户。这样就在教学工作中缺乏研究的风气，因此教学的成绩就降低了。（2）有的教师在教学上存在着一定的自满情绪和保守思想，表现在有的年轻教师认为可以上讲台讲课了，满足点滴成绩，在教学上缺乏刻苦钻研，虚心向别人学习的精神，对同学教学上的意见也不能虚心地去听取，比较老一点的教师在教学上满足于现状，讲义也不好好地修改，对教学内容的科学性、思想性也不重视新的东西，教材内容脱离了社会生活。因而教学上的教条主义就表现的比较突出了。（3）近一年来，我系一部分教师，把科学研究工作在高等师范学校中的作用认识不够，同时把教学工作和科学研究工作摆法也不正确。强调了后者，忽视了前者，不愿意多担任教学工作，科学研究工作不从实际情况出发去踏踏实实地进行，而是在小册子的“创作”上去竞赛。这种创作是为社会主义服务，还是为个人名利服务呢？我认为归根结底是属于后者。因此，一年来我们的教学质量不是提高了，相对地来说是降低了。所以在整改中，要使我们的教学质量得到提高，必须重视同学们的意见，同时应该端正我们的态度，从思想上消除一切消极因素，从积极态度去改进我们的教学。我想我们的教学工作是能够进一步满足同学们要求的。

现就以下几个主要方面谈一谈，以便和我系教师和同学共同研究。

（1）教学大纲与教学计划

教学大纲近年来对于我们的教学起了决定性的作用，当然，有一些教学大纲，因科学事业的发展和从学生水平实际情况来看，是存在一些问题，但是，它并未失其指导作用，作为一个学科的教学大纲，不但教师应经常地去研究它，而且教研组也要经常地去讨论它，这样才能发现问题，以期改进其内容。但是我们的教研组在这一点上做的很少，而且有的教师不是从客观的实际情况出发，而是从个人的兴趣出发，不经过讨论随便增减教学大纲的内容，这显然是教学上采取的自由主义的态度，缺乏按照计划有组织地进行教学。这样就影响到一个学科内容上的比例发展，当然就会影响到教学。

教学计划，这是在社会主义制度下一种有计划有组织的教学形式，它要求教师严格地规定了各门课程分量和课时，以及采用何种教学形式等。过去有的教师在应用这种计划时，在思想上存有着一定的阻力，他认为这是约束了他的“自由讲学”的形式，因而，在执行中不是严密地按着计划进行，而是在计划中找“门路”去符合自己教学的“愿望”，结果在教学上不能按期完成进度，或者是过早地完成了“进度”，这样就影响到教学质量的提高。

（2）课堂讲授和实习课

课堂讲授一定要依据教学大纲来进行，使它成为一个有计划的创造性的活动过程，有的教师因计划性不够，往往从兴趣出发，兴趣来了就多讲，兴趣不佳就少讲，不管课程内容各个问题的轻重，不受教学进度的支配，当然会形成课堂讲授的紊乱现象。

而教师的讲授是教育学生的基本和最重要的形式，讲授的质量和其他教学环境有着密切的关系，在讲授的过程中，教师不仅要以生动的形象的语言叙述着知识，而且还要对所讲的内容进行分析和综合，确立观点，使学生能有一个积极的思维过程，往往我自己在讲授中就注意不够，往往使学生在听课后，确立论点不明确。

我系有些教师，连我个人也在内，讲授中存在普遍的现象，就是在讲授时没有掌握课程内容的重点，以致使有些学生对课程最基本的知识不能牢固的掌握。同时在课堂讲授时，教师不从学生的思想情况和知识水平出发，如对不同年级的学生应有不同的讲课方法，这一点有的教师就注意的不够，讲课时要发挥教师的主导作用，把学生的思想集中起来，使他们积极的和教师一起参加教学活动。因此，要做好课堂讲授，必须要做到充分备课，很好的掌握教材讲授和讲求讲授方法，精简教材，重点突出，并注意到讲课的思想性、科学性、可接受性，以及培养学生独立思考能力等，因为我们必须认识到教学效果的好坏，主要责任在于教师，所以我们就必须以创造性的劳动去提高教学质量。

（3）实习实验和教学的物质基础

实习实验都是为了学生牢固讲授的内容，培养学生独立思考与独立工作的能力，使他们可以把理论应用到实践，因此这种形式也是教学形式之一。但是我们在这一点上，缺乏经验，缺乏创造性，因而做得比较差，直到现在有的课程还缺少一套完整的实验实习的内容与方法，往往是采用别的学校未能总结的成品，因而效果不大，主要表现在有的课程实习中，形式单调，不是多样化，学生感到枯燥。实验课程缺乏经验与熟练的技能，当然具体到一个年轻的地理系，和年轻的老师，在客观上存在着许多困难，这是可以理解的，但是我们必须知道，在科学的大道上不是平坦的，必须发挥创造的劳动，以改进和提高这样的工作，是完全可以的。

地理系自1953年成立以来，逐年增加了教学用具，如地质标本、地形模型、气象仪器、土壤实验仪器、测量仪器以及各种挂图。基本上可以满足作为一个地理系教学上的需要，但是，我自己感到在这个方面存在两个问题：（1）教师未能用自己劳动自制教具，有的教师存在一种依赖思想，连教学中的版图都不愿自己去动手，而要绘图员去做，作为大学的地理教师如何能培养学生这方面的技能呢？近年来，天津市中学教师用自己的创造性劳动创作许多模型、仪器、图表，这是我们今后应该很好学习的榜样，（1954年的专业毕业生高庆琥在保定中学教书，一年内在教学中绘制教学挂图100多张），我们应该在党所号召的勤俭办校的原则下，自制各种教具，培养学生这方面的技能。(2) 我系有的教具使用率不高，这不是教具对教学无关，而是有的教师在教学工作上缺乏高度的责任感，因而学生们就不能满足于这方面的要求，我们应该今后大力改进，充分发挥地理学科教学的特点，充分利用直观教具，以丰富教学内容。

(4) 加强系对教研组在教学工作上的领导作用

在系领导下教研组是高等学校的基本教学组织，是高等学校教育方针与教学计划具体执行者，教研组的质量直接决定着教学的质量，教研组的中心任务是教学和科学研究工作的组织者和检查者，教研组要发挥集体力量来进行提高教学与科学研究工作，活跃学术空气。过去我们在这一点上认识还不够，因而具体工作做得太少，缺点很多，没有发挥教研组应有的作用，如对新教师开课的具体帮助，以及助教培养工作，提高教学质量和科学研究开展等均缺乏完整的计划与检查制度，当然，这主要是由于系内领导具体安排不够，经验不够，因此教学与研究工作不能很好地提高，是和未能发挥教研组作用有关，今后必须大力改进，才能满足学生学习与教师提高的要求。

以上仅就几个主要问题，来说明我自己的看法，今后还需要从专题和教学各方面的有机联系来考虑，不对之处，请同志们批评指导。

(资料来源：《天津师范校刊》第四期，河北大学档案馆藏，1957-CB1312-001)

4. 地理系通讯：地理系辅导工作的改进

鸣放以来，同学们给我系各科辅导工作提出了一些意见。为了改进辅导工作，我系教师在星期三下午召开了座谈会，并请各班同学代表八名参加（代表又在会前征求了部分同学的意见）在会上同学代表对辅导工作较深入地进行了批评与建议，教师同志们均认为这些意见很好，通过师生在会上的共同讨论与研究，对辅导工作的目的、内容、方式、时间和检查制度，教师工作作风都做了一些安排。其内容如下：

(1) 目的：教师帮助学生牢固所学的课堂讲授内容，以及扩大知识的范围，并解决在课程学习方法上的困难。

(2) 内容：老师应对学生学习课程全面负责，包教包会，因而在复习牢固课程、参考资料、疑难以及学习方法等方面均为辅导的范围。

(3) 方式：①以集体辅导和个别辅导两种方式结合进行，属全面性的问题则集体辅导，个别性的问题则个别辅导。

②教师辅导地点在教研组或教室，按具体情况进行。如在课余之时，也可帮助

同学解决教学上的疑难问题，因这种方式也受到部分同学的欢迎。

③收集教学辅助意见采用三种办法：

a. 同学主动地把辅导问题放在本班辅导卡片袋内，教师主动去取。

b. 各班各科科代表主动负责地收集学习上的疑难问题，交各科任课教师。

c. 教师主动地征求同学的意见，同学亦应主动地找各科教师进行交谈。

d. 教师特别应加强对工农同学以及成绩较差同学的个别辅导。

（4）时间：为了有计划、有检查的进行这一工作，首先各主讲教师均进行辅导，并且把各科辅导次数和时间按课程性质，内容多少，适当照顾教师的备课时间的条件下进行安排。经研究结果，有的课程一周两次，有的一周一次，有的两周一次，并根据同学学习时间具体情况的要求，均在晚间七点至十点的时间内进行。在时间的安排也以课程情况有多有少，除了固定次数与时间以外，按同学需求可以在疑问较多的章节，讨论课或考试时适当的增加次数。（如教师在规定的时间内因为请假者，须另找时间补行辅导工作。）

（5）督促与检查制度：为了加强辅导工作，而逐渐提高校辅导质量，同时为了加强教师对辅导工作的责任感，所以除教师自觉地努力以外，系主任和教研组主任经常检查这一工作，并规定汇报检查制度如下。

①每周辅导 1 次的教师应三星期向教研组主任汇报 1 次。

②每两周辅导 1 次的教师应四星期向教研组主任汇报 1 次。

③教研组主任应一月向系主任汇报 1 次。（汇报内容主要为辅导情况及其存在的问题）

（6）系里召开座谈会：交换意见，改进辅导工作；每学期由系里召集两次关于辅导工作座谈会，吸收同学代表参加，广泛收集意见，交流经验讨论，以改进与提高辅导质量。

（7）改变教师的工作作风。有的同学说："有的教师不好接近""有的教师性急不耐心解答同学的问题等"尤其是一年级的新同学这种感觉最多，因而过去有的同学学习上有困难也不敢去问，有的教师又不去主动接近同学解决他们学习上的问题，因而造成辅导工作上种种困难，我们教师一致认为今后必须改变这种过分严肃、叫人不易接近的工作作风，而要师生打成一片，使师生之间的感情通过辅导工作进一步的得到加强。

（资料来源：《天津师范校刊》第四期，河北大学档案馆藏，1957-CB1312-001）

5. 历史系通讯：历史系助教同志接受批评，坚决改进辅导工作

在鸣放整改的高潮中，历史系同学们，对学校及系内各方面的工作提出了 4000

多条意见，作为教学重要环节之一的辅导工作，同学们也提出了很多尖锐的批评。

这些意见和批评，立即引起系领导和全体助教同志们的注意。为了解决这个问题，在12月18日上午，系内成立了辅导工作改进小组，立即研究改进的办法。在党和行政领导下，18日下午，辅导工作改进组召开了全体助教会议，并请同学代表参加。会上助教同志们认真地讨论了改进辅导的办法。首先，大家认为同学们提出的意见绝大多数是正确的，过去在辅导工作中确实存在很多缺点，如主动联系同学很差，不能深入了解同学的情况，给同学以具体的帮助。系主任也参加了会，他要求就同学们提出的意见，认真进行思想上的检查，改变在辅导工作中脱离群众的现象，从而使辅导工作得到彻底的改进。助教同志们也表示有改进工作的决心。根据同学的意见大家提出了改进工作的方案：

（1）为了具体帮助同学学习，及时了解并反映同学学习情况，确定了各班辅导助教，如史一、中国古代史、史专二、中国中世史原来没有助教辅导，根据同学的要求都增加了助教。助教同志的工作积极性也很高，有的同志也愉快地承担了两个班的辅导工作。

（2）为了能做好辅导，解决同学在课堂听讲的一些问题，确定了辅导该课程的助教都随班听课。

（3）确定了固定的辅导时间，每周1次，由各班助教与各班同学研究确定。各助教同志并于19日分别召开所辅导的班的部分同学的座谈会，进一步了解各班同学对辅导课的要求。

（4）在课堂讨论及考试前，或布置作业后，视同学的需要，随时增加辅导的次数和时间。

（5）大家认识到和同学建立密切的联系、具体深入地了解同学是搞好辅导工作的重要条件，因之，助教应主动地多联系同学，深入到同学中去，尽可能地多参加同学的一些活动。如有的助教同志已参加同学的文体活动和同学们一起打球，课间的时间，助教同志们也改变了上课来下课走的情况，和同学们一起多聊聊天，谈谈他们的学习情况。

（6）主讲教师亦在每周固定的辅导时间到班上去辅导同学，并加强和同学们的联系。

我们的辅导工作到现在还没有成熟的经验，我系在改进辅导工作中考虑到助教同志会在工作中取得经验，也会遇到困难。领导上有必要组织助教同志们交流和总结这些经验，并帮助助教同志解决具体困难，同时并为了及时了解辅导工作情况，我们做了如下规定：

①助教定期向教研组主任及主讲教师汇报辅导工作情况，取得他们的指导和帮助。助教并及时地向主讲教师反映同学的意见。

②教研组主任注意检查并帮助助教改进辅导工作。

③系在一定时期组织助教辅导工作座谈会，交流经验。

在讨论研究改进工作的办法后，同志们都表示有改进工作的决心，19日上午，历史系全体助教贴出一张“接受同学意见，坚决改进工作”大字报，助教同志们也把这种决心立即贯彻到实际行动中去。史专一世界古代史助教李润生同志，现在每周两个晚上都到班上去辅导同学。质疑的情况也比前踊跃的多，这也大大鼓舞了助教同志的工作积极性。根据上述的办法，可以解决同学们所提出的有关辅导工作的意见93%。

（资料来源：《天津师范校刊》第四期，河北大学档案馆藏，1957-CB1312-001）

6. 天津师范学院学生研究性学习两则①

（1）在向科学进军的道路上

在向科学进军的鼓舞下，学生中更多的科学小组开始成长起来了。为支持同学们钻研科学的积极性，并为开展科学小组活动创造条件，院行政发布了《天津师范学院学生科学小组暂行组织办法》，许多教师也热情地帮助同学选定研究内容，提出研究方法，并经常地指导同学进行活动。

目前，有四十多个科学小组按计划开展着活动；其中有的是围绕课堂讲授的基础课程去开展研究活动的，如中二同学结合古典文学课组织了“楚辞”“乐府”“史记”等小组；有的是面对中学教学问题去开展研究活动的，如生三科学小组正在研究草履虫培植问题。

在科学小组活动中，同学们表现了极大的热情和勇于克服困难的精神，不少小组已获得初步成果。生三“培植草履虫”小组的同学克服了缺乏仪器的困难，自己创制了“保温箱”，为国家节约资金千余元；而且他们也已达到了初步研究目的——在冬天普通实验室的条件下培植出了草履虫。化二“规划晶体成长条件”小组靠自己的反复实验制成了明矾硫酸铜、硫酸镁硫酸镍混合晶等三种大型结晶。中三古典文学小组讨论“杜甫诗的人民性”，并举办了古典诗歌朗诵会。

经过科学小组活动，激发了同学们钻研科学的兴趣，提高了独立工作能力和探求知识的科学态度，并且丰富了科学知识，在正课学习的质量上也都有了一定程度的提高。

---

① 题目为编者根据内容自行拟定。

（2）1956 年生物系三年级科学研究小组的初步成就

我院生物系三年级科学研究小组的活动取得了一定的成果，这篇稿子是他们在表扬优秀团员大会上的报告。

我们生三科学研究小组向同学们汇报一下我们的活动。

①我们如何确定研究题目的

作为师范生应该如何向科学进军呢？方向是什么呢？我们认为应该面向中学目前存在的一些问题。以天津说吧，关于在冬天普通实验室里培养草履虫，在一般中学教学里就是存在的一个问题。在有关草履虫培养材料中所介绍培养草履虫的时期是在夏天（就是草履虫生活旺盛的时期），但按照中学生物学的教学进度来说，讲草履虫一般都是在冬天，因此在冬天培养草履虫就成为中学生物学教学的一个亟待解决的问题。在设备完善的实验室中，是可以在冬天培养出草履虫的，但中学的实验室一般都是普通实验室，必须要在普通实验室中冬天培养出草履虫，才能解决中学的教学问题。于是我们小组就决定选择了这个题目——在普通实验室里培养草履虫，并探讨草履虫有没有孢子（这个问题在学术上还是一个疑问）。

②我们是如何开展工作的

确定了研究的题目后，首先我们就找有关草履虫的各种材料，制定活动计划、内容、目的、具体做法、组织分工等一系列的准备工作。在准备工作中首先遇到的问题就是温箱（仪器）的问题，我们的实验需要五个温箱，还有烧杯，分离器，酒精灯……等，系里只能给我们解决烧杯、分离器、酒精灯，温箱就不能解决了。如果没有温箱，我们的实验就很难进行，面临着这样的困难怎么办呢？要向科学进军，就必然会遇到困难，有困难就得克服，同学们一想到党中央的号召，劲头都大起来了，于是决定自己作温箱。我们想了很多办法，制了很多图，最后终于设计出了价钱经济，制作操作都很简单，用马粪纸作成的温箱，用这种价值低廉的温箱代替了二三百元的温箱。这不但解决了关于培养草履虫的问题，而且还可以给一般没有温箱的中学作为参考，同时也推动了我们克服困难的勇气，我们也体会到了科学工作不仅需要有科学的态度和科学的方法，同时还应该有创造性的劳动，具有克服困难的精神。我们在工作中所遇到的第二个问题就是时间问题。我们的实验必须每天用显微镜观察，同时还得掌握一天中温度及外界环境的变化。最初我们把星期日早晨作为小组活动时间，由星期一到星期六每天抽出一小时作为小组活动的时间，但由于同学们课外其他事情很多，像有的是球队队员，有的是体操队员等，每天很难找出共同的时间，后来经过大家商讨，决定把时间化整为零，就是每天不作小组集体活动，而是由每个同学自由掌握时间，在下课和误间操时找一二分钟小组碰头交换发现问题，到一个阶段后小组进行集体活动，共同讨论、总结。总结内容包括优缺点，解决了哪些问题，还存在哪些问题，下一步如何作。这样我们就初步解决了时间问题。我们遇到的第三个问题，就是分工问题，由于分工不够明确，所以也影响了我们研究工作的开展，工作忙乱不解决问题，后来发现重要原因是没能发挥全组同学的积极性。应该使全组同学都动起来，才能使工作得到更好的开展，于是我们把小组又分成几个小组，每个人都分配了具体的工作，每个人都订了工作计划，像借显微镜、记录、打扫，这样就使得事务工作及研究工作得到了合理的分工，这样就解决了忙乱的问题。在进行工作中的所有基本问题都解决了之后，剩下的就是只有一个中心问题，即如何在各种不同条件下培养出草履虫的问题。关于这个问题，不能在书本上去找一些方法，于是大家参考了很多有关材料，经过了数次的讨论研究，最后终于找出了在不同条件下培养出草履虫的方法。

③我们初步的收获及下一部分的工作

经过紧张的研究、讨论、观察、实验等一系列的活动，在显微镜的视野下终于发现了草履虫，我们的目的初步达到了。得出了结论：在冬天普通的实验室里可以培养出草履虫。这也就解决了冬天在中学讲草履虫时能进行直观教学的问题了，同时也初步培养了同学科学研究中的科学态度及科学操作方法。草履虫培养出来以后，第二天就有市二中向我们索要，紧接着又有好几个中学来校索要我们制出的草履虫。这初步的收获鼓舞了我们向科学进军的信心，但是，我们感到作的还不够，我们还应更深入地解决下一步的工作。我们准备继续探讨草履虫是否有孢子，这个问题在学术上还是一个疑问，要解决这个问题比在冬天培养草履虫就更要困难了，但我们相信，在党团的教育和支持下，在老师们的指导下，我们是会在向科学进军的大道上获得更多的收获的。

（资料来源：《1957 天津师范学院》，河北大学档案馆藏，1957-CB312-002）

7. 天津师范学院生物学系动物学教研组实验室工作检查总结①

（1）动物学教研组在什么情况和要求下进行实验室的工作检查

一年多以来，我们的实验室工作虽然有些收获，但也存在不少问题亟待解决。每次实验所用的“实验指导”与指导方法仍然是抄袭旧大学的一套，指导是发了，但学生反映不解决问题。在每次实验开始前，教师先把操作的方法讲述一遍，学生仅就一次布置进行工作，而所发文字指导一般很少去看它；有的即使是看了，也得不到帮助，因为指导内容往往跟实际材料不符，或操作的具体步骤在指导中往往略

① 编者根据文献内容及当前文献表达的标准化体例要求做了必要的层次结构调整。

而不写。于是“实验指导”不起指导作用，流于形式，在实验过程中，学生们会拿起标本来往往不知如何下手，乱搞一阵，把标本弄得稀烂，结果什么也看不见了。还有的学生做一点问一句，使教师陷于非常疲惫。有的时候教师干脆把模型和图片拿来让学生抄袭。我们错误地认为的唯一形式就是作图，因而学生一上实验就先问作几个图。绝大部分同学固然拿标本来进行观察，但也有不少学生根本就不观察，只是忙着“照猫画虎”地画完图算“交差”。甚至有的教师对实验的目的尚不明确，而学生实验的结果如何就不能想象了。就这样，我们的实验室工作较长时间内陷入了紊乱状态，效果不好。由于以上情况，教研组始下决心对实验室工作进行彻底的检查，使其纳入科学正规，坚决克服手工业的领导方法。经过大家研究，决定从以下三个方面着手检查，即：1. 实验前的准备工作；2. 实验指导的编写；3. 教师在实验室的工作方法与工作态度。

（2）检查出来的问题及其解决的办法

①我们的“实验指导”在编写上虽然花费了不少时间，但有的指导只是抄袭别人的，没有根据我们的具体条件和要求做必要的修正与补充，而且往往对于为什么要作这一实验，其目的不明确，操作的方法也交代不清。有的教师自己对于某些实验根本就没有事前的仔细做过，只是教条主义地编写“指导”，上实验前临时抓过来草草看一下，以致当学生发问时，教师就手无所措，瞠目不知所答。由于“指导”存在着问题，学生在实验课堂上，就不能细心地、按部就班地、系统地操作，而是乱搞一阵。例如做消化系统就把肠胃全部拉出来，不管其他，等到做别的系统就没办法了，只好不看。但为了作报告，于是就根据指导上的要求画个图或者抄个图“交差”。有的学生认为，所有的实验都不过是这一套，没多大劲，因而对实验课的兴趣不大。以上教训昭示我们：实验指导不是形式主义的，而必须对实验起切实指导作用。它至少要包括目的与要求、实验的标本器材、操作的方法与步骤、结果与结论等几个基本内容。其中目的与要求必须明确提出，且应拟出与之相适应的问题，引导学生的思维要求的方向发展，于是实验的目的性就可得到明确。操作方法与步骤必须在教师亲手操作过的基础上，根据具体情况和要求（实验材料，技术方法）编写。如果实验的是蟾蜍就不能用解剖蛙的指导，不得不用时，也必须将它们的差别具体指出。按器官的系统写指导是可以的，但必须指出对不同系统的器官交错的操作程序。另外模型与挂图在实验室内只是起辅助作用，帮助学生更好地观察实物，但如果成为学生抄袭对象的话，那就必须加以纠正了。总之，实验指导必须能够引导学生在实验室中独立思考、独立操作，并根据实验结果作出正确结论。

②每一实验都要求学生作报告是对的，但不能认为实验报告的唯一形式就是作

图。有的教师说："作实验就必须画图，否则四年生物系毕业后不会画图，那就太不像话了。"有的学生一上实验就先问"今天画几个图"，或者一上来就开始作图。有的学生为了"交差"就不择手段地抄图，至于在实物标本上是否看到某一器官，反正"指导"上和书本的图上都有，书上了保险，看到与否就不成问题了。所以有的学生把图画的很"干净"很"工整"，但让他在实物标本上指出要求的所在就办不到了。经过研究后，我们认为报告中有时作图是主要的，但绝不应停止在单纯的作图上，有许多情形必须用文字说明，特别对于结论部分，尤其强调文字论证。在作图方面除强调根据实物外，有时还要求学生作构思性的图解，以锻炼其在调查研究中建立对事物的联系、运动、发展、变化的观念。

③有的教师指导学生看显微镜闭着一只眼，做解剖时也不按一定方法和步骤进行。器械的使用也不合规定，乱用乱放，实验台上的东西乱作一团，皮、骨、毛、碎肉等到处乱扔。水槽经常错塞。而老师对这类情形往往熟视无睹，或视为当然，实验材料的使用存在着浪费现象，仪器也有损坏的。我们错误地认为：关于仪器的使用和保护只随堂向学生讲一次就够了，不必过多重复，后来发现在一学期后有的学生还不会用显微镜，用手绢或衣襟擦镜头是常见的事，用过的油镜也不洗。这些教训告诉我们：教师在学年开始，必须在首次实验中指导学生对仪器正确熟练地使用与妥善地管理，而且在以后的实验中，要经常地耐心地纠正所发生的偏差。

教师要严肃认真地以身作则，以科学的工作态度和爱护公共财物的道德品质来正确地引导学生进行实验室工作。

④有的实验课事先准备不够，而讲课教师也没有做必要的检查，结果学生都来了，才发现解剖器材配备的不够，或忘了拿标本，或拿的不够，等等，于是就临时现抓，使实验室的秩序很长时间稳定不下来。有的教师由于无准备，对实验内容生疏，分明自己不清楚，却为了"面子"回答学生问题，影响很不好；有的实验由于计划性差的缘故实验材料未早日准备，实验的前一天还没有弄到，但指导已经写了，于是不得不出数倍的价钱征购，这不仅是浪费而且影响了工作。检查后，教训告诉我们：每个实验之先，教师必须有充分可靠的准备，管实验的教师必须负责准备实验的一切，而讲课教师也必须在实验前进行检查，以作必要的修正补充。为了便于联系教材，每一学期的实验针对应适同教学大纲一并拟出，以便按不同季节由管实验的教师负责准备。总之，大家必须在互相帮助、互相督促、互相检查的前提下进行充分的事先准备，才能使实验工作的效果得到保证。

⑤有的实验，两位教师对同一问题的解答不一致，都说自己的"对"，而学生们却莫知所从。学生反映"××先生告诉我们是这样的，而××先生说'他说的不对，

应当那样’，我们也不知道谁的对”，造成不良影响。教训告诉我们：教师们（管实验与讲课的）对于实验内容必须事先取得一致意见，就连有关名词术语方面的，对学生解答也必须一致。教师间只有彼此虚心学习，加强团结，才不致在实验指导工作中因资产阶级教学思想影响造成不良后果。

⑥我们所有的实验报告多半积压在教师手里，到学期末了，才发还学生，虽然有的已经批改了，但却失去了时效，使正确的不能及时巩固与提高，错误的也得不到及时纠正，继续重复。有的催得紧些，就草草地看看图画得好不好，批上个“阅”字，发还给学生，也算“了事”。在这一问题上教训告诉我们：对于学生的每次实验报告，要认真批改，（包括文辞的通顺，错别字的改正……）而且必须在下一实验时将上次实验报告发到学生座位上。对于成绩好的和坏的，要提出适当的表扬与批评。

总之，通过这次检查，我们认识到今天教师对于实验室工作的方法、态度与作风，是决定师范学院学生将来做生物学教师时的工作方法、态度与作风的。因之我们在实验室工作要事先作到充分可靠的准备（思想、材料、技术、实验指导……）在实验过程中，要耐心地帮助学生，以身作则，认真负责，建立科学的工作态度，并培养他们爱护公共财物的道德品质，实验后必须仔细地批改报告，并及时发还。

（资料来源：《高等学校学年末、学年初报表》，河北大学档案馆藏，1956-01-11）

8. 从这次实习工作看教育实习对我院同学的教育作用①

我院本学期的教育实习，不论在取得教学和教育工作的经验方面或是在巩固专业思想和提高思想觉悟方面，同学们都有很大的收获。这一事实，通过每一个参加实习的同学自己的总结，得到了充分的证明。现在我只就个人在参加这次实习工作的过程中所感受到的，谈一谈教育实习对我院学生的教育作用。

第一，同学们通过教育实习进一步认识了树立和巩固无产阶级的革命立场的重要性。

要想做一个社会主义新型的人民教师，首先必须具有坚定的无产阶级的革命立场和高度的政治觉悟。这一点，在教育实习中我们的实习同学们绝大多数都有了深刻的体会。如物理系四年级的李慧珠同学在该系教育实习总结大会上的发言说：“由于我过去没有很好地要求自己，没有树立起坚定的无产阶级的政治立场，因此在这次教育实习中，有的中学生对我说‘老师，我非常羡慕你们上大学’，由于我也的确认为上大学是很理想，所以这时要叫我对学生说如果不能升学就应去参加劳动，我实在没有这种力量，于是我思想上就有了同情他的想法。在政治课中，讨论干部下

① 题目为编者根据内容自行拟定。

放问题的时候，有的中学生说‘干部下放是屈才’，当时我也没法说服他，因为我自己就有‘叫我当一辈子农民我也不干’的错误想法。通过这些事实，使我大吃一惊，我想，自己思想觉悟这样低，对一些根本性的问题都不能很好地解决，怎么能去领导学生和教育学生成为有文化有社会主义觉悟和身体健康的劳动者呢？我再这样下去，是对不起学生，有负祖国对我的嘱托的。这些鲜明的事实，使我提高了警惕，于是我下定了决心，今后一定要努力提高觉悟，坚定无产阶级的立场。”

第二，通过教育实习，进一步巩固了学生的专业思想。

我们有许多同学，虽然进了师范学院，但是专业思想还是不够巩固的。甚至有的同学还存在着不愿做教师的思想，认为做教师“被人看不起”，是“没有出息”。例如有的同学就说：“将来毕了业以后，我宁愿下放到农村，也不愿意当教员。到农村去，我还可以体验生活，可以写出更好的作品来，当了教员那就算是一辈子倒了霉了。”这次教育实习，对这些错误思想的进一步批判起了重要的作用。例如物四的同学在该系教育实习总结大会上说：“我从一年级就想：进了大学，就得向专业知识方面钻，这样将来才能做一个专家。但是通过教育实习使我坚定了做一个人民教师的决心。原因在哪儿呢？就是因为有一种动力促使我不能不下这决心。当我在教了几堂课以后，首先我感到教书确实是一种很高的艺术，是一件有意义的工作作，使我对它发生了兴趣；另一方面，我感觉到我面对着的是一群天真活泼的孩子，是祖国的未来，而我就是他们老师，于是就有一种革命的责任感激励着我，使我有了非把这一堂课教好，非把这一群孩子教好不可的愿望。于是我就下定了决心，今后要做一辈子教师。”他又说：“尤其是当我们实习完了，将要离开实习学校的时候，这群天真、活泼、诚挚、可爱的孩子不愿意我们走，要求我们毕业以后再回去教他们的那种动人的热情，使我深受感动。这更使我下定决心终身做个人民教师。”中文系四年级的刘静宁同学在实习学校的欢送会上也激动地说：“我过去对做教师的认识是模糊的，通过这次教育实习，中学的同学们给我的鼓励很大，我一定坚定信心，终生从事人民教育事业。”数学系四年级在女一中实习的大组长高荣兰在该校欢送会上代表同学发言时，很坦白诚挚地说：“我们全体实习同学都感到在这次教育实习中最大的收获，就是进一步巩固了我们的专业思想。”以上这些收获，不是个别同学的，而是全体同学通过教育实习后，在思想上、情感上所发生的深刻的变化。

第三，通过教育实习，检查了同学们学习的成绩，并大大地提高同学们学习的积极性。

师范学院的学生，将来负有以共产主义教育培养祖国青年一代的重大责任，他们在校几年以来所学的理论知识是否能适合于在中学里应用，是否有胜利地完成祖国交给他的任务的能力？这些问题，也通过教育实习的检验，得到了肯定的答复。每个人都能基本上完成教学和教育工作上的任务，但是通过教育实习也发现了过去在学习上还存在着不少的缺陷。学了几年专业知识，虽能学到了一套理论，但是对中学教材中的科学基本概念，却还有的搞不清楚。如物四有的同学发现自己不能确切地把“比热”“摩擦系数”之类的科学基本概念对中学生交代清楚。数四有的同学不能用正确的数学术语给中学生说明一个分数的各部分名称；不能给中学生说明代数里一元二次方程式中“不完全方程配方法的规律”。史四有的同学，在实习中不能给中学生很好地解释明白什么叫“君主立宪”、什么叫“半封建半殖民地”等名词，诸如此类的情况，在其他各系同学实习中也都时常遇见。但是通过教育实习之后，同学们对这些学习上的漏洞都有了深刻的认识，决心要急起直追，设法进行补课。如这次实习结束以后，物理系实习同学即提出，要求加强普通物理学中科学基本概念的教学与学习，数学系实习同学也提出要求增开初等数学（包括高中三角、代数、几何）的复习研究课程，以加强对中学数学实际的研究与准备。其他各系的实习同学，也都从这次教育实习中吸取了教训，注意了加强各种学科的基本概念的学习，从而大大地提高了学习的积极性。我想实习同学能够明确了结合中学实际的学习方向以后，学习的效果将会大大地提高一步。

另一方面，还通过教育实习发现了一个问题，就是有些实习同学感到所学过的教育理论不会应用。学过了教学法，不会写教案，不会分析教材和处理教材，不会运用启发性的教学方法和谈话法进行教学，不会分析一堂课；学过了心理学，不知道怎样了解学生，不会写学生的心理鉴定；学过了教育学，不会贯彻教育原则，不知道如何着手做班主任工作。在一定程度上反映了教育学科的教学和学习上所存在的问题。在实习后有的同学们首先检查了自己的学习态度，认识到自己过去是形式主义地对待教育课程的学习，过去学教育科目，完全是为了应付考试，感到这实在是学习上的一个大损失。从而都大大地提高了对学习教育课程的认识，并大声疾呼地劝告低年级同学今后千万地要注意学习教育理论。物四的李慧珠同学说：“如果我现在是低年级，我一定要好好学习心理学、教育学和教学法。因为它让我们从事中学教学和教育工作用处太大了，今后的一年中，我一定争取时间把教育学科的书籍好好钻研一番。”这种自我要求积极学习的热情，也是这次教育实习的收获。

此外，许多同学，经过教育实习以后，有的后悔自己过去没有好好地学会掌握理科实验方面的技能与技巧，以致严重地影响了自己教学的质量；有的后悔自己过去没有参加一些社会工作，没有学会一些担任社团工作的本领，因此不能去领导中学生的社团活动，去加强中学生的思想政治教育；有的后悔自己没有学会一套体育上、课外活动上和文娱上技能，不能去辅导中学生的体育锻炼和课外活动，以增进中学生的健康，丰富与提高中学生的生活内容与兴趣。因此许多同学下定决心，在今后的一年当中，要努力学习，积极参加学校的各种课外活动，认真补课，迎头赶上，严格地要求自己，在学习上发挥自己的主动性和积极性，努力不断地提高自己，使自己成为一个名副其实的又红又专的人民教师。

总之，我们本届实习同学，经过这次教育实习的实践，不论从理论知识结合实际工作上看，不论从教学工作和教育工作的技能技巧的锻炼上看，还是从事业思想的陶冶上看，都说明了每人的收获是巨大的，所受到的教育也是深刻的。

（资料来源：《天津师范校刊》第六期，河北大学档案馆藏，1958-CB1312-001）

（五）天津师范大学

1. 天津师范大学教学人员、图书资料及其设施条件等方面的数字统计①

有关学校一些基本数目字的统计。

（1）教师人数增长情况。

1952 年 108 人，1959 年 439 人（其中正副教授 44 人，讲师 120 人，助教 275 人）增长 3 倍多。

（2）职工人数增长情况。

1952 年 139 人，1959 年 406 人，增长 2 倍多。

（3）在校学生人数增长情况。

1952 年 976 人，1959 年 4713 人（内有研究生 26 名），增长近 4 倍。

（4）学生流动情况（包括退学、开除等）。

1952 年占在校学生总数的 5.53%，而 1959 年只占在校学生总数的 1.69%。

（5）学生中工农成分的增长情况。

1952 年工农成分学生 125 人，1959 年工农成分学生达 2494 人，增长 19 倍多。

（6）学生考试成绩情况。

1952—1953 学年考试成绩优良者占参加考试人数的 28.4%；1952—1953 学年考试成绩不及格者占参加考试人数的 5.5%；1958—1959 学年考试成绩优良者占参加考试人数的 74.9%；1958—1959 学年考试成绩不及格者占参加考试人数的 3.1%。

---

① 题目为编者根据内容自行拟定。

（7）毕业生人数及分配情况。

1953年毕业生34人，1959年毕业生848人；1953—1959七年中共有毕业生3348人；分配在全国27个省市工作，集中分配在河北省的占82%，其他省市的占18%。

（8）解放前工商大学廿年（1928—1947年）学生情况。

共入学学生人数为1501人；学生流动情况（退学、开除等）共561人，平均占在校学生数的35%，实际共有毕业生940人；解放后七年的毕业生数3348人（53—59）为解放前廿年的毕业生数940人（28—47）的3.5倍多。

（9）我校科研经费及建校七年来教学科研经费情况。

1952年科研经费9.5万元，1959年达45万元；1952—1959七年来教学经费达2 170 900余元。

（10）图书馆藏书增长情况。

1952年藏书9.1万册，1959年藏书达56.8万余册；增长5.3倍。

（11）基建情况。

我校共占地1524亩，建筑面积占72 600余平方米（其中解放后新建面积34 500余平方米）。

（12）一年来学生劳动情况。

1582人参加校内工厂劳动；3333人参加校内农场劳动；3341人参加大炼钢铁劳动；2500人参加修建尖山公园义务劳动；2157人参加改造海河劳动：788人参加天津近郊农业劳动；230人参加天津市各工厂劳动。

（资料来源：《天津师大简介及建国十周年工作总结》，河北大学档案馆藏，XZ1959-01-18）

2. 温宗祺：贯彻党的教育方针，全面进行教学改革（节选）

1958年夏季，我校展开了群众性的教学改革，到目前已经有8个多月了。由于坚决贯彻了党的教育与生产劳动相结合的方针，在党的正确领导下，师生们发挥了敢想敢干和科学精神相结合的共产主义风格，因而使教学、科学研究工作发生了很大的变化，并向深入细致的方面发展。

（1）要正确地贯彻党的教育方针，在教学和科学研究工作中树立党的全面的绝对的领导。（2）本学期，根据我校党委提出的以共产主义教育为纲，教学和科学研究工作为重点，全体师生以不断革命的精神在党的领导下继续进行了教学改革。（3）为了坚决贯彻党的教育方针，培养出全面发展的中等和高等学校的师资，我校在去年12月间根据省、市委的指示和学校在教学改革中的经验，对教学、生产劳动和休假的时间进行了全面的安排；明确了各门课程之间的关系，并制订了新的教学计划。

除此以外，在新的教学计划中，我们贯彻了：（1）理论联系实际的原则。如文理科学生在三年级时，都要进行教育实践；各系在教学中也都增设了专业实践课，如中文系即增设了现代文选及习作，物理系增设了应用物理等。（2）加了政治课的时数。规定了不论文理各系学生，在四年中必须一律学完四门政治理论课，即社会主义教育、中国现代革命运动史、政治经济学、辩证唯物主义与历史唯物主义。在文科各系还增加了党中央关于各项工作的方针政策和毛主席著作的讲授。此外，在文史系还密切联系当前阶级斗争，增加了有关的讲座。（3）加强了基础课，增设了尖端学科。各系要求学生在前三年内基本上学完基础课程，在这三年中课程的时数略有增加，此外还减少了一些不必要的课程，以保证基础课的教学质量。理科各系在四年级都增设了一些尖端科学的课程，文科各系在四年级则开设了一些专门化的课程，并且规定学生可以从数门课程中选修一门。

今年，我们将按照以上的新的教学计划来进行教学，并且深入、细致地继续贯彻党的教育方针，使教育与生产劳动紧密结合，在实践中，并不断地使教学内容和教学方法得到改进，为建立一个全新的教育体系而努力。

编者语：

温宗祺（1914—1996），山西原平人，1937年毕业于国立北京大学中国文学系。1953年调任天津师范学院副院长，后兼任党委书记。1964年调入秦皇岛外语专科学校，任校长。1974年，任天津外国语学院党的核心小组副组长、院领导小组副组长。1978年初，调任南开大学副校长、党委副书记。1978年底，任天津外国语学院院长、党委副书记。

（资料来源：《天津日报》1959年1月20日第二版。《闻墨》编委会主编《闻墨》，天津科学技术出版社，2014年版，第64—65页）

（六）河北大学：在天津时期

1. 河北大学举办教师进修班，帮助青年教师提高外语和古文水平

［本报讯］河北大学开设教师进修班，一年来，在帮助青年教师提高外语和古文水平方面，取得较好效果。

这个学校的外语和古文进修班，是由有经验的老教师在讲课的。在教学内容上，

古文进修班的教师们依照古代汉语教材，分为“文选”“通论”两部分。先讲“文选”，以增强学员对古代汉语的基本知识；后讲“通论”，把“文选”中接触到的一些语言现象，提高到古代汉语规律上来加以阐明，这样循序渐进，便于学员领会和掌握。在教学中，外语进修班还着重注意学员基本功的训练。教师们除在课堂上讲授教材以外，还腾出时间来，让学员们在课堂上多做练习。此外，进修班还加强了课外辅导。每次讲课后，教师们都要布置背诵、默写、翻译、练习等作业，并认真批改。这两个进修班的教师们还根据学员的水平和实际需要，编写了一些辅导材料，帮助学员提高外语和古文水平。

学校各系和教研室切实保证了进修教师的学习时间，并负责督促、检查他们的学习情况，帮助解决一些学习中的问题。同时，还建立了学习组织和考试、考勤制度。参加进修的教师们大都抓紧课余时间，努力学习，按时完成作业，进步较快。在上学期期末考试中，古文进修班有80%的学员，外语班有60%的学员获得优良成绩。

（资料来源：《天津日报》1962年11月15日第二版。《闻墨》编委会主编《闻墨》，天津科学技术出版社，2014年版，第71页）

2.《天津教育大事记》记河北大学在津开展的部分教学活动①

1962年3月1日，河北大学提升一批教师。其中由讲师和老教师提升和确定为副教授14人，由青年助教和教员提升为讲师58人。

1963年1月10日，河北大学1962年科学讨论会结束（历时一个月）。讨论会由各系分别举行，共提出论文84篇。《天津日报》报道：本市科协举办的科学技术进修学院，从去年4月开办以来，已成为工程技术人员业余进修的良好园地。现有近1900名学员，设4个专业进修班、6个短期学习班和8个外文学习班。

1965年1月18日，《天津日报》报道：天津市有7所大学和2所普通中学在期末考试中试行开卷考试。各中小学都减少了考试科目，政治课全部采用开卷考试，高中考试科目由8门减至6门，初中由9门减至4门。河北大学、河北财经学院、天津医学院，除外语、数学外，其他科全部开卷考试。天津大学开卷考试的科目占三分之二。河北大学附中、南开大学，除政治课开卷考试外，还选一部分班对物理、化学、代数、几何、外语等科试行了开卷考试。河北大学附中语文课也全部开卷考试，小学只考语文、算术两门，五、六年级语文只考作文。《天津日报》为此还发表了《开卷考试好》的短评。

---

① 题目为编者根据内容自行拟定。

（资料来源：天津市教育局《教育志》编修办公室编《天津教育大事记（1849—1985）》，天津市地方史志编修委员会总编辑室，1987 年出版，津出字 1987 第 000287 号，内部发行，天津市津北贫房子印刷厂印刷，第 131、137、150—151 页）

3. 河北大学在天津时期的教学活动片段①

在教学工作上，历年来在党的领导下，师生以不断革命的精神做了远大的革新和革命。解放初期，逐步确立社会主义教育制度，全面改革了教学，从而废除了残存在学校内部的封建、法西斯等级教育制度。1954 年，全校教师根据中央颁布的教学计划大纲又进行了教材编纂工作。1958 年，学校又轰轰烈烈地进行了教育革命，学生和教师大力揭发和批判了资产阶级的教育观点和学术观点，使各科的教学为无产阶级的政治服务，紧密地与教学结合起来。这一年当中，师生积极地响应了党的号召，办起了 57 个工厂，124 所红专大学、业余中学及工人哲学学习班。此外，继续坚持学生参加生产劳动的制度，参加社会实践，加强实际锻炼的同时，切实加强基础知识、基本知识课程的教学和基本技能的训练，特别是在贯彻执行高等学校暂行工作条例以来，进一步贯彻了“三个基本”的教学，认真贯彻了“广而精”的原则，教学质量全面提高。特别是今年四月以来，我校全体教师学习和贯彻了主席春节关于教育工作的指示，积极进行了改革，学习又出现了许多新气象，一变过去死记硬背、抠书本的教条主义的学习情况，主动积极地联系实际，生动活泼地探讨问题，活学活用书本理论，开始树立良好的学习习惯。最近生物系举办了首次学习课余实验报告会，提出了 8 篇实验报告。有的学生在《种植向日葵的方法》的报告中提出利用嫁接就可促进增产的个人见解；有的学生对玉米幼苗时期叶的排列和胚的位置以及胚芽鞘的保护作用进行了专期观察，在《玉米早期观察》的报告中，提出了关于胚乳作用的推论。数学系、物理系、化学系学生结合理论学习分别到天津市电子仪器厂、渤海无线电厂、有机合成厂、近代化工厂、塘沽永利碱厂、大沽化工厂进行了参观和生产实习，印证书本知识，更加透彻了和巩固了理论知识。物理系四年级学生结合狭义相对论的学习，成立了相对论课外小组，开展了对相对论的基本原理如时空论有趣的探讨，提高了学习效果。哲学系学生紧密结合反修防修与当前无产阶级斗争形势，积极阅读经典著作和与专业有关的知识与学术文献，提出许多要解决的实际问题，开展讨论，并带着问题听课，学习生动活泼。有的学生在阅读报纸时都做了时事卡片，并把修正主义引用的列宁言论与列宁原著对照，揭露了修正主义在引用经典著作时一系列断章取义、歪曲真理的惯用伎俩。……现在，全

① 题目为编者根据内容自行拟定。

校都已开展了合二而一的三大争论，全体师生员工积极投入到了这一场意识领域内的阶级斗争，预期结果必然更为丰硕。

在科学研究工作方面，由于贯彻了“百花齐放、百家争鸣”的方针和科研服务于教学的原则，仅1958、1959两年就完成科学研究项目952项，这在解放前是根本不可能想象的。1962年以来，结合教学完成了学术研究论文和文献综述等305篇，其中126篇在校内外刊物上发表，还出版了《中国近代史》第一卷、《中国农民战争史》第一分册、《现代汉语译释学》以及《暴风雨中的花园》《蛇岛的秘密》等5部专著和译著。在自主科学方面，设计和试制数百万电子伏特静电加速管，已经进行了操作试验，拍照了系统，效果良好，从而进一步开展了应用加速器的产生对应用于工农业生产的初步科研工作。由于做出了成绩，静电加速器研究中的成员被评为我省群英会的先进集体。在数学科研方面，师生深入工厂、企业和科研机构等处，解决了200多项生产实际中的数学问题，并且出版了《数学在生产中的应用》一书。有些自然科学研究项目已经列入“国家科学研究十年规划”中，并接受了省委交给编写哲学初级读本、逻辑学读本、教育学以及与南开大学合编毛泽东文艺思想等书的任务。

在体育锻炼方面，与解放初期同样不可同日而语。当时只有一位体育老师、三个篮球，参加体育锻炼的人寥寥无几。到1958年，百分之百都参加了锻炼，至今仍有70%以上的学生保持经常锻炼，因而体质逐年上升，发病率逐年下降，体育比赛成绩常年优等，被评为省、市体育先进单位，射击比赛一直保持冠军称号。在京津八大院校中，除自行车团体冠军外，篮球、排球、乒乓球总为冠亚军。足球平过北京体育学院，冰球得过全省亚军。

（资料来源：《河北大学十五年的基本情况》，河北大学馆藏）

4. 南开大学历史系、河北大学历史系分别讨论李秀成评价问题

南开大学历史系和河北大学历史系的教师最近就李秀成问题进行了热烈的讨论。南大历史系经过几次讨论后，绝大多数教师认为李秀成是个不折不扣的叛徒。过去一直把李秀成看作英雄的一些同志，通过这次讨论，改变了看法，并认识到过去所以会有那种错误看法，主要由于没有掌握阶级分析的方法，因而这次讨论使大家受到了一次深刻的历史唯物主义的教育。河大历史系自8月27日至10月6日前后进行8次讨论。大多数教师认为通过这次讨论，明辨了大是大非，进一步认识到无产阶级的历史科学是具有鲜明党性的科学，要为无产阶级政治服务，就必须坚持历史唯物主义，反对主观唯心主义的研究方法；要做一个革命者就必须具备革命的硬骨头精神，发扬革命的气节。大家普遍反映，这次讨论使每一个人不仅提高了学术水平，

而且也大大提高了思想水平。两个大学历史系分别讨论了以下几个主要问题：

（1）李秀成是真降还是假降。（略）

（2）如何评价李秀成。（略）

（3）李秀成投降变节的原因。（略）

（4）评价历史人物能否“盖棺论定”。

这是南大历史系教师在讨论中提出的问题。一种意见认为对具体人物必须具体分析，有的可以盖棺论定，有的则否。如果一个人对社会发展起过重大作用，即使投降变节，只要罪过不大，就不能盖棺论定。这种权衡功过不是“合二为一”，而是“一分为二”。因为革命和叛变、功和过，都是一对矛盾，哪一方面是主要方面，哪方面便决定事物的性质。另一种意见认为必须“盖棺论定”。历史是发展的，一个人到死就终止了个人的历史，这也就是一个人发展的最后点，评价人物就应首先看他的最后这一点。李秀成最后成了叛徒，总评价只能是叛徒。评价历史人物要“一分为二”，首先应划分事物的不同性质。叛徒和革命者是一对矛盾，但不能同时存在于一个人身上。一个人由革命者变为叛徒，就意味着后者对前者的否定。“一分为二”绝不是静止的量的对比和加减法，而是彻底的发展观。上述那种看法正是混淆了矛盾的不同性质，看不到矛盾双方的斗争和转化，因此是形而上学的，是“合二为一”论。

（5）怎样理解党性和科学性的统一。

南大历史系教师在评价李秀成问题时，大家对党性和科学性的统一有不同的理解。一种意见认为，马克思主义历史科学的党性是建立在真实的历史事实基础上的。李秀成前期有功就应承认，不应回避历史事实，问题在于对这种现象，即对李秀成的转变作出科学的解释。另一种意见认为，对待历史不能抱客观主义的态度。评价人物应从当时阶级斗争形势出发，从革命出发，从对当时社会起了怎样作用出发，从一个人的发展出发，如抓不住主流，必然陷入繁琐哲学、客观主义，这才是不符历史真实的。上述几个问题，目前还在继续讨论。

（资料来源：开史、张高田《南开大学历史系、河北大学历史系分别讨论李秀成评价问题》，《历史教学》1964 年 12 月 26 日，第 18—20 页）

（七）河北大学：在保定时期

1.《河北教育大事记》记河北大学开展的部分教学活动[①]

1974 年 11 月，河北大学、河北师范学院、河北师范大学、华北农业大学、河北

① 题目为编者根据内容自行拟定。

新医大学、河北机电学院等校，从本月起，举办以上山下乡和在乡知识青年为对象的业余函授教育，首次招生2800多名。

（资料来源：周治华、钟毅主编《河北教育大事记（1840—1990）》河北人民出版社，1994年版，第349页）

2. 省属综合性大学教学内容和课程体系的改革与实践——河北大学教学内容和课程体系改革的现状与思路

面向21世纪实施教学内容和课程体系改革被称为当今高校教学改革的热点、重点和难点。近几年来，我校从省属综合性大学的实际出发，在教学内容和课程体系改革方面进行了实践和探索，取得了一定的成绩和经验，在此向与会的领导和同行们进行汇报和交流，请批评指正。

（1）近几年来我校教改教研的基本状况

①开展学科专业评估，摸清专业底数

我校是河北省唯一的一所综合性大学，按教育规律办事、为地方经济建设和社会发展服务是我们一贯倡导和坚持的办学方针。自1993年以来我们将学科专业调整改革作为学校各项改革的切入点，根据河北省经济建设和社会发展的实际，本着“保护和改造基础学科专业，巩固和加强现有应用学科专业，同时积极创造条件面向21世纪发展新的应用学科和交叉学科”的原则，改造了部分基础学科专业，增设了一批社会急需的应用技术类学科专业，使我校学科专业有了比较大的改观。到目前为止，本科专业已发展到49个，学科专业覆盖了国家教委规定的11大学科门类中的10个学科门类，基本上突破了五六十年代形成的以文理基础学科为主体的学科专业格局，逐步建立起以应用学科为主体、多学科综合的新型学科专业结构体系。

学科专业的调整改造应包括两方面的内涵：一是根据经济建设和社会发展实际需要及时调整学科专业设置，二是加强对现有学科专业的建设，不断优化学科专业结构。为此，我们在增设调整学科专业的同时，建立了科学合理的学科专业评估指标体系，根据学校自身的特点，制定了《河北大学本科专业评估实施方案》及其配套的26个附表，分层次、有重点、有步骤地对全校49个本科专业进行评估，通过评估，掌握了各专业的底码，了解了存在的问题和不足，比较突出的问题是：

a. 部分长线专业尚未摆脱计划经济下的培养模式，专业改造力度不大，而个别新建专业由于匆匆上马，对专业内部教育规律认识不足，课程结构体系不合理，亟须进行调整改革。

b. 四年制本科专业的总教学时数严重超过国家教委规定的课堂讲授时数，大部分在3300学时以上，个别专业甚至达到4000学时。学生不堪重负，限制了他们学习的主动性及能力和个性的培养。

c. 教学手段和教学方法落后，亟需充实和改革。

②根据学科专业评估情况全面实施教学内容和课程体系改革

针对学科专业评估中反映的上述典型问题，自1994年开始，学校将教学改革的重点及时转移到面向21世纪教学内容和课程体系改革上，主要工作有：

——1994年12月召开全校教学工作会议，将面向21世纪教学内容和课程体系改革列为会议的主要议事日程，制定了《河北大学面向21世纪积极推行教学内容和课程体系改革的意见》，在全校范围内拉开了实施面向21世纪教学内容和课程体系改革的序幕。

——1995年3月设立教改教研基金，学校每年拨款10万元立项开展教改教研专题研究，连续5年共50万元。第一批立项资助的课程10项，第二批资助的课题50项，课题的内容包括课程体系、教学内容、教学方法和教材诸方面，有500余位教师参加了这一跨世纪的教改教研工程，参加人员占教师总数的2/3以上。

——加强主干课程建设。为了保证人才培养质量，我们针对评估中反映比较突出的课程问题，从各专业主干课程入手，实施“名牌课战略”，共评选出150门标准课、32门一级课程和10门名牌课程，建立起标准课—一级课—名牌课金字塔式课程结构。

——1996年5月，在全国高校中率先建立了国家级重点科研院所与省属综合性大学联办的教改教研机构——河北大学教改教研中心。著名数学家、中国科学院院士、中国数学会副理事长林群研究员为该中心主任，其宗旨是以河北大学为基地，综合国内外从事数学教学和科研工作的著名专家、教授，面向21世纪开展数学学科的教学内容和课程体系改革研究。

——1997年4月在全校师生中广泛开展转变教育思想和教育观念大讨论。聘请著名高等教育学专家潘懋元教授、课程论专家王伟廉教授来校就教学内容和课程体系改革问题作专题报告，潘懋元先生报告的内容是“从可持续发展的角度看中国高等教育改革”，王伟廉教授报告的内容是“关于目前我国高校教学内容和课程体系改革的现状、问题和趋势”。从而将我校面向21世纪教学内容和课程体系改革工作推向一个新高潮。

这些工作表明面向21世纪教学内容和课程体系改革在我校动手快，起步早，措施得力，取得了比较显著的成效。主要表现在：

——在第一、二批校级立项教改教研课题阶段性成果的基础上，推荐参加国家教委教改教研立项课题评选，有12项教改教研课题分别列入国家教委文、理科及教材建设委员会的子课题，8项列入省教委教学内容和课程体系改革的重点研究课题。

——5位专家教授入选国家教委文理科教学指导委员会。

——适应21世纪人才培养需要，在教学内容和课程体系改革方面建立全校模式的《原子光谱分析》（副校长孙汉文教授编著）《文学批评学》（李国华教授编著）两本教材被教委列入“九五”重点教材。

——在1997年国家教委、省教委、学校优秀教学成果奖的评选中，在获奖的32项校级优秀教学成果奖中，有22项属学校立项资助的教改教研课题，4项省优秀教学成果一等奖、8项省优秀教学成果二等奖也全部为学校立项课题。

——由林群院士任主任的河北大学教改教研中心建立一年来，先后聘请近20位国内外知名的专家、学者来校作报告，参与并指导我校数学学科及其相关学科的教改教研活动。目前该中心翻译出版的国内第一部面向21世纪大学生素质教育的数学教材《微积分》（美国应用数学专家Strong教授编著）正在印刷之中。

可见，一个以面向21世纪教学内容和课程体系改革为重点，辅之以教学方法和教材建设系统配套的教改教研体系正在我校逐步形成。鉴于此，1997年4月，河北省教委召集河北省境内的省、部属20余所本科院校主管教学的校（院）长和教务处处长50余人在河北大学召开面向21世纪教学内容和课程体系改革现场会，以进一步推动全省高校面向21世纪教学内容和课程体系改革的深入发展。

（2）存在的问题

经过两年多的努力，我校面向21世纪教学内容和课程体系改革工作取得了一些成绩，积累了一定的经验，同时也暴露出存在的一些问题，主要是：

①对面向21世纪教学内容和课程体系改革工作的难度和艰巨性估计不足，思想认识不到位，配套措施不得力，效果不甚明显。

②虽然在全校进行了面向21世纪教学内容和课程体系改革立项研究，但由于立项课题多、涉及面广、重点不突出，影响大的成果少。

③面向21世纪进行教学内容和课程体系改革是一项系统工程，它要求我们在开展教学内容和课程体系改革的同时，必须进行相应的教学手段、教学方法改革并建立与之相配套的教材体系，但工作中往往顾此失彼，特别是忽视教学手段、教学方法的改革和教材建设，这一现象必须引起足够的重视。

（3）今后的思路

①在全校范围内进一步开展教育思想和教育观念大讨论。因为只有广大师生思想认识明确了，这一改革才能真正成为群众性的运动，才能使这项跨世纪的教改教

研工程建立在广泛而又坚实的基础之上，否则就会成为无本之木、无源之水。

②重点突破。面向21世纪进行教学内容和课程体系改革，一要全面推进，普遍展开；同时又必须择优选出一批重点项目实施重点突破，对这些大项目在政策上予以倾斜，在经费上予以保证，通过重点项目的示范和样板作用，推动整个工作向纵深发展。

③配套协调发展。进行教学内容和课程体系改革决不能忽视教学手段、教学方法的改革和教材建设，因为科学的教学内容只有变成知识的载体——教材，并通过先进的教学方法才能有效地传授给学生，因此在改革中三者是相辅相成，互为因果，缺一不可。

④优化师资队伍结构，教师是改革的主体，进行教学内容课程体系改革必须具有一支在年龄、职称、学历等方面与其相适应的优化的教师队伍，否则改革将成为一句空话。

⑤加强理论研究。教学内容和课程体系改革作为一项实践活动，必须有科学的理论作指导，这些理论包括吸收国内外各学科的新理论、新观念；各类课程之间的相互关系，国内外有关高校教学内容和课程体系改革的经验教训，等等。通过这些研究活动进一步认清各门课程发展的历史，摆正各自在课程体系结构中的位置，正确处理课程之间的关系，以保证改革工作的顺利进行。

（资料来源：《高等理科教育》，1994年第4期，作者：孙汉文、华筑信、张玉柯、杨学新）

四、教学管理

（一）天津工商大学

1. 天津工商大学教授任职管理方式①

教授辞职。本校土木工程科教授王毓蕃先生，系担任本科一、二年级建筑学及图书，并四年级水理学及铁筋混合土计算法等项。先生循循善诱，诲人不倦，是故二年以来，成绩极佳，不料于今春开学以前，因另有高就，向学校提出辞呈，学生学校公起挽留不果，辞议终归实现，闻王先生现在港上正计划某一重要建筑云。

巴教授（P. Pattyn）返国。本校法文及地理教授巴君，于暑假时，与校长同行归

① 题目为编者根据内容自行拟定。

国，入比国某大修院研究神学，以备将来升任司铎云。

新聘教授。工四之水理学自第二学期已改由华北水利委员会主席李书田博士教授云。此外工四之铁路建筑学，自上学期改由 M. Metz 教授、M. Metz 现任法租界公议局总工程师，曾修筑陇海、平汉两线，对于该课富有经验。

前一度归国之 M. David 于今春 2 月回津，继续担任工四之桥梁学云。

工一、工二两级之建筑学及图书，第二学期改由 Mr. Geyling 担任，先生会建辽宁之东北大学云。

预科之物理自上学年聘伍克潜君担任云。预科于第二学期新增卫生学一课，主讲由本埠著名医士卢索望（Dr. Lossouarn）担任。

本校体育指导由刘明羲君担任，每日来校指导一切球类及田赛等运动云。

（资料来源：《工商学报》第三期，河北大学档案馆藏，1929-CB13-1）

2. 天津工商大学的教学管理及考试测评①

（1）严格而科学的教学管理

为确保学校教学秩序，达到预定的教学目标，天津工商大学对教职员和学生制定了严格的规则，如《职员办公通则》《教员服务规则》等。对学生管理更加严格，定有学生《管理规则》多达 100 余条。② 如有学生触犯其中任何一项，惩戒条例规定当酌情轻则斥责，重则革退。仅从教会大学时期 30 年，实际毕业并取得毕业文凭者只有 1282 名，而招生注册学生达 8974 名，二者比例不足 1∶7。其管理之严格，可见一斑。③ 同时，学校为鼓励优秀考生报考本校和在校期间始终刻苦学习，实行奖学金和助学金制度，从而吸引了大批优秀青年踊跃报考本校，历年生源雄厚。学校严格的规则和惩戒与奖励勤学相结合，既保障教学秩序和质量，又激励了学生的学习热情。

法国教育管理之严格，在世界上是有名的。学校对教职员和学生都制定了明确而严格的规则。如《职员办公通则》规定：各处、科室人员“均应按规定时间办公”，“每时应行工作均应当时办完”，“各科职员因事请假应先得主管人员许可”。《教员服务规则》规定：“教员对于聘约及院章之规定之职务有积极履行之义务。”“非经院长认可不得在校外兼职。”“不得迟到早退。”“专任教员不得在校内兼任何职

---

① 编者根据文献内容及当前文献表达的标准化体例要求做了必要的层次结构调整。

② 天津工商学院出版委员会编. 私立天津工商学院一览［M］. 天津：天津工商学院出版委员会，1935：6-7，23.

③ 详见本章第五节的 1925—1951 年历届注册生和毕业生统计附表。

务。”“教员上课时间不得迟到或早退。”① 学校对学生管理更加严格，订有《学则》26条。学生《管理规则》，分《考查成绩记分规则》《操行评定规则》《缺课及晚到考查规则》《学生请假规则》《日常规则》《教室规则》《宿舍规则》《图书阅览规则》《接待室规则》及《集合规则》等100余条。为维护教学秩序，规定学生严禁之行为如下：①扰乱学校秩序；②不服从；③不正当行为玷辱学校或学生个人名誉；④旷课或迟到。如有学生触犯其中任何一项，当酌情处理，轻则斥责，重则革退。按照校章，对学生的管理除主要由学监负责外，所有教职员均负其责。比如每天课堂点名，平时每周监考，教员都切实负起责任，以保证各种规章不致成一纸空文，培养学生良好的习惯与勤学诚实的风气。

正是上述严格的管理，使得学校各项工作井井有条，提高了效率。但实际上这种严格的管理，亦有政治上原因。主要是当时的中国，国共两党政治上尖锐对立，社会矛盾尖锐。1931年发生“九一八”事变，中华民族危机加深。阶级矛盾、民族矛盾交织，错综复杂。法国教会以中共为敌，千方百计阻止学生参加反帝爱国和反对国民党独裁统治的民主运动，因此，校方采用此严格纪律，达到约束爱国学生革命行动的目的。根据工商学院的规定，学生宿舍由神甫、修士、修女士任舍监，每晚点名，凡发现学生有参加进步政治活动、阅读进步书刊以及发表进步言论者，均以“操行不及格”为由开除学籍。例如，一位名叫杨少文的土木系学生，尽管学习成绩优良，但由于要求进步而“操行不及格”，被学校开除。

同时，为鼓励优秀考生报考，学校实行奖学金和助学金制度。“凡报考学生平均成绩列工商两科各前三名者，第一名，免除第一年全年学费。第二、三名者免除第一年第一学期之学费。”对于成绩优异、家庭清贫之考生，设有十名免费名额，其条件为：须有考生所在地市县政府证明书，由学校按考试成绩择优给予。学校每年在报刊上刊登的广告中还规定：“凡在本院4年之工商科毕业生，其品学优良，毕业考试列取第一名者，由本院资送赴法，以求深造。”② 如是，学校吸引了大批优秀青年踊跃报考，历年生源雄厚，与有些院校招生不足额形成鲜明对照。学校严格的规则、惩戒与奖励勤学相结合，既保障教学秩序，又促进了学生的学习热情。但同时亦存在学生学习被动、不关心国家政治的弊端。

---

① 天津工商学院出版委员会编．私立天津工商学院一览［M］．天津：天津工商学院出版委员会，1935：6-7.

② 天津工商学院出版委员会编．私立天津工商学院一览［M］．天津：天津工商学院出版委员会，1935：23.

（2）考试与记分规则

学校考试不同于其他学校的显著特点，是学生所习诸课程内，每周六均有一门口试或笔试一次，每月有一次月考，每学期末举行大考，将所习各科，俱加以考试。考试成绩采用法国学校评定办法，施行以0—20分评定优劣，12分为及格。每学期之分数，是将周试、月考与期末大考之分数平均而得。每学年各科总成绩平均分数12分为及格。学年末重要科目分数平均不及12分，多于9分者，可复行考试一次。复考仍不及格，令其留级复读。但留级复读只准一次，复读一年再考不及格者则令其退学。9分以下者无复考资格，自行退学。本科学业4年期满，考试及格者，发给卒业证书，毕业考试各科平均成绩14分以上者，始发给学士文凭。①

此外，学校相当重视学生的操行评定，规定“凡本校教职员均有考查学生操行之责”。操行评定分甲、乙、丙、丁四等，甲为最优等，乙为优等，丙为及格，丁为不及格。操行成绩每学期末由学校填写报告书报告家长，以取得家长的配合。这种做法很巧妙地利用中国忠孝传统，引起那些曾有违校规、操行不端者高度重视并自行纠正。

严格的考试记分方法以及考试严格把关，促使学生从入学第一天起，直至第四学年毕业，每时每刻都努力刻苦，持之以恒，不敢懈息。尽管如此，每年仍有一部分学生因种种原因留级、退学或得不到毕业文凭。如1933年毕业生只有10名，而1929年此届入学注册学生76名。这种奖惩结合、优胜劣汰，对于促使学生勤奋用功，持之以恒，培养实事求是的良好作风具有重要意义，但亦不可避免地会迫使学生过分注重和追求学分，死啃教材、笔记，使其主动性与创造性受到压抑，不利于学生的特长发挥与全面发展。

（资料来源：阎玉田《踞析津之阳——天津工商大学》，人民出版社，2010年版，第6、68—70页）

（二）天津工商学院

1. 工商学院学则

第一章　修业年限毕业及学位

第一条　修业年限

本学院工商两学院学生，修业年限均为四学年。

---

① 天津工商学院出版委员会编．私立天津工商学院一览［M］．天津：天津工商学院出版委员会，1935：23.

第二条　毕业及学位

一、各学院学生修业期满于最后一学期将终时，遵照部令组组织考试委员会举行学业试验。

二、学生除应修习规定课程外，最后一学年须作论文于限定期内，提请毕业论文审查委员会审查及格后方得毕业。

三、毕业成绩以各学期总成绩、毕业论文成绩及毕业试验成绩合并，核算之。

四、凡转学生须在本院修业满二学年方准毕业。

五、本学院毕业生得依照大学学位条例授予学位。

第二章　入学及转学

第一条　入学

一、本学院于每学年之始举行新生入学试验，及格者方准入学。

二、凡具有左列资格之一者，得参与本学院新生入学试验。

1. 公立或已立案之私立高级中学毕业者。

2. 公立或已立案之私立六年制师范学校毕业者。

3. 公立或已立案之高中程度专门学校毕业者。

三、试验科目由招生委员会制定，在试验前公布之。

四、报名手续

1. 填写报名书；

2. 缴纳试验费领取允考证；

3. 最近软片二寸半身像片四张；

4. 毕业证书（本年毕业尚未领到毕业证书者，须有该生毕业学校之本年毕业证明书，本年以前之毕业学生必须呈验毕业证明书，及一切私人证明函件均无效）。

五、投考新生除缴纳前项各件外，并由本院直接征询该投考人原毕业学校，关于该投考者之一切问题。倘查有不符情事，即取消其参加入学试验资格。

第二条　入学手续

一、填缴保证书（保证人须在天津有固定住址及正当职业者）；

二、缴纳规定各费；

三、录取新生如于开学后尚未缴费注册者即取消其入学资格。

第三条　转学

一、凡国内各大学之学生欲转入本院时，仍照新生入学手续办理；

二、本院学生欲转入他校者由本院给予修业证书。

第三章　注册及缴费

第一条　注册

一、每学期开始时，学生须依规定日期到学院注册，其程序如下：

1. 先到注册课报到（新生须查对证书及相片，并领取缴费单到会计处缴清应纳各费）；

2. 凭缴费收据，到注册课领取课程表一份及授课时间表一纸；

3. 寄宿生凭缴费收据，到训育处领取寄宿证，往该课指定之宿舍住宿；

4. 在注册课注册手续完毕时领取学生证。

二、凭学生证到图书馆领取借书证。

三、凭学生证到讲义室领取讲义证。

第二条　缴费

一、各生每学期应纳各费如下：

1. 学费 65 元；

2. 宿费 45 元；

3. 体育费及游艺费 5 元；

4. 讲义费 7 元；

5. 预偿费 8 元（期中核算有余发还不足补缴）；

6. 各种实习费工学院土木学系 20 元，建筑系 15 元，商学院两系各 10 元。

二、特别费用

1. 毕业证书费 5 元；

2. 转学证书费 1 元；

3. 注册迟到费 1 元。

第四章　试验及成绩

第一条

一、临时试验由教员随时举行作文报告，口试测验等均属之；

二、星期试验各项主要课程每星期轮流试验一次；

三、学期试验于每学年第一学期终了举行；

四、学年试验于每学年终了举行；

五、毕业试验于修学期满时举行；

六、学期成绩以临时试验，星期试验及学期试验三种成绩合并计算；

七、学年成绩以学年中两学期之成绩合并计算。

第二条　成绩计算

一、学生成绩以百分法计算分左列各等：

1. 优等 90 至 100 分；

2. 甲等 80 至 89 分；

3. 乙等 70 至 79 分；

4. 丙等 60 至 69 分；

5. 丁等不满 60 分者。

二、学年成绩以丁等以上为及格。

三、每学期终了时，各生均发给成绩单一纸。如有疑问，须于下学期开学一个月内向注册课声明，逾期概不受理。

第三条 补考

一、每学期试验不及格之学程，其成绩满五十分者，得补考一次，否则不得补考。

二、学生因不得已事故，如丧亲重病等，不获参与学期试验会，经办理请假手续，并经教务长核准者，得请求补考。

三、请求补考经教务长核准，领取补考证填明、补考学程，请求担任教员签字许可，再交存注册课，方为有效。

四、凡不照前项手续办理，而不参与学期考试者，以零分计算并不得补考。

五、每学期补考均依照规定日期举行，如无故误期不考者，不得请求第二次补考。

六、凡补考分数由注册课按照教员所给分数九折计算。

第五章 请假缺课及旷课

第一条 缺课

一、学生因故缺课须先向训育处请假。

二、请假除重病经医生签字正式证明外，均须亲到训育处说明理由，托人代为请假者无效。

三、一学期内事假以一星期为限，如遇亲属重病得延期至四星期。

四、已经核准之假期不得任意延长，如必须续假者须再办理请假手续，其未满假期而先行上课者，须向训育处声明改正。

五、请长假者必须家长来信，经教务长核准方为有效续假亦须经同样手续。

六、因请假而未参加星期考试者，应得教务长之许可，自行与授课教员接洽补考。

七、凡请假满 3 小时者，扣学期成绩总分一厘。

第二条 旷课

一、凡学生不请假而缺席者为旷课，由训育处担任记录；迟到、早退，由教员担任记录；并随时通知训育处逾时不得更正。

二、凡上课迟到5分钟以上者以迟到论，10分钟以上者以旷课论。

三、凡迟到1次者扣学期成绩总分一厘，旷课2次者扣学期成绩总分二厘。

第六章　休学退学及续学

第一条　休学

一、休学期间定为1年。

二、新生第一学期不得请求休学。

三、凡正式生肄业满一学期，成绩及格者，遇有疾病及不得已事故，得赴注册课填写休学请愿书，听候转呈院长核准。

四、学生患传染病于最短期间难以痊愈，经校医认为有碍公共卫生者，得令其休学。

五、休学学生不得将休学期间在外所习成绩作为转学成绩。

第二条　续学

一、休学学生未逾1年者得呈请续学。

二、休学、续学必须于开学前一月向注册课提出陈请书，听候审核编入相当年级。

三、休学逾期之学生愿续学者，依照转学生规则办理。

第三条　退学

一、学生如有不得已事故，自愿退学者，须先向注册课提出陈请书，听候转呈院长核准。

二、学生有下列情形者得令其退学。

1. 不请假或请假逾期不续假而旷课达一星期以上者；

2. 学期成绩为丁等者；

3. 学期成绩中三项主要课程为丁等者；

4. 休学期满而未续学者；

5. 新生所缴毕业证书查出不实者；

6. 依惩戒规则应退学者。

三、凡肄业满一学期，因正当事故退学者，得向注册课请求发给肄业证明书或转学证明书，但以1份为限。

四、学生自请或被令退学所缴各费概不退还。

第七章　转科转系

转科转系办法：

一、凡请求转科或转系之学生应于学年终了时办理手续。

二、学生转科转系须先提出请愿书，经原科系主任与拟转入之科系主任许可，教务长签字并经转入科系试验及格，方为有效，其试验学程由转入之科系酌定之。

三、转科或转系以一次为限。

第八章　附则

第一条　凡一切政治活动及党派组织，本院学生绝对禁止参加；集合、结社，非经本院许可不准举行。

第二条　本学则由院务会议通过施行。

第三条　本学则如有未尽事宜得由院务会议修正之。

（资料来源：《天津工商学院（津沽大学）档案图集选编》，天津档案馆、天津外国语大学编，天津人民出版社，2016 年版，第 27—31 页）

2. 天津工商学院院规及勤学绩分

院规：

为维持秩序，本学院对于不轻旷课、遵守学规、勤勉求学、品行端方等事，认真监督，如学生对于上述任何一项，有违反时，本学院当酌量情形，轻则斥责，重则革退。兹将应行禁制各事列左：1. 扰乱学院秩序。2. 不服从。3. 不正当行为，而玷辱学生个人或学院之名誉者。4. 旷课或迟到。学生上课于 1 月后，如本院认其不易在课室内听讲时，当令其退学。

勤学绩分：

勤学分数之给予，其目的是在鼓励学生之勤学。学生每次旷课，无论经学校准许与否，都须扣分，凡学生授课次未满百分之八十者，即不准应考学期试验。但学生因患重病或因近亲有丧亡大故，在事先亲自禀明或临时用函件报告学校当局者不在此列。凡因故离校之学生，回校时如无家长之证明信件，即不再与容纳。1 月内学生之勤惰，于月终亦评定分数，将来算入总平均分内。

（资料来源：《天津工商学院一览》，河北大学档案馆藏，1929-CB13-3）

3. 天津工商学院聘任教授的要求①

教员为青年之师表，而学生之能否获得优越之学识，与高深之造就，纯系乎教学人员是否为一学识与经验兼富之专家为转移，本学院对于教授人选，素抱学理与

---

① 题目为编者根据内容自行拟定。

经验并重主义，例如本院现任之铁路学教授，则敦聘历任铁路总工程师者担任，河海工程学则聘华北水利委员会技术长担任，市政学则聘市政府总工程师担任，会计学则聘会计师担任，法律则聘法学家担任，财政学则聘理财家担任。本院之所以侧重学理经验并重者，盖以任何学科，理论与经验均须相辅并行也。

（资料来源：《天津工商学院院务报告书》，河北大学档案馆藏，1935-CB13-8）

4. 天津工商学院教学过程管理的主要方案①

（1）入学考试

入学考试之日期，于每学年之末，当在埠报章宣布之，考试时，投考生须呈验报名费收据，证明其曾在本学院会计处缴费，方准考试。其他大学学生，与本学院工商二院第二年、第三年、第四年同级，而欲投考插班者，除非有特别情形，本学院概不收纳。

入学实验分笔试及口试：

工学院：中文（系数三）、代数（三）、几何（三）、物理（二）、英文（二）（以上五门笔试兼口试）。化学（一）、地理（一）（以上两门仅口试）。图画（系数二）。

商学院：中文（三）、地理（三）、化学（三）、英文（三）、代数（三）、法文（随意）（以上六门除法文一项随意，其余五门均举行笔试及口试）。几何（一）、物理（一）（以上两门仅口试）。

投考本学院正科者须试以下节目：

①中文，文言作文，以白话文表述意见，演说。

②分数，求最低方程，算法，一次方程式，一及以上之未知数，讨论两未知数之并方程式，一次方程式算题，二次方程式，算法，理论，系数及方根之关系，方根之性质与符号，二次方程式算题，代数函数之理论，方程式之变化，$Y=\frac{ax}{b}$图解。二次方程三项式，符号之变化，不整方程式之能改成二次方程，最大及最小数定义，$Y=axt/a\cdot x+b$及图解，函数之变化，$Y=\frac{1}{x}$及图解，不得应用微分。

③几何学：定义，基本原理，比例和同比例，相似三角形及多边形，相同线，多边形及圆形，多边形及圆形之面积。平面：平行线与面，线与垂直面，平面上之线投射，平面与线之角度，不在同一平面之两直线之公共垂直线。两面体，垂直面。柱体及平面体：平面体，四边锥体，切三边锥体及切柱体之体积。圆柱体及圆锥体，

① 题目为编者根据内容自行拟定，编者根据文献内容及当前文献表达的标准化体例要求做了必要的层次结构调整。

面积及体积，切自转圆锥体之侧面及体积，圆球，切面及正切面，圆球之半径，圆球之面积；圆角形，圆弧切形及圆带形之体积。

④物理学：甲、热学：水银及酒精温度计，最高及最低温度计，摄氏及华氏计量及互相推求，固体之涨缩，直线，表面及体积之涨缩。液体及气体之涨缩，概论，应用与气压表之改正及金属制物。固体之熔融，定律，压力于熔点之影像，过热，冷却剂，液体内固体之溶解，过饱和。蒸发，真空内之蒸发，饱和及温饱和气体，空气中之蒸发，蒸发制冷。应用，沸腾，定律。气体之液化及应用。温度，定义，空气中湿度之审定，湿度计，云，露，雾，雪。机械能力与热能力之转移，机械能力与加路里之当量，朱尔定律。乙、光学：光之传播，光之反射，定律。平面及弧面静。光之曲折，定律。棱镜及透镜，放大镜，显微镜，天文镜，望远镜，加里氏望远镜。光之成分，日光虹影，分光镜，光线分析。丙、声学：声之造成及传播，速度。声波波长，振动及审定，音阶，振弦，音和，调之。音管，定律，节及调。丁、磁学：磁铁，磁线，铁之磁气性质，罗盘。戊、静电学：摩擦生电，电气量及单位。法来地电筒，检电器，电压之理论及实验，单位；电容及单位，蓄电器，放电，避雷针。己、电动学：电流，水力及热力发电机，电动力及单位，电流及单位，抵抗力及单位，欧姆定律。电流之化学影像，定律，电解，电镀，蓄电池，电流之化气影像，定律，通电线筒，电流表，电压表，电磁铁，电铃，电报，电感应，棱兹定律，电话及播音机。电动机之理论，交流及直流电动机，变压器，伦可夫线圈。电之交流，高电振，无线电报，真空管内气体之放电，盖斯刺管，X光线，无线电。

⑤化学：溶液性质，饱和及通饱和溶液，结晶水，渗透性，酪浆质，胶质液。原子垂及分子垂直审定，氩，硝酸，硝酸物，炸药，肥料，电气化学，钠，钾，镍，碘，铝，气，磷，铋，砷，碳及化合物，燃烧气体；阿斯伦等，镁，钙，锡，钡，铝，铁及钢，锌，锡，铅，铜，水银，银，金，白金，镭，酒精，格斯林，醚。单糖，复糖，铁维，脂肪，油，食物。

⑥历史：世界历史，近二世纪。

⑦地理：中国、美利坚合众国及欧洲（地文、政治、管理、出产）。

⑧英文：诵读，会话，作文，英文演说之实习，成语。

⑨法文（随意）：诵读，会话，作文，法文演说，成语。

⑩绘图（随意）：正投射，以平面、正面及侧面投射影表示机械及实物之形状（例先用稿纸做稿继依此例尺作图），建筑绘画。

（2）注册

投考本学院学生，已遵照办理上开各项，并考试及格时，本学院当发给注册证一纸，准其注册，为本学院某级正式学生。

本学院已准许注册各学生，须填写本学院所备保证书，由保证人签字，保证人须居留天津者，学生之同学或未成年者，不能充当。保证人对于学生在学院之举动，须负责并负保学生清付应缴纳各项费用，倘保人与上述各项不合，则学生须另觅适当之保证人。如学生或保证人之姓名或住址有变更时，须立即通知本学院。

本学院开课之前一日，所有学生于缴学费时，须呈交注册证及保证书，本学院当即发给听讲证一纸，以便持证上课。已为本学院录取各生，在本学院注册后，本学院即将各生所报事项，详加审查，倘发现任何事实与各生所报者不符时，本学院当即令该生退学，所有该生已缴各项费用没收之。

（3）院规

为维持秩序与纪律起见，本学院对于不轻旷课、遵守学规、勤勉求学、品行端方等事认真监督，如学生对于上述任何一项有违反时，本学院当酌量情形，轻则斥责，重者则革退。

（4）考试与计分

学生所习诸课程内，每周之末有一门以口试或笔试考试 1 次，每学期之末，举行大考 1 次，将所习各课程，具加以考试。

考试之成绩，以零分至 20 分评定优劣，而以 12 分为及格，学期之分数，系将每周每月考试只分数与学期大考之分数合计平均而得，每学年末，大考之分数，系将第一学期第二学期所得之分数，平均而得。

每学年末总平均分数至少需有 12 分，方为及格。其重要科目之分数，不及 12 分而多于 9 分者，必须复行考试，其不及 9 分者为落第。复考试须先行请得学院之许可，于暑假之末举行。学生之平均分数，不及规定之标准数目者，本学院当令其留级复习，但留级只准 1 次。

于学期之内，如学院发现某生资质愚钝、能力薄弱、不能随班学习时，本学院当即将此情形通知学生本人及家属，令其下学期休学。

（5）证书与学位

学生修业，四年期满，考试及格者，本学院当给予卒业证书，其毕业考试成绩优良者，当发给工学士或商学士毕业文凭，惟毕业总平均分至少须有四年平均 14 分。

（资料来源：《天津工商学院院务报告书》，河北大学档案馆藏 1935-CB13-8；《工商学生》第一卷第四期，河北大学档案馆藏，1937-CB13-9）

5. 天津工商学院教学用语①

授课用语：各科内，因需要之不同，有若干课程，用中文或英文教授，然同时亦设法使学生习得足以应用之法文，以便学生能参考各种法文专门书籍，并使之能做普通法语之会话。

（资料来源：《天津工商学院一览》，河北大学档案馆藏，1929-CB13-3）

6. 天津工商学院口试和其他检验②

一般人看了这学校的招生简章，一定都以为“口试”是件叫人头痛的事了。其实口试正是一种补救，补救你在笔试时的结果。

口试只有两门功课：英文和数学。口试英文的目的，只是看看你听的能力和说的能力。这学校大部分的功课都是用英文讲授，至少你应该懂得教授先生们说的话。考说的时候，只问问你几句最普通的问题，这些问题你自己可以猜想得到的；如果你报考工学院，他一定要问你：“你对工程方面的功课有兴趣吗?”“你喜欢数学吗?”或是：“你选考哪一系?”等等最简单的问题，你只需用一两句话就可以回答了的。要是你遇见 Mr Boycott，他是个英国人，是个十足英国绅士型的人物，他爱问点文法，可也不过是 Verbs 和 Subjunctive mood，这对你是没有什么问题的。要是遇见 Mr Millward 呢，他是位又年轻又漂亮的美国人，这位先生才是大好人呢，他只和你谈天，因为他很喜欢运动，问题也就偏重在这方面，你只须把田径赛和各种球类赛的术语记几个在心里，你就可以说一大套，结果你可以得到 80 分至 100 分的好分数。口试和笔试的分数是要二一添作五的，这对你是很有帮助。

数学的主试者一定是周子春先生，周先生是工商学院的台柱，数学天才很惊人，他原籍四川，可是入法国籍了，模样儿是个法国人，中文和法文都说得很流利自然。他考试时说的恐怕是英语吧，那样清楚，即使一个初中学生也可以听得懂的。

数学口试并不完全是“口”试，也用笔的，他先问你一个定义，或一个公式，然后让你举个例子去说明它，你便可以拿着粉笔，在黑板上一心一意的作去，一直到你作完，也不要看他的脸，他讨厌学生在算不出题目来的时候呆呆地看着他的。

但是你不要害怕，数学口试的题目向来很容易的，常常他并不要你把它算出来，只要把方法说出来就行了，你只需说几句话（即使你对这题目很生疏）你就准可以及格，题目只有一道，时间是 10 分钟；在这 10 分钟之内，你不显得一点尴尬的样子，不管你做完了没有，你就是优等学生了，至少是 80 分。因为口试，你的英文和

---

① 题目为编者根据内容自行拟定。

② 题目为编者根据内容自行拟定。

数学都准可以及格了。

如果你是投考工学院插班生的，还有一门特别的考试，那便是绘图。因为在工学院你必须会绘图，将来你无论是念建筑系，抑是土木系，你都离不开它的。入学考试的绘图，一点也不难，常常是 Copy Work，给你一张图样（很简单的），叫你把它放大或缩小了而已。再不然就是让你从几何作图起（如在等边三角形内作接圆等之类）。问问题不在你画的对不对，而在你用鸭嘴笔画出来的笔道好不好而已。考试的时候，带一管好鸭嘴笔，带瓶 Indian Ink、三角板、米突尺，等等，你的绘图就 Pass 了。

商学院二年的商埠，是一些很简单而又颇麻烦的题目，只要你的代数根底好，是不会有问题的，它的范围是：英制度量衡及货币、利息与折扣、百分法、损益之计算、复利、现价及期金总额之计算。

至于别的功课，你可以参考后面以入学试题。这些都是很容易很普通的问题，恕我不多赘述了。

论检验体格：

话于检验体格，本院不会用女医生及女看护，所以你们可以大背放心被验。只是你们测肺时，要故意把胸部凸成“抛物线”形以示不凡！验眼时假使你太近视的话，你可用半猜法，拿指头向左指，若医生有疑色，你快快换过手来向右指便对了。若是医生在你背后以钟声试耳，若你双耳皆明则不成问题，若你独耳聋，须当心！闻钟表声则在好耳边，若不闻钟声，势必在聋耳边无疑矣。

别忘，当你走进体验室内，务要昂着身子，面带笑容，否则大夫验烦了，会拿你开心的啊！

（资料来源：《工商学生》第一卷第四期，河北大学档案馆藏 1937-CB13-9）

7. 天津工商学院学则

第一章　入学

第一条　本学院工商两科新生入学资格。

（甲）公立或已立案私立高级中学毕业者。

（乙）公立或已立案私立六年制师范学校毕业者。

（丙）公立或已立案之高中程度专门学校毕业者。

附注：除教育部核准暂免会考之各省市外其他区域中学学生之毕业证书上须有“会考及格”字样。

第二条　本学院每年暑假在天津、北平、济南三处同时招生一次。

第三条　本院不收招插班生，但有特殊情形经证明属实者除外。

第四条　报名手续。

（一）填写报名书。（本学院备有印就式样函索即寄）

（二）缴纳注册费三元。（考取与否概不退还）

（三）最近四寸半身像片两张。（考取与否概不退还）

（四）毕业证书。（本年毕业因会考尚未领到证书者，必须有该生毕业学校之本年正式毕业证明书。本年以前之毕业学生必须呈验毕业证书，毕业证明书无效）

（五）本校印有学校征询表（系本学院印就），乃用以征询投考人毕业学校关于投考人之一切本身问题者，该表须经投考人毕业学校答复且须经该校校长签名盖章，加盖学校图章，以昭慎重。

附注：未录取各生之毕业证明，须于发榜后两星期以内到报名处取回，过期不负保管责任。

第五条　考试科目及时日。（考试考试日期事前登报通知）

凡投考者须自带笔墨书图器具及对数表。

第六条　检查体格不合格者不得入学。

第七条　入学手续。

（一）新生取录后应向本院领取保证书，请在津之亲友为保证人填写保证书，签名盖章，送交本学院。

上项保证人以声誉清高有正当职业者为限，凡本校教职员工及未成年人俱不得充当保证人，保证人须担保学生各费之清缴并遵守一切校规。

（二）录取新生开学后仍未缴费注册者取其入学资格。

第二章　转学

第八条　凡国内各大学之学生，其学生转学本校时仍照第一章第一条办理。

第九条　本院学生自愿退学转入他校者，本学院得照愿退学，例给予修业证书。

第十条　学生并非具有特殊情形并经本院许可者，不得转科或转系。

第三章　纳费

第十一条　本学院各科学生应缴纳费用如左：

（甲）每学期费用。

（1）学生费 35 元。

（2）宿舍费 20 元。

（3）体育费 2 元。

（4）理化试验费 7 元。

(5) 打字或测验费3元。

(6) 讲义费用4元。

(7) 预偿费5元。

(8) 试验室预偿费3元。

(乙) 特别费用。

(1) 学位文凭费5元。

(2) 卒业证书2元。

(3) 复试费2元。

(4) 注册迟快费额外缴纳大洋1元。

第四章　实验与考绩

第十二条　本学院学业考查分左列五种：

(一) 勤读实验由教员每日举行。

(二) 星期试验各门主要课程每星期轮流试验一次。

(三) 学期试验于每学年第一学期终举行。

(四) 学年试验与每年年终举行。

(五) 毕业试验于最后一学期终举行。

第十三条　学生成绩以百分计算分下列五等：

90分以上为优等。

80分以上为甲等。

70分以上为乙等。

60分以上为丙等。

不及60分者为丁等。

第十四条　凡丁等学生均为不及格，不能升级。

第五章　休学及退学

第十五条　学生有左列事情之一者得允许或令其休学：

(一) 身患重病症久不愈者。

(二) 因重要事故经家长亲自证明者。

(三) 患有传染病甚重有碍公共卫生者，得令其退学。

第十六条　凡因告假达一学期，授课总时数五分之一者，不能参加考试。

第十七条　休学学生复学者，经考试后准其编入原籍听讲。

第十八条　学生修业在一学期以上，经学期考试及格而因不得已事故经家长证明请求退学者，得按照成绩给予修业证书。

第十九条　学生有左列情形之一者，得令其退学：

（一）违反校规。

（二）品行不良。

（三）连续两次留级。

第二十条　因左列（一）（二）两项情事学校勒令退学者，并不给予修业证书。

第六章　补考

第二十一条　凡学年考试总分在60分以上而主要课程三门不及格者，应于下学期开始补考及格后方得升级。

第二十二条　凡因不得已事故（如亲丧疾病）在准假期内未获与试者，得请补考，否则留级。

第二十三条　凡未经请假或请假未经准许擅自缺考者，不得补考。

第七章　附则

第二十四条　关于操行学业勤惰考查法及一切管理规则均另定之。

第二十五条　关于附属高中学之学则另定之。

第二十六条　本学则如有未尽事宜，得经院务会议修正之。

管理规则

考查成绩之记分规则：

第一条　毕业平均数。修业四年期满后，其平均数应依照下列系数计算：

第一年系数一。

第二年系数二。

第三年系数三。

第四年系数四。

第二条　年终平均数。年终平均分数由下列系数推算：

第一学期系数一。

第二学期系数二。

第三条　学期平均分数。每学期中每种课程之平均分数依照下列系数计算：

学期试验系数二。

月终分数系数一。

星期考试系数一。

除此外，为计算每学期之平均分数起见，另立各种□楷系数表一纸。

每种课程之系数几乎与该种课程在一周内所授之时数相等。

第四条　勤学绩分。勤学分数之给与，其目的在鼓励学生之勤学。

操行评定规则

第一条　操行记分甲、乙、丙、丁四等：甲为最优等，乙为优等，丙为及格，丁为不及格。

第二条　凡本院教职员均负有考查学生操行之责。

第三条　学生操行成绩每学期由学校填具报告书，报告学生家长。

第四条　凡本院学生有违犯左列如条之行为者，除扣除其操行分数外，并酌量情形予以处罚或革退。

（一）扰乱学院秩序。

（二）不服从。

（三）不正当行为玷辱学生个人或学院之名誉者。

缺课及晚到考查规则

第一条　上课时间因故不能出席者，须声明理由到训育科请假。

第二条　上课时，为考察缺课之人数，于每日上第一次讲堂，由训育科派校役带点名簿赴各教室，交由教员点名，以考察缺课及晚到之人数。

第三条　晚到学生，非得训育主任之许可证，不得入教室听讲。

第四条　其他时间之缺课学生，由各教员负责点名，将缺课学生姓名、人数记录于缺席单，于每四星期之末日报告训育主任。

第五条　于每四星期之末日，训育主任检查各教员之一签名单，统计缺席及晚到之人数，扣减该生等之月分，并将月分公布之。

学生请假规则

第一条　学生非因疾病或家庭要事及其他重大事故，不得请假。

第二条　学生因事请假，需有其家长或保证人之证明信件陈明训育科，经许可后填给准假单。

第三条　如有因病请假，须有医士之诊断书，否则以无故旷课论。

第四条　假满时须至训育科销假，领取上课证。

第五条　凡逾期尚不到院销假者，以无故缺课论。

第六条　凡因请假缺课者，应由训育科酌量情节扣其分数。

第七条　凡无故缺课者，除扣分外且酌予相当之惩戒。

第八条　凡请假逾一定期限，依照本院学则办理之。

日常规则

6：00 振第一次铃。

7：00 应一律起床完毕。

8：15 至 8：15 上课。

9：30 至 10：30 上课。

10：30 休息。

10：55 上课。

1：30 上课。

1：15 至 2：25 上课之学生在此时间可以休息，其余绘画实验测量之学生自1：30 至 3：30 止不应停止工作。

3：30 体育运动。

4：45 室内课业。

6：00 终止室内课业完毕。

星期五自 4：45 至 6：00 得在宿舍自修或到图书馆阅览参考书。

8：00 各学生应在自己宿室自修并应保持静默。

9：30 自修课完毕。

9：45 熄灯并禁止谈话。

教室规则

第一条　学生于振铃第一次铃到课室，第二次铃教员入室时，学生应备齐集课室。

第二条　教员出入教室，学生均须起立致敬。

第三条　上课时不得谈话或翻阅课外书籍。

第四条　质疑或应对时均须敬立。

第五条　不得携带课外书籍用品入教室。

第六条　应注意教室清洁及卫生。

第七条　不得涂抹黑板及房窗、桌椅。

第八条　教室以内一切，均须服从教员指导。

第九条　学生在教室犯规时如情节轻微，由该课教员立即纠正，并将过失记于学生簿上予以处分重责。

宿舍规则

第一条　凡缴纳宿费之学生，均得寄宿院内至额满为止。

第二条　每舍规定 4 人。

第三条　寄宿各生之工作、休息及起卧时间，均需按照《日常规则》之规定办理。

第四条　早起须整理被褥并附以白布床单。

第五条　书籍、衣服、床铺须清洁整齐，不得污乱。

第六条　宿舍内不得用膳。

第七条　住室内不得盥洗。

第八条　各种乐器，除星期六下午及星期日外，不准弹奏。

第九条　未经学校许可，不得将外人引入校内参观。

第十条　每晚8时至9时半自修，自修时不得互相谈笑。

第十一条　自修时不得擅入他人宿舍。

第十二条　自修时可随意到图书馆阅览书籍。

第十三条　各宿舍一律于9点3刻熄灯，熄灯后各宿舍不得再见任何灯光，更宜肃静安眠。

第十四条　遇有重要事故学生欲离校外出者，须先取得准许。

第十五条　放假日期，住宿生须于晚8点前回校。

第十六条　星期六及星期日晚，寄宿生家居本市者，于入学时经其家长之声明及请求，待在家寄宿。但于每星期一早仍需带回其家长亲笔盖章，本院备有之在家寄宿证方为有效。

图书馆阅览规则

第一条　本图书馆为便利各教授及各学生研究学术而设，凡来本馆阅者应有爱护图书之责任。

第二条　图书室除星期日及例假外，每日开放时间上午8时至12时，下午2时至6时，每晚8时至9时半。

第三条　各种书籍、报纸能在阅览室内阅览。藏书室，除馆员及助理员外，无论何人不得入内。

第四条　本馆备有阅览证，凡愿阅览者可向本馆管理员登记领取。

第五条　凡愿阅览陈列于阅览室架上之图书时，应先交阅览证于管理员，得管理员之许可后方可取阅，阅毕后将书交还管理员取回阅览证。

第六条　本馆图书、杂志编有分类目录，凡借书人倘愿借用储藏室中之某种图书，应先于借书单上填著书人姓名、书名、书之号数及个人姓名，将此单交管理员以便清查及收发。此单将于借书者还书时交还其本人。

第七条　倘阅览人取阅某种书籍须经数日方能阅毕，则应于离阅书室时交该书于馆员，并声明本人之希望，得请求馆员保留，下次再到阅览室时立刻能取用该书之权利。

第八条　本院书籍不能携带出校。

第九条　陈列于图书室架上之书籍，不得携带出馆。

第十条　住校学生能借藏书室中关于其工作之书籍回宿舍参考，但须呈验经该项学科教授签名许可证。

第十一条　由教授介绍而借出之书籍不能超过2星期，但因特殊情形经本馆主任之许可，则可续借2星期。

第十二条　凡因借书逾期3日不还，本馆管理员应予以警告。经两次警告而仍不归还者，除取消其阅书权，并报告教务长予以相当之处分。因借书人之轻忽致使书籍遗失或污损，则该借书人应出资另购该书或修补该书之费用。

第十三条　凡对于本馆书籍或杂志不加爱惜甚至裁剪污损者，一经查出，除停止其阅览外，并应按照全部价格备价赔偿。

第十四条　阅览时不得喧哗或高声疾行，致碍他人阅览。

第十五条　馆内不得携带墨盒，更不得吸烟、饮茶及携带易于燃烧之物，以防危险。

第十六条　借出之图书于每学期放假一星期前虽期限未满，亦须缴还。

接待室规则

第一条　学生会见亲友均应在接待室内。

第二条　在上课及自修时间，不得延见亲友。

第三条　应注意室内清洁。

第四条　不得高声谈笑。

第五条　应爱护室内公物。

第六条　来宾在接待室除因有特殊情形外，时间请勿过长。

第七条　来宾来请学生时，应先通知号房，请勿进入。

电话室规则

第一条　在上课及自修时间，不得使用电话。

第二条　学生使用电话时，应先赴训育课领取钥匙。

第三条　使用电话，每人不得超过五分钟。

第四条　除应特殊理由，学生电话本院概不负责接送。

第五条　电话机件应加以爱护，如有损坏，应照价赔偿。

集会规则

第一条　本院举办之各项集会，学生有援助遵行之义务。

第二条　本院有各项集会召集学生时，不得无故不到。

第三条　学生参加本院各项集会，应该守秩序并注意公共卫生。

第四条　本院学生非经本院许可，不得集会。

第五条　本院学生非经本院许可，不得参与外间何种集会。

（资料来源：《私立天津工商学院一览》，河北大学档案馆藏，1935-CB13-7）

8. 天津工商学院女院入学考试要求及招生条件①

报名投考须知

（一）本学院于每学年始业前举行入学试验一次（女部本年度只招收一年级新生90名，暂不招收编级生及寄宿生）。

（二）本学院学生修业年限定为4年。

（三）学生修业期满，各种成绩及格者准予毕业，得称学士。

投考资格

（甲）公立或已立案私立高级中学毕业者。

（乙）公立或已立案私立六年制师范学校毕业者。

（丙）公立或已立案之高中程度专门学校毕业者。

报名手续

（一）填写报名书。

（二）缴纳报名费3元。

（三）缴最近软片二寸半身相片4张。

（四）呈验毕业证书。本年毕业尚未领到毕业证书者，必须缴验该生毕业学校之本年正式毕业证明书，本年以前之毕业学生，必须呈验毕业证书。其毕业证书及一切私人证明函件，均无效，所有声请先准报名，随后补交证书等情事，概不通融。

（五）投考新生除缴纳前项各件外，并由本院直接征询该投考人原毕业学校，关于该投考者之一切问题，倘查有不符情事，即不准参加入学试验。以上缴纳各件，除证书一项得请求准予发还外，余件无论能否与考，是否录取，概不发还。

通信注意

凡询问投考入学事件者，须照邮章贴足邮票经函本校招生课（除在报名日期内，请勿向各代考虑询问入学事宜），并将通讯地址详列函内，以便答复，未附邮票者不复，欠资函件概不收受，如有特别事项，须由本校用电报通知者，须先付电费。

已经录取之新生须于规定日期内缴费注册，填具保证书，领取入学证，逾限不到者，取消其入学资格。

报名考试地点及日期表：

---

① 题目为编者根据内容自行拟定。

区域	报名地点	报名日期及时间	考试地点	考试日期
天津	本学院	约自七月初旬至七月中旬（民国三十二年新生报名日期自七月九日至十四日止新时间：每日上午八时半至十一时下午二时至五时星期六下午不办公）	本学院	约为七月中旬（民国三十二年新生考试日期定于七月十六七两日在以上各地同时举行）
北京	辅仁大学	约为七月中旬（民国三十二年新生报名日期为七月十三，十四两日）	辅仁大学	
济南	黎明中学	同上	黎明中学	

（一）此项报名考试地点及日期表，届时公布于每学年招生简章。

（二）凡欲在外埠受试者，请将报名文件在报名日期内，递交各该地本校代考处。

（三）在何处报名即须在何处受试。

考试科目

凡会具入学报名书，并完备其他手续，经本校审查合格者，即给予准考证（在外埠受试者，经由各该地代考处审查并给予准考证）。凭证得参与入学考试，兹将投考一年级生应考科目列左：

（一）国文

（二）英文

（三）日文

（四）数学

（五）世界史

（六）口试

此项考试科目时日表，届时公布于每学年招生简章。

录取通知

凡经本学院录取之新生，于规定日期用榜示法通知。外埠录取之新生，用专函通知。未经录取之学生，概无通知。新生即经录取后，应按规则办理入学手续，否则不得入学。

检验体格

录取新生应来本院领体格检验单，就本院指定之校医及日期受体格检验，该单由医生收存，不及格或不到者，不得入学。

新生入学须知

（一）新生录取后应向本院秘书处领取保证书，请在津之亲友为保证人，填写保证书。此项保证书，须由保证人亲自签名盖章，并由保证人协同被保人，亲自将保证书送交本院。上项保证人，须年在30岁以上，在津有正当职业，固定住址，并经学生家长负责委托者为限。凡本院学生，及未成年人，俱不得充当保证人。保证人须担保学生各费之清缴，并遵守一切校规。

（二）录取新生应于考试结果发表后十日内，到秘书处缴纳预定入学费十元，将来正式入学时移作学费，不到者不退还，路远者可函汇，逾期不交，学额满时，拒绝入学。

（三）报名时所填姓名，年岁，籍贯，须与入学资格证明书相符，若经考取入学校，即不能更改。

（四）新生经本校录取后如第一学期不能入学，不得于第二学期请求入学。如欲于翌年秋季入学，须于翌年秋季开学2个月前，经函本校招生课，请求免试入学（备取生无此权利），如经审查函准，方得办理入学手续。如翌年不能入学，将来再欲入学时，须重新报名投考。

（五）新生入学后，如发现品行欠佳，伪造证明文件，或入学考试时有舞弊情事等，得随时令其退学。如发现学力太差，得于第一学期终了后令其退学。凡因本条款退学之学生，概不准再投考本院。

（六）新生入学后，因故拟于第一学期中途或第一学期终了休学者，须函请女院主任，是否准予办理休学手续。

（七）本院收录已婚女士，惟须向女院主任报告其原有及在夫家之姓名。

入学费用（学校费用，均于每学期注册时交付，数目如有增减，随时公布）

甲、每学期费用：

（1）学费100元

（2）体育及游艺费10元

（3）讲义费30元

（4）预偿费10元（包括图书馆及公共损坏费）有余退还

乙、特别费用：

（1）毕业证书费5元

（2）转学证书费1元

（3）注册迟到费2元

免费学额：凡投考学生家境清贫者，可于报名时呈缴所在地级市政府发给之家境清贫证明书，由本院按考试成绩及调查结果择优给予。

附： 天津工商学院女院 1933 年度录取新生统计表、工商学院女子文学系新生报名书与工商学院保证书

工商学院女院　三十二年度录取新生统计表

本市校名	外埠校名	人数	总计
圣功女中		36	
耀华中学		26	
广东中学		12	
天申中学		5	
市立师范		1	
达文中学		1	
志达中学		1	
女二中		3	
女一中		2	
	北京志城中学	1	
	青岛圣功中学	1	
	北京六女中	1	
			90

工商学院女子文学系

新生报名书　　　　号数

姓名	(中文)　　　　(英文)	贴相片处
籍贯	省　　市/县	
年岁	民国　　年　　月　　日生	
高中毕业	校名	
	校址	
	日期　　年　　月　　日	
报名日期	年　　月　　日	
通信处	永久	
	临时	
家长或监护人	姓名	
	职业	
	电话	
	与学生之关系	
信仰宗教		
已结婚否		
备考		

注意：(1) 新生报名时应缴各件：(甲) 高中毕业证书；(乙) 二寸半身照片四张；(丙) 报名费三元。

(2) 本报名书须用正楷填写。

工商学院保证书

THE UNIVERSITY FORM OF GUARANTEE.

学生姓名

Name of Student

保证人

现年　　岁　　省　　县人

今承保学生　　入贵院　　科　　系第　　年级肄业

所有该生在校一切行为保证人概负完全责任须至保证者

保证人　　　　署名盖章

保证人与学生之关系＿＿＿＿＿＿＿＿

保证人职业＿＿＿＿＿＿＿＿

保证人通信处____

保证人住址____

中华民国　　　　年　　　月　　　日

①录取学生，务于入校前，领取保证书，限在津埠有相当职业之保证人将保证书填明并由保证人偕同被保人亲将保证书送交本院秘书处。

②保证人对于所保证者之一切行为经济、疾病或他种不测事故之发生皆应完全负责。

③保证人如遇有特别情形，不能担任保证人时，该生须急觅另一保证人，并报告学校该保证人之姓名、住址。

①Students allowed to register have to fill out the University form of guarantee to be signed by a guarantor. The guarantor shall be a resident of Tientsin. No fellow student，nor minor may be recognized as a guarantor. ② The guarantor shall be responsible for the student in all matters pertaining to the student during his residence and guarantee the payment of all obligations incurred by him. In case of sickness or any other unforseen circumstances，application shall be made to the guarantor. ③Should a guarantor be unable to meet the conditions of the preceding another guarantor shall be immediately appointed. The University authorities shall be immediately informed of any change in name or address of the guarantor.

（资料来源：《工商学院女院成立纪念册》，河北大学档案馆藏，1943-CB13-1）

9. 1943 年度迎新秩序表

9 月 8 日（星期三）：新同学报到缴费入校

（一）新同学签到

（二）招待干事导引缴费，领上课证

（三）招待组长献校徽、课程表，并发联欢会入场券

（四）出版组长献迎新特刊

（五）招待组干事指引购书及入宿舍等

9 月 9 日（星期四）：正式上课

（一）午前 9 时齐集圣堂举行开举式

（二）午后 2 时齐集办公楼前由迎新团团领导全校大巡礼

（三）午后 4 时齐集本科大楼前合影留念

9月10日（星期五）：照常上课

9月11日星期六上下午2时至6时迎新联欢大会（在中学部教堂）

（一）新同学签到入席请（佩带校徽）

（二）全体肃立唱校歌

（三）主席致开会辞

（四）院长训话

（五）各主任训话

（六）迎新团代表致欢迎词

（七）新同学代表致辞

（八）余兴游艺节目

9月12日（星期日）：休息

9月13日14日（星期一、二）新旧同学运动对抗

（资料来源：《工商生活迎新特刊》，河北大学档案馆藏，1943-CB13-10）

10. 天津工商学院女院教学管理规程①

（1）考试

女部考试分临时考试，星期考试，季中考试，学期考试及毕业考试五种。临时考试由教员随时行之，星期考试于每星期六轮流考试一门课程，季中考试于每学期季中举行所学课程总考试，学期考试于每学期终行之，毕业考试于修业期满时行之。

（2）学分

学分之功用在表示学生功课之数量，平均每学分代表一学期内每周3小时之工作，此3小时包括上课1小时，自习2小时。

（3）成绩

（一）成绩之功用在表示学生一学期中对某门课程工作之优劣，又为教员对其学生作业多寡之标记，并表示学生在班中程度之次第。

（二）女部成绩分下列五等：

A等（85分至100分）：成绩以100分为最高分数，得此成绩者稀有，此等学生应属杰出高材。85分至90分为良好成绩，可列上等。

B等（75分至84分）：此成绩在中上等之间，意即学生之作业成绩堪称完满，为一般学生所应有之成绩。

---

① 题目为编者根据内容所拟，编者根据文献内容及当前文献表达的标准化体例要求做了必要的层次结构调整。

C 等（60 分至 74 分）：成绩平庸，可称及格。

D 等（50 分至 59 分）：表示成绩可疑，可予以复试机会。

E 等（50 分以下）成绩恶劣，不堪及格。

（三）成绩以 100 分为满分，60 分以下为不及格。

（四）学生完成一门课程，其成绩为 60 分或 60 分以上者，方能给予学分。“乙种课程”及“丙种课程”，必俟修完后，而每季成绩又均为 60 分或 60 分以上时，方能给予学分。

（五）“乙种课程”及“丙种课程”其每学期之成绩须为 60 分或 60 分以上，否则不准继续选读。

（六）论文须俟完成后，方能给予学分。

（七）学生因下列事由之一不能应考试时，应先行请假，经女部主任准许后方得请求补考：

甲．父母丧（需有家长或保证人函件证明）

乙．重病（须有医师正式证明书）

丙．其他重大事故（须有确实证明）

凡经主任准假缺考者，于学生成绩簿上注有“缺考”（ab）字样，此可于规定日期内再行补考。如未经主任准假缺考者，其成绩即以零分计。

（八）凡总平均不满 60 分者，不得升级。

（九）凡未得有规定额数学分者（学分数额由各科自定），不准毕业。

（十）凡未参加学期考试或学年考试者，不得升级。

（十一）每学年第二学期终了时，各科召开教授会议，讨论属于下列三种情形之学生，根据其各人情形，准予升级或予以开除、留级、补考之处分：

a. 各班名列榜末之学生，以全班人数的十分之一为限（如该班为 30 人，其最末之 3 人），虽其平均满 60 分者。

b. 凡有一门主要课程不及格者。

c. 凡在一学年内不及格课程达 8 学分者。

（十二）上项规则亦适用于四年级学生。在各科教授会议中，决定其处分办法，如不发给毕业证书，或予以留级，或予以补考。

（十三）补考考试在第二学期开始时与暑假开始后两星期内举行之。补考学生满 60 分者为及格，其学分仍然恢复。惟如届期不参加考试，或成绩过劣者，可予以开除或留级之处分。

（十四）留级学生，其两学期之总平均分数，均须满 70 分始得升级。

（十五）第一学期终了时，学校对于成绩欠佳之学生，可给予警告，但应受开除处分之学生并不必须先行警告而开除之。

（十六）开除学生每于第二学期终了时施行，但新入校之学生其成绩过劣者，及留级学生平均不满 70 分者，亦得于第一学期终了时开除之。

（十七）凡补考成绩均按原成绩扣百分之十。

（4）缺课、旷课、缺考及请假规则

（一）学生非因疾病或重大事故不得请假。

（二）学生因病请假，须有家长之证明信及医生之诊断书，否则以无故旷课论。

（三）学生因事请假，须于事前由学生家长或学生本人亲向本院训育科请假，否则以旷课论。

（四）凡告假期满之学生回院上课时，须先向训育科销假，领取入堂证。

（五）凡假期已满，倘不销假亦未经准予续假之学生，以无故旷课论。

（六）凡请假、迟到、旷课、记过学生，至学期终了，由训育科照章扣学业总分。

（七）兹将扣学业总分标准规定如左：

1. 请假每 3 小时扣一厘。

2. 迟到每次扣一厘。

3. 旷课每 1 小时扣二厘。

4. 记过每次扣五分。

（八）凡无故旷课者，除扣分外并由训育科予以惩戒。

（九）凡因告假缺席达一学期授课时数五分之一者，不能参加学期考试。

（十）凡无故旷课 24 小时以上，经训育科训诫后仍不悔悟者，勒令退学。

（十一）缺考请假：凡学生因病或因事不能参加学期考试者，均须依照手续请假并经主任之核准，则得于下学期开学后，在补考至迟期限以前，请各教员予以补考，每门补考费 2 元。

（5）休学、退学及复学规则

（一）学期开课后满两星期尚未缴费注册者，即令休学。

（二）学生违反校规情节重大，或学业过劣不堪造就者，得有女部主任分别令其休学或退学。

（三）学生连续 2 次留级者，应令退学。

（四）学生因事或因病自请休学或退学者，得由本人及家长或保证人具函声明理由，呈请女部主任核办，其因病者，须附医师诊断书。

（五）学生在假期中如觉下学期，或以下数学期不能来校时，须写信向女部主任请假，请假信至迟须在下季开学后1月内递到。未经主任准假者，皆以自动退学论。

（六）在大学四年学程中，学生请假离校至多不能过2次。

（七）休学期间以2年为限，凡未经特许者，逾期即作为退学。

（八）学生不到班逾3星期，而未经女部主任准假者，均以自动退学论。

（九）学生入校之第一年中，本校得随时对其某门入学试验举行重试，再如发现学生入学考试时有欺骗行为者，得随时令其退学。

（十）休学学生欲复学者，应于学年开始时，呈请女部主任核准后方得编入原年级肄业。

（十一）休学学生于规定期限内未呈请复学者，以退学论。

（十二）休学学生须向教务处请领休学证书及肄业证书。

（十三）自请退学之学生，会在本校肄业一学年以上者，得呈请女部主任转请院长发给修业证明书。

（十四）自请退学之学生，如欲复行入学，其手续悉与新生同，但学生因学力低劣，违反校规或品行不端，为本院斥退者，不得复行入学。

（十五）学生身体过弱或有急性肺病者，必须休学。

（十六）凡退学或休学之学生，其已缴各费概不退还。

（6）转学

甲、他校学生欲转入本院时，须注意下则各项：

（一）凡在公立或已立案之私立大学或独立学院本科肄业一年以上之学生，得请求转入本院肄业，但须以同性质之科系为限。

（二）凡请求转学之学生，须于报名投考时填具转学愿书，并呈缴原校修业证明书及所习各科详细成绩表。

（三）转学至少须在本学院肄业二年，方准毕业。

乙、本院学生欲转他校时，须注意左列各项：

（一）学生欲转入某校时，须详阅该校简章及课程一览，并注意其必需条件。

（二）呈寄报名书及通信处（倘计算该校回信须于本人离校后方能寄到时，则须书明离校后之通信处）。

（三）请求寄成绩表。如系转学国内大学，并须请发修业证书，其前校转来之成绩，本院概不负责抄录转寄。如学生需用该项文件时，须经向其前校请领。其报名书、保荐书如能按时备妥即可交本院，以便与成绩表一同寄出。

（四）学生成绩表一经寄交他校，该生除女部主任特许外，即不得再来校注册。

(7) 考试规则

(一) 考试时，除应试必需文具外，不得携带片纸只字。

(二) 考试时，不得有交谈、传递或窥视他人试卷等情事。

(三) 考试时，不得向监考员询问题解或生字。

(四) 试卷不得涂抹或撕去，须连同稿纸一并交回。

(五) 交卷不得逾规定时间。末交卷前不得擅离座位，已交卷后应即退出，不得再将试卷取回。

(六) 考试时，无论因何种理由外出，即不得再行回场。

(七) 学生如于考试时舞弊，一经教员发觉，该次考试之成绩应即作为“○”等。

(八) 考试时，凡违反以上规则或有其他作弊情事者，由监考员即刻勒令出场并与记过处罚。

(资料来源：《工商学院女院成立纪念册》，河北大学档案馆藏 1943-CB13-1)

11. 私立天津工商学院信誉规则摘要

(1) 总则

第一条　本院学生除应埋头苦干、努力学业外，尤宜敦品行、守规则，以期养成学行并茂之完全人才。

第二条　本院学生应崇尚俭朴、注重公德，养成铁血青年并社会之忠诚分子。

第三条　凡学生有左列情形之一者，分别情形予以惩罚或斥退：

(一) 扰乱学院公共秩序者。

(二) 不服从师长指导者。

(三) 品行不端、有辱及个人或学院名誉者。

第四条　学生非因特殊情形经教务会议许可后，不得转科或转系。

第五条　凡因违犯规则勒令退学者，不发给修业证书。

第六条　凡学年考试总分在 60 分以下者应留级，在 60 分以上者而主要科目不及格，应在学年开始时照规定日期参加补考矣，补考及格后方能升级。

第七条　凡连续 2 次留级者，得令其退学。

第八条　凡不参加学期考试者，不得升级。

第九条　凡因重大事故经学方准假而未能参加期考者，应行补考，否则留级。

第十条　在期考未经准假而擅自缺考者，不得补考。

(2) 教室规则

第一条 各班学生应于振第一次铃时集齐教室，顺序就座。

第二条 教员出入教室时，学生均需起立致敬。

第三条 教室座次编定后，不得自行更易。

第四条 学生上课不得迟到或早退。凡因特殊情形迟到或早退者，须向训育主任呈明理由发给入堂证，方得入课室听课。

第五条 学生听讲时如有疑问，应俟教员讲至一段落后再举手示意，经教员许可后方能起立请求解释。

第六条 上课时不得谈话或私阅课外书籍。

第七条 教室以内一切均需服从教员指导。

第八条 无论在上课或下课时间，不得在教室内喧哗嬉笑，应保持肃静、清洁及秩序之整齐。

第九条 无论在上课或下课时间，不得吸烟。

第十条 学生在教室内犯规，由该班教员随时训导，如不服从，得令其退出教室外并由训育主任予以惩罚。

第十一条 在上课时间内，凡有空堂学生，应在图书馆内阅览图书，不得作任何运动。

（3）请假规则

第一条 学生非因疾病或重大事故，不得请假。

第二条 学生因病请假，须有家长之证明信及医生之诊断书，否则以无故旷课论。

第三条 学生因事请假，须于事前由学生家长或学生本人亲向本院训育科请假，否则以旷课论。

第四条 凡告假期满之学生，回院上课时，须先向训育科销假，领取入堂证。

第五条 凡假期已满者，尚不消假亦未经准予续假之学生，以无故旷课论。

第六条 凡请假、迟到、旷课、记过学生，至学期终了，由训育科照章扣学业总分。

第七条 兹将扣学业总分标准规定如左：

（一）请假每 3 小时扣一厘。

（二）迟到每次扣一厘。

（三）旷课每 1 小时扣二厘。

（四）记过每次扣五分。

第八条 凡无故旷课者，扣分并由训育科予以惩戒。

第九条　凡因告假缺席达一学期授课时数五分之一者，不能参加学期考试。

第十条　凡无故旷课24小时以上，经训育科训诫后仍不悔悟者，勒令退学。

第十一条　寄宿生告假，应先有训育主任之许可证，然后再通知宿舍主任。

（4）宿舍规则

第一条　各宿舍分配之办法，于学年开始时由训育科规定之。

第二条　宿舍房间一经规定，不得任意更换。

第三条　宿舍内不得有妨碍他人安静及公众秩序之举动。

第四条　宿舍内须注意肃静、清洁及公共卫生。

第五条　宿舍内不得招待来宾及集会。

第六条　有危险性违禁物品或书籍，概不得携入室内。

第七条　寄宿生如有贵重物品或金钱，需交庶务科代为保存。

第八条　寄宿生如愿于每星期六及星期日在家寄宿者，需由家长备函证明。

第九条　凡放假日之前一日晚间，寄宿生仍需住校。

第十条　除星期六、下午星期日及放假日外，无论任何人不得在宿舍内弹奏音乐或歌唱。

第十一条　宿舍每晚8时点名，寄宿生均须齐集室内。

第十二条　寄宿生在晚8时点名以后，不得喧哗、疾行及一切妨碍他人自修之行动。

第十三条　寄宿生每日就寝、起床，均须按照规定时间。

第十四条　就寝后及起床前，不得私燃灯火。

第十五条　就寝后不得互相谈话。

第十六条　起床后，须立即将床位收拾整齐，并加以盖白布床单以示一律。

第十七条　宿舍内不得悬挂杂物。

第十八条　不得在宿舍内用膳及零食。

第十九条　宿舍内不得袒背赤足，凡盥漱沐浴须于规定处所行之。

第二十条　各宿舍在上课时间内一律关锁。

（资料来源：《天津工商学院院务报告书》，河北大学档案馆藏1935-CB13-8）

12. 佚名：工商学院昨举行四届毕业礼本届卒业十一人

［本报特讯］天津工商学院，为法国教会所设．本社记者于参观北疆图书馆时，曾一度介绍，唯因该校平日不重宣传，但求实际，故一般人知之者甚鲜。昨日该院第四届生，于下午3时众行毕业典礼。

计工商两科毕业者，共 11 人。来宾参加者，有教育厅长陈宝泉、华北水利会委员李书田、中国银行副行长林凤苞、该校名誉董事华南圭、工程专家外人柏鲁克·费斯·高迪尔·葛勃斯迪克等多人。毕业生著有毕业论文，如商科生何立成之《河北省煤业概况》，林成荫之《中国纸业状况》，朱丕勋之《华北棉花概况》，袁尚青之《中国丝业概况》、张翰翔之《天津面粉业概况》、夏明义之《道渭铁路近来营业之调查》，观览之余，深觉结果良佳。

工科学生，为周克明、许庆云、李宝洪、林镜瀛、林金荫，由华南圭氏轮流口试，试题为铁道设计问题，均甚切要。诸生对答如流，足见平日素有心得。

两科考试毕，即互进茶点。当由该学院尚副院长致辞，由教授尹凤藻翻译，大意谓：首先应道歉者，即此次举行毕业典礼，赵校长未能亲临参加，特向诸君表示歉意。爰日来北平及平南一带大雨，交通不便，因命鄙人代表，谨向厅长及来宾，对今日之辛劳，深致谢忱及感激之意。鄙人所最认为荣幸者，即今日为初次得本省教育机关最高长官，不惜以其最宝贵之时光，百忙抽暇，来此主试。

（资料来源：《大公报》1932 年 6 月 23 日第二张第七版，《闻墨》编委会主编《闻墨》，天津科学技术出版社，2014 年版，第 9 页）

13. 天津工商学院教学过程管理部分图片集锦①

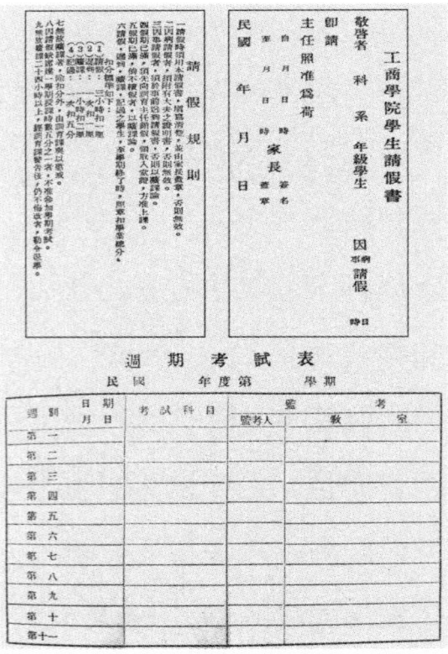

工商學院學生請假書

敬啓者 科 系 年級學生 因事病請假 日時

自 月 日 時 至 月 日 時

即請

主任照准爲荷

家長 簽名 蓋章

民國 年 月 日

請假規則

一、請假時須用本請假書，經寫清楚，並由家長蓋章，否則無效。
二、因病請假者，須附有大夫之證明書，否則無效。
三、因事請假者，須於事前遞請假書，否則以曠課論。
四、假期已滿，須先向訓育主任銷假，領取入堂證，方准上課。
五、假期已滿，倘不續假者，以曠課論。
六、請假、遲到、曠課、記過之學生，至學期終了時，照章扣學業總分。扣分標準如下：
（1）請假：三小時扣一點
（2）遲到：一次扣一點
（3）曠課：一小時扣二點
（4）記過：一次扣五分
七、無故曠課者，除扣分外，由訓育課與以懲戒。
八、因請假缺席達一學期授課時數五分之一者，不准參加學期考試。
九、無故曠課二十四小時以上，經訓育課警告後，仍不悔改者，勒令退學。

週期考試表

民國 年度第 學期

週 別	日期 月 日	考試科目	監考 監考人	監考 教室
第一				
第二				
第三				
第四				
第五				
第六				
第七				
第八				
第九				
第十				
第十一				

（天津工商学院学生请假书、学生周期考试表）

---

① 题目为编者根据图片内容自行拟定。

（资料来源：《工商学院女院成立纪念册》，河北大学档案馆藏 1943-CB13-1）

（三）津沽大学

1. 津沽大学的教学管理及学生助学金[①]

（1）教学行政组织改革

教学改革是一场严肃的政治斗争，任重道远，必须采取谨慎态度与措施，既不能不改，亦不可操之过急。特别是必须对广大师生做耐心细致的说服教育，否则必然造成教学秩序的混乱，给教育事业带来不应有的损失。天津市人民政府采取了如下措施：

第一，要占领教育阵地，必须首先掌握教育权力。对于那些顽固不化的反共反人民，死心塌地为帝国主义干涉、侵略中国的反动外国传教士，毫不客气地予以清除。披着外国神甫外衣，充当帝国主义和国民党反动派间谍的传教士先后被人民公安机关逮捕、驱逐出境。对于那些尚能遵纪守法、有业务专长的神甫，学校仍留其任教职，并从各方面选调爱国有学识的知识分子充实教师队伍。

第二，校长刘迺仁逃离天津后，代理校长卜相贤（法籍）坚持旧的教学秩序，反对改革，引起师生普遍的不满。校董事会召开会议，于 1949 年 6 月 8 日任命原教务长王峻德为代理校长，卜相贤为教务长。6 月 25 日，学校成立了由王峻德、卜相贤、沈晞及各院长各系主任等 25 人组成的校务委员会，作为学校临时行政领导机构。1949 年 11 月，校董事会改组，由李烛尘任董事长主持会务。

第三，对广大师生进行耐心细致的思想工作。1950 年 3 月 13 日，津沽大学举行学期开学典礼，天津市市长黄敬亲临大会并做了重要讲话。他指出，津沽大学“是比较有成绩的学校，过去已经造就了不少人才，新中国更需要更多的人才”。针对广大师生当时与学校当局发生的冲突，他重申了中国共产党的政策：“信仰与追求真理的思想都应该自由。学校不能强迫同学上宗教课或限制同学追求进步的活动；同时非宗教信仰者也应尊重宗教信仰者的信仰自由。”号召全校师生团结起来，深入开展校政改革运动，为发展新中国的教育事业而努力工作和学习。

第四，成立校政改革委员会。1951 年 1 月 6 日，学校成立了校政改革委员会、工会、学生会和中共党支部。1 月 8 日，校董事会批准卜相贤、孙志洪、沈晞的辞职，同时聘任李宝震任副校长、王金鼎为教务长。全校师生奔走相告，热烈拥护。辅仁大学校长陈垣特此致电津沽大学表示祝贺，并希望“为保卫新生的津沽大学，

---

① 题目为编者根据内容自行拟定。

为保卫新民主主义教育，为保卫祖国的教育权而继续努力”。此时的津沽大学，教职工达到168人，在校学生达到1265名。计有三院十二系：工学院下设土木工程系、建筑工程系、机械工程系；商学院改为财经学院，下设会计财政系、国际贸易系、企业管理系；师范学院下设数理系、生化系、中国语言文学系、外国语言文学系、史地系、家政系（不久被撤销）。

（2）实行人民助学金制度

1949年10月1日，《关于人民助学金评定工作的决定》规定了享受人民助学金的资格和条件："凡学习积极学业成绩优良，志愿为人民服务，而经济上确实困难，无力自给或不能全部自给的学生。"享受助学金的名额一般限定在25％—50％之间，国立大学因招收贫困学生多，因此比私立大学名额稍多一些。《关于人民助学金评定工作的决定》要求各院严肃对待这项工作，须成立固定的评议组织，在各级党团领导下走群众路线。

人民助学金根据学生家庭经济状况分为甲、乙、丙、丁四种等级，每人每月补贴小米分别为200、150、100、75市斤。

在评定过程中，出现了两种错误倾向。一为不顾人民负担，凡申请者即准的全面助学现象；另一是不顾学生实际困难，有的院校为表示“不给人民增添负担”放弃助学金，一些党团员也带头拒绝助学金，使那些本来困难的学生也不便申请，这使党团员严重脱离了群众。教育部发现后即发文反对上述两种倾向，要求各校切实做到：需要且应享有助学金的一定要享有，不需要或不应有的一定不能有。学校党团支部按照教育部指示，走群众路线，较好地完成人民助学金评定工作，保障了家境贫寒的学生安心修业，刻苦学习，从而保证了各项教学活动和教学改革工作的正常开展和顺利进行。天津市政府对津沽大学教学工作非常关心，尽最大努力帮助解决问题。

私立津沽大学收费及助学金发放情况调查表（1950 年 11 月）

<table>
<tr><th>项目</th><th colspan="2">学生每人每学期缴纳之各项费用标准</th><th colspan="2">收费情况</th><th colspan="3">学生人民助学金等级标准及享有人数</th><th>学生每人每月饮食标准</th></tr>
<tr><td rowspan="6">文学院</td><td>共计</td><td>340 斤小米</td><td rowspan="6">交费人数百分比</td><td rowspan="3">交费人数百分比</td><td>种类</td><td>发给标准</td><td>享有人数百分比</td><td rowspan="18">小米 60 斤（按零售最高价格折合）</td></tr>
<tr><td>学费</td><td>310 斤</td><td rowspan="3">甲种</td><td rowspan="3">小米 85 斤</td><td rowspan="3">3 人</td></tr>
<tr><td>宿费</td><td>30 斤</td></tr>
<tr><td>标费</td><td>无</td><td rowspan="3">89%</td></tr>
<tr><td>试验费</td><td>另见表</td><td rowspan="3">乙种</td><td rowspan="3">小米 75 斤</td><td rowspan="3">13 人 13.8%</td></tr>
<tr><td>其他</td><td>无</td></tr>
<tr><td rowspan="6">工学院</td><td>共计</td><td>340 斤小米</td><td rowspan="6">交费人数百分比</td><td rowspan="3">免费人数百分比</td></tr>
<tr><td>学费</td><td>310 斤</td><td rowspan="3">丙种</td><td rowspan="3">小米 65 斤</td><td rowspan="3">45 人 47.9%</td></tr>
<tr><td>宿费</td><td>30 斤</td></tr>
<tr><td>标费</td><td>无</td><td rowspan="3">36%</td></tr>
<tr><td>试验费</td><td>另见表</td><td rowspan="4">丁种</td><td rowspan="4">小米 45 斤</td><td rowspan="4">24 人 25.5%</td></tr>
<tr><td>其他</td><td>无</td></tr>
<tr><td rowspan="6">商学院</td><td>共计</td><td>340 斤</td><td rowspan="6">交费人数百分比</td><td rowspan="3">减费人数百分比</td></tr>
<tr><td>学费</td><td>310 斤</td></tr>
<tr><td>宿费</td><td>30 斤</td><td rowspan="4">戊种</td><td rowspan="4">小米 25 斤</td><td rowspan="4">9 人 9.6%</td></tr>
<tr><td>标费</td><td>无</td><td rowspan="3">74%</td></tr>
<tr><td>试验费</td><td>另见表</td></tr>
<tr><td>其他</td><td>无</td></tr>
<tr><td>备考</td><td colspan="8">1. 宿费像仿校生之水电饮水用煤费
2. 实验费表
3. 收费免费减费百分比系按全校学生人数计
4. 拿有人数百分比系按各种人民助学金人数计
5. 学生伙食由学生自行组织，膳食团负责每人每月吃大米白面约计折合小米 60 斤最高价格之谱</td></tr>
</table>

年级	一年级	二年级	三年级	四年级
（文）家政系	20 斤	20 斤	20 斤	
（工）土木系	20 斤	40 斤	30 斤	
（工）建筑系		20 斤		
（工）机械系	30 斤	30 斤	40 斤	20 斤
（商）商贸系	20 斤	20 斤	20 斤	

（资料来源：阎玉田《踞析津之阳——天津工商大学》，人民出版社，2010年版，第90—91、93—95页）

2. 津沽大学的教学管理特色

津沽大学初名为天津工商大学，系河北献县教区法国耶稣会士1921年于天津创办。1933年8月，奉国民政府教育部批令正式立案，因所设系科未达“大学”标准，易名天津工商学院。1948年10月，教育部批准工商学院改建为大学，定名为私立津沽大学。1951年9月，经中华人民共和国教育部批准，津沽大学改为公立，仍称津沽大学。1952年8月，随着全国高校院系结构调整，津沽大学工学院并入天津大学，商学院并入南开大学，以津沽大学师范学院为基础，在原校址组成天津师范学院。1960年7月，天津师范学院改建为综合性大学——河北大学。1970年11月，河北大学迁址保定，原校址改建为天津外国语学院。作为一所教会大学，津沽大学在教学与管理方面具有明显的特色和优势，这成为它逐步发展并走向成功的关键。

（1）实行严格的教学管理制度

津沽大学以其严格的教学管理而闻名，无论对于学生还是教师，学校都有相当严格之规定，这一点是其他高校无法与之比拟的。

①严苛的考生资格和入学考试

为了招收优秀学生进入津沽大学学习，学校对考生的资格作了严格的限制。建校之初，由于普通中学毕业的学生人数少，程度低，加之学校主要以法语授课，故学校先设预科，通过考试招收程度不同的预科生，经过二至三年法文、数学、物理、化学、国文、地理等科目的学习，才能正式升入大学。1923年9月，学校正式招生，招收的51名学生皆为预科生；1924年招收的38名学生也是预科生，直至1925年，学校才招收了16名本科学生。1927年学校由法文改为英文授课后，多数学习英文的中学毕业生可直接报考津沽大学。随着招生范围的扩大，学校对考生的资格要求越来越严格。1928年只笼统规定“入本科者亦应具有获得高中文凭之程度”。至1940年，考生资格更加严格：“1. 公立或已立案之私立高级中学毕业者；2. 公立或已立案之私立六年制师范学校毕业者；3. 公立或已立案之高中程度专门学校毕业者。”这些规定，就把那些未立案的私立学校毕业生排除在报考范围之外，从而保证了生源质量。

在对考生资格作了严苛规定后，学校对于符合报名条件的考生也要进行严格的入学考试，只有通过考试，考生才能正式录取。学校每年暑假于天津、北平、济南三地同时举行招生考试。考试科目工商两科有所区别，工科主要有：国文、公民；英文（笔试和口试）；高等代数、几何、解析几何、三角；数学（口试；物理、化学；史地；绘画。商科主要有：国文、公民；英文（笔试和口试）；代数、几何；物理、化学；中外史地。如报考插班生，工科加试一门绘图，商科加试一门商算。从上述考试科目看，不仅考试科目多，而且范围广。从国文、英文到史地，从数学、几何到物理、化学，工科还要考绘画，这就囊括了中学所有科目。相比较而言，工科所考科目更多更难。面对繁重严格的考试，一些考生望而却步，不敢报考。而一些立志工商救国的青年，不避艰难，毅然报考津沽大学。如 1930 班毕业生陈翕永，出身诗书世族，因感于我国工业之不兴，遂于北京四中卒业后报考工商学院，立志学工。

②严密的教学与日常生活管理

"法国教育的严格是世界上有名的。"而津沽大学采取的就是法国式的教学与管理制度，学校对学生的学习和日常生活管理异常严格，制定了一系列细致而严密的规章制度。学校《日常规则》规定了学生学习和作息时间：早上 6 点起床，7 点进早餐，8 点上课，11 点 50 分下课，12 点吃午饭；下午 1 点半上课，3 点半下课，期间进行 1 小时的体育锻炼，4 点 45 分至 6 点室内课业（自习），然后吃晚饭，8 点至 9 点半在宿舍内自修并保持静默，9 点 45 分熄灯并禁止谈论。如此严格的时间规定，就把学生牢牢地固定在学业上，学生除了吃饭、睡觉及一定的体育锻炼时间外，没有一点自由时间。此外，学校对于上课、旷课、迟到、请假等事项也做了严厉规定。每天上课前由训育科派校役带点名簿到各教室交予教员点名，晚到学生非得训育主任之许可证不得入教室听讲，迟到、缺课学生由训育主任扣分并公布之；非因疾病或家庭要事及其他重大事故不得请假。在对学生学习严格管理的同时，学校对学生日常行为规范如宿舍、图书馆、电话室、接待室等的管理也都有明文规定，对于不守纪律的学生一律严惩不贷。以宿舍管理规则为例：早起须整理被褥并覆以白布床单；书籍衣服床铺须清洁整齐不得污乱；宿舍内不得用膳；住室内不得盥洗；各种乐器除星期六下午及星期日外不准弹奏；未经学校许可不得将外人引入校内参观；遇有重要事故学生欲离校外出者须先取得准许；每晚 8 时至 9 时半自修，自修时不得互相谈笑；自修时不得擅入他人宿舍；各宿舍一律于 9 点 45 分熄灯，熄灯后各宿舍不得再见任何灯光，更宜肃静安眠；等等。为了监督学生对上述规定的执行，每宿舍还配有一位神父或其他老师充当舍监，每晚 8 点对学生点名，不能外宿。这些极普通的日常小事，都规定得如此之细密，学校对学生管理之严格由此可见一斑。对于学生的一切活动，事无巨细，均实行严格管理，这样可使学校教学秩序得以正常运转，对于保障教学质量也能起到一定积极作用。但另一方面，也使学生思想受到严重束缚。

③频繁严厉的考试制度

津沽大学的考试制度异常严格。考试除期末、学年和毕业大考外，还有星期考、月考。星期考试是津沽大学的特色，也是最让学生头痛和紧张的考试。“星期考试的严重性，在工商的老同学已经都领略过了。”考试的科目不定，一般为主要科目，或口试或笔试，在每星期六上午的9点至11点半举行，考试时全校教职员工一起出动，训育主任、副主任及各科主任也在考场中来回巡视，考场纪律严格，一旦发现作弊，除在训育处布告栏上点名批评外，还要记大过一次。

学生成绩评定初期实行20分制，12分为及格分。一个学生每学期的分数按照其每周考试成绩与学期末考试成绩的平均分来计算。每一学年各科总成绩平均分数，至少须达12分方为及格。每一学年末，学生重要科目考试平均分介于9至12分之间者，可复考1次，复考仍不及格者，则勒令其留级复读，如若复读一年后再考，仍不及格，则只能退学；学年末考试成绩平均分低于9分者，则无复考资格，直接令其自行退学。本科学业四年期满，只有那些毕业考试各科平均成绩都及格的学生才给予其肄业证书，达14分以上者，才有资格领得学士文凭。后学分制由原来的20分制改为百分制，但对学生考试成绩之要求并未放松。百分制以60分为及格，学生“每学期试验不及格之学程其成绩满50分者得补考一次，否则不得补考”。同时，学校对学生的毕业论文设计与答辩也很严格，除本校教师外，还请校外专家参加提问和评定成绩。

严格的考试制度和毕业论文答辩，促使学生在大学四年中自始至终都要勤奋学习，不能有丝毫松懈，稍有不慎，即被淘汰。津沽大学每年留级、退学和得不到毕业文凭的学生比比皆是。以1946年毕业班商科国际贸易系为例，1942年入学时，该系学生达40多人，但“经过四年的刷！刷！刷！毕业时他们只剩了15个人”。

④严明的教师聘任与管理制度

津沽大学在对学生严格管理的同时，对于教职员工同样有严格的管理规定。在《职员办公通则》中规定各处、科室人员“均应按照规定时间办公”，“因事请假时应先得主管人员之许可”；在《教员服务规则》中规定“教员对于聘约及院章规定之职务有积极履行之义务，教员因事请假须事前声明，并得教务长之许可，教员非经院长等认可不得在校外兼职，专任教员不得在校外兼任何职务”，“教员上课时间不得迟到或早退”。

学校对教师实行严格管理与监督，使教师一为人师表者，能够以身作则，率先垂范，为学生树立良好榜样。同时对教师实行聘约制，并对其兼职事项做严密限定，以策励和监督教师们，使他们能够专心教学事务，从而提高学校教学质量，对学校长期稳定发展有一定促进之功。把这些规范教师行为准则的标准，即使放之于今天的教育制度当中，也仍不过时，有其一定的适用性和实用性。

（2）建立多元化的教学师资队伍

津沽大学由献县教区耶稣会创办，初期的教师主要来自于法国等欧洲国家，其身份也大多为传教士。后来随着社会环境的变迁和学校的发展以及教学的需要，华人教职员逐渐参与学校事务，陆续登上讲台或从事相关教学管理工作，师资队伍呈现多元化趋势。总的说来，教师大致可分为以下三种形式：一是耶稣会传教士教师。这部分教师包括神父、修士和修女，他们大多为专职教师，一般都能讲授一门以上的基础课和专业课。二是外籍专家教师，他们多为兼职教师，主要来自于一些在企事业单位中从事实务的外籍工程师、会计师、律师等，这部分教师主要从事学校的专业课教学。三是华人教师。他们当中专职和兼职教师都有，主要教授学校的中文课以及部分专业课。此三部分教师在学校发展的不同阶段，其人员消长是有所变化的。

表1（见下页）显示，1933年学校向国家立案以后，华人教师人数逐年增加，与传教士教师和外籍教师的比例越拉越大，很显然有后来者居上之势，渐趋成为教师队伍中的主力军，这与当时的社会条件是分不开的，与中国政府对其态度是有深刻关系的，也是学校当局为谋学校长期发展而作出的重要调整。

（3）设置繁重且具有专业特色的课程

津沽大学为了突出自己的工商学科优势，在课程设置上具有明显特色，偏重专业基础知识和应用科学。同时，津沽大学课程的繁重在当时也是有名的，其程度远远高于其他高等学校。

①繁重的课程

津沽大学开办后直至全面抗战胜利前，学校课程设置繁重，课程一律必修，无选修课。1948年改建为大学后，学校开始逐步仿效美国教育制度，增加了一些选修课，但主要课程仍为必修。以工科为例，1935年时工科四年共开设32科课程，从一年级至四年级，每星期开课十几门，课时总数达三十五六节。同期其他学校每周只有十几节课（见表2）。

津沽大学工科课表显示，工科四年共开设32科课程，不论党义、国文、文牍、哲学、军事训练等公共课，还是微积分、测量学、地质学、应用机械、土石工程等专业课，每门课程都是必修。从一年级至四年级，每星期开课14至16门不等，课时总数达三十五六节。对于繁重的课程，有些学生倍感压力，认为课程“太繁重了，为什么人家每周十几个钟点，这个学校要到30个钟点呢?”对于学生的这种抱怨，1942年毕业班工科学生梁世熙撰文解释：在真正看重学问的大学校里，课程必须繁重，这样才能真正求取学问，对学生以后前途负责任。这种认识，与学校管理者办学初衷基本一致，目的是使学生学一科会一科，学一科精一科，为日后成为踏实、务实的建设人才打下基础。

②独具特色的课程设置

津沽大学在课程设置方面，大致可分为两类：一是基础课，相当于今天的公共必修课，全校学生均须修习；二是专业课，供各专业学生独立修习。

a. 基础课程

学校在没有向国民政府教育部注册立案之前，主要开设的基础课为哲学和法文两门课。其中，哲学课以亚里士多德的哲学为主，以求培养学生掌握分析问题、解决问题的正确观点和方法以及在实际工作当中解决问题的能力。学校要求学生们不论其所学专业为何，每学年均须修习哲学课。

关于法文课，因为学校本身的法国背景，故对法文课程是相当重视的，上课一般都是用法语讲授。学生不分专业，授课时数定为：一年级每周4学时；二年级和三年级每周3学时。三年共计有法文课360学时，约占课程总数的1/5。用法语授课当然也存在弊端，即直接导致学校生源的紧缺。因为当时大部分初、高中学校所开设的外语课程一般为英语。1926年，裴百纳校长采取了中国著名桥梁专家茅以升的建议，学校由法文授课逐步向英文授课转变。

表1 1921—1951年学校教师一览表 （单位：人）

年份＼教师类别	神父教师	华人教师	外籍教师	教书修士	教书修女
1921					
1922	5				
1923	3		6		
1924	4		7		
1924—1925	7	6	2		
1925—1926	8	6	4		
1926—1927	10	9	10		
1927—1928					

续表

教师类别 年份	神父教师	华人教师	外籍教师	教书修士	教书修女
1928—1929					
1929—1930					
1930—1931	7	12	17		
1931—1932	6	19	11	2	
1932—1933	5	19	15	3	
1933—1934	7	25	13	2	
1934—1935	9	30	10	2	
1935—1936	10	39	12	1	
1936—1937	9	33	12	2	
1937—1938	12	52	6	2	
1938—1939	9	58	6		
1939—1940	18	64	7		
1940—1941	14	74	7		
1941—1942	13	33	3		
1942—1943	13	27	4		
1943—1944	12	58	5		
1944—1945	12	63			
1945—1946	12	19			2
1946—1947	9	104	4		2
1947—1948	12	122	2		
1948—1949	11	119	2		4
1949—1950	13	135		2	
1950—1951	155				

表 2 1935 年津沽大学工科课程表

科目 \ 课时数	每星期钟点							
	第一年		第二年		第三年		第四年	
党义	1	1						
国文及文牍	1	1						
经纬形学	3	3	3	3				
微积分	4	4	3	3				
物理学	3	3						
工业化学	2	2	2	2	2	2		
图解形学	2	2	1	1	1	1		
图画	7	7	6	6	6	6	2	2
测量学	3	3	3	3	3	3	3	3
营造学	2	2	2	2	2	2		
力学			2	2	3	3	2	2
材料耐力			1	1	2	2	2	
建筑材料			2	2				
地质学	1	1						
铁路							4	4
公路					2	2		
水力学							2	2
热力机			2	2	2	2		
海河工程							3	3
应用机械					2	2	1	1
工艺					2	2		
电气工程			2	2	2	2	1	1
铁筋工							3	3
市政工程							2	2
圬工桥梁					2	2		
土石工程								
线算							1	1
工程估算							2	2
钢桥							2	2
哲学	1	1	1	1	1	1	1	1
军事训练	3	3						
练习	3	3	5	5	3	3	4	4
总计	36	36	35	35	35	35	35	33

1933年，学校在民国政府教育部立案以后，以三民主义为主要讲授内容的“党义”课成为学生们必修的一门公共政治理论课；并相应地加强了国文课程的教授，规定教师课堂授课一律改用国语，以矫正其洋化过剩的弊病。另外还增设了第二外国语、军事训练等课程的教授。

新中国成立之后，更是对于公共必修课进行了严格的规定与限制。新政府规定各高校应一律开设“辩证唯物论与历史唯物论”“新民主主义论”以及“政治经济学”这3门公共政治理论必修课。另外为适应新中国发展之需，对于国民经济计划原理、教育心理学、教育学、体育等公共课程也须相应开设。

b. 专业课程

津沽大学针对工科和商科不同的专业特点，在课程设置上明显不同，力求突出各专业的特点，同时侧重各专业实用的基础知识和应用性，为学生日后工作打下坚实的专业基础。以初期工科课程和商科课程为例，工科主要包括以下10大科目：1）数学，包含大代数、三角、微积分、解析几何、图形几何等；2）物理，包含电学、热学、机械等；3）化学；4）平面测量；5）静力学与材料学，包含建筑材料、铁筋水泥、材料试验、工程估计学、水力学等；6）房屋建筑，包含图解力学、工程设计等；7）市政学、铁路学；8）会计学原理；9）商业英文；10）工业实习，利用寒暑假介绍学生到工厂进行实地操作练习。商科课程主要包括以下12大科目：1）会计学、商算；2）中外簿记学；3）化学；4）商业与运输；5）普通商业地理；6）商业产物；7）财政学，包括银行、汇兑、银钱等；8）保险，包括各种保险；9）商法与民法或民商法；10）商谈与商业公牍；11）经济学原理；12）商业实习，利用寒暑假介绍学生到银行或商店进行实地操作练习。从上述课程设置可以看出，学校以培养不同专门人才为目标，学科专业色彩鲜明。学工科的学生，要求其学会设计施工；学商科的学生，要求其能通晓企业管理、从事国内外贸易。

在中华民国教育部立案注册后，津沽大学的课程设置更加具有专业特点。如表《1935年津沽大学工科课程表》所示，工科四年开设的32门课程中，除党义、国文及文牍、哲学、军事训练4门为公共课程外，其余28门均是针对工科专业特点而设置的专业基础课程。从一年级至四年级，每学期设有一门练习课（实习课），每周3～5个学时不等。这就从中看出专业课程在津沽大学课程设置中占有非常大的比重，具有明显的专业特征。另一点值得注意的是，学校很注重学生的实地实习能力的培养，不仅将实习课作为一门课程单独安排出来，且每星期都有实习课程，这在中国教育史有着深远影响，打破了以往背书本的传统学习方式，注重学生的亲身实践能力。

③夜校班

津沽大学课程设置的另一大特色，便是夜校班的开设。1933年，津沽大学根据社会需要，开始招设夜校班。夜校班生源主要是天津市一些企事业单位以及行政部门的职员，上课时间一般为晚上和星期天。所开课程有外国语专业、统计学专业以及中国现代法学专业，其中以外国语专业最受欢迎，人数也最多，故夜校班主要是以外国语班为主。就当时形势来讲，在高等院校中开设夜读班在当时中国实属罕见，此举极大地扩大了学校的影响，提高了津沽大学在华北乃至全国的知名度，使其获得了社会的普遍认可和支持；其次，某种程度上，提高了社会在职人员的专业知识水准，满足了社会对知识型人才的需求，使该校受到其学生所在企事业单位的认可和赞助；再次，也使学校现有的教学资源得到了充分而合理的利用，使科学文化知识的教育面得以扩大和普及。

津沽大学课程设置的适时性和实用性，充分体现了该校的办学宗旨，即"循我国经济发展之需要，予青年以相当巩固之知识……造就实用人才"。另从该校课程设置的变更上也可以看出，完全脱离社会的纯粹的教育是不存在的，每一时代的教育多多少少都会带有时代的印迹，教会学校亦不例外。

④设立精简高效的教学管理机构

津沽大学的教学管理机构不仅十分精简，而且管理科学，运转高效，构成它管理方面的又一大特色。作为一所高等教育机构，津沽大学办学规模虽不及北京大学等著名高校规模大，但也有一定规模。它不仅拥有大学部，还有附属中学、北疆博物院等机构，学生数量亦逐年增多。面对日益庞大的办学规模，学校的教学管理机构并没有变得冗杂和繁琐，而是始终保持精简高效的管理模式。津沽大学设院长、院务长各1人，总辖全校校务；设教务长1人，处理全校教务及学术设备事宜；设秘书主任、秘书各1人，秉承院长处理院务；设图书馆主任1人，办理图书馆一切事务；校医1人；工商两科各设主任1人，办理各科一切事务。工商两科主任由任专职教师的法国传教士担任。他们一面开设不少于专职教师的课程，一面负责教学行政管理，还要进行科研工作，身兼数职。此外，全校还有1名庶务、两名图书管理员和十几名工人。

从津沽大学管理机构的设置看，其教学管理人员十分精简，专职行政管理人员只不过几人，各科主任多是兼任。这种设置，不仅避免了社会上机构臃肿、人浮于事的现象，而且责任明确，提高了办事效率，增强了管理者的责任心和使命感。正是上述寥寥十几个人，管理着津沽大学成百上千的学生和教师队伍，严格执行着学校的各项规章制度，他们在使学校正常运转的同时，还不断推动学校向前进步。

综上而论，津沽大学在教学与管理方面具有鲜明的特色：严格的教学与管理制度、繁重且独具特色的课程设置、多元化的教师队伍及简便高效的管理机构，这些特色无疑是它区别于其他高校的特异之处，也是它跻身于京津高校之林并逐步发展的重要因素。与一些“思想自由，兼容并包”的高校管理方针相比，津沽大学在教学与管理方面最突出的特色当属严格的教学与管理制度及繁重的课程设置。这种严苛的管理一方面可以使学生养成严谨、踏实的学风，使他们能掌握一定扎实的专业基础知识；另一方面也钳制了他们的思想，限制了他们潜能的自由发挥。由此，津沽大学只能囿于一所地方性大学，不能与燕京大学、辅仁大学等著名教会大学相抗衡。当然，它独具特色的课程设置、多元化的教师队伍及精简高效的管理机构又成为其探索科学教学管理模式的一个重要尝试，并引导它逐步走向成熟和发展。

（资料来源：《历史教学》，2013 年第 18 期，第 28—39 页，作者：李晓晨）

（四）天津师范学院

1. 天津师范学院领导对学院教学整改的指示①

本月 24 日，院的党政领导召集了各单位党政负责干部联席会，温、戈两位副院长先后做了关于整改工作的指示。摘要发表如下：

温宗祺副院长的指示：

一、鸣放与整改的关系问题：

前一段主要是鸣放，这一段主要是整改，整改按什么要求？改缺点要达到个什么样子呢？要达到学校面貌一新。这不是完全否定过去的，而是把过去的优点留下来，把缺点改进，整改过程也就是学校面貌一新的过程。不是整改后再来个什么东西，以求得面貌一新。整改与鸣放相结合：这有两个意义，整改中有些问题要辩论，也叫鸣放，整改的问题，完了也没完，因为改了向群众宣布后，可能又会联系到新的问题，虽然改了 1 个，还可能涉及别的；另一个意义，有些单位鸣放还不够，我从外文系英文组来看，同学有很多意见，还没有鸣放出来。这些单位，本周要大胆放手，重新鸣放这就是说个别单位本周还要鸣放。

二、整改中应注意的几个思想问题：

1. 反对官僚主义：要批评，要帮助，因为有些人不知道怎样去克服，所以还要帮助。其次，反对以官僚主义的态度来对待整改，如把水龙抛在一起，是同学们调皮捣蛋呢，还是水龙头的小孔根本不通呢？要搞清楚。

① 题目为编者根据内容自行拟定，层次标题根据文本材料编者做了适当的调整或删减。

2. 要有革命的精神：整改中我们常常是有向后看的，但应该要敢于向前看，不要陷于经验主义中，要珍贵那些你以为不对甚至有些荒唐的意见，应多考虑，是不是可行的。

3. 走群众路线，一要领导，二要发动中层干部，三要使他们联系群众。改也要走群众路线。

4. 适当照顾几方面的关系，内外关系，上下级的关系，在此提出领导人应注意，不要过多向群众强调，以免束缚思想影响整改。

三、教学中改些什么问题：

1. 中文系教学意见很多，课程太繁重的要想办法解决，每个教学单位，应注意学生的负担过重问题，如教师布置参考书过多，这就是缺乏统一计划统一安排。

2. 考试问题，有现实意义，整改要赶上这个问题，今年的考试要能及早定出办法。

3. 纪律问题，旷课问题，各系要即速教育，加以纠正。

4. 帮助工厂学生学习问题，也要想些办法。

5. 大小班分班合班上课问题，应很快解决。

6. 老师请假希系里掌握严格一些。

7. 学习环境上要有所改进，自习室、阅览室的问题，要下个决心，彻底解决。

8. 辅导问题，是否分成大辅导、小辅导，一般辅导、具体问题的辅导等，如学生的思想问题、学习方法问题，可由领导或任课教师做一般辅导。业务上的具体问题可由辅导教师做具体辅导。

凡不涉及教学计划、教学大纲的都可解决，教学计划、教学大纲可以尽量提出意见，但不要随便动。

四、要在这次整改过程中，扭转过去院里过分集中的情况，有些权力要放下去，因此大家应依靠群众，不要完全等待上边，有的问题院里要搞统一的，如教学计划这种大问题院要统一搞，有的问题各系要主动考虑，将来院里要从下边好的经验中，总结出来，然后再推下去。

五、关于组织领导问题，应把整改组织再健全一下，这对整改的领导是非常必要的，三个教研室在改时可分开搞，体育教研室的任务多，因之问题较多。今天各单位汇报还是很好的，有些经验，下一步要加一把劲，以便更好地整改。

戈华副院长的指示：

一、目前我院整改的基本情况：

1. 第二次鸣放高潮由13日开始在很短的时间中形成的。截至22日共贴出3248

章大字报，提出意见23 000多条，可以说，鸣放较深、较广、较透。在发动群众问题上应该说学生充分发动，教师基本发动，当然也有个别单位的少数人还没完全发动起来，但从全校的状况来说群众是发动起来了。

2. 我们是在鸣放高潮的基础上紧接转向整改的，并正在努力造成整改的高潮；就现在整改发展的情况来看，大致上可分为3种类型：

（1）领导镜头很大，群众有的充分发动，鸣放彻底，已动手改了一批，而且把群众组织起来进行整改，进度较快。

（2）领导上劲头基本上好，群众基本上发动，已研究问题，但改的还不够多、也不够快，不少单位还处于这种状态。

（3）领导劲头不很大，群众对整改还有没有正确的认识，有一部分群众还没有完全发动，整改是少数人去想办法。属于这种状况的是个别的、少数的。

3. 思想状况：从鸣放与整改情况看：

（1）一种是积极的认真的主动的进行整改，这部分是绝大多数人的看法和行动。

（2）小部分人思想上随大溜，有些徘徊，有些被动。

（3）个别的同志甚至思想上有抵触情绪，如有的同志说："这样一来我就寸步难行了。"也有人说："大字报我也不敢看了。"有人说："现在提好了，过了此时，我还是一道行政命令，你还得听我的。"

（4）有不少的人有一种委屈情绪。

（5）最后还有急躁情绪，既然提了就赶快改。简单、急躁。

为什么产生这种抵触情绪、委屈情绪、焦躁情绪呢？

主要的是对整改的意义认识不够，没认识到整改可改进工作，改进作风，增强团结，结果是全校人面貌一新，使自己得到锻炼，工作能力得到提高。要想进一步掀起全校性的整改高潮，必须扫除这种种的思想障碍才行。

二、需要解决的两个问题：

1. 教学上的问题。

2. 政治思想工作与干部作风问题。

因为伙食问题、房子问题都得到总务处了，此外，系里尤其理科中也有浪费的问题，如图书仪器浪费。所以说"先捡芝麻，后抱西瓜"是意味着在系里改那些在教学上的能改的问题。什么是教学上的芝麻问题？据汇报看：

（1）辅导问题。

（2）听课问题。

（3）马上能够改进和解决的多数人员的教学态度问题。

(4) 教学方法方面可以解决的许多问题。

关于教学计划，牵涉全面一时难改，和需要辩论的一些重大问题需放后进一步去解决。

政治思想工作方面的问题、干部作风方面的问题，如能根据群众批评的意见认真检查自己和深入群众，也可以解决一大批问题。

从历史、生物系看，如这些问题能解决，就可以解决意见的70%到80%。要改得快又要改得好，不能就事论事地去改，必须抓住许多问题中关键性的问题去改。

目前从全校来看，集中解决哪几个问题后就能振奋人心呢？我看：

(1) 伙食问题。

(2) 党政领导干部、各级领导干部深入群众的问题。

(3) 教学干部、党团行政干部作风要认真负责的问题。

(4) 加强学生辅导、解决学生负担过重的问题。

(5) 解决学生助学金问题。

三、今后整改问题：

1. 根据我们的计划和要求，这一周各系各单位基本上把能解决的问题要解决完，当前要集中一切力量进行整改，别的工作都服从整改，结合整改来进行。

2. 要求既要改得快，又要改得好，根据中央各机关经验看，欲达到这个要求有两个关键：

(1) 领导干部亲自动手。

(2) 发动群众大力协助。

3. 必须经常地解决整改中所暴露出的一些思想问题，阻碍整改或妨碍整改的那些思想问题应解决。中共上海党代会预备会议中提出一个问题，在会上暴露出来的一个不可忽视的比较普遍的思想问题，这就是对社会主义革命思想准备不足，缺乏革命朝气，政治热情不高；在工作上满足现状，因循守旧，对新鲜事物缺乏敏感；工作遇到困难，自己不肯动脑筋，伸手向上级要办法，缺乏一股干劲。与会党代表们指出，那种得过且过缺乏用革命精神来从根本上改进工作的劲头的人，是政治上的庸人，而不是革命者。这是指党内而言，但很值得我们参考与回味。

另一方面，对一些不正确的意见可以经过辩论等群众自我教育的方式加以解决。

4. 整改是为了在改进工作的基础上进一步增强团结，增强师生之间、上下之间的团结。因为鸣放是揭露矛盾，整改是解决矛盾。如果在还没鸣放时强调团结，还没改进时就要求支持，还没有条件，所以那时强调鸣放，但到一定时候就要集中精力，进行整改，只有在改进的基础上，才有条件强调团结，这就是贯彻中央关于解决人民内部矛盾的精神，运用从团结的愿望出发，通过批评和自我批评，在新的基础上达到新的团结的公式。我们一定要在改得好的基础上形成团结的空气，改得不好，就没条件达到团结。矛盾解决得了与解决不了，关键就是看改得如何，在整改的过程中领导思想上应明确掌握这一精神，即整改完了以后，全校要出现团结的气氛，如有些学生给教师提了意见，改了，就应表示欢迎。

（资料来源：《天津师范校刊》第四期，河北大学档案馆藏，1957-CB1312-001）

2. 整改必须贯彻群众路线

自从我院领导干部贴出了自我检查并号召全体师生进一步鸣放的大字报和在全校大会上动员以后，我院广大师生员工参加了鸣放，形成新的鸣放高潮，截至 26 日共贴出大字报 3715 张，包括座谈会上提出的意见共两万余条。这些意见尖锐批评了我们学校各方面工作的缺点和失误，应该说这是很大的成绩，这对我们克服工作中的缺点、办好社会主义大学将起着巨大作用。

但是鸣放并不是我们的目的，单纯鸣放并不能克服我们工作中的缺点。我们的目的是通过鸣放，揭露出我们工作中的缺点，然后，也是最重要的一点，就是要集中群众智慧，把工作的缺点、错误改正过来。矛盾是客观存在的，为了解决矛盾，就应首先披露矛盾，这是解决矛盾的第一步和前提。我们号召大家大鸣大放，就是要全面地把我们工作中的缺点揭露出来，但是只是揭露出矛盾，这只是我们改进工作道路的一半，甚至是一少半，在矛盾揭露出来以后还必须找寻解决矛盾的途径，努力地为解决矛盾而斗争。所以在群众大鸣大放一定时期之后，就必须对这些意见进行仔细的研究，订出改进这些缺点的具体措施，并努力贯彻实现。在步骤上可以采取“先捡芝麻，后抱西瓜”的步骤，先就一些一般性的问题，能马上就改的，立即改进。通过这个使群众能看出我们改进工作的决心，以便进一步展开鸣放。目前我院各单位已陆续地处理了一批意见，解决了一些可以解决的问题。

我们所说在整改中贯彻群众路线有两方面意义：一方面要整顿作风，改进工作，就必须发动群众进行鸣放，把我们各方面工作的缺点都揭露出来，如前面所说的，这样才能使我们认识错误，这是我们改进工作的前提，这一点我们已经做到了，群众共提出两万余条批评意见就说明了这问题。

贯彻群众路线的另一方面意义，就是在群众鸣放出来的大量意见中，有些意见涉及范围较广，也是一些根本性质的问题。例如教学方针，教学计划的问题，解决起来缺少办法，而且群众意见也不一致，甚至是对立的分歧，那就把这些意见以及有关的材料拿到群众中进行讨论。已有的经验证明，这是一个很能解决问题的方法，我们应该相信群众的绝大多数，在群众的讨论中集思广益，自然就会找出解决问题的办法，那些分歧的意见自然也就逐渐地归于一致；而且在讨论中，也会提高群众的认识，那些由于了解情况不全面或是由于偏激情绪而提出的不正确的意见，也自然会得到解决和批判。

所以我院党委采取的步骤是在一般鸣放和整改以后，就转入专题鸣放和讨论，我们已经“捡了芝麻”，但是“抱西瓜”有时并不是一个人、一个部门的几个人所能抱得起来的，还需要群众给加一把劲，出一把力。我们才能把西瓜抱得稳，而且不会摔破。

当然，如果是一些一般性的、容易改的而且能马上改的也不马上去改，而推到后面也去组织群众讨论，这显然是不对的，拿到群众中去讨论的问题只能是那些比较重大、涉及范围较广的问题。

对于我们全院学工人来说，要将整改工作进行到底，充分发挥主人翁的精神，就绝不是鸣放出来就了事，绝不是“我提我的，你改你的”态度。而应该是积极参加专题讨论，思索一些解决这些问题的办法，认真地进行辩论，而且在整改了以后，还要去监督和复查这些改进措施的实行情况。现在是1957年的最后几天，明年就要进入第二个五年计划的第一年，让我们以充沛的精力、革命的精神大踏步地前进，让我们不仅要取得鸣放的胜利，而且要取得整改的胜利，为把我们国家建设一个伟大的社会主义国家贡献出一切力量。

（资料来源：《天津师范校刊》第四期，河北大学档案馆藏，1957-CB1312-001，作者：伊肖人）

3.《天津教育大事记》记天津师范学院专业调整①

1956年8月8日《天津日报》报道：本市各高等学校增设新系和专业，南开大学恢复去年取消的外文系，英文专业招生。天津大学化工系增设三个专业。天津师范学院将俄文系扩大为外文系，增设英文专业。将部分系和教研组迁到原工农速成中学，设立分院。

9月17日，天津师范学院中学教师业余进修部开学。学员2200多人，相当去年的4倍，大部是中学学历不够高师专科毕业水平的教师。另外，市教育局还组织近百名中学教师分别参加北京师范大学函授部的数学、物理、化学、生物、语文、历史、地理七个专业的学习。五年达到本科毕业水平。

（资料来源：天津市教育局《教育志》编修办公室编《天津教育大事记（1949—

---

① 题目为编者根据内容自行拟定。

1985）》，天津市地方史志编修委员会总编辑室 1987 年出版，津出字 1987 第 000287 号，内部发行，天津市津北贫房子印刷厂印刷，第 84、85—86 页）

（五）河北大学

1. 新老交替，提高教学质量①

1961 年 8 月 3 日《天津日报》报道：河北大学重视老教师的经验，发挥老教师的特长，调动老教师的积极性，搞好教学和科学研究工作。

（资料来源：天津市教育局《教育志》编修办公室编《天津教育大事记（1949—1985）》，天津市地方史志编修委员会总编辑室 1987 年出版，津出字 1987 第 000287 号，内部发行，天津市津北贫房子印刷厂印刷，第 128 页）

2.《河北教育大事记》河北大学教学管理②

1972 年 10 月 11 日，河北省革委文教卫生办公室函复省革委教育局，同意河北师范大学、河北师范学院、河北大学文科的试行学制由 2 年改为 3 年，从 1972 年新生开始试行。

（资料来源：周治华、钟毅《河北教育大事记 1840—1990》，1994 年版，第 339 页）

3. 一年之计在于春

——河北大学校长王洪瑞教授谈学校改革

幽雅整洁的河北大学校园早春，一派生机盎然。

王校长忙，刚刚与几个学院院长研究完学科建设问题，紧接着又着手全校员工分配制度改革、学科专业的评估、新校区的规划……

“一年之计在于春，不抓紧不行。”一口乡音，王校长浑身透着东北人的果断豪爽。

熟悉王洪瑞的人都说这位 45 岁的博导似乎天生有一股不服输的犟劲儿。这或许与他不寻常的经历有关：“文革”中只读到小学四年级便辍学，父亲受迫害，举家辗转……开过拖拉机、烧过锅炉，粮库做工扛过 100 多斤的麻袋，电业局跑外线爬过几米高的电线杆——直到恢复高考上大学、考研，一路走来，在王洪瑞眼里似乎就没有什么困难！

---

① 题目为编者根据内容自行拟定。

② 题目为编者根据内容自行拟定。

“有！”王校长连连摆手，“譬如说，当正校长就比我当年当副校长难。”

1999年，王洪瑞被正式任命为河北大学校长。这之前，他已在燕山大学担任副校长两年多。

河北大学1921年始建于天津。原为天津工商学院。早在50年代，学校相当数量的学科已在全国属一流水平。我国第一台模拟电子计算机、400万伏静电加速器等都是河大研制出来的。60年代初，河大已发展成为一所国内很有影响的大学。作为省内唯一一所综合性大学，学校现有20个学院，50个本科专业，6个博士点，44个硕士点。学科遍及文、史、哲、经、法、教、理、工、医、管十大门类。

“家大业大责任大，这副担子和当年扛麻袋包不可同日而语。”王校长笑着说。

王校长介绍，去年学校先后进行了内部管理体制改革、后勤社会化改革、教学科研机构改革调整，极大地调动了广大师生的积极性，因此而被称为河大的“改革年”。学校不失时机在今年年初研究制定了《河北大学面向21世纪建设与发展规划》，提出了建设国内一流大学的宏伟目标。因此今年又被称作河大的“建设年”。

“今年是改革规划实施的实质和关键阶段。机不可失，时不再来，我们必须抓住我校发展的大好机遇，超常发展。再创辉煌！”王校长加重了语气。

人说王校长抓工作有个“狠劲儿”“实劲儿”。自打上任，便很少见他回家。家在远离保定的秦皇岛市，忙时他一个月也回不去一次。有时他和部下开玩笑：“我不回家，你们也别想睡觉。”寒暑假、星期天，他和干部教师“摸爬滚打”，不到两年，校园各方面建设搞得红红火火。

王校长说：“新学期我们抓的第一项工作就是启动分配制度改革。与其他院校不同的是，学校强调淡化岗位，强化贡献。教师收入的多少取决于贡献的大小，即便是岗位上的教授也会因为贡献的大小而拉开收入上的差距。方案已确定，正在启动，这是涉及全校教职员工切身利益的大事，工作既要大胆，又要谨慎。

“同时我们要加快学科建设的步伐。按照河大五年规划，到2005年要达到3万人规模，如何提高教育教学质量，学科建设是重中之重。学校将对重点学科实行目标责任制，通过加强学位点建设，带动重点学科建设更快发展全面提高办学水平。我们特别要重点抓师资，打开校门，吸纳人才，解决教师‘学缘’太近和近亲繁殖问题。

“接下来我们要做的事是，组织对全校本科专业、研究生学科的评估从教育教学观念、思想理论研究到教学实践一个一个地严格评估。概括起来，新世纪的第一年我们要实施五项主体工程：一是学科建设和素质教育工程；二是校园环境综合治理与建设工程；三是精神文明建设工程；四是科技创新工程；五是科学管理工程。今年10月，河北大学将迎来建校80周年，这是国内外校友十分关注的大事。学校未来发展的蓝图已绘就，我们有雄心、有信心、有魄力、有实力迎接新世纪挑战，争取早日把河大建设成为国内一流大学！”

（资料来源：《中国教育报》，2001年3月26日，第4版，作者：左春明、何励）

五、校风与学风

（一）天津工商大学

公教生与非公教生相处态度及公教的教育问题①

当我考入工商以后，我有个绝大的疑点，我看见公教生们与非公教生们交际上、来往上，实在是稀少的很，当时我以为我不过是个新生，真实内容还不明了，所以不敢加以武断的评判，后来我竟牺牲了一二个月的工夫，细察一番，谁知与原先毫无变异，即或当中有几个相来往的，其实也不过是些同乡、老友，至于那不是同乡，不是老友的，假若两个人遇见，最大的礼貌上的表示，亦不过相互点个头罢了。这还只是同班的，否则二人如同寻东西似的，一低头自己走自己的哩！

同学们看了上所讲的，恐怕有人要说我不近情理，因为往往非公教生对于非公教生，若是两个不相识的学生，遇见也有谁不理谁的，唯独是公教生对于非公教生吗？我说不然，非公教生与非公教生，谁不理谁的理由不是完全出于二人的不相识，多半是求不得相识的机会啊，如果有人从中给他们介绍，我想二人定能殷勤往来，也许成为“莫逆之交”呢。至于公教生与非公教生，能得着旁人的介绍，使二人相识的，我考察了数次，至多至少不过是外面礼貌的几句客气话，三五日后你干你的我作我的，如同“陌生人”相同，后来从公教同学中一探听，原来公教生们与非公教生，交际来往稀少的缘故，是恐怕同他们相处日久被他们的恶表恶言……引坏而同化啊！公教同学们，你们错了，非公教同学们亦未必是恶的，假使其中有一个品行不端的，我公教生不要避之犹恐不及，当更处处竭力劝阻他们，立好表样给他们看……耶稣在世的时候还专兴犯罪往来，并未尝稍离和藐视他们，我们虽然比不上耶稣，但是他们看见我们的好表样，也要十二分起敬并能引起他们重视我们公教的心里哩！

---

① 本文原篇名为《本校公教生与非公教生相处应具之态度》，无作者信息。根据文章内容编者改为现在的题目，并根据篇章层次结构对标题做了必要调整。

说到这里，我不揣浅陋，敢将公教生对于非公教生应取的态度，略述一二，和诸同学商榷商榷，我想不无些微贡献于诸公教同学能？

公教生对于非公教生应取的态度：外表——慎肃，内心——谦虚、诚实。

再就上表来申诉一下：

（一）内心

（a）诚实的态度。常见许多公教同学，在课堂上或其他地方，和外教同学共处的时候，另外是在教员、神长跟前，屡屡表明自己的如何老实，如何稳重，如何等等……若是离开神长、教员，非公教同学前，即打闹，玩笑，放荡不羁了，一旦使非公教同学们知晓，他们必猜疑我们是装腔作势之徒，这样岂不是将我们公教真正的德行失掉了吗？最好还是不论在谁跟前，动作自如，不失其本能的才好。（b）谦虚的态度。“满招损，谦受益”这两句话，是学生们当知晓的，尤其是公教生当知晓的，因为我们同非公教同学谈话往来，当处之以谦虚，他们方愿意同我们交际。若是事事摆架子，吹大话，故意显出自己的身价来，那么分明是要人媚你，服从你，这样不期然而然的，他们要远离我们，还有什么法子使他们看起我们并尊重我公教的希望呢？

（二）外表：慎肃的态度

谈话的时候谨慎，动作时的壮肃，是我们公教生对非公教生当注意的，因为一句不知不觉些微的语言，小则能引起别人的疑心，大则足能破坏旁人的事体的。况且我们公教生对于非公教生偶尔不慎，说出一句无心玩笑的话，作出一件轻浮粗暴的举动，在他们眼光中、耳朵里，足足能映出振出最大难看的现象，和最恶难听的声音来。因为他们想不到我们公教生亦能行出这种动作、说出这种语言的。公教生对非公教生，内心若是诚实、谦虚，外表上自然就慎肃，这是极容易实行的事体。以上就是我个人的经验，而主张公教生对于非公教生应取的态度，管见如此，尚祈高明指教。

（三）公教之教育问题

近来中国公教之教育问题，殊非昔日可比，畴昔教友你寥若晨星，今则日渐增多，若不设法维持教育，其学问智识，将不知伊于胡底。因此之故，教士等不惮耗费资财，以广立学校，殚精竭力，谆谆诱导，此非为沽名钓誉计，亦非为独嬴增势图也。其唯一之目的，即广劝教友，纳于轨物，诚如孔丘所谓四海之内皆兄弟之意。况中国政治变迁无定，国事蜩螗如故，对于教育之问题，更不宜束之高阁耶。

（资料来源：《工商大学公教学生季刊》第一期，河北大学档案馆藏，1930-CB13-1）

（二）天津工商学院

1. 天津工商学院校歌

（1）1937 年校歌

科学救国，效著乎西洋；裕民保种，端赖工商。煌煌我校，踞析津之阳；乐育善诱哉，成栋梁。莘莘学子负奇资，如圭如璋；切磋琢磨，集于一堂。济济青年勤学问，日就月将；藏息修游，教亦多方。守校训，誓永志而弗忘；实事求是，乃成德之梯航。知识日以进，体魄日以强。三育完美，二科专长。尊师敬友，所习勿荒。幼学壮行，庶挽澜狂。谨祝我校，如陵如冈，万岁无疆；人才辈出，久久自芬芳。

（2）1943 年校歌

立国大地，曷由富强；学术日新，厥惟工商。乃建黉宇，析津之阳；人才荟集，

冠佩芬芳。科分三院，学务专长；实事求是，中正温良。学行并茂，兴寐毋忘；勉哉多士，日进无疆。

（资料来源：《公教学生》第一卷第三期，河北大学档案馆藏，1941-CB13-10）

2. 天津工商学院管理者致辞欢迎1943年新同学①

（1）刘迺仁院长：欢迎新同学

扈江离与辟芷兮，纫秋兰以为佩。汩余若将不及兮，恐年岁之不吾与。——屈原

新同学们，我们看了上面摘录的几句诗应作何感想。他暗示给我们要及时的自己努力和多交些良师益友。

那是显然的，要想成一个有学识有品德的人，自己的努力和良师益友的扶助两者是不可缺一的。

这儿有的是良师益友，但是自己的努力呢，那就要期待于你们自己了。

可爱的新同学们，在这个欢迎声中，我也应当说些祝贺的话，但是我对你们的热切的期待，更甚于我对你们的一时的祝贺。

实在，我欢迎你们，我祝贺你们，但是这些一转瞬间就成为过去的了，所以更有价值的，正是以后我所期待着你们的辛苦奋勉长途跋涉的努力。

可爱的新同学们，你们知道吗？现在全世界中哪一种人是最幸福的，又哪一种人的责任最大？不用说，那就是你们了。你们现在度着世界人群中最幸福的生活，但不可忘了这正是预备着为世界的人群谋幸福的，这是你们最大的责任，因此你们要努力。

怎样的努力？那就是要照着校训"实事求是"。这一句校训，我院长及各位师长秉承着，你们新旧诸同学也要秉承着。你们要求真的学问，完成真的品德，不必注意食衣住的舒适与否，不必顾虑考试的偶得偶失，不必焦虑将来出路的大小，不图虚名，不妄想，不疑忌，不浮躁，养成一批品学俱优的健全人才！

可爱的新同学们，我欢迎我祝贺你们，但我更期待你们。

工商学院万岁！

（2）卜相贤训育主任：敬告新同学

诸位新同学，我抱了十二分的热诚与希望欢迎你们来到工商，让我们在这里欢聚四年吧！别多，因为四年的工夫足够你们取得些有用的知识；更别少，因为……让你们猜猜吧！

---

① 题目为编者根据内容自行拟定。

请留心在这四年中我愿你们每一个人都获得这件宝贝——你要明白现在的时代，现在的希望和现在的要求。好，若是你真的明悟了它，那么在你的身上将多了一种新的责任——去帮助他人——提高他们的需要，还得尽量的满足他们。

请牢记：你的心不要像似是一个器皿，轻易地灌满；或是一架机器，只有死的动作，没有活的生命力，而希望你——整个的你——像一团热烈的火……多多的给予别人光明。

（资料来源：《工商生活迎新特刊》，河北大学档案馆藏，1943-CB13-10）

3. 天津工商学院体育运动团体①

天津工商学院足球队队员，自后排左起：李宝震、叶粤生、邵荫棠、部寿彭、鲍成麟、黄浩然、张秉真、金建寅、王德厚、张俊德、刘文翰、鲍鸿翔、杨伯荣、王祈栋

① 题目为编者根据图片内容自行拟定。

天津工商学院篮球队队员，自后排左起：叶粤生、王祈栋、鲍鸿翔、鲍成麟、吕振铎、张秉真、邵荫棠、张俊德、王德厚、杨伯荣、黄浩然

天津工商学院网球队队员，左起：王其昌、叶粤生、金建寅、李焕庭、王德厚、吕振铎、杨伯荣、李宝震、胡庆昌、鲍成麟

天津工商学院乒乓球队队员，自后排左起：金建寅、叶粤生、邵荫棠、鲍成麟、胡庆昌、李宝震、黄浩然、王祈栋、王德厚、刘文翰、赵承建、刘文斌、吕振铎

（资料来源：《工商学院 1937 班毕业纪念册》，河北大学档案馆藏 1937-CB13-7）

4. 天津工商学院学生校园生活及校外活动写真①

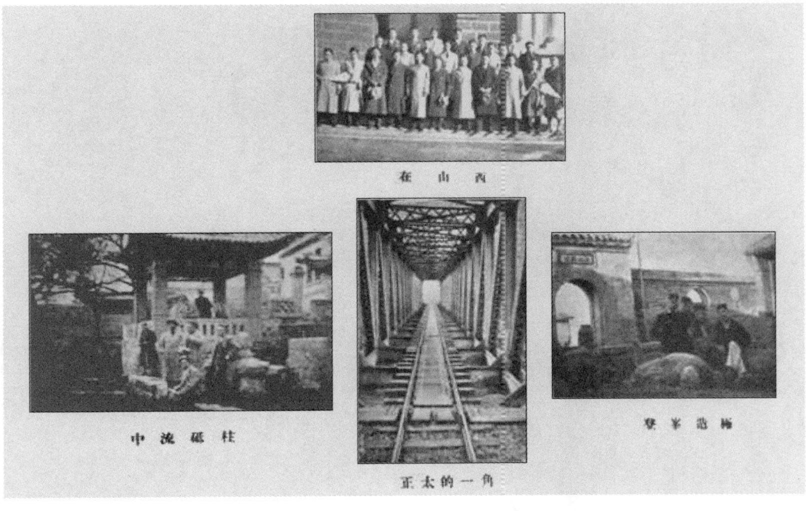

图片题词从上至下分别是：在山西、中流砥柱、正太的一角、登峰造极

① 题目为编者根据图片内容自行拟定。

图片题词从左至右分别是：三人行、美、勤、酸、劲（右上下图）

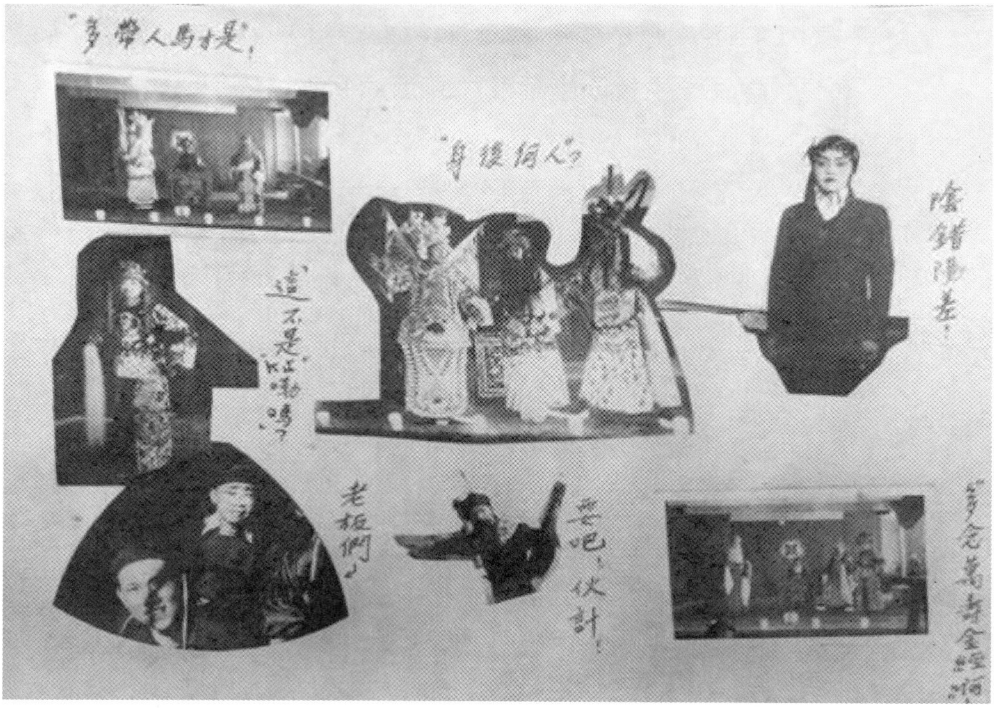

天津工商学院师生戏剧表演风采录，图片题词从左至右分别是：多带人马才是；这不是 ku 嘞吗；身后何人；阴错阳差；老板们；耍吧，伙计；多念万寿金经啊

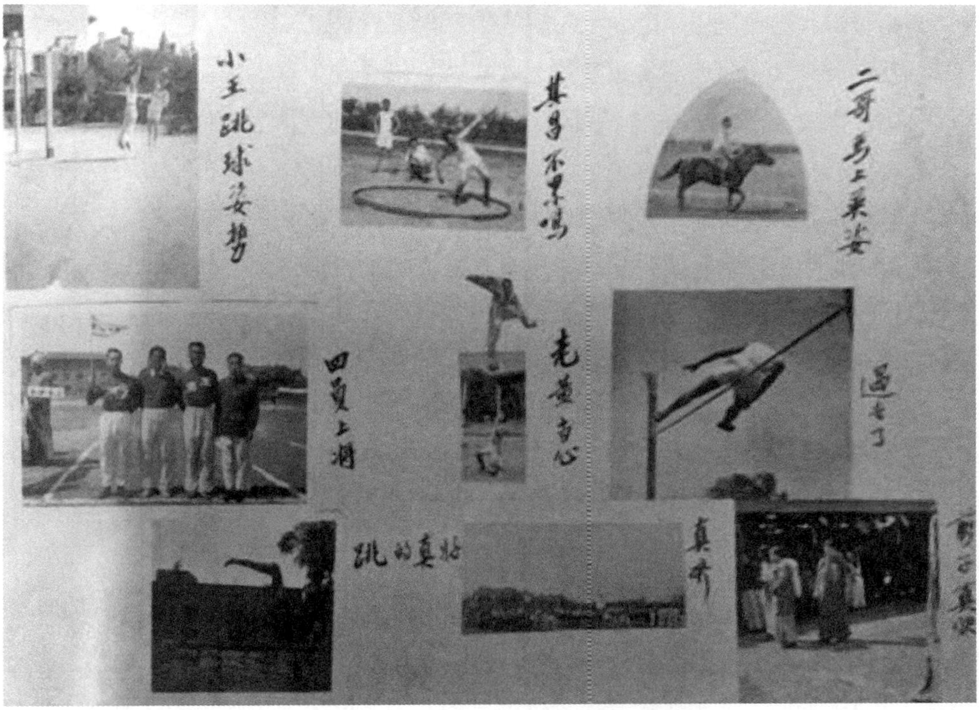

图片题词从左至右分别是：小王跳球姿势；其昌不累吗；二哥马上英姿；
四员上将；老黄当心；过去了；跳得真好；真齐；剪子真快

（资料来源：《工商学院1937班毕业纪念册》，河北大学档案馆藏1937-CB13-7）

5. 天津工商学院对学生的期盼及学生部分活动[1]

（1）佚名：写给我们未来的新同学

诸位同学：

诸位是将要加入我们工商团体的新同学们！我今天因为思想的促使、良心的驱策、现今我们中国所处的环境的暗示，使我不得不说，不得不问，不得不求诸位来回答我一下的这个问题："你为什么要入工商学院？"这样平凡的问题，在诸位自然觉得非常的渺小粗淡，可是在如今风驰电掣向前加速迈进的社会里，我们青年无论作任何事，最低限度也须有一个目标，一个自定的目标，因为如今中国青年的出路，决不是像从前那样盲目流浪所能追求得到的。在从前我们国内智识阶级人数少，需人的地方多，所以稍有些智识的青年，不愁没有饭吃。但是，我们如今看看现在的环境是怎样呢？现今不但吃饭的人多，并且供给消耗的地方也因了科学的演进而减

① 题目为编者根据内容自行拟定。

少了。诸位！我们在这样环境下，是不是对于我们的目标应当早早立下呢？

当我们升入大学时，或将迈步走入社会时，就有两个目标立在你的面前：一个是“你为什么要升学？”一个是“维持和继续我们现在的生活”。我们站在这歧路上，是不是要定目标，自然不用我说诸位就能明白了，如今我们且抛去第二个目标，单讲第一个目标：“你为什么要升入工商学院？”

升学为读书，读书为求智识，自然是我们读书求学的目的，但是在如今的中国内，并不怎样需要读死书的人，他不需要包载格言的死人、乐天由命的诗者，他只急切的需要着学实际的学问的脚踏实地去工作的人了，那些古董陈腐学识，已成了不兑现的支票，毫不能拯救我们危急万分的中国了。

所以你入工商之先，第一点你必须识清工商，明了工商所处的环境及本质，工商学院的位置及本质。矗立在天津市的一角，平坦的柏油路上，围绕他、倚掌他同各处的交通，变得非常的便利，排排的青松、绿杨树，无刻不在安静的睡，虽然不时有一二声的汽车喇叭声，可是刹那的音波未必就能越过那猛狮般的庄严大楼，全学校各处除去运动时间外，无时不在安静着，这无疑给与那些努力研究学科上的青年一个适宜的处所，虽然他无有那可供浏览的花园，可供精细探讨的试验课，可是这些是正在建筑着，在不久的将来，我们一定能看见他那肢干的雄伟状态。诸位！关于我们中国建筑上、推进上处于重要地位的工科，占有了这片美地，那对于我们研究上的补宜，自然不可胜诉了。

既然“工商”他占有了这样的地势，对于学生的研究上有如此裨益，那么诸位未来的同学！当走入工商的大门时，一定能体会到自己的重大责任、学校培才的苦心了。至于第二点就是，在入了工商后，你要怎样的锻炼你自己，培养你自己，但在事先，你还必须要认清工商学生集团的特质及精神。讲到工商学生的思想，并不像外界所理想的落伍、陈旧，但却也不与任何学校的学生思潮相同，各个的工商学生全都有一个健全的意志，一个爱国的热心，一种沉静努力的魄力，他们不像任何学校那样的喊口号、贴标语、说空话、乱责难等等只能宣传而无补大用的工作，他们只沉静着头脑，凝聚了魄力，不空谈，不起那些责难，咬紧牙关，脚踏实地的苦干。他们知道实地的苦干方胜过时代的阻碍。他们不随波逐流的走入歧路。所以工商学生的理想，时常是独立的，他们的学业时时是在努力的，所以当诸位光临工商之时，工商的全体同学，全是无任欢迎。可是对于那些平素浪漫、听天由命、毫无朝气的青年，或出了求智的范围而别有背景作用的人，我们不但不欢迎他们，我们根本就拒绝他们走入了工商学院。

工商学院要造就有能力的才干，有实事求是的青年人才，有推进科学轮齿的志愿和拯救中国现时危亡的而不需要他范围以外的人物，所以当今日诸位光临工商学校的机会，诸位要早早地定下志愿，安心静气地在这短短的三四年中，获得我们所需要的实际科学知识与能力啊！这是我所期待的，谨祝金榜题名。

（2）刘鸿义：一年来工商学生的活动

1. 新闻部。专门采访报告本校或与本校有关系的新闻，及国家严重之大事，创立系在去年绥载时。

2. 援绥会。成立时较新闻部略晚，会员包括全体同学，内分募捐、置辨、制造、宣传等六部，会有昭著之成绩。

3. 体育会。本会系校当局补助学生而成立的，大会下面各级还有各级的体育会。

4. 游艺会。内分旧剧、话剧、歌咏、中乐、西乐等组，成立时间虽不满一年，会有一再在本校公演，颇得好评。

5. 班长会。专为处置各班事宜和代募灾款等。

6. 工商学生校刊。本校系校刊性质，职员探用委员制，委员系由各班选出。

7. 国术团。校方为锻炼学生体格起见，特为倡办，参加人初甚踊跃。

8. 通俗科学讲演团。讲演团系本科同学派创办，每周一、三、五在本市仁昌电台播音，专为灌输民主科学常识。

9. 昆曲社。昆曲社系数爱好昆曲同学所组成，特聘荣庆社笛师侯玉和先生担任教师。

10. 膳食委员会。为改良中学膳食而成立，委员系由每宿舍选出两人任之。

11. 抵私团。系响应学联抵私团而独自成立的团体。

除去上述的团体，还有多个关于体训、消防等课余组织，不便一一再介绍了。

（3）天津工商学院学生的晨操①

工商的晨操，只限于住宿的学生有权利。它的功效有二途，第一是叫学生养成锻炼身格的习惯，第二是早起。学生若早起了则大有好处，决不会穷聊天，多少要念点书，自然锻炼身体又不是坏事，所以晨操势所必行，人人不得逃也。

点名的方法很奇妙的。在每宿舍的门边挂着屋内学生木牌名子，6 点钟叫一阵第一次起床铃，5 分钟后则必须你离开了屋子出了门，回手从门边取下自己的木牌名字，急急跑至晨操场把牌子交给一位宿舍主任，他已在那里久候了。6 点 12 分便由姚君——体育主任领导作柔软晨操，约用时 15 分钟。冬天也不客气。

夏日早晨下雨怎样办呢？有人想，这一下子可逃了——不能！你也必须交木牌

① 题目为编者根据内容自行拟定。

去，我们的主任又在走廊避雨处端着纸盒久候了。

那么不会有人赌气不交木牌吗?

不成的！你可以不交木牌，但他却不能不点木牌。每月有七次八次可扣操行分数若干分，操行不及格，绝对不能升班。

谁去惹气呢？好在晨操目的第一是……第二……。

（资料来源：《工商学生》第一卷第四期，河北大学档案馆藏 1937-CB13-3）

6. 天津工商学院严谨求实的学习风气、生动活泼的学生生活①

探求未知世界的物理试验

① 题目为编者根据图片内容自行拟定，图片下的文字为编者根据校风、学风的含义加以概括而成。

聚精会神聆听讲解

操作应用教学现场

细心描绘工程蓝图

（资料来源：《工商学院》，河北大学档案馆藏，1942-CB13-11）

（三）津沽大学

《津沽大学年刊 1951》记津沽大学各学系教学生活与系风学风①

（1）佚名：土木工程学系班史

6 月 13 号的下午，同样又愉快地成了检讨会，同学们唱着、跳着，走出了 4 舍 20 号，这个有利的批评武器，给我们带来了更好的兄弟友情、向上学习的信心，当我们纷纷走到光荣的工作岗位上时，这一段给我们的鼓励将多么大呀！但是谁也不能否认我们这段有价值、宝贵的生活，是与帝国主义艰苦斗争的结果！

1947 年 9 月里，同学初集到课堂时，我们都难忘蒋介石魔鬼政府统治下的教会学校，是那样残酷与压榨，想起耿火彬神甫在宿舍里无故检查箱子、偷看信件、监视行动时就火了，甚至那时点名的小王（儒清）也狗仗人势地恐吓我们。在那个黑暗的时代里，一年内本班因操行、难忍、……被迫离去的有 28 人之多，剩下的 28

① 题目为编者根据内容自行拟定。

人，被学校也给挑拨得不能团结。

正因为有了今天幸福的生活，也就更唾弃那个魔鬼统治的世界。

在二年级内，是我们一生很难忘的，因天津的解放，同学们从黑暗中逃脱出来。帝国主义的天下灭亡了，班里初步呈现出自由、和平的气象，出过海天壁报、土木系月刊，集体参观过新港、唐山机厂，多数同学在津沽夜中、夜小教了书。这些有组织的活动，在解放后的新社会下，同学们有了初步团结的基础和认识。

但是真正的团结友爱，也是经过尖锐斗争取得的。我们是从互相轻视，而到满面笑容，然而我们都知道这是客气，不是真实的感情。为了搞好同学互相友爱，多次的小组会上，三两人，都谈过，并且在三年级的寒假前，班里曾有过一次团结会，介绍了自己，欢唱过，在银白的雪地上，交了雪战，第一次我们玩起来，天真的，纯洁的。

深深地体会到对老师的热爱，那只有作好作业。三年级第二学期，同学们骄傲地、有信心地表示着，考试时先生用不着监场了。的确，为了功课，先生没和我们着过急，硬架构造的吴健生教授，那一次不是惊讶地笑着说："这是上次的习题吗?"

都觉得很仓促这学期考试后的第二天，为暑期实习，纷纷地向不同地区出发了。没有先生跟着，但是我们都从心眼里高兴，我们跳跃，高谈，我们想到西北、东北、祖国的秦岭、黄河、各地和平的人们，将是如何的可爱呢？没有一个人不真诚的来重视这一次实习，六个地区的同学，把每个小团体看得很重，学习抓的都很紧，虽然只不过两个多月，然而在对祖国的伟大的认识上对工地劳动人民印象上，学习的态度上，都有了基本的转变，像去西北的同学，心灵上这样感到——"参加过战斗，而又献身参加祖国铁路建设的解放军"，他们英勇无私的气魄，激动了后来学习的热潮。

果然四年级这段生活是有价值的，我们是土木系分组的第一班，（铁路，结构），学在一起，住在一起，假如你是个陌生的人来到我们宿舍里，你会感到像家庭一样的温暖，同学彼此间的诚挚，过于兄弟，彼此间的关怀，过于兄弟的友情；比如孙景霁同学患伤风时，我们全体去看他，我们关怀他同时也关怀每一个中国可爱的青年。这是为什么？就像先生们关怀我们一样。房屋设计宋秉泽教授说："把身体锻炼好，毕业只不过是学习的开始，以后应随时，从工地上取得学问，作好笔记来检查学习成绩。"铁路设计王华棠教授，从讲课中更深一步的启示我们对祖国的热爱和真正为人民服务的正确认识。给水工程林镜瀛教授不怕辛苦领我们参观，补课。我们敬爱先生，同时先生们被我们爱祖国的情绪也给感动着，在抗美援朝运动下，演剧、倒卜、改革校政的斗争下都亲身参加了这个向帝国主义者斗争的战争，并且班里多数同学报名参加军校，更惊人的，17 位同学自动报名参加抗美援朝工程大队。虽然都因祖国的需要而没批准，但是这种爱国的精神，却是年轻人的好榜样。

1951 年 5 月，爱国公约成立了，决心栏开辟了，我们重视这个爱国行动，只有因病才拖延每周计划，从运动会全体参加，批评会认真执行，27 人服从分配（全班 28 人），我们想到自己，想到班里，是和过去不一样了。

（2）佚名：机械工程学系班史

在反动派国民党统治下的 1947 年夏天，我们被迫的关进了“工商监狱”，开始了机械系第二班。当时全班共有同学 60 余人，没有什么组织，班上散漫的情形，甚至已过了一年多大家还不相识，就是在这样的国民党特务及帝国主义分子的高压下从事盲目的奴化教育，思想整个被帝国主义文化侵略控制，不容许你认识真理，也不容许你稍有进步，设若有被认为思想进步的同学，则以标行不及格为借口强迫离校（如梁德芳、费仲良二同学）。在这样压迫摧残下，至二年级终了时全班仅剩下 20 余人。

天津解放后由于校中帝国主义分子仍然存在，致影响我班同学不能很快进步，但是由于全班同学责任心较强，所以在校中一切课外活动方面有了不少的成绩，因此有被称为模范班的称号，然而这些表现大半是一种集体的个人英雄主义的做法，缺乏思想领导及政治认识；三年级的第二学期经过了北京旅行，看到了首都各大学的情况，使班内同学思想认识上提高了很多。开始了集体的生活制度主动的竞选膳委，改变了整个学校的风气。经过了一个时期的学习，改造后约有半数同学光荣的参加了新民主主义青年团，将从前班上的集体邪风基本扭转、树立了正确的班风，提高了整个班上政治思想水平。

1949 年及 1950 年二次暑假，本班同学在东北抚顺、沈阳两地实习，不但在业务及工作经验方面得到了很多的收获，并在思想上也启发了大家对新中国工业建设的远景有了明确的认识及足够的信心，奠定爱国主义的思想基础。

在伟大的抗美援朝运动中，本班展开了深刻的学习及广泛的演剧宣传工作，在宣传工作中起了很大的教育作用，教育了广大的观众，也更好的教育了自己。正因为如此，所以当祖国对我们青年发出了号召的时候，全班有三分之一的同学报名参加军干校，在校改过程中及镇压反革命运动中，同学们都能很坚决的与帝国主义分子及特务狗腿子们斗争到底，并且取得了胜利，通过了反对美帝武装日本及拥护世界和平公约签名的广播大会，全班有了 85％的同学提出保证在毕业后无条件地服从政府分配，到国家最需要的地方去负担最需要的工作。

半年来的抗美援朝运动全班同学都在政治思想认识上提高了很多，我们为了把这些很好的收获牢固起来并且能更好地改正自己缺点，发挥高度的爱国精神，所以在临毕业的前一个月里订立了我们爱国公约，以此作为我们爱国的行动，并将这种精神带到将来的工作岗位上去，更好地为劳动人民服务，建设我们工业化的新中国。

（3）佚名：会计学系班史

“走到人民需要的工作岗位上去!”的机会已经到了，为了祖国、为了所有人民而工作，这是我们最感到高兴的事情。我班所有同学都怀着兴奋的心情准备着出发。校内的学习阶段至今将告结束，可是这段学习经历记满了许许多多为了获得今天新民主主义的学习斗争的事迹，各种反帝爱国的表现，我们是不能忘记他的，因为回忆过去是更能体验现在的一切，而向着美好将来奋斗的！

记得在蒋匪统治时期，帝国主义分子控制下的“工商学院”是一所大规模的监狱。我们在四七年钻了进来，虽然班上同学很多，可是彼此之间的关系特别生疏。“上课来，下课走”，同学间毫无联系，开始班内部分同学的团结，是在四八年的春假，由班内同学自己组织起来参加了“平津同学大联欢”到北京中法大学，通过了这次北京的旅行，班内部分同学团结起来了！更看到别的大学与反动政府进行斗争的情形，给了我们一种很大的力量，鼓励了我们斗争的情绪。回到学校以后，使得班内有了一种新的气象，虽然在当时校内那种帝国主义压力之下，班内同学也团结起来，来反抗校方对我们的束缚与专制。这种新的斗争力量使得校方感到了恐惧。更无耻地对进步同学施行迫害。四八年的暑假考试后，用品行不及格的名义开除了进步的同学。在将近解放天津时，反动校方的压迫更加紧了。但是班上同学仍然团结得很紧来等待天津的解放。1949 年 1 月天津解放给所有的人民带来了光明与自由，那时我班正在二年级，多少年津沽同学的桎梏被打断了。班上同学也都活跃起来了。在开学后有了自己的学生会，组织了自己的班会，我班部分的同学更热情地参加了华大、革大、军大和南下工作团。走到了革命工作的岗位上去。班上的同学热情地欢送着他们，为他们而感到光荣。而在学习上更迫切地要求学习新的东西，学习人民所需要的东西，但那时的校行政是掌握在帝国主义分子手中，他们是不愿意执行新的教育政策。在课程内依旧是旧的那一套，如商法依旧还讲反动派的《六法全书》，于是全班同学共同起来反抗，与校方进行了斗争，举行了罢考，而结果还是得到了胜利，改为选修。全班同学通过这次斗争，初步认识到校方帝国主义分子破坏我们学习的阴谋。四九年秋天开学后，学习情况比较安定，我班有些课程如成本、高会等成立了互助小组。很多同学住校了，更加强了小组的学习，学习的成绩都进步很快。但是帝国主义是不高兴我们学习好的，他们于是在学期终了时制造了煤火费事件，影响了全校同学的学习，破坏了安定的学习情形。全校同学在学生会的领导下，共同与帝国主义分子——卜相贤进行斗争。最后将卜相贤赶下教务长之职。我班同学在这次斗争中表现很积极，贴出壁报向全校揭发卜相贤的罪行。同学们在思想上收获很大，更认识到帝国主义是不会实行新民主主义教育的，他们来不是办教育，而是为了破坏解放后新的学习环境。五〇年暑假全国三年级的实习又被反动校方无理的迫害，离间同学与政府的感情。但是同学们是不怕的，我班派代表去北京到教育部，事情很快地解决了，而更使我们增加了对校方的恨！

我班同学一半在贸易部和专业公司实习，一半在税务局实习。我们到了首都，听过很多首长的报告，大家都为工作紧张地忙着。而每星期日上午还会在劳动人民文化宫集合讨论工作中的收获和对政府的认识。实习中我们更看到咱们国家的经济建设的蓬勃展开，干部们的积极钻研业务和努力政治学习。对国家的经济政策有更深一步的认识，是真正为人民的利益出发。这些事实教育了每位同学，大家都感到回到学校后更应该加紧的学习，来迎接国家的经济建设。

到校后，大家要求学习的热情很高涨，体会到学习的重要性和人民、祖国对我们迫切的希望，真是应当加油干！这样，推动了我班上学习的力量！

这时美帝扩大了侵朝战争，将战火蔓延到我们神圣祖国的边疆上，美帝更暴露出他的丑恶面目，毫无人性地屠杀朝鲜的百姓，盲目地轰炸和平的村庄，更派遣飞机侵入我们领空，扫射我们同胞。在基于道义上，基于我们的责任心上，我们坚决不能置之不理，英勇的人民志愿军到朝鲜去了！“抗美援朝，卫国保家”的运动在全国轰轰烈烈地展开，所有的津沽人都起来参加这个爱国的运动。我班同学更努力地检查在自己思想中存在的亲美、恐美、崇美的思想，并且认清了过去帝国主义在思想上给留下的毒素。我们坚决反对美帝国主义，首先在思想上肃清了思想上的敌人，建立起仇视、卑视、蔑视美帝的爱国思想。并且由于增加了对敌人的恨，对祖国的爱，班上就有五位同学报名军干校，响应了伟大祖国对我们的召唤。随同全校在这次运动中提高了自己。但是帝国主义分子的校行政不但不鼓励和积极地来推动和领导这个运动，都处处在破坏，阻碍！广大的同学在爱护祖国爱护人民的立场上，逐出了当时校行政的负责人卜相贤、孙志洪、沈晞。这些帝国主义分子及走狗们是破坏人民教育的罪魁。我班同学在这次校内的反帝斗争中表现非常英勇！出大字报揭露他们的罪行，控诉他们对我们的迫害，我们是不允许像这种分子存在我们学校中的。正义的要求，人民的愿望，政府是我们的，帝国主义分子就必定要滚下去！校董会接受了同学的要求，开除了这三个反动家伙，给我们聘请了李宝震副校长，王金鼎教务长。这是我们人民反帝斗争的大胜利！

新的开始，校内完全和过去不一样了。津沽大学是掌握在人民的手里了！学习人民最需要的东西！我们为了祖国，为了人民，学习得更带劲了！可以表面上消沉的帝国主义分子——卜相贤是不甘心的，他仍然在背后阴谋的活动，人民政府为了保障同学们的学习，扫清学习上的障碍，实行人民民主专政的权力，坚决的镇压一切反革命分子，卜相贤、房如晦、鲍翊华三个帝国主义分子全都被逮捕了！校内同学们一片的欢呼声，衷心感谢政府！通过清华同学思想转变和祖国伟大的教育，同学们订立了爱国公约，严格的要求自己，准备在走到工作岗位前努力的充实起来自己，以便更好地为人民服务，迎接三年准备十年建设高潮的到来！

（4）佚名：贸易学系班史

与其说“班史”毋宁说介绍这一段学习过程，四年的时间不算长，但是他经历了中国人民革命事业的伟大胜利，抗美援朝爱国主义运动，及新校政改革成功三件大事。所以这一段学习过程就有它特殊的意义了。

1947年抗战胜利后第二年，国民党反动派勾结美帝国主义进攻中国人民最高潮的时候，一批青年走进这里来“求学”，然而这里不是学校，今天晓得他是美帝国主义利用宗教进行文化侵略的工具，正因为如此全班49位同学一年之后被迫离校和加以开除罪名者达25人。

1949年1月15日，天津解放，学校也得到解放，但是统治者们并不这样甘心，表面上披着慈善的外衣，骨子里却在捣鬼，对新民主主义的教育百般的加以漠视与阻挠。

四九年秋在高教会直接领导下，增开了政治课，学习了社会发展史，新民主主义论，大家对劳动创造世界，社会发展阶段，及中国革命有了正确的认识，两年来，在全班同学努力之下，与恶劣的环境作了顽强的斗争，进行了初步的课程改革，改变了学习方式，组织了有领导的集体学习，所以不独在政治上有了一定的认识，在业务学习上也大大地提高了一步。

五〇年暑假，全班同学参加了中央教育领导的全国性实习，12位同学在天津商品检验局，两位在中央贸易部，两位在中国进口公司，在实际的工作当中经过了两个月的锻炼，大家在政治上业务上又有了不少的提高。

美帝国主义发动了侵朝战争，并向我边境鸭绿江挑衅，全国人民以无比愤恨的心情，响应了不能置之不理的号召，出动了中国人民志愿军，同时全国掀起了抗美援朝爱国主义运动，在这一次的运动中进一步认识了美帝国主义侵略的本质，加深了对祖国的热爱。在师生努力之下完成了校政改革，彻底的推翻了帝国主义分子的统治。

在镇压反革命，签名拥护缔结和平公约和关于日本问题的投票，五一示威大游行，一系列的爱国主义教育，使我们的思想更提高，团结的更坚强，为了巩固这些收获，把爱国热情贯彻到实际行动中去我们制定了爱国公约。

1951年中国人民志愿军在朝鲜战场击溃美帝侵略军和全国上下深入展开抗美援朝爱国主义运动的时候，这批毛泽东时代的青年从这里走出，肩负起为人民服务的光荣任务，然而这里已经不是美帝国主义进行文化侵略的工具，而是培养教育新中国建设人才的“学校”明日的工作岗位无疑的将为抗美援朝运动继续努力和迎接三年准备十年建设而奋斗！

（5）佚名：企业管理学系班史

四年了！真快！这不平凡的四年是怎样渡过来的呢？

从1947年始，一年级拥有近70位同学，在商学院中人数占首位的一班，至二年级上半年，天津解放战时，多数同学因不明当时情况，纷纷离校退学，人数锐减半数以上，在那时学校的恶劣环境下，帝国主义分子刘迺仁、卜相贤利用宗教作掩护，进行离间分化的破坏行动，所以使得我们二十几个同学不能真诚团结起来，并且本系历史较浅，成立于1946年，初创伊始，无系主任领导，一切课程学制都不健全，同学们形如散沙，对本系的意义目标也没有正确的认识，因为当时的系名是“工商管理系”，课程偏重于商，所以在我们的思想上，都认为将来一定是企业家或经理人才。

四八年底，随着天津的解放给津沽带来了新生，也是我班同学起始转变的开端，有积极要求进步的；有认识到当时情势需要，英勇参加南下工作团的；有的徘徊不知所从，班上稍微有点纷乱不宁的情绪，同时，校方请来了缪锺彝主任，从此我系有了领导人，在系务与课程上有了开展与改进，逐渐增加了一些管理方面的课程。由于时代、社会、国家本质的改变，新中国经济建设的需要，管理人才的缺乏，49年接获教育部指示，改为“企业管理系”，我们才真正明确了本系的性质是以工业为主，商业为辅的一种对于企业生产管理的专门技术，因此在这个原则下，我们配合实际需要增添了经济核算制、动时研究、劳资关系、工业管理等新课程，并聘请了南开教授讲课，在课程与学制方面与南开企管系交流了经验，并且为了充实课程内容，我们组织参观了许多工厂，举办学术讲演等等。此外，在系主任协助下设立了系图书馆，搜购了一些有关的参考书。

五〇年三年级暑假政府为了使大学课程理论与实际结合，作为课改的准备，所以规定三年级同学到政府各部门实习，我班同学响应了这一号召，一部分在财政部税务局，一部分在贸易部各专业公司实习，虽然理论与实际未完全结合，但在实习中了解了政府的新民主主义经济建设政策，看到了新中国建设的远景，尤其对本系的发展前途，指示出了明朗的道路，纠正过去不正确的认识。

从抗美援朝运动热烈展开以后，起初我班同学对之不重视，甚至讨论时开玩笑，经过几次时事报告，结合校改运动与宗教革新运动，同学们才比从前加以重视与关心，宗教同学与非宗教周学认识到帝国主义利用宗教侵略的本质，宗教同学并签名拥护了宗教三自革新运动。在镇压反革命运动中，校中卜相贤、鲍翊华、房如晦三个国际间谍的被捕，更证实了这一点，因此我班同学通过了这一运动，打破了彼此间的隔膜，揭露了每个人存在的问题，而且在新的校政领导之下，促使我班走向了团结的新气象，大家自动的订立了六项爱国公约，并且富于艺术天才的李建基同学自告奋勇地制作了考勤牌，充分表现出企管系的精神，将管理方法已贯彻运用到日常的生活中去了。由于大家政治觉悟的提高，所以当反美扶日和平签名，全国人民表现热爱祖国的高潮时，我班十九位同学自愿地提出服从政府分配工作，愿到祖国最需要的岗位去，为祖国的文化经济建设而斗争。

四年来的集体学习生活，变化是大的，我们不被时代的巨轮压在下面，而是要推动这巨轮更快的前进，所以当前新中国建设的三年准备十年计划走向社会主义社会的前提下，国家工业化是我们企业管理者的重大任务，所以我们虽然留恋现在新的学习环境下走向欣欣向荣的母校及在校的全体老师同学们，但为了祖国的建设，为了创造新中国美好的远景，为了创造更好的学习环境，让我们每个人担起这光荣的任务，在同一目标下携手前进，开始我们新的斗争任务，为新中国的经济建设而奋斗到底！

（6）佚名：史地学系班史

在1947年柳树成荫、银柳树盛开并散放出那种说不出的香味时期，在文学院（现在的南楼）的31号教室内坐着廿几位来自不同的地方的同学，从这个时候起，那一群天真无邪的孩子们走入另一学习阶段，开始了她们的大学生活，但在当时以刘迺仁为首的封建的反动的校行政领导之下，我们是接受了殖民地化的教育，在这种教育制度之下，使我们很自然地形成了搞小圈子及学习生活自由散漫的情形，虽然到了二年级的时候，许多同学因为经济、转学、转系或其他等等的关系退学了，只剩下了9位同学，在感情方面比较好些了，但是在学习方面仍是不深入，都是抱着为入学而入学及他事漠不关心态度。

1949年是我们始终不能忘记的一年，在历史上是一大转折点，更是历史上一划时代的时期，新中国诞生了，新的生活开始了，学校一切都有改变，都很活跃地起来积极工作，但是我班仍是死气沉沉地，并因在思想上的不稳固，对政治也就不注重了，生活学习方面更加散漫了，这时期中较进步的曹金芳，鲁纯性，崔宏玉3位同学，他们认清了个人的前途，加入了革命的洪流——华北大学及南下工作团，又因校舍的关系，文学院全部移到大理道，这样就与工、商二学院联系不上了，并且当时校行政根本就不重视文院，学生会也照顾不到，并因本班也没有觉悟起来，故仍处在沉默中，与一切都似脱节似的，三年级时，曹同学因感觉学习的不够，要求返校，继续学习，由于她的归来，并将华大的学习作风带到我们班上来，带动了我们，或多或少是有了进步，同时在学习态度上，也比从前踏实了，在团结互助方面也较以前好多了，这可说是我们班史上的一转折点。在1950年春假时去北京旅行，由于有组织、有纪律团结互助的集体生活中，深深地使我们感到这个学习的大家庭是温暖的，所以同学们都忘掉了疲劳，始终在愉快着，在京与各校史学系联欢交流了经验，吸取了他们的学习方式及方法的优点，并见到首都解放后的情况，八达岭的雄壮，绵延数千里的长城……使我们知道祖国的伟大及可爱，由于以上一系列的事情，教育了我们，改变了以往不稳固的思想，回津后欢送了我们老大姐们的毕业，并去海口作了参观调查的工作，见到了解放后工人的新生活方式及其生产热情，的确他们是有了做主人翁的态度，他们并且在工余时间，抓紧了学习，我们很虚心地与他们在一起交谈，知道了许多我们以前不知道的事情，并且把我们知道的事情告诉了他们，就是这样，在船上过了一天快乐的生活，通过这次的活动，更加强了我们阶级的团结友爱及进一步地提高了学习情绪。

暑假时，我们觉得新的社会是不同了，不应再沉默了，特别是学史地的更应站稳了阶级立场，必须掌握住马列主义的精神及毛泽东思想，用正确的观点去分析社会发展规律，因此参加了暑假学团，以进一步的提高政治水平及对新社会的深刻认识。

谁能说光阴过的不快呢！转瞬已是大学最后了一阶段的，为了毕业好好地为人民服务，因此针对本班的具体情况，由过去的集体学习转为自修式各人学习了，并在抗美援朝的热烈高湖中，纠正本班学习的偏差，即是把政治课与业务课一致的重视起来，以适合现时代的社会需要，并在51年前后，因毛主席的号召的3年准备十年建设及阅读几个有关文件后，普遍地深入了学习，纠正了以前学习的偏差，把政治课学习重视起来，并成立了填报小组及业务课政治课小组，学习关于政治时事……及史地方面的新材料，又参加了下乡宣传工作，所以学习情绪也不像以前的枯燥无味了，将过去沉默现象打破，而自觉地活跃起来了（当然这个转折，不是偶然的，而是有他一定期间的思想斗争过程的）。

历史是不断地发展着，黄河、长江是天天的奔流着，冲击着、侵蚀着，使低地变成高原，使高山变成丘陵……。

又到了柳树成荫、银柳树盛开的时期，我们即将别离了这庄，遍踏留恋的园地，同时也是要离开教育了我们，改造了我们伟大的母校的怀抱，亲爱的同学们，结束了旧的，开始了新的，它是戏曲，也是人生，不要留恋在这感情的圈子里，光明在前面向着我们招手，勇敢地前进吧！毫无顾虑地踏上为人民服务的道路上吧！尽我们最大的力量，将所学的东西去供献给社会，贡献给我们伟大的亲爱的祖国吧！

但是，同学们，我们不应以为这时已是我们学习的结束而自满，这是错误的，相反的是我们不知道的事情太多了，应更虚心地在工作岗位上，实际工作中更努力地学习去锻炼，不断的在政治上业务上提高自己的水平，以备将来为祖国担负更大的责任。

“不要停留于即经获得的成功，停留不进步是不可能的，应当每天有新的收获”

历史是记载人类过去的活动之事蹟，故我们也将我们班从1947—1951年过程中琐碎事蹟写出，就将此作为史四的班史吧。

“我们像海鸥与波涛相遇似的，遇见了，走近了，海鸥飞去了，波涛滚滚的滩开，我们也分别了”

就借着这个最悠闲的调子，来纪念我们的这伤感的别离吧！

（7）佚名：外国语文学系班史

1947年的秋季，我们班31位同学从不同角落，踏入津沽外文系，彼时还是工商学院的女子文学院的西语系，当时是文学院人数最多阵容最强大的一班也是最融洽最活泼的一班，上课秩序良好，大家安静的注意听讲，但是下课后生龙活虎似的动起来，而且读书风气非常浓厚，不过都是“个人回家啃书本”憧憬“个人”的美好的远景。

次年1948年是国民党反动派退出华北前最张狂的一个时期，是全国学生运动的最高潮，国民党反动派为了镇压这些正义的为自由而斗争的青年们出现了“特刑庭”！大批的同学失踪了，当时金启钮同学便是被提高“黑榜”（黑名单）的人，他不得已被迫而离校。此外邓琳、范之娴都是班最好的同学，平均在90分，但是他们便在国际间谍“狄守仁”（法籍神甫当时是文学院的主持人）的控制下，以不尊敬师长的名义勒令退学，这个消息传来，全班哗然，向帝国主义作第一次正面斗争，纷纷找狄守仁质问理由，尤其使同学愤怒的是狄守仁说邓、范到南开大学参加联欢会，应该退学，虽然他们终于离校，可是也启发我们对帝国主义认识的先声。

随之而来的是“天津的解放”，解放后的津沽从过去的死寂、呆板、沉默中惊醒，津沽每个角落都跟着来临的春天，一齐欣欣向荣了，我们班出现了，津沽女同学中最先进的人物张亦詝，在反饥饿时代被帝国主义开除的同学马宗仁，伴着自由的号角重投入津沽的怀抱。

这时班上显示了两种形象，一部分前进的同学都非常积极的动起来，一部分同学如大梦初醒，迷惑、惶然不知所措，因而表现得消沉，不过经过辩证唯物史观的学习，课外的讨论和集体温课以往散漫的现象，转变成为团结的，合作的。后来因为班上的要求，首先展开了“批评与自我批评”。这次检讨后大家的思想便提高了一步，接着学校掀起了几次校改运动，同学们积极参加了，而带动了比较落后的班次，与全校同学共同争取好的学习环境。

此后抗美援朝的高潮时同学们在［抗议奥斯汀游行］中和全国人民站在同一伟大的行列中，通过实事学习，名人教授讲话，根据历史的材料和政治经济学的研究，我们辩证的、批判的真正开始认识了帝国主义的本质，和他们利用宗教到中国进行文化侵略。我们一致起来深入这个运动，许多同学分别参加了各种实际行动，尤其在这学期（1951 年春）传来了中国人民志愿军在朝鲜伟大的胜利，学校中卜相贤、房如晦、鲍翊华三个法籍间谍神甫的被捕，这些活生生的事实摆在我们的面前，更经过一次下乡宣传的实际工作，同学们的思想猛烈的提高，认识了“阶级性”，具体事实告诉我们人民政府怎样贷给农民种子、耕具、现金让他们从事生产，安定他们的生活。也看出劳动人民深切爱戴毛主席、共产党和人民政府，学生们认识祖国伟大的可爱，“爱祖国爱人民”的口号在我们每一个同学思想中根深蒂固了，踊跃在和平签名运动中签上我们自己的名字，为了迎接祖国伟大的十年建设，班上认真严肃的学习讨论后，订立了爱国公约，保证了业务、政治的学习与身体的锻炼。

我们经过了解放后三年来不断地学习新知识，不断地进行批评与自我批评，及老师们热情的鼓舞、耐心指导、循循善诱，我们渐渐的转变，提高到为人民、为祖国的建设服务，为全世界人类的自由解放斗争而供献出我们所学得的一点微薄的知识和我们无比的热情。

此后我们虽然分散各各不同的岗位工作，但是我们在我们敬爱的毛主席领导下，为了同一个目标而斗争，我们的精神是永远团结在一起的，与全津沽紧密的联系着，我们今天的别离是值得我们欢呼而鼓舞的。

（8）佚名：家政学系班史

递步即将离去，在跨出津沽的门槛时，我们是满怀着难以宣泄的愉快和希望，阔步激昂地走上准备建设的道路，毫不迟疑顾虑，因我们已看到了改革后新生的津沽是有着与新中国一样的辉煌前途，虽然将离去，我们的精神更紧密更团结了。

忆四年时光，与帝国主义作着尖锐的斗争，校中一连串的斗争史实，更付给了我们无比的勇气和斗争性，仅四年津沽的学龄，却经历了学校几度的改革，如改大、解放校改、倒卜运动，直到1950年期末之校改，才把津沽真正地解放出来，又相继抗美援朝运动逮捕特务，这些运动给了我们深深的教育。四年斗争的生活把我们锻炼得更坚强了，这不能不感谢我们的领袖毛主席的英明领导，和各位教授先生们的热忱教育，我们提出保证在毛泽东的旗帜下永远作你的好学生。

我不想多陈述些什么，愿把今日的家政系介绍给同学们，并希望大家建议与指导，为了办好我们的系，大家都不遗余力的辛勤工作着，在教授们领导下，同学们都发挥了他们最大的力量和精神，创造着美好的学习环境，目前家政系的总精神是向着保育方面发展，为了祖国的建设，为了全国彻底解放，首先应从妇女解放开始，现在国家须要二分之一数目的妇女参加劳动生产，所以急待解决的一些问题相继而来，为了国家建设第二代的健康与保教，必须要从保教事业开始。

系里的课程重点有化学、生物、生理、食物营养、普通心理、儿童心理、儿童疾病、托儿所学、儿童个案研究、教育学、儿童图画、儿童音乐、儿童衣服和玩具、医药学、婴儿保健和卫生等课程。在师生团结教学相长的旗帜下，老师们努力教学，同学们发挥了高度的学习精神，始有今日家政系的成绩。

仅就四年的经验所示，阐明一二，粗成大略，无以为班史之实，仅作短引，以兹介绍，待今后同学们披读留思，离校在校同学互相勉励，谨向各位老师致以崇高敬意并向留校同学致以亲切的祝福，无以为赠，谨书数语以念：

让我们师生团结起来在毛泽东的旗帜下阔步前进！

（9）佚名：中国文学系班史

正是红了樱桃绿了芭蕉的时候，我们在准备着迈入另外的一个新途径。

不是熟透了的五月樱桃，我们只是刚刚拿到了一个学习的钥匙，就是这样兴奋而又感伤，勇敢而又忐忑的交织情绪，使我们喜悦地准备着担当起新中国给予我们的新任务；同时却又被依依留恋的情怀所牵扯着，又像是第一次上战场跃跃欲试的勇敢战士，忐忑也只是刹那间的事。

几经变迁，我们由原来的26人而剩下了今天的6个人，“6”却又是多么少的一个数字，然而这6个人的情感是联结在一起的。

说起来，班里的情感被联结在一起还是解放以后的事，解放前，由于学校环境的影响，同学间大都是不相往来的，有较知近的同学也还是在搞小圈子，却不像今天6个人的相互一致。

我们的课程也是由全盘保守而渐渐走向接近现实的路上去，三年的学程都是在吴玉如系主任的教诲下走过来的，最初，我们所学的都是一些文化遗产，那时因为还没有学得马列学说，所以并不知道何者应批判，何者应接受，解放后系主任首先看到了时代的需要，南开大学也给我们添有鲁迅研究，文艺学等新东西。四年级开学时系主任因故离职，中文系一时成为无政府状态，一切事务暂由李院长代理，本学期王振华系主住来了，大家都有着一种寄人篱下而又回到母怀的感觉，不再是受人抚养的孤儿而是倍受宠爱的娇子了。

中文系，传统地就被一般人认为应当是摇首迈方步的文弱书呆子，特别是我们这一班更是比较不爱动的，但却不是超然的静默。过去的系主任教给我们“实事求是”的精神，今天的系主任号召我们“迎头赶上的任务”，于是在王振华系主任的带头下我们一反过去的静默而开始活动起来。这次“谁破坏了我们的团结”话剧的演出，就是一个事实的表现。我班同学不分日夜的赶出了剧本，更热烈的参加了演出。

今年的校改可以说是两个不同环境的一个大分水岭，校改后，大家得到了新的学习环境，一切都在蒸蒸日上着，而我们却到了告别母校的时候，校改是幸福新生的开始，离开它，是感到留恋的，离开现在的学习岗位而走到未来的工作岗位上去，是有着更大的任务在等待我们去荷负。如果说每个毕业生都是母校千百光芒的一只照射，那么，就叫我们未来的工作成绩更表现它的辉煌吧！

告别了！可爱的母校！告别了，敬爱的师长！

（资料来源：《津沽大学年刊1951》，河北大学档案馆藏，1951-CB13-1）

（四）天津师范学院

1. 让我们一起来树立新校风、新学风

戈院长说得很对，我学校这种自由散漫的不良作风是有长期的历史了，因为我们的老底子是资产阶级的大学（工商学院和旧津沽大学）；而我们的同学又多是出身于剥削阶级或小资产阶级。所以吊儿郎当、自由散漫的资产阶级作风，就表现得更普遍。我们有些同学不仅在开会，听报告时表现了自由主义，而且在学习、生活及其他方面也都或多或少地表现出了一些不良资产阶级作风。比如，有的同学对待学习就是马马虎虎，学的东西既不深入，也不扎实，在对人对事的时候又容易表现出骄傲自大，不够谦虚，所以有些中学教师对我校某些毕业生的反映是：“学问不大，架子不小。”这是多么尖锐的批评啊！再者，有些同学认为对集体活动或集体的事情可以不参加、不关心，对日常生活制度也可以采取自由主义的态度，愿意干吗就干吗，毫不考虑集体的利益和制度的要求。更严重的是，我校还不时有些败坏道德的事情发生（如偷窃、不尊重女性等等）。

以上这些说明了我们学校学生的思想作风中还存在着许多资产阶级的东西。

难道我们还能容忍这些坏东西再继续存在吗？不，不能。现在已经是该结束它们命运的时候了。戈院长已经号召我们要去掉这些日作风，这就是党对我们的要求。我们应该响应党的号召，向所有不良的资产阶级作风展开斗争，而且造成集体舆论来制裁这些不良作风。在目前整改阶段的时候，我们也应继讨论“红”与“专”的问题之后，对于我们同学中的学习作风、思想作风、生活作风等各个方面进行一次整顿，让同学们自己来对资产阶级的作风展开批评。以便彻底清除资产阶级作风，把每一个同学都培养成为一个具有严肃、认真、刻苦、顽强的学习作风，具有严格组织性、纪律性，诚实、勇敢、乐观、谦虚的思想作风和具有艰苦朴素而又热爱劳动的生活作风的社会主义新型的大学生。

最后，让我们全体师生员工共同努力，为在我校树立起社会主义的新校风、新学风而努力吧！让我们把自己美好的学校在这次全国性的革命大跃进里变得面貌一新，变得更加美丽、更加可爱吧！

（资料来源：《天津师范校刊》第五期，河北大学档案馆藏，1958-CB312-001，作者：刘志华）

2.《天津师范校刊》记学院有关部门与系科教学活动及业务管理的整顿工作①

（1）生物系通讯：生物系对整改工作展开全面覆查

生物系根据院的党政领导对整改工作的部署，在十五日订出了对整改工作进行覆查的计划，并且已经开始实行。

在实行班导师工作上，他们召集班导师联席会、各班同学代表座谈会、班导师和各任课教师座谈会等3个座谈会进行覆查。通过这些座谈会来检查班导师制度实行以来的情况。有的座谈会已经开过，大家反映这种制度很好，可以肯定下来。

在教学工作方面，由各教研组开会进行检查，改进教学以来所存在的问题。在研究了如何提高讲课质量问题时，发现过去有的教师讲课所以质量不高，学生反映听不明白，很大一部分原因是因为没有一套直观教具，因此他们计划由各教研组有步骤地按课程内容建立一套直观教具。

覆查中对四个调查组提出了要求，要求各清查组做出总结和提出报告，订出各种制度章则，并且计划在清查工作进行一定时期时，举办一个反浪费的展览会。

关于解答鸣放意见问题上，生物系曾召开全系师生大会解答了大批意见。同学

① 题目为编者根据内容自行拟定。

们根据解答的意见又提出了一些意见，系里研究了这些意见后，再召集这些同学开会进行解答。这样使任何意见都存着落，都有解答。

在覆查计划订立之后，系的整改领导小组的同志作了分工，并动员所有的教师积极参加整改的复查工作，准备在这个基础上订出系的改进工作方案。目前生物系全系正在“提高整改质量、巩固整改成果”口号下积极地进行整改的覆查工作。

（2）王近铣：总务处整改工作覆查情况

自从听了戈副院长的报告后，总务处各科就对前一阶段的工作进行了覆查，这样就使整改工作向前推进了一步。

膳食科在覆查中发现：①有些制度规定需要修改。②对清洁卫生有一阵风的现象，没有从制度上巩固下来。③厨工的不团结现象还没彻底解决。④对伙食的提高上只注意副食，没注意主食，特别是伙食费降低后的问题还要很好研究。在发现这些问题以后，同志们立即就开始了行动。14 日下午，孟科长和王金和张鸿年两同志把过去的入伙退伙办法作了适当修改，如过去的入伙退伙收付款不一样：入伙四角三，退伙四角。经过研究，同意改为一样。当天晚上，在全体厨工中对于如何巩固卫生成绩的问题，提出了切实可行的卫生计划。对厨工中的不团结现象，大家提议开展批评与自我批评以求得解决。最后还对烹饪技术与改进主食的问题进行了研究，从多方面贯彻“少花钱吃好饭”的原则。

事务科对调整同学宿舍和分配眷属用房问题进行了两次研究，如进步楼和新楼的使用不合理，在一个楼之内，既有办公室、教室，又有宿舍，每天要从早五点至晚十点烧煤供暖气，这样每月至少多烧十几吨煤。虽然过去同学们也提出过不少意见，但因调动人较多，牵涉面广，感到不好办。但是这一次在全科同志统一了认识以后，并去找各单位进行了商量，特别是得到了同学们的大力支持，使问题已得到初步解决。眷属宿舍的分配工作也正在积极准备。

卫生室在覆查中发现：①过去对隔离间掌握不严，使住隔离间的个别同学发生了问题，经过全室的研究定出了今后住隔离间的规定与手续。②研究了大夫用药问题，并从这个问题涉及对公费医疗的掌握和住院的控制。分院卫生室每人都定出今后的保证。分院事务科在覆查中也定出初步的方案，经整改小组审查后交大家讨论。

另外也发现某些科室，如会计科与事务科的领导人员对批评与自我批评开展不够，没有充分地把问题提交大家讨论，请大家解决，致使处理问题意见分歧。今后只有在思想认识不断提高的条件下，才能使整改工作不断地前进。

（3）历史系整改工作通讯：在工作上要跃进，就要鼓起革命的干劲来

自院方公布了整改覆查工作以后，历史系在 1 月 10 日及 11 日举行了两次系的讨

论会，对党委制定的关于院的整改工作方案提了一些初步意见，并结合院的方案，对系的改进辅助工作及培养助教问题进行了研究讨论。

接着系的整改小组于14日及17日下午又召开了两次会议。首先检查批判了在整改工作中存在的保守思想，本着革命跃进的精神，结合我系的情况，对推动与改进教学工作，提出了初步的意见。在编写教材工作上，原定先进行教学大纲的修改，然后在两三年内完成讲义的重新修改编写工作。在打破保守思想以后，考虑了我系教师几年来在教学实践过程中在理论及业务水平上都有所提高，有可能立即进行大纲的修订，并决定自下学期起立即着手重新编写讲义的工作，原则上是谁教谁写，随写随发，于一年内完成。在改进课堂讨论方面，首先肯定了加强课堂讨论是必要的，并针对以前课堂讨论次数太少、班上发言人不普遍、效果不大的缺点，订出课堂讨论的次数。原则上每周6小时以上的课程，一学期举行课堂讨论3—4次。每周4小时的课程讨论2—3次，4小时以下者讨论1—2次。专科由于学习时间短，科目多，可再斟酌情况减少一些。课堂讨论25人左右一组，由主讲教师主持，在课堂讲授时间内举行。关于进一步改进辅导工作，整改以来，教师、助教均已开始深入同学加强辅导，但由于安排不够细致，也常出现辅导时间相冲突，或是教师助教来辅导，同学却因忙于别的课程考查、作业，不能上辅导课或是提不出问题。为了改变同学这种忙于应付考试的被动学习状况，使同学的复习按部就班地进行，平时测验一律事先不通知同学。主讲教师的辅导平常采取小组轮流辅导办法，约1月全班轮流1次；根据教师对小组辅导所发现的问题或同学学习的需要，3—4周进行一次集体辅导。助教每周有1—2次固定时间进行个别的答疑。关于改进对同学平时成绩考查的办法是：①为了改变同学忙于应付平时测验及作业的被动学习情况，能对各课程进行有计划的及时复习，平时测验均不事先通知，测验范围以最近一至二周内讲授范围为限，主要考查及时复习的情况；②考查同学准备课堂讨论及发言的情况；③布置作一些内容范围较小作业题。为了改进教学、加强备课，提出了各位教师在备课中写教学笔记的意见，内容是写下每两课时的教学目的、重点及讲课提纲。并提出确立听课制度的初步意见，一般是教研组为单位，每学期每位教师至少互听两节课，以相观摩。系主任、教研组主任选择重点进行检查性的及研究总结经验性的听课。

整改小组将改进上述几项工作的初步意见于1月17日晚全系会上向全体教师报告，然后由大家进行讨论研究。教师们在提起革命干劲的号召和鼓舞下，都认为编写教材工作在改进教学中占有重要地位，而根据系及自己的条件是完全能够在一年内完成此项工作。如刘继一先生说："我们现在编写讲义的条件（在资料及教师业务水平各方面）要比以前好得多，现在主要是克服主观上的懒散，努一把力，一年内是可以完成的。”耿夫孟先生说：“教材不仅需要修改，而且在实践上也有可能，试回想师院成立不久，我们还在什么样的条件下就开始了写讲义的工作，我们今天重新修改编写讲义已具有更好的条件，在工作上要跃进，就需要我们发挥潜力。”周庆基先生现在教两门课，在每周讲课11小时教学工作相当重的情悦下，认为自己还有潜力可以发挥，他说：“编写教材的要求引起我思想的波动较大，下学期教11节课，一年内还要写出60万字的讲义，负担是很重的，但仔细考虑一下，自己还是有一些潜力，可以把一些缓看的材料暂不编入讲义中去。在工业生产战线上劳动模范和时间赛跑，我们也可以争取时间在一年内完成讲义编写工作。”教师们对整改小组提出的改进辅导、课堂讨论、考试及写教学笔记等方面的意见，也都表示同意，并提出一些具体的补充意见。1月18日上午各教研组就改进上述几项工作意见分组进行讨论，各教研组对本组每门课程讲义编写，进行了具体的研究，保证在一年内完成。课堂讨论、作业、考试问题教研组都研究确定了下学期各课堂讨论及作业的次数，以纳入下学期所要填写的教学日历中，保证教学活动按计划完成。此外对教研组下学期的会议检查，制度及内容也进行了研究讨论。系及各教研组结合整改工作的研究，正在制订下学期的工作计划。

（4）地理系通讯：地理系的整改覆查工作

我系师生鸣放以来，给系里提的意见共583件；意见共分三类：一、属于全系性的教学意见共286条；二、属于政治思想工作与行政领导工作的意见为54件；三、对教师的教学与工作作风的意见为243件。经过对这些意见反复的研究讨论，现已处理的占全部意见的95%，在这个数目中，已解决的意见占41%，逐步解决的占45%，属解释性的占13%，需转交其他部门的占1%。我们在解决群众意见过程中，一般是注意结合整顿作风和加强政治思想工作，应用团结—批评—团结公式，展开了批评与自我批评。在解决教学意见上，着重地解决以下两个问题：一、教学态度的问题；二、对年青教师的帮助提高问题。通过整改，我系已经出现了一些新的气象，如在教学工作出现了互相帮助与互相学习的风气，同时能够展开批评与自我批评；还有教师在教学与其他工作上的责任心加强了，对集体生活的一些制度能够遵守。当然，这一些新气象的出现仅仅是个开始，它还需要我们以最大的努力来巩固这些成果。

我系在整改中，党支部、系办公室和多数教师都认真负责地把大家所提的意见进行研究，订出初步方案，用大字报向同学予以公布，并在1月7日由系领导向全体师生作了比较全面的整改工作报告；同时，鼓励大家在整改的基础上再提意见，以便把整改工作彻底搞好。1 月 10 日听了党委书记戈华同志的报告，使我系师生受到极大的鼓舞与教育，全系师生对这个报告结合我系的整改工作进行了讨论，深入地开始了我系整改的覆查工作。

经过两次的讨论同学们一般地都对我院和我系整改工作成绩表示满意，有人说：“咱校真正地做到了边整边改，领导上对意见很重视，学校已出现新气象。”刘连舫同学对支部的政治思想工作的改进表示满意。我系多数的同学对领导作风及教学工作的改进表示满意，张鹤鸣说：“咱系最重要的是教学工作已经改了很多，老师虚心接受意见，对同学的鼓舞很大。”岳淑文说：“在教学上老师下了很大决心，改进很大，辅导工作解决的很好。”田代沂先生对教学工作的改进给地本一同学很大的鼓舞，同学们认为他对教学改进的态度是负责的，讲课的层次清楚，每段能作小结使同学们对讲授的知识得到有机的联系，同时对辅导工作也很努力。地本二的同学对新开课的青年教师张芬棣先生的教学改进表示了满意。

同学们在讨论的同时，也向系里整改工作提出了一些批评和意见，在教师方面：认为我系的整改工作在某些地方还有就事论事的现象，而且也感到我系整改工作发展不平衡，有的个别教师在思想上跟不上整改的形势的要求。同学对选修课（不属教学计划内）请教授以及成立课外科学研究小组的答复不够满意，同学们还要求对坏分子应很快地进行处理。地专二部分同学对某教师在上课时驳斥了同学们所提意见和对他在改进上劲头不大提出了批评。我们重视了教师和同学对覆查整改工作的意见，除对这位教师在整改中所采取的这种态度予以批评与帮助外，对其他意见均另进行研究解决。

我系整改覆查工作主要分三方面：第一，加强党的政治思想工作，由支部讨论拟出方案，主要内容为：①加强党支部的组织领导。②加强组织生活的内容。③建立经常性的劳动制度。④加强党和群众的关系。⑤对共青团、工会的领导与教育。

第二，在教学工作上结合整改覆查制定下学期重点的教学计划。并已经解决了以下几个问题：①编写讲义工作。②加强教学的计划性，教师除编写讲义外，讲课时要有教学笔记，教学笔记的内容应包括目的、重点、要求、小结、课后自我分析等。③建立了检查性的听课制度，其内容是：系主任和教研组主任每周至少听课 1 次（1—2 课时），个人相互之间听课在性质相近课程的教师之间进行，另外还有集体听课，以教研组为单位（以下学期上课 13 周计）组织 2—3 人公开教学，事前要作准备，事后要开评议会。④建立教学的检查制度，除恢复过去的教学意见卡片制外（每周 1 次），改变过去由课代表填写办法，改为谁有意见谁填写的方式，由教研组每周转给有关教师进行解决。另外由教研组召开两次学生代表性的会议，请教师参加，共同研究解决有关教学问题，并规定教研组和系每学期要进行教学总结工作。⑤初步建立有关教学纪律制度，同时对班导师的工作又进一步进行了讨论。关于教学大纲的修订以及教学上的各种形式的讨论，均正在进行中。

第三、关于图书仪器的清点工作，现已就绪，正在制定各种制度。

（5）中文系通讯：是鼓舞也是教育

戈华院长在十日向全院同学做了整改工作报告以后，中文系同学立即展开了热烈的讨论。在讨论中，大家一方面结合自己的思想状况漫谈了自己的感想，另方面也本着认真负责的精神对整改方案提出许多改进意见。

大家一致认为党委提出的方案和戈华院长的报告很全面、很细致也很实事求是，因此一致拥护这个方案和院长的报告。许多同学说：这次整改工作所以取得了这些成绩，首先是领导上决心大，带头检查，从而充分地发挥了群众的积极性。中三钟采玲说："党决心这么大，而自己的思想认识跟不上，过去认为整改好像到了尽头了，但自看到党委提出的整改方案以后，我体会到党看得真远，这报告感动了我。"黄泽新同学说："听了戈院长报告后感到领导在整改上用的力量比自己用的要多得多，我感到领导决心很大，的确是采取革命的方法进行整改工作。我过去对整改重要性估计不足，虽然也写了些大字报，但主要力量是放在业务学习上；想起来自己感到很惭愧。"有的同学说："听了报告后感到好像是领导给社会主义大学画了一个轮廓一样。"高金轩同学说："整改方案的公布，说明下学期我们学校将焕然一新。党下这样大的决心，自己受到了鼓舞，感到有了力量。"中专二乙有的同学说："党的威信在我们中更提高了，自己应当坚定地跟着党走。"有的同学说："通过整改我对党的事业更加理解了，毕业后党让我到哪里去我就到哪里去！"

一部分的同学检查了过去自己对党的整改决心不够相信的想法，专二有的同学说："过去我认为我们提出的意见和建议，党不一定完全采纳，如本分院合并的问题，怀疑党的整改决心不是很大，但事实证明了我的想法是错的。"有的同学也检查了对待老师的看法。中二乙陈慧然同学说："我的思想保守，对老教师估计过低了，以为给老师提意见不会起作用，有顾虑，怕伤害他们的自尊心。这次整改教育了我，对我的思想提高有了很大的帮助。"许多同学以为应当学习领导同志引火烧身的精神来改造自己，跟着运动的要求，投入运动之中。

这些情况说明，大家通过整改运动受到了教育，更加热爱党、信任党了，自己的干劲也更足了。

在讨论过程中，同学们着重地讨论了方案的第一大部分的第六项，并集中地对以下几个问题提出了一些意见：一、在体制上许多同学拥护党委设立学生工作部，认为这是在加强学生中的政治工作的领导、提高思想工作质量和协助学生每周活动、避免忙乱现象的重大措施。也有少数同学不同意成立学生工作部，理由是：这样会使机构庞大，今后只要团委会、学生会和各单位的工作相互配合好了就可以了。

二、在思想工作的内容上，大家同意党委提出的几个方面，但对某些具体执行办法、制度方面提出了一些意见，如在义务劳动的时间上，有的同学建议应把两次并为一次，使劳动的时间长一些。有的建议在春耕、夏锄、秋收等农忙的季节中去。此外并建议在劳动中建立奖励评模等制度。对时事教育方面大家谈的也很多，许多同学要求建立时事测验制度，有的同学建议成立时事研究小组。

在思想工作方面，有的同学希望党委在对少数民族、华侨、有宗教信仰同学的教育订得再具体些。

在思想工作制度方面，大家对生活检查会、鉴定制度和班导师制或联系人制度讨论比较集中。不少同学建议加强对生活检查会和鉴定工作的领导，对班导师制度有的同学提出在高年级不宜建立，因为一般地在高年级同学中都初步具备了独立生活和学习的能力。有的同学对班导师的专任制、兼任制和人选条件也提出了一些意见。

在讨论中，大家对我院各单位的整改工作的进展情况也表示了意见，许多人认为：许多单位的整改工作进行很使人满意，能改的都改了，最满意的是：①党的领导干部深入群众。②顾随教授、雷石榆教授等教学上改得好。③医务室工作改得大，对同学很便利。④图书馆借还书时间对同学很方便。⑤电灯已改为一盏灯一个开关了。⑥助教能够深入到同学中来了。⑦由于对同学要求严格，学校中纪律松弛的现象有了改进。

改的不够的是：①大食堂改的慢。②一般干部深入群众还不够。

这次讨论后，很多同学准备再仔细研究方案并进一步提出自己的意见。

（资料来源：《天津师范校刊》第六期，河北大学档案馆藏，1958-CB1312-001）

3.《天津师范学院毕业纪念册》回顾师生在校活动的丰富体验①

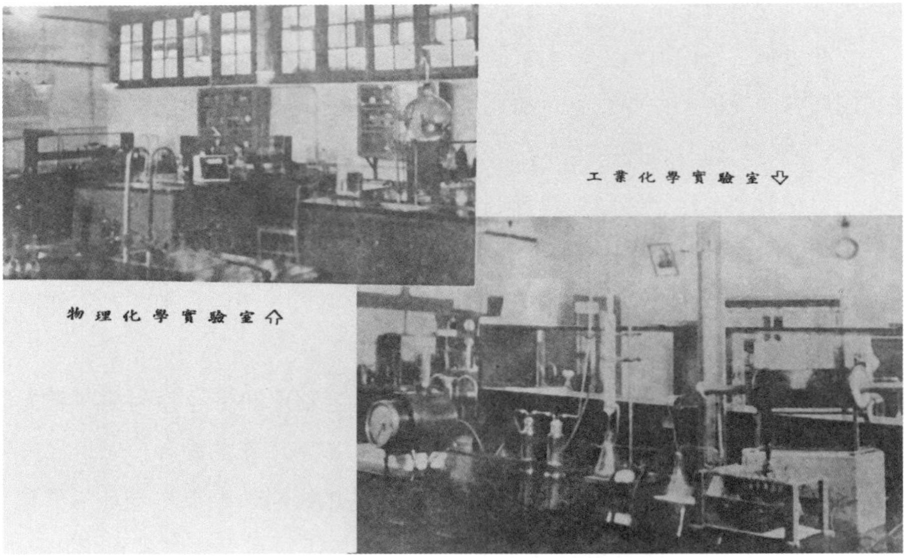

左图：物理化学实验室；右图：工业化学实验室

化学系的同学和陈同度教授合影

① 题目为编者根据图片自行拟定，图片的一些内容及原图所附的文字词句编者进行了必要的加工编排。

物理系无线电实验室小组活动情况

数学系男女同学协同测量练习及讨论。摇荡小船、碧波微泛，

前往湖中小岛揽胜；毕业在即，同学临别依依，作诗回忆昔日时光。

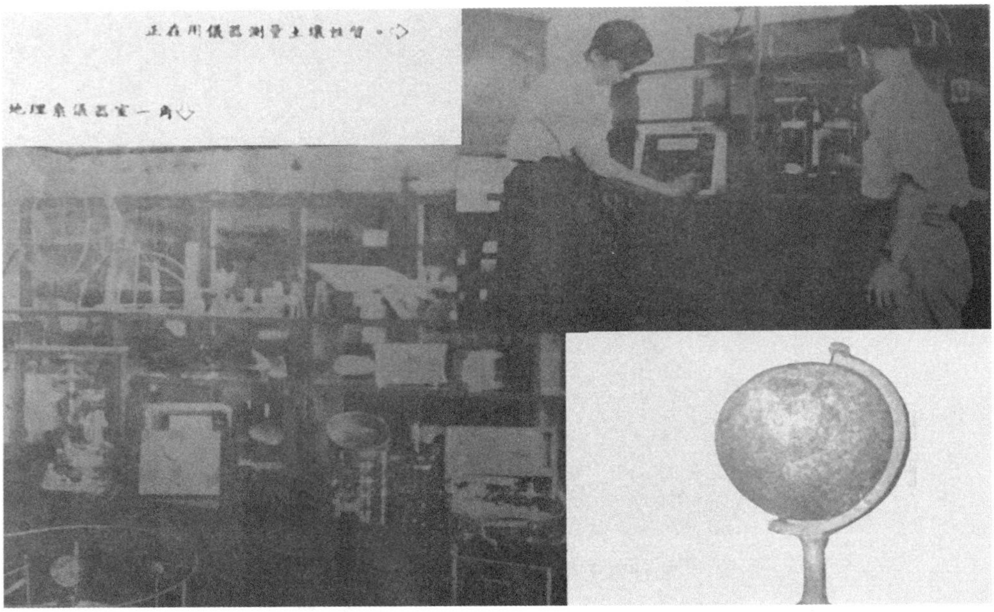

右图：正用仪器测量土壤性质；左图：地理系仪器室一角

右图：民管乐的演出；左图：几个音乐爱好者

左上：话剧社演“日出”的一幕；左下：当我们成为共青团员的时候；
右图：运用巧手匠心，塑造志愿军英雄。美工队的姑娘访问马达，想学会画家这个本领。

左图：同学们都非常关心国家大事，他们每天都要看报纸；
右图：开放喉咙歌唱吧，歌唱我们伟大的祖国，歌唱我们美丽的青春。

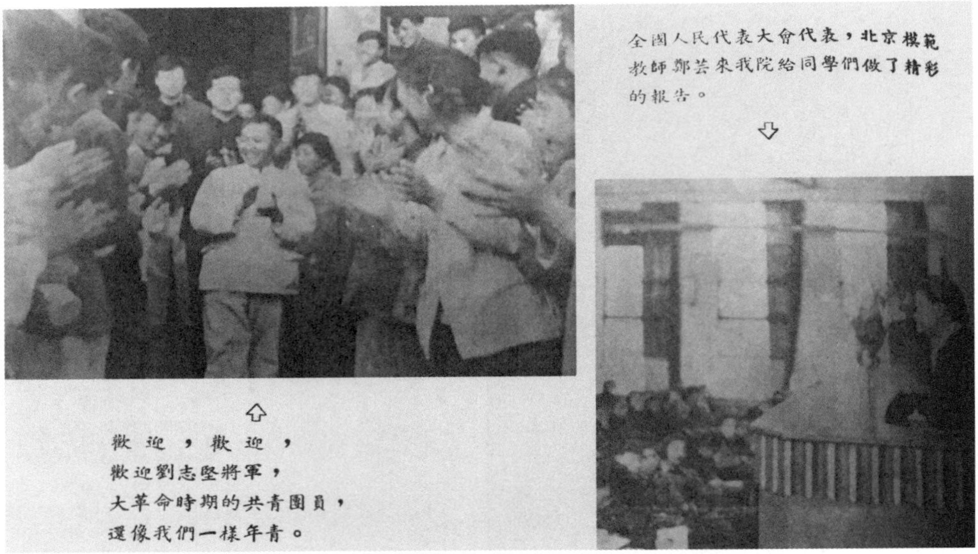

左图：欢迎，欢迎，欢迎刘志坚将军，大革命时期的共青团员，还像我们一样年青；
右图：全国人民代表大会代表、北京模范教师郑芸来我院给同学们做了精彩的报告

（资料来源：《1957 天津师范学院毕业纪念册》，河北大学档案馆藏，1967-CB13-1）

（五）天津师范大学

彭黎明：走出“象牙塔”——忆早年我校大学生下乡

上世纪 50 年代，天津师大（河北大学前身）的学生，每年都要下乡参加生产劳动，或搞调研活动，或参加工作队，可以说，下乡是“必修”课。在农村的大课堂上，得到了丰硕的收获，发生过许多故事，回忆起来，感到十分有趣。

那一年，我们全班同学下乡劳动，来到天津郊区杨柳青镇的大柳滩生产队。这里地处子牙河北岸，离杨柳青镇不远，土地肥沃，盛产玉米、大豆、红薯、花生，人民生活自足有余。我们百十个大学生来到生产队，带来了城市文化的信息，好像炎热的夏天，送来一股清风，社员们非常高兴，腾出宽敞的房子给我们住，盘锅垒灶给我们建起了大伙房，套驴拉磨为我们准备口粮。为感谢社员们的盛情，我们一进村就给社员演了一台文艺节目，惹得社员们兴奋了好一阵子。

而我们这些同学在下乡劳动中也受益良多。有个华侨男同学小管，跟他姐姐同在我们班学习。他下乡走在街上，总爱仰头看街旁的老槐树，我问他看见了什么，他说长了知识，原来花生是长在树上的。我听他说长了如此的知识，一下子笑岔了气。我问他有什么依据，他说，你看树上都长着花生豆嘛！我让他把“花生豆”摘

下来，尝一尝。他摘下几颗，剥开绿皮，不敢吃里面的小豆。我说，你可以舔一下。他舔过后大叫好苦！我告诉他，那不是花生，是槐莲豆。他问道，那么花生是长在哪里呢？我说下午到大田劳动，我会领你看真正的花生，给你解开这个谜。

最使我难忘的，是一个同学给我讲的一个故事。说是某某同学，从地里劳动回来，顺手捡了一手帕黑枣，放在桌上，打开手帕让同学们尝尝。同学们看了说，哪是黑枣，分明是羊粪蛋，小小椭圆的，跟黑枣大小差不多，只是光溜溜的，不像黑枣皱皱的。说完大伙儿大笑，直笑得那位女同学捂着脸，显然是脸羞红了，不愿让大家看见。可以推想，那位女同学保准是从小生活在大城市里，对她来说，下乡参加一些劳动，即使走走看看也会有意义的。如果那个女同学还健在，我想她不会忘记这件事，对于下乡如何求知来说，恐怕这是她最大的收获。

在大柳滩劳动那年，发生过一件事，也让我记忆犹新。一场雨后，栽种的麦茬红薯长出了新叶，与此同时，地里的草也长高了，竟达到草苗难分的程度。生产队长告诉我，安排同学们到红薯地里拔草。我当时是班干部，把这种轻活安排给女同学干。她们来到地头，由队长讲解了草与苗的区别，就开始了劳动。我在同学们后面进行检查，顺手把落下的草拔掉。我很小就干田里的农活，也栽种过麦茬红薯，这种拔草的活自然熟悉。大家拔过草的红薯地里，草没有了，红薯苗亭亭玉立，非常精神、好看。我忽然看到女同学小杨身后，有几棵薯苗不对劲，忙去检查，发现那是几颗豆苗，不是薯苗。薯苗哪去了？我从拔下的草中找到了。我把拔掉的薯苗捡起来。这事让小杨看见了，她走过来，我告诉她她没分清薯苗和豆棵，把薯苗拔掉了，却留下了豆棵。小杨的脸一下子涨红了。我对她说，别着急，我想法挽救。

我把小杨拔掉的薯苗重新栽好，让小杨到地头拿喝水的缸子，想法弄些水来浇一下。小杨抬头看我，刹那间我看见她眼里满含泪水，我一下子惊呆了。她迅速弄来水，浇灌了重栽的薯苗，我又安慰她说，不要紧了，我保管这几棵薯苗能活过来，只是每天早晚得给它们浇点水才行，小杨问我，能行吗？我使劲回答，保准行。

此后，因为我的事多，忘了浇水的事。然而晚上我发现红薯地里有人影，我知道那是谁在给不幸的薯苗浇水。当时想，那么黑的野地里，作为女同学的小杨就不害怕吗？她大学毕业后，教学认真负责，兢兢业业，案头文字精益求精，如此的工作精神，常使我联想起她那次拔草的经历。

从那时至今已有60余年。但是偶尔想起那有趣的下乡时光，仍然历历在目，仿佛于昨日发生一般。

（选自《河北大学校报》2014年3月1日，作者：彭黎明）

（六）河北大学

1.《天津日报》《河北日报》报道河北大学举行学术讨论及讲学培养教师活动①

1961年3月25日，《天津日报》发表河北大学党委书记戈华的文章《进一步贯彻百家争鸣的方针，活跃学校的学术空气》。

（资料来源：《天津日报》1961年3月25日；天津市教育局《教育志》编修办公室编，《天津教育大事记》1949—1985，第126页）

《天津日报》[本报讯] 河北大学中文系为培养、提高青年教师，最近开设了专著讲座。第一个题目是由老教师裴学海主讲中国训诂学专门著作、第一部字典《尔雅》。

中文系为了帮助青年教师更好地学习和继承我国古代的语言学和文学研究的宝贵遗产，进一步提高业务水平，从这学期开始组织语言、文学教研室老教师，根据自己专长，陆续开设《尔雅》《说文解字》《马氏文通》《文心雕龙》等古代语言文学专著讲座。

老教师裴学海主讲的《尔雅》最近已经开始。在第一讲中，他介绍了《尔雅》的全书概貌，这部书的形成的年代和作者，前人对《尔雅》一书的研究情况；讲授了晋人郭璞的注本的价值；推荐清代学者郝懿行的《尔雅义疏》是比较好的注本。另外，他还简要地介绍了《尔雅》一书的前三篇：《“释诂”篇》《“释言”篇》和《“释训”篇》的内容，并对《“释诂”篇》的具体内容进行了分析、讲解，帮助青年教师了解、掌握《“释诂”篇》的内容和难点。另外，现代文学教研组邀请外国文学教研组老教师雷石榆讲授了郭沫若著的《女神》，活跃了教研组之间的学术活动。

（资料来源：《天津日报》1961年7月4日第二版；蔡德荣《提高青年教师业务水平河北大学中文系开设专著讲座》，《闻墨》编委会主编《闻墨》，天津科学技术出版社，2014年版，第70页）

《河北日报》报道：史学界围绕着河北大学历史系教授漆侠在一系列关于农民起义、农民战争的著述中提出的“让步政策”的观点，展开了大辩论。河北大学历史

---

① 题目为编者根据内容自行拟定。

系学生也参加了辩论。本学期以来，连续举行6次大型讨论会，写出150篇文章，对“让步政策”观点集中地进行了批判。“文化大革命”中，漆侠教授虽处境艰难，仍坚持学术研究。1987年和1988年，他撰写的《宋代经济史》上下两卷（共50万字）先后问世，填补了此项研究的空白。1983年，国务院学位委员会批准漆侠任中国古代史博士生导师。

（资料来源：《河北日报》1966年4月30日；周治华、钟毅《河北教育大事记1840—1990》河北人民出版社，1994年版，第316—317页）

2. 一代学人的良知

上个世纪70年代末恢复学位制度，老一辈学者开始招研究生，到现在已经有了近40年的历史。如果按代计算，也应该有四五代了。所以，学界习惯于把某一师门称为某某门，如詹锳先生的詹门。我要强调的是，我们所说的某某门，不是一个人，而是一个学术团队。如詹门这个团队，不仅有詹锳先生，还有顾随、韩文佑、魏际昌、高熙增、胡人龙等先生。我们纪念詹锳先生，纪念的是这个学术团队，纪念的是老一辈学人，缅怀的是上一代学人的人格和学品，更扩而大之，总结的是一代学人的际遇、命运，一代学人的学术传统，而詹锳先生则是这一代学人的代表之一。

关于上一代学者，我已经拜读了诸多总结他们学术成就、学术道路和学术思想的文章，尤其关注到蒋寅研究员四代学人划分以及分析第一代学人特点的文章。那是一篇客观分析、评价我们的老师辈，即第一代学人得与失的文章。因为时间关系，我这篇发言，不拟全面展开，只是从“良知”的角度，谈谈詹锳先生这一代学人给我们留下的学术遗产。

从道德角度来看詹先生这一代学人，最值得关注的是他们关注社会与民族、人民命运的情怀，我认为这是老一辈学人与当代学者的最大差别。老一辈学人，从选择了人文学科这个职业，就受了淑世思想的左右。鲁迅最早学医，受了中国人麻木无知的刺激，知道与其治中国人的病，不如拯救中国人的灵魂，而且是如此之急迫，所以毅然改为从事文学。詹锳先生的老同学任继愈先生在自传中也讲过他为什么要专治中国哲学史：“1934年考入北大哲学系，旧社会哲学很难找到合适的职业。那时年轻，不考虑这些，一心想寻找真理，追究人生的归宿。”“大学三年级，暑假期间发生了‘七七事变’，北大南迁。文学院设在湖南衡山脚下。半年后又迁往云南蒙自县。由湖南到云南我参加了学校组织的湘黔滇旅行团，徒步旅行，走了两个多月，行程1300多公里，有机会看到农村败落和农民贫困景象，靠了他们承载着这个又穷又大的国家。人生的归宿，最后的真理，如何与当前广大贫困的农民和败落的农村发生关系，对我来说一直是个问题，无法解决。我深信探究高深的学问，不能离开哺育我的这块灾难深重的中国土地。从此我带着一种沉重的心情来探究中国传统文化和传统哲学。”

老一辈学人，如胡适鼓吹的平民文学那样，要把在天上歌吟的诗人，拉到地上来，与人民一起歌唱，而今天的学人却反之，要“不问苍生问鬼神”。仔细盘点老一辈学人取得成果最丰硕的领域，主要是屈原、李白、杜甫、白居易等经典作家和作品。为什么他们的研究热点在此？这只能去问老一辈学者的良知。传统的士人气质的熏陶培养了他们“天下兴亡，匹夫有责”的责任担当，“五四”以来欧美新思想的教育，又使他们具有了追求自由与民主、追求真理的理想。而这一代人正处于社会大变革、大动荡、大转折时期，他们亲眼看到了各种思想、各种政治势力的兴衰沉浮，亲身经历了民族的危亡与复生，这些又把他们与民族、民生紧紧地联系在一起。所以他们研究古代文学，无不浸透了当世的民族、民生关怀。詹锳先生在自传中说：他上高中时，发生了“九一八事变”，他参加了1931年冬天北方学生南京请愿团，请愿团后来改成示威团，砸了外交部。在北京大学读二年级时、参加过“一二·九”学生运动。抗日战争爆发，他随学校迁往昆明的西南联大。1953年，他在哥伦比亚大学取得心理学博士学位后，还没领得证书，就冲破美国移民局的阻挠，回到中国。从詹先生的经历可以看出，他的前半生，是主动而非被动与国家、民族的命运紧紧地联系在一起的。这可以解释，老一辈学者为什么热衷于研究屈原、研究李杜。也可以解释，我们整理《李太白全集》，詹锳先生在给《李白全集校注汇释集评》写“前言”时，为什么写了“李白诗中的爱国情操”这样的题目。而且我读詹先生这篇文章，也弄清了詹先生爱国的内涵。“我们标出李白诗中的爱国热情，则是从另外的角度进行探讨的”，那就是“关怀人民的爱国精神”，就是“写征夫思妇离别之苦，而含无限的同情”，就是“代表了被压迫人民的心声”，就是“从爱护人民关怀人民出发”的“反战主张”。总之，詹先生所说的爱国，就是关怀人民、同情人民、爱护人民。这就是詹锳先生作为人文学者的良知，也是那一代学人的良心。

王阳明论良知，把其说成是人的先天质素，“吾心之良知，即所谓天理也”。如果人果然有先天的良知的话，如孟子所说：“学问之道无他，求其放心而已。”学者读书，是为了找回已经丢失或者被埋没的良知；而学者研究的目的，则是为民众启蒙良知。

如果就专业角度来谈良知，詹锳先生这一代学人的良知，表现为对所从事专业的“惟精惟一”的精进恒一精神。

首先表现为对治学的一种坚守，以生命投入其中的热爱，恒久的钻研和探索的毅力。詹先生1935年在北大学习中国语言文学，其时刚刚年过20，从胡适学中国文学史，从罗常培学音韵学，后到云南西南联大，从陈寅恪学元白诗，从闻一多学《诗经》，从刘文典学《庄子》、朱自清学陶诗、罗庸学杜诗。1941年，詹先生25岁时即从事李白与六朝文学研究，发表李白研究的系列文章，写成《李白诗文系年》。到70年代后期，开始李白全集的整理，前后经过近四十年。詹先生1943年在国立白沙女子师范学院任教时，讲授《文心雕龙》，1961年在《光明日报》发表讨论“风骨”的文章，到1980年出版《刘勰与〈文心雕龙〉》、1982年出版《〈文心雕龙〉的风格学》、1989年出版《〈文心雕龙〉义证》，前后也经过了35年。可以说，詹锳先生把其一生都献给了古代文学研究。我清楚记得，地震后的一个夏天，我在天津见到詹锳先生，他坐在一个马扎上，穿着汗水湿透的背心，围着一条毛巾，前面就着茶几整理义证的书稿，从此，这一形象如石刻画像一般深深镌在我的记忆中。从事任何职业，都需要对职业的热爱，对所从事工作的执着。而古代文学研究尤其如此。研究古代文学自然需要悟性，这是文学特性所决定的。如果说研究文学需要有天资的话，悟性就是天资。但是研究古代文学，面对的是浩如烟海的文献，仅靠天资成就不了一个好学者。而后天的坚持与执着，就是学者所应具有的素养。

而这40年，是太平的40年吗？詹先生他们这一代学人又经历了哪些？1949年前的时事前面已经说过，1949年以后，他们又经过了历次政治运动的“洗礼”，确切说是磨难。詹锳先生还算比较幸运的，似南京大学程千帆那样被打成“右派”的老一辈学人，以及1949年后所培养出的学者如傅璇琮、裴斐等，其处境就更加悲惨。但是，无论遭遇多少挫折与打击，都未能泯灭他们从事古代文学研究的初心，这是一代学人更为可贵的良知。

其次表现为对学问的敬畏之心。敬畏是一种态度，詹先生那一代学人，敬畏学术，敬畏真理，敬畏对手，对古代文学研究，表现出严肃、认真、一丝不苟的态度。詹锳先生的一个基本观点，即认为文学研究是一门科学。作为科学，文学研究有它必然追求的学术目标，那就是为所研究的问题寻找到最科学合理的答案。人文科学不同于自然科学，同一问题，答案可能有多种，但是最合理、最接近于问题实质的答案，只能有一种。好的学者，就是以追求这一最佳、最合理的答案为目标的。

人文科学也有它必须遵循的规范，技术方面的规范自不必谈，研究路径与方法方面，则必须坚持历史主义的原则、客观的实事求是的原则。詹锳先生做学术研究，特别强调无征不信，有一分材料说一分话，就是贯彻他文学研究乃是科学的观念，力求研究的客观性、可信性。詹锳先生研究李白，重在李白生平事迹的考订和诗文系年，在此方面，詹先生做得十分谨慎。比如李白几入长安的问题，他的《李白诗文系年》写于40年代初，1962年稗山提出二入长安说，后经郭沫若、安旗、郁贤皓诸位先生考证补充，影响很大。在编撰《李白全集校注汇释集评》时，詹锳先生与参编人员反复讨论这一问题，逐渐倾向于李白有两次进长安，但在何年、何地进入长安，还待进一步考证，为谨慎起见，暂时未写入《李白全集校注汇释集评》。有人也许批评詹锳先生比较保守，但是我却感受到了他固守无征不信原则、毫不退却的性格。

为了寻找问题的科学解答，詹锳先生的学术研究表现出不迷信权威、不迷信古人的学术自信，也表现出不小视今人和后辈的学术民主与谦恭。《〈文心雕龙〉义证》就是如此。关于《隐秀篇》补文的真伪问题，詹锳先生与杨明照先生和他的老朋友王达津先生有激烈的争论，他坚信自己的考证，也希望能被论证的对手说服。我在一篇文章里，讲过裴斐先生50年代与他的老师林庚先生争论李白是青春豪放、还是悲豪的问题，也说明坚持真理，是优秀学者的良知。而在另一方面，詹锳先生在《义证》中又本着片善不移的精神，打破古籍整理传统的规矩，充分吸收了当代人的研究成果。这样做，就是希望对文意求得更为满意的解释，体现出一代学人学术至上、唯真理马首是瞻的良知。

（资料来源：詹福瑞《俯仰流年》，生活·读书·新知三联书店出版社，2017年版，第123—130页）

3. 康乐校长携手校友共话河北大学

2018年10月1日，与中央电视台联合策划《百家讲坛》特别节目“我们的大学”河北大学专场在央视科教频道（CCTV-10）播出。校长康乐携77级校友江瑞平走进《百家讲坛》共同讲述他们与河北大学的故事。

康乐校长谈河北大学：

一、历史脉络

河北大学1921年创办于天津，至今已经有近百年的历史了。学校在天津办学50年，先后经历了天津工商学院、津沽大学、天津师范学院、天津师范大学时期。1960年改建成综合性大学，正式定名为河北大学。1970年，河北大学由天津迁至历史文化名城保定。在保定近50年的办学历程中，河北大学砥砺前行，接续发展，不断实现了新的突破。

今年，河北大学又步入了“部省合建”大学的行列，开启了发展史上的全新的纪元。河北大学在成立之时，就以科学救国为使命，传承学术薪火，推动社会发展，引领时代文明，孕育、培养和积淀了“实事求是”的校训传统。建校近百年来，校训传统中蕴含的科学精神和人文精神，无时无刻不在浸润着一代代河大学人，孕育产生了一批以德立身、以德立学、以德施教的学术大师。

二、学行并茂 & 华南圭

华南圭先生是我国著名的铁路工程专家，现代土木工程的奠基人之一。他与詹天佑一起创办了中国的工程师学会。1933 年，华南圭来校担任天津工商学院院长，他主张科学救国，提出了“学行并茂，民族中坚”的要求，号召学生倾尽所学，投入到民族解放中去。他在治校时期的一大开拓，就是率先从法国引入了实习制度，坚持学理与经验并重，亲自带领学生到机车厂，到正太铁路实习。“实事求是”的校训，就是在那个时期正式确立的。

新中国成立后，华南圭担任北京都市计划委员会总工程师、顾问，他提出了“还城于民”“认识城市的尺度”等先进理念，呼吁向公众开放颐和园、景山皇家禁苑，提出了整治永定河，修复官厅水库，以及治理玉泉山水源等许多主张，都得到了采纳，惠及子孙后代。

三、人文情怀 & 顾随

顾随先生是当代著名的古典文学专家，诗词曲无不精通，人文情怀在他身上，体现得淋漓尽致。在早期的时候，他以鲁迅先生和外国进步文学作品教育学生，特别是在北平沦陷期间，他不屈抗争，妙笔著文章，号召无数学子，很多学生因此走上了革命的道路。

顾随先生最令人钦佩的地方就是讲授艺术，他坚持以学业授人，以德业育人，启人心智，完善人格，培养了一批古典文学名家，像周汝昌、叶嘉莹、吴小如等都曾在他门下求学。叶嘉莹先生曾这样评价他：“先生所给予人的，乃是心灵的启迪和品格的提升。”近年来，《顾随全集》《顾随诗词讲记》等著作相继出版，大家可以通过这些书籍，走进这位国学大师，感受他的治学态度和名师风范。

四、独立思考 & 漆侠

上世纪 50 年代，漆侠先生用马克思主义的方法研究历史，成为学界的主流，而他也就是在这样的背景下成长起来的，成为新中国培养的第一代马克思主义史学家。最难能可贵的是，漆侠先生以独立思考的精神，率先在农民战争史领域，打开突破口。《隋末农民起义》就是他的开山之作，这也使他成为中国农民战争史研究的主要开拓者。

上世纪 70 年代，他又另辟蹊径，将研究的视角，转移到宋史领域，在河北大学创建了宋史研究中心，被称为“宋史研究第一重镇”。

在建国 40 周年教学成果奖的评选中，他的研究论文《以马克思主义为指导治史、执教、育人》获得国家级教学成果特等奖，成为马克思主义史学发展新阶段的杰出作品。

这样的前辈学人在河北大学的历史上，灿若繁星，不胜枚举，影响和造就了河北大学“理论与应用并重，知识和行为合一”的实践育人传统。

五、学研相长，知行合一 & 与中科院合建试点班

2013 年，河北大学与中国科学院动物研究所合作建成“生命科学星辰班”，康乐校长当时还是动物研究所的所长，与河北大学共同策划和推动了这种培养模式，并且见证了这个试点班的发展。河北大学每年选拔 20 到 30 名学生进入星辰班学习，星辰班的学生，前两个半学年在学校接受通识教育和专业基础培养，定期聆听中科院专家的学术前沿讲座，三年级下学期进入中国科学院学习。中科院为每位学生配备了导师，并将学生编入科研团队或者课题组，与博士生，硕士生一起担任科研任务，将学术研究前置到本科阶段，在科研实践中强化学习能力。这种方式，非常有利于学生培养创新思维，坚定学术理想，提升科研能力。

目前，星辰班已连续举办了 5 届，已经毕业的 50 名学生，出版专著 1 部，发表 SCI 文章 10 篇，中文核心期刊文章 7 篇，更重要的是，有 23 人考取了中国科学院的研究生，21 人考取了清华大学、南开大学等全国一流大学研究生，取得这样的成绩，与这种学研相长、知行合一的培养方式密不可分。

除了“生命科学星辰班”，学校还与中科院微生物所，国家蛋白质科学中心等单位，合作组建了“菁英班”“凤凰班”等十几个试点班，在校学生达到 600 多人，这些探索为青年学生成长成才提供了广阔的舞台，也为人才培养提供了一种全新的借鉴。

六、机遇 & 雄安新区

2017 年 4 月，就在这片土地上出现了一个举世瞩目的名字——雄安新区。河北大学和雄安新区地缘相近，人缘相亲，与当地政府、行业企业、民间团体保持着广泛的交流和密切的合作。

学校的很多科研团队长期关注白洋淀流域的生态保护和可持续发展，并全面系统地掌握了白洋淀生物多样性的信息，为白洋淀生态修复和制定保护方案提供了翔实可靠的数据支持，在生物多样性、水质监控、水产养殖等方面取得了一系列的学术成果。

有一支队伍，对白洋淀的造船、渔猎、芦苇编织等传统手工艺长期跟踪调研，通过走访拍摄、采访录音、倾听笔录、测量绘制等手段，将这些传统技艺，用现代化的手段，进行了抢救性的挖掘记录，为白洋淀乡土文化原貌的保存留下了珍贵的

史料。

雄安新区成立以后，国家语委“中国语言资源保护工程”交给河北大学一项重要的任务，就是在这个地区的方言消亡之前，把语音、词汇、语法等记录下来，不能让方言承载的文化随着新区的发展而消亡。

此外，还有很多支队伍，对雄安新区的历史文献、文学流派、民俗民情、非物质文化遗产等进行了整理研究、调查采访，为新区的规划建设提供了大量的基础文化数据，如果要问起白洋淀流域相关的文化符号，可以说，河北大学的师生是最有发言权的，而这正是源于他们对这块土地和文化的坚守与热爱。

康乐校长寄语：青年学子们要学会用知识提升能力，用实践检验所学。只有勇于实践、勇于开拓的人才能享受科学实践带来的百倍馈赠。并希望，在新时代、新机遇的感召下，更多有理想、有信念、有抱负的青年学子，选择来河北大学读书求学，传承百年积淀，汇聚成磅礴力量，共同书写这所大学新的历史篇章。

（节选自《河北大学校报》2018 年 11 月 1 日）

第四编　河北大学教育行政管理、社会服务及办学经费

一、教育行政管理

（一）天津工商学院

1. 私立天津工程学院组织规程办事细则

一、职员办公通则

第一条　教务处、秘书处各课部办公室及图书馆之职员、均应按照规定时间办公。

第二条　各课每日应行工作，均应于当日办完。

第三条　各课职员因事请假时，应先得主管人员之许可。

第四条　凡职员请假，其所任职务应委托其他职员代理之。

第五条　每日办公时间，除星期及例假外，应按院方之规定。

第六条　寒暑假期内职员服务办法另定之。

第七条　本通则于院务会议通过后施行。

二、教员服务规则

第一条　教员对于聘约及院章规定之职务，有尽责履行之义务。

第二条　教员对于学校各种计划，有赞助施行之义务。

第三条　教员因事请假，须事前声明并得教务长之许可。

第四条　教员非经院长等认可，不得在校外兼职。但兼任教员不在此限。

第五条　专任教员不得在校外兼任何职务。

第六条　教员上课时间不得迟到或早退。

第七条　本规则于院务会议通过后施行之。

三、教务处办事细则

第一条　本处依照组织大纲第九条之规定，设置教务长一人，职员若干人。

第二条　教务长之职掌如左。

（一）处理全校一切教务事项。

（二）执行教务会议议决事项。

（三）计划关于教授方针及课程等事项。

（四）关于试验及考核成绩事项。

（五）关于转院、转系、升级、留级、毕业及补考等事项。

（六）学术设备及出版事项。

（七）考核教职员之勤惰。

（八）建议校方教务将来改善之方案。

第三条　本处办公时间，依照本院职员办公通则办理。

第四条　本处于必要时得调用各课职员。

第五条　本细则经院务会议通过后施行。

四、秘书处办事细则

第一条　本处依照组织大纲第十条之规定，设秘书处主任一人，秉承院长之命处理院务。本处另设秘书一人，协助主任办理秘书处职掌各事。

第二条　秘书处职执掌如左。

（一）传拟各项机要文件。

（二）厘订各项章程及规则。

（三）编撰本院大事记及概况一览。

（四）保管一切文件印信。

（五）起草院长交办文件。

（六）揭示本院布告及即办理各种统计。

（七）代表本院出席各种会议。

第三条　本处案卷文件，应逐日清理，不得积压。

第四条　本处设置书记一二人。

第五条　于必要时本处得调用各课职员。

第六条　本处办公时间，依照本院办公通则办理。

第七条　本细则如有未尽事宜，得提交院务会议修正之。

五、训育课办事细则

第一条　本细则依据本院组织法则第十二条第一项之规定订定之。

第二条　本课应训导学生关于公共生活之良好习惯。

第三条　本课应检查学生有无违背各种规则等事。

第四条　考查学生操行事宜。

第五条　调查学生在校内、校外之各种行动。

第六条　凡学生有违犯院规者，依照院章，秉承教务长意旨惩诫之。

第七条　凡学生间发生纠纷时，由本课解释劝诫。其事件重大者，呈请院长等核办。

第八条　每学期开始之前，应查明学生人数分配宿舍及编定号数公布之。

第九条　关于学生宿舍之整洁及安宁秩序，应随时巡察加以纠正。

第十条　凡学生迁移宿舍，或迁入迁出，应先经本课之许可。

第十一条　本课设训育主任、训育员各一人。

第十二条　本课为便于管理，得于各宿舍之每一楼内设督察一人维持晚间之安宁与秩序，其职务由住校之教职员担任之。

第十三条　本细则如有未尽事宜，得经院务会议修正之。

六、体育课办事细则

第一条　本细则依组织大纲第十二条第二项之规定订定之。

第二条　本课设主任一人，体育员一人，足球指导、篮球指导、田径赛指导各一人。

第三条　本课之职掌如左。

（一）指导及教练学生体育。

（二）计划体育进行事项。

（三）提倡学生对于体育之兴趣。

（四）办理院内外体育竞赛事项。

（五）保管及修理一切体育用品。

（六）办理其他关于体育事宜。

第四条　本课应指导学生组织各项球队及田径赛队。

第五条　本细则如有未尽事宜，得经院务会议修正之。

七、会计课办事细则

第一条　本细则依组织大纲第十二条第三项之规定订定之。

第二条　本课设主任一人，体育员一人，足球指导、篮球指导、田径赛指导各一人。

第三条　本课之职掌如左。

（一）登记主要账簿并编制各种报告。

（二）保存本院银钱簿据及关于会计上重要等物件。

（三）出纳本院银钱并稽核用途。

（四）经收学生所缴学宿等费用。

（五）编制本院经常、临时岁出岁入之预算决算。

（六）发给俸薪工资。

（七）存款、提款及汇兑事项。

（八）审核收支数目单据事项。

第四条　本课于必要时得借用各课职员。

第五条　本细则如有未尽事宜，得经院务会议决修正之。

八、庶务课办事细则

第一条　本细则按照组织大纲第十二条第四项之规定订定之。

第二条　本课设主任一人，职员一人或二人。

第三条　本课之职掌分列如左。

（一）准备建筑设备修缮事项。

（二）考查工役之勤惰及施行奖惩进退事项。

（三）检查院内外关于卫生清洁事项。

（四）购买本院器物事项。

（五）保管本院院产及各种用具，并收存各种文具杂品等事项。

（六）督饬院役工作及考核勤惰。

（七）督察厨房清洁用具及膳堂各处。

（八）本院电灯、电话、自来水之装设稽查或撤销事项。

（九）收发一切信件。

（十）办理一切不属他课事项。

第四条　本课于必要时得借用各课职员。

第五条　本细则如有未尽事宜，得提交院务会议修正之。

九、图书馆办事细则

第一条　本细则依据组织大纲第十四条之规定订定之。

第二条　本馆设主任一人，馆员一人，助理员一人，掌理关于本院图书之购置、保管、阅览及其他一切事宜。

第三条　本馆之执掌分列如左。

（一）图书之购置及保管。

（二）图书之分类及编目。

（三）图书之借阅及收发。

（四）报章杂志之整理及装订。

（五）关于发求及介绍图书事项。

（六）书库及阅览室之设备及其秩序之整理。

（七）图书馆一切规则之执行。

第四条　本馆除例假外以后列时间为办公时间，但遇必要时得变更之。

上午八时至十二时下午二时至六时晚间八时至九时半。

第五条　暑假寒假之图书馆阅览办法另定之。

第六条　图书馆阅览图书规定另订之。

第七条　本细则如有未尽事宜，得随时修订之。

2. 私立天津工商学院校董事会章程

第一条　私立天津工商学院校董会由七人组成。至少有五人属于中国籍，校董会主席应由此五人中选出。

第二条　校董一遇有死亡或因故辞职退职时，由校董会补选之，但不得违背前条之规定。校董中倘有永离中国者或于长期间绝对不能履行职权者，即视为已经辞职之人员。

第三条　校董职位为义务职。但校董若因出席会议须乘船搭车时，校董会得酌给相当之行旅费。此项开支列入于学院之办公费。

第四条　校董会之主席及秘书、会计员应由校董中选出。但主席应为中国人。而秘书、会计事务得由一人兼任。校董中选出一人为总监。其权限不得过于十一条之规定。

第五条　校董会事务所设立于天津马场道本学院内。

第六条　校董会每年举行常会四次。如临时发生事件，应因主席及另一校董之请求，或校董大多数之请求，得召集临时会议。每次开会须先期将开会日期及理由分行通知各个校董。

第七条　无论常会或临时会议，其出席校董须过定额半数以上。如遇主席因故不能出席时，校董会得举定临时主席。议案须得出席校董过半数之同意，方能表决，如遇赞成、否决之数相等时，以主席票数加入之。会议记录须由主席及秘书签名，如遇秘书本人缺席时，得由任临时秘书事务之校董签之。

第八条　会议场设于校董事会事务所内。但依据主席及另一校董之提议或校董过半数之提议，得于其他之相当地点举行会议。

第九条　如遇特别困难不能开会时，各校董得依据通知书，用函件表决。关于学院之财务，此项决议须得过半数以上之同意。用函件表决时，秘书须将各校董表决内容记载于会议录上。

第十条　每届学年之终，校董会翻查翌年之预算表及本年度之清单。清单一经校董事会认可，设无舞弊行为，院长即免除本年度财务上之责任。除平常事务外，凡关学院财务上之事件，均应由校董事会会计副署。为实行稽核职权起见，各校董能随时向学院调阅凡关于财务上之簿册。

第十一条　院长由校董事会选任。如无相当理由不能任意撤换。每学年开始前，院长应向校董事会提出翌年度之预算表、课程表及全体教职员之名单时，校董会得向院长提出意见，使加以注意。

第十二条　凡遇校董辞职或因故退职，校董会应免除其职务上之责任。

第十三条　凡学院科系之改组、增加或添设附属学校，经学院院务会议或院长审议决定后，报告于校董会。

（资料来源：《私立天津工商学院一览》，河北大学档案馆藏，1935-CB13-7）

3. 国民政府教育部视察专员孙国封等昨视察法商工商两院；对该两院内部设施垂询极详，今日视察工院水产两校（节选）

［本市时讯］教育部视察专员孙国封、李锡恩、谢树英等昨晨八时半由教厅第一科长李邦翰陪同赴河北新开河视察省立法商学院。该院上年因办理不善，奉部令停止招生，自高院长到院力行整顿之后，渐有起色，前曾呈请教部准予本年暑假招生，教部命该视察员等负责视察，俟呈报后，再行核夺。该员等负有此项使命，对该院视察极为注意，直至下午一时始行竣事，下午二时赴英租界马场道私立工商学院视察，至六时许始行离院，定今日视察工业学院及水产专门两校。兹将昨日视察两校情形，分志如下。

法商学院视察专员孙国封等偕教厅科长于昨上午八时半抵该院。（略）

工商学院下午二时赴该院视察，由华南圭院长、卜教务长招待视察各级学生上课情形、测量班内外实习工作情形，继视察图书馆及藏书室、学生寄宿舍等。该院设有商品陈列所，收集华北一带国产商品，约三十余种，甚为丰富，材料试验所为陈列及试验工业材料而设，颇切实用，视察专员巡视之后，颇加赞许，后视察物理化学实验室，并垂询该院行政情形极详，至六时许始行返云。

士绅喜办教育是天津的特色。

谈到私立学校，他觉得地方上的父老士绅喜欢办教育是天津的特色。对于工商与达仁两学院，他的批评是："工商设备在天津各校中最完善，改大学也够用，只是教授阵容需要充实。达仁现在校舍是租的，应有永久校舍，才能做久远大计，这学校前途很有希望。"此外他认为本市两私立学院院长都是兼任，不能专心致志于校务，不易"办得很好"。附带谈到参观的育德学院，他又称赞本市士绅爱办教育的精神。他批评该院说："校址很大，有六百多亩，只是房子不够，要一笔大款把这学校建立起来。设备还不错，图书有二万本。学生精神也很好，只是教授兼任的多，希望能专任才好。"

（资料来源：《益世报》1935 年 4 月 18 日第二张，《闻墨》编委会主编《闻墨》，天津科学技术出版社，2014 年版，第 16、22 页）

4. 佚名：冀教厅长何基鸿将来津视查各院校就视查所得为改进之根据

本市特讯：冀省教育厅长何基鸿近为明瞭全省教育现状，前会派员保定各校，业已竣事，该应兹为考察津地各院校近况起见，将由何厅长本人亲自率员来津视查，约本月 20 日可到津，视查期间约 1 星期，将来即以视查所得，为改进之根据。兹将视查各校如下：省立女子师范学院暨师中部、工业学院暨工科高职部、法商学院暨商科职业部、水产专门学校暨职业部、天津师范、天津中学、天津女子中学及各私立中等学校云。

（资料来源：《教育要闻》，河北大学档案馆藏，1935-CB13-6）

5. 天津工商学院校董会讨论学院行政及管理的相关问题①

天津工商学院新校董事会成立开会记录，第廿号

开会地点：天津本学院会议厅

日期：中华民国三十二年七月十日

时间：下午五时至七时

出席校董：龚仙舟、文贵宾、刘斌、张坚白、尚建勋、赵振声、汪向叔、邓维

---

① 题目为编者根据内容自行拟定。

屏、徐端甫、凌安然、柯守义

缺席校董：曹润田、周济世

列席人：刘迺仁

议决事项

一、校董会董事长刘斌辞职，经大会全体挽留不果，乃改选龚仙舟先生继任新校董会董事长，文贵宾先生为副董事长。

经全体董事决议通过。

二、校董会秘书，由本学院之总务主任兼任。

经全体董事会议决通过。

三、聘请本院刘迺仁院务长为本院院长。

经全体董事议决通过。

四、通过本学院校董会组织大纲。

五、通过学院组织大纲：

修改第五条。

乙项因无设副院长之必要，不必选聘。

丙至庚项人选报告董事会。

六、兹应承社会人士之请求，使一般高中女生不致失学起见，本年度添设女子文学系，并呈请教育总署备案。

私立天津工商学院校董会议记录，三十一次

开会地点：本院

日期：中华民国三十四年四月二十六日

时间：下午四时

出席校董：徐董事长、文副董事长、尚董事、张董事、汪董事（吴寿岑代）、邓董事（邓华元代）、柯董事

缺席者：刘董事、曹董事、周董事、赵董事、凌董事

列席人：院长刘迺仁、秘书吴寿岑

主席：宣告已足法定人数，应即开会，请诸位阅看上次会议记录，并请签字于后。

主席：报告上次开会在去年九月底，迄今半载，院中一切事物均极顺利，经济情形亦尚裕如，堪以告慰。今日提议第一案，因本会虽有董事十三人，然多居住在北京及他处，每逢举行会议，常有委托他人代表者，方能足法定人数，感觉非常困

难。查教育部章程，董事可有十五人，拟提议增加两人常居天津者，以便开会时易得法定人数。

全体赞成，通过。

主席：本会既改为十五人，原组织大纲所列十三人应照改。又本组织大纲文字上亦略有修正，请各位阅看。

刘院长：修正之组织大纲，与原组织大纲相同。

各董事阅讫，全体赞成，通过。

主席：推举孙多钰君为新董事，孙君系美国康乃尔大学毕业，历任中外要职，现任天津开滦总理，去岁曾以个人名义，对于本校捐助巨款，开滦亦曾捐助本校五万元，并对于用煤颇多帮助，鄙人深觉孙君实为合宜之人。

各董事一致赞成，通过。

主席：其他一人，俟稍缓选定再为推荐，以精神上及经济上能协助本校，而于教育上有声望者为合宜。

主席：关于院长事项，请刘院长报告。

刘院长：本届事务可有一字报告，即顺字，本年院务一切平安顺利，前月天津市举办本市中小学校学业竞赛考试，其成绩最优之学校，属于我工商附中，而成绩最优之学生，亦属于我附中之学生，计考取高中组之第一名申竹筞，及第三名田文伯。初中之第一名黄作宾，及第二名单云龙，均为本校附中之学生。此次获此优良成绩，固由于学生之勤学与教员之努力，然亦由于各董事之倡导，并设法维持其生活，故能尽力教导。

第二去冬煤荒问题，已为解决。去年冬季煤荒问题严重，不惟煤价高且难购买，仰赖董事长大力帮助，屡与开滦接洽，乃承配给本院二百四十吨，女院四十吨，共二百八十吨，先后共收到煤二百一十吨，又学生膳食社十五吨，实收共二百二十五吨。价亦特廉，第一次价为五百三十元，第二次价为五百五十元。所余七十吨，现因运输困难，尚未交到。

主席：此未交到之数，正在与开滦商洽。

各董事均为满意，表示感谢。

刘院长：自安南事件发生后，本院工科主任暴安良君、商科主任房如晦君均辞去主任职务，已分别委托高镜莹君代理工科主任，张华伦君代理商科主任，惟暴房二君，仍照旧授课。现在各院各主任，完全为中国人。

刘院长：去年开学时，本院，大学生人数为六百二十六人，迨至去年十二月间减至五百七十三人，三月间又减至五百三十二人，相差九十四人。其离学原因，多系经济关系，因去年学费为二百八十元，今年已增至一千九百元，其无力者，不能继续肄业。然亦有因患病退学者，亦有因事他往者。中学学生，去年为一千二百三十人，迨至十二月间为一千二百零二人，三月间为一千一百六十人，相差七十人，教职员大学人数，除添修女两位外，并无增减，原额为七十四人，现为七十六人，中学仍为四十四人，校役大学人数为三十名，中学九名，经济状况，本校基金七十万元，前因助款来源断绝，曾动用二十万元，现经徐董事长筹措补足，已交由崇德堂收存。

尚董事：对于徐董事长热心维持惠助，本校表示感谢。

刘院长：今年学杂之收入，大学部为一百四十五万六千一百元，中学部为一百五十三万三千七百元，大学免费为五万零七百元，中学四万五千五百元，教职员薪水之开支，大学部二月份为十六万三千四百二十元，中学部二月份为八万四千七百五十元，存款一部分购存食粮文具纸张布匹及制服等，一部分存入中学银行三十万元，兴隆银行三十万元。大学部经费可以维持至八月底，中学有余，总括言之，今年校务顺利，经济状亦佳，全赖董事长维持之力，成绩极为圆满。

各董事极表满意。

主席：本校名誉日增，各界均有好评。

刘院长：中学学生自动请愿募集捐款，以补助教职员之生活费，此次因会考之成绩优良，本校酬中学教职员薪水一个月，考取学生，发给奖状，考取第一名给以奖金一千元，第二名八百元，第三名六百元。

主席：此次成绩实由于院长教导有方，本会表示谢意。

主席：自本校校董会改组以来，虽然本校成绩优良，名誉日佳，但我们尚应加以积极改善，庶可不负尚董事完全交付我们办理之盛意。现在天津大学规模较大者，仅有我们工商学院，故我们对于社会所负使命甚大。男生部分，成绩固属甚善，惟女院方面，尚须改善，顾拟于男院工科之建筑系，与商科之国际贸易系、会计财政系，均加入女生，此事去冬曾与刘院长详加计议，后由刘院长与尚董事往复函商，此次尚董事来津，本席亦与面谈，均表同意，特提出此案，请诸位讨论，如有意见，甚愿见教。

张董事：对于此案绝对同意，全体赞成，通过。

科董事；土木系不在内否?

刘院长：不在内，工科仅建筑系收女生，且现在有许多女生正预备功课，以备本年投考本校建筑系。

主席：北京北大建筑系，亦是男女同学，前数日曾问及建筑系主任沈理源先生北大情形，沈云北大建筑系女生成绩较优于男生，每年考试前3名，都属于女生。

主席：第二为扩充女院，女院除原有文学系外，拟添设家政及史地系，明年斟酌情形，再加教育系及其他各系，诸位对于扩充女院及添加两系，是否同意，请即讨论。

各董事全体赞成，通过。

主席：现在女院暂设在校外，管理上甚不方便，拟参入本院校址内，庶院长可以便于管理，诸位意见如何？

众无异议，通过。

主席：本院附设中学成绩既佳，现拟添设一小学校及幼稚园，庶使男女学生，由幼岁以至成年，得由本校幼稚园、小学、中学以至大学，完全一贯，至于将来再行筹设研究院，愈臻完备。

各董事同意，通过。

主席：惟觅小学校址甚为困难，即由刘院长筹觅，将来办理情形，以觅得校址之大小为定。

刘院长：如果小学成立，将来本校教职员之子弟可免费上学，甚为便利。辅仁亦附设有小学校及幼稚园。

张董事：东亚公司所办小学颇佳，我们将来附设小学，可比东亚尤好。

主席：学费增高，恐学生有家境清寒成绩优良者，难以维持，若任其失学，殊而可惜，亟应设法调剂辅助，现拟增设奖学金以辅助之，拟有简章，请大家阅看。

各董事均表同意，简章通过。

刘院长：近年来本校状况，以本年为最平顺，实属可幸。

主席：本校之成绩优良，刘院长督率有方，教职员均为努力，本会深表感谢。

散会：下午五时。

私立天津工商学院校董会议记录，三十二次

开会地点：本院

日期：中华民国三十四年十二月一日

时间：下午四时

出席者：徐董事长、文副董事长、任董事、尚董事、柯董事、汪董事（任董事代）、孙董事（吴寿岑代）、刘董事（赵主任代）

缺席者：邓董事、周董事、赵董事、凌董事

列席人：院长刘迺仁、秘书吴寿岑

主席：徐董事长

主席：宣告已足法定人数，应即开会，请阅看上次记录并请签字于后。

主席：报告第一件，张坚白董事前两月病故遗缺，请任振采先生继任，请诸位董事追认。

全体通过。

主席：我们请任振采先生担任董事，系因任董事为华北银行界之元老，与本席有数十年之交情，向来对于教育非常热心，民初曾在其家乡宜兴独立办过学校，自从本席到工商以后任董事，对于我们学校个人曾捐助款项及奖学金，在银行方面出力甚多，此次到我校必有甚大之帮助，所以本席代表全体致谢。

全体赞成。

主席：第二件叙述三年来经过情形。自从本席继任董事长以来正值我们学校在风雨飘摇之中，可说是最困难时期，竭力支撑居然平安度过，未受丝毫影响，现在我们得到最后胜利，法国亦我们联盟国同告胜利，实可庆幸。虽然在茫茫大海之中并且遭遇到风涛之险卒，不动不摇安然稳渡此，全仗诸位董事之协助，院长应付之得宜，而在此困难之中一方面维持现状，一方面推行进展为改建大学之预备。本校原来只有二院四系，去年即与院长着手筹备进行建设大学之计划，添一文学院加文学、史地、家政三系，今年四月由董事会通过，今秋我们就成立三院七系，所以缺两系者，以不愿在伪组织下成立大学，俟胜利到来，国土光复，再向我政府呈报添设两系改建大学。上次刘院长赴重庆已向教育部进行，此次朱部长来津对于我们维持这个学校甚表赞许，对于改建大学允为照准，部长并称我们学院现虽无大学之名，已具有大学之实，将来务必建设大学，务必要不务虚名而求实际，今天特此提出改建大学之议案，请求诸位董事讨论，有何意见还请示知。

全体一致赞同通过。

主席：现在此案既已通过，自应起首商量一切手续，草拟大学章程，并一面呈请教育部批准此案，筹办之事甚多，应及早入手，否则恐赶办不及。本席自任董事长以来汲汲于筹建大学之计划，现更进一步求其实现，此目的可望达到。改建大学应添二系，究系添何系，请刘院长发表意见及计划。

刘院长：改建大学须有三院九系，现在我们已有三院七系，即文学三系、工科二系、商科二系，商科现有会计财政系、国际贸易系，拟再添一系，有谓将会计财政系分为两系者，有谓添一经济系者，会计与财政分为两系似不合理，而经济系他校多设，我们可无须再添，故又有提议添工商管理系，将来工商各业需要管理人才，此系颇合实用。

主席：燕大校长司徒雷登博士前者来津，我曾与之商量改建大学及添系问题，彼亦为经济系太多，不如工商管理系，尤以我校立场立言。又本席与南开张彭春博士会谈，伊亦言经济系不如工商管理为宜。本席征询各方意见及参酌本校情形，商科以添设工商管理系为合宜，提请公决。

全体赞成通过。

刘院长：工科现有土木及建筑两系，拟再添一系电机系或机械系，以我们学校情形言，电机系之设备可谓等于零，设备费，开始需四万美金，两年至少需六万美金建筑费不在内。须添建实验室等机械系之设备，我们学校甚为完全，不过再添一两架镟床两年最多用五千美金，四年至多需两万美金且不需添设建筑，蒋××曾言国家需要电机人才一万四千人，机械人才四万一千九百人，机械人才可以分任各项工业，电机人才除电机外不能作他事，故机械人才需要处尤多且经费最省，教员方面两项人才均有。

任董事：省而用大当然以机械系为合宜。

尚董事：亦赞成添机械系。

主席院长说明甚为详细，提请公决。

全体赞成通过工科添设机械系。

主席改建大学案既已通过，商科添设工商管理系，工科添设机械系，又经本会议决，我们现决定预备呈部并草拟章程，此时积极筹划以备明年暑假后开办。

刘院长：将来平津各大学相继复校或迁回，我们学校相行之下宜筹足经费，将来谁家经费多即吸收人才多而办理发达，故经费最关紧要，将来改建大学，现在校舍恐不敷用，最好将中学或女院搬出。

尚董事：有两处房地美国营盘及武官胡同可以商洽，武官胡同约地二十三亩余，距校址甚近，如妥协女院可以迁入。

主席：此事委托刘院长办理接洽通过。

主席：本年四月二十六日本会，通过组织大纲，规定董事十三人增至十五人，除孙董事已补缺外，尚余一缺拟请于斌主教补充，于主教在教育界素有声望，对于本校亦甚热心，谅诸位必定赞成。

刘院长：于主教在重庆颇有声望，将来在政府中可以帮忙。

全体赞成通过。

主席：我们即可致联来请于斌主教担任本校董事。

主席对于本校半年来（本学期）校务经过情形及下学期之推荐，由刘院长报告刘院长遂照董事会决定事件。

第一项：

（一）工科之建筑系及商科两系，有女生加入，计建筑七人、商科二十余人。现在已实现男女生同班上课，为本校开办以来男女同班之新纪元。

（二）添设家政系一、二年级现有四十二人，史地系一、二、三年级三十余人。

（三）女院由旧址迁入本院南楼。

第二项：

遂照议决案筹办小学，桌椅等均已数及其他设备已完竣。

主席：此事因开办小学须另组董事会，呈请本市教育局批准立案，因不愿在伪组织下成立，故当时暂从缓解办，以待将来有校屋后再行添设。

刘院长：本年，大学教职员八十四人，中学四十四人，共计一百二十人。大学学生六百五十人，中学一千三百二十九人，计初中八百二十七人，高中五百零三人，校役大学三十一人，中学九人。经济方面本年尚属平顺，现在尚存四万余。六、七、八月之预算表至九月已不符，至现在物价更上涨甚巨收支益不敷。开学时值日本投降，物价忽落学生觉所定学费为多，开学后物价转涨，现在尤甚学生已不觉学费只多，矣收入方面。大学学费每人一万九千元，共一千一百四十万元。食费每人二万元，在外实习费一百五十五万元，预偿费六十万元，宿费约七十五万元，总计可收一千四百三十二万元。开支方面预计五个月内大学教职员薪金为一千零十五万元（以基本薪额四万零六百元之标准加五十倍为二百零三万元五个月合计为一千零十五万元），然自十二月又加五十倍共一百倍（较事变前增加二百倍），则已超出预算矣，中学教职员仿照大学现加增一百倍，此外电费十五万元，水五万元，煤一百万元，此数因煤价现大涨绝不敷用，现有存款可维持至明年二月底不致有亏空 。

账目自七月以后即开始用中国账簿用中文登记。

大中银行孙总理捐款一百万元，多作小学校家具等用。文副董事长、尚董事及赵主教等不久可望有一百万元之捐款。

主席：本会应向文副董事长及尚董事诸位表示谢意。

刘院长：奖学金共收到三十一万元。

去年因煤炭缺乏，考试后暂行停课，今年亦需煤孔殷，因本年冬经董事长与开滦接洽两次连到煤一百一十吨，每吨价九千一百元，以如此廉价惠给本校，此一百一十吨按市价约值一千万元，此皆董事长之所赐也。

主席：本席以个人与开滦关系，仅为联络完全在获得供给本校廉价煤筋，去冬本校得煤二百七十吨，今冬在如此煤荒严重情形之下居然得到一百一十吨，实在不易。

各董事均致谢意。

曹董事自从被推举为董事以来，数年于兹始终未曾到会，现在本会改建大学之际会务较紧，为充实本会机构起见，此缺实未便虚悬，是否应即另选适当之人补充，应请公决全体董事议决认，曹董事始终未曾就职应另选举适当之人以补其缺。

散会：下午五时二十五分。

私立天津工商学院校董会议记录，三十三次

时间：民国三十五年八月二十三日

地点：本院

出席者：于斌总主教、文贵宾主教、寥迓尔代理会长、柯守义司铎、徐端甫、邓维屏、宋棐卿、姚元纶、刘迺仁院长

开会经过：

首由董事长声明，本会已足法定人数，为正式董事会会席之一。

次为徐端甫发言：八年抗战，工商学院备尝艰苦，尤其是末后二年几乎被日敌残灭，幸我与院长应付得方总能存在到今日。

对工商改建大学方面，自龚仙老当董事长时即有意进行，而我以为在敌伪组织之下绝不是改为大学的时期故只添设了女子文学院与工科商科为三学院、七学系，仍为学院不成大学，用意是不欲在日寇势力下改成大学，但那时工科建筑系、商科国贸系及会财系兼收女生，使男女生同班已获得董事会和校方的同意而达到目的。

现在光复一年南开北洋清华各大学已皆次第北返，我校之宜趁此时机改为大学，实在刻不容缓，否则决不能维持学生留校心理，矧我校设备完善，教材高深，早具大学规模，只添两系即成大学，当此时机又何乐而不为，故就各方面看来工商当速速改成大学。

至于改大学后叫何名称，我以为工商二字虽是指实业而言，然我校名为工商已有二十余年之悠久历史，此名又很适合我校教材，关于工商界之贡献，职是之故我以为仍以工商之名称为合宜。（众点首赞成，惟于主教以为事关教部权限，对会声称返京后当与教部解释此意）

于总主教谈话：去年我来津时，经刘院长及张市长的介绍，我便接受了工商学院董事长的名衔，回去之后我便觉得事出仓促，接受董事长的责任实在冒昧之至，工商在天津，我在南京，一年来上二三次确实鞭长莫及，不能胜任，仔细想来还是请端甫兄为董事长。

徐端甫立起谦让再三，决不承受。

于主教又云：诸事合则成分则败，合作为成功之母，我在南京教务繁杂，又时被政府遣派他往，工商校务我决不能照料周详，徐兄帮我忙担任副董事长，即我不在津时由徐兄主持一切，这还不能吗？语至此，众举手赞成通过。

徐端甫亦起立云：我见于主教这种热诚恳挚，我实在不能再辞，那我就担任副董事长职衔好了。

全会通过。

姚元伦董事发言：今后我国建设将要实行一切工业化机械化的制度，所有旧式机器都要改换美国新式机器，以我盐业公司论，今年已费三亿元遣大批人员赴美赴日考查各式机器式样和使用情形，以为发展我国盐业之需要，将来新机器来到旧机器一部分可移赠我校以供学生实习之用，又我国海岸绵长东起辽宁台湾，南至海南岛，无一不是良好的产盐区，盐是制镁的良好元素，又是化学上的重要物品，一旦轻重工业发展起来，盐业前途是不可限量的，那时需要的技术人才定然是很多很多，尤其是电机人才和农学人才，现在敝公司的技术人员电机技术即占全数三分之二，将来工商改为大学，造就出多数的技术人才来，当然前途是很光明的，我以后也要尽最大的努力来扶持工商的发展，语毕，众皆称许不止。

刘院长报告：当我在胜利后飞重庆报告工商学院情形时，朱部长曾说过，工商大学很可成立，但不可徒有空名而无实际，故改大学前当具报教部基金课程人事等情形，以便核准，今本院将以上各项已于暑期时间备好，是否立刻呈报教部或俟各院系就绪后再行呈报，请诸位核复，又农学院是否成立，女子文学院是否改组等问题亦请众位核定。

又上年度国家甫告胜利，百货日趋跌落。辅仁燕京各私立大学亦相继宣告学费国币二三千元，吾筜听之下亦毅然规定了学费为三千元以与之竞争，然而不久物价飞腾，官费增薪不啻十倍数十倍之巨，是以教职员薪俸学校开支皆超过预算百千万倍，添上政府的津贴八十万元及刘航琛等人的捐助，东凑西凑勉强付薪，但是至暑假终了已亏了四千余万元，下学年的学费如何规定，亦请董事会规定才好，下学期拟按底薪加四百倍，不知可否，请大会核定。

决定事项：刘院长报告毕，与董事长决定云：

（一）工商之宜改为大学实一刻不容缓之事，故自即日起应着手办理改成大学手续。

惟农学院暂不能在津添设，因辅仁大学为宗座在华所设之惟一大学，田枢机主教藉助辅仁农学院指导和发展农业农村比藉助任何学校更易的多。

工商女子文学院之建立目的固然是为救济一般失学女子，但亦是为工商添成三院为改建大学条件，那么现在正是发挥他效力的时间，以我看来，当尽力改善加强女院，改善步骤即请一有名望之校长号召一切，如请英千里或沈兼士均可，聘请优良教授以维持学生，为加强女院亦可于开学前后再招生一次。

（二）为呈报教育部改建大学事，以我看来则不必立刻呈报，等开学人事课程等一切就绪后，再行呈报更好。学校基金既为私立学校业已立案，又有教会为后援，想不成问题，但也要将大致情形略为呈报以具形式。

（三）上学期学费既嫌太少，不敷开支，今年自可酌量情形多收学费，那么这次可收学费八万元，宿费五万元，杂费多至三四万元，这样再加各界的捐助和政府的津贴，法政府也许有一二万美金的补助，想维持到年底不成问题。

（四）今冬煤的问题本是不可预料的，但是学期的长短可以随煤的有无决定，煤之置办可以托付给徐副董事长及姚元纶局长，多多帮忙。

（五）末了，我还有一个提议，即田枢机主教为全国教会首领，名望甚重，是不是应该请为工商大学名誉董事长。全体通过，赞成。

（资料来源：《天津工商学院校董会开会记录》，河北大学档案馆藏）

6. 天津工商学院董事会讨论办学体制及学校组织问题

津沽大学校董会议记录第一次

时间：民国三十七年十一月十二日上午九时

地点：本校会议室

出席者：徐端甫、文主教贵宾、赵主教振声、宋棐卿、英千里、廖会长、凌主教（蒲会长代）、柯神父、刘斌（裴神父代）

缺席：于主教、孙章甫、刘航琛、姚元纶、邓维屏、周主教

列席：刘迺仁

主席：徐副董事长

现法定人数已到应即开会

先读董事长来电一、二，见电文

此为改大后首次会议，第一个任务是选派校长，刘院长在工商服务有年，敌伪时期应付一切都很自然，工商改大后，院长应升为校长于主教已来电示意，请诸位公决。

校董一致通过。

院长：兄弟对诸位这番盛意十二分感激，惟自觉实在无能充当大学校长，且对应付未来时局颇感恐慌，迺仁只好服从，并希诸位多指导。

校董：院长勉为其难吧，我们没有人。

徐：我们相处多年，彼此合作绝无问题，我不离津，故仍以全力支援。

宋：可放心我们决支援到底。

英：如果你不能应付，任何人都不能应付，假如我们知道你不能应付的话，今

天也就不推你为校长了（一笑）。

主席：工商现已改大，附中名称是否保留或更改，请公决。

校长：提议请英董事按照部章提出意见来以便参意。

英：附中既非独立中学似应依照其他大学之办法，师大附中，辅大附中，震旦附中……工商附中改为津沽附中或津大附中或津沽中学。

主席：如果保留工商二字，似应另组委员会。

宋：工商既改津沽则附中亦应改称无保留之必要！因课程方面既无工又无商，何必保留。

文：当然改了好。

廖、蒲、何、裴都赞成改为津沽中学。

主席：请英司长报告改大经过。

英：工商改大早已无问题，因为设备师资经费都很符合部章，不过因为近来国内多数学校，如专科改学院私立改国立等，部中因一时无法应付，对工商改大事及批以缓办，同时北平师范又力争复大，如不先许他复大而工商先改大，唯恐北平闹些大风潮，自行政院批准，师大复大后不到三天工商改大的公事即行表，不算不积极，至论对于推动改大，鄙人也未能尽很大的力量，只是从旁说项而已。

诸位对英董事一致感谢。

主席：董事中有几位在南方，故对于校务事难兼顾，故有改选董事之必要。

校长：最好今天做个决议，以后各位从长讨论一下才好。

主席：也好，现在请校长报告校务。

校长：诸位既命我仍应负责校务，我只有服从，对于诸位的领导，我表示十二分的感激，不过今天有个要求。请校董会授权于我在必要时，按着本校章则，指派副校长一人代行职权。

全体无问题。

文学院院长一席不可久悬，如时局许可须委一人主持。

主席：文学院院长一职非常重要，故对人选须多加考虑。

报告：院中一年来的情形。

暑假招考新生：全校人数八百八十，新生四百二十五人，文一百零八，工一百七十七五，商一百四十二。

明年招生只限平津。

教职员待遇调整。

十时散会升旗，鸡尾酒会开始。

（资料来源：《天津工商学院校董会开会记录》，河北大学档案馆藏）

7. 1941年私立天津工商学院各学院学系一览表

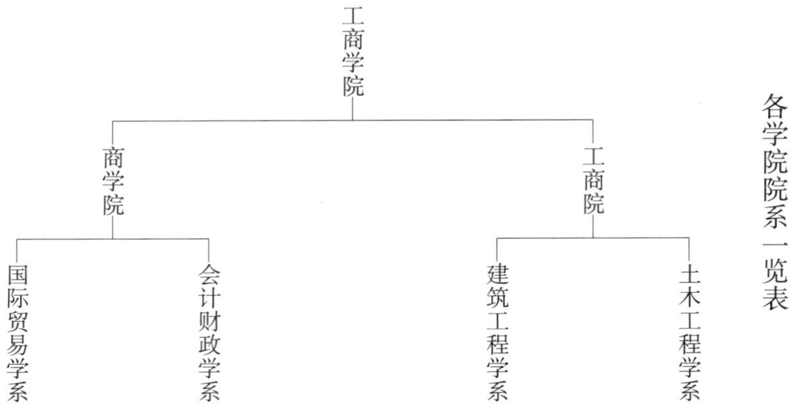

（资料来源：《天津工商学院（津沽大学）档案图集选编》，天津档案馆、天津外国语大学编，天津人民出版社，2016年版，第27—31页）

8. 天津工商学院的教育行政管理①

天津工商学院时期，正值中日战争全面爆发前后及第三次国内革命战争时期，中国社会政治严重动荡，办学条件与环境都极其困难。但全校上下齐心协力，克服重重困难，创造了办学规模迅速发展的奇迹，使工商学院时期成为该校历史上辉煌时期之一。仅以历年大学生在校人数，学校规模变化之大即可一目了然。如1932—1933学年，在校本科生仅63名，而1948年达到879名，增12倍多。教师也由47人增至138人，增近3倍。学科建设迅速发展，至1946年8月，由原来工、商二科，发展到三院十系规模。

（1）向国民政府教育部申报立案

同所有教会在中国开办的学校一样，工商大学利用一切条件和机会向学生宣传宗教。学校聘任专门神师，几乎每星期都给学生讲一至两次神学，劝导学生入教，每学期都在学生中发展新教徒。对学生采取潜移默化的方式进行精神渗透，实行思想控制。学校注重崇洋媚外的奴化教育，存有蔑视东方文化及严重的民族歧视成分，从引起中国教育界先进的知识分子和学生掀起“收回教育权”，要求教育与宗教分离，反对以宗教控制学校的学潮。北京政府“顺应民意”颁布法令，要求国内外所有私立学校必须在北洋政府教育部注册立案。为此，各私立教会学校为求生存改头

① 题目为编者根据内容自行拟定。

换面，纷纷向中国政府当局申请立案，1925 年五卅运动前后，此项运动达到高潮。学校当局为应付局面，被迫向北洋政府立案，后因北伐战争，立案事宜未能实现。

南京国民政府成立后，为表示“继承孙中山遗志”，“顺应民意”收回教育主权，效法北京政府颁布法令，要求国内外所有私立学校必须在国民政府教育部注册立案，并受其指导。天津工商大学经过认真考虑，“认为本校立案事关重要。因为只有通过立案，才能享受立案学校应得的权利”。① 于是，从 1931 年开始向国民政府教育部申报立案，直至 1933 年 8 月国民政府教育部第 7923 号训令，学校才正式被批准立案。从学校各方面都发生了重大变化，得到迅速发展。

（2）注册立案后学校发生的重要变化

国民政府教育部规定，建立大学须达“三院九系”以上，因此天津工商大学更名为“天津工商学院”。从此，学校受到政府教育部办学资助，同时，各种规章之厘定、行政组织之更易以及课程之设置，均须依部章办理，各方面都发生了重大变化。

①首先成立校董事会且以华人为主，董事长由中国人担任

第一届董事会由 7 人组成，华人占 5 名，法国籍 2 名。另聘叶恭超、张伯苓、翁文灏等为名誉校董。行政组织规定，学院院长必须由华人担任，施行校务委员会管理体制。除院长外另设一院务长总辖院务，新设秘书处、训育科、体育科、会计科和庶务科，协助院长处理院务。

②课程设置

以国民党解释的“民族、民主、民生”三民主义为主要内容的“党义”课，成为学生必修的一门政治理论课；加强社会学及国文课程的教学；原设置的“哲学”课以哲学问题为主要内容，结合实际分析现实世界与中国大事，故改称“基本问题”；规定课堂授课用语一律用国语以矫洋化之弊。

此外，根据政治形势与经济发展的需要，按照国民政府教育部规定，学校还增设了“中国近代史”“世界近现代史”“军事训练”“铁路学”“电气工程学”等课程。1935 年，学校编写的《课程总纲》中所设置的课程分为三大类：一为普通科目 13 门；二为基本科目 12 门；三为各院、系各专业科目均有十几门，4 年总计达 40 门以上，外文授课时数压缩了 1/3—1/2。

由此可见，完全脱离社会政治的纯粹教育是不可能存在的，学校在课程设置、教学内容及教学时数上无不印有当时社会政治的痕迹——“收回教育主权”。

---

① 河北大学校史文化丛书编纂委员会编. 河北大学图志——天津工商大学至津沽大学时期（1921—1952）（河北大学校史文化丛书）[M]. 北京：人民出版社，2023：44.

③成立校友会以渡时艰

1931年日本发动“九一八事变”后迅速占领东北，不断向华北蚕食，无论在学生生源还是毕业生工作方面，学校都遇到极大困难。为此，1935年3月1日，校友会正式成立，除设总会于天津外，还设有唐山、北京、上海、云南等地分会。总会与各分会，每年开会一次。“其宗旨在于便利离校师生之互通声气，联络校友与在校同学间之感情，并辅助学校之发展。”“除竭力从事于最近毕业生同学之职业介绍外，更将服务社会之经验及机要，开诚指导，以期完成本会整个之使命。”① 校友会还创办了《工商校友》年刊，主要刊载学校消息、各地校友近况及其他有关本会之一切稿件。

（资料来源：阎玉田《踞析津之阳——天津工商大学》，人民出版社，2010年版，第72—74页）

（二）津沽大学

1. 私立津沽大学行政管理机构系统状况②

私立津沽大学行政系统主要包括：

校董会：校长、副校长；秘书室；附属中学；校务委员会：预算委员会、聘任委员会、薪资委员会、学制委员会、章则委员会、其他临时委员会；教务处：政治课教学委员会、教学研究室、注册课、文印课、辅导课、图书馆、体育课；教务会议；总务处：事务课、会计课、出纳课、医务室；商学院及院务会议：企业管理学系、国际贸易学系、会计财政学系；工学院及院务会议：机械工程学系、建筑工程学系、土木工程学系；文学院及院务会议：中国文学系、外国语文学系、史地学系、家政学系。

（资料来源：《天津工商学院（津沽大学）档案图集选编》，天津档案馆、天津外国语大学编，天津人民出版社，2017年）

2. 私立津沽大学学校董事会会议，私立津沽大学改为国立③

（1）私立津沽大学时期学校董事会会议

1948年11月12日，津沽大学召开校董事会首次会议。主席徐世章宣布于斌董事长电文：“刘迺仁院长在工商学院改大学后，应升为校长。”董事一致通过，同时

---

① 《工商向导》，第59页，河北大学档案，1935-CB13-6。

② 题目为编者根据内容自行拟定。

③ 题目为编者根据内容自行拟定，依照文献的逻辑关系，编者对其中的顺序和层次结构做了必要的调整。

决议工商附中改为津沽中学。

1949年1月，天津解放，建立了人民民主政权。董事长于斌辞职，校长刘迺仁离津。2月5日，津沽大学校董事会同意于斌辞去董事长之职，公推徐世章为董事长，李烛尘为副董事长。6月8日，津沽大学校董事会召开会议，会议主席徐世章提议王峻德代理校长，同时提议伍淑英为董事，皆获通过。

11月29日，津沽大学校董事会召开第四次会议。徐世章提议，校董事会章程拟加修正，董事15人中设常务董事5人。徐世章又提，因年老多病，已于本月7日书面提出辞去董事长职务。因徐世章坚辞，会议一致公推李烛尘为董事长，表决通过。

1950年9月10日，津沽大学校董事会召开会议，李烛尘董事长主持会议，会议对校董事会章程进行了修正，通过了卜相贤关于沈晞为本校副校长的提议。

1951年7月3日，校董事会召开常务董事会决定："以校董事会名义，请求政府接收学校，请天津市军事管制委员会并转教育部认可。"董事长李烛尘代表校董事会致函中央人民政府教育部："为了使津沽大学能更好地执行共同纲领文教政策，在伟大的新民主主义建设事业中，更好地发挥其作用，完成其作为一个人民的大学应有之任务，经校董事会第七次会议议决，拟将津沽大学献给国家，并请政府明令改为国立。"

（2）私立津沽大学改为国立

1951年1月，中共天津市委准备接管津沽大学。7月3日，津沽大学董事长李烛尘召集董事开会，通过了津沽大学改为国立和聘请李宝震担任副校长、王金鼎担任教务长的决议。据王金鼎回忆，当年决定学校领导班子组成经过了细致周密的思考。当时，津沽大学的校长是天主教神甫王峻德（华人）。市委决定第一步任命一位副校长。最初的人选是土木专家高镜莹。后来之所以派李宝震担任副校长，是因为"高先生在这之前已被市政府任命为市政总工程师，工作担子很重，不能分身"。8月19日，中央人民政府教育部发令批准津沽大学正式改为国立津沽大学，同时任命著名物理学家张国藩为校长。9月25日，"津沽大学改为国立接受典礼暨开学迎新大会"举行。参加大会的有马叙伦、曾昭抡、黄敬、李烛尘、周叔弢、杨石先、张国藩、孙冰如等。11月19日，国防委员会副主席叶剑英视察天津，特地来到津沽大学看望师生。从此，津沽大学开始进入一个破旧立新的历史阶段。

李宝震（1916—1993），江苏昆山人。幼承家学，文史功底深厚，接受严格外语训练。1931年考入天津工商大学预科，两年后考入该校商科本科。遍览英美会计学者名著及有关中外书刊。课余主动从事会计实践。1937年，专著《中国之所得税》发表，受到巴黎社会科学院较高评价，并被译成法文。1937年，李宝震毕业，获商学士学位，留校任教。1942年晋升为教授，年仅26岁。自1945年起，任会财系主任。针对实际需要，编写了多种中英文教材，介绍西方会计，其较之部定标准实有过之，名冠华北。1945 年，发起组织天津会计学会，开展学术研究，成绩斐然。1950 年加入民盟和民建，并以发起人的身份到京参加中国金融学会成立大会，受到毛泽东接见。1951 年任津沽大学副校长。是天津市第一、第二、第三届人大代表。1952 年高等学校院系调整，津沽大学商学院调南开大学。李宝震先后为南开大学会计系和经济系教授。1956 年出版《工业企业凭单日记账核算形式》（与人合作）一书，该成果受到国内外重视。1957 年被错划为右派。1958 年调至河北财经学院。“文化大革命”遭受迫害。70 年代初编写教材多种，其论著、教材、论文超过 300 万字。博士生导师，全国优秀教师，全国先进工作者。1979 年以来，先后任天津财经学院财政系主任、会计学系名誉系主任、中国民主同盟天津市委常委。是天津市第四至八届政协委员、中国会计学会常务理事兼会计史组组长、中国审计学会理事。

（3）撤并改造

1952 年，中央人民政府为了适应第一个五年计划国民经济建设的需要，同时也是为了彻底收回教育主权，对全国大专院校、系和专业进行了调整，对教会大学进行了撤并改造。在这次撤并改造中，津沽大学原有的工学院三系与原北洋大学合并，组建天津大学。财经学院三系调整到南开大学。学校以仅剩的师范学院为基础，在津沽大学原址组建天津师范学院，任命梁寒冰为首任院长。

至此，原来意义上的一所教会大学——由法国传教士办的津沽大学，同其他所有 15 所教会大学一样，在中国不复存在。

梁寒冰（1909—1989），中国著名历史学家，山西定襄人。先后就读于太原国民师范学校、北平师范大学。1933 年加入中国共产党，历任北平临时工作委员会成员、共青团北平市委组织部长、中共北平市军委书记，参加组织领导了“一二・九”学生爱国运动。抗日战争和解放战争期间，梁寒冰长期从事党的军运、统战和城工工作。曾任教于抗日军政大学、延安马列学院。中华人民共和国成立后，梁寒冰先后担任天津市教育局长、市委文教部长，河北省委文教部长兼天津师范学院院长，中国社会科学院历史研究所党组书记、副所长。曾积极推动中国史学会的恢复活动，当选为中国史学会常务理事兼秘书长。他的《中国现代史大事记》一书，编年记录了中国现代史上所发生的重大历史事件，脉络清晰，便于查考。1980 年以后，他参与组织领导了全国新方志的编纂工作，担任中国地方志指导小组副组长、中国地方志协会会长，积极推动全国各地修志机构的建立。梁寒冰的主要著作有《唯物论与唯心论》《历史学理论辑要》《中国现代史大事记》《中国现代革命史教学参考提纲》《新编地方志研究》等。

1958 年，天津改为河北省直辖市，中共河北省委、省政府由保定市迁到天津市。随着天津师范学院办学规模的不断发展，同年 6 月，河北省教育厅决定将天津师范学院扩建为天津师范大学。7 月，中共河北省委确定天津师范大学为全省五所重点大学之一。1960 年夏，《河北省人民政府委员会教五字第 258 号通知》决定，将天津师范大学改为综合性的河北大学。1970 年，河北大学随中共河北省委、省政府迁到河北省会保定市，仅在天津马场道 74 号设河北大学留守处。河北大学在天津的原校址，现为天津外国语学院所用。

（资料来源：阎玉田《踞析津之阳——天津工商大学》，人民出版社，2010 年版，第 178、180—181 页）

3. 国立津沽大学院系负责人及师生状况一览表①

中央人民政府政务院文化教育委员会 1951 年 9 月 29 日（51）文委统字第 32 号批复批准			
高等学校临时报表 1951 年度第一学期（一般情况）			
正、副校长或校委会全体负责人姓名	校长：张国藩　副校长：李宝震		
所设院系、科、部名称及主要负责人姓名	工学院：土木工程学系代理系主任吴建生、建筑工程学系系主任阎子亨、机械工程学系系主任赵蕴山，土木工程专科科主任由土木系主任兼，建筑工程专科科主任由建筑工程系主任兼，市政工程专科暂由土木和建筑两系共同管理	财经学院：会计学系系主任副校长李宝震（兼），企业管理系系主任暂缺，贸易学系系主任鲁仲平	师范学院：中国语文学系系主任王振华、外国语文学系系主任徐忠乐、史地学系系主任钱君晔、数学系代理系主任赵伯炎，物理学系系主任暂缺，化学系系主任暂缺
附属单位名称		大学预备班学生数	
研究机构（指不招收研究生以专门学术问题研究为主者）及教研组	辩证唯物论与历史唯物论教研组、政治经济学教研组、会计学教研组、成本会计学教研组、中国通史教研组、经济地理教研组		

① 题目为编者根据内容自行拟定。原文献档案有如下记录：“1951 年 11 月 23 日甲字第 1030 号呈暨附表八种均悉。准予备案。附件存天津市人民政府。12 月 3 日。”

院系组别	本科学生数 一年级 秋季始业	一年级 春季始业	二年级 秋季始业	二年级 春季始业	三年级 秋季始业	三年级 春季始业	四年级 秋季始业	四年级 春季始业	五年级 秋季始业	五年级 春季始业	六年级 秋季始业	六年级 春季始业	合计	其中女生数	入学程度	规定修业年限
工学院	95		138		93		106						432	25	高中毕业	四年
土木工程学系	32		45		34		45						156	3		
建筑工程学系	31		32		20		11						94	20		
机械工程学系	32		61		39		50						182	2		
财经学院	61		129		107		88						385	149		
会计学系	15		46		31		30						122	48		
贸易学系国内组	26		30		17		17						90	43		
贸易学系国外组			15		21		7						43	20		
企业管理学系	20		38		38		34						130	38		
师范学院	193		91		26		17						327	200		
中国语文学系	25		16		7		13						61	45		
外国语文学系英文组	12		35		7								54	22		
外国语文学系俄文组	31												31	18		
史地学系历史组	14		7		5		3						29	21		
史地学系地理组	20		22		7		1						50	28		
数学系	22												22	9		
物理学系	24												24	12		
化学系	45		11										56	45		
总计	349		358		226		211						1144	374		

专修科学生数										
科别	一年级		二年级		三年级		合计	其中女生数	入学程度	规定修业年限
	秋季始业	春季始业	秋季始业	春季始业	秋季始业	春季始业				
土木工程专科	13		25				38	1	高中毕业	2 年
建筑工程专科	13		21				34	15		
市政工程专科	10		29				39	3		
总计	36		75				111	19		

学生家庭出身													
	工人	职员	革命军人	小手工业者及小商贩	自由职业者	私营工商专业	雇农	贫农	中农	富农	地主	其他	合计
本科	5	315	1	97	71	254	3		28	27	61	80	942
专修科		32		3	13	26			13	1	9	11	108
研究部													
总计	5	347	1	100	84	280	3		41	28	70	91	1050

注：贸易系二、三、四年级参加物资交流展览会实习未填表者 107 人，表未收回及因请假未填表者共计缺 98 人。

职工数				
职员			工警	
总数	其中医务人员数	总数中女职员数	总数	其中技工数
1	2	3	4	5
49	1	17	65	24

本科教师数												
院系（科）组别	专任教师						兼任教师					
	教授	副教授	讲师	助教	合计	其中女生数	教授	副教授	讲师	助教	合计	其中女教师数
工学院	8	8	8	13	37	1	10	9	7		26	
土木工程学系	2	3	3	4	12	1	5	2	2		9	
建筑工程学系	3	4	4	2	13		2	4	5		11	
机械工程学系	3	1	1	7	12		3	3			6	
财经学院	4	2	4	10	20	3	9	4	1		14	
会计学系	2		3	3	8	1	2	1	1		5	
贸易学系	1	1	1	4	7		4	2			6	
企业管理学系	1	1		3	5	2	3	1			4	
师范学院	15	11	14	6	46	11	12	3	9		24	
中国语文学系	1	2	2	2	7	4	4	1	1		6	
外国语文学系	4	3	4	1	12	3	4		3		7	
史地学系	4	2	2	1	9	1	1	2	4		7	
数学系	1	4		1	6		1				1	
物理学系	2		3		5		1		1		2	
化学系	3		3	1	7	3	1				1	
总计	54	42	52	58	206	30	62	32	34		129	

专科教师数												
科别	专任教师						兼任教师					
	教授	副教授	讲师	助教	合计	其中女生数	教授	副教授	讲师	助教	合计	其中女教师数
土木工程专科												
建筑工程专科												
市政工程专科												

注：本校三专科教师系由本校工学院土木、建筑二系教师兼任。

公共必修课教师数												
公共必修课名称	专任教师						兼任教师					
	教授	副教授	讲师	助教	合计	其中女生数	教授	副教授	讲师	助教	合计	其中女教师数
政治经济学		1		3	4	2	1		1		2	
辩证法唯物论	1		1	4	6	2		1			1	
教育心理学	1		1		2							
教育学			1		1							
体育			4	1	5	1						
国民经济计划原理	1				1						1	
新民主主义经济理论与实践							1					
总计	3	1	7	8	19	5	2	1	1		4	

（资料来源：《津沽大学卷宗——表报》，河北大学档案馆藏，1—3、5—8 页）

4. 天津高校院系调整中津沽大学的走向①

天津解放时，共有高等院校 11 所，其中公立大学 8 所，它们是南开大学、北洋大学、河北省立工业学院、河北省立医学院，河北省立法商学院、河北女子师范学院、河北水产专科学校、国立国术体育师范专科学校。私立大学 3 所，其是达仁学院、育德学院、津沽大学。其中津沽大学为教会办的私立大学②。天津解放以后，在接管改造和社会主义建设过程中，天津的高等学校院系经历了大规模的调整，这些调整对天津高等教育的发展和社会主义建设产生了深远影响。

（1）高等学校院系调整的历史背景

解放后天津高等学校院系调整是在国家高等教育进行全局性调整的背景下进行的。而导致这次全国高等教育院系调整的原因分析起来主要有如下几个方面：

①国家经济建设的需要

建国初期，我国的经济基础十分薄弱，百废待兴。国家面临的重要任务是巩固新政权和进行大规模的经济建设，这就需要大量的专业人才，特别是工业专门人才。而半殖民地半封建社会的旧中国留给我们的工业人才极度匮乏。据历史资料统计，

① 题目为编者根据内容自行拟定。

② 天津市高等教育史志编写组编．天津高等教育大事记［M］．天津：天津市高等教育史志编写组，1995：30.

解放前高等教育发展最好的1947年，全国有高等学校207所，高等工业学校仅有18所，综合大学设有工学院或工程学院42所，在校工科学生27 500人，占全国大学生人数的17.8%。国民党统治时期20余年高等学校工科毕业学生总共只有3.2万人①。再加上国民党退守台湾时带走大量的人才和一些先进设备，使得建国初期我国高等教育支离破碎，远远不能满足新中国经济建设的需要，人才缺乏已经成为新中国建设的一个重大障碍。

②学习苏联的结果

50年代初，国内外阶级斗争十分尖锐复杂，以美国为首的帝国主义对于我国政治、经济和军事实行全方位的封锁，新中国选择了“坚决倒向社会主义阵营一边”。苏联是世界上第一个社会主义国家，积累了比较丰富的发展社会主义经济、政治、文化等方面的经验。以俄为师，借鉴苏联建设社会主义是当时的一项重要国策。因此在经济上学习苏联采取高度计划经济，在教育上把学习苏联教育经验作为建设新教育的方向。高度的计划经济对人才要求有高度的计划性，苏联的高等教育也是强调专业教育和教育发展的计划性。旧中国教育强调通才教育，教育发展处于无政府状态，学习苏联，必然要对旧高等教育进行调整。

③新中国高等教育自身发展的需要

旧中国的国统区的高等教育办学庞杂混乱，有公立有私立，公立又分国立和省立两种，私立又分为国内私人投资和接受外国津贴或教会大学两类。高等学校分布极为不均衡，207所高等学校，主要集中在华东、华北及沿海地区，例如上海一个地区就有42所高校。高等学校的规模普遍比较小，其中500人以下规模的高校112所，占所办高校的54.2%②。院系专业设置缺乏规划和长远考虑，重复设置，人力、财力、物力浪费严重。人文科学比重偏重，达60%以上，工科尤其是重工业学科培养能力低。在老解放区发展起来的高校，虽然经过彻底的改造，为革命战争和革命根据地的各项建设工作培养了成千上万的干部和人才，但是它们大多数还只是短期训练班的性质，是面向部分需要的非正规高等教育。因此，新中国高等教育要发展，必须对旧的高等教育进行一次全面的整顿。

1950年第一次全国高等教育会议中就提出：“我们要在统一的方针下，按照必要和可能，初步地调整全国公私立高等学校或某些院系，以便更好地配合国家建设的

① 马永斌，董冰．院系调整与我国高等工程教育［J］．清华大学教育研究，1998（04）：68-72．

② 陈黎．论五十年代的院系调整［J］．教育史研究，1998，（3）：53．

需要。”1952 年，教育部提出“以培养工业建设人才和师资为重点，发展专门学院，整顿和加强综合大学”的高等教育发展方针。而 50 年代进行的“三反”运动和高等学校的思想改造运动为高等学校院系调整清除了思想障碍。

（2）天津高等学校院系调整的过程

解放后天津高等学校院系调整经历了三个阶段：

第一个阶段是从 1949 年到 1951 年。天津市对接管的 11 所高校进行合并改造，创建一批适应新中国发展需要新高校。其过程是：1949 年 3 月撤销省立法商学院，将该校的法律、经济、商学三系学生 89 人，教授 2 人并入南开大学政经学院。同年 4 月，撤销国立国术体育师范专科学校，将其并入河北女子师范学院，改校名为河北师范学院。5 月撤销南开大学的政治系、哲学教育系，将两系师生转入北大、清华或本校其他系，成立财政系，财经学院改为政经学院。11 月，将南京国立音乐学院、华北大学、燕京大学等校的音乐系合并在天津组建中央音乐学院。1950 年 9 月将焦作工学院迁来天津与北洋大学地质勘测专业合并组建中国矿业学院。1951 年 6 月设在天津的河北医学院迁回保定以后，在原址创办天津医学院。8 月私立育德学院因经费无法解决自动解散。9 月，收回法国天主教办的津沽大学改为公立，停办私立达仁学院，将全部师生转入津沽大学。河北工学院与北洋大学合并，更名为天津大学。经过这一阶段的调整，天津将原有的 11 所公私立高校调整为 8 所，全部改为公立学校。8 所高校在校学生共计 6657 人，教职员 2301 人①。1950 年起，各高校单独招生逐步变成全国统一招生，毕业生自谋职业改为国家统一分配。

第二个阶段是在 1952 年到 1953 年。1951 年 11 月中央教育部在北京召开全国工学院院长会议，拉开了全国范围内高等学校院系大规模调整的序幕。这次调整的总方针是：改变过去的“通才”教育目标，“以培养工业建设人才和师资为重点，发展专门学院，整顿和加强综合大学，逐步地创办函授学校和夜大学，将工农速成中学有计划地改属为各高等学校，作为预备班，以便大量吸收工农成分的学生进入高等学校，专门学院和专门学校又分多学科和单科性两种，它的任务是根据国家需要，培养各种专门的高级技术人才，综合大学的任务是培养科学研究人才和中等学校、高等学校的师资”②，高等院校的院系调整首先在华北、东北和华东进行。

天津高校的院系调整方案为：将南开大学工学院、津沽大学工学院以及北京大

---

①　天津市高等教育史志编写组编. 天津高等教育大事记［M］. 天津：天津市高等教育史志编写组，1995：32-37.

②　高奇. 新中国教育历程［M］. 石家庄：河北教育出版社，1996：22.

学、清华大学、燕京大学、唐山钢铁学院的化学系、北京铁道管理学院建筑工业系并入天津大学；天津大学数学系、物理系、津沽大学商学院并入南开大学；在津沽大学师范学院的基础上，组建天津师范学院。组建后的南开大学定为综合性大学，从北京大学、清华大学、上海沪江大学选调一批知名教授到南开大学充实师资力量，成为培养科研人才和师资的国家重点大学。为了组建北京“八大学院”，1952 年 7 月，教育部抽调天津大学地质组与北京大学、清华大学、天津大学、中国矿业学院的地质组组建北京地质学院，8 月，抽调天津大学冶金系、采矿系学习金属矿的一到三年级学生、教师与唐山铁道学院冶金系、山西大学冶金系、北京工学院采矿系、北京工业学院钢铁机构专修科、西北工学院矿业系冶金组组建北京钢铁学院。将天津大学采矿系采石油组调整到清华大学。1952 年 8 月，教育部下令将清华大学、北京大学、燕京大学、南开大学、唐山铁道学院六校的化工系进行调整，除抽调一部分人力物力在清华大学设立石油方面的专业之外，其余人力物力，集中在天津大学，设立化工方面专业。并且将北京铁道学院工程系并入天津大学。调整组建后的天津大学成为国家多学科性工科重点大学。

1953 年，院系调整继续进行，主要以中南地区为重点，并在华北、华东、东北同时进行调整。在这一年的调整中，撤销了河北水产专科学校，将渔捞专业并入青岛山东大学水产系，制造专业并入上海水产学院。9 月矿业学院迁往北京，改称北京矿业学院。原北洋大学航空系调往北京，与清华大学、厦门大学航空系合并组建北京航空学院，化工系的石油炼制、石油勘探、石油机械专业调到新建的北京石油学院。

经过这一阶段的院系调整，天津高等学校由原来调整后的 8 所又减为 6 所。虽然数量有所减少，但是学校的规模较调整前有较大的扩大，师资、设备均得到充实，教学质量稳步提高。1953 年，在校学生增至 8310 人，教职工 4043 人①。

第三个阶段是从 1955 年到 1957 年。这一阶段高等教育部根据国民经济布局的调整，决定重新调整高等学校的院系、专业的设置分布，以逐渐改变当时高等教育过分集中于沿海少数大城市的状况。重点是将沿海地区的一些高等学校同类专业、系迁入内地建校。经国务院批准，在武汉、兰州、西安、成都等城市建立一批新校。1954 年—1955 年，天津大学水利系农田水利专业与武汉大学水利学院、华东水利学院农田水利专业合并，成立武汉水利电力学院。1955 年 2 月，天津大学电讯系与邮

---

① 天津市高等教育史志编写组编. 天津高等教育大事记［M］. 天津：天津市高等教育史志编写组，1995：37-40，41.

电部电讯干部专修科合并成立北京邮电学院。1956 年天津大学土木系测量专业调到武汉与同济大学、青岛工学院等校的测绘专业合并，成立武汉测绘学院①。

（3）高等学校院系调整对天津高等教育发展的影响

50 年代高等学校的院系调整对于天津高等教育的发展产生了深远的影响。这些影响既有积极的一面，也有消极的一面。

从积极的方面来看，首先它改变了建国前天津高等教育办学混乱、专业设置重复的局面。天津解放前高等学校虽然只有 11 所，但是其中既有公立的也有私立的，还有教会兴办的，公立高校还分国立和省立两类。由于学校办学主体不一，学校的院系、专业设置的重复比较严重。例如在当时天津规模较大的 3 所高校：南开大学、北洋大学、津沽大学中都设有工学院，再加上单独设立的河北工学院，天津一地办有工学院的院校就有 4 所，另外南开大学、津沽大学、法商学院、育德学院、达仁学院都设有财经类相近专业。各个学校办学规模、水平不一，有的规模较大、水平较高如南开大学、北洋大学、津沽大学等，有的规模小，师资设备不足，办学水平较低，如法商学院、私立育德学院、私立达仁学院。通过院系的调整，规模小、办学水平较低的学校被撤销或解散，同类型专业进行了合并，集中建设了一些学校和专业，使天津高校分工更为明确，更能够适应新中国建设的需要。

其次扩大了办学的规模，提高了教育效率。院系调整以后，天津高校的数目减少了，但是各个学校的规模扩大了，师资设备得到了充实，教学质量稳步提高。1952 年院系调整以后，各个学校进行了扩招，1956 年，在校学生增加到 13 296 人，教职工 4470 人，其中教师 2053 人②。到 1957 年，天津市高等教育为国家输送各种人才 11 000 多人，为天津教育事业、国家的建设和社会发展起到积极作用。

再次支持了内地高等教育的建设。由于历史的原因，旧中国的高等学校主要集中在沿海地区，内地和边远地区非常薄弱。院系调整过程中，天津的部分院校和专业被合并迁到内地，支持了内地高等教育的发展。

从消极方面来看，50 年代的院系调整也给天津高等教育带来了如下负面影响：

第一，私立学校改制过快，加重国家的经济负担，挫伤了社会办学的积极性。天津是旧中国社会办学十分积极和有成效的地区。著名的南开大学就是由严修、张伯苓创办的私立大学，院系调整前，天津 11 所高等学校中仍有 3 所私立大学。但是

① 天津市高等教育史志编写组编. 天津高等教育大事记［M］. 天津：天津市高等教育史志编写组，1995：43.

② 天津市高等教育史志编写组编. 天津高等教育大事记［M］. 天津：天津市高等教育史志编写组，1995：43.

在1951年，全部改为公立。从此民办高等学校在天津消失。实践证明，私立的高等教育是公立高等教育的有益的补充，尤其是在国家经济还不十分发达时期，私立高等学校的存在可以调动社会办学的积极性，减轻国家财政负担，促进高等教育的发展。50年代初院系调整过程中，天津市采用“一刀切”的办法，将私立高校全部改为公立，加重国家的财政负担，挫伤了社会办学的积极性。

第二，破坏了解放前天津高等教育相对完整的体系，削弱了天津高校的一些传统优势专业和办学的特色，解放前天津的高等教育已经形成了包括理、工、渔、医、法、政、商、师范、体育等相对完整的高等教育体系。天津既有综合实力较强的南开大学，也有理工结合的北洋大学，还有多个有特色的专门学院和专科学校。经过院系调整，新建和保留下来的6所高等学校中，渔、法、政、哲学等专业系所被撤销或迁到外地，天津高等教育完整体系被破坏，这使得天津在后来的经济建设过程中，不得不重新建立相关的专业和学校。过大的调整幅度和简单的分割，使具有文、理、政、经、工多个学院和系所的南开大学，被改造成为了类似于西方文理学院的综合大学，理工结合的北洋大学被改造成理工分途的多学科的工业大学。天津地区高校的一些原有优势学科消失，一些学科虽然得到加强，但是学校内部专业划分过细，缺乏沟通和渗透的问题十分突出。

第三，过分强调中央集权下的计划性，导致大学失去其独立性。在院系调整过程中，国家加强了对天津各高校的控制。从1950年开始，天津高等学校逐步实现了中央集权下高度计划性的学制、专业设置、课程教学、招生、分配和人事管理，各高等学校的独立性逐渐消失。

解放后天津高等学校院系调整对天津高等学校的发展产生了深远的影响，在此过程中的一些失误和问题，有的在以后的改革和发展中得到了纠正，但有的却影响至今，成为当前天津高等教育发展中的阻碍，天津高等学校院系调整的经验和教训是值得吸取的。

（资料来源：王惠来、张广君主编《天津教育六百年》，中央文献出版社，2006年版，第217—223页）

（三）天津师范学院

1. 天津师范学院教育行政机构调整，引领师生思想教育及社会实践活动①

（1）健全工作制度，贯彻集体领导和分工负责的原则

①按工作性质纵的方面分为教学、科学研究、总务、人事、组织、监察、宣传、统战、工会、共青团和学生会等11种；按行政单位横的方面分为中文、外语、历史、地理、数学、物理、化学、生物和政教等9系及教育、心理和体育3个公共课教研组。根据需要和可能进行适当分工，以便更好地推动和加强工作。

②定期召开党委会、常委会、部长联席会；规定每周接待群众的时间；规定党委委员每周必须参加基层组织的活动，党的领导干部每两周参加体力劳动一次。

（2）明确支部任务改进支部工作

根据党章的精神和我院实际情况及工作需要，凡党员超过30人、学生超过300人的系，经党委批准可以建立总支委员会；建立总支的系，在教师中和学生的班中凡有正式党员3人的，均可建立支部。

各系支部总支除执行党章所规定的支部任务外，根据我院具体情况提出以下几点具体任务：

①贯彻实现党的方针政策与党委的各项决议；

②保证和监督系行政完成学校规定的教学和科学研究的任务；

③在教师和学生中进行经常的政治思想工作；

④进行党的建设工作；

⑤领导本单位的工会、共青团和学生会的工作。

（3）改进党与知识分子的关系，加强对知识分子的教育和思想改造工作

我们拟用加强党的干部配备和建立经常的政治思想工作制度，来改变过去几年来在政治思想工作中存在着的：对学生注意较多、对教师注意较少，对文史科注意较多、对理科注意较少，向生活福利注意较多、政治上帮助较少，注意运动中的工作、忽视经常的工作的状况。

①建立参加体力劳动锻炼制度。

第一，全校教职员工凡未参加过生产劳动锻炼的，必须进行一年到两年的劳动

---

① 题目为编者根据内容自行拟定，并根据层次逻辑对篇章结构及标题做了适当调整。

锻炼。计划每年抽取50名左右轮流进行劳动锻炼，在十年内完成。

第二，在同学劳动期间（临时性和季节性的劳动）全体教职员党员必须参加，和同学同劳动同生活。同时欢迎凡能参加劳动的非党教职员一起参加劳动。

第三，全体教职员可在自觉自愿的基础上，参加打扫办公室、学校附近环境卫生等自我服务性的劳动以培养劳动习惯。

②加强马克思列宁主义理论的学习：

a. 开展社会主义大辩论，批判个人主义、自由主义、本位主义、平均主义、民族主义，解决两条道路问题，树立无产阶级人生观与价值观。

b. 继续进行系统的马列主义理论学习，研究改进学习的组织形式和学习方法，学习过程中应贯彻“学习理论、联系实际、提高认识、改造思想”方针。

③通过业务实践改造思想：在教学与科学研究工作上，掌握和运用马列主义科学理论，用无产阶级思想批判在教学和科学研究工作中的资产阶级方向，根据力量和条件适当地组织一些对资产阶级唯心主义的学术观点批判，树立无产阶级对待学术问题的唯物主义观点和思想方法。

④动员教职员积极参加各种政治运动，并适当地组织参观访问与劳动模范座谈等社会活动。通过社会生活实践改造思想。

除了做好以上经常的思想政治工作外，为了进一步密切党与知识分子的关系，还应发动全体党员和党外教职员交知心朋友及用召开一些小型座谈会、个别访问办法，及时了解他们在工作上、思想上、生活上的问题和意见。

（4）加强和改进党在青年学生中的政治思想工作

大力进行以兴“无”灭“资”为内容的社会主义思想教育、共产主义道德品质教育和专业思想教育；建立、健全政治思想工作制度、劳动锻炼和学习生活制度，以培养学生成为忠于社会主义祖国、全心全意为人民服务、守纪律、爱劳动、身体健康、有文化的“又红又专”的人民教师。

①党委建立学生工作部，领导共青团和学生会的工作；领导学生中的各种社团，开展群众性的文化体育活动；负责统一安排学生政治思想工作方面的各种活动，以加强党对学生工作的领导。

②加强党对政治课的领导，充实和整顿理论工作队伍，改进马列主义教育和建立、健全党的经常性政治思想工作制度：

a. 党委负责领导全院的政治思想教育工作。

b. 凡党委负责干部和党委委员有条件教课者必须参加有关政治课的教学工作。

c. 根据各系的具体情况试行班导师制或专人联系的制度。

d. 在班导师（或联系人）的领导下每月召开思想、学习生活检讨会，开展批评与自我批评。

e. 建立对学生每年一次的鉴定制度。

f. 建立每学期 2—3 次的时事政策报告制度。

g. 每学期请工厂、农村的劳动模范和革命老前辈合作基层工作的同志向同学和教职工作报告 1—2 次，进行具体生动的共产主义教育。

h. 加强专业思想教育（特别是对一年级新生），如请优秀教师作报告、请我校毕业生回校作报告、学生实习后进行座谈等。

i. 加强对党员和申请入党的积极分子教育，每学期分别进行 2—3 次的党课教育。

j. 在党团活动时间内学生会有计划地组织非党团学生进行活动。

k. 学生除经常向学校领导和各方面的工作提出意见和建议外，每学年末集中向学校的各级领导和各方面的工作提意见和建议 1 次。

l. 每年召开团和学生的代表大会和代表会议 1—2 次，讨论有关学生中的重大问题。

③建立体力劳动锻炼制度。

a. 建立经常性的卫生扫除制度：清整校园、打扫教室、廊道、宿舍，分片分区，包干负责，轮流值日进行。

b. 组织临时性的劳动：如校内的铺路、拔草、农业劳动等。

c. 组织参加农业社的春耕秋收劳动，每年春天在“五一”前后下乡劳动两周，秋天在 10 月 20 日左右下乡劳动两周。

④领导学生会，通过学生代表会议制定学生公约，解决学习、生活、纪律等有关方面的问题。

（资料来源：《天津师范校刊》第五期，河北大学档案馆藏）

2. 天津师范学院若干教育行政管理机构调整的设想①

一、对于性质相近的科应进一步进行合并，以清检机构，以提高办事效率

（1）将现在的教务科与教学科合并为教学行政科，并适当地将原有一部分工作，如成绩、考勤、学籍……放到各系。

（2）将现在行政事务科与膳食管理科合并为总务科。

（3）将现在的会计科改为财政计划科，在原有的工作基础上增加一些新的工作，

① 题目为编者根据内容自行拟定，并根据层次逻辑对篇章结构及标题做了适当调整。

如基建工作等。

(4) 将现在的干部科和学生科合并为人事科。并将工友方面的人事工作由总务处移至人事科管理。

(5) 将现在的业余部改为业余进修科。

(6) 撤销科学研究处的设置，其工作移入院长办公室和各系办理。

(7) 撤销教材教学设备科，将该科的教材工作部分并入教学行政科，将教学设备部分并入财务计划科，讲义供应（印刷出版）工作，成立一个独立的生产单位——印刷厂（包括油印和铅印）。

(8) 将现在各系的资料室撤销，改在图书馆内设备规模较大的两个资料室（文理分科），这样既可节省房屋，紧缩资料员的编制，又可避免图书过度重复，提高图书资料的使用效率。

二、关于本分院的设置问题

根据去年我院所定的规划，我院学生人数将达6000余人。由于本院校舍限制而建立了分院，这是完全必要的，但是因为规划的变动，招生人数的锐减，在新的情况下是否应设立分院就值得考虑了。因此，我们建议将本院校舍适当加以扩充（如请科学馆迁出），并大大提高房屋使用率（如紧缩现有办公室用房，提高教室使用率，适当地动员本市同学走读），那么，完成3000人的培养任务是不成问题的。因此可将分院撤销，迁至本院，这样，既可便于统一直接领导，又可为国家节省大量的人力物力。

（资料来源：《天津师范校刊》第一期，河北大学档案馆藏）

3. 苏联模式下的天津师范学院教研室机构建立①

教研室的建立是学习苏联经验的直接产物，苏联高校将教学与研究相结合而组成一种基层组织——教研室。我国这一时期的院系调整将系作为按照专业性质设置的教学行政组织，教研室就作为一个有专门教学研究方向的组织应运而生。

随着工学院和财经学院的调整，相应的教学仪器设备亦随之调于天津大学和南开大学，造成天津师范学院教学仪器残缺不全，设备简陋。当时，全员仅有教师100余名，几百名在校学生多为短期培训，没有完整的教学大纲和计划，教师上课主要靠自己所写的讲稿，随意性较重。学生上课主要靠记笔记，课堂气氛沉闷，直接影响教学质量。学院行政与教学组织尚不健全，说明此时有关教学的各项工作还未步入正常轨道。为此，天津市政府从各中学及有关单位抽调了一大批干部和专业人才

① 题目为编者根据内容自行拟定。

到天津师范学院工作，很快健全了各级组织，充实了教师队伍，扭转了局面。根据中央教育部的规定，天津师范学院实行院长负责制。由院长提名，呈请中央教育部任命教务长 1 人，专职全员教学、科学研究及教师的培养提高工作，领导教务处和图书馆，对院长负责，各系根据所开设的课程按相同或相近专业分别组成教研室，在系主任领导下，开展教学研究活动。另设由院长直接领导的直属教研室，如马列主义教研室、体育教研室、教育学教研室、心理学教研室等，负责全院各系公共课程的教学。①

（资料来源：王润《河北省院系调整研究（1949—1976）》，河北大学教育学院教育史专业硕士学位论文，2016 年 6 月，第 21 页）

4. 天津师范学院党委组织讨论“红”与“专”的办学思想问题②

（1）佚名：争论的事实，产生错误的思想根源

①从目前的争论可以看出，关于红与专的争论，体现了资产阶级与无产阶级培养干部的两条根本对立的方针，资产阶级的方针是“空谈理论，卑视实际，提高个人，反对改造”，而无产阶级的正确方针是“学习理论，联系实际，提高认识，改造思想”。这两个方针反映了当前无产阶级和资产阶级的阶级斗争；反映了政治战线和思想战线的阶级斗争。毛泽东同志指出：“无产阶级与资产阶级之间的阶级斗争，各派政治力量之间的阶级斗争。无产阶级和资产阶级之间在意识形态方面的阶级斗争，还是长期的，曲折的，有时甚至是很激烈的。无产阶级要按照自己的世界观改造世界，资产阶级也要按照自己的世界观改造世界，在这一方面，社会主义和资本主义之间谁胜谁负还未有真正的解决……

我国社会主义和资本主义之间在意识形态方面的谁胜谁负的斗争还需要一个相当长的时期才能解决，这是因为资产阶级和从旧社会来的知识分子的影响要在我国长期存在，作为阶级的意识形态还要在我国长期存在，……”（人民内部矛盾讲话。27 页）

这个斗争关系着我国青年发展方向和培养干部的规格问题，在这次讨论中必须认识到问题的实质。

②产生这些错误的原因绝不是偶然的，而是有它一定的阶级根源、社会历史根源和认识根源的。

首先，从阶级根源来看：广大青年学生大多数出身于资产阶级、小资产阶级家

---

① 河北大学校史编纂委员会．河北大学史［M］．保定：河北大学出版社，2001：146.

② 题目为编者根据内容自行拟定，并根据层次逻辑对篇章结构及标题做了适当调整。

庭（约占80%），家庭教育和资产阶级生活方式自幼就浸占了他们的思想，形成了自觉或不自觉的阶级本性，同时，在他们掌握了文化时，资产阶级又会灌输给他们资产阶级观点，因此，资产阶级的思想意识和各种观点就使这些人成了本阶级感觉最敏锐，阶级意志最集中的代表，他们往往在实际上是他们所出身的阶级的代言人。

这样，他们就自觉地或不自觉地在各方面和社会主义对抗，“顽强地表现自己”。这就是为什么许多青年追求资产阶级专家道路的根本原因。

其次，社会历史根源：我国青年不仅曾经在旧社会生活过，而且在当前我国社会中，资产阶级思想还是大量存在的，既然存在也就势必对青年产生影响。解放后，青年学生所受的教育在教育制度上是新的，但有些教师教学中所散布的资产阶级思想，也是客观存在的，而许多学生羡慕历史上旧专家的道路（这种道路给了青年很大影响，成了先“专”后“红”的“铁证”）。

这就是为什么有些青年自幼虽受党的教育而也能变成资产阶级知识分子的原因之一，刘绍棠的例子是令人猛醒的，因为这个例子正说明了社会上资产阶级思想影响的恶劣作用，向我们提出加强对自己思想改造、警惕资产阶级思想的重要性。

再次，认识根源方面：

有些同志除了思想意识上存在着资产阶级影响外，在对问题的认识上也存在着片面的形而上学的错误观点。

由于他们不能从社会主义建设的前途来考虑这个问题。他们片面地了解“向科学进军”“国家需要技术人才”等口号并从而片面地强调“专”，强调学业务，而忽略了提高政治觉悟的重要性和必要性。

我们认为，在讨论“红”与“专”的问题上，指出这些错误思想的根源是十分必要的。它有助于我们克服错误思想，树立正确认识。

最后应该强调指出我们培养干部的口号是“又红又专”。当然，使自己成为又“红”又“专”的干部，它不仅是一个光荣的而且是一个艰巨的任务。一方面依靠党的领导、培养和教育，指明我们前进的方向，另外，还要靠我们在艰苦的思想改造基础上，不断地提高业务水平，使自己成为祖国所需要的、人民所需要的又红又专的干部。

（2）佚名：我院同学广泛辩论“红”与“专”问题，敞开思想踊跃发言，辩论正在深入中

目前我院各系同学正在广泛、热烈的展开“红”与“专”问题的大辩论，各系党支部为这次辩论作了充分的准备工作，进行了思想动员，提出了讨论提纲，不少班同学真是作到了“敞开思想、踊跃发言”。辩论会开得很好，有的班作到每人都能

提出自己的看法；也有的班出现争论很大，相持不下的局面。从总的情况看，目前是暴露的多，争论的多，但解决的少。有个别同学还有思想顾虑，不愿发言。

这次辩论所以能开展得如此广泛和热烈，说明“红”与“专”问题是在青年学生中长期未得到彻底解决的一个问题，当然这个问题也是在青年学生中非常重要的问题。

同学们在什么是“红”、什么是“专”、“红”与“专”的关系问题上提出了大量的各式各样的做法。

在什么是“红”问题上，有人提出：凡是具有共产主义世界观，坚定的无产阶级立场就是“红”；有人认为，拥护社会主义，全心全意为人民服务就是“红”；还有人认为不管动机如何，只要对人民有利，能推动社会向前发展就是“红”，如瓦特、祖冲之。有人认为党团员就是“红”，有人认为党团员不一定都是“红”，党团内也有右派分子，也有党外的布尔什维克，如鲁迅、郭沫若等；也有人认为各历史时期“红”的定义不一样，在美国艾森豪威尔就是“红”，在埃及纳赛尔也是“红”。有人认为“红”是抽象的、永无止境的，全“红”的人是没有的。有人认为旧的电影明星、唱歌的也是“红”。

在什么是“专”问题上，有人认为具有某种专业知识或在某一方面有一定成就就是“专”，有人认为在科学上有成就的专家才算“专”，也有人把“专”分成广义和狭义，广义是指有一定文化水平或专业知识，狭义是指像专家那样水平才算是“专”。

在“红”与“专”关系问题上，基本上可分为四种看法：一、“红”“专”并进；二、先“专”后“红”，只“专”不“红”；三、先“红”后“专”，只“红”不“专”；四、半“专”半“红”，不“专”不“红”。

主张“红”“专”并进的人中，又有人主张两者并进，而以“红”为主，认为我们国家所需要的干部必须德才兼备，有了正确的政治方向，才可以推动学习、钻研业务。另外有人主张两者并进，没有主次、轻重之分，通过“红”促进“专”；通过“专”表现“红”。

在主张先“专”后“红”或只“专”不“红”的人中，他们认为我们国家目前主要是需要有技术的人才，既然我们毕业后都为社会主义服务，所以青年人主要是要掌握专业知识。而且认为现在在学校主要任务是学习，学校里学习的条件又好，应该先“专”，而“红”是长期的事，以后也可以补。有人认为一个人的精力有限，“红”“专”不可能并进，两者有矛盾，所以应该是在学校里先“专”，出校后再“红”。

有人认为青年人思想单纯，会跟着党走，将来不可能到资本主义国家去工作，出不了大问题，而且年轻时记忆力好，应该先“专”，将来记忆力差了再“红”。

有人还认为学习业务达到“专”很难，“红”却容易，将来再“红”也可以。

有人认为业务就是一切，认为苏联也提过“技术决定一切”的口号，认为政治本身不能建设社会主义，他们说：“光喊口号，发电站也建立不起来。”而且认为只要政治上不反人民，思想上随大流就行了。有人认为“专”里就有“红”，“专”是“红”的前提；认为现在的业务都是根据马列主义的观点，只学业务就能掌握马列主义，就能“红”。

有人认为搞社会科学的人应该“红”，而搞自然科学的人可以不“红”，而搞社会科学的也有先“专”后“红”的，如黑格尔、鲁迅、巴金等人都是如此。

也有人说不“红”也可以“专”，如李白、杜甫等人都很“专”，但是并不“红”。

主张先“红”后“专”或只“红”不“专”的人中，主张“红”是最根本的关键问题，有了“红”，“专”的也快，认为“红”能决定“专”，是“专”的基础，认为如果没有“红”，什么事情也作不了，先“专”的结果，只能是“白”；也有人认为只“红”不“专”对人民虽然好处不大，可也没有什么坏处。

在主张半“红”半“专”或不“红”不“专”的人中，他们认为一个人的能力有限，作到半“专”半“红”就够了，什么事情不靠前，但也不太落后，随大流就不会犯错误，不“红”不“专”的人永远会有的，也有人说作为一个不“红”不“专”的人，起一个小螺丝钉的作用也很好，他表示愿意牺牲自己作一个不“红”不“专”的人。

以上是同学们辩论提出来的一些比较典型的看法，但是真理只有一个，我们需要通过辩论使问题越辩越明，越辩越清，使大家认识取得一致，通过社会主义大辩论，使我们的认识提高一步，为把我们培养成为一个又“红”又“专”的工人阶级知识分子而奋斗。

（3）乌恩奇：所谓“全部献给党”和“凭良心办事”

有人说：“目前提又‘专’又‘红’是不对的，‘专’是名利观点，‘红’有虚伪性，干脆全部献给党。”，又有人说：“什么也不用说了，干脆凭良心办事。”从表面上看这种人好像解决了“红”与“专”的问题，好像够“左”的了。实际上他们根本没有认识什么是“红”与“专”，也反映了他们是拒绝思想改造的，他们这种思想对党、对社会主义事业是极不负责和极其有害的。

首先我们来看看“专”是不是名利观点。这应当看人们追求的是什么。如果所追求的只是个人成名，不考虑祖国的需要和利益，那当然是名利观点、是资产阶级思想的反映，这种专家我们是不需要的。但如果是为了祖国社会主义建设事业而孜孜不倦地学习，成为有真才实学的、忠于社会主义事业的专家，那怎么能说是名利观点呢？我们党正是要培养这样的专家。其次，所谓“红”有虚伪性，这完全是对“红”的曲解，党所需要的是具有共产主义世界观、掌握马列主义、有熟练的专门知识、全心全意为人民服务、毫无保留地献给党的专家。显然这与虚伪性的“红”是绝不相容的。持以上见解的人，充分地说明了他是以资产阶级观点来对待“红”与“专”问题的，因此他所谓的“全部献给党”只是个空洞的口号，是虚伪的。因为很难设想，一个既没有社会主义觉悟又没有专门知识的人怎么能够做到“全部献给党”，又以什么来“全部献给党”呢？

另一种说法“凭良心办事”，也是同出一辙的。什么是良心呢？良心不是抽象的东西，良心是有阶级内容的，超阶级的良心从来没有也不会有。资产阶级的良心决不同于无产阶级的良心。“人不为己天诛地灭”“人人为我”，正是资产阶级的良心。而无产阶级的良心首先是为了阶级的利益，广大人民的利益，然后再考虑到个人。假若，我们凭着无产阶级的良心来建设社会主义的话，就非“又红又专”不可，否则是不能建设社会主义的，而那种凭良心办事的意见正是混淆阶级界限，被资产阶级思想俘虏的一种表现。在客观上起着欺骗人民的恶毒作用。

我认为目前党提出“又专又红”是适时的，非常必要的，这是党培养干部的方针路线，关系着国家与知识分子的前途。在培养干部的两条路线的斗争中，我们必须听党的话，到劳动中去，到工农中去锻炼和改造自己，并牢固地掌握专业知识，达到“德才兼备”的要求，把自己锻炼成新型的红色专家。

（资料来源：《天津师范校刊》第三期，河北大学档案馆藏）

（四）天津师范大学

天津师范大学庆祝建国十周年工作总结

（1）我校建国十周年的庆祝工作是顺利的。全校师生员工都非常愉快地，充满政治热情地度过了这个盛大的节日。

国庆前夕，学校党委举办了目前形势和任务的报告，召开了教师、同学和华侨座谈会。工会和有些人举办了国庆征文；书法馆举办了建国十周年书法展览。校行政举办了七年来学校建设情况展览，教育、历史、数学等系举办了十年来建设成就和教育事业发展变化的展览会。通过这些，广大师生进一步提升了爱国主义思想和社会主义觉悟。

在国庆期间广大师生员工表现了极大的政治热情。参加市游行队伍仪仗队的2000名同学进行了刻苦排练。在十一游行时，陈列壮观，步伐整齐，精神焕发，表现出了欣欣向荣大跃进的气魄，博得了观众的好评；十一期间接受市里分配的任务。去中心广场参加联欢的政教、教学系400余名同学，在庆典中积极地维持秩序。让群众先行退出会场，然后他们高唱凯歌整队返校，受到了联欢大会的表扬。

在校内，广大师生认真进行了清洁扫除和美化校园。尤其是美工组同学在业余时间努力进行了美化设计和布置、装饰工作；电工，木工也都及时完成了各项安装任务，参加节日安全执勤的职工和同学们也都是认真负责的。因此使校园清洁，美化一新，而且秩序很好。

国庆的文娱活动是丰富多彩的，有校内活动，也有校外活动。有全校大型联欢，也有班系活动，绝大多数师生员工都参加了节日文娱活动，而且玩得很高兴，很有意义。

节日的伙食，在可能的情况内，尽力进行了改善。晚会夜宵供应较好，教职工还搞了会餐。为了使师生吃得好，厨工发挥了劳动积极性，有的从早3点一直干到晚9点，劲头很大，精神饱满。在教职工会餐时，总务处职工热情地服务时，大家吃得很痛快、很满意。

国庆工作贯彻少花钱多办事的节约精神，总计花了2300元，其中消耗性开支1600元。凡会后可以用的物品用过后都收藏了起来，准备今后再用。

（2）庆祝国庆工作所以做得较好，总结起来有以下几点：

①主要是由于党委加强了领导，对国庆工作有明确的指示和要求，并专门成立了国庆筹委会负责经常工作，使各项工作有了统一领导和全面安排。

②各项工作都认真贯彻了政治挂帅。筹委会按照党委的精神，通过会议和做报告向各个组织各部门以及有关工作干部同学进行了较充分的思想动员。如刘文同志向学生会及各系学生干部做了国庆工作动员讲话，马志祥同志向总务处职工做了动员报告。还召开工人庆祝国庆跃进大会。这样一来使大家充分认识到搞好国庆工作的意义，从而更好地发挥工作积极性。

③各项工作事先都做了较切实可行的计划，甚至校园美化都做出设计图画。使各项工作目标明确，要求具体。都能按部就班地进行，中间又进行了两次检查，因而工作做得都较顺利。

④各个部门、各个方面在统一领导下密切进行了配合和协作，这也是搞好工作的一个原因，尤其是总务事务工作干部和工人同志，在配合协助各个方面筹备工作

上比过去有显著改进。改变了过去那种被动、机械的作风，把别人的工作和自己的工作看作一个整体，为开展工作提供了便利条件。

⑤发动和依靠了群众。除筹委会设立了各个工作小组调动了工会、学生会等组织的积极性以外，还吸收了很多同学、职工参加了国庆筹备工作，在十一联欢活动上，更是充分发动了同学，形成了一个群众性的化妆表演晚会，使内容更加生动活泼，丰富多彩。

（3）国庆工作还有不少缺点和做得不够的地方。

①计划还不够周密，工作做得还欠细致，如几个座谈会的准备工作做得不好，忽视了会场布置和招待工作；工会演京戏没很好宣传，很多人不知道，看的人很少；学生伙食因供应关系改变计划后，向学生解释还不够，致使部分同学不了解情况产生不满，等等。这些主要是负责具体工作的干部考虑不够仔细，责任心还不够。

②仪仗队的训练开始晚了些，具体负责的干部力量配备不够强，因此前一段排练和预演搞得都不好，以致后来弄得很紧张。

③常委会对参加国庆工作的职工和同学关心不够，他们热情高劲头大也很辛苦，如果对他们及时进行鼓励和慰问，对密切党群关系，提高和巩固他们思想政治和工作积极性都是有好处的。

（4）通过国庆工作，有几点体会：

①愈到节日、假日愈应抓紧总务服务部门、工会、学生会和各个社团的工作。教育这些部门的职工和同学努力开展工作，这是使师生，员工节日生活过得好、过得愉快的重要因素。今年这方面搞得较好，所以师生员工对节日的伙食文娱活动等都比较满意。

②搞“实”的工作中要务虚，搞虚的要在工作中务实，这也是做好工作的重要方面。这次做美化布置和服务等实际工作的干部，务虚较好，对自己的工作意义要求明确，所以工作搞得较好。而有的做政治思想工作的同志在组织活动中务实不够，如召开座谈会，会场布置招待工作忽视了，因而影响工作质量。

③工作布置后，在进行中要进行检查，以便推动工作，发现问题及时解决问题。国庆工作开始较晚了，布置后进行了两次检查，对保证按计划完成各项工作，起了促进和指导作用。

④筹委会在总结会上就总务工作人员的服务思想服务态度进行了讨论。认为这次总务工作，所以比过去做得好，主要是由于政治思想挂了帅。他们把自己的工作和各个方面的工作，包括师生的各项活动在内看成了一个整体，开始克服和改变了过去某些干部那种消极的、看家管东西像站在柜台里边应酬顾客一样不找上门来不

给，找上门，能给也不一定给的态度。在供应美化校园和各项活动用品上，在其他服务性工作上采取了积极配合，主动供应的态度。因此各个方面都较满意，这是一个良好的开端。各行政部门应从中吸取经验，受到启发，发扬这种服务精神。

⑤节日期间的学生伙食因猪肉供应减少，没按原计划进行。饮食部门没很好向同学解释，有些同学有意见，甚至个别同学抱着与行政对立的态度说膳食科骗人。学生会干部在这种情况下本应积极协同膳食部门向同学进行解释和教育，但有的学生会干部不但没这样做，反而附和某些同学的错误思想，对行政不满。筹委会在总结时分析和批评了这种思想情绪，并指出类似这样的事，过去也曾发生过，认为主要是由于这些学生干部对社会主义学校和学生的关系、学生会的任务及其与校行政关系认识不清，在某种程度上同旧社会学生和学校的关系、学生会和学校的关系混淆了起来，指出今天的学校是党领导下的社会主义的学校，它的存在和发展，它的根本任务就是培养和教育青年。学校处处是为同学着想的，是关心和爱护同学的，学生会的任务就是按着党的要求，协助学校进行各种工作和行政的立场，目的是一致的，都是为了办好学校，培养好学生，不应当发生矛盾，即使在学校行政工作中发生了某些缺点的时候，学生会也应当积极帮助校行政去共同努力克服。

天津师大庆祝建国10周年筹委会
1959年10月

（资料来源：《天津师大简介及建国十周年工作总结》，河北大学档案馆藏，XZ1959-01-18）

（五）河北大学

1. 以人为本，科学发展，创建独立学院特色育人之路

河北大学工商学院创建于2001年。建院以来，学院充分发挥母体高校综合性大学的办学资源优势和独立学院的办学体制优势，遵循“以人为本，终身教育”的教育理念，紧紧围绕“面向地方和区域经济发展需要，培养‘宽基础、强能力、高素质、应用型’的人才培养目标”，科学协调大学教育的三个支点——教学、管理和学生活动，不断改革创新，以质量求生存，以特色求发展，走出了独立学院的特色育人之路。几年来学院已为社会培养毕业生16 800人，目前在校生14 000余人。学院已发展成为一所集文、理、工、经、法、管等多学科为一体的，特色鲜明的综合性独立学院。

以教育理念更新为出发点　适应高等教育大众化的新形势

建院伊始，面对高等教育大众化的新形势和河北大学工商学院的具体情况，学院适时提出了自己的教育理念和人才培养目标，从根本上确立了学院教育教学活动和教学改革工作的指导思想。

遵循“以人为本，终身教育”的教育理念。建院伊始，学院明确提出了要遵循“以人为本，终身教育”的教育理念，以及在教育教学活动中坚持“以教师为主导，以学生为主体”的教学理念。强调充分尊重教师在教育教学活动中的“主导地位”，尊重教师的个人风范，发挥教师教学工作的创造性和主观能动性；强调充分尊重学生在学习过程中的“主体地位”，发挥学生学习的自觉性和主动性。积极促进教学、管理和学生活动的和谐互动，努力营造一个既有严谨学风，又能发挥学生潜能，宽松和谐的育人环境。

坚持人才培养的多元化和多样性。学院认真研究了独立学院学生的特点和独立学院产生的背景，结合学院具体情况，明确自己的人才培养定位：“面向地方和区域经济发展需要，培养‘宽基础、强能力、高素质’的应用型人才。”认为要用发展的眼光看待人才培养问题，坚持高等教育大众化时期人才培养的多元化和多样性，坚持以改革促发展，努力办出自己的特色。

重视学生创新精神和创业意识的培养。21 世纪高等教育的一个突出特征就是弘扬学生个性。学生由于成长经历的不同，个人能力、特长、体质的差异，以及对所学专业满意度、教师类型的认识不同，因此表现出不同的学习能力。学院在教育教学过程中要正视学生的个体差异，因材施教，充分激发学生的潜能，重视学生创新和创业意识的培养。

以管理体制创新为突破口　奠定学院发展的坚实基础

面对新的形势和新的人才培养定位，河北大学工商学院解放思想，从体制和制度入手，加快改革步伐，促进学院各项工作顺利开展。

创新管理体制，适应改革工作的新要求。河北大学工商学院自建院时起，就开始进行管理体制和管理制度的创新探索，保证教育教学活动和改革工作的顺利进行。主要包括以下三个方面：

为适应人才培养模式的改革，学院在国内独立学院中率先实行了“学部制”。根据学科结构，设立人文、经济与管理、国际文化交流、信息科学与工程 4 个学部。学部实行学部长负责制。“学部制”的实施为打通不同专业，实施通识教育提供了坚实的平台，有力推动了人才培养模式改革的顺利进行。

为适应学分制改革，学院在教务部门实行了“中心制”。根据工作职能的不同，学院教务部设置了教学质量监控、选课、学籍管理和考试四个管理中心。各中心之间分工协作，科学管理，拒绝官本位，强调服务意识和服务职能，保证教育教学工作的顺畅有序。

为适应培养学生综合素质的要求，学院实行了“双辅导员制”。除按国家要求配备辅导员外，学院还实行了生活园区辅导员制，使学院对学生的教育渗透到日常生活，有利于学生综合素质的提高。

改革教学管理模式，促进学生个性发展。2002 年，学院在国内独立学院中较早实行了学分制改革，基本实现了学生的“四个自主”，即自主选择专业方向、自主选择学习进程和修业期限、自主选择教师、自主选择学习课程，达到了因材施教的目的。2006 年，学院进一步加大改革力度，根据“本人申请，成绩优先”的原则制订了《河北大学工商学院本科学生转专业办法》，允许新生入学半年后在文、理两大科类内重新选择学科专业，进一步增加了学生专业选择的自主性，完善了学分制制度。学分制的实施与完善激发了学生学习的自主性，满足了学生学习的兴趣和爱好。学生的学习主动性得到明显提高，创新意识显著增强。

以人才培养模式改革为重点　培养学生的专业适应能力

河北大学工商学院作为独立学院，在培养学生“知识结构的完善性”的基础上，注重学生应用能力的培养，使学生有一个较宽的专业基础和专业应变能力，以便更好地适应未来人生中的职业变迁。

实行按科类招生、按大类培养，拓宽学生的学科基础。2002 年，根据“宽基础、强能力、高素质、应用型”的人才培养目标，学院在国内独立学院中率先实行了按二级学科类招生，按大类培养的人才培养模式改革。当年，学院将 37 个招生专业按 17 个二级学科类招生，并按信息科学与工程、经济学与管理学、外国语言文学、文学、政治学与法学、艺术六大学科类进行宽基础培养，并且重新修订了人才培养计划，优化了教学内容。新课程体系按照“公共基础课＋学科基础课＋专业课＋选修课”模式构建。公共基础课全院打通，学科基础课实行相近学科交叉融合，专业课实现学生专业教育，选修课满足学生兴趣方向，从而实现了通识教育、宽基础教育和学生兴趣的有机结合。2004 年，学院根据“按志愿分流，成绩优先”的原则制定了《河北大学工商学院学生专业分流细则》，自主研发了专业分流软件，在“公平、公正、公开”的原则下保证了学生专业分流的顺利实现。截至目前，该项改革在学院已实行 8 年，几年的实践表明，按大类培养的学生基础较宽，专业适应能力较强，为以后的职业选择和发展奠定了基础。

以实验、实践教学改革为突破口，培养学生应用能力。随着国家新一轮产业结构的调整升级，结构性就业逐步成为大学生就业的主流方向。2005 年，学院明确提出了“以就业为导向，以实验、实践教学为突破口，深化人才培养模式改革”基本思路，并进行了一系列改革探索。

首先，学院通过加强与市场和就业关联度高的综合实验室建设，进一步夯实了自主培养能力。2005 年以来，学院相继投入 800 余万元，建设了信息科学类综合实验室，外语类多功能综合视听室，集 ERP、金融、会计实验室与沙盘模拟于一体的经济管理类实验室，新闻类和艺术类的传媒实验室，以及面向文科学生的物理演示实验室等一批综合性实验室。

其次，注重改革实验实践教学模式，提高培养效果。在校内，通过开放综合性实验室、举办实践大赛、支持学生自主申请科研创新课题等方式，有效提高了实践、实验教学效果；在校外，学院引入了行业主流技术的培训、企业管理模式的综合实训等实践教学方法，出台了《学分制下课程置换实施办法》，允许学生以企业培训、实训课程置换课堂教学学分。

最后，以实习基地建设为抓手，着力拓宽了学生应用能力的培养领地。2005 年以来，学院先后投入 200 余万元，派出教师 300 多人次，到深圳、上海等经济发达地区进行实习基地建设工作。目前已建立了稳定的实习基地 38 个，另外在深圳、东莞、杭州等多个城市建立合作实习基地 25 个。通过实习活动，学生不仅掌握了社会主流技术，有效提升了实践能力，同时还了解了相关领域，开阔了视野，提升了就业能力。

通过人才培养模式的创新和改革，学院学生专业知识扎实，技术水平过硬，近几年获省级以上奖励 160 余项，学院就业率一直名列省内独立学院前茅。

以学生活动，校园文化建设为支点　全面提升学生的综合素质

教学活动、大学管理及学生活动是大学教育的三个支点。除了专业知识和专业能力外，大学还要培养学生完善的人格、获得知识与创造知识的能力以及团结合作的精神，等等。河北大学工商学院尤其注重利用学生活动这个支点，营造出一个良好的大学文化氛围，促进学生全面发展。

以思想教育、社会实践为手段，培养学生的政治素质和社会责任感。一个合格的大学生应该学会关心他人、关心集体，热爱国家和民族，因此，学院提出学生工作要以思想教育为主线，以社会实践为手段，着力培养学生的政治素质和社会责任感。针对学院专职教师少的具体情况，注意发挥学生党团的战斗堡垒作用，通过各种活动将党员和学生干部组织起来，由此带动整个学院学生活动的开展；根据青年学生的特点，以各种表彰活动为契机，着力加强青年示范群体建设，增强学生的荣誉感；以各种社会实践活动为手段，培养学生的社会责任感。近年来，学院建立了党团活动室 9 个，组织学生党团专题活动 300 余场次，优秀班集体、优秀团支部、优秀学生干部等共表彰 2000 余人次，先后有 1800 余名志愿者参加了诸如二十国财长会议、第三次中美战略对话、北京奥运会等志愿服务活动。

以校园文化建设为平台，培养学生的人文精神和艺术素养。校园文化是学生成长的重要软环境。学院确立了充分利用母体大学的优质教育资源，利用保定作为历史文化名城的深厚文化积淀，以搭建平台为手段，以制度措施为保障的校园文化建设思路。几年来，学院先后成立了艺术教育中心、心理咨询中心和素质拓展中心，培育了 40 多个学生社团，举办各种学术报告和文化讲座 500 余场，为人才培养营造了一个良好的校园文化氛围。2001 级计算机专业学生尉迟琳嘉曾在中央电视台的“挑战主持人”节目中，成功连任 9 期擂主，成为里程碑式的人物，现为香港凤凰卫视的主持人；艺术教育中心合唱团荣获 2008 年“CCTV 青歌赛”银屏奖——河北省仅有的一等奖。

以科技创新活动为手段，培养学生的科学精神和创新能力。学院在全国独立学院中较早地开展了科技创新活动。2004 年，学院成立学生创业指导中心，2005 年学院资助 10 万元的设备、提供近 1000 平方米的学习、训练研发场所，支持学生创建软件创业中心。几年来，软件创业中心独立承担社会研发项目 70 多个，培养出了 500 余名具有创新意识、实践能力强的毕业生，有效推动了学院科技创新活动的开展，极大激发了全院学生的创新意识，产生了广泛的社会影响。2008 年先后获河北省第三届大学生创业计划竞赛一等奖、第三届全国智能车模大赛二等奖、全国 ITAT 教育工程就业技能大赛特等奖等。2009 年 6 月 22 日《中国青年报》对学院以创业促就业的工作思路以及所取得的成效在头版进行了专题报道。

河北大学工商学院始终致力于不断改革创新，提高学院办学实力，打造办学特色，确保了人才培养质量。建院 9 年来，学院先后承担河北省教育厅教改课题 10 项，河北大学教改和社科课题 10 项，横向教学改革课题 1 项，自主设立教改课题 21 项，共发表相关研究论文 38 篇。改革成果曾两次被在河北省独立学院会议上作为经验进行介绍，部分成果已经被母体高校和其他独立学院采用。

2009 年，河北大学工商学院的改革实践分别获河北大学教学成果奖一等奖、河北省教学成果奖一等奖，对河北省乃至全国独立学院的人才培养具有很好的借鉴和示范作用。面向未来，河北大学工商学院会一如既往，不断开拓进取，为我国的高等教育发展做出更大贡献。

（资料来源：《中国教育报》，2009 年 7 月 30 日，第 3 版，作者：郭健、徐建民）

2. 聘任康乐院士为河北大学校长

本报讯（记者尹翠莉）：7 月 27 日，副省长张古江代表省政府向中国科学院院士康乐颁发河北大学校长聘书。

康乐，1990 年毕业于中国科学院动物研究所，获理学博士学位，是中国科学院院士、发展中国家科学院院士，著名生态学家和昆虫学家。张古江代表省政府向康乐院士来河北工作表示欢迎。他指出，当前河北面临京津冀协同发展、北京携手张家口举办 2022 年冬奥会、雄安新区规划建设等重大历史机遇。要走好加快转型、绿色发展、跨越提升新路，迫切需要高端领军人才支撑。聘任康乐院士为河北大学校长，对于促进我省高校改革发展、加强我省高层次人才队伍建设具有重要意义。

张古江表示，希望河北大学教职员工全力配合康乐院士工作，共同推动学校发展迈上新台阶。希望康乐院士发挥自身优势，以深厚的学术造诣和丰富的行政管理经验，加快推进一流大学和一流学科建设。

康乐表示将认真履职、科学履职，与学校领导班子成员一起，谱写河北大学新篇章，为河北发展贡献更大力量。

（资料来源：《河北日报》，2017 年 7 月 29 日，第 2 版）

二、社会服务

（一）天津工商大学

天津工商大学校闻

代呼将伯——民十四冬十二月。张吴失和，遂酿成直奉第二次大战，居于火线下之难民，皆纷纷逃避来津，饥寒交迫，死亡载道，鸠形鹄面，惨不忍睹。小民何辜，罹此涂炭。恻隐之心，人皆有之，况天津素讲首善之区，岂能坐视而不救乎？于是，先由西开进修乐群会发起一临时天主教妇孺赈灾救济会，并邀请我校公教生及非公教生为之帮忙。一时天津类此之赈济会，成立甚多，故奔走三日，仅募得大洋二百四十余元，虽云杯水车薪，亦可略济燃眉之急矣！

（资料来源：《工商大学公教学生季刊》第一期，河北大学档案馆藏，1930-CB13-1）

（二）天津工商学院

1. 工商学院：飞机一架，孩子一堆

自正主任朱者赤神父和副主任耿文彬神父先后他调之后，主任一职一度曾由赵元俊神父代理。现在正副主任分别由中学部王竣律神父及马修士接任。

供机械系同学实习用的飞机一架已运到，陈列在学堂旁边操场上。行人多停在校外看，机内机外更时时爬满欲过飞行瘾的附中小学同学。

为了增加新同学对于学校的认识，迎新团在六日下午曾领导新同学参观北疆博物院、图书馆、藏书室、金工厂、木工厂、电机实验室、物理实验室、化学实验室、商品实验室及材料试验室等处。

联合国善后救济总署赠送本校的机械仪器等六日已经运到。其中包括工具机、电机、内燃机及物理、化学仪器等数十箱。除铁床和木床各一架已经装置在金工厂之外，其余正在拆箱，工科同学都喜形于色。

（资料来源：《大公报》1948 年 9 月 22 日第二张第五版，《闻墨》编委会主编《闻墨》，天津科学技术出版社，2014 年版，第 29 页）

2. 工商学院附属中学初中部近况

天津私立工商学院，创立于民国十一年间，缘于耶稣会各司铎，鉴于天津为华北工商业之中心，在全国商埠中，位居第二，需要工商业之专门人才，自不待言。爰乃集合同志，发起创立工商大学，以培植富有专门工商业学识之人才为目的。翌年秋，正式开学，时由于溥泽博士任校长，逐年发展，渐具规模，至民国十七年，第一班学生毕业焉。

民国十九年奉部令停办预科，改设附属中学，教务情形日趋发达，各地来校求学之人数，亦日益增加，学校各部建筑，如大学楼、高中楼、图书馆、理化室等早经完成，而学生宿舍、饭店等处大加扩充。此在分为实验材料室、器械室及商品陈列馆等等，设备完整。

嗣为完成本院整个教育计划起见，且于民国二十年间，更进一步而添设初中，先是大学部于民国二十二年八月间，经国民政府教育部第 7923 训令，正式批准立案，更名为工商学院，而初中部亦随于民国二十五年九月间，经天津市教育局批准立案。故凡初中之一切设施，悉依部章办理，各种课程之编制，亦尽根据中学生第一条，“以能继续小学之基础训练，以发展青年身心，培养健全国民，并为研究高深学府及从事各种职业之预备”为原则。因之，工商附属初中之一切，年来已有显著

之进展，然难谓为已达美满之境地，故愿吾全体师生，今后更当共负责任，努力合作，抱百折不回之精神，怀坚韧不拔之毅力，奋斗求进，以期造成工商附属初中之光荣历史，而与学院方面，后先相辉映，庶不负创办之初旨焉。

右列所述，系关于工商学院、工商附属高中之概略，亦即工商附属初中之所由来，兹再将初中部之近况胪列于后，以冀社会人士之详察及指示。

现状：工商附属初中，创办不过七载，故一切俱在发轫之期，然于此简短迅速数载之中，已多方面具规模，兹谨就其现状，荦荦述如左。

（1）教务方面：

（甲）教务方针：以陶融青年“忠孝仁爱信义和平”之国民道德，并养成国民之生活技能，增进国民生产能力为目的。同时对于青年思想之启发，尽量设法使其发展，以期充实其适当之基本能力。

（乙）课程及教员：初中部既经依法立案，一切课程，自应依照修正中学规程第五章办理，兹不赘。而关于教员方面，因本市学校林立，教员各校兼课，当所难免，惟此项情形，殊有阻碍该教员对于学校授课努力之虞。故自初中部创办以来，即厉行专任制，且于下课后，更负训育之责。

（2）训育方面：

（甲）训育方面：注重于刻苦耐劳的习惯之养成，与严格的规律生活之培养，以期为社会国家造成品德知能兼优的有益份子。

（乙）注重人格感化：即在利用广事教育，以资感化，因教职员与学生接近之机会过多，故须以身作则，俾学生所见所闻，皆尽含教育之意事，最低限度，毋使学生受不良之影响，故教员本身，各自检束，以资为学生之楷模。

（3）体育方面：

（甲）体育方针：务使循序渐进，全体学生平均发展，尤注重于团体之训练。

（乙）注重童子军之训练：童子军一科，于初中课程内，占主要之地位，故应特别重视，今春河北省运动会，工商附属初中童子旗语表演获得团体表演总分第一，即是平素努力之结果也。

（丙）注重鼓励：每年春季，校中依例举行运动会一次，以资鼓励学生对于运动之竞争心，与唤起学生对于运动之兴趣，而收运动之实益。

（资料来源：《工商学生》第一卷第四期，河北大学档案馆藏，1937-CB13-9）

3. 天津工商学院中学部组织教学设计及办学活动①

中学部编制：

中学部计分初中高中两部，修业年限各为三年，共为六年。

学科：

各学部依照部章教授国文、历史、地理、代数、几何、三角、解析几何、高级代数、物理、化学、自然、科学、外国语、公民、经济等学科、以使学生能得到充分学习及完成最优良中等教育宗旨。

各学科除外国语外，其他各学科一律用中文本教授。

成绩考查：

评定成绩以上60分为及格。

考试分星期试及学期试两种，计分方法，每学期各星期试之总平均，估学期试总分二分之一。

学年考试之计算，第一学期试总平均为学年试之三分之一，第二学期试为学年试之三分之二。

凡在高中修业年满之学生，其总平均分数及格者，即由本校转送教育厅会考，领取毕业文凭。

训育：

为养成学生高尚人格及端正品行起见，故对训育方面，极为注重，而对初中部方面，管理尤最。

设有自修班，每晚各班学生，均须在教员监督之下，共同自修。

投考手续

凡投考者须在考试前报名，并须呈缴以下条件：

（一）报名书，可向本校注册处领取式样填写。

（二）报名费初中2元，高中2元（考取与否概不退还）。

（三）两寸半身照片2张（考取与否概不退还）。

（四）本人从前修业学校校长之证明信件。

（五）最后一学期修业学校之考试分数单。

（六）毕业文凭，如考高中，须呈验立案学校之初中文凭；如考初中，须呈验高小文凭；如系插班，且须呈验相当学年之转学证书。

附注：未录取各生之毕业证书，须于发榜后两星期内，到报名处取回，过期不

---

① 题目为编者根据内容自行拟定。

负保管责任。

入学试验：

入学试验，共分二次，考期事前登报通知。

试验课目：

（一）高中部入学试验课程表

	第一日上午	第一日下午	第二日上午	第二日下午
第一年	国文公民 数学	英文 史地	英文 数学 （口试）	
第二年	国文公民 数学	英文 中外史地	物理 化学	英文 数学 （口试）
第三年	国文公民 代数	英文 中外史地	几何 物理化学	英文 数学 （口试）

（二）初中部入学试验科目

（甲）国文，数学，（笔试）

（丙）英文（或法文）

（乙）史地

各生分级由入学试验定之。凡投考者于入场时，须自带笔墨，投考高中二三者，且须带对数表。

验查体格：

不合格者，不得入学。

入学手续：

新生取录后，应向本校领取保证书，请在津之亲友为保证人，填写保证书，签名盖章，送交本校后，方得入学。

上项保证人须担保学生各费之清缴，并遵守一切校规。凡未成年人不得充当保证人。

纳费：

下列各费均须于学期开始时缴纳之。

普通费用	初中	高中
学费	20 元	30 元
宿费	10 元	20 元
膳费	7 元（每月）	
体育费	2 元	2 元
预偿费	3 元	5 元
实习费	2 元	5 元
讲义费	2 元	4 元
特别费用	初中	高中
毕业文凭费	3 元	4 元

（三）津沽大学

津沽大学师生反帝爱国活动①

1949 年 1 月天津解放伊始，津沽大学校长刘迺仁辞职离开天津，代理校长卜相贤为给新生的人民政权施压，宣布学校面粉中断。学校党组织学生抬出大批面粉示众，卜相贤又鼓动附中学生来抢面粉，蓄意制造大、中学生之间的纠纷。4 月，一场激烈斗争围绕学生会的选举展开。党的地下组织通过学生进步社团，联合提出了 1 个候选人名单，而学校当局则提出 1 个以国民党员、共青团员和骨干教徒为主体的候选人名单。结果，学校当局提出的候选人大多落选。

中华人民共和国成立后，津沽大学围绕开设“社会发展史”等政治课的问题展开了长达两天的辩论。卜相贤等以津沽大学为教会学校，情况特殊为由，提出不宜开设。天津市军管会主任黄敬给津沽大学当局的复函中明确指出：“学校当局应负责执行新民主主义教育政策及人民政府教育法令，全国皆然，不容特殊。”之后，学校当局被迫同意开设，但以同时开设“公教课概论”为条件。卜相贤还散发《人是从猿变来的吗?》的小册子，用以对抗政治理论课。后来，公教课因听众稀少，最终被取消。

自 1950 年 11 月开始，天津市广大天主教徒掀起了声势浩大的自立革新运动，津沽大学广大爱国教徒带头签名支持天主教革新运动。1951 年 4 月 7 日，“天津市天主教革新运动促进会”正式成立，津沽大学讲师聂国屏被选为委员。早年曾就学于献县张庄总堂公学的津沽大学张羽时教授，在天津市天主教自立革新促进会主办的

① 题目为编者根据内容自行拟定。

《广场》杂志第1期发表《和天主教教友们谈怎样爱教》，并在《天津日报》连续发表了《爱国的天主教徒彻底肃清帝国主义影响》的文章，揭露帝国主义分子不仅利用天主教作为侵华工具，而且侵害与玷污了天主教，指出革新的对象是帝国主义，而不是天主教和罗马教宗，天主教教友为了爱国爱教，必须清除害国害教的帝国主义分子。他的文章引起强烈反响。据《献县宗教志》记载，天津市拥护革新的教徒签名者迅速达到13 000余人。

1951年4月5日，《天津日报》以《津沽大学师生检举潜藏美国间谍，公安局速捕卜相贤等法办》为题，公布了卜相贤等人的罪行。不久，卜相贤、鲍翊华、房如晦等被驱逐出境。7月13日，天津市军管会发布21号布告，取缔受帝国主义操纵的“圣母军”各级组织。

（资料来源：阎玉田《踞析津之阳——天津工商大学》，人民教育出版社，2010年版，第182—183页）

（四）天津师范学院

1. 天津师范学院政治课师生投入农村社会活动①

1956年1月21日，天津大学、南开大学、中央音乐学院、天津师范学院的政治课教师、教授、讲师、助教以及部分学生共百余人，分别到东郊、北郊参加农村工作（时间半个月左右）。

（资料来源：天津市教育局《教育志》编修办公室编《天津教育大事记（1949—1985）》，天津市地方史志编修委员会总编辑室1987年出版，津出字1987第000287号，内部发行，天津市津北贫房子印刷厂印刷，第77页）

2. 天津师范学院师生将学科理论知识运用于社会实践②

天津师范学院广大师生在1958年和1959年两年中，深入工厂、农村，帮助工人、农民创办业余学校100余所。对于扫除文盲，提高工人农民文化水平起到积极作用。同时也使学生得到了锻炼，增强了组织教学的能力，这对师范院校学生尤为重要。再次，强调理论联系实际。理科教学采取联系工农业生产实践，深入农村工厂参加生产实践活动。文科教学强调联系社会实际、社会调查。如历史系的学生到工厂帮助写厂史、到农村帮助写村史，地理系学生帮助市区绘制交通图、区域规划图，政治理论课则要求联系思想实际，注重提高认识改造思想等，都收到明显效果。

---

① 题目为编者根据内容自行拟定。
② 题目为编者根据内容自行拟定。

最后，在编写修改教学大纲、教材、讲义过程中，广泛听取群众意见，吸收学生代表参加，领导、教师和学生实行“三结合”，共同编写。通过生产劳动，师生同吃同住同劳动，密切了师生关系。①

（资料来源：王润《河北省院系调整研究（1949—1976）》，河北大学教育学院教育史专业硕士学位论文，2016年6月，第21—22页）

（五）河北大学

1.《天津教育大事记》记河北大学在津时期师生社会服务②

1966年2月10日和18日、19日，河北大学化学系、生物系、数学系、物理系共1300多名师生，分三批到天津专区安次县和沧州专区盐山县，参加农村社会主义教育运动。

（资料来源：天津市教育局《教育志》编修办公室编《天津教育大事记（1949—1985）》，天津市地方史志编修委员会总编辑室1987年出版，津出字1987第000287号，内部发行，天津市津北贫房子印刷厂印刷，第157—158页）

2. 历史教学工作者必须是个革命者

——河北大学历史系师生参加农村社会主义教育运动的感受：历史教学工作者必须在实际斗争中锻炼

1964年10月至1965年7月间，按照学校党委的指示，河北大学历史系师生参加了一期农村社会主义教育运动。这个运动是以阶级斗争为纲，以社会主义和资本主义两条道路斗争为纲，把阶级斗争、生产斗争和科学实验三大运动紧密结合起来进行的。因之，九个多月以来，我系师生参加这样一个伟大的运动，就在实际的革命斗争中受到了锻炼，在改造客观世界的同时改造了自己的主观世界；在一系列的根本性的问题上，诸如阶级、阶级矛盾和阶级斗争，人民群众是历史的真正创造者等等，获得了一些感性知识材料，并在这种真情实感的基础上，对阶级观点、群众观点、劳动观点和辩证唯物主义观点，有所加强，有所提高。

九个月来，我系师生在伟大的农村社会主义教育运动中，通过调查访问，编写村史、家史等活动，特别是通过参加群众的革命斗争，深刻地认识到以下几个问题：

---

① 河北省地方志编纂委员会．河北省志（第七十六卷）[M]．北京：中华书局，1995：154-155．

② 题目为编者根据内容自行拟定。

第一，自有文字可考的历史，都是阶级斗争的历史。毛主席早就说过："阶级斗争，一些阶级胜利了，一些阶级消灭了。这就是历史，这就是几千年的文明史。拿这个观点解释历史的就叫作历史的唯物主义，站在这个观点的反面的是历史的唯心主义。"（《毛泽东选集》第四卷第1491页）在革命斗争的实践中，我系师生进一步地领会了毛主席的教导，因此认为，在今后的历史教学和历史研究中，必须以毛主席的这个教导为指南，抓住阶级斗争这个纲。只有这样，才能阐明历史的真相，才能粉碎资产阶级和一切反动阶级对社会历史的种种歪曲，才能使历史科学成为一个战斗的武器，从而在根本上扭转过去历史教学和历史研究中的这样和那样的偏向。

第二，经过革命斗争的实践，我系师生找到了历史教学和历史研究如何为无产阶级政治服务的一些门径。"抽刀断水水更流"。人类社会的历史，是一个斩不断、切不开的巨流。今天的中国，是昨天和前天的中国的继续和发展。在我国当前仍存在尖锐的、复杂的阶级斗争，虽然是社会主义制度下的阶级斗争，有着自己的特点，但它同昨天和前天的历史有着密切的联系。如果对当前复杂的阶级斗争不能有所了解，又怎么能够透彻地了解昨天和前天的阶级斗争呢？既然对当前的和昨天、前天的历史不能透彻地了解，又怎么能够使历史教学和历史研究为无产阶级政治服务呢？好多同志，从革命斗争的实践中，找出了这个差距。他们认识到，像过去那样关闭在书斋中，在旧纸堆中讨生活、啃书本、背条条是一辈子也弄不明白阶级斗争的；而这样一种脱离现实、脱离政治的书斋生活，恰恰是资产阶级思想观点的一个反映。只有投入当前的革命巨流，深入实际的阶级斗争，认真克服单纯搞史料、为研究而研究为教学而教学的资产阶级思想观点，才能使历史教学和历史研究作到古为今用，为无产阶级政治服务。

在整个农村社会主义教育运动中，我系师生在认真坚持了与贫下中农同吃、同住、同劳动，很多师生放下了知识分子的架子，甘心做小学生，向贫下中农学习，给贫下中农办些好事，涌现了不少的动人事迹。他们经常地为贫下中农挑水扫院，起粪垫圈，做各种家务劳动。有的同志为照顾一个多年病倒在炕上的老大爷，从剃头刮脸，到端屎端尿，不嫌脏，不嫌麻烦。而贫下中农的高贵品质，不怕艰苦，热爱集体，忘我的劳动等等，给师生们以极大的感染，特别是在斗争中，贫下中农在大是大非问题上所表现坚定的革命方向和鲜明的阶级立场，给了师生以深刻的教育。经过"三同"，超过革命的风雨，很多师生和贫下中农建立了深厚的阶级感情，"同呼吸，共命运"，把社会主义革命进行到底。从这一实践中，我系师生认识到：

（一）包括历史研究工作者在内的知识分子，要想成为真正的革命者，必须按照毛主席的教导，与工农群众相结合，知识分子劳动化，否则将一无所成。要做到这一步，就得离开书斋，下厂下乡，除此，是没有别的道路可循的。因而，我系师生参加农村社会主义教育运动，就找到了与工农结合的具体道路。

（二）广大的贫下中农，占我国农村人口百分之六十到七十。他们不仅是农村社会主义集体生产的主力军，创造了大量的社会财富，而且他们是封建主义、资本主义等剥削制度的死对头，是地主阶级、资产阶级等剥削阶级的死对头，是社会主义制度的坚决拥护者，是无产阶级专政的可靠力量。广大贫下中农在社会主义革命和社会主义建设中具有这样重要的地位，因此，我们在历史教学和历史研究等工作中，就必须坚持和贯彻依靠贫下中农的阶级路线，在教学中帮助贫下中农的子弟，解决学习上的困难，在历史研究中大力展开村史、家史的编写，以及编纂一些通俗易懂、富有教育意义的历史读物，及时地送到农村中去，在为无产阶级政治服务方面，尽我们一份力量。

（三）广大贫下中农不仅在今天具有这样重要的地位，就是在近代的和古代的历史上，他们也是站在生产的第一线和阶级斗争的最前列。广大的劳动人民，是我国历史的真正创造者，是我国历史的主人。

第三，在农村社会主义教育运动中，不少师生参加了村史、家史的编写工作。村史，一般说来，是以阶级斗争为纲，综合叙述该村各个历史时期的政治、经济和文化的具体情况及其发展变化的特点。家史，一个不小的部分是苦大仇深的贫下中农的历史，既描绘了他们在旧社会遭受的残酷剥削和压迫的事实，也叙述了他们在旧社会不甘心受剥削的反抗和在新社会翻身做主、从事生产劳动的状况。另外，也编写了一些地主老财们在解放前的剥削发家的历史。村史和家史，是近几年来伴随我国社会主义教育运动而出现的新生事物。由于它和广大农村、广大人民群众有着血肉的联系，因而具有强大的生命力，同时在其开始就出现了一些很好的篇章。我系师生，刚刚从书斋、课堂里走出来，对编写村史、家史是极为陌生的。虽然他们也编写了一些村史和家史，但是还有待于进一步的修改和加工，才有可能提供出像样子的作品来。尽管如此，不少师生在编写村史家史的过程中，积累了一些经验，取得了一定的收获。

首先，师生们从思想上认识到编写村史和家史的重大意义。他们在搜集、采访村史家史材料的过程中，听到贫下中农解放前的血泪斑斑的遭遇、地主老财的横行霸道，受到极其深刻的阶级教育。其感染之深，变成推动师生们编写村史和家史的动力。如果不把这些事实记述下来，载诸史册，究竟还上哪里去找人民的历史？究竟还用什么样的历史去教育我们的青年一代？还写什么样的历史为无产阶级政治服务，为贫下中农服务？对村史、家史的编写，不是历史教学和研究中的枝节，而是带有根本方向性的原则问题。站在资产阶级历史学的立场上，“言必称尧舜”，认为越古远越是学问，村史、家史是微不足道的；而站在马克思主义历史科学的立场上，则认为只有从人民的需要出发，只有记述人民的革命斗争，揭露剥削制度、剥削阶级的残暴和黑暗，才是真正有用的学问，因之村史、家史的编写和研究是当务之急。由于师生们从实践中获得这一认识，他们下定决心，大力开展这方面的学习和研究。有的搞古代史的同志，在阶级斗争实践中下了楼，积极投入这项工作。这对于我系今后的发展来说，是个很好的条件。

村史和家史的材料，只有通过调查访问的办法，才能到手，另外的办法是没有的。家史主要限于一人或一家的历史，经过个别和多方面的访问，材料是不难解决的。至于村史，特别是一些社会情况比较复杂、阶级斗争比较尖锐的村子，它的历史材料，时间越久就越不易搜集。解决村史素材的问题，必须召开不同类型的调查会。在我系师生编写的村史中，单是召开的大小调查会就有十五六次，参加的人数达 80 多人次。另外还辅之以个别访问，并到外地和有关部门中去进行调查了解。积累的各种材料，不下 20 万字。其中有些材料，如关于封建剥削关系的材料，在阶级斗争尖锐时期阶级变动情况的材料，是从来书本上所没有见过的，而其价值之高，也是书本记载所无法比拟的。师生们对这样丰富的有价值的材料，认为是得到了活的材料和活的知识，视若珍宝。

采用开调查会的方法，师生们的收获，显然不止获得活的材料而已。特别值得提出的是我们召开了包括不同阶级不同阶层的人的调查会。听不同的意见，加以比较研究，这对于学习和运用马克思主义的阶级分析的方法也是个有效的办法。从调查会中搜集来的感性材料，既有正面的，也有反面的，只要用阶级观点对照比较，加以去伪存真、去粗取精，这些事实材料是能够显示事物的本质的。

我系师生通过社会主义教育运动的各项工作，特别是像编写村史家史等一类的工作，从调查研究入手，突破了本本的限制，扩大了视野和知识领域，初步地把理论与实际结合起来，并从实际中、从使用中，去领会和检验自己所学的历史知识和理论，增强了调查研究的能力，片面性减少了，辩证唯物主义的观点加强了。正由于此，不少同志在参加农村社会主义教育运动中，发挥了作用，从革命斗争的实际中受到了教育，提高了自己的认识水平。

我系师生之所以在农村社会主义教育运动中取得一些成就，归根结底，是由于各级党的领导，是由于努力学习毛泽东思想的结果。下村之后，好多师生在紧张的革命斗争中，找空隙，挤时间，学习毛主席著作。他们开始摆脱了学院式的、教条主义的学习方法，为革命而学，带着问题学，在某些方面收到活学活用的效果。他们从《中国社会各阶级的分析》《湖南农民运动考察报告》《实践论》《矛盾论》《人的正确思想是从哪里来的?》等著作中，认识和分析社会状况，并以此为指导来观察当前的社会实际，从而加强了他们的阶级、阶级矛盾和阶级斗争的观点等等。从反复学习《为人民服务》《纪念白求恩》《愚公移山》等篇文章中，他们在不同程度上认识全心全意为人民服务，是革命知识分子和革命接班人的首要任务和最根本的条件，因而他们能够认真坚持“三同”，与贫下中农建立深厚的阶级感情。他们学习了《“农村调查”序言》《反对本本主义》《改造我们的学习》等篇文章，并按照这些指示，努力克服主观主义和教条主义，初步学会运用调查研究方法，去从事各项工作。毛泽东思想是指引师生在社会主义革命中的明灯。对毛主席著作的学习，虽然还很不够，但师生们开始找到了学习的正确途径，显然是可贵的。只要循着这个途径前进，今后的收获定会越来越大。

总之，我系师生9个月来参加农村社会主义教育运动，深刻地感到农村是广阔天地，深刻地认识到实际的革命斗争是一个伟大的革命熔炉。他们在这个革命的熔炉中，既触动了世界观，也丰富了过去的专业知识，受到深刻的锻炼，资产阶级的东西去掉不少，无产阶级的东西也增加了。“海阔凭鱼跃，天高任鸟飞”。让人们以不断革命的精神，发挥自己的主观能动作用，在革命的海洋中遨游吧！

（资料来源：《历史教学》，1965年9月28日，作者：王国标）

3. 一所大学的文化担当
——河北大学以学术研究助推中华优秀文化传承创新

近日，河北大学再传喜讯，杨宝忠教授承担的国家文化发展规划纲要重大建设项目——“中华字库工程·明清图书用字搜集与整理之三·文字整理与考释”项目正式启动，河北省副省长龙庄伟亲自为项目工作室揭牌。

这是河北大学立足中华文化传承，鼓励精品力作的一个缩影。新世纪伊始，该校党委书记、校长王洪瑞亲自牵头编制《河北大学面向21世纪建设与发展规划》，提出要“集中资源，选取对传承中华文化、弘扬民族精神有推动作用的选题，给予重点支持”。随后，学校出台了一系列激励举措，从体制、机制层面助推传统文化研究。十年来，该校潜心耕耘，在文化传承创新领域硕果累累。

瞄准重大文化选题，不断推出精品力作

宋词元曲是中华传统文化的瑰宝，但由于传唱古谱今人难以识读，没有深厚的中国传统文化底蕴难以深入。因此，曲学也被视为绝学。刘崇德教授醉心“天书”，40余载解译了有“天下之宝”美誉的尘封千年的古乐——《新定九宫大成南北词宫谱》，使得尘封千年的古乐得以重返舞台。

教育部人文社会科学重点研究基地——宋史研究中心历时十年汇集全国66位专家编纂380余万字的《辽宋西夏金代通史》，被誉为“继往开来里程碑式的著作，充分展现了多民族共同创造中华文明的历史业绩”。

谈起近年来在文化传承领域的成就，王洪瑞说：“传承文明是现代大学肩负的重要使命。河北大学的经验是，以制度创新营造宽松环境，以宽松环境孕育学术精品，以学术精品高扬民族精神。”

抓住本土特色，挽救文化“活化石”

燕赵之地文化艺术绵长醇厚，孕育了众多具有深厚文化内涵和独特地方风格的非物质文化遗产，但也面临着后继乏人、生存状况堪忧的严峻形势。“以承载和发扬本土文化为己任，我们组织多个科研团队加强对河北历史文化的挖掘和阐发，承担了《河北百科全书》编纂、燕赵思想家研究省域重大文化工程，有效促进了地方优秀文化的普及弘扬。”河北大学副校长王凤鸣告诉记者。

杨文会教授及其团队，广泛调研河北不同地区的民间艺术生态，选取曲阳石雕、唐山皮影、武强年画等具有代表性的河北民间艺术为切入点，还原省内多样的文化形态，推出100多万字的《河北民间艺术及历史文化研究》，被业界誉为“燕赵之地的‘文化植被’”。

非物质文化遗产保护，既在于“研”，亦在于“传”。众多河北大学老师为此忙碌，以挽救这些濒临灭绝的“活化石”：民俗学专家刘玉凯教授退而不休，拖着患有严重腿疾的病体四处奔波，以拯救和传承国家非物质文化遗产——安国药王庙会；马兰老师得知有“天下民间绝艺”之誉的定州秧歌戏濒临失传，到田野乡间搞调研，撰写了《定州秧歌的独特品格与生态保护》调研报告，引起当地政府重视，推动了地方小戏的活态传承……

服务国家战略，助力文化产业发展

作为一所重点综合性大学，河北大学充分发挥多学科优势，不断丰富文化建设的内容和业态，支撑和助力新兴文化产业发展。

2005年，河北大学与国家发改委合作共建华夏文化产业研究院，搭建文化产业研究新平台；2007年，河北大学汇聚艺术、文学、影视等学科力量成立动漫游戏产学研实训基地，创作动漫作品10余部；2008年，文化创意产业研究中心在教授杜浩带领下精心策划了“狼牙山、英雄山”主题文化系列推广活动，使景区旅游客流量猛增3倍。

据统计，该校围绕旅游开发、动漫游戏、图书声像出版物策划、文化演艺等组成的创意服务团队已达26支，活跃在文化产业的各个领域。

（资料来源：《光明日报》，2011年12月24日，第1版，作者：耿建扩等）

4. 多学科交叉融合校内外联合攻关，搭建综合智库平台

——河北大学技术创新引领产业升级

本报讯（记者周红松 通讯员李栋、金天星）：日前，中科帷幄动漫有限公司与河北大学动漫基地联手，围绕长城汽车品牌开发动漫系列产品，投资总额达1亿元的合作项目已落户河北大学科技产业园并正式启动。这是河北大学加强协同创新，促进区域经济社会发展的又一新成果。

经济转型、产业升级，离不开技术创新，河北大学充分发挥多学科交叉融合优势，主动以技术创新引领地方产业升级。在学校医工交叉研究中心，来自临床医学、计算机、自动化、应用物理、质量检测等不同学科的研究团队，正在对手术导航系统进行最后阶段的调试。“项目测试成功并运用到实际后，将有效解决临床医疗的诸多难题。”中心负责人、国家杰出青年科学基金获得者李正平教授说。

医工交叉研究中心是河北大学建立的首批协同创新平台之一。如今，学校已构建起以新能源技术研发基地、制药和食品检测创新基地、医工交叉创新发展基地、动物学及生物工程基地、汉字识别及信息处理基地等为代表的一大批协同创新平台。

河北大学生物技术发酵工程研究室中心是一个集合了生物技术、食品检测、化学多学科的综合研究平台。在张贺迎教授的主持下，该中心多年来致力于传统酿造工艺改进的研究。“用我们的技术可以减少耗粮、耗能，缩短发酵周期，降低废渣率，从而把酿造成本降下来。”石家庄珍极酿造公司、山东居易酿造公司、广东江门食品有限公司等企业纷纷找上门来寻求合作。

除了发挥多学科融合的作用，河北大学还加强校内外组织协同攻关，通过组建大团队，解决大问题，催生大成果。秦皇岛港是我国“三西”煤炭基地的重要出海口岸，但煤炭装卸也给该市带来了严重的煤尘污染，极大地影响了城市的空气质量。

主持解决煤尘污染项目的刘志强教授告诉记者：“学校组织了跨学科精干力量，与秦皇岛港务局等单位进行联合攻关，历经3年，顺利解决了静电除尘在翻车机房煤尘污染治理中的难题，项目实施后，每年可回收煤粉5000多吨，极大改善了城市空气质量。”

“只有将政府调控下的外部需求驱动转化为校企之间的自愿协同创新，才能保证协同创新机制的健康有序推进。”河北大学副校长王凤鸣说。为此，学校在协同创新驱动模式上进行了有益的尝试和探索，逐步建成了一批高水平智库平台，如日本问

题研究所、宋史研究中心、动漫基地等。

一系列高水平智库平台的建立，彰显了河北大学作为综合性大学的协同创新优势，也成为该校促进社会经济文化发展的服务渠道和连接纽带。

据了解，近年来河北大学围绕旅游文化、动漫游戏、图书出版、影视艺术、大众传媒等，先后组建了近 30 支团队作为技术后盾和智囊团，带动起多个项目融入河北省文化产业创新体系建设中。

付出终有回报。河北大学在历届河北省社科评奖中获奖质量和数量均为第一；连续 4 年获得河北省自然科学一等奖、科技进步一等奖，作为主研单位之一参与的“量子化霍尔电阻基准”项目 2009 年获得国家科技进步一等奖。

（资料来源：《中国教育报》，2012 年 1 月 16 日，第 1 版）

5. 河北大学曲学研究再传佳讯——沉睡千年古曲乐谱再现人世

本报讯（记者耿建扩 通讯员金天星、王永帅）古城保定再奏雅音。10 月 27 日，由河北大学承担的 2012 年度教育部哲学社会科学研究重大课题攻关项目——“中国古代曲乐整理和研究”正式启动，填补了国内此类研究项目的空白。教育部社科司、河北省委宣传部、河北省教育厅、社科联和河北大学相关负责人与多名著名学者出席开题会议。

据悉，哲学社会科学重大研究课题攻关项目是教育部于 2003 年全面启动的“高校哲学社会科学繁荣计划”的标志性举措，被认为是哲学社会科学研究中最高级别的项目，已成为衡量一所高校人文社科研究水平的重要标志。教育部社科司副司长张东刚表示，刘崇德教授担纲的“中国古代曲乐整理和研究”项目具有很高的文化价值，在带动人才培养、传承中华文化、普及历史精粹方面具有十分重大的意义。

中国古代曲乐是中华优秀文化遗产的重要组成部分，它以唐、宋、元、明、清以来的曲牌体词曲音乐为主体，融音乐、戏曲、文学于一身，是跨学科、综合性的艺术，因传唱古谱今人难以识读，没有深厚的中国传统文化底蕴难以深入，故曲学也被视为绝学，研究难度极大。自 20 世纪 80 年代以来，在刘崇德教授的带领下，河北大学曲乐研究不断取得重大成果，尘封千年、有“天下之宝”美誉的《新定九宫大成南北词宫谱校译》及《燕乐新说》《中国古代曲谱大全》等论著相继出版，荣获多项国家级奖励。

据刘崇德教授介绍，该项目将通过曲乐的整理和翻译，最大力度保存和传承古代音乐，同时通过理论研究，促进曲学研究和学术研究的深入，为我国声乐、戏曲理论的民族化提供基础工作和重要学术支撑。

项目开题评审委员会主席，国家图书馆党委书记、常务副馆长詹福瑞告诉记者，这是我国首次对古代曲乐乐谱进行大规模结集今译、对现存曲乐活体进行抢救性采集挖掘。河北大学为继承中华优秀传统文化所作的努力，对当前文化建设与开发具有重要意义，对非物质文化遗产的保护和传承具有重要的参考价值。

（资料来源：《光明日报》，2012 年 10 月 30 日，第 4 版）

6.《雄安历史文献系列丛书》面世全面呈现雄安历史文化、风土人情

人民网雄安 11 月 22 日电（施云娟）：《雄安历史文献系列丛书》成果发布会 21 日在雄安新区举办。会上，河北大学向雄安新区赠送了《雄安历史文献系列丛书》。

无文化传承，无雄安未来。《河北雄安新区规划纲要》提出，要坚持保护弘扬中华优秀传统文化、延续历史文脉。雄安新区在历史上为多种民族的往来交错之地，有着丰富的历史文化资源：既有传统的经史子集文献、地方史志文献，又有散落在各地的大量石刻文献，还有近代以来形成的大量的公文档案文献等。这些文献资料记录着自古至今当地在思想、文化、史学、文学、艺术等诸方面的成就，蕴含着丰富而宝贵的、具有地域特色的历史文化内涵。

为保护并传承好这批珍贵的文化遗产，全面呈现雄安地区历史文化、风土民俗、水文地理、物产百工面貌，服务雄安新区文化建设，2017 年 8 月，教育部省属高校人文社会科学重点研究基地——河北大学宋史研究中心、历史学强势特色学科，联合北京燕山出版社、江苏凤凰出版集团、北京采薇阁图书文化公司等单位，设立“雄安新区历史文献整理与研究”项目组，开启了雄安新区历史文献的搜集、整理工作。本项目计划编辑完成《雄安历史文献丛书》13 种，约 500 册。

过去一年多时间，课题组多次深入安新、雄县、容城等地调研当地文物遗存、碑刻文献、档案资料等，目前一期已编辑完成《雄安历史文献丛书》8 种，共 279 册，包括《雄安新区方志丛刊》（16 册）、《雄安历代著作集成》（147 册）、《雄安历代别集丛刊》（56 册）、《雄安教育史料汇编》（7 册）、《清代雄安职官年表》（6 册）、《雄安近代期刊卷》（11 册）、《雄安〈申报〉文献卷》（6 册）、《雄安水利文献集成》（30 册）。

接下来，项目组将在全面整理雄安文献的基础上，进行数字化开发，建立雄安新区历史文献数字图书馆，服务雄安新区历史文化建设和遗产保护开发，为人文雄安建设贡献力量。

雄安新区管委会、河北省社会科学联合会、河北省图书馆、保定市档案局、北

京燕山出版社、河北大学相关领导和部分机构学院师生代表及出版社、新闻媒体代表等参加发布会。

（资料来源：http：//www. rmxiongan. com/n2/2018/1122/c383557－32320398. html 人民雄安网）

7. 发挥学科综合优势助力新区规划建设

——对话河北大学党委书记郭健①

为配合雄安新区在规划编制中体现文化先行的理念，河北大学发挥学科优势，编纂完成《雄安历史文献系列丛书》。2018 年 11 月 21 日，“雄安历史文献系列丛书”系列成果发布会在雄安新区举行。为此，本报记者采访了河北大学党委书记郭健。

记者：作为毗邻雄安最近的大学，你们是如何助力新区规划建设的?

郭健：河北大学毗邻雄安，具有得天独厚的区位优势。服务雄安新区建设，是河北大学义不容辞的责任和历史担当。学校紧紧围绕国家战略，抢抓机遇，加强对接，主动服务新区规划建设。2017 年 4 月 1 日，雄安新区设立伊始，学校第一时间召开会议，传达中央精神，谋划战略举措，成立了以书记、校长为组长的河北大学服务雄安新区建设工作领导小组。领导小组下设办公室，组成专门机构、设置专门人员负责对接服务新区建设工作。为做好服务工作，学校主要领导多次奔赴雄安，与新区管委会、当地政府、企业等进行深入沟通交流，组织专家团队深入新区建设一线，使服务新区规划建设工作取得了显著成效。

今年 8 月，在教育部领导下，学校制订了“燕赵文化学科群”“生命科学与绿色发展学科群”两大学科建设方案：一是以中国语言文学为牵头学科，中国史、哲学、教育学、新闻传播学、应用经济学、法学为配合学科，重点建设燕赵文化学科群，以服务雄安新区历史文化发掘与保护为重要内容，积极对接河北省文化旅游产业；二是以生物学为牵头学科，化学、光学工程、生态学、环境科学与工程、临床医学和药学为配合学科，以雄安新区、白洋淀流域生态环境保护为重要组成部分，积极对接医药产业和现代绿色产业，为新时代全面建设经济强省、美丽河北贡献力量。

记者：请你谈谈河北大学在服务新区中的具体做法。

郭健：一是建成了三大高端平台。2017 年 5 月，学校组建了由校长任组长的河北大学雄安新区研究院，致力于建成服务雄安新区建设与发展的新型综合性智库、高新技术转移平台和协同创新研究开发机构；积极推进由诺贝尔经济学奖获得者克

① 选文做了删节处理。

里斯托弗·皮萨里德斯教授担任院长的河北省区域经济研究院建设，就京津冀区域经济发展、雄安新区建设等重要领域开展研究工作。2017 年 11 月，学校与中国科学院大学签署战略合作协议，共建雄安高等研究院。美国加利福尼亚大学洛杉矶分校、华大基因研究院参与建设。研究中心建设、高层次人才队伍建设等工作正在有序开展。

二是推进三项重点工程。学校统筹推进历史文化资源挖掘与保护工程、雄安新区生态环境保护工程、建言献策与智力支撑工程。《魅力雄安》《雄安方志》等系列研究成果陆续出版发行，多卷本《雄安通史》编撰工作正在紧锣密鼓进行。在充分论证雄安新区地方文献档案学术价值的基础上，学校全面设计了“雄安新区历史文献整理研究与编纂”重大项目。受雄安新区管委会委托，学校承接雄安新区环境质量现状综合调查工作，主要对地表水和土壤质量现状进行监测。学校承担了“十三五”国家重大科技专项“白洋淀与大清河流域（雄安新区）水生态环境整治与水安全保障关键技术研究与示范项目”，目前研究工作顺利推进。2017 年 5 月，学校成功举办了“智引未来——雄安新区建设发展高峰论坛”；6 月承办了“雄安新区历史文化与遗产保护座谈会”。这是由新区管委会主办的第一个专题座谈会。2017 年底，学校组织团队承担了教育部哲学社会科学重大课题攻关项目“雄安新区公共服务体系与教育发展规划研究”。

三是落地了 1 个科技创新园区。2018 年 5 月，学校建成河北大学雄安新区研究院创新科技园。河北省区域经济研究院团队，教育部哲学社会科学重大课题攻关项目“雄安新区公共服务体系与教育发展规划”项目研究团队、由“十三五”科技重大专项水专项研究团队、石墨烯纳米光电器件研发团队等 16 个团队经过评估审核首批入驻园区。

记者：面对新区规划建设的不断提速，你们将如何提供人才智力支持？

郭健：城市的发展离不开历史文化的传承和书写。河北大学是一支可以信赖的历史文献资源整理和研究力量，是我省人才培养的重镇、科研创新的高地，也是河北高等教育开展国际交流与合作的桥头堡。我们将发挥学校人才和智力优势，积极引导和鼓励师生务实推进服务新区规划建设工作，将事业发展与服务雄安新区规划建设紧密结合，为千年大计、国家大事的雄安新区发展提供强有力的人才智力支撑。

（资料来源：《河北经济日报》，2018 年 12 月 18 日，第 7 版）

三、办学经费与管理①

（一）天津工商大学

天津工商大学办学经费来源

自工商大学开办直到1951年津沽大学改公立之前，办学资金来自多方筹措。主要渠道为罗马教廷津贴、法国耶稣会拨给教区的传教经费、其他教会机构和教友个人的捐赠、天津教案付给法国教会的赔款、庚子赔款分给法国耶稣会的款项、法国政府津贴等。这些都由直隶东南教区账房——崇德堂经营拨付。据1930年为申报立案向国民政府教育部呈报的核准表具体标明：其中基金（法国耶稣会募集拨发）150万元（有价证券及现款现时存在国外银行），息金9万元；学费2万元；私人常年捐助金8万元；其他4万元。②

（资料来源：阎玉田《踞析津之阳——天津工商大学》，人民出版社，2010年版，第42—43页）

（二）天津工商学院

1. 天津工商学院校董会议讨论学院办学经费及其他问题③

天津工商学院校董会议记录第三十号

开会地点：本院

日期：民国三十三年五月十六日

时间：下午五时

出席董事：徐端甫、文贵宾、张坚白、汪向叔、尚建勋、柯守义、
　　　　　邓维屏（邓华光代）

缺席董事：曹润田、张燕卿、刘斌、凌安澜、周济世

列席人：院长刘迺仁、秘书吴庆嵩

主席：徐董事长

---

① 由于资料搜求及统计的困惑与不足，此处只选入天津工商大学至津沽大学的部分办学经费相关材料，而对天津师范学院到河北大学的办学经费相关内容不做介绍及呈现。

② 《私立工商学院呈请核准设立（一）表》，河北大学档案，93号。

③ 题目为编者根据内容自行拟定。

主席报告：本院校董会议半年来因各董事多不在津，故未举行，兹因张董事不日赴京出席咨询委员会议，尚董事恰由献县到津，故召集会议报告半年来经过情形。

刘院长报告：本院近年来情形尚属顺利，本年大学学生有104名毕业，高中毕业95名，初中学毕业185名，现在学生名额计大学582名，高中367名，初中762名，共1671名。暑假时招考新生拟定7月15日在京津济南同时举行，土木工程系拟收60名，建筑30名，会计40名，贸易40名，女生90名，中学400名。

关于学费问题，本校大学每期学费在8年前仅45元，大水后增至80元，两年前加至100元，因有捐款迄未增加学费。现在物价高涨，经费亦大增，日前院院务会议议决增加大学学费，如学费不加即须多募捐款，方能弥补入不敷出之额。恳请校董事会核定。

张董事：在外募捐不如酌增学费，故加增大学学费，实为正当办法。为贫寒子弟，仍须于奖学金项下复助之。

主席：张董事之议本席极为赞成。

刘院长：院务会议大学拟定每期学费加至200余元。

主席：增加学费之原则本会完全接受，至究应加增若干，提议授权于院长调查他校增加之数，参酌本校经费情形拟定之。

张董事：教职员薪酬亦宜加增。

主席：教职员待遇自应提高，否则生活不能维持，必将辞而他适。

刘院长：中学学费亦须增加。

主席：中学学费不宜太高，提议授权于院长酌量增加。

决议通过。

刘院长：为节省用煤起见，暑假时拟提早于8月20日开学，12月放寒假，3月开学，6月放暑假。

院长报告1年内经费情形。(另有收支详表)

主席：现在捐册在外迄未送回者尚多拟稍缓设法收回。

刘院长：本会新聘吴秘书，请提出会议通过。

主席：本会对于各项文书会议记录及其他事项须有专责之人办理，故聘任吴秘书专司其事。

议决通过。散会：下午六时余。

(资料来源：《天津工商学院校董会开会记录》，河北大学档案馆藏)

2. 天津工商学院 1929 年学生入学缴费要求[①]

费用：

以下各项费用均须于开学报到注册时缴纳。甲、半学年（每学期费用）1. 学费 35 元。2. 宿费 20 元。3. 体育费 3 元。4. 理化试验费 7 元。5. 打字或测量费 3 元。6. 讲义费 4 元。7. 预偿费 5 元。8. 试验室预偿费 3 元。乙、特别费，1. 报名费 5 元。2。毕业文凭费 6 元。3. 卒业证书费 3 元。4. 复考试费 3 元。注册迟误时，须额外缴纳大洋 1 元，除预偿费 1 项，于学期之末，按照损坏院产之程度，及其他费用之多寡，由是项内扣除有余发还外，其他各项费用，概不发还，学生之书籍费、膳费与宿舍内所有自用之器具，不在学费与宿费之内，概由学生自备之。

（资料来源：《天津工商学院一览》，河北大学档案馆藏，1929-CB13-3）

3. 天津工商学院 1935 年学生入学缴费要求[②]

费用：以下各项均须开学报到时缴纳。

（1）学费 30 元。（2）宿费 10 元。（3）体育费 2 元。（4）打字费 2 元。（5）预偿费 3 元。（6）报名费 3 元。（7）补考费 2 元。（8）毕业证书费 2 元。（9）毕业文凭费 5 元。以上各费除预偿费扣尽之余发还外，其他概不发还，书籍用品及饮食费并宿舍内之应用床帐桌椅等均归学生。自备学生饭厅学校设法襄助，但其饭费学校不过问，且学生如有在外赊账等事，学校亦不闻问，但学生退学时应将其所有什物一概带走，不准存于学校。

（资料来源：《天津工商学院院务报告书》，河北大学档案馆藏，1935-CB13-8）

4. 天津工商学院女院免费生及奖学金[③]

免费生及奖学金：

本院为奖励家境清寒、品学优良之学生，特设免费学额及奖学金，凡请求免费或奖学金之学生，经本院考查考试成绩并调查家境确属优良清贫者，即可准予免费或酌情补助若干奖金。

（资料来源：《工商学院女院成立纪念册》，河北大学档案馆藏，1943-CB13-1）

5. 日本侵华时期天津工商学院办学经费的筹集[④]

1943 年，美军在太平洋实行“越岛进攻”，日本失去了制空权和制海权，便把中

---

① 题目为编者根据内容自行拟定。
② 题目为编者根据内容自行拟定。
③ 题目为编者根据内容自行拟定。
④ 题目为编者根据内容自行拟定。

国占领区作为其进行持久战争的“兵战基地”，实行野蛮的“三光”政策。1944 年春，日本又发动了豫湘桂战役，实现了打通大陆交通线作战计划，引发了日本占领区和国民党统治区物价飞涨。学校经费入不敷出的局面更加严重，学费不得不一加再加，造成许多学生因家境困难不能继续学习。为在逆境中求发展，学校采取了一些重要措施。

（1）校董事会决定，尽最大努力扩大奖学金的比例和金额。

“对于贫寒子弟仍须于奖学金项下补助”，以保证其不因经济拮据而辍学。尽管学费增加 2/3，但新生报到异常踊跃，正取名额竟一个不缺，故补取生未完全补入，从而进一步激发了校董事会和校务组织谋求发展的信心和决心。

（2）为解决经济拮据之急，校董事会决定增加校董事名额，特推举孙多钰和华北银行界元老任振采①为董事。

为节省开支方便管理，决定将女院迁入学校南楼。以上措施对解决学校经费拮据状况起了重要作用。

尽管校董事会和全院师生四处募集资金，但由于物价飞涨，学费不得不一加再加。1944 年每生学费 2500 元，1945 年即增至 19 000 元，造成许多学生因家境困难不能继续学习。如 1944 年 9 月开学时，在校人数 626 人，1945 年初即减为 532 名，94 名学生辍学，实为憾事。校董事会决定尽最大努力扩大奖学金的比例和金额，才基本上扭转了局面。

（3）为渡过经济难关，董事会遂特邀龚仙洲、曹汝霖、徐世章、汪向叔等社会“名流”为董事。

先后推举龚仙舟、徐世章为董事长，利用他们在社会上的名望，为学院筹措了不少经费。此外，还邀请大汉奸王揖唐②、阎家琦③等 20 余名“知名”人士来校参观，参观后向学院捐款不少。这基本上扭转了学校经费入不敷出的局面。

（4）在政治上利用各种条件和形式与日周旋，以保证教学活动的正常进行。

由于学校为法国天主教会所办，与日本天主教会保持着密切联系。尤其是 1930 年桑志华应邀去日本皇宫学院讲学，威震日本皇宫，使日本天皇得知天津市有个工

---

① 美国康奈尔大学毕业，时任开滦煤矿总经理。1944 年个人向学校捐资巨款，开滦亦捐助 5 万元，且对本院用煤尽力帮助，实行优惠。

② 王揖唐（1878—1948），名赓、志洋。曾留学日本，袁世凯秘书，洪宪男爵，北洋上将，安福系主将。七七事变后，叛国投敌，1948 年以汉奸罪被枪决。

③ 时任伪天津市警察局长。

商大学和北疆博物院，藏有许多珍奇文物，天皇对古生物化石极感兴趣。① 1932 年，天皇通过日本军界最高参谋长写信给桑志华，请他将关于北疆博物院所有著作寄往日本以便出版。② 从 1934 年至 1938 年，天皇的妹妹（Kuni）、妹夫（Otani）、东京大学和皇宫大学教授的两位教授、日本国一位亲王（Oyame）等先后到北疆博物院参观。③ 此外，耶稣会总会长利用当时德、日两国结盟的关系，专门派日本教区神甫且精通日语的鲍（Boreasch，德国人），于 1938 年 7 月至 1939 年 12 月、1940 年 3 月两度来本校帮助与日周旋。④ 1941 年 9 月，新学年开学，特聘请日本文教省社会教育委员三浦万之助担任日语教授，并挂以副院长头衔。规定日语为学生必修课程，各系科一、二年级两学年每周授课两学时，学生也只是搪塞敷衍。12 月，三浦万之助离去，日语课程立即被取消。

正由于此，侵华驻津日军和伪天津政府对本校不敢轻易骚扰。1938 年 10 月 15 日和 27 日，日本侵略者堆放于离本校花园不远的棉花堆两次起火。几十名日本官兵逼迫法国副领事伴同，来校检查学生宿舍 3 个多小时，结果因没有查出任何可疑证据，未敢放肆，悻悻而去。⑤ 1944 年 3 月 20 日，许多学生和教师在法租界被日本逮捕，并有 2 名教师和 7 名学生被判处多年徒刑，学校通过阎家琦等关系疏通，这些师生最终被释放。此年因“安南事件”日法关系紧张，为防止日本借机扰乱，法籍神甫房如晦、暴安良分别辞去商学院主任和工学院主任职务，专职教学工作。其职务由中国工程技术界著名专家高镜莹、张华伦先生接任。至此，工商学院各院各系主任均由华人担任。

总之，在当时日寇统治之下，学校经济上遇到空前困难，处于风雨飘摇之中，在华人组成的学校领导组织下，教职员齐心协力动员和争取社会各方面支持，教学活动从未间断，教学设备不断增加完备，规模越办越大，学校成绩卓著，声誉日盛。在当时的天津市乃至华北规模最大者，首属工商学院。社会上传颂“煌煌北国望学府，巍巍工商独称尊”，“堪称与康奈尔大学相媲美”。⑥

此奇迹的出现，除上述主观原因外，客观上主要是抓住了机遇：第一，由于平

---

① 《天津工商大学简史》，第 40 页。
② 《天津工商大学简史》，第 45 页。
③ 《天津工商大学简史》，第 66-67 页。
④ 《天津工商大学简史》，第 98 页。
⑤ 《天津工商大学简史》，第 100 页。
⑥ 《跃进中的工商学院》《工商生活特刊》1942 年 9 月 10 日，河北大学档案，1942-CB13.

津两地大学有的被迫解散，有的被日军侵占，从其他大学转入工商学院注册的学生日益增多，仅1938年即有借读生45名。此外北大、清华、北洋、南开等大学内迁，造成华北地区高中生无其他大学可考，唯有天津工商学院岿然不动，学生只能报考此校。生源充足雄厚的条件，更促使学校当局紧紧抓住这一难逢的发展机遇，想尽一切办法，克服重重困难，不断扩大办学规模。第二，聘任著名专家学者执教，不断扩大学校社会影响。平津两地高校一些教授、专家，因环境所迫，未随原校南迁，而又不愿为日本干事，很多人便辗转到没有内迁的工商学院任教。如燕京大学的齐思和、翁独健、侯仁之，南开大学的袁贤能、胡继瑗、张华伦，此外，还有工程技术界的专家如王华棠、阎子亨、谭真、沈理源、陈炎仲、高镜莹、刘问凯、孙家琦等。他们承担教学任务，一方面极大地增大了华人教授的比例，更主要的是使工商学院的教学质量和科学研究水平得到显著提高，工商学院毕业生受到社会好评。再加上教学仪器设备较完善领先，图书资料较充实，等等，这在当时很具有吸引力，报考工商学院的考生越来越多，学校得以迅速发展。

（资料来源：阎玉田《踞析津之阳——天津工商大学》，人民出版社，2010年版，第80—81页）

（三）津沽大学

1. 津沽大学1951年师范学院、土木专科及其他教学科研经费支出统计表①

津沽大学师范学院1951年8月份应付款

种类	总额（元）
器械制造厂试验台八成款	800
美森双层床八成款	2860
共计	3660

① 题目为编者根据内容自行拟定。

津沽大学师范学院 1951 年 8 月份图书置办费

种类	总额（元）
中文系参考书	1861.6
外文系参考书	1014.7
史地系参考书	3163.88
数学系参考书	1688.3
物理系参考书	889.1

津沽大学师范学院 1951 年 8 月份科学教育实验用品置办及修理费

	数量	单价（元）	总额（元）
化学实验用品	1		4451
燃烧勺	30	2	60
牛角刀	6	10	60

津沽大学土木专科 1951 年 9 月份月报表

科目	差额（元）	本月累计（元）	本月总数（元）
银行存款		50048	50048
行政费		23500	23500
事业费	2040.3	103000	103000
工资		21000	21000
办公费	1411.7	2500	2500
教学补助	3000	3000	3000
教学设备及购置		3522	3522
体育设备及购置		24402.7	24402.7
教学实验维持费		35	35

土木专科 1951 年 9 月份单据稽核表（科学教育设备修理购置费）

摘要	数量	单价	总额	单据编号	说明
直线笔	40 支	45	1800	9	
三角板	10 副	48	480	10	
三棱尺	24 支	8	192	10	
直线笔	25 支	42	1050	10	
榆木方	3 根				

续表

摘要	数量	单价	总额	单据编号	说明
短榆木方	1 根		610	11	修理操场用
5/4 红松板 10 片	49.4 尺	9	444.6	12	修理操场用
灰	12 吨	320	3840	13	修理操场用
石灰运费	12 吨	60	720	14	修理操场用
大型符图	1 个		1650	15	
中型符图	1 个		1350	15	
编号 1#1 篮球	3 个	300	900	16	
编号 1#1 足球	2 个	280	560	16	
编号 1#1 排球	4 个	200	800	16	
肺活量计	1 具	650	650	17	
身长计	1 具	190	190	17	
#篮球	2 个	375	675	18	9 折
#2 篮球	4 个	330	1188	18	9 折
#1 排球	4 个	270	972	18	9 折
#1 足球	1 个	310	279	18	9 折
足球	4 个	200	800	18	
篮球铁筐	3 副	190	540	19	
脚打气管	1 个	24	24	20	
4/6 垫子	2 只	630	1260	21	
口笛	6 只	2	12	21	
4/6 垫子	2 只	630	1260	22	
#2 篮球	5 个	315	1575	23	
#2 排球	2 个	256.5	513	23	
#1 排球	2 个	294.3	588.6	23	
#1 足球	2 个	256.5	513	23	
婹妗足球	1 个	364.5	364.5	23	
跑表	2 只	1050	2100	24	
木轮、木棍各 2 个	4 个		24	25	
阿母尼亚水	5 瓶	7	35	26	
合计			27959.7		

津沽大学师范学院 1951 年 9 月份月报表　　1951 年 11 月 16 号

科目	差额（元）	本月累计（元）	本月总数（元）	上月累计
现金		928.350	928.350	
银行存款		286913.344	287370.014	49543.330
暂付款		1959.500	1959.500	
行政费		67600.000	67600.000	
事业费	246600.536	388000.000	128000.000	260000.000
工资		53000.000	53000.000	
开支费	12851.270	14600.000	14600.000	
教学补助	16158.500	18000.000	18000.000	
图书购置		24425.214	15807.634	8617.584
教学设备及购置		10352.800	10352.800	
教学实验维持费		10003.450	5477.700	4525.750
家具器皿		78618.000	78618.000	
利息收入	445.545	445.545	445.545	

津沽大学师范学院 1951 年 9 月份单据稽核表

摘要	数量	单价（元）	总额（元）	单据编号
中文系图书			1870.500	36—46
外文系图书			413.300	47—53
史地系图书			3358.300	54—72
数学系图书			5041.900	73—84，98
物理系图书			2815.000	85—94
化学系图书			473.900	95—96
工程建筑图书			1834.734	97

津沽大学师范学院 1951 年 9 月份单据稽核表

摘要	数量	单价（元）	总额（元）	单据编号
单人床	40 个	287.7	11508	126
大桌子	6 个	650	3900	126
椅子	48 把	85	4080	126
椅子	64 把	75	4800	126
单人字台	7 个	470	3290	127

续表

摘要	数量	单价（元）	总额（元）	单据编号
办公桌	3个	320	960	128
大桌子	6个	940	5640	129
小桌	3个	640	1920	129
小凳子	30个	44	1320	129
二人床	25个	710	17750	130
双人床	25个	710	17750	131
办公桌	20个	245	4900	132
沙发	3件		800	133

津沽大学师范学院1951年10月份月报表

科目	差额（元）	本月累计（元）	本月总数（元）	上月累计（元）
现金		499.685	4063.335	928.350
银行存款		501233.410	214320.116	286913.344
暂付款		72423.300	70463.800	1959.500
行政费		67600.000		67600.000
事业费	181411.394	433932.258	45932.258	388000.000
工资		53000.000		53000.000
开支费	9159.000	14600.000		14600.000
教学补助	14171.200	18000.000		18000.000
图书购置		35121.564	10696.350	54425.214
教学设备及购置		15022.800	4670.000	10352.600
教学实验维持费		19458.500	9455.050	10003.450
家具器皿		164918.000	86300.000	78618.000
利息收入	445.545	445.545		445.545

津沽大学师范学院1951年10月份单据稽核表

摘要	数量	单价（元）	总额（元）	单据编号
中文系图书			6421.000	138—142
外文系图书			313.900	143—146
史地系图书			3805.500	147—186
数学系图书			1262.800	187—193

续表

摘要	数量	单价（元）	总额（元）	单据编号
物理系图书			1715.100	194—198
工程建筑图书			2552.450	199—203

津沽大学 1951 年 3 月 1 日至 1952 年 2 月
文教补助费与科学教育实验用品购置及修理费计算表

系名	教授人数		辅助人数		学生人数	比值	调整率	积点数	一个月数额	本期数额
	专任	兼任	专任	兼任						
会财	3	7	3	1	120	2	0.9	281	699.25	8391
国贸	2	7	3	3	110	6.5	0.5	914	2266.75	27201
企管	1	6	1	1	100	2	0.9	225	559.75	6717
土木	4	8	4	1	169	7.5	0.4	1460	3626.08	43513
建筑	2	3	1	5	75	5.5	0.6	623	1546.83	18562
机械	3	4	3	2	184	10	0.3	2017	5008.83	60106
国文		6	2	2	58	1	0.9	91	226.17	2714
外文	4	4	3	1	105	1	0.9	129	320.33	3844
史地	4	4	1	2	60	3.5	0.8	377	936.92	11243
家政	3	1	3	4	69	3.5	0.8	303	975.75	11709

津沽大学公杂费、旅差费、器具设备购置及图书购置费计算表

(1951年3月至1952年2月)

科目		专任教员			兼任教员			职员			工警			学生			合计
		人数	计算标准	小计	人数	计算标准	小计	人数	计算标准	小计	人数	计算标准	小计	人数	计算标准	小计	
公杂费	文具纸张起租赁税课止	50	30	1500	72	6	452	20	30	600	30	20	600	1050	8	8400	138.624斤
	水电费	50	3	350	72	1.4	100.8	20	7	140	30	7	210	1050	19	8580	112.570斤
	交通及运输	50	1	50	72	0.2	14.4	20	1	20	30	1	30	1050	1	1050	13.973斤
	医药费													1050	4	4200	50.400斤
	本目合计			1900			567.2			760			840			22230	315.567斤
旅差费														765	0.8	612	7.344斤
器具设备购置		50	1	50	72	0.2	14.4	20	1	20	30	1	30	1050	1	1050	13.973斤
图书购置		50	5	250	72	1	72							1050	5	5250	66.864斤

(资料来源:《津沽大学卷宗——表报》,河北大学档案馆藏)

2. 中央人民政府教育部人民助学金的规定及津沽大学的实施情况①

（1）中央人民政府教育部函（发行字第2746号）

教育部规定：现行人民助学金異动表立即废除，从1951年元月份起改送人民助学金申请表。由本部所属高等院校核查。

各校人民助学金原定每月20日以前报送之异动表，现因失去统制作用，在送报计算时，人数等级与異动表仍不相符，兹为便于学校掌握、简化手续起见，从1951年元月份起，应将现行人民助学金异动表作废，改送人民助学金申请表，希望各院校按照附发格式，在助学金限额内，按照实际需要，核实填报一份，于前1月之25日前送达我部（遇到发款日为假日时，须于23日前送达），以凭按期发款。

人民助学金之计算，仍照以前规定办理，发放统计表4份，计算清册1份，收支对照表1份，及前项申请表（本月计算表应与下月申请表并送）1份送部审核，克服以往报表不准，及到期不报等情形。

附：人民助学金申请表格式1份

通知：中央教育部来函，调查津市各级学校收费情况。除中、小学由教育局负责外，各专科以上学校由本会直接调查。为此，希你校按附表，将收费情况据实填写，于日内送交本会以便统计后报教育部审核。

此致

津沽大学文教委员会

11月21日

（2）中央人民政府教育部函（发行字第2470号）

为函知所属各高等学校及附属中学人民助学金实物部分，自1951年1月份起改发现款。

津沽大学：准中央财政部11月7日财文字第3616号函开："关于人民助学金实物部分改发现款问题，为了照顾同学们的健康起见，同意自1951年1月份起改发现款"等由。我部决定自1951年1月份起实行。希各院校在本月30日以前，将仓库清理完竣，所余粮食报部，以便在拨发12月助学金时扣除。即希遵照办理。

中央人民政府教育部

部长：马叙伦　副部长：钱俊瑞

1950年11月18日

---

① 题目为编者根据内容自行拟定，编者对标题及层次结构根据具体情况做了必要调整。

（3）高一字第958号

中央人民政府教育部通知：

为核定1950年度各校人民助学金限额通知遵照由。

本部所属各高等院校：

兹根据各校现有新旧学生人数及新招学生报请增拨之人民助学金预算数，核定各校1950年度学生人民助学金限额，列表随文附发，希就你校额定数字妥慎支配。

附发：1950年度中央教育部直属各院校学生人民助学金限额表。

中央人民政府教育部

部长：马叙伦　副部长：钱俊瑞

1950年11月16日

抄呈：政务院文化教育委员会

抄致：财政部、重工业部、铁道部、燃料部、卫生部、文化部

1950年度中央教育部所属各院校学生人民助学金限额表

北京大学	125.000斤
清华大学	130.000斤
南开大学	65.000斤
北洋大学	53.000斤
河北工学院	41.000斤
水产学校	9.000斤
山西大学	47.200斤
师范大学	80.000斤
农业大学	35.000斤
辅仁大学	28.000斤
燕京大学	18.000斤
津沽大学	10.000斤

（4）佚名：津沽大学人民助学金总评议委员会工作经验总结

我校于本年五月中旬遵照部颁《华北国立高等学校学生人民助学金暂行条例》组成人民助学金各级评议机构，以各班小组为基本评议单位，以各级系会为系级评议单位，由总评议委员会负责领导评议工作。依照人民助学金暂行条例之规定，每学期之初申请一次，申请资格必须具备学习积极、学业成绩优良、志愿为人民服务、

经济确属困难四项要件。在申请以前，首先展开思想动员工作，学习条例与关于人民助学金评议工作之实际用途，以启发学生的自觉性，提高学生对于政府设置助学金之意义的认识，这样减少了许多不必要的纠纷和浧乱现象。

自本年5月至11月，在这7个月里，一般说来，我校人民助学金的申请及评议工作，由于学生对助学金的意义已有相当的认识，各小组在工作上很是负责，进行颇为顺利，尚未发生过左或过右的偏差。

总结我校关于人民助学金的工作经验，有几点意见愿提请我部在可能范围内准予考虑施行：

（一）希望助学金全部发放现款。过去感受的困难：1. 小米品质不一，经反映，学生意见一致，要求委托粮食公司出售发放现款，出售时间较慢且价格损失甚大，平均出售价格为700元一斤；2. 如不出售，我校无仓库、设备，保管困难；3. 我校事务人员发放粮食人手不符，分配、增添专人负责，限于经费问题，实难做到。

（二）助学金的用途以交饭费和补助学费为主，本学期学生人数总数较上年度下学期增加，现在学生人数为1116人，在掌握评议人民助学金不超过我校现时限额小米6500斤上不得不采取严格主义，以是甚感困难。

（三）助学金申请条件：如何方为“学习积极”，应有更明确的规定。“志愿为人民服务”缺乏事实根据，在评议时难以普遍掌握，理应取消。

（四）人民助学金的申请方法：其中“群众检举”应改为“群众意见”，并取消“重评”的规定。

（五）人民助学金的等级标准：普通同学现有标准五种等级有更动之必要，丙种自65斤提高为70斤，取消戊种，患病同学特种95斤应加以提高。

（5）佚名：高等学校学生人民助学金座谈会程序及讨论提纲

一、程序

11月2日（星期四）下午1至5时：各校报告人民助学金评议一年来工作情况、问题、困难和改进意见及办法。

11月3日（星期五）上午8至12时：各项意见讨论、总结、提出修改办法。

二、讨论提纲

（一）助学金申请条件：经济困难、学习积极、志愿为人民服务三条是否需要修改，应当如何修改。

（二）人民助学金的申请方法：

1. 新生助学金评议采取哪一种方法最为合适。（1）自报公义民主评定；（2）自觉申请、群众检举、评委会审查；（3）其他。

2. 旧生助学金评议采取哪一种方法最合适。（1）“重评”取消；（2）复查；（3）根据“自觉申请、群众检举、评委会审查”的办法个别调整；（4）其他。

（三）人民助学金的等级标准：1. 普通同学现有标准，五种等级是否需要更动，如何更动。2. 患病同学现有等级（包括特种 95 斤）能否维持伙食最低需要？如果不够，需要提高多少？

（四）组织形式：对现行组织形式的意见。

（五）评议日期：1. 新旧生同时进行。2. 新旧生分别进行。

（人民助学金可改为贷金或者奖学金，各校一致要求发现金）

（6）教育部通知文件与津沽大学的情况反映①

津沽大学：

11 月 3 日来函悉：11 月份人民助学金 179 万零 575 元之支票已收到，今有天津现金管理部支票 0295346 号一纸，希即领取。今后接到本部助学金之支票时，因日期时限，请勿再延误。

中央人民政府教育部会计科

案奉

钧部 10 月 31 日厅会字第 98 号第 99 号发行通知单，二纸颁发敝校 11 月份人民助学金计款项 1 790 575 元实物，小米 1291 斤，小麦 599 斤，除遵照领发外，兹谨慎填具借据 2 张，备文呈送。

附：11 月份人民助学金借据 2 张。

校长

1950 年 11 月 2 日

中央人民政府教育部通知（高一字第 857 号）

为增设特种人民助学金，通知各校遵照执行。

本部所属各高等院校：

为照顾患病学生的营养，特在现行人民助学金暂行条例第三条所列各种助学金外，增设特种学生人民助学金一种，每人每月小米 95 斤，限于家境贫寒而患有结核病、重肠胃病及其他重病之学生（例如家庭经济情况可以获得甲种人民助学金，而患有结核病者，得申请特种人民助学金，至病况好转后另行评定）申请，经学校批准后发给。急重病学生入医院医疗者，其原享助学金应转用为住院费。上项标准，

① 题目为编者根据内容自行拟定。

自11月份起实行。

部长：马叙伦 副部长：钱俊瑞

1950年10月20日

抄致：中央人民政府财政部、铁道部、燃料部、重工业部、全国学校

抄呈：政务院文化教育委员会

津沽大学：

1. 9、10两月份合并办理不可以，须按月清，过期不再补发。

2. 本学期新生助学金须你校在限额内审核，报部核准。

3. 下学期限额增加问题，应将学校实有人数报部再考量。

国立北洋大学会计部

中央人民政府教育部函（厅行字第1570号）

函知中央级各校学生人民助学金发粮发款办法，9月份起按规定执行。

本部所属各高等院校：根据中央人民政府财政部8月22日财文字第2487号函内开："查中央级各专业部门领导之学校，关于学生人民助学金发粮发款办法，过去甚不一致，兹为统一起见，决定自九月份起，凡中央级各校学生享有人民助学金30斤以上者，每人每月配发小米30斤，余数发款。30斤以下者，全部配发小米。但为照顾学生生活，可由粮食部份内以小米7斤折成10斤。5斤小麦作为细粮论处。"由我部决定自9月份起实行。即希遵办。

1950年8月26日

中央人民政府教育部批复（厅行字第1498号）

为暑期实习学生实习完了返校时，应按原享助学金等级以天数计算发给。

河北省立工学院：

1950年8月9日工字第816号呈悉，暑期实习学生由实习指导委员会统筹旅、膳费者，实习完了返校后，其当月助学金，应按实习前原享助学金之等级以天数计算发给。希即遵照办理。

中央人民政府教育部通知（厅行字第1382号）

通知本年度毕业生未赴工作岗位前得按原享人民助学金等级以天数计算发给。

本部所属各院校：

本年度各校毕业生，经分配工作而不能立赴工作者，得按原享人民助学金等级以天数计算发给。希即遵照办理。

部长：马叙伦　副部长：钱俊瑞

1950 年 8 月 4 日

案奉（甲字第 861 号）

钧部审计科 8 月 1 日附送南开大学黄秘书长及评委会经办人，报告函件敬悉，敝校初次办理人民助学金，对于应行填报各种表格单据多承南开大学评委会经办人之帮助，惟因于电话中询问未能明瞭，以致敝校领款人到部传言误会，反映南开大学评委会对敝校不肯帮助之错误，敝校已经派人向南开大学致歉解释，兹奉前因理合报请钧部赐予鉴谅。兹将敝校 5 至 8 月份人民助学金发放统计表及计算清册随文附呈，敬请鉴核为祷。谨呈。

中央人民政府教育部审计科

附：5 至 8 月份发放统计表 18 份，计算清册 4 份，5 至 8 月份领据 8 张。

校长

1950 年 8 月 10 日

（资料来源：《津沽大学卷宗——公费及人民助学金》，河北大学档案馆藏）

第五编　河北大学教师、毕业生及社会反响

一、教师风采[①]

（一）天津工商大学

1. 田文翰：天津工商大学学生全体欢迎华籍主教祝辞[②]

可钦可敬！二大司牧，教宗祝圣，破格遐福，空前轶后，仅有绝无。追踪圣史，媲美宗徒，光我神州，显我黄族，耀及祖宗，荣被亲属。备受欢迎，往来各途。从兹中华，名震殊都。

维我主教，盛德不凡。持己维谨，御众以宽。齐壮中正，温良恭俭，清洁似玉，高明配天。周规折矩，行方智圆。威仪兼并，智勇双全。淑身淑世，立功立言。乐只君子，永矢弗谖。

圣教来华，凡几百载。真光晦彩，正道颠沛。从兹伊始，尽释疑猜。圣教唯一，万有兼赅。至圣至公，宗徒传来。亚洲归化，尚何难哉。

我辈生徒，躬逢此盛，如何感激，如何称庆，歌功颂德，无词不恭，谨凑俚语，以达情衷。愿我主教，既康且宁，福躬迪吉，教化日隆。并求降幅，华帝宫庭，再

---

① 历史上河北大学校名更替、学校办学地址搬迁频繁，任职教师流动严重，有关名师名家以及人生经历和活动都十分零碎。同时，鉴于本资料容量字数限制，不宜过分加大，而“校史工程”书系又有专门一册《河北大学的名师名家》，因此，此处只选择少量人物及部分资料加以呈现，具体内容可参考上述专册著作。

② 华籍主教为赵振声。

请圣训，吾曹学生。

呈于华籍主教之献仪——此次教宗欲我中华公教之广扬也，特荣升六位华籍主教，并宠召至御前，亲行祝圣典礼。此匪特我公教之先荣，亦我历史上之盛绩也。民十五九月，孙、赵、陈三主教，由京启程，道假津门，再至上海，会成、朱、胡三主教搭轮同赴罗马。我校公教同学，为祈天主教赐彼等一路平安，及中华圣教广扬故：每人皆献弥撒若干台，领圣体若干次，及玫瑰经若干串，以表我等之热忱焉。

（资料来源：《工商大学公教学生季刊》第一期，河北大学档案馆藏，1930-CB13-1）

附：赵振声简介

赵振声（1894.11.30—1968.10.15）耶稣会士，河北省景县黄古庄人。汉族。1923年8月26日，在比利时杭间镇耶稣会神学院被圣为神甫并获哲学和神学博士学位，1925年9月回国。1937年12月5日被教皇任命为献县教区主教，头衔为比西加城（北非突尼斯的一座古城）主教。1938年3月27日在献县张庄天主堂由永年教区崔守恂主教主礼，天津教区文贵宾主教、献县教区耶稣会鄂恩涛会长襄礼祝圣。1948年5月至1949年2月任北京总主教区代理总主教。1949年3月至1953年5月在交河县郝村隐藏。1953年5月至1953年9月在献县东双坦村隐藏。1953年10月起继续任献县教区主教。1957年8月当选为中国天主教爱国会副主席。1957年12月当选为河北省天主教爱国会主席。

（资料来源：沧州地区民族宗教事务委员会编《沧州宗教志》上册，征求意见稿，内部交流版，1992年9月刊印，第89—90页）

2. 天津工商大学校长赴欧美考察教育①

校长此行之目的，纯为谋我工商大学之发展，及解决一切教育及工业方面等问题，故参观各国，以资借鉴。计此行共计时六月，绕行地球一周。栉风沐雨，跋涉长途，途中劳顿，自不待言。闻足迹每至一地，未尝勾留三日以上。在此极短促之时间，尚须接见及拜访当地多数要人，以联络感情及宣传我校之成绩，其行色之匆匆可概见一斑矣，其一种坚忍耐劳之精神及爱护我校之热心，良堪钦敬。

行程系取道西伯利亚，途中会参观俄京莫斯科（Moscow）及德京柏林（Berlin）至比利时，在（Bruxelles）鲁文（Louvain）稍作盘桓，与当地我校留比学生会晤。继至法在彼勾留时间较长，旅中光阴大半消磨于此，会周游各地，搜集研究教育问题、经济及社会等问题之材料，法国全境为校长足迹所踏，其著名之大都市如Lille，Amiens，Bologne，Reims，Strasbourg，Colmar，Naney等地莫不有校长之履痕。

① 题目为编者根据内容自行拟定。

在巴黎停留三日，采购一切物理化学两实验室之仪器，并会晤当地一般名人学者，讨论一切关于社会经济等问题，磋商之结果，笔之于册，携归以为他日之参考，其问题有如：资本与工作之关系（劳资冲突），经济界之恐慌及其根本之理由，最新教育问题，等等。

北入英，至伦敦，会探望病中之我校教授毛司铎（P. Morrissey），不幸彼病入膏肓，医药罔效，未几，竟舍世长逝，呜呼痛哉！

校长此次旅行中之重要者为罗马及日内瓦之行。

在罗马，谒耶稣会最高机关呈报一切工商大学工作之成绩及将来之计划，更一度觐见教皇，坐谈约半小时，引以为荣焉。后参观当地最著名之格来高大学与该校各大教授，会晤甚洽，又参观东方学院（Institut Oriental.），备受欢迎。

于日内瓦，更与当地各重要机关，如国际联盟会、万国工业会、教育影片会及多数私人团体联络关系，嗣后凡该会所出版之一切书籍印刷品一律赠送我校。

回国由海道转美国来华，美国之教育向闻名世界，其制度虽多取放任主义，耶稣会所设立大学及专门学校甚多，总计有学生五万余人，诚大观也。

经纽约（New-York）参观 Fordham University，于 Baltimore 参观 Wood stock college，之美京华盛顿参观 Georgetown University，于芝加哥 Chicago 参观 Loyola University，参观 New Orleans 之大学 mobile 之 Spring Hill College，至旧金山（San-Francisco）参观 Santa Clara University，及 Seattle、Vancouver 等地之大学。此外各地之科学图书馆等更一览无余，足球比赛、运动大会，亦数度观光，著名之杂志编辑、报纸主笔亦被访多次。

过日本，参观耶稣会在东京所设立之上智大学 Jochi Daigaku 及其他建设并该国所采取之教育制度。

经高丽，下车汉城，继转道辽宁乘北宁车而至津。

综计校长此行：历时半载，辗转数万里，对于各地之风土人情、经济政治及教育无不考询备详，以为将来发展我工商大学之张本，及贡献于我国家之南针。故结果匪特我一学校蒙其惠，即将来我国之进步亦多所臂助也。

（资料来源：《工商学报》第三期，河北大学档案馆藏，1929-CB13-1）

3.《踞柝津之阳——天津工商大学》记该校名家活动及业绩①

天津工商大学在创建、发展过程中，以下几个人物作用重大，影响深远。

于溥泽（P. P. Jubaru，1862—1930），出生于法国 Bousbecgue，文学博士，法国

---

① 题目为编者根据内容自行拟定。

天主教神甫。1885年8月30日加入耶稣会，1901年12月11日来华，1930年在威县传教。1911年5月10日至1916年2月17日，任大名府修院院长。1921年2月23日至7月21日，任献县修院院长。1921年7月21日至1925年7月，出任天津工商大学首任校长兼耶稣会天津会院代理院长。1925年7月于溥泽被调离学校，去深州传教。1927年至1930年任职于天主教大名府本堂。1930年4月8日病故，葬于大名府。

1925年7月，裴百纳出任天津工商大学第二任校长。1925年7月，学校开始招收第一届本科生，添设学监，由邵德基神甫出任。另设工、商两科，裴化行神甫为工科主任，尚建勋神甫任商科主任，学校建制日趋完善。

裴百纳为谋求学校发展可谓殚精竭虑，为解决适宜中国教育、培养社会所需人才等方面问题进行了积极探索。1926年12月15日，校长裴百纳到北京政府交通部咨询“各铁路需用人才情形以定学科内容”，恰逢正在路政司工作的中国著名桥梁专家茅以升，向他提出“以土木科为最适用，并以英文教授为宜”的建议，裴百纳“称善而去”。① 茅以升的建议和意见对学校的课程设置及教学内容产生了重要影响。此后，工科便以土木工程为主要课程之一。自1927年开始，天津工商大学将课程教学用语由法语改为英语。

1929年6月25日至12月31日，裴百纳不辞辛劳，长途跋涉，到欧美进行了长达半年的考察，解决了工商大学发展的许多重要问题。1930年2月，预科改为三年制。同年，奉国民政府教育部令停办预科，9月，预科正式改为附属高级中学。

裴百纳 A. Bernard（1889—1962），字有容。出生于法国里尔。1906年为耶稣会士，天主教神甫。法国里尔大学哲学博士。1921年11月24日来中国，1923年开始在天津工商大学历任方言、哲学、数学教授。谙熟英语，博通数理，诲人不倦，对待学生态度和蔼，颇受钦仰。1925年7月3日任耶稣会天津会院院长、工商大学第二任校长。1929年6月25日至12月31日，裴百纳在欧美进行了长达半年的考察，成绩卓著，扩大了天津工商大学在国内外的影响，从而为该校的发展奠定了基础。1931年，裴百纳因病归国。1946—1948年返回工商学院任教。1948—1950年在北京从事歌剧写作。1950年返回法国。1951—1958年在法国莱恩斯（Reims）服务，1958—1962年在法国里尔（Line）服务。1962年在法国布隆尔（Boulo-gne）会院任院长。1962年逝世，葬于布隆尔。

茅以升（1896年1月9日—1989年11月12日），字唐臣，江苏镇江人。土木工程学家、桥梁专家、工程教育家。他主持中国铁道科学研究院工作三十余年，为铁

① 《天津工商大学1930年册毕业纪念册》，河北大学档案，1930-CB13-12。

道科学技术进步作出了卓越的贡献。是积极倡导土力学学科在工程中应用的开拓者。在工程教育中始创启发式教育法，坚持理论联系实际，致力于教育改革，为中国培养了一大批科学技术人才。

1916 年从唐山工业专门学校毕业后，茅以升被清华学堂官费保送赴美留学。1917 年获美国康奈尔大学土木专业硕士学位，1921 年获美国卡内基·梅隆大学理工学院工学博士学位。其博士论文《桥梁桁架的次应力》的科学创见被称为“茅氏定律”，并荣获康奈尔大学优秀研究生“斐蒂士”金质研究奖章。1921 年回国后，先后当过五所学校的教授、两个大学的校长、两个学院的院长。同时兼任北京政府交通部路政司工作。1926 年 12 月向天津工商大学校长裴百纳提出“以土木工程为最适用，以英文教授为宜”的建议，对该校的专业课程设置产生了重要影响，从此与该校师生结下不解之缘。1930 年级毕业生出纪念册，特邀茅以升作序，并题词。

中华人民共和国成立后，茅以升历任铁道科学研究院院长，中国科协第二届副主席、名誉主席，北京市科协主席，中国科学院技术科学部委员，中国土木工程学会第三届理事长，九三学社第五至七届中国桥梁及结构工程协会高级会员，国际土力学及基础工程协会会员。20 世纪 30 年代，茅以升在钱塘江大桥工程技术上的成就曾令国外同行对中国的桥梁建筑工程师刮目相看。50 年代，在武汉长江大桥建设过程中，茅以升担任由中外专家组成的技术顾问委员会的主任委员，解决了武汉长江大桥建设中的 14 个难题。1979 年应邀访问母校卡内基·梅隆大学时，校长授予他“卓越校友”奖章，以表彰他对世界工程技术方面作出的贡献。1982 年，茅以升被美国国家工程院授予外籍院士称号。自 1954 年起，他当选一至五届全国政协委员、全国人民代表大会代表、人大常委会委员。1987 年 10 月加入中国共产党。1989 年 11 月 12 日病逝。

刘迺仁（1903—1975）河北深县人，天主教耶稣会传教士，神甫。献县公学毕业后，升入献县哲学院，又升入上海徐家汇神学院，获哲学博士。1934 年来天津工商学院任副教务长、训育主任、神学教授。1943 年 4 月 1 日，出任天津工商学院院务长，7 月出任院长。刘迺仁才识宏通，热心教育，待人和蔼，说话风趣，办事认真，为全校师生爱戴，对学校发展起过重要作用。刘迺仁在学校为庆祝他荣任院务长的大会上的训词，颇能表现他的治校思想：其一，使工商学院逐渐步入中国化，在中国教育史上留下一个不朽的盛名，因为是由国人自理自治，更要勤勉奋进，使世界各角落都播扬“工商”的名字。其二，秉承校训“实事求是”四字，各尽职责，力践名实；要求学生在学校中是好学生，在社会上是好国民，担当起建设事业，以为第二代谋高度之舒适。其三，加强教育工作力度，以谋成立完全大学，造福有志向学的男女中学毕业生，造成大批社会有力垦殖者，为全民尽服务的义务。刘迺仁身体力行，在他升任院务长的同年，建立了女子文学系。日伪时期，日寇向以奴化国人为策，刘迺仁机智灵活，处强敌而不屈，故工商学院于八年铁蹄蹂躏下，非但屹立无恙，且名实俱增。1945 年 9 月，女子文学系扩大为文学院，分文学、史地、家政三系。文学系又分国文、西语二组。此次扩大，实为改大学之准备。1946 年，天津工商学院已发展为三院十系的规模，为筹建津沽大学奠定了基础。但刘迺仁和校董事长于斌主教顽固地站在国民党立场，坚持与中共和人民解放事业对立，1947 年春，刘迺仁任三青团工商学院分团主任。1948 年 10 月，任津沽大学校长。1949 年 1 月，天津解放后，刘迺仁离校去香港、法国，又去东帝汶任修道院院长。1969 年，于斌奉罗马教廷指令在台湾拟恢复辅仁大学，特请刘迺仁回台协助恢复津沽大学，但未能实现，1975 年，刘迺仁逝世于台北。

侯仁之，1911 年生于河北省枣强县。历史地理学家，中科院院士。北京大学博士生导师。是第三至第七届全国政协委员。1932 年考入燕京大学历史系，1940 年获硕士学位，留校任教，发起组织史地学会。曾应学生俱乐部之邀为学生作题为《黄河故事》的演讲，激励同学奋起抗日热情，在师生中具有崇高威望。

1946 年 8 月，侯仁之赴英国利物浦大学深造，师从著名的历史地理学家德贝尔教授。1949 年获博士学位后回国，先在燕京大学任副教授、教授，又兼清华大学营建系教授和北京市都市计划委员会委员。1952 年转任北京大学副教务长兼地质地理系主任。1980 年当选为中国科学院学部委员。国务院学位委员会第一届学科评议组成员，中国建筑学会城市规划学术委员会副主任委员。1984 年被英国利物浦大学授予荣誉科学博士学位。经过实地考察，揭示了大西北部分地区近两千年来的沙漠化过程及其主要成因规律，为沙漠化的防治提供了论据。1999 年 10 月，获得 1999 年度何梁何利基金“科学与技术成就奖”。12 月，被美国地理学会授予乔治·戴维森勋章，他是获此殊荣的中国第一人。

张镈（1911—1999），山东无棣县人，出生于广州。中国第二代建筑大师。1930 年考入东北大学建筑系，得到梁思成和刘士能的真传。博闻强记，独具创意，获设计高奖。九一八事变后，转入中央大学建筑系。1934 年毕业即开始参加建筑设计实践而终其一生。出于对中华人民共和国的热爱，当年放弃了在香港的高薪，毅然回到北京参加社会主义建设工作。自 1934 至 1951 年，加入当时全国最为著名、最大的设计单位——基泰工程司。此间，应天津工商学院建筑系之聘，任建筑系教授，承担三门主课，即建筑理论、中西建筑史和中国建筑构造、建筑设计主课的图案指导。从 1940 年起到 1946 年止，在工商学院执教六年。其间，承包故宫中轴线及其周围的建筑实地测绘，重点在紫禁城内的主要建筑。参加此项工作的成员以1941年毕业于天津工商学院建筑系的学生10人和土木系学生3人为主。为期三年半，得图纸360余张，内外照片多帧及手稿。1944年年底，故宫测绘告毕。上述工作对其本人业务进修提高和深入古建筑实际有重要影响，对参加实测的学生素质和专业本领的提高大有裨益。此后，鉴于掌握了大量实测资料，古建研究所成立。有几位工商学院同学来做科学研究工作，其中有张宪卢、虞福京、杨学智、高文铨等。在长达60余年的漫长岁月中，张镈设计、参与、辅导的建筑设计多达百余项，其中有著名的人民大会堂、民族文化宫、北京饭店东楼、友谊宾馆等。作为一名建筑大师，一生在国内外做过这么多宏大工程的，实属少见。他曾先后在天津、北京、南京、重庆、香港等地从事建筑工作。解放后，长期担任北京市建筑设计院总设计师，是中国当代著名建筑大师。1994年出版的《我的建筑创造道路》一书，是他一生从事建筑设计实践经验的总结。

1990年，无棣重建千年唐塔——海丰塔，张镈不顾80岁的高龄，义无反顾地踏上了他日夜思念的故乡，不计任何报酬，精心设计了海丰塔图纸。现在这座千年古塔已成为无棣的特色建筑之一。1999年7月1日，张镈在北京同仁医院病故，这位举世著名的建筑大师怀着一颗拳拳赤子心，把自己的骨灰安放在自己的老家——无棣县车镇乡段家村。

阎子亨（1891—1973），天津人。天津南开中学、香港大学土木工程系毕业。历任陆军部建筑科办事、天津电话局科长。在天津经营中国工程司任总工程师兼经理。1933年任北洋大学、河北工业学院讲师和天津工商学院教授。1937年七七事变后，任南开学校校友会主席。因拒绝与日本人合作，被抄家和逮捕。抗战胜利后，出任天津工务局局长，兼任城市规划委员会主任。1947年去职，仍任中国工程司总工程师。解放后，任天津市、河北省人民代表，河北省政府委员，河北省建设工程厅副厅长，天津市建筑工程局副局长，天津市建工学院院长。作为天津近代著名的建筑设计师，阎子亨在天津设计了百余处楼房。主要有和平路上的寿德大楼、常德道上的茂根大楼、解放北路上的久安大楼、南开中学的范孙楼、新华路上的元隆孙旧宅等。

朱星（1911—1982），语言学家，字星元，江苏省宜兴市人。早年入教会学校学习拉丁文和法文，后入上海震旦大学和无锡国学专修学校学习，后曾向马相伯学习文法学，并拜陈垣为师。曾任教于上海的美国教会学校Consaga College中国学生部、法国教会学校天津工商学院、北洋大学等校。1949年后，曾历任河北天津师范学院中文系语言学教授、系副主任、副教务长、副院长，天津市语文学会副理事长，天津市科学联合会社会科学部副主任委员，河北北京师范学院中文系语言学教授、副院长，河北师范学院副院长，中国大百科全书出版社编审，天津师范学院副院长，中国语言学会理事，中国音韵学研究会理事等。研究范围广泛，涉及古今汉语语法、词汇、修辞、文字、音韵、训诂及普通语言学、语言学史乃至通俗语文教育等各个方面。在古代汉语研究方面，著有《古代汉语概论》《古代汉语》。

谭真（1899—1976），字全甫，1899 年 9 月 26 日生于广东中山县。1911 年就读于天津南开中学，1917 年年仅 18 岁的谭真大学毕业，成绩优秀，同年考取“庚款”留学美国，1919 年获麻省理工学院硕士学位。回国后他先后在天津运河工程局任副工程司、天津允元实业公司任经理兼总工程师，后先后担任北洋大学教授兼秘书长、河北工学院兼职教授，唐山交通大学教授、天津工商大学兼任教授等职。抗战胜利后，他一直担任天津塘沽新港工程局总工程师，1953 起先后年任交通部天津筑港工程局副局长、总工程师，广东湛江港务局副局长兼总工程师、交通总航务工程总工程师。其间，先后主持天津塘沽新港、广东湛江港、上海张华滨码头等重大工程的修建工作。同时，他还担任了中国土木工程学会、中国建筑学会和中国水利学会的副理事长，积极组织和推动国际国内的学术交流活动，提高了港口建设学科的学术理论水平。由于功绩卓著，自 1954 年起，谭真连续当选第一、第二、第三届全国人民代表。1958 年被国务院任命为交通部副部长，在工作中得到各级领导的充分信任和支持，直至 1976 年 5 月 7 日在北京病逝。

沈理源（1890—1950），字锡爵，原名琛，浙江杭县人。1908 年毕业于上海南洋中学。经学校推荐，于 1908 年入意大利拿波里大学，初期读土木水利工程，后转入建筑工程科攻读建筑学。1915 年回国后，任黄河水利委员会工程师。不久，即转向建筑设计工作。1918 年与一般姓结构工程师合作完成了北京前门外劝业场复原设计，1920 年完成北京东华门大街真光电影院的建筑设计，同年还完成杭州胡雪岩故居总平面测绘工作。至迟于 1920 年加入天津华信工程司，在京津一带开展建筑设计工作，并成为该工程公司的主持人。此外，1928—1934 年在国立北平大学艺术学院建筑系任教授，1938—1950 年任北京大学工学院建筑系教授。1937—1950 年还兼任天津工商学院教授。解放后，曾兼任中央人民政府贸易部总工程师及天津市建设委员会总工程师。沈理源的主要设计作品有：北京珠市口开明影院，清华大学化学馆、机械馆、航空馆、电机馆、新林院住宅区规划设计，杭州浙江兴业银行、天津浙江兴业银行、天津盐业银行、中华汇业银行，天津新华信托银行、中南银行、金城银行、王占元住宅、孙传芳公馆以及上海中华劝工银行等。在大学教学工作中，除讲授建筑设计课之外，还讲授西洋建筑史。为此，曾将福莱彻尔著《比较世界建筑史》一书中西洋建筑部分译成中文，1944 年在北京大学印刷 400 册。它是我国第一部中文版西洋建筑史教材。

马沣（1896—1966），字芑汀，河北省衡水县人。物理学界知名教授。1921年毕业于国立北京大学物理系，获理学学士学位。1922—1925年在英国里兹大学机械系学习，获理学硕士学位。回国后曾在吉林省长春市吉敦铁路局任机务股长。1927年，任天津河北省立工学院机械系主任、教授，讲授机械学、材料力学、工程力学等。抗日战争爆发后，积极组织支援国民党爱国将领在冀东的抗日活动，表现出了极大的爱国热情。1938年年底，到天津工商学院任教授。1945年8月，日寇投降，马沣在保护原河北工学院财产和战后恢复教学科学研究秩序方面做出了贡献。战后，再次到河北工学院工作，任院教务主任兼机械系主任。1949年，到津沽大学任教，历任天津师范学院、天津师范大学、河北大学教授，讲授理论力学、普通物理学、流体力学和弹性力学等。"文化大革命"中受迫害，于1966年9月1日凌晨逝世。马沣从事教育工作40年，在理论物理特别是流体力学方面有较深造诣，他撰写的《理论流体力学》和《弹性力学》书稿凝聚了他毕生的心血，他常常带病工作，在病情极度严重情况下也未曾辍笔。《理论流体力学》书稿于1981年9月被整理付印。

齐思和（1907—1980）字致中，山东宁津人。1931年燕京大学毕业。留学美国哈佛大学，获哲学博士学位。曾任国立师范大学、北京大学、清华大学、燕京大学等历史系主任、教授等职。抗战时期，拒绝日伪之聘，1942年来工商学院执教。同年9月10日的《工商生活特刊》评价他说："齐思和先生为我国历史学界之权威者，曾任燕京大学历史系主任，为美国哈佛大学哲学博士，现为我校担任现代史一课，当为我校历史放光荣异彩。"抗战胜利后，回燕京大学任历史系主任兼文学院院长。中华人民共和国成立后，他任北京大学历史系教授兼世界古代史教研室主任。著有《中国史探研》、《中国和拜占廷帝国的关系》、《世界通史》（上古部分）、《世界中世纪史讲义》，合编有《中外历史年表》《鸦片战争》《第二次鸦片战争》，整理有《筹边夷务始末》（道光朝）、《黄爵滋奏疏许乃济奏议合刊》，译有《中世纪初期的西欧》（合作）、《中世纪晚期的西欧》（合作）等著作。

李邦翰（1896—1984），天津市人。民盟盟员。1919年毕业于上海同济大学。1925年获德国法兰克福大学社会经济学博士学位。历任河北省立法商学院、天津工商学院、达仁学院教授。抗日战争爆发后，李邦翰拒绝出席日伪召集的中学校长会议，弃职隐居，不为所用。抗战胜利后，他凛然正气，拒仕途而不进，依然清贫任教，培育人才，先后曾任天津一中、三中校长职务。1949年9月至1952年9月任天津市立师范学校教导主任、副校长。1952年10月任天津师范学院图书馆馆长。在担任图书馆馆长期间，以渊博的学识、严谨的态度、科学的精神，享誉教育界。

朱经畬（1909—1991），天津市人。毕业于北京师范大学，文学学士。他先在工商学院附中任职，1945年在工商学院任职，勤勤恳恳，无私忘我，为工商学院的发展做出了巨大贡献。其弟子吴小如在《怀念朱经畬老师》一文中写道："经畬师一生忠诚于教育事业。今天有不少知名的科学家、企业家、文艺工作者和长期战斗在教育第一线的教师，都曾授业于畬师的门下。而他晚年最重要的贡献，窃以为是在抢救、整理、振兴、倡导我国的传统戏曲事业，尤其对濒于失传的昆曲，做了大量的工作。"20世纪五六十年代，为河北北京师范学院中文系教授，讲授传统戏曲。1991年8月20日在天津逝世。

徐忠杰（1901—1992），广东番禺人。美国米亚米大学英文系文学士。是国立浙江大学、育德大学教授。1944年到工商学院任英语会话、修辞学、短篇和长篇翻译，为专任教授。历任津沽大学、天津师范学院、天津师范大学、河北大学教授、外文系主任。提议成立读书会，老教师们每人写英语文章，到会上宣读。1957年被错划为右派，70年代末恢复教授职务，曾给中青年教师授课，负责他们的进修。著有《汉语成语的英译》。曾任津沽大学民盟小组组长、民盟津沽大学分部主任、第二届民盟天津师范学院区分部主任委员。1980年调北京国际关系学院任教授，出版《唐诗二百首英译》。

张杰民（1899—1974），又名张石豪，河北昌黎人。民盟盟员。1921年毕业于清华大学文科。1921—1923年留学美国，获学士学位。1923—1925年在英国哥伦比亚研究院获硕士学位。历任北京师范大学历史系教授，清华大学、东北大学、河北省省立工学院、天津北洋大学、达仁学院、工商学院文学院、津沽大学、天津师范学院、天津师范大学、河北大学英语教授。1956年任英语教研室主任。张杰民教授英文实践水平较高，能进行书面和口头翻译。在英国文学方面基础雄厚，是莎士比亚研究专家。译作《中国矿业法》，在天津汉英报上发表汉英对照社论多篇。他教学经验丰富，教学效果好，并负责青年教师英国文学原著的学习。

刘斌（1871—1960），河北景县人，洗名赖孟多。1901年在献县加入耶稣会，1906年晋升司铎。上海神哲学院毕业后，先后在献县圣母公学、圣约瑟大修院、耶稣会文学院、仁慈堂、仁惠学校等任教数十年，任献县公教学院校长，天津工商学院首任董事长。1937年兼任天津工商学院院长。1943年7月，辞去校董事长及学院院长职务，改任工商学院女子文学系主任，又任献县慕华中学校长。平生著作十余种，主要有《默想全书》《退思录》《圣依纳爵传》《圣方济各玻尔日亚传》《圣伯多禄克拉米尔传》《圣方热罗传》《初学要训》《幼学袖简》《辅士袖简》等宗教著作，文字通俗易懂，在教会中广为流传。他待人接物和蔼温良，学识广博，献县教区司铎、修士、修女等多出其门下且乐与之往来，聆其教诲。

叶恭绰（1881—1968），字裕甫，又字誉虎、玉父，号遐翁、遐庵，广东番禺人。祖父衍兰，以金石、书画、文艺名世。父佩玱，字仲鸾，诗文篆隶，靡不精究。叶恭绰家学渊源深厚，出身于京师大学堂仕学馆，生平于文化学术、考古、书、画无不精湛。搜藏古代创迹，至为丰富。书法用笔运腕，独有心得，雄森苍浑，自成一家。画则竹石松兰，尤喜画竹，秀劲隽上，直写胸臆，画就辄题诗词。致力艺术运动五十余年，至老不倦。文字改革，尤为努力。文献古籍，经其整理，保存者尤多。年八十，先后将所藏书、画、典籍、文物重器尽数捐献于北京、上海、广州、苏州、成都等市有关机构，以垂永远，令人敬佩。编著《全清词钞》《五代十国文》《广箧中词》《广东丛书》《遐庵词赘稿》《遐庵汇稿》等。叶恭绰是中国现代书画大师，精楷、行、草体，尤擅大字榜书。又善丹青，喜画梅兰、松竹。著有《交通救国论》《遐庵谈艺录》《遐庵清秘录》《遐庵词赘稿》《遐庵汇稿》《叶遐庵先生书画选集》《历代藏经考略》等。另收清人词集三千余种。

民主革命时期，叶恭绰留学日本时加入孙中山领导的中国同盟会。国民政府成立后，历任芦汉铁路督办，北京国民政府交通部司长、局长、次长、总长兼交通银行经理，赴欧美、日本等考察政治、经济、交通、教育。提倡交通救国，著写《交通救国论》，指派部员分赴交通部所属各校调查。后任孙中山大本营财政部长。支持金城、周肇祥等创办中国画学研究会。1921 年 2 月组成交通大学校董会。3 月，经校董会选举、国民政府批准任校长。12 月，奉系军阀上台，叶恭绰被通缉，出逃日本。1923 年应孙中山召，任广东军政府财政部部长。大革命时期，出任北京大学国学馆馆长。土地革命战争时期，任南京国民政府铁道部长，主持收回京汉铁路主权。创办交通银行，筹建交通大学。1933 年创建上海博物馆。抗日战争期间，以卖字画度日，多次拒受伪职，保持民族气节。1940 年参加了由郑振铎、蒋复璁等人发起的文献保存同志会，负责香港方面的古籍收购及转运工作。在上海设“法宝馆”，供文献保存同志会在此整理书籍，雇人抄写目录，收入善本有 4860 余部，对保存中国古籍做出贡献。解放战争时期，1947 年交通大学命名 51 周年校庆，校友们出于对其敬意，改工程馆名为恭绰馆。中华人民共和国成立后，叶恭绰历任政务院文化教育委员会委员、中央文史研究馆馆长、中央人民政府政务院文化委员、中国文史馆副馆长、中国文字改革委员会常务委员、北京画院首任院长、中国美术家协会常务理事等职。长期从事中国历史及古代书画、音乐、文学研究。1953 年参与发起组织中国佛教协会。1968 年 9 月 16 日因病在北京逝世，享年 87 岁。

到了 1943 年 7 月，学校经济和政治日益困难。为了渡过难关，新董事会成立大会召开，除主教们外，还邀请天津市几位名人出席，如龚仙舟、张坚白、徐世章、汪向叔、曹汝霖等。刘斌辞去董事长及代理院长职务，由龚仙舟出任董事长，文贵宾（法）为副董事长。

龚心湛（1871—1943），原名心瀛，号仙舟。安徽合肥人。监生，金陵同文馆毕业后驻英、日、美、法、比等国使馆随员多年，回国后又在广东、云南为官。1912年起历任汉口中国银行行长，安徽国税筹备处处长、财政厅长，又调任财政次长兼盐务署督办，回任安徽省长。1919 年秋在财政总长任上代理国务总理 3 个月。后致力于兴办实业，任启新洋灰公司总理、董事长有年。1926 年去职移居天津，任中国实业银行董事长等。1943 年 7 月 10 日出任天津工商学院董事长。12 月，因启新被日军军管，愤懑而死于天津。

9 月 23 日，校董事会又敦聘靳翼青为名誉董事长，通过已聘任的 31 名名誉校董，并加聘卢木斋（靖）1 名。因龚仙舟董事长病逝，公推徐世章任董事长。

1945 年 4 月 26 日，董事长徐世章提议，为解决经费拮据困难，推举开滦总理孙多钰为新董事（为解决学校用煤问题），会议一致通过。12 月 1 日，校董事会议通过改建大学议案，增补于斌为新董事。1946 年 8 月 23 日校董事会议决定，于斌任董事长，徐世章改任副董事长，田耕莘枢机主教为工商学院名誉董事长。

1947 年 8 月，董事长于斌表示，关于改大学事，时与高教司长谈及，欲其派人来此视察。经于斌提议，校董事会通过：学校改大学后校长一职，由刘迺仁担任。

于斌（1901—1978），字冠五，号希岳，后改名野声，洗名保禄，祖籍山东省昌邑县（现山东省昌邑市）。清朝末年，于斌的曾祖父于文成闯关东来到黑龙江兰西县，于斌的祖母在迁居若瑟屯后不久，就接受了天主教信仰。1920 年，于斌立下终身修道志愿。后到上海震旦大学预科学习法文一年。1924 年被保送到罗马传信大学研读哲学、神学。于斌拥有三个博士头衔，1925 年获罗马圣多玛斯学院哲学博士、1929 年获得传信大学神学博士、1933 年获得意大利国立伯鲁日大学政治学博士学位。他精通拉丁文、英文、德文和法文等语言，外表高大英俊，又颇有口才和组织策划能力。1934 年，于斌受聘为北平辅仁大学董事长及伦理学教授。1936 年，第一次全国公教进行代表大会在上海召开，于斌发起“献机”运动（捐献飞机），许多人因此改变了天主教徒不爱国的成见。1937 年抗日战争爆发，于斌主持难民救济工作，又发起百辆救护车运动。抗战期间，他曾前后八次前往欧美国家，到处发表演说，争取国际上的同情和援助。曾三次面见美国总统罗斯福，中国得到的第一批美援于斌功不可没。蒋百里钦佩其为外交奇才，向蒋介石推荐。从此于斌与蒋家父子的关系一直非常密切。1938 年被国民政府聘为国民参政会参政员。于斌由于经常忙于各种政治活动。也被媒体称为“政治主教”，1946 年 4 月 11 日，于斌升为南京总主教，成为仅有的 3 个华人总主教之一，1946 年 8 月至 1949 年担任天津工商学院、津沽大学董事长。正是在他的疏通下，1948 年国民政府教育部正式批准天津工商学院更名为津沽大学。同年，于斌当选为制宪国民大会主席。1959 年，教皇约翰二十三世委托于斌在台北恢复辅仁大学，任命他为校长。1966 年，鉴于其中华文化的造诣，于斌被任命为“中华文化复兴运动委员会”副主任委员；不久，又担任“中华学术院”哲学学会会长。此后，还相继担任过“国民大会”主席团主席，“中国电视公司”常务董事等职务。1978 年 8 月，教宗保禄六世逝世，全世界的枢机都前往梵蒂冈参加丧礼并选举新教宗。教宗逝世 10 天后，8 月 16 日，于斌在梵蒂冈因心脏病猝发去世，未能参加新任教宗的正式选举。于斌的遗体被安葬于辅仁大学校园。

徐世章（1889—1954），天津人，是天津著名的文物鉴赏家，北洋中华民国总统徐世昌的堂弟。早年留学比利时列日大学商学院，获经济管理学学士学位。1911 年赴意大利担任万国博览会审查委员，继赴英、法、德等国考察商业及铁路行政。1912 年学成回国后，先后任交通部路政司属官和京汉铁路管理局副局长、津浦铁路管理局局长。1920 年起任交通部次长、全国铁路督办和交通银行副总裁、中国国际运输局局长、币制局局长等职。1922 年徐世章离任后寓居天津，任铁路学院名誉董事、天津耀华中学董事、工商学院董事长、天和医院董事长等闲职。徐世章一生热心于文物和玉器的收藏。作为津门房地产开发的先驱，徐世章因精通建筑学，具有经济头脑，又极富远见，故房地产业做得红火兴旺，为家族奠定了雄厚基业。他购置房产，兴办教育、医务、实业，乐善好施，热心公益事业，所以在当时寓居天津的开明绅士中有较高威望。解放后，徐世章积极投身中华人民共和国的建设事业。1952 年，为抗美援朝，徐世章卖房捐献 15 000 元购买飞机大炮；为支持国家经济建设，他认购 10 年期公债 25 000 元，是当时私人认购公债数额最高者之一。在晚年，他又决定将自己耗尽一生心血收购又极为钟爱的近 3000 件文物全部无偿捐献给国家。1954 年，徐世章去世，享年 68 岁。徐世章过世后，家人遵其遗嘱捐献了文物，这些文物，现收藏于天津市艺术博物馆。其中古玉和古砚 2 类，构成了该博物馆这两项的主要藏品。1999 年，在徐世章先生 110 周年诞辰之际，天津艺术博物馆出版了画册，全国政协主席李瑞环为其题词：“珍宝无价，爱国情深。”

聂国屏（1915—1998），河北抚宁县人。1946 年加入民盟，在中国共产党地下党引导下，组建民盟小组。他支持中国人民的解放斗争，跟随地下党员吴景略三次去邯郸会见起义将领高树勋，接受为解放区运送文具、生产机械等任务。1946—1951 年任天津工商学院讲师。1947 年兼任《益世报》协理。1950 年任民盟天津市临工委委员。1950 年聂国屏发起组织天津市天主教三自革新运动促进会，曾任秘书长、副主任。1951 年任津沽大学民盟小组长，参加校政改革，受到民盟天津市支部临工委的表彰，同年任天主教全国委员会委员，受到周恩来总理接见。1954 年被选为天津市第一届人民代表大会代表。1955 年任对外友好协会天津分会理事。1951—1957 年任天津津沽大学副教授兼总务长。1957 年被错划为右派。粉碎“四人帮”后被平反，历任天津师范大学、河北大学外文系副教授。自编教学讲义，翻译英国文学选读和一、二、三册《英国戏剧选》。多次被评为校系级先进工作者。1981 年接受了指导外文专业研究生任务。曾任河北大学外文系副主任兼学校外办顾问。1986 年离休。

张羽时，又名张俊才、张敬、张镜、张俊茹、张声九，河北深县人。1919 年入献县张庄总堂公学，1925 年入公学修生班，曾任公学圣母会会长。1929 年考入工商大学。1931 年赴北京，后毕业于中法大学。1932 年 1 月加入中国共产党。后以传教士身份在献县地区开展革命工作，发展党员 30 余名。1948 年在津沽大学任教授。1951 年 4 月天津市天主教革新运动促进会成立后，在《广场》杂志第 1 期发表《和天主教教友们谈怎样爱教》，在《天津日报》连续发表了《爱国的天主教徒彻底肃清帝国主义影响》等文章。

（资料来源：阎玉田《踞析津之阳——天津工商大学》，人民出版社，2010 年版，第 3—6、11、78—80、108—113、174—178、183—184 页）

（二）天津工商学院

1. 天津工商学院校董、教员、职员名录表①

19410000 私立天津工商学院校董姓名录

校董	校董	校董	校董	校董	校董	校董	校董姓名录
张怀璞	李恩永	刘勤修	崔步云	鄂恩涛	尚建勋	刘斌	

① 题目为编者根据内容自行拟定。

19410000 私立天津工商学院教员姓名录

本大学教员别下列四种：教授、副教授、讲师、助教

姓名	籍贯	教授科目	教员别	学历
A. E. Capstick	英国	纺织学	讲师	英国伦敦工艺大学毕业，工学士
张季春	河北井陉	钢筋混凝土设计	助教	本学院毕业，工学士
张华伦	广东东莞	成本会计学	讲师	美国本雪文尼亚大学毕业，商学士
张钟	山东无棣	建筑理论	讲师	中央大学毕业，工学士
张叔贤	河北天津	日文	讲师	旅顺工科大学毕业
赵钟云	河北新乐	金工厂	助教	河北工业学院毕业，工学士
赵禄炯	山东安丘	运动学	教授	美国西北大学毕业，商学士
赵炳南	河北武邑	法文	副教授	法国里耳大学毕业，商学士
朱星元	江苏武进	国文	讲师	国学专门学院毕业
范作棨	河北天津	汇兑学	讲师	美国纽约大学毕业，商学硕士
范恩锟	河北天津	钢筋和混凝土设计	助教	本学院毕业，工学士
A. Dreyfuss	法国	商品学	讲师	法国巴黎大学毕业，商学硕士
P. Denis	法国	电气工程学	教授	法国里耳大学毕业，工学士

续表1

姓名	籍贯	教授科目	教员别	学历
傅勤先	江西南昌	统计学	讲师	日本中央大学毕业，商学士
P. Klok	荷兰	经济学	教授	荷兰尹都文商科大学毕业，商学士
高镜莹	河北天津	土木工程学	教授	美国米西根大学毕业，商学硕士
林宝宸	河北天津	簿记学	讲师	本学院毕业，商学士
林肇年	广东番禺	建造设计学	助教	本学院毕业，工学士
林镜瀛	浙江瑞安	给水工程学	讲师	美国康乃尔大学，工学博士
刘金声	河北天津	铁路及公路学	教授	美国康乃尔大学，工学硕士
刘文翰	河北天津	物理实验学	助教	本学院毕业，工学士
马沣	河北衡水	物理学	教授	英国里滋大学毕业，工学学士
麻沃番	山西浑源	化学	教授	英国里滋大学毕业，工学学士
P. Muller	法国	内部装饰学	讲师	法国巴黎大学毕业，工学士
三浦万之助	日本	文化史	教授	日本国立大学毕业，工学士
欧阳推	福建闽侯	测量实习	讲师	安南大学毕业，工学士
白仲瑜	河北天津	商业数学	讲师	南京金陵大学毕业，商学士
P. Ed. Petit	法国	法文	教授	法国里耳大学毕业，工学士

续表2

姓名	籍贯	教授科目	教员别	学历
P. R. Petit	法国	金工厂	主任	法国里耳大学毕业，工学士
P. H. Pollet	法国	工学院	主任	法国里耳大学毕业，理学博士
W. B. Senin	俄国	暖气工程学	讲师	哈尔济大学毕业，工学士
沈晞	江苏上海	法律学	教授	法国巴黎大学毕业，法学博士
沈理源	浙江杭州	房屋建筑学	讲师	美国奈波利高级工程专科学校毕业
孙家琦	河北天津	热机学	教授	美国波尔都大学毕业，工学士
谭宪澄	江苏句容	财政学	讲师	本学院毕业，商学士
谭真	河北天津	构造设计学	教授	美国保斯唐大学毕业，工学硕士
邓华光	河北北京	测量学	教授	法国巴黎土木专科学校毕业，工学士
邢颖棠	广东中山	商品实验学	助教	本学院毕业，商学士
P. F. Thery	法国	商学院	主任	比国鲁文大学毕业
杜齐礼	河北天津	数学	讲师	本学院毕业，工学士
董怡安	河北丰润	材料力学	教授	北洋大学毕业，工学士
王之忱	河北滦县	化学实验学	助教	南开大学毕业，工学士
G. Veron	法国	银行学	讲师	法国里耳大学毕业，商学士

续表3

姓名	籍贯	教授科目	教员别	学历
王冠三	河北蠡县	英文	副教授	北京师范大学毕业，文学士
王炳勋	河北天津	地理学	讲师	本学院毕业，商学士
P. Watine	法国	国际贸易学	教授	英国伦敦大学毕业，哲学博士
魏寿崧	河北天津	徒手业	讲师	日本大学毕业
伍克潜	江苏武进	化学	讲师	北洋大学毕业，工学士
叶甫阁	江苏南京	材料试验学	讲师	本学院毕业，工学士
阎书通	河北天津	房屋建筑学	讲师	香港大学毕业，工学士
殷人杰	河北天津	土木工程学	助教	本学院毕业，工学士
于仁和	*满洲	水彩业	讲师	日本西京美术学院毕业
P. W. Fitzgibbon	美国	方法论	教授	美国罗马大学毕业，哲学博士

*编者按：即中国东北，时为日寇窃据。今保留档案文本原貌。

19410000 私立天津工商学院职员姓名录

院长	院务长	训育主任	工学院主任	商学院主任	土木工程学系主任	会计财政学系主任	国际贸易学系主任	金工厂主任	木工厂主任	德育主任	庶务主任	图书馆主任	博物院主任	宿舍主任	秘书	校医	顾问
刘斌	尚建勋	纪书年	暴安良	田执中	高镜莹	赵禄焖	房如晦	贝兴仁	徐秉仁	翟光朝	林多禄	柯守义	盖斯樑	刘迺仁	安蔚堂	冯永祺	三浦万之助

（资料来源：《天津工商学院（津沽大学）档案图集选编》，天津档案馆、天津外国语大学编，天津人民出版社，2016 年版）

2. 天津工商学院职员介绍

训育课秘书，苗达魁先生，本院商学士

教务课事务员，梁佑民先生

训育课事务员，王儒清先生

图书馆管理员，史以信先生，大名法文中学毕业

图书馆管理员，张新堂先生，大名法文中学毕业

图书馆管理员，段成德先生，上义中学毕业

荷兰尹都文大学商学院毕业，公教楼教务主任，王通儒司铎

伦敦大学哲学博士，南楼教务主任，申自天司铎

庶务主任，张富有修士

校医，冯永祺医师，震旦大学医学博士

教务课秘书，安蔚堂先生

院长兼院务长，刘迺仁司铎

总务主任，赵元俊司铎

训育主任，卜相贤司铎

工科主任，暴安良司铎，法籍人，法国里尔大学物理学博士

商科主任，房如晦司铎，法籍人，英国伦敦大学哲学博士

土木工程主任，高镜莹先生，美国米西根大学 土木工程科硕士，前华北水利工程界之权威者

建筑工程系主任，沈理源先生，意国工程专校毕业，天津华信工程公司经理

会计财政系主任，赵禄炯先生，美国西北大学商学硕士

国际贸易系主任，房如晦司铎暂兼

电机实验室主任，邓惠达司铎，法籍人，法国里尔大学工学士

木工厂主任，卫秉仁修士

体育主任，卜相贤司铎兼任，德辅世修士辅之

图书馆主任，赵元俊司铎兼任，副主任柯守义，荷兰人，辅之

（资料来源：《工商生活迎新特刊》，河北大学档案馆藏，1943-CB13-10）

3. 天津工商学院女子文学系职员介绍①

系主任刘斌先生。

女部主任孙家玉女士，美国欧海欧大学研究院毕业，曾任河北省立女子师范学院家政系主任兼教授。

助理孙澍田女士，河北省立女子师范学院毕业，曾任培育小学校教务主任。

教授李奎耀先生，前清贡生，曾任北平清华大学国文系教授15年，著有《史记决疑》《史记丛考》等书，于本系任散文选读、文字学等科教授。

教师侯仁之先生，燕京大学文学硕士，曾任前燕京大学教员兼校务执行委员会委员，前山东德育博文中学校董事，现于本系任地理教师。

（资料来源：《工商生活迎新特刊》，河北大学档案馆藏，1943-CB13-10）

4. 天津工商学院管理者与著名学者肖像图片一览②

天津工商学院院长刘迺仁司铎

天津工商学院系主任刘斌司铎

（资料来源：《工商学院女院成立纪念册》，河北大学档案馆藏，1943-CB13-1）

① 题目为编者根据内容自行拟定，篇目内容少量词语及标点符号按照现代汉语的惯用法做了必要改动。

② 题目为编者根据图片内容自行拟定。

天津工商学院董事长徐世章先生

图片人物从左到右依次为：天津工商学院董事赵振声主教、
董事周济世主教、董事凌安澜主教、董事柯守义司铎

图片人物从左到右依次为：天津工商学院工科土木工程学系主任高镜莹先生，
美国米其根大学土木工程科硕士；天津工商学院商科会计财务系主任赵禄炯先生，
美国西北大学商学硕士；天津工商学院工科建筑工程学系主任沈理源先生，
意国奈波里高级工程专门学校工程师；天津工商学院女子文学系主任孙家玉女士，
美国俄亥俄大学研究院毕业、前河北省立女师学院教授兼主任

图片人物从左到右依次为：铁路及公路学教授刘金声先生，
美国康奈尔大学土木工程科硕士、前东北大学土木系主任；法律学教授沈晞先生，
法国巴黎大学法学博士；经济思想史教授袁问朴先生，复旦大学文学士、
美国纽约大学哲学博士；物理及照明学教授马沣先生，英国里滋大学硕士、
前工业学院电机系主任

图片人物从左到右依次为：金工厂主任贝兴仁司铎 Rev. R. PetitS. J.，
法里耳艺专大学机械工程师；化学教授麻沃畲先生，北大理学士，英国里滋大学硕士、
前北大理学院半大工学院教授；商品学教授德瑞富斯先生 Mr. A. Dreyfuss，
法国巴黎大学商学硕士；材料力学教授孙家琦先生，美国波耳都大学电机工程师

图片人物从左到右依次为：测量学教授邓华光先生，法国巴黎土木专校工程师；
广告学教授刘豁轩先生，南开大学学士、前天津益世报社长、燕京大学教授兼新闻学系主任；
银行学教授陈凤翚先生，清华大学经济系学士；测量实习学教授欧阳推先生，
安南大学土木工程师

图片人物从左到右依次为：化学兼工程地质学教授伍克潜先生，北洋大学矿冶系学士；国文讲师朱星元先生，国学专门学院毕业；商业数学讲师吕彭年先生，南开大学商学士；木工厂主任卫秉仁修士 Bro. F. LeineweberS. J.

图片人物从左到右依次为：日本语副教授工藤陆奥男，日本帝国大学文学士；日本语教授老山正美，日本明治大学法学士；法文讲师赵炳南先生，本院商学士、法国里耳大学社会政治系；英文讲师王冠三先生，北京师范大学外国语文学士

图片人物从左到右依次为：簿记及会计学教授李宝震先生，本院商学士；微积分讲师杜齐礼先生，本院工学士；女子文学系英文教授张杰民先生，美国哥伦比亚大学哲学硕士、北洋工学院英文教授；女子文学系国文教授李奎耀先生，前清贡生、曾任清华大学国文教授

纪念本校故董事长

龔仙舟先生專頁獻辭

院長 劉迺仁

本校故董事長龔仙舟氏

刘迺仁院长纪念本校故董事长龚仙舟先生专页献辞

天津工商学院于斌主教、董事长

图片人物从左到右依次为：天津工商学院工科主任暴安良司铎 Rev. H. Pollet，S. J；
商科主任房如晦司铎 Rev. L. Watine，S. J

天津工商学院西语系主任兼法文教授狄守仁司铎 Rev. E. Petit

图片人物从左到右依次为：天津工商学院训育主任朱者赤司铎、
总务主任赵元俊司铎、体育主任黄树萱司铎、女院训育主任甘修女

图片人物从左到右依次为：天津工商学院水利工程学教授徐世大先生、
工商管理国际贸易财政组合教授袁贤能先生、房屋建筑学教授阎子亨先生、
给水工程学流体力学教授林镜瀛先生

天津工商学院院长华南圭

天津工商学院
工学院主任涂道明

天津工商学院院务长
饶满博士 P. Jomin

天津工商学院前院务长
尚建勋博士 P. Charvet

天津工商学院庶务主任
林多禄先生 Moegling

天津工商学院
副教务长程慰先先生

天津工商学院
建筑工程学系主任陈炎仲

天津工商学院
电机实验室主任兼电机工程学教授
邓惠达司铎 Rev. G. DenisS. J.
法国里耳大学工学士

天津工商学院
金工厂副主任兼热机学讲师赵钟灵先生，
河北省立工业学院工学士

图片人物从左到右依次为：天津工商学院图书馆主任张新堂先生、
注册课事务员梁佑民先生、注册课事务员王儒清先生、庶务课事务员李耀宗先生

图片人物从左到右依次为：天津工商学院构造学助教梁仲章先生，本院工学士；
女子文学院讲师孙树田先生，河北省立女师学院家政系毕业；代理金工厂副主任朱则揆先生，
本院工科毕业；管弦乐队教授张肖虎先生，清华大学毕业

图片人物为天津工商学院微积分学教授
周子春先生 Mr. G. Tcheou

图片人物从左到右依次为：天津工商学院铁路公路学教授李家琛先生、

天津工商学院财政学教授谭志清先生

天津工商学院工商管理学

教授林志煌先生

天津工商学院商业地理学

教授齐祖辑先生

天津工商学院经济研究
讲师周炳章先生

天津工商学院科学伦理学
教授申自天司铎 P. Archen

天津工商学院美术教授王仲年先生

图片人物从左到右依次为：天津工商学院图书馆主任

邵德基司铎 P. Achotegui、天津工商学院电机试验室助教雅让修士 F. Arana

图片人物从左到右依次为：天津工商学院前商法教授尹凤藻、

天津工商学院前商品学教授林成荫

工商学院校友会及教职员祝贺尚建勋院长、
刘迺仁主任庆辰纪念留影

（资料来源：《公教学生》第一卷第三期，河北大学档案馆藏，1941-CB13-10；《天津工商学院1947班毕业纪念刊》，河北大学档案馆藏，1947-CB13-9；《工商学院1935班毕业同学录》，河北大学档案馆藏，1935-CB13-4；《工商学院1937班毕业纪念册》，河北大学档案馆藏，1937-CB13-7；《工商学院1936班工科毕业纪念册》，河北大学档案馆藏1936-CB13-2；《天津工商学院1940年毕业纪念刊》，河北大学档案馆藏，1940-CB13-5；《1943年工商学院土木工程系纪念册》，河北大学档案馆藏，1943-CB13-4；《天津工商学院校友录》；《工商学院卅五年毕业纪念刊》，河北大学档案馆藏1946-CB13-7；《天津工商学院贰拾捌年班毕业纪念册》，河北大学档案馆藏，1939-CB13-3）

5. 私立工商学院近况，教授阵容一新

［本报讯］本市工商学院春季开学三新：1. 待遇自二月份起重新调整为底薪一千二百倍，基本数十六万元。2. 教授新阵容内，工院有阎子亨、马沣、赵蕴山等；商院有胡哲甫（大陆副理），夏生育（川康副理）；文院有地学专家董绍良及史学专家方豪、袁承斌等。3. 奖学金有三种之多。其新名额计得东亚奖学金者：吴运寰、郑汉钧、王世文、张秉耀、穆鸿飞、王世绅、陈华生、孟繁仁、赵万群、陆宝诚、李维玉、陈修轩、董昭英、霍树丽等十四人各得十五万元。得黄氏奖学金者：赵智铨、李鸿书、吕廷模、王建、张恒铎、张荫栋、刘树仁等七人各得十六万元。冰场奖学金：王鑫、孙尊、李景云、李宗昉、苏立仁等五人各得十六万元。其余尚有学生数十人不在奖学金名额之内，而校方津贴之经费约在五百万以上，连同上项奖学金已

达一千万元为本期学生之补助，故此期开学声请未得者，甚焉寥寥。

（资料来源：《大公报》1947 年 2 月 26 日第二张第五版，《闻墨》编委会主编《闻墨》，天津科学技术出版社，2014 年版，第 25 页）

（三）津沽大学

1. 津沽大学各院系、部门负责人①

各院系主要负责人

所属院系	职别	姓名	备注
工学院 土木系	主任代	吴健生	助教刘锡良
机械系	主任	赵蕴山	绘图员杨金泉
建筑系	主任	阎子享	
财经学院 会计系	主任	李宝震	
企管系			
贸易系	主任	鲁仲平	副教授刘儒
师院 化学系	主任		
物理系	主任		
史地系	主任	钱君晔	助教李鸿书
外国语	主任	徐忠杰	助教贾春荣
中国语	主任	王振华	助教赵志铨
数学系	主任代	赵伯类	

津沽大学各部门主要负责人

工作部门	职别	姓名	备注
校长室	校长	张国藩	秘书王志琴
	副校长	李宝震	秘书王志琴
秘书室	主任	魏重	课员向明

① 题目为编者根据内容自行拟定。

续表

工作部门	职别	姓名	备注
人事室	主任	韦力	课员张亦潘
教务室	教务长	王金鼎	秘书李婉茹
	副教务长	羡书剡	秘书李婉茹
注册课	主任	闫健南	课员梁佑民
政教课	主任	韦力	助教王振鸣
文印课	主任	方守仁	课员张珂清
体育课	主任	张亦诚	教员何文富
总务处	总务长	聂国屏	
事务课	主任	李耀宗	课员潘天佑
财务课	主任	聂国屏兼	课员王樾
医务室	主任	储羲月	护士杨素英
图书馆	馆长	李以麟	
博物院	主任	董绍良	助理员蔡黄茹

（资料来源：《教师名册、职员名册、院系负责人》，河北大学档案馆藏）

2.《踞析津之阳——天津工商大学》载津沽大学名家

李烛尘（1881—1968），天津久大盐业公司总经理，轻工业部部长，全国政协副主席。湖南省永顺县人，1913年赴日本留学，入东京高等工业学校电气化学科本科。1918年学成归国，为国计、家计、人生计，改原名李华搢为“烛尘”，立志为中华民族从黑暗中崛起照明。后被天津久大精盐公司的范旭东聘为久大公司技师。他倾其所学化工知识，运用新的经济管理学方法，很快扩大了精盐生产，产品打开湖南、湖北市场。1926年，制碱成功，永利红三角牌纯碱在美国费城万国博览会上获金奖，为中国人争了光。

1951年7月3日，津沽大学董事长李烛尘召集董事开会。通过了津沽大学改为国立决议。9月，私立津沽大学改为新中国中央人民政府教育部直属国办院校。将私立达仁学院和天津教师学院合并入津沽大学。以津沽大学原有之文学院为基础。筹建师范学院。9月25日，举行了“津沽大学改为国立接受典礼暨开学迎新大会”。参加大会的有马叙伦、曾昭抡、黄敬、李烛尘、周叔弢、杨石先、张国藩、孙冰如等。11月19日，国防委员会副主席叶剑英视察天津，特地来到津沽大学看望师生。国立津沽大学首任校长由著名物理学家张国藩担任。

1934年，范旭东任永利化学工业公司总经理，李烛尘为副总经理，两人携手团结，创造了永（利）久（大）黄（海）化工企业集团。1937年抗日战争爆发后，全部工厂内迁，李烛尘任迁川总指挥，民建中央常务理事。毛泽东赴重庆谈判期间，李烛尘公开发表文章《欢迎毛泽东赴重庆谈判》。毛泽东在会见他和范旭东时，盛赞他们创办民族化工企业的重大贡献。解放战争时期，李烛尘致力于恢复永利公司的生产，任华北工业协会会长、天津工业协会理事长。天津解放后，他积极创建天津市民主建国会和天津工商联。当选为全国政协主席团成员、中央人民政府委员，参加了开国大典。先后担任全国工商联副主任委员、民建中央副主委，为恢复和发展中华人民共和国成立初期的经济做出了贡献。1950年9月10日始出任津沽大学校董事会董事长。1956年任国家食品工业部部长。1958年任国家轻工业部部长。1964年当选为全国政协副主席，在古稀之年，仍然不辞辛劳，深入调查研究，向中国共产党和政府提出具有真知灼见的建议。毛泽东、周恩来多次当面征求他对重大决策的意见。1968年10月7日，李烛尘在北京逝世，享年86岁。

张国藩（1905—1975），字铁屏，湖北安陆县人。著名物理学家、流体力学家、教育家。1931年考取官费赴美国康奈尔大学学水利工程，兼学物理。1933年获理科硕士学位，随后转入依阿华州立大学继续学水利。兼攻流体力学、空气动力学、航空力学。1935年，获工程博士学位后回国。1935—1950年，先后任北洋工学院、沪江大学、岭南大学、陇南西北工学院教授，兼西北工学院分院主任、航空系主任，西北科学院研究员，北洋大学物理系主任兼航空系主任、教务长。讲授理论力学、光学、流体力学、空气动力学、飞行力学、震动力学等。在教学“少而精”的基础上，提出“要少到好处。精到妙处”的新思想。亶视对青年教师的培养。1950—1951年兼任天津市教育局长。1951年9月至1952年8月任国立津沽大学校长。自1956年起任天津市副市长。张国藩的学术成就，主要是对分子物理学和原子物理学的研究，特别是对湍流理论和应用的研究长达近30年之久，成绩卓著。其中《湍流的热性理论》《一种湍流运动方程式》《关于湍流阻力问题》等论著具有独到见解。天津解放前夕，当国民党特务到北洋大学搜捕进步学生时，张国藩接受中共地下党组织的委托，通过校长张含英出面交涉，迫使包围学校的军警撤退，保护地下党员转入解放区。当国民党政府胁迫北洋大学南迁时，张国藩在地下党的领导下，挫败了南迁阴谋。天津解放之初，北洋大学无人负责，张国藩以教授、航空系主任兼教务长的身份，实际主持全校工作，使教学秩序得以恢复。1975年12月5日，张国藩逝世。

王金鼎（1920—1997），河北定州人。在民族危亡之际，投入一二·九运动。

1937 年参加民族解放先锋队。七七事变后参加平津流亡同学会，宣传抗日救国思想。1938 年赴陕北工作、学习。同年，在晋东南前方和延安中央青委机关工作。1941 年 8 月，由中央城工部派往天津从事地下活动。以学习、教书为掩护，建立地下党组织，扩大党的外围组织并发展党员。他先后组织天津学生庆祝抗战胜利运动、反对三青团斗争、校园民主斗争、“反内战、反饥饿、反迫害”斗争等。自 1943 年 1 月始，王金鼎先后在天津达仁学院和工商学院从事党的地下活动。1946 年 8 月至 1952 年 8 月，在工商学院和津沽大学任教，出色完成变私立津沽大学为国立大学的这一艰巨任务。天津解放后，历任天津河北女子师范学院教授、教导主任、党支部书记，市委宣传部军事管制委员会文教部科长、主任秘书、直属机关总支书记兼市文教委员会副秘书长，天津市院校调整委员会办公室主任。1951 年 9 月至 1952 年 10 月，任津沽大学教授、教务长、党支部书记。鉴于津沽大学中帝国主义分子抵制中国共产党的民主教育政策，破坏抗美援朝运动，学校师生自发组成“校政改革委员会”，王金鼎被推荐为委员。1952 年，院校调整后，王金鼎任南开大学教授、副教务长、党委书记兼市学校党委副书记，市委文教部副部长、部长，市委代理常委会成员等职。自 1973 年起，先后出任天津师范大学党委书记、革命委员会主任，市革命委员会文教组组长、党委书记，市文教委主任、党组书记，市委文教部长。“文化大革命”结束后，积极为在“文化大革命”中受迫害的干部和高级知识分子平反昭雪。

（资料来源：阎玉田《踞析津之阳——天津工商大学》，人民出版社，2010 年版，第 13—14、183—184 页）

（四）天津师范学院

顾随名著汇编出版，校方及学子怀念感人①

《顾随全集》入选新京报 2014 年度国故好书

2015 年 1 月 6 日，2014 新京报年度好书颁奖典礼在北京国家图书馆艺术中心隆重举行。由河北教育出版社出版的十卷本《顾随全集》入选 12 本终极好书书单。

新京报年度好书评选活动从去年 11 月中旬开始，历时两个月，通过专家评选与网络投票，从 120 本入围书单中，确定 1 本年度图书和 12 本年度终极好书。其中，《顾随全集》当选“年度国故类好书”。据介绍，在 12 个分类当中，“国故”与“新知”是今年新增分类项目，意在体现当下社会的传统文化热潮和创新思维趋势。

---

① 题目为编者根据内容自行拟定。

2000 年 12 月，河北教育出版社曾出版了《顾随全集》四卷。此后十多年间，其家人、弟子、后学不断搜集整理，陆续出版多种遗文。2014 年 3 月，作为 2013 年度国家出版基金项目，《顾随全集》再次以十卷的规模问世。

新京报在为《顾随全集》撰写的致敬词中说：一代学林宗师顾随先生徜徉于古典文学的瑰丽风景，他深入历史语境体验故国文人的喜怒哀乐，将深刻的人生体验融入学术研究，并以敏感的触觉捕捉源源不断的灵感，进而凝聚成一部部优秀的著作。其讲诗，提倡心物相合，注重独抒性灵，以情为主，“诗心论”独出机杼；其说词，继承和发扬了王国维的词学传统，“高致说”自成一家，字字珠玑而令人回味无穷。顾随先生的词作，兼有雄壮、新奇、健婉之长，其长调抒情性强，格调高雅，感情真挚；其小令含蓄婉约、辞简义丰。此外，他还涉猎小说、杂剧创作，在儒家、佛家思想领域修养颇深。经由十卷本的《顾随全集》，顾随先生的哲人风范、高雅志趣、学术成就和讲坛遗韵，将百世流芳。“大师无界，大道无名”，让我们致敬《顾随全集》！

顾随（1897—1960），河北清河人，本名宝随，字羡季，号苦水、驼庵等。1920 年毕业于北京大学英文系。先后在山东、天津等地中等学校任教，1929 年起，先后执教于燕京、北平、北京、中法、中国、辅仁等高等学府，1953 年赴任天津师范学院（河北大学前身）教授。顾随是卓然特立的一代国学大师，诗、词、曲、剧众体兼擅；书法出唐入晋，自成一家；尤于谈文论艺及课堂讲授契机入理、精妙超绝。沦陷期间，困守北平，以笔为枪，显示出一介爱国知识分子的坚贞气节。现代文坛诸多名家宿儒如沈尹默、沈兼士、周作人、冯至、杨晦、启功等皆与之有师友之谊；弟子周汝昌、叶嘉莹、吴小如、史树青、郭预衡等享誉海内外。1990 年，启功撰书联句：“文苑仰宗师众失拱辰三十载；书坛标重望脉延典午两千秋”，对顾随的文章、书艺做出极高评价。

顾之京教授专题讲座：我的父亲顾随

本站讯（记者肖广）11 月 5 日下午 3 点至 5 点，河北大学教授、顾随先生之女顾之京教授受邀在本部逸夫楼 201 为文学院研究生二年级和本科生一年级同学做讲座。

顾之京教授通过朗诵苏轼的一首词《定风波》开始了自己的讲座，讲述自己退休以来的闲暇时光是如何度过的。她说，在“极左的空气很浓”时，不敢谈父亲；在这种空气不浓时，不想谈父亲。直至近几年整理父亲的资料，才开始公开谈论父亲。

整场讲座以“父亲的职业生涯”“父亲的著作”“父亲本人”等几个方面展开。

顾随，本名顾宝随，字羡季，笔名苦水，别号驼庵，河北清河县人。他是中国韵文、散文作家，理论批评家，美学鉴赏家，讲授艺术家，禅学家，书法家，文化学术研著专家。顾随先生一生以教师为职，先后在河北女师学院、燕京大学、辅仁大学、中法大学、北京师范大学、河北大学、女子文理学院中法大学及中国大学等校讲授中国古代文学。顾随先生人生最后的七年在河北大学（时称天津师范大学）度过。

顾随先生的著作成就表现在多个方面：诗词、书法、小说、杂剧。顾随先生的作品最早发表于中学时期（大约1913年），他的诗歌被其老师赞赏并投稿至商务印书馆所办的全国中学生作品刊物。据顾之京教授考证，顾随先生是中国文坛最后一位杂剧创作者（叶嘉莹认为他的杂剧创作“空前绝后”）。“文革”时期，顾随先生的作品惨遭销毁。“文革”结束后，根据顾随学生手中保存的手稿，于1986年春整理出版了《顾随文集》，2000年文集扩充到四卷十几万字，后经进一步扩编，于2014年扩充到十卷百万字。至今，已出版的顾随著作有32种，共计46册。在印的作品还有多种。

顾随先生一生从事教学事业，作为一名老师，他一直秉持着“学生一定要超过老师”的教育思想，40多年来桃李满天下，他的很多弟子早已是享誉海内外的专家学者，叶嘉莹（被誉为“传法弟子”）、周汝昌、史树青、邓云乡、郭预衡、颜一烟、黄宗江、吴小如、杨敏如、王双启等便是其中的突出代表。

顾随先生主张“思无邪”，不为非作歹。抗日战争时期，他被迫留在已经沦陷的北平，但他坚持不在日伪政权创办的学校任教。对于支持日伪政权的无耻文人，顾随先生表示极其地厌恶。

讲座最后，现场的同学关于与顾随先生有关的作品出版问题以及如何当老师的问题对顾之京教授做出提问。顾教授一一进行了回答。

著名学者叶嘉莹题赠河北大学感念恩师顾随

在教师节、中秋节前夕及河北大学建校95周年校庆之际，国际著名学者、南开大学终身教授叶嘉莹赋诗题赠河北大学，感念其恩师顾随先生。题词照片与题词原文如下：

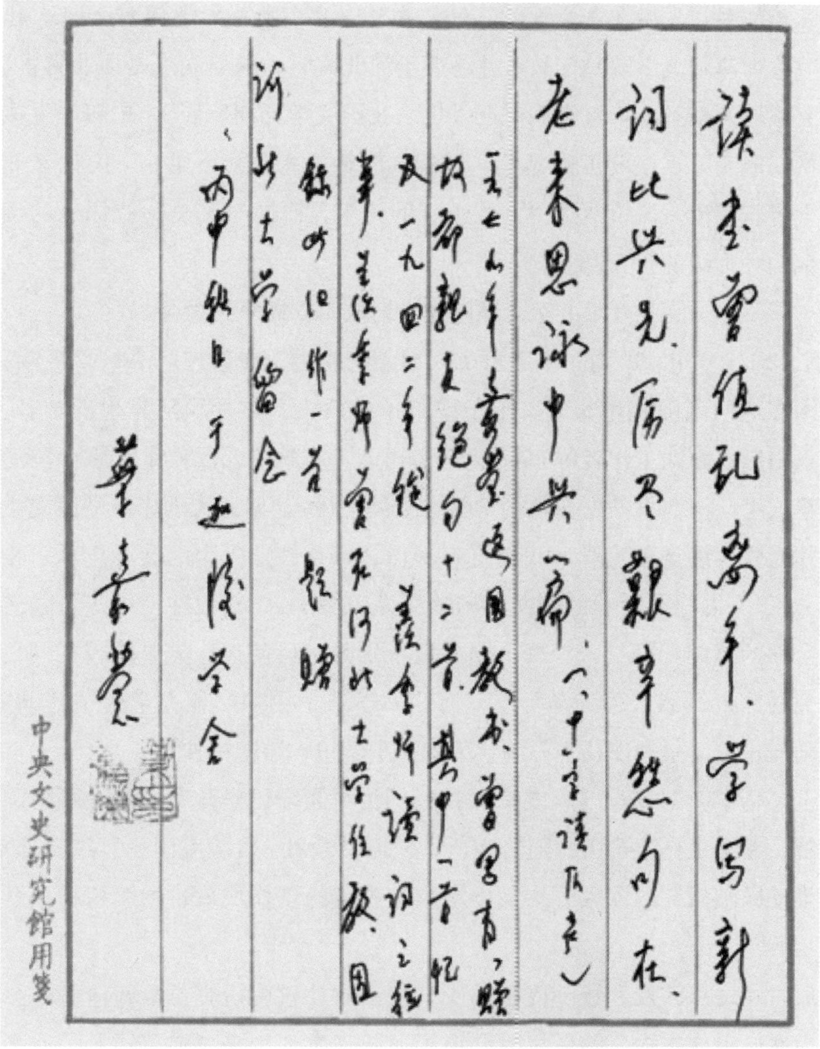
读书曾值乱离年，学写新词比兴先。历尽艰辛愁句在，老来思咏中兴篇。（"中"字读仄声）
一九七九年嘉莹返国教书，曾写有赠故都亲友绝句十二首，其中一首忆及一九四二年从羡季师读词之往事。羡季师曾在河北大学任教，因录此旧作一首，题赠河北大学留念。
丙申秋日于迦陵学舍
叶嘉莹

叶嘉莹赠词

读书曾值乱离年，学写新词比兴先。

历尽艰辛愁句在，老来思咏中兴篇。（"中"字读仄声）

一九七九年，嘉莹返国教书，曾写有赠故都亲友绝句十二首，其中一首忆及一九四二年从羡季师读词之往事，羡季师曾在河北大学任教，因录此旧作一首，题赠河北大学留念。

丙申秋日于迦陵学舍

叶嘉莹

叶嘉莹题词中的"羡季师"即指顾随先生。顾随（1897—1960），1920 年毕业于北京大学英文系，先后在燕京大学、辅仁大学、北京师范大学任教，1953 起在河北大学（时称天津师范学院）任教，并终老于河北大学。顾随先生是河北省古代文论、词曲研究领域的奠基人，被誉为“近百年来我国文学词曲巨匠”，顾随先生执教四十年来，桃李遍天下，培养了叶嘉莹、周汝昌、郭预衡、吴小如等一大批享誉海内外的专家学者。周汝昌评价他是“一位正直的诗人，而同时又是一位深邃的学者，一位极出色的大师级的哲人巨匠”。

我校举办纪念顾随先生诞辰120周年纪念会

5月12日，“纪念顾随先生诞辰120周年纪念会”在新校区A2—208隆重举行。来自全国多地的顾随先生家人、弟子或弟子的后人，热爱顾随先生的学者、作家，及期刊、出版、新闻工作者等50余人应邀出席。文学院近百名师生参加了纪念会。

开幕式上，河北大学副校长杨学新在致辞中说：“河北大学作为顾随先生家乡的大学，作为先生终老的大学，我们更有责任、有条件把先生的文脉传承下去，发扬光大。”对于开展纪念活动的意义，杨学新说：“第一，对以往所作工作、已有成绩做一个全面的总结；第二，汇聚全国各地特别是科研院所、兄弟院校的同仁，推动顾随研究的深入开展；第三，要推动河北大学乃至更多当代大学生了解顾随先生、学习顾随先生，继承和发扬老一辈学人的文章学识、道德精神。”

会上，杨学新副校长与顾之京教授一同为“顾随国学院”揭牌。顾随国学院挂靠文学院，基本工作架构由顾随研究所、驼庵文学社、《驼庵国学》编辑部等组成，致力于推动顾随研究的深入开展，推动顾随先生的创作成就、治学精神在学生中的传承。

随后，顾之京教授和顾随先生弟子、河南省社科院研究员、韩愈研究会会长张清华先后在会上作报告。前者主要介绍了顾随先生的生平事略，展示了许多珍贵的图片和故事；后者重点就顾随研究的几个方面问题做了阐发。

文学院还制作了“顾随先生手迹著作展”，展出许多顾随先生的照片、日记、书信、手稿及生前出版物等珍贵文献。

附：一代国学大师顾随先生早年在北平各大名校执教，1953年调入河北大学前身——天津师范学院，直至1960年谢世。顾随先生生于1897年，今年时逢120周年诞辰。

中华书局、河北大学出版社相继出版了《顾随先生和他的弟子》《苦水词人》《师者顾随》《学者顾随》《长者顾随》等多种图书；《河北大学学报》开辟了纪念专栏，刊发顾随先生弟子、著名古典诗词专家叶嘉莹先生，顾随先生六女、我校文学院顾之京教授等人的文章；叶嘉莹先生感怀深厚的师生情谊，特意撰著《我的老师顾随先生》一书，也已由河北大学出版社出版，为老师 120 周年诞辰献上一份厚礼。

（资料来源：河北大学新闻网，2015 年 1 月 12 日；2015 年 11 月 13 日；2016 年 9 月 14 日；2017 年 5 月 15 日）

（五）河北大学

1. 河北大学院士风采

印象初院士

男，江苏海门人，汉族，1934 年 7 月出生，中共党员，1958 年 7 月毕业于山东农学院植物保护系。历任中国科学院西北高原生物研究所动物研究室主任，副研究员，副所长，研究员。中国昆虫学会三届、四届、五届、六届理事会理事，中国科协四届全国委员会委员。美国亚利桑那大学和亚利桑那州立大学客座教授。1995 年 6 月被联合国教科文组织和中国科学院挑选为中国当代科技精英之一。1995 年 10 月当选为中国科学院院士。1996 年 2 月被河北大学聘为终身教授。

印象初院士长期从事蝗虫分类工作，30 多年来发现蝗虫新属 37 个，新种 103 个。1975 年发表《白边痂蝗在青藏高原上的地理变异》一文，揭示了一个物种由于海拔升高，其形态特征出现梯度变异为种内（亚种内）变异。提出蝗虫类在高原上的适应性，演化途径和高原缺翅型等新见解。阐明了高原上风大不适于蝗虫飞行导致翅的退化，翅是蝗虫的发音器官构造之一，翅的退化导致发音器的退化，发音器的退化和消失又导致听觉器官的退化和消失。在高海拔地区生存的缺翅、缺发音器、缺听器的种类是最进化的种类，也是青藏高原的特有种类。1984 年出版的《青藏高原的蝗虫》为该地区蝗虫的研究和防治提供了重要参考资料。1982 年建立了《中国蝗总科新分类系统》，后被誉为印象初分类系统；1990 年发表了《北美洲镌瓣亚目（蝗亚目）的分类》一文，两者之间的区系组成和主要危害种类完全不同，提出了必须防止相互传播的建议。1996 年出版了《世界蝗虫及其近缘种类分布目录》，200 多万字，英文，记录了从 1758—1990 年所有的已知的蝗虫类 10136 种，是目前世界上最全面，最系统的同类专著。1997 年获第八届全国优秀科技图书一等奖。《青藏高原的蝗虫》获青海省科技进步一等奖。《中国蝗总科分类系统的研究》和《青藏高原的蝗虫》获中国科学院科技进步二等奖，国家自然科学四等奖。

宋大祥院士

男，浙江绍兴人，1935 年 5 月 9 日生，中共党员，1953 年毕业于江苏师范学院（前东吴大学，现苏州大学）生物学系。1955 年华东师范大学动物学研究班毕业后赴哈尔滨师院任教。1957 年考取中国科学院动物研究所甲壳动物学研究生，1961 年毕业后留所工作，任动物所副所长、无脊椎动物学研究室主任、所学术委员会及学位委员会委员等职。1999 年来河北大学工作，当年，当选为中国科学院院士。

国内外兼职：法国国际蜘蛛文献中心（CIDA）理事、中国动物学会副理事长兼秘书长、中国科学和技术委员会委员、全国自然科学名词审定委员会委员、中国动物名词审定委员会主任、中国科学院生物分类区系学科发展专家委员会委员、中国濒临物种科学委员会委员、中国人与生物圈国家委员会委员、《动物分类学报》主编、《生物学通报》副主编、《中国动物杂志》副主编、《科学》和《生命》科学编委等职。

在 60 和 70 年代，先后从事枝角类、淡水和寄生足类的分类区系研究，河蟹生殖洄游的研究以及吸血蚂蟥的生物学和防除研究。首次报道剑水噬食鱼苗，找出了淡水养殖中鱼苗突然大量死亡的原因，避免渔场的经济损失。针对河蟹减产，通过研究查明系由于成蟹和蟹苗在洄游中受水坝和河水污染的阻拦，提出移苗的办法。经各地采用后大大增加了河蟹的产量。首次详细阐明了日本医蛭的生物学并提出驱避的办法，发表吸血蚂蟥新种多个。自 70 年代末起，从事蛛形类的研究。蛛形纲是陆生动物中除昆虫纲以外的第二大类群。蜘蛛作为农林中害虫的主要捕食性天敌，在消灭害虫和维持生态平衡中有重要作用。先后赴法国巴黎自然历史博物馆、美国纽约自然历史博物馆、斯密桑研究院、哈佛大学比较动物学博物馆、联邦德国柏林工科大学生物学研究所、法兰克福圣肯堡博物馆、梅茵茨哥登堡大学、斯图加特国家自然博物馆，韩国蛛形学研究所、日本东京自然博物馆等地进行访问和合作研究。通过他的研究及与同行的合作，使我国蜘蛛学的研究尽快赶上了国际先进水平。他积极推动我国蛛形学会的成立和《蛛形学报》的出版，在推动我国蛛形学的发展和奠定我国现代蜘蛛学研究方面做出重要贡献。

迄今为止，先后主持或参与编写专著和工具书 20 余册，论文约 200 篇（其中 10 篇发表于美、日、德、韩国学术刊物上）。《中国淡水足类志》、《农田蜘蛛》分别获科学院二、三等奖。“七五”期间主持中国科学院重点项目西南动物资源研究。“八五”期间，主要从事中国土壤动物、动物地理分布研究和蜘蛛目系统演化研究，以及中国动物志（蟹蛛科）的编写。在参与领导中国动物志编写工作的同时，还主持我国动物科学发展战略研究（已完成初稿），以及动物学名词的审定工作（已完成审定词 6000 余条），为我国动物学界学术带头人之一。

魏江春院士

男，汉族，陕西省咸阳市秦都区人，1931 年 11 月 1 日生，中共党员。俄罗斯生物科学博士、中国科学院微生物研究所研究员、中国科学院院士。2000 年被河北大学生命科学学院软引进为河北大学教授，2007年成为河北大学终身教授。

国内外兼职情况：中国孢子植物志编辑委员会副主编，中国科学院微生物研究所副所长，《真菌学报》副主编，中科院真菌地衣系统学开放实验室主任，中科院微生物研究所学位委员会主任，《国际孢子植物学报》编委，《极地研究》编委，《POLARSCIENCE》编委，中科院分类区系学科发展专家委员会委员，中科院生物多样性专家委员会委员，中国科学探险协会理事会理事，中国菌物学会理事长，中科院真菌地衣系统学开放实验室学术委员会主任，中华人民共和国濒危物种科学委员会委员，《Mycosystema》科学顾问，美国芝加哥菲尔德自然历史博物馆植物系名誉研究员，国家基金委、科技部、中科院联合资助的三志（动物志、植物志、孢子植物志）“九五”重大项目首席科学家。

共发表论文60余篇，专著四册。1986年中国科学院科学技术进步特等奖，1991年享受有突出贡献科学家的政府特殊津贴，1996年国家海洋局科学技术特等奖，1997年国家海洋局科学技术二等奖。

庞国芳院士

毕业于河北大学化学系，中国工程院院士，国家级蜂产品检测重点实验室主任，国际AOAC研究导师，河北（秦皇岛）检验检疫局技术中心主任，国家级有突出贡献中青年专家，国务院政府特殊津贴专家和河北省省管优秀专家。从事色谱-质谱理论与实践的研究，并颇有建树，曾荣获国家科学技术进步二等奖2项。2007年度国际AOAC资深专家奖，现任河北大学博士生导师。

软引进：

（每年要在河北大学常驻工作累积三个月）

刘瑞玉院士，我国海洋底栖生物生态研究的开拓者

陈文新院士，土壤微生物学家

张钟华院士，精密电磁测量专家

林群院士，我国在泛函分析、计算数学研究领域内著名的数学家、学科带头人

张玉奎院士，中国化学会色谱专业委员会主任，中国色谱学会理事长，中国分析测试协会常务理事

张亚平院士，致力于研究动物的进化历史和遗传多样性

邹竞院士，专业领域为感光材料

河北大学还有其他如：

白春礼院士，河北大学药物分析实验室学术委员会主任

王占国，中国半导体材料专家

欧阳自远，天体化学与地球化学家

孙玉，中国电子科技集团公司第五十四研究所研究员

刘尚合，静电与电磁防护工程专家

徐建中，中国科学院工程热物理所研究员

等多位兼职、双聘院士

（资料来源：http://blog.sina.com.cn/s/blog_531788c80100fst9.html，2009 年 11 月 9 日）

2. 纪念萧树滋先生诞辰 90 周年学术研讨会在河北大学隆重召开

为了缅怀我国电化教育的开拓者和奠基人之一的萧树滋先生，发掘他的电化教育学术思想，弘扬他的爱国敬业的精神，促进我国教育技术理论与实践的创新发展，中国教育技术协会和河北大学于 2004 年 5 月 22 日举办了“纪念萧树滋先生诞辰 90 周年学术研讨会”。

中国教育技术协会常务副会长、中央电教馆副馆长王珠珠同志、河北省教育厅副厅长韩清林同志、河北大学党委书记左晓光同志、中央电教馆原副馆长周君达和富友仁同志、西北师大南国农教授、上海外国语大学梅家驹教授、华东师大张际平教授、河北省电教馆馆长宋忠报同志、河北大学教育学院院长贺国庆教授、河北电教技术学会负责人冯秀琪和林万新同志以及来自全国高等院校的专家、萧树滋先生的生前好友和学生等近 200 人出席了大会。会议由河北大学教育学院张立新教授主持。左晓光同志、韩清林同志分别代表河北大学及河北省教育厅，对与会代表表示热烈欢迎，对研讨会的召开表示祝贺。

王珠珠同志代表中国教育技术协会致辞。她说：4 年前，我们曾在兰州召开南国农先生诞辰 80 周年学术研讨会，但在萧先生生前我们一直没有机会召开这样的会议，今天我们终于圆了这个梦。这次会议具有重要意义，我们要总结前辈做出的贡献，继承和发扬前人的学术思想和研究成果，弘扬与时俱进的精神，激励后人继续努力。当前我国教育技术事业形势大好，教育部在《2003—2007 年教育振兴行动计划》中提出，加快教育信息化基础设施、教育信息资源建设和人才培养，全面提高现代信息技术在教育系统的应用水平。在这样一项重大任务面前，回顾萧先生等一批老电化教育工作者开创我国电化教育事业的经历，发掘他们的重大理论研究成果，学习他们为人、治学的高尚品格，对推动我国教育技术理论与实践的发展具有鲜明的时代意义。在讲话中，王珠珠同志还对河北大学及河北省在教育技术理论研究和人才培养等方面做出的努力和贡献给予了充分肯定。河北省电教技术学会秘书长林

万新同志、河北大学教育学院院长贺国庆教授也分别致辞，对萧先生对我国电化教育事业做出的卓越贡献给予积极肯定，对萧先生表达了深切的崇敬之情。

中央电教馆原副馆长周君达先生、上海外国语大学梅家驹教授分别对萧先生的生平做了简短的回顾，山西大同大学的张军征教授作为萧先生的学生代表做了题为“萧先生的学术贡献和治学态度”的报告。

萧先生的密友、西北师范大学博士生导师南国农教授深情回忆了与萧先生从抗战时期结下的情义，以及二人在新中国时期同窗共事的经历。南先生说，“做人、做学、做事，萧先生很成功”，“我以萧先生为榜样”，对这位生前密友给予了高度评价。南先生介绍了萧先生对电化教育定义提出、修改和完善的过程，揭示了萧先生关于中国电化教育理论的基本观点，并表示赞同。南国农先生提了当前教育技术研究的两个核心问题，两个核心问题分别是教育技术学科的逻辑起点和教育技术学科的理论基础、基础理论，并简单阐述了对这些问题的认识和所持观点，并对界内积极探讨的新理论 Blending-learning、建构主义的反思等给予了高度赞赏，并激励教育技术界的全体同仁认真探索教育技术学科的基本问题、关键问题。南先生还对加强教育技术的管理提出中肯的建议。

大会在下午举行了专题学术报告会。华东师范大学张际平教授做了题为“现代教育技术——概念、热点、问题”的报告，总结了他对当前教育技术研究内容、研究热点和存在的问题的认识和看法。上海外国语大学梅家驹教授在大会报告中提出了三个值得思考的问题：我们究竟要研究什么？我们的目的（促进学习）究竟达到了没有？先进的和传统的能不能绝对化？并就此谈了个人的看法。学术报告受到与会同志的热烈欢迎。

（资料来源：《现代教育技术》，2004 年第 3 期，作者：张立新、刘雍潜）

3. 漆侠先生的学术贡献与治学方法

漆侠 1944 年考入西南联大历史系，1951 年北京大学历史系研究生肄业，受过当时占主流地位的近代实证史学的严格训练。新中国成立以后，漆侠又以极大的热情投入到马克思主义理论学习中，深受郭沫若和范文澜的影响。关于马克思主义对他治史的影响，漆侠曾说：“真正地读进去后，只觉得仿佛进入了另一个天地，真是‘青冥浩荡不见底，日月照耀金银台’，眼前豁然开朗。想不到世界上竟有这样的好文章，缕析历史，解剖社会竟如此高明！”他对马克思的思想感到佩服之至。

2001 年漆侠去世，身后留下 520 多万字的著作，2008 年由河北大学宋史研究中心编辑出版为《漆侠全集》。漆侠的治史领域宽广，几乎涵盖自秦汉至明代各个阶段的历史，其中，在中国农民战争史、王安石变法、宋代经济史方面均取得重要成绩。

1981年以前，漆侠以研究中国农民战争史为主、宋史为辅，曾先后出版《隋末农民起义》(1956)、《王安石变法》(1957)、《秦汉农民战争史》(1961)等著作。他研究中国农民战争史系统而全面，对秦末、汉代、魏晋、隋末、唐末、宋代、元末、明末等都有专题性研究，且始终把握中国农民战争史的发展方向和研究脉络，是新中国成立后中国农民战争史研究的主要开创者和推动者之一。

漆侠早年跟随邓广铭读研究生时即开始研究王安石变法，1957年出版的《王安石变法》可说是漆侠的成名作。邓广铭在总结自南宋至20世纪的王安石变法的评议、研究时认为，八九百年来，大多数论著不是因为材料欠缺，就是因见识不高而未能真正客观地评价，只有“在50年代后期，上海人民出版社印行了漆侠的《王安石变法》一书，对于熙宁新法进行了认真的探索，超越了前此所有的同类著作”。

随着对王安石变法和中国农民战争史研究思考的深入，漆侠认为很多问题若不从社会经济史的角度去考察，将很难继续深入。于是他将研究领域逐渐转向宋代经济史并广泛收集资料，于1987年、1988年先后出版两册《宋代经济史》，洋洋近百万言，全面论述了两宋300余年间社会经济关系发展演变的过程，在学界引起很大反响。该书曾获首届全国高等学校人文社会科学研究优秀成果奖一等奖，并作为史学类经典被收录进中华书局《中国文库·新中国60年特辑》和商务印书馆《中华现代学术名著丛书》中。历史学家王曾瑜评论说：“此书总结了过去，也开拓了未来，确是一部里程碑式的著作，不论从中国经济史研究的角度看，还是从宋史研究的角度看，都是如此。”

此后，漆侠又与山东大学教授乔幼梅合作出版了《辽夏金经济史》，这是第一部系统、综合论述10—13世纪中国北方少数民族经济史的著作，不论是拥有的资料还是内容的丰富程度，都比以前的研究有所补充和提高。这部著作既集过去研究之大成，又把辽夏金经济史的研究提升到一个崭新的阶段。

20世纪90年代中期，为完成业师邓广铭的遗愿，漆侠毅然将研究重点转向宋学领域。宋学一向是中国古代思想史和宋史研究的热点，但在漆侠的遗著《宋学的演变和发展》出版之前，学术界一般多将宋学简单归结为程朱理学，研究方法也多从“思想”到“思想”。漆侠的宋学研究恢复了王荆公新学在北宋中后期的主导地位，同时把学术思想与政治发展联系起来考察程朱理学的社会作用，为宋学研究另辟了一条学术路径。遗憾的是在他遽归道山时，《宋学的演变和发展》中最重要的篇章还未完成。

漆侠在教书育人上亦有突出成绩。他的教书生涯始于1953年进入河北大学之时。1981 年，漆侠被教育部指定在河北大学举办全国宋辽金史师训班。1982 年、1985 年，他分别开始招收硕士、博士研究生，一生共培养硕士、博士研究生 60 余人。如今，他的学生大多数活跃在国内宋史研究学界，并已成长为宋史研究的中坚力量。1989 年，国家教委主持“建国四十年教学成果奖”评选活动，漆侠的《坚持以马列主义为指导治史、执教、育人》一文，获得国家级优秀教学成果特等奖。

漆侠创建的河北大学宋史研究中心被学界称作“无中生有”的典范。从 1983 年组建宋史研究室到 2001 年该研究室被评定为本学科唯一一个教育部省属高校人文社会科学重点研究基地，在不到 20 年的时间，河北大学的宋史研究从无到有，再到成为国内外宋史研究重镇，漆侠的学术影响力和学术号召力由此可见一斑。

漆侠常说，治学没有捷径，简单地说就是多读书、多占有材料和认真学习马克思主义。他始终强调材料与史观的统一。他认为，历史学科建立在客观历史实际的基础之上，因而包括文献和实物在内的各种材料是第一位的；而对史料的诠释和运用则决定于史学工作者的主观认识，主观认识的正确与否又决定于史学工作者的观点和方法。“一部有价值的、优秀的历史著作，像司马迁的《史记》，越是能够‘于叙事中寓论断’，即观点和材料密切结合，就越有感染性，产生巨大的影响。”

漆侠笃信马克思主义，他认识到，社会经济在历史发展总过程中具有重大意义和决定性作用。因而，他在学习马克思主义理论过程中逐步形成了兼具政治经济学理论和社会学理论色彩的马克思主义经济史研究方法。这一研究方法一方面注重社会经济关系变化对历史发展的制约作用，另一方面关注社会阶层地位的形成、变动以及阶层之间的矛盾对社会历史发展的影响，这也是漆侠马克思主义经济史研究方法的两个基本点。

漆侠注重处理通史与断代史两者之间的关系，他认为，必须“在专的基础上通，在通的基础上专”。断代史研究必须以通史为基础，这是学习和研究包括宋史在内的所有断代史的前提条件之一。他常说，只研究历史则研究不好历史，只研究宋史亦研究不好宋史。

漆侠鼓励青年学子多承担教学任务，所谓“教学相长”，就是通过教学生，可以了解难点和问题所在，可以知道自己的不足，这样就会激励自己更加努力去学习和提高。因此，他认为“教学相长”是年轻学者成才的重要途径。

漆侠（1923—2001），原名漆仕荣，字剑萍，笔名范今、季子涯、张戈扬等。山东巨野人。是新中国培养的第一代马克思主义历史学家，是我国 20 世纪辽宋夏金史研究领域中继邓广铭之后又一卓有成就的史学家。曾任中国农民战争史研究会理事长、河北省历史学会会长、中国宋史研究会会长。

（资料来源：《中国社会科学报》，2012 年 10 月 8 日，第 B03 版，作者：李华瑞）

4. 完整呈现詹锳先生著述全貌

——《詹锳全集》出版有感

詹锳先生 1998 年逝世，当时给我的感受是天倾西北，地陷东南，河北大学古代文学学科失去了擎天柱。

记得詹先生带领我们整理完《李白全集》，由百花文艺出版社出版，拿到书时，詹先生说："我这一辈子，该做的工作都做了。"听到这句话，我心里一沉。想不到，竟然成了谶语。

1996 年，詹锳先生 80 华诞时，河北大学中文系和古籍所共同为詹先生举行了很小的庆祝活动。葛景春师兄整理出詹锳先生论著论文目录，林大志整理出詹锳先生年谱。詹先生去世后，我一直留心詹先生零散发表而未收入论文集中的文章，就是想有机会、有条件时整理出版詹锳先生全集。2006 年，当詹锳先生诞辰 90 周年时，我们师兄弟及其弟子参加了河北大学主办的詹锳先生学术成就与学术思想研讨会，会间大家都与我商量能否编詹锳先生的全集，但我觉得时机还不成熟。2013 年，河北教育出版社出版顾随先生全集后，与任文京说，以詹锳先生在国内外的影响，他们很想一鼓作气出版詹锳先生全集。出版社有眼光，学校也有了出版著名学者全集的举措，出版詹锳先生全集的机会终于来到。

詹锳先生 1948 年到美国留学，1953 年取得博士学位，不顾美国的阻挠，毅然回国，由高教部分配到河北大学的前身天津师范大学工作，直到逝世。

河北大学有三老，教育系的滕大春先生，历史系的漆侠先生和中文系的詹锳先生。在 20 世纪 80 年代刚刚恢复学位制度之初，以三位先生为学术带头人的学科，分别获批外国教育史、中国古代史和中国古代文学博士授权点。而这三位先生申请获批博士点，端赖其学术成就和学术声誉，因为无论是滕先生的美国教育史研究，詹先生的李白和《文心雕龙》研究，漆先生的宋史、农民起义史研究，在国内外都极有影响，有的堪称首屈一指。

当然，詹锳先生不但属于河北大学，他也属于中国古代文学界，中国的教育界。出版詹锳全集，既是河北大学的事，亦在中国学术界的期盼之中。

詹锳先生 20 世纪 40 年代初，就在西南联大开展学术研究，主要领域在魏晋南北朝隋唐诗文，李白是他研究的重点，《李白诗文系年》和《李白诗论丛》即于此一时期开始撰著，并有《李白集版本叙录》《李白之生平及其诗》《李白家世考异》《李白〈蜀道难〉本事说》《李白〈菩萨蛮〉〈忆秦娥〉辨伪》《李诗辨伪》《曹植〈洛神赋〉

本事说》《〈玉台新咏〉三论》《四声研究》发表。此后留学美国，詹锳先生改学心理学，但他并未中断中国古代文学研究。1957 年由作家出版社出版了《李白诗论丛》，1958 年作家出版社出版了《李白诗文系年》，后者被称为新中国李白研究的奠基之作。此后，詹锳先生的研究主要集中在李白和《文心雕龙》研究，陆续出版了《刘勰与〈文心雕龙〉》（中华书局 1980 年版），《〈文心雕龙〉的风格学》（人民文学出版社 1982 年版），《〈文心雕龙〉义证》（上海古籍出版社 1989 年版）《唐诗》（上海古籍出版社 1979 年版），《语言文学与心理学论集》（齐鲁书社 1989 年版），主编《李白全集校注汇释集评》（百花文艺出版社 1998 年版）。此外，还在《文学评论》《文学遗产》《中华文史论丛》等刊发表数十篇学术论文。这些著作和论文，代表了这两个领域研究的最新成果，也代表了其最高研究水平，因此在国内外学术界具有广泛影响。

整理詹锳先生全集，原则是务求完整，尽可能呈现詹锳先生著述全貌，遗憾的是未收入詹锳先生的讲稿和书信。詹锳先生逝世后，他的遗物一直没有人整理。师母谢道瑜先生故去后，詹先生的儿子一家移居海外，这就给我们搜集整理詹锳先生的遗稿带来很大困难。所以决定此次出版全集，暂不收入这两部分内容。《李白全集校注汇释集评》是代表了詹锳先生晚年学术成就的重要著作。1978 年，国家出版局立项新校新注八大作家集，詹锳先生承担了李白集的任务。其间编写颇多周折，但詹锳先生锲而不舍，最终带领自己的学生完成 340 余万字的巨著。此书虽然是詹锳晚年倾注全部心力完成的著作，但因为是集体编写，因此也不能列入全集。

今年是詹锳先生 100 周年诞辰，整理出版他的全集，也是我们对他的真诚纪念。人无论贤愚，总要归去，只有精神可以永存，如曹丕说：“年寿有时而尽，荣乐止乎其身，二者必至之常期，未若文章之无穷。”詹锳先生已经故去，但他的著作终会永存。

（资料来源：《光明日报》，2016 年 10 月 4 日，第 5 版，作者：詹福瑞）

5. 科学研究需要长期坚守

2018 年年初，中国科学院杰出科技成就奖揭晓，中国科学院院士、中国科学院动物研究所研究员康乐获得殊荣。

康乐将基因组学研究和生态学问题有机结合，以飞蝗为研究模式，围绕种群暴发成灾机制等世界难题，取得系列重大突破性进展，成为国际上生态基因组学研究的主要开拓者。

他领导的研究团队阐明了飞蝗在世界范围内的起源、扩散、种群遗传和适应性分化机制，揭示了植物营养等生态因子在种群暴发成灾中的作用机制，改变了传统认识，为我国绿色农业战略实施做出了基础性贡献。

之所以能取得这样的成就，康乐认为，在科学研究中要有长期坚守的精神。

成长在中科院的30年

与很多科学家在不同科研单位学习、工作的成长轨迹不同，康乐从1987年进入中国科学院读博士至今的整整30年，都是在中科院度过的。

“从博士研究生一直到院士，我的整个学术成长道路都是在中科院完成的，我非常感谢中科院对我的培养。”康乐说。

1990年取得生态学博士学位，2011年当选中科院院士，2017年获得国家自然科学奖二等奖。30年的学术积累，康乐却直到2017年才参评中科院杰出科技成就奖。对于他来说，学术的积累是持续不断的，而奖项的参评却要合适的时机。

“我在科学研究的过程中，有一个逐步、客观分析自己科学研究水平和成果的认识过程。”因对自己不断提高要求，康乐始终认为要在科研成果更成熟的时候再去申报奖项。“我申报杰出科技成就奖的一个重要目的，就是接受同行检验。”康乐说，这是对自己在中国科学院30年工作的一个阶段性总结。

在兴趣与国家需求间找到平衡点

相比于同时获奖的其他个人和集体，康乐的研究领域看似十分“不起眼”。就连康乐自己都笑称，昆虫学与人类健康、高性能计算、航空航天等学科相比，实在是非常小的、经典而又弱势的基础学科。

但就是这样一个“小”学科，却与我国和世界的经济发展密不可分，在某种程度上，对人们的生产、生活和国民经济的发展都有重要作用。

蝗灾在人类历史上是与旱灾、涝灾并列的三大自然灾害之一，对人类生存和农业生产影响相当严重。虽然进入现代社会，城市和发达地区环境变化很大，蝗灾已经不是什么问题了，但在我国的广大草原、农区、滨海湖区等地，蝗灾还是经常发生。“蝗灾过去常常伴随着饥馑和社会动荡。”康乐认为，即使到今天，蝗灾依然还是人类发展过程中的重要问题。

如果说国家需求是促使康乐走上蝗虫研究的外部因素，那么真正支持他坚持下来、取得杰出科研成就的则是他内心的兴趣和热爱。

“我大学读的是植物保护专业，虽然每次考试成绩都是植物病理学比昆虫学的得分高，但我就是喜欢昆虫。”凭借着对昆虫浓厚的兴趣，康乐在上大学期间就经常观察蝗虫，利用教学实习的材料在课余时间进行观察、测量。

正是在兴趣与国家需求间找到了平衡点，康乐的研究得以从内部动力和外部支持两个方面得到了保障。“两者的结合让我能把这个工作做得更好。”

时刻追踪学科研究前沿

虽然昆虫学是生命科学中的一个经典学科，而蝗虫灾害问题也是一个古老的科学问题，但实际上，全世界从事这方面研究的人数在逐渐减少。鉴于这种研究环境，康乐面临的一个最重要的问题是如何从这种古老、经典的学科和问题中推陈出新，不断用新的、现代的手段来解决学科中的问题，同时还要不断引领学科方向。

20 世纪 90 年代初，分子生物学是生命科学领域的研究热点，康乐开始思考能否用分子生物学的方法回答生态学的问题。“那时我的研究方向从生理生态学转向分子生态学的研究，但是这些尝试都不是十分成功，仍然没有解决我内心想解决的因果关系问题，仅仅还是用一个相对精确的方法来回答一些模糊的问题，在哲学上还不能解决证伪的问题和因果的问题。”

1999 年，随着人类基因组计划的实施，基因组科学开始发展起来。康乐又开始关注基因组科学对生态学发展的作用。“建立起二者的联系在当时看来是一个太大的挑战了。”就是这样的机缘，让康乐以功能基因组为突破口，找到解决“因果关系”问题的钥匙。

在这样的思路指引下，康乐及其团队于 2004 年发表了世界第一篇蝗虫群聚型和散居型之间基因表达差异的文章。这篇文章奠定了生态基因组学这个新的研究方向，成为生态基因组研究的基石性文章。

随后，康乐团队自己设计了 DNA 芯片，这个芯片大概包括了来自蝗虫的一万条基因。“有了芯片就有了研究平台，可以检测到当环境变化时基因在不同时间、温度、种群密度等等条件下的表达变化。”通过这种基因芯片的研究，蝗虫的种群型变因果关系最终得以揭示：嗅觉感受基因和多巴胺代谢途径参与了蝗虫聚群行为的调控。

在揭示了这样的因果关系后，蝗灾治理就可以使用行为调节剂来阻止蝗虫的群聚承载，从而替代高污染的杀虫剂。“治蝗变得绿色且环境友好了。”康乐说。

把蝗虫研究发展为生物医学模型

经过长期的研究和探索，康乐发现了蝗虫研究对人类健康的重要作用。

“多巴胺代谢是调控人类和动物的高级神经活动。在研究中，我们联想到群聚型的蝗虫非常像人在游行和集体活动时的行为状态，散居型蝗虫有点像自闭症和抑郁症患者的行为状态。”这启发康乐团队将研究方向转移到人类疾病领域。

人类的许多疾病，如阿尔茨海默病、抑郁症等都与多巴胺合成障碍有关。“在这些病症中，结构基因都没有改变，而是基因的表达调控和重要神经递质的合成出问题了，这是完全能够干预和治愈的。”康乐的研究不仅应用到了蝗虫的治理上，并且有望开始造福人类社会。

随着社会的发展，农业害虫问题可能慢慢不太突出了。“未来我想把蝗虫发展成为一个研究人类疾病的模型。”康乐说。其原因是，“我们要顺应国家的战略需求，也要顺应国家战略需求的转变。”

在康乐未来的研究计划中，蝗虫在低氧、麻醉状态下的研究和蝗虫的营养代谢问题将占据重要位置。“这些问题在生物医学中很重要，但缺乏必要的模型系统。将蝗虫研究发展成为生物医学模型，研究人类相关疾病和健康问题应指日可待。”

（资料来源：《中国科学报》，2018 年 3 月 19 日，第 6 版，作者：韩天琪）

6. 字典之功臣　释字之典范

我和杨宝忠先生是在北京师范大学读博士时认识的，他晚我一届。杨先生在读博士之前就致力于疑难字的考释与研究，读博士时索性就以研究疑难俗字作为博士论文选题，在王宁先生的指导下，主要针对《汉语大字典》中的疑难字撰写了《疑难字考释与研究》这篇博士论文，获全国优秀博士论文奖。毕业后又于 2011 年出版了《疑难字续考》，今年再推出《疑难字三考》，皆由中华书局出版。这些书对《汉语大字典》进行了全面深入的研究，解决了很多《汉语大字典》中的疑难问题，可谓《汉语大字典》的功臣！

《疑难字三考》（下文简称《三考》）考释了《汉语大字典》第二版中的 1032 个字。跟前两书相比，窃以为有如下特色：

首先，使用的材料更为广泛。疑难字考释需要广泛占有材料，材料范围越广，意味着获得有效材料的可能性就越大。如果说前两书主要还是利用字韵书和儒家文献的材料来比较互证的话，那么《三考》使用材料的范围就扩展到佛教文献了。对考释疑难俗字而言，佛教文献包括佛典原文和解释原文的音义书，其中音义书主要指《玄应音义》《慧琳音义》和《可洪音义》，这些文献是汉语疑难俗字的重要来源，因此考释疑难俗字必须重视这批资料。可是要利用这批资料并不容易，最初只能靠逐一阅读，把有用的资料做成读书笔记，在电脑普及之前的学者应该都是这么做的，此可谓皓首穷经，效率很低下。电脑普及后，儒佛道文献逐步电子化，准确率也越来越高，为检索文字资料提供了极大便利，从而提高了文字考释的效率。

其次，方法更为多元娴熟。汉字是形音义的统一体，三者有机关联。段玉裁在王念孙《广雅疏证》序中说：“小学有形、有音、有义。三者互相求，举一可得其二。有古形有今形，有古音有今音，有古义有今义。六者互相求，举一可得其五。古今者，不定之名也。三代为古则汉为今，汉、魏、晋为古则唐、宋以下为今。圣人之制字，有义而后有音，有音而后有形。学者之考字，因形以得其音，因音以得其义。”正因为汉字的古形今形、古音今音、古义今义三方面的发展变化有规律可循，所以其中某一方面在发展变化中有变异或缺失，致使汉字的形音义出现疑难问题。这些问题通过形音义的综合系统考证，是可以解决的，进而可以总结其变异的规律。《三考》中的很多条目所揭示的疑难问题就是通过形音义的系统考证而得出的。

最后，考释结论更为可靠。考证的结论有三个层级：确证无误；提供一种可能；完全错误。《三考》的结论绝大多数是确证无误的，有一部分属于提供了一种可能，完全错误的还没有发现。取得这样良好结果的原因，主要有两条：其一，得益于作者更加注重追寻疑难俗字的实际用例。字典辞书中的条目如果只有形、音、义三个方面的解说而没有用例，在读者看来是有缺憾的，甚至于不可靠；因为从理论上讲，每一个形音义完全的字都应该记录过汉语中的词，从而就应该有实际用例（只在贮存领域中变异的字应该没有用例）。只是有的例子在文献的传承过程中被更改了，而有的例子还在某种文献之中，只是由于我们的阅读面有限，还没有发现而已。前文说过，《三考》充分利用佛经文献，不仅找到了很多疑难俗字的形音义信息，也找到了不少实际用例。其二，是运用典型材料作比较。在这里，典型材料是指音义全同的材料。

另外，正文之前有一篇题为《〈汉语大字典〉第二版存在的问题》的论文，长达71页，对二版《汉语大字典》仍存或新出的问题进行了全面清理。归纳出的十个问题涉及字头定形、注音释义、引用证据、异体处理、文献标点和体例设计等诸多方面，虽然表面上是举例性的，实则蕴含了怎样编撰字典辞书的理论思想。因此对大型字典辞书的编撰和修订具有重要的参考价值。

总体说来，杨先生在疑难俗字考释方面取得了很大成绩，其成果是这一领域的又一个典范。

（资料来源：《光明日报》，2018年4月18日，第16版，作者：邓福禄）

7. 河北大学举办纪念滕大春先生110周年诞辰学术研讨会

2019年10月12日，河北大学成功举办了纪念滕大春先生110周年诞辰学术研讨会暨《滕大春文集》首发式。滕大春先生是新中国“外国教育史”学科主要奠基人之一，当代著名外国教育史学家和比较教育学家。滕大春先生1909年生于北京通县，1933年毕业于北京大学教育系，其后曾在山东省立第一乡村师范学校、安徽省教育厅和四川国立编译馆任职。1947年赴美国科罗拉多大学留学，1950年回国后长期担任河北大学教授，1986 年起任我国首个外国教育史博士点博士生导师直至 2002 年病逝。滕大春先生一生秉持教育救国的理想，将毕生精力奉献给了科学研究和教书育人事业，在平凡的岗位上做出了不平凡的业绩，滕先生的人格魅力、学术成就、教学水平值得后辈永远铭记。

参加了此次研讨会和首发式的人员主要有国内知名专家学者、滕大春先生家人、生前友好、弟子及河北大学相关专业师生代表、出版机构领导及部分媒体代表共计 100 余人。中国教育学会名誉会长、新中国比较教育学科创始人之一、原北京师范大学资深教授顾明远先生和原北京师范大学外国教育史专业资深教授、博士生导师吴式颖先生还向会议发来了贺信。参会人员深切缅怀了滕大春先生的生平、事迹和学术贡献，高度赞扬了滕先生对外国教育史学科和比较教育学科建设做出的卓越贡献，进一步明确了教育史学科发展的问题与方向，同时对《滕大春文集》的发行给予了充分的肯定。

会议由河北大学党委书记郭健主持。河北大学康乐校长和河北省教育厅王廷山副厅长在致辞中充分肯定了滕大春先生的学术贡献，号召后学者学习滕大春先生的爱国精神、人格魅力和学术品格；顾明远先生在贺信中回顾了与滕大春先生几十年的学术交往，对滕先生的学问和人品均给予了很高的评价；吴式颖先生的贺信主要列举了滕大春先生的学术贡献，认为滕大春先生为我国新时期外国教育史学科的建设和发展指明了方向，其影响至今仍很深刻。来自全国各地的滕大春的弟子们则分别回忆了滕大春先生学术和生活中的点滴往事，对滕先生所给予弟子们的深刻影响表达了深切的感恩和怀念之情。

与会专家学者还对《滕大春文集》的出版发行给予了充分的肯定。认为该书精选了滕大春先生有重要学术影响的代表性论著和相关论文，充分展现了滕大春在外国教育史和比较教育学领域所取得的重要成就。特别是其中的《今日美国教育》、《美国教育史》、《外国教育通史》（第一卷）前言、《试论〈外国教育史〉的学科体系和教材建设》《试谈外国教育史的“古为今用”和“洋为中用”》等，集中反映了滕大春的学术观点，体现了其博大精深的治学成果，对破除改革开放以来人们对于外国教育史的狭隘认识，正确发挥教育史学科的功用有着巨大的功效。即便是在学术观点日益多元的现代社会，滕大春先生的“文化多元论”以及“妥善地把东西方教育史沟通起来和妥善地把中外教育史挂起钩来，借以使人领悟人类教育史的整体性”的整体史观依然对后学者具有重要的指导价值。

在缅怀滕大春先生学术人生的同时，与会专家学者也指出，当前外国教育史学科发展面临困难，如何继承先生遗志，将滕大春等人筚路蓝缕所开创的学术事业继续推向前进是目前需要着力解决的重大问题。会议号召广大外国教育史学界同仁继续发扬前辈治学精神，在外国教育史学术领域、研究方法、思路等方面力求创新，努力开创外国教育史学科研究与教学工作的新局面。

（资料来源：《光明日报》，2019 年 10 月 12 日，作者：耿建扩）

二、桃李芬芳①

（一）天津工商大学

1. 天津工商大学第一次毕业同学名录②

此届毕业同学（一九二八班）大都为本校成时之学生，约六十余人，至毕业时，仅余十一人而已（工科七人，商科四人）。诸同学磋磨六载之久，孜孜向学，成绩昭著，现皆服务于社会。兹据准确调查，个人之情形如下：

张玉峰（商科），天津华北银行

张克昌（工科），永定河务局

田盛寿（工科），永定河务局

朱敬先（工科），天津法商永和营造公司

郜华（工科），正太铁路局

刘美（商科），天津利津大市场

刘培汉（工科），天津法国工部局

戴维汉（工科），天津法国电灯房

吴煦（商科），天津法国电灯房

魏玉良（工科），献县公教学校

萧舜华（工科），本校

（资料来源：《工商学报》第三期，河北大学档案馆藏，1929-CB13-1）

2. 天津工商大学一九三零班毕业同学录序

我国自通海以还，对外商业前因昧于世界大势，朝野上下多不习工商之学，视

---

① 由于此部分历史资料的零碎与缺失，河北大学历史时期办学主体变化复杂，天津师范学院、天津师范大学及河北大学在天津时期的相关内容资源难以清晰呈现。关于未涉及历史阶段的“桃李芬芳”内容，在其他主题板块中会有些反映，有兴趣者可以自行查阅。

② 题目为编者根据内容自行拟定。

为无足重轻，墨守陈法，故步自封，致不能与。列强相竞，以杜经济之压迫，今则已知，一反旧习，急起直追，藉图挽救以求自存之道，工商救国其为吾富强之一线曙光，欤然居今日而欲讲求工商业致力之涂、改良之方，以应此世界潮流亦绝非少数人所能济事，非集团体之心思财力以赴之不为功，是则实不能不有望于致力工商学者诸君以为之倡也。兹以天津工商大学一九三零班毕业诸君将刊印同学录徵序于予夫，诸君既负有发达工商业以富国裕民之使命，毕数年之精力，唯日孜孜，今既所学有成，自当本其所知推行尽利或闭户造车，出门合辙或执柯伐柯取则不达殚精竭思群策群力，以求所以务实用谋大利，俾吾国日进于福强之域者，其所成讵有限量耶，诸君勉乎哉？

天津工商大学一九三零班以毕业纪念册属序余，余因忆。民国十五年十二月十五日，校长裴那德君诣交通部路政司咨询各铁路需用工程人才情形，以定学科内容，时余适承乏考工科会，代表路政司长接洽并表示意见，以为办理工科以土木为最适用，并以用英文教授为宜，裴那德君称善而去。弹指光阴匆匆已四阅寒暑矣，今观其概略册内考试成绩异常认真，为近日各校中所罕见，其成绩进步昭然若揭，惟斯校在天津创立未久，外闻知者无多，窃愿最初毕业各班为母校争荣头角、造福社会，则天津工商大学之光荣，正未有艾，亦即后来毕业各班之模范树之先声矣，是为序。

孟子曰：离娄之明，公输子之巧；不以规矩，不能成方圆。又曰：大匠不能拙工，改废绳墨。是知古之称大匠号良工者，不能出于规矩绳墨外，弃规矩绳墨而不讲，欲以工学鸣于时，恐千百人之中，无一二焉。明规矩绳墨之原理，用以传于人者，师也；习规矩绳墨之原理，蕲以胜于人者，弟子也。弟子不必不如师，师不必贤于弟子，闻道有先后而已。青出于蓝，冰寒于水，荀子讵欺我哉。规矩绳墨之原理何以明，曰不外于学。学焉而有成，则今日之青年学子，即可为他年之建设专家；学焉而无成，拘守规矩绳墨，不能洞明其所以然，出而问世，且恐不易与居肆之百工竞，又遑论建设欤？夫建设者，青年之责也，使青年富于建设之学识经验者，学校之责也。与其离校时而生悔心，何如在校时而生竞心，然在校之日短不在校日长，学成散而游四方，临歧祖饯，摄影惜别，此为尽人之所同，及睽违稍久，缄札遥通，相观摩，相劝勉，神明于规矩绳墨之中，觉悟于规矩绳墨之外，则在校而互相友，离校而或可以互相师。隔者形骸，不隔者精神，离若未离也。若形骸隔而精神亦隔，难临别惆怅，究何益耶？工商大学一九三零班诸君子，皆神明于规矩绳墨之中，觉悟与规矩绳墨之外者也。庚午夏毕业，刊纪念册，永垂久远，殆所谓隔以形骸，而不隔以精神也。余嘉诸君子立志之大且远，务为大匠，而不甘于为拙工，方圆之成，自易易事，愿赘数语于纪念册末，勖诸君子，兼以自勖焉。

（资料来源：《天津工商大学一九三零班毕业纪念册》，作者：茅以升、李书田，河北大学档案馆藏，1930-CB13-2）

3. 天津工商大学办学期间若干班史概述①

1924—1925 班史

是年为本校成立第三学年，亦即本班之开始也，本班 17 人，计张德芳、张陶元、周炳炎、富国柱、富术辰、夏明仁、李宗煊、李筱洲、刘国栋、毛昌鸿、边聿修、史以纯、史如金、石德玠、崔文枢、杜承谟、王从周。

1925—1926 班史

是年为本班鼎盛时期，同班 34 人，计来校者为张家均、张恩怀、张希孟、张迪、赵士瀛、钟伟桢、钟荫桢、方于万、萧贵长、黄保勋、郭信、李吉祥、李培藩、廖德中、刘承斌、刘家骏、穆惠瑜、彭望师、檀桂森、王述葆、王泽厚、魏尚勇、翁杜衡、杨承意、么蕴山、尉宝玉，退学者为张陶元、史如金及崔、李、毛、周、二富等。

1926—1927 班史

是年本班升正科同班 22 人，来插班为张恺、常宗哲、陈翕永、姜天麟、周谨谦、陆以寿、沈鹤汀、唐元凯、英瑞良、袁广泽。由预科升入者为张恩怀、张希孟、张德芳、赵士瀛、黄保勋、廖德中、刘家骏、石德玠、檀桂森、魏尚勇、尉宝玉等，余君因降级或特别事故退学，第一学期黄保勋当选为演说会副会长及足球队队长，第二学期黄、陈、刘等均任为校刊编辑，足球队代表有黄常尉等，篮球队代表有陈尉姜等，又新年本班主演新剧，开本校游艺会之新纪元。

1927—1928 班史

是年分科，同班 12 人，工科为常、陈、赵、姜、周、黄、刘、檀、英、尉、袁，益以插班来者以萧瞻岚、邓华光、刘则会，为 14 人，商科为二张、廖、陆，益以插班来者之陶琴士、杨欣为 6 人，其余则张希孟、张恺降级，沈鹤汀因事退学，石德玠转中法大学，唐元凯留法，魏尚勇转震旦大学，第二学期陈翕永当选为校刊总编辑，李则会当选为足球校队队长，足球代表有萧、邓、李、陈、黄、尉、常等。

1928—1929 班史

是年本班 14 人，计工科黄、姜，尉因故退学，英留比，商科杨欣及张恩怀退学，工科主任裴俭行因事离校，由现任主任凌安澜继之。陈翕永乃被当选为校刊总编辑，

① 题目为编者根据内容自行拟定，并根据内容及层次逻辑对少量文字题目做了适当处理。

李则会继任足球校队队长，工科被驻华法军邀往测量车局子。

1929—1930 班史

是年商科退学者为廖德中，全班 12 人毕业，第二学期刘家骏当选为校刊总编辑，篮球队得班际篮球比赛锦标，发起工商校友会，通过章程，组织一九三零班毕业事宜委员会，邓华光为交际股主任，陈翕永为文书股主任，张德芳为庶务股主任，召集毕业同开校友会成立大会，编印一九三零班毕业纪念册。

班名之原起：欧美大学学生，每届毕业，必有班名之选择，班名各异，所以别于其他毕业各班，且将藉班名之义意，于毕业时，得有更深刻之印象也。故班名或藉政治之变化而名，或藉科学之新发明而名，或藉奇异行星之出没而名，或藉影响社会重要事件而名。选择之目标各异，然大概多以具有高尚科学思想，而使世界大多数人注意之事实为准。

本班——一九三零班——方于班名选择计义中，适有周口店应时产出。数万年前太古遗迹发现之消息一经公布，全世为之轰动，各报争先传载，稍具科学思想者，莫不以 Sinanthropus 为谈科，是其引人注目也可知，故本班以 Sinanthropus 名之，实一极适宜极高尚之班名也，且本校博物院桑（P. Licent）博士与德（P. Teilhard）博士，又躬与其役，是 Sinanthropus 之宜为我一九三零班毕业班名也。更无容疑议。

然最近法国古生物学家 Mr. Boule 曾对于 Sinanthropus 有所发表，内有云：Sinanthropus 之为人或为猿也，实为一待解决之重要问题，Sinanthropus 之名，尚有被取消之可能性焉。

人耶？猿耶？非吾等现时所得知，亦非我等现时所欲知，Sinanthropus 之名，即将有被取消之一日，然留于科学间之印象，故永久不能泯灭也。

甚望我班毕业，亦能如 Sinanthropus 刻一深刻之印象，于科学宫之角石上，顾名思义而无愧于班名之真旨。

图片内容为本校历年毕业生部分集采，依次为 1928 班工科、1928 班商科、1929 班工科、1929 班商科

（资料来源：《天津工商大学一九三零班毕业纪念册》，河北大学档案馆藏，1930-CB13-2）

4. 天津工商大学 1928 班—1931 班毕业同学录①

1928 班毕业同学录

姓名	籍贯	科	通信处
张玉峰	热河	商	天津华北银行
张克昌	河北	工	河南驻马店车站监工处
朱敬先	河北	工	北宁铁路局工务处
萧舜华	河北	工	天津法界西开学校旁
郜华	河北	工	石家庄太正铁路局总机厂
刘美	河北	商	已故
戴维汉	江苏	商	天津法界电灯房
刘培汉	河北	工	天津法界公部局工程部
田益寿	安徽	工	永定河务局
魏玉良	河北	工	献县公教学校教员
吴煦	江苏	商	天津法界电灯房

① 题目为编者根据内容自行拟定，并对原图表的顺序按照时间进行了适当调整。

1929班毕业同学录

姓名	籍贯	科	通信处
宋衍华	广东	工	法国巴黎中央大学
廖德中	湖南	工	未详
叶文翔	天津	工	天津法界电灯房
郭士均	天津	商	天津交通银行
周勋臣	河南	商	未详
王叔清	河北	商	哈尔滨货币交易所
黄汝湘	河北	商	南京司法院秘书处
李炳玱	广东	商	未详

1930班毕业同学录

姓名	年岁	籍贯	现在通信处	永久通信处
李则会	廿三	安徽怀远	平汉路长辛店车站三合二庄十六号	同上
周谨谦	廿六	福建长乐	北平霞公府西口二十七号	同上
陶琴士	廿五	江苏武进	天津特别一区十号路二十号	同上
陆以寿	廿三	江苏太仓	北平西单牌楼后京畿道八号	江苏太仓镇民桥陆宅转
常宗哲	廿四	河北蠡县		河北蠡县城南贾家庄
陈翕永	廿三	河北易县	北平西四牌楼北报子胡同内小绒泉胡同四号	平西易县城内西大街豫厚堂
张德芳	廿三	热河朝阳	天津法界26号路祥云里三号	平绥路苏集玫瑰营子转
邓华光	廿二	河北北平		北平西安门内光明殿十五号
赵士瀛	廿四	河北天津	天津河东三义当东	天津河东牛家庄
刘家骏	廿二	河北丰润	天津特别一区浙江路首安里	同上
檀贵森	廿四	河北任县		河北内丘县东辛市村
萧瞻岚	廿一	河北天津		天津法界西开教堂后瑞德里一号

1931 班工科

姓名	籍贯	通信处
黄宝勋	湖北黄陂	武昌良道衔宜风巷四号
李际芬	河北武清	武清县城内泉盛转交
于士林	河北磁县	磁县城内兴隆德交
王交焕	河北天津	天津西开大红桥耀兴二里二号
魏章叔	江苏杭县	天津英租界二号路二九二号

1931 班商科

姓名	籍贯	通信处
谭宪澄	江苏	天津河北华兴里
黄宝熙	湖北	工商大学转交
严京玉	湖北	平汉路长辛店三合庄十一号
张春惠	河北	宁晋县大陆镇

（资料来源：《天津工商大学一九三零班毕业纪念册》，河北大学档案馆藏，1930-CB13-2）

5. 班史

民国十五年（公历 1926），是年为我校成立第四学年，亦即本班诞生之期，班友约廿余人，计严京玉、德桂森、张春蕙、巨景昌、赵炳南、张道真、武永安、刘克勤、徐树鑫、李思明、陈学良、方兴万、郝景朝、刘承斌、白玉生、白玉崑、蔡庚年等。翌年春，李君嘉惠来。同班多燕赵男儿，复纠纠气，此盖带域使然也。

民十六年（1927）被录取者，有于士林、李际芬、谭志澄、魏章叔、王文焕、载中孚、黄宝熙、江瑞麟、华琦麟、张玉麟、魏铭新、杨允咸、林振中、刘炳新、王士适、曹泰丰、张念祖、顾寿陶、左琴南、龚俊良、池方诸人，合计新书同学，除三五人降级或因事退学外，合计五十余人，济济一堂，可谓盛矣。

民十七年（1928）为我班升入本科之初，张明伦君由南开大学转来，同班共约廿人，分入工商两科，入工科则有于士林、魏章叔、李际芬、江瑞麟、刘炳新、华琦年、杨允咸、张明伦，商科则为张春蕙、赵炳南、巨景昌、黄宝熙、李嘉惠、谭志澄、德桂森、严京玉，其余则降级或因事退学。本学期为升入本科考试，限制极严，虽优秀同学亦难免不为所苦，同人等目擎砚友之分离，若无挽救之方法，每念离踪，愈增奋勉，盖前辙之覆后，来者不得不为戒也。

民十八年（1929），本年度工科主任裴俭行博士因事离校，由凌安澜博士继之，校长裴百纳博士赴欧美考察教育、聘请教授，并谒罗马教皇暨教务部长报告本校状况。第二学期开始，华琦年、杨允咸、张明伦、江瑞麟暨刘炳新转学他邦。

民十九年（1930），本年情形大致乃书，惟黄君宝勋由鄂回校，黄君前因父丧回籍，比因完成学业关系故来校重温书业。第二学期开始校长环游世界回国，请有理化名教授数人，并聘定法国 Lille 大学校长 P. Dubois 来华办理我校教务。P. Dubois 博士为欧美国人，欧战时会发明察航空机之原理，于工商科程无所不通，不图于本班修业将满之时，尚能浸沐于名教授和煦之下，宁独非幸事哉！

民二十年（1931），是年为最后学年，全班人数无变动，工科主任凌安澜他调，继之者则为前任裴俭行博士，教务主任 P. Dubois 来校。本班同学忙于毕业、工作，多从事筹划毕业论文或设计工程，非此则无从获得 Diplome。第二学期毕业筹划会正式成立，并编印毕业纪念册，大约纪念册告成之日即为本班离校之期。六年之间，先后同班何虑百日，其能完成学业者，只一十三人，其能幸免于禀赋之影响、经济之压迫以及社会之引诱者，殆亦非易事矣!!!

（资料来源：《天津工商学院 1931 班毕业纪念刊》，河北大学档案馆藏，1931-CB13-1）

（二）天津工商学院

1. 天津工商学院历年入学及毕业人数统计图①

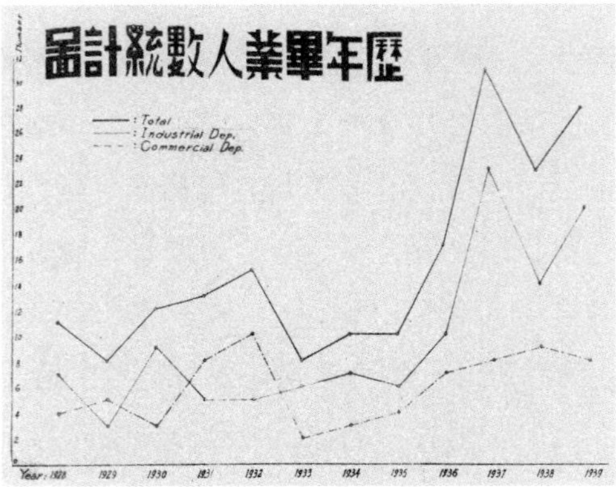

历年毕业人数统计图

① 题目为编者根据内容自行拟定。

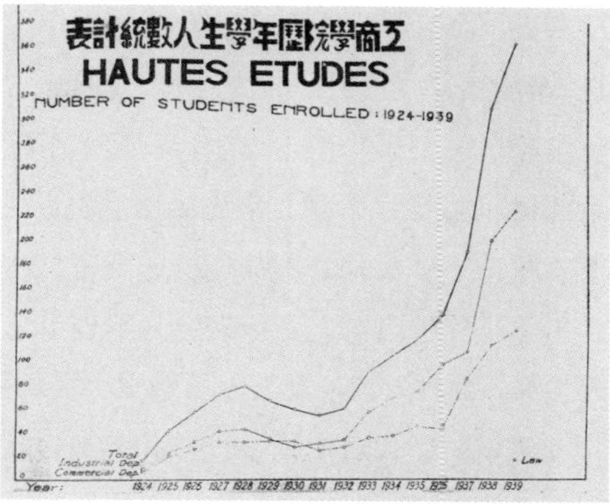

工商学院历年学生人数统计表

（资料来源：《天津工商学院贰拾捌年班毕业纪念册》，河北大学档案馆藏，1939-CB13-3）

2. 工商学院昨举行四届毕业礼本届卒业十一人

［本报特讯］天津工商学院为法国教会所设，本社记者于参观北疆图书馆时，曾一度介绍，唯因该校平日不重宣传，但求实际，故一般人知之者甚鲜。昨日该院第四届生，于下午三时举行毕业典礼。

计工商两科毕业者，共十一人，来宾参加者，有教育厅长陈宝泉、华北水利会委员李书田、中国银行副行长林凤苞、该校名誉董事华南圭、工程专家外人柏鲁克·费斯。高迪尔·葛勃斯迪克等多人，毕业生著有毕业论文，如商科生何立成之《河北省煤业概况》，林成荫之《中国纸业状况》，朱丕勋之《华北棉花概况》，袁尚青之《中国丝业概况》、张翰翔之《天津面粉业概况》、夏明义之《道渭铁路近来营业之调查》，观览之余，深觉结果良佳。

工科学生，为周克明、许庆云、李宝洪、林镜瀛、林金荫，由华南圭氏轮流口试，试题为铁道设计问题，均甚切要，诸生对答如沆，足见平日素有心得。两科考试毕，即互进茶点，当由该学院尚副院长致辞，由教授尹凤藻翻译，大意谓，首先应道歉者，即此次举行毕业典礼，赵校长未能亲临参加，特向诸君表示歉意。爰日来北平及平南一带大雨，交通不便，因命鄙人代表，谨向厅长及来宾，对今日之辛劳，深致谢忱及感激之意。鄙人所最认为荣幸者，即今日为初次得本省教育机关最高长官，不惜以其最宝贵之时光，百忙抽暇，来此主试。敝校对陈厅长此种诚恳的同情及关怀，不仅认为荣幸，且益使同人更加奋勉，毫不犹豫，向前迈进。吾人感觉欣慰及增加勇气者，即今后能在教育中国青年途径中，得陈厅长之道德学问及宏博经验之指导。鄙人敢断言，今后学生之家庭及社会之观念，对于敝校当更增加信任。中国青年智慧之机敏，记忆力之坚强，尤其态度之温良，曾予吾人十分之满意，此种情形，毋庸多赞。本校名誉董事华南圭先生，数月来不辞劳苦，对本校进行及发展方案诸多规则，乘此时机，特致谢意。华先生本其高深之学术、渊博之心得，担任工学院铁路学课程，平时不计时间、不辞辛苦、循序善诱，将来毕业生在交通事业中有所建树，完全出于华先生之赐。麦斯先生为本校最老之教授，亦为本校之老友，凡遇考试均拨冗参加，此种友谊，吾人无任感激。林凤苞先生与本校商学院，具有极深关系，每次毕业考试，必代表中国银行来此参加，此等真诚，值得吾人感激，而尤足使吾人感觉无上钦佩者，即林先生常以鸿博之经验学识，予学生以教诲与指导。

今年本校又得法国商会会长乌利文先生、中法实业银行行长高杰先生与万国储蓄会会长黎欧先生参加主试，不胜荣幸，希望此后对于本校前途多加指导。本校所以能有现在之成绩者，不能不归功于全体教授建造而成，此等忠于职务，勤于教导之精神，久而不倦，决非今日寥寥数语所能表扬。各报记者先生，承在贵报常撰文奖励，不胜惭汗，俟后敝校能常得有力言论界之批评及指示，前途当更有把握。

同人等当更加奋勉，毕业诸生经数年辛勤，始有今日成功，此后离学校生活而入社会，虽在此数年中，诸君之毅力及勤勉，全体师长无不认为满意，但更希望此后服务社会，无论有何困难，务本校教育之精神奋斗到底，不为恶劣环境所屈服，一保本校之令誉云云。

继由陈宝泉氏致辞，略谓贵国人士在津创设工商学院，以我国情形观察，实为切要之图，求学本无领域之分，今观各生论文成绩之优良，足见诸生素有心得，各位教授，教育有方，希望诸生本其所事，努力深造，将来服务社会，定能有成。陈氏最后并谓工商学院立案事，因开办较迟，迄今教部尚未批示，但此亦不过乎时间之迟早关系，谅无问题，敬祝贵校发达，与日俱进云云。

（资料来源：《大公报》1932年6月23日第二张第七版，《闻墨》编委会主编《闻墨》，天津科学技术出版社，2014年版，第9—10页）

3. 抗战全面爆发后天津工商学院在津办学某班史话①

述说本班的历史，真是令人亦喜亦悲，因为历史虽然不长，不过是很短的四年，但其中变化非常，令人感慨之虞殊多。在这四年中，始终未离开本班的同学，对这些情形，当然认识的很清楚，就是后来的插班同学，也不难推想出一二，因为这四

① 题目为编者根据内容自行拟定，根据档案内容编者无法判定该班所属专业或系科。

年中的变化是普遍的，不只限于工商这一隅。本班是在民国二十五年入校的，可是看看：二十五年入校的同学，到现在还有几位呢？因为七七事变的原故，许多同学就未能到校，结果是休学，转学，或是流浪在外，或作了别的事，甚至还有不知下落的。回忆从前在校时的一团亲热，怎能不令人伤感！这是我们悲哀的地方。可是，反过来看看：因为同一的事变，许多大学南迁，一部分同学，归入了津市仅存的唯一大学工商的怀抱。因为那时本班正在二年级开始的时节，所以吸收同学比别班为多，结果，本班人数并未下降很多。不但此也！新来的一批生力军，为本班增加不少人才。从此，济济一堂，互相切磋，真是其乐也融融，这是令人可喜的地方。

本班在最初就是很活跃的一班，到现在仍然保持着同一的精神，这是人人都承认的。班上的人才不但超众，最可贵的地方是，各有所长，互相补充，各自为一完整系统的独立部分。虽然有时内部发生摩擦，这正足以表现不盲从、有理化的精神，并且藉着一度的摩擦得到调整的机会，得到整顿效果。我们在一起，从没有过女儿子态的那种亲热，也没有过稚气的别扭。对于团体的事，我们之中，任何一个人也没有放弃过权利，可是也没有推诿过应尽的义务。总而言之，我们这一个小团体是有极度强烈的民主性的，一切的事，都是在这种气氛笼罩之下，沉静的进行，没有惊人的成绩，也很少发生不合理的毛病。我们自知短处，但也了解我们的长处。

我们是学生，所以过去四年的时光，大部分消耗在读书、实验、作报告、作设计及预备考试上。课外生活，不外体育及服务两方面。在 Freshman 时代，春季运动会，居然会得到全校总分第二的成绩。同年，又曾与二年级作过田径对抗，结果是胜利。二年级以后，因事变关系，体育生活也消沉了，以后虽也参加过运动，并无显著成绩可言。

提到服务，因为关系全校学生生活，我们不能有单独的行动，但是我班的人，哪一种服务团体都参加过。如同合作社咧，平民夜校咧，通俗科学讲演咧，新闻部咧，廿八年大水期内灾民救济咧，迎新团咧，等等，没有不参加过的，并且成绩都很卓越。

本班的历史，要说简单，很简单，要说复杂，也非常复杂，那些零星的小事，也无须郑重其词地来记载，让个人去回忆去吧！这本纪念册的内容，多半是本班史事的写真，相信它可以帮助个人去回忆的。

（资料来源：《天津工商学院1940年毕业纪念刊》，河北大学档案馆藏，1940-CB13-5）

4. 天津工商学院主要系科班级历史及个人成长记录①

（1）范恩锟：三十年班工科班志

集好学之士于一堂，以兴利除弊之学相砥砺，以相亲相辅之行相引援，将蔚成风气为同学倡者，于我班见之矣，溯自民国廿六年秋本班成立，入是班者，盖皆志在连繁八荒，通阻塞，导民气，收交通之功，却水火之患，益以建筑考美之术，使吾人居行无所不适，意殆伟矣。诸同学既志趣均同，爰以声气相征引，四方负笈而来者五十余人，垂四年之苦修，毕业者凡三十有七众，其间离合聚散，皆人力所不能及施者也，吾班诸同学间夙以意气相投，友谊敦笃，为校中先，年凡二聚，聚辄尽欢，使究其所以能如此之故，盖班长张君准、林君远荫有以致之。二君俱美丰采，修仪容，待人接物，和蔼可亲，品学皆足以为侪辈法式，是以三年来为众所爱戴。无率不从，建筑系同学十人首倡围聚之议，聚凡读书、饮食，莫不协同共具，道同志合，殆罕与匹。高镜莹师常言，工师之能功成业就，率赖工师间之互助相辅，若建筑系十君子可谓身体力行者矣。十人者既相招在前，余众从之，迄今蔚成笃交，良有以也。夫人之处世，友道是重，学问虽深广，独需谅友时以道相亲，析义问学，自无狭陋之病，交游既宏，当收成事之功，此庠序之教所不及，而今得良友相倡导，会之于无形，不亦幸乎。十人者，林君远荫、金君建午、徐君国复、李君凤翔、李君锡宸、李君永序、林君柏年、刘君友鎏、单君德正、邓君万雄是也。虽然笃恭好学，犹有赖夫端人为之倡焉。端人者，善交久敬，以肃穆之心逐深远之学，弗得弗措，卒以激励生发向上之志，以为同学之借镜者也。孙君家芳、张君志虞是也，其为人，谦和庄肃，望而有欲师之心，其得孔氏大道之二三者乎？夫天之不言而四时运行、万物化育者，相感于无形也，吾常随二子左右，终无言以相誉颂，而其感我独多，不言而喻其为达道矣。噫！我班固以笃交好学名矣，夫不知其人才济济终不限于一端乎？李君林荫、郁君彦艺者是也。李君善乐剧，郁君善提琴，曲尽妙绝，人所激赏，每值快聚，挽为余兴，辄玉音萦绕天际，若凤凰之谐鸣，若海天之将雨，喜怒哀乐，陶冶性情，感人至深，他若马君殿来之胡琴，亲以藏君镐之清唱，盛若玄鹤之长鸣。惜藏君镐以疾休学半载，未得偕同离校耳。翁君开庆，才人也，既优于所学，又工于绘事，一亭一树皆得古人意，诗文绘画无所不工，今岁纪念册之务，起君任编辑，李君林荫认广告，鸿才大展，所谓君子之道暗然而日彰者也。若夫西洋文学及现代文学则当推王君桂秋、端木君锡琦。锡琦尤善语言学，每喜于壁间书画英德诗人句，与新诗人王馨毅极相得，馨毅诗才极富，出口成章，信笔书则音调

---

① 题目为编者根据内容自行拟定。

铿锵，朗朗上口，此皆秉赋独厚之奇才。庆声与卞君学锐、梁君昌寿，尤形影不离，暑假一过，王卞二君即将偕同王君文修、徐君士仪，放洋赴美，攻习水利工程，笃学之士，志意尤觉，遥想学成归国，睿川导海，以惠吾民，功当不下禹稷矣。四子者，皆风度翩翩，有泰西绅士风，其神采之高远，与其学问之精深，使人见而生敬，当能播校誉于域外，学锐尤修伟，然尚亚于士仪，我班之二伟人也。梁君昌寿，精电学，尤擅思想。今年毕业论文题，即以电流性质推衍土坝之透水性，举一反三，梁君能之矣。与梁君共从事论文者，为林君荣光。荣光号神目，治学极认真，为二君之试验，无毅力不足以成之。林君又喜辩论，每与王君佐安、齐君德祐研究诸理，皆学而能思者。知是之故，齐君德祐、董君寿联、三君桂秋、王君佐安与章君天叙，俱选公路铁路上各部门之讨论以充论文题，为其需辨析商榷，始能切实际、节费用，非若原理与公式之确定不移也。何君鼎基亦健谈之士，其于学主深思，不尚苦读，谓诵读数过，不若思维一遭。何君会仲，一九三六年班中学会考第一名，其言自属经验之谈，弥足珍视。虽然，以苦读跻成功者，于我班亦见之矣，田君纯忠，以好学者称，平居舍饭寝外，殊甚见其息游，其苦修不挠之际，尤见于学业论文。该文系田君与马君殿来、李君霖滋所共作，题为钢筋混凝土之试验，为藤性之不佳，故其物终不得用，田君虽知其鲜效，然乃详书报告，精绘画解以示，其不苟若是。四年苦修今收效矣，将来展才之时，当仍以刻苦之精神，处处为民谋福利也。李君金墀，哲人也，夫哲理导百学之先，希腊诸哲，孔孟二圣，胥哲人也，而其学垂教后世，衍为百科，究其由皆思想之细详。李君之言若怀禅理，若蕴天机，词简而警，万事之源，君得之矣。李君又与杨君宝琦、高君基绪相友善，杨高二君，放浪不羁，善猜拳，所止辄喧嚣闻于外，与竹林七贤堪为匹配．张君维亚、单君德正亦优为之，然不肯轻示人，惟见于豪饮时耳。夫性豪放则必豁达，达则易兴，交通遂宏，复何患人之不知，业之不成乎。诸子者，吾犹佩李君永序、刘君友鎏，其人和静而不轻出言，用志不分，乃凝于神，于张君准之聪慧敏达，孙君家芳、张君志虞之生发向上，虽殊途而俱同归，所谓我班求学法门之三代表作也。今年将届判决之期，同学等学程既满，势将各奔前程，离声灯火，相聚四年，于兹骤别，自不能无依依之情，爰有纪念册之作，以慰离思。蒙班长张君准属班史于余，恩锟何才，当此大任。谨草短志，附诸册后，耳目所限，脱略滋多，要在有小传，以助阙漏，希爰我诸君予以谅解也。

（2）三十年班商科班志

四载同窗，分诀一旦，茫茫前途，天各一方，吾不禁感慨系之。溯自一九三七之秋，本班同学开始聚首，缄默未久，互通曲款，展转绍介，渐次相习，内如老大哥何君丕扬、本校高中毕业之交际家闻君有济、外来一鸣惊人之李君建名诸人，一堂济济，生气勃勃，由生而念，因念而亲，极短期间，熟魏生张已无隔膜，新月一谈，均成莫逆矣。

学程平坦，四年中虽无可歌可泣之事迹，然人事变化时过境迁，有者转学他去，有者中途来归，如画家王君寿岩、统计学家贾君德明，乃本班生力劲旅也。风云际会，乃形成本班特别活动之局面，第一年级所采用之经济地理课本内容虽极丰富，奈为西文原本。为便利同学计，为文化贡献计，乃群力选择，集成一极珍贵之华文绘本，当时为留纪念，乃由译者亲笔书版，原样付印，出版后人手一册，满目琳琅，美不胜收。再次则有二年所用之经济学课本文词深奥，非一般同学可能彻底明瞭，乃由班中英文修养较深诸人，分段讲解，静听之下，全体豁然，故本校所采用之经济学，十数年来获益最多者，本班当之应无愧色也，求学方面如此，二年后全体学业均能超乎水准，乃改向体育方面迈进，由班长李建名君擘画墙球，兴工筑场，风行全校，场虽有四，隙地常无，课间短促时间不克外出，乃在室中更辟乒乓球小乐园，公摊经费，成绩斐然，全体参加，技术虽有高下，然兴趣方面全体已呈白热化矣。

本班人才既多，才必有用，是以四年来在校服务记录，实可空前，如姜贤弼君曾为一九四〇工商向导编辑，一九四〇一四一游艺委员会会长，一九四〇迎新会长，本校俱乐部创办人兼第一任部长。何丕扬君任本班第一任班代表、游艺委员会历任干事、第六宿舍厕所所长（注：防空演习期间厕所灯光管制，绝对未兼司厕所杂物，读者请勿误会）。李建名君曾任第二任班代表、体育委员会会长、一九四〇迎新会长，历任游艺委员会委员、捐款委员会代表团主席、话剧社副社长。刘锦涛君曾任国剧部部长、游艺委员会委员。马维廉君会任杂剧部部长、游艺委员会委员。苗达魁君曾任一九三九游艺委员会会计长、一九四〇年膳食合作社社长、一九四〇《工商向导》编辑、一九四一年膳食合作社顾问。曹祥宸君曾任体育部干事、游艺委员会历任干事、董玉德君曾任一九四〇合作社会计、游艺委员会干事、一九四一膳食合作社顾问。王锐琦君曾任公教圣母会会长。闻有济君曾任游艺委员会历任委员、话剧社前台主任、体育部干事。褚会恩君曾任第二任班代表。王寿岩君曾任游艺委员会委员、话剧社后台管理、昆曲社长等职。以上诸人服务成绩自有定评，不须作者誉扬也。

智者乐水，仁者乐山，是以娱乐方面亦各有所嗜。长于国剧者如陈君允明、黄君士柳、刘君锦涛、白君骏、曹君祥宸。精于音乐者如陈允明君、曹祥宸君之国乐，李建名君、谢荣贵君、杜湮祥君之西乐。嗜运动者如马维廉君、曹祥宸君、董玉德君、杜洍祥君之各项球类及田径运动。此外嗜滑冰者吕修径君、谢荣贵君、董玉德君、杜洍祥君、刘锦涛君。长于汽车之驾驶者如何丕扬君、李建名君、杜洍祥君。其最享盛誉者厥为陈允明君之书法，贾德明君之统计学，何丕扬君之电学、机械学，李建名君之网球，马维廉君之口技，曹祥宸君之脚踏车，闻有济君之美术、书法，杜洍祥君之骑术、跳舞，王寿岩君之美术。

最后荣誉即为论文撰述，个人题材已详另页，其中被撰入工商震旦经济文论集者有四，一有李建名君之京津银号业之会计制度，刘锦涛君之天津之蛋业，何丕扬君之中国之钨矿，储会恩君之汇兑统制与干涉，为本班论文工作吐气不少也。

几度沧桑，四年期届，本班诸人，学成求去，可怜如我辈者，虽觉学无所成，然亦无可恋。留恋鸿泥，愿志数语，并列本班动能概况，以供他年之低徊云尔。

毕业后二月来工科同学动态报告（截至9月1日）

土木工程系：

张准　赴法留学（已抵上海）

张志虞　古建测绘研究所

章天叙　建设总署技佐

张维亚　上海章成达建筑师事务所工程师

齐德祐　赵各庄开业矿务局测量股

范恩锟　本学院材料实验室助教

何鼎基　天津育德大学电机系助教

徐士仪　中国工程司

高基绪　天津工务局设计股技佐

李金墀　中国工程司

李霖滋　天津工务局设计股技佐

李林荫　天津工务局设计股技佐

梁昌寿　建设总署技佐

林荣光　赴日留学

马殿来　建设总署技佐

卞学锐　赴美留学

孙家芳　古建测绘研究所

田纯忠　建设总署

端木锡琦　已赴香港

董寿联　天津工务局施工股技佐

王文修　赴美留学

王馨毅　赴日留学

王桂秋　天津工务局施工股技佐

王佐安　建设总署技佐

翁开庆　唐山开业矿务局工程处

杨宝琦　天津工务局设计股技佐

郁彦　古建测绘研究所

建筑工程系：

李锡宸　基泰工程司古建测绘研究所

邓万雄　基泰工程司古建测绘研究所

刘友鎏　基泰工程司古建测绘研究所

林柏年　基泰工程司古建测绘研究所

徐国复　基泰工程司古建测绘研究所

李永序　基泰工程司古建测绘研究所

李凤翔　基泰工程司古建测绘研究所

林远荫　基泰工程司古建测绘研究所

金建午　已赴上海

单德正　基泰工程司古建测绘研究所

毕业后二月来商科同学动态报告（截至9月1日）

会计财政系：

陈允明　天津准备银行文书科

姜贤弼　本校公教学生《工商生活》总编辑

贾德明

何丕扬

黄　谦　天津海关统计课

黄士卿　天津振永翔木厂

李建名　本校会计财政系专任助教兼体育部总干事

刘锦涛　天津同孚洋行

刘光汾　天津万利商行

马维廉　天津济安房地产公司

苗达魁　本校训育课副主任

白　骏　全国火柴联营社会计课

曹祥宸　天津启新洋灰公司营业科

董玉德　天津慈惠中学法汉中学史地教员

王锐琦

闻有济　天津准备银行调查科

吴本荣　天津中兴信托公司

国际贸易系：

褚会恩　本校会计财政系专任助教

谢荣贵　天津景荣贸易公司副理

吕修经　天津义和贸易公司

田景瑶　天津景荣贸易公司经理，广东中学史地教员

杜湎祥　赴日留学

王寿岩　天津准备银行外汇局

（资料来源：《天津工商学院卅年班纪念册》，河北大学档案馆藏，1941-CB13-9）

（3）**天津工商学院 1935 班毕业生留影**

工科毕业生合影

田永年

君遼寧人，性忠厚，待友和藹，好讀書，尤喜小說雜誌，故運動場極少涉足，有聖人之稱。

君素樸儉，不好修飾，常着華服，本季則架起西裝，踏上革履，遙聞鞋聲嘎嘎，即知君之臨也。

——鑑——

1935 工科班学生毕业照（一）

張秀亭

君字秀亭，性殊忠厚，天資穎慧，好於幽靜之處，抱書埋頭苦究，不得心解，寢食欠安，爲我唯一的老同班。

余與君同窗六載，感情頗篤，凡事合作，坦白爲心，茲屆分別，特誌數字，以示不忘。

——鑑——

1935 工科班学生毕业照（二）

韓寶琇

爲了附應新的感染性的要求；人們生活在這時代是具有着相當火熾與緊張的徵候；無疑的說；現時代下的這一地帶更存在着頗大難爲。

難爲把人們趨上艱苦途徑！老韓曉得這一點；他不吝惜力量的努力；在繁複境域從事整個的建築工作。

天眞；質樸。關於處理生命；老韓是有着特殊的心機的

——蔡慶——

1935 工科班学生毕业照（三）

魏道鑑

先生閩侯人也，容清秀，性喜運動，尤精於網球及乒乓，前曾得獎多次。學業甚佳，乃喬楚之材也。交游甚廣，「小魏，小魏」之呼聲，時盈耳際。天資過人，凡事一舉手，一投足，而成績敏捷優異。惟心直口快乏涵養工夫，但轉瞬即言歸於好，不念舊惡，是有足多者。惜無中心思想，日所行者，多受儕輩影響，斯君將來行動之趨向，成就之如何，在於君所過從爲何如人耳。

——鶴——

1935 工科班学生毕业照（四）

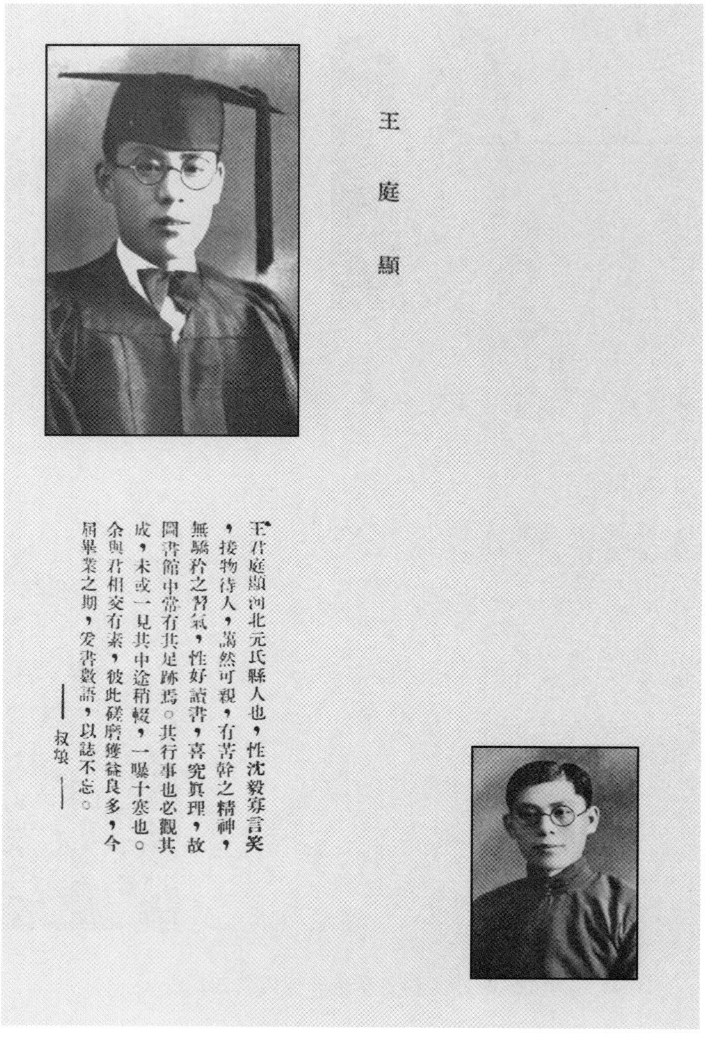

王庭顯

王君庭顯河北元氏縣人也，性沈毅寡言笑，接物待人，藹然可親，有苦幹之精神，無驕矜之習氣，性好讀書，喜究真理，故圖書館中常有其足跡焉。其行事也必觀其成，未或一見其中途稍輟，一曝十寒也。余與君相交有素，彼此磋磨獲益良多，今屆畢業之期，爰書數語，以誌不忘。

——叔燠——

1935 商科班学生毕业照（一）

李蓮舫

李君蓮舫，祖居河北武清縣，忠厚老成，素冠儕輩，智謀深遠，品學兼優，人或有齟齬，君輒以道義折之，人或有憂難，君輒以大力助之，故人莫不畏服也。君在本級中年齒最長，已有子女各一，暇則導育教以孝親敬長，世之所謂益友者李君其一人矣。

——紀猷——

1935 商科班学生毕业照（二）

林紀猷

紀猷君閩林氏裔，性活潑而勇敢，讀書作事極富毅力，君在本班中年齒最幼，然聰慧過人，涉覽羣書，尤以法文見長，才華俊發，別程遠大，誠現代青年中之皎皎者，予所信愛之一良友也。

——蓮舫——

1935 商科班学生毕业照（三）

簡叔烺

簡君叔烺，廣東新會縣人；天資聰頴，好學不倦，對於各種學科，均有至深之造詣，而尤以會計，數學英文，見長。平日待人謙恭有禮，作事富具毅力，可謂現代青年之模範。余與君同窗共硯數易星霜，每於課餘之暇常與君講學談心，故君之學問品格，知之最諗，際此畢業之時，特誌數語，以誌別忱。

——庭顯——

1935 商科班学生毕业照（四）

（资料来源：《工商学院 1935 班毕业同学录》，河北大学档案馆藏，1935-CB13-4）

（4）**天津工商学院1936班部分同学毕业留影**

1936 工科班学生毕业照（一）

1936 工科班学生毕业照（二）

（资料来源：《工商学院一九三六班工科毕业纪念册》，河北大学档案馆藏，1936-CB13-2）

（5）天津工商学院1939班毕业留影

陳玉鑫

題贈陳玉鑫

君字君衡老成之手也明觀理善對人諸
凡扼要之事他人所不意者常能於討論中獨
有所見

班中運動三傑君居其一健壯之體魄靈
活之手腕自不能不成就其超人之技術誠然
君之球藝不獨在本班中首屈一指即以籃球
校隊而論亦一中堅柢柱也

靈光紫氣　結瑞津沽
斯是英寰　舉世皆無
文章倚馬　聰穎剖珠
品德仰止　月照澄灘

——君華——

1939工科班学生毕业照（一）

孫松年

孫松年君字少秋健談善辯言必中肯精
算課業多由遠捷出絲毫不苟胸通百科惟喜
貫一工程學問無所不知實驗能可貴又精水
彩富藝家風味將來工程界之牛耳料在掌握
矣

——君衡敬題——

1939工科班学生毕业照（二）

楊代盛

自古四川多慷慨好學之士。信矣！學品之優，毅力之堅，爲吾班冠，青年之範，如君者，可當之無愧矣。心坦口爽，音高浪遠；爲君之特徵。

——平——

1939 工科班学生毕业照（三）

張慶和

張君致平，燕趙人也，慷慨有古俠士風；在校除對功課努力外，而尤喜運動，故本校運動會亦曾大顯身手，形意拳術亦君之所素好，稍得閒暇即常見其練習，但口不善辯，如遇人談，輒以拳嚇，亦本班力士之一也。

——洪——

1939 工科班学生毕业照（四）

蕭岵岐

玉質慧中堪琢磨，
等閒歲月更無多；
前途休駐長風遠，
漫向天邊獨放歌。

——君華——

1939 工科班学生毕业照（五）

錢重光

滑稽的伙伴，
大家全忘不掉你的容顏！
你有時向大家冷笑，
有時向大家乞憐；
生來不屈服的個性，
再加上你辦事的能幹，
不怕風，不怕雨，
不怕一切的堅險，
我們再不會忘掉了你，
滑稽的伙伴！　——君華——
雖然稍嫌馬糊一點，
但能在馬糊中作了你應作的事，
就是馬糊一點又何妨。　——剛——

1939 工科班学生毕业照（六）

趙秉中

修得菩提明透珠

人寰照澈又何如

老成休妬知晉少

朴朴自同世道疏

——君華——

1939 工科班学生毕业照（七）

董恩鴻

君字濟生，河北豐潤縣人，年長德重，爲吾班同學之最所尊重者，寡言勤讀，爲吾班冠。

「自助人助」爲此君之信條。

「不虛僞，不修飾，努力攻讀，並養成健全身體，以備國用」爲吾兄之忠告同學者。

余在本校四年，平日在校，得君之勸告勉勵者尤多，故特述兩語，以爲將來之憶悟。

—— 平 ——

1939 工科班学生毕业照（八）

1939 工科班学生毕业照（九）

1939 工科班学生毕业照（十）

1939 工科班学生毕业照（十一）

1939 工科班学生毕业照（十二）

馬　瑜

瑜，有心胸，有志氣，是個苦幹向上不說空話『打碎牙齒，往肚裡嚥』的孩子，他的苦幹補足他的先後天都不足的身體，現在雖不算鐵漢也不失爲健美。他的苦幹使他功課方面也無往而不利。

這樣說他是個鐵面森森不苟言笑的人物麼？他是個迂腐的學究式的人物麼？都不是的，他在玩鬧的時候也是有勇氣的，他能做別人不肯做的丑角來博大家一樂。

兄瑛誌

馬守仁

在繪圖中，觀察出君是個具有細心的人；

在一個雪天的體育班後，又觀察出君是個熱心于朋友的人；

朋友！本着細心和熱心去踏入社會；

將來不難成爲一個典型者。

——申——

馬振遠

倜儻不羣，一振作有爲之青年也。遇事沉默，有毅力，能善處之。爲人磊落大方，好音樂戲劇，善書法繪畫，確爲一藝壇上之驕子。課餘常研習英文，尤好文學，前途詎可限量？關畢業後或服務社會，勉乎哉！我將望君之興起焉！

——炳炎

1939 工科班学生毕业照（十三）

孫滕臨

不會巧言强辯，不愛誇張自詡；别看他寡言沉默，却志在內心。「老夫子」的綽號，可以表現他不喜運動而肯讀書的性格。

——遠

徐大經

徐君乃一誠篤青年也，性喜交遊，其室中客終日不絕，雖孟嘗門客，亦不敢與之論比；不浮華，不妄言，而拯人之急難，尤此君之樂而爲者。或有吹毛君責難曰：『聖人尚且有過，而彼安無？』

小子答曰：『白玉無瑕，無疵可求』

——吉仁

徐仁沛

你是全班公認的科學家，你有豐富的知識，而尤多惠於我。當我想起：——

火車的蒸汽機，

汽缸的發火塞，

電動機的整流子，

超短波的發報機時，

「記憶」便會顯出你面孔來！

——正威

1939 工科班学生毕业照（十四）

（资料来源：《工商 1939》，河北大学档案馆藏，1939-CB13-2）

（6）天津工商学院工科1941—1943年、法律系1940年毕业生部分合影①

工科1941班全体同学

工科1942班全体同学

① 题目为编者根据图片内容自行拟定。

工科 1942 班全体同学

法律系第一年级全体师生合影留念 1940 年夏

（资料来源：《天津工商学院 1940—1943 年毕业纪念刊》，河北大学档案馆藏，1940-CB13-5）

(7) 1945 年天津工商学院部分教师题词勉励本院学生①

博学之，审问之，慎思之，明辨之，笃行之。(《中庸》)

——孙家琦

在这战火弥漫的世界中，能平静的度着四年研讨学术的光阴，你们艰苦的奋斗克服了环境的一切困难终于能完成你们的学业，这是值得庆幸，值得祝贺的。

未来的事业在期待你们，希望你们要以社会的栋梁自负，以建设新的中国自负，在造福人群的途径上向前勇进。

——邓静文

德行立身之本，才识处世所先。

——李宝震敬题

我校第 34 年班行将毕业，学校生活即将闭幕，社会生活即将开始，须知社会生活较诸学校生活其艰难、险阻不知多至若干倍，决非我初离书本、思想天真诸同学所能料及。但不可畏缩，不必迟疑，社会生活不外乎，作人作事，作人不可忘却作事，而作事尤不可忘却作人，关于作事者，诸君虽略有所学，而关于作人者，诸君则殊少经验，此后须经心为之学无止境，不可自多，且人生学问又奚止土木工程?临别赠言，聊表数载欢聚之情，谨贡所知，庶作诸君前途之助。

——问凯、刘金声敬赠

Education develops greater capacities for happiness, greater satisfactions and ability to live more fully. These are the riches that cannot be measured in terms of money. Therefore make study your lifetime habit, for education alone is the key to success in life!

——Dreyfuss.

(资料来源:《一九四五工商》，河北大学档案馆藏，1945-CB13-1)

(8) 天津工商学院部分系科一九四六班班史②

井润源：这就是土木工程系一九四六班

就在这历史最黑暗的一年，一九四二年的夏末，初次同我们见面的蓉花正在凋谢着；在这沉闷的时代大海里，怀着不同心情的九十五个孩子，创造了这一系的生命。

却也不能不说是艰苦的赐福；我们夸耀地有着这样大的一支队伍。从工商校史

---

① 题目为编者根据内容自行拟定。

② 题目为编者根据内容自行拟定。

里去找吧，这样雄大的队伍是空前的，我们毫不惋惜没有能修建“小洋楼”“功德碑”的同年，相反地，我们却要庆幸有着同道的一个兄弟，但也只一年的功夫，分离的弟兄便合流起来了，这就是土木系二年级。

一九四三年是我们终生不会忘记的，在敌人高喊着减低物价、安定民生的“第五次治安强化运动”中，我们住校同学啃着含有大量矿质的“兴亚粉”窝头。住在家里的同学吃豆饼、杂合面也不稀奇。同时接收学校，进驻兵队也时时对我们精神予以迫害。

像抗战时期无数爱国的青年们一样，我们中的弟兄也曾英勇地穿过敌人的封锁，把我们沦陷区青年的爱国心告诉给大后方的民众。这期间先后有雷启航、王雪海、罗珊、贾继泽、赵令谦、王大用、刘桀琨、张中和等跋涉到自由祖国的后方。

才仅仅两年的工夫，就有四十多个战士陆续离开了这支队伍；李炳光，吴秉铮，更永久地留下了他们年青的美貌，度到永恒的寂寥。

苦闷、愤恨、消沉是怎样地折磨着这群青年赤子之心！三年级是我们最忙的一年，但也是我们最苦恼的一年。“一方面是庄重的工作，一方面是荒淫与无耻”，正是这个时候，这个社会的写照，我们看到了投机商是怎样骄傲，我们更看到了虚伪欺骗的面孔。

日夜期待着的希望终于达到了，胜利揭开了这学校生活最后一年的屏幕，我们是怎样高兴地来庆祝这历史的祭典，我们的血沸腾了，但沸腾终是一时的，冷静却还是正态。虽只短短四年的时间，时代在我们年轻的心灵里导演了这么多的不同情节的戏剧，不管它给了我们多少影响，不管它把我们青年活泼的心灵束缚的多么消沉，不管冷风热雨在我们火热洁白的心头起了多大幻变，但四年终是值得宝贵的，残酷的经验是值得回忆的。

正如高主任时常对我们说的：“你们是最幸运的一班”！在多难中磨炼出来的这五十三个汉子，是怎样焦急着去驾驭饱经训练的幸运的战马，朝着新中国的曙光，去驰骋建设祖国的疆场！

于百荣：会计财政系班史

欣逢胜利伊始，举国欢腾之日，抗战告终，百端待理之时，而吾工商三十五年度会计财政系十九子适告完成学业，即将献身社会，服务人群，殆所谓适得其时者矣！是以溯往瞻来，百感交集，爰就记忆所及，容诸笔端并于卷首，藉留鸿爪于雪泥，以供他年之回忆耳。

民国三十一年秋，来校就读于本系者，凡三十九人，或为南国俊彦负笈来此，或为沽上英才迭占鳌头，共读一堂，竞为先登，相互砥砺，况本校素以精收广教驰誉海内，而课程设施之完备，教授阵容之坚强，尤推首选。园亭校舍之广阔，图书仪器之宏富，尤乏伦比。故凡就读于斯者，莫不自谓得天独厚，奋勉有加，而印象至深者，则莫如星期考试及各科实习之繁量，皆为本校特色。

翌年同学因环境或疾病而离校者，凡十数人，而谢君咸丰，钱君宝森、于君百荣、白君金铭，先后加入本系，文风荟萃，极一时之盛。刻苦自励，致力学业，虽未能投笔从戎，效命疆场，而莫不守身如玉，以求献身家国于来兹。今逢天赐良机，正宜大显身手，积年壮志，指日可酬矣。

各科教授中如齐思和先生之近代史，胡继瑗先生之货币银行学，袁贤能先生之商业理财学，秦佩衍先生之中国经济史，赵禄炯先生之工商管理，张华伦先生之成本会计，李宝震先生之会计学，沈晞先生之商事法，或为硕学耆宿，久孚众望，执教有年，蜚声海内；或则腹笥渊博，滔滔不绝，绘形绘色，极为生动，几至令人流连忘返，乐之不疲。而吾系同学，埋首案牍，屡博厚誉，或赞为模范之班，或称有君子之风，师生相处之融洽，可略见于斯矣。

三十四年春，张华伦先生主是系，刻苦经营，悉心策划，改定课程，增聘教授，一意以学生之福利、学校之长久为计，煞费苦心，不遗余力，正以领导有人，工商之前途无限，未意竟以离校他就闻，知者动容，莫不感叹，而校方为整理院务，扩充实力起见，已敦聘本院教授李宝震先生继掌是系。先生精研会计，教导有方，授业门下者，不可胜计，以任斯职，自属游刃有余，有轻车熟路之妙，必能得心应手，有筹划自如之巧，预卜未来发展当能一日千里，革新面目，百尺竿头更进一步也。至同学中则以离校者日多，硕果仅存者，只此十九子而已。噫！世事变幻不可捉摸更有甚于斯者乎。

至第四学年，十九子聚首一室，相处如兄弟手足，亲切无以复加，而于学问之探讨，知识之追求，则当仁不让，勤勉有加。嗟乎，时乎不来，良机难再，兴念于此，能不心酸。

四年之董讨，朋友之督促，此十九子莫不满腹经纶，跃跃欲试，适值物价腾昂，各中校教职，多转就他业，致三数校呈岌岌可危之势，而吾系同学，见义勇为，不敢后人，甘冒清苦，为教育之养续计，利用余暇，奋起执教，以为服务社会之先声，牛刀初试，颇博好评，终使弦歌之声不辍，基础之教育仍续，未始不有以利赖之。至论吾系同学，人才济济，莫非谢家之宝树；群英荟萃，不乏杰出之俊逸。精研会计，循循善诱者，则有阎君光华；沉默寡言，埋首苦干者，斯为叶君学政；娴于英文，善讲经济者，则为侯君晋和；究心财政，出语冷峻者，则为扈君世忠；擅长书法，博学多才者，则推谢君咸丰；驰誉乐擅，长于交际，则有刘君畅耀；热心公益，长于挥毫者，首推高君延庆；娴于医理，善于摄生者，则推徐君纪同；谆谆君子，古道热肠者，斯为顾君守中；长于写作，日无暇晷者，斯为张君翥；循规蹈矩，不务声华者，则为陈君东齐；钻研话剧，小生定型者，则有白君金铭；长于摄影，九走平津者，尚有马君作舟；精通法语，广知善辩者，斯则崔君希琛；埋首古籍，耳目灵活者，首为郑君成业；急公好义，富于感情者，则为钱君宝森；倜傥不羁，有孟尝长风者，是乃刘君文广；擅长回力，身手矫健者，则推温君良。此十八子之特长，可谓集天下难能之大成，荟于一室，萃乎一堂，荣也不文，添附骥尾，自恨笔拙，未能绘其色貌，昭示万事。不宁惟是，抑有进者，就体育论，若高君延庆、刘君畅耀，为本校足球队中流砥柱；谢君咸丰、张君翥之篮球，出手成章，都成佳妙；温君良、刘君文广之回力，神乎其技，惊为奇绝。三十四年秋系别篮球赛，本系荣获亚军，所谓智体并进，无往不利也。就服务成绩论，则谢君咸丰之屡应学生俱乐部领袖，侯君晋和之出任工商生活编辑，张君翥之为消费合作社总务，高君延庆之为体育委员会主席，刘君畅耀之为管弦乐队指导，钱君宝森之为年刊委员会主办，白君金铭之为膳食合作社首脑，阎君光华之为商学研究会先导，皆能施其所长，坐收揽辔澄清之效，一经着手，都有顺理成章之妙，以故欢声载道，誉满工商，无不以为珠联而璧合也。

今阳关三唱，骊歌一曲，徒兹劳燕分飞，遇合难期，不禁依依惜别，絮絮叮咛。他日扶摇直上，飞黄腾达者，固可预卜其有人，而深蓄待时，伺机而动者，亦必将脱颖而出也。

权门重宗谱，昭示家世之相乘；朋友重谱谊，誓守旧好之永失。至若武梁画像，鲁殿图形，所以习器索神通微合莫，观感与发，藉以资精神之联络，今者进而用此，续我工商实事求是之精神，以陷身于社会，以造福于人群，希我同学共勉称焉。

T. Y. Li：商科国际贸易系一九四六班班史

史贵乎宝，既曰班史，自然要把本班的历史，真实的和盘托出。

短短的四年中，在一致努力啃着书本之外，本班中穿插着不少悲哀欢喜的故事。

一九四二年的初秋，四十多位陌生的青年，一同爬上了大学一年级的宝座，那时，他们在功课、体育、捣乱各个方面，由于共同奋斗的精神，就留给全校一个惊人的印象。以后他们继续保留并发扬这种团结的精神，虽然经过了四年的刷！刷！刷！他们只剩了十五个人，还是表现着一贯的作风。

本班人才荟萃，有儒雅的学者，有明敏的观察家，有保持记录的田径健将，有驰骋疆场的足篮球王，有国剧泰斗，有西乐专家，有十足的洋博士，有驰名的摄影师，有好客的“赛孟尝”，有鲁勇的假李逵，憨厚长者有之，机灵小鬼也不乏其人。

功课方面，他们一致的用功，一致的刷课，全班成绩都能保持在一条水平线上，遇到考试不感兴趣的功课时，“safework”也偶一为之。

体育方面，他们连获运动会及班级球赛的锦标、校外的银杯赛等，本班选手亦为风头最健者；溜冰场上花样翻新，游泳池中蛟龙起伏，更为他人所艳羡。

班中亦常谈生意经，中途离校的同学中，得意者已屡见不鲜。

毕业了，他们都有一个远大的抱负和共同的目标，希望他们用他们特有的合作精神，联合的实现出来，造福人群。

（资料来源：《工商学院卅五年毕业纪念刊》，河北大学档案馆藏 1946-CB13-7）

（9）1947 年天津工商学院部分系科毕业班史①

林树珍：国文系首届毕业班班史

古之经籍，《尚书》《春秋》皆史也，而不以史名。自汉司马迁《史记》出，史之名始著。而历代乙部之书，璨然遂备。然此又皆国史也，今学生毕业。学校中往往有班史之作。夫一班之微，与三数年之暂，寥寥事实，似无足重轻。即笔之于书，复何足称以为史？愿自有此作，而聚散离合，与事之前后本末，遂得历识不爽，笙磬同音之雅，鸿雪到处之缘，藉得垂久远。是体例亦甚善也，然则班史之称，又何尝不可列著作之林哉。

初，本校惟工商两部，仅有男生。七七事变，津市中学校毕业女生，就近愈无升学之所，本校校董事诸公与校长刘迺仁司铎，毅然出为诸生谋，复得孙家玉先生助为料量，艰难草创，本校女院终观厥成。吾侪同学亦遂得蒙幸负笈而读书大学矣。弹指四年，固与寻常一系一班有不同者也。

本系初年，原名女子文学系，课室在香港道女修院，主任即孙家玉先生也。先生视学校如家庭。待诸生如姊妹。勤勤恳恳，部署井然。教授如齐思和先生、李奎耀先生、侯仁之先生、朱星元先生，或以经史名家，或以诗文著于时。课程则中西毕具，新旧兼治。开课之始，诸先生教导爱护者备至。而齐思和、侯仁之两先生兼课平津，每凌晨薄暮，仆仆道途，了无倦色，尤足为吾曹感奋不置者。

初来应试，新生获取录者九十人，举行始业实为民国三十二年九月九日。入校初不分系，专习文学，时值非常，使吾侪得避纷嚣，涵濡学问，痛定思痛，往日者洵毕生可念之时也。

① 题目为编者根据内容自行拟定。

至三年级，学校当路力策培溉。本系途由香港道迁来马场道，本校中更就原系扩而三之，曰国文系，曰英文系，曰史地系。往两年中，同事亦有因事或病退学者，余则就性之所近，分肄业于三系中，国文系凡十二人。为天津赵智铨、林赋田、孙慧珙、陆继英、李佳芹、张瑞澜、王玉芬，永清魏庭梧，深县周淑敏，丰润陈淑娴，桂林马志珍。余亦滥竽本系间。

分系未久，平津诸大学争复原，齐、侯、朱、李四先生多还燕京清华中。新来教授，吴先生玉如、张先生文穆、李先生辰东皆学问渊博，一时名宿。张先生授左氏传与礼记大学篇，李先生授新文学，吴先生授小学萧撰及韩文杜诗，三四年来，吾曹于新旧文学略窥崖涘，胥为先后教授循循启迪之赐，而吴先生督教尤佳，本班受惠为尤多。

王植：西语系一九四七年班班史

若喻生活为漫长的行程，那么培植在校园中的一段岁月，将是最辉煌灿烂的记忆。

四年间的雨雨风风以及沧桑瞬变的世事，在改造着人类的命运。我们则如避身在人笼下的流浪者，任他造化万千，仍在醉心于内在的快乐。这快乐是生存于书文的吟咏中，是生存于学术的研讨中。也许，急进派的朋友会耻笑这是绝对自私主义的遗传，或是逃避主义的信徒，不过我将向他们申说，我们仅是株守自己的岗位，期待一个时机而已。

终于，像云烟般的数年，竟迅速的飞逝了！不久，我们将步出校门，各自走上各自的道路。缅怀同窗旧友散居各处，又不觉戚戚于衷。而国事蜩螗。毫无是处，我们初次投身向这个污浊混乱的社会里，更自悲运蹇。

唐世珍：史地系第一届毕业班小史

凡事务据有时间与空间之运聚者，皆得谓之史。史者，人类一切活动之陈迹也。我系成立四载，过去师生之努力，与夫学业之进展，是皆代表一部分人类之活动，虽无足称，亦可谓史。故将本班过去进展之记述，名篇小史焉。

然，念过去四年，瞬息即逝，虽有开创之苦，而乏可陈之善事。但我辈学习历史者，皆知凡事因果相生，前后相承，一事之成因皆受环境之影响，与历史之推动。不有现在，何得将来。故愿将过往之陈迹，作简述之记载，聊作创办者之纪念，以供未来者之参考，是所用意焉。兹将数年来我班发展之经过约略述之。

今欲述我班之历史，势不得不推叙工商女院之成立。追忆沦陷期间，津市各大学校，南迁者南迁，停办者停办，惟我工商以教会学校资格，为仅存之硕果，得偷生于一隅。而工商本为男校，向无女生。我校当局，感于津市女子大学教育之需要，乃有附设女院之举。最初经刘院长迺仁大司铎、耶稣会会长尚建勋大司铎，及本院各位司铎之赞助，与孙主任家玉之奔走，我院始得于一九四三年夏季成立于津门，其创办经过，组织之艰难。皆可见于我校女院成立纪念刊中孙主任所叙之工商学院女子文学系成立之经过一文，无须我辈重述矣！

女院成立之初，仅有文学系之组织。其目的在培养女子文学之思想，以陶冶性情。两年萌芽，偷生于敌政之下，此中经过，详见于他系班史中。今所欲言者，乃自分系以来我班之情况。

自战争胜利，在普天同庆下，带来我校之发展，工商女院乃有分系之创建。经刘院长之苦心经营，与我系主任侯仁之教授之热忱教育，倾力相助，而我系得以成立。当成立之始，侯主任招集有意于史地深造之同学，阐明成立之要旨，及此后进行之方针，意谓史地在今日之重要性：史乃人类在此社会中演进其生活方式之记述，因过去之情况，以了解现在，而推动未来，尤以民族性发展之培养，与历史之讲述及撰编有密切之关系。而地理之与史，更有不可分之关系。一切生活之活动，皆不能出乎地之范围。故地理学在近日先进国家中亦颇为重视。回顾我国史地学术近年虽有进展，但国内一般史地教师之教授方式，多与实际生活不发生联系，失去教学真意，而学生对之多感枯燥，故我系今后之目的：其一，造就史地师资，改以往之流弊。其二，使具有天才者，导之研究使深入学术界，俾作更大之发展。此后，我系师生莫不本此目标，以求贯彻。于是乃于是年秋季有史地学会之组织，期以学术探讨，维系师友之感情，以备作进一步之研究。所拟进行范围，除座谈会讨论史地问题，更请名人作学术演讲，组织市外旅行团作史地考察。然以多方不便，所设计划，未能尽得实施，但规模已具矣。旋以侯仁之先生去职，会务主持无人，我辈同学又忙于毕业，以致此会形成搁浅矣。

一九四五年秋季开学未久，以燕大复校，侯主任离却燕大之聘，尤念我校师友之谊，乃往返平津，不辞劳瘁。其他如狄守仁司铎及张雁深、傅正、刘迪生、訾学谦、董贻安各位教授，亦皆循循善诱，不遗余力。我辈同学——张文莹、张毓英、陈修轩、周叔贞、周禹良、傅玫丽、孙会莳、邵淑惠及余九人，方斯致力于学，不料当一九四六年寒假学期开始，则益友如故，而良师已更。除狄司铎仍任法文之职，侯主任以得到利物浦大学奖金，于去岁八月二日离国就路，傅教授因病引退，其他各位教授，亦皆因故离校，而代以钱君晔、董绍良、王印波、王金鼎、王炳勋、袁丞斌、杨思慎各位教授，至于主任一职，经刘院长之尽力，得方豪司铎主之，方任为辅大教授，长于中外交通史，颇负众望，为吾辈所共仰。但以其诸务繁忙，每逾两周到校一次，故吾等虽有向学之诚，亦徒心向往之而已。

今后即将离校，回忆师友相处，一朝分散，能不黯然。但聚散人之常情，且我辈今后亦各有其应走之途径，以求致力于社会。惟愧四载匆匆，毫无成绩；在校未能建设学术基础，以资后昆。但望后进同学，念开创艰难，本我主任侯教授之宗旨，各自努力，俾将来有所建树，以期造福国家，庶不负母校教育之苦心，各位教授诱导之力也。

小平：会计财政系一九四七班班史

一九四三年的初秋天气，花朵儿已进入了暮年凋零的时候，在大楼的最高层里有着一个梯田做的教室，怀着四十二颗不同心情的孩子做了这教室的新主人，当然新主人对这园地的一切同样都感觉到“新”，而这次新主人的数目却也值得这园地的一切同样的感觉着“新”，这“新”里更含着“骛”，因为在会计财政系的历史上这一页不是绝后，而是空前了。

系主任赵禄炯先生领导着这支远征军向四年的长途上迈进，当然我们弟兄们都知道远征是须要决心和毅力的！

课程的紧张、教授阵容的坚强是空前所未有的，齐思和先生的近代史、侯仁之先生的经济地理，往往招来许多不速之客，对我们增加了不少的勇气，但是经过了一年的跋涉疲劳，许多弟兄因各种不同的原因离开了我们，而第二年中又有李桓藩、王树楠、李庚泰加入了这支大队。我们添了不少生气。但是我们也遇见了一块阴影，是的，第二年的长途上，系主任赵禄炯先生坚辞，白张华伦先生代任，而敌人的魔手已伸到了我们的头上，我们每颗心都战栗着，只是我们彼此鼓励，彼此劝勉，向着目的地，携手前进！

又是九月的初秋天气了，随着“八一五”的号声使我们这支时代的接力者立刻有了朝气，有了力量；我们知道再向前走，道路是光明而平坦的。随着年级的增长，我们又升上了三楼，与梯田教室相隔一墙，而时光却相隔两年了。系主任张华伦先生又请辞，由李宝震先生代任。李先生对我们这支接力军之期望甚大，那种热诚恳切的教导，使我们不仅在学识上，即身心各方面都得到了莫大的裨益。

张士铎：土木系一九四七班班史

黯然神伤者，别而已矣。同窗四载，将赋骊歌，旧盟车笠，寻于来日，吾为别离悲，亦为毕业喜，百感交集，有不能已于言者，爰志班情，以为纪念。

吾班为土木系一九四七年班，于一九四三年始业焉，当是时，平津弃守，抗战正酣，茫茫四顾，河朔烟笼。吾校实为津沽仅存之学府，莘莘学子，率皆辗转荟萃于津门，时全班凡六十余人，虽多为萍水之逢，然旧友新知，相处甚得。次年入大二，吾班精神为之一变，运动风气，盛极一时，每于课余，则全班出动，一时单杠、双杠、篮球、垒球诸场所，无不有吾班同学在焉，而杨君鸿远之单杠，苏君立仁之双杆，尤为同学所称美，课程方面，如力学、材料力学等，本为土木系中之基本学科，经孙景韩先生以轻松之讲授，于趣味中，更亲以幽默，同学获益良深。此时三五同学，或因报国心切，潜赴内地；或竟迫于环境，中道辍学；全班尚有五十余人。

一九四五年入大三，时抗战胜利，薄海腾欢，平津各校，复员向未就绪，独我工商，积极整顿，精益求精，女院乃于是年迁回校内，同年，工商两科，亦兼收女生，全校阵容，焕然一新。吾土木系之课程也独以此年最为繁重，如构造学、水力学、混凝土设计等，皆为致用之学科，是以同学多足不出户，精研穷理，工作紧张，日以继夜，每完成一设计，不知消费烛光几许也，同年十月，同学等于胜利后兴奋之余，感于民众教育之迫切，乃创办课余义务学校，担任教学工作者，几全为吾班同学，于读书之余，复周旋于贫苦儿童之间，或辨字析义，或操琴教歌，虽声嘶力竭，然乐在其中，此情此景，颇足为日后所追怀不止者。是年有郭闻、张鸿慈、徐枚诸同学，因阻于交通，不克到校，致课业延误一年，殊深惋惜。一九四六年入大四。教授阵容，极为坚强，如高主任镜莹、徐世大、林镜瀛、刘弗祺诸先生等，均为工程界耆宿，坚贞亮节，化雨春风，同学等得此良师，庆幸之余，莫不倍加努力，思追随于诸先生之后，积三年之相聚，同学间益形亲睦，内有班会，以为联络，外有工科同学会，以促进研究之兴趣，并数聘时贤，举行学术演讲，情绪之热烈，若不知卒业之将近者。

一九四七年三月。年刊之筹备工作，顿形忙碌，诸同学为别离而奔走，为纪念而努力，此殆为离歌之前奏曲乎？铎，就读工商十年矣，自中学而大学，春渚秋山，岁易寒暑，每当碧树成荫、榕华怒放之际，辄见诸同学翻箱倒柜，整理行装，每停手凝思，一似片纸只字，皆足能勾起其往日之劳绩者。时或三五友好，聚宴高歌，情绪激昂；或月夜漫步，把臂促谈，情景又宛如昨日，而今吾将身临之矣。虽然，抗战军兴，赖举国一心，祖国卒免于支离破碎，吾等能安然完成课业者，岂非天幸？迩来，建设伊始，百废待兴，诸君子定能展露鸿才，披荆斩棘，建此神州。言念及此，又不知喜从何来，绿水青山，行将再见诸君于建国途上。珍重！

佚名：建筑系一九四七班班史

凡文化之宣扬，首领艺术，而艺术之表现，厥唯建筑。是以秦平六国，宫建阿房；魏受汉禅，台修铜雀，查其意固在适安止、宣文化而扬国威也。今之人尤能擘画经营，群建摩天大楼，高凌霄汉，巧夺天工，致建筑之业日趋于盛，而建筑之学遂日趋于繁矣。本班学子就读斯系，来学斯学，虽乏管晏之才，初无房杜之志，然均鹄在不为良相愿为良工也。顾过隙不留，卒业之期已近，追来溯往，百感丛生，虽离合聚散人之常事，然同窗四载，砥砺一堂，遂然分袂，后会难期；岂能无文以记一时之盛，而备巽日之检索乎。

缘三十二秋，学校当局鉴于建筑之人才缺乏，毅然恢复本系，并聘沈理源先生主持教务；一时各方有志之士，咸负笈于此，盖志在求深遂之举，以图他年建国之需也。开课伊始，得三十余人，济济一堂，颇堪称盛；甫一年，诸同学因故离校者，十之七八，诚为憾事；然亦有可喜者，则为邓任刘李贺五君之来归也，于是平添劲旅，顿增生气，而愈形活跃矣。此后学程尚称平坦，唯本班诸同学于此离乱之世，均能潜心苦读，不为外务所扰，是为可贵者一；又于课内则相扶相助，于课外则同游同息，毫无芥蒂，是为可贵者二；再者，诸君子虽见仁见智，树德树功，各有不同，然均能盖其短而取其长，是为可贵者三也。

（资料来源：《天津工商学院 1947 班毕业纪念刊》，河北大学档案馆藏，1947-CB13-9）

（10）1948 **年天津工商学院部分系科毕业班史及其他素材**①

张维英：家政系首届毕业班班史

家庭为社会文化之出发点，为国家人民之训练所，家庭范围虽小，而其中却潜伏人类文化进步之力量，故欲富强国家，必从家庭入手。但何以齐家？此吾家政系所应研究者。

现今科学进步时代，科学应用范围逐渐扩大，尤以家庭间之一切问题，更应用科学方法研究与管理。

家庭为集合自然科学与社会科学混合之一种科学，以研究人类生活如何美满为目的，使一切生活方式要合乎科学、经济、美术、卫生及群众共同利益之原则。

今将本院家政学系系史，简要略述于下，以资纪念。

工商女院创立，适值七七事变后，天津沦陷之时，目的为促进女子高等教育。院址设于香港道，校舍庄严，庭园尤美。历时二载，因扩充妇女大学教育之范围，一部分与男校各院系合并，固有女院，则增设文学、史地及家政各系。孙主任家玉

---

① 题目为编者根据内容自行拟定。

继为本院家政系成立之先导，主任早年即已重视女子家政之须普及，并唤起国人之注意。本系教授，乃集平津之专家，均系为教育而教育者，使吾等向学兴趣浓厚，诸师长成育之恩，实吾侪同学不能忘怀者也。

一九四五年八月，抗战胜利，女院迁往马场道，分系后，转入家政系者，占女院一年级之多半数，显然诸生对习家政之与兴趣与了解此学科之重要。

是年除主任兼授有机化学及家政概要外，其他教授阵容，相当整齐，张杰民先生授英文，李宝震先生授会计学，顾学勤大夫授生理及卫生学，孙树田先生授衣服学，并有美教授张纪正夫人授食物学，法国司铎狄守仁授法文，苏籍教授白芬脱夫人（Mrs. Parfenoff）授音乐。

一九四六年，本班同学有张洁、张树仁、陈闺英、冯志英、许惠敏、曹学敏、兰淑珍、刘益谦、卞会新、桑鸿可、刁汝贤、曹孟孚、杜有祥、王桢、王学颜、王润田、吴寿慈、言穆正、言雍扬及作者二十人。

是年，课程中亦略有变更，由孙家莹先生任婴儿学，刘文清大夫任生理学及生物学，赵贵五先生任纺织染整，主任兼任营养学，食物学之中国烹饪，则由朱静辰先生领导。本年实习加多，工作极为紧张，师长同学时时切磋于一堂，洵可永识不忘者也。

染整实习，为吾首班家政系新设之学科，因校中仪器一时不克齐备，由赵先生率领吾全班同学，至德孚行实习，以获实际工厂之织染经验，虽远途跋涉，而同学无缺席者。

一九四七年，除高级纺织染整由崔崑圃先生任教外，其他课程皆焕然一新，微菌学食物贮藏由阎月麟先生任教，普通及高等心理学由李士琦先生任教，园艺学由朱明华先生任教，此外选课，如图画由黄士俊先生任教，声乐及乐理由莫桂新先生任教。诸教授均循循善诱，教导有方，吾辈同学实得利益不少。

本年最值记载者，为孙家莹先生倡导于家政系楼，开办之儿童福利幼稚园，以使未满学龄之儿童，得到正当教育基础，每周有数小时，家政系四年级同学做观察研究之工作，由每位四年级同学，负责观察一位同学，对于身心及一切习惯之发展，作详细之调查与记载，学期终了时，将各儿童观察之结果，寄往儿童家中，作一报告，藉以取得学校与家庭教育儿童之合作，促进儿童身心发展之效率。课外与同学组织儿童福利研究社，专门出版关于儿童之刊物，供诸父母及教师参考。此后并助主任，成立模范家庭，以备家政系四年级布置与生活实习之用。孙家莹先生热心教学，实足钦佩，同学得此良师，莫不称幸而努力。

至于同学课外之生活，以为教育即生活时代之需要，组织助学工作委员会，及经济食堂。一部分同学从事于儿童、妇女文盲义务教育之推广。又为家庭工业之基础，以促进家庭生产，添增酿造与发酵等实验。

今逢国家多难之时，吾校家政系自诞生以来，仅及三载，而竟有今日之成绩，实赖吾主任及诸师长鼓励诱导，克服困难所致。然一切设备及发展，尚未达主任之理想地步，将来预计再图扩充，并尽力与国外各大学家政系，取得直接共同研究之便利。惜吾班同学修业期将满，无此良机而受惠，兴念及此，莫不感韶光之易逝，聚散之无常，然学无止境，志有专成，形虽离，而道可合，望吾同学，本诸校训"实事求是"之精神，各自勉之，展其所长，期服务于社会，而造福于国家，方不负母校诸师长数载教育之苦心与同学孜孜不倦之初意也。

闺英：我们班的"最"

最美丽的　桑鸿可

最顽皮的　王学颜

最爱笑的　刁汝贤

最温柔的　刘益谦

最沉静的　张　洁

最诚恳的　曹孟孚

最和蔼的　王润田

最聪明的　杜有祥

最用功的　张维英

最能干的　张树仁

最能唱的　许惠敏

佚名：史地系班史

"长江后浪推前浪，一代新人易旧人。"初入工商的印记犹新，然岁月却不待人，四年的光阴在似长而又不长中消逝完了！此后我们将是学校门槛以外的人，兵戈扰攘，国是日非，"八仙"的极乐之地何在？

四载中千头万绪的事绩，除非有班级的"起居注"外，对史实的整理，可以说是别无良策，沦陷的苦味，胜利的甘滋，良师的远游，益友的生别，强权的压控，生存的艰辛，一切不绝如缕的创痕，吮尽了我们的活力，吸走了我们的天真。不管历史是否能够重演；可是我们却相信，这四年中所经的一切事实，确是开了亘古未有的一页，除了心情的老大以外，我们所获得的还有什么？所谓"毕业之喜"，那只是渺茫和空虚，人们惯说"为了你将来的回忆，要小心描绘你今日的历史"。坦白一点说，在这几百个日子中，我们又何尝不是小心翼翼地在度着每一分钟；可是为什么我们的记忆还依然是苦涩的？咎归于何人，只有天知道。

逝者如斯，来者可待，今后是“八仙”过海，各展其能的日子了！

海的面积固然辽阔，可是谁又知道它的波浪要拔起多高呢！

佚名：一九四八国际贸易系班史

在满天烽火中，遍野狼烟里，我们毕业了。国际贸易系一九四八班，一共毕业了十有七人。回想一九四四年入学之初，真不胜今夕之感，当时是抗战末一年，也是最惨烈的一年，汉口沦落，衡阳弃守，整个中国正危在旦夕，而我们却因为不同的因素，不得不在敌后修我的专科课程，当时诸同学的心情，自可想而知，国内各大学纷纷南迁，校址毁的毁了，不毁的也都沦于敌手作其奴化的根据地。彼时沦陷区的优秀青年，多半都考入有限几个教会大学中，工商是其中的佼佼者，我们这群迷途的羔羊，由于同一命运的驱使，五十余人共集一堂来研究共同喜好的学问，其盛况闭目可想，在国事动荡得最厉害的当时，比起全国青年学子来，我们真不啻如在天堂。

写本班班史，最好分三段来说！因为四年来，我们经过三个班长，尤其是这三个人都很能代表当时的时代。入学之初，敌人虎视这几块自由乐土，明派顾问，暗设特务，主要的是为监视同学们的政治活动，一有把柄立刻把学校收归敌有。校方当局为善处环境起见，选任班长十分慎重，当时各系班长多为老成持重者，我班马班长自知不但老成持重，而且刚毅沉着，领导全班同学，在无为中有锻炼，在沉默中有作为，佐以当时的体育干事韩峻德、朱英豹，活泼英勇，我班同学，德智体并重，努力建设自己，以期将来为国难而服务，为民族而争雄。

一九四五年和平降临，民主自由重光，我校亦一扫敌下作风，定班长选举条例，我班同学公推孙班长璥。孙班长雄志英发，为我班中坚者，善能发扬本班之潜力，使久抑于敌人压迫下的我班同学得自由发展其特长。孙班长尤善组织力，自啻任以来，我班同学渐趋团结，加以体委罗溥霖领导我班，体育亦大放光彩，以球类为最。因而孙罗二人为全班同学所拥戴，联蝉二年之久，多有所建树。

多难的中国，刚刚抗战胜利，又受到建国障碍，国情日非，学校中的情形亦趋复杂化，时势造英雄，我们的方班长堪应运而生，领我班同学走出这段黑暗混杂的道路。由于方班长热心服务，刚直中正，我班同学未为时局所分割，团结一致，共渡时艰，使我班同学感情融洽。相信即使走入社会中若干年后，也不会失去我们团结的信念，和一致的方针。

抚今追昔，一九四八班生于战争，长于战争，而今又毕业于战争。比诸水深火热中的全国同胞，我们真可谓天之骄子，得天独厚了。我们由小学而大学，受了十六年教育，十六年来，多少同学落了伍，多少同学改了系。仅仅四年，我班由五十多人，一变而为四十余人，再变而为十七人。许多好同学，不是因为经济力不足，就是为环境所迫，都纷纷退学，或是因为志趣不合转了系。五十多人剩了我们十七个，五十份担子分加在我们十七人身上了，我们之所以能走到终点，不知消费了多少金钱，不知费了多少父兄、师长的血汗。心血也罢，金钱也罢，我们得有今日，无非取之于社会，我们是社会的纯消费者，取的愈多，我们的责任也愈大，我们受了全国同胞最高的教育也应该负最大的责任，如今我们毕业了，也正是社会要我们尽义务的时候，我们应该拿出我们的真才实学来，以我校实事求是的精神把我们自己献给培育我们的社会，社会正以最大的希望欢迎我们！

郭峻岭：土木系一九四八班班史

在广大宇宙之间的某一角落，在绵长历史之中的某一片断，偶然地诞生了一个新的团体——工商土木系一九四八班。

是在一九四四年的初秋，由六十几个来自不同地域，毕业于不同中学，怀着不同心情的青年开始了这一班底生命。当时正是我国对日抗战的最后一年，战云炮火弥漫了华北各角落，贫血枯槁的华北各大学在敌寇铁爪之下正在喘息残余的气息，而我们，这批抱负不凡的青年，跨进了工商的门槛。这是我们艰苦奋斗的开始；每天啃着窝头、“文化米”，过着低气压的生活。但这一切都屈挠不了我们崇高的信念，我们泰然地忍受着恶魔施与我们的荼毒，为了远大的前途，把精神埋在书本中，把希望寄托在未来的光明上。

仅仅一年的工夫，我们的希望终于实现了。“八一五”祖国胜利的消息给我们带来了光明、新生与兴奋。我们又投到祖国的怀抱中了！欣逢历史上划时代的盛典，我们是怎样地狂欢啊！八年来残酷的生活把我们磨炼得更有毅力，更能受苦。在一切都是呈现着新的气象和新的希望之中，我们怀着一颗兴奋的心情开始了二年级的生活。多年来，被恶劣环境束缚着的精神才得解放。在兴奋欢庆之余，我们组织了土木系一九四八班班会——当时在工商这还是创举。在这个组织之下，我们一方面共同研讨功课，一方面作着有益身心的课外活动。同时我班主办的壁报也产生了。壁报底刊出引起了别班的兴趣，一时继之而起有二三个之多。说起来我班实开风气之先。当时一种欣欣向荣的气氛笼罩在每个人的心中。由于我们这批青年赤子之心的热情爆发，打破了工商历来消沉的空气。——“工商醒了！”

这一个时期是我们永远忘不了的。如果在我们这一段短短的大学生活中有过快乐的日子，那要算这一个时期了。可惜的，是这一段美梦般的日子并没有延续长久，为了一件偶然的事故，我们的班会不幸夭亡了！虽然是昙花一现，但这一段美丽的日子却给我们留下了一个永久的甜蜜回忆。

这年暑假之后，我班的人位起了变化。原因是有一部分同学为了经济关系或其他缘故脱离了我们的团体。这之中，张君仁豫、郭君镇及张君文栋转入了清华，周君望仪、刘君光铨转入了唐山工院，另外十余位同学转入了北洋，剩下的只有三十一位同学升入三年级。

从三年级到四年级，我们的功课繁重起来，而且大部分的课程如结构学、钢筋混凝土学、水力学、硬架结构学、铁路工程学、水利工程学和各种设计都是将来致用之学。这使我们更深地意识到课业的重要。这种意识促使我们把精神集中到功课上。同时我们的教授阵容也加强了，如高镜莹、林镜瀛、刘茀祺等先生都是工程界底耆宿。我们幸喜在他们的教导之下，功课得到更大的进展。

在一九四七年举国学生爱国运动的热潮中，我们也尽了我们的全部热诚。同时，在课余之暇我们更牺牲一部分精力和时间，为了救济贫苦失学的儿童，自土木系一九四七班接办了“第一民众义务学校”，使三百个流浪儿得到书读。这种自发的服务精神很得到教育当局的嘉许。

现在这一段大学生活将要告一段落，留在后面的是一条人生的长途。四年的寒窗生活固然值得我们留恋，但未来的工作更需要我们担负。榕华开的时候，我们这批人生斗士就要踏上征途，为了祖国建设，肩负起艰苦工作的担子。二十年后，我们手中所完成的中国最伟大的工程将是这四年大学生活的代价，同时，也将是工商土木系一九四八班的光荣。

（资料来源：《天津工商学院民国毕业纪念册》，河北大学档案馆藏，1948-CB13-3）

5. 抗战胜利前夕天津工商学院若干学科专业部分班级学生经历及生活①

（1）慎铭：工科土木工程系班史——本系的回顾与前瞻

①第一学年：满载希望的始业期

是一群幸运者迈进工商的大门，他们刚刚没有受到奴化教育，刚刚没有读到国土不整的新民课本，没有穿上国防色的伪青年服，没有削发……

这六十四位英气勃勃的青年为了更崇高的理想，被注定为国家建设的一员，开

① 题目为编者根据内容自行拟定。

始他们工程师的训练。

十二月八日，这战局动荡变幻的一日，结束了燕大等校的生命，而工商大楼依旧巍然地立于马场道上——在送着一批批青年进入服务人群的大道上。

②第二学年：忍耐惶恐的继续期

校方因经济拮据，乃将同年建筑系与本系合并，人才济济一堂，顿时热闹非凡。

是在暑假期间，为了联络师生感情，曾在学生俱乐部召开工二联欢大会，到教授廿余人，同学六十余人，音乐、相声、歌唱、谈笑，熙熙融融，颇极一时之盛。

未料暑假后，许多同学不忍呼吸这里污浊的空气，为早日看见日的光辉，不惜生命地孤注一掷，历尽千辛万苦，纷纷投向祖国的怀抱去了。

③第三学年：兢兢业业的准备期

院长的更换，董事会的改组，女院的成立，建筑工程系的恢复，是校中一大变动时期。

因了建筑系的恢复，结果是减少了本系的主力军，而同学每日忙于设计和实验报告，没有什么使人值得回忆和留恋的事情。

接着又是欢送先我一步的老大哥们，送出他们去开辟新的道路。

④第四学年：欢乐幸运的终业期

为了不使我们纯洁的心灵染上污碎的黑寂，便毅然决然的牺牲衣食的丰美而不到任何带有伪色的机关公司去服务！

既免他人的猜疑，又可充实自己的学识，本系研究班遂在校当局与系主任的主持下，突开校史的新纪元，高揭成立旗帜了！

更有谁会想到和平之神，就像霹雳似的震动了这黑暗的世界，回复了清明。

人们疯狂的呼喊起来，一吐八年来的积怨——是抗战胜利了，是和平实现了！但愿担负建设的我们，不要忘了抗战的结束，接着就是更伟大更艰巨的建国工作。

祝福每位同窗都要担起自己的重任，为了我们国家的前途，为了世界正义的和平

(2）王景彬：三十四班建筑系班志

我工商校，历廿余载，唯建筑系毕业尚谨七届，四方负笈，于民国三十年，济济一堂，凡二十九人，则集成一九四五班矣。光阴荏苒，寒暑四更，同窗共砚，离校在即，相恋依依，偶以濡笔僅缀我一九四五班建筑系班史，赘语凡凡哀册以念。

瞬息四载，其间生死离别，人世沧桑，盛世难长，至毕业，尤济济一堂者，仅十一人矣。

于三十一年，因校中经济阻滞建筑系停办一载，故吾班尚客串一年土木耳，后

一年由沈理源先生为主任恢复之，幸科得之培陶，事功于后，庶不负其成就也。

回思往年，不胜惆惆，离校同学等寻将无处。吉君金章，前任班长也，忠厚笃实，具热忱而重公益，长交际而富干才。1944年夏，全班赴平至文整测绘班实习，是年暑气浸浸，吉君不惜精神，为公筹划，至归继忙班事，遂至身弱不支。嗟乎，卧床静修，其忘私奉公之伟大精神，令人钦佩。

今吾十一人，荟萃一堂，研摩有术，独我不材，切磋砥砺，得与萃贤相友，足以幸哉。

陈君潜云忠诚朴厚，慷慨真挚，体健秀，冬则银凤舞，夏则游泳驰骋，球类超著，尤回力与棒球常有发奋而忘食。

金君树德系天主信徒，凡事从公，精神伟著，真乃是山东老兄也。

龙君德顺聪颖过人，理解敏捷，具刚毅之心，怀鹏程之志，光焕显远，必有待也。

罗君学斌笑脸常存，寡言慎行，挟学者之风，持精细之脑，为本班前茅之士也。

路君延龄，君乃上班高才，因病修学，天资明敏，言谈妙极，富幽默之辩才，大有教授之势。

王君绍箕文雅彬彬，温文和善，工摄影，驰名大作，颇广眼界，系工商摄影之干才。

王君文谟为人豪爽慷慨，貌翩翩然，体高背宽，待人敦笃，善交游，又为我工商话剧团中坚分子。

杨君学智博古通今，勤苦好学，精诵宋词元曲，出口成章，工书法，规抚晋唐，实为敦品勤学之士也。

虞君福京精绘事，所赋超然，创之所长，为本班之冠，课余喜回力球之战，真“代萨”也。

袁君玉书小家碧玉之风，和蔼谦让，性诚挚，手笔秀健，勤攻弗懈，是吾班一“K”将焉。

指日分袂，相处四更，四海学子，情若弟兄，今后天涯海角，半生离恨，回思同学聚首，能不依依？惟大丈夫志远四方，功成业就，正当他年相会，白发苍然，不胜今昔之感。今以班史为命，辞不获已，留念斯册，永相印怀。

（3）郑道周：会计财政系班志

民国三十四年夏六月，会计财政系同学毕业于天津工商学院者，得二十三人焉；曰赵君忠继、李君祖熙、毛君金锐、陈君钟杰、李君嘉祐、滑君国鼎、刘君元礼、李君国臣、栗君培璋、黄君尊震、林君国章、沈君庚身、袁君术、卢君大年、陈君开、程君克谦、钱君鎏、郭君士浩、郑君必达、徐君仆、陈君嘉骥及予是也。

予犹忆民国三十年九月，方本班之初入校也，同学一堂者济济达四十余人。其时院长为尚建勋司铎，因鉴于以往商科之不振，乃自摄商科主任职，并聘赵孝章先生为本系主任，规谋划策，力图刷新，欣欣然一时颇有向荣之势。民国三十一年春，尚建勋司铎荣升耶稣会会长，院长易为叶慕华司铎，商科主任一席则由国际贸易系主任房如晦司铎兼摄。民国三十二年春，叶慕华司铎由本院长刘逎仁司铎接篆。秋季本系升入三年级，分为会计与财政二组。民国三十三年赵孝章先生离主任职，改由张伟弢先生主任本系；取消分组制度，复并为一系。综此四年之间，本班同学因故辍学者二十二人，中途入学者四人，由国际贸易系转入二人，遂得今之数。此得本班终始之大致也。

不敏非材驽钝，未足与言文事；惟因时际会，幸随诸君子之后，得附骥尾，因列叙本班四年间始终之由，刊之毕业纪念刊卷首，用志不忘云尔。

（4）**薛山：三十四年班国际贸易系班史**

中华民国三十四年夏，吾班乃卒所业，回首前尘，四载相聚之同窗友好，乃于今朝一旦分袂，能不依依乎？且举凡同学藏修息游，以及友朋举处之乐，又多可念者，是以诸同学嘱薛山缀班史，俾志不忘焉。

民国三十年，吾班之始入校也，凡二十九人。负笈四方，析义一堂，切磋砥砺，共沾友益，薛山虽驽，而能得附骥于众者，幸何如也。是年十二月八日，以太平洋战发，燕大诸校均被迫停课，而吾校尚能巍然续存，且不易旧日之风，岂又非吾侪同学之幸乎？此后数载，以时艰月深，凡吾同学，率皆缄默寡言，而奋勉有加，以冀充沛所学，乃有以献于祖国者焉。于此期间，因经济窘困，而辍学者，有之；而不堪敌寇重压，而赴内地者，亦有之。追升入第三年时，则仅余同学十数人耳。虽然，同学间之团结，故更行紧密矣。乃有读书会之刊，藉以解除课内之疑难，而更为进一步之研讨，冀补课内之不足。旋同学又感自华北沦陷后，经济刊物之缺乏特甚，更创国贸学会，拟出版内容之优良之充实经济刊物问世，以图学术方面有所贡献，而更便于吾同学之研究焉。俟经校方核准后，又得其前会计财政系主任赵禄炯先生，及秦佩衍先生等之鼓励，乃更坚定吾侪之志愿，而着手于实际之计划与准备焉。顷又蒙吾校教授袁贤能、胡继瑗、齐思和、李宝震诸先生慨允撰稿惠赐，以资襄助，而充实内容，侪吾同学，方自欣庆，孰料与翌年春，方拟收集稿件，以付印刊之时，而敌寇宪兵队大肆活动，逮捕学生焉。吾校同学，未能免幸，卒有教授及同学多人与难焉。其时吾侪迫于时艰，及校方之嘱，而终乃停止该刊之进行矣。其后诸同学率皆埋首书巷，精研所学，以冀不负校方及诸教授之教诲，以图报于国家也。

迄于卒业，吾班同学，仅余十人矣。既离于后，当感前途茫茫，无所归附。敌寇之降服消息骤然传来，聆悉之下，欣庆何如，八载暗淡，重现光明，同学间之欢欣情绪，非笔墨所能述其一二者也。吾侪何幸，生逢此光荣之时代，岂可不奋飞猛进，以图报于吾国家乎？且抚八年抗战国家所受损失，安可数计，今兹光复，建设弥殷，凡吾同学，皆应肩起个人之责任，奋然迈进，庶可不负于国家，不负于母校，愿诸同学共勉之。

（资料来源：《1945 工商》，河北大学档案馆藏，1945-CB13-1）

6. 天津工商学院院长刘迺仁《工商校友录》创刊题词①

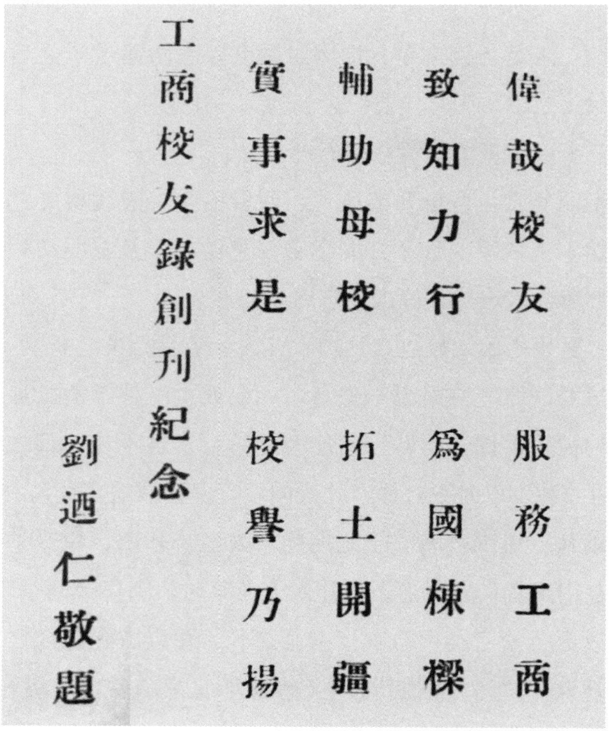
偉哉校友　服務工商
致知力行　爲國棟樑
輔助母校　拓土開疆
實事求是　校譽乃揚
工商校友錄創刊紀念
劉迺仁敬題

刘迺仁敬题：伟哉校友，服务工商；致知力行，为国栋梁；

辅助母校，拓土开疆；实事求是，校誉乃扬。工商校友录创刊纪念

（资料来源：《天津工商学院贰拾捌年班毕业纪念册》，河北大学档案馆藏，1939-CB13-3）

① 题目为编者根据图片内容自行拟定。

7. 笑看桃李芳天下

学校以德、智、体“三育”为宗旨，认识到“学校本身决不能立刻造出若干专门家或发明家也。故好高骛远及一味造就以造就高深之专门家或博士硕士为目的之教学方法”① 不是最好方法，而应“力使本院为一标准化现代化之最高学府”，以“造就熟练现代专门技术，前程远大的青年”，“造就工商两界之专门人才”，使毕业生“能够在社会上找到较优的职业”②，教师应“为求学青年作一学术上之总导师”。

（1）学生毕业工作情况

从某种意义上讲，衡量一所学校之优劣的尺度标准，主要不在于校园表面上的建筑是否豪华气派，甚至不在于学校统计量化的“GDP”数字，即所谓“科研成果”的多少，而主要在于学校毕业生在社会上所取得的成就和对社会所做出的贡献，是否得到社会的认可与欢迎。

工商学院毕业生工作状况如何？1935 年第二届校友年会上，天津工商学院自豪地宣称：“即至现时，我校之毕业生尚无失业者”，“届至现时我校之毕业校友，分散于各机关，各银行，各工商业团体，或膺专职，或当一面，成绩均甚优良”。③ 毕业生分配去向主要是土木建筑、商业贸易、工矿、教育、交通运输、水利、金融、市政、行政管理等十多个部门。

1937 年，院长华南圭在总结工商学院之过去时亦说：“历年来服务工商各界之毕业同学，数量上虽属不多，但皆能发挥母校埋头苦干之精神，刻苦耐劳，忠诚服务，咸有相当之地位，而博得社会之同情心不少焉。”④ “本校商科历年的毕业学生，大都在银行界服务”，少部分“服务于公家财政机关”；工科毕业生“入建筑、铁路、水利、土木、市政一切公私机关皆有之”。他们“多能运用所学，研究贯通，得有相当之优良成绩，而海外留学诸同学亦可各就个人性之所近，及学有心得之学科继续深造，学成归国者颇不乏人”。⑤

---

① 天津工商学院出版委员会编. 私立天津工商学院一览［M］. 天津：天津工商学院出版委员会，1935：120.

② 《工商学生》第 1 卷第 4 期，1937 年 7 月 20 日，河北大学档案，1937-CB13-9。

③ 《工商学志》第 8 卷第 1 期，1936 年 5 月 15 日，河北大学档案，1936-CB13-8。

④ 《工商学生》第 1 卷第 4 期，1937 年 7 月 20 日，河北大学档案，1937-CB13-9。

⑤ 《工商学生》第 1 卷第 4 期，1937 年 7 月 20 日，河北大学档案，1937-CB13-9。

附表　　　　1925年—1951年历届注册生和毕业生统计表

年度	注册	其中奉教者	毕业	年度	注册	其中奉教者	毕业
1926—1927	40			1938—1939	290	55	25
1927—1928	45		11	1939—1940	377	56	39
1928—1929	76		8	1940—1941	429	62	60
1929—1930	67		12	1941—1942	485	61	99
1930—1931	63	12	13	1942—1943	493	37	37
1931—1932	57		15	1943—1944	493	44	100
1932—1933	63	13	8	1944—1945	626	29	83
1933—1934	95	24	10	1945—1946	650	20	86
1934—1935	123	37	10	1946—1947	721	41	147
1935—1936	139	34	10	1947—1948	751	62	106
1936—1937	141	33	30	1949—1950	925	86	114
1937—1938	160	40	29	1950—1951	1072	70	150
				合计	8974	816	1282

上表清楚地显示，毕业生与入学注册生比例不足1∶7，充分说明该校教学管理之严格。入学注册生奉教者约为816人，所占比例不足10%。其中，从1923年开始招生直到1930年，只有预科生有奉教的，没有一个大学生信奉天主教，其主要原因，一是自1926年学校才开始有本科生，二是受到当时中国掀起“非基督教运动”和“收回教育权运动”等民族主义浪潮的影响。1931年至1942年间，历年奉教者占入学注册生均为15%—25%左右。这一时期奉教学生比例较大增加，与日本发动侵略中国战争有关。1943年至1951年奉教学生明显下降，历年不足10%，这说明自1943年华人神甫执掌校务实权后，教会大学的宗教功能逐渐减弱，教育功能日益增长，以教育为主以及本土化进程的加速。

（2）毕业生中的佼佼者

西方传教士来中国开办大学，主要的目的是传播天主教、基督教教义，是为了在中国人的心目中确立西方文化的强势地位。但学校引进西方先进教育理念与模式，开设自然科学和现代社会学科，在客观上适应了中国经济近代化的进程，为中国近代化培养了一批有用人才，为新中国培养了一大批工商管理人才和蜚声中外的专家、学者。中华人民共和国成立后，他们大多成为经济建设的栋梁。

曾任中共中央政治局常委、国务院副总理的姚依林，在20世纪30年代就学于天津工商学院财会系。著名物理学家袁家骝，香港特别行政区立法委员、房屋委员会主席郑汉钧，著名红学家周汝昌，著名土木工程专家吴健生，著名音乐家张肖虎、沈湘等都毕业于该校。

①姚依林（1917—1994），祖籍安徽省贵池县，出生于香港。幼年丧父，随母亲在江苏、浙江、上海生活。1934 年考入清华大学后，加入中国共产党的外围组织——中华民族武装自卫会，参加了革命。1935 年 11 月，加入中国共产党，先后任北平学联秘书长、党团书记。是一二・九抗日爱国运动的主要领导人之一。1936 年 5 月，到天津工作，先在中国共产党的刊物《长城》任编辑，后任天津市委宣传部长、市委书记，领导各界的抗日救国活动。1936 年夏，姚依林考入工商学院会财系，以此掩护身份，在天津进行中国共产党的地下活动，直至 1938 年夏离津。1937 年七七事变后，任中共河北省委秘书长、宣传部长。1936 年 5 月至 1938 年参与组织了冀东暴动。1939 年 2 月任冀热察区党委宣传部长。1939 年 7 月起，任晋察冀北方分局、中央局秘书长。1946 年起，先后任晋察冀边区财经办事处副主任、华北联合行政委员会工商厅长、华北人民政府工商部长。中华人民共和国成立后，长期担任国务院财贸部门的领导工作，先后任贸易部副部长、党组副书记，商业部副部长、党组副书记，中央财贸工作部副部长，国务院财贸办公室副主任，商业部部长、党组书记，中央财经领导小组成员，中央财贸政治部主任，国务院财贸党委副书记等职务。“文化大革命”中，遭受严重迫害。1973 年 11 月，任对外贸易部第一副部长。1977 年 3 月，任国务院财贸领导小组组长。1978 年 8 月任商业部部长、党组书记。中共十一届三中全会以后，任中央副秘书长、中央办公厅主任。1979 年 3 月，任国务院财政经济委员会秘书长。1979 年 7 月，任国务院副总理，分管经济工作。后兼任国家计划委员会主任、党组书记，中央财经领导小组副组长，中央引进智力领导小组组长。在中共八大二次会议上被增补为中央候补委员。是中共十届中央候补委员，十一届中央委员、中央书记处书记，十二届中央委员、中央书记处书记、中央政治局候补委员、委员，十三届中央委员、政治局委员、常委，一届全国人大代表，三届全国政协常委，四届全国政协委员。1994 年 12 月 11 日在北京逝世，终年 77 岁。

②袁家骝（1912—2003），1912 年 5 月 31 日生于河南安阳，华裔美国物理学家，妻子吴健雄素有“东方居里夫人”之称。其父袁克文是袁世凯的庶出儿子，因为写下“绝怜高处多风雨，莫到琼楼最上层”的诗句影射洪宪帝制，最后被软禁而失宠。袁家骝因此远离北平，和母亲长居老家农村。13 岁时，到天津由英国伦敦传教会办的新学书院读中学，1928 年考入法国开办的天津工商大学就读工程学；1930 年转入燕京大学物理系。1934 年获得硕士学位。在美国驻华大使司徒雷登的促进下，他获

得国际学舍奖学金，1936 年考入加利福尼亚理工学院。1940 年获博士学位。1942 年起在美国无线电公司研究所工作，先后任普林斯顿、布鲁克黑文国立实验室物理研究员、高级物理研究员、实验室顾问。1972 年曾获美国古根海姆奖金。1973 年，袁家骝应邀访问中国，受到了周恩来总理等国家领导人的亲切接见。同年 9 月 28 日，中国著名的物理学家卢鹤绂院士在上海复旦大学接待袁家骝和夫人吴健雄教授。袁家骝、吴健雄夫妇做了学术演讲。

1979 年受聘为中国科学院高能物理研究所学术委员会委员，1981 年受聘为中国科学技术大学名誉教授，1983 年受聘为中国台湾同步辐射研究中心董事会主席，1984 年受聘为南开大学名誉教授。其研究工作涉及高能物理、高能加速器和粒子探测系统、宇宙线、无线电定向探测、调频雷达系统等。他第一个证明了地球上空中子不是来自太空，而是初级宇宙线在大气中产生的次级粒子。

③周汝昌，本字禹言，号敏庵，后改字玉言，曾用笔名念述、苍禹、雪羲、顾研、玉工、石武、玉青、师言、茶客等。1918 年 4 月 14 日生于天津咸水沽镇，是中国著名红学家。他是继胡适等诸先生之后，中华人民共和国研究《红楼梦》的第一人，享誉海内外的考证派主力和集大成者。周汝昌毕业于工商附中（今天津市实验中学）、天津工商学院（现河北大学），曾就学于北京燕京大学西语系本科、中文系研究院。治学以语言、诗词理论及笺注、中外文翻译为主；平生于吟咏、诗词、笺注、赏析、理论皆所用心，并兼研红学，有 20 多部学术著作问世，尚有几部正在印制之中。其中《红楼梦新证》是他的第一部著作，也是代表作。

1980 年，周汝昌赴美国出席“首届国际红楼梦研讨会”；1984 年，受国家委派赴苏联考察列宁格勒藏本《石头记》；1986—1987 年，获美国鲁斯基金，赴美国访学讲学一年，并任威斯康星大学客座教授。先后任燕京大学西语系教员、华西大学与四川大学外文系讲师、人民文学出版社古典部编辑，是第五、第六、第七、第八届全国政协委员，中国和平统一促进会理事，中国作家协会和书法家协会会员，中国韵文学会、中国楹联学会、中国大观园文化协会顾问，中国曹雪芹学会荣誉会长。1991 年开始享受政府特殊津贴。

④郑汉钧，1927 年生于天津，1948 年毕业于工商学院（后并入天津大学），1948 年 7 月离开天津到香港。是香港郑汉钧顾问工程师有限公司及天津港津建筑设计工程有限公司董事长。天津市第九、第十、第十一届政协常委，天津海外联谊会顾问。英国伦敦帝国学院荣誉院士，香港及英国数所大学颁授名誉博士学位。香港注册结构工程师，香港工程科学院院士、香港工程师学会金奖章获得者、前任会长及荣誉资深会员，英国结构工程师学会金奖章获得者、前任副会长及资深会员。香

港特别行政区第一、第二届政府选举委员会委员，原行政局、立法局议员，土地及建设咨询委员会主席，交通咨询委员会主席、香港房屋委员会主席，香港天津联谊会永远荣誉会长。曾荣获香港特别行政区金紫荆星章、香港太平绅士。2001年，郑汉钧获得英国结构工程师学会颁发的最高荣誉金奖章。

⑤吴健生（1923—1998），福建闽侯人。1945年毕业于天津工商学院土木工程系。1947—1949年，在美国维拉诺瓦学院及诺特达姆大学土木工程研究院获土木工程硕士学位。随后在美国西北大学土木系任教一年。1950—1952年在天津津沽大学土木系任教。1952年院系调整后到天津大学土木系任教。是天津大学建筑设计研究院名誉院长，天津大学结构工程研究所所长、教授、博士生导师，1951年加入中国民主同盟会。长期从事教学和科学研究工作，主要讲授结构力学、高等结构力学、土壤力学及地基基础、钢筋混凝土结构学、混凝土流变学、复杂结构及抗震理论、计算机大型程序处理、膜结构理论分析与应用等课程。主要学术论著有含螺旋杆件和曲梁的复杂结构计算研究，获1985年国家教委优秀科技奖；《圆柱面及椭圆柱面螺旋楼梯的空间刚度、内力与位移的计算》，获1980年天津市优秀论文一等奖，并获河北省第三届社科优秀成果一等奖、1992年上海出版新书优秀著作一等奖和全国古籍整理优秀著作一等奖。1991年被评为全国劳动模范，授予人民教师奖章，享受国务院政府特殊津贴。1995年被河北省命名为省管优秀专家。

⑥张肖虎（1914—1997），中国音乐学院前副院长，中国著名的音乐教育家、作曲家、音乐理论家和指挥家。历任国家教委艺术教育委员会委员、中国教育学会音乐教育研究会理事长、中国音协音乐教育委员会副主任、九三学社北京市顾问委员会顾问、清华大学音乐工作室教授、中国音乐学院作曲系主任、北京师范大学音乐系主任等职。

张肖虎1914年出生于天津一个书香门第、绘画世家，自幼进取好学，有广泛的艺术爱好。1926年以优异的成绩考入南开中学，各门功课均属优秀。1929年考入天津工商大学预科（附属高中），1931年考入清华大学土木建筑系。他从在京的清华、燕京任教的中外著名教授那里系统学习了指挥、作曲等课程，并成为清华管弦乐队、军乐队的队长和学生指挥，同时创作了声乐曲《声声慢》和五重奏《极乐吟》，从此开始了他集指挥、作曲、演奏、研究、教学于一身的全方位音乐家的漫长生涯。1936年毕业留校任清华音乐室助教。1937年抗战爆发后，他因家有老母未能随校南迁。1941年被聘为私立天津工商学院音乐教授（27岁），他的指挥语言准确简练，风格朴实无华，受到中外指挥家、演奏家和广大听众的高度评价，是中国北方较早的优秀指挥家，被在津中外报刊誉为“天津音乐之雄”。

张肖虎以“纯、清、精、新、真”五个字概括了自己的艺术创作美学观，认为：“创作是抒发感情，教学是传授知识。而人的价值就是无私地奉献知识和感情。”

中华人民共和国成立后，张肖虎历任北京师范大学音乐系理论作曲教研室主任，北京艺术师范学院、北京艺术学院音乐系主任，燕京大学和中央音乐学院兼课教师。1964 年中国音乐学院建院后，他任作曲系副主任，中央五七艺术大学音乐学院作曲教授。1981 年中国音乐学院恢复后，张肖虎任副院长兼作曲系主任，为恢复教学秩序，为教材建设和教师队伍建设，竭忠尽智，呕心沥血，直至 1997 年生命的最后一息。

⑦沈湘，1921 年生于天津，在天津南开初中毕业后，考入天津工商学院附中（高中），就读时期与著名红学家周汝昌同班。1939 年，天津基督教青年会举办全市歌唱比赛，已是南开中学歌咏团男高音的沈湘，毅然报名参赛并一举夺冠。太平洋战争爆发后，沈湘由燕京大学转入上海圣约翰大学，继续攻读英国文学，同时考入上海国立音乐学院。在苏士林、拉普、帕契等外国声乐名师的指导下，他的技艺日趋成熟。1944 年，23 岁的沈湘在上海兰心大戏院举行独唱音乐会，先后演唱了德、意、法、俄以及我国的著名歌剧咏叹调及艺术歌曲，他那优美的音色、深刻的艺术表现力，使全场听众为之倾倒。日后，声乐权威评论家称其为“中国的卡鲁索”。1945 年，沈湘在天津大光明影院等全国各地举办独唱音乐会，以高深的音乐修养倾倒了京、津、沪的观众，被誉为“中国的卡鲁索”，成为当时最著名的男高音歌唱家。中华人民共和国成立后，国家许多重要内外事活动常请沈湘演唱，他是第一个在中南海演唱《黄河颂》的歌唱家。沈湘始终保持着一颗爱国的赤子之心。上海音乐学院在汪伪政府的控制下，组织了一台为日本捐献飞机的“义演活动”，要沈湘独唱。沈湘愤然拒绝演出，结果被院方开除学籍。

中华人民共和国成立后，沈湘经常同李德伦等音乐家被邀请参加国事和外事的演出活动。一次在中南海演出，沈湘以一曲《黄河颂》倾倒了中外宾客，掌声经久不息。改革开放后，沈湘作为中央音乐学院的教授，全然不顾自己严重的心脏病，奔波在声乐教育领域，经常超时为学生们讲课。从 1983 年到 1992 年的 10 年间，由他指导的学生几乎年年有人在国际声乐比赛中获奖或夺冠。如花腔女中音梁宁、花腔女高音迪里拜尔、男低音刘跃、男高音范竞马、男中音程达、男高音黑海涛、男高音程志、女高音殷秀梅、女中音关牧村等都曾师从沈湘教授。如此骄人的成绩，令外国评委、专家们大感震惊，就连世界三大男高音之首帕瓦罗蒂也对他颔首连连，敬佩有加：“沈湘教授是个伟大的人，我很爱他!”沈湘除了讲课外，还连续 6 年赴芬兰为国际“声乐大师班”讲学。这些“洋弟子”们一致称赞沈湘的教学法是“点石成金术”。当地报界也赞誉“沈湘是世界一流的声乐教授”。在中国声乐史上，沈湘是将中国声乐教学推出国门的第一人。具有三百余年历史的意大利美声学派的西方大师们感叹道：“美声的故乡将要东移！”1993 年 10 月 4 日，沈湘因心脏病严重复发在北京逝世。

（资料来源：阎玉田《踞析津之阳——天津工商大学》，人民出版社，2010 年版，第 20—27 页）

（三）津沽大学

私立津沽大学 1950 年学生招生图表①

1950 年私立津沽大学学生人数表

院系	学生人数、年级及性别															修业年限	入学程度
	总计			一年级			二年级			三年级			四年级				
	计	男	女	计	男	女	计	男	女	计	男	女	计	男	女		
总计	1072	749	323	540	364	136	216	136	80	209	146	63	147	103	44	四年	高中毕业
文学院合计	308	118	190	195	117	78	49	1	48	36		36	28		28		
中国文学系	64	27	37	37	27	10	9		9	12		12	6		6		
外国语文系	106	60	46	77	60	17	7		7	11		11	11		11		
史地学系	68	31	37	46	30	16	11	1	10	4		4	7		7		
家政学系	70		70	35		35	22		22	9		9	4		4		
工学院合计	425	406	19	170	159	11	89	83	6	107	107		59	57	2		
土木工程学系	162	159	3	62	59	3	32	32		42	42		26	26			
建筑工程学系	80	65	15	39	32	7	21	15	6	13	13		7	5	2		
机械工程学系	183	182	1	68	68	1	36	36		52	52		26	26			
商学院合计	339	225	114	135	88	47	78	52	26	66	39	27	60	46	14		
会计财政学系	123	76	47	50	30	20	27	19	8	22	11	11	24	16	8		
国际贸易学系	118	74	44	41	23	18	32	18	14	28	19	9	17	14	3		
企业管理学系	98	75	23	44	35	9	19	15	4	16	9	7	19	16	3		

① 题目为编者根据内容自行拟定。

私立津沽大学学生人数统计表

院别	工学院			商学院			文学院			
	土木系	建筑系	机械系	会财系	国贸系	工管系	国文系	西语系	史地系	家政系
第一年	63	41	70	48	40	45	33	30	36	33
第二年	37	27	41	27	39	25	9	45	11	31
第三年	48	13	55	22	26	16	12	12	6	13
第四年	23	6	26	26	17	21	6	13	7	4
合计	171	82	192	123	121	107	60	100	60	81
各院共计	445			357			301			
全校总计	1097									

（资料来源：《津沽大学卷宗——表报》，河北大学档案馆藏，XZ1951-05-2）

（四）河北大学

1. 河北大学笃学求真一脉传

今日河北大学的前身是1921年创办于天津的天津工商大学，曾在教育界享有“煌煌北国望学府，巍巍工商独称尊”之誉。早在20世纪40年代中期，它就因人才荟萃，凭借过硬的办学质量而居天津各高等院校之首。

它六度更名，一度迁校，历经近百年风雨历程，已发展成为一所由河北省人民政府和教育部、国家国防科技工业局分别共建的重点综合性大学。

（1）从难产到勃兴：一所发源于津门的燕赵名校

在今天的河北大学校史馆内，保存着一份特殊的建校方案：“本校目的是使中国人开始学习欧洲各种科学，以培养工商业、军事、航运等专家，使他们能用欧洲文化与欧洲人往来；课程以学习法语为主，辅以英语、德语等选修……训育、庶务、中文教授可由中国人担任。”

“一所高校的发展，是传承与创新的过程。这份早在1885年拟定的建校方案，基本奠定了后来河北大学前身——天津工商大学的办学格局。当年这套建校方案的制定者，恐怕很难设想，这所在他们心目中‘以扩大法国影响为第一’的教会学校，在历经近百年风雨历程之后，会发展成一所文理兼备、学研结合的综合性大学。”河北大学校长傅广生告诉记者。

事实上，经过教会内部旷日持久的争执博弈以及辛亥革命、第一次世界大战等众多历史事件之后，直到1921年，法国耶稣会士才得以按照30多年前拟定的这套建校方案，在天津马场道创办了我国北方第一所天主教大学——天津工商大学。

由于招生严格，学校第一期只招收了51名学生。“当时考试科目分为工科和商科。”河北大学历史学院教授吕志毅告诉记者，当时考试科目包括国文、公民、英文（笔试和口试）、几何、数学、史地、物理、化学等等。

“以‘实事求是’为校训的工商大学虽然是一所教会学校，但在教学中一直重视培养学生的自立精神和任事能力。”吕志毅说，早在办学之初，学校就注重联系实际启发学生学习的热情与主动性，并极其重视实践，积极组织工厂参观、假期实习、统计图表、打字练习等课外教学活动，注重对学生动手能力的培养。

学校也尤其重视配备齐全的实验设备。“早在1929年，学校就购置了大型地震仪一台，这在当时全国大专院校绝无仅有，因而蜚声学坛。”吕志毅说。

19世纪一波三折的“难产”，并没有影响这所新建高校的勃兴。到1928年学校首届本科生毕业时，天津工商大学已初具规模，成为华北地区著名的高等学府之一。

“1933年是学校发展史上具有重要意义的年份。这一年8月，经南京国民政府批准，学校正式立案，改名为天津工商学院。校内各种规章之厘定、行政组织之更易以及课程之设置，均开始依照中国政府规定办理，本科招生名额得以扩大。”吕志毅表示。

也正是从1933年9月，学校开始招收夜读班，扩大了科学文化知识的教育面，在当时的中国高等教育界成为一个创举。

“到1943年7月，刘迺仁担任工商学院院长，中国人第一次真正具有了管理这所学校的权力，工商学院也由此进入了蓬勃发展期。”吕志毅说。

彼时的中国，正值抗日战争的战略相持阶段，由于日伪占领，华北地区的名校如清华、北大、南开等纷纷南迁。“刘迺仁抓住这一时机，利用教会学校的特殊地位，一方面使工商学院逐渐中国化，一方面大量吸纳专家学者，使学校得以快速发展，许多知名学者相继来校任教。”吕志毅告诉记者，当时的工商学院人才济济，居天津各高校之首。

“这一时期，学校加大系科建设力度，达到了三院十系的规模。”吕志毅说，1948年10月，经南京国民政府教育部批准，天津工商学院更名为私立津沽大学。

1948年冬，解放军进抵天津，11月，南京国民政府教育部指令在天津的高校南迁。“时任校长的刘迺仁却接受中共地下党员的建议，取消了学校南迁计划，公开表示津沽大学留在天津。”河北大学党委宣传部部长张秋山介绍。

“新中国成立后，津沽大学的发展进入了崭新时期。”张秋山说，1951年，中央人民政府教育部批准津沽大学改为国立，任命著名物理学家张国藩教授为校长。此时，津沽大学已经扩大为工学院、商学院、师范学院三院十三系，教师增至 192 人，在校学生达到 1253 人。

“新中国成立伊始，百废待兴，行将开始的大规模建设，急需大量人才。”张秋山告诉记者，国家决定对旧中国遗留下来的高等院校进行重组改造。

1952 年春，为贯彻中央以培养工业建设人才和师资为重点，发展专门学院，整顿和加强综合性大学的方针和中央教育部对天津市三所大学院系调整问题的决定，天津市成立天津、南开、津沽三大学院系调整委员会。是年 8 月，津沽大学工学院并入天津大学，商学院并入南开大学，以津沽大学师范学院为基础，天津教师学院并入津沽大学，改建为天津师范学院。

1958 年，天津师范学院扩建为天津师范大学。到 1960 年，河北省委决定，将天津师范大学改建为省属综合性多学科的重点大学，并更名为河北大学。

（2）从硬件到人才：综合大学实至名归

早年在天津工商大学院内，曾建有著名的北疆博物院，这就是后来的天津自然博物馆。这座以研究黄河、白河两大流域的农矿地质及动植物为特色的专门科学研究机构，与工商大学互通互补，当时在世界上影响都很大。

“北疆博物院和工商大学就像一对孪生兄弟，比肩并立于北国津城。这里的治学态度，深刻地影响了工商大学的学生，也成为现在河北大学学术精神的根脉。”吕志毅表示。

天津工商大学第二任校长是法籍著名学者裴百纳，为推动学校的建设与发展，上世纪 30 年代，他专门到欧美进行了长达半年的考察，为学校采购来大量世界领先的教学仪器与设备，并采用当时最先进的高校管理办法，招聘来一批著名学者、教授到学校任教。

“抗战爆发后，京津许多大学南迁或解散，天津工商学院却因地处租界而得以保全。在这种情势下，转入工商学院的学生日渐增多。”吕志毅说，这一时期，京津两地不少著名学者转入工商学院任教，如燕京大学的齐思和，南开大学的袁贤能，工程技术界的王华棠、陈炎仲、阎子亨、谭真等。

“1952 年院系调整后，由津沽大学改建的天津师范学院一度只剩下了普通物理、化学两个实验室，条件十分简陋。”张秋山对记者说，面对困境，河大人始终没有放弃奋斗，著名学者顾随、雷石榆、裴学海、马沣、胡毅等先后来校任教。到 1958 年升格为天津师范大学时，不仅已划入全省 5 所重点大学行列，学校也成为华北乃至全国较有声望的师范院校之一。

“1960 年，学校成为综合性多学科的重点大学，时任校党委书记戈华认为，学科建设是学校发展的根本，而学科的发展必须有赖于名教授的支撑。他重视知识分子，重视人才队伍的建设。”张秋山说，许多老一辈河大人至今还记得，1962 年戈华带队到北京进行的“大招贤”。“他们从中国科学院、中直机关和各重点大学，引进了吴振球、梁家昌、朱自熙、孟宪域等一批人才。”

彼时的河北大学人才济济。教育系有刘文修、滕大春、胡士襄、张述祖等八大教授，中文系有顾随、张弓、雷石榆、魏际昌等八大教授，物理系有马洋、吴振球、朱自熙，生物系有林子明、卢开运，化学系有沈宏康、傅承光，历史系有漆侠、王仁忱、傅尚文、李光璧，数学系有杨从仁，外语系有胡毅、徐忠杰，哲学系有章一之等全国知名教授。

“这时的自然科学研究，也取得了令人瞩目的成就。”张秋山说，王所安教授编著的《脊椎动物学》被教育部评选为全国高校通用教材，这是新中国成立后第一本由中国人自己编写的全国通用教材。我国最早的装有电子平衡式自动记录器的模拟电子计算机、400 万伏静电加速器等，也都首先在这里研制成功。

（3）从实事求是到笃学诚行：治学精神一脉相承

“学校始终坚持科学立校的理念，创办不久后即将‘实事求是’作为自己的校训。”吕志毅告诉记者，河北大学多年践行校训，形成了自己鲜明的办学特色，到 80 周年校庆时，在秉承原校训的基础上确定了新校训：“实事求是、笃学诚行”。

“这一校训中蕴含着河大人不懈追求的强校梦想。”河北大学党委书记郭健告诉记者，即便是经历了 1952 年全国院系调整时学校工学、商学两科划归他校，1970 年迁址保定后师资流失 44%、实验仪器设备折损过半等困难，河大人依然能面对现实，开拓进取，埋首奋进。改革开放后，河北大学创立了河北第一个博士学位授权点，培养出了河北第一位中科院院士。

“实事求是是学术精神，笃学诚行指科学态度，‘博学、求真、惟恒、创新’则是河大的校风精神，这些一脉相承的治学精神使河北大学走出了一条学研结合的道路。在这里，名家教授照样野外授课，院士博导坚持带病校书，几十年来，校训精神已经融入了河大人的血脉之中。”河北大学党委常委杨立海说。

早在 1938 年，著名水利工程专家高镜莹就曾到该校任教。在担任土木系主任期间，他亲自编写教材，首次为土木系增设定静结构工程、流体力学、土木学、水利工程学等新学科，使该校土木系名蜚华北。

“高镜莹在教学中就非常注重理论与实践相结合的教学，每每以具体工程为实例加以印证，加深学生理解力。”杨立海告诉记者，为开阔学生视野、增强实际工作的能力，高镜莹当年亲自主持学习班，以研究美国田纳西水利工程为专题，专门派教授带队，利用暑期组织学生进行测量实习，包括导线、水准、地形测量，夜间观星和制图，从外业到内业一整套作业。“这样的实践活动，至今为河大人津津乐道。”

而 1999 年来河北大学任教的宋大祥，为河大人所深深铭记，也不仅仅因为他是我省自己培养出的第一位中科院院士。

“2006 年 9 月，宋大祥因罹患胃癌住进北京 301 医院，随时有昏迷的可能，却一直坚持在病床上校改书稿。其中《河北动物志・甲壳卷》一书 600 多页，宋大祥在病榻上三易其稿，常会为了用哪个图版效果更好之类的细节斟酌再三。”郭健动情地说，正是这些河大人用智慧、心血甚至生命凝结出的精神，使“实事求是、笃学诚行”的治学精神在河大代代相传、生生不息。

（4）从 51 人到 30 万人：桃李满天下

“从最早入学的 51 名学生开始，近一个世纪以来，河北大学先后为国家培养了 30 多万名优秀毕业生。”郭健告诉记者，如今，河北大学的优秀毕业生分布在包括港澳台在内的祖国大江南北及世界各地，其中不少人成为某些学科领域的专家、学者和社会知名人士。

从著名经济学家樊纲到全国“十大女杰”、中科院高原大气物理研究所研究员郄秀书，从中国银行香港分行第一副行长梁小庭到美国加州大学夫勒顿分校终身教授赵和平，从加拿大魁北克大学终身教授、博士生导师王声瑞到著名电视节目主持人白燕升……一代又一代的河大人在各自的领域创新争先。

“河北大学走过了近一个世纪的坎坷历程，不管面对任何挫折或困难，这里的师生都始终热爱这所大学，都一心想把它建成国内一流大学，成为一所名校。这是一个梦，我们始终想圆这个梦。”郭健说。

如今，河北大学是河北省人民政府和教育部、国家国防科技工业局分别共建的重点综合性大学，也是河北省唯一入选“中西部高校综合实力提升工程”的高校，在国家高等教育布局中具有重要作用和特殊的区域地位。在我省最新启动的“双一流”建设中，河北大学也成为河北省重点支持的国家一流大学建设一层次高校，同时，该校的化学、光学工程和中国语言文学 3 个学科获批世界一流学科建设项目。

（节选自 http://culture.hebnews.cn/2017-02/16/content_6314852.htm）

2. 菁菁校园——莘莘学子成长的摇篮①

2018 年 6 月校长康乐与博士毕业生合影

新闻学院院长、博士生导师白贵教授与博士毕业生在一起

① 题目为编者根据内容自行拟定。

奔向未来，放声歌唱。毕业生离校前在校园主楼广场留影

（资料来源：http://www.sohu.com/a/237345221_643040）

三、社会反响①

（一）天津工商学院

1. 佚名：本市工商学院欢迎法公使盛况

中国需要者为技术人才　中国文明将光耀于世界

本市特一区马场道工商学院，于昨日上午十一时半，假本院大礼堂，招待法国驻华公使章礼德，暨法国博士白里欧君，到外宾方面，有驻津法领李毕丽、教育厅长陈宝泉、公安局长宁向南、卢簶、张伯苓等，及银行界各名人约两百人，全院学生亦均参与欢迎，礼堂布置整洁，台上悬挂中法国旗。首由该院院长赵振声博士致

① 由于河北大学校史资料的分散与部分损失严重，现根据实际已有的较为丰富的阶段资料加以编排，对于略去的办学阶段内容，在其他主题版块中会有些许呈现，请读者根据需要自行查阅。

欢迎词，继由章礼德致答词，略云：

“承贵校校长过分之奖赞，殊不敢当。今有数言为诸君告者，即余师CHAVABNRES先生及余曾在巴黎组织中国文化研究会，将来如能略有成就，则于世界文明史上，又添不少之材料与贡献。余此次为第一次至贵校，盖余于一九一九年离开中国，斯时贵校尚未开办，今观有如此成绩，诚属难能可贵。余至美国，所遇学生大都为研究社会科学，而据余观察，中国今日所最感缺乏者，所最需者，即技术人才。今贵校能于此处注意，实堪为国家庆幸云。”

尚副院长致辞词毕，即用茶点，齐赴西湖饭店午餐。该院尚副院长，复于席间起立致辞云：敝校今日感觉异常荣幸及欣慰，得公使先生于来津之便，首先至敝校参观。此次本省最高长官与主席，能于政务百忙之中，抽服光临，尤使敝校师生感佩兴奋，由此足以表示当局对于本校之善意及关怀，现在敝校能规模初具，是均由于诸先生平时之热心指导与奖励。敝人乘今日之便，代表敝校敬向诸君表示十二分之谢意与感激。白里欧教授今日来此参观，敝校认为无上之光荣。关于先生在学术上之伟大成功，举世皆知，毋庸多言。先生虽具有非常之天才，而仍能凭大无畏之精神，坚强之毅力，破除万难，以达沟通东西文化之宿志。此种精神与志趣，殊足令吾人钦佩景仰，并以极诚恳之希望，祝其成功云。

最后，白里欧教授致答辞。略云：“今承贵校热诚招待，不胜感激。关于鄙人之以往历史及著作，余认为奖誉过甚，至深惭愧，余不敢自信为古代文明考据家，至今虽略有所得，但又不过为极细微之一部耳。余少年时代，深受中国光荣伟大之引诱，即认为世界闻名古国虽不少，而能经数千年之时间，至今仍能巍然独存，并影响于现代各国之学术思想者，仅中国而已。现在中国虽在极困难之时期中，但余敢绝对相信在相当之时日后，中国必能占据其所应占据之地位，其伟大之发明必仍光耀于世界，盖吾人若以真诚眼光，视察中华民族量数之众多与质地之优秀，自当认敝人所言非无根据也。”

（资料来源：《益世报》1933年3月5日第一版，《闻墨》编委会主编《闻墨》，天津科学技术出版社，2014年版，第11—12页）

2. 社会名流为 1935 班毕业生题词①

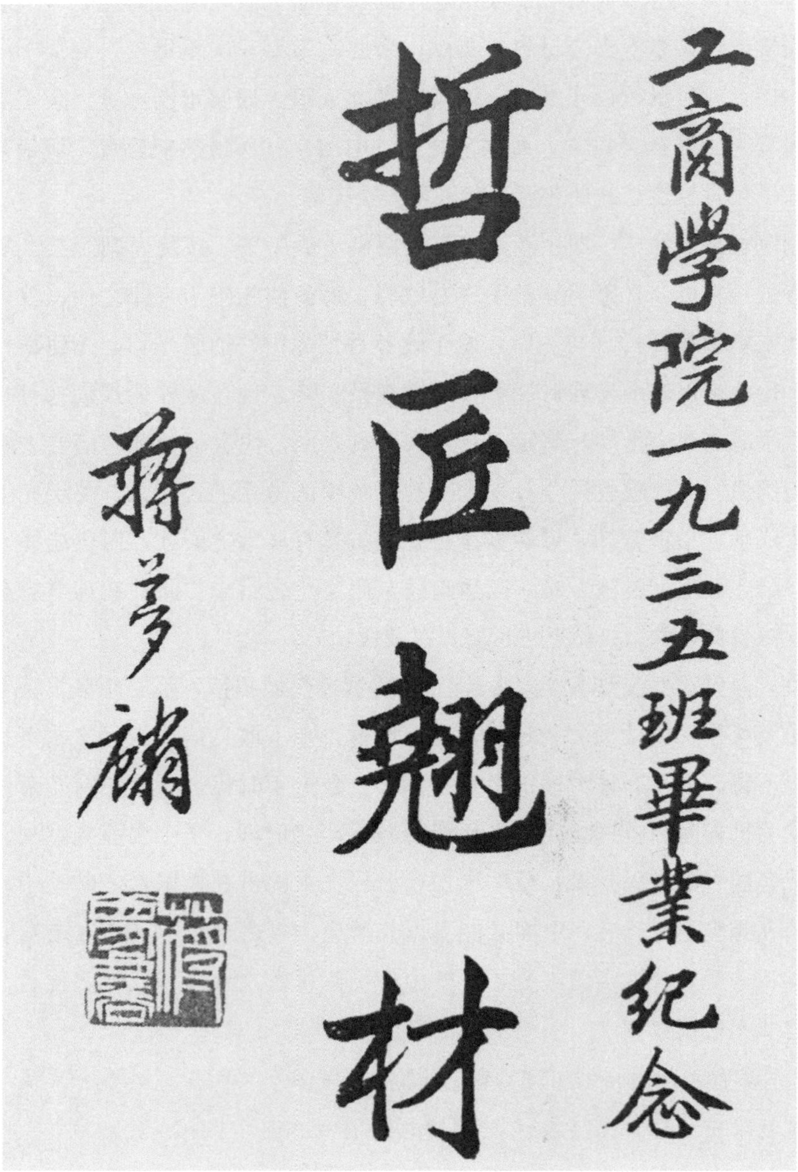

蒋梦麟题：工商学院一九三五班毕业纪念　哲匠翘材。

（蒋梦麟时任北京大学校长）

① 题目为编者根据图片内容自行拟定。

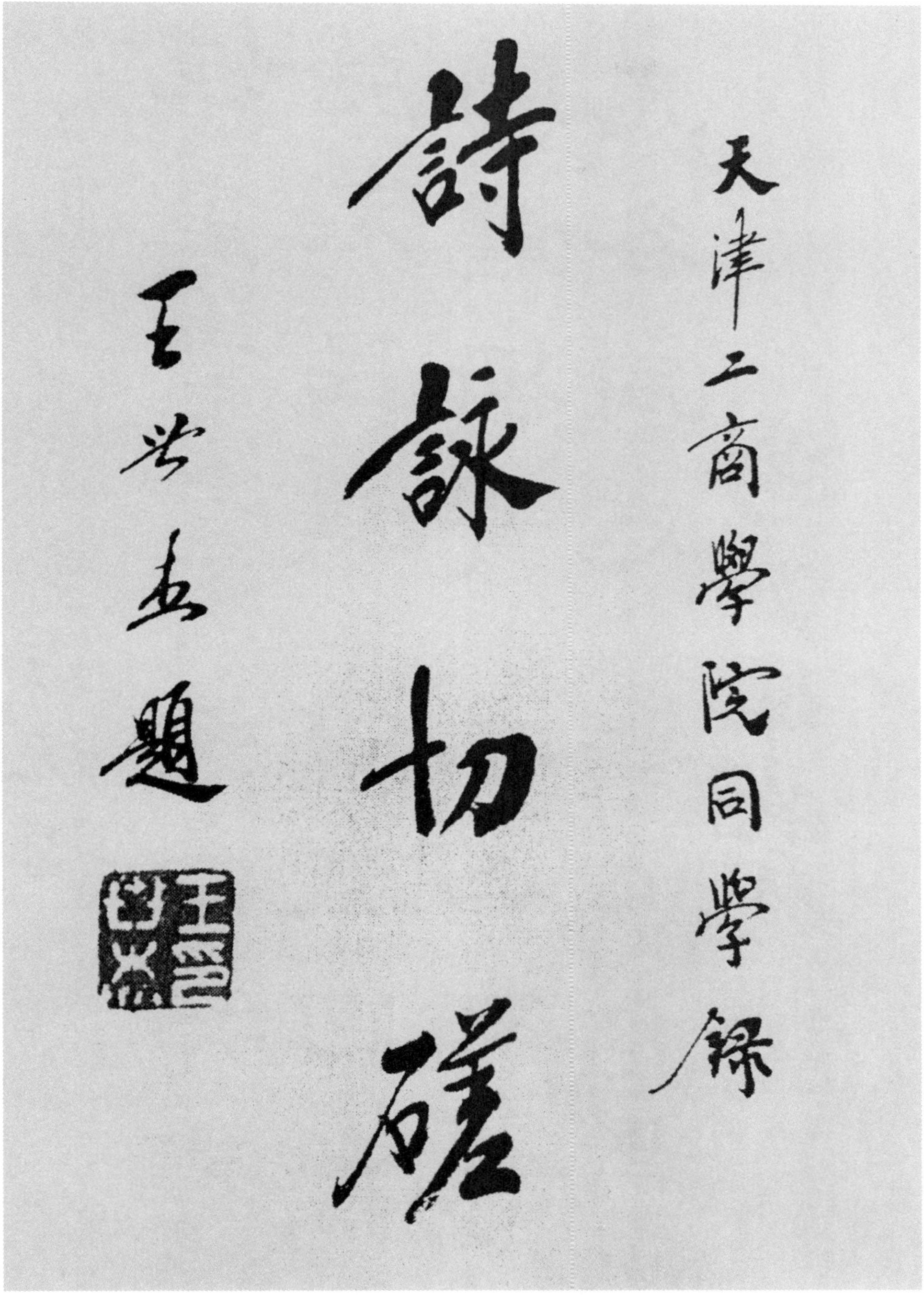

王世杰题：天津工商学院同学录　诗咏切磋。（王世杰时任国民政府教育部长）

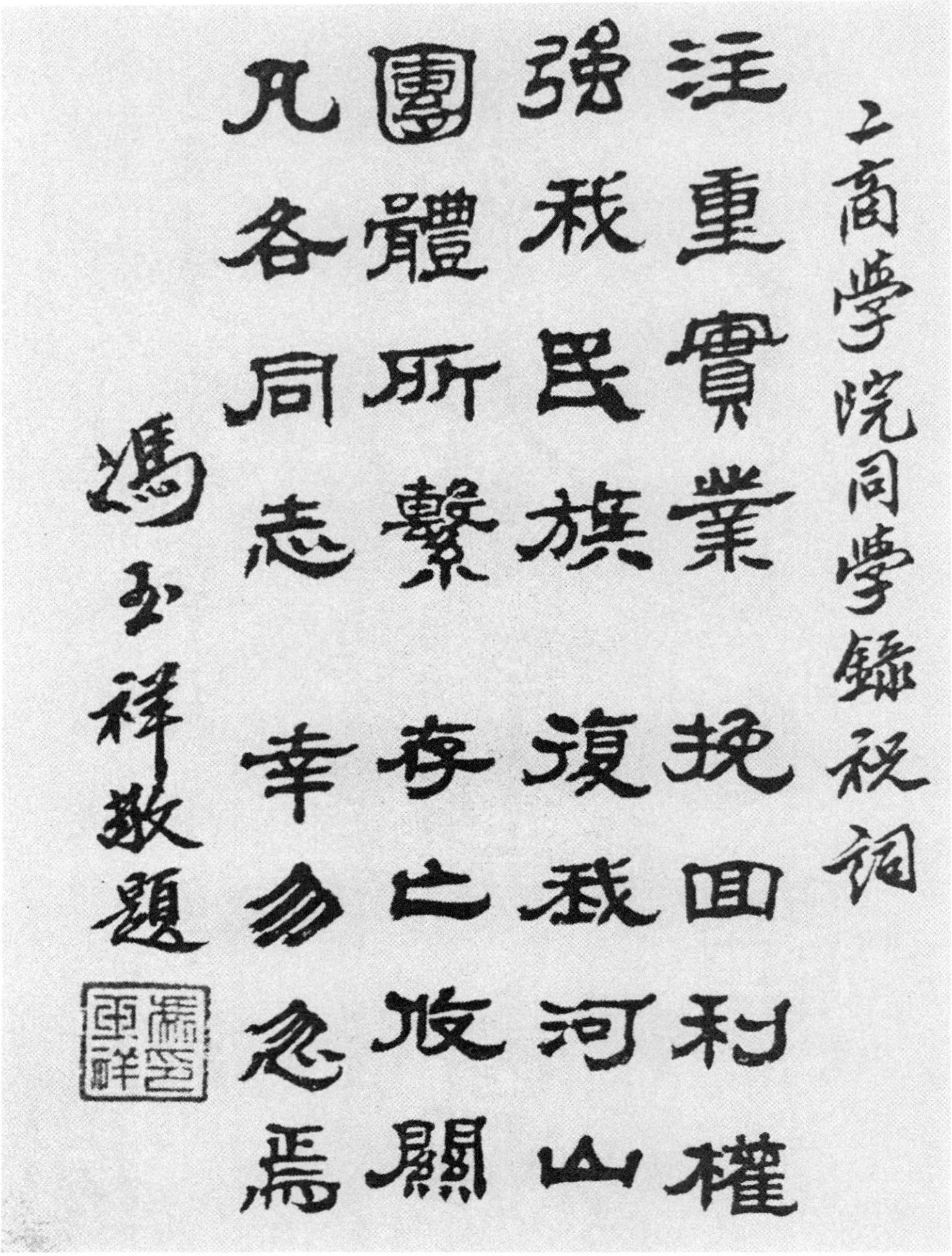

冯玉祥题：工商学院同学录祝词　注重实业，挽回利权；强我民族，复我河山；团体所系，存亡攸关；凡各同志，幸勿忽焉。（冯玉祥时任陆军一级上将）

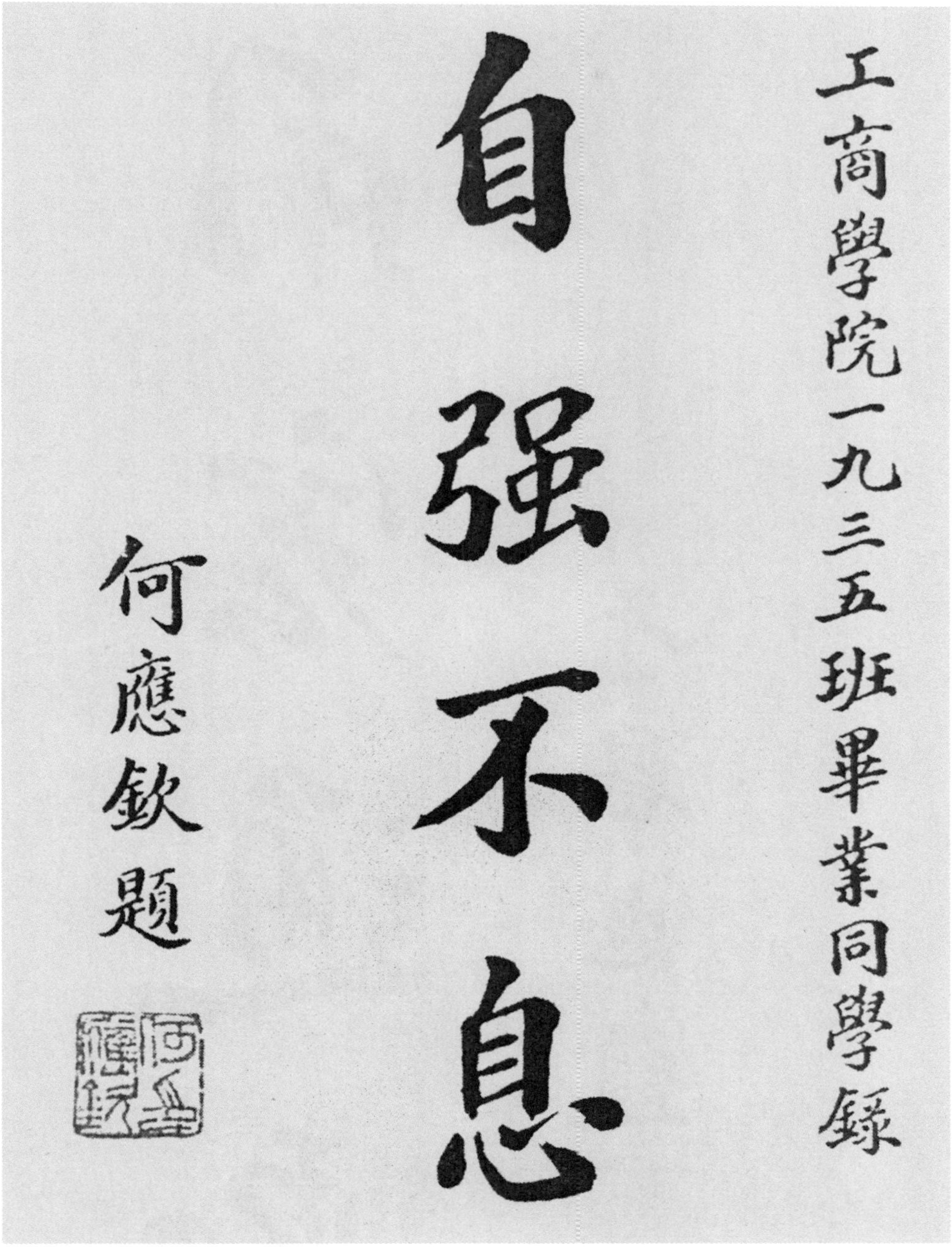

何应钦题：工商学院一九三五班毕业同学录　自强不息。

（何应钦时任北平军分会代理委员长）

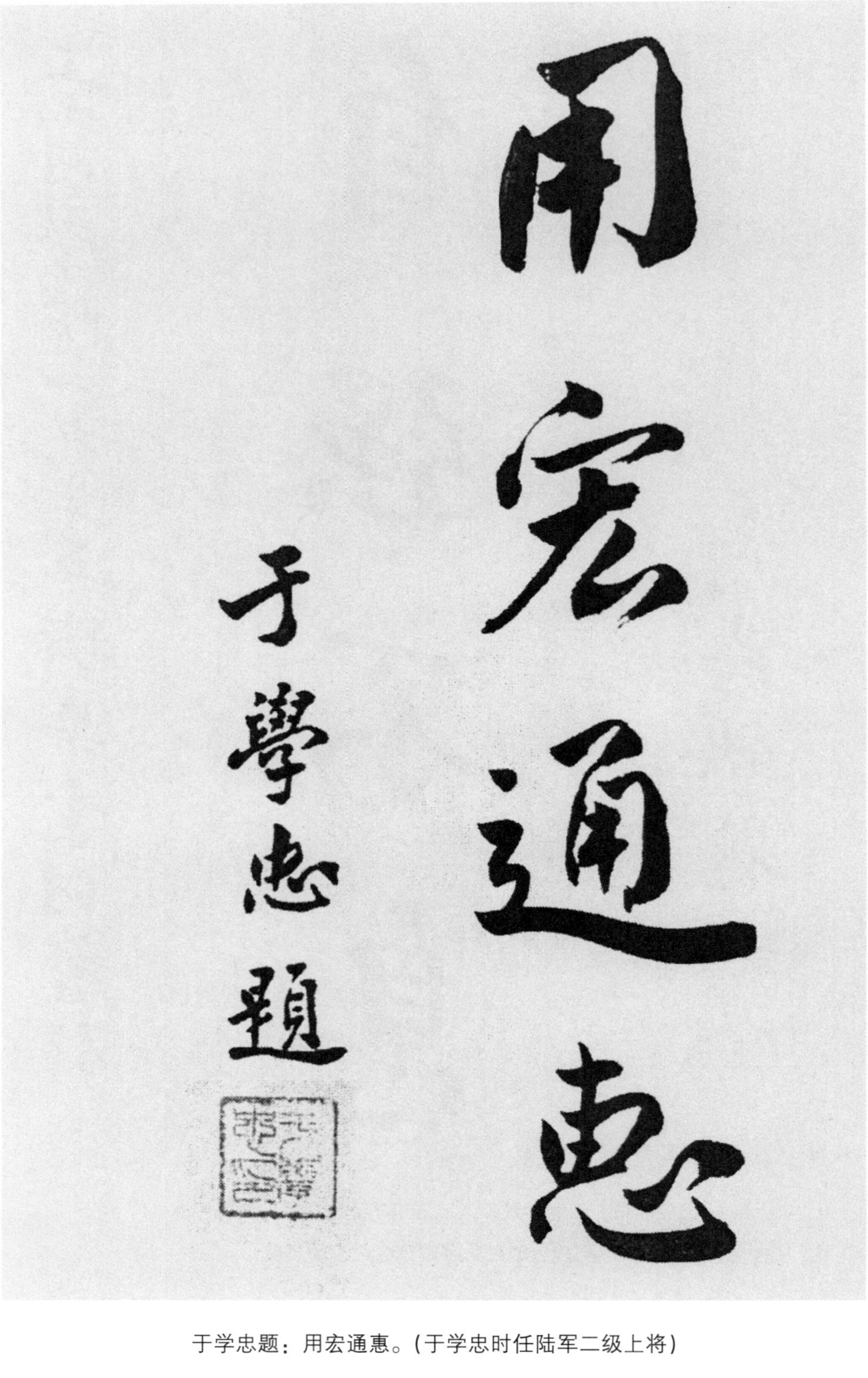

于学忠题：用宏通惠。（于学忠时任陆军二级上将）

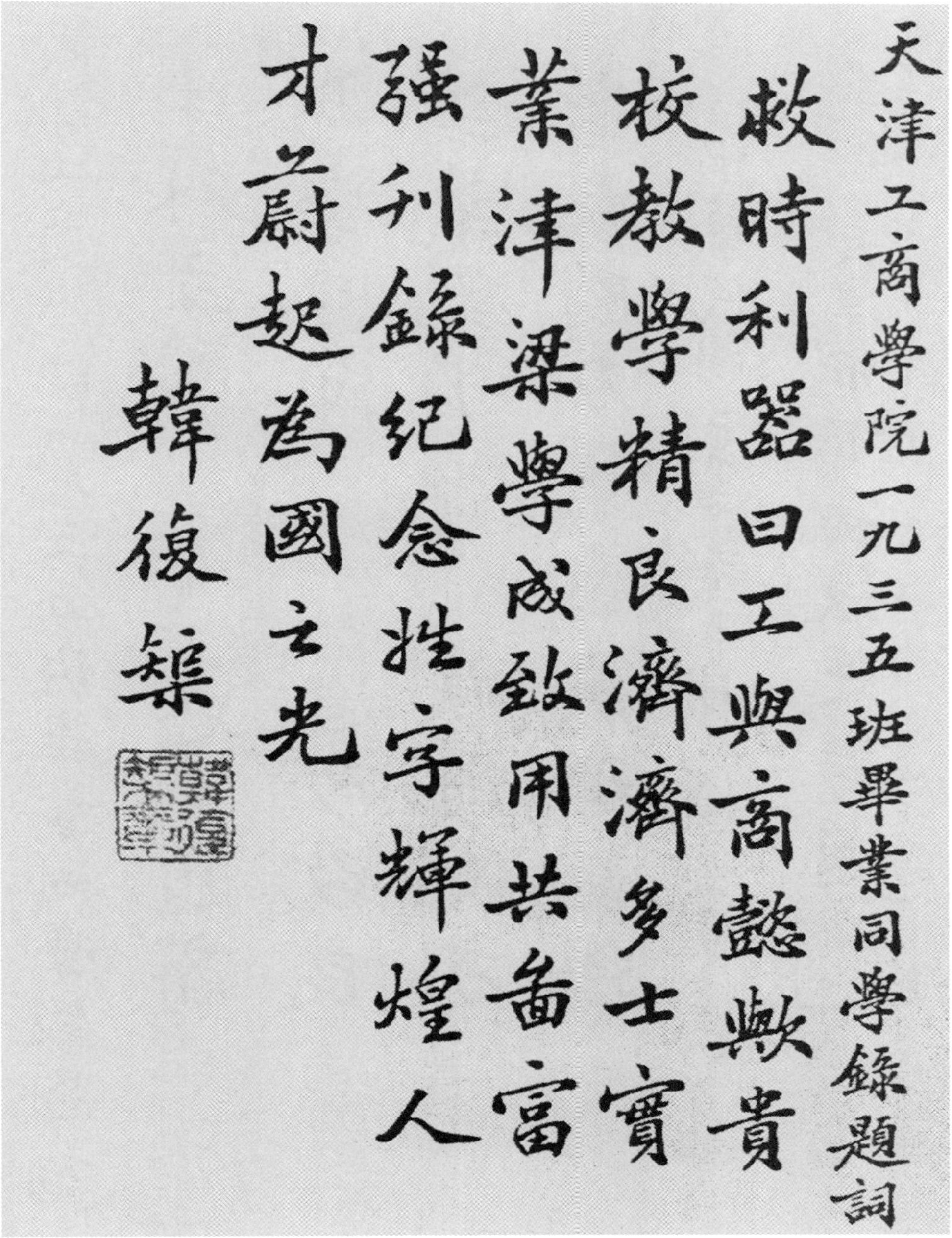
天津工商學院一九三五班畢業同學錄題詞
救時利器曰工與商懿歟貴
校教學精良濟濟多士實
業津梁學成致用共圖富
強刊錄紀念性宇輝煌人
才蔚起為國之光
韓復榘

韩复榘题：天津工商学院一九三五班毕业同学录题词　救时利器，曰工与商；懿欤贵校，教学精良；济济多士，实业津梁；学成致用，共图富强；刊录纪念，性宇辉煌；人才蔚起，为国之光。（韩复榘时任山东省政府主席）

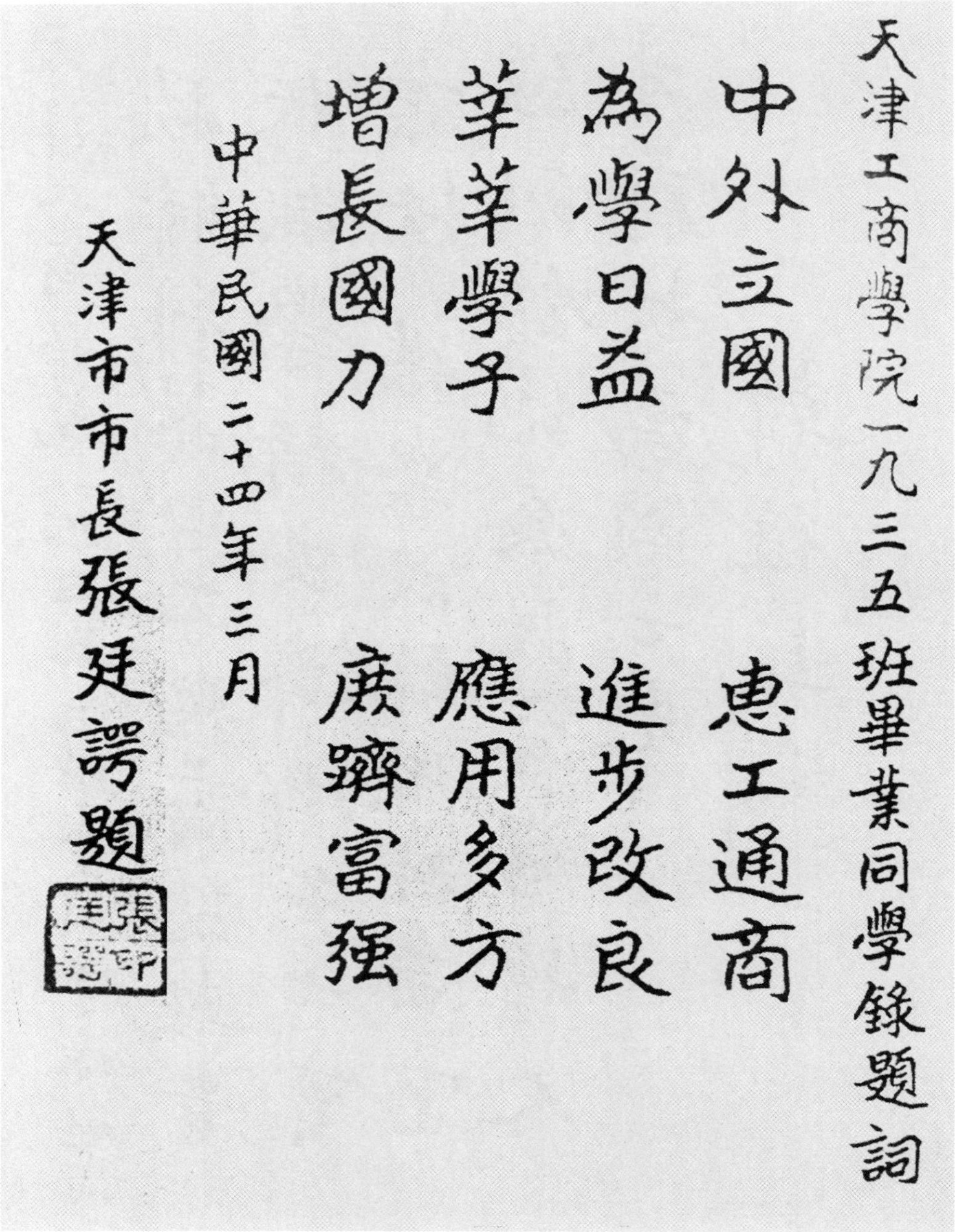

天津工商學院一九三五班畢業同學錄題詞

中外立國 惠工通商

為學日益 進步改良

莘莘學子 應用多方

增長國力 庶躋富强

中華民國二十四年三月

天津市市長張廷諤題

张廷谔题：天津工商学院一九三五班毕业同学录题词　中外立国，惠工通商；为学日益，进步改良；莘莘学子，应用多方；增长国力，庶跻富强。（张廷谔时任天津市市长）

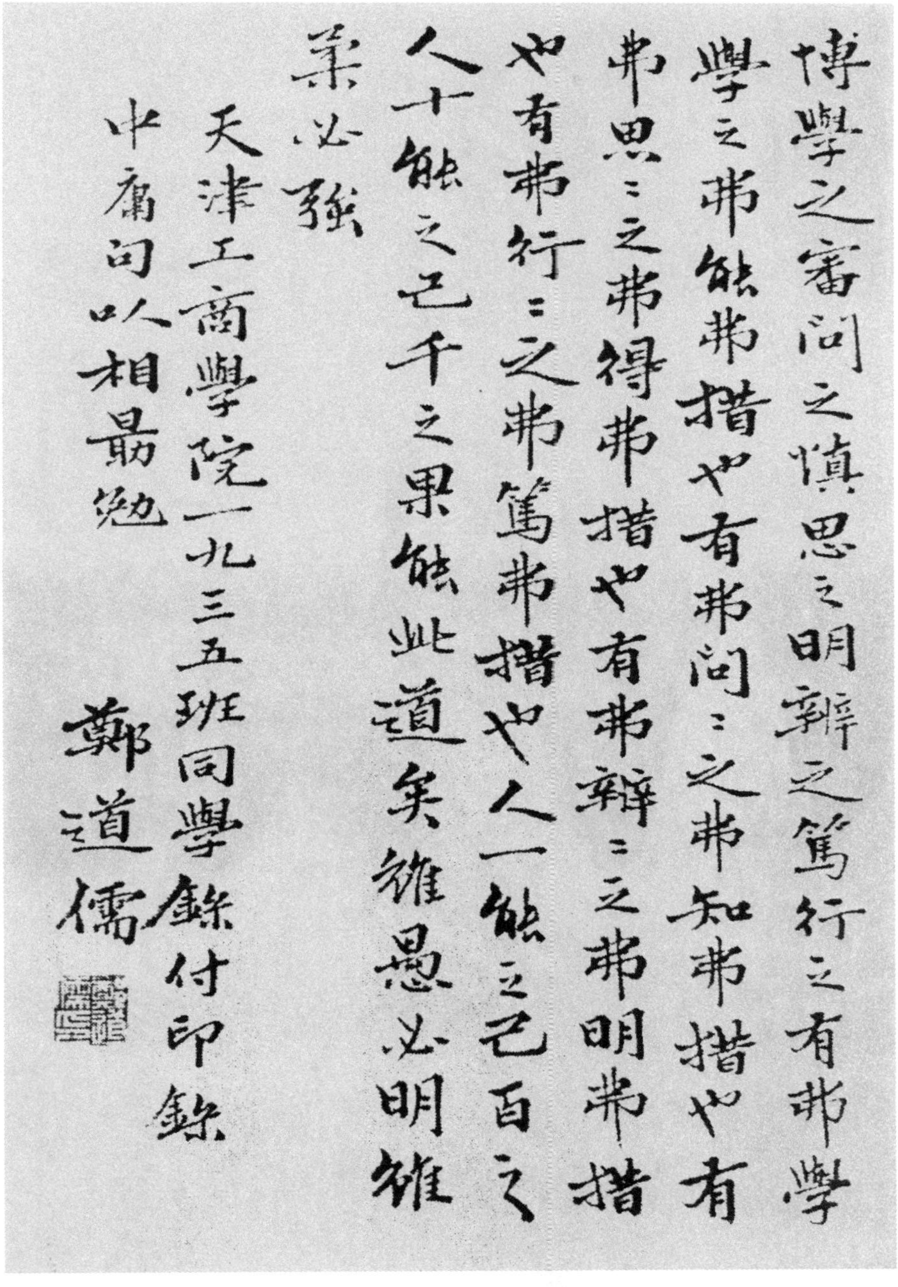

郑道儒题：博学之，审问之，慎思之，明辨之，笃行之。有弗学，学之弗能，弗措也；有弗问，问之弗知，弗措也；有弗思，思之弗得，弗措也；有弗辩，辩之弗明，弗措也；有弗行，行之弗笃，弗措也。人一能之己百之，人十能之己千之，果能此道矣，虽愚必明，虽柔必强。天津工商学院一九三五班同学录复印录中庸句以相勖勉。（郑道儒曾任甘肃省教育厅长）

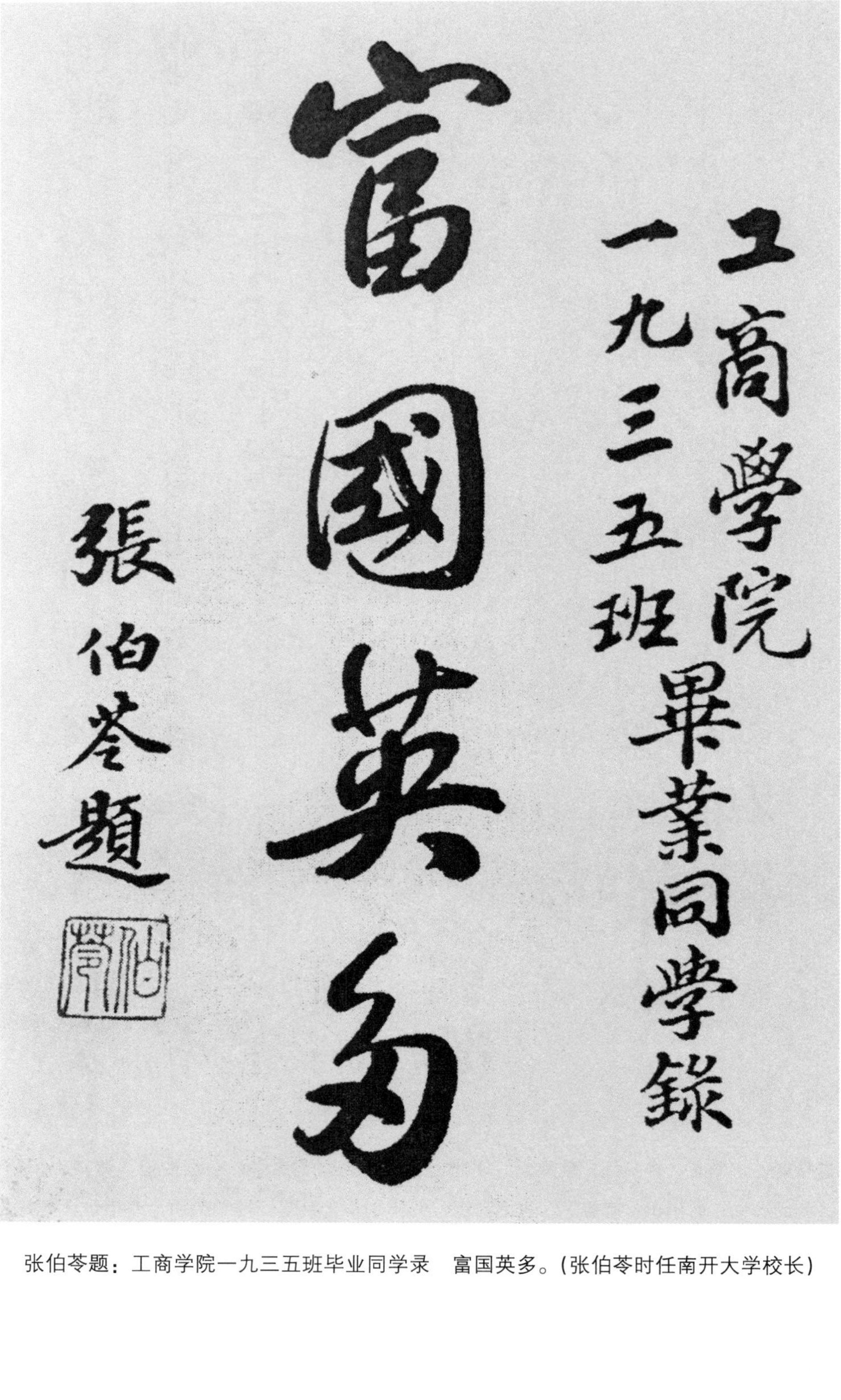

张伯苓题：工商学院一九三五班毕业同学录　富国英多。(张伯苓时任南开大学校长)

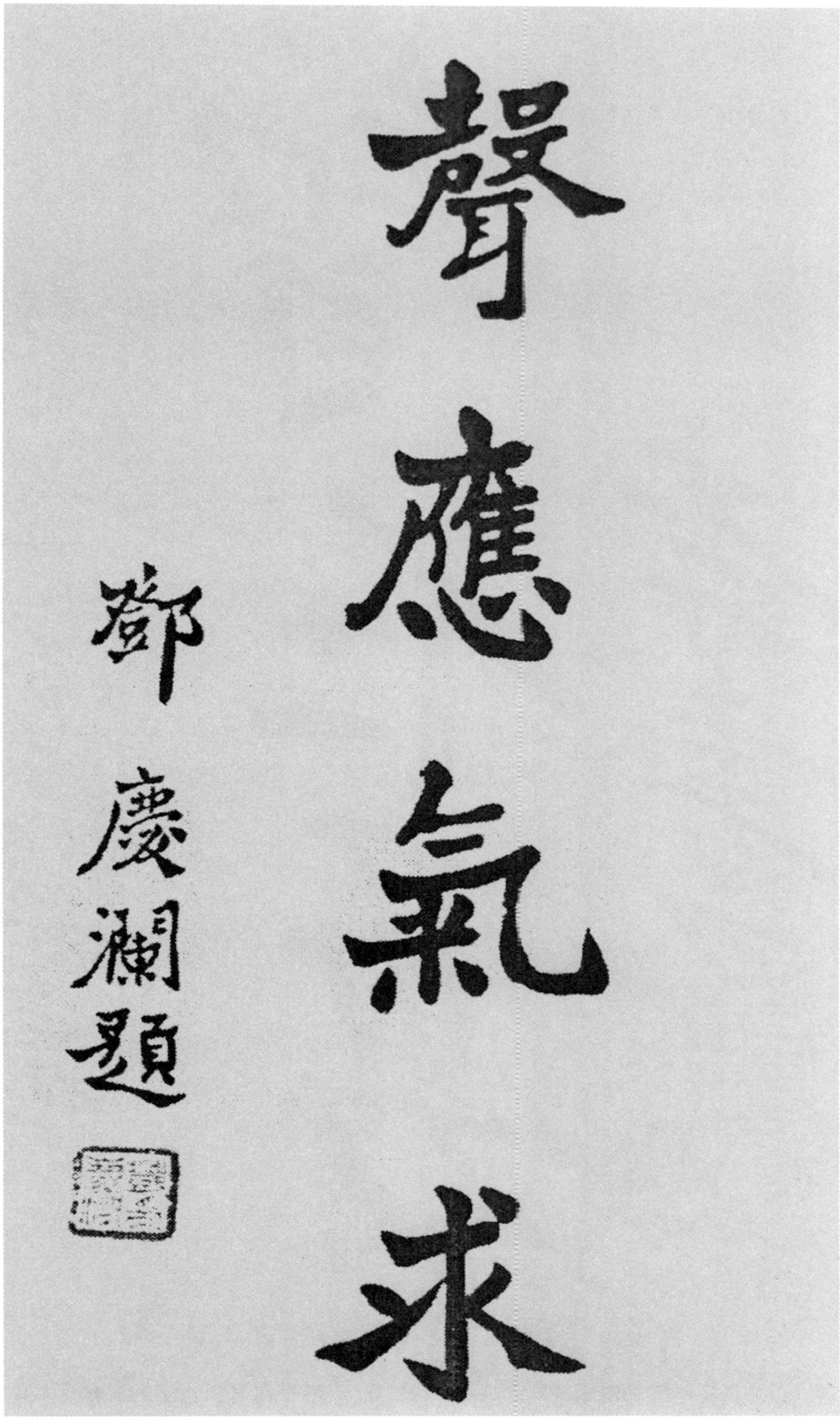

邓庆澜题：声应气求。（邓庆澜时任天津市教育局局长）

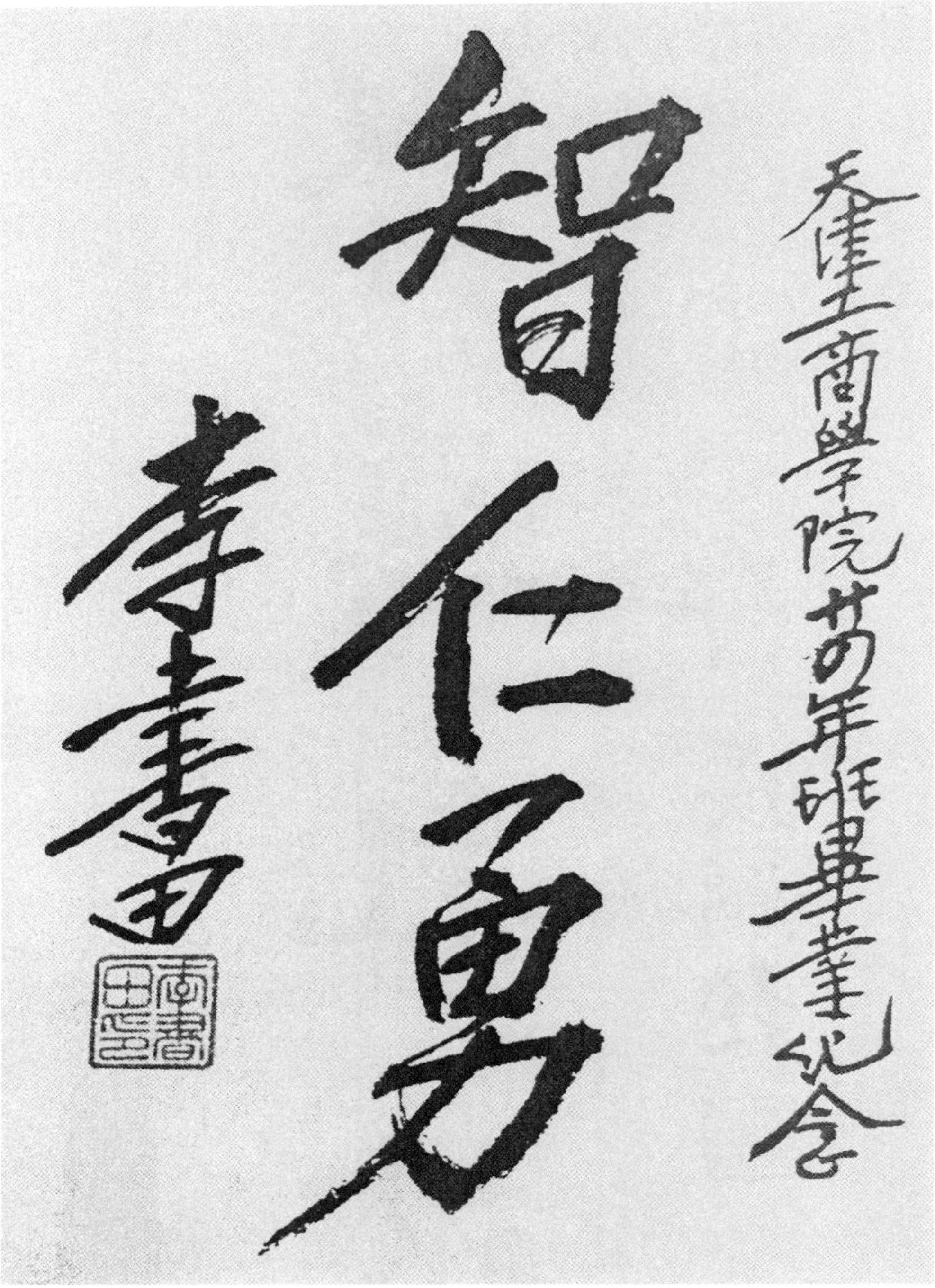

李书田题：天津工商学院廿四年班毕业纪念　智仁勇。（李书田时任北洋大学教授、黄河水利委员会委员）

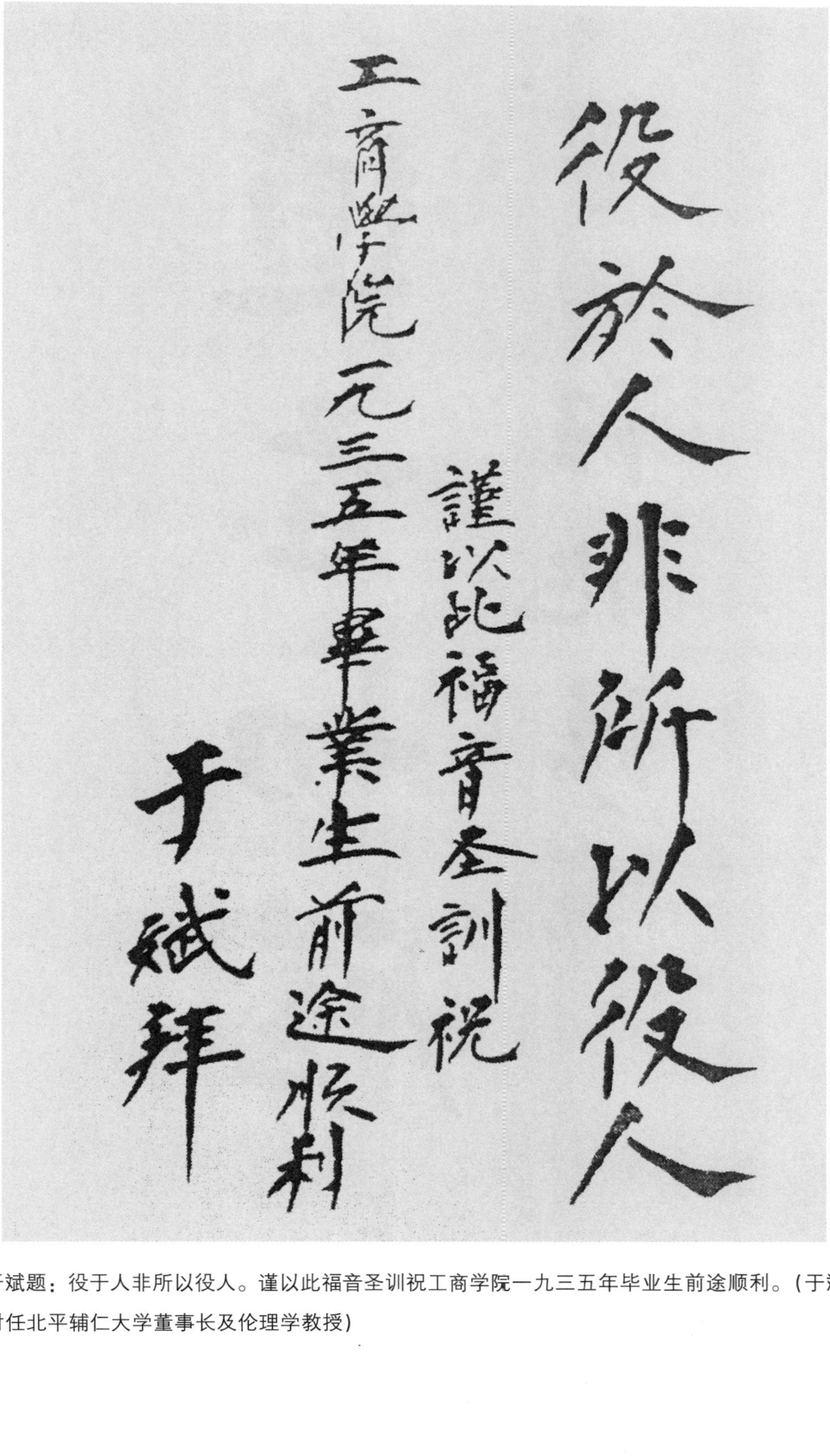

于斌题：役于人非所以役人。谨以此福音圣训祝工商学院一九三五年毕业生前途顺利。（于斌时任北平辅仁大学董事长及伦理学教授）

汪兆铭题：道在切磋。(汪兆铭即汪精卫，时任国民政府外交部长)

（资料来源：《天津工商学院校友录》《工商学院 1935 班毕业同学录》，河北大学档案馆藏，1935-CB13-4）

3. 社会名流为 1936 班毕业生题词[①]

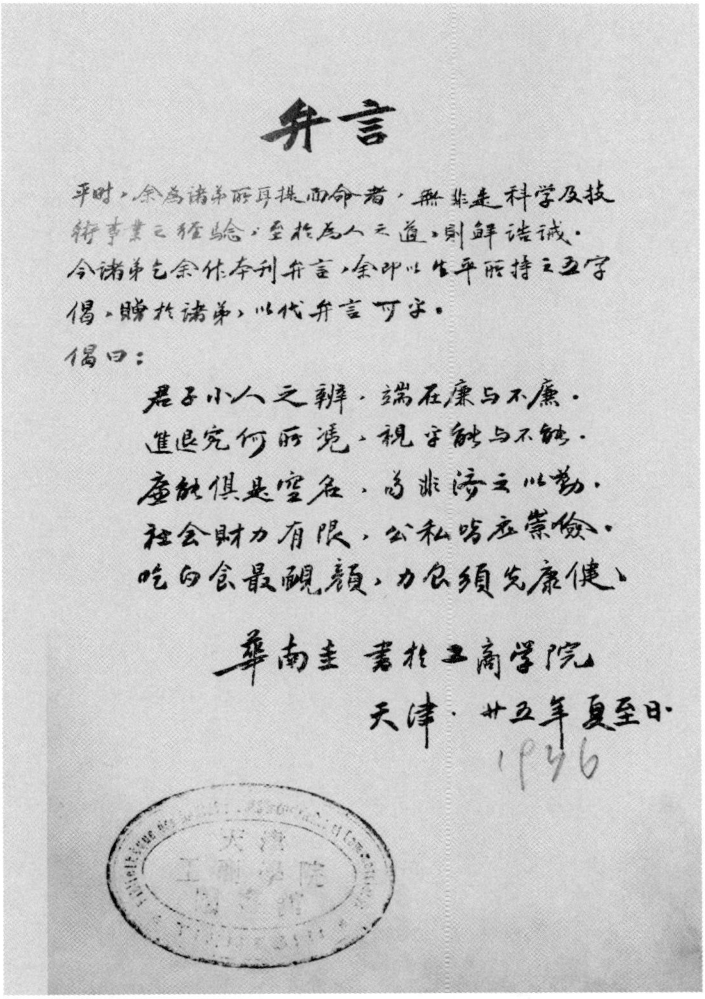

弁言

平时，余为诸弟所耳提面命者，无非是科学及技术事业之经验；至于为人之道，则鲜告诫。今诸弟乞余作本刊弁言，余即以生平所持之五字偈，赠于诸弟，以代弁言可乎。

偈曰：

君子小人之辨，端在廉与不廉。
进退究何所凭，视乎能与不能。
虚能俱是空名，无非济之以勤。
社会财力有限，公私皆应崇俭。
吃白食最觍颜，力食须先康健。

華南圭 書於工商学院
天津　廿五年夏至日
1936

华南圭题：弁言　平时，余为诸弟所耳提面命者，无非是科学及技术事业之经验；至于为人之道，则鲜告诫。今诸弟乞余作本刊弁言，余即以生平所持之五字偈，赠于诸弟，以代弁言可乎。偈曰：君子小人之辨，端在廉与不廉；进退究何所凭，视乎能与不能；虚能俱是空名，无非济之以勤；社会财力有限，公私皆应崇俭；吃白食最觍颜，力食须先康健。华南圭书于工商学院　天津廿五年夏至日。（华南圭时任天津工商学院院长）

① 题目为编者根据图片内容自行拟定。

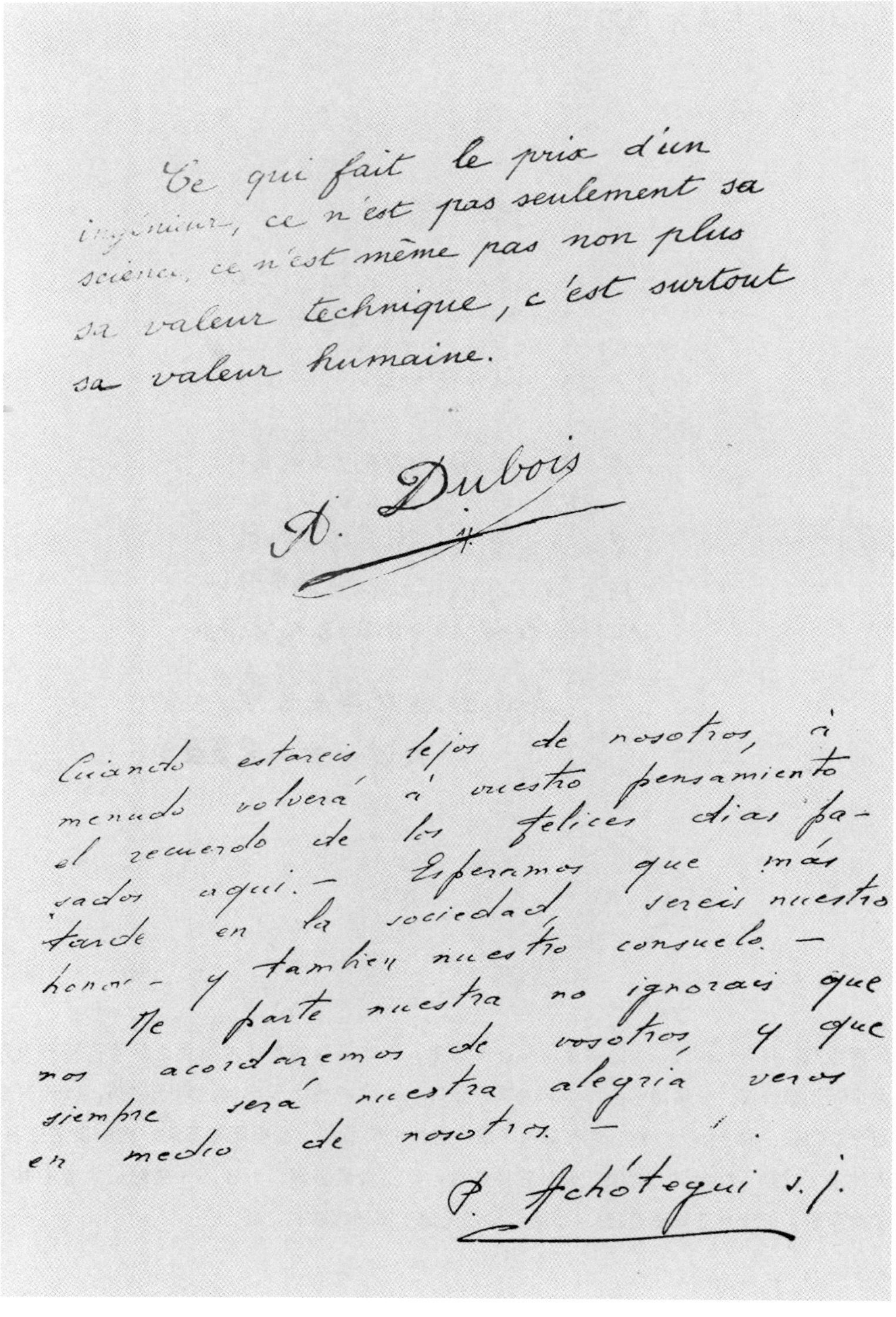

Ce qui fait le prix d'un
ingénieur, ce n'est pas seulement sa
science, ce n'est même pas non plus
sa valeur technique, c'est surtout
sa valeur humaine.

P. Dubois

Cuando estaréis lejos de nosotros, á
menudo volverá á vuestro pensamiento
el recuerdo de los felices días pa-
sados aquí.— Esperamos que más
tarde en la sociedad, seréis nuestro
honor — y también nuestro consuelo.—
De parte nuestra no ignoráis que
nos acordaremos de vosotros, y que
siempre será nuestra alegría veros
en medio de nosotros.—

P. Echótegui s.j.

天津工商学院 1936 班法文题词墨迹

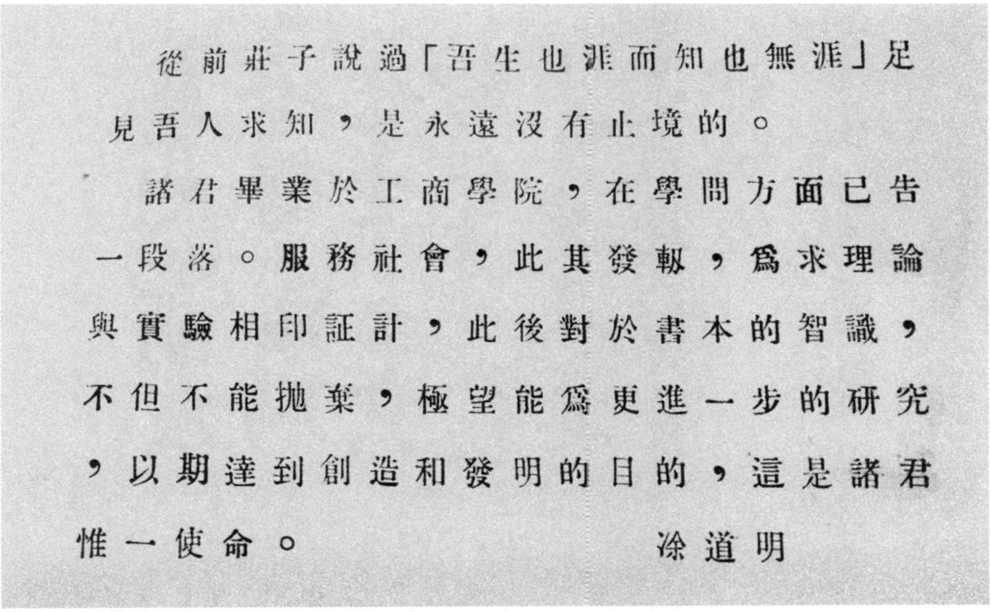

從前莊子說過「吾生也涯而知也無涯」足見吾人求知，是永遠沒有止境的。

諸君畢業於工商學院，在學問方面已告一段落。服務社會，此其發軔，爲求理論與實驗相印証計，此後對於書本的智識，不但不能拋棄，極望能爲更進一步的研究，以期達到創造和發明的目的，這是諸君惟一使命。　涂道明

涂道明题：从前庄子说过："吾生也（有）涯而知也无涯。"足见吾人求知，是永远没有止境的。诸君毕业于工商学院，在学问方面已告一段落。服务社会，此其发轫，为求理论与实验相印证计，此后对于书本的智识，不但不能抛弃，极望能为更进一步的研究，以期达到创造和发明的目的，这是诸君惟一使命。

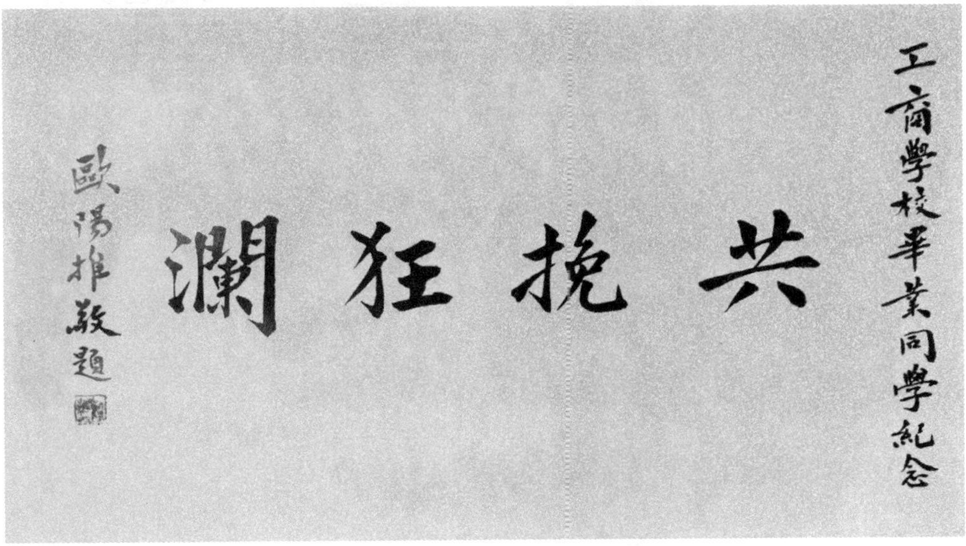

欧阳推题：共挽狂澜。工商学校毕业同学纪念。

（欧阳推时任一区工程处主任兼天津工商学院教授）

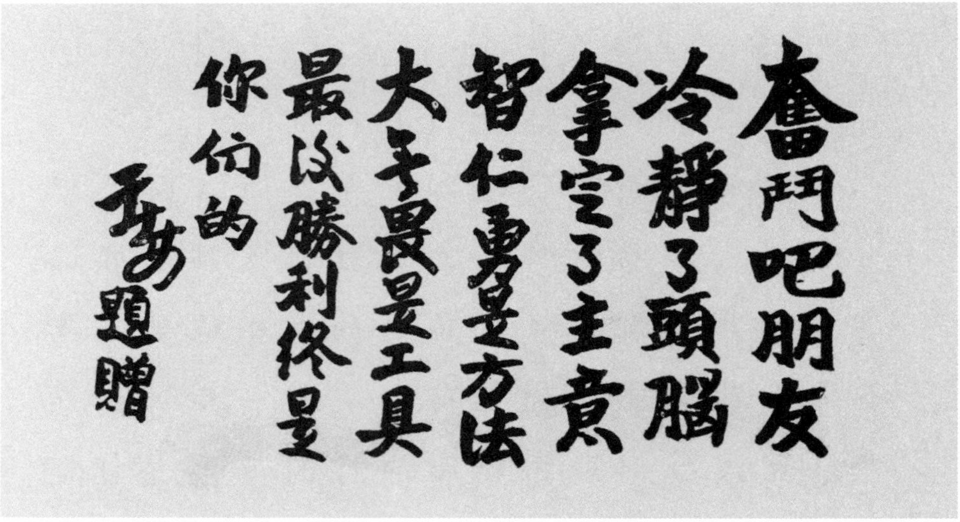

云安题：奋斗吧朋友！冷静了头脑，拿定了主意，智仁勇是方法，

大无畏是工具，最后胜利终是你们的！

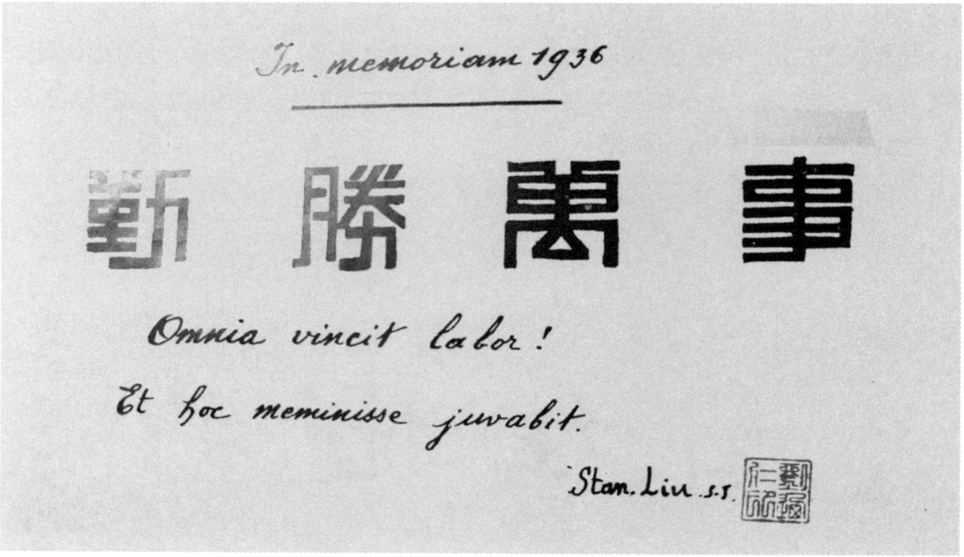

刘迺仁题：勤胜万事。(刘迺仁曾任天津工商学院院长)

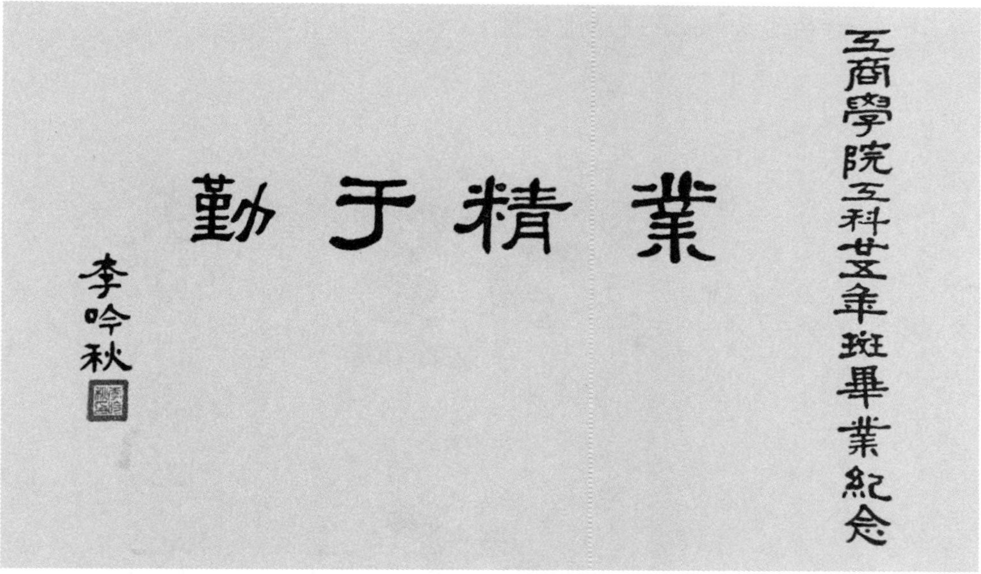

李吟秋题：业精于勤　工商学院工科廿五年班毕业纪念。

（李吟秋时任天津工务局局长兼天津工商学院教授）

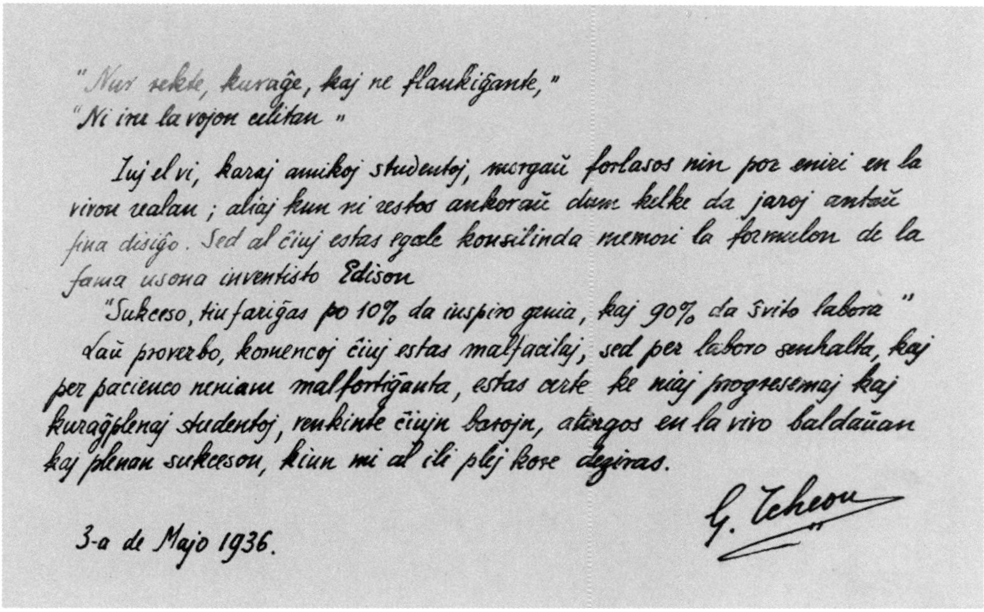

"Nur rekte, kuraĝe, kaj ne flankiĝante,"
"Ni iru la vojon celitan."

Iuj el vi, karaj amikoj studentoj, morgaŭ forlasos nin por eniri en la vivon realan; aliaj kun ni restos ankoraŭ dum kelke da jaroj antaŭ fina disiĝo. Sed al ĉiuj estas egale konsilinda memori la formulon de la fama usona inventisto Edison
"Sukceso, tiu fariĝas po 10% da inspiro genia, kaj 90% da ŝvito labora"
Laŭ proverbo, komencoj ĉiuj estas malfacilaj, sed per laboro senhalta, kaj per pacienco neniam malfortiĝanta, estas certe ke niaj progresemaj kaj kuraĝplenaj studentoj, venkinte ĉiujn barojn, atingos en la vivo baldaŭan kaj plenan sukceson, kiun mi al ili plej kore deziras.

G. Tcheou

3-a de Majo 1936.

天津工商学院一九三六班法文题词墨迹

（资料来源：《工商学院一九三六班工科毕业纪念册》，河北大学档案馆藏，1936-CB13-2）

4. 社会名流为 1937 班毕业生题词[①]

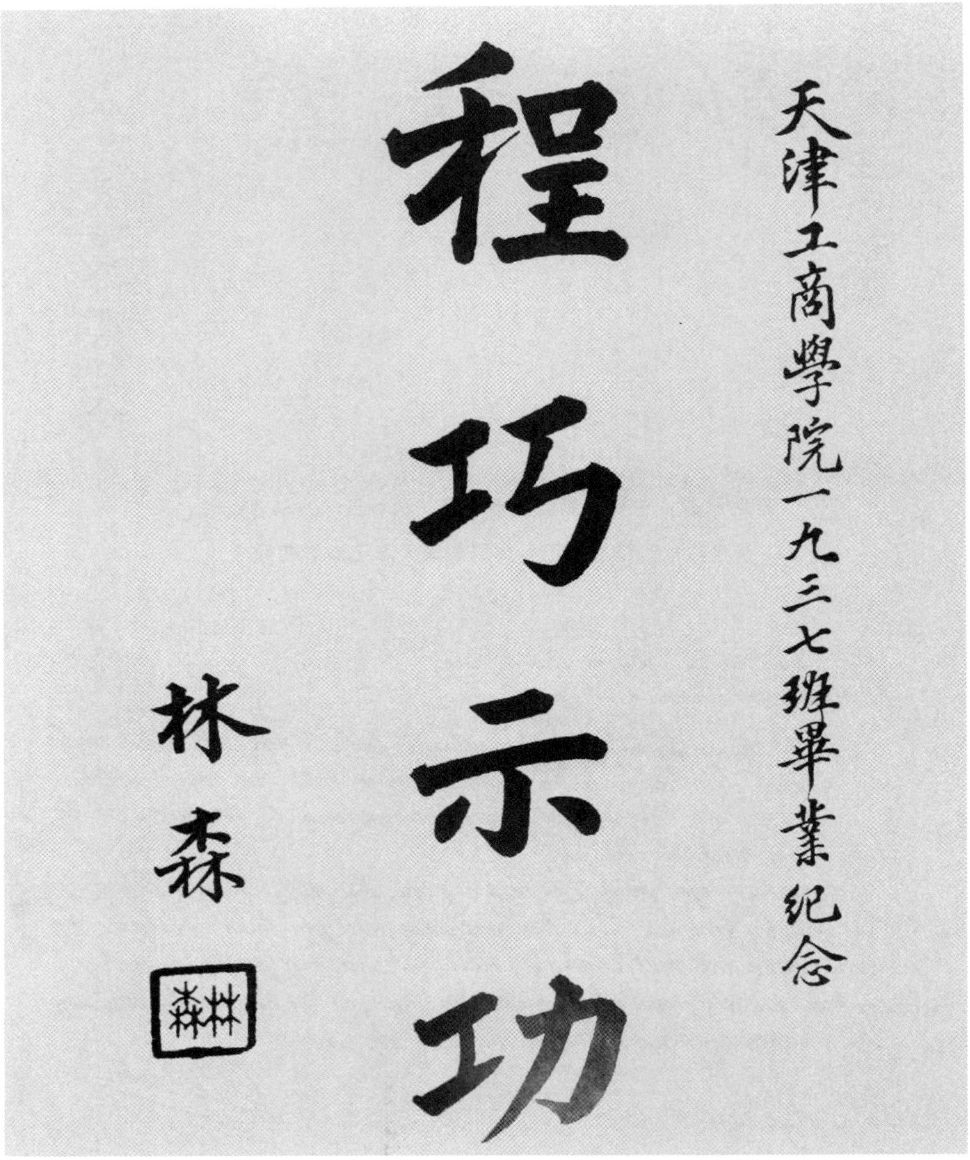

林森题：程巧示功 天津工商学院一九三七班毕业纪念。（林森时任国民政府主席）

① 题目为编者根据图片内容自行拟定。

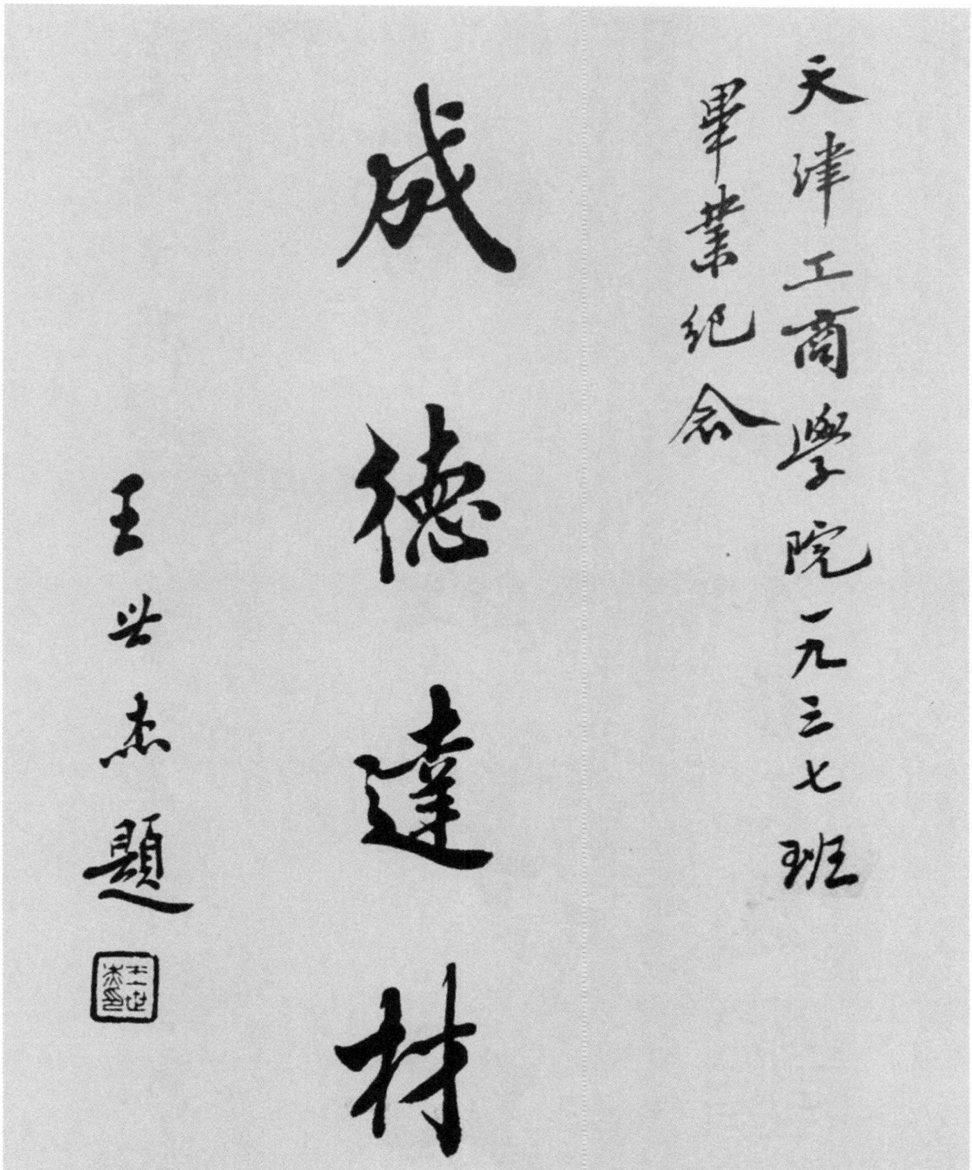

王世杰题：成德达材　天津工商学院一九三七班毕业纪念。（王世杰时任国民政府教育部长）

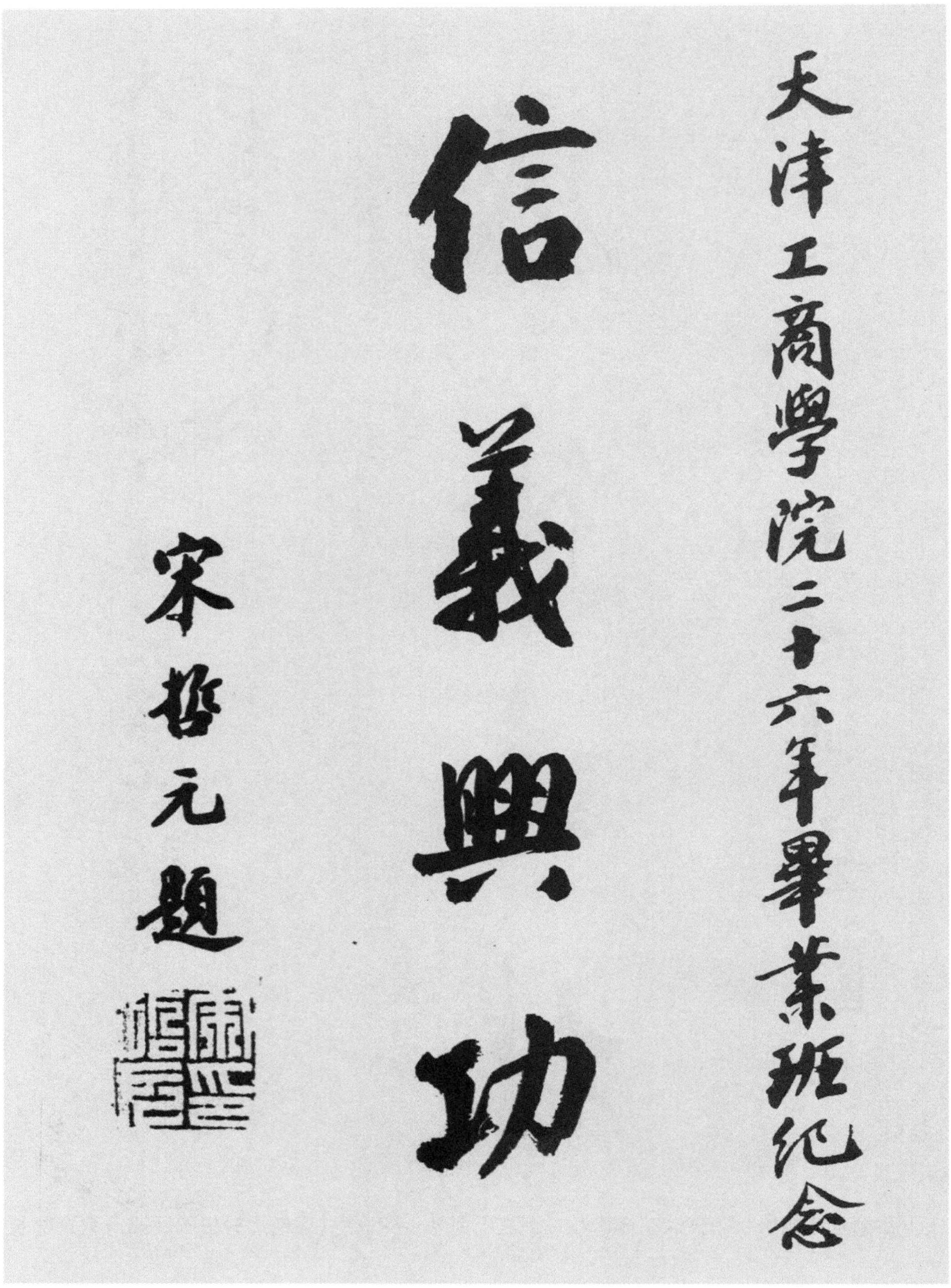

宋哲元题：信义兴功　天津工商学院二十六年毕业班纪念。（宋哲元时任平津卫戍司令、冀察绥靖主任、冀察政务委员会委员长兼河北省政府主席）

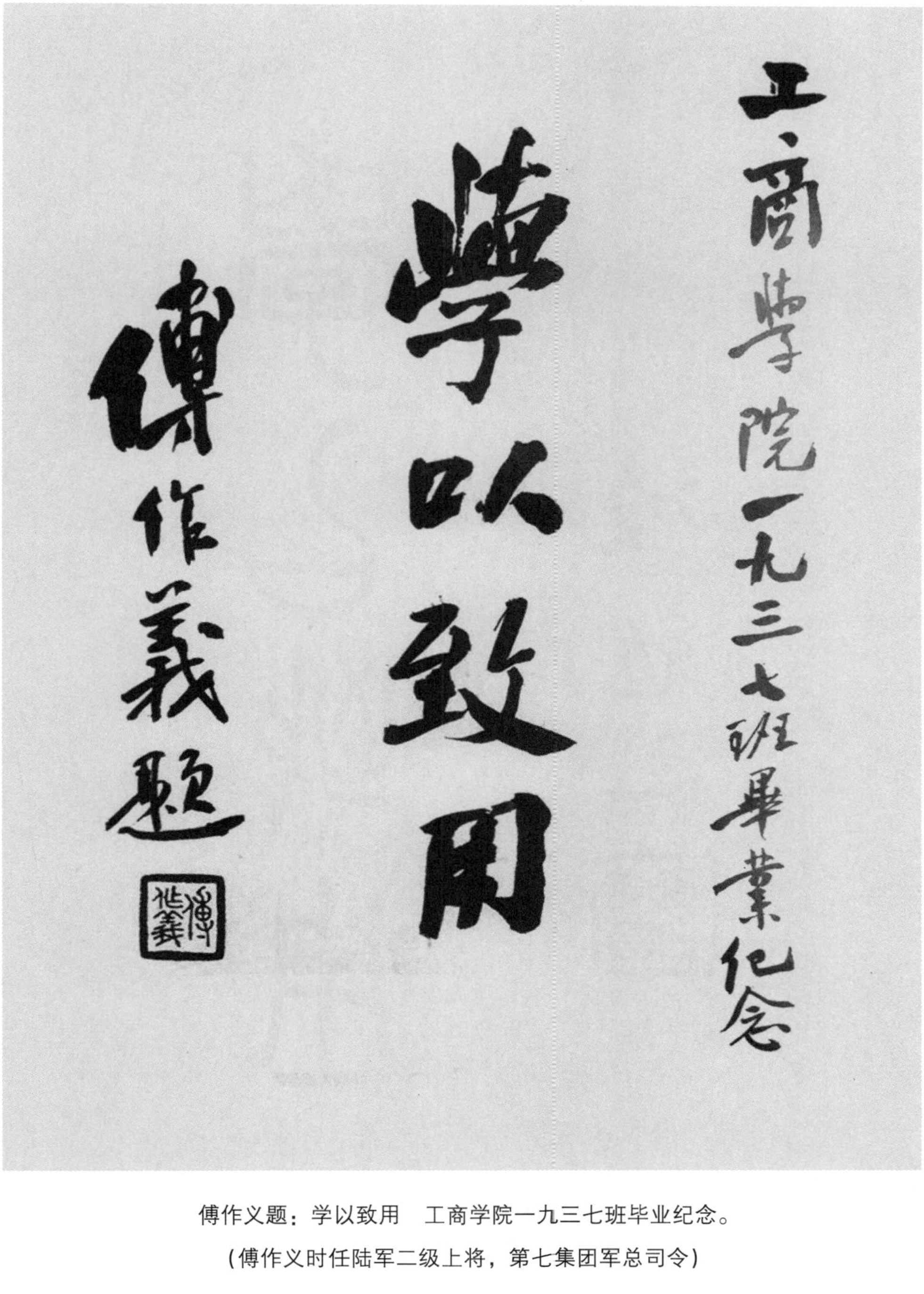

傅作义题：学以致用　工商学院一九三七班毕业纪念。

（傅作义时任陆军二级上将，第七集团军总司令）

凌勉之题：学以致用。

（凌勉之时任天津市教育局长）

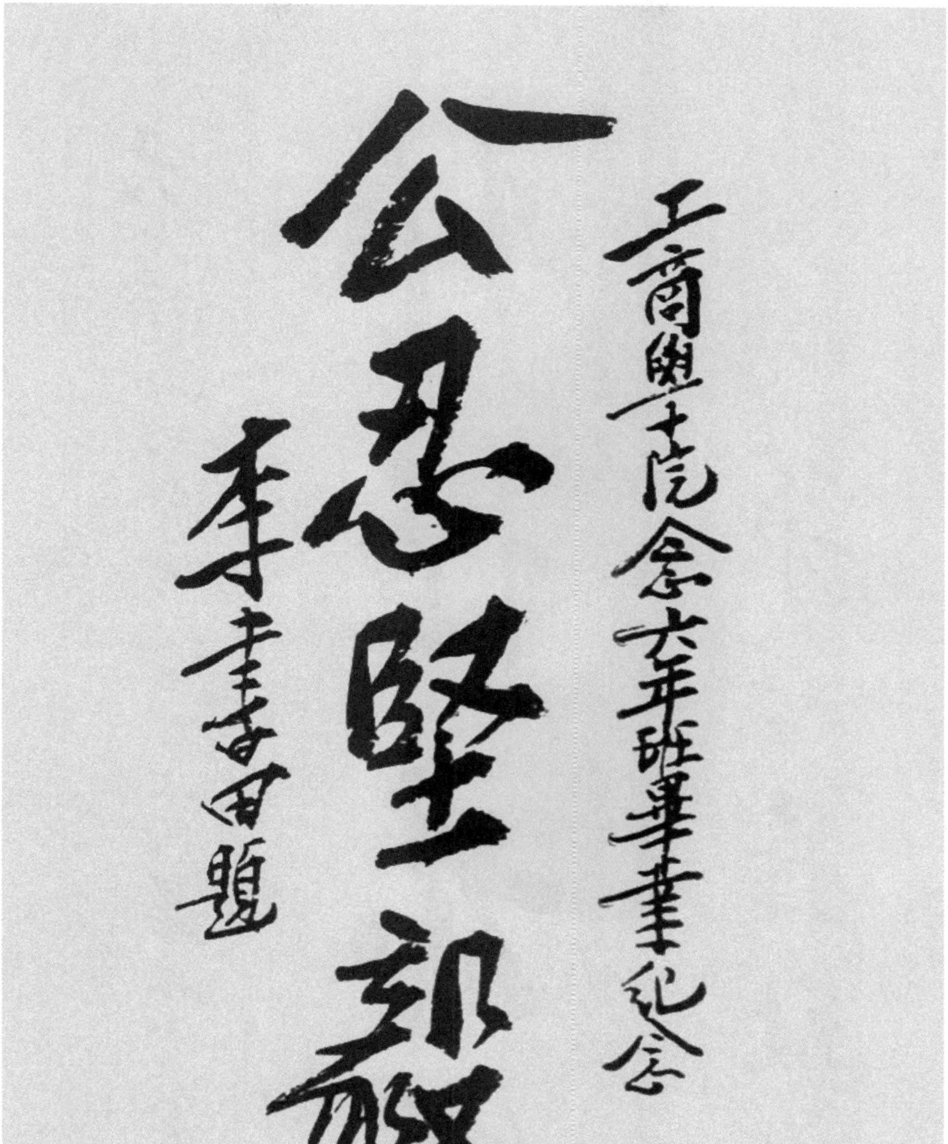

李书田题：公忍坚毅　工商学院念六年班毕业纪念。

（李书田时任北洋大学教授、黄河水利委员会委员）

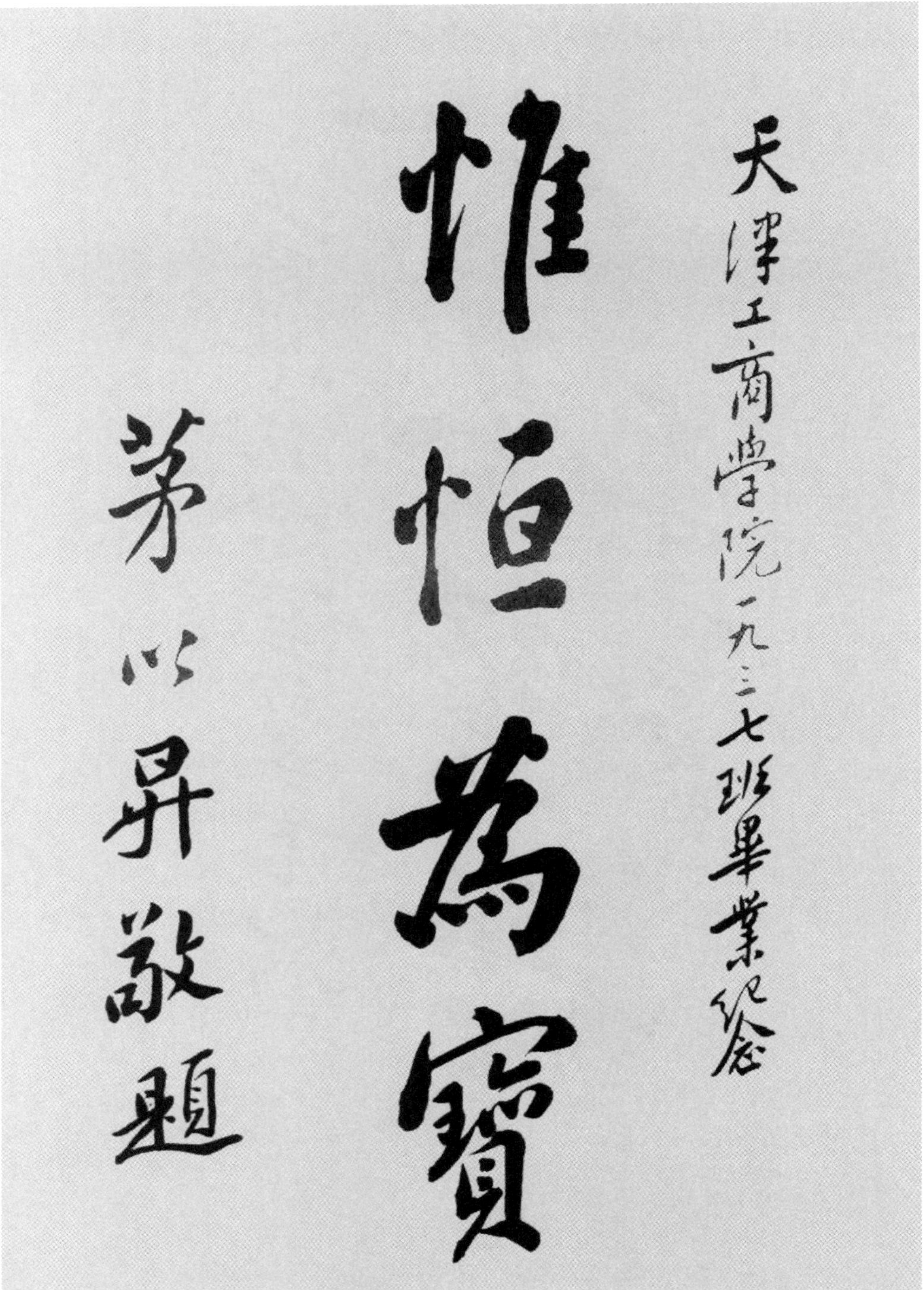

茅以升题：惟恒为实　天津工商学院一九三七班毕业纪念。

（茅以升时任浙江省钱塘江桥工程处处长）

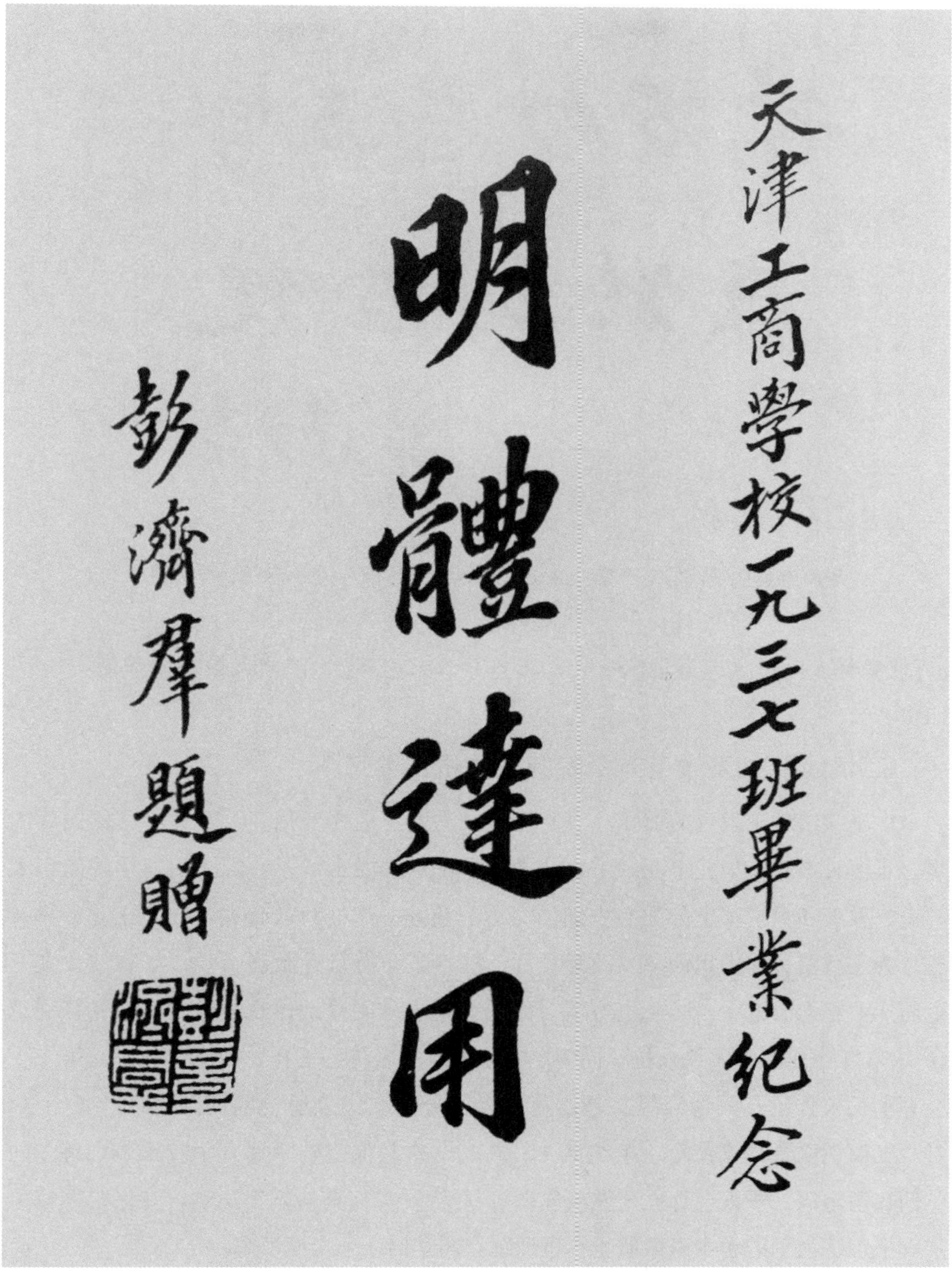

彭济群题：明体达用　天津工商学院一九三七班毕业纪念。

（彭济群时任国民政府华北水利委员会委员长）

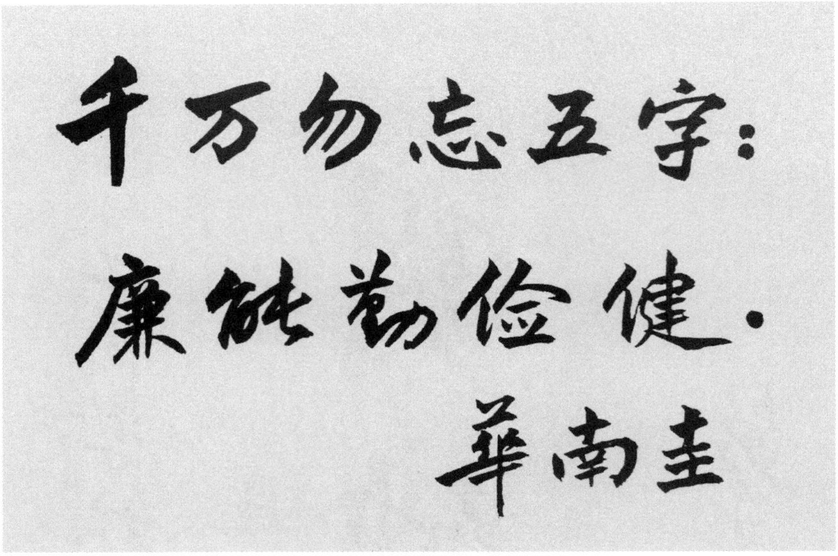

华南圭题：千万勿忘五字：廉能勤俭健。(华南圭时任天津工商学院院长)

（资料来源：《工商学院一九三七班毕业纪念册》，河北大学档案馆藏，1937-CB13-7）

5. 抗战前夕天津工商学院师生的抗日情怀①

由于政治理论教育的加强，学生的思想发生了重要变化，开始关心国家民族大事。正值日本制造华北事变，中日全面战争一触即发形势下，天津工商学院的华人神甫、教工和学生都十分关心中国的命运和前途。这促使教会大学向本土化、科技教育为主转变。他们积极参加抵制日货、抗日集会游行等救国行动。如在《一九三七届毕业纪念册》中，毕业生所撰写的感言就十分明显地体现出这一点。并特别邀请1933年组织察哈尔民众抗日同盟军收复失地的名将冯玉祥、国民党驻华北第二十九军军长宋哲元及其他高级将领、茅以升等分别在纪念册上题词。1935年5月14日，工商学院奉政府命令，组织高一、高二学生赴保定陆军军官学校军事训练，同学们热情饱满、积极训练以“挽救危亡”。后因受“何梅协定”影响，在保定军校参加军事训练活动的学生奉命停止军事训练。同学们个个义愤填膺。

（资料来源：阎玉田《踞析津之阳——天津工商大学》，人民出版社，2010年版，第74—75页）

---

① 题目为编者根据内容自行拟定，原题目为《学生的思想发生重要变化》。

6. 工商学院三任院长聚于一堂，校友会欢宴前院长

私立天津工商学院前院长尚建勋，最近由法国来津，同来者有创办该校之耶稣会长。又前首任院长裴百纳，适亦由法乘轮赶到。校友会昨日午时假河北路天主教文化协进会为尚氏洗尘，参与者除院长刘迺仁及耶稣会长外，计有该院教授阎子亨等五十人。席间耶稣会长谈工商之建筑及设备与欧洲各国之大学相较，绝无逊色。此次视察该校，甚表满意，足见前任及现任院长之努力。次由尚建勋致辞，谓工商校友团结之精神贵可钦佩，彼由法国起程经过重庆、上海等地，所有工商校友皆具合作精神，可知院长及教职员等二十四年服务教育之心血，绝非枉费。后由首任院长裴百纳略述工商初创之一切情形，与现任相较真有天壤之别。今后之发展，定当不可限量。词毕，由刘院长敬酒一杯，以示庆祝。

（资料来源：《大公报》1947年2月23日第二张第五版，《闻墨》编委会主编《闻墨》，天津科学技术出版社，2014年版，第24页）

7. 天津工商学院校友服务机关统计图

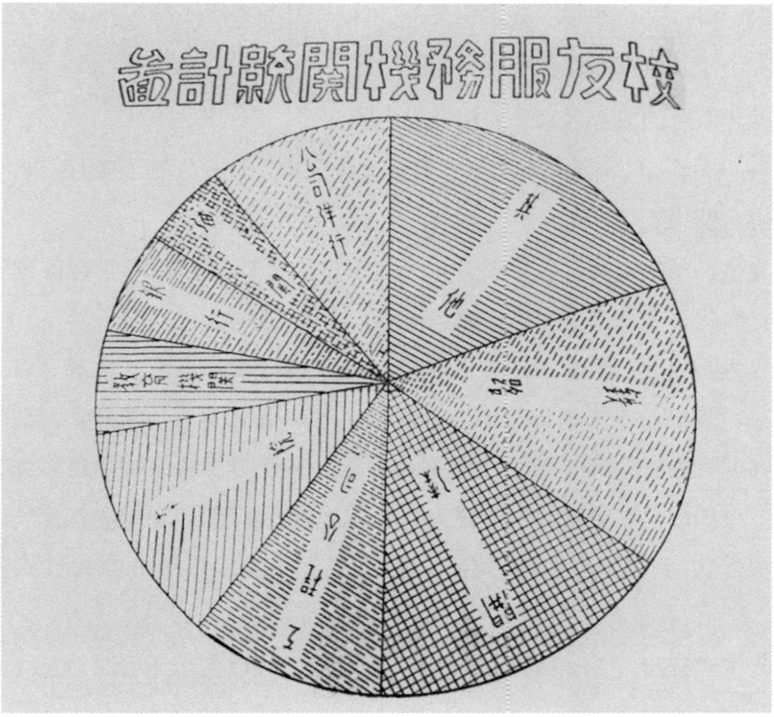

（资料来源：《天津工商学院贰拾捌年班毕业纪念册》，河北大学档案馆藏，1939-CB13-3）

（二）河北大学

1. 河北大学在天津时期办学的社会效应①

正是因为全面贯彻了党的教育方针，教育质量不断提高，从而促进学生在德、智、体等方面都得到发展，年复一年地输送着新的血液到祖国社会主义建设的各个岗位上。1953 年的毕业生仅有 34 人，1963 年的毕业生已达到 909 人。12 年来共毕业了 7098 人，分布在全国各地的大中及业余学校、文化教育机关、科学研究机关、解放军以及工矿企业部门，从事着祖国交给他们的工作任务，为伟大的社会主义建设事业贡献着宝贵的青春。

在我校已取得初步成绩的基础上，更高地举起毛泽东思想红旗及总路线、大跃进、人民公社三面红旗，以阶级斗争为纲，继续贯彻党的教育方针，进一步遵照主席春节时关于教育工作的指示，大干教育革命，为培养有社会主义觉悟、有文化的劳动者、又红又专的无产阶级革命接班人而奋斗，在社会主义革命与社会主义建设的大道上阔步前进。

（资料来源：《河北大学十五年的基本情况》，河北大学馆藏）

2. 部分校友的风采②

（1）德艺双馨的艺术名家——旭宇先生③

2019 年 5 月 11 日，河北省文联“旭宇文化艺术工作室”在石家庄挂牌成立，中国书法家协会发来贺信。

旭宇先生，号白阳，学名许玉堂，河北玉田人。1964—1968 年曾就读于河北大学教育系。当代著名诗人、一级作家、编审、文人书法大家。

旭宇先生是河北乃至全国具有重要影响的兼具诗歌、书法、学术等多方面修养的艺术大家，曾担任中国书协第四、五届副主席，楷书委员会主任，河北省文联名誉主席，河北省书协主席，现为中国书协顾问、河北省文联名誉主席、河北省书协名誉主席。全国政协副主席孙家正曾为其题写“德艺双馨”，中国书法家协会曾于中国文联为其举办“旭宇艺术研讨会”，是河北省委宣传部推出的我省旗帜性文艺大家。

旭宇先生曾提出“兰亭精神”“今楷”等理念，并以老子阐释书画艺术，将传统

---

① 题目为编者根据内容自行拟定。

② 题目为编者根据内容自行拟定。

③ 题目为编者根据内容自行拟定。

文化与书法紧密结合起来，传承国学，书写时代，是全国书法界具有重要影响的领军人物。

数十年来，旭宇先生坚持在诗歌、书法、学术、传统文化与书画艺术等方面研究耕耘，先后出版诗歌、书法、学术著作40余部，而且老而弥笃，年近80仍保持着每年推出数部著作的旺盛创作态势，并影响诸多中青年诗、书、学人推出群体性文化艺术成绩。为河北书法走向大省强省做出了巨大贡献，产生了良好而广泛的影响。

（资料来源：http://xyh.hbu.cn/a/2019/09/19/201909192711.html 河北省文联“旭宇文化艺术工作室”挂牌成立）

（2）河北大学物理系毕业生韩占文荣登院士“金榜”①

根据中国科学院学部工作局《关于公布2017年中国科学院院士增选当选院士名单的公告》，我校物理系八四届校友、云南天文台韩占文研究员当选为中国科学院院士。

韩占文，天体物理学家。1984年本科毕业于河北大学物理系光学专业。中国科学院云南天文台研究员，博士生导师，国家基金委创新群体首席科学家，国家杰出青年科学基金获得者，新世纪百千万人才工程国家级人选，入选中国科学院百人计划。曾任中国天文学会副理事长、中国科学院云南天文台台长、中科院“天体结构与演化”重点实验室首届主任。2015年在第29届国际天文联合会（IAU）大会上被选为财务委员会主席和恒星演化委员会主委。韩占文院士主要从事恒星结构和演化的研究，发展了双星星族合成研究，并应用于特殊恒星大样本观测结果的理论解释；建立了热亚矮星、钡星、双白矮星等特殊恒星的形成模型，阐述了双星在特殊恒星形成研究中的重要地位；将双星星族合成用于星系研究，发现双星演化形成的热亚矮星等天体对年老星族的短波光谱有重要贡献，解释了早型星系的紫外光谱。研究成果广泛应用于行星、恒星和星系研究，被写入德国Springer等出版社出版的《恒星物理学》《星震学》《系外行星手册》等37本教科书和专著；在顶级天文学刊物上发表论文129篇，受到SCI他引4507篇次，2014年起连续三年入选爱思唯尔中国高被引学者榜单，5次入选中国天文十大进展，并被选入中科院重大成果快报和国家基金委“十一五”优秀科研成果。获2013年度国家自然科学二等奖（第一完成人），2016年度何梁何利基金科学与技术进步奖（天文学奖）。

（资料来源：河北大学官网 http://xyh.hbu.cn/a/2017/11/29/20171129560.html）

---

① 题目为编者根据内容自行拟定。

第六编　北疆博物院（馆）、图书馆、社团组织及校园文化

一、北疆博物院

（一）北疆博物院的创立及历史变迁①

1. 一九三一年天津工商大学北疆博物院

为研究科学解决吾人物质上之困难问题，博物院自为社会上不可少之组织，我国于南部则有岭南博物院，其余中部者则申江白门均有之，惟华北则尚付阙如。为应华北学术界之需要，博物馆自不可少。Dr. Licent 于调查冀鲁豫晋陕甘蒙地质及动植物完竣之后，而有北疆博物院之设立，规模宏大，设备完善，就建筑一项所费，已不下数十万，濒年收集所得，已有植物标本三万余种，动物一万余，其余矿产及岩质，亦有七八千种，前数年西玛拉雅山北矿山脉之调查，最近人头猿之发现，本院皆不失为主动者之一。主持本院者，桑志华君而外，尚有德日新博士，二君皆为现代地质界闻人，宜其成绩卓著收获极佳也。兹者中法考察团已出发矣，德日新博士为法方要人之一，此去不止又将发现若干新贡献矣。

（资料来源：《天津工商学院一九三一班毕业纪念刊》，河北大学档案馆藏，1931-CB13-1）

---

① 题目为编者根据内容自行拟定。

2. 北疆博物院的历史及意义①

北疆博物院之概况

北疆博物馆，位于本科大楼之西南，计分博物馆及试验馆两大建筑。博物馆于民国十二年筑成，计分三层，建筑颇为雄伟。试验馆则于民国十八年建筑，博物馆之南，与之成平行式，中间恒通一桥，交通甚便。楼高两层，但容积较前者为大，现时该馆仍感不敷应用，抑可见该馆工作之程度日形扩大。兹将该馆工作经过及其现在概况，赘述如此。

北疆博物院之缘起经过

北疆博物院专以研究黄河白河两大流域之地矿及动物植物范围，故院名北疆，盖中国北部如黄河流域、内蒙古及西藏等处，其地质及动植物多未能明了。苟不畏巨难，涉足探寻，则能发现有价值之事物，至可断言。本此种精神，北疆博物院院长桑志华博士，于民国三年起始调查，由山东、河北、河南、山西、陕西及内蒙古等处之地置，极力搜集各种材料，以备研究地质、植物、动物、经济、人类等学之用，俟又刊行各处地质调查情形之著作品，并专家之报告，最后将所得各种研究地质学之材料，分送各科学研究院及中央研究。在开始调查之时，自不无困难，但因持久之毅力，故有良好之成绩，所经道路。约三万余公里，兹将其自民国三年至民国十四年研究所得之成绩，绩列如次：

三万种之植物，三万五千种之特种木质性物，各种奇异难得之乳哺类，及匍行类动物，两千种关于人类学及生物学中之最有价值者，七千种标本关于岩石矿质，皆系沿途所得者。一万八千七百基罗之第三纪地质之动物骸骨；各种关于人类学工商业毕业之报告。

至此华北各省及内蒙古、西藏等处之调查已算完毕，至一九二〇年至一九三〇年所搜集之物，则大半均关于古代生物学，在一九二九年桑博士会四度出外考察，在蒙古、山西等地，搜集各种生物标本，如哺乳动物、禽类、鱼类、爬虫等类，及沿途所见之植物、岩石，并收获得极罕见亚洲种羚羊数头。

北疆博物院之组织与内容

为保存收集之物，博物院之设立，至为急务，故于一九一二年先建博物馆。最初内分三陈列室、三实验室，各项陈列品，均将其体积缩至最小值限度，至不变其原有之状态。而在实验室内，关于中国自然学科之书籍，均搜罗靡遗，至于实验室

---

① 题目为编者根据内容自行拟定。

仪器之价值，在数万元以上。至一九二五年，就原馆大加扩充，又添辟一公共博物院，内分三室，每室之面积约有一百六十五公尺，其中陈列品约分两类，一系永久成立者，如属于生物及人类等学；一随时陈列者，如属于植物、动物等学。一九二九年，新试实验室成立，其容积较博物馆扩大两倍，内计试验室三间，办公室一间，图书馆一间，大厅两间。该大厅专为研究所搜集之地质学（石油学、矿物学、古生物学）等标本而设，两年以来，该项标本，所得几多，充斥满室，几无隙地，同时旧试验室，亦为标本所占满，抑可见工作紧张之情形。博物院所得各种之标本，亦分送各学术团体，已寄送各地大博物院之标本，不下四五千种，送于国内外各大学为两三千种，其有特别价值者，则留存于博物院。

博物院与工商学院

博物院即设于本校内，本科大楼之西南，其设立固不专为本校，但事实上，该院固无异为本校之科学图书馆。本校所授地质学及高中之生物学各项课程，须要任何标本参考，均可立致，而于有研究兴趣之各教授与学术困难时，尤为便利，此外凡关于该院有价值发现之公开演讲或论文，本院师生均着先鞭，耳闻目睹，无形中本校师生研究学术之风气自然比较醇厚也。

博物院之最近出版物

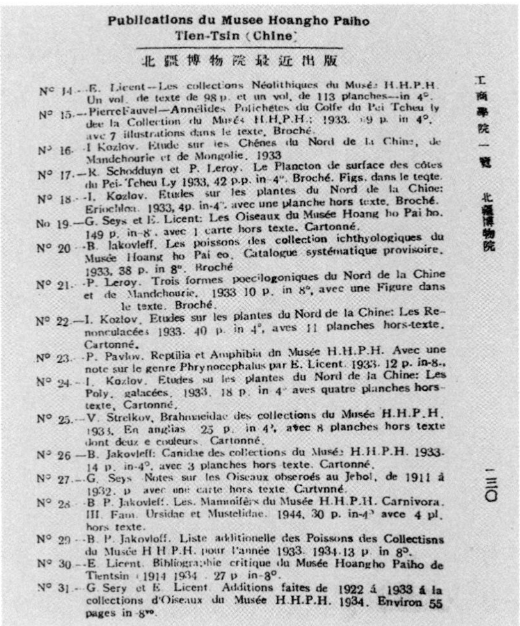

Publications du Musee Hoangho Paiho
Tien-Tsin (Chine)

北疆博物院最近出版

N° 14.—E. Licent—Les collections Néolithiques du Musée H.H.P.H. Un vol. de texte de 98 p. et un vol. de 113 planches—in 4°.
N° 15.—PierreFauvel—Annélides Polichètes du Colfe du Pei Tcheu ly dee la Collection du Musée H.H.P.H.: 1933. 69 p. in 4°. avc 7 illustrations dans le texte. Broché.
N° 16.—I Kozlov. Etude sur les Chénes du Nord de la Chine, de Mandchourie et de Mongolie. 1933
N° 17.—R. Schodduyn et P. Leroy. Le Plancton de surface des côtes du Pei-Tcheu Ly 1933, 42 p.p. in-4°. Broché. Figs. dans le teqte.
N° 18.—I. Kozlov. Etudes sur les plantes du Nord de la Chine: Eriochloa. 1933, 4p. in-4°. avec une planche hors texte. Broché.
No 19.—G. Seys et E. Licent: Les Oiseaux du Musée Hoang ho Pai ho. 149 p. in-8°. avec 1 carte hors texte. Cartonné.
N° 20.—B. Iakovleff. Les poissons des collection ichthyologiques du Musée Hoang ho Pai eo. Catalogue systématique provisoire. 1933, 38 p. in 8°. Broché
N° 21.—P. Leroy. Trois formes poecilogoniques du Nord de la Chine et de Mandchourie. 1933 10 p. in 8°, avec une Figure dans le texte. Broché.
N° 22.—I. Kozlov. Etudes sur les plantes du Nord de la Chine: Les Renonculacées 1933. 40 p. in 4°, aves 11 planches hors-texte. Cartonné.
N° 23.—P. Pavlov. Reptilia et Amphibia dn Musée H.H.P.H. Avec une note sur le genre Phrynocephalus par E. Licent. 1933. 12 p. in-8.,
N° 24.—I. Kozlov. Etudes su les plantes du Nord de la Chine: Les Poly. galacées. 1933. 18 p. in 4° aves quatre planches hors-texte, Cartonné.
N° 25.—V. Strelkov. Brahmaeidae des collections du Musée H.H.P.H. 1933. En anglias 25 p. in 4°, avec 8 planches hors texte dont deux e couleurs. Cartonné.
N° 26.—B. Jakovleff: Canidae des collections du Musée H.H.P.H. 1933. 14 p. in-4°. avec 3 planches hors texte. Cartonné.
N° 27.—G. Seys Notes sur les Oiseaux obseroés au Jehol, de 1911 á 1932. p avec une carte hors texte. Cartvnné.
N° 28.—B. P. Jakovleff. Les. Mammifèrs du Musée H.H.P.H. Carnivora. III. Fam. Ursidae et Mustelidae. 1944, 30 p. in-4° avce 4 pl. hors texte.
N° 29.—B. P. Jakovloff. Liste additionelle des Poissons des Collectisns du Musée H.H.P.H. pour l'année 1933. 1934. 13 p. in 8°.
N° 30.—E. Licent. Bibliographie critique du Musée Hoangho Paiho de Tientsin (1914 1934) 27 p in-8°.
N° 31.—G. Sery et E. Licent. Additions faites de 1922 á 1933 á la collections d'Oiseaux du Musée H.H.P.H. 1934. Environ 55 pages in-8vo.

工商學院一覽 北疆博物院

一三〇

（资料来源：《私立天津工商学院一览》，河北大学档案馆藏，1935-CB13-7）

3.《河北省志·宗教志》记北疆博物院①

黄河—白河自然历史研究所。该所又称北疆博物院，是由献县教区和法国耶稣会联合创办的。院址设在天津市，毗邻工商大学，有南北两栋楼房。民国十三年（公元1924年）四月建成比楼并向来华外国人开放，该院于民国十七年（公元1928年）五月向全社会开放。应耶稣会士、科学博士桑志华神父（法国籍）的邀请，直隶省公署代表，外交委员及秘书，英、美、意、德、比、奥、日、法等国驻天津领事出席开幕式并参观了该院的展品。桑志华任该院首任主任。

桑志华于民国三年（公元1914年）三月三十一日来华后，用22年时间进行多次考察，行程达3.5万公里。通过考察，桑志华及其同事采集了中国大陆大量地质生物标本。据他1926年在法国地理学会所发表的演说称，当时北疆博物馆的藏品有：800多件头号高等植物标本，2500个装饰好的鸟皮，包装体积有2立方米的昆虫标本，2000本以上的人类学资料，600多种矿岩和矿石；1.5万—1.8万公斤的第三纪和第四纪化石，以及大批爬虫类、甲虫类、鱼类、甲壳类、软体动物类、海藻、苔藓类标本。他还提到仅民国九年（公元1920年）的一次考察所得实物，就需要有83头骆驼组成的庞大运输队运送。还有相当多的标本被他掠夺窃往国外。被送往巴黎博物馆的有：一门4100种植物标本和数目可观的菌类标本（公元1922年）；100箱化石标本，其中有具有头等价值的一架犀牛全身骨骼化石（公元1924年）。民国十六年（公元1927年）给英国皇家新花园和伦敦自然历史博物馆送了两组植物标本，给法国古人类学院送了一批重要的石刻标本，给美国ITHGOG送了蝗虫科标本。耶稣会士德日进在该所工作期间曾请有关专家为北疆博物馆制作了猿人模型。

北京地质生物研究所又称北疆博物院分馆。民国二十六年（公元1937年）由献县教区和法国耶稣会创办，地点在北平市东交民巷台基厂三条，又称耶稣君王院。首任所长为法国耶稣会士罗学宾。该所主要研究地质矿藏和编写科研工作资料。建国初期，该馆停办。

（资料来源：河北省地方志编纂委员会编《河北省志》第68卷）

① 题目为编者根据内容自行拟定，个别文句根据层次逻辑需要做了适当改动。

（二）北疆博物院的研究活动①

1. 本校之北疆博物院——西藏、内蒙古及华北各省十二年间调查之经过

调查之起源：西藏及中国北部如黄河流域及内蒙古等处，至论及其地质及特种之动植物，吾等犹未能完全明晓，苟涉足探寻，必不乏有价值之发现物，似可断言也。虽往该处调查者，颇不乏人，如瞿而德 In Halde 及利克多分 Hichthofen 等因缺乏合作精神或其他种种障碍，均未能得有巨大之效果。

中国北部尚乏完善之地质学研究院，若在各大学特设一科，专为研究华北矿产及其他各种之来源，此时似未能办到，然为便利华人及外人关心于华北之经济情形及科学上之各种问题起见，博物院之设立实不可少也。余本此意，故决于 1914 年起首调查山东、直隶、河南、山西、陕西及内蒙古等处之地质，暨在天津设立一博物院。

调查之程序：循序调查黄河流域与白河及直隶海湾。

极力搜集各种材料以备研究地质、植物、动物、经济、人类等学之用。

刊行各种地质调查情形之著作品并专家之报告。

寄送各种研究地质学之材料于欧洲各科学研究院，及将在中国设立之科学研究院。

调查之效果：1914 年为调查起首之期，因以持久之毅力，故得有良好之成绩。第一节所述之各省均已完全调查，所经过之道路，约 3 万基罗迈当，沿途均未发生困难，因事先已将路程表预备完善矣。兹将自 1914 至 1925，12 年所获之成绩缕列如左：8000 种之植物，350 种之特种木制性物，各种奇异难得之哺乳类及爬行类动物，2000 种关于人类学及生物学中之最有价值者，6000 种标本关于岩与矿质皆系沿途所得者，18 000 基罗之第三及第四地层之动物骸骨，各种关于人类学、工商业、农业之报告。

至此华北各省及内蒙古、西藏等处之调查，已算完毕。自 1920 至 1925 年所搜集之物，大半均关于古代生物学者，均陈列于北疆博物院。

（资料来源：《工商大学校刊第一、二期》，河北大学档案馆藏，第一期：1929-CB13-1；第二期：1930-CB13-1）

① 题目为编者根据内容自行拟定。

2. 北疆博物馆年来工作及发展报告

北疆博物馆于民国十八年间新建一实验室，高两层，位于博物院之南与之成平行式，中间恒通一桥，交通甚便，其容积较前者扩大二倍，内计实验室三间，办公室一间，图书馆一间，大厅两间。此厅专为研究所收搜集之地质学（石油学、矿物学、古生物学）等标本而设，一年以来，该项标本所得极多，充斥满室，几无隙地，同时旧实验室亦为生物学（动物学、植物学、人种学）等标本所占满。博物院公开展览部，因玻璃陈列柜不够分配，故近又新增三架，将陈列一切研究完毕之古生物学标本、大宗人种学之模型及大批之鱼鸟标本，此外更特开一室，为陈列一切哺乳类之动物。现整理毕业者已有大形者32具，及小形之有系统者多具。

植物部现对于华北主要植物之同属一科者，收藏颇富，此外对于人种学、禽学、鱼学等标本及材料亦甚多。

民国十八年院长桑博士共出游四次，搜集各种动物学之标本，如哺乳动物、禽类、鱼类、爬虫类等，及沿途所见之植物岩石、矿石，并获得极罕见亚洲种羚羊数头。

院长出行：第一次去蒙古，第二次去宣南桑干河，第三次去正定之西，第四次去北平。

此外副院长德博士（P. D Willard de Chardin）在伴桑博士蒙古归来后，即携同北平中国地质学会会员杨君，往山西考察地质，更赴周口店指导发掘猿人骨骼工作。

所有此一年来研究之结果，相继在中国地质学会作演讲报告，其总计共有八次云。

北疆博物院消息：北疆博物院自去年成立以来，深得社会人士之赞许，以故来校参观者，极形踊跃。闻桑博士（P. D. Licent）十二年来所搜罗之物，陈列于该院者，仅不过十之二三，现积极从事扩充，以期尽量容纳，刻已兴工营造实验室，大加改革，加入北平地质学会之（Dr. Teilhardde Chardin）现已返津回院矣。

（资料来源：《工商学报》第三期，河北大学档案馆藏，1929-CB13-1）

（三）北疆博物院建筑全景

（资料来源：《工商学院毕业同学录一九三五班》，河北大学档案馆藏 1935-CB13-4）

二、河北大学博物馆

（一）河北大学博物馆镇馆之宝——《坤舆全图》

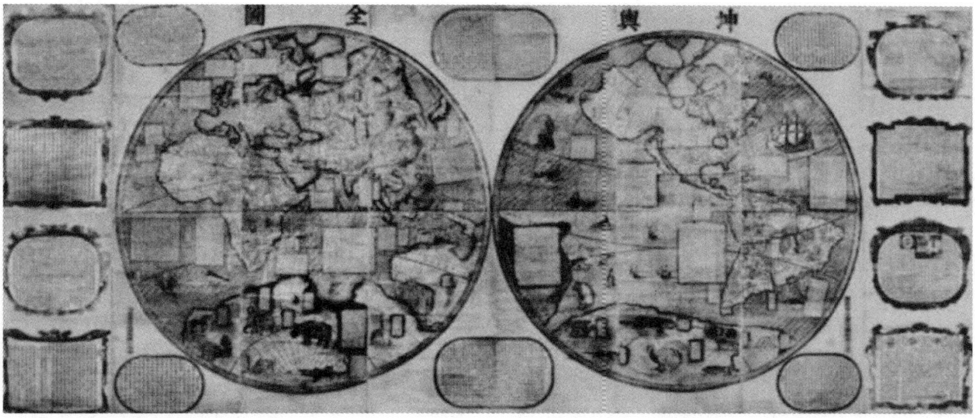

《坤舆全图》是近代以来世界地图史上最早的、保存比较完整的世界地图，目前确定的有两份，一份保存在台北故宫博物院，另一份就在河北大学博物馆，成为河北大学的镇馆之宝！

（资料来源：http://www.sohu.com/a/151206393_668946）

（二）河北大学博物馆收藏的商代铜尊

河北大学博物馆收藏有一件商代青铜三牛尊，现介绍如下。

三牛尊为河北大学博物馆1954年收藏，出土时间与地点已不可考。此器侈口，束颈，折肩，口径略大于肩径，深腹，腹壁圆曲向底部内收，高圈足。颈部饰三周弦纹；肩部、腹部均饰兽面纹，兽面双目突出，兽面纹上下各饰一周连珠纹；肩部饰有三个浅浮雕兽首，兽首双目突出，面饰云雷纹，双角开展，似牛角形；圈足饰兽面纹，上端饰两周弦纹，均匀分布有三个“十”字形镂孔。口径25.9、圈足径15.9、高27.9厘米。

尊是商代重要的盛酒器之一，此类兽首大口尊的造型特征为大口，广肩，腹部粗而鼓张，形体较宽，高圈足，除饰有繁缛富丽的纹饰外，肩部还饰有浮雕兽首，兽首一般为二、三或四个，以三个最为常见。目前，商代的这种兽首铜尊在河南郑州，安阳殷墟，陕西城固，安徽六安、阜南，湖北江陵、枣阳，四川广汉三星堆，湖南岳阳等地均有出土，时间从二里岗上层时期直至殷墟晚期，表明这种兽首尊是流行于商代中晚期的器物。

兽首尊器形大小不一，器形较大者，如故宫博物院所藏的三羊尊，高 52、腹最大径 61 厘米，重 51.2 千克；安徽六安出土的三牛尊，高 70、腹径 42 厘米回。器形较小者，如安阳小屯 M18 出土的铜尊，高 20 厘米。河北大学博物馆收藏的三牛尊，器形较小，但造型浑厚凝重，纹饰细密。从形制上来讲，圈足较高，腹较深，腹壁圆曲向底部内收，颇有二里岗上层时期的特征，与郑州向阳回族食品厂出土的牛首尊相似。从纹饰上看，三牛尊通体没有衬底的地纹，肩部、腹部主纹饰均为兽面纹，上、下两栏以连珠纹镶边，这种装饰风格亦带有二里岗上层时期的作风。此外，三牛尊的高圈足亦饰有一周兽面纹，与陕西城固龙头镇出土的三羊尊纹饰风格相似。由此推测，河北大学博物馆所藏三牛尊的成器年代为二里岗上层偏晚。

三牛尊

（资料来源：《文物》，2015 年 3 月 25 日，第 94—96 页，作者：耿超等）

（三）《坤舆全图》——融汇中西的传世珍宝

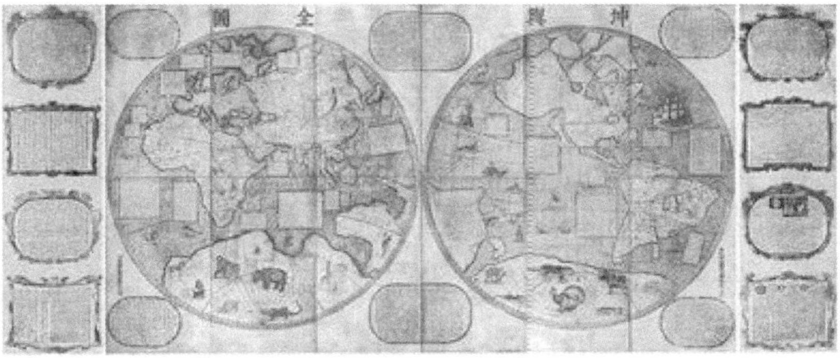

《坤舆全图》（郭占欣摄）

南怀仁画像（河北大学供图）

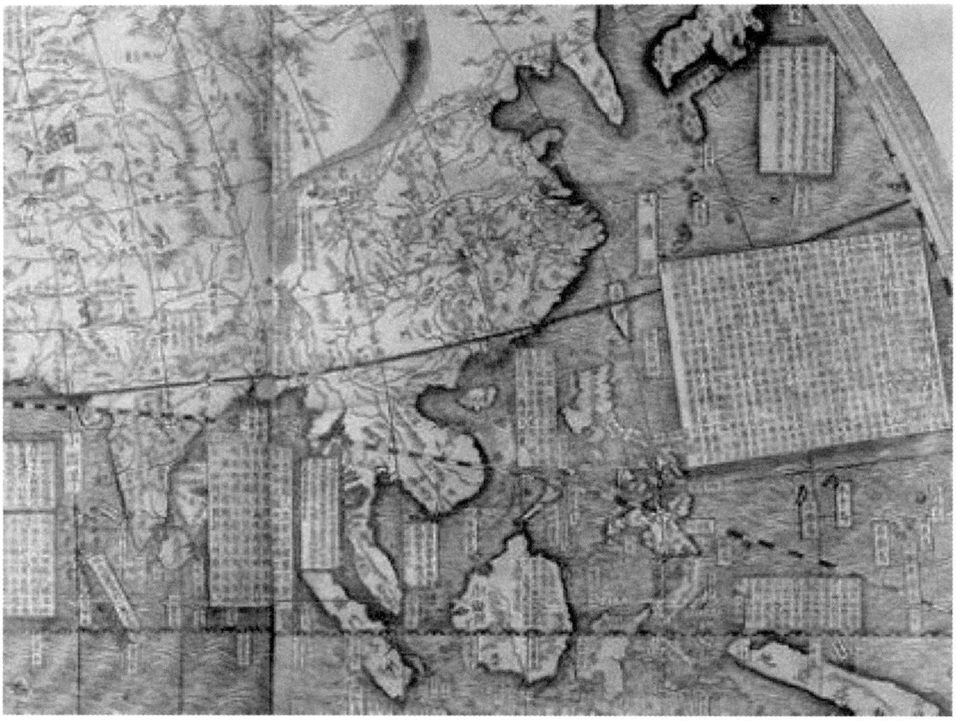

《坤舆全图》(局部)

《坤舆全图》在对应现在东海、黄海海域的位置上，明确标有“大清海”字样，而对应现在的钓鱼岛位置恰恰就处在这一海域内，是钓鱼岛自古以来就隶属于中国领土的又一铁证。

天圆如张盖，地方如棋局，这种天圆地方的宇宙观在中国流传了几千年。340多年前，一幅地图的出现，让中国这个古老的国度对世界有了新的认识角度，这就是康熙甲寅年（1674）南怀仁绘制的《坤舆全图》。

从公开资料来看，该图目前在国内仅存3幅，分别藏于台北故宫博物院、南京博物院和河北大学图书馆。弥足珍贵的是，台北故宫博物院、南京博物院所藏版本均为墨色，而河北大学图书馆珍藏的版本是另行设色的彩色初印本，清晰完整，品相极佳，是我国唯一一份保存完整的设色印本，堪称稀世珍品。

最近，在《坤舆全图》刊行340多年后，河北大学出版社出版了《坤舆全图·坤舆图说》一书。这意味着《坤舆全图》将化身千百，走进更多人的视野，在有助于保存和传播的同时，为更多的专家学者认识、了解和研究提供了便利。

（资料来源：《河北日报》，2019年3月14日，作者：于冬伟）

三、河北大学图书馆

（一）河北大学图书馆的馆藏及历史文献特色①

第一部分：馆藏特色

河北大学图书馆历史悠久，馆藏丰富。从1921年建馆至今，经过了80年的发展历程，现拥有中外文各类图书200多万册，各种刊物5千余种，电子学术期刊6600种，居河北省各类图书馆藏书之首，在全国高等学校图书馆中亦位居前列。河北大学图书馆始终把藏书建设放在工作的首位，早在天津师范学院、天津师范大学和河北大学天津时期，学校图书馆就特别重视对中文古籍的收藏，确立了古籍的馆藏地位。这一时期收藏中文古籍26 200余种，18万余册，其中善本363种，4959册；珍本866种，8033册；孤本17种，238册，涵盖经、史、子、集四部。笔者认为，在浩瀚的古籍馆藏中，方志、家谱类图书是河北大学图书馆古籍藏书的两大特色，舆图、书画、名人手札及金石、碑碣拓片也是丰富馆藏古籍特色内容的重要组成部分。

方志类图书是河北大学图书馆古籍藏书的一个特色，全国各地方志均有收藏，河北省内方志全部收齐，多为清末民初刊本。馆藏方志1158种，10 344册，其中善本18种，如明嘉靖刻本《山东通志》《龙门志》《石湖志略》，明万历刻本《武夷志略》，康熙刻本《宝坻县志》《岷州志》，雍正刻本《江西通志》，乾隆刻本《盘山志》《岐山县志》等，都具有较高的文献参考价值，《石湖志略》则有清代藏书家黄丕烈的题跋，被鉴定为国内独家收藏，尤为珍贵。方志类图书的保存与利用，为人们研究地方史志的历史地理、经济地理等，起到了发展地方经济、推动社会进步的积极作用。河北大学图书馆古籍方志类图书，确实呈现了一道亮丽的馆藏风景线。

家谱类图书是河北大学图书馆古籍藏书的又一特色。河北大学图书馆是津冀地区公藏家谱最多的图书馆，馆藏家谱835种，9725册，173姓，多为明、清、民初刊本和木活字本，其中珍本30余种。最早刊本为元至元三年（1337年）汪云龙纂修的《新安汪氏族谱》。外国族谱一种，为日本原田芳则撰《大藏朝臣原田家历传》，记录了日本原田家族为中国汉刘邦第29代孙阿知王后裔的事迹。

---

① 题目为编者根据内容自行拟定，原题目为“简论河北大学图书馆的馆藏特色”“河北大学图书馆馆藏历史文献及其特色”。标题也做了相应的设计。

馆藏家谱的采访与征集，主要是在天津师范学院、天津师范大学和河北大学天津时期（1952—1970年），学校图书馆通过书店采购入馆，每种家谱都作有收藏印记。家谱、宗谱、世谱、支谱、家乘、家传等，除了记载同宗共祖的血缘集团世系人物和事迹等方面的情况外，还蕴含着大量有关人口学、社会学、经济学、历史学、民族学、教育学、人物传记以及地方史的资料，对开展学术研究有很重要的史料价值。如馆藏贵州开阳《紫江朱氏家乘》五卷《蠖园文存》二卷，记录了修谱人朱启钤本身事略。朱启钤于民国成立入阁，先后出任交通总长、内务部总长、代理国务总理等职，该谱对研究其生平有重要参考价值。林亨燮等纂修的武冈《林氏总谱》，记录了清末政治家林则徐和民国林森等人的事迹。馆藏朱懋麟纂修的安徽歙县《屏山朱氏重修家谱》，记载了宋代哲学家朱熹的资料，谱前有宋理宗为朱熹家谱作的谱序，谱中撰有以纪年方式叙述朱熹生平的“文公行实”，以及“婺源始建文公祠祀”“文公祠图”“文公像赞”“文公墓图”等。此外，家谱中的族规、家训等也是宝贵的文化材料，应引起重视。河北大学图书馆古籍家谱类图书，无论在数量上，还是在刊式上，都堪称“华冀文彩第一家”（香港中文大学林健忠词）。

舆图、书画、手札等稀世珍品，不仅丰富了馆藏古籍特色的内容，而且更增添了河北大学图书馆这座知识殿堂的风光。

馆藏《坤舆全图》是清康熙甲寅年（1674年）比利时传教士南怀仁绘制的一幅世界地图，全图分东西两半球，由八屏挂幅组成，制作精致准确，图文并茂。是图将世界各国的风土人情、天文地理以文字和图像并刊入图，俾臻完备。这幅地图是海内保存最为完美的一幅舆图珍品，具有很高的史料参考价值和文物保存价值。建校初期的天津工商大学，专门设置了南怀仁展室，当时叫接待厅，其中的展品有《坤舆全图》、天文仪器及南怀仁两张画像，其中一张是做钦天监监正时穿戴朝服的画像。1925年学校制作了两种版本的《坤舆全图》复制品，现今保存在河北大学图书馆内。

馆藏著名世界地图学家奥泰礼编的《世界地图册》，现保存完好，中外罕见，是比利时安特卫普出版社于1601年出版的一部地图集，距今已400年了。这部地图集的内容共分三部分：一为世界各国之地图；二为各国历史地理情况介绍；三为地区名表。这部大型地图集，别具风格，书高44厘米；宽29厘米；厚13厘米。书皮皮质装帧，铜质花板包角，图纸纸质优良耐用，是世界地理史上地位显赫的珍品。

馆藏明清名人书画更引人注目，《明画院绘十八应真册》，是明代画院绘制在菩提树叶上的十八罗汉图，采用唐代吴道子的画法，人物栩栩如生。《十竹斋书画谱》，是明代胡正言刻制的饾版拱花印本。该谱套印精美，施墨着色娴雅妍丽，是明一代印刷技术的高峰。《石田真迹》，是明代著名山水花鸟画家沈周的画册，为独家收藏。

《王石谷画册》，是清初山水画家王翠的墨宝，弥足珍贵。

馆藏曾国藩、张之洞、莫友芝、严修、徐世昌、载滢、溥伟、溥儒等清代名人手札，鲜为人知。其中《严修往来手札》一函十三册，收录严修及其亲属、好友、学生、社会名流等大量的亲笔书信，可谓古籍文献中的国内孤本。严修是我国近代教育家，历任翰林院编修、补国史馆协修、贵州学政、直隶学校司总办、学部侍郎。他倡办新教育，创立了众多学校，并多次派遣留学生，为我国的教育发展做出了重大贡献。袁世凯当政，1914 年 2 月 20 日任教育总长而不就。严修在其一书信中写道："官场事难深论也。"很能说明他对当时上层社会的看法。《严修往来手札》对研究我国清末民初的教育及社会发展史迹，有其独特而宝贵的史料参考价值。清光绪进士徐琪编辑的《朱邸赓酬册》（十四册），收录清宗室载滢、溥伟和溥儒的书信、诗稿等酬唱之作。载滢是清恭亲王奕䜣的第二子，溥伟、溥儒之父，光绪十四年（1888 年）溥伟世袭了恭亲王的王爵。《朱邸赓酬册》手稿字迹清楚，信笺精美典雅，是研究清宗室的珍贵资料，也是一部书法艺术精品。

另外，馆藏的《贝叶经》《梵语经卷》《唐人写经》《赵城金藏·因明论理门十四过类疏》等都是丰富河北大学图书馆古籍藏书特色的灿烂繁星。

第二部分：历史文献特色

河北大学图书馆于 1921 年随河北大学的前身天津工商大学的建立而诞生，先后易名为天津工商学院图书馆、津沽大学图书馆、天津师范学院图书馆、天津师范大学图书馆，1960 年定名为河北大学图书馆，1970 年随学校迁至文化名城保定，经历了 82 年的峥嵘岁月。河北大学图书馆始终把藏书建设放在工作的重要位置。早在天津师范学院、天津师范大学和河北大学天津时期，图书馆就特别重视对历史文献的收藏，并确立了历史文献在图书馆的馆藏地位。这一时期，河北大学图书馆收藏中文古籍文献 26 203 种，180 989 册（件），涵盖经史子集丛各部，其中善本 363 种，4959 册；珍本 866 种，8033 册；孤本 17 种，238 册；丛书 516 种（包括类书）。河北大学图书馆在浩瀚的古籍文献中，经过多年的梳理，确认馆藏方志、家谱、释家、舆图、名人手札、碑碣等历史文献，是丰富馆藏内容的重要组成部分，是对学校教学科研和本地区社会发展服务不可多得的宝贵资料，具有鲜明的特色。

1. 方志类古文献是河北大学图书馆馆藏的一个特色

河北大学图书馆馆藏方志类历史文献 1158 种，10 344 册。全国各地方志均有收藏，河北省内方志全部收齐，为学校教师和研究生撰写科研论文，以及为河北省各县续修新方志，提供了大量可靠的文献资料。其特点是：

（1）馆藏地方志多为清、民刻本，但不乏有明刻佳本从版本学的角度看，馆藏旧方志多为清、民刻本，但不乏有明刻佳本。

馆藏清代和民国时期方志刻本居多的这一特点，与当局政府重视有关。清王朝康熙、雍正、乾隆等皇帝都非常重视志书的编纂及全国舆图的绘制，加之各地督抚守令亲自参与纂修，因而出现了这一时期志书刻本量多、质高的特点。民国当局也不断推行志务，多次颁布有关修志的文件，不少学者参与编修，并撰述方志理论文章，从而反映了民国时期方志刻本内容充实、体例完备、图表科学的特征。馆藏方志除清代和民国时期刻本外，还有可圈可点的明刻佳本，如嘉靖刻本《山东通志》《龙门志》《石湖志略》和万历《武夷志略》等，其中最值得一提的是，嘉靖《山东通志》。它是由河北雄县人袁宗儒纂修的，全书四十卷，一百万言，分为图考、建制沿革、星野、疆域、山川……等三十六目。此志是山东第一部官修通志，其内容全面反映了一方概貌，弥补了以前方志只重地理、人物的倾向，故人口、交通、赋税、教育等具载。《四库全书总目》史部地理类存目称："是编在地志中号为佳本，体例不务新奇，而详核有法。"

（2）馆藏清代方志体式多样化

从体式类型上分析，馆藏清代方志呈多样化状态，其主要体式表现为三书体、门目体、三宝体、纲目体及地方体等。

三书体，它是将一部志书分为志、掌故和文征三书，就是仿正史纪传作志，仿律令作掌故，仿《文选》《文征》作文征。三书中志为著述部分，掌故和文征是原始资料的记录。志为主体，掌故和文征是两翼。三书之外还立丛谈，相当于杂志、杂记、附录。此体为清代史学家、思想家章学诚所创。其代表作乾隆《湖北通志》分为志、掌故、文征和丛谈四部分，志二十四条，掌故六十六目，文征八集，丛谈包括考据、轶事、琐语、异闻等。

纲目体，它是将全部内容分成若干细目，平行排列，如馆藏谢民、陶成纂修雍正《江西通志》，孙灏纂修雍正《河南通志》等属于此体。雍正《河南通志》，凡八十卷，设圣制、舆图、沿革、星野等四十二个平行类目。

三宝体，它是由孟子所说的"诸侯之宝三：土地、人民、政事"演绎而来的，如馆藏杜甲等撰修的乾隆《河间府新志》，就分为舆地、宦政、人物、典文等，但用此体式者不多。

纲目体，它是将全志先分为大门类，然后下设细目，如馆藏李兆洛纂嘉庆《凤台县志》，全志凡十几门，每门之下又设细目。此体以类归目，层次分明，统属合理。

地方体，它是将地方志视为列国史，分纪、志、表、传、略、录等门，如馆藏李鸿章主修，黄彭年等纂的同光《畿辅通志》属于此体。该志三百卷，由纪、表、略、列传、杂传、识余、叙传等门组成，各门下设细目若干。

上述所谈三书体、门目体、三宝体、纲目体、地方体体式，或重考据，或重著述，各有千秋。总之，熟悉馆藏方志的版本和体式类型，就能针对不同读者的需求，有效、准确地提供服务，从而发挥馆藏旧方志文献为教学科研和社会服务的作用。

2. 家谱类古籍文献是河北大学图书馆馆藏的另一个特色

（1）河北大学图书馆馆藏家谱简介

河北大学图书馆是津冀地区收藏家谱最多的一家。馆藏家谱 835 种，9725 册，173 姓，多为明、清、民国时期刻本和木活字本，其中珍本 30 余种，最早刊本是元至元三年（1337）汪云龙纂修的《新安汪氏族谱》。外国族谱一种，日本原田芳则撰修《大藏朝臣原田家历传》，记录了日本原田家族为中国汉高祖刘邦第 29 代孙阿知王后裔的事迹。

（2）家谱内涵丰富

家谱与正史、方志并列为中国史学的三大支柱，有其自身的特点。家谱是同宗共祖的血缘集团以特殊形式记载本族世系和事迹的历史图籍，蕴含着大量有关人口学、社会学、经济学、历史学、民族学、教育学、人物传记、以及地方史等学科方面的重要资料，它为开展学术研究起着正史、方志不可替代的作用。

馆藏林亨燮等纂修的武冈《林氏总谱》，就记录了清末政治家林则徐和民国政府主席林森的事迹，为我们提供了十分珍贵的历史资料。家谱中记载的名胜古迹，是当今我们重修游览景区必要的参考资料。家谱中的风俗资料，可以使我们了解一个地区、一个家族不同时期的风土人情。家谱中的排行字辈资料，不仅记载族人的亲疏长幼辈分，而且常常表现为一首含义深刻的诗，如民国十六年张氏族谱班辈："树德行天道，明良可定邦。人心相与善，万世永能昌。"它的班辈就像一首诗，蕴含着一种正义与期望。民国二十九年武冈《林氏总谱》的班序韵语："国运亨盛，亲睦道彰。肇维殷世，浚哲发祥。忠孝克笃，英才赓扬。愿益勉励，永代芬芳。"体现出了时代特征，表达了林氏族人民国时期的思想观点和精神风貌。家谱中的族规家法资料，是家族教育的组成部分。"家训""治家格言"等，是教育族人、规范行为的准则，是让后代学会怎样治家、怎样做人的理论依据，如本馆馆藏民国九年许定琢等撰修的"湖南邵阳"《邵陵许氏三修族谱》载"敦孝弟，勤耕织，崇学校，睦族堂，重祠堂"的祖训，以及身戒、家戒、官戒的"三戒"内容。这些族规、家法资料，反映了本族人在所处时代的一种思想观念和具体修身、齐家的行为规范。家谱中的艺文篇资料，涉及政治、军事、生产、经济、文化、风土等内容，尤其是重要历史人物的遗文作品，更具有史料价值。家谱中的风水资料，是传统建筑理论的一部分。它主要来源于人们的长期观察和改造自然的体验，凝聚着中国古代哲学、自然科学，尤其是天文学、地理学、美学的智慧。它赋予了中国古代建筑特有的美妙传说和哲理意味。家谱中的始迁祖资料，记录了社会动荡、人口变迁的历史，是研究历代移民及区域经济的重要资源。馆藏大部分家谱就记载了明朝洪洞大槐树移民的历史。可以说，洪洞大槐树的移民，占据历代移民之首。洪洞大槐树移民的后裔遍布神州大地。“问我祖先来何处，山西洪洞大槐树”，这句民谣至今在我国广大地区仍然世代相传。

（3）家谱是一个民族联系的纽带

家谱是一个民族联系的纽带，对促进民族的向心力有着十分重要的历史意义和现实意义。他所记载的内容，为海内外华人提供“寻根认祖”的资料佐证。古人云“参天之木，必有其根；怀山之水，必有其源”。对中华民族来说，寻根认祖甚于其他民族。我们可以说，家谱是中华民族伟大凝聚力的血脉之源。

3. 舆图、手札、释家经典以及碑碣拓片等历史文献也是丰富馆藏的重要内容

（1）馆藏名人绘制的舆图令人拍案叫绝

馆藏《坤舆全图》，是由比利时人南怀仁于康熙十三年（1674 年）制作的，距今已 329 年了。它是国内保存最完好的一幅早期世界地图，具有很高的资料使用价值和文物保存价值。

《坤舆全图》这幅世界地图，由 8 轴挂屏式装裱而成。全图的整体构成，分别为左右各 1 轴，中间 6 轴组成东、西两半球，左三轴为东半球，右三轴为西半球，合为一体。其轴高 171 厘米；宽 51 厘米。左右两侧挂屏，表现了中国传统观念的对称美。两条幅内分别刊录的 4 块用西洋纹饰镶嵌的文字，对地震、人物、江河、山岳、四元行、地球两极和地圜等天文地理气象作解释。全图设色鲜明，制作精致，图文并茂。

《坤舆全图》采用西方近代科学制图法，表现了世界五大洲四大洋的地理风貌。受中国的“中央之国”思想和利玛窦《坤舆万国全图》的影响，这幅地图以中国的京师（现北京）作子午线，定位 0 度，且认为地球的极半径大于赤道半径，这是地图学史上的开先河创举，也是来华耶稣会士对中西文化交流的一个贡献。此图用文字和图像在图版上来说明世界的风土、人情以及产物。如图所画一对美人鱼，文字记录说：“大东洋海产鱼，名西楞，上半身如男女型，下半身则鱼尾，其骨能治血病，女鱼更效。”在论说人物时，以赤道为参照物，认为离赤道南北相近的人，长相相像，声音相像；离赤道南北相远的人，长相不同，声音也不同。这些都反映了人

们对自然界认识的看法。

鉴于《坤舆全图》在地图学上的历史地位，以及它的珍贵资料价值和文物保存价值，引来了很多的海内外知名专家学者和政要前来观览。因拥有它，河北大学图书馆也得以增光添彩。

馆藏拉丁文版《世界地图集》，是著名世界地图学家奥泰礼编撰的一部大型图集。它于1601年由比利时安特卫普出版社铜版印刷出版，距今已有400多年了。其内容分为三部分：一为世界各国之地图；二为各国历史地理情况介绍；三为地区名表。这部大型地图集书高44厘米，宽29厘米，厚13厘米，书皮皮质装帧，铜质花板包角，图纸纸质优良耐用，中外罕见，是世界地理史上地位显赫的一件珍品，曾使比利时来华专家感到震惊。他们在自己的国家里都没有见过本国出版的这样厚重而精美的图集，来到中国却看到了，而且是在河北大学图书馆，令他们感叹万分，拍案叫绝。

（2）馆藏名人手札兼具史料与艺术价值

馆藏孙星衍、江藩、曾国藩、张之洞、莫友芝、严修、徐世昌、载滢、溥伟、溥儒等清代名人手札30余册（件），鲜为人知。

《严修往来手札》一函13册，收录严修及其亲属、好友、学生、社会名流等大量的亲笔书信，可谓古籍文献中的国内孤本。严修是我国近代教育家，历任翰林院编修、补国史馆协修、贵州学政、直隶学校司总办、学部侍郎。他倡办新教育，创立了南开大学等众多学校，多次派遣留学生（周恩来就是其中的一个），为我国的教育发展做出了重大贡献。袁世凯当政，1914年2月20日任教育总长而不就。严修在其一书信中写到“官场事难深论也”，很能说明他对当时上层社会的看法。《严修往来手札》对研究我国清末民初的教育及社会发展史迹，有其独特而宝贵的史料参考价值。

《国朝名人笔墨》，收藏曾国藩、曾国荃、李鸿章、李瀚章、宋士骧等人十封信札。此札收录了曾国藩致琴西的两封信。洪汝奎（1824—1886年），字琴西，安徽泾县人，道光二十四年（1844年）举人，咸丰十年（1860年）入曾国藩幕，参与军事，同治初年任江南道员，总理粮台。曾国藩在信中称其为“畏友”。读信可知这两封信是这一时期曾国藩写给他的。馆藏的这两封信札均未收入《曾文正公全集》和《曾国藩全集》，可补史料之不足。

清光绪进士徐琪编辑的《朱邸赓酬册》（十四册），收录清宗室载滢、溥伟和溥儒的书信诗稿等酬唱之作。载滢是清恭亲王奕䜣的第二子，溥伟、溥儒之父，光绪十四年（1888年）溥伟世袭了恭亲王的王爵。《朱邸赓酬册》手稿字迹清楚，信笺精美典雅，是研究清宗室的珍贵资料，也是一部书法艺术精品。

《乾嘉诸老投赠廿九札》，册页装，书衣绢面，清黄子湘题签，收集了乾嘉年间江苏著名文人学者刘台拱、孙星衍、江藩、赵怀玉、吴子、唐观、郑师愈等 7 人的 29 通手札。其中收录刘台拱 1 通；孙星衍 4 通；江藩 5 通；赵怀玉 4 通；吴子 12 通；唐观 1 通；郑师愈 2 通。这些手札真实地记录了他们的学术研究和学术交流活动，是清乾嘉时期文学研究的可靠资料，可补证所见文献的缺漏。民国十九年（1930 年），吴瀛（1891 年—1959 年）曾经眼《乾嘉诸老投赠廿九札》，并作“玄伯先生收藏名贤书札至富，今得此册，足为镇库之一”的题跋。《乾嘉诸老投赠廿九札》，兼具史料与艺术价值，弥足珍贵。

（3）释家经典不乏珍宝

馆藏释家经典《频家藏》（清末—民国初年，私版，排印本）、《普慧藏》（民国私版，排印版）、《续藏》（日本明治—大正，私版，排印本，1905 年—1912 年）、《大正藏》（日本大正—昭和，私版，排印本，1924 年—1934 年）、《中华大藏经》（中华书局），以及唐人写经和元刻补雕《赵城金藏》的《因明论理门十四过类疏》。

值得一提的是馆藏《赵城金藏》的《因明论理门十四过类疏》。此经卷为唐三藏的得意门生窥基所著，经卷帙号为“黍”字，卷轴装，卷长 375 公分，框高 22.50 公分。卷前附释伽讲经扉图一幅，版框上下边栏，无格，7 版，每版 27 行，行 19 字。经考证，馆藏《赵城金藏》的《因明论理门十四过类疏》著录金刻本有误，应为元刻本，是元初耶律楚材补雕《赵城金藏》时的补雕本。理由：①《赵城金藏》的原刻本版式基本与北宋《开宝藏》是一致的，也是卷轴式装帧，每版 23 行，行 14 字，而馆藏《赵城金藏》的《因明论理门十四过类疏》一卷共 7 版（实为 20 版），每版 27 行，行 19 字，版式与《赵城金藏》有别，不是金刻本。②《赵城金藏》的编排顺序以千字文为序，《因明论理门十四过类疏》编字号为“黍”字，检索《赵城金藏》“黍”字帙，有《成唯识枢要》三卷、《上生兜率天经疏》二卷、《因明正理论过类疏》一卷、《百法明门论决颂》一卷、《大乘瑜伽劫章颂》一卷等五种，而不见《因明论理门十四过类疏》，所以馆藏《因明论理门十四过类疏》不是金刻本。③据史料记载，金末元初，《赵城金藏》经版因战火损坏一半，耶律楚材主持补雕《赵城金藏》，恢复《赵城金藏》旧刻内容。由于工作草率，致使字体版式不一，每版 22 行至 30 行不等，每行 14 字至 27 字不等。

馆藏《因明论理门十四过类疏》的版式，每版 27 行，行 19 字，与补雕版相吻合。故馆藏《因明论理门十四过类疏》不是金刻本，而是元初耶律楚材补雕的《赵城金藏》刻本。

《因明论理门十四过类疏》主要包括：一、同法相似过类；二、异法相似过类；

三、分别相似过类；四、无异相似过类；五、不得相似过类；六、犹豫相似过类；七、义准相似过类；八、至非至相似过类；九、无因相似过类；十、无说相似过类；十一、无生相似过类；十二、所作相似过类；十三、生过相似过类；十四、常住相似过类等内容。此经卷仅见1936年出版的影印《宋藏遗珍》收入，而童玮编《二十二种大藏经通检》（中华书局，1997年7月），未载此条目，深感遗憾。

还有馆藏《贝叶经》，梵夹装，弥足珍贵。《贝叶经》又称"贝书"，它是古印度佛教徒用铁笔在贝多罗（梵文 Patta）树叶上所刻写的佛教经文。公元一世纪至十世纪，古印度佛教徒携带大批的贝叶经来到中国的新疆和西藏弘扬佛教。同时这些地区的佛教徒也接踵去印度学习佛教，归国时也带回大量贝叶经。在十一世纪至十二世纪间，佛教徒从事译经活动达到高潮，所以至今在这些地区发现的梵文贝叶经最多。

贝叶经的制作过程，首先取自贝多罗树叶，经过浸沤、晾干、切磨、打洞、画线等工序，而后在上面刻写佛经文字，用绳穿过洞眼系起，两端木板夹住，就完成了一部书，称为贝编或贝书。馆藏贝叶经为《念处经》，僧伽罗文字母书写，叶宽5.50公分，长41公分，字8行。念为能观之智，处为所观之境，以智观察境曰念处。主要内容是关于身体、感觉、思想和精神等方面的禅思。此经兼具较高的资料价值和版本价值。另外，馆藏《明画院应真册》，作者生平事迹无考，册页装，明代画院绘制在菩提树叶上的十八罗汉图，采用唐代吴道子的绘画技法，笔法超妙，下笔有神，行笔磊落，山水、树石古险，人物栩栩如生，凡图圆光，一笔而成，略施微染，山水人物，自然超出叶面，其内容反映的是佛经故事，十八应真跃然在菩提树叶上。应真是阿罗汉的旧译。菩提树，《大唐西域记》载，即毕钵罗树。相传释迦牟尼曾在此树下得证菩提果而成佛，谓之菩提树。此画册，白绫边，蓝色底，宽16公分，高23.50公分，具有较高的艺术价值和版本价值。

（4）再现真迹的碑碣拓片

馆藏大批碑碣拓片，很具史料价值。

馆藏《圣教序》（全称《大唐三藏圣教序》碑拓），虽为断碑拓片，少数字迹不清外，但总体看仍不失一幅颇具艺术风格的珍贵字帖。《圣教序》现存有四个版本：①《褚圣教序》，褚遂良正书，永徽四年（653年）立碑，序、记分刻两碑，记左行（从左写起）书，在西安慈恩寺大雁塔下，通称《雁塔圣教序》，是褚遂良晚年代表作之一。②王行满正书，显庆二年（657年）立碑，在河南偃师。③褚书《圣教序》的临本，龙朔三年（663年）立碑，在同州（今陕西大荔），通称《同州圣教序》。④《王圣教序》，弘福寺僧怀仁集晋王羲之行书，序、记两文后，又刻玄奘所译《心经》及润色、镌、勒诸人职官姓名，咸亨三年（672年）立碑，在陕西西安，通称

《集王书圣教序》，相传王羲之的行书字迹，大都集摩于此碑。馆藏《圣教序》为第四个版本，集资料与艺术于一身，再现了王羲之行书的真迹。

馆藏“殷比干莫”（古时莫墓通用）拓片，真实地为我们再现了春秋时期孔子的真迹。孔夫子为后世留下了许多不朽的学说，可谓家喻户晓，而他的真迹却鲜为人知。河南省卫辉市比干庙内，有我国历史上第一忠臣殷太师比干的墓冢（坟墓），孔子当年亲率弟子临摹凭吊，挥剑刻下“殷比干莫”四字，立石于墓前。武冈《林氏总谱》殷少师褒典志载：“殷少师比干墓在汲郡（今河南卫辉府，晋曰汲郡）去城西北二十里，周武王封其墓，有铜盘铭。又墓前有碑碣题‘殷比干墓’四字，乃至圣孔子手书。”据专家考证，这是目前国内唯一发现的孔子真迹。馆藏“殷比干莫”拓片出于此，使孔子真迹得以再现。展示“殷比干莫”拓片，自然使我们联想到一代儒学宗师多彩人生和思想光芒。

（资料来源：《河北大学学报》季刊，2001 年第 26 卷第 3 期；《图书馆工作与研究》，2005 年 3 月 25 日，第 33—36 页，作者：崔广社）

（二）河北大学图书馆馆藏家谱简介

家谱是同宗共祖的血亲集团以特殊形式记载本族世系和事迹的历史图籍，是不同时代历史变迁的缩影，堪称中国史学三大支柱之一。家谱内容丰富，涵盖政治、军事、生产、经济、文化、风土、旅游、养生、建筑等许多层面，是尚待开发的一个“大金矿”。它不仅是“寻根”的利器，也是中国史学、社会学、人口学等的重要补充。近年来，随着社会经济的不断增长，人们寻根问祖、续修家谱的势头越来越高，不断有来自全国各地的读者前来我馆查阅、研究家谱。

河北大学图书馆始建于 1921 年，历史悠久，文化积淀深厚，主要藏书特色为方志和家谱，是津冀地区收藏家谱最多的一家。馆藏家谱 835 种，9725 册，173 姓，多为明、清、民国时期刻本和木活字本，其中善本 30 余种，最早刊本是元至元三年（1337）汪云龙纂修的《新安汪氏族谱》。外国族谱一种，日本原田芳则撰修《大藏朝臣原田家历传》，记录了日本原田家族为中国汉高祖刘邦第 29 代孙阿知王后裔的事迹。馆藏家谱具有姓氏较多、谱籍范围广、纂修年代跨越大、版本丰富等特点。

馆藏家谱姓氏较多，共有 173 姓。其中，藏量在 40 种以上的姓氏有张。藏量在 30—40 种之间的姓氏有王、李、徐、陈。藏量在 20—30 种之间的姓氏有汪、吴、周、胡、黄、刘。藏量在 10—20 种之间的姓氏有朱、沈、何、孙、程、杨、叶、赵、谢。藏量在 5—10 种之间的姓氏有丁、方、史、金、洪、施、高、马、袁、许、郭、曹、陆、冯、曾、彭、传、潘、蒋、蔡、郑、韩、罗、顾。藏量 3—4 种的姓氏有崔、江、姜、宋、苏、汤、陶、熊、姚、余、邹、邓、社、龚、郝、蓝、钱、任、邵、唐、文、夏、俞、章、锺。藏量1—2种的姓氏有爱新觉罗、巴、包、边、查、成、储、褚、戴、窦、段、房、伏、符、甘、葛、管、季、解、景、瞿、旷、来、雷、郦、柳、楼、鲁、鹿、吕、冒、孟、缪、莫、宁、裴、皮、浦、祁、綦、强、乔、秦、邱、裘、屈、饶、沙、盛、石、舒、覃、滕、涂、屠、万、卫、问、翁、相、项、颜、殷、尤、游、于、虞、恽、仲、诸、竺、鲍、毕、卞、单、董、范、费、戈、桂、贺、华、荆、孔、劳、黎、梁、廖、林、龙、卢、骆、毛、阮、谭、田、童、魏、伍、萧、薛、严、尹、臧。

馆藏家谱谱籍范围较广，共有800多种。涵盖浙江、安徽、江苏、福建、湖南、湖北、广东、四川、贵州、甘肃、辽宁、江西、山东、山西、陕西、河北、河南、上海、重庆、北京、天津等20多个省（直辖市）。其中浙江、安徽、江苏、湖南等地的谱籍种数较多，涉及地域广泛。浙江省谱籍主要有杭州、绍兴、余姚、宁波、义乌等地。安徽省谱籍主要有新安、休宁、祁门、旌德、泾县、桐城、黟县、歙县等地。江苏省谱籍主要有常州、江阴、南通、扬州、无锡、吴县、苏州、丹阳、溧阳等地。湖南省谱籍主要有长沙、邵阳、湘阴、湘潭、湘乡等地。馆藏家谱谱籍涉及大江南北，可为南北两方的家谱特点及民俗文化的对比研究提供第一手资料。

馆藏家谱纂修年代涵盖元、明、清及民国四个时期，当然，也不乏当代所修家谱（多为赠送）。最早刊本是元至元三年（1337）汪云龙纂修的《新安汪氏族谱》；明代所修家谱约有20多种，修谱年代主要有弘治、正德、嘉靖、隆庆、万历及崇祯；清代所修家谱约400多种，修谱年代包含自顺治至宣统的各个时代。其中顺治年间约2种，康熙年间的约14种，雍正年间的约2种，乾隆年间的约40多种，嘉庆年间的约13种，道光年间的约37种，咸丰年间的约21种，同治年间的约45种，光绪年间的约217种，宣统年间的约32种；民国时期所修家谱约335种。其中，清代编修的家谱包含了自顺治至宣统的各个朝代，为家谱流变研究提供了极大的便利。

馆藏家谱版本形式多样。有刻本、活字本、抄本、影印本、石印本、排印本、铅印本、油印本等。

几种馆藏家谱介绍：

“安徽徽州祁门”张氏统宗世谱十卷，（明）张宪、张阳辉修，明嘉靖十四年（1535）刻本，共一册，存1—10卷。是谱板框高21.7厘米，广15.3厘米，四周单边，半叶12行，行25字，白口，双顺黑鱼尾。领谱字号为赵字三号，领谱人为张永暕。是谱凡10卷，张氏统宗敕诏表卷一，张氏统宗簪缨遗像赞卷二，张氏统宗忠孝传卷三，张氏统宗功勋传卷四，张氏统宗政事传卷五，张氏统宗隐逸传卷六，张氏统宗著作传卷七，张氏统宗节义传卷八，张氏统宗庙墓卷九，张氏统宗文献卷十。卷二有汉留侯良公遗像，汉安乡侯禹公像……，明进士廷傑公像共35幅。卷十卷末有明嘉靖十四年（1535）张宪撰《开谱严议》。书尾有明嘉靖十四年（1535）程昌书《张氏统宗谱后序》。

“安徽池州”池阳秋浦金氏重修宗谱十八卷，（清）金忠国编修，清光绪二十一年（1895）聚源堂刻本，共12册，存18卷。是谱板框高27.9厘米，广18.8厘米，四周双边，半叶8行，行20至21字不等，白口，单黑鱼尾，版心下端镌刻“聚源堂”字样。领谱字号为“洪”字号，领谱人金占鳌。占鳌，系碎石岭股。池阳秋浦金姓出自匈奴休屠王太子日磾之后。汉代，匈奴休屠王的儿子叫日磾，在汉武帝时，归顺于汉室。由于休屠部曾铸铜人像（又称金人）以祭天，遂被赐姓“金”氏，称金日磾，从此，他的子孙绵延金姓。日磾弟为日伦。日伦公后涉公官京兆，因号京兆郡，日伦公后当公居彭城，因号彭城郡。虽一号京兆，一号彭城，实之皆本徽州一脉。旋由徽而迁池者又不一，居集贤村、济头山、金家冲、碎石岭、灵芝塔、缟溪者为京兆郡金氏，为涉公之后。居盘山者为彭城郡金氏，为当公之后。

“安徽泾县”安吴王氏世谱不分卷，（清）王一蕃修，清康熙二年（1663）刻本，共一册。是谱板框高24.8厘米，广16.6厘米，四周单边，半叶6行，行12字，间有半叶8行，小字单行22字，白口，单黑鱼尾。收谱字号为月字号，家俸收，俊臣、清泉同赎。是谱内容包括：序、引、像赞、敕命、谱说、凡例、家规、墓图、墓志、世系图、艺文集、跋、排行歌。自时字起，后按排行歌续延，排行歌为：“时承先续昌，理道贻翼长，忠信本立远，文华在廷芳。”安吴王氏系出琅琊派。外纪始祖为晋。（春秋）晋，字子乔，周灵王太子。内纪始祖为璧。（唐）璧，字大猷公。始迁祖为居一公。居一公为璧公九房派十三世孙。

江苏海安虎墩崔氏族谱不分卷，（明）崔三锡纂修，明万历四十年（1612）刻本，共八册。是谱板框高25厘米，广18.6厘米，左右双边，半叶12行，行22字，白口，单黑鱼尾。是谱内容包括：谱叙、凡例、族约、列传、世系表、族谱后跋。是谱欧苏书图叙世，五世一表。始祖为元三公。始迁祖为九六公。九六公为元三公之长房。《谱叙》载：“我族自元三公世居姑苏，迨九六公始迁海陵占籍虎墩，衍于大昌、大亨、大用公而下，二百一十余年于兹矣。……”，《凡例》载：“祖虽以元三公始，而世则以九六公为一，盖庶人以始迁之祖为世故也……”。

（资料来源：《科教文汇》，2013年1月10日，第195—196页，作者：刘二苓、石芳）

四、社团组织及校园文化

（一）天津工商大学

1. 教理研究会

一九二〇年春天，将到复活瞻礼以前。教理研究会的学生们，又按着往年的旧例，联络学界中人，公同满四规，联络的办法，与往年大略相同，然因有柏尔特郎从中鼓吹，人数却比往年多多了，上一年只有三百一十八人，这一年增到了五百五十人，其中有些多年不进堂，别人都不想他们是教友的，也满了四规，及至弥撒后出堂的时候，凡遇见他们的都笑着，惊讶说，嘿，你也来了么。连本校的老学生们，虽年高望重，通国敬仰的人物，也闻风而来，列于青年学生之中，可见这振兴公教的事业，通国没有不知道的了。

公同满四规的人数，一年比一年多，其增进之速，实出人意外，但说那署名画押的，起初不过一百五十七人，至一九二一年增至二百三十九人，以后增至六百零三，以后增至九百二十一，以后增至一千五百零二。一九二五年以上，人数增到了一千九百零七。自此之后，雷厉风行，一日千里，望风归附者，几乎不可胜数矣，平常的圣堂，已经容不下了，必须如同巴黎圣母大堂那样宽阔，才可以容开这些公同满四规的人数。

（资料来源：《工商大学公教学生季刊》（第一期），河北大学档案馆藏，1930-CB13-1）

2. 天津工商大学公教青年会

本校工科主任——裴化行司铎，会于丙寅九月间，创立一公教青年会，招有会员七八人，每两周开会一次（星期二晚八点半至十点），凡本校公教学生均可列席，由裴公聘有各界名人演讲，迄今所已讲者为：一、中国文学之沿革、派别、作文法；二、留欧中华青年公教会之创设、组织、现状；三、银行学之性质、类别、职员之任务；四、佛教之起源、信仰、伦理。

（资料来源：《工商大学公教学生季刊》第一期，河北大学档案馆藏，1930-CB13-1）

3. 佚名：天津工商大学1929年校园文化要览①

（1）运动场之大改革

本校足球场本甚狭小，且沙场遍地，球员多感不便，今年学校后面水坑已垫好，重建新球场，长宽合度，甚为平坦，于是球员每日必驰逐场上，大加其油的练习矣，其旧场则铺洋灰，放铁网，一变而为适宜美观之网球场。

（2）新年师生俱乐会

一九二九年元旦下午二时，本校开新年师生俱乐会，庆祝新年，师生及男女来到会者不下三百人，熙熙融融，尽欢而散，是日节目如下：

①中乐合奏：李钰林君（笙），华绮年君（南弦），王恩彤君（胡琴），王振维君（大胡琴），张长清君（四弦），张玉麟君（鼓板）

②英文祝词：宋衍华君

③中文祝词：陈翕永君

④清唱：王世媛君（珠帘寨）

⑤相声：李钰林君，朱陆民君，英悦良君（借马褂）

⑥春来：华绮年君（大胡琴），王恩彤君（小胡琴）

⑦法文相声：宋衍华君，刘家俊君（哈巴同他的厨子）

⑧清唱：钱士元君，陈礼范君，朱陆民君

⑨三弦独奏：华绮年君

⑩电影

⑪校长答词

⑫闭会

（3）刘学睿先生讲演

刘先生学睿，香港大学文科学士，发明中国速记学，成绩卓然，全国知名，此次北上，本校特聘来校讲演，先述中国速记学之发源、沿革及发展之历史，又以其个人所发明之速记法与旧法比较，立见悬殊，公认刘君之记法为最速。

（4）本校足球运动

本校足球队自成立以来，所获进步，固已甚多，然缺点亦颇不少，今将年内之比赛与缺点，作一简单报告，以为将来之殷鉴。

十月十二日与海军医学校，该队因联络失常，致败绩，结果为十对一，此次比赛，精神极形充足，惜弄敌之态未能尽免。

---

① 题目为编者根据内容自行拟定，并根据具体内容对标题及个别字词做了调整与改动。

十月廿日，与英兵鲍德队，该队为天津球队之最强者，虽华北选手，亦莫能兴京，本队又焉有胜想，但队员皆毫不失望，并能添告奋勇，破其守地，攻其不备，命中二球，此余之所谓进步者是也，结果为七对二之比。

廿四日，与英兵约克队，该队会以三对一胜南开校队，其猛勇当可想见，然我队亦未当以不敌自居，开球后奋勇激战，卒能取巧射入二球。下半时，忽逆风大作，我队虽尚有余勇可卖，奈书生之骁勇，终难敌兵将之蛮壮，故转瞬间连负五球。最后，我队又精神大振，得胜一球，惜乎时间迫促，不及反败为胜，故乃为五对三作结。

廿七日，往汇文学校，此队亦劲敌也，比赛时，双方虽旗鼓相当，然危急常在敌境，奈其地坚而且滑，为我队攻势所不惯，故遂以和平告终。此后复作一度之比赛，结果如前。

十一月廿一日，与兵法总部。该队常胜意兵及西商乙组，其球术较约克稍优，此次比赛之情形平常，成绩精神亦不甚佳，结果为八对三，本校败。

十二月廿二日，与高等工业学校。此队固非劲敌，奈我队球员不齐，只九人与赛，致球威因之大减，仅能以二对零，获胜而归。

三月二十一日，与良友队。此队除华北足球选手第一孙思敬及周声仁外，余皆平常，故我队以九对一胜之。三月廿七日，良友队来本校作第二次球战，此番彼队志在必胜，故将其前次所来之无用人员，尽行换云，奈比赛时期，适值本校春假，因而球员不齐，致受挫折，然只负一球，结果为二对一之比。

此外尚有数次比赛，因皆系随便之游戏，故亦无可述之特点。

以本校球队进步之神速而言，固能达最强之目的，若有球员之精神，观之，则可谓毫无希望：

一因有三五球员对此项运动无甚兴味，如球员嫌比赛之地点太远，或托辞有事及手足疼痛等情，然此乃个人之嗜好不同，非可相强而能使然者。

二因球员谓学校方面无相当及优美之辅助。如球员嫌学校不能供给球衣及球鞋球袜，或比赛时学校无汽车之接送，或比赛后无特别之召待等情，此皆本校球队不能独占优胜之极大原因，须知练习足球，实为注重体育强健各人之身体起见。在学校方面，故应稍加奖励，以提助学生注重体育之精神，然运动者，则不可因学校之有奖助而后运动，若因此些许之贡助，而发起一时运动之思想，则体育之精神及宗旨完全失去矣。

（5）图书馆消息

去年七八月间，本校商科教授兼图书馆主任田执中先生赴欧，应鲁文大学博士试验，图书馆事务稍见停滞，但不久田教授得博士学位归来，对于馆务，积极整理，遂成焕然一新之景象，且当其从欧洲返校时，购有珍贵之书籍十余箱，约百种，增加本校图书馆之价值者不少。

馆内现藏书籍一万八千九百余册，中文占三千九百册，文学书居多，其余为西文本，工业商业书籍占多数。

年来馆内增购新出杂志十余种，大都属于研究学术新理者云。

（6）化学试验室扩充及增购之仪器

化举试验演位于预科楼上，与化学教室相通。室甚小，因陋就简，故药品柜及试验者同杂一室。本年在开学以前，已将北北面毗连之养病室，及预科二年级教室，尽划归实验室。其预二教室专为诸放一切仪器及一切试验原料之用。同时并为教授试验及预备室。

学生实验室，已将原有两试验掉，增而为四，一次可供 32 人同时试验。室内流水管尽更换以铅制者，以免酸类之浸蚀。桌面亦尽换以洋灰瓷砖，室之一角新装一玻璃柜，有烟囱通于室外，以备制造一切毒气臭气及一切有碍卫生之气体。学生个人储藏柜共有一百号，据现时统计：试验学生共约有八十人左右，每次作试验者，自十人至二十五人云。

至仪器一项，去年校长游欧洲考察教育时，已向德法探购大批，现已到有一少部分，其余者已正在起运中，预料本年暑假当可到齐。

计现时收到之仪器中，其主要者有：沙氏天秤（Balance Sartorius）一架，准性为万分之一克，及六架次准之天秤，准性为千分之一克，有机化学分解为一座，三镜头之千倍显微镜二架，离心分解仪一架，量油电度表一具，气体分解度量表一架，等等并大之批玻璃器皿云。

（资料来源：《工商学报》第三期，河北大学档案馆藏，1929-CB13-1）

4. 天津工商大学体育的振兴①

吾国体育先法自日本，继法自欧美，而东亚西欧以尚武精神振兴国势，以是由小学而中学而大学，无不以体育为急务者。有健强之身体，斯有健全之脑力，有健全之脑力，期有宏大之气魄、超伟之思想，而后民族兴，民族强。然吾校有鉴及此，对于体育一项尽力，设备应有尽有，力求完备，并于最近新闻一田径赛运动场一处，新法造成专供学生练习赛跑，其他球类等场，亦均完美。每至课毕场上人满，各自争练，虽属后起，势必达到优秀之目的，回顾已往，大有一日千里之势。今春举行

① 缺少题目，题目为编者根据内容自行拟定。

班级篮球比赛，全校共九班，辄分九队参加比赛，平均每队八九人与赛者，占全校学生三分之二。平素最不善运动者，经各班领袖之劝导，亦参加比赛。最后锦标赛有预二与工四比赛，预二合作力较强，工四个人能力优胜，工四最后五分钟败中取胜，锦标为工四夺获。客于天津足球公开比赛，吾校参加比赛，大蒙评判员之赞许。吾校虽属后起，前后比较，颇有无限之希望焉。

（资料来源：《工商学报》第三期，河北大学档案馆藏，1929-CB13-1）

5. 天津工商大学球中健将、演说会

球中健将——本校运动上之组织，原有足球及篮球二会，会中队员，率皆技术精娴，屡战屡捷，其队员之属于我公教生者：足球：王之辉君、张克昌君、周勋臣君、尉迟宝玉君。篮球：张克昌君。

演说会——演说会，为本校学生课外之组织（详情载于正刊），其中公教份子为：魏尚勇君、魏玉良君、英锐良君、张玉峰君、刘家俊君、郜华君。

（资料来源：《工商大学公教学生季刊》第一期，河北大学档案馆藏，1930-CB13-1）

6. 天津工商大学的音乐文化①

（1）音乐活动

天津工商大学是法国耶稣会于1921年创办的天主教大学，其教会学校的历史经历了天津工商大学、天津工商学院、津沽大学三个阶段，新中国成立后撤销合并，至1960年更名为河北大学。学校在创办之初便先后创建了附属高初中，建国后更名天津实验中学。

近代天津的西洋音乐发展兴盛，基督新教和天主教会团体、学校以及社会各界积极互动参与各类音乐活动。20世纪30年代初，王勋章创办的天津“中华口琴会”在天津工商学院附中、基督教青年会以及各中学开展活动，吸收了很多大、中学生，工商学院附中先后正式成立初高级口琴班。该音乐组织在全国及南洋都有分会，排演中外各类乐曲以及京剧片段，是当时音乐水平最高的口琴组织。除口琴会外，工商学院附中还成立有国剧社、昆曲社、管弦乐队等等，管弦乐队由张肖虎指导，他本人就是该校的校友。音乐教育家、作曲指挥理论家张肖虎曾就读于天津工商大学预科，后来在清华大学期间开始了他的音乐家生涯，曾任清华大学西乐部的导师。1941年，27岁的张肖虎被天津工商学院聘为音乐教授，其指挥才能被誉为“天津音乐之雄”，指导管弦乐队、歌咏团和口琴队，时常举办音乐会，教授钢琴及作曲。乐

① 题目为编者根据内容自行拟定。

队的另一位音乐指导是陈子诚，他曾是清朝皇室西洋乐队的指导，光绪年间由慈禧太后下令成立西洋乐队时被选入宫，在宫中随德国老师学习多年音乐，管弦乐器无一不会，曾多次在国家庆典及重要场合中演奏，陈子诚在天津期间被张伯苓聘请为南开中学军乐队的指导。附中校友还有一位后来成为音乐家沈湘，声乐艺术家沈湘曾就读于天津工商学院附中并在南开中学歌咏团担任男高音，在校时就获得歌王之雅号，1939 年沈湘在天津基督教青年会举办的全市歌唱比赛中夺冠，后成为中国著名的歌唱家和声乐教育家。

天津工商大学本科部的音乐活动也十分活跃。大学于 1936 年正式成立游艺委员会，有音乐部、戏剧部和游艺部。专门的学生文娱团体有国（京）剧社、话剧社、杂技会、口琴会、昆曲社、歌咏组、管弦乐队等。1941 年 8 月工商大学管弦乐队在天津公演的莫扎特作品音乐会轰动全市，自此学校的音乐氛围愈发浓厚，管弦乐队教授张肖虎计划每月举行一次学生音乐会，作音乐欣赏讲座一次，用留声机唱片播放西方各时期流派的乐曲加以讲解，非常受学生欢迎。当年 8 月 2 日由校乐队成员周乃森主办的青年会暑期音乐会中，工商乐队被邀参加，表演了小提琴独奏、室内乐三重奏等节目。

（2）莫扎特音乐会

1941 年，音乐家张肖虎建立了以天津工商学院为主，同时兼收社会爱乐青年的工商学院管弦乐队，张任指挥及正指导，陈子诚任副指导。乐队有 40 多名成员：小提琴 22 名，中提琴 2 名，大提琴 3 名，低音提琴 1 名，长笛 2 名，单簧管 4 名，小号 2 名，圆号 2 名，长号 3 名，中音号 1 名，大号 I 名，鼓类打击乐器 3 名。队员有正副两种，正队员是有过音乐训练者可以参加乐队合奏，副队员是初学乐器者，他们定期上课练习乐器，正队员每星期两次练习，陈子诚负责安排另外的一对一课程。乐队的乐器借自张伯苓创办的南开中学军乐队，因管乐队尚未准备成熟，经过一段时间努力，弦乐队首先在天津市举办的梵蒂冈第二任驻华代表蔡宁主教的欢迎会上演奏莫扎特小夜曲。队员们对管弦乐队投以极大的热情，除了每周有三次排练外，每天上下午各个队员会分别到校学习乐器，张陈二位指导异常繁忙。由于如此的努力，时逢莫扎特逝世 150 周年，在管弦乐队组建四个多月后，为灾民和本校贫困生举办了“工商学院管弦乐队主办莫扎尔特作品慈善音乐会”，分别于 8 月 30 日上午 10 点半在大光明影院、9 月 1 日晚 9 点半在英文学堂开演。演出获得成功，一时轰动天津全市。

天津工商大学工商生活委员会创办的《工商生活》1941 年 8 月 28 日第 3 期“莫扎尔特音乐会专刊”详细记录了这场音乐会的前因后果。全刊撰文如下：写在音乐专号以前、工商管弦乐队及莫扎尔特音乐会之介绍、莫扎尔特传、莫扎尔特的恋爱史、两个朋友（莫扎尔特与海登）、供献给听工商管弦乐莫扎尔特音乐会的士女们、命运多舛的伟大音乐家、管弦乐的欣赏。该刊封二刊有四张莫扎尔特的画像：莫扎尔特的家庭、莫扎尔特的生地、幼年时期的莫扎尔特、莫扎尔特的画像。管弦乐队演出的音乐会曲目如下：

①塞锐戈利欧歌剧之序曲 Overture from “The Seraglio”（管弦乐队）

②A 长调模范曲 Piano Sonata in A

③a. D 长调竞奏曲之第一乐章 Allegro From “Violin concerto in D”

b. 降 B 调模范曲之第二乐章 Andante From Sonata in Bb for Piano and Violin

提琴：方道尧先生　钢琴：刘金定女士

④a. 紫罗兰（The Violet）

b. 摇篮曲（Cradle Song）

c. 歌剧唐其欧丸尼之歌（Don Giovani Ⅱ Mio tesoro intanto），独唱：沈湘先生

⑤三重奏（第二曲）之第一乐章 Allegro From Piano Trio no 2 in D

钢琴：刘金定女士　提琴：郭道经先生　大提琴：刘光汉先生

⑥夜乐 Serenade in 4 Movements

a. Allegro

b. Romanzea（Andante）

c. Rondo（Allegro）弦乐队

⑦周比特交响乐 Jhpiter Symphony

a. Allegro Vivace

b. Andante Cantabille

c. Minuet

d. Finale-Allegro Molto 管弦乐队

音乐会还有沈湘的独唱：艺术歌曲《紫罗兰》、歌剧《费加罗的婚礼》和《魔笛》中的选段。该刊还介绍了音乐会的主要演奏成员，如在音乐会中担任模范曲钢琴独奏的李菊红女士也是青年会歌咏团的伴奏；本校工三学生及乐队干事方道尧担任小提琴独奏，燕京大学音乐系毕业的刘定金女士擅奏钢琴，曾在天津市举办过独奏音乐会，现任中西女校音乐教师，此次音乐会中表演室内乐三重奏以及独唱独奏的伴奏乐队队长。郭道经任小提琴手，同时擅长口琴，并创办了本校的口琴队，此次音乐会中表演室内乐三重奏。本校校友刘光汉先生任大提琴手，并擅小提琴、口琴及其他乐器等，此次表演三重奏。

此后，该乐队继续排练难度加大的交响乐作品，如海顿的《惊愕》、贝多芬的《第五交响曲》、比才的《卡门组曲》、李斯特的《狂想曲〉等。乐队自1941年建队到1946年共演出数十场，1947年改称“交响乐团”，并应邀至北平辅仁大学公演3场募捐音乐会。新中国成立后该队仍积极参与社会活动，还培养了不少当代的专业演奏家和音乐教育家。

（资料来源：孙晨荟《天音北韵——华北地区天主教音乐研究》，宗教文化出版社，2012年版，第114—116页）

7. 天津工商大学的欧式建筑风貌①

天津工商学院为法国天主教会创办的一所大学，筹建于1920年，初名工商大学，1921年选址于英租界马厂道（现马场道117—119号），1925年主楼建成，初设工、商两科，1933年改名为天津工商学院，校训为“实事求是”。1937年增设建筑，为天津建筑教育之始，著名建筑师沈理源、阎子亨、陈炎仲及法国建筑师穆乐等均曾在此任教。1948年改为津沽大学。1970年原址改为天津外国语学院。院内现存天津市历史风貌建筑7幢。其主楼为天津市特殊保护等级历史风貌建筑，由法商永和工程司设计。该建筑为混合结构三层楼房，红瓦坡顶，清水砖墙；建筑平面对称；工面强调古典构图原则，楼顶建有法国孟莎结构穹顶；西侧建有内部小教堂，采用半穹顶，独具特色。

① 题目为编者根据内容自行拟定。

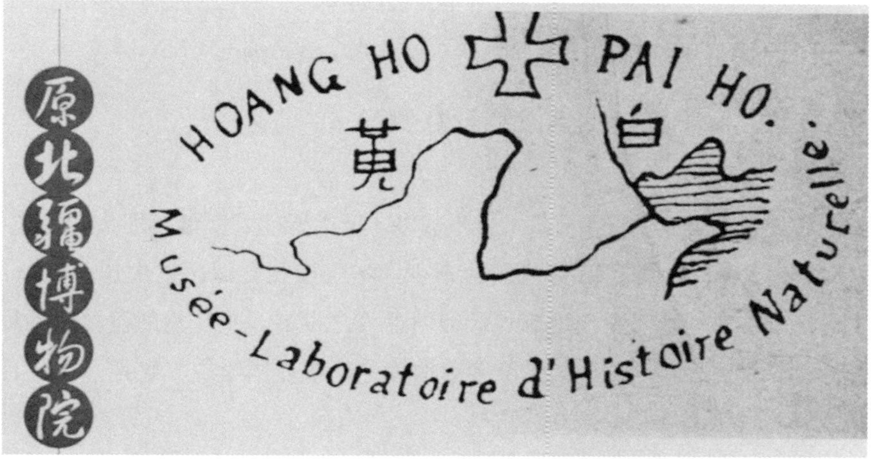

原北疆博物院坐落于马场道117—119号（现天津外国语大学校内），是中国早期的博物院之一，为天津市重点保护等级历史风貌建筑。该博物院由法国天主教耶稣教会桑志华神父于1914年创建，主要收藏和研究黄河、白河（海河）流域的地质、动植物标本，院名由此译为“北疆”。博物院由博物馆、试验馆两个建筑组成，博物馆（北楼）于1922年由比商义品公司设计、建造，试验馆（南楼）于1925—1929年由法商永和营造公司承建，两楼间用封闭式大桥相连。建筑为混合结构三层楼房（局部二层），清水砖墙，立面简洁大方，平面布局满足功能要求。

（资料来源：贾长华主编《洋楼遗韵——天津历史风貌建筑概览》，天津古籍出版社，2012年版）

（二）天津工商学院

1. 天津工商学院校友会及期刊社侧影①

（1）校友会

本院列年来之毕业生，在数量上虽不甚多，但类皆能发展母校埋头苦干之精神，服务社会，刻苦耐劳，博得社会之同情不少，本院校友会即由以上毕业生所组成，宗旨在联络出校师生及同学间之感情，辅助母校之发展，并互相助益。会中每年举行年会一次，并发行年刊，一年来会务颇为发达，毕业同学较多之地点，且有分会之设立。

（2）出版刊物

本院出版刊物可分两种，一为定期刊物，一为丛书。

①定期刊物。

a. 导光周刊，系民众科学书报之性质，每星期出版一次，现有一千五百余名之定期阅者，推销国内。

b. 工商学志为校刊性质，系由本院教职员及学生担任撰述，内容偏重工程、科学、经济、商业，年出两期。

c. 工商校友会年刊，系由本院教职员及学生担任撰述，除讨论工商各类文字外，并刊布学校消息、毕业同学近况。

d. 工商学院一览，专载本院各项组织，章程，概况。

②丛书，本院所出丛书，分法学、文学、经济三类。法学丛书，系由本院法学博士戴司铎与上海震旦大学法学院合作者。文学丛刊，分中文法文两种，中文部分由商务印书馆出版。

（资料来源：《天津工商学院院务报告书》，河北大学档案馆藏，1935-CB13-8）

2. 天津工商学院的主要社团概述②

（1）工商摄影社

工商摄影社起初是由高中三年级的几位同学发起，随后就有文字和摄影的宣传征收会员。参加的都是兴趣相当浓厚的同学，一共有十几个人。向学校要了一间够大的屋子当作暗室，一切都由我们自己动手收拾。药品、印象纸、黑纸、钉子等等都要我们自己买，红灯、电线、盆、印刷机、放大机，都是社员们大家筹集，只消

① 题目为编者根据内容自行拟定。

② 题目为编者根据内容自行拟定，并根据逻辑层次对标题做了适当的调整。

三个下午，便已经大致就绪了，借着离教室最近的初一教室，当作办事处。社员大家交换摄影书籍，探讨心得，冲印照片，批评成绩，或皆出摄影，其乐也融融。

这时试验我们能力的机会来了，春季运动会便又开始了，我们因而做了一个详细周密的预备工作将全部人员都系统地组织好，分配在暗室和运动场上，以自行车保持联络，各种办法都详细研究了，以便发挥最大的效率。运动会开始了，我们的镜头在运动场上活跃着，我们的手在暗室里工作着。第一线上的镜头在机子与耐心之下不放过任何一个精彩的特写。暗室里充满了愉快的欢乐。显影盆里的影像逐渐出现，随后便定影水洗，药水吸干放大，一步步的完成，在当天的下午，便有竞赛情形的照片出现在布牌上了。

运动会过去了，同学们的摄影有了更明确的印象，也更认识了摄影社的能力。

学校把两个玻璃公告牌的钥匙交给了我们，并且告诉我们这两个公告牌此后就交给摄影社专用了，这两个公告牌以后发表了无数的照片，美术的或学校生活的，成了摄影社的喉舌。

大学部的同学也有了四五个人参加了这样组织，使我们的部队越加扩大。我们在大学部材料实验室对门又设立一间暗室。

我们设立了一个冲晒部，专门供同学们冲晒放大照片所用，以提高同学们的兴趣，减少负担。这个工作一直到期考终了，始终未辍！

学期末时，我们试办了一个摄影比赛，可是摄影社以外的同学参加的太少而流产了。这学期终了的时候，我们开了一个联欢茶话会，后顾前瞻，都使我们乐欢。

暑期过去了，有些同学升入大学或转入中学部，人数骤减，摄影社重心遂由中学移至大学，在大学部又开了一间暗室，与原来暗室一供晒像，一供放大，仍持续着为同学们的服务工作。

大学部的公告牌上不断地有美术相片或生活相片展出。在新年时，并由摄影社制造新颖别致的照片贺年片出现。

1942 年的运动会时，本社除在运动场上的活跃外，并主办自由影展，参加者除同学们外，并网罗校外作品颇多，展览时有相片 139 件。虽不敢说琳琅满目，但几年来天津影展绝无！这不过是抛砖引玉的一点希望而已！展览会完了后有巴丁神父评判，选出前三名得奖者，以为余兴。

彼时大学部社员 14 人，中学有 7—8 人，颇现活跃！校方亦多予助力，并为暗室添置仪器、药品不少。

第三年的摄影社开始了更艰苦的奋斗，然而，似乎不敌同学们功课的忙迫和照相材料的购买困难，终难和先前的活跃相比。在这百般困境中，摄影社正在坚忍的充实自己，筹备将来，一边度过这个史上的暗淡时期。

这是摄影社历史的第一页，我们惭愧于它的短促，更惭愧于它内容空虚。然而历史的页数是无尽的，未来的灿烂的篇幅正期待着新同学的心血来充实！这里热情地期待着，期待着新同学踊跃参加我们的阵线。

（2）消费合作社

本校消费合作社，驰名遐迩，执各院校社团组织之牛耳，社务营业日益蓬勃，以谋同学之消费合作福利，并为同学实地服务测验之良场，而与本校膳食合作社并两大砥柱。略述该社景况，以慰新同窗。

该社肇始于民国三十年春季，迄今已两年余兹，营业年度历四届，蒸蒸日上，来日之隆尤可预期，起初由校方杨辛民、宋秉泽等校友提议创办，并得校方诸多资助，遂组成干事会，计分总务、会计、文书、社务、广告等五股执行社务进行。由杨宋二君总务一切，试办期间定为百日，并聘孙书铭君治理日常门市售卖事项。以迄五月十五日试验期结束，此间销售金额达八千四百余元，得净利六百余元，除提出法定公积金百分之二十，并股金百分之一及雇员酬劳外，余额红利按登记销货金额分配诸购买社员。记录为每购物一元净分红利七分，同学等认为平日与合作社购货已较市价低，年终再分红利，莫不交口称许，遂乃颇受各院校所瞩目焉。

该社本保持同学等之消费合作宗旨为方针以迈进，且能赤诚服务，故得同学爱戴良深。该社营业由上海订购大批龙门影印书籍，以供同学购买，按市价六五折售出，各种学习用品及日常生活用品琳琅满目。质量尤佳，物美价廉，故甚得同学惠顾，其后有营业之繁荣，乃增门市，售货为二人，利于同学购买。

二届总务由董闻二君任之，三届总务系陈李二君负责，以上诸君皆系今夏毕业之校友，于社务诸多推展，四届即上学期由李宗达、郝慎铭二君主持一切，成绩斐然，故上学期终结，社员同学购货一元，分得红利一角；股金一元，分得息金二分，以计物价更尤为低廉于市面售出者，果每季购货恒原该社，则季终之红利足为往返京津诸地之车资而有余，其为同学之拥戴者必矣！盖纯以尽消费合作社服务之目的，各货均系直予采用也，迩来市面百货高昂，社中各物影响所及亦见提增，遂不得已也。

该社誉为本校经济利益之拦水坝，予同学物力精神之福利，社务呈长足以进展，尤以该社之广告设计最引校中人士之注意，新颖别致，辅盛营业殊大。

（3）公教出版社

过去公教出版社是负责出版公教图书与公教学生两种刊物的，虽然在校中是一个最不引人注目的组织，但它的工作能力与效果却是在校中任何一个团体比不了的，因为甚至在遥远的地方与不同阶层的人们是有着许多许多曾经接触过它，并且在叫响了天津工商学院公教出版社！

由于环境问题公教出版社近来没有新书问世了，但是许多读者们都在期待着那一些励志的读物，因为那是以播扬真宗教精神与纯文化思想的刊物，在灌输着人们的滋养的精神食粮！如今，公教学生季刊拥有着大量的阅户，在遥远的南国与遥远的塞北都有着许多热烈的读者，并且有一些是不信仰宗教的人，可见它是如何的受人拥戴。

公教学生季刊于每年三月、六月、九月、十二月底二十五日出版一册，现在已经是第三卷第三期了，到年终正正有三年历史，社长是刘院长，历来对本刊之推进不遗余力，顾问编辑亦由本院国文讲席朱星元先生担任，氏词文卓胜，故本刊之文化水准相当高越。本年春因刘院长公务繁忙，对于本刊事宜无暇兼顾，遂改任发行人经理一切，而由前总务主任徐保和司铎及朱星元先生担任本刊顾问编辑，于社务尤为发展，编辑事务则由杨琎、刘纳、张疆三位校友负责执行一切。

《公教学生》的内容，是一个综合刊物的性质。包括着，学术文字、科学论说、国际动态、世界珍闻、生活修养、教义教史、传记历史、通讯特写、评价论述、文艺创作及幽默小品。稿件除特约作者外，外来稿件常占大部分。因本刊绝对公开，且不以宗教信仰为限制，故其能风行一时也！价虽较高，而厚厚一册，只售五角，与市上之低级刊物之索供其价皆不可同日而语也。

无论你是信仰宗教或不信任何宗教，本刊物对你都有一看的价值，至于生活方面、修养方面，在你读过以后或许有些益处，至于印象如何那要看你的读阅后所下的评语了，但至少这是华北稀有的纯学术思想刊物，是不可用语言形容的。

值此秋风送爽时，谨将公教出版社的内容略述以限于此，最近期间内容迈入最高学府的新同学们，并祝诸君快乐！

（4）工商管弦乐队

管弦乐队成立至今，已经有四年有余了，如同一个微小的烛光在风雨摇曳中，日渐放光芒，有着无穷的希望，是值得我们庆幸的，如今，将它介绍给诸位新同窗之前，我们且在希望着你们更多的爱护与指导。

乐队历史。教堂中庄严的颂声、繁重的功课、严格的训言，工商的生活是常严肃而沉闷的，然而我们仍需要音乐和艺术的陶冶。一九四一年的春天，由陈、郭同学等人发起，取得校方的同意和赞助，并聘请音乐人张肖虎、陈子诚二位先生的指导。首先成立管弦队，管弦乐队经队员之热心与努力，练习有常，数度演奏于本校圣堂及欢迎主教会席上，成绩斐然，深得师长同学赞许。是年夏，一部管乐器已借到，遂训练管乐器队员。暑假中积极练习，日夜无间，马场道上常闻管笛之声，八月三十一日，首次以莫扎特作品音乐会公演于本市大光明剧院，一时轰动津市，人莫不知有工商弦乐队。假后开学，校方正式聘请张肖虎先生为教授，陈子诚先生为导师，组成严密！一切皆趋于正轨，一九四二年夏，劳鹏飞修士来校，主任音乐事务，并兼提琴导师之职！乐队组织更为固定，实力亦强，直至今日前后公演共十次，津市音乐空气日渐浓厚，我队实有力焉，十次演奏，以第一次最为隆重庄严，乐件齐备，队员皆为国人，实为华北空前，以第六次阵容最为整齐，动员津市中外音乐家数十人，主要节目除贝多芬第五交响乐外，并有张先生自作之狂想交响乐，旋律优美，为中国风味之乐曲！本年五月二十三日校方为答谢募捐人士，乐队乃再度演奏于大光明剧院，结果圆满，听众赞誉交加，此次演奏几全部为本校队员，技术亦较前进步多矣！

乐队组织。本队系采取正副队员制，新入队者为副队员，按时上课练习，有季中及学期考试，一年后考试及格者经导师许可得升入正队员，即能参加团体练习，即公开演奏矣。所谓副队员之一年训练期间为指习管乐器者言，至习弦乐器者则需依其技术而定，故此实为本队最大困难，不得不仰仗外人之处，然习提琴者往往三四年内亦不能演奏较繁难之曲！而大学学历仅为四年，故乐队欲求实利增强而无校外队员实非易事。本队极力克服此困难，唯一办法即为加强副队员之训练，想一二年后，本队即可形成纯正之同学组织矣。本队为办理队务事宜，教员选有干事会，分文书、庶务、乐器管理、游艺等股，各有干事负责，每月之茶话会、音乐会等临时分配职务。

未来展望——乐队初意本为普及音乐，培养高尚兴趣，美化同学生活，过去会数度举办音乐欣赏会及音乐夜，今本队组织日益健全，能力所及当再组织军乐队及歌咏团等。喜音乐之同学望踊跃参加！本队无任欢迎。

（5）体育委员会

工商的体育在学校方面是相当重视的，因为一个人在其他美德具备时，如果没有健康体格，不仅生命不容易长久，即或长久，胸中的抱负，恐怕也难以发挥！所以校当局在创办以来，即对体育不惜重大的努力去发展。

前些年，工商的体育有相当可观！是在六年前工商校史上最大转机时，学生人数骤增，人才辈出，体育也蓬勃进展起来，为了事务上的加繁，体育委员会于民国二十六年开始承校命组织，由毕业校友商科姚家贵君组阁，管理校内校外比赛。

在二十八年秋季，明兴礼司铎主持体育，再由校方商科李建名君二次拜命，在这一年中建立了冰场与墙球场，球类比赛也增加了许多。

民国二十九年，翟主任留任，校方为求普及体育起见，特自本年起，各系添设体育，并敦聘王强先生指导，体委员会前工科校友董锡赐君主持，是年度体育愈蒸蒸日上，更建立冰场，组织排球篮球远征队征京，篮球力战燕大、辅大、师大，无功不克，排球队与辅大及其他北京劲旅交绥皆操胜券，春运会亦扩大举行。至民国三十年，翟先生离京，体育主任由商科校友周裕尧君被委主持。体育教员亦改聘崔玉汾先生来校对体育事项。并遣篮球远征队征京，战胜辅大、中大、师大，全胜而归。

（6）国剧社

国剧社在工商至少有五年以上的历史，自从成立以来，每逢校中开游艺会必有国剧，不过第一，没有固定的校址。第二，没有固定的开会时间。虽然有这两个缺陷，可是上演后的成绩好是绝不敢说，可以说是勉强，不出大笑话，这一点微小的成绩，还得归功于国剧社的义务指导陈咸君先生。陈先生是津市名票，服务于慈惠中学校，在天津票界是尽人皆知，生旦净末丑以及武场，样样精通，待人更是谦逊和蔼，知无不言，言无不尽。最近，本校将在九月十日开展迎新游艺会，国剧社参加演出。最后国剧社希望并欢迎新同学加入，可以使国剧社有更好的成绩。

（7）膳食合作社

为着数百人张罗着吃饭的问题，的确是一件很困难的事情，在平时既感到不易，何况又值此动乱中，膳食合作社的负责人当然更要煞费苦心了，那么在你吃饭的时候，该不要忘记粒粒皆辛苦这句话的！本年度由于粮食购买困难，会有预交五十元以备预购粮食，不预交费者即无入社之优先权！过去膳食合作社中凡本校大学生皆可包饭，并可称起价廉物美。以后由于粮价飞涨，费用增加，但粮食购买太困难，而忍痛不许走读生及家在本地居住的住宿生加入饭团，以便维持！不过在如今环境之下，前途自然不是很乐观的。

本年度膳食合作社组织如下：社长相贤司铎，顾问赵元俊司铎，总务以下设文书、会计、米面、烹燃、司药及卫生诸股负责一切事宜。餐制是完全一律包全餐，取消一餐制及免餐制！至于费用方面，当力求低省，每月终作结盈退相补。

关于米面一项在期待着配给。购买方面棘手之至。其余的问题就比较容易解决了，在这儿希望负责诸君努力，并希望新同学给予实地的最大协力。因为膳食问题在今日绝非纸上谈兵所可解决。谨默祷有着很丰富的一顿午餐，作为贺仪以欢迎新入工商的同学们。

（8）学生俱乐部

学生俱乐部，为我校同学课外组织之一，该部于一九四〇年冬成立，本设于三楼，后为同学便利起见，设于楼下，该地房舍宽大，光线充足，不愧称为精神别墅。学生俱乐部内设部长一人，由刘迺仁司铎充任，并聘董事数人，由我校主任及教授充任之，更聘十多人负责管理校内事务，轮流值班，每逢星期一二三四六下午四时及星期日上午九时半实行开放，任同学阅览读书、借出杂志等等。

该部图书组，除购买图书杂志外，更订有全国各大报纸，以供同学阅览，著名杂志计有《国民杂志》《北京漫画》《中国文艺》《国际新闻》《电影新闻》《吾友周刊》《三六九书报》《立言书刊》及《游艺书刊》等。刊登著名报纸有《新民报》《新化京报》《英文北京时事日报》《庸报》《东亚晨报》《新天津书报》及《中华日报》等。

该部棋类有围棋象棋跳棋弹棋等多副，供同学课余消遣。去年更有围棋研究会成立，以便爱好围棋的同学互相切磋。

最末，为爱好音乐之同学，该部音乐组购买留声机及京剧唱片、西乐唱片、流行曲唱片多种，并设无线电收音机，供同学们收听。

（9）生活社

工商生活社从成立到现在，已经有着三年的历史了，很早就想谈一谈本社的内容与工作，但是由于版位相当的珍贵，现在趁着迎新特刊的出版，在这说上几句话，也可以显示本社的立场，献给亲爱关心的同学们。

关于工商生活社的创立，我们要永远纪念着刘院长的不懈功劳，从各方谋策与实地的监督援助，使本社由草创逐渐成长，更有历来的主编梁世熙校友与李慧同学的辛勤努力，才有了今日的成绩，至此不禁生钦感之意。

生活二字的意义很广阔，但是由于能力的有限，所以本社的工作仅是在出版着工商生活校刊，基于环境物力的影响，所以由最初的杂志转变成现在的报章体，这也是极不得已的事情，可是我们的希望不只是为了出版着这种刊物，而是用为同学及社会轮供一点精神食粮，也还是要去做一些实际的工作，去援助或服务着同学及社会，以表现生活二字的真谛。

所以在今年春天，本社同人由前本刊指导徐保和司铎率领参观了本市西开天主教医院孤儿所及望海楼洋货街仁慈堂，并发起为那些纯洁无玷的可怜小天使及衰老无恃的老人们捐一些款子，这不仅在精神上给予他们了许多安慰与同情，并且还要实际的给予了他们一点物力的帮助。当时，蒙在校同学慷慨解囊，集有400余元，为数自不在少，只是尽点怜悯心吧：在这个世界上，我们但能够做一件比较有意义的事情，就去动手做，这是本社同仁们的素志，希望以后同学们永远与我们合作来服务着！

《工商生活》的内容是刊载着工商两科论文、学术思想、工商智识、校闻生活、文艺美术及杂组等等，起初纸张充足，每期只是洋洋一厚册，质的方面也力求充实精美，在这种情况下，一共出了九期，其中会有为管弦乐队的大演出而出版了一集特刊，并又举办了一次奖金小说，自信在同学间留着不甚劣的印象。

去夏，因纸张来源困难，以致出版发生障碍，但是编者仍用最大的能力去工作，在多方策筹之下，为继续工作乃痛改为报章体，尽力在课余增加出版期数，内容务实求美，以补损失，首次迎新特刊问世，对新同学致欢迎词，并将校中情况详细介绍，以稍尽服务的宗旨。

本社组织方面很简单，社长、指导主任、各栏编辑、记者及特约撰述等，其中则由敦聘，或校方委派而分配总务，本社同人共有二十余位，包括大中二班的同学，每年级各有代表一位，但在工作时却是一齐苦干而不分彼此的，年来课外活动火热，本社记者于采访记录上也相当活跃，会与主编的责任不过多负担着总务外交与校闻的工作，然在社务上却是绝对公开的，至少在每半月中总有一次社务会议讨论着进行方针诸事，然后根据决议而实施。

至于选稿方面，稿件除由编者写作外，并积极欢迎外来稿件，该项稿件则由各专栏编辑负责删改事宜，每期稿件统交社长阅览，经详密的检定后方能付梓，其不合格稿件即弃用！

本社是没有经常经费的，一切因简就陋，编者当然要勉为其难了！在每期出版前，编者就要耗费了五六个下午跑到印刷馆去指正校对及排印校对等一切事物。不但要搭车钱，有时还要牺牲了饭团的几顿晚餐，但是编者为服务文化报道的责任心起见，一方面又为个性旨趣的问题，极愿把工作弄的好好的，所以对于自身的刻苦与损失也不欲计较，关于各方的批评如何也无暇去顾虑，但希望同学给予我们最大的同情与鼓励。

过去，我们自问尚曾竭尽最大的努力！本年度则更精宏的计划着，因此很希望同学们各方的赞助与建议，并赐以鸿文巨制，以广篇幅，话又说回来了，因为没有经费，所以对于稿件的酬劳方面，只是赠送本刊或是本刊稿纸而已，甚愿以后能够酌以现金酬报！这是编者实实在在筹划的，在期待着呢！

谨遵实事求是校训，向前迈进，为了我们的工商，为了我们的国家，谨以至诚，将本期献给走进工商校门的同学，祝你们身体健康！品学日进！

（资料来源：《工商生活迎新特刊》，河北大学档案馆藏，1943-CB13-10）

3. 天津工商学院工科同学会

我们都是志同道合的人，都选择了工程作我们终身的职业，而最值得珍惜的是我们从山南海北四面八方的聚到一起来学习，来研讨我们的功课；我们应当如何来利用来发挥这个难得的机会啊！我们都知道学工程的绝不能自己一个人去创业；工程事业是有联系性的，我们需要联合，永远的联系在一起；为了我们将来在工程圈子里能发挥更大的团结力量，为了我们将来在事业上有更大的成就，为了使我们知识的更多进步，为了我们在离校后还能够有紧密的联系，应当在校内尽量地打成一片。

工科同学会，就是应了这样的需要而产生的，它不仅加强了我们在校内的联系，即使我们将来在工程界上见面的时候，我们仍旧是有组织的，有力量的，同时它还足以弥补我们过去校友无联合的缺陷。

工科同学会的成立是在三十五年五月，正是日寇投降的第二年，在第一次全体工科同学的茶话会上，大家共同研讨之下，当时决定每班选代表二人，于会后讨论成立事宜，并拟定内部组织大纲，计分总务、参观、演讲、出版、学术研究五组，关于各组人选，力求民主，并承校方之协助，及全体同学之努力，为同学谋福益不少。

从成立到现在，已经有两班同学毕业，离开了学校，他们在服务成绩上，都有良好的表现，为学校增添了无上的光荣，这种光荣也就是我们工科同学会力量的萌芽，会员一天一天的在增加，力量也一天一天的在增长，同学们，团结起来，工科同学会正在等待你的力量，同学们，努力吧！工科同学会正在需要你的支持。

1948 年 5 月 20 日

（资料来源：《天津工商学院民国毕业纪念册》，河北大学档案馆藏，1948-CB13-3）

4. 工商建筑工程学会暂行章程

第一条　定名：本会暂定名为工商建筑工程学会。

第二条　宗旨：本会宗旨为联络感情，研究学术，互助事业，发展建筑，联系服务社会。

第三条　会员之资格及分类：

A. 甲种会员

一、本校校友及教职员。

二、在国内外建筑专门学校毕业者。

三、自营建筑师或营造业务者。

B. 乙种会员

一、本校建筑系同学。

二、国内外建筑系学生。

C. 名誉会员

凡资助本会、本年会会受其特殊资助者，得被选为名誉会员。

第四条　入会手续：

凡具有第三条A、B中之第一项资格者愿入本会，须先领具入会志愿书，交纳会费，领取会员证。凡具有其他资格者，须先具入会志愿书，由同种之会员二人介绍，得本会干事会审查合格后，再由本会文书股正式通知入会，交纳会费，领取会员证。

第五条　会员费：甲种每年六元，乙种每年四元。

第六条　组织系统：本会暂设名誉会长一人、会长一人、顾问一人。

本会之权利机关为会员大会，大会闭幕时为干事会。干事会定为十一人计。

一、甲种会员占六席（甲种会员不足时由乙种会员暂代）。

二、乙种会员占五席，干事会设常务干事一人，由名誉会长或会长为任之。

第七条　会员之权利：凡本会会员得享有本会所有之权利。

第八条　干事会之组织：

干事会下设学术部事务部及特种委员会。学术部之下，设有研究股、出版股、图书股。事务部之下，设有文书股、交际股、会计股。

第九条　任期：本会所有职员任期一年得以连任。

第十条　期间：会员大会于每学期之第一月内由干事会召集之，遇必要时由干事会之决议或会员四分之一以上之建议由干事会另召开。临时大会干事会每月至少开会一次，遇必要时得开临时会，由常务干事召集之。

第十一条　本章程如有未完善处，于会员大会时提出修改之。

（资料来源：《工商生活迎新特刊》，河北大学档案馆藏，1943-CB13-10）

5. 天津工商学院校友会简章、附则及委员会名单①

工商学院校友会成立于民国二十四年三月一日，宗旨在联络出校师生及同学间之感情，辅助母校之发展，并互相助益。组会会址设于天津，将来得于各地添设分会，便利同学间互通声气。会中每年举行年会一次，并发行年刊，兹将该会简章录之如次。

第一条　定名：本会定名为天津工商学院校友会。

第二条　会址：本会以母校为会址。

---

① 题目为编者根据内容自行拟定。

第三条　宗旨：本会以联络情感，辅助母校进展为宗旨，并于可能范围内为校友介绍职业，或与校友以经济上之援助。

第四条　会员：本会由会员、仲会员及名誉会员合组而成。但名额无一定限制，其资格列下：

（一）凡会在母校毕业一年后之同学，皆得为本会会员。

（二）凡在母校毕业未满一年之同学，暂为本仲会员，经过一年后方得为会员。

（三）凡在母校正科四业两年以上之同学，因其个人之努力，在社会上得有相当成绩及地位者，如经其本班大多数同学之推荐，经执行委员会之通过，亦得为本会会员。

（四）仲会员虽得列席全体大会，但无选举、被选举、提议表决等权。

（五）凡在母校现任或曾任之董事教职及热心赞助本会者，均得为本会名誉会员，由常务委员会议请其入会。

第五条　组织：本会设执行委员会及常务委员会，分别办理一切会务。执行委员会之委员，由全体会员票选之，其名额视会员总额之多寡，按其比例而决定。例如，弱于一百票选六人；弱于二百票选九人；强于二百票选十二人。但执行委员之住址，暂以在天津者为限。

常务委员会设正副会长各一人、文书一人、会计一人、交际一人、庶务一人，分别执掌各项通常会务。

常务委员由执行委员以不记名投票式选任其名额，暂定六人。

正副会长、文书、会计、交际、庶务，由常务委员六人互以不记名投票式选任之。

第六条　任期：执行委员及常务委员任期均为三年，每年轮流改选三分之一，按所得票数多寡为断。如票数相等时，以毕业较晚之委员先行改选；如二人适为同年毕业，由抽筛法决定之。委员任满仍有被选举权。

第七条　会期：校友全体大会每年举行一次，执行委员会每年最少举行两次，但于全体大会前必须举行一次。执行委员会会长及副会长于必要时，得临时招集执行委员会及全体大会常务委员会，由会长随时招集之。

第八条　会务：校友全体大会以会员过半数为法定人数，其任务列下：

（一）讨论并审定常务委员会之工作报告书及经济状况报告书。

（二）改选执行委员。

（三）表决执行委员之提案。

各校友提案，最迟须于大会举行前十五日内提交执行委员会审定。各校友提案，如经出席会员三分之一以上否决，由执行委员会以函件通知全体会员投票表决之。

执行委员会以委员会人数三分之二为法定人数。执行委员会有审查各校友提案应否提交全体大会讨论之权利。议决各案，须经出席委员过半数之通过，票数相等，以会长之票决断之。庶务担任上述三种以外之事务。

本会一切支出，均须经委员三分之二以上通过。其对外支付款项之单据等，必须由会计及另一常务委员会同签字盖章，方能有效。常务委员会应分别编制工作报告书及经济状况书各一份，向全体大会报告之。

第九条　入会手续：会员入会，须向常务委员会会长作书面之请求，注明姓名、住址、年龄及职业，并须声明对于本章程完全赞同。履行事项须请求经常务委员会通过，方能入会。

第十条　会员资格之消失：凡会员操行有损及本会名誉时，常务委员会得提交全体大会通过，取消其会员之资格。凡会员无故未缴会费三次以上，经会计三次通知仍未缴纳时，该会员之资格即自行消失。

第十一条　会费：会员年缴会费二元，仲会员年缴费用一元，名誉会员年缴费五元。

第十二条　收入及支出：

本会收入包括，以下两项：

（1）会费。

（2）各方之捐赠。

本会支出暂限以下三种：（一）复印费。（二）催费。（三）会员之经济辅助。

附则

第一条　本会执行委员及常务委员均系义务职。

第二条　凡不合格本会宗旨之事项，均不得提出讨论。

第三条　本会得聘请母校代表一人为本会名誉会长，以随时咨询之。

第四条　本章程如有未尽善处，得经会员五人以上之提议，十人以上之联署，提交常务委员会，以函件通知全体会员投票修改之。

校友会第一届执行委员之名单

名誉会长：尚建勋院务长

执委兼会长：郭士钧

执委兼副会长：邓华光

执委兼文书：谭宪澄

执委兼交际：刘家骏

执委兼会计：张翰翔

执委兼庶务：黄汝湘（骆长松代）

（资料来源：《私立天津工商学院一览》，河北大学档案馆藏，1935-CB13-7）

6. 工商篮球队昨日由平返津

［本市消息］本市工商学院篮球队，自赴平比赛以来，计胜民国、燕京、育英三校，负于辅仁一校，四赛三胜，成绩尚佳。该队业于昨日下午四时抵津，该校体育委员、各班代表及校内新闻部记者前往车站迎接。返校后，由游艺部略备茶点游艺慰劳云。

（资料来源：《大公报》1937年1月6日第二张第八版，《闻墨》编委会主编《闻墨》，天津科学技术出版社，2014年版，第18页）

7. 工商音乐会演奏成绩甚佳

［本报讯］工商学院为募集流亡学生助学金而举办之管弦音乐会，昨日下午二时半假耀华中学大礼堂演出，成绩甚佳。据工商学院管弦乐队指挥丁继高氏称：本队队员皆本学院学生，对音乐之兴趣甚为浓厚，演技或有不成熟之处，但旨在提倡市民对音乐之爱好。此次表演项目皆为世界名曲，如莫扎尔特之《魔笛》序曲、舒伯特之《死与少女》等，演出均极精彩。

（资料来源：《大公报》1947年3月31日第二张第五版，《闻墨》编委会主编《闻墨》，天津科学技术出版社，2014年版，第26页）

8. 天津工商学院建筑与校园文化掠影①

工学院大楼

① 题目为编者根据内容自行拟定，并根据图片实景对原个别图片文字做了适当改动。

本科大楼之侧面、校门

图书馆之阅览室

图片从上到下依次为：华北首屈一指的北疆博物院、
教室大楼的侧面观

图片内容从上到下依次为：图书馆书库、阅报室、教授阅览室、学生阅览室

图片内容从上到下依次为：本科楼后、阡陌、
花木扶疏、柳外楼高、礼堂侧面

校长楼

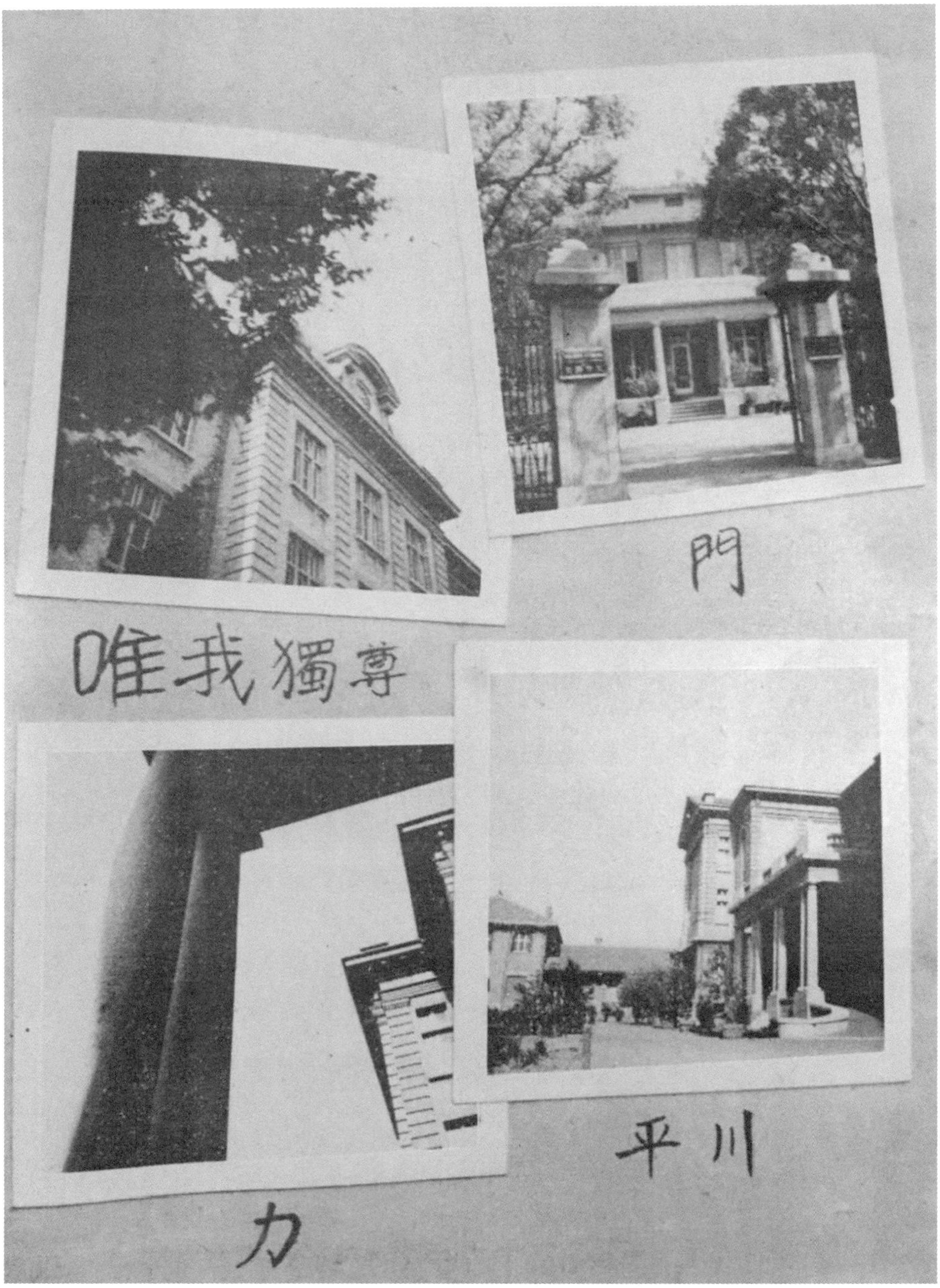

图片内容从上到下依次为：唯我独尊、门、力、平川

图片内容从上到下依次为：光阴的报告、陛上、精雪、走廊、我们的门

图片内容从上到下依次为：蜂房、夕阳晚、不知其几千万落、崇德堂

图片内容从上到下依次为：红杏枝头春一闹、峻峭、小桑、新栽、近水楼台

图片内容从上到下依次为：闲趣；烟水卧长虹；
一观天地小；曲径通幽处；嘉禾慰老农；山色策蹇收；
何处是高原；小憩；瓜篱蟋蟀鸣

（资料来源：《工商学院1937班毕业纪念册》，河北大学档案馆藏，1937-CB13-7；《1945工商》，河北大学档案馆藏，1945-CB13-1；《工商学院毕业同学录1935班》，河北大学档案馆藏，1935-CB13-4；《工商学院1936班工科毕业纪念册》，河北大学档案馆藏，1936-CB13-2）

9. 本校建筑物速写

在马场道上远远就能望见一座大肚子的钟，钟下爬着一幢楼，岁根道利式的柱子支着的平台下是双坡的，他的空间还不及一间宿舍大小，但是他却托着绝对掉不动的尾巴，显然的觉得吃力。这正是工商大学楼，在楼的前面每星期一许多活跳跳的青年向着徐徐升上的国旗致敬，每个人从内心发出的严肃的喜悦被雄壮的军号伴奏着，同时好像中国被这些青年熏陶的真个活跳跳了，爬上旗杆顶，傲视着国际的武士，和法兰西握紧了手。

大楼的形式并不十分对称的，但以建筑的主轴和副轴来说倒是和人的左右手一样，但是因为要画出一个教堂，于是不得不有一部分代表宗教神圣的地方，同时还不能矗起三足鼎立的尖顶子来破坏全部的和谐性，这样煞费了设计者的苦心了。不信走到大楼的后面看看，教堂那部分凸出来大半个圆球体，十字立在球面上，亲密的偎依着那堵墙。下面的平台和女墙却又对称的了。旁边七八级台阶的尽头是扇门，每晨从这里传出庄肃的早祷声来，夹着晨间新鲜空气，荡漾进每个人心中，予人不少沉毅的滋味。

楼的地盘形却像个哑铃，正门开在他的腰部。进门，走过教员休息室就是一条宽而长的甬道，他完全是花砖铺的，向左，尽头是利公玛窦的声念碑，隔墙就是教堂了。向右，光线强一点，原因是那里开了扇侧门，而这侧门比正门重要得多，上下班大半走这门的。图书馆就在这里格外重视，至有因此而谑曰模范监狱者，此诚不明大势、不辨是非、不识轻重之言也。考初中部所有学生，率尽循谨而潜心学问，不为外务所牵引，每学年间，全校数百人中，犯规记过者不过数人，此固由于优良家庭教育培植其根基，而工商附属中严格之训育亦不无小补，此实堪告慰者也。

（资料来源：《工商学生》第一卷第四期，河北大学档案馆藏，1937-CB13-3）

10. 天津工商学院建筑、实验室、商品陈列馆、科学馆、图书馆和体育活动概述①

（1）建筑概况

本院自创办以来，即逐渐发展，各项建筑，如学院大楼、高中楼学生宿舍、初中楼、初中宿舍，均已次第完成，即将兴工建筑者，尚有科学大楼，兹将各项建筑概况，略述如次：

①学院大楼系于民国十三年兴工，经二年之久，始告完成，全部建筑费，为三

① 题目为编者根据内容自行拟定，并根据层次逻辑对标题做了适当的改动。

十万元，式样系采取十六世纪“文艺复兴时代”之式样，在庄严中富有美术色彩，为华北一大著名建筑，全楼高二十六公尺，宽六十一公尺，厚三十一公尺，不计地窖，共三层，除砖墙中，全用水门汀建筑，因全楼面积之过大关系，所筑地基，共掘一百十余个深井，井四周，筑以铁筋和水门汀之图墙，用抽水机使地下层支水抽完，使图墙下陷，又于墙之中间填上水门汀，故地基之坚固，真所谓稳如泰山。全楼内部，计分：

甲、图书馆。

乙、办公室。

丙、工商两科之教室。

丁、统计室。

戊、商品陈列馆。

己、大图书室。

庚、物理实验室。

辛、电器试验室。

壬、礼堂。

在大楼之地下层内，另有：

子、工艺品陈列所。

丑、测绘室。

寅、机械材料实验室。

卯、发动机室。

②高中大楼（原名预科楼），建于民国十二年，费洋十余万，规模伟大，建筑华贵，举凡汽炉通风，及其他卫生设备，应有尽有，楼共两层（地窖在外），内分，高中课堂、办公室、接待室、化学试验室。

③教授宿舍建于民国十三年，共分二楼，各位二层，位置在学院楼之西南方，有一小花园围绕，颇属雅静。

④学生宿舍共为四楼，先后分三期建筑，位置在高中楼之南部，前三楼共分二层，然后一楼则为三层，全部坐西向东，各楼缭以游廊。每一层共有宿舍六间，每宿舍长六公尺五十，宽四公尺。住学生四人，故光线充足，空气流通。另设有厕所、盥洗室，清洁异常，冬有气炉，温暖适宜。

⑤初中楼共分两部，一部系宿舍及办公室，于民国二十年兴修；一部系教室，及初中学生之游戏室，及大礼堂，于民二十三年兴筑。两部建筑费，共为二十余万元。

⑥即将兴工建筑之科学馆，共分三层，系就现有高中楼之一部改筑，但扩大其面积，建筑费约须十余万元，工程完成后，所有本校各实验室，均将迁于该楼，本院工厂亦即建于该楼内。

（2）实验室概况

科学教育，注重实验，本院对设备方面，较诸国内有历史之先进各校，尚觉未逮，但力之所及，务求完善。兹将各项设备，略述如次：

①物理实验室，现有之物理实验室，能容纳百人，各项物理仪器之设备，不但应有尽有，且力求其近代化，每次试验任何一种仪器时，能有五副同样之仪器，供多数学生，同时一次实验。物理室之大部仪器，多购自欧美，近年来小规模之仪器，亦能由本院小工厂制造，本院对于电学一门，尤为注重，故对电气工程之设备，尤求完善，对较高深之物理实验亦不虑困难，故凡来本院参观者，对物理实验室均非常满意。

②化学实验室，内分五处，一处为普通化学实验室，两处为化学分析实验室，一为化学材料室，一为教员特别实验室。各室之布置与设备，完全系采用最新之制度与系统，该化学室所购置之各种药品，数在四千种以上，实在是“万集靡遗”。至于仪器方面，则无论远年近日所发明的亦均网罗殆尽，至于各项用品，储备尤丰富，在同一时间试验物品，每次供八十人之用，在化学室内有最细密之天秤——沙氏天秤，（Balance Sartorius）“准性”为万分之一克，固足珍贵，即“准性”为千分之一克之天秤，亦极准确。

③发动机室内有水蒸机，电机，压力机，重油机，对心机，抽水机，汽车，火车模型，唧筒等等机械之设备。

④工业材料陈列所，内中陈设为各种建设模型，内分土木工匠建筑模型、桥梁模型，世界各大建筑模型图本，各种建筑材料，搜罗极多，均标明价格，分类陈列，以供学生材料学参考之用，另有测绘室附于工业陈列所内，内藏测绘仪器、平面仪经纬仪多架。

⑤地震仪室。地震仪为俄国大科学家贾理精（Galitozine）所发明，无论何时何地，大地如有震动时，均能事前测出。此项地震仪在华北只我校有此一具，系于民国二十年由上海徐家汇天文台运津者。

（3）商品陈列馆概况

商学院是一种重视经验的科学，其中对于商品的辨认经验尤为重要。

本院成立之初，对于这点便特别注意，在学院大楼第一层特辟了一部分房屋为商品陈列的设备，一方面作学生的参考，一方面作教授研究的工具。七八年来，向国内国外各方面征求，现在所存的商品已不下五六十类。

对于这个陈列所，我们可以先由他的设备说起。在一间光线充足的大厦里，沿墙安设着玻璃柜，里面装满了皮毛或玻璃瓶，在北面墙上，另备有活叶式钉画板，悬钉仪器或商品图样。屋的中间另有四座玻璃立柜，内面也贮藏若干商品。四面墙上，还挂着若干镜框，有的还镶着丝织风景，有的镶着毛棉纤维。

至于所里所藏的商品约略分为以下各类。

①羊毛——中国羊毛十种，澳洲羊毛三十二种，新西兰羊毛九种，法国及阿根廷羊毛共二十二种。

②棉——中国、埃及、美国、印度棉共三十七种。

③皮毛——狐、狸、狗、黄鼠、灰鼠、羊、狼共数十张。

④油——芝麻油及各种油共数十种。

⑤矿油共四十二种。

⑥矿石与海壳共二十余种。

⑦亚麻纤维共八种。

⑧颜料——中国及西洋颜料共数十种。

⑨胶皮——树胶及胶皮共二十余种。

⑩淀粉十数种。

⑪木材二十余种。

⑫植物油二十余种。

⑬壳类及豆类数十种。

⑭毛线百余种。

⑮染色布样百余种。

⑯豆类种子数十种。

⑰茶——茶蹭及茶叶共三十八种。

⑱烟草——吉林及各地烟草十余种。

⑲献县豆子五十种。

⑳果核仁八种。

㉑花生三种。

㉒五壳共八十余种。

㉓玻璃——玻璃器共三十余种，色玻璃共十二种。

㉔蛋白粉十五种。

㉕糖——太古糖及各色土糖共十八种。

㉖草缏共二十余种。

㉗肥料——计共十七种，附有各种图样。

㉘地毯十八种。

㉙棉线——印度及美国棉线共百余种。

㉚棉纱——共百余种，来自法国及国内各地。

㉛棉丝合织物——棉及人造丝合织物共数十种。

㉜印度绸数十种。

㉝皮革十余种。

㉞煤共十二种。

㉟铜扣共十余种。

㊱花边共百余种。

㊲缝衣用线数十种。

㊳麻——大麻、胡麻、苧麻、黄麻共二十种。

㊴棕共七种。

㊵猪鬃共二十六种。

㊶布样（British Textile Pieee Goods）共数百种。

㊷糊墙纸样共百余种。

㊸丝织画——各墙共悬十余种。

此外尚有各大工厂、商店的目录多种。关于各种商品详细名称，备有卡片，以资检查。所里另备有显微镜两具，以为显示纤维及其他用项。

（4）科学馆概况

现时本校各试验室分散各处，将来拟均迁于新建之科学馆内，以便整理，且易收实习之效，兹将该馆未来布置概况，略述如次：

①物理大讲堂，能容纳一百四十四名，位置皆以铁筋洋灰为之，此讲堂与实验室相接联，用以搬运讲物理时之实验仪器，该物理讲堂，一边有门通至楼外，一旁又与临近之电气室相衔接。

②电气试验室，该室之安排方法，系分类各置，由浅入深，关于各项电气机件之使用安装及矫正方法，均须分别实习。

以上各项电气机件之安设，完全依照巴黎高等电气工业学校方法，一切均采用最新式科学管理方式。

③物理实验室，面积三百平方公尺，较现有之实验室为大，各种试验之仪器，共分五部陈列，学生试验时分为二组，每组十人，能同时试验同样仪器，俟本年新

建筑完成后，将添置大部仪器用品。

④二层楼用于特别实验室及研究室。

华北风力含电量试验室，一切特殊仪器，均存置其间。研究室俟建筑完成后，专用于讨论物理上专门问题，现在拟制逐步发展计划书。

⑤现在之高中一部，将改建为一宽大之厅房，其中之梁柱，将悉为铁筋洋灰筑成之。该广厅之面积为九百平方公尺，将用为工厂之用，但拟另分若干室，如材料存储室、热力机室——蒸汽机内燃机、小工厂。

此外各种机件共分为三部安置：

第一部分为普通各种机器存放室（如试验拉力机、水力压力机），系用以考察混合土及道路之坚度（附件甚多）。

第二部共有两蒸汽机，可取出各种环线图，为算效率用。蒸汽卧轮机，一汽油原动机、全部汽车机件一架、机件全备的火车头（小规模）一具，另添购原动机和原动机各一件。

第三部之机件为碹床、铇钳、割刀、磨石，将添购大小钻机各一架，刨床架及新式刨床一架。

另有各种机件模型，比仿齿轮凸轮，连结桿曲拐轴等，使一慢速度动轴转之，以使学生彻底明了。

（5）图书馆概况

本院图书馆，肇端于民国十五年，十年来之惨淡经营，颇有可观，兹将本馆内容，略述如次：

①馆址

图书馆共分两部，一为藏书室，一为阅览室。藏书室局地下室，又分为二，一为书库，一为整理室，书库长十七公尺，宽十公尺，能存储五万册以上之书籍，整理室在书库之旁，凡未编制目录之书籍，先存放该室，俟整理登记后，再存入书库，阅览室系在藏书室之上层，其长宽度量，一如藏书室，能容一百余人同时观览，阅览室内分报纸杂志及书籍三部，报纸中英法文皆有，杂志不下百余种，除国内各大杂志不计外，凡欧美各国之新书杂志，均能搜集，按国籍及种类而论，本馆所有之各种杂志，在全国图书馆中，殆罕有堪匹。阅览室内，亦陈列书籍数千册，系专为寻常使用者，以免执事人往返取书之劳。

②设备

各书架作黑漆色，全部用钢铁为之，原为法国 Forges de Strasboury 之制造，后经天津慎昌洋行仿造若干架，亦颇逼真，该项书架前后均具横格，可任意移上移下，

（此项书架极为精致美观）华北各国书馆之有此项设备，以本馆为最早。

在藏书室内之每两行之书架顶上，有活动点灯两盏，此项滑动两行平挂之电线上，欲高与低，移前移后，无不如意，是以随时随处均可观看。

观览室之地板以上等木材为之，外涂以蜡，馆内并备有电力吸尘器，用以扫除尘土，使用此器时，室中之尘土，概被吸入，真有一处不扬之慨。

③藏书

现有中西书籍四万余册，以中英法文本居多，中文书占六千余本，英文书占一万册，其余皆为法文本，中文书以文学书占多数，英法文本则多为工商业书籍。本馆书籍之一部，系为他人之赠书，其中书籍有远在数百年前者，现为绝本，故在藏书史上颇珍贵。此外本馆藏有古书甚多，如南怀仁等所赠之世界图、乾隆出征等名书，现均极罕有。本馆每年赠送书籍，约二三千本，每年所费颇不在少。

④分类

本馆西文书籍之分类，悉依杜威氏十进法，中文书籍之分类，亦依此制，至于目录，则选用万国通行之卡片制，书目分著者、类别、书名三种。第一种依作者姓名之字母词序而排列，中国书名，依首字之笔画多寡细分之，若撰书相等，则依永字八法细分之，故书籍虽多，但欲得某种书籍时，顷刻之间，即能立致也。

（6）体育概况

体育为三育之一，关系青年体格健康，至关重大，西人所谓有健全之体格，斯有健全之事业，意即在此。本院对于体育一端，向极重视，兹略将设施状况，分述如次：

关于体育主管人员，体育主任 Mr. Sanbolle。关于设备方面，本院因院址辽阔，故对于各种运动场址，力求完备，计有足球场两处，篮球场六处，田径场一处，设备甚全，凡关于高栏、低栏、铅球、铅饼、拔河等运动，均应有尽有。

本院之提倡体育，固非将体育本身，仅视作一种课余假日之消遣而已，而实视为健全民族之最善方法，在校内固有各种球类之班级比赛，及举行春秋季运动会，即在校外方面，举凡近年来华北体育界各项主要比赛，均无役弗与。最近者如二十年度之华北运动会，参加运动员，如刘学琦、李树茂等成绩颇佳。其次如天津青年会主办之二十三年度全市高中队篮球比赛，本校队员会获全市冠军锦标，并得各界所赠之银杯。又去年参加万国篮球赛与足球赛之成绩，亦颇不弱。本年度五月间之河北省天津区运动会，本校运动员参加高级组，团体总分荣获第二，个人总分本校李树茂第一，竞赛团体总分第一，亦为本校获得。不过运动非为锦标，尤其本校教育方针，重视学术，殊无以造就运动员为荣之意志，而力求其普遍化，俾三育能平衡发展，人人有健全之体格。

本校为提高学生兴趣，故本年除照例举行校内足篮球分班比赛及参加天津市各项比赛外，并将主办校外各项比赛，已拟定举办者，为天津市五大学篮球（工商银杯）赛。此项公开比赛业已商得各该校之同意，将于秋后开始。此外尚举行竞技会、足球赛等类，以资观摩，且以增进各校间之感情焉。

（资料来源：《私立天津工商学院一览》，河北大学档案馆藏，1935-CB13-7）

11. 志：天津工商学院图书馆简述①

本校图书馆共分科学馆教员暨学生图书馆三部，组成仿欧美各大图书馆，分类则用杜威氏十进法，规模不甚大而设备极全，现有书籍四五万册，以国文及英法书籍为最多，国文方面则多为经史子集四库全书，外国文则以科学书籍为多。每当夕阳西下，课罢之余，图书馆中座辄为满，洵吾侪之最佳自修处也。

（资料来源：《天津工商学院1931班毕业纪念刊》，河北大学档案馆藏，1931-CB13-1）

12. 学生印象中的天津工商学院图书馆②

图书馆是知识的宝库，在各级教育中都占着重要的地位，尤其在大学，图书馆更是为同学们增进智力的良好园地。本校本诸是旨，对图书馆亦不惜重资建厦购书，力谋同学们读书之便利。

工商成立之初便有图书馆成立，但规模粗具。至民国十五，本项大楼落成，乃辟楼东端之下二层设立图书馆。民二十八年，津市洪水泛滥，图书馆亦遭波及。民二十九年，为谋扩大，乃全部移至博物馆，而成今日之图书馆。图书馆，分上下二层，上层为书库及办公室，数库藏书五万册；下层为阅览室，分学生及教员二部。学生阅览室座位有一百十六座，教员是十六座，共一百三十二座，设有升降机一座。

图书馆购书，采用课程之需要以及各教员建议与介绍为依据，故购买性佳。大抵注重有功课之各种课本及参考书，或有研究价值之专业书。本校于创立之时，以法文为第一外国语，各西籍教授，均以法语直接授课，故一切课本及参考用书均以法语为主，民十六，改法语为英语，法文书籍不合实用，乃改谋扩充英文书籍，截至现在已藏有英文书籍一万余册，法文书籍一万余册，共有三万四千余册，中日文书籍近年来益又增至一万五千余册，其中因本校有工商二科，故工商各类书籍较多，如哲学、文学书籍亦不少。至于图书馆分类方法是采用美人杜威氏十进分类法，为容纳中日图书，将杜氏法略加修订，并于号码前加C及J字以示区别。依杜氏先将图

① 题目为编者根据内容自行拟定。
② 题目为编者根据内容自行拟定。

书分为十大类，在有十大类分为百类，有百类分为千类，兹列纲要于后：○○○总类，一○○哲学，二○○宗教，三○○社会科学，四○○文学，五○○自然科学，六○○应用技术，七○○美术，八○○文学，九○○史地。

本校图书馆目录编制法可分为两种：一、分类目录；二、著者目录。分类目录，分类目录编制是严格的依杜威分类为排列的次序，所以无论中西文图书卡片，均各以类相从。

著者目录，依着著者姓名排列，无著作人者以书名代之，使读者能因著者姓名检索图书、姓名。其排列方法，西文者依英文字母表次序，中文者依笔画繁简为次序，另以永字笔顺为先后。

至于本校图书馆规则亦与诸位在中学时相同，借书须还，遗失要赔，在图书馆内读书不可违反阅览规则，有疑问处可随时请示图书管理员，当有满意答复。

（资料来源：《工商生活迎新特刊》，河北大学档案馆藏，1943-CB13-10）

13. 商学研究小组记略

我校商科曩曾成立商学研究会，以组织较大，难收预期效果。同学有见于斯，本实事求是之精神，将组织缩小，更名为商学研究小组，以促进学术研究兴趣、敦睦友谊为宗旨，利用课余时间，进行各项工作，以同学住宅或学校教室为址。就所学各项课程分别研究，每科各选较擅长者一人领导，相互切磋，猜奇析疑，虽遇风雨而弗阻，学业因而获进益者匪浅。课外经会计财政系主任李宝震教授指示，举办学术讲演，以谋增进同学知识，屡次敦请名教授莅校讲演，甚博同学欢迎，每值讲演，各组员亲在会场布置照料，各同学争先参加，每使室无隙地，空气紧张，而秩序井然。更利用空堂时间，组织英文研究班，由会财系英文健将陈君泰会领导，研究文艺小品、商业论文，或英文辩论会探讨学术问题，各项讲义皆由陈君亲自制就，分赠同学，其热诚情形，可见一斑。此外更组织参观团，分赴各处参观，以藉了解社会实际情况，以谋与所学之理论互相印证。本小组成立迄今，匆匆三载，愧尠贡献，然同学之学业增进，感情融洽，亦堪告慰矣。日月如梭，瞬将卒业，深望在校同学，更能继续努力，使商学研究小组发扬光大，不胜翘盼者也。

小组组员姓名谨志如下：

赵翼众、左贞连、郑大经、陈泰会、古世洲、刘柏年、杨硕民、王以恭、段大镇、赵志中、殷晋章、赵广振。

1948 年 5 月 10 日

（资料来源：《天津工商学院民国毕业纪念册》，河北大学档案馆藏，1948-CB13-3）

（三）天津师范学院

天津师范学院校园文化掠影①

教师像一座山一样出现在第三条战线上——学习的战线上、书本的战线上。

好像一个骑兵、一个英勇的前线战士——一个英雄。（马雅可夫斯基）

① 题目为编者根据内容自行拟定。

分院课室楼教室

本院第二课室楼

校景之一

本院校园

（资料来源：《1957 天津师范学院毕业纪念册》，河北大学档案馆藏）

（四）河北大学

1. 何振虎：追忆我的大学时光

1978年3月18日，当我来到中国北方那座因“武斗”而闻名全国的古城、步入我的母校河北大学时，看着那些人头攒动的报到人群，心头蓦然冒出白居易的两句诗：“野火烧不尽，春风吹又生。”

这联想不仅因为古城诞生过《野火春风斗古城》的小说名篇，更是我走在大学校园里的深切感触：这些衣衫并不齐整、年龄大小不一、口音南腔北调的同学，多数堪称来自社会底层的“草根”，十年“文革”的“野火”，烧掉了童年的憧憬和飞翔的梦，烧掉了同学少年的激情和指点江山的豪气。我们自以为认识了社会，自以为适应了现实，默默地承受那个荒诞的时代所赋予我们的一切，无论是失意、彷徨、愤懑还是奋斗、追求与期冀。一夜春风，“草根”便以顽强的生命力开始发芽、生长，转眼就是“草色遥看近却无”的一片绿意。

我至今认为，用上述文字来比喻我和我的同学们刚刚开始的新生活，是比较贴切的。

我们有一个共同的名字：1977级。

（1）把被耽误的时间补回来

离开故乡赴学校报到时，我与邻村一位小我数岁的物理系赵同学相约同行。傍晚时分，列车抵达保定。出站就看到了大学的接待站，签到后取完行李，汽车一路飞奔至市区东北角。

车进校园大门，迎面就是欢迎的人群。喇嘛里高声播放欢迎词，各系接待处的牌子赫然入目。我们先向学生科上交了入学通知书、准考证，然后在本系接待处填表，继而找到“联合办公室”，办理入学手续——上交户口、粮食关系、党团组织关系证明，并缴纳讲义费。一个高个子师兄已经跟在旁边，帮我把行李放在小车上拉到南院的中文系宿舍。赵同学则去了北院的理科宿舍。

如同从漫漫长夜里突然来到阳光灿烂的白昼，重回学生身份，我一时有点眼花缭乱。几天后心绪稍定，才顾得上打量周围的一切。这时的学校并存着三个届别的学生，除1975年和1976年推荐入学的两届师兄师姐外，就是恢复高考的第一届新生：在校园里走路东张西望的，背个挎包串到大街上买回脸盆、肥皂、洗衣粉等用具的，到宿舍里四处敲门打听认老乡的……

中文系1977级是一个拥有94名学生的大集体，年龄跨度从16岁到30多岁，出生年份横跨上个世纪40年代、50年代和60年代。

这个集体的每一个成员，都带着各自的生活烙印，带着各自对未来命运的憧憬，带着沉甸甸的或现实或缥缈的梦想，汇聚在文科教学楼的3楼大教室里。

那个乍暖还寒的中国初春，还不是提倡个性、彰显自我的季节，同学中有的成熟稳重，如出生于40年代的“老三届”的大哥们；有的稚嫩清纯，如少许直接从中学考来的小弟小妹；有的来自城市，衣着整洁行事张扬；有的来自农村，性格内敛乡土味浓……，但在总体上是复杂中透着主见，沉稳中蕴涵情致，含而不露里隐藏着得意，循规蹈矩中掩蔽着独立特行。

五步之内，必有芳草。我很快发现，来自工农商学兵的班里同学，真是卧虎藏龙，个个“身手不凡”。同宿舍的韩兄，原来就是诗人田真——入学前就是省里鼎鼎大名的诗人；还有另一位温文尔雅的诗人也早已闻名；入学前就认识的省报资深记者，在市级广播媒体工作多年的编辑；论资历有担任过中学校长、支部书记等“领导职务”的老兄，论涉世经验有若干老三届师兄，论门第有出自部级干部家庭的知青，论经济条件有一批带工资入学的同学，论青春活力，谁敢小视那几位应届考生的“60后”？

一个大班近百人林林总总，每个人都带着自己的“前史”，聚集一起上大课时，并没有感到违和感，因为求知欲是共同的：94个人都沉浸在对专业知识如饥似渴的追求当中。

中断学业多年的学子初进高等学府，头脑宛若一块块曾被拧干水分又晾晒多年的海绵，终于置身于汪洋大海，暴食暴饮般地吸吮养分，一任自己沉没于知识的汹涌波涛之中。

系里开设的课程，不管讲什么，何人讲，都一定去上课，有闻必录地做笔记；学校的讲座，不管与本专业有无关联，一定去听听，万一错过精彩内容呢？于是，课堂上总是座无虚席，学校图书馆需要提前去占座位，晚自习课总要等到熄灯时间才从教室怏怏离去。

我们是被耽误的一代人中的幸运者。当时社会上称高考入学的这一届大学生为“天之骄子”，那种来之不易的使命感，那种在历史沉浮中终于脱颖而出的神圣感，那种多年压抑中积蓄已久的能量，都化为时不我待的紧迫感，像一条无形的鞭子，每时每刻抽打着每个人的灵魂，催促着我们和时间赛跑。

能跑多快就跑多快，能跑多远就跑多远。这是我入学之初的内心独白，相信也是大多数同学的决心。虽然大家对未来的职业目标并不清楚。

（2）风声雨声读书声，声声入耳

毕业多年后，还时常会听到当年给我们授课的老师说，给七七级的学生上课时压力很大，因为这届学生过于成熟。

在社会大学里锤炼过多年的中文系1977级的大多数人，不仅积累有相对丰富的社会经验和宽而杂的知识面，而且一入学就在用狐疑的眼光打量周围的世界。我们吸吮着传统的乳汁度过心理成长期，又走马灯般地经历“文革”期间的种种“折腾”；当我们内心瘢痕累累扑入知识的海洋时，曾经的盲从，更多的变为了怀疑。

那时，每个房间六七个人的大学生宿舍，都成了学生议论时政、交流心得、碰撞观点的自由论坛。我所住的宿舍6个人中，囊括了40年代、50年代和60年代出生者，堪称这届学生年龄段的缩影。每天晚上熄灯后到入睡之前，我们宿舍里的“时事辩论会”便开始了，那是真正的百家争鸣：我们曾经为农村改革“集体经营还是分田到户”激烈辩论；我们对思想界理论界批判“文革”能否全盘否定毛泽东持论不一；河北有个作家写了《歌德与缺德》的文章，引起文艺界的轩然大波，在我们宿舍里看法不一、见仁见智……每个人都有自己的见解，每个人都想凭经验凭学识凭口才说服别人，唇枪舌剑充满火药味。

我们对老师开始私下评判，对老师的讲课观点也开始提出异议。比如，讲政治经济学的老师刚讲完剩余价值学说，我追着他提问：资本家作为管理者是否也在创造价值？资本在创造价值时的作用又是什么呢？一位毕业不久留校的老师讲“文艺的工农兵方向”，下课后就有同学与他讨论：新时期与延安文艺座谈会已经过去30年，文艺方向就不能够有变化吗？

这时，怀疑和批判成为我们的一大武器，哪怕仅仅为了标新立异。老师上课讲授的内容和观点，下课后的宿舍里总有同学找出反驳的理由。赞同的和批判的有时形成两派，几天来都争论不已，直到下一个分歧点出现。当然，这种怀疑和批判并不影响我们对那些学问有功底研究有建树老师的尊敬，但“吾爱吾师，吾尤爱真理”，对那些人云亦云的课程，大家骨子里透露出轻蔑。

时隔多年后，了解到国外大学讨论式教学模式，我才想到，我们那个时候的学习、质疑和争论，也算歪打正着，无形中提高了大家的学识水平和认知能力，也许还与任课老师们实现了教学相长。这丝毫没有影响老师对我们的授业解惑传道，因为系里和老师们，对学生的质疑、争论从未设障阻止，反而以多种形式予以鼓励。

（3）一箪食一瓢饮，不改其乐

虽然古人说“书中自有千钟粟”，但是我们还得要“填饱肚子好读书”。

入学之初，母校所在的城市残存着“文革”的累累伤痕，民风暴躁强悍，治安秩序混乱，经济低迷落后，经常停水断电。体现在学校的伙食上，70％的粗粮供应，我和大多数农村来的同学一样，每天在食堂啃窝头喝棒子面粥。实在馋得不行了，痛下决心买一份红烧肉＋馒头，过后看看手里饭票所剩无几，就要连着吃几顿窝头＋咸菜度日。早晨只喝一两稀粥，上午到第四节课的时候，腹中饿馁难忍，记笔记的手开始打哆嗦。下课铃一响，抓起书包往食堂奔。

中文系和经济系在一个食堂就餐，因为人多空间小，排队打饭常生纠纷。更严重者是排队加塞，一个同学排在前面，半个班的同学会通过他的手加塞买饭，于是排在后面的人就往前挤。一次，刚打完粥的男生被挤得怒从心头起，转身一轮，把一盆棒子面粥撒成“粥雨”。“吃饭吃饭，一场混战，浑身是粥，满头大汗”，不知哪位编了四句形象的打油诗，传到系里系外。另一位同学则在排队无奈之际口占一绝，“身子尚在望都站，脸皮已到北京城”，套用传说苏小妹讽刺其兄的诗，讽刺加塞者。此后，人们都把衣服上的粥渣戏称为河大“校徽”。

更加令人难受的是，这个城市每周至少有一天停电停水（最早是每个周一），食堂停火，锅炉房停烧。到了这天，学生成群结队出去找饭吃。

《河北大学史》载：1978 年 7 月 22 日起，周学鳌出任校长，期间“狠抓学校师生对伙食意见最大的难点，亲自调研后，党委决定，打破常规对炊管人员改组，实行优化组合，减人不减薪，提高了饭菜质量”。伙食问题载入史册，作为一任校长政绩之一，足见最初学校“吃饭问题”严重到什么程度。

即使这样，丝毫没有影响中文系 1977 级学生的学习热情。我们古汉语课讲《论语》，孔子说：“一箪食，一瓢饮，在陋巷，人不堪其忧，回也不改其乐。”我在宿舍向同学笑称，自己可以和颜回的境界相提并论，“两个窝头，一份咸菜，跳墙打水，自得其乐”。那个时候，理想主义的光芒始终辉耀着新时期的河大校园，也充盈着莘莘学子的内心世界，艰苦求学，朴素生活，虽因罗锅上山，也源自底层农家子弟的一种自觉。

后来，学校的伙食开始变化。食堂装备了发电机保证停电不停火，锅炉房不再停供热水，细粮供应比例有所增加（40％供应白面），偶尔还可用粗粮饭票买上白米饭（当然要加钱）。到我们毕业前夕，已经形成了几个食堂公开竞争、学生饭票在所有食堂通用，学生可以自由选择就餐的格局。

古人说：“由俭入奢易。”渐渐地，食堂里开始有同学把吃不完的窝头、饼子扔在餐桌上或墙角处，看着令人心疼。班里的张同学便在吃完饭后捡拾，集中晾晒干后拉回家去喂猪用，无形中开辟了一条“勤工俭学”的门路。

多年之后，回顾校园生活，我的味蕾记忆只有三处印记：一是第一学期食堂停火时在五四路饭店吃“烩饼”，飘在碗上的几片肥肉香彻胃肠；二是有一年北京一位朋友路过母校约见时送我两板“朱古力”（这是我第一次吃到巧克力，苦味里带甜的口感从此难忘）；三是大三放假回家路过石家庄，在中山路吃到“中和轩”饭庄的羊肉包子，咬一口顺嘴流油，工作后循着记忆找到中和轩后，再也吃不出那种“解馋”的感觉。

至于河大食堂，我的记忆里，还是它的棒子面粥和红烧肉，5 分钱可买半盘吃好几顿的咸菜，还有，吃面条时，大师傅用不戴手套的裸手抓起一把面条，摔在你的饭盆里……

（4）天幕上群星璀璨

河北大学的前身，是 1921 年在天津马场道诞生的教会学校“天津工商大学”，1933 年改名为“天津工商学院”，上个世纪 40 年代开创历史上的极盛期，在教育界有“煌煌北国望学府，巍巍工商独称尊”之誉，还有人说堪与美国康奈尔大学相伯仲。随后，从“私立津沽大学”“国立津沽大学”“天津师范学院”“天津师范大学”一路走来，1960 年确立为河北省综合性大学，开始使用“河北大学”的校名。总而言之，我的母校既是“发迹早”，又曾“先前阔”。

1970 年 11 月，河北大学由天津搬迁至保定。搬迁 7 年半之后，我和首次恢复高考后入学的其他同学一起，走进地处保定市区东北角一隅、合作路上这座南北两院的高等学府。

中文系是河大专业重镇，其创建可追溯到 1943 年天津工商学院时期，新中国成立后是全校规模最大的系之一。但第一次走上教学楼参加系迎新会时，说实话有些许失望。

文科教学楼是南院西南角一栋斜成东北西南方位的三层灰旧楼房，中文系占据的第三层，楼道有点灰暗，墙壁有点剥落，最西头是 1977 级的陈旧教室，教室里是旧式连体课桌。进了中文系自己的教室，难免有些心理落差。

然而，随着时间的推移，这些沮丧和嘀咕被冲击的烟消云散。大教育家梅贻琦说过：“所谓大学者，非谓有大楼之谓也，有大师之谓也。”那个其貌不扬、有点破旧的教学楼，出入着那么多的专业“大神”。

入学之初，就听到有人介绍中文系老主任张弓教授，说他是中国修辞学的泰斗。老先生后来担任中国修辞学会名誉会长、河北语文学会会长等。在中文系虽然见到他不多，但有幸听过老先生关于修辞学的讲座。也该算是先生的入室弟子吧。

时已 68 岁高龄的雷石榆教授，依然坚持在一线给我们 77 级上大课，讲授现代文学。雷先生 1911 年生，1933 年赴日本留学，1935 年在东京参加“左联”。上课之前，听说他是30年代的左翼作家诗人，擅长用日语写诗，不由心生崇拜。课堂上，老先生虽然口齿不甚清晰，但激情满满，讲着讲着就开始朗诵自己的诗作，至高潮处老泪纵横。虽因口音问题听不清楚，但其情绪轩昂和刚柔相济的风格，比讲课内容留下的记忆更深刻。

詹锳教授在古代文论研究领域的地位以及李白研究，一到中文系我就听说了。尤其是对《文心雕龙》的研究，海内外无人出其右。我们在校期间，詹先生常驻天津。大名如雷贯耳无缘面睹之际，有同学指认，詹教授之子是比我们早一届的中文系师兄。有一次，詹锳教授来到保定，为中文系学生做专题讲座。大家奔走相告，争相到阶梯教室提前占座。那次，詹先生的专题报告是关于《文心雕龙》研究方面的内容，先生慢条斯理，侃侃而谈，其从容淡定堪为大师风范。

魏际昌教授（1908—1999）是河北抚宁人，为77级讲古代文学课。有同学传说，他曾经是国民政府的少将参议，不知真假。魏先生的课侧重于讲“桐城派”，内容娴熟而周全，评点独到，见解深刻。老先生当时年已七旬，课堂上精神矍铄，中气十足，手持粉笔边板书边讲解，时因用力过猛，粉笔被折断。

黄绮先生当时资历尚逊于上述老教授，但风度令人至今难忘。当年有幸聆听黄先生为我们讲“古代汉语”课，先生主讲古文字学、古音韵学和训诂学，对《说文解字》颇多研究心得。先生讲话轻声细语，舒缓有致，极富雅韵。先生颇具30年代学人风度，走在路上听到背后有人招呼，绝不会扭头回复，必是缓缓转身再搭话。其时黄先生的书法已经炉火纯青蔚成一家，还给我们开过书法讲座，并与一些喜欢书法的同学时有过从。

中文系另一位书法家是熊任望先生，江南才子，身材瘦弱。但开始我并不知道其书法造诣。熊先生给我们主讲古代文学的《楚辞》课，尤其是屈原的《离骚》，讲的十分投入。他上课先朗诵一段，语调抑扬顿挫，开始喃喃如和风细雨，忽而发力似排山倒海，极具感染力。待进入讲解诠释，旁征博引，足见对楚辞的研究蔚为大观。熊先生脾气柔和，为人低调，后来我们才知他的书法造诣很深，但不愿声张更忌讳炒作。在校期间许多同学都向他讨要了书法墨宝，中文系77级毕业20年后返校聚会，请了熊先生到场座谈，老先生主动挥笔泼墨，一气为几十个同学现场写字。其生活中的身教与教学时的言教同样做到了诲人不倦。

还有，谢国捷老教授开讲座专题讲写作；武占坤教授做现代汉语词汇演变的学术报告……这些大师级别的人物，是河大中文系的旗帜性人物，在全国学界不乏一席之地。仅仅一睹风采，就是求学幸事，何况传道授业解惑，亲聆教诲，耳濡目染？

如果河北大学是一方天空，那么，中文系的这块天幕上，可谓星光璀璨，令人眼界大开。进入这个时期的河大中文系，无疑是幸运的。

更幸运的还在于有一批经验丰富、厚积薄发的实力派讲师，作为授课的主力老师。他们都是冉冉升起的学界星辰，是成长中的大师。中文 1977 级的学生，与这些年富力强、精力旺盛的老师们形成互动。

王德勇老师的“文艺理论”课，讲《文学的基本原理》，基础性强，概念也多，王老师讲起来丝丝入扣，但并不枯燥乏味。王振汉老师讲唐诗，侧重于艺术特色的鉴赏，比如同样是边塞诗，他仔细分析高适与岑参的异同，在比较中举一反三。另一位讲宋词的张松之老师，从我家乡县城中学调来不久，善于模拟宋词描绘的情景，讲的形象生动，听课很容易被带入宋词意境。

顾之京老师是河大学术巨擘顾随先生的女公子，她的课，信息量密集透着她的深厚内涵，不温不火之间引导学生“渐入佳境”，无缘听到顾随先生教诲，能听一听顾之京老师讲课，也不枉读过中文系。另一位女老师伊智老师讲现代文学，尤其是讲鲁迅的作品《阿 Q 正传》，课上激情蓬勃，“我们的阿 Q……”差不多成口头禅。还有崔建平和张洪臻老师的外国文学课，为我打开另一重文学世界，我边听便下决心要通读他讲过的所有世界名著，可惜由于阅读量太大，加上我的不够刻苦，到毕业也没实现心愿。

因为古汉语底子差，马国梁老师讲授的古代汉语，是我认真听课不敢须臾“走思”的课程，他对于通假字的熟稔于心，看似信手拈来一般，就解答了我的疑问；他对于许多古代字词的本义和引申义的阐释，令我有豁然开朗之感，后来借到了王力教授的几大本《古代汉语》，轻易读完，是听马老师的课给我打下基础。许桂良老师讲美学，为了说明审美心理，从家里拿来个人收藏的名画挂在课堂上。

入学第一学期李炳林老师讲当代文学中的“解放区文学”，秧歌剧《兄妹开荒》讲了好几周，课堂上唱起“雄鸡雄鸡高呀么高声叫”；教现代汉语的女老师罗淑芳，课堂上极富表情，情绪感染力不亚于文学课。还有吴庚振老师的写作课，各类文体写作的一般性要求，新闻写作的基本要素，给我这个干过“土记者”的学生补上了新闻知识的缺憾。后来吴老师还率人开办了新闻专业。

人生如旅途，学习也如旅途。旅行的美妙，不仅仅是抵达终点的愉悦，也在于享受路途风景的目不暇接。我觉得，大学开设的每一门功课，都像是一次不同以往的旅行。授课老师是导游，每次把最美的风景、风景后面的故事、故事里的感悟都传递给我们。慢慢地，化为我们人生里的风景和故事，变成我们的心智启迪和心灵感悟。忽然有一天，我发现，一点一滴、一悟一课的积累，渐渐构建起学子丰厚的知识园圃和精神家园。

但这还远不是终点。

（5）最早的“诗与远方”

进入大二第一学期，系里组织学生外出实习。我带一个小组到了石家庄的《建设日报》报到，报到不久就领了采访任务，我和小韩同学来到太行深处的小山村，一住就是十天。采访和写作之余，我和韩同学去爬山，踩着石块、草丛、荆棘棵登上山头，踏访滚龙沟、燕岭沟、歇马寨、跑马岭等，寻访“王莽赶刘秀”的传说，日记本上写下了长长的游记《登山漫记》，我还写了一首“滚龙沟”的诗。这是平原上长大的我第一次爬山并体验山区的生活。

实习期间，还写了不少其他方面的新闻稿。工作间隙里，我带着小组参观了革命圣地西柏坡，构思西柏坡组诗未成，迷恋于太行山水间，写了一组《山区春早》短诗，发表在另一个地区报纸的副刊上；我还带着大家参观了著名的赵州桥……记得回校后班里召开实习总结和交流会，作为组长发言，讲了不少刻苦采访、熬夜写稿的情节，套用古诗句式说出一句“谁知新闻稿，字字皆辛苦”，引起一片笑声。

1980 年 11 月，以中文系 1977 级同学为主的“琴泉诗社”诞生了。成立仪式在我班教室举行，搞得很正规，还通过了诗社“章程”，选举了社长和理事。这是在中文系领导和老师们的鼓励和支持下，几位喜欢诗歌的同学发起成立的第一家社团。“琴泉”的名字是一位老师提议的——一个比较温文尔雅的名称，忘记了谁是诗社的“社长”，但我同宿舍的两位诗人老兄在其中奔走联络肯定出力最多。

近朱者赤，我一入学就受韩兄郭兄影响，听课和读书之外，吟风弄月地学习写诗，自然成为诗社成员。为了祝贺“琴泉诗社”的成立，我写了一首颂歌式的诗，发表在诗社的油印创刊号上。现在只记得开头两句：“文学的殿堂里添了一架琴，诗的原野上多了一道泉……”，后面的诗句现在已记不起来了，可见并非佳作。

诗社成立初期，大家热情高涨，频频举办活动，组织诗歌讲座和朗诵会，集体讨论作品，出诗歌墙报等忙个不亦乐乎。诗社活动吸引了不少师弟师妹，其他系（比如哲学系等）一些写诗的同学也来申请加入，平时也有诗友拿着诗稿切磋。记忆犹深的是诗社的一次作品讨论会，众人聚集在教室里，七嘴八舌地品评和修改作品，同宿舍张同学的诗稿《丝》备受追捧，来自哲学系一位社友的诗因为“格调不高”受到批评。

和诗社的活动相交叉，我很热衷于参加一些旅行活动，不断走出校门。比如，周末和一帮同学骑单车 40 多里去安新县游览白洋淀。一次，七个同学凑钱租了一个老汉的小船，划进碧绿如染的芦苇荡里泛舟徜徉，体会孙犁《荷花淀》的意境。还有一个秋天的周末，我和同学前往易县游西陵，站在牌楼前四顾，惊叹于皇家陵寝的依山面水地形，得知不远处就是易水河时，耳边响起“风萧萧兮易水寒，壮士一去兮不复还”的悲壮诗句。感慨万千在心，写了《西陵记游》5 首短诗，寄给一家地市级文学刊物。

大学期间出行的最远之地是北京——大三那年秋天，参加班里同学组织的北京之旅。然后有生以来第一次站在天安门广场照相；从西直门乘坐小火车到八达岭，第一次来到长城的烽火台上眺望群山，发思古之幽情。

进入大四之后，课程不紧张了，我邀约了七八个同学（包括 1980 级的两位师弟）去爬狼牙山。顺着草丛树林中的羊肠小径，冒险登上棋盘坨，在“五勇士纪念碑”下沉思良久，构思自己的狼牙山组诗。返程又在路过的生产队牲口棚借住一宿，第三天才返回学校。后来在笔记本上写下了 40 多页码的《狼牙山纪游》。

也许从那时起，中国古代文人“读万卷书，行万里路”的情结，已经沉淀到一代学子的骨子里，变成生命力的象征。

诗和远方，是一种情怀，是一种生活态度，更是我们一生的向往。

（6）后悔未下苦功夫

大学本科的课程设置，基本上是“通识”教育，尤其如“万金油”一般的中文系，更是多而杂。中文系相对宽松的课程，给这届年龄本来偏大的学生提供了不少支配时间的自由。所以，慢慢的，个人兴趣和爱好开始在学习上体现出来。

班上有的人偏好语言类课程，研究古汉语古音韵；有的下功夫于文艺理论，抱着《文学的基本原理》和美学著作啃读；有的对外国文学情有独钟，有的钻进唐诗宋词里；也有的潜心于创作，在构思和撰写长篇小说……中文系不分专业，但同学们事实上都在培养自己的特长，寻找自己的专业方向。

一位北京来的同学很快就考上北京的考古学研究生，此后深耕该领域成为考古学家。来自少数民族地区的那位同学，致力于研究文艺美学，钻研《文心雕龙》等古代文论颇有心得，上学期间就有大篇幅论文在全国刊物上发表，毕业后边教书边做传媒，后来回母校做了新闻传播学院的院长和博导，对跨文化传播的研究具有全国性影响。班长老大哥则在编辑出版方面颇有收获，先是省级出版社出版了他撰稿的连环画册，后来开始策划和编写成套图书，毕业后进入省级出版社，论业绩也该列入出版家行列了。还有来自张家口的郑兄，研究《红楼梦》已经进入很高的层次，上学期间即有红学论文见诸刊物，后来当大学教授著作颇多，退休后出版了研究《红楼梦》的专著。同宿舍的两位“诗人”老兄创作颇丰，三天两头看见他俩领回稿费……。

（本文提到者也不过“小荷才露尖尖角”，更多未提名字同学的专业素养和工作成就，都是厚积薄发，后来一鸣惊人、声震四野。）

对比同学，我后悔：方向不明确，未下笨功夫。我是个十足的笨人，进了大学门，不知道该向什么方向发展，也不知道重点学习哪门课，依然采取了上高中的办法，每一门功课都不愿落下。事实上还是成了东一榔头、西一杠子的“万金油式”的阅读。毕业后做电视传媒，更是什么都知道一点，什么也不“专”，真是“老大徒伤悲”，这差不多也算是宿命吧。

两年后，随着新的学弟、学妹们陆续入学，中文系的楼层里，有了1977、1978、1979三个班级。1978级有同学编剧的电视剧《冰与火》被河北电视台拍摄播出，还有一些人创作的小说、诗歌在省级文学刊物发表。而1979级同学有许多应届高中生，平均年龄相对年轻，入学不久便会看到若干成双成对出入于教室、图书馆、食堂或者电影院，相对77、78级来说，是一道抢眼的风景线。

于是，不知是哪位才子概括出“77级搞研究、78级搞创作、79级搞对象”这个特点，一时流传甚广，连老师们也有议论。虽然从局部现象出发去定义一届学生肯定以偏概全，但若不锱铢较真，在某种程度上这倒是一种形象写真。多年后我想，这个说法兴许是一种“互文”的修辞手法，用于描绘中文系三届学生的校园生活状态。因为无论搞研究、搞创作还是搞对象，在这三个年级都有。

我与“三搞”无缘。但依然和大多数校友一样，在日复一日的校园生活中找到自己的乐趣。

母校位于城市的东北角城乡接合部，通往北京的107国道就在校园一侧擦肩而过。出校门向西走一刻钟，就是距校园最近的新华书店和电影院，闲暇无聊时那里常常成为我和几位同学的出入之地；出校门向东走，穿过部队一个机关和一所医院，就是一片田野和散落的村庄。每天晚饭后，同学们三三两两地散步到田埂上，融入那片葱茏的绿色。旁边那个面积不小的鱼塘，被我们命名为“东湖”。

还有一种至今无法界定属于学习还是娱乐的活动——看电影。我很爱看电影。一开始是买票进影院看新上线的电影，两三毛钱的电影票是笔不小的开支，就更热衷看免费电影；学校在操场放映电影不用掏腰包，所以场场不落；后来发现，学校东面的部队疗养院每周都至少有一场电影，就去蹭着看；从学校南去不远的东关公园，从合作路东行两公里至“东湖”南侧的小营坊村，都成了我们的“免费电影院”。大三第一学期开始，同舍同乡的林兄散步时对我说：咱不能和那些带工资来上学的同学比，咱可一点选择余地也没有，必须在专业课方面下点功夫。我深以为然——当晚的日记里原原本本记下林兄的嘱咐。但到周末之夜依然下棋打牌看电影，蹉跎了不少大好时光。

失之东隅收之桑榆。如今想来，玩物未必丧志，娱乐并非低俗。这些生活的庸常，也和莘莘学子的刻苦读书相辅相成，是一代人成长中不可剔除的组成部分，也是令人怀恋的内容之一。

由此可见，前文说“77级搞研究”，并非指大家都封闭书斋“两耳不闻窗外事，一心只读圣贤书”了。这一代人从迷惘中走出来，睁开眼睛看世界时，一面继承了中国知识分子“风声雨声读书声声声入耳，家事国事天下事事事关心”的入世传统，一面更多地汲取了新的历史时期所呼唤的精神理念，无论是在学业追求上还是在生活方式上，至少不自觉地显现出一种现代意识的觉醒。

（7）梦醒已在“红尘”中

生在红旗下、长在新社会的1950后这一代人，从小在社会主流的传统教育熏陶下形成的价值观，在改革开放新时期接受现代意识的洗礼，传统和现代的两极，在他们身上碰撞、交锋，最后此长彼消、此消彼长地融合，他们的宿命即他们的使命，他们是富于激情的理想主义者，又是清醒的现实主义者。所以，这一代人的内心注定充满纠结和痛苦。这是我在大学后期对我和同龄人精神世界的基本估价。

当大学生活的新奇和憧憬渐渐被日复一日的庸常磨得了无新意之后，我发现，校园也在红尘中，“红尘”滚滚，它使我们受到了另一重意义上的锤炼。

在河大任教和工作的有四五个老乡，通过杜师兄的联络，他们家成了同乡校友的聚集地，时不时跑到人家蹭饭吃甚至喝点小酒。有老师盖小房，我们去搬砖垒墙；有老师回老家探亲，我拿了钥匙住在宿舍“看家”。一来二去也了解不少学业之外的校园故事。一位老师提议搞一次同乡师生AA制聚餐并合影留念，一下子召集起到40多个校友。我才意识到，我们77级（偶尔也有人称之为八一届）在校园已是老大。

这一年，班里不少年龄偏大的同学，“个人问题”已经提上了日程。“找对象”似乎成了迫在眉睫的问题。这种找对象，迥异于大学里的谈恋爱，是以尽快结婚作为目标的行动，——赶在毕业之前结婚，更是一个毕业分配时要求照顾去向的理由。一直为理想主义情怀所鼓舞的学子们，在最后半年变得无比现实起来。尤其是即将面临毕业分配的时候。

何时毕业？一直是个传说中的问题。最早小道消息说，国家建设急需人才，这届学生要提前毕业，后又听说1981年底毕业（不然怎么称八一届），但大道消息一直不来。

随着时间临近，一场大考摆在面前。4年苦读，谁不想国家分配一份称心如意的职业？成家立业，谁不想选一个生活便利、条件优裕的城市？更何况还有籍贯、亲属、对象和本人特长等种种个性化问题的考量。

小道消息却纷至沓来，不翼而飞。先是对毕业去向、分配指标的打探，不断有传说私下传播；然后是对同学去向的猜测；最牵动人心的是谁在掌控具体的分配权实权。

当我扳着手指计算，在校学习的时日已经不多，顿生一种莫名的惶恐感。因为，又一个抉择时刻到来了。

1982年春节后返校，基本上是在等待毕业分配指标的下达，那场外松内紧、不露痕迹的角逐，不啻于一场没有硝烟的战斗。

据说，分配指标的操作权在系总支副书记和班主任的手里，一时间这两位领导的办公室和家里门庭若市起来。

小道消息纷纭传出。每一个传言都会一石激起千层浪，没人解释澄清（事后发现，有些传言是无稽之谈，有些真的变成了事实），于是更多的人被传言调动起来，有关系的找关系，没有关系的找班主任和系副书记诉说要求。

副书记曾经在学校做人事工作，很有耐心也有城府，静静地听我们轮番说话，最后平静地说：请大家放心报志愿，事情不是像你们传说的那样。

等待分配落实单位的时间显得那样漫长……下棋，打牌，逛街，看电影，一切都变得索然无味。实在无聊，我去泡图书馆，坐在阅览室里翻杂志，半天没读进去一个字。有同学的工作岗位已经板上钉钉，而我依旧前路未卜，据说分配方案已上报到省里，“泥牛入海无消息”。

“一日三餐粥满满，昼夜两眠糊涂涂——无可奈何”，我在笔记本上写下这副对联自嘲。

好在作为恢复高考后的第一届大学生，又赶上改革开放百废待兴的年代，中文系学生的分配去向公认为不错，一批同学进了北京，30多个同学分配到省会的机关、媒体、学校，还有一些同学回原籍所在的城市参加二次分配。

但分配之前的明争暗抢、角逐发力、斡旋犹疑乃至个别人的不择手段，是对人性的一次考验，也算走上新的工作岗位之前的见识“红尘”预演，虽然我们一直没封闭在“象牙之塔”内。

度过了分配指标角逐的那段时间后，日子便按下快进键。分别在即，四年同窗之情突然变得强烈起来。好多同学们准备了笔记本，相互签名留言勉励；关系好的同学一起出去吃饭聚会，关系一般的同学也开始显出亲密和依恋；毕业合影之后，毕业典礼已经记不得了，因为那时的关注热点已经是即将奔赴的工作单位。

（8）永远的母校，永远的同学

1982 年 3 月 13 日，是我离别母校的日子。

离校前的日子是快节奏的。3 月 12 号下午 3：30，系里开会正式公布学生分配派遣名单，然后大家拥挤着办离校手续：组织关系介绍信，派遣证，领取 9 元派遣费，户口和粮食关系迁移……

傍晚的时候，学生宿舍就已经乱纷纷了，打箱子的、卷铺盖的、收拾书本杂物的，车站的机动三轮车不时呜呜叫着从窗前驶过，有性急的同学已经开始办起行李托运。

一切就绪。我心里空空的，总觉得有什么东西落下了，最后来到宿舍巡检四处，空空如也的床板、窗台、长桌、抽屉……这里见证过我的多少喜悦、懊丧、梦境和失眠？这里有过多少同学的争论、分享、阅读和八卦——4 年的青春年华都化作了碎屑，洒落在校园里，我能带走的只有逐渐模糊的记忆……

别了，再多看一眼宿舍楼；别了，再多和同学们说几句话；别了，不愿意松开拉在一起的手。然而，三轮车已经发动了引擎，司机在按喇叭催着上车。再见吧，文科教学楼、图书馆大楼、外文系大楼一一从眼前闪过；再见吧，远处的操场，近处的甬道，迷离的路灯；再见吧，或忙碌或休闲的老师们——我会想念你们的。

风吹着乱纷纷的头发，一如离校的心境。在校门口，看着那些依然出出进进的学弟学妹，看着灯火迷离中的校园夜影，我使劲挥了挥手，眼睛一热：四年的大学生活，就在这挥手间匆忙画上了一个句号。

车站的候车室里，去往邯郸的一路、去往唐山的几人和去石家庄的一群同学再次相遇，再次握别，大家把母校作为共同的出发地，奔向不同的目的地。

3 月 13 日凌晨 3：00，南去的列车载着我和依依惜别的碎梦，离开了这座古老的城市。

“细雨湿衣看不见，闲花落地听无声”，4 年前，1977 级带着各自不同的生活烙印集结在校园，铺排各自不同的梦想，展开各自不同的追求之时，谁也不会意识到，师长的传道授业，知识海洋的浸润，时代风尚的熏染，社会环境的影响，都在自觉或不自觉地改变旧我，塑造新我。

“绿阴不减来时路，添得黄鹂一两声”，40 多年后蓦然回首，才发现正是那 1440 多个日日夜夜，那个堪称熔炉的校园，和萦绕我们一生的精神家园那么紧密地结合在一起，由此奠定了我们一生为人的基调，影响着人生道路上的品质、襟怀和追求。春去秋来，沧海桑田；青丝白发，唯此不易。

乍暖还寒苦求索，
青春相伴校园歌。
舒展眉头怀旧事，
一瞥惊鸿向谁说？

燕归来，觅蹉跎，
江南烟雨塞北雪。
精神家园堪守望，
浅吟词赋问后学。

2011年，看完反映1977级校园生活的电视剧《雪花那个飘》，我感慨系之，写了这首《鹧鸪天》小词。不久应邀回母校参加校庆活动发言时，又当众吟诵。母校情缘已经融为我精神家园的一个组成部分，离校愈久，感悟越深，与生俱存，永不磨灭。

历史往往喜欢和人们开玩笑。回首往事，当我们已经走出很远很远、自身改变了很多很多之后，却早已忘记了出发之际的情景，哲学家由此生出“我是谁，我从哪里来，我到哪里去”的终极叩问。但是，我不会忘记母校的那段时空，不会忘记那个一代人的集结地和出发地。

40多年过去，弹指一挥间。我的中文1977级同学虽然天各一方、聚少离多，但都在各自的岗位上、各自的领域内用各自的聪明才智开拓出一片天地。大家可以理直气壮地说：我们既是过往历史的目击者，又是时代前行的推动者，我们带着理想主义情怀和与生俱来的使命感，参与造就了国家和社会进步的一个时代。我们在不同层面努力了，奋斗了，我们无愧于1977级的称谓，无愧于母校的培养。

今天，中文系77级已有10位同学撒手西去，但他们的音容笑貌依然长存；大多数同学陆续退休进入新的人生阶段，大家一起怀旧、讨论、调侃，相期健康平安快乐，继续延续着同窗情缘——因为，这是仅次于血缘关系的一种亲情。是母校把我们终生联系在一起。

这就是我的大学。那段充满梦想和憧憬的美好时光，那些让人永恒回味的人与事，那种萦绕于心融入骨髓的情怀，已经如同树木生长的年轮一般，镌刻在个人生命的记忆深处，挥之不去，历久弥新。

2020年06月20日

（节选自微信公众号“何人犹记”）

2. 河北大学“延安精神”润学子 10 年不辍——同学们“知识奉献社会”的热情浓厚，社会实践更加踊跃

本报保定 4 月 16 日电（记者耿建扩、蔺玉堂）“五一”长假又快到了，河北大学的“博士团”“硕士团”成员又像往年一样做好了下乡科技助农的准备。十多年来，河北大学以“延安精神进校园”活动为载体，坚持以延安精神塑造人，以社会实践锻炼人，引导学生树立正确的世界观、人生观、价值观，收效明显。校党委书记左晓光说，党中央、国务院关于进一步加强和改进大学生思想政治教育工作的意见颁发后，更加激发了同学们“弘扬延安精神，知识奉献社会”的热情，学习风气日益浓厚，社会实践更加踊跃。

延安精神的精髓和本质是什么？学校党委结合本校实际学习后认为：她是坚定的共产主义理想信念，全心全意为人民服务的根本宗旨；是理论联系实际、密切联系群众的优良作风；是无私奉献、艰苦奋斗、开拓进取的创新精神。新形势下大力弘扬延安精神，对于培育中国特色社会主义事业合格建设者和可靠接班人具有重要的现实意义。

1993 年，学校开始着力推进“延安精神进校园”活动。他们首先在研究生中大力弘扬延安精神，并发挥其带头和示范作用，逐步在全校学生中展开。学校的思想政治工作队伍、众多的延安精神研究会会员和研究生党员、入党积极分子成为这一活动的生力军。他们以重大纪念活动为契机，年年举办多种形式的报告会、座谈会、研讨会、图片展和征文比赛，使延安精神如春风化雨浸润人心。他们坚持开展活动与理论研究和党的中心工作相结合，先后组织了社会主义市场经济与延安精神、“三个代表”重要思想与延安精神、科学发展观与延安精神等系列主题活动与专题研究。学校设立专项资金，鼓励大学生作专题研究论文。这些活动和措施在高校学生中反响良好，该校马克思主义理论与思想政治教育专业硕士点报考人数连续 3 年居全国同类专业报考人数首位，最高时达 200 人。如今，“延安精神概论”已纳入研究生公共必修课，由第二课堂引入第一课堂。

学校注重弘扬延安精神与社会实践相结合，经常组织“博士团”“硕士团”深入农村田间地头，普及科技知识，支教扶贫，受到群众热烈欢迎。他们为张北县农民讲授马铃薯栽培技术，为满城县农民传授草毒病虫害防治技术，为献县引进香瓜种植技术，使一个个“贫困村”“矛盾村”转变为“富裕村”“文明村”。同学们也在丰富的社会实践中焕发出热爱农村、报效祖国的壮志豪情。许多同学写下了这样的留言：人生的最大价值莫过于创造和奉献。目前，全校学生党员队伍日益壮大，其中

研究生同学积极要求入党的比例已高达90%。

（资料来源：《光明日报》，2005年4月17日，作者：耿建扩、蔺玉堂）

3. 深切缅怀武术家——武淑清教授

武淑清教授，是武术国家级裁判，当代著名武术家。前任河北大学武术队总教练，河北大学武术协会总教练。自武教授1953年第一次参加武术比赛荣获桂冠算起，她在武坛栉风沐雨几近半个世纪。她全心献身武术事业，披肝沥胆，为中华武术的继承、传播和发扬做出了不可磨灭的贡献。

2019年1月5日，是武老师逝世16周年的日子。段老师带领部分武协弟子为武老师哀悼纪念。

静默哀悼，心怀感恩。感恩武老师创办河北大学武术协会，让武术爱好者汇聚一起，习得武术，传承武德。崇文尚武，剑胆琴心，是武老师对众多武协弟子的希冀，也是对武术传承的满满信心。

（节选自 https://tieba.baidu。com/p/5999083155? lp=5028&mo_device=1&is_jingpost=0&pn=0&）

后　记

本资料书自接受任务迄今已有三年左右的时间，通过师生合作终于完成，呈现在读者的面前。其中有一些感想和体会在此叙述，并对分工合作的具体情形加以说明。

河北大学校史资料涵盖河北大学不同历史阶段的基本史实，包括办学活动的各个方面，人物的事迹、学生的培养以及社会的评价等。由于时间跨度将近一个世纪，沧桑变幻，历史动荡、变革和交替非常剧烈，许多资料已经散佚。反映在河北大学历史上，天津、保定校址的变化和人员的流动组合更为特殊，这就为搜求、整理、编辑、考订相关的文献资源带来更大的挑战。可以肯定地说，许多重要的校史文献资料由于种种原因还湮没在校史纷繁变迁过程中，并没有被发现和整理，这是令人十分遗憾的。

需要说明的是，作为该资料负责人的我，虽然接受此项任务，但年近六旬，有博士、硕士研究生指导和本科生教学的人才培养工作，还兼顾科研考核规定的目标要求，因此要挤出时间来完成此项学校并不算工作量的特殊任务，实在有力不从心之感。这也影响了资料的搜求完整以及丰富、准确性，希望得到海内外河大人的谅解，同时也希望能够提供有价值的、宝贵的校史资料，以便后来者进一步完善和充实，更圆满地完成校史资料搜集汇编工作。

1921年在天津创设的天津工商大学到当今的河北大学，发展已经逝去百年，在历史时期曾经达到鼎盛，而且作为北方重要的一所具有地方特色和全国影响力的知名高等学府，大师云集，培养优秀学子，报效国家，振兴民族，服务社会，获得了众多高度的评价和褒奖，为华北乃至中国近现代的高等教育做出了积极贡献，也占据了它应有的地位。当然，在新的时期，由于地理位置以及区域社会经济等方面的限制，河北大学昔日的辉煌有所削弱，但是历史的经验以及它为中国近现代高等教育史所提供的资源仍然是十分宝贵的。当今的河北大学处在部省共建、争创一流大学的关键时期，受到了国家、省和河北各界的关注与广泛的支持，相信能够在新时期发展、壮大，重振昔日在华北教育中的地位和声望。

校史资料是一部学校历史积淀的史实依托，在此基础上，我们将继续编写其他的两部作品——河北大学校史人物志，特别是河北大学思想文化，作为此河北大学校史资料粹编的姊妹篇陆续推出。

河北大学校史资料的整理，得到学校党委宣传部、档案馆、教育学院以及历史学院相关领导的支持，在此我代表编写小组表示衷心的谢意！相信此部文献工具图书会成为一种学校校园文化的精神力量，能促进河北大学事业的发展。作为历史的留存及珍贵的记忆，我们更多保留了河北大学在天津时期不同历史阶段的校史素材，以此可以作为一扇窗口，呈现出近现代中国北方高等教育的一个侧影，这对教育史，尤其是高等教育学的学科建设和学术研究都有一定的价值。

本资料书大量的资源源于河北大学档案馆原始档案，但尽心整理，输入 word 版文字，点校，核实，花费了相当大的时间和精力。需要说明的是，尽管我们尽量地细心和认真，由于所知的原因，文字内容难免有所纰漏，这是需要大家理解的。此外，我们还利用了其他不同来源的素材，如网络资源、回忆文章、文史记录、传记等著作，尤其是天津外国语大学所编的相关校史文献。所有这些，一般都在选用资料的来源中注明，在此我们深表谢意！

该资料书编写时间跨度较长，由于自身的时间和精力有限，又加上只是作为学校规划的项目，在当今科研体制考核要求背景下，难以召集学校教育学、历史学专业的专家、学者组成团队，因此邀请河北省前教育厅副厅长、河北大学博士生导师韩清林的博士生，现河北省教育厅教育宣传中心主任宗树兴研究员参与主编，同时召集我所指导的河北大学教育学院已毕业博士、硕士研究生来共同完成。他们精诚合作、乐于奉献、任劳任怨，都完成了自己的任务，我自始至终做了主持、统编以及其他的工作。现将合作者的具体情况介绍如下。

主编：吴洪成，河北大学教育学院教授，博士生导师；宗树兴，河北大学毕业博士研究生，河北省教育宣传中心主任、教授。参编：田谧，河北大学毕业博士研究生，河北地质大学副教授；霍珊珊，河北大学教育学院教育史专业 2018 级硕士研究生；高亚倩，河北大学教育学院教育史专业 2018 级硕士研究生。

该部资料书的编辑和出版工作得到了河北大学出版社社长朱文富教授和编辑人员的大力支持。以学校作为主体选项编写资料的图书项目设计，读者面必然受到限制，而且在经济大潮不断冲击与出书成本不断提高的新挑战下，同意出版这样的书稿是需要奉献精神和对教育的关怀之心的。但愿我们的资料编辑工作确实有助于京津冀一体化背景下河北高等教育的不断提升，并由此促进河北经济社会的新一轮条件下的发展。如果确实有上述些许的成效和作用，那这对我们毫无劳务报酬的此项工作而言，是一种释然和欣慰。

吴洪成

2022 年 9 月 20 日于河北大学主楼河北大学校史研究所办公室